평화를 끝낸 전쟁

THE WAR THAT ENDED PEACE

Copyright © 2013 by Margaret MacMillan
All rights reserved

Korean translation copyright © 2025 by CUM LIBRO
Korean translation rights arranged with United Agents LLP
through EYA Co.,Ltd

이 책의 한국어판 저작권은 EYA Co.,Ltd를 통해
United Agents LLP사와 독점계약한 도서출판 책과함께에 있습니다.
저작권법으로 보호를 받는 저작물이므로 무단전재 및 무단복제를 금합니다.

THE WAR THAT ENDED PEACE

평화를 끝낸 전쟁

The Road to 1914

1914년으로 향한 길

마거릿 맥밀런 지음 | 허승철 옮김

책과함께

일러두기

- 이 책은 Margaret MacMillan의 THE WAR THAT ENDED PEACE(2013)를 우리말로 옮긴 것이다.
- 옮긴이의 짧은 설명은 〔 〕로 덧붙이고, 긴 것은 각주로 넣었다.
- '1차 세계대전'과 '2차 세계대전'은 가독성 제고를 위해 '1차대전', '2차대전'으로 축약해 표기했다.

나의 어머니 엘뤼네드 맥밀런에게

차례

지도 8

들어가며 전쟁할 것인가, 평화를 지킬 것인가? 15

1장 1900년 유럽 37
2장 영국제국과 영광의 고립 71
3장 "이 아이가 왕이 될 나라에 재앙이 있을 것이다!" 109
    : 빌헬름 2세와 독일
4장 세계 정책 141
    : 세계 무대에서 독일의 입지
5장 드레드노트 전함 179
    : 영국과 독일의 해군력 경쟁
6장 어울리지 않는 우방 223
    : 영국·프랑스 협상
7장 곰과 고래 263
    : 러시아와 영국제국
8장 니벨룽가의 충성 319
    : 오스트리아-헝가리와 독일의 2국동맹
9장 그들의 생각은? 365
    : 희망, 두려움, 이상, 그리고 무언의 추정
10장 평화를 꿈꾸며 419
11장 전쟁을 생각하며 461
12장 전쟁 계획을 세우다 489

13장 위기의 시작	543
: 독일, 프랑스, 모로코	
14장 보스니아 위기	579
: 발칸반도에서 맞붙은 러시아와 오스트리아-헝가리	
15장 1911년	627
: 불협화음의 해-다시 모로코	
16장 1차 발칸전쟁	663
17장 전쟁 또는 평화 준비	711
: 유럽의 마지막 평화기	
18장 사라예보에서 일어난 암살	769
19장 유럽협조체제의 종언	813
: 세르비아에 대한 오스트리아-헝가리의 선전포고	
20장 소등	847
: 유럽 평화의 마지막 일주일	

맺으며 1차대전   893

감사의 말	913
옮긴이의 말	917
도판 출처	922
주	924
참고문헌	954
찾아보기	978

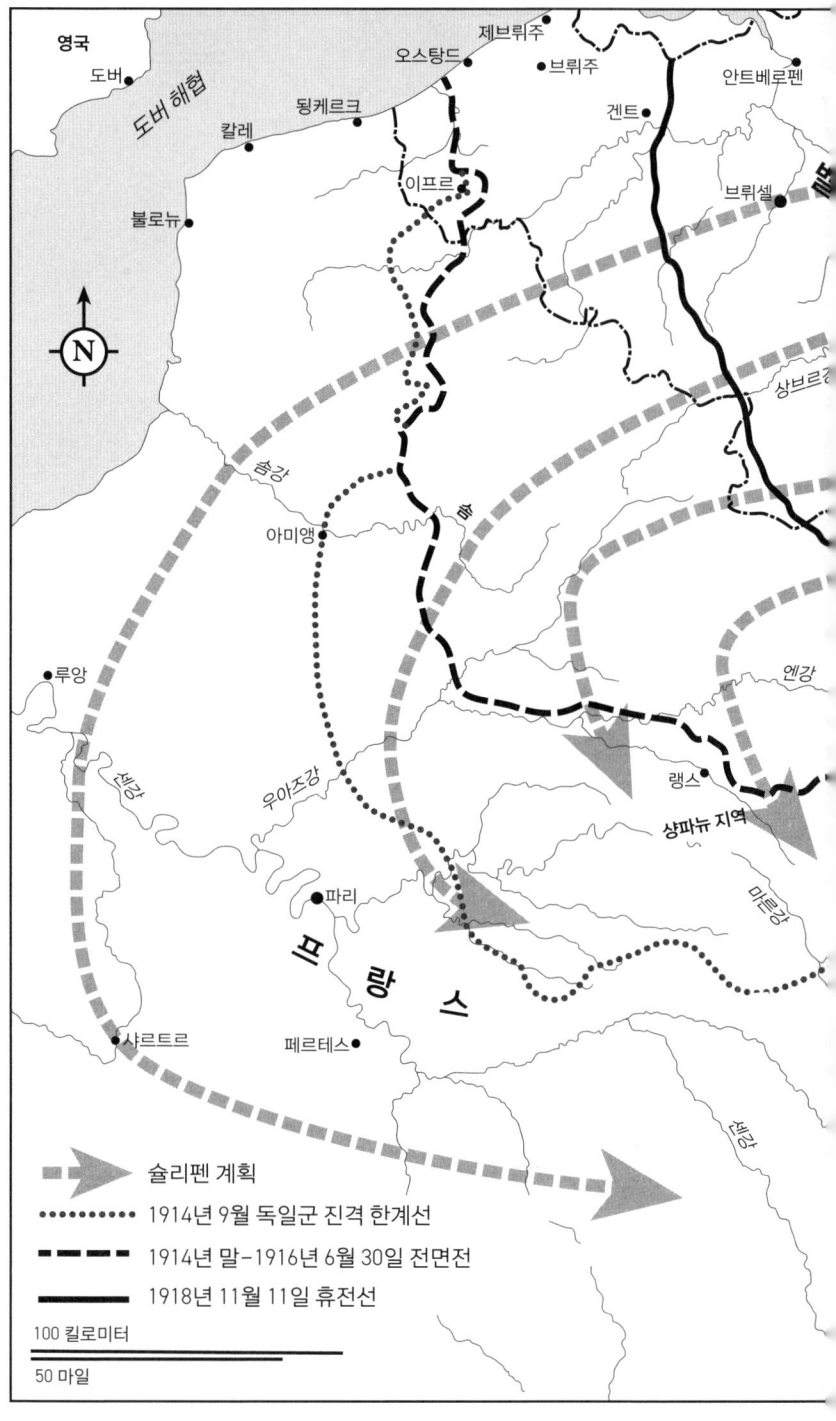

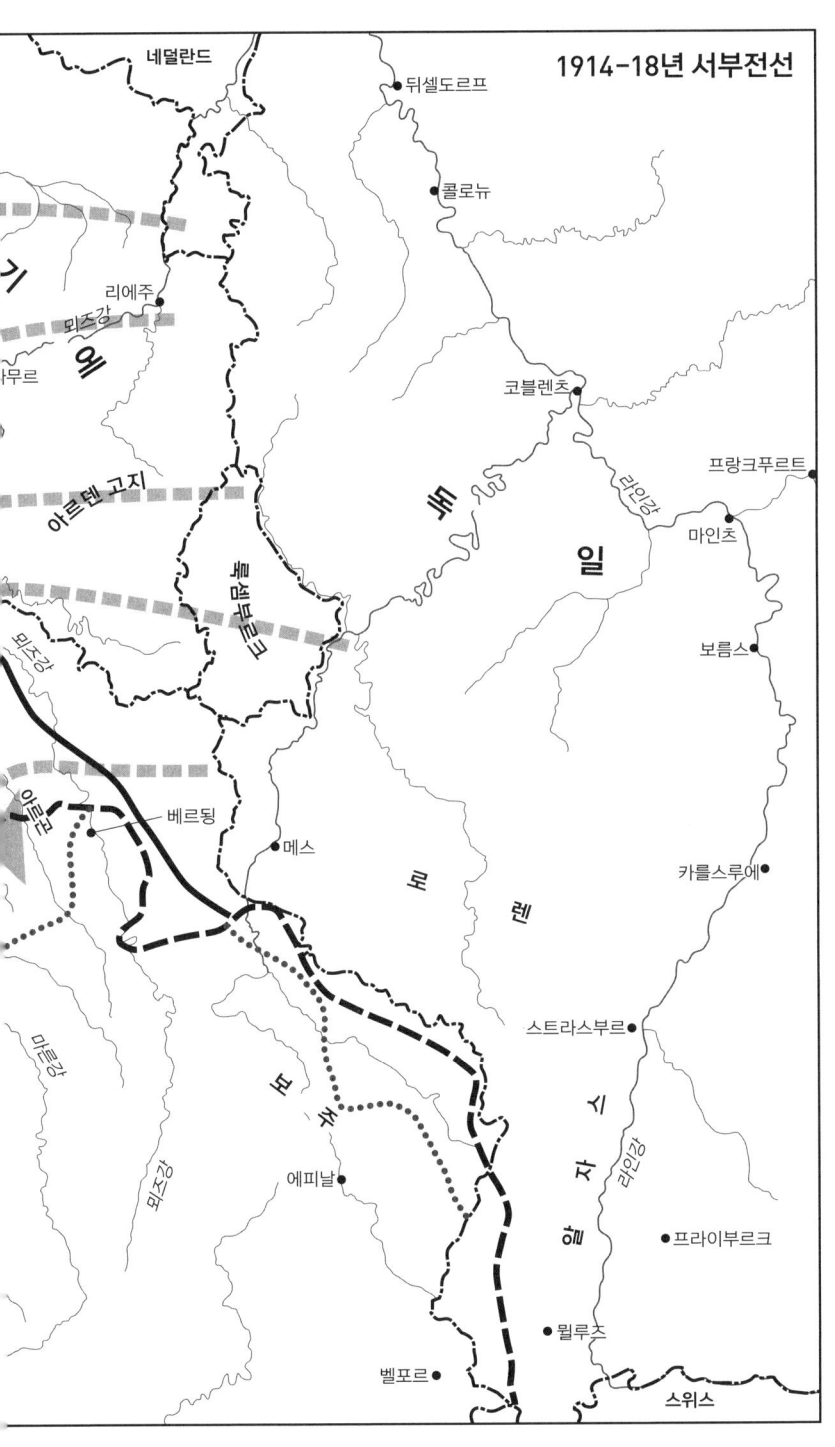

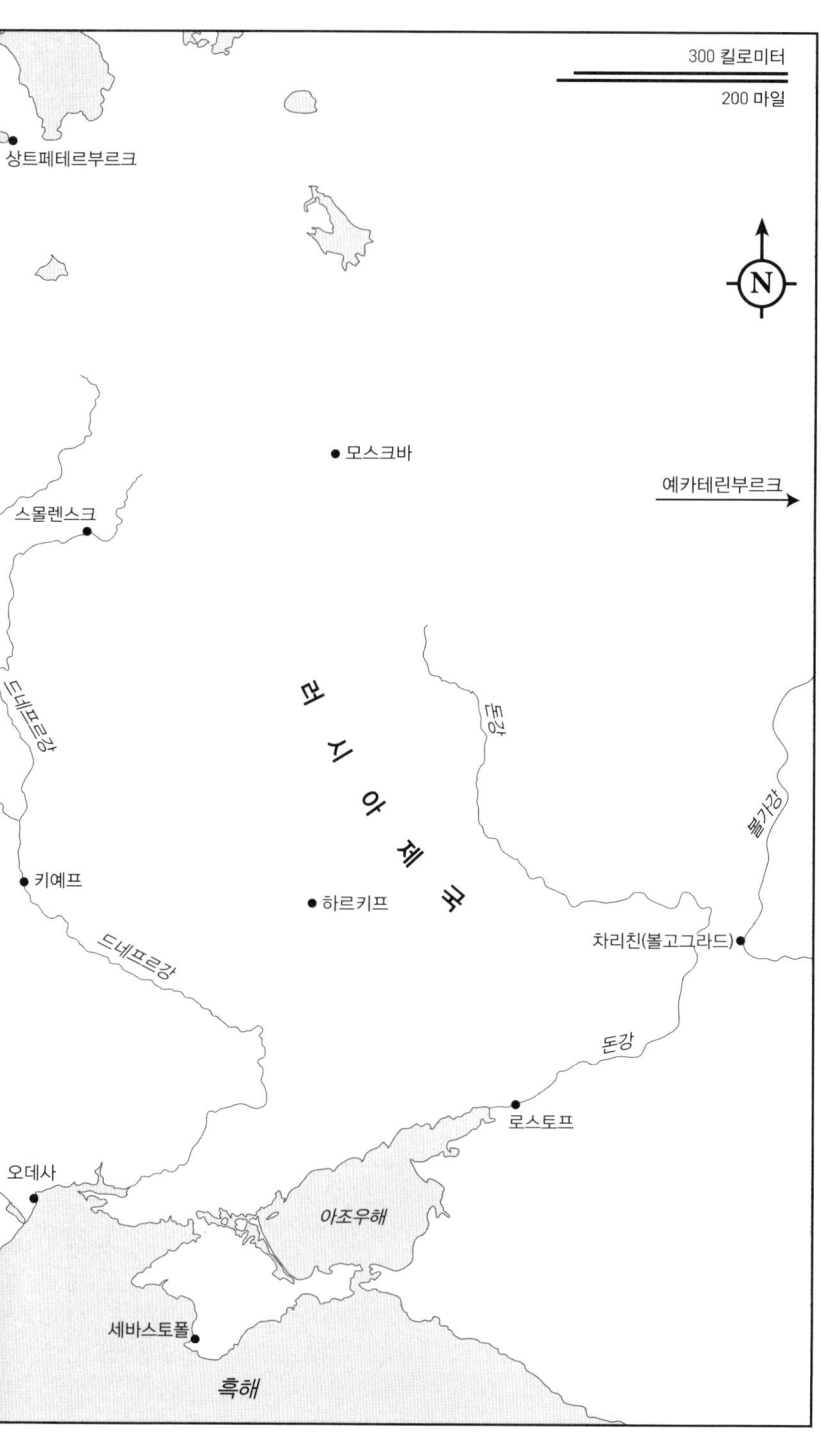

들어가며

전쟁할 것인가, 평화를 지킬 것인가?

역사상 전쟁만큼이나 많은 전염병이 있었다. 전쟁과 전염병 모두 늘 사람들을 놀라게 한다.

― 알베르 카뮈, 《페스트》

아무 일이 일어나지 않았더라도, 심지어 의도하거나 계획하거나 상상하지조차 않았더라도, 원인은 존재한다. 전쟁은 우연히 일어난 사건이 아니라 결과다. 아주 멀리 되돌아가더라도 캐물어야만 근원을 찾을 수 있다.

― 엘리자베스 보엔, 《보엔의 궁정 Bowen's Court》

벨기에에 위치한 루뱅은 1910년 여행안내서에 한적한 곳으로 소개되었지만, 때가 되자 장엄한 불길에 휩싸였다. 주민 중 누구도 이렇게 작고 아름다운 문화 도시가 그런 운명을 맞을 것이라고는 예상하지 못했다. 여러 세기 동안 평화롭게 번영을 누리던 이 도시는 멋진 교회와 고색창연한 주택, 웅장한 고딕 양식의 시청 홀, 1425년에 설립된 유명한 대학으로 잘 알려져 있었다. 위엄 있는 중세 직물회관 Cloth Hall에 자리잡은 루뱅대학도서관에는 약 20만 권의 책이 소장되어 있었다. 그중에는 신학과 고전학의 위대한 저술은 물론 9세기에 한 수도사가 받아 적은 작은 노래모음집부터 수도사들이 몇 년에 걸쳐 필사하고 그림을 그린 사본들도 있었다. 그러나 연기 냄새가 공기를 가득 채운 1914년 8월 말, 몇 마일 밖에서도 보일 만큼 거센 불길이 루뱅을 파괴했다. 20세기에는 너무나 익숙해질 장면 속에 절망에 빠진 주민들이 소지품을 챙겨 시골로 탈출하는 동안 위대한 도서관을 비롯한 도시 대부분이 사라졌다.

벨기에 대부분 지역처럼 루뱅은 1914년 여름 시작되어 1918년 11월 11일까지 이어진 대전쟁Great War에서 독일군의 프랑스 침공 경로에 놓이는 불운을 겪었다. 독일은 동쪽에서 러시아군을 제어하면서 서쪽에서 프랑스를 신속하게 침공, 격파하는 양면 작전을 구사하려 했다. 이 계획에서 중립국 벨기에는 독일군이 남쪽으로 진격하면 묵묵히 받아들일 것으로 예상되었다. 그러나 이 전쟁 중에 일어난 많은 일처럼 이러한 전제는 명백히 어긋났다. 벨기에 정부가 저항하기로 결정하면서, 독일의 계획은 바로 좌절되었다. 영국은 잠시 주저하다가 독일에 맞선 이 전쟁에 참전했다. 이윽고 8월 19일, 벨기에의 무리한 저항에 분개한 독일군이 루뱅에 도착했다. 독일군은 벨기에와 영국 군대뿐 아니라 무기를 들기로 결심한 민간인들로부터 공격을 받을까봐 긴장하고 있었다.

처음 며칠 동안은 모든 것이 순조롭게 진행되었다. 독일군은 규율에 따라 행동했고, 루뱅 주민들은 너무 두려워서 침략군에게 조금도 적의를 보이지 않았다. 8월 25일, 벨기에의 반격으로 독일군이 일시 후퇴한 후 새로운 독일군이 도착했고 곧 영국군이 올 것이라는 소문이 돌았다. 그러다 총격전이 벌어졌는데, 긴장하거나 술에 취한 독일군이 총을 쏜 것으로 추정된다. 이때 공격받고 있다고 생각한 독일군 사이에 공포가 확산되면서 첫 번째 보복이 시작되었다. 그날 밤부터 며칠 동안 민간인들이 집에서 끌려 나왔고 시장, 대학 총장, 몇 명의 경찰관이 바로 총살되었다. 결국 이 소도시의 만 명 정도 되는 인구 중 약 250명이 처형되었고, 훨씬 많은 주민이 구타와 모욕을 당했다. 그리고 아기부터 노인까지 약 1500명의 루뱅 주민이 기차에 실려 독일로 이송되었고, 독일인들은 조롱과 모욕으로 이들을 맞았다.

장교들을 포함해 독일군 병사들은 도시를 파괴하고, 전리품을 챙기고, 약탈하고, 건물에 고의로 불을 질렀다. 루뱅의 집 9000채 중 1100채가 파괴되었다. 15세기에 지어진 한 교회는 화염에 휩싸여 지붕이 주저앉았다. 8월 25일 자정 무렵에는 독일 병사들이 도서관에 들이닥쳐 여기저기 석유를 뿌렸다. 아침이 되자 도서관은 잿더미가 되었다. 장서들이 사라지고 나서도 도서관을 태운 불길은 며칠 동안 계속 타올랐다. 며칠 뒤 이 지역의 학자이자 사제인 사람이 벨기에 주재 미국 대사에게 상황을 설명했다. 그는 친구들이 총살당하고, 불쌍한 피난민이 생긴 참상을 설명하면서도 침착했다. 하지만 도서관에 일어난 일을 말할 때, 그는 머리를 팔에 얹고 울음을 터뜨렸다.[1] "도시 중심부는 폐허 더미가 되었다. 도처에 숨 막힐 듯한 정적이 감돈다. 모두가 피신했다. 지하실 창문에서 나는 겁에 질린 얼굴들을 보았다."[2]

이 사건은 유럽이 대전쟁으로 스스로를 초토화시킨 과정의 시작에 불과했다. 프랑스 성당 중 가장 아름답고 중요한 건축물로, 프랑스 왕들이 대관식을 진행했던 700년 역사를 자랑하는 랭스 대성당은 루뱅 공격 직후 독일군 포화에 가루가 되다시피 했다. 거대한 천사 조각상의 머리는 바닥에 떨어진 채 발견되었는데 여전히 아름다운 미소를 머금고 있었다. 근사한 직물회관이 있었던 이프르는 돌무더기로 변했고, 이탈리아 북부에 있는 트레비소의 중심부도 폭격으로 파괴되었다. 독일군이 모두 저지른 것은 아니지만, 이러한 사태는 미국의 여론에 큰 영향을 미쳤고 1917년 미국을 참전으로 이끌었다. 전쟁이 끝나자 한 독일 교수는 이렇게 유감을 표했다. "루뱅, 랭스, 루시타니아,• 이 세 이름은 거의 같은 수준으로 미국에서 독일에 대한 동정심을 일소했다."[3]

루뱅의 손실은 병사들이 900만 명 이상 전사하고, 1500만 명이 부상을 입고, 벨기에 대부분 지역, 프랑스 북부, 세르비아, 러시아제국, 오스트리아-헝가리제국의 많은 지역이 파괴된 데 비하면 그리 대단한 것이 아니었다. 그러나 루뱅은 무자비한 파괴, 가장 번영하고 강성했던 지역에 유럽인이 스스로 가한 피해, 공통점이 많았던 민족 간의 비합리적이고 통제되지 않는 증오의 상징이 되었다.

대전쟁은 루뱅 반대편인 발칸반도의 사라예보에서 오스트리아-헝가리제국의 황태자 프란츠 페르디난트의 암살로 시작되었다. 루뱅을 휩쓴 불길처럼 이 사건은 유럽 대부분을 집어삼키고 그 너머 많은 지역까지 번진 전쟁으로 발전했다. 가장 큰 전투와 가장 많은 사상자는 서부전선이나 동부전선에서 발생했지만 발칸반도, 이탈리아 북부

• 랭스는 파리 북동쪽 130킬로미터에 있는 도시로 독일에 맞선 방어선의 중심부였다. 1914년 독일군의 포격과 이로 인한 화재로 대성당이 크게 파괴되었다. 이러한 참상은 루뱅대학도서관 파괴와 함께 독일군이 유럽 문명의 문화적 이정표를 공격 대상으로 삼는다는 프로파간다에 널리 이용되었다. 여객선 루시타니아호는 1915년 5월 7일 독일 U보트 공격으로 침몰하여 123명의 미국인을 포함한 1195명의 승객이 익사하면서 미국이 참전해야 한다는 여론을 크게 자극했다.

와 중동 전역, 캅카스와 극동, 태평양, 아프리카에서도 전투가 벌어졌다. 이 전쟁엔 전 세계에서 온 병사들이 유럽 전장에 투입되었다. 영국 식민지인 인도, 캐나다, 뉴질랜드, 오스트레일리아 또는 프랑스 식민지 알제리, 사하라 사막 이남 아프리카에서도 병사들이 차출되었다. 중국은 연합군을 위해 보급품을 나르고 참호를 팔 노동자들을 보냈고, 일본도 연합군의 일원으로서 세계의 수로 순찰을 도왔다. 1917년에는 독일의 도발을 참다못해 미국이 참전했다. 미국은 약 11만 4천 명의 병사를 잃었고, 아무 이득도 없는 분쟁에 속아 참전했다고 느끼게 되었다.

일종의 평화가 1918년에 찾아왔지만, 유럽과 세계는 크게 달라진 상태였다. 거대한 제국 네 개가 산산조각이 났다. 서쪽의 폴란드인부터 동쪽의 조지아인까지 많은 민족을 다스렸던 러시아제국, 폴란드와 해외 영토를 가지고 있던 독일제국, 유럽 중심부의 다민족 제국 오스트리아-헝가리, 유럽 일부와 오늘날 튀르키예, 중동 대부분을 차지하고 있던 오스만제국이 사라졌다. 러시아에서는 새로운 공산주의 세계를 꿈꾸는 볼셰비키가 정권을 잡았고, 그 혁명은 헝가리, 독일, 나중에는 중국에까지 연쇄적으로 혁명을 야기했다. 구세계 질서는 영원히 사라졌다. 약해지고 가난해진 유럽은 더이상 세계를 주도하지 못했다. 유럽의 식민지에서는 민족 운동이 일어났고, 동쪽에서는 일본, 서쪽에서는 미국이 새로운 강대국으로 떠오르고 있었다. 대전쟁은 이미 일어나고 있던 서구 초강대국 부상의 촉매제는 아니었지만, 미국의 세기를 앞당기는 계기가 되었다.

유럽은 대전쟁으로 여러 면에서 끔찍한 대가를 치렀다. 정신적·육체적으로 회복하지 못한 참전 용사, 남편을 잃은 여성, 고아, 그리고 수많은 남성이 죽는 바람에 남편감을 찾지 못한 젊은 여성이 많았다. 평화가 찾아온 초기에는 새로운 재앙이 유럽 사회를 덮쳤다. 유행성 독감(아마 미생물이 풍부한 프랑스와 벨기에 북부 토양 오염이 원인이었을 것이다)이 전 세계에서 약 2천만 명의 생명을 앗아 갔으며, 농사지을 남성이나 시장에 식량을 공급할 교통망이 없어서 기아가 발생했다. 또한 좌익과 우익 극단주의자들이 목표를 달성하기 위해 폭력을 사용하면서 정치적 소요가 일어났다. 유럽의 부유한 도시 빈에서 적십자 일꾼들은 유럽에서 이미 사라진 것으로 생각되었던 장티푸스, 콜레라, 구루병, 괴혈병이 창궐하는 것을 보았다. 나중에 드러났듯이 1920년대와 1930년대는 오늘날 일각에서 '유럽의 최근 30년 전쟁'이라 부르는 사건의 휴지 기간에 불과했다. 1939년, 2차 세계대전이 발발하면서 대전쟁은 바로 1차 세계대전이라는 새로운 이름을 갖게 되었다.

  1차대전은 여전히 현실과 상상 속에 그림자를 드리우고 있다. 수톤에 이르는 지뢰가 여전히 전장에 묻혀 있고, 운이 나쁜 벨기에 농부처럼 때때로 누군가가 새로운 사망자 명단에 오른다. 봄이 와서 땅이 녹으면 벨기에와 프랑스 군대는 땅에 묻혀 있는 수많은 불발탄을 찾아 모아야 한다. 또한 엄청난 양의 회고록과 소설, 그림이 쏟아져 나왔을 뿐 아니라 너무 많은 가족들이 연관된 1차대전은 역사에 어둡고 무서운 장으로 남아 있다. 나의 친할아버지와 외할아버지도 이 전쟁에 참전했다. 한 분은 인도군과 함께 중동에서 싸웠고, 다른 분은 서부전선 야전병원에서 캐나다 군의관으로 복무했다. 우리 가족은 그때 할아버지들이 받은 훈장, 바그다드에서 환자가 감사의 표시로 선물한 칼 그리고 우리가 어린 시절 캐나다에서 뇌관이 제거되지 않은 줄 모르고 갖고 놀던 수류탄을 잘 간직하고 있다.

우리는 1차대전을 퍼즐 같은 전쟁으로 기억한다. 유럽은 어떻게 자신과 전 세계에 그런 일을 저지를 수 있었을까? 선택하기 어려울 정도로 많은 설명이 있지만 우선 군비 경쟁, 융통성 없는 군사 계획, 경제적 경쟁, 무역 전쟁, 식민지 쟁탈전을 벌인 제국주의, 유럽을 적대적 진영으로 나눈 동맹 체제를 꼽을 수 있다. 사상과 감정은 자주 국경을 넘나들었다. 타인에 대한 증오와 경멸에 불미스럽게 편승한 민족주의, 손실이나 혁명, 테러리스트와 무정부주의자들에 대한 두려움, 변화나 더 나은 세계를 향한 희망, 물러서거나 약해 보이지 않으려는 명예와 남자다움의 요구, 인간 사회를 마치 종種처럼 등급을 매기고 진화와 진보뿐 아니라 투쟁의 불가피성에 대한 믿음을 조장하는 사회진화론도 원인으로 꼽을 수 있다. 그렇다면 개별 국가들과 그들의 동기는 어떤 역할을 했을까? 독일이나 일본 같은 신흥 강대국들의 야망, 영국 같은 국가들의 국력 쇠퇴에 대한 두려움, 프랑스와 러시아의 복수, 오스트리아-헝가리의 생존 투쟁이 얽혀 있었다. 각국에는 점점 커가는 노동 운동이나 공개적인 혁명 세력, 여성 투표권 요구 또는 피지배 민족들의 독립 요구, 계급투쟁, 신자와 반교회주의자들 간의 투쟁, 군대와 민간인의 갈등과 같은 국내적 압력도 있었다. 이 모든 것은 유럽의 오랜 평화를 유지하거나 전쟁으로 치닫게 하는 데 어떻게 작용했을까?

무력, 사상, 편견, 제도, 분쟁 등 모든 것이 분명 중요하다. 하지만

"그래, 전쟁이다" 또는 "아니다, 중지하라"고 말해야 했던 개개인을 묵과할 수 없다. 카이저(독일 황제), 러시아의 차르, 오스트리아-헝가리의 황제처럼 막강한 권력을 가진 세습 군주도 있었고 프랑스 대통령, 영국과 이탈리아의 수상처럼 입헌 체제에 속한 지배자도 있었다. 돌아보면 1914년 주요 인물 중 전쟁의 압박에 맞서 용기를 낸 위대하고 상상력이 풍부한 지도자가 없었다는 것은 유럽과 세계의 비극이었다. 어떻게 1차대전이 일어났는지에 대한 설명은 과거의 거대한 흐름과 그 속에서 허우적거리면서도 때로는 흐름을 바꾼 사람들 사이에서 균형을 잡아야 한다.

   손사래를 치며 1차대전이 불가피했다고 말하기 쉽지만, 이는 위험한 생각이다. 1914년 이전 세계를 사라지게 한 것과 비슷한 면이 있는 우리 시대에는 더욱 그러하다. 세계는 유사한 도전에 직면해 있다. 무장 종교나 사회 저항 운동의 부상과 같은 혁명적이고 이데올로기적인 것도 있고, 중국과 미국처럼 부상하는 국가와 쇠퇴하는 국가 사이의 긴장에서 오는 것도 있다. 어떻게 전쟁이 발생하는가와 어떻게 평화를 유지할 수 있는가를 신중하게 생각해야 한다. 1914년 이전처럼 지금 국가들은 서로 맞서고 있다. 당시 지도자들은 통제된 게임을 하듯 서로 엄포를 놓았다. 그러나 오스트리아-헝가리 황태자 암살 5주 만에 유럽이 얼마나 쉽게, 순식간에 평화에서 전쟁으로 치달았던가. 그전에는 1914년만큼 심각한 위기가 오더라도 유럽이 극단으로 치닫지 않았다. 유럽의 지도자들 — 그리고 그들을 지지했던 국민 중 상당수 — 은 문제를 해결하고 평화를 보존하는 길을 택했었다. 1914년에는 무엇이 달랐을까?

*

사람들이 산책하고 있는 풍경을 한번 상상해보자. 땅, 초목, 언덕, 강은 경제에서 사회 구조에 이르기까지 유럽의 주요 구성 요소이고, 산들바람은 유럽의 시각과 의견을 형성하는 사고의 흐름에 비유할 수 있다. 당신이 산책자 중 한 명이라고 가정해보자. 당신 앞에는 여러 선택지가 있다. 하늘에 구름이 조금 있지만 날씨는 화창하다. 탁 트인 평원에 평탄한 길이 뻗어 있다. 당신은 운동이 몸에 좋고, 안전한 목적지에 도달하고 싶기 때문에 계속 걸어야 한다는 것을 알고 있다. 길을 가는 동안 조금은 신경써야 한다는 것도 알고 있다. 사나운 동물이 돌아다닐 수 있고, 건너야 할 개울이 있고, 가파른 절벽이 앞에 있을지도 모른다. 그중 하나를 넘어 파멸에 이를 수 있지만 그런 일은 일어나지 않는다. 당신은 너무나 사려 깊고 경험 많은 산책자기 때문이다.

그러나 1914년 유럽은 절벽으로 걸어가 수백만 명을 죽이고, 경제를 쥐어짜 탈진하게 만들고, 제국을 흔들고, 사회를 갈기갈기 찢고, 세계에 대한 유럽의 지배력을 치명적으로 훼손할 재앙과 같은 전쟁에 빠져들었다. 대도시에서 환호하는 군중을 담은 사진은 우리를 오도하고 있다. 전쟁이 발발하자 유럽인들은 깜짝 놀랐고, 첫 반응은 불신과 충격이었다. 그들은 평화에 익숙해져 있었다. 나폴레옹전쟁 종전 이후 한 세기는 로마제국 이후 유럽에 가장 평화로운 세기였다. 물론 전쟁이 일어나기도 했지만 남아프리카의 줄루전쟁이나 유럽 변방에서 일어난 크림전쟁, 짧지만 결정적인 프랑스-프로이센전쟁 정도에 그쳤다.

사라예보에서 오스트리아-헝가리 황태자가 암살된 6월 28일부터 유럽의 전면전으로 치달은 8월 4일까지 한 달 남짓한 기간 동안 전쟁을 향한 마지막 관문이 열렸다. 결국, 유럽을 전쟁으로 몰아간 그 몇 주 동안 중요한 결정을 내린 사람은 놀랍게도 적은 수의 사람들이었다(그들 모두 남자였다). 그들이 왜 그렇게 행동했는지를 이해하려면, 훨씬 더 거슬러 올라가 그들의 사고를 형성한 힘을 살펴보아야 한다. 그들을 만들어낸 사회와 제도를 이해할 필요가 있다. 그들이 세상을 바라보는 방식에 영향을 준 가치와 사상, 감정과 편견을 파악하려고 노력해야 한다. 또한 한두 가지 예외는 있었지만 그들이 자신의 국가와 세계를 어디로 끌고 가는지 거의 알지 못했다는 것을 상기해야 한다. 그런 면에서 그들은 자신이 살던 시대와 장단이 척척 맞았다. 유럽 사람들 대부분이 생각하기에 전면전은 불가능하거나, 일어날 것 같지 않거나, 빨리 끝날 것이었다.

1914년 여름에 일어난 이 사건을 이해하려면, 성급히 누군가를 비난하기 전에 한 세기 전에 살았던 사람들의 입장이 되어 보아야 한다. 결정을 내린 사람들이 파멸에 이르는 길로 가면서 무슨 생각을 했는지를 지금 물어볼 수는 없다. 다만 당시 기록과 나중에 쓴 회고록을 통해 꽤 괜찮은 아이디어를 얻을 수 있다. 분명한 것은 그 선택을 한 사람들이 결정을 내리거나 피했던 그 이전의 위기와 순간들을 많이 염두에 두었다는 사실이다.

예를 들어 러시아 지도자들은 1908년 오스트리아-헝가리가 보스니아와 헤르체고비나를 합병한 것을 절대 잊거나 용서하지 않았다. 그뿐 아니라 러시아는 당시 피보호국인 세르비아가 오스트리아-헝가리와 대립하고 1912-3년 발칸전쟁에서 다시 대결할 때 지원하지 못했다. 이제 오스트리아-헝가리는 세르비아를 파괴하겠다고 위협하고 있었다. 또다시 수수방관하고 아무 일도 하지 않는다면 러시아의 체면이 어떻게 되겠는가? 독일은 이전 대결에서 동맹국 오스트리아-헝가리를 전적으로 지원하지 않았다. 이번에 아무 일도 하지 않는다면 독일은 유일한 맹방을 잃게 될까? 이전에 식민지와 발칸 문제를 놓고 강대국 간에 벌어진 심각한 위기들이 평화적으로 해결되었다는 사실도 1914년 계산에 추가되었다. 전쟁 위협을 써먹기는 했지만 결국에는 제3자의 압박으로 양보가 이루어지고, 회의가 소집되고, 위험한 문제를 성공적으로 해결했다. 벼랑 끝 전술이 성과를 거둔 것이다. 분명히 1914년에도 동일한 과정이 작동하기 시작할 것 같았다. 그러나 이번에는 벼랑 끝 전술이 먹히지 않았다. 이번에는 오스트리아-헝가리가 독일의 지원을 받아 결국 세르비아에 선전포고를 했다. 러시아는 세르비아를 지원하기로 하고 오스트리아-헝가리, 독일과 전쟁에 돌입했다. 독일이 러시아의 동맹국 프랑스를 공격하자, 영국이 러시아·프랑스 편에 가담했다. 그렇게 그들은 벼랑 끝으로 치달았다.

1914년 전쟁 발발은 큰 충격이었지만, 마른하늘에 날벼락 같은 일은 아니었다. 이전 20년 동안 먹구름이 몰려들고 있었고, 많은 유럽 사람이 이 사실을 불안하게 인식하고 있었다. 천둥 번개가 칠 것 같고, 댐이 무너질 듯하고, 눈사태가 날 것 같은 이미지는 당시 문학 작품에 흔히 나타났다. 다른 한편으로 지도자나 평범한 시민을 막론하고 많은 사람이 전쟁의 위협에 대처할 수 있다고 확신했다. 그들은 분쟁을 평화적으로 해결하고 전쟁을 막기 위해 더 강력한 국제기구를 건설하려 했다. 아마도 전쟁 전 유럽의 마지막 황금기는 대개 이후 세대들이 만들어낸 허상일지도 모르지만, 당시 문학 작품에도 햇빛이 전 세계로 퍼져나가고 인류가 더 행복한 미래로 나아가는 이미지가 담겨 있었다.

역사에서 불가피한 일은 거의 없다. 1914년 유럽은 전쟁을 치를 필요가 없었고, 8월 4일 영국이 참전하기로 결정한 마지막 순간까지 전면전을 피할 수 있었다. 물론 돌아보면 식민지 쟁탈전, 경제 경쟁, 기울어가는 오스트리아-헝가리와 오스만제국을 분열시킨 인종적 민족주의ethnic nationalisms, 또는 지도자들에게 자국의 권리나 이익 옹호에 나서라고 새로운 압박을 가한 민족주의 여론의 성장 등 전쟁이 일어날 가능성을 높인 요인들이 있었다.

당시 유럽인들처럼 국제질서의 긴장 국면을 살펴보자. 대표적인 예가 독일 문제다. 1871년 독일제국이 탄생하면서 유럽 한복판에 갑자기 새로운 강대국이 나타났다. 독일은 나머지 유럽을 이끄는 구심점이 될까, 아니면 그들이 단합하도록 만드는 위협이 될까? 유럽 밖에서 떠오르는 강대국 미국과 일본은 유럽이 지배하는 세계 질서에 어떻게 들어올 것인가? 진화론적 사고의 사생아인 사회진화론과 그 사촌 격인 군국주의는 국가 간의 경쟁이 자연 법칙의 일부이며 결국 적자생존이 일어날 것이라는 믿음을 조장했다. 아마도 적자생존은 전쟁을 통해 증명될 터였다. 19세기 말 군사력이 국가의 가장 고귀한 부분으로 숭배되고 군사적 가치가 민간 사회로 확산되었다. 이러한 분위기 속에 전쟁이 생존을 위한 위대한 투쟁에 꼭 필요하며, 말하자면 사회를 조율할 것이기 때문에 사회를 위해 좋은 것이라는 생각이 강화되었다.

19세기에 인류에게 많은 혜택을 가져온 과학과 기술은 또한 새롭고 더 무서운 무기도 만들어냈다. 국가 간 경쟁은 군비 경쟁을 촉발했고, 이는 불안감을 심화시켜 경쟁에 더욱 박차를 가했다. 각국은 자국의 약점을 메워줄 동맹국을 찾았고, 그들의 결정은 유럽을 전쟁에 더 가깝게 밀어놓았다. 독일과 인구 경쟁에서 밀리던 프랑스는 거대한 인력을 가진 러시아와 동맹을 맺었다. 그 대가로 러시아는 프랑스의 자본과 기술을 얻었다. 그러나 프랑스-러시아 동맹에 포위된 독일은 오스트리아-헝가리와 결속을 강화했고, 이 때문에 발칸반도에서 러시아와 경쟁이 심해졌다. 독일이 벌인 해군력 경쟁은 영국을 우호적으로 만들기 위한 것이었다. 하지만 영국은 독일보다 해군력을 증강했을 뿐 아니라 유럽 문제에 초연하던 정책을 버리고 프랑스, 러시아에 더 가까이 다가섰다.

군비 경쟁, 동맹 수립과 함께 진행된 군사 계획은 한번 시작되면 멈출 수 없는 파멸의 기계를 만들었다는 비난을 자주 받았다. 19세기 말 영국을 제외한 유럽 열강은 징집된 군대를 보유했지만 인구의 소수만 실제 군인으로 복무했고, 훨씬 많은 수가 민간 사회로 돌아가 예비 병력이 되었다. 만일 전쟁의 위협이 제기되면 며칠 안에 거대한 군대가 동원될 수 있었다. 대규모 동원은 세밀한 계획에 따라 이루어졌다. 모든 남자가 무기를 가지고 저마다 부대에 배치되고, 각 부대는 적절하게 집결하여 대개 철로로 지정된 지점으로 이동해야 했다. 동원 시간표는 예술처럼 정교했지만, 너무 경직된 경우가 많아서 1914년 독일의 경우처럼 한 전선만 부분적으로 동원하는 것을 허용하지 않았다. 그래서 독일은 러시아만을 상대로 전쟁을 벌이기보다는 러시아와 프랑스 모두를 상대로 전쟁에 돌입했다. 시간을 충분히 두지 않고 동원할 경우 발생하는 위험도 있었다. 만일 자국 병력이 부대에 도착하거나 기차에 타려고 애쓰는 동안 적군이 전선에 나타나면, 전쟁은 패배한 것이나 마찬가지였다. 경직된 동원 시간표와 계획은 최종 결정을 민간 지도자들의 손에서 빼앗을 위험을 초래했다.

군사 계획은 1차대전을 설명하는 스펙트럼의 한쪽 끝에 있고, 다른 쪽에는 모호하지만 강력한 명예와 위신에 대한 고려가 있었다. 독일 황제 빌헬름 2세는 자신의 조상인 프리드리히 대왕을 모델로 삼으려 했지만, 모로코를 둘러싼 두 번째 위기 때 뒤로 물러나면서 "겁쟁이 기욤(빌헬름의 프랑스식 이름)"이라는 조롱을 받았다. 이런 조롱을 또 받을 것인가? 개인에게 중요한 것은 국가에도 중요했다. 1904-5년 일본에 치욕적인 패배를 당한 러시아는 강대국의 위신을 다시 한 번 내세워야 한다는 강력한 압박을 받았다.

강대국들이 서로를 대하는 태도와, 국가 지도자들과 대중이 전쟁을 정책 수단으로 받아들인 배경에는 두려움도 큰 역할을 했다. 오스트리아-헝가리는 자국 내의 남슬라브 민족주의와 세르비아의 독립에 대해 조치를 취하지 않으면 강대국인 자국이 사라지게 될 것을 두려워했다. 프랑스는 경제적으로나 군사적으로 더 강한 이웃 국가 독일을 두려워했다. 독일은 걱정에 찬 시선으로 동쪽을 바라보았다. 러시아는 빠르게 발전하면서 재무장하고 있었다. 독일은 러시아와 빨리 싸우지 않으면 다시는 전쟁할 수 없게 될까봐 두려워했다. 영국은 평화가 지속되면 얻을 것이 많았지만, 과거에 그랬듯이 하나의 강대국이 유럽대륙을 지배하게 될 것을 두려워했다. 각국은 서로를 두려워했지만, 자국민도 두려워했다. 사회주의 사상이 유럽에 확산되었고, 노동조합과 사회주의 정당들이 기존 지배계급의 권력에 도전하고 있었다. 많은 사람들은 이러한 상황이 폭력적 혁명의 전조가 아닐까 우려했다. 인종적 민족주의도 질서를 파괴하는 힘이었다. 오스트리아-헝가리와 러시아뿐 아니라 영국에서도 아일랜드 문제가 1914년 초기 영국 정부에 외교 문제보다 더 큰 우려를 자아냈다. 전쟁이 국민을 거대한 애국주의 물결로 단결시켜 국내 분열을 봉합할 방법이 될 수 있을 것인가?

마지막으로, 우리 시대에도 그렇지만 인간사에서 실수나 혼란, 또는 단순히 시간을 잘못 잡는 것의 역할도 결코 과소평가해서는 안 된다. 독일과 러시아 정부 모두가 복잡하고 비효율적으로 운영되어 민간 지도자들은 정치적 함의가 큰 전쟁 계획에 대한 정보를 제대로 얻지 못했다. 사라예보에서 암살된 오스트리아 황태자 프란츠 페르디난트는 오스트리아-헝가리 문제를 전쟁으로 해결하려는 사람들을 오랫동안 반대해왔다. 그의 죽음은 역설적으로 오스트리아가 세르비아에 선전포고하고, 걷잡을 수 없는 연쇄 작용이 일어나는 것을 막을 수 있는 사람을 제거하는 결과를 가져왔다. 이 암살 사건은 여름휴가 기간이 시작되는 시점에 일어났다. 위기가 증폭되고 있는 동안 많은 정치가, 외교관, 군사 지도자들은 이미 자국 수도를 떠난 상태였다. 영국 외무장관 에드워드 그레이는 새들을 관찰하고 있었고, 프랑스 대통령과 총리는 7월 마지막 2주 동안 러시아와 발트해 지역을 여행하고 있어서 파리와 자주 연락이 끊겼다.

그러나 유럽을 전쟁으로 밀어 넣은 요인들에 너무 집중하다 보면, 다른 방향인 평화로 유럽을 이끌던 요인들을 간과할 위험이 있다. 19세기에는 전쟁을 불법화하고 국가 간의 분쟁을 중재해 전쟁을 막는 여러 단체와 결사가 생겨났다. 앤드루 카네기나 알프레드 노벨 같은 사람들은 국제 이해 증진을 위해 재산을 기부했다. 세계의 노동 운동과 사회주의 정당들은 제2인터내셔널을 조직했다. 이 조직은 전쟁에 반대하는 결의안을 반복해서 통과시켰고, 전쟁이 일어나면 총파업을 벌이겠다고 위협했다.

19세기에 과학, 산업, 교육에서 이루어진 비약적인 발전은 점점 더 번영하고 강력해지는 유럽에 집중되었다. 유럽인들은 더 빨라진 통신, 교역, 투자, 이주, 공식적인 제국과 비공식적인 제국의 확장으로 서로 간에, 그리고 전 세계와 연결되었다. 1914년 이전 세계화에 견줄 것은 냉전 종식 후 우리 시대밖에 없다. 물론 이 새로운 상호 의존적 세계는 새로운 국제기구를 만들고 국가들의 보편적 행동 기준을 점점 수용할 것이라고 널리 믿어졌다. 국제관계는 더이상 누군가 이기면 누군가 지는 18세기처럼 보이지 않았다. 평화가 유지되면 모두 승자가 될 것 같았다. 국가 간의 분쟁을 점점 더 중재를 통해 해결하고, 유럽 열강이 오스만제국 쇠퇴와 같은 문제를 함께 풀어나가는 경우가 늘어나고, 국제중재재판소가 설립된 것 모두가 세계 문제를 관리하는 새롭고 더 효율적인 방법을 위한 기초가 한 단계씩 놓여가는 것처럼 보였다. 전쟁은 과거의 일이 되길 많은 사람이 희망했다. 전쟁은 분쟁을 해결하는 좋은 방법이 아니었다. 그뿐 아니라 전쟁은 교전국 자원의 소진과 새로운 무기와 기술이 가하는 파괴의 규모에서 대가가 너무 커졌다. 은행가들은 전면전이 시작되더라도, 재정적으로 지원할 수 없어서 몇 주 만에 전쟁이 중단될 것이라고 경고했다.

1914년에 일어난 사건에 대한 엄청난 양의 저술 대부분은 왜 1차 대전이 발발했는지를 묻고 있다. 하지만 우리는 다른 종류의 질문을 제기할 필요가 있다. 어째서 오랜 평화가 더 지속되지 않았는가? 유럽을 평화로 이끌던, 한때 강했던 세력이 왜 승리하지 못했는가? 그 전에는 그들이 결국 해냈는데, 왜 이번에는 그 체제가 실패했을까? 그 답을 얻는 하나의 방법은 1914년 이전 수십 년 동안 유럽의 선택지가 어떻게 좁아졌는지 살펴보는 것이다.

*

산책자들을 다시 한번 상상해보자. 그들은 유럽처럼 넓고 햇빛이 비치는 평원에서 출발하지만 곧 갈림길을 만나 둘 중 한 길을 선택해야만 한다. 당시에는 그런 낌새를 알아채지 못하지만 그들은 원하는 곳으로 이어지지 않는, 점점 좁아지는 계곡을 지나고 있다는 것을 알게 된다. 더 나은 길을 찾는 것도 가능하지만 그러려면 상당한 노력이 필요하고, 계곡 위의 언덕 반대편에 무엇이 있는지도 분명하지 않다. 오던 길을 되돌아갈 수 있지만, 비용이 들고 시간을 허비하게 되며 창피할 수도 있다. 예를 들어 독일 정부가 영국과의 해군력 경쟁이 잘못 생각한 것이었을 뿐 아니라 엄청난 자금 낭비라는 것을 자신과 독일 국민에게 인정할 수 있었겠는가?

이 책은 유럽이 1914년까지 이르게 된 길을 추적하고 선택의 여지가 좁아진 전환점을 짚어본다. 프랑스가 독일에 맞서 러시아와 방어 동맹을 맺기로 결정한 것이 그 하나이고, 1890년대 말 독일이 영국과 해군력 경쟁을 시작하기로 결정한 것이 또다른 전환점이다. 영국은 조심스럽게 프랑스와 관계를 재정립한 다음 러시아와도 차츰 관계를 개선했다. 또다른 중요한 순간은 1905-6년에 찾아왔다. 이때 독일은 모로코를 둘러싼 1차 위기에서 새로운 영불협상을 해체하려고 시도했다. 이 노력의 역효과로 두 우방은 더 가까워졌고, 비밀 군사회담을 촉발해 영국을 프랑스와 잇는 또다른 끈을 제공했다. 이어진 유럽의 심각한 위기들 — 1908년 보스니아 위기, 1911년 2차 모로코 위기, 1912년과 1913년 발칸전쟁 — 은 강국 간의 관계를 형성한 분노, 의심, 기억의 단층을 추가로 쌓았다. 이것이 1914년 결정들이 내려진 배경이다.

과거와 단절하고 새롭게 출발하는 것은 가능하다. 1970년대 초 닉슨과 마오쩌둥은 20년 이상의 적대 관계를 청산하는 것이 두 나라 모두에 이익이 된다고 결정했다. 우정은 변하고 동맹도 깨질 수 있다. 1차 대전이 시작할 때 이탈리아는 오스트리아-헝가리, 독일과 구축했던 3국동맹 편에서 싸우기를 거절했다. 하지만 시간이 지나고 상호 의무와 개인적 연계가 강화되면 그러기가 점점 어려워진다. 1914년 영국의 개입을 지지하는 강력한 논리 중 하나는 영국이 프랑스로 하여금 군사 지원을 기대하게 만들었고, 거기서 물러나는 것은 불명예스럽다는 것이었다. 그럼에도 불구하고 1913년까지도 두 동맹 체계를 건너뛰려는 시도가 있었다. 독일과 러시아는 서로 이견을 해소하기 위해 때때로 대화했고 영국과 독일, 러시아와 오스트리아-헝가리,

프랑스와 독일도 같은 시도를 했다. 그러나 관성 때문인지 몰라도 과거의 기억이 충돌하고, 무슨 이유에서인지 배신에 대한 두려움이 생기면서 이 시도는 아무런 결과를 가져오지 못했다.

결국 1914년 여름, 의사를 결정할 수 있었던 몇 명의 장군, 왕관을 쓴 군주, 외교관, 정치인에게 화살을 돌리게 된다. 그들은 군대를 동원하거나 타협하는 데, 군대가 계획을 실행하는 데 찬성 또는 반대를 할 수 있었다. 맥락은 왜 그들이 그런 사람이 되었고, 그렇게 행동했는지를 이해하는 데 아주 중요하다. 그러나 개인의 성격을 작게 볼 수도 없다. 독일 수상 테오발트 폰 베트만홀베크는 사랑하는 부인을 막 잃은 상태였는데, 그것이 전쟁 발발에 대한 숙명론을 강화했을까? 러시아의 니콜라이 2세는 근본적으로 나약한 사람이었다. 그래서 러시아 군대를 즉각 동원하려는 장군들에게 저항하기가 더 어려웠을 것이 분명하다. 오스트리아-헝가리 총사령관 프란츠 콘라트 폰 회첸도르프는 조국의 영광뿐 아니라, 이혼녀와 결혼하기 위해 자신의 영광을 원했다.

그렇게 발발한 전쟁은 너무 끔찍해서 책임질 사람을 찾는 일이 계속 진행되었다. 참전국은 모두 프로파간다와 신중한 문서를 통해 자국의 무죄를 주장하고 다른 국가들에게 책임을 떠넘겼다. 좌익은 자본주의나 무기 생산자 또는 "죽음의 상인"인 무기 상인을 비난했고, 우익은 좌익이나 유대인 또는 두 집단 모두를 비난했다. 1919년 파리평화회의에서 전승국들은 카이저, 그의 몇몇 장군, 외교관들을 전쟁범으로 재판에 회부하자고 논의했지만, 이 일은 성사되지 않았다. 책임 문제는 계속 중요했다. 왜냐하면 독일이 책임져야 하면 당연히 배상금을 지불해야 했기 때문이다. 만일 그렇지 않다면 독일이 감당한 배상금과 다른 징벌은 대단히 불공정하고 불법적인 것이었다. 이것이 독일 내의 일반적 시각이었고, 이 시각은 영어권으로도 점점 확산되었다. 전간기 중 지배적인 생각은 데이비드 로이드조지가 말한 대로 "국가들은 염려와 경악의 흔적도 없이 끓는 전쟁의 가마솥으로 미끄러져 들어갔다"는 것이었다.[4] 1차대전은 어느 특정인의 잘못이 아니라 모두의 잘못이었다.

2차대전 후 프리츠 피셔를 필두로 한 몇 명의 대담한 독일 역사가들이 문서고 자료들을 다시 들여다보고 독일이 실제 책임이 있으며, 1차대전 전 독일 마지막 정부와 히틀러의 의도 사이에 사악한 연속성이 있다고 주장했다. 그들은 이러한 주장에 대한 반론을 기꺼이 받아들였고, 아직도 논쟁은 계속되고 있다.

이러한 모색은 결코 끝나지 않을 것이다. 나는 일부 국가와 그 지도자들에게 더 책임이 있다고 주장한다. 1914년 세르비아를 파괴하려 한 오스트리아-헝가리의 정신 나간 결단, 오스트리아-헝가리를 끝까지 지원하겠다는 독일의 결정, 성급한 러시아의 동원, 이 모든 것이 전쟁 발발에 가장 큰 책임이 있다고 생각한다. 프랑스와 영국 모두 전쟁을 원하지 않았지만, 두 국가는 전쟁을 막기 위해 더 많은 일을 할 수 있었다. 더 흥미로운 질문은 1914년 여름 유럽이 어떻게 평화보다 전쟁 가능성이 커진 상황에 도달했는가이다. 결정을 내린 사람들은 무엇을 하고 있다고 생각했을까? 왜 그들은 이전처럼 뒤로 물러서지 않았을까? 다시 말하자면 왜 평화는 실패했을까?

1장

1900년 유럽

1899-1902년 진행된 영국제국과 남아프리카 보어인이 세운 두 공화국의 전쟁에서 세계 사람들은 대부분 보어인을 동정했다. 특히 키치너 경이 국제적 경멸의 타깃이 되었다. 그가 농장과 가축을 짓밟고 부녀자와 어린이를 집단수용소에 몰아넣으며 보어인들의 저항을 잔혹하게 분쇄했기 때문이었다.

1900년 4월 14일 프랑스 대통령 에밀 루베는 파리만국박람회 개회 연설에서 정의와 인류의 친절에 대해 찬사를 보냈다. 하지만 당시 언론의 논평은 조금도 친절하지 않았다. 만국박람회는 준비되지 않은 상태였고, 박람회장은 건축 공사로 먼지가 날리는 난장판이었다. 입구에는 여배우 사라 베르나르를 모델로 한 이브닝드레스를 입은 거대한 여인이 서 있었는데, 거의 모든 사람들이 이 조각상을 싫어했다. 그러나 박람회는 5천만 명 이상의 관람객이 모여들며 대성공을 거두었다.

이 박람회의 외양과 내용은 과거의 영광을 경축하는 것이었고, 각국은 그림, 조각, 희귀본이나 필사본 등 자국의 보물과 국가 활동을 전시했다. 캐나다관은 모피 더미를, 핀란드관은 많은 원목을 전시했고, 포르투갈은 관상용 물고기로 자국 전시관을 꾸몄다. 유럽 각국의 많은 전시관들이 위대한 고딕 양식이나 르네상스 양식 건물을 흉내 냈고, 작은 나라 스위스는 산간 목조주택 전시관을 마련했다. 중국관은 베이징의 자금성 일부를 그대로 따라 했고, 시암(오늘날 태국)은 탑을 세웠다. 휘청거리기는 했지만 남유럽 발칸반도에서 튀르키예를 지나 아랍까지 세력을 뻗친 오스만제국은 기독교인, 이슬람교도, 유대인 등 다양한 사람들을 수용한 제국답게 혼합된 양식을 선보였다.

색색의 타일과 벽돌, 아치, 탑, 고딕식 창문, 모스크의 요소들, 콘스탄티노플(현 이스탄불) 대시장Grand Bazaar의 모습을 두루 담은 오스만제국관은, 한때 화려한 기독교 성당이었다가 오스만 정복 이후 모스크로 바뀐 성 소피아 대성당을 닮은 모습을 연출해냈다.

독일 전시관 꼭대기에는 트럼펫을 부는 전령의 동상이 설치되었다. 이것은 가장 최근에 유럽 강대국이 된 독일에 걸맞은 상징이었다. 내부에는 프리드리히대왕도서관이 정확히 재현되어 있었다. 영리하게도 독일은 프랑스를 꺾은 군사적 승리에 초점을 맞추지 않았다. 그러나 서쪽 면은 독일과 세계 최대 해양국인 영국 사이에 벌어지고 있던 새로운 경쟁을 암시했다. 전시관 한 면에는 바다의 요정 사이렌이 부르는 험한 바다를 보여주고, 카이저 빌헬름 2세가 직접 썼다고 소문난 "행운의 별이 용감한 사람들에게 닻을 올리고 스스로 나서서 격랑을 정복하라고 고무한다"라는 글이 적혀 있었다. 1871년에 탄생해 빠르게 부상한 독일제국의 힘을 상기시키는 전시물은 박람회장 다른 곳에도 있었다. 전기관에는 2만 5천 킬로그램을 들어 올릴 수 있는 독일산 기중기가 전시되었다.

유럽에서 독일과 가장 가까운 동맹국 오스트리아-헝가리는 이중제국으로 알려진 각 제국에 하나씩, 두 개의 전시관을 설치했다. 오스트리아 전시관은 유럽에서 떠오르고 있는 새로운 예술 형식인 아르누보Art Nouveau로 꾸며졌다. 대리석으로 만든 아기 천사와 돌고래가 분수 주변을 장식하고, 거대한 조각상들이 계단을 떠받치고, 벽의 모든 면은 금빛 잎, 보석, 행복하거나 슬픈 표정의 가면 또는 화관으로 장식되었다. 유럽 중심부에서 알프스산맥과 아드리아해까지 뻗은 거대한 제국을 수백 년 동안 통치해온 합스부르크가를 위한 화려한 응접실도 마련되었다. 이중제국에 거주하는 많은 민족 중 일부에 불과한 폴란드인, 체코인, 달마티아 해안의 남슬라브인의 작품도 전시물에 포함되어 있었다. 오스트리아 전시관 옆 헝가리 전시관과 분리된 작은 전시관은, 여전히 오스만제국의 일원이지만 1878년부터 빈의 통치를 받고 있는 작은 보스니아 지방을 대표했다. 아셰트 출판사에서 펴낸 안내 책자에 따르면, 수도 사라예보의 장인들이 만든 아름다운 장식이 돋보이는 보스니아 전시관은 부모를 따라 처음으로 세상에 나온 어린 소녀 같았다.[1] (그리고 이 전시물들은 별로 행복해 보이지 않았다.)

헝가리 전시관은 민족주의적 분위기를 강하게 풍겼다. (오스트리아 비평가들은 전시된 민속 예술품이 저속하고 색이 너무 밝다며 신랄하게 비평했다.) 전시물 중에는 16세기 오스만제국이 북쪽으로 세력을 팽창할 때 그 길을 가로막은 코마롬 요새를 재현한 작품도 있었다. 이 요새는 1848년 합스부르크가에 반기를 든 헝가리 민족주의자들 수중에 떨어졌지만, 1849년 다시 오스트리아군에 점령됐다. 다른 방에는 오스만 군대에 용감히 맞선 창기병이 전시되었다. 그러나 전시관은 헝가리 영역 내에 사는 크로아티아인과 루마니아인 같은, 수백만 명에 달하는 비헝가리계 민족에는 덜 관심을 기울였다.

독일처럼 신흥 국가이자 실제보다 더 강국으로 예우를 받은 이탈리아는 거대하고 화려하게 장식된 대성당 형태의 전시관을 만들었다. 황금 돔 꼭대기에는 승리의 날개를 활짝 편 거대한 독수리가 올려졌다. 내부는 중세와 르네상스 시대의 예술품으로 가득 찼지만, 과

거의 영광은 아직 가난한 이 신흥 국가를 무겁게 짓눌렀다. 대조적으로 영국은 세계의 무역과 생산을 지배하고, 세계 최강의 해군과 가장 큰 제국을 보유하고 있었지만 위용을 억제하는 전시 방법을 택했다. 전시관은 떠오르는 젊은 건축가 에드윈 루티엔스가 디자인한 절반은 원목인 튜더 스타일의 아담한 시골 별장 모습이었고, 대부분 18세기 그림이 전시되었다. 그림을 소장한 일부 영국인들은 전통적으로 껄끄러웠던 영국과 프랑스의 관계가 1900년 유독 좋지 않았기 때문에 그림을 빌려주길 거부했다.[2]

러시아는 프랑스가 가장 좋아하는 동맹국이라는 자부심을 전시관에 과시했다. 러시아 전시관은 거대했고, 시베리아 전시에 사용된 크렘린 형태의 거대한 궁전에서부터 차르의 어머니인 황후 마리에를 기념하는 화려한 전시관까지 여러 곳에 흩어져 있었다. 전시관 방문객들은 차르인 니콜라이 2세가 프랑스인들에게 선물로 보낸 보석으로 만든 프랑스 지도에 경탄했고, 로마노프왕가가 소유한 엄청난 부에 감탄할 수밖에 없었다. 프랑스는 자체 전시관은 없었지만 박람회장 전체가 프랑스 문명, 프랑스의 힘, 프랑스 산업과 농업, 프랑스 식민지의 기념비처럼 만들어졌고, 각 전시실은 프랑스가 이룬 업적을 과시하고 있었다. 예술궁전Palais des Beaux-Arts의 프랑스 전시실은 당연히 세련된 감각과 화려함의 모범이라고 안내 책자는 말하고 있었다. 박람회는 불과 30년 전에 독일 탄생을 막으려다가 완패했지만 프랑스가 여전히 강국이라는 것을 다시 강조하는 행사였다.

그럼에도 프랑스는 만국박람회가 인류 모두의 "화합과 평화의 상징"이라고 주장했다. 40여 개의 파리만국박람회 참가국은 대부분 유럽 국가였지만 미국, 중국, 몇몇 라틴아메리카 국가도 전시관을 설치했다. 힘이 어디에 있는가를 상기시켜주기 위해 박람회 일부는 유럽 국가들이 보유한 식민지에 할당되었다. 관람객들은 이국적인 식물과 동물, 아프리카 복제 마을 옆을 지나가고, 프랑스령 인도차이나에서 온 장인들이 일하는 모습을 보고, 북아프리카 시장에서 기념품을 샀다. 한 미국 관람자는 "유연하게 춤추는 소녀들은 테르프시코레〔춤을 관장하는 여신〕 추종자들이 알고 있는 최악의 신체 굴곡을 보여주었다"며 혹평했다.[3] 방문객들은 자신들의 문명이 우위에 있고, 그 문명의 혜택이 지구 전체로 퍼지고 있다고 안심하며 돌아갔다.

만국박람회는 혁명과 전쟁으로 시작되었지만 이제는 진보와 평화, 번영을 상징하는 한 세기의 종결을 기념하는 적절한 행사로 보였다. 유럽은 19세기에 전쟁에서 완전히 자유롭지는 않았지만, 오랜 투쟁이 이어진 18세기나 프랑스혁명 전쟁과 이후 거의 모든 유럽 국가가 끌려 들어간 나폴레옹전쟁에 비하면 아무것도 아니었다. 19세기에 벌어진 전쟁들은 일반적으로 아주 짧았고 ― 프로이센과 오스트리아제국의 전쟁은 7주간 지속되었다 ― 아니면 유럽 땅에서 멀리 떨어진 곳에서 벌어진 식민지 전쟁이었다. (유럽인들은 4년간 지속되었을 뿐 아니라 현대 기술과 평범한 철조망과 삽이 전쟁에서의 우위를 방어 쪽으로 변화시키고 있다는 조기 경보를 준 미국 남북전쟁에 더 많은 주의를 기울여야 했다.) 19세기 중반 크림전쟁에는 유럽의 네 강국이 참전했지만, 그것은 예외였다. 오스트리아-프로이센전쟁, 프랑스-프로이센전쟁 또는 러시아-튀르크전쟁에서 다른 강국들은 현명하게도 전쟁에 거리를 두었고, 다시 평화를 구축하기 위해 할 수 있는 일을 해냈다.

일정한 상황에서 국가가 목표를 달성하는 다른 길을 찾지 못했을 때 전쟁은 여전히 합리적인 수단으로 보였다. 프로이센은 독일 공국들 통제를 오스트리아와 공유할 생각이 없었고, 오스트리아도 양보하지 않기로 결정했다. 이어 벌어진 전쟁은 프로이센에 유리하게 상황을 해결했다. 전쟁에 의존하면 큰 대가를 치러야 하지만, 그 대가가 과도하지는 않았다. 전쟁은 시간과 범위 모두에서 제한이 있었다. 전문적 군대가 서로 싸웠고, 민간인과 재산 피해는 앞으로 벌어질 사태에 비하면 최소한에 그쳤다. 먼저 공격하여 결정적 승리를 거두는 것이 여전히 가능했다. 그러나 1870-1년 벌어진 프랑스-프로이센전쟁은 미국 남북전쟁처럼 무력 충돌 양상이 바뀌고 있다는 것을 암시했다. 징병제가 실시되면서 군대가 커졌고, 좀더 성능 좋고 정확한 무기들과 강력해진 화력으로 프로이센 군대와 독일 동맹국 군대는 초기 공격에서 프랑스에 많은 사상자를 발생시켰다. 스당에서 프랑스군이 항복하고도 전쟁은 끝나지 않았다. 프랑스 국민, 아니면 그들 대다수는 전쟁에서 계속 싸우는 것을 택했다. 그러나 그것도 결국 끝났다. 프랑스와 독일은 결국 강화를 했고, 양국 관계는 점진적으로 개선되었다. 1900년 베를린 기업 공동체는 파리 상공회의소에 만국박람회 개최를 요청하는 서한을 보냈다. 그들은 "전 세계 문명국들 모두가 노고를 통해 서로 가까워질 수 있는 이 거대한 과업"이 성공하기를 기원했다.[4] 독일에서 기대하듯이 만국박람회를 방문하는 많은 독일인은 두 나라 국민 사이의 관계를 개선하는 데 도움을 줄 것이었다.

지구상의 모든 사람들이 이 박람회를 위해 일했다고 아세트 안내책자는 설명했다. "그들은 자신들의 경이와 보물을 우리를 위해 축적

해놓았다가 지금까지 알려지지 않은 예술, 간과된 발명을 보여주고, 진보가 그 정복을 완화하지 않을 평화로운 방법으로 우리와 경쟁하도록 해주었다." 움직이는 보도步道에서부터 영화까지 진보와 미래라는 주제가 박람회 전체를 주도했다. 폭포가 쏟아지고 분수가 물을 뿜으며, 천연색 조명이 물을 비추는 급수탑도 있었다. 그 한복판에는 일상과 증오라는 다소 기괴한 조합을 던져버리고 진보하며 미래로 나아가는 인류를 비유하는 조형물이 설치되었다.

박람회는 각국 전시물을 보여주는 자리였지만 서양 문명, 산업, 상업, 과학, 기술, 예술의 가장 최근의 비상한 업적을 보여주는 기념비기도 했다. 그곳에서는 헨리 제임스처럼 새로운 엑스레이 기계를 보거나 다이나모 홀Hall of Dynamos에 압도될 수 있었다. 그중에서도 가장 흥분되는 발명은 전기였다. 이탈리아 미래주의 예술가 자코모 발라는 딸들의 이름을 파리만국박람회를 기념해서 빛과 전기란 뜻의 루체Luce와 엘렉트리시타Electricità로 지었다. (셋째 딸 이름은 그가 경탄한 현대적 기계인 프로펠러라는 뜻의 에리카Erica로 지었다.) 카미유 생상스는 박람회의 전기 전시품을 위한 특별한 칸타타〈천상의 불Le Feu céleste〉을 작곡했으며 오케스트라, 독주자, 합창단으로 구성된 연주단이 무료로 이 곡을 박람회에서 공연했다. 전기관은 5000개의 전구로 불이 밝혀졌고, 그 지붕 꼭대기에는 전기의 요정이 말과 용이 끄는 마차에 앉아 있었다. 그밖에도 수십 개의 전시관이 기계, 광업, 금속, 화학 공업, 대중교통, 위생, 농업 등에서 이루어진 현대사회의 중요한 성취를 보여주었다.

다른 볼거리도 아주 많았다. 인근 불로뉴 숲에서는 박람회 행사의 일부로 두 번째 근대 올림픽이 열렸다. 그곳에서는 프랑스인이 아주 잘하는 펜싱, 영국의 주특기인 테니스, 미국이 주도하는 육상 경기 그리고 사이클링과 크로켓 경기가 진행되었다. 뱅센의 박람회 별관에서는 새로운 자동차를 살펴보고 열기구 경주를 관람할 수 있었다. 초기 영화감독인 라울 그리무앵 상송 Raoul Grimoin-Sanson은 열기구를 타고 올라가 창공에서 박람회 전경을 찍었다. 아셰트 안내 책자에 따르면 박람회는 "한 세기 전체의 엄청난 결과이자 대단한 절정으로서 발명에서 가장 생산적이고, 과학에서 가장 엄청난 결과를 보여주고, 우주의 경제 질서를 혁명화한" 자리였다.

20세기에 벌어질 일을 생각하면 이런 자랑과 현실 안주는 동정이 갈 만하지만, 1900년에 유럽인들은 최근 상황에 만족하고 미래에 확신을 가질 충분한 이유가 있었다. 1870년부터 30년간 생산과 부가 폭발적으로 증가했고, 사회와 생활 방식에 큰 변화가 나타났다. 값싸고도 좋은 식품, 위생의 개선, 의학의 극적인 발전 덕분에 유럽인들은 더 건강하게, 오래 살았다. 유럽 인구는 1억 명이 늘어 4억 명에 달했지만, 산업과 농업의 생산 증가와 전 세계에서 들어오는 수입 덕분에 이런 인구 증가를 감당할 수 있었다. (해외 이주도 더 극적인 증가를 피할 수 있는 안전장치가 되었다. 19세기 마지막 20년 동안 약 2500만 명이 미국으로 새로운 기회를 찾아 떠났고, 수백만 명이 오스트레일리아나 캐나다, 아르헨티나로 이민을 갔다.)

유럽의 도시와 소도시들은 점점 더 많은 사람이 농촌에서 이주해

오면서 크게 성장했다. 그들은 좀더 나은 기회를 찾아 공장, 상점, 사무실에서 일자리를 구했다. 1789년 프랑스혁명 직전 60만 명이었던 파리 인구는 박람회가 열린 시점에 400만 명으로 늘어났다. 헝가리 수도 부다페스트는 가장 극적인 인구 증가를 보여주었다. 1867년 28만 명이었던 인구는 1차대전 발발 때 93만 3000명으로 늘어나 있었다. 이렇게 농업으로 먹고사는 유럽인 인구는 감소하고 노동계급과 중산층 인구가 늘어났다. 노동자들이 결성한 노동조합은 19세기 말 대부분 국가에서 합법적 단체가 되었다. 프랑스에서는 1900년 이전 15년 동안 노동조합 회원이 다섯 배 늘어났고, 1차대전 직전에는 백만 명에 달했다. 점점 커지는 노동계급의 중요성을 인식하고 만국박람회는 노동자 표준 주택과 노동자들의 도덕적·지적 발전의 성과를 전시했다.

파리만국박람회를 설계한 공학자 알프레드 피카르는 방문객들이 교육관부터 관람을 시작할 것을 추천했다. 그는 교육이 모든 진보의 근원이라고 말했다. 교육관은 프랑스뿐만 아니라 다른 나라들의 유치원에서부터 대학까지의 교과 과정과 교육 방법을 전시했다. 미국의 전시장은 미국인들이 선호하는 호기심을 불러일으키는 교육 방법을 전시하고 있어서 방문할 가치가 있다고 아셰트 안내 책자는 설명했다. (어느 것이 그러한지는 특정하지 않았다.) 유럽 경제가 변하면서 정부와 사업계 모두가 더 나은 교육을 받은 국민이 필요하다는 것을 깨달았다. 기술과 과학, 성인 야간학습을 위한 특별 전시실도 있었다. 19세기 말에는 대중 교육이 확산되어 글을 읽는 사람들이 늘어났다. 1차대전 직전 심지어 유럽에서 가장 낙후된 강국으로 여겨지던 러시아에서도 도시와 소도시 아동의 절반과 농촌 아동 28퍼센트가 초등학교에 다녔고, 정부는 1922년까지 100퍼센트로 끌어올리는 것을 목표로 삼았다.

공공도서관과 성인 교육 수업이 증가하면서 독서가 장려되었고, 출판계는 만화 잡지, 통속 소설, 스릴러 그리고 서부극 같은 모험 소설로 새로운 대중 시장에 반응했다. 또한 헤드라인을 화려하게 뽑고 그림을 과감하게 사용한 대중 신문이 나타났다. 1900년 런던에서는 《데일리 메일Daily Mail》이 100만 부 이상 발행되었다. 이 모든 것이 유럽인들의 시각을 넓히고, 자신들이 조상들보다 훨씬 더 큰 공동체의 일원이라는 것을 느끼게 해주었다. 한때 자신을 마을이나 소도시의 구성원으로만 생각했던 유럽인들은 점차 독일인, 프랑스인, 영국인 등 민족이라고 불리는 집단의 일원이라고 느끼게 되었다.

파리만국박람회에는 정부 자체에 대한 전시는 없었지만, 많은 전시물이 공공 업무부터 시민의 복지까지 정부의 늘어난 업무를 보여주었다. 사회가 훨씬 복잡해졌기 때문에 새로운 유럽에서 통치하는 일은 30년 전보다 훨씬 더 복잡한 업무가 되었다. 민주주의 확산과 투표권 확대 또한 대중의 더 많은 요구를 수반했다. 어느 정부도 불만을 품은 대중이 많아지는 것을 원치 않았다. 유럽의 많은 혁명에 대한 기억도 모두 새롭게 자각되었다. 그뿐 아니라 영국을 제외한 유럽 많은 국가의 군대들은 일정 기간 젊은이들을 징집했고, 이것은 통치 계급이 대중의 협력과 선의에 의존한다는 것을 의미했다. 러시아의 지적인 귀족 예브게니 트루베츠코이는 "러시아 방어를 위해 의존할 필요가 있는 주민들에 거슬리는 통치를 하는 것은 불가능하다"고 말했다.[5]

각국 정부는 국민을 위한 기본적 안보보다 더 많은 것을 제공해야 한다는 것을 깨달았다. 이것은 사회적 갈등을 피하기 위한 것이기도 하지만, 더 건강하고 잘 교육된 사람들이 경제와 군대에 더 큰 도움이 된다는 것을 알았기 때문이기도 했다. 위대한 독일 수상 오토 폰 비스마르크는 1880년대 독일에 실업 수당과 노년 연금과 같은 현대적 복지 체제를 만들었고, 다른 유럽 국가들도 그의 정책을 따랐다. 또한 더 나은 정보의 필요성이 대두되면서 통계가 19세기 말 통치의 중요한 수단이 되었다. 이제 제대로 통치하려면 훈련된 공무원이 필요했다. 가문과 연줄로 선발된 예전 군대와 관료제의 아마추어적인 인력 충원 관행은 이제 제 역할을 할 수 없었다. 지도를 읽지 못하고, 전술이나 병참을 이해하지 못하는 장교들은 점점 더 현대화되는 군대를 통솔할 수 없었다. 외국 사무소는 더이상 외교 문제에 관여하고 싶어하는 신사들의 편안한 피난처가 아니었다. 그리고 여론이라는 새롭고도 예측 불가능한 요인이 생겨난 것은 정부가 더이상 외교 업무를 마음대로 처리할 수 없게 되었다는 것을 의미했다.

빠르고 값싼 공공우체국과 전보를 포함한 통신 수단의 발달로 유럽인들은 더 밀접하게 접촉하고 민족적 감정을 고양했을 뿐 아니라, 다른 나라에서 일어나는 일도 잘 알게 되었다. 비용이 덜 들고, 더 쉬워진 여행도 이런 변화에 크게 한몫했다. 도시에서는 말이 끄는 교통수단이 차츰 전차와 같은 새로운 교통수단에 자리를 내주었고, 파리 지하철 첫 구간이 파리만국박람회에 맞추어 개통되었다. (또한 지하철 소매치기도 일을 시작했다.) 그리고 철도와 운하 연결망이 유럽에 확산되었고 기선이 대양을 누볐다. 1850년에는 유럽대륙 전체 철도 길이가 2만 2500킬로미터에 불과했지만, 1900년에는 29만 킬로미터 이상으로 늘어났다. 파리만국박람회 관람객은 유럽 전역에서 모여들었고, 미국같이 더 먼 곳에서도 그해 여름 파리를 찾는 사람이 상당히 많았다. 대중 관광이라는 새로운 현상도 생겨났다. 한때 부자들과 시간이 남아도는 사람들의 전유물이었던 관광 여행은 — 18세기 젊은 귀족들의 대여행Grand Tours를 생각해보라 — 이제 중산층과 심지어 여유가 있는 노동계급도 즐길 수 있게 되었다. 1840년대 영국 기업가 토머스 쿡은 새로 설치된 철로를 이용해 금주하는 사람들을 위한 여행을 기획했다. 19세기 말, 토머스 쿡 여행사Thomas Cook and Son는 매년 수천 명을 위한 여행을 조직했다. 1900년 이 회사는 당연히 파리와 박람회 여행을 위한 특별 여행 패키지를 내놓았다.

유럽은 오늘날 우리가 알고 있는 세계처럼 바뀌기 시작했다. 도시는 과거의 낡은 빈민가, 비좁은 골목길을 없애고 넓은 도로와 공공장소를 건설했다. 빈에서 오스트리아 정부는 오랜 기간 옛 성벽으로의 접근을 막기 위해 보존하던 넓은 땅을 개발하기 시작했다. 거대한 공공건물과 우아한 아파트 블록이 있는 링스트라세 거리는 새로운 현대적 도시의 상징이 되었다. 19세기 말 빈은 다른 유럽 도시처럼 깨끗하고 살기 좋은 도시가 되었고, 전구가 가스등을 대체하면서 더 밝은 도시가 되었다. 유명한 오스트리아 작가 슈테판 츠바이크는 자서전에 유럽의 대도시를 다시 방문할 때마다 놀라고 기분이 좋아진다고 썼다. "거리는 더 넓어졌고 세련된 모습이 되었다. 공공건물은 더 인상적이었고, 상점들은 더 우아해졌다."[6] 좀더 나은 하수 시설, 실내 화장실, 깨끗한 상수도는 자주 창궐했던 장티푸스나 콜레라 같은 과거 질병을 점차 사라지게 했다. 병원과 공공건물에 사용될 수 있는 새로운 대중용 난방과 환기 체제를 선보이고, 질병의 정복에 주안점을 둔 1900년 파리만국박람회 위생관은 파스퇴르의 흉상에 가장 명예로운 자리를 제공했다. (한 캐나다 관람객은 "진저리나는 프랑스 사람이 그렇게 많지 않았다면" 이 전시관을 더 관람했을 것이라고 말했다.)[7]

직물과 의복 전시관에서 프랑스인들은 자신들이 만든 최상의 여성복을 선보였을 뿐 아니라 중산층 소비자가 구입할 수 있는 기성복도 전시했다. 새로운 소비재 — 자전거, 전화, 리놀륨, 값싼 신문과 책 — 는 일상생활의 일부가 되었고, 대형 백화점과 카탈로그 쇼핑을 통해 모든 사람이 이용할 수 있었다. 이러한 혜택을 누리는 유럽인은 점점 늘어났다. 대량 생산 덕분에 일반 가정에서도 한때 사치품으로 여겨지던 제품을 사용할 수 있었다. 1880년대 독일 공장들은 매년 7만 3000대의 피아노를 생산했다. 공공 오락과 여가는 더 저렴해지고 정교해졌다. 영화라는 새로운 매체가 멋지게 장식된 특별 영화관 건설 붐을 자극했다. 프랑스 카페들은 커피나 술 한 잔 값을 내고 한 사람이나 두 사람의 가수, 코미디언, 무용수가 등장하는 카페-콘서트를 제공했다. 영국에서는 밝은 조명과 번쩍이는 청동 장식, 푹신한 의자와 두툼한 벽지가 발린 공공건물이 저녁이면 노동계급의 여가 장소가 되었다.

유럽인들은 훨씬 더 잘 먹게 되었다. 박람회장의 (거대한 샴페인 병으로 장식된) 전시관에서는 프랑스 농업과 식품의 영광을 보여주었지만, 외국식품관은 세계 여러 곳의 음식을 선보였다. 유럽인들은 냉동실에 보관되어 운송되거나 통조림으로 만든 아조레스 제도에서 온

파인애플, 뉴질랜드산 양고기, 아르헨티나산 소고기에 점점 익숙해졌다. (캠벨 통조림 수프는 파리만국박람회에서 금메달을 받았다.) 영농 방식의 개선과 세계 곳곳에 새로운 경작지가 개발된 것, 비용이 덜 들고 더 빨라진 운송 덕분에 식품 가격은 19세기 마지막 30여 년 동안 거의 50퍼센트나 하락했다. 살기 좋은 세상이었고, 특히 중산층이 혜택을 누렸다.

1900년 열아홉 살이었던 슈테판 츠바이크는 아무 걱정 없던 젊은 시절의 사진을 남겼다. 부유하고 너그러운 그의 가족은 그가 빈대학에서 하고 싶은 것을 무엇이든 하게 했다. 그는 최소한만 학업을 따라가면서 폭넓은 독서를 했다. 그는 초기 시와 글을 출간하며 작가 활동을 시작했다. 마지막 작품인 《어제의 세계》에서 그는 1차대전 이전 시기를 "안정된 황금기"라고 묘사했다. 특히 중산층에게 삶은 합스부르크가처럼 안정되고 영구히 지속될 것 같았다. 예금은 안전했고 다음 세대로 자산이 안전하게 이전될 것이었다. 인류, 특히 유럽의 인류는 한층 높은 단계로 나아가는 것처럼 보였다. 유럽 사회는 더욱 번영하고 제대로 조직되었을 뿐 아니라 사회의 구성원들은 더 친절하고 더 합리적인 사람이 되어갔다. 츠바이크의 부모와 그들의 친구들에게 과거는 탄식할 대상인 반면 미래는 점점 더 밝아지고 있었다. "사람들은 더이상 유령이나 마녀를 믿지 않듯이 유럽 국가들 사이의 전쟁 같은 야만적인 퇴보를 믿지 않았다. 우리 아버지들은 관용과 화해의 강력한 힘을 굳게 믿었다."[8] (1941년 초 브라질에 망명 중이던 츠바이크는 원고를 출판사에 보내고 몇 주 후 두 번째 부인과 함께 자살했다.)

1차대전 이전 안정된 황금시대와 진보의 증거는 (새로운 독일을 포함한) 서유럽과, 독일인과 체코인이 거주하는 오스트리아-헝가리의 발전된 지역에서 가장 강하게 느껴졌다. 부, 영토, 영향력, 군사력은 여전히 유럽 국가들이 쥐고 있었다. 영국, 프랑스, 독일, 오스트리아-헝가리, 이탈리아 그리고 유럽의 동쪽 끝에 있는 러시아가 그런 강국이었다. 다소 유럽 국가처럼 보이지 않던 러시아도 극적으로 부상해 세계적 강국이 되고 있었다. 서방 국가들이 아직 16세기에 머물러 있다고 간주하던 러시아는 실제로는 경제적 도약을 하려는 단계에 도달했고, 아마 정치적으로도 그러한 것처럼 보였다. 파리만국박람회의 러시아 전시관은 당연히 러시아 역사와 문명에 대한 존경을 과시하면서 기관차, 기계, 무기 등도 전시했다. 아시아 지역 러시아에 할애된 전시관에서 관람객들은 흔들리는 기차를 타면 거대한 러시아 동쪽 전경을 그린 그림이 차창 밖으로 지나가는 것을 볼 수 있었다. 이 전시에는 역동적인 러시아가 새로운 식민지를 얻어 시베리아횡단철도로 연결하고, 풍부한 천연자원을 개발할 기술을 포함한 현대 문명의 이기를 전달한다는 메시지가 담겨 있었다.

이는 단순히 러시아인들 입장에서 희망적으로 생각한 것은 아니었다. 1880년대 이후 러시아의 발전은 대단했다. 2차대전 후 아시아의 호랑이 국가들Asian Tigers처럼 러시아는 농업 경제에서 산업 경제로 탈바꿈하고 있었다. 연평균 3~3.5퍼센트에 달한 러시아의 경제성장률은 세계 강국인 영국이나 미국이 같은 단계에 도달했을 때보다 높았다. 러일전쟁과 1905년 혁명으로 러시아의 발전은 뒷걸음쳤지만, 1차대전 직전 마지막 기간에 다시 경제 성장이 가속화했다. 1913년이 되자 러시아는 유럽에서 가장 큰 농업 생산국이 되었고,

산업에서도 다른 산업 강국들을 빠르게 따라잡고 있었다. 전쟁 직전 러시아의 산업 생산은 세계 5위였다.[9] 그리고 복합적인 양상을 보이기는 했지만, 러시아 사회와 경제가 좀더 자유로운 방향으로 향하고 있다는 증거도 있었다.

1차대전이 발발하지 않았다면 러시아는 어떻게 되었을까? 러시아는 어떤 방식으로든 살아남았을까? 1917년 혁명이 일어났을까? 전쟁과 구체제의 붕괴가 없었다면 뒤늦게 부상한 혁명 집단인 볼셰비키가 정권을 잡고, 엄격하고 교조적인 정책을 강압적으로 펼칠 수 있었을까? 우리는 그 결과를 알 수 없지만, 러시아가 다른 방식을 통해 피를 덜 흘리고, 낭비를 덜 하면서 현대 시대에 진입했을 것이라고 상상하기는 어렵지 않다. 유럽의 다른 미래도 상상하고픈 유혹을 떨쳐버리기 어렵다. 1900년 유럽은 축하할 일이 너무 많았지만, 유럽의 강국들도 마찬가지였다. 영국은 세계와 유럽에 경쟁국들이 있기는 했지만, 안정과 번영을 구가했다. 프랑스도 혁명과 정치적 소요의 시기를 뒤로 하고, 1870-1년 프로이센과 동맹국들로부터 당한 치욕적 패배에서 회복하고 있는 것처럼 보였다. 독일은 유럽에서 가장 빠르게 성장하는 경제를 자랑하고, 무역과 투자를 통해 동쪽과 남쪽으로 영향력을 확대해나가고 있었다. 독일은 유럽 중심부에서 실세가 될 것처럼 보였고, 20세기 후반에 그랬던 것처럼 강력한 육군을 동원할 필요도 없어 보였다. 오스트리아-헝가리는 살아남았다는 것 자체가 승리였고, 제국 내 많은 민족들도 커다란 경제적·정치적 단위의 일부로서 혜택을 누렸다. 이탈리아는 점차 산업화되고 현대화되었다.

파리만국박람회의 식민지 전시는 세계의 아주 작은 부분을 차지한 나라들이 이전 세기 동안 축적한 대단한 힘을 보여주었다. 유럽 국가들은 공식적인 제국 또는 경제·재정·기술적 힘을 통한 비공식적 통제로 세계의 많은 지역을 지배했다. 전 세계에 깔린 철도, 항만, 전보, 증기선 노선, 공장들은 유럽의 노하우와 돈으로 만들어졌고, 대개 유럽 회사들이 운영했다. 유럽의 지배는 과학혁명과 산업혁명으로 다른 사회를 압도하게 된 19세기에 극적으로 늘어났다. 1830년대 말에 벌어진 첫 아편전쟁에서는 영국 장갑전함(복수의 여신을 뜻하는 네메시스라는 적절한 이름이 붙었다)이 몇백 년 동안 사용되어온 중국 정크선을 상대로 싸움을 벌였다. 힘의 차이가 드러나기 전인 1800년 유럽은 전 세계의 약 38퍼센트를 장악했으나, 1914년이 되자 이 비율은 84퍼센트로 늘어났다.[10] 그 과정이 늘 평화롭지만은 않았던 것은 사실이고, 유럽 강국들은 노획물을 놓고 몇 차례 전쟁을 벌일 뻔했었다. 그러나 1900년이 되자 제국주의가 만들어낸 긴장은 가라앉는 것처럼 보였다. 아프리카, 태평양 또는 아시아에 남아 있는 땅은 별로 없는 것처럼 보였고, 중국이나 오스만제국처럼 쇠퇴하는 나라의 영토는 제국주의자들에게 유혹적으로 보이더라도 기습적으로 차지하지 않는다는 합의가 이루어진 것처럼 보였다.

이렇게 19세기에 힘과 번영을 얻고, 그토록 많은 분야에서 엄청난 진보를 이룬 유럽이 왜 그 모든 것을 포기하려고 하겠는가? 슈테판 츠바이크의 부모처럼 그렇게 무모하고 바보 같은 짓은 불가능하다고 생각하는 유럽인들이 많았다. 유럽은 너무 상호 의존적인 상태가 되었고, 유럽의 경제는 서로 뗄 수 없이 얽혀 있어서 전쟁으로 갑자기 파괴될 수는 없었다. 그런 사태는 당시 동경했던 합리적인 것과

거리가 멀었다.

지질학에서부터 정치학에 이르기까지 많은 분야에서 19세기 동안 이룬 지식의 진보는 인간사에 훨씬 큰 합리성을 가져왔다고 널리 전제되었다. 자신과 사회 또는 자연세계에 대해 더 많은 것을 알수록, 인간은 감정보다 사실에 입각해 결정을 내리게 될 것이라고 생각되었다. 시간이 지날수록 사회학과 정치학 같은 새로운 사회과학을 비롯해 학문이 우리가 알 필요가 있는 모든 것을 밝혀줄 것으로 여겨졌다. 현대 인류학의 아버지 중 한 사람인 에드워드 타일러는 "인류의 역사는 자연의 역사의 일부분이고 한 꾸러미다. 그리고 우리의 사고, 의지, 행동은 파도의 움직임과 산과 염기의 반응, 식물과 동물의 성장과 같이 명확한 법칙에 일치한다"라고 말했다.[11] 이러한 과학에 대한 믿음 — 또는 당시 일반적으로 일컬어진 실증주의 — 과 연계된 것은 진보 또는 당시 유럽 사람들이 대문자로 즐겨 쓰던 진보Progress에 대한 확고한 믿음이었다. 인류의 발전은 모든 사회가 동등한 단계에 이르지는 못하더라도 직선 형태일 것이라고 전제되었다. 당시 가장 널리 읽힌 저서를 쓴 철학자 허버트 스펜서는 진화의 법칙이 자연 종種에서처럼 인간 사회에도 적용된다고 주장했다. 그뿐 아니라 모든 분야에서 진보가 발견되었다. 발전된 사회는 예술, 정치제도, 사회제도에서부터 철학과 종교까지 모든 분야에서 더 바람직한 상태에 있었다. 유럽 국가들이 선두에 나선 것은 분명했다(물론 유럽 국가들 사이의 순위에 대해서는 논란의 여지가 있었지만). 다른 국가들은 선도적 사례이자 오래되고 백인이 지배하는 영연방 국가들을 따라오게 되어 있었다. 한편 만국박람회에서는 일본 전시물에 상당한 관심이 집중되었다. 안내 책자는 일본이 경이로울 정도로 신속하게 현대세계에 적응했다고 설명했다. 그리고 이제 일본은 국제관계에서 한몫하게 되었고, 세계적으로는 아니더라도 아시아에서 분명히 그런 입지를 차지했다.

유럽의 지배에 대한 또다른 도전은 서쪽, 신세계에서 왔다. 미국 전시관이 센강을 따라 늘어선 주요 국가들 열에서 벗어나 있자, 박람회에 미국 대표로 온 부유한 시카고 사업가는 왜 이런 배치가 나름대로 의미가 있는지를 설명했다. "미국은 너무 발전해서 지구상 다른 국가들 사이에서 눈에 띄는 위치를 차지할 자격이 있을 뿐 아니라 모든 발전된 문명의 제일 앞에 와야 한다."[12] 1900년 미국은 남북전쟁의 후유증에서 벗어나 회복되었다. 인디언들의 마지막 저항을 분쇄하면서 미국의 지배가 완성되자 미국의 농장, 공장, 광산에서 일하려는 이민자들이 쏟아져 들어왔고, 미국 경제는 급속히 성장하고 있었다. 19세기 초 영국이 석탄, 증기 기관, 철에 기반한 1차 산업혁명을 이끌었다면, 미국은 전력망과 아무런 제약이 없어 보이는 기술 혁신 능력으로 19세기 말 2차 산업혁명의 최선두에 섰다. 1902년이 되자 미국 공장들은 영국과 독일을 합친 것보다 더 많은 철강을 생산했다. 담배에서부터 기계에 이르기까지 미국의 수출은 1860년부터 1900년 사이 세 배 늘어났다. 1913년 미국은 세계 교역의 13퍼센트를 차지했고, 이 비중은 해마다 늘어났다.

만국박람회에서 결국 강변의 가장 좋은 자리를 차지하게 된 미국 전시관은 워싱턴의 의사당 건물을 모델로 했고, 둥근 지붕 꼭대기에는 거대한 자유의 여신이 네 마리의 말이 끄는 진보의 마차를 타고 있는 조각상이 설치되었다.《뉴욕 업저버New York Observer》지의 특파원은 미국의 전시장을 독자들에게 다음과 같이 설명했다. 오거스터스 세인트고든스Augustus Saint-Gaudens 같은 미국 최고의 조각가가 만든 조각상, 티파니의 화려한 보석, 스위스제에 전혀 뒤지지 않는 손목시계와 벽시계가 전시되었으며 "런던과 파리에서 온 두어 가지 전시품만이 미국이 전시한 금은 세공품의 완벽성에 접근할 뿐이다"라고 냉소적으로 썼다. 한편 미국 기술의 성과도 전시되었다. 싱어 재봉틀, 타자기, 거대한 발전기를 비롯해 세계 시장에 쏟아져 나오는 구리, 밀, 금 등 천연자원도 전시되었다. "수백만 명의 방문객에게 미국의 힘, 부, 자원, 야망에 대해 깊은 인상을 주기에 충분한 전시였다"고 그는 자랑스럽게 보도했다.[13] 그가 보기에 파리만국박람회는 1893년 열린 시카고세계박람회에 비하면 보잘것없었다.[14] 그는 미국의 새로운 자신감과 세계에서 더 큰 역할을 하려는 점점 커지는 미국 민족주의를 대변했다.

역사학자 프레더릭 잭슨 터너가 주장했듯이, 이제 미국 해안을 넘어 미국의 영향력을 주변 섬들과 다른 나라로 확장할 시간이 왔다. 미국이 분명 세계를 책임질 운명이라는 주장은 새로운 시장을 찾는 사업가부터 구원할 영혼을 찾는 선교사에 이르기까지 열정적 추종자들을 얻었다. 미국인들은 자국의 팽창을 유럽 열강의 팽창처럼 제국주의적으로 보지는 않았지만, 여러 방법으로 새로운 영토와 세력권을 얻었다. 태평양에서는 일본과 중국에 진출했고, 2차대전 중 널리 알려질 괌, 미드웨이, 웨이크 같은 일련의 작은 섬들을 획득했다. 1889년 미국은 사모아 제도를 둘러싼 독일과 영국의 복잡한 분쟁에 개입했고, 1898년 하와이 제도를 복속시켰다. 같은 해 에스파냐-미국전쟁의 결과 미국은 필리핀, 푸에르토리코, 쿠바를 통제하게 되었다. 중앙아메리카와 카리브해는 점점 중요한 미국의 뒷마당이 되었고, 남쪽으로 투자가 흘러 들어갔다. 1910년이 되자 미국은 멕시코인들보다 더 넓은 멕시코 땅을 소유하게 되었다. 북쪽으로는 캐나다가 합병주의자들을 유혹했다.

  미국은 세계에서 존재감이 커지면서 태평양과 대서양 둘 다를 제어할 현대 해군 건설에 돈을 써야 한다는 달갑지 않은 현실을 처음으로 인식하게 되었다. 작은 나라인 칠레도 미국보다 강한 해군을 보유하고 있던 1890년, 미 의회는 마지못해 처음으로 3척의 현대 전함 건조를 승인했다. 미국은 다른 강국에 맞서 자국의 권리를 주장하려는 의지를 보이며 군사력을 점차 증강했다. 1895년 미국의 새 국무장관 리처드 올니는 해외에 파견한 미국 대표들의 직위를 대사로 승격시켜 그들이 타국 외교관들과 동등한 위치에서 협상하도록 만들어주었다. 그해 고집불통에다 싸우기 좋아하는 올니는 영국 식민지 기아나(오늘날 가이아나)와의 국경을 둘러싼 영국과 베네수엘라의 분쟁에 끼어들어 영국 수상 솔즈베리에게 다음과 같은 경고 서한을 보냈다. "오늘날 미국은 이 대륙에서 실질적인 주권국이며, 개입을 제한하는 국가들에 대해서는 미국의 명령이 곧 법이다." 그는 "고립된 위치와 무한한 자원 덕분에 미국은 상황을 통제할 수 있고 다른 어떤 강대국의 위협에도 끄떡없다"고 주장했다. 솔즈베리는 화가 났지만, 영국은 다른 곳에서도 문제가 많았기 때문에 이 분쟁을 국제조정에 맡기는 데 만족했다. 1898년 미국이 전쟁에 승리해 에스파냐로부터 쿠바와 푸에르토리코를 빼앗았을 때에도 영국은 별다른 일을 하지 않았다. 이후 영국은 파나마 지협을 관통하는 운하 건설에 전혀 관심을 보이지 않았고, 카리브해 함대를 자국의 수역으로 이동시켜 사실상 이 지역의 지배권을 미국에 넘겨주었다.

미국의 새로운 분위기를 가장 분명히 보여준 인물은 시어도어 루스벨트였다. 그의 첫 번째이자 가장 성공적인 프로젝트는 자기 자신이었다. 그는 오랜 지배층 가문에서 태어난 병약하고 별 매력 없는 아이였지만, 자신의 의지로 영웅적인 카우보이, 탐험가, 야외활동가, 사냥꾼으로 거듭났다(테디 베어는 그의 애칭 테디에서 따온 것이다). 자서전에 혼자 다 한 것처럼 썼다고 비판받기는 하지만, 그는 산후안 고지San Huan Hill 공격으로 에스파냐-미국전쟁의 영웅이 되었다. 헨리 제임스는 "전례 없는 괴물의 화신"이라며 그에게 시어도어 국왕 Theodore Rex이란 별명을 지어주었다. 그의 딸이 한 다음 말은 유명하다. "우리 아버지는 항상 모든 장례식에 시신이 되고, 모든 결혼식에 신부가 되고, 모든 세례식에 아기가 되고 싶어했다." 1901년 한 무정부주의자가 윌리엄 매킨리 대통령을 총으로 쏴 암살하면서 그는 미국 대통령이 되었다. 루스벨트는 "불한당 같은 설교단"이라고 부른 대통령 집무실을 좋아했고, 특히 미국 외교정책을 감독하는 데서 큰 즐거움을 찾았다.[15]

다른 미국인들과 마찬가지로 그는 미국이 서로 밀접히 연관된 민주주의, 자유무역, 평화의 확산을 증진하면서 세계의 선한 힘이 되어야 한다고 믿었다. 그는 1901년 의회에서 한 첫 연설에서 "원하든 원치 않든, 우리는 국제적 권리 못지않게 국제적 의무를 지고 있다는 것을 인정해야 한다"라고 선언했다. 그는 또한 자신의 지도하에 미국이 선한 의지를 힘으로 지지할 것이며, 이는 막강한 해군 보유를 의미한다는 점을 분명히 했다. "국내 정책이건 대외 정책이건 장차 우리 국가의 명예와 물질적 복지 그리고 무엇보다도 평화를 위해 이보다 더 중요한 것은 없다." 루스벨트는 늘 선박과 해양에 매료되었고(그런 면에서 그는 같은 시대 독일 빌헬름 2세와 다르지 않았다), 자신이 한 말을 실행했다. 루스벨트가 부통령이 된 1901년 11척이었던 미국의 전함 수는 1913년 36척으로 늘어나 미국은 영국, 독일 다음으로 세계에서 세 번째로 강한 해군력을 보유하게 되었다. 미국의 경제발전과 점점 커지는 군사력은 유럽인들의 우려를 자아냈다. 영국은 이를 수용하는 선택을 했지만, 때때로 카이저 빌헬름 2세는 유럽 국가들이 힘을 모아 각자 또는 함께 일본과 미국의 도전에 맞서야 한다고 주장했다. 카이저는 일관성이 없기로 악명 높았기 때문에 일본에 맞서 미국과 함께 싸워야 한다고 말할 때도 있었다. 다가올 20세기에 미국이 점점 더 유럽 문제에 관여하고, 더구나 한 번도 아니고 두 번이나 유럽의 대전쟁에 참전할 가능성은 대부분의 유럽인들과 마찬가지로 카이저에게든 미국인에게든 환상에 불과했다.

막 지나간 19세기를 보건대 세계, 특히 유럽은 분명 전쟁에서 멀어지고 있는 것 같았다. 몇 가지 예외는 있었지만 나폴레옹전쟁이 끝난 후 강국들은 유럽협조체제(오스트리아, 러시아, 프로이센, 영국이 맺은 4국동맹) 안에서 유럽의 국제문제를 해결해왔다. 강국의 주요 정치인들은 서로 협의하는 습관에 길들여졌고, 각국 주재 대사들로 구성된 위원회가 오스만제국의 대외 부채와 같은 시급한 문제를 해결했다. 이러한 협조체제가 조약을 보장하고, 국가의 권리 존중을 주장하고, 분쟁의 평화적 해결을 고무하고, 필요한 경우 약소국들이 질서를 지키게 만든 덕분에 1815년 이후 오랜 평화를 유지할 수 있었다. 유럽협조체제는 공식적인 제도는 아니었지만, 국제관계를 다루는 확립된 방식으로서 여러 세대에 걸쳐 유럽인들에게 좋은 역할을 했다.

진보와 평화는 함께 이루어져 1900년의 유럽은 한 세기 전 유럽과 아주 달랐고, 훨씬 더 번영하고 안정적으로 보였다. 파리만국박람회의 회의관에서 열린 회의도 미래가 훨씬 더 밝을 것이라는 널리 퍼진 희망을 반영했다. 여기에서는 여성의 지위와 권리, 사회주의, 소방, 채식주의, 철학에 대한 토론 등 130개가 넘는 행사가 진행되었다.[16] 그곳에서 진행된 9차 평화회의는 성과를 인정받아 만국박람회의 대상을 받았다. 츠바이크는 "세계는 놀라울 정도로 근심이 없었다"며 이렇게 적었다. "무엇이 이런 성장을 가로막고, 무엇이 늘 새로운 힘을 끌어내는 활력을 방해할 것인가? 유럽은 이보다 강하고 부유하며 아름다운 적이 없었고, 더 나은 미래를 이토록 열렬히 믿었던 적도 없었다."[17]

지금 우리는 당연히 그러한 진보와 이성에 대한 믿음이 잘못되었고, 1900년 유럽은 위기를 향해 달려가고 있었으며, 1914년의 위기가 끔찍한 결과를 가져왔다는 것을 알고 있다. 두 번의 세계대전, 여러 번의 작은 전쟁, 우파와 좌파 양쪽에서 일어난 전체주의 운동, 다른 민족들 간의 야만적 갈등, 상상할 수 없는 규모의 잔혹한 일이 20세기에 일어났다. 이성이 아니라 그와 반대되는 것이 승리를 거두었다. 그럼에도 대부분의 사람들은 불을 가지고 놀고 있는 줄 몰랐다. 장차 일어날 일에 대한 지식은 분리해두자. 당시 유럽인 대부분은 자신들과 지도자들이 선택지를 좁히고 끝내 평화를 파괴할 결정을 내리는 걸음을 내딛고 있다는 것을 깨닫지 못했다. 1세기 전의 그들을 이해하려고 노력해야 한다. 그들이 마음속으로 무슨 생각을 하고 무엇을 기억하며, 무엇을 두려워하거나 희망했는지 최대한 이해할 필요가 있다. 그리고 말로 표현하지 않은 전제는 무엇이었는지, 모두가 공유하고 있다고 믿었기 때문에 굳이 말하지 않았던 믿음과 가치는 무엇인지 이해하려고 노력해야 한다. 그들은 왜 1914년으로 이어지는 기간 동안 주변에 쌓여가던 위험을 보지 못했을까?

잃어버린 1900년 세계에 대해 공정히 말하자면, 모든 유럽인이 인류의 미래나 합리성에 대한 보편적 확신을 공유하고 있지는 않았다. 파리만국박람회는 19세기 말 사고의 두 기둥, 즉 진보에 대한 믿음과 과학이 모든 문제를 풀 수 있다고 믿는 실증주의를 경축했지만, 이러한 전제는 공격받고 있었다. 모든 것이 정연한 법칙에 따라 움직이는 우주를 드러낸다는 과학의 주장은 점점 훼손되고 있었다. 앨버트 아인슈타인과 동료 물리학자들은 원자와 원자 이하 입자에 대한 연구를 통해 예측 불가능성과 무작위적 발생이 눈에 보이는 물질세계 아래 있다는 것을 제시했다. 실상만이 의문의 대상으로 불려 나온 것은 아니었다. 합리성도 마찬가지였다. 심리학자들과 새로운 사회학자들은 인간이 무의식에 더 많은 영향을 받는다는 것을 보여주고 있었다. 빈에서는 젊은 지그문트 프로이트가 인간의 무의식으로 들어가는 새로운 심리분석 임상을 발명했고, 파리만국박람회가 열린 그해에 그가 쓴 《꿈의 해석》이 출간되었다. 사람들이 집단을 이루었을 때 얼마나 예상치 못한 비합리적인 방식으로 행동할 수 있는지를 밝힌 귀스타브 르봉의 연구도 당시 깊은 인상을 남겼고, 오늘날에도 미군부 등에서 활용되고 있다. 1895년 출간된 군중 심리에 대한 그의 책은 거의 즉시 영어로 번역되었다.

파리만국박람회는 물질적 진보를 축하했지만 이에 대한 의구심도 있었다. 카를 마르크스는 낡은 사회가 제거되고 새로운 사회 조직과 새로운 산업 생산 방식이 도입되는 자본주의의 창조적 파괴를 환영하며 이러한 변화가 억눌리고 가난한 사람들에게 궁극적으로 이익을 준다고 보았지만, 좌파와 우파 모두 이 과정을 탄식했다. 위대한 프랑스 사회학자 에밀 뒤르켐은 주민들이 대도시로 이주하면서 오래된 안정적 공동체를 상실하는 것을 우려했다. 르봉 같은 학자들은 이성과 인류가 대중 사회에서 살아남을 수 있을지 우려했다. 근대 올림픽 창시자 피에르 드 쿠베르탱이 스포츠를 그렇게 중요하게 생각한 것은 현대 민주적 문명의 평균 지향적이고 지루하게 만드는 효과에 맞서 개인을 발달시키고 무장하기 위해서였다.[18] 그리고 삶이 너무 빨라지고 있는 걸까? 의사들은 새로운 질병, 신경 쇠약, 정신 소모와 정신 붕괴가 발생하는 것을 보았고, 현대 생활의 정신없는 속도와 긴장을 그 원인으로 지목했다.[19] 파리만국박람회를 방문한 한 미국인은 파리에 새 자동차가 얼마나 많은지를 보고 놀라 이렇게 기록했다. "그들은 길을 따라 날아다니고, 번개처럼 바람을 가르고 거리를 달리며 마차의 자리를 위협하고, 교통 체증을 유발했다."[20] 파리만국박람회에서도 방문객들은 움직이는 도로에 조심스레 올라섰다 내리기를 해 보았고, 그러다 자주 넘어지는 모습을 보기 위해 군중이 모여들었다.

그러면 유럽 사회는 다른 어떤 사회보다도 정말 우월했을까? 한 예로 인도와 중국 역사에 익숙한 학자들은 유럽이 문명의 선봉에 있다는 전제에 도전하며, 두 문명 모두 과거에 대단한 전성기를 누렸지만 그후 분명 쇠퇴했다는 점을 지적했다. 그러니 진보는 직선 형태가 아니었다. 오히려 진보와 쇠퇴의 순환 과정이며, 늘 더 나아지는 것은 아니라고 그들은 주장했다. 서구의 가치와 업적은 정말 세계 다른 지역과 다른 시대보다 우월했을까? 만국박람회 안내 책자에 따르면 일본 예술의 작은 전시는 일본 예술가들이 얼마나 고집스럽게 전통 양식을 고수했는지를 보여주었다. 유럽의 새로운 예술가 세대는 다른 민족, 비유럽 문화 예술에서 영감을 발견했다. 빈센트 반 고흐는 일본 판화 기법으로 그림을 그렸고, 피카소는 아프리카 조각을 모방했다. 유럽 예술가들은 이러한 작품을 매력적인 원시성이나 구식으로 여기지 않고 뭔가 다르며, 유럽 예술이 결여한 혜안을 가지고 있다고 보았다. 세련되고 교양 있는 독일인 해리 케슬러Harry Kessler 백작은 1890년대에 일본을 방문했을 때 새롭고 비판적인 시각으로 유럽을 보면서 이렇게 지적했다. "우리는 더 지적이고 — 의구심이 들기는 하지만 — 더 강한 도덕의 힘을 가지고 있지만, 진정한 내면의 문명에서는 일본인들이 우리보다 무한히 앞서 있다."[21]

돌아보면 파리만국박람회는 유럽 문명을 갈기갈기 찢어버릴 긴장 국면을 경고하고 있었다. 식민지 전시와 민족적 전시의 과시는 결국 강국 사이의 경쟁을 암시했다. 독일의 유명한 예술 비평가는 유럽 문명을 선도하는 척하는 프랑스를 조롱했다. 박람회를 방문한 그는 "프랑스는 다른 나라, 특히 늘 위험한 이웃 나라 영국과 독일에서 상업과 산업이 만들어낸 거대한 변화에 거의 참여하지 않았다"고 지적했다.[22] 프랑스는 영국과 전쟁까지 갈 뻔했던, 2년 전 장바티스트 마르샹 대위의 아프리카 횡단에 헌정하는 커다란 건물을 세웠고, 개회식에서 정의와 인류의 자애를 강조한 프랑스 대통령 루베는 베를린박람회를 계획 중이던 독일을 저지하기 위해 파리만국박람회를 열기로 결정했다.[23] 파리만국박람회를 조직한 피카르는 이 박람회가 프랑스의 천재성을 반영할 뿐 아니라 "우리의 멋진 나라가 과거에나 지금이나 진보의 선봉에 있다는 것을 보여준다"라고 강조했다.[24]

진보의 일부는 군사 기술에서 이루어졌다. 중세 요새를 닮은 육해군관은 지난 10년간 무기를 더욱 파괴적으로 만든 위대한 진보를 보여준다고 안내 책자는 설명했다. 더 강한 장갑판과 같은 방어력 향상은 바람직한 균형으로 설명되었다. 각국 무기를 전시한 공간에서 영국은 포탄으로 장식된 메종 막심Maison Maxim을 설치하고, 같은 이름의 새로운 기관총을 전시했다. 러시아도 최신 무기들을 전시했고, 카이저는 가장 아끼는 군복을 보냈다. 야외 전시장에는 프랑스의 슈나이더 회사가 생산하는 대포들이 전시되었다. 박람회 공식 안내 책자는 "전쟁은 인류에게 자연스러운 것"이라고 설명했다.[25]

만국박람회는 1914년 이전 유럽 강국들이 편을 가를 동맹 체계의 조짐도 보여주었다. 개회식 날 프랑스 대통령은 센강을 가로지르는 새 다리를 개통했는데, 그 다리의 이름은 러시아의 전 차르 알렉산드르 3세에서 따왔다. 안내 책자는 러시아 정부가 "평화의 위대한 업적"인 파리만국박람회 개최에 든든한 협력자였다고 밝혔다. 1894년 서명된 새로운 프랑스-러시아 동맹은 러시아 전제정과 프랑스 공화정 사이에 맺어진 미묘한 동맹이었다. 이 동맹은 방어적인 것으로 이해되었지만, 세부 사항은 비밀이었다. 그럼에도 이 동맹은 오스트리아-헝가리와 방어 동맹을 맺은 독일을 불안하게 만들었다. 독일군 참모총장 알프레트 폰 슐리펜은 동부에서는 러시아, 서부에서는 프랑스를 상대로 한 두 전선 전쟁two-front war 계획을 세우기 시작했다.

열강 중 국력이 가장 강한 영국은 어느 나라와도 동맹을 맺지 않았고, 그 시점까지는 아무런 우려를 낳지 않았다. 그러나 1900년은 좋지 않은 해였다. 바로 전해에 영국은 태평스럽게 남아프리카에서 전쟁에 돌입했다. 상대는 아프리카에 먼저 정착한 네덜란드계 백인(보어인)이 세운 두 공화국, 오렌지자유국과 트란스발이었다. 영국제국이 작은 두 국가와 맞붙었으니 전쟁의 결과는 불 보듯 뻔했다. 그러나 당시 보어전쟁이라고 불린 이 전쟁에서 영국은 크게 고전했다. 보어인들은 여름이 끝나갈 때 패주하기 시작했지만 1902년 봄까지 패배를 선언하지 않았다. 우려스럽게도 이 전쟁은 영국이 전 세계에서 얼마나 인기가 없는지를 보여주었다. 마르세유 주민들은 파리만국박람회로 가는 마다가스카르 대표단을 보어인으로 착각하고 따뜻하게 맞아주었다. 파리의 진취적인 옷 가게는 보어라고 이름 붙인 회색 펠트 모자를 선보였다. 박람회에서도 국기가 자랑스럽게 휘날리는 트란스발 전시관에 많은 방문객이 몰려들었고, 아셰트 안내 책자는 관람객들이 "남아프리카에서 독립을 지켜내고 있는 영웅적인 이 작은 나라"에 동정심을 보였다고 설명했다. 트란스발의 전 대통령 폴 크루거의 흉상 주변에는 "영웅", "애국자", "자유를 사랑한 사람"이란 리본이 붙은 꽃다발이 쌓였다.[26]

영국군이 연달아 패배하자 동정 어린 환호가 유럽 전역에 울려 퍼졌다. 유럽대륙에서는 다윗과 골리앗의 싸움에 비유하는 많은 글이 쏟아져 나왔다. 독일 주간지 《짐플리치시무스Simplicissimus》에는 죽은 코끼리가 새에 쪼아 먹히는 동안 개미 떼가 달려들며 "더 세게 넘어졌더라면…"이라고 말하는 만평이 실렸다. 영국군이 보어인의 게릴라 전술에 맞서 사용한 잔인한 전술도 충격적이었다. 지휘권을 넘겨받은 키치너 장군은 현지 여성과 아이들을 집단수용소에 감금해 전사들에게 음식과 은신처를 제공하지 못하게 했다. 영국군의 무능으로 집단수용소에는 질병과 죽음이 넘쳐났다. 프랑스 만평은 키치너를 보어인들의 시신 위에 앉은 흉악한 두꺼비로 그렸고, 빅토리아 여왕에 대한 음란한 만평도 나왔다. 그래서 빅토리아 여왕의 아들이자 후계자인 에드워드는 파리만국박람회 참관을 거부했다.[27]

　강대국은 군사력과 경제력 같은 물질적 요인뿐 아니라 자신의 위신, 그리고 막강하게 여기는 다른 나라들의 인식에 의존한다. 1900년 영국은 점점 약해지고 위험할 정도로 고립된 것처럼 보였다. 전적으로 방어적인 목적에서 영국은 다른 강국들과 관계를 개선하고 동맹을 찾았다. 그러나 이러한 움직임도 1차대전 발발로 이어진 여러 단계 중 하나로 볼 수 있다. 유럽은 두 편으로 가른 동맹 체제로 끌려 들어가 점점 서로를 의심의 눈길로 보았고, 군사력을 점점 증강했다. 분명 소수였겠지만 전쟁 가능성에 위축되지 않고 심지어 전쟁을 환영한 사람들도 있었다. 그들은 전쟁을 인간 역사의 고귀하고 필수적이며 불가피한 부분, 아니면 국내 문제를 해결할 방법으로 생각했다. 반면 다수의 지도자를 비롯한 유럽인들은 현대세계에서 전면전은 상상할 수 없는 일이라고 생각했다. 이러한 확신은 모든 위기가 안전하게 관리될 수 있으며, 영국의 경우 늘 선호해왔듯이 유럽대륙과 거리를 둘 수 있다는 전제로 이어지기 때문에 위험한 것이었다.

2장

영국제국과 영광의 고립

19세기 말 유럽 열강은 세계의 상당 지역을 장악하여 제국을 만들었고, 때로 제국의 식민지 쟁탈전은 열강을 거의 전쟁 상태로 이끌었다. 기울어가는 청 왕조가 가까스로 명맥을 유지하고 있던 중국이 열강의 다음 먹잇감처럼 보였다. 유럽 열강이 중국이라고 불리는 알을 부화시키려고 하자, 중국 본토에 자신의 제국을 만들려는 일본과 제국주의에 반대하며 '문호개방'정책을 주장하는 미국이 초조해하며 지켜보고 있다.

3년 전인 1897년 빅토리아 여왕 통치 60주년을 축하한 영국은 역사상 가장 국력이 강한 것처럼 보였다. 왕위 즉위 60주년 행사는 캐나다, 오스트레일리아, 남아프리카의 케이프 식민지, 인도, 실론(스리랑카)과 영국 국기가 휘날리는 모든 곳에서 어린 학생들의 행진부터 폭죽놀이, 군대 행진에 이르기까지 다양한 행사로 축하되었다. 미얀마의 랑군(양곤)에서는 600명의 죄수가 석방되었고, 이집트의 포트사이드 항에서는 수상 스포츠와 함께 베네치아식 축제가 열렸다. 그리고 영국제국 곳곳에서 보낸 축하문과 전보가 런던에 쏟아져 들어왔다. 《스펙테이터Spectator》지는 "찬양과 충성의 거대한 함성이 지구 전체에서 울려오는 것 같았다"고 보도했다. 《뉴욕 타임스》 특파원은 미국인들의 여왕에 대한 보편적 경외를 공유하며, 미국과 영국이 우호적 관계라는 사실에 만족한다고 기사를 썼다.[1]

제조업자들은 기념행사에 맞춰 트럼프 카드, 찻잔, 쟁반, 스카프, 기념 메달, 기념판 성서 등 다양한 기념품을 선보였다. 영국의 도시와 소도시는 경쟁적으로 축하연과 무도회를 열었고, 2500개의 횃불이 나라 한 끝에서 다른 끝까지 이어져 불을 밝혔다. 맨체스터에서는 10만 명의 어린이들이 특별 조찬에 초대되었고, 런던에서는 웨일스 공주인 알렉산드라가 개최한 60주년 축하연 덕분에 가난하고 초라한 사람들도 구운 쇠고기와 맥주를 즐길 수 있었다. 이 행사에는 40만 명의 런던 시민이 참여했다. 교회는 기념 예배를 드리고 성가대는 아서 설리번 경이 만든 기념 노래 "오, 왕 중의 왕이여O King of Kings"찬송을 불렀다.

열정이 넘치는 새 식민지장관 조지프 체임벌린의 제안에 따라 여왕과 솔즈베리 수상은 이 기념식으로 영국제국을 자랑하기로 결정했다. 유럽의 군주들은 초대되지 않았지만, 자치 식민지의 수상들과 인도의 왕자들이 초대되었다. (여왕의 까다로운 외손자인 독일의 빌헬름 2세도 말썽을 일으킬 우려가 있어 초대되지 않았다.) 웨일스의 에드워드 공은 식민지 수상들을 위한 특별 만찬을 주관했다. 6월 21일에는 일흔여덟의 나이가 무색할 정도로 활력적인 여왕이 버킹엄 궁전에서 국빈 만찬을 주관했다. 그녀는 이탈리아와 오스트리아-헝가리 왕위를 계승할 미래의 비토리오 에마누엘레 3세와 프란츠 페르디난트 황태자 사이에 앉았다. 훗날 이들 중 한 사람만 살아서 왕위를 계승했다. 이 행사를 위해 파리에서 24명의 요리사가 초빙되었고, 만찬의 꽃은 제국 전역에서 보낸 6만 개의 난초로 만든 사람 키보다 큰 왕관이었다.

다음날인 6월 22일 화요일, 거대한 퍼레이드가 런던의 버킹엄 궁전에서 세인트 폴 성당까지 이어졌다.《타임스The Times》의 보도에 따르면 "비할 데 없이 장엄한" 이 행진은 빅토리아 여왕의 오랜 통치와 그녀의 거대한 제국 모두를 축하했다. 실로 영국의 힘을 인상적으로 보여주는 행사였다. 처음 만든 뉴스영화가 수병, 해병대, 기마병, 병사들을 계급별로 보여주었고 캐나다 병사들이 인도 창기병, 로디지아(짐바브웨) 기마병, 트리니다드 경기병, 케이프의 기마 소총병 등으로 구성된 식민지 군대를 이끌었다.

오픈 마차에 탄 국왕 가족, 외국 왕자들과 대공들은 대부분 친인척 관계였고, 빅토리아 여왕과도 인척 관계였다. 마지막으로 여덟 마리의 말이 끄는 국왕 마차가 등장했다. 그 안에는 36년 전 사랑하는 남편 앨버트 대공이 사망한 이후 내내 입은 검은 옷에 검은 모자를 쓴 체구가 작은 빅토리아 여왕이 앉아 있었다. 그녀는 항상 인기 있지는 않았지만, 이날만큼은 떠들썩하고도 열정적인 환호를 받았다. 그날 밤 여왕은 일기에 이렇게 적었다. "6마일 거리를 지나는 동안 그런 환호를 받은 사람은 나 말고 아무도 없을 것이다. 환호 소리에 정말 귀먹을 정도였고, 모든 사람들의 얼굴에 진정한 기쁨이 가득했다. 나는 큰 감동을 받았고, 감사했다."[2] 작고한 앨버트 대공이 작곡한 찬송가가 포함된 예배는 성당 밖에서 진행되었다. 여왕이 성당 계단을 오를 수 없어 거부했기 때문이었다. (그녀는 기념식 비용에 기부하는 것도 거부했다.)

영국의 힘을 가장 인상적으로 보여준 가장 눈에 띄는 장관은 다음 토요일에 스핏헤드에서 진행된 해군 관함식이었다. 영국 남부 해안과 와이트섬 사이의 보호받는 솔렌트 수역에서 거행된 이 행사에는 전함 21척, 순양함 53척, 구축함 30척 등 총 165척의 군함이 줄을 지어 대기했다. 대중의 열기는 어마어마했다. 영국 전역에서 관람객들이 모여들어 도시를 가득 메운 채 해안에 줄지어 서고 수십 대의 관광 보트를 빌려 탔다.[3] 독일 증기선을 타고 관함식에 온 독일 관람객들은 영국의 해군력에 매료되었다. 200명 이상의 기자들이 취재에 나섰고, 해군부는 최초로 공식 보도용 함정을 제공했다.[4] 새로운 해상 세력으로 부상하고 있던 일본과 미국도 각각 전함을 보내 행사를 축하했다. 독일은 낡은 전함을 보냈다. 빌헬름 2세는 "다른 나라들은 멋진 군함을 가지고 있는데 너에게 더 좋은 배가 없다니 심히 유감이다"라고 해군 제독인 동생에게 편지를 보냈다.

빅토리아 여왕 대신 웨일스 공 에드워드를 태운 왕실 요트가 수역에 들어서자 함대는 거대한 환영 예포를 쏘았다. 왕실 요트 '빅토리아와 앨버트'가 함대와 함께 서서히 움직이자, 손님들이 탄 요트들과 해군부 요트 '인챈트리스Enchantress', 하원의원들과 귀족들을 태운 요트가 그 뒤를 따랐다.[6] 해군 제독의 제복을 입은 에드워드 왕자는 각 군함 갑판에 도열한 수천 명의 수병으로부터 경례를 받았다. 발명가 찰스 파슨스가 만든 새로운 선박 '터비니아Turbinia'가 빠른 증기 터빈 엔진을 가동하여 빠른 속도로 위아래로 왕복하자 탄성이 터져 나왔다. 이 새로운 선박은 자신을 쫓는 느린 해군 함정들을 따돌렸다. (해군부는 이 발명품을 바라볼 수밖에 없었고, 그가 만든 터빈 엔진은 나중에 거대한 군함 드레드노트dreadnoughts의 엔진으로 사용되었다.) 관함식에 참가한 러디어드 키플링은 "나는 하늘 아래 그런 것이 존재할 것이라고 꿈도 꾸지 못했다. 이루 말할 수 없고, 표현할 방법도 없었다!"라고 기록했다.[7] 해가 지자 군함들은 새로운 전구로 조명을 밝히며 배의 윤곽을 드러냈고, 탐조등이 함대와 해안의 관람객들을 비추었다. 즉위 60주년 행사를 준비할 때 수상은 "거대한 관함식이 가장 좋은 축하 행사가 될 것이다"라고 말한 바 있었다.[8]

빅토리아 여왕이 지속과 질서를, 해군이 영국의 국력을 상징한다면, 솔즈베리 3대 후작인 수상 로버트 세실은 영국과 영국 토지 소유 귀족들의 차분한 자신감의 전형처럼 보였다. 오랜 세월 농지 소유권은 모든 유럽 국가에서 부와 영향력의 주된 원천이었다. 영국에는 1000에이커 내외의 작은 영지를 가진 소귀족부터 3만 에이커 이상의 농지를 보유한 대귀족에 이르기까지 7000여 가족이 농지 대부분을 소유했고, 도시 토지, 광산, 산업도 소유했다. 부의 차이는 있었지만 그들은 제인 오스틴과 앤서니 트롤럽이 소설에서 묘사한 상류 사회를 형성했다. 그들이 소유한 부와 지위와 함께 권력도 따라왔다. 민간 관료, 교회, 군대, 하원, 상원도 모두 지주 계급이 독점했다. 여러 번에 걸친 개혁으로 투표권이 확대되고 새로운 사람들이 정치에 진입했지만, 의원의 60퍼센트는 여전히 지주 계급에서 나왔다. 솔즈베리 같은 사람들은 이를 당연하게 여겼다. 그는 1862년 《쿼털리 리뷰 Quarterly Review》에 기고한 글에 이렇게 적었다. "모든 공동체에는 타고난 지도자들이 있다. 평등이라는 미친 열정에 잘못 인도되지 않는 한, 사람들은 본능적으로 그들을 따른다. 일부 국가에서는 태생이 중요하지만 모든 사회에서 지적 능력과 교양이 중요하며, 부유함은 필수다. 공동체가 건전한 감정을 유지하고 있을 때 통치를 맡길 사람들을 지목한다." 이 특권층은 운이 나쁜 사람들을 지배할 의무를 지고 있었다.[9]

이런 글에 나타나는 것 이상으로 솔즈베리는 의구심이 많았다. 계급 기준으로 봐도 그의 어린 시절은 사랑이 없고 스파르타식이었다. 여섯 살에 기숙학교에 보내진 그는 나중에 그곳을 "악마들 사이에 존재하는 곳"이라고 서술했다. 이튼 스쿨도 그리 좋지 않아서 그의 아버지는 결국 그를 학교에서 빼내어 가정교사에게 교육을 맡겼다. 아마 이런 경험 때문에 그는 인간의 본성과 악한 일을 하는 경향에 대해 아주 비관적인 시각을 갖게 되었을 것이다. 평생 그는 폭풍우처럼 몰아치는 우울증에 시달렸고 여러 날 기분이 가라앉기도 했다.[10]

이에 대한 보상으로 솔즈베리는 명석한 두뇌와 강인한 성격을 가졌고, 세계에서 가장 강력한 나라의 지배층 일원으로서 유리한 출발을 했다. 정치를 직업으로 택했을 때에는 좋은 연줄 덕에 하원에 쉽게 입성했다. (그가 출마한 의석은 경쟁자가 없어서 선거운동을 할 필요가 없었다.) 그는 또한 지적인 면에서나 성격에서나 대등한 여인을 만나 성공적인 결혼 생활을 오래 했다. 그의 시골 저택이 있는 햇필드를 방문한 사람들은 마음대로 뛰놀며, 빅토리아 시대 아이들답지 않게 거침없이 생각을 말하는 그의 자녀들을 만났다.

그는 머리 좋은 사람들 사이에서 지루함을 느꼈고 걸핏하면 이름을 잊어버렸지만, 무심한 방식으로 정중하게 굴었다. 당 지지자들과의 만찬에서 그는 각각의 사람들과 분명 얘기를 나누고도 결국 개인 비서에게 "누군지 모르겠는데, 당신이 말했던 머스터드를 만든 사람이 있었소"라고 말하기도 했다.[11] 그는 동료들이 즐기는 사격이나 사냥 같은 여가에 관심이 별로 없었다. 승마도 그에게는 단순히 어딘가로 가는 불편한 수단에 불과했다. 늘그막에 그는 건강을 위해 세발자전거를 탔다. 보라색 벨벳 판초를 입고 그는 버킹엄 궁전 인근이나 햇필드에서 자신을 위해 만들어진 전용 도로에서 자전거를 탔다. 젊은 하인이 그를 밀어 언덕 위까지 올라간 다음 자전거 뒤에 타고 그와 함께 달려 내려왔다. (손주들이 물병을 들고 그가 내려오기를 기다렸다.)[12]

*

그는 신앙심도 깊고 과학에도 매료되었다. 햇필드에는 이미 예배당이 있었고, 직접 실험할 실험실도 만들었다. 그의 부인은 딸인 그웬덜린에게 "혼자 공부한 화학자의 친척들이나 알 법한 고통스러운 경험을 했다"고 말했다. 한번은 그가 스스로 만든 염소 기체를 들이마시고 부인 앞에서 기절하기도 했다. 실험실에서 큰 폭발음이 들린 적도 있었다. 솔즈베리는 "얼굴과 손이 피투성이가 된 채 나타나 놀란 가족들에게 — 화학 법칙이 정확히 들어맞은 데 만족하며 — 충분히 마르지 않은 증류기에 나트륨을 가지고 실험해서 그렇다"고 설명했다.[13]

 그가 전기 실험으로 관심을 돌리자 가족들은 다소 안심했지만, 결과가 늘 좋지는 않았다. 햇필드에는 영국 최초의 개인용 전기 시스템이 있었는데, 농지에서 일하던 일꾼이 전선을 잘못 만지는 바람에 처음으로 감전사가 발생했다.[14] 한동안 가족과 손님들은 한 쌍의 초기 원형 전구 불빛 아래 저녁 식사를 해야 했다. 그다음에는 최신 발명품이 들어왔다. "반쯤 꺼진 모닥불처럼 희미한 불빛이 비치는 가운데 가족들이 더듬더듬 물건을 찾아야 할 때도 있었다. 때로는 작은 번갯불이 번쩍이다가 모든 것이 꺼져버리는 위험한 순간도 있었다." 그웬덜린 세실은 이렇게 회상했다. 첫 전화기가 등장했을 때 햇필드를 찾은 손님들은 바닥에 깔린 전화선을 밟지 않도록 조심해야 했다. 전화기는 너무 성능이 떨어져 분명하고 천천히 말하는 소리만 알아들을 수 있었다. 그웬덜린은 "아버지가 '헤이 디들 디들, 고양이와 피들, 암소가 달 위를 점프한다'고 흥얼거리며 다양한 강조와 표현을 반복하

는 목소리가 집에 메아리쳤다"라고 말했다.[15]

턱수염을 길게 기른 육중한 몸집의 솔즈베리는 당대 유명한 크리켓 선수 그레이스W. G. Grace를 닮았다. 그를 "미켈란젤로가 조각한 신"[16]에 비유하는 사람들도 있었다. 솔즈베리는 다른 사람들이 어떻게 생각하는지에 무관심했다. 수상이 되었을 때도 다우닝가에 사는 것을 거부했다. 그가 낮은 계급의 여자와 결혼해 사회에서 무시당할 것이라고 그의 아버지가 불평하자, 그는 "앨더슨 양과 결혼한다고 나를 깎아내리는 사람들은 바로 내가 관계를 끊고자 하는 사람들입니다"라고 대답했다.[17]

*

무엇보다도 그는 영국의 위대한 세실 집안 출신이었다. 그의 조상 중 가장 유명한 1대 버글리 경Lord Burghley인 윌리엄 세실은 첫 여왕 엘리자베스 1세의 통치 기간 내내 가장 가까운 고문이었다. 그의 아들 로버트는 엘리자베스 1세와 후계자인 제임스 1세의 국무장관으로 봉직했다. 오랜 기간 그의 가문은 재산과 지위를 쌓아 올렸다. 제임스 1세는 로버트를 솔즈베리 백작으로 임명하고 햇필드에 있는 왕궁을 하사했다. 로버트가 왕궁을 해체해 벽돌로 만든 드넓은 저택은 오늘날까지 그 자리에 남아 있다. 국왕 조지 3세는 단 하나의 칙령으로 솔즈베리의 할아버지 작위를 더 영광스럽게 만들었다. "나의 신하여, 자네를 프랑스 후작이 아니라 영국 후작으로 임명한다."[18] 첫 후작의 아들이 유산을 두둑이 물려받은 젊은 여성과 결혼하면서 이 가문의 지속적인 부가 보장되었다. 솔즈베리는 안락한 생활에 관심이 없었고, 악명이 높을 정도로 허름한 옷을 입고 다녔지만(몬테카를로 카지노 입구에서 쫓겨난 적도 있었다),[19] 매년 수입이 5만~6만 파운드나 되는 아주 부유한 사람이었다. 햇필드 저택은 블레넘 궁전이나 채츠워스만큼 규모가 크지는 않았지만 긴 회랑과 대리석 홀, 도서관, 거실, 10개 이상의 침실이 갖추어진 대저택이었다. 게다가 무도장이 있는 런던 집과 프랑스 디에프 바로 외곽에 있는 샬레 세실Chalet Cecil도 가지고 있었다.

평범하지 않았지만 솔즈베리는 당대 영국인과 외국인 모두에게 가장 존경과 부러움을 받는 대표적인 인물이었다. 유럽 전역에서 상류층은 영국 유모와 마부를 수입하고, 타탄 무늬 옷을 입고, 아침 식사 때 마멀레이드 잼을 먹었다. 미클로스 반피Miklós Bánffy의 소설《그들은 나뉘었다They were divided》는 1차대전 이전 헝가리 상류층을 소재로 했는데, 이 소설에서 멀리서 영국을 동경하던 한 젊은 귀족은 드디어 런던을 방문할 기회를 얻게 된다. 자국 대사에게 말한 그의 단 한 가지 소원은 런던에서 가장 배타적인 세인트 제임스 클럽의 임시 회원이 되는 것이었다. 그는 두 주 동안 그 클럽의 창가에 앉아 있을 수 있었다. "천국에 있는 것 같은 느낌이었다"고 그는 말했는데 런던에서 다른 것을 전혀 못 보고, 영어가 시원치 않아 아무하고도 얘기하지 못한 것은 아무 상관이 없었다.[20]

영국 귀족 권위의 일부는 부로 결정되었다. 영국의 대가문들은 독일이나 러시아의 최고 부자들만큼 부유했고 수적으로 더 많았다. 그뿐 아니라 작은 지주와 새롭게 일어난 산업·상업 계급으로 번영이 확산되었다. 훗날 빌헬름 2세의 어머니가 될 빅토리아 여왕의 딸은

1877년 독일에서 이런 편지를 썼다. "어머니는 독일의 재산이 얼마나 적은지, 사치와 기차세계여행에 익숙한 사람이 얼마나 적은지 아시죠." 동시에 유럽 곳곳의 상류층, 특히 농촌 영지에서 주로 수입을 얻던 사람들은 주변 세계의 변화에 소름이 돋았다. 산업화되고 유럽의 힘이 세계로 확산되면서 유럽의 농업은 덜 중요해졌고 수입도 점점 적어졌다. 아메리카 대륙이나 오스트레일리아 같은 곳에서 들어오는 값싼 농산물은 노동계급과 그들의 고용주에게 좋았지만, 지주들에게는 그렇지 않았다. 19세기 마지막 20년 동안 유럽 농업에서 얻는 수입은 급감했고, 이에 따라 농지의 가치도 폭락했다.

지주 중에 운 좋게도 도시에 땅이 있던 사람들은 그 가치가 올라가면서 부를 유지했다. 솔즈베리는 수입 중 4분의 1만이 농지에서 나온 것이었고, 나머지는 도시의 땅과 투자에서 얻었다. 그들 중에서도 재산이 더 많은 사람들은 새로운 사업을 하거나 산업에 투자하기도 하고, 싱어 재봉틀 회사 상속녀와 결혼한 프랑스의 폴리냐크 왕자처럼 다른 집단의 부유한 사람과 결혼해 부를 늘렸다. 그러나 도태되는 귀족은 점점 늘어났다. 영지를 저당 잡히고 추락하는 귀족 가문을 그린 체호프의 《벚꽃 동산》이나 미클로스 반피의 트란실바니아 3부작은 그러한 현실을 잘 반영한 작품이다.

1차대전 이전 몇십 년 동안 지주귀족과 소귀족이 계급의 경제적 기반만 상실하고 있는 것은 아니었다. 유럽의 많은 지역에서 그들은 다른 방식으로도 기반을 잃고 있었다. 부상하는 중산층과 노동계급, 새로운 부자들은 귀족의 특권에 도전하며 권력을 놓고 귀족과 경쟁했다. 구 지배계급은 더이상 사회적으로 우세하지 않았다. 부자들은 상업과 산업에서 나왔다. 로스차일드, 립턴, 캐슬스 같은 국왕 에드워드 7세의 친구들을 생각해보라. 그들은 멋진 저택과 화려한 여가생활로 귀족에 버금가는 생활을 했다. 정치와 관직에서 지주의 이익은 더이상 과거처럼 중시되지 않았고, 심지어 독일 같은 나라에서도 마찬가지였다. 투표권의 확대 — 영국에서는 1884년과 1885년 개혁으로 유권자가 무려 3백만 명에서 6백만 명 가까이로 두 배 늘어났다 — 와 투표구의 재설정으로 의회 의석이 지방 대지주에게 선물처럼 돌아갔던 과거의 안락한 상황을 무너뜨렸다.[21]

솔즈베리는 분명 운이 좋은 축에 속했지만, 변화를 좋아하지 않았다. "수백 년 동안 안정적이었던 것들이 더이상 안정적이지 않다"고 그는 말했다. 대중민주주의가 전통적 상류층을 흔들었고, 이는 사회에 안 좋은 현상이었다. 그의 동료 조지 해밀턴 경은 "그는 자신의 질서를 생각하고 그것을 위해 싸웠다"면서 "그들의 특권과 예외를 계속 보장하기 위해서가 아니라, 그러한 질서 유지가 건전하고 신뢰할 만한 정부를 가장 잘 지원한다고 믿기 때문이었다"라고 말했다. 해밀턴은 솔즈베리가 오직 영국의 복지 증진을 위해 공직을 원했다고 믿었다.[22]

만일 그랬다면 그는 성공한 셈이었다. 빅토리아 여왕 즉위 60주년까지 그는 영국의 수상을 세 번, 외무장관 세 번, 인도 담당 국무장관을 두 번 역임했다. 다행히 그는 고된 업무를 견디는 능력과 함께 압박을 견디는 능력도 있었다. 그는 걱정 때문에 잠을 못 자지는 않았다고 조카에게 말했고, 결정을 내려야 할 때는 어느 코트를 입고 나가야 할지와 같은 사소한 결정이라도 최선을 다했다고 가족에게 말했다. "전쟁이냐, 평화냐가 달린 전문을 쓸 때도 마찬가지다. 그 정도는 결정을 내릴 때 사용할 수 있는 자료에 달려 있고, 뒤따를 결과의 크기에는 전혀 좌우되지 않는다."[23]

1895년 마지막으로 수상이 되었을 때, 그는 전과 마찬가지로 외무장관을 겸직하기로 결정했다. 그는 여왕 즉위 60주년 행사 몇 달 후 청중에게 "우리의 첫 번째 의무는 이 나라의 국민들을 위한 것이고, 그들의 이익과 권리를 유지하는 것이다. 두 번째 의무는 인류 전체를 위한 것이다"라고 말했다. 그는 영국의 세계 패권이 전반적으로 유익하다고 보았기 때문에 두 목표가 양립 가능하다고 생각했다. 외교정책에서 그의 전략은 단순했다. 영국과 국익 그리고 세계에서 영국의 지위를 보호하는 것이었고, 동맹이나 비밀조약 같은 복잡한 문제를 수반하지 않는 것을 선호했다. 그는 빅토리아 여왕에게 "적극적 조치active measures"라고 설명한 것을 좋아하지 않았다.[24] 아마도 그는 유럽대륙에 개입해야 한다고 믿고 필요하다면 인도적 이유로 그렇게 할 막강한 라이벌, 윌리엄 글래드스턴과 그의 자유당을 간접적으로 언급했을지 모른다. 솔즈베리는 기껏해야 영국은 이웃 국가들이 "서로 목을 따려고 날아다니는 것"을 막기 위해 영향력을 행사해야 한다고 생각했는데, 이는 모두에게 전반적으로 나쁜 일이기 때문이었다.[25] 그는 영국의 이익이 걸려 있는 곳에서는 강경한 입장을 취하고, 군사적 행동도 불사할 준비가 되어 있었다. 수에즈 운하가 개통되면서 이집트는 영국이 인도, 극동과 연결되는 데 아주 중요한 지역이 되었다. 영국은 다른 나라가 어떻게 생각하든 이집트를 통제해야 했고, 더 안전한 방법으로 나일강 상류까지 확보해야 했다. 1890년대 말 솔즈베리는 그곳에서 프랑스와 대치하는 상황에 처하게 되었다.

대부분의 영국인처럼 솔즈베리도 외국인이 영국인보다 이기적이고 신뢰가 안 가며, 라틴계 사람들은 더 감정적이라고 생각했다. 그리스인은 "유럽의 공갈범"이었고, 프랑스가 튀니지에 진입한 것은 "습관적으로 실행해온 프랑스의 명예 코드에 맞는 일"이었다.[26] 1880년대에 영국과 독일이 동아프리카를 놓고 세력을 다툴 때 솔즈베리는 잔지바르로 파견되는 젊은 영사에게 이렇게 경고했다. "정치적 도덕성이 우리와 크게 차이 나는 독일인을 상대해야 하기 때문에 잔지바르 문제는 어렵고도 위험하다."[27] 그는 제국을 확장하는 "허영"에 대해 심사숙고했지만, 무슨 사태가 벌어지든 영국이 자기 몫을 챙겨야 한다고 마음먹었다. "본능적으로 국가는 이웃 국가들이 탐욕적으로 나누는 노획물에서 자기 몫을 차지하지 못하면 절대 만족할 수 없다"고 그는 주장했다.[28]

그는 어느 한 나라를 특별히 싫어하지는 않았지만 미국은 예외였다. 그가 싫어하는 현대적인 것은 모두 미국에 있었다. 그가 생각하기에 미국인은 탐욕스럽고 물질주의적이고 위선적이고 저속하며, 민주주의가 최상의 정부 형태라고 믿는 사람들이었다. 미국 남북전쟁 중 그는 남군을 열정적으로 지지했는데, 그 이유 중 하나는 남부 사람들이 신사들이고 북부 사람들은 그렇지 않다고 보았기 때문이었다. 게다가 그는 미국의 국력 신장을 두려워했다. 1902년 그는 우울한 글을 남겼다. "너무나 슬프다. 나는 미국이 계속 발전해 우리 사이의 동등함을 재건할 수 없을까 두렵다. 만일 우리가 미국 남북전쟁에 관여했다면, 우리는 미국의 힘을 관리할 수 있는 수준으로 축소시킬 수 있었을 것이다. 그러나 한 국가에 그런 기회는 두 번 주어지지 않는다."[29]

외국인에 대한 이러한 시각에도 불구하고 솔즈베리는 외교정책을 맡았을 때 다른 강국들과 함께 특정 목표를 추구했다. 일례로 그는 1880년대 말 이탈리아, 오스트리아와 지중해 주변의 현상 유지 수호에 대해 합의했다. 1882년에는 수에즈 운하를 장악한 영국을 용서하지 않은 프랑스로부터 이집트를 안전하게 지키기 위해 독일과 좋은 관계를 맺었다. 그는 중요성이 점점 커지는 여론을 좋아하지는 않았지만, 때로는 내키지 않는 약속이나 동맹을 거부하는 데 여론이 유용하다는 것을 발견했다. 1890년대에 독일이 프랑스를 상대로 한 공동 전선을 제안하자, 솔즈베리는 자기 입장이 자유롭지 않다며 유감을 표했다. "의회와 국민은 영국 정부가 몇 년 전 전쟁에 돌입하는 비밀 합의에 서명했다는 사실에 조금도 개의치 않을 것입니다."[30] 더 나아가 그는 불문율에 따라 영국이 평화 시에 전쟁으로 비화될 수 있는 합의를 맺는 것이 금지되어 있다고 주장했다.[31] 더 중요한 것은 세계에서 가장 강한 영국 해군과 섬이라는 지리적 이점이었다. 덕분에 영국은 세계 문제에서 상대적으로 독립적인 태도를 유지할 자유가 있었다.

솔즈베리는 영국이 국제문제에 개입하는 것을 막으려고 최선을 다하는 동시에, 영국을 대상으로 강력한 블록이 형성되는 것도 막으려고 노력했다. 1888년 그는 카나번에서 연설하면서 국가는 상식 있는 집 주인처럼 이웃들과 잘 지내야 한다고 강조했다.

같이 사는 사람들과 잘 지내려면 그들을 상대로 작은 이익을 얻을 기회를 계속 찾으면 안 된다. 당신의 주장과 그들의 주장을 정의롭고 우호적인 정신에 입각해 검토해야 한다. 압제와 침해를 시도해 중요하고도 진정한 권리를 희생시켜서는 안 된다. 다른 한편으로는 작은 논쟁거리가 독설의 논쟁으로 비화되는 것을 삼가고, 모든 차이를 중요한 원칙의 문제로 다루어야 한다.

그는 합리적이고 우호적인 방식으로 주의해서 행동하지 않는 사람은 "이웃들이 합심해서 반대하고 나서는 것을 보게 될 것"이라고 강조했다.[32]

솔즈베리는 영국의 오랜 정책처럼 만일 연합 세력이 있다면 둘 이상이 되어 영국보다 서로를 적대시하게 만드는 것이 좋았다. 유럽과 영국의 관계는 영국이 되도록 많은 나라와 우호적 관계를 맺고, 유럽 대륙에 대체로 세력 균형이 이루어져 영국이 다양한 집단을 조정할 수 있을 때 가장 좋았다. 솔즈베리는 다른 국가가 아니라 영국이 이런 방식으로 더 큰 선에 기여한다고 확신했다. 그는 또한 카나번 연설에서 "이웃과 잘 지내려는 선량하고 기분 좋은 노력과, 위엄 있게 '비간섭'이란 이름을 내건 오만하고 침울한 '고립' 사이에는 큰 차이가 있다. 우리는 유럽이라는 공동체의 일원이고 그에 걸맞은 우리 의무를 다해야 한다"라고 강조했다.[33]

솔즈베리는 자신이 "고립이라는 용어"라고 부른 것을 싫어했지만, 바로 그것이 그의 외교정책의 특징이 되었다.[34] 1896년 1월 빅토리아 여왕이 영국이 고립되어 있는 것 같다고 항의하자 솔즈베리는 고립은 "우리와 무관한 전쟁에 끌려 들어가는 것보다 훨씬 덜 위험하다"고 날카롭게 대답했다. 그의 보수당 동료들도 이러한 시각을 공유했다. 해군장관 고션 경은 1896년 보수당 모임에서 "우리가 약하거나 자신을 경멸해서 고립 정책을 취하는 것이 아니다. 우리의 고립은 의도적으로 선택된, 어떤 상황이 일어나든 선택할 수 있는 행동의 자유이다"라고 강조했다.[35] 같은 해에 먼저 캐나다 정치인이, 다음으로 조지프 체임벌린이 "영광의"란 형용사를 덧붙였고, 이 용어는 놀라울 정도로 빠르게 퍼져나갔다. "영광의 고립"과 세력 균형을 도모한 영국의 능숙한 조종은 의도적인 정책이었을 뿐 아니라, 여왕 엘리자베스 1세가 영국의 안전을 확보하기 위해 프랑스와 에스파냐 사이에서 균형을 잡았던 때까지 거슬러 올라가는 전통으로 인정받았다. 그녀가 재위할 때 한 역사가는 "유럽대륙의 세력 균형은 전반적으로 나라에 잘 맞았던 것처럼 그녀에게도 잘 맞았다"라고 평가했다.[36] 옥스퍼드대학의 현대사 석좌교수 몬터규 버로스는 여기에 "균형"이라는 거의 신화적인 의미를 부여하면서, 에드먼드 버크의 말을 인용해 모든 강대국 중에서 영국이 그런 정책을 관장하는 가장 적절한 국가라고 주장했다. "그런 정책이 유럽을 구했다고 말해도 과장이 아니다"라고 그는 자랑스럽게 말했다.[37]

돌아보면 이는 아주 자기만족적인 것으로 보인다. 심지어 강한 반론이 있었던 시기에도 그랬다. 1897년 빅토리아 여왕 즉위 60주년 때 영국은 정말 고립되어 있었고, 세계에서 영국의 입지는 그리 영광스럽지 않았다. 영국은 유럽에 든든한 우방이 없었다. 세계 곳곳에서 영국은 여러 분쟁과 경쟁에 휘말렸다. 미국과는 베네수엘라 문제로, 프랑스와는 세계 여러 곳에서 충돌했고, 독일과는 아프리카와 태평양에서, 러시아와는 중앙아시아와 중국에서 갈등을 빚고 있었다. 영국제국 자체는 혼합된 축복이었다. 해군 관함식 당시 《펀치Punch》지에는 네 마리의 젊은 사자 — 오스트레일리아, 캐나다, 뉴질랜드, 케이프 식민지 — 를 거느린 영국이라는 늙은 사자가 함대를 보러 나온 만평이 실렸다.[38] 그러나 젊은 사자들은 제국 전체는 물론 자신을 보호하는 데 별로 열성을 보이지 않았다.

영국은 이미 확보한 것을 지키기 위해 세계 여러 곳에 식민지와 보호령을 두면서 계속 커가고 있었다. 그러나 다른 강국들이 영토 쟁탈전에 뛰어들면서 영국제국은 점점 공격에 취약해졌다. 외무부 사무차관 토머스 샌더슨은 몇 년 후 이렇게 썼다. "우리 언론을 읽는 외국인에게 영국제국은 비명을 지르지 않고는 다가갈 수 없는, 통통한 손가락과 발가락을 모든 방향으로 뻗치고 지구 위를 걸어 다니는 거대한 거인처럼 보일 것이라고 나는 종종 생각했다."[39] 1890년대에 영국은 아직 개념화되지 않은 "제국의 과도한 확장"으로 이미 고통받고 있었다. 키플링은 스핏헤드에서 진행된 관함식을 본 직후 〈퇴장 Recessional〉이란 시를 통해 다음과 같이 경고했다.

> 먼 곳에서 우리 해군이 녹아내렸다
> 모래언덕과 곶에서 불이 꺼진다
> 아, 어제의 우리의 화려함이여
> 니네베와 티루스* 같았던 영광이여!

• 니네베는 메소포타미아 북부에 있었던 고대 아시리아의 도시(오늘날 이라크 모술)로 상당히 번영했다. 티레라고도 불리는 티루스는 레바논 남부에 있었던 고대 페니키아의 항구 도시다.

국가들의 판관이여, 아직 우리를 남겨두소서
우리가 잊지 않도록, 우리가 잊지 않도록!

영국은 여전히 세계의 제조업을 선도하고 있었지만, 독일이나 미국의 새롭고 역동적인 산업이 영국의 산업을 따라잡고 해외에서도 영국 시장을 잠식하고 있었다. 영국 아이들의 장난감 병정을 독일에서 만든다는 이야기는 사실은 아니더라도 영국의 방어력을 비롯해 점점 커지는 불안을 반영하고 있었다.

섬나라기 때문에 영국은 육군의 규모가 작아도 해군에 의지해 자체 방어를 하고 제국도 방어할 수 있었다. 그러나 기술이 진보하면서 해군은 점점 비용이 많이 들고 예산 부담도 늘어났다. "지친 거인은 너무나 거대한 자기 운명의 구球 아래 비틀거리고 있다"라고 조지프 체임벌린은 썼다.[40] 영국 해군이 전 세계에서 임무를 수행하는 동안 영국 본토가 제대로 방어되지 않는다는 우려도 있었다. 군대 내의 비관론자들은 1880년대 후반 이후 프랑스가 마음만 먹으면 영불해협의 영국 해군을 쓸어버리고 침공군을 영국에 상륙시킬 수 있다고 경고해왔다. 솔즈베리도 1888년 의회에 보낸 비망록에서 "혁명에서 정상에 오른 군사들이 이끄는 프랑스군이 영국인들이 주말을 즐기는 토요일 밤에 몰래 상륙한다"는 시나리오를 상상했다. "아일랜드 애국당 전사 두세 명"의 도움으로 침공자들이 전신선을 끊고, 영국 군부의 누구도 대응하기 전에 런던까지 들어온다는 상상이었다.[41] 그가 이 시나리오를 얼마나 믿었는지는 의문이지만, 그럼에도 그는 프랑스에서 계속 휴가를 즐겼다.

프랑스와의 안 좋은 관계는 솔즈베리의 마지막 정부 때까지 골칫거리로 남았다. 실제로 1898년에 심각한 전쟁 가능성이 있었다. 프랑스가 영국의 또다른 경쟁자인 러시아와 새롭게 협력을 다지는 것도 우려스러웠다. 독일, 오스트리아-헝가리, 이탈리아의 3국동맹과 협력하려는 솔즈베리의 정책은 더이상 적절한 대응책이 아닌 것으로 보였다. 이 협조체제가 얼마나 믿을 만한 것인가는 1890년대 중반 오늘날 튀르키예 동부에서 자행된 아르메니아인 학살 사건으로 입증되었다.

오스만제국의 불행한 기독교 신민인 아르메니아인들은 이슬람 주민들에게 대량학살을 당했고, 오스만 정부는 의도적이든 무능해서든 이런 사태를 막기 위해 아무 일도 하지 않았다. 19세기에 대체로 영국은 흑해에서 지중해로 이어지는 해상로를 러시아로부터 지켜내기 위해 오스만제국을 지원하는 정책을 견지했다. 그러나 자국의 이익 추구가 늘 영국의 여론과 조화되지는 않았다. 영국에는 오스만제국이 기독교 공동체를 탄압하는 것에 분노하는 사람들이 많았다. 실제로 글래드스턴은 선거 운동 내내 불가리아인들의 잔학성을 문제 삼았고, 국제 공동체가 나서야 할 필요를 강조했다. 솔즈베리는 늘 오스만제국에 대해 애매한 입장을 취했다. 만약 지중해 동쪽 끝의 우방이 필요 없었다면 더 일찍 그들을 버리는 게 나았을 것이다. 1895년 그는 오스만제국의 아르메니아인 공격을 멈추기 위해 협력 국가 — 오스트리아 또는 이탈리아, 독일 심지어 러시아까지 — 를 찾으려고 했지만, 다른 국가들은 행동에 나서려고 하지 않았다. 이 문제로 솔즈베리는 밤잠을 설쳤지만, 영국이 할 수 있는 게 아무것도 없다는 사실을 받아들여야 했다. 지중해에서 영국이 얻을 이익과 인도로 이어지는 핵심 통로인 수에즈 운하를 지키기 위해 그는 빈사 상태의 부패한 오스만제국을 지원하는 것 말고 다른 방법을 찾아야 한다는 결론에 도달했다. 그 방법이 어떤 것인지는 몇 년간 결정되지 않았다. 많은 비용을 감수하고 이집트와 지중해에 군사력을 강화할 것인가? 프랑스나 러시아처럼 이 지역에 이익이 걸린 다른 국가와 동맹을 맺을 것인가? 다른 지역에서의 경쟁을 감안할 때 둘 중 어떤 방법도 가능할 것 같지 않았다.

오스만제국은 제국주의 시대의 유혹들 때문에 또다른 걱정을 하고 있었다. 강국들과 그 국민들은 세계에서 자국이 차지하는 중요성을 식민지 수로 평가했지만, 차지할 수 있는 땅은 점점 줄어들고 있었다. 아프리카는 1890년대에 이미 대부분 분할되었고, 극동과 태평양의 섬들도 마찬가지였다. 남은 지역은 중국과 페르시아 또는 오스만제국처럼 구질서가 무너지고 있는 곳뿐이었다. 1898년 솔즈베리는 런던 앨버트 홀에서 한 유명한 연설에서 "여러분은 세계의 국가들을 살아남은 국가와 죽어가는 국가로 대략 나눌 수 있습니다. 한쪽에는 국력, 부, 지배력, 조직의 완벽성이 매년 커지는 막강한 국가들이 있습니다"라고 말했다. 다른 쪽에는 부패와 실정으로 죽어가는 당연한 희생양들이 있었다. 솔즈베리가 일어날 것 같다고 본 과정은 잠재적으로 위험한 것이었다. "살아있는 국가들은 점차 죽어가는 국가들의 영토를 침범할 테고, 문명국가들 간에 벌어질 분쟁의 씨앗과 원인이 빠르게 나타날 것입니다."[42]

*

 그러한 움직임은 이미 나타나고 있었다. 영국과 프랑스는 1880년대에 아직 명목상 오스만 통치령인 이집트를 놓고 싸웠고, 프랑스와 이탈리아는 튀니지를 놓고 다투었다. 오스만 정부는 그물에 든 물고기처럼 허우적거렸고, 그물망은 점점 조여들었다. 유럽 정부들과 은행에서 빌린 차관을 비롯해 오스만 재정을 압박하는 외부 통제도 심해졌다. 그리고 상업에 도움이 되지만 유럽 영향력 확대의 방편이기도 한 철도 건설에 걸린 유럽의 이익을 인정해줘야 했다. 유럽은 인도주의란 이름으로 기독교 신민의 대우를 간섭하며 개혁을 요구했다. 오스만이 더이상 감당할 수 없게 된 발칸과 아랍권 중동 지역은 분명 다른 나라의 손아귀에 들어갈 것이었다.
 러시아제국이 남동쪽으로 확장되면서 페르시아도 중앙아시아를 둘러싼 영국과 러시아 간의 그레이트 게임에 끌려 들어왔다. 북부에서 영향력을 확대한 러시아도, 남부와 인도양에서 입지를 굳히려고 애쓰던 영국도 페르시아 왕을 끌어들이려고 했다. 이 게임은 오늘날 러시아 영토와 영국령 인도 사이에 있는 아프가니스탄, 그리고 티베트와 더 동방인 중국에서도 벌어졌다.
 아시아에서 유럽 국가들은 무력함이 드러난 중국을 가만둘 수가 없었다. 제국주의에 반대하는 역사적 전통을 가진 미국도 이 경쟁에 뛰어들었다. 1880년대 중반에 대통령을 역임하고 1893년부터 1897년까지 다시 대통령직을 수행한 그로버 클리블랜드는 미국의 식민지 획득을 가장 앞장서서 반대한 사람으로, 처음 취임할 때 미국은 혁명적 전통에 충실할 것이며 다른 대륙에 야망이 없다는 유명한 연설을 한 바 있었다. 하지만 미국은 이미 뒷마당인 카리브해에 개입할 채비를 하고 있었고 얼마 후 필리핀, 하와이, 푸에르토리코를 차지했다. 중국과 관련해서 미국은 배타적 세력권이 아니라 모든 나라가 접근할 수 있는 문호개방정책이 유일하게 올바른 길이라고 주장했다.

세계의 새로운 힘에 재빨리 적응해 식민지로 전락할 위험을 떨쳐버린 일본은 서양인들의 놀라움과 상당한 경탄을 자아내며 중국을 향한 제국주의적 야망을 드러냈다. 열강은 빈사 상태의 중국 정부에게 양보를 강요해 외국인들이 자기 나라의 법과 정부의 보호 아래 거주하고 일할 수 있는 항구 조차권, 외국 군대가 지키는 철도, 특정 지역의 광업과 통상에 대한 배타적 권리를 얻어냈다. 중국인들은 자신들의 나라가 수박처럼 쪼개지는 상황을 분명히 보았다.

영국은 중국 내, 특히 양쯔강 계곡에서 무역과 상업권을 쉽게 확보했지만, 행정의 부담을 감수하면서 중국 땅 일부를 차지하고 싶지는 않았다. 그러나 다른 나라들이 들어와 영토를 병합하려 하는데 영국이 뒤로 물러나 방관할 수 있겠는가? 1895년 솔즈베리가 다시 정부를 맡았을 때 러시아는 중국 북부에 걸린 영국의 이익에 도전하고 있었다. 독일을 비롯한 다른 나라들도 여기에 뛰어들면서 중국에서의 세력 경쟁은 가열되고 있었다.

항상 쉽지 않았던 미국과의 관계가 점차 나쁜 단계에 접어들면서 솔즈베리의 걱정은 더 커졌다. 영국령 기아나를 놓고 영국과 베네수엘라가 오랫동안 벌인 분쟁에 그로버 클리블랜드 정부가 뛰어든 것이다. 솔즈베리가 집무를 시작한 지 한 달 후인 1895년 7월 미 국무장관 리처드 올니는 미국이 이 분쟁에 개입할 권리가 있다고 선언하는 호전적인 전문을 보냈다. 그는 외부 국가들이 신대륙에 개입하는 것을 경고한 놀라울 정도로 애매하고 한없이 가변적인 먼로 독트린을 전문에 인용했다. 대서양 양편의 두 국가 언론은 시끄럽게 떠들어댔다. 런던 주재 미국 대사는 솔즈베리에게 긴 전문을 직접 낭독했다. 이 전문에서 미국 정부는 영국령 기아나 영토의 상당 부분에 대한 영유권을 주장하는 베네수엘라를 지지하고 영국이 중재에 동의할 것을 요구했다. 솔즈베리는 넉 달을 기다렸다가 답신을 보냈다. 그는 먼로 독트린에 따라 미국이 신대륙의 영국 영토에 대해 관할권을 갖는 것을 거부하고, 미국은 영국령과 다른 나라 사이의 영토 분쟁에 "분명하고 실질적인 어떤 이해관계도" 가지고 있지 않다고 말했다. 클리블랜드는 솔즈베리가 "완전히 미쳤다"고 비난했고, 영국과 미국 사이에는 상당히 격렬한 말싸움이 오갔다. 다른 곳에도 처리할 문제가 많은 영국은 싸울 의도가 없었고, 미국 내 여론도 갈라졌다. 결국 타협이 이루어졌다. 솔즈베리는 미국의 먼로 독트린 확대에 반대하는 것을 멈추었고, 1899년 국경이 조금 조정되었다. 런던 주재 미국 대사가 "잡종견 국가"라고 부른 베네수엘라는 얻은 것이 별로 없었다. (베네수엘라 대통령 우고 차베스는 죽을 때까지 이 분쟁 지역의 영유권을 주장했고, 후계자들도 그의 주장을 계속 이어가고 있다.)[43]

솔즈베리는 다른 분쟁에서도 양보를 했다. 1896년 영국이 상당한 이권을 갖고 있던 마다가스카르를 프랑스가 병합하자 그는 항의하지 않고 묵인했다. 그러면서도 영국이 좀더 항구적인 관계를 찾고 있다는 인상은 주지 않았다. 늘 그랬듯 그는 지구 구석구석에 쓸데없이 간섭하지 않고, 영국의 중요한 이익이 걸린 지역에 집중했다. 이집트 총독 에벌린 베링 공(훗날 크로머 경)에게는 "이 지역의 전략적 중요성에 대해 병사들이 당신에게 한 말에 크게 신경쓰지 않겠다. 허락이 떨어지면 그들은 화성으로부터의 공격을 막기 위해 달에 병영을 설치해야 한다고 주장할 것이다"라고 말했다.[44] 동료들은 솔즈베리가 너무 걱정이 없고, 외교정책이 명확하지 않다는 점을 우려했다. 아니면 그는 뭔가를 하더라도 드러내지 않으려고 했다. 솔즈베리의 비밀주의는 나이가 들수록 더 명백해졌다. 그 밑에서 외무차관을 지낸 커즌 경은 그를 "최고위층에 있는 그토록 이상하고, 강력하고, 불가해하고, 머리가 명석하고, 일을 가로막는 대단히 무거운 사람"이라고 묘사했다.[45] 커즌은 솔즈베리가 너무 상대가 바라는 것을 준다고 우려했고, 그러한 경향은 프랑스와 러시아가 보여준 것처럼 더 많은 요구로 이어졌다. 모든 동료가 비판적이지는 않았지만 대부분 솔즈베리가 너무 오래 수상과 외무장관 일을 했다고 걱정했다. 그는 1890년대에 연로한 기색을 보였고, 1899년 사망한 부인의 오랜 병마로 큰 고통을 겪었다.

  1900년 공식적으로 외무장관직을 내려놓기 전에도 솔즈베리는 외교 업무의 상당 부분을 조카인 하원의장 아서 밸푸어와 식민지 장관 조지프 체임벌린에게 위임했다. 그런데 두 사람은 너무나 달랐다. 밸푸어는 솔즈베리의 조카여서 영국 사회 정상에 친밀하게 얽혀 있는 인맥의 일원이었다. 부유한 가족의 맏아들인 그는 스코틀랜드에 엄청난 영지가 있었다. 그는 잘생기고 영리하며 매력적이었지만, 그를 차갑고 이해하기 어렵다고 느끼는 사람들이 많았다. 한 지인은 그의 웃음을 "묘비에 비친 달빛 같다"라고 묘사했다.[46] 사랑하던 여인이 장티푸스로 사망하면서 그의 마음이 무너졌다는 말이 돌았지만, 가까운 친구는 그가 "그 방향으로 힘을 너무 써버려" 안전한 유부녀와의 관계를 선호했을 거라고 의심했다. 그는 철학에 열정을 쏟았고, 1차 대전 중에는 신기하게도 시오니즘에 열정을 보였다. 그는 열심히 일하면서도 그렇게 보이지 않으려고 노력했다. 그는 하원을 빠져나와 골프를 치다가 저녁 회의에 참석하기 위해 옷을 갈아입고 자기 자리로 돌아갔다. 《펀치》지가 묘사한 바에 따르면 그는 "어디까지 뒤로 젖힐 수 있는지 알아보려는 듯"[47] 의자에 드러누웠다.

그는 체임벌린이 흥미롭지만 매정한 사람이라고 생각했다. 그는 좋아하는 여인에게 "우리 모두 조를 아주 사랑하지만, 그는 절대적으로 또는 완전히 우리와 섞이지 않고 화학적으로 결합하지 않는다"라고 썼다.[48] 체임벌린은 자수성가한 사업가로, 솔즈베리가 못마땅하게 여겼던 새롭게 떠오른 사람들 중 하나였다. 중류층에서 태어난 그는 열여섯 살에 학교를 그만두고, 금속 나사를 만드는 버밍햄의 가족 사업에 뛰어들었다. 밸푸어와 달리 그는 결혼을 세 번 했는데, 첫 두 부인은 아들을 낳다가 사망했다. 첫 아들은 오스틴이었고, 둘째 아들 네빌은 1930년대 후반에 수상이 되어 유화정책으로 유명해지거나 악명을 떨치게 된다. 체임벌린 나이의 절반 정도밖에 안 되는 세 번째 부인은 미국인으로 클리블랜드 정부 전쟁장관의 딸이었다. 모든 면에서 아주 성공적인 결혼이었다.

활기차고 저돌적이며 야심만만했던 젊은 시절의 체임벌린은 영국 최대 수준으로 사업을 확장하고 서른여섯 살에 갑부로 은퇴했다. 그는 스포츠를 좋아하지 않았고, 특별한 온실에서 난초를 키우는 뜻밖의 취미가 있었지만 그 외에는 별다른 취미가 없었다. (그는 항상 난초 꽃을 상의에 꽂았다.) 그는 사업하던 열정으로 정치에 매달렸고, 버밍햄 시장이 되어 주민들의 초등 교육, 하수도, 깨끗한 물, 슬럼 제거, 도서관 마련에 관심을 기울였다. 자유당 의원으로 하원의원이 되었을 때도 여전히 그는 누구나 인정하는 버밍햄의 통치자로 남았다. 그는 거친 대중선동가가 아니라 정확하고 요점이 명확한 연설을 하는 상당히 세련된 토론자로 동료들을 놀라게 했다. 영국 기자 J. A. 스펜더의 보도에 따르면 "그의 연설은 너무나 완벽했다. 늙은 의원 하나는 '모든 게 좋소, 아주 좋습니다, 체임벌린 씨'라며 찬사를 보내면서도 "그러나 가끔 당신이 무너질 수 있다면 하원은 큰 칭찬으로 받아들일 것입니다"라고 조언했다.[49]

*

체임벌린은 급진주의 노선을 걸으며 사회 개혁을 옹호하고, 지주와 영국 국교회처럼 특권을 누리는 제도를 공격했다. 그러나 그는 전 세계의 선을 추구하는 강국이라 믿으며 영국제국을 열렬히 지지하게 되었다. 이러한 확신 때문에 그는 1886년 아일랜드 자치법안을 제출한 자유당과 결별했다. 체임벌린과 그의 지지자들은 아일랜드 자치가 제국의 통합성을 저해한다고 주장했다. 시간이 지나면서 자유당 통합주의자Liberal Unionists라고 알려진 사람들은 보수당 쪽으로 기울었다.[50] 체임벌린은 예전 동료들에게 자신을 정당화하지 않고 자신의 길을 갔다. 스펜더는 그가 정치에 "대단히 집중했다"며 "그의 비전은 모두 흑백으로 분명히 갈렸고 중간색은 없었다"라고 말했다.[51]

식민지 장관으로 일하던 초기에 뉴펀들랜드의 대구부터 남아프리카의 금까지 여러 도전과 씨름하며, 체임벌린은 영국이 얼마나 고립되어 있고 얼마나 취약한지를 깨달았다. 외교정책을 좌우하게 된 여론도 지구 전역에서 영국의 이익을 고양하는 행동을 할 것을 요구하고 있었다. 밸푸어도 고립이 더이상 영국에 도움이 되지 않는다는 그의 주장에 동의하게 되었다. 프랑스는 당시 아프리카에서의 긴장 상태와 역사적인 경쟁 관계를 고려할 때 동맹이 되기 힘들었다. 러시아에 대해 그는 1898년 연설에서 "악마와 함께 먹을 때는 긴 숟가락이 필요하다"고 말했다. 점점 그의 생각은 영국과 상대적으로 분쟁이 별로 없는 독일로 기울었다. 혼자만 그런 게 아니라 다른 주요 인물들인 내각 장관들, 제독들, 외무부 관리들, 영향력 있는 작가들도 같은 생각을 하게 되었다.[52]

솔즈베리로부터 마지못한 동의를 받아낸 체임벌린은 런던 주재 독일 대사와 조약 체결 가능성에 대한 논의를 시작했다. 1899년 윈저궁에서 카이저와 그의 외무장관 베른하르트 폰 뷜로와 우호적인 대화를 나눈 그는 미국을 포함한 동맹이 가능할 거라고 생각하게 되었다. 독일 대표단이 떠난 다음날 그는 레스터에서 "세계의 미래에 강력한 영향을 미칠, 튜턴족과 대서양을 사이에 둔 두 앵글로색슨족 간의 새로운 3국동맹"[53]의 구도를 대략 설명했다. 다른 좋은 신호도 있었다. 1898년 영국은 포르투갈 식민지인 모잠비크, 앙골라, 티모르에 대해 독일과 합의했다. 포르투갈이 거의 파산한 상태에서 이 식민지들은 곧 세계 시장에 나올 것이 분명했다. 양국은 (포르투갈과는 협의하지 않았다) 외부 국가들은 접근하지 못하도록 막고 포르투갈제국을 나누기로 합의했다. 다음해 영국은 남태평양의 사모아 제도를 둘러싼 독일과의 불합리한 논쟁을 끝내고 주요 섬의 통제권을 양보했다.

1901년 체임벌린은 런던 주재 독일 대사관 직원에게 말했듯이 독일과 좀더 긴밀히 협력하길 희망하며 영국이 독일, 오스트리아-헝가리, 이탈리아 3국동맹의 일원이 될 가능성을 고려했다.[54] 밸푸어는 동의했다. 밸푸어는 가장 가능성이 큰 영국의 적은 프랑스-러시아 동맹이라고 보았다. 그는 "이탈리아가 분쇄되지 않고, 오스트리아가 분할되지 않고, 또한 독일이 러시아의 망치와 프랑스의 모루 사이에 끼어 죽지 않도록 하는 것이 우리에게 가장 중요한 문제다"라고 말했다.[55]

독일은 이 생각에 반대하지 않았지만, 전면적인 합의를 하거나 영국을 3국동맹에 포함시키는 것을 서두르지 않았다. 독일이 영국을 필요로 하는 것보다 영국이 독일을 더 필요로 하는 것 같았기 때문이었다. 빅토리아 여왕 60주년 기념식 2년 후인 1899년 10월에 터진 보어전쟁은 영국의 권위와 자신감을 크게 훼손했다. 전쟁 초기에 영국이 계속 패전하자 영국에서는 정말 프랑스가 이 틈에 영국을 침범하거나 프랑스와 러시아가 인도양에서 영국의 지위를 위협할 것이라는 두려움이 일어났다.[56] 1901년 1월 빅토리아 여왕 사망은 구질서가 사라지고 있다는 또 하나의 신호였다.

보어전쟁 후 조사에 따르면 영국 지휘관들은 무능했고, 영국군은 분명한 명령, 제대로 된 지도, 충분한 정보도 없이 전장에 투입되었으며, 군에 지급된 장비는 형편없었다. 《타임스》의 종군기자 레오 애머리Leo Amery는 스피온 콥Spion Kop 전투의 참사에 대해 "점령할 거점의 지형을 미리 확인하지 않았고, 이 작전을 수행하는 장교들에게 그런 정보를 제공하지도 않았다. 장교들도 공격 전 고지의 형태를 알려 보려는 노력을 충분히 하지 않았다"라고 비판했다.[57] 이 전쟁으로 대대적인 군대 개혁이 이루어졌지만, 효과가 나타나기까지는 시간이 걸렸다.

19세기 말, 설상가상으로 중국의 불안정한 정세 때문에 영국의 광범위한 이권이 위협받고 있었다. 1897년 독일은 두 명의 선교사 살해를 빌미로 중국 정부가 톈진 항과 산둥반도 철도 부설권을 포함한 양보를 하도록 강요했다. 이는 중국을 둘러싼 심각한 이권 경쟁을 촉발했다. 러시아는 영국 해군 장교 윌리엄 아서의 이름을 딴 만주 남단의 부동항을 일방적으로 차지했다. 영국 내각은 러시아군을 물리치기 위해 중국 해역의 영국 함선 파견을 고려했지만 러시아의 동맹국 프랑스의 대응이 두려워 그렇게 하지 않았다. 몇 달 후 러시아는 뤼순 바로 북동쪽에 있는 다롄 항을 차지했고, 중국 정부로 하여금 25년 조차 조약에 서명하도록 만들었다.

언론과 체임벌린 같은 동료들로부터 영국이 무언가를 해야 한다는 압박을 받은 솔즈베리는 침울하게 말했다. "영국의 '대중'은 중국에서 영토 또는 지도상의 위안을 얻길 바랄 것이다. 쓸모없고 비용도 많이 드는 일이지만, 순전히 감정적인 차원에서 우리는 그렇게 해야 할 것이다." 그래서 영국은 산둥반도 북쪽이자 만주에서 러시아가 조차한 항구들 남쪽의 웨이하이威海 항구를 요구했다. (이곳은 항구로는 쓸모없고, 수영하기 좋은 백사장이었다.)[58] 1900년 이 사건은 최소한 좋은 뉴스거리로 보였다. 독일과 영국은 모든 국가의 자유로운 접근을 허용하는 중국의 문호개방정책을 위해 공동으로 영향력을 행사한다는 합의에 이르렀다. 영국인들은 만주의 러시아를 겨냥한 것이라고 생각했지만, 유럽에서 러시아와 긴 국경을 맞대고 있는 독일은 러시아와의 충돌을 원치 않았다. 이는 의화단의 난 처리 과정에서 분명해졌다.

의화단의 난은 1900년 청 왕조에 맞서 시작되었지만 어느새 외세 배척 운동으로 바뀌었다. 중국 북부 전역에서 서양의 선교사, 외교관, 사업가들이 공격을 받았고, 1900년 여름 베이징에서는 모든 외교 공관이 포위당했다. 공동으로 대응할 상황이 되자 열강은 급히 연합군을 조직했다. 결국 의화단의 난은 진압되었고, 중국 정부는 거대한 배상금을 지불하고 더 적극적으로 내정에 간섭할 권한을 외국에 부여할 수밖에 없었다. 이 기회를 이용해 러시아는 만주에 병력을 파견했고, 반란이 진압된 후에도 여러 구실을 대며 철수하지 않았다. 러시아가 항구적으로 만주를 점령하는 협상을 중국과 하고 있다는 소문이 돌자 영국 정부는 러시아를 물러나게 하기 위해 독일에 지원을 요청했지만, 그 답은 아주 분명했다. 1901년 3월 15일 외무장관 뷜로는 중국에 대한 영국과 독일의 합의는 "만주와 아무 상관이 없다"라고 제국의회에서 밝혔다.[59]

분명 독일은 유럽에서 문제를 일으키면서까지 영국의 제국적 이익을 도울 생각은 없었다. 많은 영국인들이 스스로 물었듯이, 정말 영국은 독일과 프랑스, 러시아 사이의 분쟁에 끌려 들어가고 싶었을까? 그러나 독일은 영국이 결국 독일과의 협력이 가장 좋은 선택임을 깨닫고 돌아올 거라고 여전히 생각했다. 1901년 10월 뷜로는 외무부의 심복 프리드리히 폰 홀슈타인에게 "우리는 거북하거나 조급히 서두르는 모습을 보여서는 안 된다"라며 "희망이 지평선 위에서 빛나게

해야 한다"고 말했다.[60]

솔즈베리 후임 외무장관 랜즈다운 경은 독일과 계속 논의를 이어가려고 했지만 실패했다. 그는 또한 러시아를 끌어들이려는 일관성 없고 비생산적인 노력도 기울였다. 그럼에도 많은 동료들처럼 그는 영국은 유럽과 거리를 둔 솔즈베리의 정책으로 되돌아갈 수 없다고 확신했다. 인도장관 조지 해밀턴 경은 1901년 여름 밸푸어와 나눈 침울한 대화를 다음과 같이 기록했다.

> 그는 현재 모든 실질적 면에서 우리가 삼류 강국일 뿐이며, 유럽 열강과 상충하고 교차하는 이익에서 삼류 강국이라는 확신을 강요받고 있다고 말했다. 가장 기본적인 말로 표현하면 현재 영국제국의 취약성은 다음 한 가지 사실로 귀결된다. 집중할 수 있다면 우리는 효과적이고 잠재된 엄청난 힘을 가지고 있다. … 그러나 우리 제국의 이익이 너무 분산되어 … 거의 불가능하다.[61]

그해 가을 해군장관 셀본 경은 내각 동료들에게 영국이 극동에서 4척의 전함만 가진 상황에서 프랑스와 러시아는 합쳐서 곧 9척의 전함을 보유하게 될 것이라고 지적했다.[62]

그러나 이 단계에서 영국, 독일 양국의 여론이 중요한 요인이 되었다. 예를 들어 1901-2년 가을부터 초겨울까지, 당시 독일 수상 뷜로와 조지프 체임벌린 사이의 어리석은 논쟁으로 양국 여론이 격화되었다. 체임벌린은 에든버러에서 한 연설에서 영국군이 민간 보어인을 너무 가혹하게 대한다는 비난에 맞서 영국군을 두둔했다. 또한 다른 국가들은 더 악랄하다며 프랑스-프로이센전쟁 당시 프로이센을 예로 들었다. 이 기회를 잡은 독일 민족주의자들은 이 말이 심각한 모욕이라고 비난했고, 뷜로는 영국 외무부에 공식적으로 항의하자고 주장했다. 영국은 이 발언의 의도를 설명하려고 애썼지만 공식 사과는 거부했다. 그러자 뷜로는 독일 여론에 호소하기로 하고, 1902년 1월 제국의회에서 강경한 연설을 했다. 그는 프리드리히 대왕의 말을 인용해 독일 군대를 감히 비판하는 사람은 "쓸데없는 짓을 하고 있다"고 비판했다. 3일 뒤 체임벌린은 자신의 본거지인 버밍햄에서 똑같이 열정적으로 맞받아쳤다. "내가 말한 것은 말한 것 그대로다. 아무것도 취소하지 않겠다. 아무것도 할 게 없고, 방어할 필요도 없다. 나는 외국 장관에게 훈계하려 한 것이 아니다. 나는 그의 요구를 전혀 받아들일 수 없다." 사적인 자리에서 그는 런던 주재 독일 대사관의 헤르만 폰 에카르트슈타인 남작에게 "나는 그런 대접을 충분히 받았고, 이제 영국제국과 독일 사이의 연합은 없을 것이다"라고 말했다.[63]

영국 정부는 다른 곳에서 동맹을 찾아야 한다는 결론에 도달했다. 솔즈베리가 점점 지쳐 묵인하는 가운데 일본과 방어 동맹을 체결할 가능성이 고려되었다. 보기보다 특별한 일은 아니었다. 일본은 새로 부상하는 국가로 1890년대에 중국을 거뜬히 격파했다. 아시아를 잘 아는 커즌은 1897년 솔즈베리에게 이러한 문서를 보냈다. "극동에서 유럽 열강이 우리에 맞서 한데 뭉치면 조만간 우리는 일본과 함께 행동하게 될 것이다. 10년 후면 일본은 그 해역에서 가장 강력한 해군국이 될 것이다."[64] 이 말은 일본 해군의 지속적인 함선 건조 주문을 반기던 강력한 로비 세력인 영국 해군 산업에 크게 호소됐다. 1898년 해군 경력에서 잠시 벗어나 하원의원과 해군연맹 회장이 된 찰스 베리스퍼드 제독은 영일우호협회 연례 만찬에서 "우리 두 나라 사이에는 친밀감이 크며, 두 나라의 동맹은 세계 평화에 크게 기여할 것이다"라고 발언했다.[65] 더구나 일본의 이익은 극동 지역에 한정되어 있었다. 그래서 영국이 유럽의 전쟁으로 끌려 들어갈 수 있는 독일과의 동맹에서와 같은 위험이 없었다. 영국은 일본을 이용해 특히 중국에서 러시아를 견제할 수 있었고, 경쟁 제국이 인도를 향해 중앙아시아로 진출할 경우 다시 한번 생각하게 만들 수 있었다.

일본의 관점에서 보면, 영국은 유럽 열강 중 가장 우호적이었다. 1895년 청일전쟁이 끝날 때 러시아, 독일, 프랑스는 힘을 모아 일본에 간섭하여 일본이 중국으로부터 얻은 것, 특히 만주에서 얻은 것을 포기하게 만들었다. 그 직후 러시아는 진군해 만주 남부의 두 항구를 조차했고, 북쪽에서는 시베리아횡단철도의 지름길 노선을 부설하기 시작했다. 의화단의 난 때 영국과 일본은 긴밀히 협조했다. 일본도 영국과 마찬가지로 러시아, 독일과의 접촉 후 대안을 찾고 있었다. 영국처럼 일본도 다른 국가를 택할 수 없다는 결론에 도달했다.

1901년 크리스마스 직전, 1868년 이후 일본의 개혁을 관장해온 원로 정치인 이토 히로부미는 러시아로 가는 길에 런던에 들렀다. 솔즈베리처럼 그도 수상을 세 번 역임했다. (솔즈베리와 달리 그는 악명 높은 바람둥이였다.) 그는 단지 건강 문제로 영국에 들른 것으로 발표되었다. 그럼에도 에드워드 7세가 그를 접견하고 배스Bath 십자대훈장을 수여했으며, 런던 시장은 그를 위해 성대한 환영 만찬을 베풀었다. 《타임스》는 이토가 건배사 답사를 하려고 일어났을 때 "긴 박수갈채를 받았다"고 보도했다. 그는 "거의 1세기에 이르는" 일본과 영국의 오랜 우호 관계를 강조했고, 젊은 시절 영국에 유학 왔던 행복한 기억을 반추했다. 뒤이어 "과거 우리의 우호적인 감정과 공감대가 미래에 계속되길 간절히 바라는 것은 나에게 너무나 당연한 일이다(환호)"라고 말했다.⁶⁶ 그는 햇필드에 있던 솔즈베리와 보우드의 시골 저택에 있던 랜즈다운을 방문했는데, 랜즈다운과는 매우 흥미로운 대화를 나누었다.

1월 30일 영일동맹이 서명되었다. 영국은 이 동맹이 인도에도 적용되기를 바랐지만, 일본 측은 중국에 한정될 것을 주장했다. 양국은 문호개방정책을 추진하고(한국에서 일본의 특별한 이익을 인정했지만), 제3국이 공격할 경우 중립을 지키고, 두 나라 이상이 공격할 경우 서로 도울 것을 약속했다. 또한 극동 지역의 해군력을 언급한 비밀 조항도 있었다. 영국과 일본 해군은 프랑스와 러시아 같은 태평양의 잠재적 적국에 맞선 협력에 대한 논의를 시작했다. 이 조약 체결 소식에 일본에서는 상당히 환호하며 이를 지지하는 대중 시위가 벌어졌다. 영국에서는 차분한 반응을 보였고 정부도 그런 분위기를 선호했다.

영국은 엄밀히 말해 고립주의나, 수세기 된 정책은 아니었지만 그동안 자국에 큰 도움이 되었던 정책을 포기했다. 19세기에 대체로 영국은 자국에 맞선 강국들의 연합을 크게 걱정하지 않으면서 편안하게 통상하고 제국을 건설할 수 있었다. 그러나 세상은 변했고 이제 프랑스와 러시아 둘 다 막강한 적수가 되었다. 독일, 미국, 일본 같은 새로운 강국이 영국의 세계적 패권을 훼손하고 있었다. 일본과의 조약은 영국이 동맹이라는 구속으로 더 깊이 들어갈 것인지를 시험해

보는 시도였다. 그러다 1902년 영국 상황은 개선되었다. 보어전쟁이 드디어 5월에 끝났고, 트란스발과 오렌지자유국은 이제 영국제국의 일부가 되었다. 독일과 견고한 우호 관계를 맺을 수 있을 거라는 희망도 완전히 사라지지는 않았다. 독일의 초기 반응은 온건한 환영이었다. 일본과 동맹을 맺은 영국은 이제 아시아에서 러시아와 대결할 수 있게 되었고, 프랑스와도 대결이 가능해졌다. 베를린 주재 영국 대사가 새로운 조약을 알렸을 때 카이저의 첫 반응은 "흐물흐물하던 국숫발이 잠시 쫄깃해진 것 같다"였다.[67]

3장

**"이 아이가 왕이 될 나라에
재앙이 있을 것이다!"**

빌헬름 2세와 독일

철혈 재상 오토 폰 비스마르크는 프로이센 최고의 정치인으로 능숙한 외교와 힘을 결합하여 1871년 통일된 독일을 만들었다. 이후 수십 년 동안 그는 독일을 유럽 정치의 중심으로 만들고 여러 나라를 서로 견제하게 하여 독일의 숙적 프랑스를 고립시켰다. 1888년 카이저가 된 빌헬름 2세는 비스마르크의 지배를 불만스러워하다가 1890년 그를 해임해 독일의 외교 정책을 어설픈 사람들 손에 넘기고 말았다.

"첫 손자의 세례를 직접 보지 못하다니, 정말 마음이 찢어질 듯해요. 이처럼 실망한 적은 없었어요. 게다가 이 행사는 두 나라 모두에게 기쁘고, 양국을 더욱 가까이 이어주는 자리이기에 더욱 참담하고 안타깝기 그지없습니다."[1] 1859년 봄 빅토리아 여왕은 벨기에 왕인 삼촌 레오폴드에게 이렇게 편지를 보냈다. 빅토리아 여왕의 장녀는 프로이센에서 아들을 낳았다. 자부심에 찬 할머니, 빅토리아 여왕은 손자가 장차 독일 빌헬름 2세가 되고 독일과 영국의 우호 관계가 실현되길 희망했다.

영국과 독일의 협력은 상식에 잘 들어맞았다. 독일은 거대한 육상 강국이고 영국은 해상 강국이었다. 독일의 이익은 주로 유럽대륙에 있었고, 영국의 이익은 해외에 있었다. 비스마르크가 상황을 통제하던 1890년대까지 독일은 대륙국으로 만족했기 때문에 두 나라는 제국이 되기 위한 경쟁을 하지 않았다. 프랑스라는 공동의 적이 있고, 프랑스의 야망을 함께 우려한 것도 양국 관계에 도움이 되었다. 무엇보다도 프로이센과 영국은 나폴레옹을 격파하기 위해 손잡고 싸웠다. 1870년 프로이센이 비스마르크의 노련한 리더십으로 독일 국가들을 통합해 새로운 독일을 만들자, 영국은 호의적인 중립의 태도로 사태를 관망했다. 대단히 지적인 토머스 칼라일(프리드리히 대왕의 전기를 썼다)은 동료들을 대변해 다음과 같이 공개적으로 말했다. "고귀하고 끈질기며 경건하고 견고한 독일이 드디어 하나로 통합되었다. 프랑스는 허세 부리며 헛된 영광을 누리고, 이런저런 몸짓을 하고 걸핏하면 싸우고 불안정하며, 지나치게 예민하다. 독일이 프랑스 대신 유럽대륙의 여왕이 된 것은 우리 시대의 가장 희망적인 공적 사실로 보인다."[2] 훗날 영국 지도부가 우려할 독일의 힘찬 번영은 처음에는 양국 간 교역 증가로 나타나면서 환영을 받았다.

독일인과 영국인의 유사성도 둘 다 튜턴족의 일원이며, 상식적이고 건전한 가치를 공유하고 있다는 것을 확실히 보여주었다. 일부 역사가들은 하나는 대륙국이고 다른 하나는 섬나라지만, 두 국가 모두 로마제국에 강력히 저항했고 오랜 기간에 걸쳐 자신들만의 건전한 정치·사회제도를 발전시켜왔다고 주장했다. 19세기에 여전히 중요했던 종교도, 두 국가의 다수인 프로테스탄트에 속하는 사람들에게는 또다른 연계점이 되었다. 두 국가의 엘리트들은 대부분 프로테스탄트였다.[3]

각국에는 서로 존경할 점이 많았다. 영국 입장에서는 독일 문화와 과학이 그러했다. 독일의 대학과 고등기술학교는 영국 교육가들의 모델이 되었다. 의학 같은 분야를 공부하는 영국 학생들은 최근 학술 자료를 읽기 위해 독일어를 배워야 했다. 독일인들은 성서학, 고고학 같은 중요한 분야를 지배했고, 기록 작업과 사실 수집, 증거 사용을 중시하는 독일 역사학은 과거를 "실제 있던 그대로"를 보여주는 것처럼 느껴졌다. 독일 입장에서는 영국 문학, 특히 셰익스피어와 영국의 생활 방식을 존경했다. 1차대전 중에도 독일 황태자를 위해 지은 포츠담의 체칠리엔호프궁은 영국의 튜더 저택을 모델로 삼았다. 오늘날에도 그곳의 서가는 P. G. 우드하우스에서 돈포드 예이츠Dornford Yates에 이르는 인기 있는 영국 작가들의 작품으로 채워져 있다.

개인적 차원에서도 각 도시의 사업 공동체부터 결혼까지 많은 연줄이 있었다. 시인 중 가장 영국적이라고 평가받는 로버트 그레이브스는 어머니가 독일인이었다. 훗날 영국 외무부에서 독일에 대한 강경한 반대파로 유명해진 에어 크로Eyre Crowe는 독일에서 양국 부모 사이에 태어난 후 거의 독일에서 교육을 받았다. 더 높은 계층에서는 서식스에서 태어난 에벌린 스테이플턴-브레더턴Evelyn Stapleton-Bretherton이 위대한 프로이센 원수의 후손인 블뤼허 왕자와 결혼했다. 북웨일스 출신 데이지 콘월리스-웨스트는 독일에서 가장 유서 깊은 가문의 가장 부유한 남자와 결혼해 플레스의 왕비Princess of Pless가 되었다. 최상부의 왕족도 마찬가지였다. 빅토리아 여왕은 두 독일 왕가, 즉 하노버 가문과 모계로는 작센-코부르크 가문의 후손이었다. 그녀는 작센-코부르크 가문의 외사촌 앨버트 왕자와 결혼했다. 두 사람은 사실상 독일의 모든 통치 가문과 (유럽 대부분의 통치 가문과도) 연계되었다. 1858년 그들의 딸이 장차 프로이센의 왕위를 계승할 남자와 결혼하면서 영국인과 독일인을 연결하는 친인척 망에 중요한 연줄이 추가된 것으로 보였다.

그런데 어쩌다가 상황이 그렇게 안 좋아졌을까? 정치학자들은 독일과 영국이 1차대전에서 반대편에 선 것은 미리 정해져 있었고, 이는 불리해진다고 느낀 강대국과 새로 부상한 도전자가 충돌한 결과라고 말할 것이다. 이러한 전환이 평화적으로 진행되는 경우는 드물다. 기존 강대국은 종종 너무 오만하여 세계 나머지 국가들의 여러 일에 간섭하고, 힘이 약한 국가들의 두려움과 우려에 너무 무감각한 경우가 많았다. 당시 영국, 오늘날 미국과 같은 강대국은 자신이 소멸되지 않도록 저항할 수밖에 없고, 새로 부상하는 국가는 식민지, 무역, 자원, 영향력 등 무엇이든 자기 몫을 챙기는 데 조급하기 마련이다.

19세기 영국은 세계에서 가장 큰 제국으로서 해양과 세계 무역을 지배했다. 아마도 그래서 영국은 다른 국가들의 열망이나 우려에 조금도 공감하지 않았을 것이다. 역사의식이 강했던 정치인 윈스턴 처칠은 1차대전 직전에 이렇게 썼다.

다른 강력한 국가들이 야만과 내전으로 마비되어 있던 시기에 우리는 세계의 부와 교통을 과도하게 차지하느라 여념이 없었다. 우리는 원하는 영토를 모두 가졌다. 주로 폭력으로 빼앗아 대개 힘으로 유지하는 것인데도, 거대하고 반짝이는 소유물을 아무 방해도 받지 않고 즐기게 되었다는 우리의 주장은 우리에게보다 다른 국가들에게 비합리적으로 보일 것이다.

게다가 영국은 제도와 정치 등에서 유럽대륙보다 우월하다는 자신감을 보이며 다른 유럽 국가들을 자주 화나게 만들었다. 영국은 유럽의 화합이 유지되는 것을 싫어했고, 분명한 이익이 보일 때만 조심스럽게 분쟁에 개입했다. 식민지 쟁탈전에서 영국 정치인들은 영국이 단지 기존 영토의 안보를 위해 또는 피지배 민족에 대한 자비심에서 더 많은 영토를 차지하려고 하는 반면, 다른 국가들은 오로지 탐욕만으로 그런다고 주장했다.

대조적으로 독일은 새로 부상하는 세계 강국으로서 불안감과 야망 모두를 보여주었다. 독일은 비판에 예민했고, 진지한 대접을 충분히 받지 못하고 있는 것을 끝없이 걱정했다. 독일은 유럽 한가운데 자리잡은 큰 국가로, 가장 큰 이웃 국가인 프랑스, 러시아, 오스트리아-헝가리보다 경제적으로든 군사적으로든 더 강하고 역동적이었다. 그러나 암울한 시기에 독일은 자국이 포위됐다고 생각했다. 독일의 무역은 전 세계에 걸쳐 치솟으면서 영국의 몫을 점점 잠식해 들어갔지만, 그 정도로는 충분하지 않았다. 독일에게는 세계적인 강대국의 상징인 식민지와 해군 기지, 석탄 보급소, 전보 중계국이 없었다. 독일이 아프리카나 남태평양에서 해외 영토를 획득하려고 할 때마다 영국은 어김없이 반대 의사를 표했다. 그래서 독일의 새 외무장관 베른하르트 폰 뷜로가 1897년 제국의회에서 강력한 어조로 연설했던 것이다. 이 연설에서 그는 독일이 태양 아래 마땅한 자리를 차지해야 한다고 주장해 국민들에게 호평을 받았다.

이전 강대국들처럼 영국은 세상이 변하고 있고 새로운 도전에 직면했음을 인식했다. 영국제국은 너무 컸고, 너무 넓게 펼쳐져 있었다. 이 때문에 국내 제국주의자들은 기존의 영토와 사활이 걸린 해상운송로, 전신선을 보호하기 위해 더 많은 영토를 획득해야 한다고 주장했다. 영국의 산업 생산은 여전히 대단했지만, 독일이나 미국 같은 새로운 강국이 빠르게 추격해오고 일본과 러시아 같은 오래된 국가들도 빠른 속도로 산업화 시대에 접어들면서 세계 총생산에서 영국이 차지하는 비중은 작아졌다. 그리고 선두에 있다는 것은 장기적으로 많은 문제를 가져올 수 있었다. 영국의 산업 인프라는 낡았고, 빠르게 개선되지 않고 있었다. 영국의 교육제도는 너무 많은 고전주의자를 배출했지만 기술자와 과학자는 충분히 양성하지 못했다.

그러나 여전히 의문은 남는다. 왜 영국은 다른 국가들도 있는데 하필 독일을 주적으로 생각했을까? 독일은 영국의 세계 지배를 위협하는 여러 국가 중 하나에 지나지 않았다. 다른 국가들도 태양 아래 영국과 동등한 지위를 원했다. 1914년 이전 식민지를 둘러싸고 영국과 미국, 영국과 프랑스, 영국과 러시아 사이에 전쟁이 일어날 수 있었고, 각각의 사태는 전쟁 가까이 갔다. 그러나 잠재적으로 위험한 관계는 관리되었고, 분쟁의 주된 원인도 해결되었다. (오늘날 미국과 중국도 그처럼 합리적이고 성공적인 해결책을 찾길 바란다.)

사실 몇 년 동안 영국과 독일 관계에는 긴장이 있었고, 상대국의 동기를 의심하고 너무 쉽게 화내는 경향이 있었다. 1896년 아프리카의 소국 트란스발의 보어인들이 영국의 제이미슨 레이드Jameson Raid(한 무리의 영국 모험가들이 트란스발을 점령하려고 시도했다)의 공격을 격퇴한 사건이 있었다. 이때 카이저 빌헬름 2세가 트란스발 대통령에게 성급히 축하하며 크루거Kruger 전보를 보내자 영국에서는 분노의 말이 쏟아져 나왔다. 《타임스》는 "카이저가 이 나라에 분명 비우호적으로 간주할 수밖에 없는 아주 심각한 조치를 취했다"라고 보도했다.[4] 솔즈베리는 디너파티에서 이 소식을 듣고 옆에 앉은 빅토리아 여왕의 딸에게 "얼마나 무례한 짓인가요, 너무 무례해요"라고 말했다.[5] 영국 여론은 분노로 격앙되었다. 얼마 전 카이저가 영국 왕실 기마대의 명예대령으로 임명되었는데, 동료 장교들은 그의 초상화를 갈기갈기 찢어 불에 던져버렸다.[6] 런던 주재 독일 대사 파울 하츠펠트는 베를린에 이렇게 보고했다. "영국 정부가 정신을 못 차렸거나 어떤 근거에서든 전쟁을 원했다면 분명 그 배후에 여론이 있었을 것입니다."[7] 1차대전 직전 베를린 주재 영국 대사 에드워드 고션은 한 동료에게 크루거 전보가 영국과 독일 균열의 시작이라고 생각한다고 말했다.[8]

합의에 이르렀을 때도 그 과정에는 분노와 불신이 남아 있었다. 1898년 영국이 포르투갈 식민지를 놓고 문제를 일으키자, 카이저는 분노에 찬 비망록을 적었다. "솔즈베리 경의 행동은 매우 예수회와 비슷하고 괴물 같고 모욕적이다!"[9] 영국 입장에서는 악화일로에 있는 남아프리카 상황 때문에 여념이 없는 것을 독일이 이용해 영국이 먼저 협상하게 만든 방식에 깊이 분노했다. 체임벌린은 독일을 포함한 광범위한 동맹에 대한 열정이 있었지만 솔즈베리는 그렇지 않았다. 솔즈베리는 독일 대사에게 "당신들은 우애의 대가로 너무 많은 것을 요구한다"라고 말했다.[10]

다음해 솔즈베리가 사모아 제도에 대한 독일의 요구를 거부하자 독일은 영국 주재 자국 대사를 소환한다고 위협했다. 카이저는 흥분해서 외할머니인 영국 여왕에게 영국 수상을 비판하는 극도로 거친 편지를 보냈다. "독일의 이익과 감정을 이런 식으로 다루는 것은 우리 국민들에게 전기 충격처럼 느껴졌고, 솔즈베리 경이 우리를 포르투갈, 칠레, 파타고니아만큼도 신경쓰지 않고 있다는 인상을 주었습니다." 그는 여기에 위협을 더했다. "솔즈베리 정부가 계속 독일 문제를 이렇게 고압적으로 처리한다면 양국 사이에 오해와 비난의 영원

3장 "이 아이가 왕이 될 나라에 재앙이 있을 것이다!" 117

한 근원이 되어 결국 증오로 이어질까 우려됩니다."¹¹ 연로한 빅토리아 여왕은 솔즈베리와 상의한 뒤 강경한 답신을 보냈다. "솔즈베리 경에 대해 쓴 어조는 네 입장에서 일시적 짜증 탓이라고 볼 수밖에 없다. 그렇지 않다면 그런 식으로 썼을 거라고 생각하지 않는다. 어떤 군주가 다른 군주에게, 그것도 할머니에게 수상에 대해 그런 식으로 쓰겠는가."¹²

보어전쟁은 새로운 긴장을 만들어냈다. 영국으로 하여금 두 보어 공화국과 평화협정을 맺도록 압박하는 연합이 꾸려졌는데, 독일 정부는 여기에 가입하지 않음으로써 실제로는 영국에 도움을 주었다. 그러나 독일은 그만한 신뢰를 얻지 못했는데, 그 이유 중 하나는 뷜로가 영국에 대해 거들먹거리고 고압적인 태도를 취한 데 있었다. 독일 외무부의 사실상 수장인 프리드리히 폰 홀슈타인은 나중에 이렇게 회고했다. "우호적인 방식으로 행동하고도 비우호적으로 말하는 바람에 우리는 이도 저도 아니게 되었다(여기서 '우리'는 '뷜로'를 의미한다)."¹³

황후 이하 독일 국민이 대부분 보어 편이라는 사실도 독일이 영국의 패배를 위해 적극적으로 움직이고 있다는 영국의 인식을 굳혔다. 실제로는 카이저가 금한 일이었지만 독일 장교들이 보어군에 가담했다는 소문이 돌았다. 전쟁 초기 영국은 보어군에 전쟁 물자를 공급하는 줄 알고 3척의 독일 우편선을 나포했다. (독일 외교관 에카르트슈타인Eckardstein에 따르면 1척은 스위스 치즈 상자보다도 위험하지 않았다.) 영국이 나포한 선박들을 풀어주는 데 시간을 끌자, 독일 정부는 영국이 국제법을 위반하고 있다고 비난하며 위협적인 언어를 구사했다. 당분간 체임벌린과 대화를 지속하고 싶었던 뷜로는 당시 독일 수상 고트프리트 폰 호엔로에에게 "영국에 대한 독일의 불행한 혐오의 격렬함과 깊이가 가장 위험하다. 만일 영국 대중이 현재 독일을 지배하고 있는 반反영국 감정을 분명히 안다면, 양국 관계에 대한 영국의 인식에 큰 충격이 일어날 것이다"라고 썼다.[14] 실제로 영국 국민은 언론이 상세하게 보도하고 있었기 때문에 독일의 감정을 잘 알고 있었다. 런던 고위층이 모이는 애서니엄 클럽Athenaeum Club은 독일 만평과 영국에 적대적인 기사를 특별 전시하기도 했다.[15]

*

여론 조사가 없던 시대라 측정하기는 어렵지만 각국의 외무부, 의회, 군대 등 엘리트층의 상대국에 대한 의견은 20세기가 시작되면서 강경해지고 있었다.[16] 그리고 여론이 점점 중요해지는 가운데 지배층의 많은 사람들에게 당황스러운 새로운 요인이 있었다. "우리를 향한 반감은 사회 상류층, 아마 인구의 하류층, 노동자 대중에 가장 적게 퍼져 있다. 그러나 이 사이에 있는 두뇌와 펜으로 먹고사는 사람들 대다수는 우리에게 적대적이다."[17] 하츠펠트 후임으로 런던 주재 독일 대사로 부임한 파울 메테르니히가 1903년 베를린에 보고한 내용이다. 독일 정부가 영국에 대해 무슨 일이든 해야 한다거나, 영국 정부가 독일에 맞서야 한다는 대중의 목소리 큰 요구는 정책결정자들을 압박할 뿐 아니라 상대국과 얼마나 협력할 수 있는지를 제한했다.

일례로 사모아는 큰 국익이 걸려 있지 않기 때문에 일어날 필요가 없는 위기였다. 그러나 이 사건은 대중 소요, 특히 독일의 분위기 때문에 해결이 어려워질 수밖에 없었다. 에카르트슈타인은 말했다. "우리 선술집 정치인 대다수는 사모아가 물고기인지, 새인지, 외국 여왕인지 알지 못했지만 그것이 무엇이든 독일 것이고, 영원히 독일 것이어야 한다고 더욱더 큰 소리로 외쳤다."[18] 독일 언론은 사모아가 국가의 위신과 안보에 중요하다는 것을 갑자기 알아차렸다.[19]

종종 여론은 종잡을 수가 없다. 1972년 닉슨 대통령이 베이징을 방문해 중국이 숙적에서 새로운 친구로 바뀌었을 때 미국의 갑작스러운 변화를 생각해보라. 빅토리아 여왕이 마지막 중병에 걸리자 보어전쟁 중에도 카이저는 서둘러 여왕 곁으로 달려왔고, 독일 정부는 그가 적대적 대접을 받을까 우려했다. 그러나 여왕이 숨을 거둘 때까지 그는 두 시간 반 동안 그녀를 안고 있었고, 나중에 삼촌 에드워드 7세가 그녀를 관에 입관시키는 것을 도왔다고 주장했다. 그는 여왕이 "너무 작고, 너무 가벼웠다"라고 회상했다.[20] 《데일리 메일》은 빌헬름 2세를 "필요할 때 도움을 준 친구"라고 보도했고, 《타임스》는 그가 "그들의 추모와 사랑에 한 자리"를 차지했다고 썼다. 《텔레그래프》는 독자들에게 그가 절반이 영국인이라는 것을 상기시켰다. "우리는 프리드리히 대왕 이후 유럽 왕좌에 태어난 가장 눈에 띄고 재능 있는 인물이 대체로 우리 혈통이라는 사실에 은근히 자부심을 느낀다." 빌헬름 2세는 독일로 떠나기 전에 가진 오찬에서 우호 관계를 호소했다. "영국-독일 동맹을 맺어야 합니다. 당신들이 바다를 지키고, 우리는 육지를 책임질 것입니다. 그러한 동맹이라면 쥐 한 마리도 유럽에서 움직이지 못할 것입니다."[21]

경제적인 경쟁, 서로 의심하고 때로는 대놓고 적대했던 문제 많은 관계, 여론의 압박 등 모든 것이 카이저의 바람이 실현되지 못하고

1914년 이전에 영국과 독일이 다른 길을 간 이유를 설명해준다. 그러나 만일 독일과 오스트리아-헝가리가 다시 적국이 되거나(1866년까지 그랬던 것처럼), 영국이 프랑스와 전쟁했더라도 이와 유사한 요인들이 쉽게 작동했을 것이다. 반대로 독일과 영국이 동맹을 맺었다면, 그에 대한 설명도 쉽게 찾을 수 있을 것이다. 결국 이 모든 것을 설명하고도 여전히 의문은 남는다. 왜 독일과 영국은 그런 적수가 되었을까?

독일의 통치 방식이 그 설명의 일부를 말해준다. 독일은 1888년부터 강제로 하야한 1918년까지 최고 자리에 앉아 있던, 복잡하고 당황스러운 사람에게 너무 많은 권력을 부여했다. 빌헬름 2세는 연합국 프로파간다에서 1차대전을 시작한 사람으로 비난받았고, 실제로 파리평화회의에 모인 승전국들은 그를 재판에 회부할 것을 잠시 고려했다. 만일 그랬더라면 불공정한 일이었을 것이다. 빌헬름 2세는 전면적인 유럽전쟁을 원하지 않았고, 이전처럼 1914년 위기 때에도 그의 성향은 평화를 유지하는 것이었다. 1차대전 이전 베를린에서 바이에른 대표로 나온 통찰력 있는 레르첸펠트Lerchenfeld 백작은 그가 좋은 의도를 가지고 있었다고 믿었다. ㅡ "빌헬름 황제는 실책을 저질렀지만 죄를 짓지는 않았다." ㅡ 그러나 그의 격렬한 언어와 분노에 찬 발언은 그를 지켜보는 사람들에게 잘못된 인상을 심어주었다.[22] 그는 유럽이 중무장한 두 적대적 진영으로 나뉘는 단계에서 핵심적 역할을 했다. 영국의 해상 권력에 도전하기 위해 해군을 증강하기로 결정했을 때 그는 독일과 영국 관계에 쐐기를 박았고, 거기서 다른 많은 일이 야기되었다. 게다가 빌헬름 2세의 종잡을 수 없는 처신과 변덕스러운 열정, 생각 없이 너무 많이 말하는 그의 성격은, 국제 게임에 참여하지 않고 세계를 지배하려는 위험한 독일이라는 인상을 만들어내는 데 일조했다.

카이저, 프로이센의 왕, 독일 군주들 중 최고 권력자, 위대한 전사이자 왕인 프리드리히 대왕의 자손, 독일제국을 탄생시킨, 그와 이름이 같은 빌헬름 1세의 손자인 빌헬름 2세는 독일뿐 아니라 세계무대를 지배하고 싶었다. 그는 천성적으로 불안하며 가만있지 못했고, 행동은 활기에 넘쳤으며, 감정 표현은 급격히 바뀌었다. 1차대전 이전 베를린 주재 벨기에 대사였던 베옌스Beyens 남작은 이렇게 말했다. "그와 대화하는 것은 듣는 사람의 역할을 수행하면서 그에게 생각을 활발하게 펼칠 시간을 허용하는 것을 의미한다. 때로는 주제를 넘나들며 탐욕스럽게 이어가는 그의 급변하는 마음에 말 한마디를 던지는 모험을 하기도 한다."[23] 빌헬름 2세는 무언가에 즐거움을 느끼면 큰 소리로 웃었고, 화가 나면 두 눈이 "강철"처럼 번득였다.

그는 금발에 부드럽고 건강한 피부, 회색 눈을 가진 잘생긴 사람이었다. 공개 석상에서 그는 다양한 군복에 빛나는 반지와 팔찌를 착용하고, 꼿꼿한 군인의 자세로 통치자의 역할을 아주 잘 수행했다. 프리드리히 대왕과 자신의 할아버지처럼 그는 명령을 쏟아냈고, 간결하고 종종 거친 말 ― "썩은 생선 같으니라고", "쓰레기", "말도 안 되는 소리" ― 을 문서에 휘갈겨 썼다. 그는 엄숙한 가면을 쓴 것 같았고 시선은 차가웠다. 공격적으로 뻗친 유명한 콧수염은 매일 아침 개인 이발사가 다듬어주었다. 베옌스는 "방금 본 사람이 자기가 말한 것을 정말 확신하는지, 아니면 우리 시대의 정치 무대에 나타난 가장 눈에 띠

는 배우인지, 우리는 불안한 마음으로 스스로 묻는다"라고 말했다.[24]

빌헬름 2세는 배우처럼 연기했지만, 자기 역할을 제대로 못할까 봐 남몰래 불안해하는 사람이었다. 베를린에서 프랑스 대사로 오래 근무한 쥘 캉봉Jules Cambon은 이렇게 느꼈다. "빌헬름 2세는 군주에 걸맞은 엄격하고 위엄 있는 태도를 유지하기 위해 많은 노력, 정말 많은 노력을 기울여야 했다. 공식 접견 행사가 끝나면 긴장을 풀고, 원래 성격에 훨씬 잘 맞는 기분 좋고 재미도 있는 대화를 마음껏 하는 것이 큰 위안이었다."[25] 아첨하던 해군 보좌관 알베르트 호프만 Albert Hopman은 그가 "논리, 냉정한 태도, 진정한 내면의 남성적 강인함이 부족해서 다소 여성적인 경향이 있다"라고 생각했다.[26] 매우 지적이고 사려 깊은 독일 기업가 발터 라테나우는 카이저를 처음 만났을 때 그의 사적인 면모와 공적인 면모의 차이에 놀랐다. 그가 보기에 빌헬름 2세는 타고나지 않은 강인한 지배력을 보이려고 심히 애쓰는 사람 같았다. "의심할 여지가 없이 스스로 모순되는 성격이었다. 나 말고도 많은 사람들이 이런 모습을 보았다. 결여되어 있고, 연약하며, 사람들을 그리워하고, 어린애 같은 면이 넘쳐 나는데 이런 성격은 탄탄한 몸집, 고도의 긴장감, 강한 행동 뒤에 느껴졌다."[27]

그런 면에서 빌헬름 2세는 프리드리히 대왕 같았다. 두 사람은 점잖고 예민하며 지적인 면이 있었지만, 환경 때문에 이런 성격을 억눌러야 했다. 빌헬름 2세는 프리드리히의 예리한 취향은 없었지만, 건축(다소 추하고 거대한 건물) 설계를 좋아했다. 말년에는 고고학에 대한 열정을 발휘해 코르푸까지 가서 몇 주 동안이나 발굴을 하기도 했다. 그는 현대예술이나 문학을 좋아하지는 않았다. 리하르트 슈트라우스의 〈살로메〉 베를린 초연을 보고는 "내 품에서 키운 멋진 뱀 같다"고 소리쳤다.[28] 그의 취향은 요란한 관악기 음악 쪽으로 기울었다.[29]

그는 기억력이 뛰어난 지적인 사람으로 아이디어와 씨름하는 것을 좋아했다. "황제가 모든 현대적 경향과 진보를 놀라울 정도로 면밀히 살피는 데 거듭 경탄할 수밖에 없다. 오늘은 라듐이지만, 내일은 바빌론의 고고학적 발굴일 것이다. 아마 다음날에는 자유롭고 편견 없는 과학 연구에 대해 말할 것이다."[30] 그의 궁정에서 오래 고생한 관리의 기록이다. 그는 성실한 기독교인이기도 해서 분위기가 무르익으면 설교도 했는데, 호프만은 한 설교에 대해 "신비주의와 거친 정통주의"로 가득 찬 이야기였다고 말했다.[31] 빌헬름 2세는 자신의 지위 때문이었겠지만 모든 것을 알려는 경향이 있었다. 삼촌 에드워드 7세에게는 영국이 보어전쟁을 어떻게 치러야 하는지를 이야기하고 전함 스케치를 그려 해군부로 보냈다. (청하지 않았는데 영국 해군에도 많은 충고를 늘어놓았다.)[32] 지휘자들에게는 지휘하는 법을, 화가들에게는 그림 그리는 법을 이야기했다. 에드워드 7세가 무정하게 말했듯이 그는 "역사상 가장 화려한 실패작"이었다.[33]

그는 반박당하는 것을 싫어해서 의견이 맞지 않거나 달갑지 않은 소식을 전하려는 사람들을 최대한 피했다. 외교관 알프레트 폰 키데를렌-베히터Alfred von Kiderlen-Wächter는 1891년 홀슈타인에게 다음과 같이 말했다. "그는 자기 의견만 고집한다. … 호의적인 사람은 권위자로 인정되고, 의견이 다른 사람은 '바보' 취급을 당한다."[34] 빌헬름 2세의 궁정에 있거나 그의 측근이 된 참모들은 대부분 그의 비위를 맞춰야 했다. "지위가 높아질수록 이러한 음모와 굴종은 자연히 심해진다. 가장 두렵고 가장 희망적인 것이 정상에 있기 때문이다. 황제 주변에 있는 사람들은 모두 시간이 지나면 온갖 의도와 목적을 가지고 그의 노예가 된다."[35] 7년 동안 빌헬름 2세의 궁정 관리관이었던 로베르트 제들리츠 트뤼츠슐러Robert Zedlitz-Trützschler 백작이 한 말이다.

그의 신하들도 주인을 즐겁게 해주고 재미없는 농담도 받아줘야 했다. 빌헬름 2세의 유머 감각은 평생 청소년 수준에 머물렀다. 그는 베를린에서 바덴 대표의 대머리를 놀린 것처럼 신체상의 특이한 점을 조롱했다.[36] 북해로 나가는 연례 여름 항해 때면 그는 동료 승객들을 아침 운동에 나오게 만들고, 그들을 뒤에서 밀거나 버팀대를 빼는 장난을 쳤다. 악수할 때는 일부러 날카로운 반지들을 낀 강인한 오른손으로 너무 세게 흔들었고, 갈비뼈를 찌르거나 귀를 잡아당기기도 했다.[37] 그가 원수의 지휘봉으로 러시아의 블라디미르 대공을 "소리가 나도록" 때렸을 때에도 물론 장난이었다고 제들리츠는 말했다. "그런 식의 '태연함'이 왕실이나 황실 인사들에게 결코 유쾌하지 않다는 것은 누구나 알아차릴 수밖에 없었다. 왕관을 쓴 적지 않은 수장들이 취향에 맞지 않는 황제의 그런 거친 장난으로 상당히 불쾌했을 거라고 우려하지 않을 수 없다."[38] 실제로 독일이 동맹국으로 만들고 싶어했던 불가리아 국왕은 카이저가 공개 석상에서 그를 때려 바닥에 쓰러뜨린 후 "증오심에 불타서" 베를린을 떠났다.

빌헬름 2세는 여성 앞에서는 신중했지만, 남자들에게는 거친 이야기를 하고 장난치는 것을 좋아했다. 그는 건장한 병사들이 여장하는 것을 코미디의 절정으로 여겼다. 키데를렌은 빌헬름 2세와 나갔다 온 후 "나는 난쟁이 역할을 했다. 황제의 즐거움을 위해 불을 켰다.

즉석에서 진행된 노래 부르기 대회에서 나는 C와 함께 중국 쌍둥이 역할을 했다. 우리 두 사람은 거대한 소시지로 연결되었다"라고 말했다. 1908년에는 그의 군사 내각 수장이 발레 치마를 입고 깃털 모자를 쓴 채 춤을 추다가 심장마비로 사망했다.[39]

빌헬름 2세가 동성애자라는 소문도 계속 돌았다. 그 이유 중 하나는 분명히 동성애자였던 필리프 윌런부르크Philip Eulenburg와의 대단한 우정 때문이었지만, 사실인지는 의심스럽다. 젊은 시절 빌헬름 2세는 몇몇 여자와 연애 후 도나Dona라는 이름으로 널리 알려진 자신의 부인 독일 대공녀 아우구스테 빅토리아에게 충실했다. 그러나 1차대전 후 그녀가 사망하자 그는 바로 재혼했다. 도나는 영국에 대한 반감이 강했고, 굉장히 보수적이고 엄격한 개신교도였다. 일례로 가톨릭교도를 집안에 두지 않았다. 사소한 스캔들에 휘말린 사람도 궁정에 들어오는 것을 허용하지 않았다. 도나가 무대에서 점잖지 못한 무언가를 보자마자 부부가 극장을 떠나는 모습은 베를린의 익숙한 풍경이었다. 베를린 주재 벨기에 대사 베엔스는 박정하지만 정확하게 이렇게 말했다. "도나의 큰 목표는 왕실 저택에서의 가정생활을 소박한 프로이센 지주의 가정처럼 안락하고 가정적으로 만드는 것이었다."[40] 빌헬름 2세는 멋진 옷을 골라주고 화려한 보석으로 치장해 그녀를 더 우아하게 만들려고 했지만, 그녀는 프로이센 지주의 아내처럼 보였다. 궁전 무도회에 그녀가 붉은 띠로 장식된 금색 드레스를 입고 나타나자 "싸구려 파티 크래커처럼" 보였다고 매정하게 말한 사람도 있었다.[41] 도나는 빌헬름 2세를 숭배했고 몇 명의 자녀를 낳았지만 그를 즐겁게 해주지는 못했다. 그래서 빌헬름 2세는 남자 수행원들과 함께하는 항해와 사냥으로 관심을 돌렸다. 그는 윌런부르크와 측근 일부가 여자에 별로 관심이 없다는 것을 몰랐기 때문에 스캔들이 터지자 엄청난 충격을 받았다.

윌런부르크 사건이 분명히 보여주듯이 빌헬름 2세는 사람을 파악하지 못했다. 다른 사람들의 관점을 이해하는 데도 서툴렀다. 그의 가장 친한 친구이자 자신을 위해 그를 사랑했던 윌런부르크는 1903년 이렇게 기록했다. "빌헬름 2세는 모든 것과 모든 사람을 오로지 개인적 관점에서 보고 파악한다. 객관성은 완전히 상실되고, 날뛰는 말처럼 주관성이 강렬하게 작용한다."[42] 늘 그는 모욕감을 빠르게 느끼면서도 다른 사람을 자주 모욕했다. 이론상 독일은 빌헬름 2세를 첫째가는 군주로 삼은 군주국들의 연방이었지만, 그가 너무 깔보고 협박해서 독일 군주들 대부분은 그를 되도록 만나지 않으려고 했다.

빌헬름 2세는 듣는 것보다 말하는 것을 훨씬 좋아했다. 통치 첫 12년 동안 400번의 공식 연설을 하고 수많은 비공식 연설을 했다.[43] 레르첸펠트는 그가 연설할 때면 궁정 사람들 전체가 그가 무슨 말을 할지 몰라 걱정했다고 말했다.[44] 실제로 너무 어리석고 과격한 말을 한 적도 종종 있었다. 그는 자신이나 독일의 길을 가로막는 사람들을 "박살내고", "파괴하고", "전멸시킬" 것이라고 말하기를 좋아했다. 통치 첫 해 프랑크푸르트에서 군사 기념비 제막식을 할 때는 조상들로부터 물려받은 영토를 조금도 포기하지 않겠다고 선언했다. "돌 한 덩어리라도 양보하느니 우리의 18개 군단과 4200만 명의 주민을 전장에 배치할 것이다."[45] 아마도 그의 가장 악명 높은 연설은 1900년 중국 의화단의 난을 진압하러 독일 원정군을 파견하면서 한 말일 것이다. 그들은 야만스러운 적을 만날 것이고 절대 약해져서는 안 되었다. "그대의 손에 떨어진 누구든 칼로 처단하라!" 독일인의 뇌리에서 떠나지 않을 문장을 구사하며, 그는 병사들에게 고대 훈족처럼 싸우라고 이야기했다. "귀관들은 독일이란 이름이 중국에 천년 동안 기억되도록 만들어야 한다. 중국인의 눈이 째졌든 아니든, 감히 독일인을 쳐다보지 못하게 하라."[46]

빌헬름 2세는 다른 사람들의 강인함을 존경하고 스스로 강인함을 추구했지만, 감정적으로 연약한 사람이었다. 그의 외교관 중 한 명인 빌헬름 쇤Wilhelm Schoen은 그가 "의심과 자기 경멸"에 짓눌렸다고 말했다. 수행원들은 그의 예민함과 쉽게 흥분하는 성향, 격렬한 감정의 분출에 대해 끊임없이 걱정했다.[47] 감당할 수 없는 상황에 무너질 때면 그는 하야하겠다거나 심지어 자살하겠다고 말했다. "그런 상황에서는 황후가 온 힘을 다해 그를 설득해 용기를 북돋고, 상황이 나아질 것이라고 달래며 직무를 수행하도록 했다"라고 쇤은 말했다.[48] 베를린 주재 오스트리아 무관은 그가 "누군가 말한 것처럼 나사가 풀렸나?"라며 의아해했다. 그와 함께 일한 많은 사람들이 그런 두려움을 함께 느꼈다. 1903년 윌런부르크는 빌헬름 2세와 함께 연례 북해 항해에 나섰다. 빌헬름 2세가 보통 긴장을 풀고 쉬면서 신임하는 측근들과 카드놀이를 하는 시간이었지만 그는 점점 더 감정적이 되었다. "그는 다루기 힘들고, 모든 일에 까탈스럽다." 윌런부르크는 자포자기한 심정으로 이런 글을 뷜로에게 적어 보냈다. 빌헬름 2세는 수시로 의견을 바꾸면서 늘 자신이 옳다고 주장했다. 윌런부르크는 계속 적어 내려갔다. "그는 얼굴이 하얗게 질려서 격렬하게 소리치며 계속 불안해하고 거짓말을 일삼는다. 그에게서 받은 끔찍한 인상을 아직도 극복할 수 없다."[49]

빌헬름 2세를 이해하려면 (당대와 후대 사람들은 그러느라 많은 시간을 보냈지만) 그의 유년 시절, 어쩌면 출생 자체로 거슬러 올라갈 필요가 있다. 어머니 비키는 그를 임신했을 때 열여덟 살밖에 안 되었고, 출산 과정은 꽤 오래 걸리고 힘들었다. 신생아가 일시적 산소 부족을 겪어 뇌가 손상됐을 가능성이 있다. 빌헬름 2세가 살아있다는 것을 확인한 의사들은 힘든 상태인 젊은 산모에게 주의를 집중했다. 결국 몇 시간 후에야 신생아의 왼팔이 관절에서 빠져나온 것을 발견했다.[50] 전기 충격 요법부터 토끼 사체 안에 묶는 것 등 여러 치료법을 썼지만 그 팔은 제대로 자라지 못했다. 이후 핸디캡을 감추도록 빌헬름 2세의 양복과 군복이 세심하게 만들어졌지만, 말을 탄 용감한 군인 모습을 기대한 사람들에게는 어색한 모습일 수밖에 없었다.

그의 어머니는 자식들(총 여덟 명이었다)에게 제대로 주의를 기울이지 않았다고 빅토리아 여왕에게 시인했다. 그런 과오를 보상하려는 듯 그녀는 빌헬름 2세의 교육을 일일이 감독했다. 빅토리아 여왕은 이렇게 경고했다. "종종 나는 너무 많은 돌봄, 끊임없는 감시가 피하고 싶은 위험을 초래한다고 생각한단다."[51] 연로한 여왕의 말이 맞았다. 빌헬름 2세는 고지식하고 유머 감각이 없는 가정교사와 그를 훌륭한 자유주의자로 만들려는 시도를 싫어했다. 그의 부모인 황태자와 황태자비는 독일을 제대로 된 입헌군주제와 포괄적인 현대 국가로 만들려는 꿈을 가지고 있었다. 독일이 많은 면에서 영국보다 뒤떨어졌다는 느낌을 너무 분명히 말한 비키는 도움이 되지 않았다. 이 때문에 황태자 부부는 고루하고 보수적인 프로이센 왕실, 그리고 이 점이 더 중요한데, 빌헬름 1세와 권력이 막강한 수상 비스마르크와 갈등을 겪었다. 어린 빌헬름 2세는 어머니와의 관계가 강렬했고 때로는 사랑했지만, 점점 어머니를 원망하게 되었다. 그와 영국의 관계도 마찬가지였다.

어머니에겐 실망스럽게도, 빌헬름 2세는 그녀가 가장 싫어한 프로이센 사회의 요소들, 즉 반동적 시각으로 현대세계를 의심하는 융커〔근대 독일의 봉건적 지주 귀족계급〕, 편협하고 위계질서를 중시하는 군부, 몹시 보수적인 빌헬름 1세의 왕실에 마음이 끌렸다. 어린 그는 독일을 통합해 호엔촐레른가에 영광을 가져온 군주인 할아버지를 대단히 존경했다. 그의 부모와 빌헬름 1세의 불화도 이용했다. 젊은 시절 아버지와 여행 가고 싶지 않았던 빌헬름 2세는 할아버지를 설득해 간섭에 나서게 했다. 비스마르크의 사주로 황태자가 정부 일에 일절 관여하지 못하는 동안 빌헬름 2세는 외교 임무를 띠고 파견되었고, 1886년에는 경험을 쌓기 위해 외무부에 발령을 받았는데 이런 일은 그의 아버지에게 결코 허용되지 않던 일이었다. 과거를 회상하며 빌헬름 2세는 비스마르크의 아들에게 자신이 국왕인 할아버지와 좋은 관계를 유지한 것이 아버지에게는 "언짢은 일이었다"고 말했다. "그는 아버지의 권위 아래 있지 않았다. 그는 아버지에게 한 푼도 받지 않았다. 모든 것이 가장인 빌헬름 1세로부터 나왔기 때문에 그는 아버지로부터 독립적이었다."[52]

열여덟 살 때 빌헬름 2세는 엘리트 연대에 들어갔는데, 그곳에서 바로 편안함을 느꼈다고 훗날 회고했다. "나는 본성이 인정받지 못하고, 나에게 가장 가치 있고 소중한 것이 무시당하는 끔찍한 시기를 살아왔다. 프로이센, 군대 그리고 이 장교 집단에서 처음 접한 모든 임무는 나에게 이 세상의 기쁨과 행복, 만족을 주었다."[53] 그는 군대를 사랑했고, 동료 장교들을 좋아했고(그의 궁정을 장교들로 가득 채웠다), 특히 이 모든 것이 자기 것이 될 거라는 사실이 좋았다. 그날은 생각보다 훨씬 빨리 찾아왔다.

빌헬름 1세는 1888년 3월 사망했다. 목에 암이 생겨 이미 중병을 앓고 있던 황태자도 석 달 후 그의 뒤를 따랐다. 현대사에서 "만일 … 했다면?" 하는 위대한 가정 중 하나가 이 시기에 놓여 있다. 만일 황태자 프리드리히가 부인 비키의 지원을 받아 20년간 독일을 통치했다면 어떻게 되었을까? 그들은 절대주의 통치에서 확실히 벗어나 적절한 입헌군주제로 나아갔을까? 그들은 군대를 견고한 민간 통치 아래 두었을까? 독일은 국제문제에서 다른 노선을 택해 더 우호적인 관계, 심지어 영국과의 동맹으로 나아갔을까? 빌헬름 2세가 통치자가 되면서 독일은 다른 종류의 지도자, 그리고 다른 운명을 갖게 되었다.

만일 할머니, 삼촌, 사촌처럼 영국의 세습 통치자였다면, 빌헬름 2세의 왕위 계승은 큰 문제가 되지 않았을 것이다. 영국 통치자들은 영향력을 가졌고 때로는 상당한 정도였지만, 빌헬름 2세 같은 막강한 권력은 갖지 못했다. 일례로 빌헬름 2세는 원하는 대로 장관들을 임명하고 군대를 지휘하고 독일의 외교정책을 정할 수 있었다. 영국 통치자는 막강한 의회에 책임을 지는 총리와 내각을 상대해야 했지만, 빌헬름 2세는 수상과 장관을 마음대로 임명하고 해임했다. 예산을 승인받기 위해 제국의회에 손을 뻗어야 했지만, 빌헬름 2세나 실제로 장관들은 대부분 필요한 것을 얻어냈다. 사실 장관들은 빌헬름 2세를 조종하는 법을 배웠고(불명예스러운 일을 당하기 전 윌런부르크가 특히 능숙했다), 예민한 문제를 항상 그에게 완전히 알리지는 않았다. 그럼에도 불구하고 그는 정책과 고위 관리 임명에 관여할 수 있었고, 실제로 그렇게 했다.

만일 빌헬름 2세가 먼 친척인 알바니아 왕, 비트의 빌헬름 공 Prince Wilhelm of Wied 같았다면 문제가 되지 않았을 것이다. 하지만 그는 세계에서 가장 강한 국가들 중 하나의 통치자였다. 빌헬름 2세가 신경과민으로 쓰러진 후 제들리츠가 이야기한 것처럼 말이다. "그는 어린아이 같고 항상 그럴 것이다. 그러나 그는 모든 것을 불가능하게 만들지는 못해도 어렵게 만들 수 있는 권력을 쥐고 있다." 그리고 그는 전도서의 말을 인용했다. "이 아이가 왕이 될 나라에 재앙이 있을 것이다!"⁵⁴ 독일은 강력하고도 복잡한 나라여서 빌헬름 2세 같은 인물의 손에 맡기는 것은 위험한 일이었다. 어린이 명작 《버드나무에 부는 바람》의 두꺼비(사고뭉치 캐릭터로, 자동차만 보면 이성을 잃는다)에게 강력한 자동차를 주는 것이나 마찬가지였다. (흥미롭게도 빌헬름 2세는 자동차가 처음 등장했을 때 말을 놀라게 한다는 이유로 싫어했지만, 뷜로가 전하는 바에 따르면 차 한 대를 갖자 "자동차광"이 되었다.⁵⁵)

1871년 독일 공국들이 제국으로 통일되면서 독일은 러시아 서쪽에서 가장 인구 많은 유럽 국가가 되었다. 이는 독일이 잠재적으로 군대 징집에 유리하다는 것을 의미했다. 더구나 독일군은 세계에서 가장 잘 훈련된 군대로 최고의 장교들이 지휘한다는 명성을 가지고 있었다. 1911년 독일 인구는 거의 6500만 명에 달한 반면 프랑스는 3900만, 영국은 4천만 명에 불과했다. (러시아는 1억 6천만 명의 인구를 가졌는데, 이는 프랑스가 러시아를 동맹으로 높이 평가한 이유 중 하나였다.) 독일은 빠르게 유럽에서 가장 역동적으로 경제를 성장해 나갔다. 1880년 영국은 세계 교역량의 23퍼센트를 차지하여 세계에서 가장 큰 수출국이었지만, 독일은 세계 교역량의 10퍼센트를 차지하는 데 그쳤다. 1913년 독일은 영국을 추월하는 것을 기대하게 되었다. 이제 독일의 교역량은 13퍼센트로 늘어난 반면 영국의 비중은 17퍼센트로 떨어졌다. 그 시기 경제력을 측정하는 일부 부문에서 독일은 이미 영국을 앞섰다. 1893년 독일은 철강 생산량에서 영국을 앞질렀고, 1913년 세계에서 가장 큰 기계 수출국이 되었다.

산업화가 되면서 노동조합이 생겨났고, 사회적 혜택이 다른 나라보다 앞선 독일에서도 노동자들의 소요와 파업이 일어났다. 1896-7년 큰 항구인 함부르크에서 중대한 파업이 일어났고, 이후 전쟁 때까지 독일 각처에서 파업이 주기적으로 일어났다. 대부분 파업의 목적은 경제적인 것이었지만, 독일 사회에 변화를 가져오려는 정치적 성격도 점점 띠게 되었다. 노동조합 가입자 수는 1900년 2백만 명이 채 되지 않았지만 1914년 3백만 명으로 크게 늘어났다. 독일 지배층이 더 우려한 것은 강력한 사회주의 정당의 출현이었다. 1912년 사회민주당SPD은 제국의회 의석의 거의 3분의 1을 차지하고 국민투표의 3분의 1을 얻은 가장 큰 정당이 되었다.

급속한 변화에 긴장을 느낀 것은 독일만이 아니었지만, 독일의 정치 체제는 그런 문제에 특히 취약했다. 비스마르크는 위대한 정치가였지만, 그가 국정을 책임질 때만 작동하고 이후 제대로 작동하지 않은 어설픈 체제와 헌법을 만들어냈다. 이론상 독일은 헌법에 따라 18개 국가로 구성된 연방이었다. 연방의회인 제국의회Reichstag는 남성 보통선거로 선출되어, 연방 예산 승인을 책임졌다. 각국 대표들로 구성된 연방평의회Bundesrat는 외교, 육군, 해군 같은 중요한 분야를 감독할 권한이 있었다. 그러나 현실은 이론과 달랐다. 의회는 결코 중요하지 않았다. 비스마르크는 자신의 권력이나 프로이센의 권력을 공유할 생각이 조금도 없었다. 그는 독일 수상과 프로이센 총리의 직무를 결합했고, 이러한 관행은 1차대전이 끝날 때까지 지속되었다. 그는 외무장관도 맡았는데 대개 프로이센 외무부를 통해 외교 업무를 진행했다. 이렇게 관할권이 겹치다 보니 책임 소재가 분명하지 않았다.

그러나 비스마르크와 그의 후계자들은 완전히 자기 뜻대로 독일을 운영할 수는 없었다. 시간이 지나면서 그들은 제국의회를 다루어야 했는데, 제국의회는 독일 국민의 의사를 대변한다는 합리적인 주장을 하면서 예산 승인을 거부하며 정부 정책에 강력히 도전할 수 있었다. 1871년부터 1914년까지는 일련의 정치 위기로 점철되고 교착 상태에 빠져, 비스마르크와 빌헬름 2세와 참모들 모두 헌법을 폐기하고 절대 통치 체제로 돌아갈 것을 고려했다. 빌헬름 2세는 제국의회 의원들을 "돌대가리", "멍청이", "개"라고 하면서, 누가 정말 독일의 주인인지 똑똑히 배우라고 말했다.[56]

야기될 정치적 혼란은 차치하고, 그런 움직임이 독일에 더 일관되고 통합된 정부를 마련해주었을지는 상당히 의심스럽다. 비스마르크와 그의 후계자들은 정책을 짜내고 합의해야 하는 내각을 신뢰하지 않았고, 심지어 정부 여러 부처 간의 기본적 조율도 믿지 않았다. 예를 들어 외무부는 군부가 무엇을 계획하는지 몰랐고, 군부도 외무부가 하는 일을 알지 못했다. 권좌에 오른 빌헬름 2세가 자신의 참모 내각을 통해 육군과 해군을 직접 통제하려 하고, 자신에게 직접 보고하라고 장관들에게 주장하면서 상황은 나아지기는커녕 악화되었다. 그 결과 업무 조율과 정보 공유가 전보다 더 안 되었다.

새 연방은 강한 말을 길들이려고 애쓰는 약한 사람 같았다. 독일 영토의 65퍼센트, 인구의 62퍼센트를 차지하는 프로이센은 남쪽의 바이에른 왕국부터 북쪽의 도시국가인 함부르크까지 다른 모든 연방 구성원들을 능가하고 지배했다. 그리고 제한적 선거권과 세심히 관리된 투표 제도 덕분에 보수주의자들이 지배한 프로이센 의회는 온건 보수, 자유주의, 사회주의 세력이 성장하는 독일과 프로이센에서 우익 성향의 강력한 견제 세력으로 남았다. 더구나 프로이센 융커 가문들은 프로이센 사회에서 특권적 지위를 누리면서 독일의 제도, 특히 군대와 외무부를 지배했다. 충성, 경건함, 의무, 가족에 대한 헌신, 전통과 기존 질서 숭배, 높은 명예 의식 등 그들의 가치는 존경스러운 면이 있었지만 반동적이지는 않아도 보수적이었고, 현대 독일과 점점 엇박자를 만들었다.[57]

빌헬름 2세의 측근은 그런 출신이었고, 그는 그들의 많은 가치를 공유했다. 그러나 재위 초기 그는 아마도 어머니의 영향으로 빈곤층의 상황을 개선하는 데 관심을 가졌다. 이 문제로 그는 비스마르크 수상과 충돌하게 되었다. 빌헬름 2세는 노동 여건을 개선하고 싶었지만, 비스마르크는 급성장하는 사회주의 운동을 분쇄하려고 했다. 1890년 비스마르크는 제국의회에 대한 통제력을 잃었고, 제국의회를 해체하고 헌법을 철폐할 구실을 만들기 위해 최선을 다해 정치적 위기를 심화시켰다. 빌헬름 1세였다면 그런 계획에 동조했겠지만 그의 손자인 빌헬름 2세는 그럴 준비가 되어 있지 않았다. 새 황제는 비스마르크의 비타협적 태도에 점점 놀랐고, 그의 지도에(이 문제에 대해서는 다른 누구에게도) 순종할 생각이 전혀 없었다. 두 사람의 마지막 결전은 1890년 3월에 벌어졌다. 이때 빌헬름 2세는 외교뿐만 아니라 국내 문제도 제대로 보고받지 못했다며 비스마르크를 비판하고 자신이 독일의 최고 권위자임을 분명히 했다. 비스마르크는 사임하고 시골 영지로 내려가 통한의 은퇴 생활을 보냈다.

이제 빌헬름 2세는 자기 자신과 독일의 주인이 되었다. 독일 군주가 되는 것의 의미에 대한 그의 생각은 예상대로 거창했다. 즉위 직후 쾨니히스베르크에서 한 연설에서 그는 선언했다. "우리 호엔촐레른가는 하늘로부터 왕관을 받았고, 이와 연관된 의무에서 오직 하늘에만 책임을 진다."[58] 비스마르크와의 논쟁에서 보여주었듯이 그는 자신의 책임을 수상이나 내각에 위임할 생각이 없었다. 실제로 그에게 직접 보고하는 관리의 수를 늘렸고, 군대를 감독하는 왕실 사령부를 설립했다. 문제는 그가 열심히 일하지 않으면서 권력과 영광, 박수 갈채를 바라는 것이었다. 《버드나무에 부는 바람》에서 물쥐는 두꺼비에 대해 이렇게 말한다. "두꺼비는 직접 운전하겠다고 고집부리지만 도저히 능력이 안 된다. 그가 적당하고 꾸준하며 잘 훈련된 동물을 고용해 넉넉한 월급을 주고 맡긴다면 다 잘될 것이다. 그러나 그렇게 하지 않는다. 그는 자신이 운전 실력을 타고났고, 배울 것이 하나도 없으며, 나머지는 모두 따라온다고 확신한다."

빌헬름 2세는 게으를뿐더러 어떤 일에도 오래 집중하지 못했다. 비스마르크는 그를 풍선에 비유했다. "단단히 줄로 묶어두지 않으면 그는 어디로 날아갈지 모른다."[59] 빌헬름 2세는 자신이 과로하고 있다고 불평했지만, 할아버지가 충실히 유지하던 군사령관들, 수상, 장관들과의 면담 일정을 대폭 축소했다. 일부 장관들은 그를 1년에 한두 번밖에 만나지 못했다. 많은 장관들은 황제가 주의 산만하고, 보고가 너무 길면 불평한다고 투덜거렸다.[60] 그는 신문을 읽지 않았고, 내용이 긴 서류는 화가 나서 내던졌다. 그는 새 해군의 연례 해상 작전을 책임지겠다고 말했지만, 장교들과 상의하고 상세한 계획을 짜야 한다는 것을 알게 되자 크게 화를 냈다. "지옥으로 꺼져! 나는 최고의 전쟁 군주다. 나는 결정하지 않는다. 나는 명령한다."[61]

그는 통치 기간의 절반 이상을 베를린이나 인근 포츠담의 궁전을 떠나 있었다. 그의 사촌인 영국 조지 5세가 "가만있지 못하는 윌리엄(빌헬름의 영국식 이름)"이라고 묘사했듯이 그는 여행을 좋아했다. 한 신하는 아마 그가 아내와의 숨 막히는 가정생활에서 탈출하고 싶지 않았을까 의심했다.[62] 그는 다른 궁전들(열두 채)이나 친구들의 사냥 별장을 방문하고, 여러 요트 중 하나를 타고 긴 항해에 나섰다. 장관들은 그가 있는 어디든 가서 보고해야 했는데, "갑작스러운 빌헬름"이 막판에 계획을 바꾸는 것으로 악명이 높았기 때문에 그를 만난다는 보장은 없었다. 그의 신민들은 독일인들이 "정복자 찬양"이 아니라 "임시 열차를 탄 당신 찬양"이라는 노래를 부른다고 농담했다.[63]

독일인들은 빌헬름 2세에 대한 여러 농담을 지어냈다. 풍자 주간지 《짐플리치시무스》 표지에 호의적이지 않은 만화가 실리자 빌헬름 2세는 편집장과 만화가에게 격노했지만, 판매 부수만 늘어났다. 1901년 빌헬름 2세가 베를린에 승리의 거리를 설계하고 거대하며 저속한 조각상들을 세우자, 베를린 시민들은 즉시 그곳을 "꼭두각시 골목"이라고 불렀다. 카이저에 대한 농담이 늘 아주 좋은 것은 아니었다. 1894년 젊은 고전학자 루트비히 크비데는 칼리굴라에 대한 소책자를 출간했다. 이 책에서 그는 로마 황제가 "몹시 불안해하며" 이 일을 하다가 바로 다른 일로 돌진하고, "군사적 승리에 굶주렸으며", 바다를 정복하겠다는 "환상적 생각"을 한다고 묘사한다. "과장된 태도는 황제의 정신이상의 한 요소다"라는 말도 실렸다.[64] 이 책자는 1914년 전까지 25만 부나 팔렸다.

빌헬름 2세는 자신의 직무 중에서 군대와의 관계에 특별한 자부심을 느꼈다. 독일 헌법상 (그는 헌법을 읽은 적이 없다고 자랑스럽게 말했지만)[65] 그는 독일 군대의 총사령관이었다. 장교들은 독일이 아니라 그에게 충성을 서약했다. 황제가 된 후 가진 첫 공식 행사에서 빌헬름 2세는 군대에게 이렇게 말했다. "우리는 서로에게 속한다. 우리는 서로를 위해 태어났고, 신의 의지로 우리에게 평온이 찾아오든 폭풍이 찾아오든 불가분한 관계가 될 것이다."[66] 그와 장관들은 제국의회가 군대 문제를 조사하려는 시도를 대부분 막아냈고, 선출된 정치인들과 많은 대중을 불신하며 대하는 경향이 있었다. 한번은 빌헬름 2세가 신병들에게 언젠가 국가 질서 유지를 위해 부름 받을 것을 명심하라며 "최근 사회주의자들의 난동을 보면 내가 귀관들에게 친척, 형제, 심

지어 부모에게도 총을 쏘라고 명령할 가능성이 아주 높다"라고 말한 적도 있었다.[67]

빌헬름 2세는 "나의 군대"를 아주 사랑했고, 민간인보다 병사를 훨씬 좋아했다. 정부 관리나 외교관을 임명할 때면 빌헬름 2세는 거의 항상 군복 차림으로 나타났고, 군대 대열의 맨 앞에서 경례 받는 것을 아주 좋아했다. 그는 군대 전쟁 게임에 참여하겠다고 고집을 부렸는데, 언제나 그가 이겨야 했기 때문에 군사훈련의 가치는 거의 없었다. 그가 모든 것을 중단시키고 한쪽의 병력을 다른 쪽으로(대개 자신의 편으로) 옮기는 것도 익히 알려져 있었다.[68] 그는 군복에 지나친 관심을 보였다(1888년부터 1904년 사이에 그는 37번이나 디자인을 바꾸었다). 썩어가는 현대세계로부터 자신의 군대를 보호하려는 노력도 기울였다. 그의 명령문 중 하나는 다음과 같다. "육군과 해군 장병들은 군복을 입고 탱고나 원스텝 또는 투스텝 춤을 춰서는 안 되며, 이런 춤을 추는 가족들을 피해야 한다."[69]

빌헬름 2세는 헌법상 외교 업무에서도 상당한 권력을 휘둘렀다. 그는 외교관들을 임명하거나 해임하고 조약을 체결할 수 있었다. 그러나 그는 빌헬름가(街)에 있는 외무부나 외교부를 군대만큼 애정 있게 대하지 않았다. 외교관들은 항상 어려운 것을 보고 있는 게으른 "돼지"라는 비난을 받았다. 한번은 고위 관리에게 이렇게 말한 적도 있었다. "너희 외교관들은 똥으로 가득하고 빌헬름가에서는 썩은 냄새가 난다."[70] 빌헬름 2세는 스스로 외교의 달인이라 생각했고, 동료 군주들을 직접 상대하겠다고 주장했지만, 자주 불행한 결과를 낳았다. 애석하게도 그는 독일과 자신을 중요하게 만들고 가능하면 전쟁을 피한다는 애매한 욕구 이상의 분명한 정책이 없었다. 베를린에서 바이에른 대표 레르첸펠트는 이렇게 말했다. "그는 무사태평했다. 모든 강국과 좋은 관계를 유지하고 싶어했고 몇 년 동안 러시아, 영국, 이탈리아, 미국 심지어 프랑스와도 동맹을 맺으려고 시도했다."[71]

빌헬름 2세가 비스마르크를 해임하자 영국 풍자 잡지 《펀치》는 "조종사를 떨어뜨리다"라는 만화를 실었다. 빌헬름 2세는 작센-바이마르Saxe-Weimar 대공에게 "국가라는 배를 경비하는 장교 자리가 나에게 왔다. … 전속력으로 전진"이라고 의기양양한 전보를 보냈다.[72] 불행히도 그는 진짜 해군을 가지고 그런 일을 하게 된다.

4장

세계 정책

세계 무대에서 독일의 입지

미국 해군 이론가 앨프리드 머핸은 해군력이 세계 강국의 핵심이라고 주장했다. 그에게 큰 영향을 받은 독일 빌헬름 2세는 거대한 해군 건설에 착수했다. 그 결과 독일은 비용이 많이 드는 해군력 경쟁을 영국과 벌이기 시작했고, 영국은 독일에 함께 맞설 동맹국들이 필요해졌다.

1897년 여름 카이저 빌헬름 2세는 행복한 사람이었다. 빌헬름 2세는 친구 윌런부르크에게 보낸 편지에 이렇게 썼다. "몸과 마음을 헌신하며, 이해할 수 있고 이해하고 싶은 사람을 상대하는 것은 얼마나 큰 기쁨인가!"[1] 이처럼 열광하게 만든 사람은 새 외무장관으로 임명된 베른하르트 폰 뷜로였다. 빌헬름 2세는 뷜로가 그의 비스마르크가 되어 그와 독일을 세계의 중심에 가져다 놓길 (그리고 격동을 겪고 있는 독일의 국내정치도 정리해주길) 기대했다. 비스마르크를 해임한 후 몇 년은 빌헬름 2세에게 힘겨운 시기였다. 장관들이 단합하여 그에게 맞섰고, 그의 정책에 동의하지 않았다. 그의 동료인 독일 대공들은 그와 프로이센의 통치에 불만을 드러냈고, 제국의회는 독일 정부 업무에 일정한 몫을 요구했다.

빌헬름 2세와 그의 장관들은 반격을 시작해 독일인들에게 이견을 묻어두고 더 위대한, 물론 프로이센 중심의 독일을 위해 일할 것을 촉구했다. 1890년 프로이센 교육부는 학교에서 가르치는 역사는 프로이센과 그 통치자들의 위대함을 보여주어야 한다고 선언했다. "영광스러운 호엔촐레른가의 통치자들은 힘겹고 자기희생적인 투쟁으로 국가적 통합, 독립, 문화를 회복했다. 초등학교의 가장 중요한 목적 중 하나는 그 덕분에 얻은 축복을 아이들에게 가르치는 것이다."

빌헬름 2세는 이에 전적으로 동의했다. 그는 교장 모임에서 "우리는 젊은 그리스인이나 로마인이 아니라 민족주의적인 젊은 독일인을 길러내야 한다"고 강조했다.[2]

해외에서의 승리는 각기 다른 독일 국가들을 강력한 제국으로 건설하는 데 기여할 것으로 기대되었다. 빌헬름 2세는 독일과 자신의 야망을 공개적으로 밝혔고 의기양양했다. 그는 통치하는 동안 새로운 노선을 취할 것이라고 어머니에게 말했다. "앞으로 세계에 진정한 황제는 단 한 명일 것이고, 그는 카이저일 것입니다."[3] 빌헬름 2세와 독일은 세계 도처에서 그에 상응하는 영향력을 가져야 했다. 1893년 그는 "세계적 인물이 되지 않는다면 그저 불쌍한 외양일 뿐"이라고 욀런부르크에게 썼다.[4] 독일은 세계의 나머지 지역을 분할하는 데 발언권을 가져야 했다. 1900년 새로운 전함을 진수하면서 그는 "먼 지역에서 독일과 카이저 없이 어떤 중요한 결정도 내려서는 안 된다"라고 말했다.[5] 그는 스스로 "세계의 조정자"이며 당연히 유럽에서도 그러하다고 서술했다. 임종을 앞둔 외할머니 빅토리아 여왕을 방문한 자리에서는 새로 영국 외무장관이 된 랜즈다운에게 이렇게 확언했다. "독일 헌법이 외교정책 결정권을 나에게 주었으므로 내가 유럽 세력의 균형을 잡을 것이다."[6]

집권 초기 빌헬름 2세에게는 짜증스럽게도 현실이 따라주지 않았다. 독일의 대외 관계는 1890년 이후 제대로 관리되지 못했다. 비스마르크는 다른 모든 강국과 좋은 관계를 유지하려 했고 대부분 성공했지만, 후임들은 독일이 한 진영, 즉 오스트리아-헝가리, 이탈리아와의 3국동맹에 말려들도록 만들었다. 나중에 큰 대가를 치러야 했던 첫 번째 실책은, 제3국의 침공을 받을 때 중립을 지켜야 한다는 재보장조약을 러시아와 갱신하지 않은 것이었다. 어느 정도 실수였던 이 일은 1890년 이후 독일 외교정책을 책임진 사람들의 무관심을 말해준다. 새로 수상이 된 레오 폰 카프리비는 군인 출신으로 지적이고 분별력이 있었지만, 외교에 대한 배경지식은 거의 없었다. 그는 외무부, 특히 러시아와의 긴밀한 협력에 반대했던 핵심 인물 프리드리히 폰 홀슈타인에게 조약 갱신을 하지 않도록 설득되었다. 그 결과 러시아는 다른 곳, 특히 프랑스로 눈길을 돌렸고 1894년 양국은 비밀 군사 협약을 맺었다.

홀슈타인과 동료들이 화해하길 바랐던 영국은 러시아, 프랑스 모두와 관계가 안 좋았고, 3국동맹과의 더 긴밀한 밀착도 이루어지지 않았다. 영국은 이미 지중해의 안전을 보장하기로 오스트리아-헝가리, 이탈리아와 합의한 상태였다(이는 오스만제국을 압박해 흑해부터 지중해까지 이어지는 통로를 통제하지 못하게 하려는 러시아의 시도와 제국을 확장하려는 프랑스의 움직임에 반대하는 것을 의미했다). 재보장조약이 소멸되면서 러시아는 국경에 더 신경써야 했고, 지중해에서 영국의 이익을 덜 위협하게 되었다. 독일은 또한 자국의 입지가 약해지면서 3국동맹 국가들의 주장이 더 강해진 것을 알게 되었다.

1890년부터 1897년 사이 독일 정책이 러시아, 영국 중 어느 나라를 끌어들일 것인가를 놓고 왔다 갔다 한 것과 독일 지도자들이 감언이설과 위협 사이에서 오락가락한 것도 도움이 되지 않았다. 특정 사안에 대해서도 독일 정책은 앞뒤가 안 맞을 때가 많았다. 1894년 카프리비는 런던 주재 독일 대사에게 솔로몬 제도가 독일에 아주 중요하다고 말했지만, 두 달 후 독일은 이 섬에 흥미를 잃었다.[7] 독일 정책이 오리무중이라고 느낀 유럽 국가는 영국만이 아니었다. 자신이 외교의 달인이라는 환상을 품은 카이저는 점점 자주 끼어들어 재앙과 같은 결과를 가져왔다. 1896년 영국에 맞선 보어 공화국의 투쟁에서 트란스발 지원 의사를 밝힌 크루거 전보는 진원지에 대한 논란이 여전히 있지만, 빌헬름 2세가 상황을 더 나쁘게 만들지 않도록 정부가 손쓴 결과였을 것이다. (처음에 빌헬름 2세는 트란스발에 독일의 보호국을 세우고 독일 병력을 아프리카로 파견하자고 제안했는데, 당시 영국의 해양 지배력을 고려하면 도발적인 일이었다.)[8]

1897년 독일은 영국과의 대립을 더 밀어붙이는 결정적 전환점을 택했다. 빌헬름 2세는 월런부르크와 다른 보수주의자들의 지원하에, 심복들을 정부 요직에 앉히기로 작심했다. 무엇보다도 그는 독일의 중국 함대 사령관 알프레트 폰 티르피츠를 다시 불러들여 해군장관으로 임명하여, 앞으로 보겠지만 영국-독일 해군 경쟁에 시동을 걸었다. 로마 주재 독일 대사를 맡고 있던 베른하르트 폰 뷜로는 외무장관에 임명되었다. 티르피츠보다 극적으로 독일 정책에 영향을 끼치지는 않았지만, 그 역시 평화를 전쟁으로 이끄는 데 한몫했다.

독일의 국제문제를 해결할 임무를 맡은 뷜로는 유쾌하고 매력적이며 세련되고 영리한 직업 외교관이었다. 그는 야망도 컸고 새로운 주군, 빌헬름 2세처럼 게을렀다. 뷜로의 형은 언젠가 이렇게 말했다. "성격을 개성만큼 끌어올릴 수 있다면 그는 대단한 인물이 될 것이다."[9] 집안은 덴마크 출신이었지만 뷜로의 아버지는 1873년 새로운 독일의 외무장관이 되어 비스마르크의 부하로서 충성스럽게 일했다. 비스마르크는 그의 아들을 아주 좋아했다. 덕분에 뷜로는 외교 분야에서 꾸준히 승진하며 유럽의 주요 수도를 돌아다녔고, 그러다 상습적인 바람둥이라는 명성을 얻었다. 그는 자신과 잘 어울리는, 로마의 중요한 가문의 딸을 아내로 맞았다. 그녀는 기혼 여성이었지만 독일 외교관인 남편과 이혼하고 뷜로와 결혼하여 그의 출세를 도왔다.

시간이 흐르면서 뷜로는 동료들로부터 기만적이고 신뢰할 수 없으며 뱀장어처럼 미끈거린다는 평판을 얻었다. 처음에 그를 친구로 여겼던 홀슈타인은 일기에 이렇게 적었다. "베른하르트 폰 뷜로는 말끔히 면도한 창백한 얼굴에 구린 데가 있는 듯한 표정을 하고, 거의 항상 웃었다. 지적으로는 사물을 꿰뚫어보기보다 이치에 맞는 정도였다. 모든 돌발 상황에 대비해 축적한 아이디어가 하나도 없었고, 다른 사람의 아이디어를 도용해 출처를 밝히지 않고 기술적으로 팔아먹었다."[10] 뷜로는 사람들이 지적인 대화를 나누고 있다고 느끼게 만들고, 그가 중요한 정보를 공유하고 있다는 인상을 주는 데 능숙했다. "베른하르트는 모든 것을 비밀로 만든다"며 그의 장모는 "그는 당신의 팔을 끌고 창문으로 가서 '아무 말 마세요. 오줌을 누고 있는 작은 개가 있네요'라고 말할 사람이다"라고 말했다.[11] 그를 아는 한 여자는 그가 치즈를 미끼로 쥐를 잡는 고양이 같다고 말했다.[12]

1897년부터 그는 새 군주의 마음에 들기 위해 모든 노력을 기울였다. 뷜로는 빌헬름 2세가 "머리가 비상하고", "뛰어나며", "완전히 정확하고" 늘 옳은 말만 한다고 계속 확신을 주었다. 1900년 그는 영국 다루기가 너무 어려워 무한한 기술이 필요하다고 황제에게 말했다. "그러나 호엔촐레른가의 독수리가 오스트리아의 쌍두 독수리를 들판에서 없애버리고 갈리아 수탉의 날개를 꺾어버린 것처럼, 신의 도움과 폐하의 힘과 지혜로 영국이라는 표범도 잘 다룰 수 있을 것입니다"[13]라며 아첨했다. 이러한 메시지를 강화하기 위해 그는 빌헬름 2세에 대한 입에 바른 칭송을 윌런부르크에게 계속 전했는데, 분명 빌헬름 2세에게 보여줄 것을 예상하고 한 행동이었다. 외무장관으로 임명된 직후 뷜로는 이렇게 적었다. "모든 위대한 군주 중에서도 단연코 그는 지금까지 살았던 호엔촐레른가 일원 중에 가장 중요한 사람이다."[14] 스스로 장담한 대로 그는 황제의 "도구"가 되어 빌헬름 2세가 독일을 직접 통치할 수 있게 할 사람이었다. 이에 감복한 빌헬름 2세는 1900년 그를 수상으로 임명했다.

재임 초기에 뷜로는 상당히 성공적으로 황제를 다루었다. 그는 소문이 첨부된 짧은 비망록을 보내고, 빌헬름 2세가 지루해하는 공식 면담은 피하고, 아침마다 그와 산책하는 습관을 들였다. 뷜로 부부는 점심과 저녁 식사를 대접해 빌헬름 2세를 즐겁게 했다. 그럼에도 불구하고 그를 비판하던 사람이 붙여준 별명대로 "말 잘 듣는 베른하르트"는 가능한 한 빌헬름 2세의 거친 정책을 무시하거나 수정할 준비가 되어 있었다. 특히 빌헬름 2세는 발끈해서 자신이 한 말을 잊을 때가 많아 이런 제어가 필요했다. 뷜로는 카이저가 바라는 대로 독일의 의회 제도를 철폐할 쿠데타를 수행할 생각도 없었다. 그가 하고자 한 일은 독일 국민뿐 아니라 통치자를 잘 다루어 되도록 견해차를 좁히는 것이었다. 당시 그리고 나중에 수상으로서 그가 취한 정책은 빌헬름 2세와 보수적 조언자들의 강력한 지원을 받아 카이저를 지원하는 독일 민족주의와 보수 세력을 결집하고, 동시에 성장하는 사회주의의 운동과 프로이센의 지배를 결코 받아들이지 않는 남부에서와 같은 강한 지역적 감정을 약화시키는 것이었다.

집합정책Sammlungspolitik이라고 알려진 정책은 핵심적 조직 원칙을 필요로 했고, 이것은 독일의 자랑거리가 되었다. 뷜로는 정부가 "현재 우리 국가 생활의 즐거움을 유지할 줄 아는 용기 있고 관대한 정책, 민족적 에너지를 동원하는 정책, 점점 늘어나는 수많은 중산층의 마음을 사로잡을 정책"을 채택해야 한다고 믿었다.[15] 적극적인 외교정책은 이를 수행하는 데 필수적이었다. 사모아를 둘러싼 소동에 대해 뷜로는 "물질적인 것은 전혀 없어도 우리에게는 이상적이고 애국적인 흥미가 있었다"고 솔직히 말했다. 그는 독일 신문에 이 문제를 "우리 외교정책에 대한 국내적 신뢰를 강화하는" 방법으로 다루라는 지시를 내렸다.[16] 외교정책에서 그의 핵심 전략은 독일이 세계열강의 반열에 계속 오르도록 움직이는 것이었다. 그러려면 다른 국가들 사이의 분쟁을 조장할 필요가 있었다. 1895년 그는 윌런부르크에게 이렇게 말했다. "나는 영국과 러시아의 충돌은 비극이 아니라 '가장 열렬하게 바라야 할 목표'라고 본다."[17] 두 나라가 서로 기운을 빼게 하고 그동안 독일은 조용히 힘을 길러야 했다.

구체적 정책을 보면 뷜로는 오스트리아-헝가리, 이탈리아와 3국 동맹을 유지해야 한다고 생각했고, 개인적으로 영국과의 화해에는 큰 관심이 없었다. 지속되는 영국과 러시아의 충돌에서 중립을 지키는 것이 독일에게는 훨씬 나았다. "우리는 두 나라 사이에서 독립적이 되어야 한다. 앞뒤로 움직이는 진자가 아니라, 균형을 잡은 혀가 되어야 한다"라고 그는 썼다.[18] 만일 그가 한쪽으로 기울었다면 러시아 쪽이었고, 그 이유는 러시아가 장기적으로 더 강한 국가가 될 것이라고 생각했기 때문이다. 그는 영국이 러시아, 프랑스 모두와 적대 관계여서 조만간 독일과 우호적인 관계가 실현될 것이라고 주장했다. 그는 영국이 고립이라는 다른 해결책을 취할 수 있다는 생각은 하지 못했다.

그는 독일의 외교정책을 감독하면서, 최소한 초기에는 외무부에서 가장 영리하고 강력하며 특이한 인물인 정치국의 프리드리히 폰 홀슈타인의 지원을 받았다. 윌런부르크가 홀슈타인에게 붙인 "미로의 괴물"이라는 별명은 그를 떠나지 않았다. 하지만 그는 괴물이 아니라 독일의 국제적 이익 증진을 위해 최선을 다하는 아주 똑똑하고 헌신적인 독일 관리였기 때문에 이 별명은 부당한 것이었다. 그러나 모든 별명이 그렇듯 일말의 진실은 있었다. 그는 비밀스러웠고, 모든 곳에서 음모를 찾았다. 비스마르크의 아들 헤르베르트는 그를 "박해에 대한 거의 병적인 망상"을 가지고 있다고 묘사했다.[19] 홀슈타인은 잔인하고 남의 감정을 상하게 할 수 있었지만 그 자신도 아주 예민했다. 그는 수수한 세 개의 작은 방에서 아주 소박하게 살았고, 일 외에 표적 사격 말고는 다른 관심이 없었던 것 같다. 사교계도 거의 드나들지 않았고, 황제를 점점 못마땅하게 여겨 안 만나려고 최선을 다했다. 황제가 홀슈타인을 만나러 빌헬름가로 오려고 하면 그는 사라져 오랫동안 산책했다.[20] 1904년 성대한 만찬에서 드디어 만났을 때 두 사람은 오리 사냥에 대해 얘기를 나눈 것으로 전해진다.[21]

홀슈타인은 언제나 외무부의 최고위직을 사양하고 막후 권력자가 되는 것을 선호했다. 그는 들어오고 나가는 보고를 추적하고, 음모를 꾸미고, 친구들에게 보답하고 적을 징벌했다. 그의 사무실은 외무장관실 옆에 있었는데, 그는 원하면 장관실 문으로 들어가 돌아다니는 버릇이 있었다. 그는 자신에게 크게 의지하는 비스마르크와 가깝게 지냈지만 주로 러시아 문제 때문에 연로한 비스마르크, 그의 아들, 그의 지지자들과 사이가 틀어졌다. 홀슈타인은 재보장조약과 독일과 러시아가 우호 관계를 구축할 수 있다는 생각 자체에 반대했다. 젊은 시절 그는 외교관으로 당시 러시아 수도 상트페테르부르크에서 지냈는데, 그 시절이 싫어서인지는 몰라도 러시아에 대한 혐오와 두려움은 그의 외교정책 중 드물게 지속적인 노선이었다.[22] 시간이 지나면서 뷜로와도 같은 문제로 사이가 멀어졌다.

1897년 12월 제국의회 첫 연설에서 뷜로는 특히 다가올 중국 분할을 언급하며 독일 외교정책에 대한 비전을 내놓았다. 그의 연설은 독일 여론에 두루 호소하도록 계산된 것이었다. "우리는 중국에 있는 독일 선교사, 독일 기업가, 독일 상품, 독일 깃발, 독일 선박이 다른 강국처럼 존중받을 것을 요구해야 합니다." 독일은 자국의 이익이 존중받는 한 기꺼이 아시아에서 다른 강국의 이익을 존중할 것이었다. "한마디로 우리는 그늘에 누구도 두고 싶지 않지만, 햇빛 속의 우리 자리를 요구합니다." 뒤이어 그는 구질서가 변했다는 것을 세계가 인정해야 한다고 주장했다. "독일이 이웃 국가들 중 하나에게 땅을, 또다른 국가에게 바다를 맡기고 하늘을 혼자 가지고 있던 때에는 순전히 교리가 지배했지만, 그런 시대는 끝났습니다."[23] (뷜로의 연설은 아주 좋은 반응을 얻었다. 뷔르템부르크 대표는 그 문구들이 "이미 거의 관용구처럼 되었고 모든 사람이 되뇌었다"라고 말했다.[24]) 2년 후 다시 한

번 제국의회에서 연설한 뷜로는 세계 정책Weltpolitik이란 말을 처음으로 사용했다. 당시 지구적 또는 세계적 정책을 의미했고, 독일 밖의 많은 사람들이 매우 의심스럽게 바라보았던 이 용어는 오늘날 이상하게도 "환경 정책"으로 자주 번역된다. 이 말과 연계된 "세계 권력Weltmachtstellung", 즉 세계 강국world power도 똑같이 파악하기 힘든 개념이었다.

이런 용어들은 독일의 놀랄만한 경제발전, 전 세계에 걸친 독일 투자와 교역의 빠른 확산, 과학을 비롯한 독일의 진보는 세계적 입지 증진과 맞물려야 한다는 애국 독일인들 사이에 널리 퍼져 있던 인식을 반영했다. 다른 국가들은 독일의 성취와 변화된 입지를 인정해야 했다. 자유주의자들에게 이 말은 독일이 도덕적 지도력을 발휘한다는 것을 의미했다. 그들 중 한 사람은 1940년대 시각에서 애석해하며 다음과 같이 서술했다. "나의 생각은 항상 우리가 더 위대한 독일, 중동에서 벌인 평화적 팽창과 문화적 활동 … 위대하고 명예로우며 존경받는 평화로운 독일을 위해 멋진 노력으로 협력하던 시기로 되돌아간다."[25] 그러나 카이저와 그의 측근 참모들뿐 아니라 애국 결사의 많은 사람들을 포함한 우익 민족주의자들에게 이 말은 정치적이고 군사적인 힘을 뜻했고, 필요하다면 다른 강국들과 투쟁하는 것을 의미했다.

새로운 카이저 빌헬름 2세와 독일이 자신들의 힘을 느끼고 있을 때, 베를린대학의 연로한 역사 교수의 강의에 청중이 가득 모였다. 하인리히 폰 트라이치케는 합당한 대우를 갈망하는 새로운 독일 민족주의의 지적인 지도자 중 한 사람이었다. 아주 인기 많은 여러 권의 독일사를 비롯한 저술과 강연을 통해 그는 독일의 지도자들 전체가 위대한 독일의 과거, 프로이센의 비범한 성취, 독일제국을 건설한 프로이센 군대를 자랑스러워하도록 영향을 끼쳤다. 트라이치케에게 애국주의는 모든 가치 중 최고의 가치였고, 전쟁은 인류 역사에 꼭 필요할 뿐 아니라 고귀하고 고상한 것이었다. 기회를 잡기만 하면 독일은 일어나 마땅히 세계를 지배할 것이었다.[26] 뷜로는 가장 좋아하는 저술가인 그를 "민족적 이념의 선지자"라고 추켜세웠다.[27] 장차 독일군 총사령관이 될 헬무트 폰 몰트케는 젊은 시절 트라이치케의 역사책에 매료되었고, "애국심과 조국 독일에 대한 사랑이 역사적 진실을 훼손하지 않으면서 책 전체를 맴돌았다. 대단한 책이다"라고 나중에 아내에게 적어 보냈다.[28] 황제는 놀랍게도 시큰둥했다. 트라이치케 책의 전체적 줄기는 마음에 들었지만, 이 역사가가 호엔촐레른가를 충분히 높게 평가하지 않았기 때문이었다.[29]

'세계 정책'이 구체적 정책에서 실제로 무엇을 의미하는가는 또 다른 문제였다. 유럽 군대를 이끌고 의화단의 난을 진압한 알프레트 폰 발더제 원수는 이 개념이 널리 퍼지기 시작했을 때 일기에 이렇게 썼다. "우리는 세계 정책을 추진하도록 되어 있다. 당분간 구호에 머물이 정책이 대체 무엇인지 알 수만 있다면."[30] 그러나 이 개념은 독일이 식민지의 정당한 몫을 차지한다는 것을 의미하는 것처럼 보였다. 트라이치케도 분명 그렇게 주장했다. 그는 강의하면서 이렇게 말했다. "역사상 모든 국가는 충분히 강하다고 느낄 때 야만적 국가들에 자국의 권위를 깊이 새기고 싶은 충동을 느꼈다." 이제 독일은 충분히 강한 힘을 가졌다. 높은 출산율이 독일의 활력을 보여주는 증거였다. 그러나 독일은 영국과 다른 제국들에 비해 초라해 보였다. "그러므로 국가가 식민지 추진을 보여주는 것은 아주 중요한 문제다."[31]

식민지를 좋은 것으로 여긴 독일인은 트라이치케만이 아니었다. 당시 유럽에는 식민지를 차지하면 확실한 부는 물론, 보이지 않는 이익도 얻을 것이라는 추정이 널리 퍼져 있었다. 1873년부터 1895년까지 지속된 농산물 가격 하락과 경기 침체로 독일의 정치·경제 지도자들은 다른 나라들처럼 수출과 해외 시장 확보의 필요성을 절실히 느꼈다. 제국을 비판하는 사람들은 식민지는 관리하고 방어하는 데 수익보다 더 많은 비용이 든다거나 투자, 교역, 이주는 식민지가 아닌 미국, 러시아, 라틴아메리카 같은 지역으로 흘러들어 가는 경향이 있다고 주장했다. 그중 한 사람인 카프리비는 독일의 자연적인 시장은 중유럽이라고 생각했다. 신념은 흔히 그렇듯 불편한 증거에도 흔들리지 않는 경우가 많다. 그러나 지도에서 자국의 땅으로 색칠된 모든 지역을 보는 것은 아주 흥분되는 일이었다. 아무리 가난하고 여러 곳에 흩어져 있어도, 영토와 인구는 세계에서의 권력을 더해주었다. 1893년 영국 외무장관 로즈버리가 지적했듯이 새로운 식민지 획득은 "미래의 권리에 말뚝을 박는 것"이었다.[32]

독일에서 식민지는 예민한 문제였다. 독일은 강력한 국가, 그것도 세계에서 가장 막강한 국가 중 하나면서도 아직 인도나 알제리 같은 땅을 갖지 못했다. 사실, 아프리카와 태평양에서 자질구레한 식민지를 챙기기는 했지만 영국이나 프랑스에 비하면 아무것도 아니었다. 작은 부르주아 벨기에도 거대한 콩고를 가졌다. 이들을 추격해야 하고 제대로 된 강대국처럼 보여야 한다는 필요성이 점점 독일인들의 마음을 사로잡았다. 제국적 야심은 외무부와 군부 모두에서 강한 지지를 얻었다. 외무부 식민지국 책임자는 1890년에 이미 이렇게 말했다. "어떤 정부도, 어떤 제국의회도 독일과 유럽 앞에서 굴욕스러워하지 않으면서 식민지를 포기할 입장에 있지 않다. 오늘날 식민 정책은 나라 모든 곳에서 지지를 얻고 있다."³³ 일반 대중 사이에서는 범게르만연맹과 식민지회Colonial Society가 회원이 많지는 않았지만 시끄럽고 격렬한 요구를 쏟아냈다.

물론 식민지에 드는 비용과 그로 인한 제한된 수익을 지적하는 회의론자들도 좌익과 우익 모두에 있었다. 위대한 비스마르크도 식민지(또는 식민지를 보호할 거대한 해군)에 큰 관심이 없었다. 1888년 한 탐험가가 아프리카로 관심을 끌려고 하자 그는 "나의 아프리카 지도는 여기 유럽에 있다. 여기 러시아가 있다"며 왼쪽을 가리키면서 "여기 프랑스가 있고, 우리는 딱 중간에 있다. 이것이 나의 아프리카 지도다"라고 말했다.³⁴ 그의 후임 카프리비도 같은 태도를 취했다. "아프리카를 적게 가질수록 우리에게 좋다!"³⁵

*

뷜로는 처음에는 식민지에 열정이 없었지만 재빨리 식민지를 비전의 일부로 삼았다. 1899년 12월 제국의회 연설에서 그는 다음과 같은 도전을 제기했다. "어떤 외국 세력도, 어떤 외국 제우스 신도 우리에게 '무엇을 해야 하나? 세계는 이미 분할되었다'라고 말할 수 없다." 그는 불길한 예언을 덧붙였다. "다가오는 세기에 독일은 망치 아니면 모루가 될 것이다."³⁶ 이미 다른 열강이 세계 대부분을 나눠 가졌는데 어디에서 식민지를 찾을 것인가는 까다로운 문제였다. 쇠락하는 오스만제국에서 가능성을 발견한 독일은 오스만제국에 철도를 깔고 돈을 빌려주기 시작했다. 1898년에는 카이저가 중동을 장기 방문하던 중 다마스쿠스에서 극적인 연설을 했다. "술탄과 그를 칼리프로 숭배하는 지구에 흩어진 3억 이슬람 신민이 카이저가 항상 친구가 될 것을 확신하기 바랍니다."[37] 쇠퇴하는 또다른 제국 중국도 전망이 좋아 보였다. 자오저우만의 칭다오 항구를 장악하고 산둥반도의 다른 지역을 조차하는 것은 좋은 출발이 될 것 같았다. 독일 식민 열성주의자들이 티르피츠의 승인하에 저지른 기괴한 일도 있었다. 그들은 카리브해의 덴마크령 버진아일랜드의 섬 하나를 독일인들이 다수 지분을 차지할 때까지 몰래 사들이려고 했다. 이 시점에 독일 정부가 나서서 섬 전체를 덴마크로부터 매입해 해군 기지로 만들려고 했다. 다행히 빌헬름 2세가 이 계획에 반대했는데, 이 일로 독일은 미국과 완전히 불필요한 분쟁에 휘말릴 뻔했고 아마 영국과도 그렇게 되었을 가능성이 크다.[38]

그러나 독일의 행동과 말은 영국 정부와 이미 독일을 의심의 눈초리로 바라보던 영국 대중을 놀라게 하기에 충분했다. 독일에서는 정부 관리들과 일반 대중 사이에서 종종 공개적으로 영국을 독일의 세계 정책의 주된 걸림돌로 보는 시각이 점점 커지고 있었다. 트라이치케의 강의를 받아 적은 학생 노트를 보면, 그가 영국을 계속 비판했다는 것을 알 수 있다. 1890년대에 그는 이렇게 물었다. "영국에서는 아주 작은 아기도 우리를 속이려 드는데 독일은 왜 그렇게 품위 없는 방식으로 할머니(빅토리아 여왕)의 비위를 맞추기 위해 자신을 던져야 하는가."(당연히 트라이치케의 영국 방문은 그의 시각을 강화하기만 했다. 그는 런던이 "술 취한 악마의 꿈과 같다"라고 말했다.[39]) 1900년 베를린 주재 오스트리아-헝가리 대사는 통찰력 있는 긴 전문을 빈에 보냈다. 여기서 그는 독일 주요 정치인들이 틀림없이 여러 해가 걸리겠지만 독일이 세계 강국으로서 영국을 능가할 미래를 내다보고 있다며, 독일에 "널리 퍼진 영국 혐오증"에 대해 말했다.[40] 빌헬름 2세도 독일이 부상하고 영국이 쇠락할 미래를 기대했다. 1899년 함부르크에서 연설하며 그는 이렇게 말했다. "낡은 제국들은 물러나고 새 제국들이 형성되고 있다."

그러나 영국에 대한 빌헬름 2세의 태도는 그의 집안이 절반은 영국 혈통인 것처럼, 그의 신민보다 훨씬 더 이중적이었다. 빌헬름 2세의 어머니는 현명하지 못하게도 영국의 모든 것을 모델로 삼았고, 당연히 그는 반항했다. 그녀는 빌헬름 2세가 영국 신사가 되기를 바랐지만, 그는 프로이센 장교가 되었다. 그녀는 자유주의자였지만 그는 보수주의자였다. 그는 어머니를 미워하게 되었고, 아버지가 죽은 후에는 정말 안 좋게 대했다. 그러나 그의 어린 시절 가장 행복한 추억은 부모와 함께 영국을 방문한 것이었다. 그는 와이트섬의 오즈번에서 사촌들과 뛰어놀았고, 영국 해군조선소도 방문했다. 넬슨 제독의 기함 빅토리호에 자주 올랐고, 넬슨과 동시대 인물의 이름을 딴 세인트 빈센트호에서 대포 발사하는 것을 도운 적도 있었다. 빌헬름 2세가 즉위한 직후 빅토리아 여왕이 그를 영국 해군의 명예제독으로 임명하자 빌헬름 2세는 뛸 듯이 기뻐했다. "세인트 빈센트와 넬슨이 입던 것과 똑같은 제복을 입게 되다니, 상상만으로도 기분이 몹시 들뜬니다."⁴¹ 그는 새 제복을 입은 초상화를 빅토리아 여왕에게 보냈고, 전하는 바에 따르면 플라잉 더치맨Flying Dutchman 공연을 비롯해 가능한 한 모든 행사에서 이 제복을 입었다.⁴² (또한 그는 청하지도 않았는데 자신의 명예직을 이용해 영국 해군에 대한 조언을 잔뜩 늘어놓았다.)

성인이 된 그는 영국의 "몹쓸 가족"에 대해 계속 불평하면서도 외할머니인 빅토리아 여왕을 무척 좋아했다. 실제로 빅토리아 여왕은 그가 귀를 기울인 몇 안 되는 사람 중 한 명이었다. 그는 영국의 오만과 우월감을 혐오했지만, 1911년 시어도어 루스벨트에게는 "나는 영국을 숭앙한다"⁴³라고 말했다. 플레스의 왕비가 된 데이지 콘월리스-웨스트는 영국에 대한 빌헬름 2세의 사랑과 숭배가 진심이며, 그의 잦은 비판은 자신이 오해받고 있다고 느끼는 가족 구성원의 불평과 같다고 생각했다.

정말 불만스러운 일이었다. 황제는 자신이 빅토리아 여왕, 에드워드 왕, 조지 왕이나 영국 국민으로부터 제대로 이해받지 못한다고 느꼈다. 자신의 진심을 느끼고 자신을 신뢰하며, 그는 자신의 개성을 우리에게 강요하려고 했다. 좋아하는 역을 맡은 유능한 배우가 매력이나 섬세함으로 승리하려고 애쓰는 것처럼, 황제는 우리에게 적대감을 불러일으키거나—더 안 좋은 경우에는—우리를 지루하게 하거나 즐겁게 하는 행동으로 영국 여론을 지배하려고 너무 자주 노력했다.⁴⁴

빌헬름 2세가 예의 열성을 가지고 카우즈의 요트 경주에 참여했을 때가 분명 그런 경우였다. 카이저가 영국 왕실 요트 클럽의 회원이 되어(외삼촌 에드워드가 제안한 일이었다) 요트를 구입하고 1890년대 초반 매년 여름 요트 경주에 참여하자 영국인들은 처음에는 우쭐했다. 카이저와 수행원들을 오즈번에 머물게 해야 했던 빅토리아 여왕은 "이렇게 매년 방문하는 것은 바람직하지 않다"라고 말했지만, 아무 소용이 없었다.[45] 불행하게도 빌헬름 2세는 운동 실력이 형편없었다. 그는 자주 규칙에 대해 불평했고, 자신의 요트 메테오르Meteor에 불공평하다고 주장했다. 외삼촌 에드워드는 그가 "카우즈의 보스"처럼 군다며 불평했고 1895년 친구들에게 이렇게 말했다. "카우즈의 요트 경주는 한때 나에게 즐거운 휴가였는데, 이제 카이저가 거기서 명령하니 짜증만 난다."[46] 여름휴가를 망친 다른 사건들도 있었다. 솔즈베리가 중요한 논의를 위해 빌헬름 2세의 금도금한 증기 요트 호엔촐레른으로 오라는 전갈을 받지 못한 일을 비롯해 여왕과 함께하는 만찬에 늦더라도 에드워드 왕자와 함께 항해를 계속해야 한다고 고집부린 적도 있었다.

빌헬름 2세와 외삼촌 에드워드의 관계는 특히 불편했다. 빌헬름 2세는 "뚱뚱한 웨일스 늙은이"가 매력적이고 자신만만한 데다 널리 사랑받는다는 사실에 분개했을지 모른다. 빌헬름 2세는 새침한 성격을 타고났는데, 아내 도나로 인해 더 심해졌다. 그는 삼촌이 미인과 재미난 친구를 너무 좋아하는 것이 불쾌했고, 삼촌이 복잡한 스캔들에 휘말리자 훈계하는 편지를 보내 미움을 받았다. 더 격해지면 그는 삼촌을 "사탄", "늙은 공작새", "유럽의 음모꾼이자 악당"이라고 불렀다.[47] 나이가 더 많고 자신만만한 에드워드는 불안감을 숨기는 복잡한 젊은이를 이해하지 못했다. 프로이센이 슐레스비히홀슈타인을 덴마크로부터 빼앗은 것을 결코 용서하지 않은 에드워드와 덴마크 출신 아내 알렉산드라는 빌헬름 2세를 프로이센 군국주의의 화신으로 보았다. 에드워드는 "카이저는 불한당이다. 대부분의 불한당은 공격당하면 겁쟁이가 된다"라고 말하기도 했다.[48] 1909년 카이저를 마지막으로 만난, 이제 영국 왕이 된 에드워드는 완전히 정확한 말은 아니지만 이렇게 적었다. "카이저가 나를 미워하고, 기회가 있을 때마다 내 등 뒤에서 그렇게 말하는 것을 안다. 그러나 나는 그를 아주 친절하게 잘 대해주었다."[49] 시어도어 루스벨트는 빌헬름 2세의 감정이 아주 복잡해서 그는 "에드워드 왕을 정말 사랑하고 존경하면서도 아주 싫어하고 질투한다. 두 감정이 번갈아 치솟아 대화에 나타난다"라고 느꼈다.[50]

두 사람의 갈등은 아마 빌헬름 2세의 아버지가 죽어갈 때 에드워드가 사랑하는 누이인 황태자비 빅토리아를 도우려고 왔을 때 시작되었을 것이다. "빌헬름 2세는 중세가 아니라 19세기 말에 살고 있다는 것을 알 필요가 있다"와 같은 에드워드의 발언이 카이저의 귀에 들어갔을 가능성이 크다. 황제로 즉위한 지 두 달 후 빌헬름 2세는 두 사람이 각각 빈을 방문할 계획인데 거기서 삼촌을 만나지는 않을 것이라고 분명히 말했다. 에드워드는 조카가 도착하기 전에 빈을 떠나야 했다. 비스마르크는 이 사건을 영국인들에게 설명하면서 빌헬름 2세에 대한 에드워드의 태도를 문제 삼았다. "황태자 에드워드는 빌헬름 2세가 젊지만 황제라는 것을 인식하지 않고 삼촌이 조카 대하듯 다루었다." 솔즈베리는 분명 카이저가 "약간 정신 나갔다"고 생각했다. 빅토리아 여왕은 비스마르크의 말에 격노해서 수상에게 이렇게 적어 보냈다. "정말 너무 저속하고 터무니없을 뿐 아니라 믿기 힘들 정도로 거짓된 말이다. 우리는 손자이자 조카인 빌헬름 2세와 아주 친밀하게 지내왔다. 공적으로든 사적으로든 그를 '황제 폐하'로 대하는 척하라니, 완전히 미친 짓이다!"[51] 빅토리아 여왕은 솔즈베리에게 독일과 영국 관계가 훼손되지 않길 바란다고 말했다. "여왕은 이처럼 비참한 사적 갈등에 (가능하면) 영향을 받지 말아야 한다는 데 매우 동의한다. 그러나 여왕은 아무 감정도 없는 그토록 성깔 있고 기만적이며 비뚤어진 젊은이와는 언제든 이런 것이 불가능해질지 모른다는 것을 몹시 염려한다."[52]

만일 두 나라 모두 입헌군주정이었다면 가족 간의 갈등은 잠시 풍파를 일으키고 소문을 무성하게 만들어도, 지속적인 피해를 입히지는 않았을 것이다. 이 경우 문제는 독일 통치자가 상당한 권력을 쥐고 있고, 독일을 세계 강국으로 만든다는 목표를 이루기 위해 이 권력을 쓸 준비가 되어 있다는 것이었다. 빌헬름 2세와 그의 측근들 생각에 이는 독일의 힘을 공해公海에 투사할 수 있고, 독일의 교역과 투자 그리고 보유하고 있거나 장차 갖게 될 중요한 독일의 식민지를 보호할 대양 해군을 보유하는 것을 의미했다. 1896년 빌헬름 2세는 언론의 관심을 상당히 받은 연설에서 독일 국민에게 "내가 이 위대한 독일제국을 국내 제국과 단단히 연결하도록 도와달라"고 요청했다. 이러한 시각은 독일에만 국한된 것이 아니었다. 이 시기에는 해군력이 세계 강국이 되는 결정적인 요소라는 인식이 널리 받아들여졌다. 그렇지 않다면 어떻게 영국, 네덜란드, 프랑스가 거대한 제국을 건설하고 유지했겠는가?

직감적으로 이미 의심되던 말을 누군가가 꺼낼 때가 있다. 미국은 아직 해군력이 강하지 않았지만, 미국 해군대학의 잘 알려지지 않은 지휘관이 바다의 역할에 대해 최고의 이론을 폈다. 1890년 앨프리드 머핸 함장은 고전적 저술 《해양 세력이 역사에 미치는 영향The Influence of Sea Power upon History》을 발간했다. 당시 그는 쉰 살로, 바다에 나가는 것을 싫어하는 호리호리하고 흐느적거리는 사람이었다. 많은 면에서 그는 떠들썩한 선원과 정반대 타입이었다. 그는 무뚝뚝하고 비사교적이며 내성적이고, 고상한 척하는 사람이었다. (그는 딸들이 에밀 졸라의 소설을 읽지 못하게 했다.) 의외로 청렴한 면도 있어서 그는 자식들에게 관용 연필 쓰는 것을 허락하지 않았다.[54]

그를 유명하게 만든 아이디어는 그가 로마 역사를 읽던 중 만일 한니발이 알프스를 넘는 육지 길이 아니라 바다로 침공하고, 결정적으로 해양에서 카르타고의 지원을 받았다면 어떻게 달라졌을까를 생각하는 순간 떠올랐다. 머핸은 "해양의 통제는 체계적으로 평가받거나 설명된 적이 없는 역사적 요인"이라고 믿었다.[55] 그리고 이 문제를 자세히 설명했다. 책에서 그는 역사를 돌아보면 17세기 영국-네덜란드 전쟁이든 18세기에 영국과 프랑스가 벌인 7년전쟁이든 해군의 힘이 거의 항상 결정적 요인이었다고 주장했다. 해군의 힘은 평화로울 때에는 번영을, 전시에는 승리를 보장했다. 머핸은 이렇게 써 내려갔다. "상품을 교환할 필요가 있는 생산, 교환이 수행되는 해상 운송, 그리고 운송을 원활하게 하고 확대하며 안전 거점 증대를 통해 보호하는 식민지, 이 세 가지에 바다를 접한 국가들의 역사뿐 아니라 정책을 좌우한 핵심 요소가 있다."[56] 막강한 해군은 해양을 가로지르는 교역과 통신의 핵심 통로를 보호했고, 그만큼 중요한 식민지 장악과 유지를 가능하게 해주었다. 해군 전투 함대는 특히 핵심 전략 거점에서 제지하는 역할을 수행할 수 있었다. 머핸과 다른 학자들이 말한 "함대의 존재"는 꼭 싸워야 하는 것이 아니라 평화기에 적대 세력을 압박하는 데 이용할 수 있고, 더 큰 세력일지라도 자국 함대의 위험을 감수하기 전에 다시 한번 생각하게 만들었다.[57] 그러나 전쟁이 벌어지면 전투 함대는 결정적인 전투에서 적을 파괴할 의무가 있었다.

머핸과 영어로 해군주의자navalists라고 알려진 사람들이 이 모든 것을 자기 방식으로 주장한 것은 아니었다. 해군 전략에 대한 또다른 학파도 있었는데, 초기에 빌헬름 2세의 해군 내각이 지지했던 이 학파는 적을 약화시키고 전쟁에서 이길 방법은 적국의 무역을 공격하는 것이라고 주장했다. 점점 상호 의존적이 된 19세기 말, 해상 무역 없이 전쟁을 덜 벌이고 오래 살아남을 수 있는 나라는 거의 없었다. 그래서 거대하고 값비싼 전함 대신 빠른 순양함과 어뢰정, 그리고 적의 상선을 공격할 잠수함을 만드는 것이 훨씬 이치에 맞았다. 실제로 육중한 장갑판과 군비를 갖춘 거대한 전함은 더 작고 빠른 함정, 기뢰, 잠수함의 좋은 목표가 되었다. 프랑스인들이 "적국 상선 나포"라 부른 것은 영국이 엘리자베스 여왕 시대에 상당한 효과를 거둔 전략이었다. 이때 영국 정부는 해적들에게 신대륙에서 금은을 싣고 오는 에스파냐 대형 범선을 습격하도록 허가했다. 이런 전략은 1차대전 때 독일이 연합국을 상대로 써먹은 가장 효과적 무기 중 하나였다. 평화기에 멸시당하고 무시되던 독일 해군의 한 부대가 수행한 잠수함전은 영국의 군수 물자 공급을 거의 끊어놓았다.

하지만 머핸의 이론은 역사로 분명히 입증되고 국가의 자존심에 호소하는 큰 장점이 있었다. 어뢰정은 거대한 전함과 비교도 안 되었고, 상선 공격은 거대한 군함의 충돌만큼 멋진 전투 드라마는 되지 못했다. 머핸의 저술은 미국에 엄청난 영향을 끼쳐 시어도어 루스벨트와 다른 정치인들에게 식민지와 해군에 대한 야망을 불러일으켰다. 영국에서는 영국의 세계 지배를 설명해주는 것 같고, 독일에서도 그러했다. 카이저는《해양 세력이 역사에 미치는 영향》에 푹 빠져 "머핸의 책을 읽는 게 아니라 씹어 먹으며, 암기하려고 노력한다"라고 1894년 한 친구에게 썼다. 정부의 지원을 받아 이 책은 독일어로 번역되었고, 잡지에 연재물로 실리고 모든 독일 해군 함정에도 비치되었다. 그 시점까지 독일의 주된 군사력은 육군으로, 해군은 작았고 주로 해안 경비를 수행했다. 빌헬름 2세는 이제 독일이 거대한 전함을 갖추고 공해로 나아갈 막강한 해군이 필요하다고 확신했다. 1897년 크레타섬을 둘러싸고 그리스와 오스만제국이 위기로 치달았을 때, 해군력을 보유한 영국은 이 분쟁을 끝낼 수 있었지만 독일은 구경만 했다. "여기서 다시 한번 독일이 강한 함대가 없어 얼마나 고생했는지를 볼 수 있다"고 빌헬름 2세는 불편한 심기를 드러냈다.[58] 독일 헌법상 해군 총사령관이기도 한 그는 해군 조직을 개편해 여러 조직이 점점 그의 직접적 통제 아래 들어오게 만들었다. 카이저는 필요한 자금만 제국의회로부터 얻어내면 개혁에 관한 무언가를 할 권한이 있었다.

머핸은 이론적 근거를 제시했지만, 빌헬름 2세가 거대한 해군을 갈망한 데는 다른 요소도 작용했다. 그는 소년 시절부터 영국 해군을 가까이서 보고 숭앙하게 되었다. 그에게 끼친 영향은 《버드나무에 부는 바람》에서 두꺼비가 자동차를 처음 본 순간과 아주 비슷했다. "근사하고 가슴 떨리는 광경이다!" 젊은 시절인 1887년 그는 가족을 대표해 빅토리아 여왕의 재위 50주년 기념식에 참여했는데, 이때 본 웅장한 관함식은 해군에 대한 그의 열정을 부채질했다. 1904년 삼촌인 에드워드 7세가 킬 항의 독일 해군 기지를 방문했을 때 빌헬름 2세는 킬 요트 클럽(카우즈의 요트 클럽을 모델로 만든)의 만찬에서 그에게 건배했다. "소년이었던 나는 친절한 외숙모들과 우호적인 제독들의 손을 잡고 포츠머스와 플리머스를 방문했다. 나는 멋진 두 항구에 도열한 자랑스러운 영국 군함들을 보고 감탄했다. 언젠가 그렇게 멋진 군함을 만들고 싶다는 소망이 생겼고, 나는 자라서 영국과 같은 좋은 해군을 갖게 되었다." 자기 연설에 거의 울 뻔하며 빌헬름 2세는 영국 왕을 위해 세 번 건배했다. 에드워드의 답사는 절제되어 있었다. "사랑하는 빌리, 자네는 항상 나에게 친절하고 우호적이어서 감사를 표할 마땅한 말을 찾기가 어렵군." 뷜로는 그 자리에 있던 저명한 언론사 대표가 카이저의 격렬한 감정을 베를린에 그대로 전송하지 못하게 막았다. "나는 그런 경우 전에 그랬듯이 황제의 또다른 — 똑같이 우호적이지만 더 냉정한 — 연설문을 작성했다." 그의 주군인 카이저는 다소 마음이 상했다. "가장 멋진 말을 빠뜨렸군." 그러나 뷜로는 결연했다. "그렇게 많은 비용을 들이고 때로 위험까지 감수하며 만든 우리 함대를 폐하의 개인적 취향과 어릴 적 기억의 결과물로 서술한다면, 제국의회로부터 해군 구축을 위한 추가예산을 얻기가 쉽지 않을 것입니다." 황제는 그의 말을 알아차렸다. "아, 빌어먹을 제국의회."[59]

"빌어먹을 제국의회"가 정말 문제였다. 제국의회는 훨씬 큰 해군 구축에 큰 열의를 보이지 않았다. 늘어나고 있는 사회주의자, 다양한 성향의 자유주의자와 온건주의자, 심지어 일부 보수주의자도 필요한 재원을 승인하기를 주저했다. 특히 빌헬름 2세와 해군 내각이 그런 비용이 왜 필요한지 분명히 밝히지 않아서 더욱 그랬다. 1895년 황제가 36척의 순양함 건조를 요청했을 때 제국의회는 4척의 예산만 승인했고, 1896년에는 모든 요구를 거부했다. 1897년 초 제국의회는 황제의 해군 예산을 또 거부했다. 그 시점에 그는 해군을 갖게 해 줄 것으로 기대되는 사람에게 의지하게 되었다.

지구 반대편에서 독일 동아시아 함대를 지휘하고 있던 알프레트 폰 티르피츠는 무엇보다도 중국 북부 해안에서 좋은 항구를 찾고 있었다. (그는 자오저우만을 선택했고, 독일은 그해 가을 그곳을 차지했다.) 티르피츠는 처음에는 사령관직을 포기하고 독일로 돌아오는 것을 주저했지만, 황제가 바라는 대로 해군장관직을 맡았다. (그는 그 자리에 18년간 있게 된다.) 그렇게 1914년으로 향하는 또 하나의 중요한 걸음이 떼어졌다. 카이저는 원하던 해군을 가졌고, 독일의 해군 전략을 수정했다. 그러면서 독일은 영국과 충돌 선상에 놓였다.

1897년 티르피츠는 마흔여덟 살로, 빌헬름 2세보다 열 살 많았다. 카이저의 측근 대부분과 달리 그는 귀족이 아니었고, 교육받은 전문 계층 출신이었다. 그의 아버지는 온건자유주의 변호사였다가 판사가 되었고, 어머니는 의사의 딸이었다. 티르피츠는 지금은 폴란드 땅이 된 프로이센 동부에서 자라며 프로이센에 대한 사랑과 그 시대와 환경에서 전형적이었던 왕과 조국에 대한 강한 충성심을 가지게 되었다. 그때부터 평생 그의 이상은 프리드리히 대왕이었고, 그는 토머스 칼라일의 전기를 읽고 또 읽었다. 훗날 제독이 되었지만 생애 초반에는 큰 가능성을 보이지 않았다. 그는 공부에 별로 관심이 없었고, 주로 길거리에서 싸우는 데 소질을 보였다. 좋은 연줄이 없어 육군에서 출세할 것 같지도 않았다. 그래서 자연스럽게 그는 능력 있는 사람에게 출세의 길이 열린 해군을 택했을 것이다.

1865년 그가 입대한 프로이센 해군은 규모가 작았고, 함정 대부분은 오래된 배였다. 함정을 수리하려면 외국 조선소를 이용해야 했다. 육군은 영광스러운 과거, 화려함, 그리고 프로이센 방어를 위한 엄청난 자원을 가지고 있었다. 프로이센이 다른 독일 국가들을 통합해 독일제국을 만들 때에도 해군의 역할은 미미했다. 그러나 해군은 점차 확장되고 현대화되었다. 티르피츠는 꾸준히 승진해 기술적 세부 사항에 숙달하고 더 큰 전략적 문제를 숙고할 수 있는 장교로 두각을 나타냈다. 1888년 그는 장갑순양함의 선장으로 임명되었는데, 아직 젊은 그로서는 큰 승진이었다. 1892년에는 베를린의 해군 사령관이 되었다. 그는 "대가The Master", "불사조The Eternal"라는 별명을 얻었다 (다른 사람들은 그러지 못한 상황에서 생존했기 때문이다).

티르피츠는 역사를 좋아했으며 늘 시간을 내어 폭넓은 독서를 했다. 그는 베를린에서 트라이치케의 강의를 듣고 독일의 필연적인 부상과 영국 적대에 대한 그의 사상을 받아들였다. 머핸의 저술에서는 해군력의 중요성과 국가가 전투 함대를 소유할 필요성에 대한 생각을 확고히 받아들였다.[60] 1877년 그는 상관에게 이렇게 말했다. "적을 섬멸하는 것이 유일한 목표라는 점이 해상 전투의 특징이다. 육상 전투에는 지역 확보와 같은 다른 전술적 가능성이 있지만, 해상 전투에는 그런 것이 없다. 바다에서는 오직 섬멸만이 승리로 간주될 수 있다."[61] 1894년 그는 중요한 비망록을 썼는데 그중 "함대 본연의 목적은 전략적 공격이다"라는 항목이 유명해졌다. 여기서 그는 해안 경비를 비롯한 해군의 방어적 역할을 주장하는 사람들의 요구를 묵살하고, 해군의 지휘권은 "다른 모든 시대처럼 주로 전투로 결정될 것"이라고 확언했다. 그는 독일이 태양 아래 자기 자리를 차지하기 위해 사활을 건 투쟁을 하고 있다고 확신했다. 그 경쟁은 지구상에 아직 식민지가 되지 않은 지역을 차지하기 위한 것이었다. 자기 몫을 얻지 못한 국가들은 심각한 핸디캡을 갖고 20세기로 진입하게 된다.[62]

*

티르피츠는 날카로운 눈에 넓은 이마, 큰 코, 두 갈래로 날카롭게 갈라진 수북한 턱수염을 가진 인상적인 모습이었다. "빌헬름 2세의 측근 중에 그렇게 강하고 권위 있는 인상을 주는 사람은 없었다"라고 베옌스는 말했다.[63] 이상하게도 티르피츠는 바다에 별 애정이 없었고, 검은 숲Black Forest(독일 남서부 삼림 지대)에 있는 집에서 계획을 세우며 긴 여름휴가를 보내는 것을 좋아했다. 보기보다 감성적인 면도 있었다. 동료나 정치인과 싸울 때면 무자비하고 결연했지만, 때로는 너무 큰 압박에 시달렸다. 일과가 끝났을 때 책상에서 울고 있는 그의 모습을 비서가 발견한 적도 있었다.[64] 회고록을 비롯한 그의 저술은 자기 합리화와 반대하는 사람에 대한 불평으로 가득 찼다.

그를 잘 아는 누군가는 이렇게 말했다. "티르피츠는 아주 에너지가 넘치는 사람이다. 열의가 너무 대단해서 지도자가 되지 않을 수 없다. 야심만만하고 수단을 가리지 않으며 낙관적인 성격이다. 자신의 기쁨이 하늘만큼 높지만, 얼마나 힘들어 보이든 창의적인 활동에서는 결코 긴장을 늦추지 않는다."[65] 훗날 그의 아들은 "무언가를 할 용기가 없다면 그런 용기를 갖고 싶어해야 한다"[66]가 아버지의 모토였다고 말했다. 그는 조직, 경영, 팀 구축을 잘 이해했기 때문에 사업을 했어도 성공했을 것이다. 티르피츠가 해군장관이 되려 할 때 고위 장교의 평가는 양면적이었다. "그가 맡은 직위에서 성공한 사례를 보면 그는 문제를 한 면만 보고, 복무의 일반적인 요건에 충분히 주의를 기울이지 않은 채 특정 목표에 온 힘을 쏟는 경향이 있다. 그의 성공은 다른 목표를 희생해서 얻은 결과였다."[67] 1914년 이전 독일의 국제 정책도 마찬가지였다.

티르피츠가 황제가 내린 직책을 맡았을 때, 두 사람은 이미 몇 번 만난 적이 있었다. 첫 만남은 1887년에 있었다. 그때 티르피츠는 빅토리아 여왕의 재위 50주년 기념식에 참석하는 젊은 빌헬름 2세의 수행단 일원이었다. 분명 두 사람은 긴 대화를 나누었다. 초기의 중요한 만남은 1891년 발트해의 킬에서 이루어졌다. 해군의 미래에 대해 결론을 내릴 수 없는 일반적인 토론을 한 후 빌헬름 2세는 티르피츠의 의견을 물었다. 티르피츠는 회고록에 다음과 같이 적었다. "그래서 나는 해군 발전에 대한 생각을 밝혔다. 이 주제에 대한 생각을 계속 써왔기 때문에 아무 어려움 없이 완전한 그림을 제시할 수 있었다."[68]

1897년 6월 베를린에 도착한 티르피츠는 곧바로 황제를 만나 오랜 시간 이야기를 들었다. 새 해군장관이 된 그는 독일 해군의 기존

(황제를 포함한) 생각을 혹평했다. 독일 해군에게 필요한 것은 전임자나 다른 사람들이 옹호했던 상선단 공격이나 방어적 조치가 아니라 공격 전략이었다. 그러려면 그때까지 선호되었던 빠르고 가벼운 순양함과 어뢰정을 줄이고, 대형 장갑전함과 장갑순양함을 늘려야 했다. 그러한 해군은 독일인의 자부심을 불러일으키고 ― 이 말은 황제와 뷜로 모두에게 듣기 좋은 말이었다 ― 새로운 국가적 통합을 도울 것이었다. 그리고 티르피츠가 분명히 밝혔듯이 바다에서 독일의 주적은 오직 영국뿐이었다.

트라이치케 같은 독일인들과 달리 티르피츠는 영국을 싫어하지 않았다. 그는 딸들을 영국의 유명 사립학교인 첼트넘 여대에 유학 보냈다. 또한 온 가족이 영어를 유창하게 구사했고, 영국 여성 가정교사를 극진히 대우했다. 그는 역사를 일련의 생존 투쟁으로 보는 사회진화론자였다. 독일은 세력을 확장할 필요가 있었고, 영국은 지배적인 세력으로서 이를 저지하려고 했다. 그래서 투쟁이 일어났다. 영국이 독일을 막을 수 없다고 인정할 때까지 경제적 투쟁은 물론, 무엇보다도 군사적 투쟁이 벌어질 터였다.

황제와의 첫 회동에서 그는 새로운 해군 법안의 핵심 목표는 "영국에 맞서 우리의 정치적 힘과 중요성을 강화하는 것"이 되어야 한다고 말했다. 독일은 세계 모든 곳에서 영국에 도전할 수는 없지만, 북해의 독일 기지로부터 영국 본토에 심각한 도전을 제기할 수 있었다. 천우신조로 1890년 영국-독일 협약에서 독일은 잔지바르의 권리를 넘겨주는 대가로 헬리골랜드(헬골란트섬)라는 바위섬을 얻었는데, 이 섬은 북해의 독일 항구 접근을 막는 데 유용했다. 그래서 만일 영국이 전쟁 중에 독일 해안이나 독일 해군을 공격할 경우 영국 전투 함대는 큰 손실을 각오해야 한다고 티르피츠는 생각한 듯하다. 헬리골랜드 100마일 서쪽에서 영국 함대를 격파한다는 그의 전략은 수년 동안 한결같았다. 영국이 세계 곳곳에 함대를 분산해야 하는 상황에서 독일은 자국 함대를 한데 모을 수 있는 이점도 있었다. 그는 자신 있게 황제에게 말했다. "영국 장교들과 해군성 등도 잘 알고 있듯이 그렇게 되면 정치적으로 헬리골랜드와 템스강 사이의 전함 전투가 될 것입니다."[69] 그는 영국 해군이 전면적 전투를 피하고 바다로 들어오는 보급품을 막기 위해 멀리서 독일을 봉쇄하거나, 해안이나 독일 해군을 공격하는 대신 도버 해협과 노르웨이와 스코틀랜드 사이의 해상 통로를 막아 독일 해군을 봉쇄할 가능성은 심각하게 고려한 적이 없었던 것 같다. 모두 1차대전에서 실제 일어난 일이다.[70] 더 중요한 것은 영국이 독일 해군력 증강에 어떻게 대응할 것인지에 대해 티르피츠가 오판했다는 사실이다.

이후 몇 년간 티르피츠는 황제와 뷜로, 그들의 측근에게 위험하기로 악명 높은 이론을 소개했다. 그 계획은 단순하고 대담했다. 그의 목표는 영국이 독일을 해상으로 공격하는 대가를 아주 혹독하게 치르게 하는 것이었다. 영국은 세계에서 가장 큰 해군을 보유했고 다른 두 나라를 합친 수준보다 강한 전력 유지를 목표로 삼았다. 독일은 그 수준에 맞먹으려고 애쓰지 않았다. 대신 만약 영국이 독일을 공격하면, 그 과정에서 큰 피해를 입어 다른 적들과는 맞서 싸울 수 없을 만큼 해군력이 약화될 위험을 감수해야 할 정도로 감히 공격하지 못할 막강한 해군을 구축하려 했다.

티르피츠의 이론에 따르면 영국은 독일과 해전을 치르기로 결정하면 승리하든 패배하든 손실이 따르기 때문에 스스로 쇠락의 길로 들어설 것이었다. 그렇게 되면 강한 해군을 가진 프랑스, 러시아 등 다른 적국이 약해진 영국을 대담하게 공격할 수 있었다. 1899년 티르피츠가 제출한 두 번째 해군 법안의 서문은 다음과 같다. "국내 전투 함대가 가장 강력한 영국 해군력과 같을 필요는 없다. 전반적으로 영국은 전 해군을 우리에게 집중할 처지가 못 된다. 우월한 전력으로 우리에게 맞설지라도 영국은 독일 함대를 파괴하면서 큰 타격을 입어 세계 강국의 입지가 흔들릴 것이다."[71]

이는 티르피츠의 좁은 시각을 말해준다. 영국이 독일의 시야 안에 있다는 것은 아주 분명한 힌트인데, 그는 영국인들이 이 힌트를 알아채지 못할 것이라고 예상했던 듯하다.

티르피츠는 혼자가 아니었다. 뷜로를 비롯한 동료들과 황제는 시간이 지나면 이 전략을 수행할 만큼 강한 해군을 건설할 것이라고 믿었다. 독일은 아직 영국보다 훨씬 약한 이 "위험한 시간대$_{\text{danger zone}}$"에 경쟁국을 놀라게 하지 않도록 조심해야 했다. 뷜로는 "해군의 열세를 고려하여 우리는 나비가 되기 전 애벌레처럼 아주 조심스럽게 움직여야 한다"고 말했다. 황제는 독일 해군이 완전히 준비된 20년 후면 "나는 다른 언어로 말할 것이다"라고 프랑스 대사에게 말하기도 했다.[72] 독일이 조심하지 않으면 영국이 선제 조치를 취하고 싶어질 수도 있었다. 독일 의사결정자들의 마음에 특히 걸린 것은 또다른 코펜하겐이 되는 것은 아닌가 하는 우려였다. 코펜하겐은 1807년 선제공격을 받았는데, 이때 영국 해군은 나폴레옹을 지원하지 못하도

록 덴마크 수도에 공격을 퍼붓고 덴마크 함대 대부분을 나포했다.[73]

티르피츠, 황제와 동료들은 전쟁하지 않고도 영국보다 우위를 점할 수 있다는 좀더 낙관적인 희망도 품었다. 위험부담 전략risk strategy은 냉전 시기 상호 확증 파괴라고 알려진 핵 억제와는 달랐다. 소련과 미국이 장거리 핵미사일로 공격하지 못한 것은 미사일 저장고나 장거리 폭격기, 핵잠수함에 보관된 적의 핵무기가 살아남아 보복 공격을 할 수 있다는 것을 알기 때문이었다. 티르피츠는 때로 독일의 전투 함대를 쓸 생각이 없는 것처럼 말하고 행동했다. 1914년 이전 영국과 독일이 관련된 전쟁이 언급되면서 유럽에 몇 번 위기가 찾아왔을 때 그는 한결같이 독일 해군은 아직 준비되지 않았다고 말했다. 오히려 그는 독일 해군의 존재만으로 영국이 타협하도록 압박할 수 있길 희망했던 것 같다.

일단 독일이 영국의 쇠퇴라는 불쾌한 전망을 제시할 정도로 강한 입지를 차지하면 영국은 불가피한 상황을 받아들여 독일과 합의하려고 할 것이고 심지어 3국동맹에 가담할 수도 있었다. 그런 이유 때문에 티르피츠와 뷜로 모두 1890년대 말에 체임벌린이 제안한 동맹에 냉담했다. 그러나 너무 이른 낙관이었다. 1차대전 후 (독일이 전쟁 발발에 책임이 없다는 것을 보여주기 위해) 쓴 글에서 티르피츠는 분명히 밝혔다. "세기 전환기에 지배적이었던 영국인의 사고방식에 대해서라면 나는 조지프 체임벌린 스스로, 그러나 일부 독일인도 무한한 꿈속처럼 빠져든 너그러운 이해라는 환상을 믿지 않았다. 영국의 통치 욕망에 따라 결론지은 조약은 독일의 필요에 결코 부합하지 않았다. 평등이 전제 조건이 되어야 했다."[74]

1897년 여름 베를린으로 돌아온 티르피츠는 몇 주 안에 완전히 새로운 해군 법안을 만들었다. 전면적 해전에서 결정적 역할을 할 전열함戰列艦(74문 이상의 포를 갖춘 전함) 또는 주력함이라고 불리는 전함과 중순양함 건조에 중점을 둔 법안이었다. 향후 7년간 11척의 전함이 건조되고, 장기적으로 독일 전함이 60척으로 늘어날 것이었다. 중요한 것은 법령으로 해군의 전력을 보장하고 함정 건조 시간표도 명시해 함정이 낡으면 자동적으로 교체하도록 규정한 점이다. 이렇게 해서 티르피츠가 "강철 예산"이라고 부른 것이 보장되었다. 황제에게 약속했듯이 티르피츠는 "해군 발전과 관련한 폐하의 의도를 방해하려는 제국의회의 영향력"[75]을 없애버릴 작정이었다. 회고록에서 티르피츠는 이 법안과 이후 법안에 따라 "형편없는 함정을 건조했다는 비난을 피하기 위해 제국의회는 크기와 건조 비용이 늘어난 새로운 형태의 선박 건조를 위한 예산을 거부할 수 없게 되었다"라고 밝혔다.[76]

티르피츠의 첫 해군 법안은 대단한 모험이었다. 황제와 뷜로의 열렬한 지지를 받았지만 제국의회가 협조할지 분명하지 않았기 때문이었다. 그러나 그는 로비와 홍보의 대가였다. 해군장관으로서 그가 처음 한 일은 여론을 동원하는 데 아주 큰 역할을 한 "뉴스와 의회 업무 담당국"을 설치한 것이다. 그가 해군 법안을 준비한 몇 달과 이후 수십 년간 이 부서는 비망록, 성명, 책자, 사진, 영화를 계속 쏟아냈다. 예를 들면 1900년 100척의 어뢰정을 라인강을 따라 운항시키는 특별 행사를 개최했고, 전함 진수식은 점점 화려해졌다. 1898년 3월 해군 법안에 대한 예비 투표를 앞두고는 해군 대표들이 독일 전역을 순회하며 기업이든 대학이든 막론하고 여론을 조성하는 중요한 사람들을 만났다. 이 부서는 173회 강연을 조직하고 소책자 14만 권을 간행했으며, 해군력에 대한 머핸의 고전적 저술 복사본을 배포했다. 언론인들에게는 해군 함정을 시찰할 기회를 주었고 학교에서의 프로파간다에도 각별한 주의를 기울였다. 이를 돕도록 요청받은 2만 명의 회원을 가진 식민지연맹이나 범게르만연맹 같은 공공 단체들은 열성적으로 나서서 소책자 수천 부를 배부했다.[77] 이러한 움직임은 단순히 위에서 조작한 사례가 아니었다. 해군력 증강은 계층을 막론하고 독일 민족주의자들의 애국심을 자극했다. 특히 늘어나는 중산층에게 크게 호소했는데, 중산층은 자녀들의 직장으로 해군이 육군보다 더 자유로울 뿐 아니라 개방적이라고 보았다. 해군연맹Navy League은 1898년 일군의 기업가들이 만든 엘리트 조직이었지만, 1914년에는 백만 명이 넘는 회원을 보유하게 된다.

티르피츠는 이 일에 결사적으로 매달렸다. 그는 선도적인 기업가와 사업가 집단이 해군 법안 지지 결의안을 발표하도록 만들고, 비스마르크에게서도 마지못한 지원 약속을 받아냈다. 그는 독일의 다른 통치자에게도 찾아갔다. 그중 한 명인 바덴 대공은 티르피츠에게 완전히 매료되어 "이렇게 뛰어난 사람이 있었군요. 성격과 경험 모두 대단한 사람입니다"라고 독일 수상 카프리비에게 편지를 보냈다.[78] 베를린에서 티르피츠는 제국의회 의원들을 사무실로 불러 몇 시간씩 대화를 나누었다.

가을에 다시 열린 제국의회에서 황제, 티르피츠, 뷜로는 모두 멧비둘기처럼 구구거리며 연설했다. 빌헬름 2세는 해군력 증강안이 단지 방어적 조치라고 강조했다. "모험할 생각은 전혀 없다"고 뷜로가 덧붙였다(그러나 이 연설에서 그는 태양 아래 독일의 자리 또한 언급했다). "우리 함대의 방어적 성격은 이 법안으로 조금도 변하지 않을 것이다"라고 티르피츠는 주장했다. 티르피츠가 제안한 법안은 과거의 "제약 없는 함대 계획"을 제거해 이후 몇 년간 제국의회의 일을 훨씬 쉽게 만들어줄 예정이었다.[79] 1898년 3월 26일 첫 해군 법령이 찬성 212표에 반대 139표로 무난히 통과되었다. 황제는 크게 고무되었다. "정말 대단한 친구야!" 무엇보다도 빌헬름 2세는 제국의회의 승인을 받을 필요가 없어진 것에 기뻐하면서 그 공을 자신에게 돌렸다. 1907년 또다른 해군 법령이 통과되자 빌헬름 2세는 집안 관리자에게 이렇게 자랑했다. "그는 제국의회 의원들을 완전히 기만했다. 그의 말대로, 법안을 통과시켰을 때 그들은 결과가 어떻게 될지 전혀 몰랐다. 정말 그 법은 그가 원하는 무엇이든 보장한다는 뜻이었다." 그는 계속 떠벌렸다. "그건 원하면 언제든 술병을 딸 수 있는 따개나 마찬가지였다. 거품이 천장으로 솟구쳐도 개들은 얼굴이 검어질 때까지 대가를 치러야 할 것이다. 이제 내 손에 들어왔으니 세상의 어떤 힘도 내가 병이 바닥나도록 마시는 것을 멈추지 못할 것이다."[80]

티르피츠는 곧바로 다음 단계의 일을 시작했다. 이미 1898년 11월 주력함의 건조 속도를 현재의 연간 3척보다 늘릴 것을 제안했다. 1년 후인 1899년 9월 그는 청중 앞에서 황제에게 "더 많은 함정이 독일에 절대적으로 필요하고, 그것이 없으면 우리는 파멸할 것입니다"라고 말했다. 그가 꼽은 네 강대국, 즉 러시아, 독일, 미국, 영국 중에서 마지막 두 나라는 바다로만 닿을 수 있었다. 그래서 해군력은 아주 중요했다. 그는 황제에게 힘을 위한 영원한 투쟁을 상기시켰다. "위대한 국가는 더 위대하고 강해지며, 약소국은 더 작고 약해진다는 솔즈베리의 말에 저도 동의합니다." 독일은 따라잡아야만 했다. "독일이 침몰하지 않으려면 해군력이 꼭 필요합니다." 그는 첫 해군 법령이 1903년 폐기되기 전에 새로운 해군 법령이 함대 수를 두 배로 늘려주길 원했다. 그렇게 되면 독일은 전열함 45척을 보유할 수 있었다. 사실 영국은 더 많이 가지고 있었다. 그는 연설을 이어갔다. "그러나 영국에 맞서 틀림없이 우리는 지리적 입지, 군사 체계, 어뢰정, 전술 훈련, 계획된 조직 발전, 그리고 군주에 의해 통합된 지도력 덕분에 좋은 기회를 잡을 것입니다. 결코 가망이 없지 않은 우리의 전투 여건 외에도, 영국은 우리를 공격할 생각이 없어질 것이고 그 결과 해외 정책 수행을 위한 폐하의 충분한 해군력에 양보할 것입니다."[81]

황제는 이런 견해에 완전히 동의했을 뿐 아니라 서둘러 함부르크 연설에서 두 번째 해군 법안이 통과될 것이라고 발표했다. 티르피츠는 계획보다 일찍 법안을 제출해야 했지만, 사실 그 시점은 아주 좋았다. 1899년 10월 보어전쟁이 일어나고 영국이 그해 말 남아프리카에서 기선들을 나포하면서 독일 여론에 불이 붙었다. 두 번째 해군 법안은 1900년 6월 통과되어 독일 해군의 전력을 두 배로 증강시켰다. 그해 후반 황제는 감사의 표시로 티르피츠를 해군 부제독으로 승진시키고, 그와 가족을 귀족으로 봉해 중산층 배경을 없애주었다. 독일이 세계에서 합당한 위치를 향해 "위험 시간대"를 통과하는 동안 미래는 밝아 보였다.

그러나 이러한 승리를 얻기 위해 독일 정부는 큰 대가를 치르게 된다. 독일 정부는 독일 보수당에 중요한 농업 이익을 지지하기 위해 값싼 러시아 곡물의 수입을 막는 관세 부과를 약속했고, 1902년 그런 보호 조치를 시행했다. 독일의 중국 자오저우만 조차와 오스만제국 진출로 이미 화가 난 러시아인들은 중요한 시장을 잃으면서 더욱 적대적이 되었다. 영국에 적대적이며 막강한 해군을 원하는 독일 여론은 유용했지만, 한번 격앙된 여론은 가라앉히기가 쉽지 않았다. 영국 의사결정자와 대중 모두 주의를 기울이기 시작했다는 점이 가장 중요하다. 런던 주재 독일 대사 하츠펠트는 다음과 같이 우려했다. "그들이 독일에 가만히 앉아 있을 수만 있다면, 튀긴 비둘기가 곧 우리 입 안으로 날아올 것이다. 그러나 빌헬름 2세의 이처럼 계속적인 히스테리 성격의 감정 기복과 폰 티르피츠의 모험적 해군 정책은 우리를 파멸의 길로 이끌 것이다."[82]

티르피츠는 세 가지 중요한 전제를 했다. 첫째, 영국은 독일이 대해군을 발전시키는 것에 신경을 쓰지 않을 것이다. 둘째, 영국은 독일보다 더 해군을 증강하는 것으로 대응하지 않을 것이고 할 수도 없다(무엇보다도 티르피츠는 영국이 해군 예산을 크게 늘릴 수 없다고 전제했다). 마지막으로 독일과 화해하도록 압박을 받는 동안 영국은 다른 곳에서 우방을 찾지 않을 것이다. 그러나 그의 세 가지 전제는 모두 틀렸다.

5장

드레드노트 전함

영국과 독일의 해군력 경쟁

1914년 이전 몇 년간 유럽 국가들은 육상과 해상에서 점점 군비 경쟁에 몰두했다. 발전된 새로운 기술은 강력한 드레드노트급 전함을 비롯해 더 빠르고 강한 전함을 만들어냈다. 이 만평에서는 빌헬름 2세와 그의 외삼촌 에드워드 7세, 그리고 프랑스 대통령 에밀 루베가 판돈이 크게 걸린 게임을 하는 가운데, 신흥 강국 일본과 미국이 가담하기 시작했다.

1902년 8월 에드워드 7세의 대관식을 기념하는 또 한 번의 거대한 관함식이 영국 남부 해안의 큰 항구 포츠머스와 와이트 제도 사이 정박지 스핏헤드에서 개최되었다. 그해 초 여름에 그가 갑자기 맹장염에 걸려 대관식과 관련 축제 행사가 모두 연기된 관계로 외국 해군에서 온 대부분의 함정(영국의 새로운 동맹국 일본의 함정들은 빼고)뿐 아니라 영국 해군의 해외 주둔 함대는 행사장을 떠나야 했다. 《타임스》는 그 결과 규모는 축소되었지만 이번 관함식은 영국 해군의 힘을 강하게 보여주었다고 자랑스럽게 보도했다. 스핏헤드에 전시된 군함들은 모두 복무 중으로, 영국 근해를 방어하기 위해 배치된 함정들이었다. "이 관함식은 5년 전 같은 수역에서 보여준 우리 해군력의 멋진 과시에 비하면 덜 웅장할지 모른다. 그러나 우리가 그때보다 외국에 더 많은 함정을 배치했고, 예비 함대에서 1척도 동원하지 않았다는 사실을 기억하는 사람들에게는 그 힘을 분명히 보여줄 것이다." 《타임스》는 경고했다. "우리의 경쟁국 중 일부는 그사이 아주 활발하게 움직여왔고 꾸준히 노력을 더하고 있다." 그 경쟁국들은 영국이 방심하지 않고 경계하고 있으며, 바다의 통치권 유지에 필요한 재원을 쓸 준비가 되어 있다는 것을 알아야 했다.[1]

《타임스》가 영국의 경쟁국들을 거명하지는 않았지만 독일이 빠르게 경쟁국들의 선두에 설 것이라는 사실에는 의심의 여지가 없었다. 영국은 여전히 프랑스와 러시아를 잠재적인 적으로 간주하고 있었지만, 지배 엘리트와 일반 대중의 여론은 북해 너머에 있는 이웃 국가를 점점 우려했다. 1896년 베스트셀러가 된 윌리엄스의 《독일제Made in Germany》라는 소책자에는 불길한 그림이 그려져 있었다. "거대한 상업 국가가 부상하여 우리의 번영을 위협하고, 세계 무역에서 우리와 경쟁하고 있다."² 그는 독자들에게 자신의 집 주변을 둘러보라고 촉구했다. "아이들이 유치원에서 사용하는 장난감, 인형, 동화책은 독일에서 만든 제품이다. 그뿐 아니라 여러분이 좋아하는 (애국적) 신문의 종이도 틀림없이 같은 곳에서 왔다." 중국식 장식품부터 벽난로 집게까지 집에서 쓰는 물건 대부분이 독일제였다. 안 좋은 일은 여기서 그치지 않았다. "한밤중에 당신의 부인은 독일의 가수, 지휘자, 연주자들이 독일 악기와 악보로 공연한 독일제 오페라를 보고 집에 돌아온다."³

새로운 요인이 유럽의 정치와 국제관계에 강하게 작용하고 있었다. 여론은 유럽 지도자들에게 전례 없는 압박을 가하면서 행동의 자유를 제한했다. 민주주의가 확산되고 새로운 매스컴뿐 아니라 읽고 쓸 줄 아는 사람이 크게 늘어나면서, 대중은 더 좋은 정보를 얻었을 뿐만 아니라 서로서로, 그리고 국가와 더 긴밀히 연결되어 있다고 느꼈다. (우리는 인터넷과 사회관계망의 증가로 정보를 얻고 세계와 관계 맺는 방식의 혁명을 맞고 있다.) 1914년 이전 세계에서는 철도, 전신, 전화와 라디오가 국내외 뉴스를 전례 없는 속도로 전파했다. 해외 특파원은 선망의 직업이 되었고, 신문사들은 점점 현지인에게 의지하기보다 자국인을 이용하게 되었다. 러시아인, 미국인, 독일인이나 영국인은 아침 식사 자리에서 자국의 가장 최근 재앙이나 승리에 대한 기사를 읽고 자신의 견해를 발전시켜 정부에 알릴 수 있었다. 특히 옛 지배 엘리트 중 일부는 이러한 변화를 한탄했다. "궁정과 외교 인사들로 이루어진 작고 폐쇄된 집단"이 더이상 국제관계를 좌우하지 않는다고 독일 외무부 홍보국 책임자는 말했다. 또한 "각국의 여론은 예전이라면 상상할 수 없을 정도로 정치 결정에 영향을 끼치게 되었다."[4] 독일에 언론국이 있다는 사실은 정부가 국내외 여론을 조종하고 이용할 필요성을 얼마나 잘 이해하고 있는지를 보여주었다. 정부는 기자들에게 주는 정보를 통제하고, 좋은 기사가 나오도록 신문 발행자를 압박하거나 버젓이 뇌물을 주는 방식으로 여론을 통제하려고 했다. 독일 정부는 영국 언론의 지지를 돈으로 사려고 했지만, 작고 중요하지 않은 언론에만 보조금을 줄 수 있었기 때문에 거의 효과가 없었고 오히려 영국인들이 독일을 더 의심하게 만들었다.[5]

1897년 노스클리프 경이 발행하는 대중 언론《데일리 메일》은 연재 기사를 싣고 독자들에게 "앞으로 10년간 독일에서 눈을 떼지 말라"고 촉구했다. 독일의 위협, 영국에 대한 자긍심, 애국주의에 호소, 더 강한 해군 요구, 이 모두가 노스클리프가 발행하는 신문(1908년《데일리 미러Daily Mirror》와 엘리트층을 겨냥한《업저버Observer》와《타임스》등)[6]과《데일리 익스프레스Daily Express》, 좌파 성향의《클라리온Clarion》같은 신문의 주요 논조였다. 이러한 신문의 편집자들은 대중이 듣고 싶은 것을 말해주었을 뿐 여론을 만들어내지는 못했다. 하지만 언론 캠페인과 경각심을 불러일으키는 윌리엄스 같은 사람들의 글은 대중의 감정을 자극하고 애국주의를 국수주의적 민족주의로 끌어올렸다.[7] 솔즈베리는 "거대한 정신병원이 뒤에 있는 것 같다"고 불평했다.[8]

20세기가 시작될 때 영국과 독일 관계는 독일이 유럽 지도에 나타난 후 어느 때보다도 안 좋았다. 체임벌린과 런던 주재 독일 대사 회담의 실패, 카이저의 공적·사적 격분, 상세하게 보도되는 독일 언론의 반영국·친보어 감정, 체임벌린이 프로이센 육군을 모욕했는가를 놓고 벌어진 바보 같은 논쟁 등 이 모든 것이 영국과 독일에 불신과 분노의 앙금을 남겨놓았다. 1896년까지 베를린 주재《타임스》특파원으로 일한 밸런타인 치롤Valentine Chirol은 1900년 초 친구에게 다음과 같은 편지를 보냈다. "내 생각에 독일은 프랑스나 러시아보다 본질적으로 더 우리를 적대하지만 아직 준비가 안 되었다. … 독일은 잎을 하나하나 떼어야 할 아티초크처럼 우리를 생각한다."[9] 게다가 영국 정치인들은 타당한 이유를 가지고 베를린 당국이 영국이 프랑스, 러시아와의 분쟁에 끌려들기를 원하며, 이를 촉진하기 위해 나설 수 있다고 의심했다. 1898년 영국과 프랑스가 아프리카에서 세력을 다투다가 전쟁 직전까지 가자, 빌헬름 2세는 자신이 불 앞에서 물 한 통을 가지고 있는 구경꾼 같다며 사태를 진정시키기 위해 최선을 다할 것이라고 말했다. 영국 외무부 사무차관 토머스 샌더슨은 카이저는 오히려 "황린 성냥을 들고 이리저리 뛰어다니다 화약통에 그을" 사람 같다고 말했다.[10]

일부 영국인은 이미 1890년대부터 새로 부상한 강력한 독일이 바다의 세력 균형에 어떤 영향을 미칠지를 걱정했다.[11] 독일에 대한 영국의 불안감은 1898년과 1900년 통과된 티르피츠의 해군 법안으로 더욱 커졌다. 이 법안의 근본적인 목적이 아직 분명히 드러나지 않았지만, 티르피츠의 영국 측 상대인 해군장관 셀본 경은 1902년 가을 내각의 동료들에게 이렇게 말했다. "독일 해군은 우리와의 새로운 전쟁을 염두에 두고 조심스럽게 증강되고 있다."[12] 1903년 꽤 괜찮은 공무원이었던 어스킨 칠더스는 동포들에게 독일 침공 위협을 경고하기 위해 손에 땀을 쥐게 하는 스파이 모험 이야기를 담은 자신의 유일한 소설을 썼다. 그가 쓴 《사막의 수수께끼》는 바로 성공을 거두었고, 지금도 출간되고 있다. (칠더스는 1차대전 후 아일랜드 혁명군에 가담해 영국군에게 총살되었다. 그의 아들은 1973년 아일랜드 대통령이 되었다.) 영국 신문에는 독일 함대에 대한 예방적 공격을 주장하는 기사들이 나오기 시작했다.

지리적 이점 덕분에 영국은 일반적으로 유럽대륙에 강력한 육상 세력이 성장해도 평정심을 가지고 바라볼 수 있었다. 그러나 바다에서는 그럴 수 없었다. 해군은 영국의 방패이자 힘을 투사하는 수단이었고, 더 넓은 세계와 연결되는 생명선이었다. 영국 학생들은 모두 영국 해군이 16세기에 에스파냐 무적함대를 어떻게 격파했고(날씨가 어느 정도 도와주었고 에스파냐의 무능도 한몫했다), 19세기 초 어떻게 나폴레옹을 무릎 꿇도록 도왔는지를 배웠다. 강력한 해군을 보유한 영국은 세계 곳곳에서 벌어진 7년전쟁에서 프랑스를 격파했고, 인도에서 퀘벡까지 뻗은 제국을 통제하게 되었다. 영국은 제국을 방어하고 전 세계에 걸친 거대한 비공식적 교역과 투자 네트워크를 보호할 강력한 해군이 필요했다.

지배 엘리트뿐 아니라 영국 대중도 이러한 정책을 지지했다. 정치,

사회 성향을 막론하고 영국인들은 모두 자국의 해군, 그것도 두 강대국 수준인 해군을 자랑스러워했다. 1902년 대관식 기념 관함식에는 토머스 쿡 여행사부터 기득권층인 옥스퍼드와 케임브리지 클럽, 공무원 협동조합이 동원한 100척 이상의 유람선이 몰려왔다. 1909년 해군이 런던에서 일주일 동안 모의 전투, 불꽃놀이, 어린이 특별 프로그램 등이 포함된 행사를 진행했을 때에는 약 400만 명의 관람객이 모인 것으로 추정되었다.[13] 영국에 도전할 수 있는 거대한 독일 해군 창설에 열을 올리고 있던 티르피츠, 빌헬름 2세와 열성적 동료들은 영국 해군이 영국인들에게 정말 얼마나 중요한지를 이해하지 못했고, 이 때문에 그들과 유럽은 끔찍한 대가를 치르게 되었다.

"제국은 영국 해군 위에 떠다닌다"라는 재키 피셔 제독의 말은 과장이 아니었다.[14] 영국의 지속적인 번영과 영국 사회의 안정도 영국 해군 위에 떠 있다고 많은 사람들이 생각했다. 19세기 첫 산업국가로서 영국이 거둔 성공은 아킬레스건이기도 했다. 영국 경제의 지속적인 호황은 해외에서 자원을 얻고 수출품을 내보내는 능력에 달려 있었다. 만일 영국이 바다를 통제하지 못했다면, 바다를 통제하는 국가들에 늘 휘둘리지 않았을까? 더구나 1900년 영국은 점점 늘어나는 인구가 먹을 식량도 수입에 의존하고 있었다. 영국인이 소비하는 칼로리의 약 58퍼센트가 해외에서 들어왔고, 2차대전 경험이 보여줄 테지만 국내 생산을 늘림으로써 이 문제를 해결할 수는 없었다.[15]

황제와 티르피츠가 해군력 증강 계획에 착수하기 한참 전인 1890년, 런던 소재 국방연구소United Services Institute는 또다른 우려를 강조하는 논쟁을 시작했다. 해군이 영국의 통상을 제대로 보호하고 있는가?

예를 들어 영국 해군은 세계의 가장 중요한 무역로를 순찰하거나 전시에 적국의 군함을 몰아내고 통상을 습격하기에 충분한 고속 순양함을 보유하고 있는가? 1890년대 중반에는 새로 조직된 해군연맹이 해군에 돈을 더 많이 쓰라고 시끄럽게 요구했다.[16] 1902년 판매 부수가 가장 많은 새로운 대중 신문 《데일리 메일》은 대관식 기념 관함식에서 우려할 만한 이유를 발견했다.

> 역사적 항구에 정박한 이 위대한 함대는 가장 멋진 쇼를 연출한다. 그러나 정말 지혜롭게 상황을 보려면 표면 아래를 살피고 이 함대가 얼마나 설계된 목적에 부합하는지를 고려해야 한다. 놀라지 않을 수 없는 것은 이 함대가 1897년 여왕 즉위 60주년 기념 관함식에 모인 함대보다 훨씬 약하다는 점이다. 분명 우리 함대는 그 시점보다 강하다. … 그러나 그사이 강력한 해군이 북해에서 부상했다는 사실도 세력 균형 면에서 고려되어야 한다.[17]

1차대전 이전 유능한 해군장관 중 한 명인 셀본은 이렇게 경고했다. "우리 지분은 다른 강국들의 것과 비교가 안 된다. 해전의 패배는 역사상 전례 없는 재앙을 불러올 것이다. 이는 우리 상선단의 파괴, 우리 제조업의 중단, 식량 부족, 침공, 제국의 붕괴를 의미한다."[18]

*

선박이 운송하는 식량 공급이 차단되면 사회에 어떤 일이 일어날 것인가? 식량 부족, 심지어 기아가 가난한 사람들을 먼저 덮칠 것으로 예상되었다. 1914년 이전 20년 동안 군인이든 민간인이든 지배층의 많은 사람들이 광범위한 폭동, 심지어 혁명까지 일어나 궁지에 몰린 영국의 암울한 미래를 예견했다. 1890년대 후반 국방연구소 회동에서 한 육군 장군은 상류층은 전시에 안전하겠느냐고 물었는데 그들은 정말 그렇게 생각했을까? "런던 동부에서부터 대중이 서부로 행진해 우리 집들을 파괴하고, 우리 아이들 입에서 빵을 낚아채고, '만일 굶게 된다면 정의는 우리가 함께 굶어야 한다고 선언한다'라고 말할 것이다."[19] 전쟁 수행이 금세 불가능해질 것이라며 해군 정보국 책임자 배튼버그 루이스 왕자Prince Louis of Battenberg(에든버러 공작의 할아버지)는 1902년 이렇게 기록했다. "전쟁 초기 해상 무역 중단으로 야기될 영국 주민들의 공포는 전쟁보다 오래갈 정부를 없애버리고도 남을 것이다."[20]

기근 또는 기근에 대한 공포는 해군의 전쟁 계획에 그림자를 드리우고 대중의 의식에도 스며들었다.[21] 19세기 말이 되자 영향력 있는 집단과 개인들이 식량 공급 보호와 축적을 위한 정부의 행동을 촉구하고 나섰다. 1902년에는 〈12일간의 크리스마스Twelve Days of Christmas〉 노래 속 등장인물 같은 사람들 ― 5명의 후작, 7명의 장군, 9명의 공작, 28명의 백작, 46명의 제독, 106명의 의원 ― 이 모여 전시식량공급공식조사촉구연합을 결성했다. (이들은 왕립위원회를 문제가 있다는 데 동의하도록 이끌었지만, 극적인 건의를 만들어내지는 못했다.)

흥미롭게도 이 연합의 회원 중에는 노동조합 지도자들도 있었다. 아마 점점 중요해지고 문제 많은 일련의 조직들을 끌어들이려는 시도가 있었을 것이다. 노동계급의 견고함, 그들의 애국주의, 용기 또는 인내심에 아무도 의문을 제기하지 않았다. 이 연합의 선언문은 다음과 같았다. "인구가 지속적인 굶주림에 시달릴 경우 큰 위험이 생길 것이고, 그런 상황이 지속된다면 나라에 닥칠 재앙은 피할 수도, 연기할 수도 없다."[22] 물론 1914년 이전 영국 상류층과 중류층의 많은 사람들은 노동계급의 충성과 신뢰성을 의심했다. 찰스 부스 같은 빅토리아 시대 사회개혁가들의 연구는 많은 빈민들이 사는 처참한 환경과 그들의 건강 상태를 드러냈고, 사회에 대한 그들의 애착은 우려스러웠다. 하층계급 남자들은 영국을 방어하기 위해 싸울 것인가? 그리고 그들은 싸울 수 있는가? 영국은 징병제를 실시하지 않았지만, 보어전쟁 중 신체 기준을 충족하지 못한 자원병 수가 폭로되면서 중요한 전쟁에서 영국을 방어할 인력에 대한 정부 인사들의 우려가 더욱 커졌다.

시간이 흐르면서 영국 사회가 더욱 분열되고 있다는 우려스러운 조짐도 나타났다. 아일랜드 문제가 다시 격화되었고, 아일랜드 민족주의자들은 자치, 심지어 독립을 밀어붙이고 있었다. 노동조합도 점점 커지고 있었다. 1900년 노동조합 회원은 2백만 명에 달했고(1914년 다시 두 배로 늘었다), 광산과 항구 부두처럼 영국 경제에 중요한 지역에 집중되어 있었다. 또한 파업은 더 길어졌고 자주 폭력적인 양상을 띠었다. 투표권이 확대되면서 정치권력은 이제 노동자들과 그들을 지지하는 중산층의 손이 닿는 곳에 있는 것 같았다. 1906년 총선이 끝나자, 하원에 29석을 가진 노동당이 공식적으로 등장했다. 인기 있는 소설가 윌리엄 르 큐William Le Queux는 《1910년 침공The Invasion of 1910》이라는 아주 성공적인 소설을 출간했는데, 사회주의자들이 평화를 주장하고 런던 거리의 폭도들이 "전쟁을 멈춰라"라고 외치는 동안 독일이 영국을 침공한다는 내용이었다. 《데일리 메일》은 이 책의 내용을 연재하면서, 뾰족한 헬멧을 쓰고 프로이센의 푸른 군복을 입은 남자들을 내보내 광고 플래카드를 들고 런던 곳곳을 돌아다니게 했다. (노스클리프의 주장을 받아들여 르 쾨는 최대한 많은 독자를 확보하기 위해 독일군 예상 침공 경로를 바꿔야 했다.)²³

1905년 후반에 들어선 보수당과 자유당 정부는 안보적 필요와 재정적 필요의 균형을 잡아야 하는 불편하지만 익숙한 상황에 부딪혔다. 해군은 점점 커지는 독일의 위협뿐 아니라 프랑스와 러시아의 더 장기적인 도전에 맞설 만큼 강해야 한다는 공감대가 형성되었다. (영국 육군은 국방 예산에서 해군의 절반 정도를 받았다.) 그러나 기술 진보 — 예를 들어 더 강해진 장갑판, 더 좋은 엔진, 더 큰 함포 — 로 비용이 늘어났다. 1889년부터 1904년까지 15년 동안 해군 함정 중 무거운 전함의 건조 비용은 두 배가 되었고, 가볍고 빠른 순양함 건조 비용은 다섯 배 늘어났다. 게다가 제국이 널리 펼쳐 있어서 영국은 세계 곳곳에 주둔할 병력이 필요했다. 1914년 이전 20년 동안 전체 국방비가 영국 정부 예산의 약 40퍼센트를 차지했다. 이는 다른 어느 강국보다도 높은 비율이었고, 영국인 1인당 담세율도 상당히 높았다.²⁴

동시에 사회복지에 지출되는 정부 예산도 늘어났다. 유럽대륙 국가들과 마찬가지로 영국 정부도 국내 소요를 우려했고, 실업자 보험이나 노년 연금 같은 조치가 그러한 소요를 막아준다고 보았다. 1906년 새로 구성된 자유당 내각에는 사회보장을 현명한 예방책이 아니라 도덕적 의무라고 생각하는 데이비드 로이드조지 같은 급진파가 포함되어 있었다. 영국 경제는 새 전함과 연금 둘 다를 감당할 수 있을까? 역대 재무장관들은 그럴 수 없다고 생각했다. 만일 정부가 세금을 올리려고 하면 특히 가난한 계층에서 사회 불안이 야기될 가능성이 컸다. 1903년 보수당 수상이었던 C. T. 리치는 이렇게 말했다. "내가 두려워하는 가장 큰 위험 중 하나는 1실링 소득세(파운드 단위로, 즉 5퍼센트), 실업이 만연한 불경기, 그리고 아마도 빵 값 인상이 겹쳐 격렬한 반응이 일어날 것이라는 점이다."[25]

세금 인상과 국방비 삭감 사이에서 절충점을 찾기 위해 1914년 이전 역대 정부들은 모두 예산 절약과 효율성 모두를 찾으려고 노력했다. 1904년에는 국방 계획과 예산을 조정하기 위해 새로운 제국방어위원회Committee of Imperial Defence가 설립되었다. 보어전쟁이 끝난 후 육군에서는 그간 절실히 필요했던 개혁이 수행되었고, 해군도 현대에 맞게 개편되었다. 해군장관 셀본은 가장 영리한 사람은 아니었을지 모른다. 그의 처제 세실(그는 솔즈베리의 딸 중 하나와 결혼했다)은 그에 대해 이렇게 말했다. "윌리는 초기 영국식 유머 감각이라고 할 만한 것을 가졌다. … 단순하고 따뜻하며, 아무리 반복해도 지치지 않는다."[26] 그럼에도 그는 기운이 넘쳤고 해군 개선에 열성적이었다. 가장 중요한 것은 개혁가들, 특히 존 피셔 제독을 기꺼이 지원했다는 점이다.

재키 피셔로 자주 불린 그는 영국 해군 역사와 1차대전 이전 역사를 관통하며 회전 폭죽처럼 사방으로 불꽃을 날려 구경꾼을 놀라게 해 흩어지게 하거나 경탄하게 했다. 그는 1차대전 이전에 영국 해군을 위에서부터 아래까지 뒤흔들며 민간인 상관들에게 요구 사항을 제기해 그들이 양보할 때까지 싸우고, 해군 내 반대자들을 깔아뭉갰다. 그는 누구도 흉내 낼 수 없는 자신만의 언어로 거침없이 생각을 말했다. 그는 적을 가리켜 "스컹크", "매춘 알선업자", "구닥다리", "겁먹은 토끼"라고 표현했다. 피셔는 강인하고 고집이 세며 비난에 별로 신경쓰지 않았는데, 평범한 집안에서 태어나 소년 시절부터 해군에서 스스로 경력을 쌓아온 사람에게는 놀라운 일이 아니다. 그는 대단히 자신만만했다. 에드워드 7세는 피셔가 사안의 다른 면을 보지 않는다고 불평했다. 피셔는 이렇게 응수했다. "내 주장이 맞는다는 것을 아는데 왜 모든 면을 보느라 시간을 낭비해야 하는가?"[27]

피셔는 매력적인 사람이기도 했다. 그는 빅토리아 여왕을 웃게 만들었는데, 이것은 쉬운 일이 아니었다. 여왕은 그를 와이트 제도의 오즈번으로 자주 초대했다. 러시아의 대공녀 올가는 그에게 이런 편지를 보냈다. "친애하는 제독님, 영국으로 가서 당신과 또 한 번 왈츠를 추고 싶어요."[28] 그의 뜻에 거스르는 것은 위험했고, 그는 앙심을 품기도 했다. 저명한 언론인 앨프리드 가드너는 다음과 같이 말했다. "그는 크게 웃고 농담하며 무척 친밀하게 말한다. 하지만 이 선원의 경쾌한 외양 뒤에는 '전쟁의 세 가지 R, 즉 인정사정없음Ruthless, 가차없음Relentless, 무자비함Remorseless'과 '포격의 세 가지 H, 즉 먼저 쏘고hit first, 강하게 쏘며hit hard, 계속 쏜다keep on hitting'는 원칙이 있다."[29] 피셔는 정치적 적수든 적국이든 전투를 원하지 않았지만, 전투할 때가 되면 전면전을 할 각오가 되어 있었다. 영국 해군의 많은 사람들처럼 그의 위대한 영웅은 나폴레옹에 맞서 해전에서 승리한 허레이쇼 넬슨이었다. 실제로 피셔는 1904년 해군 제1제독First Sea Lord(해군의 작전사령관) 임명을 트래펄가 해전에서 넬슨이 전사한 10월 21일까지 미루었다. 피셔는 넬슨이 한 말을 자주 인용했다. "적과 100대 1로 싸울 수 있는데 10대 1로 싸우는 사람은 바보다."[30]

넬슨의 뒤를 이은 피셔는 1841년 실론에서 태어났다. 육군 대위였던 그의 아버지는 차 농사를 짓다가 실패했다. 피셔의 말에 따르면 그는 부모에 대해 잘 모르지만 둘 다 아주 잘생겼다. "내가 못생긴 이유는 풀 수 없는 생리학의 수수께끼 중 하나다."[31] 정말 그의 얼굴에는 이상하고 이해하기 어려우며 심지어 야만적인 면이 있었다. "눈동자가 기묘하게 작은 눈, 입꼬리에서 무자비하게 떨어지는 두툼한 입술의 넓은 입, 쾌활하게 세상에 도전하듯 튀어나온 턱, 이 모든 것이 뭔가를 요구하지도 주지도 않는 사람이라는 인상을 풍긴다." 가디너가 서술한 그의 모습이다. 피셔가 말레이계라는 소문이 몇 년간 돌았는데, 독일 대사관 해군 담당관은 그가 교활하고 파렴치한 이유를 거기에서 찾았다.[32]

신과 국가는 피셔가 가진 믿음의 핵심 대상이었다. 그는 영국이 세계를 지배하는 것이 정당하고 적절하다고 생각했다. 그는 언젠가 이기고 돌아올 전설적인 이스라엘의 사라진 부족들처럼 그의 조국을 신이 보호해왔다고 믿었다. 한번은 이렇게 말했다. "세계에 다섯 개의 열쇠가 있는 것을 아는가? 도버 해협, 지브롤터 해협, 수에즈 운하, 말라카 해협, 희망봉이다. 이 열쇠 모두를 우리가 쥐고 있다. 어찌 우리가 사라진 부족들이 아니겠는가?"[33] 그는 성서, 특히 많은 전투 이야기가 담긴 구약을 즐겨 읽었고, 설교를 들을 수 있는 곳이면 어디든 찾아다녔다. 한 방문객이 일요일 아침 그의 집에 들렀다가 허탕을 친 적도 있었다. "함장님은 버클리 교회에 갔습니다." "오늘 오후에 돌아오겠지요?"라고 묻자 "아니요. 그는 세인트 폴 성당에서 캐넌 리돈의 설교를 들을 것이라고 했어요"라고 했다. "그러면 오늘 저녁에는?" "저녁에 그는 스퍼전의 이동식 교회에 갈 것입니다."[34] 피셔는 춤추는 것과 부인, 가족도 사랑했지만, 해군에 열정을 쏟아부었다.

해군을 위해 그는 비효율, 나태, 방해를 상대로 전쟁을 벌였다. 그는 무능한 부하를 그 자리에서 해임하는 것으로 유명했다. "그의 참모인 우리 중 누구도 다음날 여전히 일할지 확신할 수 없었다."[35] 부하 중 한 명이 한 말이다. 또한 해군이 병사들을 해안에 내려놓으면서 바닷물에 젖은 각반을 누가 보상할지를 놓고 전쟁부와 논쟁이 벌어진 적이 있었는데, 그는 해군 제1제독이 되었을 때 이 논쟁이 담긴 거대한 서류 더미를 받았다. 그는 종이 뭉치를 전부 사무실 난로에 던져 넣었다.[36] 또다른 사례로 그는 화이트홀에 있는 해군부 꼭대기에 무선전신기를 설치하기로 결정했는데, 우정국이 이의를 제기하자 어느 날 수병 여섯 명이 둥근 지붕에 올라가 필요한 장비를 설치했다고 한다.[37]

피셔는 해군과 그의 지지자들 사이에서 분열을 초래하는 사람이 될 수밖에 없었다. 그는 좋아하는 사람들만 챙기고 개혁을 너무 빨리, 너무 멀리 추진한다는 비난을 받았다. 그러나 변화는 분명히 필요했다. 처칠이 영국 해군의 전통을 "럼주, 남색, 채찍"이라고 실제로 조롱하지 않았다 하더라도, 그런 험담은 현실과 동떨어진 것이 아니었다. 오랜 평화기 동안 해군은 현실에 안주하고 편협해졌다. 해군은 낡은 방식에 집착했는데, 그 이유는 넬슨 때부터 그렇게 해왔기 때문이었다. 규율은 엄격했다. 아홉 가닥짜리 채찍은 몇 번만 내리치면 등의 살갗을 벗겨버릴 수 있었다. 1854년 해군에 입대한 날, 열세 살이었던 피셔는 여덟 명이 채찍질 당하는 모습을 보고 기절했다.[38] (이 관행은 1879년 결국 철폐되었다.) 일반 병사들은 해먹에서 자고, (종종 벌레가 들어간) 딱딱한 비스킷과 알 수 없는 고기를 (손가락으로) 먹는 생활을 계속했다. 훈련도 점검하고 현대화할 필요가 있었다. 거의 모든 배가 동력으로 움직이는데 그렇게 많은 시간을 항해에 쓰는 것은 말이 안 되기 때문이었다. 심지어 장교들에게도 교육은 필요악으로 여겨져 기본 지식을 주입하는 데 그쳤다. 젊은 장교들은 제대로 교육을 받지 못했고, 전술이나 전략은 물론 포 사격 연습 같은 일상적인 훈련에도 관심을 갖도록 장려되지 않았다. 한 제독은 자신의 복무 초기를 이렇게 회고했다. "폴로, 조랑말 경주, 오락이 포 사격 연습보다 중요했다." 많은 고위 장교들이 배의 페인트칠이 더러워진다는 이유로 포 사격 연습을 기피했다.[39] 해군에는 국제관계나 정치는 물론 전쟁 기술을 가르칠 대학이 없었다. 고위 지휘관들은 일반적으로 전쟁 계획에 머리를 쓰지는 않았지만, 관함식에서 함정을 지휘하거나 복잡한 기동을 하는 데는 능숙했다. (빅토리아 시기 가장 큰 사건은 조지 트라이언 제독이 기함 빅토리아로 캠퍼다운호 측면을 정면으로 들이받아 358명을 수장시킨 사고였다.)

피셔는 제1제독이 되기 전에 해군 개혁을 시작했다. 지중해 해군 사령관에 이어 제2제독이 된 그는 적절한 해군대학의 기반을 다지는 것을 비롯해 해군 교육 향상을 위해 많은 일을 했다. 그는 지속적인 포 사격 훈련을 주장했고, 머리가 좋은 젊은 장교 집단을 승진시키고 격려했다. "우리 제독들의 평균 연령이 늘고 있다니 끔찍합니다! 몇 년 후면 그들 모두가 통풍이 잘되는 신발을 신고 온수 병을 들고 다니는 모습을 보게 될 것입니다!"[40] 그가 상관들에게 한 말이다. 해군에서 최고위 지휘관직을 맡은 1904년 이후 그는 철저한 변화를 위해 적극 움직였다. "땜질 식 변화는 없애야 한다!" 그는 동료 개혁가에게 이렇게 편지를 보냈다. "감정에 영합해서는 안 된다! 감수성을 고려하지 말자! 누구도 동정하지 말자!"[41] 장교들의 항의에도 불구하고 그는 가차 없이 150척의 낡은 함정을 폐기했다. 그는 조선소를 재정비하고 재조직해서 좀더 효율적으로(비용은 덜 들게) 만들었다. 그간 방치된 해군 예비함대에는 핵심 수병들을 배치해 위기 시에 신속히 바다로 나갈 수 있게 했다. 가장 과감한 재조직은 멀리 떨어져 있던 해군을 고국으로 불러와 함정들, 특히 최신 함정들을 영국 제도에 가까운 내수역에 집중시킨 것이었다. 그는 흩어져 있던 소함대를 통합해 싱가포르를 거점으로 한 동방 함대 하나, 희망봉에 또다른 함대, 지중해에 함대 하나, 그리고 내수역에 가까운 대서양과 영불해협에 두 함대를 배치했다. 피셔의 함대 재배치로 영국 해군은 필요할 경우 독일에 맞서 전력의 4분의 3을 쓸 수 있게 되었다. "전장은 훈련장이다"라는 넬슨의 말에 따라 대서양과 영불해협 함대는 북해에서 광범위한 기동을 수행하는 훈련을 거듭했다.

제1제독이 되자마자 피셔는 가장 큰 혁신이 될, 새로운 초대형 전함 건조를 위한 그룹을 조직했다. (이들은 새로운 전투순양함 인빈서블호도 설계했다.) 속도, 중장갑, 장거리 중함포를 모두 갖춘 전함을 만든다는 아이디어는 이미 논의되고 있었다. 그 이유 중 하나는 그런 전함을 가능케 하는 기술 진보가 이미 이루어졌기 때문이었다. 새로운 터빈 엔진은 더 무거운 함선을 더 빠른 속도로 추진시킬 수 있었다. (1904년 해운회사 큐나드는 당시 최대 여객선인 새로운 루시타니아호와 모레타니아호에 이 터빈 엔진을 장착하기로 결정했다.) 1903년 이탈리아 조선 기술자는 "영국 해군에 이상적인 전함"이라고 서술한 설계안을 발표했고 일본, 독일, 미국, 러시아 해군도 새로운 초대형 전함 가능성을 모색하고 있는 것으로 알려졌다.[42] 1905년 5월 쓰시마 해협에서 일본 해군이 러시아 해군에 놀라운 승리를 거둔 것도 빠른 전함, 새로운 고성능 폭탄과 그만한 폭탄을 발사할 수 있는 큰 함포에 해전의 미래가 달려 있음을 입증하는 듯했다. (일본 함대는 12인치, 즉 30.5센티미터 함포를 사용했다. 이 수치는 정말 큰 포탄을 발사하는 총구의 지름을 말한다.)[43] 피셔의 새로운 함선 건조는 다른 모든 배들을 쓸모없는 것으로 만들어버렸다. 그는 해군 군비 경쟁을 새로운 수준으로 격화시켰다는 비판을 받기도 했지만, 이러한 도약을 얼마나 피할 수 있었을 것인가를 가늠하기는 어렵다.

피셔 위원회는 대단한 속도로 일을 추진했다. 1905년 10월 2일 영국 해군 전함 드레드노트HMS Dreadnought의 용골이 놓였다. 이 전함은 1906년 2월 열성적인 거대한 군중 앞에서 국왕에 의해 정식으로 진수되었다. 그해 말 이 함정은 취역할 준비를 마쳤다. 새로운 등급의 전함 가운데 첫 번째인 드레드노트는 바다의 무함마드 알리처럼 크고 빠르며 위협적이었다. 당시 가장 큰 전함은 배수량이 1만 4000톤 정도였는데, 드레드노트는 1만 8000톤이었다. 또한 당시 함정의 최고 속도는 18노트였는데 드레드노트는 새로운 터빈 엔진(이 엔진은 여왕 즉위 60주년 기념 관함식에서 자신이 건조한 터비니아호로 해군에 큰 소동을 일으켰던 찰스 파슨스가 만들었다)을 장착해 21노트 이상의 속도를 낼 수 있었다. 피셔는 장갑판보다 속도가 더 중요한 방어수단이라고 생각했지만, 드레드노트에는 흘수선 위아래로 대략 5000톤에 달하는 장갑판도 설치되었다. 무함마드 알리처럼 이 전함은 벌처럼 쏠 수 있었다. 드레드노트는 10문의 12인치 함포와 많은 소형 함포를 장착했다. 함포는 회전포탑에 장착되어 드레드노트와 이후 전함들은 모든 방향으로 사격할 수 있었다. 1905년판 《제인 군함 연감Jane's Fighting Ships》은 다음과 같이 기술했다. "속도, 화력, 사정거리, 무거운 발사체 집중 사격의 효과를 고려할 때 드레드노트는 현재 취역 중인 군함 두세 척과 맞먹는다고 해도 과장이 아니다."[44]

프랑스와 러시아 연합 해군에 대한 두려움 때문에 즉시 드레드노트급 전함과 중순양함 건조를 이행한 것 같지만, 영국 해군 설계자들은 점점 독일 해군을 미래의 가장 큰 적으로 간주했다.[45] 프랑스, 러시아와의 관계는 개선되기 시작했지만, 독일과의 관계는 계속 악화되었다. 영국 설계자들은 독일의 공식 노선이 어떻든 독일 해군은 북해에서 작전을 수행하기 위해 만들어졌다고 생각했다. 일례로 독일 함정의 순항 거리는 제한되어 있었고 선원실도 좁아 장기 항해가 어려웠다. 카이저가 외사촌인 니콜라이 2세를 대서양 제독으로 임명하는 부주의한 편지를 보낸 것도 상황을 악화시켰다.[46] 피셔는 자신의 전망에 아무 의구심이 없었다. 그는 독일과의 해군력 경쟁이 격화되던 1906년 이렇게 말했다. "우리의 적은 독일뿐이다. 독일의 전 함대가 항상 영국에서 몇 시간 거리에 집중되어 있다. 그래서 우리는 독일에서 몇 시간 거리에 두 배 강한 함대를 집중적으로 배치해야 한다."[47] 1907년부터 해군부는 영국 인근 해상에서 독일과의 해전 가능성에 전적으로 집중한 전쟁 계획을 만들었다. 영국의 전략을 조율하고 수상에게 조언하기 위해 설립된 제국방어위원회도 동의했다. 1910년 이 위원회는 다음과 같이 말했다. "우리 함대가 패배하지 않으려면 원양에서의 해군 작전은 국내 수역에서 상황이 해소되어 적절한 해군력이 감당할 수 있을 때까지 연기되어야 한다."[48]

해군의 재정 부담을 줄이기 위해 영국 정부는 영국제국에 기대를 걸었다. 새로운 함정들은 "식민지 와인"으로 진수식이 진행되었고 "힌두스탄", "희망봉" 같은 이름이 붙었다.[49] 하지만 제국 내 백인 통치령인 캐나다, 오스트레일리아, 뉴질랜드, 그리고 훗날 남아프리카공화국은 이상하리만치 무덤덤했다.[50] 1902년 영국제국 내 통치령들은 15만 파운드를 모아 기부했고, 영국 정부의 상당한 압박을 받고 나서도 이후 32만 8000파운드까지밖에 오르지 않았다.[51] 오랜 통치령인 캐나다는 당면한 적국이 없다고 주장하며 전혀 기부하지 않으려고 했다. "그들은 우리에게 이익을 얻을 때만 붙어 있는 비애국적이고 욕심 많은 사람들이다."[52] 피셔가 한 말이다. 제국 내의 이런 마음들이 바뀐 것은 독일과의 해군력 경쟁이 격화되고 나서였다. 1909년 뉴질랜드와 오스트레일리아가 자국의 드레드노트를 보유하기 시작했고, 1910년에는 캐나다가 자체 해군을 창설하고 영국에서 2척의 순양함을 사들이며 조심스럽게 움직였다.

영국 내의 또다른 핵심 부처인 외무부도 독일이 위협적이라는 해군의 시각을 공유하게 되었다. 영광의 고립 시기에 자란 구세대는 여전히 영국이 다른 모든 강국과 우호적이지는 않더라도 점잖은 관계를 유지해야 한다고 생각한 반면, 젊은 세대는 점점 반독일 성향이 강해졌다. 1894-1906년 외무부 사무차관을 지낸 샌더슨은 1902년 베를린 주재 영국 대사 프랭크 라셀스Frank Lascelles에게 외무부 동료들 사이에 독일을 나쁘게 생각하는 우려스러운 경향이 있다고 편지를 보냈다. "독일인에 대한 혐오가 정착되었고 그들이 우리에게 비열한 간계를 쓰려고 한다는 인상을 받고 있다. 우리가 진심으로 협력해야 할 두 나라의 중요한 현안이 많아 불편한 상황이다."[53] 1905-18년 파리 주재 영국 대사를 지낸 프랜시스 버티, 1906-10년 사무차관을 지낸 찰스 하딩지, 같은 기간 러시아 대사를 지낸 뒤 사무차관을 맡은 아서 니컬슨(해럴드 니컬슨의 아버지) 등 떠오르는 스타들은 모두 독일을 깊이 의심하고 있었다. 1914년 이전 10년간 반독일 정서에 공감하지 않는 사람들은 대개 무시되거나 자리에서 은퇴했다. 1895년 이후 베를린 대사로서 독일과의 우호를 강력히 지지한 프랭크 라셀스가 1908년, 독일이 영국에 적대적이라고 확신하는 에드워드 고션으로 교체된 것은 중요한 인사이동이었다.[54]

너무나 아이러니하게도 독일에 대한 외무부의 우려를 가장 강하게 표한 사람은 독일인의 피가 섞였고, 독일인과 결혼했다. 위대한 독일 역사가들을 숭앙하고 음악을 사랑하며 ― 그는 피아노를 아주 잘 쳤고, 재능 있는 아마추어 작곡가였다 ― 약간 독일어 억양에, 일부 사람들의 평가처럼 대단한 업무 능력을 갖춘 에어 크로는 영국 상류층 출신이 가득한 외무부에서 언제나 별종이었다. 영국 영사와 독일 어머니 사이에 태어난 그는 독일에서 자랐고, 티르피츠를 만들어낸 환경과 유사한 중상류층 출신이었다. 그의 부모는 사망한 황제 프리드리히 3세와 그의 영국 아내 빅토리아 공주를 잘 알았고, 독일에 대한 그들의 자유주의적 희망을 공유했다. 크로는 독일과 독일 문화를 깊이 사랑했지만, 전제주의와 군사적 가치를 중시하는 프로이센주의의 승리를 한탄했다. 그는 "일정하지 않고, 지배하려 들며, 때로 대놓고 공격적인 정신"에도 아주 비판적이었다. 그의 의견에 따르면 그러한 정신은 독일 대중 생활에 생기를 불어넣기는 했다. 크로는 새로운 강국에 걸맞은 입지를 차지하려는 독일을 이해하고 정말 공감했다. 그러나 다른 강국들에게 식민지를 요구하고 군사력으로 위협하는 등, 독일 지도자들이 성취하려는 방법에 대해서는 강하게 반대했다. 1896년 어머니에게 쓴 편지에서 그는 독일이 "죽은 당나귀를 발로 차듯" 영국을 함부로 대할 수 있다고 생각해왔다며 "그 동물은 살아나 사자와 같은 모습을 보이며 그 사냥꾼들을 다소 당황케 했다"고 말했다.[55] 그는 독일의 위협에 상관들이 굳건히 맞서도록 촉구하는 것이 외무부에서 자신이 할 일이라고 생각했다.

1907년 새해 첫날, 최근 독일과 다른 서유럽 국가 담당 부서를 맡은 크로는 가장 유명한 비망록이 된 건의안을 외무장관 에드워드 그레이에게 제출했다. 강력한 논조, 역사에 대한 이해 그리고 독일의 동기를 이해하려는 시도라는 점에서 이 비망록은 냉전이 시작될 때 조지 케넌이 워싱턴에 보낸 긴 전문long telegram에 비유할 수 있다. 훗날 케넌이 그랬듯이 크로는 점검하지 않으면 끊임없이 이익을 쥐려고 애쓰는 적수를 맞닥뜨리고 있다고 주장했다. "협박자의 위협에 굴복하면 그를 더 강하게 만든다. 오랜 경험으로 입증되었듯이 이렇게 하면 희생자에게 일시적 평화를 보장해주기는 하지만, 점점 짧아지는 우호적 관용의 시간을 지나면 새로운 괴롭힘과 더 큰 요구로 이어질 것이 분명하다. 협박자의 거래는 그의 위협에 맞선 최초의 강력한 대응과, 끝없는 양보의 길을 지속하기보다 이견을 모두 감수하겠다는 결의로 분쇄된다. 그러나 이러한 결의를 보이지 못하면 양측의 관계는 점점 악화될 가능성이 크다."[56]

크로는 영국의 외교와 국방 정책이 지리, 즉 유럽 변방에 자리한 위치와 거대한 해외 제국을 보유하고 있는 점에 의해 결정된다고 주장했다. 한 나라가 유럽대륙의 통제권을 확보하는 것을 막기 위해 영국이 세력 균형을 선호하는 것은 거의 "자연법"과 같았다.[57] 영국은 해양 통제권도 다른 강국에 양보할 수 없었는데, 그 이유는 안 그러면 존재 자체가 위험에 직면하기 때문이었다. 독일의 해군력 증강 정책은 세계에서 영국의 입지에 도전하기 위한 전반적 전략의 일부이거나 "자국의 방황을 제대로 이해하지 못하는, 애매하고 혼란스러우며 비실용적인 정치술"의 결과일 수 있었다.[58] 영국의 관점에서는 정말 문제가 되지 않았다. 어떤 경우든 영국은 독일의 해군 도전에 맞서되 아주 단호하고 침착하게 임하면 되었다. (케넌은 40년 후 소련에 대해 유사한 조언을 했다.) 크로는 다음과 같이 적었다. "끝도 없이 막대한 비용이 드는 해군력 증강 프로그램을 계속 추진하는 것이, 오히려 독일로 하여금 이 경쟁은 도저히 승산이 없다는 현실적인 절망감을 느끼게 할 가능성이 더 크다. 독일의 군함 1척당 영국이 2척을 건조해 상대적 우위를 유지하겠다는 의지를 시각적으로 보여주는 것보다 말이다."[59]

영국이 첫 드레드노트급 전함을 만들려고 움직이자 티르피츠와 카이저, 그리고 그들의 지지자들은 분명한 선택의 기로에 놓였다. 해군력 경쟁을 포기하고 영국과 관계를 개선할 것인가, 아니면 이 경쟁을 계속 유지하며 드레드노트에 맞먹을 전함을 건조할 것인가. 후자를 택하면 독일은 상당히 늘어나는 비용을 감당해야 했다. 새로운 자재와 기술, 더 많이 드는 유지와 수리 비용, 더 많은 선원은 기존 전함 비용의 두 배가 들었다. 그뿐 아니라 더 큰 함정을 정박할 부두를 다시 만들고, 발트해의 안전한 항구의 조선소에서 함정을 건조한 다음 북해로 이동시키는 데 사용되는 킬 운하도 확장하고 더 깊이 준설해야 했다.[60] 게다가 러시아의 위협이 점점 커지고 있어서 육군도 돈이 필요했다. 영국이 너무 앞서게 하지 않으려면 어느 길을 선택할지 결정을 늦출 수 없었다.

드레드노트가 완성되기 몇 달 전인 1905년 초, 런던의 독일 해군 무관은 영국이 기존 어느 함정보다도 강력한 새로운 전함을 계획 중이라고 베를린에 보고했다.[61] 1905년 3월 셀본은 다음해 해군 예산 추정액을 의회에 제출했다. 여기에는 1척의 새 전함이 포함되어 있었지만 그는 구체적 사항을 제시하지 않았고, 피셔 위원회를 언급하기는 했지만 그는 이 보고를 공개하는 것은 공익에 전혀 도움이 되지 않는다고 말했다. 그해 여름 티르피츠는 늘 하던 대로 검은 숲에 있는 시골 별장으로 휴가를 갔다. 소나무와 전나무로 둘러싸인 이곳에서 그는 가장 신임하는 참모들과 의견을 나누었다. 가을이 되자 그는 결정을 내렸다. 독일은 새로운 영국 군함에 맞춰 새로운 전함과 순양함을 건조하기로 했다. 독일 해군력 경쟁을 연구한 선도적인 역사학자 홀거 헤르비히Holger Herwig는 다음과 같이 보았다. "이것은 독일 빌헬름 2세 정부의 의사결정 과정의 성격에 대해 많은 것을 말해준다. 영국의 도전은 수상실, 외무부, 재무부와 해군 전략 기획과 직접 관련된 두 부서인 해군 참모부와 대양 함대로부터의 의견 수렴 없이 받아들여졌다."62 티르피츠는 드레드노트급 전함들뿐 아니라 6척의 새로운 순양함 건조 비용이 포함된 — 1900년 해군 예산보다 약 35퍼센트 늘어난 — 새 해군 예산안을 제출했다. 독일은 매년 2척의 드레드노트급 전함과 1척의 중순양함을 건조하기로 결정했다.

모든 독일인이 이러한 공포감을 공유하거나 더 크고 비싼 해군의 필요성을 인정한 것은 결코 아니었다. 해군 내에서도 티르피츠가 점점 군함에 집중하면서 인력과 훈련에 쓸 예산이 충분하지 않다는 불만이 나왔다.63 제국의회에서는 중도와 좌파뿐 아니라 우파 의원들도 해군 예산 증가가 한 원인이 된, 점점 늘어나는 적자를 공격했다. 뷜로 수상은 독일 예산의 구멍을 메우고, 세금 인상을 주저하는 제국의회를 상대하느라 고생하고 있었다. 그러나 다행히도 모로코를 둘러싼 중요한 위기와 전쟁 위협이 있었기 때문에 새로운 해군 예산안 노벨레Novelle는 제국의회에서 1906년 5월 큰 표 차로 통과되었다.64 그럼에도 불구하고 독일에 닥칠 재정 위기와 제국의회를 상대하는 어려움에 대한 뷜로의 우려는 점점 커졌다. 해군 지출에는 끝이 보이지 않는 것 같았다. 1907년 그는 티르피츠에게 따져 물었다. "대체 언제 함대를 끌고 나갈 것인가? 그래야 … 견디기 힘든 정치 상황이 해소될 것 아닌가."65 (독일이 영국을 압박할 만큼 강한 해군을 가질 시점에 이르려고 조용히 애쓰고 있는) 위험 시간대에서 벗어날 티르피츠의 시간표는 계속 미루어지고 있었다.

  카이저 빌헬름 2세와 티르피츠가 생각하기에 해군력 경쟁을 새로운 차원으로 끌어올린 책임은, 카이저의 말에 따르면 "피셔 경과 그의 폐하의 완전히 미친 드레드노트 정책"에 있었다. 독일인들은 에드워드 7세가 독일을 포위하는 정책을 펴고 있다고 보는 경향이 있었다. 티르피츠의 생각에는 영국이 드레드노트와 중순양함을 건조하는 실책을 범했기 때문에 독일인들이 분노하고 있는 것이었다. "우리가 바로 따라가는 것을 그들이 보면 이러한 골칫거리는 더 커질 것이다."[66] 그렇다고 독일 지도부가 가까운 장래에 대한 걱정을 멈추게 되지는 않았다. 티르피츠의 위험 시간대는 더 길어졌고, 그때까지 영국은 독일과 타협하려는 신호를 전혀 보여주지 않았다. 이에 "동맹국이 전혀 안 보인다"고 홀슈타인은 냉소적으로 뷜로에게 말했다.[67] 영국이 무슨 짓을 할지 누가 말할 수 있겠는가? 그들이 위선적이고 기만적이며 무자비하다는 것을 그들의 역사가 보여주지 않았는가? 해군력 경쟁이 시작된 후 "코펜하겐" 공포, 즉 영국 해군이 코펜하겐을 포격하고 덴마크 함대를 포획한 1807년 사건과 아주 비슷하게 영국이 갑자기 공격할지 모른다는 두려움이 독일 지도부의 뇌리를 떠나지 않았다. 1904년 크리스마스이브에는 러일전쟁이 국제적 긴장을 일으키고 있었다. 이때 뷜로는 영국 대사 라셀스에게 독일 정부는 일본과 동맹을 맺은 영국이, 러시아에 상당한 지원을 제공해온 독일을 공격하지 않을까 심각하게 우려하고 있다고 말했다. 다행히 베를린으로 소환된 런던 주재 독일 대사가, 걱정 많은 카이저를 비롯해 상관들에게 영국은 전쟁을 일으킬 의도가 없다고 간신히 설득했다.[68] 이러한 두려움은 독일 사회에 퍼져 공포를 불러일으켰다. 1907년이 시작될 때 발트해에 있는 킬 항구의 학부모들은 피셔가 침공할 것이라는 소문을 듣고 아이들을 학교에 보내지 않았다. 그해 봄 라셀스도 영국 외무장관 에드워드 그레이에게 다음과 같이 보고했다. "그저께 베를린은 완전히 미쳐 날뛰었다. 증권거래소에서 독일 증권은 6포인트 하락했고, 영국과 독일 사이에 전쟁이 일어날 것이라는 느낌이 널리 퍼졌다."[69] 한편 독일 함대를 기습 공격해야 한다는 생각이 영국의 일부 인사들에게 떠올랐고, 특히 피셔는 이런 의견을 두 번 제안했다. "오, 피셔, 자네 미친 게 틀림없네!" 영국 왕은 이렇게 말해 이 아이디어는 실현되지 않았다.[70]

그러나 카이저를 둘러싼 군대와 민간인 참모들 사이에서는 영국과의 전쟁 가능성이 점점 현실적 전망으로 논의되었다. 만일 전쟁이 다가오고 있다면 독일의 준비를 강화하고, 더 많은 국방비 지출에 저항하고 유럽 강국들과의 우호 정책을 옹호하는 사회민주당원 같은 "비애국적인" 독일인들을 잘 다루는 것이 중요했다. 독일 해군연맹은 임박한 위험을 점점 강하게 경고하며 해군에 더 많은 예산을 쓸 것을 요구하고, 신속히 움직이지 않는다는 이유로 자신들의 후원자인 티르피츠까지 공격했다. 사실, 우파의 일부 인사들은 일석이조의 효과를 거둘 수 있다고 생각했다. 그들은 티르피츠가 원한 것보다 훨씬 많은 해군 예산을 정부가 제국의회에 제출해 좌파와 자유주의적 중도파를 공격해야 한다고 주장했다. 만일 의원들이 거부하면 황제가 제국의회를 해산하고 더 민족주의적인 다수파를 결성하거나, 그가 과거에 언급한 쿠데타를 강행해 자유 언론, 남성 보통선거권, 선거,

제국의회 등 불편한 걸림돌을 제거할 좋은 기회라고 보았다. 티르피츠는 해군력 증강 법안을 준비하고 있던 1905년 말, 자신이 아끼는 해군이 독일에서 정치적·헌법적 변화를 강행시킬 "공성 망치"가 되지 않을까 우려했다. 그는 좌파 척결에 반대하지는 않았지만, 이 시도가 심각한 국내 격변 없이 성공할 수 있을 것인가, 그리고 이 시도로 인해 영국이 독일 해군이 빨리 증강되고 있다는 것을 결국 알아채지 않을까 우려했다.[71]

1908년, 보스니아 문제로 유럽의 긴장이 다시 고조되자 뷜로는 티르피츠가 증강하는 해군의 가치와 유럽에서 독일이 고립된 것에 대해 점점 회의적이 되었다. 그는 티르피츠에게 독일은 "차분히 그리고 확실히 영국의 공격을 예상할 수 있는가?"라고 물었다.[72] 티르피츠는 훗날 배신당한 기분이었다고 말했지만, 이 질문에 영국은 당장 공격할 가능성이 적기 때문에 독일은 해군력을 계속 증강하는 것이 최선의 정책이라고 대답했다. "우리 전함에 증강되는 모든 새로운 함정은 영국이 우리를 공격할 경우 그 위험부담을 증가시킨다." 런던 주재 독일 대사 파울 메테르니히가 독일의 해군 프로그램이 영국을 소외시키고 있다고 경고했지만, 티르피츠는 이를 무시했다. 영국의 적대적 태도의 주된 이유인 독일과의 경제적 경쟁은 사라지지 않을 것이며,[73] 후퇴는 국내에서 심각한 정치적 문제를 야기할 것이었다. 1909년 그는 충직한 보좌관에게 다음과 같이 적어 보냈다. "우리가 이미 전반적 상황에 의해 큰 위험에 처한 해군력 증강 법안을 주저하면, 이 여행이 우리를 어디로 데려갈지 알 수 없다."[74] 해군력 경쟁을 계속해야 한다는 티르피츠의 마지막 주장은 해군력 증강 프로그램 지속이나 전쟁 정당화에 반복적으로 사용되어온, 즉 독일은 이미 너무 많은 자원을 쏟아부었기 때문에 여기서 물러나면 그동안 치른 희생이 수포로 돌아간다는 주장이었다. 1910년 그는 이렇게 적었다. "만일 영국 함대가 항구적으로 그렇게 강할 수 있다면, 독일을 공격하는 데에 아무 위험도 초래하지 않을 것이다. 그렇게 되면 독일 해군 발전은 역사적 관점에서 보면 실책이 될 것이다."[75]

1908년 3월 티르피츠는 해군력 증강 보조법안인 2차 노벨레Second Novelle를 제국의회에서 통과시켰다. 이 법안은 독일 해군 함정의 수명을 단축해 교체 속도를 높였다(소형 함정은 대형 함정으로 교체), 티르피츠는 1년에 3척의 전함을 증강하는 대신 이후 4년간 매년 4척의 전함을 증강한 다음 매년 3척으로 줄이고, 이 속도를 항구적으로 유지하길 희망했다. 제국의회는 이후 더이상 그들이 해군을 통제할 수 없는 해군력 증강 프로그램도 승인했다. 1914년까지 독일 해군은 21척의 드레드노트급 전함을 보유하게 되고 그렇게 되면 영국이 대응하지 않는 한 영국과 독일 사이의 격차는 크게 줄어들 터였다.[76] 티르피츠는 황제에게 독일이 이 해군력 증강을 잘 해낼 것이라고 장담했다. "나는 폐하가 원하는 대로 국제적으로나 국내적으로 가능한 한 작고 문제없어 보이도록 해군 법안을 만들었다."[77] 빌헬름 2세는 장황한 개인 편지를 영국 해군장관이 된 트위드마우스Tweedmouth 경에게 보냈다. "독일 해군 법안은 영국을 겨냥한 것이 아니고, 오랜 세월 도전받지 않을 '해상에서 영국의 우위에 대한 도전'도 아닙니다."[78] 에드워드 7세는 조카 빌헬름 2세가 영국 장관에게 편지를 보내 지나치게 간섭하는 것이 불쾌했고, 많은 영국인들도 같은 생각이었다.[79]

티르피츠의 새 해군력 증강 프로그램에 필요한 돈을 구해야 하는 뷜로는 독일은 가장 강한 육군과 유럽에서 두 번째로 큰 해군에 돈을 댈 수 없다는 의견에 도달했다. 1908년 그는 다음과 같이 적었다. "우리는 육군을 약화시킬 수 없다. 우리 운명은 땅에서 결정될 것이기 때문이다."[80] 그의 정부는 심각한 재정 위기에 봉착했다. 독일의 국가 채무는 1900년 이후 거의 두 배로 늘어났고, 수익 증대는 어려운 것으로 드러났다. 중앙 정부 예산의 약 90퍼센트가 육군과 해군에 쓰였고, 1896년부터 1908년까지 12년간 주로 해군 예산 때문에 군비 지출이 두 배로 늘었고 당분간 그럴 전망이었다. 뷜로가 해군 예산 지출을 통제하려고 시도하자 빌헬름 2세의 한 측근은 그렇게 하면 황제를 "아주 기분 상하게"[81] 만들 뿐이라며 그러지 말라고 부탁했다. 뷜로는 1908년 내내 세제 개혁안을 제국의회에서 통과시키려고 노력했다. 하지만 상속세를 상향하는 제안은 우파를 격앙시켰고, 소비세 신설은 좌파에 유사한 반응을 불러일으켰다. 문제 해결에 실패한 그는 결국 1909년 7월 황제에게 사직서를 제출했다. 마침내 황제가 뒤에서 밀어주던 티르피츠가 정부를 주도하게 되었다.

그사이 영국은 독일의 해군력 증강 속도가 빨라지는 것에 경각심을 갖기 시작했다. 처음에 영국은 그렇게 되지 않기를 바라면서 티르피츠의 1906년 1차 해군력 증강 법안에 반응하지 않았다. 1907년 12월 해군부는 전함 건조 속도를 늦추자고 제안해서 1908-9년에 1척의 드레드노트급 전함과 1척의 중순양함만 건조하기로 했다. 이 제안은 예산을 절감하고 사회보장 프로그램에 재원을 지출한다고 약속한 자유당 정부의 노선에도 합치되는 것이었다. 그러나 1908년 여름이 지나면서 대중과 정부 모두가 우려하기 시작했다. 독일 함대가 대서양을 순항했다. 이것은 무엇을 의미했을까? 7월 《쿼털리 리뷰Quarterly Review》지에 실린 "독일의 위험"이라는 제목을 단 익명의 기사는 독일과 영국이 충돌하면 독일이 침공할 가능성이 크다고 경고했다. "독일 해군 장교들이 우리 항구를 측정, 스케치하고 우리 해안을 세세히 조사해왔다." 이 기사 작성자(일요 신문 《업저버》의 편집자인 J. L. 가빈)는 웨이터로 가장한 약 5만 명의 독일인이 영국에 이미 들어와 신호가 떨어지면 즉시 행동에 나설 준비를 하고 있다고 썼다. 이 기사가 나간 직후 유명한 독일 비행사 체펠린 백작이 새로 만든 비행선을 타고 스위스까지 날아갔다. 이 사건으로, 이제 《업저버》지에 실명으로 글을 쓰고 있던 가빈은 영국에 몰려드는 위협에 대한 새로운 예측을 내놓았다.[82]

그해 8월 에드워드 7세가 조카 빌헬름 2세를 만나러 아름다운 소도시 크론베르크를 방문했다. 그는 영국 정부가 독일 해군력 증강에 대한 우려를 요약한 문서를 가지고 있었지만, 빌헬름 2세에게 이 문제를 거론하지 않는 것이 더 현명하다고 생각했다. 에드워드 7세는 이 문제가 "두 사람 사이에 진행된 대화의 좋은 결과를 망칠 가능성이 있다"고 생각했다. 점심 식사 후 아직 유쾌한 기분이었던 황제는 영국 외무부의 상임 수장인 찰스 하딘지에게 시가를 함께 피우자고 권했다. 두 사람은 당구대 옆에 나란히 앉았다. 빌헬름 2세는 영국과 독일 관계가 아주 좋다고 생각한다고 말했다. 이 대화에 대한 비망록에 적은 대로 하딘지는 이견을 제시할 수밖에 없었다. "영국에서는 거대한 독일 함대 구축의 이유와 의도에 대해 정말 우려하고 있다는 사실을 숨길 수 없었다." 그는 만일 독일의 증강 프로그램이 계속 진행되면 영국 정부는 의회에 광범위한 군함 건조에 동의하도록 요청할 수밖에 없고, 틀림없이 영국 의회는 동의할 것이라고 경고했다. 하딘지의 생각에 그렇게 되는 것은 가장 불행한 전개였다. "두 나라 사이의 해군력 경쟁은 서로 관계를 악화시켜, 몇 년 안에 심각하든 사소하든 분쟁이 일어나면 아주 심각한 상황으로 이어질 것이 분명하다."

빌헬름 2세는 날카롭게 그러나 부정확하게 대답했다. 영국이 우려할 이유는 전혀 없고, 독일의 해군력 증강 프로그램은 새로운 것이 아니며, 독일 함대와 영국 함대의 상대적 비율은 그대로 유지될 것이라는 답변이었다. (그가 뷜로에게 보낸 멜로드라마 같은 설명에 따르면 그는 하딘지에게 이렇게 말했다. "완전히 바보 같은 짓이다. 누가 너희 다리를 잡아당기고 있다는 말인가?") 빌헬름 2세는 해군력 증강 프로그램 완수에 독일의 국가적 명예가 달렸다는 말도 했다. "외국 정부와 논의하는 것은 인정할 수 없다. 그런 제안은 국가적 위엄에 상처된다. 만일 정부가 받아들이면 국내 문제를 일으킬 것이다. 국가는 그러한 강압에 복종하느니 전쟁을 택할 것이다." 하딘지는 자신의 입장을 고수하면서 단지 두 정부가 우호적 대화를 해야 한다고 제안하고 있을 뿐이며 강압의 문제는 전혀 아니라고 말했다.

또한 그는 1909년 영국 전함이 독일보다 세 배 많을 것이라는 카이저의 주장을 반박했다. "나는 폐하가 어떻게 1909년 양국 해군의 상대적 전력에 대해 그런 숫자에 도달했는지 이해할 수 없다고 말했다. 그리고 영국 함대가 보유한 62척의 1급 함정은 영국 항구에 정박하고 있는, 고철로도 팔 수 없는 낡은 함정들이라고 응수했다." 빌헬름 2세는 이 대화에 대해 자신이 쓴 글에서 하딘지의 코를 납작하게 해주었다고 주장했다. "나는 영국 함대의 제독이기도 하다. 민간인이어서 아무것도 모르는 당신보다 훨씬 잘 알고 있다." 이때 황제는 보좌관을 보내 독일 수치가 맞는다는 것을 보여줄, 독일 해군부가 매년 발행하는 해군력 요약본을 가져오게 했다. 하딘지가 담담히 기술한 바에 따르면 카이저는 "참고하라며" 그에게 사본 한 부를 건넸고, 그는 그 수치가 옳다고 받아들일 수 있길 바랄 뿐이라고 빌헬름 2세에게 말했다.

　빌헬름 2세 특유의 설명은 아주 다르다. 하딘지는 "놀라서 할 말을 잊은" 표정이었고, 독일 수치를 완전히 인정한 라셀스는 "웃음을 간신히 참고 있었다"고 빌헬름 2세는 주장했다. 대화가 끝나 카이저가 뷜로와 이야기하자 하딘지는 애처롭게 "해군력 증강을 중단할 수 없나요? 아니면 전함 수를 줄일 수 없나요?"라고 물었다. 이에 빌헬름 2세는 "그러면 우리는 싸울 것이다. 국가적 명예와 위엄의 문제기 때문이다"라고 대답했다. 그가 하딘지의 얼굴을 정면으로 바라보자 하딘지는 얼굴이 붉어지며 깊게 고개를 수그리고 "무례한 표현"을 용서해달라고 간청했다. 황제는 스스로 만족했다. "내가 그 자료를 찰스 경(하딘지)에게 제대로 주지 않았는가?" 이런 설명을 뷜로는 그대로 믿기 힘들었다. 뷜로의 의심은 그 대화 자리에 있었던 동료에 의해 확인되었는데 그는 두 사람이 상당히 우호적으로 얘기했다고 전했다. 하딘지는 솔직하면서도 공손했고, 카이저는 좋은 기분을 유지했다.

이 대화가 영국과 독일 사이에 더 큰 이해를 만들어내지 못한 것은 유감이지만 놀라운 일은 아니다. 독일이 해군력 증강 속도를 계속 높이면 영국 정부는 여론에 의해 "대규모 해군력 증강 대응 프로그램"을 시작할 수밖에 없다는 하딘지의 경고는 무시되었다. 뷜로가 전하는 바에 따르면 실제로 빌헬름 2세는 크론베르크 회동에서 독일의 입장이 정당하다는 것을 영국 방문자들에게 설득했다고 확신하고 돌아왔다. 참모총장인 몰트케도 독일은 군사적으로 완전히 준비되어 있다고 그에게 장담했다. 그러니 독일이 조심하거나 해군력 증강 속도를 줄일 이유는 전혀 없었다. 빌헬름 2세는 뷜로에게 다음과 같이 확언했다. "영국 사람들에게 효과가 있는 유일한 방법은 솔직함이다. 인정사정없는, 심지어 잔인한 솔직함이 그들에게 쓸 수 있는 가장 좋은 방법이다."[83]

사실 점점 강해지던 영국의 의심은 그해 여름 독일 조선소를 지원하는 독일 해군의 순진한 움직임으로 더욱 강해졌다. 단치히에 있는 가장 큰 조선소 시샤우Schichau는 1908년 여름 다음해로 예정된 대형 전함을 건조하는 계약을 앞당길 것을 요청했다. 조선소 운영자들은 그러지 않으면 숙련된 노동자들을 해고해야 하고, 단치히의 경제 전체가 고통을 받을 것이라고 우려했다. (1945년 이후 단치히가 폴란드 영토의 일부인 그단스크가 되면서 시샤우의 조선 작업은 레닌 조선소의 일부가 되었고, 나중에도 여전히 이곳은 1980년대 연대 운동의 현장이었다.) 독일 해군은 동의했지만 전함 완성 일자가 변경되지 않았기 때문에 이 결정은 뜻하지 않게 영국의 경각심을 불러일으켰다. 그해 가을 베를린 주재 영국 해군 무관은 추가 전함이 건조되고 있다고 본국 정부에 보고

했다. 영국 정부는 결과적으론 맞지만 잘못된 증거를 바탕으로 독일이 해군력 증강 속도를 가속화하고 있다는 결론을 내렸다.[84]

이 단계에서 1914년 이전 영국과 독일 관계에 획을 긋는 불행한 사건 중 하나가 일어났다. 10월 28일 《데일리 텔레그래프》는 카이저와의 인터뷰 기사를 실었다. 사실은 자기 집을 카이저의 사적인 체류를 위해 빌려준 영국 지주 에드워드 스튜어트-워틀리Edward Stuart-Wortley와 빌헬름 2세가 전해에 나눈 대화를 기자가 각색한 기사였다. 두 사람이 몇 가지 주제에 대해 잡담을 나누는 가운데 빌헬름 2세는 항상 독일과 영국의 우호적 관계를 희망해왔으며, 자신이 영국인들을 위해 한 모든 일에 영국인들이 어떻게 감사하지 않을 수 있는지 불만을 털어놓았던 것 같다. 그는 영국이 프랑스와 우호 관계를 새로 맺은 것을 비판했다. 영국과 일본의 동맹도 큰 실책이라며 황색 인종이 초래할 참화Yellow Peril, 黃禍를 암울하게 언급했다. "오해받을지 몰라도 나는 그대들을 지원할 함대를 만들어왔다." 카이저의 말을 곧이곧대로 믿은 스튜어트-워틀리는 영국인들이 악의적인 반독일 언론에 호도되지 말고 카이저의 진정한 견해를 제대로 파악할 수만 있다면 양국 관계는 하룻밤 사이에 개선될 것이라고 생각했다. 1908년 9월 스튜어트-워틀리는 자신의 대담 기록을 《데일리 텔레그래프》 기자에게 넘겼고, 이 기자는 글을 인터뷰로 각색한 초안을 빌헬름 2세에게 보내 승인을 요청했다.

평소와 달리 빌헬름 2세는 제대로 처신해 이 인터뷰를 그의 수상에게 보냈다. 뷜로는 훗날 주장한 대로 너무 바빴거나, 아니면 그의 적들이 주장한 대로 너무도 무례하게 주군에 도전하느라 그 문서를 홀낏 보기만 하고 외무부에 보내 의견을 구했다. 결국 인터뷰는 적절한 검토 없이 흘러나갔고, 이 사건은 독일 정부가 업무를 수행하던 혼란스러운 방식의 또다른 예가 되었다. 빌헬름 2세의 부주의는 익히 알려졌기 때문에 이 과정에서 누군가가 적절히 주의를 기울였어야 했다. 이런 일이 한 번은 아니었다. 독일 당국은 당혹스러운 정보 유출을 막기 위해 영향력을 행사하거나 심지어 큰돈을 지불하기까지 했다.[85] 결국 이 글은 영국인들을 설득할 수 있을 것이라는 빌헬름 2세의 강렬한 희망과 함께 《데일리 텔레그래프》에 실렸다.[86]

빌헬름 2세는 자신의 관리들에게 그들보다 영국을 잘 이해한다고 말하는 것을 좋아했지만, 그의 어조는 자기 연민에 빠져 있었고 상대를 비난하는 투였다. 그런 어조뿐 아니라 내용에서도 실수를 범했다. 그는 영국인들이 "발정이 난 3월 토끼들처럼 미쳤다"고 말했다. 어떻게 영국인들은 빌헬름 2세가 친구이며, 그는 오직 영국인들과 우호적이고 평화적인 관계를 유지하고 싶을 뿐이라는 것을 모를 수 있느냐는 이야기였다. "당신들은 나의 행동이 말해주는 것에 귀 기울이지 않고, 잘못 해석하고 왜곡하는 사람들 말을 듣는다. 이 점을 나는 개인적 모욕으로 느끼고 유감으로 여긴다."[87] 이 맥락에서 빌헬름 2세는 보어전쟁 중 영국에 제공한 아주 중요한 도움을 언급했다. 그는 일부는 진실인, 보어전쟁 중 다른 유럽 강국들의 영국 간섭을 자신이 막았다는 사실을 지적했다. 그뿐 아니라 빌헬름 2세가 직접 짠 영국군의 작전 계획을 그의 작전참모가 검토한 다음 영국 정부에 보냈다. 그는 독일은 점점 커지는 제국과 무역하기 위해 해군이 필요한 것이 분명한데, 영국인들은 독일 해군이 자신들을 겨냥한다고 생각하는 것 같아 놀랐다고 말했다. 영국이 언젠가 일본은 친구가 아니고 독일이 친구임을 깨달으면 독일 해군에 고마워할 것이라는 말도 덧붙였다.

다른 때였다면 영국인들은 빌헬름 2세의 말에 주의를 기울이지 않았겠지만, 이 기사는 해군력 경쟁이 불길한 새 단계에 접어들고 독일 침공에 대한 대중의 우려가 컸던 여름이 지난 뒤 신문에 실렸다. 보스니아를 둘러싼 발칸 지역의 긴장과 모로코를 둘러싼 프랑스와 독일의 긴장도 고조되고 있었다. 많은 사람들은 이 인터뷰가 빌헬름 2세의 좌충우돌하는 기질을 보여준다고 여겼다. 하지만 크로는 즉시 외무부를 위해 이 인터뷰를 분석하고, 이는 영국의 여론을 호도하고 해군력 증강 예산에 대한 대중의 지지를 이끌어내기 위한 독일의 계획된 시도라고 결론지었다. 런던의 흥분을 가라앉히기 위해 최선을 다한 외무장관 에드워드 그레이는 친구에게 보내는 사적인 편지에 다음과 같이 적었다. "카이저 때문에 나는 노화가 빨라지고 있다. 그는 방향키 없이 속도를 올리는 전함 같다. 언젠가 무언가에 부딪쳐 재앙을 초래할 것이다."[88]

이번 사건으로 재앙은 독일에서 일어났고, 카이저의 정치 생명을 끝낼 뻔했다. "첫 반응은 당황이었고, 나중에는 절망과 분노가 모든 사람들을 덮쳤다."[89] 핵심층의 한 사람이 적은 기록이다. 독일인들은 황제가 그런 바보짓을 했고 이번이 처음이 아니라는 데 놀라고 격분했다. 보수주의자와 민족주의자는 영국과의 우애에 대한 황제의 공언을 혐오했고, 자유주의자와 좌익은 황제와 정권을 의회 통제 아래 둘 때가 되었다고 생각했다. 불길하게도, 황제를 강하게 지지한 몇 안 되는 관리들 중 하나가 프로이센의 전쟁장관이었다. 카를 폰 아이넘Karl von Einem 장군은 황제에게 군은 충성스러우며, 필요하다면 제국의회를 처리할 수 있다고 말했다. 뷜로는 제국의회에서 건성으로 황제를 옹호했다. 평소처럼 가을 순방과 사냥을 하던 빌헬름 2세는 갑자기 깊은 우울증에 빠졌다. 울음과 격노를 번갈아 보여주는 황제의 모습에 그의 동료들은 불안했을 것이 분명하다.[90] 한 사람은 이렇게 말했다. "빌헬름 2세에게 나는 실제 세상을 생전 처음 놀라서 바라보는 사람이 내 앞에 있는 느낌을 받았다."[91] 폰 아이넘은 빌헬름 2세가 내부에서 무언가 무너져 내려 더이상 자신만만한 통치자가 아니라고 생각했다.[92] 폭풍이 가라앉고 빌헬름 2세는 권좌를 유지했지만, 그와 그의 군주정은 심각하게 약해졌다. 그는 뷜로를 배신자로 보고 절대 용서하지 않았다. 이 일은 뷜로를 해임하는 또 하나의 이유가 되었다.

영국에서 《데일리 텔레그래프》 사건은 집권 자유당 내에서 열띤 논쟁거리가 되었다. 자유당은 경제와 사회 개혁, 특히 노령연금을 내걸고 선거에 승리했지만, 해군력 경쟁 때문에 예산 절감보다 예산 확대에 직면했다. 그러나 그들은 독일의 심각한 위협과 점점 커지는 대중의 우려를 무시할 수 없었다. 해군부는 1907년의 온건한 프로그램을 포기하고, 최소한 6척의 드레드노트급 전함이 필요하다는 결론에 도달했다. 1908년 12월 제1제독 레지널드 매케너Reginald McKenna는 내각에 새로운 제안을 했다. 새로 수상이 된 허버트 애스퀴스는 이에 공감했지만, 크게 분열된 내각을 다루어야 했다.

해군 예산의 급격한 증가에 대한 반대 의견은 주로 현대 영국 정치에서 가장 흥미롭고 논란이 많았던 두 정치인이 이끈 경제학자들로부터 나왔다. 평범한 웨일스 출신 급진파 데이비드 로이드조지는 영국 귀족 출신의 개성 강한 윈스턴 처칠과 공동 전선을 형성해 자신들이 원하는 사회 개혁을 위협하는 불필요한 예산 지출에 저항했다. 재무장관 로이드조지는 예산안이 승인되면 드레드노트 건조를 위해 3800만 파운드를 조달해야 했다. 그는 애스퀴스 수상에게 자유당은 "우리 전임자들의 경솔함이 만든 어마어마한 군비 지출"을 감당하지 못해 국내에서 지지를 잃게 될 것이라고 말했다. 로이드조지는 수상에게 앞으로 나타날 결과에 대해 경고했다. "3800만 파운드의 해군 예산안이 발표되면 선한 자유주의자들은 불만을 품고 공개적 선동에 나설 것이고, 이 의회의 효용은 끝날 것이다."[93]

야당인 보수당과 언론 대부분, 그리고 해군연맹과 런던상공회의소 국방위원회 같은 조직들은 자신들의 의견을 제시했다. 1908년 경기 침체로 타격을 받은, 기술자와 노동자를 해고해야 했던 조선소를 비롯한 군비 제조업자들도 의견을 내놓았다. 보수당 선전물은 이렇게 선동했다. "우리 해군과 실업자 모두가 굶게 된다. 이 정부를 몰아내지 않으면 곧 그렇게 될 것이다."[94] 국왕은 8척의 드레드노트급 전함을 원한다는 뜻을 밝히고 여론에 기조를 맞추었다. "우리는 8척을 원하며, 기다리지 않겠다"가 보수당 의원들이 만들어낸 대중적 구호였다.

1909년 2월 애스퀴스는 내각이 수용할 수 있는 타협안을 만들어냈다. 영국은 다음 재무 연도에 4척의 드레드노트급 전함 건조를 시작하고, 필요하다는 것이 분명해지면 1910년 봄까지 4척을 더 건조하는 것이 그의 타협안이었다. (독일의 동맹국 오스트리아-헝가리와 이탈리아가 자체 해군 프로그램을 시작한 뒤 결국 4척의 드레드노트급 전함이 추가되었다.) 자유당은 이 안을 지지했고, 정부는 이 정책이 제국의 안전을 보장하지 못한다며 보수당이 초래한 반대 움직임을 쉽게 좌절시켰다. 언론의 캠페인도 점차 수그러들었고, 대중의 관심은 1909년 4월 말 로이드조지가 제출한 예산안에 집중되었다. 연설에서 로이드조지는 여전히 급진주의자였지만 세계에서 영국의 입지에 대해 우려했다. 예산안은 "가난과 불결에 맞선" 전쟁을 선포하고 영국 빈곤층의 생활을 바꾸기 위해 자금을 조달할 계획이었다. 그러나 그는 국방을 소홀히 할 생각은 전혀 없었다. "그런 바보 같은 행동은 국가들의 현재 상황을 고려할 때 자유주의가 아니라 미친 짓이다. 우리 국가의 존재뿐 아니라 서구 문명의 중요한 이익이 걸린 해군의 우위를 위험에 빠뜨릴 생각은 없다." 사회 개혁과 국방에 필요한 예산을 마련하기 위해 그는 주세, 유산상속세 등 기존 세금을 인상하고, 토지에 새로운 세금을 부과할 것을 제안했다. 지주귀족을 비롯한 부자들은 불평을 쏟아냈다. 인민 예산People's Budget이라고 알려진 이 조치는 영국 사회에 혁명을 초래하고 있었다. 귀족들은 영지 노동자들을 해고하겠다고 위협했고, 버클루Buccleuch 공작은 지역 축구팀에 매년 기부하던 1기니(영국의 구 금화. 21실링으로 현재의 1.05파운드에 해당)를 취소해야 할 것이라고 발표했다. 싸움을 마다하지 않는 로이드조지는 뉘우치는 기색이 없었다. 그는 부자들이 드레드노트를 원했지만 이제 그 돈을 지불하려 하지 않는다고 말했다. 그렇다면 귀족의 가치는 얼마나 될까? "완전히 장비를 갖춘 공작은 2척의 드레드노트를 유지하는 것만큼 돈이 나간다. 그들은 더 오래 존속하므로 아주 큰 공포다."[95]

로이드조지가 의도한 대로 상원은 1909년 11월 그의 예산안을 거부했다. 상원이 예산안을 거부한 것은 전례가 없는 일이었다. 애스퀴스는 하원을 해산하고 1910년 1월 선거에서 이 이슈를 가지고 싸웠다. 자유당은 의석이 줄었지만 승리를 거두었고, 다음해 4월 상원은 현명하게 예산안을 통과시켰다. 오랜 정치적 폭풍이 지나고 다음해 상원은 하원의 예산 법안을 수용하면서 지배권을 영원히 상실했다. 독일과 달리 영국은 재정 위기를 극복하면서 이에 대한 의회의 강한 통제도 유지할 수 있었다. 영국은 해군력 경쟁에서도 이겼다. 1차대전이 일어났을 때 영국은 20척의 드레드노트급 전함을 보유해 13척을 보유한 독일을 압도했고, 다른 모든 종류의 군함에서도 결정적으로 유리했다.

해군력 경쟁은 영국과 독일 사이에 커갔던 적대감을 이해하는 데 핵심 요인이다. 무역 경쟁, 식민지 쟁탈전, 민족주의적 여론도 나름의 역할을 했지만, 이 요인들은 영국이 프랑스, 러시아, 미국과 각각 맺은 관계에서도 전적으로 또는 부분적으로 작용했다. 그러나 어떤 경우에도 1914년 이전 영국과 독일 관계에서 문제가 된 것처럼 점점 심화되는 의심과 공포를 초래하지는 않았다. 상황은 아주 쉽게 달라질 수 있었다. 1914년 이전 독일과 영국은 서로의 가장 큰 무역 파트너였다(국가 간 무역이 많을수록 전쟁할 가능성이 줄어든다고 주장하는 사람들에게는 불편한 사례). 독일은 유럽에서 가장 큰 육상 강국, 영국은 가장 큰 해상 강국으로서 양국의 전략적 이해가 깔끔하게 정리될 수도 있었다.

그러나 독일이 일단 강력한 함대 건설에 나서자, 영국은 불안해질 수밖에 없었다. 독일은 자주 말했듯이 해외 무역과 식민지를 보호하기 위해, 그리고 거대한 해군이 오늘날 핵무기처럼 강국의 상징이기 때문에 해양 함대를 원했다. 영국은 점점 커지는 러시아, 미국 또는 일본 해상 세력과 공존하듯 독일 해군과 공존할 수도 있었다. 영국이 받아들일 수 없는 것은 지리의 결과였다. 독일 함대는 발트해에 있든, 독일의 북해 연안에 있든 영국 제도 가까운 곳에 집중되었다. 1914년 킬 운하가 확장되면서(그해 6월 완성) 독일 선박들은 덴마크, 스웨덴, 노르웨이를 통과해 북해로 나오는 위험 부담이 큰 항로를 피할 수 있게 되었다.

해군력 경쟁은 티르피츠가 계획한 대로 영국을 우호 관계로 이끌기는커녕 독일과 영국 사이에 더 깊은 골을 만들어놓았고, 서로에 대한 양국 엘리트와 대중 여론을 악화시켰다. 이에 못지않게 중요한 것은 영국이 독일의 위협에 맞서기 위해 새로운 동맹국을 찾을 필요가 생겼다는 점이다. 1차대전 후 뷜로가 티르피츠에게 편지를 쓰면서 한 말은 옳았다. "독일이 발칸 문제를 제대로 다루지 못해 전쟁에 끌려 들어갔더라도 … 영국의 여론이 우리의 거대한 함정 건조에 그렇게 격분하지 않았다면 프랑스, 특히 러시아가 전쟁에 참전했을지 의문이다."[96]

만일 해군에 쏟아부은 자금의 일부가 육군에 갔다면 어떻게 되었을까? 병사와 무기를 증강할 수 있어 1914년 독일 육군이 더 강했다면, 그해 여름 거의 성공할 뻔한 프랑스 공격을 완수하지 않았을까? 1차대전과 유럽에는 어떤 의미가 있었을까? 또한 해군력 경쟁은 역사에서 개인이 얼마나 중요한지를 보여준다. 해군력 증강을 뒷받침할 각국의 경제, 생산, 기술적 능력이 없었다면 해군력 경쟁은 일어나지 않았을 것이다. 대중의 지지 없이는 지속될 수 없었다. 그러나 티르피츠와 그를 전적으로 지원한 카이저의 의사 — 불완전한 독일 헌법이 그에게 허용한 능력 — 가 없었다면 해군력 경쟁은 애초에 일어나지 않았을 것이다. 티르피츠가 해군장관이 되었을 때 정부 엘리트 내에는 강한 해군을 지지하는 그룹이 없었고, 강한 여론의 지지도 없었다. 둘 다 해군이 성장하면서 나중에 생겨났다.

해군력 경쟁 덕분에 유럽의 오랜 평화를 유지하자는 의견은 입지가 좁아졌고, 전쟁을 향한 길은 더욱 분명해졌다. 해군력 경쟁의 결과 영국이 취한 첫 외교정책 구상은 — 프랑스와 관계를 개선하는 움직임 — 방어적이었지만, 돌이켜보면 얼마나 전쟁 쪽으로 기울어 있었는지를 쉽게 알 수 있다. 또한 1914년 이전 10년 동안 전쟁, 심지어 전면전의 가능성이 전 유럽에서 얼마나 자주, 쉽게 일상적으로 논의되었는지도 주목할 만하다.

6장

어울리지 않는 우방

영국·프랑스 협상

1900년 이후 프랑스와 영국 사이에 예기치 않았던 새로운 우호 관계가 증진되어 영불협상이 성사되었다. 힘이 점점 커지는 독일을 양국이 함께 두려워하며 옛 증오를 극복한 결과였다. 1903년 에드워드 7세가 파리를 방문해 큰 성공을 거둔 것도 프랑스 여론을 얻는 데 도움이 되었다. 이 만평에서 에드워드 7세와 프랑스 대통령 루베는 "영국과 프랑스는 영원히!"라는 글자 아래 서로 상대국의 민속 의상을 입고 있다. 옆에는 과거 양국이 대전투를 벌였던 워털루와 크레시의 글자가 올리브 가지로 장식되어 있고, 맨 위 깃발에는 평화, 명예, 승리가 쓰여 있다.

1898년, 나일강 상류의 작은 진흙벽돌 마을이 프랑스와 영국 간에 전쟁을 불러올 뻔했다. 요새는 무너지고 소수의 주민들이 농사지으며 근근이 살아가던 파쇼다는 오늘날 신생국 남수단의 코도크다. 아프리카 북부에 자리한 이곳에서 프랑스와 영국의 제국적 야망이 충돌했다. 아프리카 서해안 식민지에서 나일강까지 거대한 제국을 건설하려는 프랑스는 아프리카 동쪽으로 나아가고 있었다. 이집트를 지배하고, 수단에서 이집트의 이권을 챙긴 영국은 동아프리카의 기존 식민지를 향해 남쪽으로 움직이고 있었다. 두 국가의 체스 게임은 아프리카의 지도 위에서 벌어졌고, 한 제국은 다른 제국을 견제해야 했다. 이 게임은 끼어들려고 관망하는 이탈리아와 독일 때문에 다음 수를 둘 시간이 짧아지면서 복잡해졌다.

프랑스인들은 영국이 1882년 큰 소요가 일어난 이집트를 차지한 것을 결코 용서하지 않았다. 당시 영국이 단독으로 행동에 나선 것은 프랑스 정부의 무능과 주저 때문이었다. 영국의 이집트 점령은 일시적일 것으로 예상했지만, 이집트에 들어가는 것보다 빠져나오는 것이 더 어려웠다. 시간이 지나면서 계속 연장되는 영국의 지배는 프랑스인들의 불만을 가중시켰다. 독일의 입장에서 이집트는 프랑스와 영국을 갈라놓을 간편한 쐐기였다. 프랑스 내의 적극적인 식민주의

로비는 프랑스 정치인들과 대중에게 이집트와의 역사적 연계를 상기시켰다. 나폴레옹이 이집트를 점령했고, 프랑스 공학자 페르디낭 드 레셉스가 수에즈 운하를 건설하지 않았는가? 그 보상으로 프랑스는 또다른 곳에서 식민지를 획득해야 했다. 프랑스 식민지 알제리 옆에 있는 모로코는 매력적인 땅이었고, 1885년 찰스 고든이 지휘하는 영국-이집트군이 마흐디Mahdi에게 패배한 후 상실한 수단도 탐나는 땅이었다. 1893년에는 프랑스의 한 엔지니어가 나일강 상류의 댐이 이집트에 온갖 문제를 일으킬 수 있다고 지적해 프랑스 정부의 관심을 끌었다. 파리에서는 파쇼다와 인근 지역을 차지하기 위해 원정대를 파견하기로 결정했다.

계획은 장바티스트 마르샹 소령이 이끄는 작은 부대가 아프리카 서해안의 프랑스 식민지 가봉에서 출발해 꾸준히 동쪽으로 진군하며, 프랑스 원정대의 지휘관들은 필요할 경우 교역 가능성에만 관심 있는 여행자인 척하고, 영국이 무슨 일이 진행 중인지 알아차리기 전에 파쇼다에 도달하는 것이었다. 프랑스인들은 현지의 동조 세력, 심지어 승리한 마흐디와 수단에 있는 그의 군대를 얻을 수 있을 것이라고 생각했다. 이러한 움직임은 나일강 상류 지역의 경계를 확정하고 이집트 지배를 다시 논의하는 국제회의 개최를 촉발할 수도 있었다. 불행하게도 프랑스의 예상은 크게 빗나갔다. 첫째, 여러 이유로 원정이 지연되어 1897년 3월까지 떠나지 못했다. 둘째, 프랑스 식민 로비 세력과 이에 동조하는 신문들은 원정의 전망을 아주 공개적으로 논의하고, 출발하기도 전에 친절하게 지도를 제공해 영국이 대응할 충분한 시간을 주었다. 마르샹이 브라자빌을 출발하기도 전에 영국 정부는 나일강을 향한 프랑스의 움직임을 비우호적 행위로 간주할 것이라고 경고했다.[1] 셋째, 프랑스 원정대가 파쇼다에서 마르샹 부대를 지원하기 위해 자국을 통과하는 데 동의했던 아프리카 독립국 에티오피아의 메넬리크 황제는 약속을 지키지 않고 프랑스 원정대가 크게 우회하도록 만들었다.[2]

1년 반 동안 마르샹과 7명의 프랑스군 장교는 120명의 세네갈 병사들과 함께 힘겹게 아프리카를 횡단했다. 원정대는 종종 동원된 짐꾼들과 함께 10톤의 쌀, 5톤의 소금에 절인 소고기, 1톤의 커피, 예정된 성공을 축하하기 위한 1300리터의 적포도주와 샴페인 등 엄청난 양의 보급품을 운반했다. 상당한 양의 탄약과 강을 건널 작은 증기선 하나(짐꾼들이 분해해서 190킬로미터의 숲을 헤치고 나가야 했다), 그리고 지역 주민들 — 낯선 사람들이 접근하자 대부분 도망쳤지만 — 에게 선물할 색색의 구슬 16톤과 7만 미터에 달하는 여러 빛깔의 천도 가져갔다. 기계식 피아노, 프랑스 국기, 채소 씨앗도 짐에 포함되었다.[3]

1898년 늦여름 마르샹의 원정대가 파쇼다와 나일강에 접근하자, 영국은 그들이 어디로 향하는지와 그 목적이 무엇인지를 분명히 알아차렸다. 프랑스군이 파쇼다에 자리를 잡고 있을 때, 영국군은 이미 이집트에서 남쪽으로 진군하고 있었다. 이때 영국군을 지휘한 허레이쇼 허버트 키치너 장군은 수단을 탈환하라는 명령에 따라 움직이고 있었다. (젊은 윈스턴 처칠도 종군기자로 따라왔다.) 9월 2일 영국군과 이집트군은 하르툼 외곽 옴두르만에서 마흐디의 군대를 일방적으로 격파했다. 그러고 나서 키치너는 런던에서 올 때 받았던 봉함된 명령서를 열었는데, 거기에는 나일강을 따라 파쇼다까지 남하해 프랑스

6장 어울리지 않는 우방

군이 철수하도록 설득하라는 명령이 들어 있었다. 9월 18일 그는 5척의 소형 군함과 프랑스군을 거뜬히 제압할 거대한 병력을 이끌고 파쇼다에 도착했다.

파쇼다에서 양국 관계는 완전히 우호적이었다. 영국인들은 프랑스인들이 꽃밭을 가꾸고 채소, 특히 녹색 껍질콩을 재배하는 모습에 좋은 인상을 받았다. 프랑스인들은 조국에서 온 최근 신문을 보고 즐거워했지만, 당시 프랑스 사회를 갈라놓고 있던 드레퓌스 사건을 알고 경악했다. 원정대원 한 명은 "프랑스 신문을 펼친 지 한 시간 후 우리는 전율하며 울었다"고 말했다. 키치너는 마르샹에게 위스키와 소다수를 주었다. (훗날 마르샹은 이렇게 말했다. "내가 조국을 위해 치른 가장 큰 희생 중 하나는 그 연기 냄새 나는 끔찍한 술을 마신 것이었다.") 프랑스인들은 따뜻한 샴페인을 답례로 주었다. 양측은 정중하면서도 확고하게 주변 영토를 요구했고, 둘 다 철수를 거부했다.[4]

교착 상태에 빠졌다는 소식은 기선과 전보를 통해 북쪽으로 빠르게 전해졌다. 파리와 런던의 반응은 현지에서처럼 온화하지는 않았다. 물론 영국과 프랑스는 파쇼다 충돌로 양국이 공유한 오랜 격동의 역사에 짓눌렸다. 헤이스팅스, 아쟁쿠르, 크레시, 트라팔가, 워털루, 정복왕 윌리엄, 잔 다르크, 루이 14세, 나폴레옹, 이 모든 것이 영불해협 동쪽에 믿을 수 없는 영국, 서쪽에 기만적인 프랑스가 있다는 인식으로 합쳐졌다. 파쇼다 역시 16세기 이후 세계 지배를 둘러싼 오랜 싸움의 연장선상에 있었다. 세인트로렌스강부터 벵골의 평원에 이르기까지 영국군과 프랑스군은 제국을 위해 싸웠다. 오랜 경쟁 관계는 최근 경쟁으로 다시 불붙었다. 이집트는 물론이고 쇠퇴하는 오스만제국을 놓고도 양국은 대립했다. 아시아 — 인도차이나를 차지한 프랑스 제국과 인도를 차지한 영국 제국은 여전히 독립국인 시암(태국)에서 부딪쳤다 — 와 서아프리카, 그리고 영국의 항의에도 불구하고 프랑스가 1896년 장악한 인도양의 마다가스카르섬에서도 충돌했다. 파쇼다 위기 중인 1898년 가을 프랑스 신문들은 "영국에 굴복하는 일은 없다" 같은 헤드라인을 달았고, 영국 신문들은 프랑스의 속임수를 더는 방관하지 않을 것이라고 경고했다. 영국 신문《데일리 메일》은 "오늘 양보하면 내일은 더 가당찮은 요구에 직면할 뿐이다"라고 썼다.[5]

양국 정부는 무대 뒤에서 부산하게 움직이며 필요할 경우에 대비해 전쟁 계획을 세웠다. 영국은 브레스트의 프랑스 해군 기지 공격의 이점에 주목하고 지중해 함대를 경계 태세에 돌입시켰다. 저명한 영국 언론인이자 사업가인 토머스 바클리는 파리에서 영불해협 연안 항구의 시장들이 교회를 병원으로 징발하라는 명령을 받았다는 소문을 들었다. 그는 만일 전쟁이 일어나면 프랑스에 있는 영국인들에게 무슨 일이 일어날지에 대한 기사를 지역 영자 신문에 실었다. 영국 대사는 이미 흔들리고 있는 프랑스 정부에 맞서 쿠데타가 일어날지 모르며, 만일 병사들이 정권을 잡으면 그들은 나라를 통합하기 위해 영국과의 전쟁을 환영할 것이라고 경고했다.

빅토리아 여왕은 솔즈베리에게 "그렇게 빈약하고 작은 목적을 위한 전쟁에 나는 동의하기 힘들다"고 말하고, 프랑스와 타협할 방법을 찾으라고 촉구했다. 솔즈베리는 프랑스도 전쟁을 원하지 않는다고 판단했고, 그의 생각은 옳았다.[6] 11월 초 프랑스는 마르샹과 그의 부대를 파쇼다에서 철수하는 데 동의했다(공식적인 이유는 그들의 건강을 위한 것으로 발표되었다). 마르샹은 영국 기선을 타고 철수하는 것을 거부했고 원정대는 동쪽으로 이동해 6개월 후 인도양의 지부티에 도착했다. (파쇼다는 여전히 가난하지만 오늘날 인구는 수단 내전과 기아로 인한 난민 덕분에 훨씬 많아졌다.)

다음해 보어전쟁이 일어나자 프랑스 여론은 남아프리카의 공화국들을 응원했다. 생시르St Cyr 육군사관학교 1900년 졸업생들은 스스로 트란스발 학번Transvaal year이라고 불렀다.[7] 파리 주재 영국 대사는 솔즈베리에게 프랑스 여론은 영국의 고통에 대단히 기뻐하고 있다고 침울하게 보고했다. "확신하건대 질투, 악의, 분노로 미쳐버린 것 같은 나라에서 여왕의 대사로서 느낄 수밖에 없는 고통스러운 상황에 폐하도 공감할 것입니다."[8] 프랑스 대통령 펠릭스 포르는 러시아 외교관에게 독일이 아니라 영국이 자국의 주적이라고 말했고, 다시 영불해협 양쪽에서 전쟁 가능성 이야기가 나왔다.[9]

파쇼다 위기와 그 여파는 양국에 앙금을 남겼지만, 유익한 효과도 있었다. 1962년 쿠바 미사일 위기 때처럼 전면전 가능성은 핵심 인물들을 놀라게 했고, 냉정한 지도자들은 그런 위험한 대결을 피할 방법을 생각하기 시작했다. 영국에서 체임벌린과 밸푸어처럼 고립에서 벗어나려는 사람들이 동맹국으로 강하게 선호하는 나라는 없었다. 위대한 선임자인 파머스턴 경처럼 그들은 영국에 영원한 동맹국이나 적은 없고 다만 영원한 국익만 있다고 생각했다. 체임벌린은 다음과 같이 말했다. "독일과의 자연스러운 동맹을 포기해야 한다면, 영국이 러시아나 프랑스와 이해에 도달하는 것은 불가능한 일이 아니다."[10]

흥미롭지만 믿기 힘든 회고록을 쓴 독일 외교관 바론 에카르트슈타인Baron Eckardstein은 1902년 초에 체임벌린과 런던에 새로 부임한 프랑스 대사 폴 캉봉Paul Cambon 사이의 대화를 엿들었다고 주장했는데, 여기에 진실이 있을지도 모른다. "우리가 저녁 식사 후 담배를 피우고 커피를 마시는 동안 나는 갑자기 체임벌린이 캉봉을 당구방으로 데려가는 것을 보았다. 나는 그들이 정확히 28분 동안 아주 활발하게 대화하는 모습을 보았다. 물론 나는 그들이 무엇을 말하는지 알 수 없었지만 '모로코'와 '이집트'라는 두 단어는 들었다."[11]

오랜 적과의 우호 관계를 고려하는 어려움은 프랑스 쪽이 더 컸다. 영국이 세계에서 자신들의 입지에 불편함을 느꼈다면, 프랑스는 자신들의 쇠퇴와 현재의 취약함을 뼈저리게 느끼고 있었다. 이 때문에 그들은 더 분개했고 영국에 대한 의심도 커졌다. 프랑스가 유럽을 지배했던 때이자 철학부터 패션까지 프랑스 문명이 유럽대륙 전체의 모델이었던 루이 14세 시기의 오랜 통치를 비롯한 과거의 영광과 치욕스러운 기억 또한 큰 부담이었다. 최근에는 기념비, 그림, 서적을 비롯해 거의 모든 프랑스 도시와 마을에 있는 나폴레옹 거리가 프랑스인들에게 나폴레옹과 그의 군대가 거의 전 유럽을 정복했었다는 사실을 상기시켰다. 워털루 전투가 나폴레옹 제국의 종말을 가져왔지만, 여전히 프랑스는 세계 문제에 영향을 미칠 능력을 갖춘 강국이었다. 나폴레옹의 조카인 나폴레옹 3세와 또 한 번의 전투가 극적인 변화를 가져왔다.

1870년 황제 나폴레옹 3세가 이끈 프랑스는 세당에서 프로이센과 독일 동맹국들 손에 처참하게 패했다. 프랑스인들이 비통하게 말한 것처럼 어느 한 나라도 프랑스를 도우러 오지 않았고, 이 일은 영국에 또 하나의 감점 요인이 되었다. 프랑스-프로이센전쟁의 여파로 프랑스는 실행 가능한 새로운 정권을 만들려고 애쓰며 프랑스인끼리 싸웠고, 그동안 비스마르크는 굴욕적 평화를 강요했다. 프랑스는 막대한(1차대전 후 독일이 프랑스에 지불한 것보다 많은) 전쟁배상금을 지불할 때까지 프로이센의 점령을 수용해야 했고, 동부 국경의 알자스와 로렌 두 지방을 잃었다. 마지막 치욕적인 행사로 프로이센 왕은 루이 14세가 지은 베르사유 궁전 거울의 방에서 카이저로 즉위했다. 유명한 말이 된 독일 기자의 표현처럼 "유럽은 여주인을 잃고 남자 주인을 얻은" 셈이었다. 브뤼셀에서 러시아 외교관은 더 장기적인 전망을 내놓았다. "나는 9월 2일(세당에서 프랑스군이 항복한 날) 장차 프랑스-러시아 동맹을 가져올 첫 돌이 놓였다고 본다."[12]

이후 비스마르크는 1890년 하야할 때까지 최선을 다해 프랑스가 보복할 수 없게 만들었다. 그는 약속, 회유나 위협을 통해 이 동맹 저 동맹을 만들며 그만이 전개할 수 있는 외교 게임을 벌이면서 독일을 국제관계의 중심으로 만들고 프랑스를 고립시켰다. 유럽 중심부에 부상하는 독일에 위협을 느끼고, 프랑스와 마찬가지로 새 제국과 긴 국경을 맞대게 된 러시아는 프랑스의 동맹이 될 수 있었다. 하지만 비스마르크는 영악하게도 러시아 통치자들의 보수주의에 호소해 러시아를 또다른 보수 강국인 오스트리아-헝가리와 맺은 3제동맹으로 끌어들였다. 러시아와 오스트리아-헝가리의 경쟁이 이 동맹을 위협하자 그는 1887년 비밀리에 러시아와 재보장조약을 체결했지만, 독일은 1890년 주의를 기울이지 않다가 이 조약을 갱신하지 못했다.

비스마르크는 프랑스와도 상업적 연계를 늘리겠다고 약속했다. 프랑스와 독일 은행들은 협력해 라틴아메리카나 오스만제국에 자금을 대주었다. 양국 사이의 교역은 관세동맹 이야기가 나올 정도로 증가했다. (관세동맹은 몇십 년을 더 기다려야 했다.) 비스마르크는 프랑스가 서아프리카나 프랑스령 인도차이나가 된 동남아시아에서 식민지를 획득하는 것도 도와주었다. 프랑스가 오스만제국 영토였던 북아프리카로 진출하는 것도 밀어주었다. 독일은 프랑스가 1871년 튀니지를 제국주의를 덜 드러내는 형태인 보호령으로 만들도록 도와주었고, 프랑스가 모로코로 세력권을 넓히는 것도 호의적으로 방관했다. 비스마르크는 운이 좋으면 프랑스 제국은 영국, 이탈리아와 충돌할 테고, 최소한 프랑스가 동맹을 맺지 못하게 할 것이라고 계산했다. 그리고 프랑스가 해외로 시선을 돌리면 독일에 당한 패배와 두 지방을 상실한 것에 대한 분노가 완화될 것으로 보았다.

하지만 파리 콩코르드 광장에 있는 알자스의 수도 스트라스부르의 동상은 검은 천으로 덮여 프랑스가 이 지역을 상실했다는 사실을 상기시켰다. 노래, 소설, 그림과 전장에서 매년 치르는 기념식으로도 상기되었다. 프랑스 교과서는 학생들에게 프랑스-프로이센전쟁을 끝낸 프랑크푸르트 조약은 "휴전이지 평화협정이 아니다. 1871년 이후 전 유럽이 항구적으로 무기를 들고 살게 된 이유다"라고 가르쳤다.[13] 프랑스에서 어떤 사람이나 사물을 "프로이센"이라고 부르는 것은 끔찍한 모욕이었다. 알자스와 로렌 남부 지역이 — 잔 다르크의 출생지로 특별한 의미가 있는 — 이제 엘자스와 로트링겐이 되고 초소와 요새로 새 국경이 표시된 것은 프랑스 애국자들에게 악몽 같은 일이었다. 매년 프랑스 기병학교 졸업생들은 보주 산악 지역을 관통하는 이 국경을 방문해 프랑스와 독일 사이에 전쟁이 일어나면 그들이 진격할 언덕을 관찰했다.[14] 프랑스가 패배하고 26년이 지난 후 폴 캉봉은 외교관인 동생 쥘과 함께 베르사유 궁전을 산책하며 독일에 당한 프랑스의 치욕을 "아물지 않은, 화상 입은 상처"로 떠올렸다.[15]

시간이 흐르면서 상처는 아물어갔다. 알자스와 로렌을 되찾겠다는 희망을 버린 프랑스인은 거의 없었지만, 그들은 프랑스가 가까운 장래에 또다른 전쟁을 감당할 수 없다는 현실을 받아들였다. 훗날 사회주의 지도자가 될 장 조레스는 1887년 "전쟁도, 포기도 아니다"라고 말했다. 눈에 띄는 일부 예외는 있었지만 1890년대와 1900년대에 성인이 된 세대는 더이상 알자스와 로렌 상실을 비통해하지 않았고, 독일에 대한 복수를 열망하지도 않았다. "복수의 장군"이라고 불린 조르주 불랑제 장군 같은 떠들썩한 소수 민족주의자들은 정부가 무언가를 해야 한다고 요구했지만, 대부분 전쟁 옹호까지 가지는 않았다. 불랑제는 1889년 쿠데타에 마지못해 가담했다가 벨기에로 도망쳐 1년 후 애인의 무덤에서 자살해 스스로 명예를 실추시켰다. 1870-1년 참사 후 프랑스의 첫 임시 대통령이 된 아돌프 티에르는 다음과 같이 입장을 밝혔다. "복수와 보복을 이야기하는 사람들은 아무 생각이 없고, 애국주의를 선동하는 사람들의 말에는 아무 반향도 없다. 진정한 애국주의자인 정직한 사람들은 평화를 원하며, 우리 운명을 결정할 책임을 미래로 미루고 있다. 내 생각을 말하자면 나는 평화를 원한다." 민족주의 우파로부터의 공격이 두려워 너무 자주 밝힐 수는 없었겠지만 이런 생각은 이후 프랑스 지도자들에게 폭넓게 공유되었다. 최소한 1914년 직전에 민족주의가 부활할 때까지는 대중도 그다지 열정적이지 않았고, 알자스와 로렌을 되찾기 위한 것일지라도 또 다른 전쟁이 일어날까봐 정말 걱정했다.[16] 지식인들은 군사적 모험을 꿈꾸는 사람들을 조롱했다. "개인적으로 나는 잊힌 그 땅에 별로 신경쓰지 않는다. 담뱃재를 떨기 위해서나 그 땅이 필요하다."[17] 저명한 지식인 레미 드 구르몽이 1891년에 한 말이다. 좌익과 특히 자유주의 진영에서는 평화를 중시하고 전쟁에 반대하는 정서가 늘어나고 있었다. 1910년, 프랑스-프로이센전쟁에서 프랑스군이 당한 중요한 패배를 기리는 40주년 기념식에서 또다른 프랑스 정치인은 우익의 티에르처럼 조심스럽게 프랑스의 입장을 내놓았다. 1차대전이 터졌을 때 프랑스 대통령을 맡을, 다시 프랑스 땅이 될 로렌 출신의 레몽 푸앵카레는 다음과 같이 말했다. "프랑스는 진심으로 평화를 원한다. 평화를 파괴하는 어떤 일도 하지 않을 것이다. 평화를 유지하기 위해 프랑스는 언제나 자국의 존엄과 양립하는 모든 일을 할 것이다. 평화는 우리에게 망각도, 불충도 비난하지 않는다."[18]

프랑스인들은 1871년 이후 수십 년간 국내에서 신경쓸 일이 많았다. 프랑스혁명과 나폴레옹 시기로 거슬러 올라가는 반감 ― 반교회적 사람들에 대한 종교적 반감, 공화주의자에 대한 왕정주의자들의 반감, 우익에 대한 좌익의 반감, 보수주의자와 반동주의자에 대한 혁명주의자의 반감 ― 이 남아 프랑스 사회를 분열시키고 여러 정부의 정통성을 연달아 훼손했다. 실제로, 프랑스가 혁명 200주년을 기념한 1989년에도 혁명이 무엇을 의미하며 어떻게 기억해야 하는지를 놓고 의견이 크게 갈렸다. 전쟁 패배와 내전에서 탄생한 제3공화국은 또다른 분열의 층을 만들었다. 새 임시정부는 승리한 독일과 화해해야 할 뿐 아니라 혁명의 이름으로 정권을 잡은 파리 코뮌을 상대해야 했다. 결국 제3공화국이 짊어질 상처였다. 정부는 총구를 코뮌주의자들에게 돌렸다. 그렇게 1주일간 격렬히 싸운 후 바리케이드가 무너지고 코뮌이 해산되었다. 마지막 반란군은 페르 라셰즈 묘지에서 처형되었다.

새 공화국은 1792년 탄생했다가 12년 후 나폴레옹에게 무너진 제1공화국, 혹은 1851년 나폴레옹의 조카에 의해 3년 만에 같은 운명을 겪은 제2공화국보다 짧게 지속될 것처럼 보였다. 제3공화국은 좌익 코뮌주의자부터 우익 왕정주의자까지 수많은 적이 있었고, 친구는 거의 없었다. 귀스타브 플로베르는 이렇게 말했다. "나는 불쌍한 공화국을 옹호하지만 믿지는 않는다."[19] 실제로 공화주의 정치인들조차도 때때로 공직 — 1871년부터 1914년까지 프랑스에는 50개의 부처가 있었다 — 을 놓고 싸우느라 공화국에 대한 신념이 없는 것 같았고, 자신들이 공화국으로 만들 수 있는 것에만 관심 있는 모습을 너무 자주 보였다. 그래서 대중은 공화국을 창녀 또는 끼리끼리 공화국Republic of Cronies이라고 불렀다. 1887년에는 대통령의 사위가 레지옹 도뇌르 훈장까지 포함된 훈장을 팔다가 적발되어, 한동안 "늙은 수훈자"라는 말은 모욕으로 간주되었다. 한편 1891-2년 파나마 운하 회사가 파산하면서 수백만 프랑의 손실을 냈고 위대한 드 레셉스, 유명한 탑을 건설한 귀스타브 에펠, 수많은 하원의원, 상원의원, 장관들의 명성도 무너졌다. 포르 대통령이 애인의 팔에 안겨 죽은 사건은 적어도 다른 종류의 스캔들이었다. 당연히 프랑스에는 말을 타고 달리며 정부를 오물통에서 꺼내줄 영웅을 찾는 사람들이 있었다. 그러나 대통령으로서 군주정으로 돌아가려 한 막마옹 원수Marshal MacMahon(만평은 "최소한 그가 탄 말은 지적으로 보인다"고 조롱했다)부터 운이 나빴던 불랑제 장군에 이르는 사람들까지 실패했다.

제3공화국에서 가장 큰 스캔들은 드레퓌스 사건이었다. 핵심 사안은 아주 간단했지만 ─ 육군 작전참모부의 알프레드 드레퓌스 대위가 프랑스 군사 기밀을 독일에 전달했다는 혐의는 사실인가, 아닌가? ─ 이 사건은 위조, 기만, 정직한 장교들과 부정직한 장교들, 다른 용의자들이 얽히면서 아주 복잡해졌다. 날조된 증거로 억울하게 기소된 드레퓌스는 대중적 불명예와 잔인한 처벌 앞에서도 놀라울 정도로 절제되고 강인한 모습을 보였다. 군 당국, 특히 작전참모부와 정부는 완곡하게 표현하자면 점점 뻔해지는 사건을 제대로 조사할 의향을 보이지 않았다. 실제로 작전참모부의 일부 장교는 드레퓌스에게 불리한 새로운 사실을 날조했지만, 훗날 미국의 워터게이트 스캔들처럼 애초의 범죄를 감추려는 시도는 그들을 범죄적 음모의 늪으로 점점 깊이 밀어 넣었다.

이 사건은 1898년 공개되기 전까지 한동안 수면 아래에서 끓고 있었다. 드레퓌스는 급히 기소되어 군법회의에 회부되었고, 1894년 남미 해안에서 멀리 떨어진 대서양의 악마의 섬Devil's Island에 있는 프랑스 수감 식민지로 이송되었다. 그의 무죄를 확신한 그의 가족과 소수의 지지자들은 재판을 다시 열 것을 주장하고 나섰다. 그들은 프랑스 기밀이 독일에 계속 전달되고 있다는 사실에 도움을 받았고, 2차 재판을 조사하게 된 조르주 피카르 대령이 스파이 활동은 방종한 사령관 페르디낭 에스터하지 수하에서 일어난 일이고, 드레퓌스에 대한 군의 기소는 사법권 남용이라고 결론지은 것에 희망을 걸었다. 달갑지 않은 결과가 나오자 군사 당국과 정부 내 그들의 지지자들은 드레퓌스 기소의 정당성을 떠나서 군대의 위신과 명성이 훼손되어서는 안 된다는 입장을 취했다. 그 결과 피카르는 튀니지로 파견되었다. 거기서도 그가 입장을 철회하지 않자 군사 당국은 그를 해고하고 드레퓌스 사건처럼 조잡한 근거로 체포하고 기소했다.

1898년 1월 이 사건이 대중의 관심을 받자 에스터하지가 군법회의에 회부된 다음 사면되었다. 이틀 후 저명한 작가 에밀 졸라는 바람둥이로 이름난 포르 대통령 앞으로 보내는 "나는 고발한다"라는 유명한 편지를 공개했다. 이 편지에서 그는 사건과 관련된 사실들을 나열하고, 치욕스러운 은폐 공작을 벌인 군부와 정부를 비난했다. 또한 드레퓌스 반대자들이 드레퓌스가 유대인이란 이유를 이용해 반유대주의를 선동하고 공화국과 그 자유를 훼손하려 한다고 비판했다. 이 사건이 프랑스가 진실과 자유의 세기를 기념하는 파리만국박람회를 준비하고 있는 시기에 일어난 점도 지적했다. 편지에서 당당하게 지적한 졸라는 명예훼손 혐의를 받을 것이라고 예상했다. 정부는 다소 염려하면서도 그를 기소했다. 그는 재판에서 군대모욕죄를 선고받았지만 수감되기 전에 영국으로 탈출했다.

이 시점에 이 사건이 중요한 정치적 위기로 발전하면서 프랑스 사회는 이른바 드레퓌스파라고 불린 지지자들과 반反드레퓌스파로 갈라졌다. 급진주의자, 자유주의자, 공화주의자, 반교회주의자는(종종 범주가 중첩되지만) 전자에 속했고, 왕정주의자, 보수주의자, 반유대주의자, 교회와 군대 지지자들은 후자에 속했다. 그러나 이러한 분류가 분명한 것은 아니었다. 가족, 친구, 직업 종사자들 모두가 이 사건으로 갈라졌다. "5년에 걸친 이 전쟁은 신문, 법정, 음악당, 교회, 심지어 길거리에서도 치러졌다."[20] 영국 언론인이자 사업가인 토머스 바클리가 쓴 글에 따르면 한 가족은 저녁 식사 중 반드레퓌스파인 사위가 드레퓌스를 옹호하는 장모의 뺨을 때려 법정에 섰다. 그의 부인은 이혼 소송을 청구했다. 예술가로는 피사로와 모네가 드레퓌스파였고, 드가와 세잔이 반드레퓌스파였다. 자전거 저널의 편집국도 분열되어 반드레퓌스파가 이탈해 자동차 잡지를 만들었다. 1898년 2월 우익 과격분자이자 반드레퓌스파로 악명 높은 폴 데룰레데Paul Déroulède는 포르의 후임으로 대통령에 선출된 드레퓌스파 에밀 루베에 맞서 쿠데타를 시도했다. 데룰레데는 지도자보다는 뛰어난 선동가였고, 이 시도는 완전히 실패했다. 그러나 루베는 그해 여름 오퇴유 경마장에서 반드레퓌스파의 지팡이에 모자가 벗겨지는 수모를 당했다.[21]

양측의 온건주의자들은 공화국의 앞날을 점점 걱정했지만, 사건의 열기를 가라앉히기는 힘들었다. 1899년 피카르는 감옥에서 석방되었고, 드레퓌스도 악마의 섬에서 송환되어 두 번째 군사재판을 받았다. 드레퓌스 변호인이 보수적 소도시 렌에서 등에 총격을 받았을 때(범인은 잡히지 않았다) 행인들이 그를 돕지 않은 일은 드레퓌스 사건의 열기가 어느 정도였는지를 말해준다. 드레퓌스파는 우익의 음모에 대해 암울하게 이야기했다. 이번 재판에서는 판사들의 의견이 나뉘었지만, 드레퓌스는 정상 참작이 가능한 유죄 판결을 받았다. 이 판결과 뒤이어 루베 대통령이 내린 사면은 드레퓌스 반대자들에게 너무 가혹하고, 지지자들에게는 충분하지 않은 결과였다. 드레퓌스는 재심의를 요구했고 마침내 1906년 기회를 얻었다. 결국 항소심이 1심 판결을 뒤집어 드레퓌스는 군에 복귀했고, 피카르도 복귀했다. 피카르는 1914년 1월 사냥 중 일어난 사고로 사망했다. 드레퓌스는 군에서 전역했다가 1차대전 때 군에 복귀해 싸운 뒤 1935년 사망했다.

놀랍게도 제3공화국은 드레퓌스 사건을 넘기고 살아남았다. 공화국은 보기보다 안정적이었고, 대부분의 프랑스인들은 아무리 사회가 분열되어도 또다시 내전을 치를 수는 없다고 생각했다. 그리고 공화국은 처음에 보였던 것보다 지속적이었다. 너무 자주 정부가 교체되었지만, 같은 이름들이 계속 등장했다. 격렬한 급진주의 정치인이자 언론인으로 전쟁 이전과 전시에 몇 번 공직을 맡았던 조르주 클레망소는 여러 정부를 전복하겠다고 선언한 것으로 기소되자 이렇게 대답했다. "나는 단 하나의 정부만 끌어내렸다. 모두 똑같은 정부였다."[22] 공무원들도 지속성에 한몫했다. 실제로 그들은 정부가 계속 바뀌어도 상당한 자율권과 영향력을 유지했다.

외무부나 해외에 근무하는 프랑스 외교관들은 정치인들을 경멸하고, 그들에게 지시받는 것을 달가워하지 않았다. 일부 예외는 있었지만 외무장관들은 외교 업무에 관심이 없거나, 외교 업무를 이해할 정도로 오래 봉직하지 않았다. 프랑스 의회는 의원들이 공직을 찾거나 정치 싸움을 벌이는 데 정신이 팔려 지속적인 관리감독을 하지 않았다.[23] 외교와 식민지 업무를 맡은 위원회는 무능하고 태만했다. 이 위원회는 외무부에 서류를 요구하고 외무장관 출석을 요구할 수 있었지만, 종종 거절당해도 할 수 있는 일은 아무 것도 없었다. 정치인(주도적 드레퓌스파인) 조제프 라이나Joseph Reinach는 영국 대사에게 이렇게 불만을 토로했다. "44명의 위원들은 소문을 막 퍼뜨린다. 기밀 정보를 부인, 애인, 친구에게 떠벌리면 그들도 소문을 퍼뜨린다."[24] 프랑스 언론은 전반적으로 의회보다 많은 정보와 영향력을 가지고 있었다. 제3공화국 외무장관의 거의 절반이 한때 언론인이었기 때문에 언론이 얼마나 유용하거나 위험할 수 있는지를 잘 알고 있었다.

그럼에도 불구하고 드레퓌스 사건은 오래 지속되는 타격을 입었다. 프랑스 사회의 오랜 분열은 강화되고 새로운 불만이 유입되었다. 우파의 많은 사람들이 공화주의와 자유주의 가치를 더욱 경멸하게 되었다면, 좌파에서는 전통, 종교, 군대에 대한 적대감이 강화되었다. 급진주의자들은 드레퓌스 사건을 이용해 군대를 통제하려고 했다. 그들 생각에 군대는 보수주의의 고인 물이자, 개조되지 않은 귀족들의 근거지에 불과했다. 올바른 공화주의적 시각을 갖고 있지 않다고 의심되는 장교들은 숙청되었다. 승진, 특히 최고위직으로의 승진은 정치적 신임과 연줄에 점점 더 의존했다. 그 결과 군대의 사기가 훼손되고 위신도 떨어졌다. 존경할 만한 가족들은 대체로 아들이 군대 가는 것을 원하지 않았다. 1차대전 이전 10년 동안 장교단 지원자들은 수적으로나 질적으로나 크게 떨어졌다. 1907년, 한때 군에 대한 급진적 비판을 주도했던 미래의 전쟁장관 아돌프 메시미Adolphe Messimy는 의회에서 모든 장교에게 좋은 초등교육이 필요하다고 말했다. 확실히 군대는 교육의 측면에서 전혀 개선되지 않았다. 장교, 엘리트 참모조차도 교육과정이 들쑥날쑥하고 시대에 뒤떨어지고 일관성이 없었다. 복종이 보상받고 능력이 무시되는 일도 너무 잦았다.

1차대전 직전 프랑스 군대는 형편없는 지휘를 받았고, 지나치게 관료주의적이었으며, 새로운 아이디어와 기술을 받아들이지 않았다. "민주주의는 쉽지 않다. 능력과 자질이 눈에 띄는 사람들을 의심하는 경향이 있는데, 그 이유는 그들의 자질과 봉사를 인정하지 않아서가 아니라 그들이 공화국을 동요할 수 있기 때문이다."[25] 드레퓌스 사건을 해결하려고 노력한 사람들 중 원칙을 중시했던 에밀 주를린덴Emile Zurlinden 장군이 남긴 기록이다.

드레퓌스 사건은 국제적 파장도 가져왔다. 양측에는 이 사건이 국제적 음모의 일환이라고 믿는 지지자들이 있었다. 한 저명한 민족주의자는 이렇게 말하며 우파의 의심을 대변했다. "프리메이슨, 유대인, 외국인으로 이루어진 일당이 군대를 불신하게 만들어 우리 조국을 영국인과 독일인에게 넘겨주려 한다."[26] 이와 대조적으로 반교회적 드레퓌스파는 교황이 예수회를 이용해 관여했다고 보았다. 프랑스 밖에서 이 사건은 이미 긴장감이 고조되고 있던 영국의 여론에 좋지 않은 영향을 미쳤다. 드레퓌스 1차 재판의 석연치 않은 판결 직후 파쇼다 사건과 1899년 발생한 보어전쟁으로 프랑스와 영국 관계는 크게 악화된 상태였다. 영국인들은 전반적으로 드레퓌스 옹호자들이었고, 이 사건을 대략 프랑스인들이 신뢰하기 어렵고 도덕적으로 타락했다는 것을 보여주는 증거로 받아들였다. 하이드 파크에서는 드레퓌스를 지지하는 5만 명의 군중이 모여 시위를 벌였다. 빅토리아 여왕은 대법원장을 렌에 파견해 재판 과정을 지켜보도록 했고, "불쌍한 순교자 드레퓌스에 대한 괴물 같고 무서운 판결"에 대한 불만을 솔즈베리에게 토로했다. 그녀는 항의하는 뜻으로 매년 프랑스로 가던 휴가를 취소했고 많은 신민들도 그녀를 따랐다. 사업계는 1900년 파리만국박람회를 보이콧하는 방안을 심각히 고려했다.[27] 파리 시위원회 의장은 바클리에게 다음과 같이 신랄하게 말했다. "적어도 독일인에 대해서라면 프랑스의 적이라고 말할 수 있다. 그들은 가능한 때가 오면 바로 우리를 집어삼키려고 한다는 것을 감추지 않는다. 우리는 그들과의 관계를 잘 안다. 그러나 영국인이 어떤 위치에 있는지는 아무도 모른다. 그들은 무심코 위선적이고 기만적인 일을 벌이지는 않는다. 그들은 의도적으로 약속과 달콤한 말을 하고, 절벽에서 당신을 밀어버린 다음 하늘을 올려다보며 자신들이 도덕적 국민인 것을 신께 감사하고 당신의 영혼을 위해 기도한다."[28]

새로운 세기가 시작되었을 때 프랑스는 국내외 모두 취약한 상태였다. 영국과의 관계는 땅에 떨어졌고, 독일과의 관계는 냉랭했고, 지중해의 라이벌인 에스파냐, 이탈리아, 오스트리아-헝가리 모두와 긴장 관계에 있었다. 그러나 프랑스는 비스마르크가 만들어놓은 격리 상태에서 벗어나 하나의 중요한 동맹을 맺었는데, 그 상대는 러시아였다. 혁명의 과거를 가진 공화국과 동방의 전제적 국가 사이의 예상 밖의 우애였다. 이는 유럽을 1차대전으로 이끄는 도정의 중요한 단계기도 했다. 프랑스와 러시아 모두 방어적인 동맹으로 여겼지만 그런 동맹이 자주 그렇듯이 또다른 시각에서는 완전히 다르게 보였다. 폴란드가 아직 유럽 지도에 재구성되지 않았기 때문에 독일인들은 자국이 동방과 서방 국경에서 적대적 국가에 포위되었다고 느꼈다. 프랑스와 러시아의 동맹으로 여러 일이 뒤따랐고, 특히 독일은 더이상 포위되는 것을 막기 위해 분명한 동맹국인 오스트리아-헝가리에 더 가까이 다가갔다.

비스마르크가 살아있다 해도 프랑스를 무한정 고립시킬 수는 없었겠지만, 1890년 그의 후임자들이 러시아와 재보장조약 갱신을 하지 않은 것은 프랑스가 재빨리 빠져나갈 수 있는 문을 열어주었다. 고립에서 벗어날 출구를 러시아가 마련해주었고, 러시아의 지리는 앞으로 프랑스와 충돌할 경우 독일은 어깨 너머 동쪽도 살펴야 한다는 것을 의미했다. 러시아는 프랑스에 부족한 거대한 인력도 보유하고 있었다. 프랑스가 당면한, 그리고 1920년대와 1930년대에 다시 겪게 될 인구학적 악몽은 독일 인구가 늘어나는 동안 프랑스 인구가 정체되어 있다는 것이었다. 1914년에 독일 인구는 6천만 명에 달한 반면 프랑스 인구는 3900만 명에 불과했다. 군대가 질보다 양에 의존하던 시대에 이는 잠재된 병사가 독일에 더 많다는 뜻이었다.

러시아가 동맹을 받아들이도록 도운 것은 프랑스가 러시아에 절대적으로 필요한 자본을 대줄 수 있다는 점이었다. 러시아 경제는 빠르게 확장되고 있었고, 정부는 러시아 내에서 마련할 수 있는 것보다 훨씬 큰 재원이 필요했다. 한때 러시아의 외채를 주로 조달했던 독일 은행들은 점점 수요가 늘어나는 국내 대출에 집중하고 있었다. 런던에서도 자금을 조달할 수 있었지만, 좋지 않은 러시아와 영국 관계로 인해 영국 정부와 은행들은 어느 순간 적이 될지 모르는 나라에 돈을 빌려주려고 하지 않았다. 그러니 주요 유럽 강국 중 남은 국가는 프랑스뿐이었다. 프랑스는 국민들의 절약 덕분에 좋은 투자처를 찾을 자금이 풍부했다. 재보장조약 유효 기간이 끝나기 2년 전인 1888년 프랑스 은행들은 러시아 정부에 자금을 빌려주기 시작했다. 1900년 프랑스는 러시아에서 가장 큰(영국과 독일을 합친 것보다도 큰) 해외 투자국이 되어, 러시아 산업과 인프라의 급속한 팽창을 도왔다. 1914년 러시아 군대를 전선으로 이동시킨 철도의 대부분은 프랑스 자금으로 건설되었다. 그러나 볼셰비키가 정권을 잡고 모든 외채를 부인하면서 프랑스는 해외 총 투자의 4분의 1이 러시아에 묶이게 되었다.[29]

*

러시아와 프랑스는 1812년 나폴레옹이 모스크바를 불태운 것과 2년 후 차르 알렉산드르 1세가 군대를 이끌고 파리를 관통하며 벌인 승리의 행진, 크림전쟁 등 과거를 극복해야 했다. 프랑스의 공화주의와 반교회주의에 대한 러시아의 의심도, 차르 전제정과 정교회에 대한 프랑스의 불신도 감내해야 했다. 그러나 러시아 상류층은 프랑스 스타일을 숭앙해 러시아어보다 프랑스어에 더 유창한 경우가 많았고, 19세기 마지막 25년간 프랑스인들은 위대한 러시아 소설과 음악을 좋아하게 되었다. 더 중요한 것은 러시아 외무부와 군부 지도자들은 1880년대 말 비非우호국으로 간주되는 영국이 독일, 오스트리아-헝가리, 이탈리아 3국동맹에 가담할 가능성에 경각심을 가졌다는 사실이다. 그럴 경우 러시아도 프랑스처럼 고립될 수 있었다. 결정적으로, 당시 차르였던 알렉산드르 3세가 프랑스와의 동맹에 대한 생각을 바꾸고 있었다. 그는 덴마크 왕족 출신 부인의 영향을 받았는데 그녀는 자신의 조국에 패배를 안기고 슐레스비히홀슈타인 공국을 병합한 프로이센을 증오했다. 1890년 재보장조약을 갱신하지 않은 독일의 결정도 알렉산드르 3세에게 큰 모욕이었다. 조약 효력이 끝난 한 달 후

러시아 장군들은 연례 군사훈련을 참관하러 온 프랑스 장군에게 군사동맹 가능성을 타진했다.[30]

다음해 프랑스와 러시아는 비밀 군사협정을 맺어 한 국가가 3국동맹에게 공격당할 경우 서로를 방어하기로 합의했다. 조약 비준에 1년 반이나 걸린 것은 양쪽 다 배짱을 부렸음을 말해준다. 이후 10여 년 동안 프랑스와 러시아의 이익이 상이하거나 충돌해 동맹이 파기될 뻔한 순간도 여러 번 있었다. 일례로 1898년 프랑스는 러시아가 파쇼다 사건을 지원하지 않은 것에 크게 실망했다. 이 동맹 자체가 1914년 전쟁을 초래하지는 않았지만, 동맹의 존재는 유럽의 긴장을 증폭시켰다.

이 협약은 비밀이었지만 유럽의 국제관계에 의미 있는 변화가 일어난 것은 확실했다. 1891년 차르는 러시아 최고 훈장을 프랑스 대통령에게 수여했다. 그리고 그해 여름 프랑스 함대가 상트페테르부르크 바로 서쪽에 있는 크론시타트 해군 기지를 방문했다. 이때 러시아에서 금지됐던 혁명의 노래 마르세예즈가 연주되는 동안 차르가 경의를 표하는 놀라운 장면을 전 세계가 지켜보았다. 2년 뒤 러시아 함대가 툴롱을 답방했다. 프랑스 군중은 "러시아 만세! 차르 만세!"를 외쳤고, 방문자들은 만찬, 리셉션, 오찬, 건배, 연설로 환영받았다. "러시아 수병들의 욕망을 충족시킬 의무를 잊어버린 준비가 되지 않은 파리의 여인은 없었다"라고 한 기자는 보도했다.[31] 영국 대사는 훌륭한 공화주의자들이 차르와 그의 정권에 열광하는 모습에 재미있어 하면서도, 프랑스인들의 감정 분출은 이해할 만하다고 생각했다. "모든 켈트족처럼 프랑스인들은 예민하고 공감과 감탄에 병적으로 주려 있다. 독일 전쟁과 그 결과는 성마른 그들의 허영심에 상처를 주었고, 그들은 치욕을 인내와 존엄으로 견뎌냈지만, 그 분함은 줄어들지 않았다."[32]

1898년 파쇼다 위기 발생 직전 프랑스에게 가능할 것 같지 않은 또다른 동맹, 이번에는 오랜 적국인 영국과의 동맹으로 이끌 사람이 외무장관으로 발탁되었다. 제3공화국에서는 이례적으로 테오필 델카세는 모로코에서 또다른 위기가 발생해 사임하기 전까지 7년 동안 외무장관으로 일했다. 평범한 배경의 그는 피레네산맥 인근 남부 출신이었다. 그가 다섯 살 때인 1857년 어머니가 사망했고, 법원 하급 관리인 아버지가 재혼했지만 새어머니가 차갑게 대해 그는 종종 할머니 집에서 지냈다. 그는 프랑스어와 고전문학으로 대학 학위를 땄고, 극작가가 되려고 했지만 뜻을 이루지 못했다. 생계를 유지하기 위해 처음에 교사로 일한 뒤 언론에서 일했는데, 프랑스의 많은 젊은이들처럼 그도 언론을 정치에 입문하는 길로 보았다. 1887년 그는 재산을 남편 출세에 바칠 각오가 되어 있는 부유한 과부와 결혼했다. 2년 뒤 그는 온건 급진주의자로 프랑스 의회에 진입했다. 외교정책을 주제로 한 그의 첫 연설은 본인 말에 따르면 큰 성공을 거두었다.[33]

평범한 외모, 거무스름한 피부에 키가 작은(굽이 높은 신발을 신었다) 델카세는 매력 없는 외무장관이었다. 정적들은 그를 "땅속 요정", "환각에 빠진 난쟁이"라고 불렀다. 지적으로 특출난 사람도 아니었다. 그럼에도 결단력과 설득력, 근면을 겸비한 그는 업무를 잘 처리했다. 그는 해가 뜨기 전에 출근해서 자정 넘어 퇴근하는 날이 잦다고 자랑했다. 그의 재직 기간 대부분을 함께한 대통령 루베가 그가 하고 싶은 대로 일을 처리하도록 한 것도 행운이었다. (프랑스의 가장 중요한 외교관 중 한 사람인 폴 캉봉은 루베의 대통령직 수행이 "아무짝에도 쓸모없는 장식에 불과했다"라고 비판했다.)[34] 델카세의 과오는 대부분의 정치인과 외무부 관리들을 경멸하고, 기밀주의를 좋아한 것이었다. 그래서 프랑스의 핵심 정책과 구상을 알고 있어야 할 사람들이 아무것도 모르는 경우가 많았다. 수년간 러시아에서 프랑스 대사를 지낸 모리스 팔레올로그는 다음과 같이 회고했다. "방을 나올 때마다 뒤에서 그가 안달하는 목소리로 '아무것도 서류로 남기지 마!', '내가 말한 것은 다 잊어버려!', '태워버려!'라고 하는 말을 얼마나 자주 들었던가!"[35]

델카세는 자제할 줄 알았지만 열정이 강한 사람이었다. 가장 강한 열정의 대상은 프랑스 자체였다. 그는 민족주의적 영웅으로 숭배한 레옹 강베타가 한 "프랑스는 세계에서 가장 도덕적이다"라는 말을 자주 인용했다. 언론인 시절에는 프랑스 학생들이 독일이나 영국 어린이보다 우월하다는 것을 배워야 한다는 글을 쓰기도 했다.[36] 같은 세대의 다른 이들처럼 그도 1870-1년 프랑스의 패배에 마음이 무너졌다. 그의 딸은 그가 알자스와 로렌을 일절 언급하지 않았다고 말했다. 그러나 특이하게도 그는 독일인이나 독일 문화를 혐오하지 않았다. 그는 바그너를 무척 존경했다.[37] 그럼에도 불구하고 그는 프랑스가 독일과 화해할 수 없다는 것을 당연하게 여겼고 그래서 러시아와의 동맹을 일찍부터 열광적으로 지지했다.

델카세는 프랑스의 국가적 재건이 부분적으로는 식민지 획득에 달려 있다고 생각하고, 정치 경력 초기부터 강력한 식민지 로비 그룹에 협력했다. 그는 점점 대중에게 퍼진 프랑스가 지중해를 제패할 운명이라는 견해를 공유했다. 이 점이 이집트를 장악한 영국을 용서하기 힘든 이유 중 하나였다. 다른 프랑스 민족주의자들처럼 그도 무너져가는 오스만제국의 아랍 영토로 프랑스의 영향력이 확대되길 꿈꾸었다. 그리고 좌파를 비롯한 많은 동포들처럼 그도 프랑스의 통치가 문명의 혜택을 가져다줄 것이라고 믿었다. 위대한 사회주의 지도자 조레스는 모로코에 대해 다음과 같이 언급했다. "기습공격이나 군사적 폭력의 문제가 없고, 프랑스가 아프리카 원주민들에게 전수하는 문명이 모로코 정권의 현 상태보다 확실히 우월하기 때문에 프랑스가 그렇게 할 권리는 더욱 크다."[38] 제국을 추구하면서 강력한 반교회주의자였던 델카세는 시리아와 팔레스타인 같은 지역에서 오스만 통치를 받는 기독교 소수자들을 보호하려는 열정을 갖게 되었다. 그리고 남쪽인 북아프리카로 시선을 돌려 이미 프랑스의 커다란 식민지인 알제리, 무정부 상태로 빠져들고 있는 모로코를 주시했다. 프랑스의 목표를 추구하면서 그는 이웃 국가인 이탈리아와 에스파냐, 가능하면 독일과 협력할 준비가 되어 있었지만 영국과의 협력을 더 중요시했다.

이미 1880년대 중반에 델카세는 영국과 더 나은 양해 관계 수립을 원했다. 그는 결국 프랑스, 러시아, 영국의 3국협상을 초래할 훨씬 원대한 계획도 가지고 있었다. 1894년 프랑스와 러시아의 협약 체결은 중요한 첫걸음이었다. 1898년 외무장관이 되었을 때 그는 영국 대사에게 영국, 프랑스, 러시아 간의 긴밀한 양해가 "아주 바람직하다"고 생각한다는 뜻을 전했다. 영국 대사는 솔즈베리에게 "작은 그 사람이 진심으로 이 말을 했다고 믿는다"라고 보고했다. 그러나 솔즈베리는 자신의 고립 정책을 포기할 준비가 되어 있지 않았고, 세기말에 일어난 파쇼다 사건과 보어전쟁으로 프랑스와 영국 관계는 더욱더 얼어붙었다.[39]

파쇼다 사건 이후 델카세는 모로코 획득을 위해 조용히 움직이기 시작했다. 지질학 탐험대를 보호해야 한다는 어설픈 명목으로 프랑스 병력이 알제리 국경으로부터 진입해 모로코 남쪽에 있는 핵심 오아시스들을 점령했다. 1900년 델카세는 이탈리아가 리비아에서 자유롭게 움직이는 대신 프랑스는 모로코에서 그러기로 이탈리아와 합의했다. 캉봉의 말에 따르면 에스파냐와도 "그는 내가 결코 본 적 없는 지나치게 흥분한 상태였지만, 좋은 거래라고 할 수 있는 것"을 타협했다.[40] 에스파냐 정부가 바뀌면서 이 시도는 실패로 돌아갔지만, 델카세로 하여금 영국과 모종의 타협을 해야 할 시간이 되었다고 생각하게 만들었다. 그는 식민지 로비 그룹의 옛 친구들로부터도 상당한 압력을 받았다. 그들은 프랑스가 앞으로 나아갈 방법은 이집트에 대한 주장을 포기하고 그 대가로 프랑스의 모로코 지배권을 영국에게 인정받는 것이라는 결론에 이르렀다.

항상 중요하게 고려해야 하는 프랑스 여론도 변하기 시작했다. 보어전쟁이 끝나고 1902년 5월 영국이 보어인들과 조약을 체결하면서 영국에 대한 적대감의 근원이 하나 사라졌다. 그 직후 라틴아메리카에서 갑자기 발생한 위기로 프랑스인들은 영국 대중이 얼마나 독일을 미워하고 두려워하는지를 제대로 깨달았다. 위기의 전말은 이렇다. 영국과 독일에 자금을 빌렸던 베네수엘라가 빚을 갚지 않자 독일은 양국이 공동으로 해군을 파견할 것을 제안했고, 영국은 마지못해 동의했다. 항상 영국을 의심해온 미국은 신성한 먼로 독트린에 위반된다고 보고 격분했다. 영국에서는 최근에야 겨우 회복된 미국과의 관계를 위험하게 만든 데 대한 대중의 격렬한 항의와 내각에 대한 실망이 있었고, 독일과의 협력에 대해서는 더 심한 항의가 일어났다. 키플링은 1902년 크리스마스 직전 《타임스》에 "다른 함대를 찾을 수가 없었는가 / 이놈들과 연합하다니?"라는 시를 발표했는데, 마지막 구절은 다음과 같이 격앙되어 있었다.

> 평화를 찾아 ─ 좁은 바다로부터 세계의 절반을 달려 ─
> 기만당한 선원을 데리고 새로 맺은 동맹이
> 고트족과 파렴치한 훈족과 함께라니!

영국-독일 관계 개선을 강력히 지지하는 런던 주재 독일 대사 메테르니히는 영국에서 다른 나라에 대해 이렇게 큰 적대감이 발생한 것을 본 적이 없다고 말했다.[41]

1903년 초 델카세는 프랑스가 영국과 이견을 조정해야 한다고 결론짓고, 신임하는 런던 주재 대사 폴 캉봉에게 새로 영국 외무장관이 된 랜즈다운 경과 협상을 개시하라는 훈령을 내렸다.[42] 캉봉은 이 일에 있어 델카세보다 훨씬 앞서 있었다. 그는 지난 2년 동안 랜즈다운에게 다음과 같은 제안을 여러 번 했다. 프랑스가 영국 식민지 뉴펀들랜드에 대한 과거의 조약 권리를 포기하거나 이집트에 대한 영국의 지배를 인정하는 대가로 모로코에서 행동의 자유를 인정받거나 모로코를 영국과 나누어 갖자는 제안이었다. 영국 측은 이 제안을 흥미를 가지고 경청했지만, 아무 약속도 하지 않았다. 영국인들은 캉봉이 자주 그래왔듯이 독자적으로 행동하고 있다고 의심했고, 이것은 옳은 판단이었다.

키가 작지만 품위 있고, 완벽한 옷차림에 조금 절뚝거리며 걷는 폴 캉봉은 자신의 중요성을 강하게 인식하고 있었다. 그의 경력은 화려했다. 튀니지에서 프랑스를 대표한 데 이어 에스파냐와 오스만제국 대사를 역임했다. 그는 성과가 뛰어나고 정직하지만 고집이 세서, 무능하게 느껴지는 상사들 대부분의 명령에 저항한다는 평판을 받고 있었다. 그는 아들에게 말했듯이 "외교의 역사는 무언가를 성취하려는 현지 요원들과 저항하려는 파리 사이에 오가는 장황한 말일 뿐"이라고 생각했다.[43] 그는 델카세의 정책에 동의하고, 프랑스를 다시 강국으로 만들려는 그의 야망을 공유하면서 외교관들을 외교정책 수립의 능동적인 파트너로 보았다. 콘스탄티노플에서 대사로 근무하는 동안 그는 러시아를 싫어하게 되고 지중해 동쪽 끝을 향한 러시아의 야망을 불신하게 되었다. 하지만 현실주의자인 그는 프랑스가 러시아를 친구로 갖는 데서 얻는 이익을 고려했다. '쓸모가 적고 당혹스러운' 러시아를 믿을 만하다고 생각하지는 않았지만 큰 두려움 중 하나는 러시아와 독일이 과거의 우애로 되돌아가 프랑스를 다시 유럽에서 고립시키는 것이었다.[44] 외교관 경력 초기에 캉봉은 프랑스가 영국에 눈을 돌려야 한다는 결론을 내렸다. 모로코 문제가 가열되자 그는 프랑스가 가능할 때 이집트 문제를 해결하지 않으면 영국이 너무 깊이 관여해 프랑스가 모로코를 잃게 될까 우려했다.

캉봉은 1898년부터 1920년까지 경력의 상당 부분을 영국에서 쌓았지만, 영국이나 영국 문화를 별로 좋아하지 않았다. 그는 단지 의무감을 갖고 런던에 부임했다. 도착 직후 윈저 궁전 만찬에 초대된 그는 연로한 빅토리아 여왕이 생기 있는 반면 음식은 형편없다는 것을 알았다. "그런 저녁은 집에서도 먹지 않을 것이다."[45] 영국 음식에 대한 생각은 이후에도 전혀 바뀌지 않았다. 그는 프랑스에 영국 학교를 개설하는 것에 반대했고, 영국에서 자란 프랑스인들이 정신적으로 결함이 있다고 생각했다.[46] 옥스퍼드대학은 1904년 새로운 영국과 프랑스의 우호 관계를 기념해 그에게 명예 학위를 수여했다. 이때 캉봉은 더위와 장황한 기념식에 대해 재미있고 아주 비판적인 편지를 동생인 쥘에게 보냈다. "영국식 억양으로 발음되는 라틴어와 그리스어 시는 끔찍했어." 대학을 칭송하는 마지막 연설에 대해서는 "조금도 주의를 기울이지 않았다. 나는 지쳤다"라고 썼다.[47] 런던에서 20년 이상 일했지만 그는 영어를 제대로 배우지 않았다. 영어만 사용하는 그레이 외무장관과 만날 때면 그는 느리게 프랑스어로 또박또박 말했고, 그레이도 똑같이 영어로 말했다.[48] 그럼에도 그는 영국인에 대한 존경심을 마지못해 갖게 되었다. 빅토리아 여왕의 장례식은 혼란스러웠다. "그러나 영국인들의 뛰어난 점은 자신들이 바보처럼 보이든 아니든 전혀 관심 없다는 것이다."[49]

런던에서 캉봉의 업무가 복잡해진 이유는 영국이 아직 프랑스와의 화친에 대해 분명한 정책이 없다는 데 있었다. 프랑스도 조금 눈치챘지만 영국은 모로코에서 나름의 게임을 하고 있었다. 모로코에 대한 확정된 정책은 없었지만 영국 정부 안에는 체임벌린처럼 모로코를 보호령으로 만들거나, 20세기 초 관계가 악화되기 전까지만 해도 독일과 모로코를 나눠 갖는 방안을 진지하게 고려하는 사람들이 확실히 있었다.⁵⁰ 해군부에서도 모로코의 대서양·지중해 해안을 따라 해군 기지나 항구를 확립해야 한다거나 최소한 독일, 에스파냐, 프랑스 같은 나라들이 그렇게 하는 것을 막아야 한다는 말이 나왔다.

오늘날 국제사회는 실패한 국가나 망해가는 국가를 문제로 보는 반면, 제국주의 시대에 강국들은 그런 국가들을 기회로 보았다. 중국, 오스만제국, 페르시아 모두 취약하고 분열되어 강국에 의해 분할될 상황이었다. 1900년 점점 무정부 상태가 되어가는 모로코도 마찬가지였다. 강력하고 유능한 술탄이었던 하산 1세는 1894년 사망하면서 10대 아들인 압델라지즈Abdelaziz에게 나라를 맡겼다. "그는 못생기지는 않았지만 다소 뚱뚱했다. 좋은 이목구비와 맑은 눈을 가졌다." 영국 외교관으로 모로코에 체류했던 아서 니컬슨의 기록이다. "그는 건강이 나빠 보이지는 않았지만 너무 많이 먹는 소년 같았다."⁵¹ 압델라지즈는 신민들을 통제할 능력이 없는 것으로 드러났고, 그의 행정은 점점 부패해졌다. 그러는 동안 강력한 지역 지도자들이 독립을 주장하고, 해적은 해안을 따라 상인들을 공격하고, 도적떼는 내륙에서 대상들을 공격하고 부자들을 납치해 몸값을 요구했다. 1902년 말에 일어난 반란은 위태로운 정권을 무너뜨리려 했다.

젊은 술탄은 궁전에서 놀며, 청소하는 사람부터 자전거를 고치는 사람까지 영국인 시종들에 둘러싸여 있었다. (공평하게 말하자면 그는 소다수를 만드는 프랑스인도 고용했다.) 압델라지즈가 가장 신임하는 조언자이자 모로코 군대의 총사령관은 영국 병사였던 카이드 매클린Kaid Maclean이었다. 이 점이 프랑스인들에게 경각심을 불러일으켰다.

그를 친절하고 정직한 사람으로 본 니컬슨은 "그는 키가 작고, 동그란 얼굴에 흰 턱수염을 깔끔하게 길렀고, 밝은 눈이 백파이프 위에서 빛났다"고 서술했다. "터번을 쓰고 흰 망토를 두른 그는 백파이프 연주자들과 함께 정원 길을 지나갔다. 민요 〈로몬드호의 둑Banks of Loch Lomond〉이 아프리카의 햇빛 속으로 울려 퍼졌다."[52] 매클린은 1902년 영국을 방문했을 때 밸모럴(영국 왕실의 여름 별장)에 머물도록 초대받았고, 에드워드 7세로부터 기사 작위를 받았다. 대부분의 프랑스 외교관들은 영국에 대한 의심이 충분히 근거가 있다고 결론 내렸다. 모로코에 있던 델카세의 대리인은 영국이 모로코에서 설득부터 뇌물까지 모든 수단을 쓸 것이고, 실패할 경우 영국 외교관의 부인들은 영국의 이익을 증진하기 위해 무엇을 해야 하는지를 알고 있다고 침울하게 보고했다.[53]

그럼에도 불구하고 캉봉은 랜즈다운을 계속해서 압박했다. 두 사람은 1902년 중 몇 번의 회동을 가졌고, 양국 사이를 갈라놓고 있는 시암에서 뉴펀들랜드에 이르는 식민지 문제를 논의했다. 독일과의 더 나은 이해 관계에 여전히 희망을 걸고 있던 랜즈다운은 흥미는 보였지만 조심했다. 만일 독일이 해군력 증강을 시작하지 않았고, 독일의 외교가 더 나았더라면 그는 자신이 원하는 것을 얻을 수도 있었을 것이다. 그는 독일의 외교 방식과 번지르르한 말에 대한 영국 외무부의 짜증을 상당 부분 공감하고 있었다. 1901년 말 그는 한 동료에게 다음과 같이 적어 보냈다. "나는 프랑스인들의 친절에 감동을 받았다. 지금 내가 대사관 중 한 곳과 소소하고 지루한 업무를 해야 한다면 프랑스대사관을 택할 것이다. 그들의 매너가 더 낫고, 실질적으로

도 상대하기 쉽다."⁵⁴

　멘토인 솔즈베리와 마찬가지로 유서 깊은 가문 출신의 귀족이었던 랜즈다운은 의무감으로 공직에 뛰어들었다. 호리호리하고 외모가 반듯한 그는 자신의 가족과 마찬가지로 자유주의자로서 공직을 시작했고, 글래드스턴 정부에서 캐나다 총독을 맡았다. 그는 연어 낚시뿐만 아니라 그 일을 아주 좋아했다. 그는 아일랜드 자치법안 문제로 자유당과 결별하고 보수당에 가담했다. 1900년 와병 중이던 솔즈베리는 외무장관직을 그만두도록 권유받자 일부 사람들에게 놀랍게도 랜즈다운을 후임자로 지명했다. 랜즈다운은 위대하거나 활기찬 외무장관은 아니었지만, 굳건하고 상식적인 장관이었다. 솔즈베리와 마찬가지로 그는 영국이 모든 사태에 관여하지 않는 자유로운 입장을 유지해야 한다고 생각했지만, 영국에 친구가 필요하다는 생각을 마지못해 하게 되었다. 그래서 일본과 동맹을 맺었고, 러시아와 독일 모두에 화해의 손짓을 보냈지만 아직 어느 곳과도 성과를 얻지 못하고 있었다.

　1902년 프랑스와 영국의 신문과 상공회의소는 양국 간의 더 깊은 이해를 촉진해야 한다고 주장했다. 이집트의 실질적 통치자인 강력한 영국 대표 크로머 경도 프랑스에게 모로코를 허용하는 것이 이집트에서 영국 통치를 향상하는 데 도움이 될 것이라는 시각을 갖게 되었다. (이집트의 외채 보유자를 보호하는 카세 드 라 데테Caisse de la Dette의 멤버인 프랑스인들은 이집트 재정에 대한 어떤 개혁도 저지할 수 있었다.)⁵⁵ 1903년 랜즈다운은 캉봉과 영국, 프랑스, 에스파냐 은행들이 모로코에 공동으로 차관을 제공하기로 합의하면서 양국 간 더 큰 합의를 위한 첫걸음을 내딛었다. 그런 다음 1903년 3월 에드워드 7세가 장관들의 동의를 얻어 파리를 방문하기로 결정했다.

공화주의자인 프랑스인들은 영국 군주정의 권력에 대한 감정을 과장하고 양국의 화친협정을 에드워드의 개인적 정책으로 보는 경향이 있었다. 하지만 그의 방문은 선의의 표현이자, 프랑스 여론을 영국과의 화친에 긍정적으로 만든다는 점에서 중요했다. 그리고 닉슨 대통령의 중국 방문처럼 새로운 태도와 시작의 신호가 되었다. 무엇보다도 그의 방문이 성공했다는 점이 중요하다. 에드워드가 파리에 도착하자 프랑스 군중의 반응은 차가웠고, 때로 적대적이기도 했다. 가끔 들리는 환호도 "보어인 만세!" "파쇼다 만세!"였다. 에드워드를 수행한 델카세는 계속 큰 소리로 "대단한 열정!"이라고 소리쳤다. 프랑스 정부는 영국 국왕을 환대하기 위해 최선을 다했다(프랑스 상인들도 우편엽서부터 왕의 머리 장식이 달린 지팡이, "에드워드 국왕"이라는 이름이 붙은 코트까지 특별 기념품으로 축제 분위기를 고조시켰다). 엘리제궁에서는 윈저식 크림, 리치몬드 달걀, 영국식으로 조리한 양고기, 윈저식 푸딩 등의 요리가 나온 성대한 환영 만찬이 베풀어졌고, 외무부 오찬 때는 송로버섯을 곁들인 요크 햄이 나왔다. 에드워드 국왕은 방문 기간 내내 흠잡을 데 없이 행동했고, 뛰어난 프랑스어로 건배 답사를 했다. 엘리제궁 만찬에서는 파리에서의 행복한 기억을 나열했고, "지적이고 아름다운 모든 것"을 만날 수 있는 도시라고 파리를 칭송했다. 어느 저녁에는 극장 로비에서 유명한 프랑스 여배우를 만나 "당신이 런던에 와서 프랑스의 모든 우아함과 영혼을 대표해 박수갈채를 받았던 것을 기억합니다"라고 말했다. 이 말이 청중에 퍼져 그는 관람석에 들어설 때 큰 환호를 받았다. 그가 참관한 경마에서 존 불John Bull 이라는 말이 우승한 것도 좋은 징조로 받아들여졌다. 그가 파리를 떠날 때 군중은 "에드워드 만세, 우리의 좋은 테디Teddy〔에드워드의 별칭〕 만세"를 외쳤고, 당연히 "공화국 만세!"도 외쳤다.⁵⁶

델카세는 에드워드 7세의 방문에 만족했고, 영국 정부는 이제 포괄적 합의에 이를 준비가 되었다고 확신했다. 그 이유 중 하나는 에드워드가 사적 대화에서 입헌군주가 말할 수 있는 것을 훨씬 넘어서는 말을 했기 때문이다. 그는 프랑스가 모로코에 전적인 영향력을 행사하는 것을 지지했고, 델카세에게 "정신 나가고 사악한"⁵⁷ 카이저에 대해 경고했다. 두 달 후 프랑스의 루베 대통령과 델카세가 런던을 답방했다. 영국 왕은 이들이 정식 예복을 입기를 바랐는데 그 복장에는 프랑스어로 퀼로트culottes라고 부르는 반바지가 포함되어 있었다. 왕이 이런 생각을 분명히 밝히기 전엔 다소 언쟁이 있었다. 프랑스는 1789년 혁명을 이끈 낮은 계급의 공화주의자들이 상퀼로트〔긴바지〕를 입었다는 것을 기억하는 나라여서 이런 요구는 엄청난 논란을 일으킬 수 있었다. 이에 에드워드는 양보했고, 방문은 훌륭하게 진행되었다. 그해 가을 전례가 없는 영국 의회와 프랑스 의회 방문단의 교환 방문이 있었다. 화친이 정부 최고위 수준에서보다 더 깊이 진행된다는 신호였다.

루베가 방문하는 동안 델카세는 랜즈다운에게 자신은 "포괄적 합의"를 선호한다고 말했고, 두 사람은 모로코, 이집트, 뉴펀들랜드가 현안이라는 데 동의했다. 이후 9개월 동안 런던에서 캉봉과 랜즈다운 사이에 협상이 진행되었고, 때로 난관에 봉착하기도 했다. 시암은 세력권으로 분할되었지만, 마다가스카르와 뉴헤브리디스(오늘날 바누아투)에 대한 상충하는 주장과 불만은 상대적으로 쉽게 조정되었다. 종종 작은 이슈가 큰 것을 망치듯이 뉴펀들랜드 문제가 합의 전체를 무산시킬 뻔했다. 이해가 걸린 문제는 1713년 위트레흐트 조약 이후 섬 해안에서 프랑스 어부들이 독점적으로 누리던 어업권이었다. 랍스터가 물고기인가 아닌가도 상당한 논쟁을 일으켰다. 만일 프랑스가 권리를 포기해야 한다면 그들은 다른 곳, 가능하면 서아프리카의 영국 식민지 감비아에서 보상받길 원했다. 프랑스 어부들과 항구를 가진 도시의 상공회의소로부터 압력을 받고 있는 프랑스 측은 쉽게 물러나려 하지 않았다. 뉴펀들랜드의 어업권은 북아메리카의 프랑스 식민지의 마지막 잔재기 때문이었다.[58] 결국 양측 모두 양보했다. 영국은 나이지리아 북부와 감비아의 작은 땅을 주었고, 프랑스는 서아프리카 식민지 기니 해안 앞 일부 섬을 양보했다. 프랑스는 원래 원하던 것보다 훨씬 적은 것을 받는 데 만족했다. 합의의 핵심은 이집트와 모로코 거래였다. 프랑스는 이집트에 대한 영국의 관할권을 인정했고, 영국은 사실상 모로코를 프랑스 세력권에 넘겨주었다. 프랑스는 이 지역의 현상 유지를 변경하지 않는다고 약속했지만, 질서를 유지하는 책임은 기꺼이 맡았다. 영국이 지중해로 진입하는 항로를 보장하기 위해서는 영국 해군 기지가 있는 지브롤터에서 가장 가까운, 거리가 14마일에 불과한 모로코 해안에 요새가 건설되지 말아야 했다. 비밀 조항에는 양국이 모로코가 오랫동안 독립국으로 남아 있을 것으로 기대하지 않는다는 말이 명확히 들어갔다.[59]

파쇼다 사건이 일어난 지 6년이 채 지나지 않은 1904년 4월 8일 캉봉은 영국 외무부의 랜즈다운 집무실에 와서 협약서에 서명했다. 델카세는 파리에서 초조하게 기다리고 있었고, 캉봉은 자신이 얼마 전 설치한 새롭고 익숙지 않은 전화를 이용하기 위해 프랑스대사관으로 달려갔다. "서명했습니다!" 그가 큰 소리로 외쳤다.[60] 프랑스에서는 델카세가 너무 많은 양보를 했다는 비난이 다소 있었지만, 이 협약은 프랑스 의회에서 승인을 받았다. 영국에서는 이 뉴스를 열광적으로 받아들였다. 독일에 맞선 동맹국으로서 프랑스는 일본보다 훨씬 유용했다. 제국주의자들은 영국이 이집트 통제를 확인받은 것에 만족을 표했고, 제국 반대자들은 제국 간 경쟁이 끝난 것을 반겼다. 《맨체스터 가디언》지는 자유주의자들과 좌파를 옹호하여 "새로운 우호의 가치는 분쟁의 회피에 있는 것이 아니라, 민주적 가치의 심화를 위해 양국 민주주의 사이의 진정한 동맹을 제공하는 기회에 있다"라고 주장했다.[61]

지도부가 영국과 프랑스의 동맹 가능성을 진지하게 고려한 적이 없었던 독일의 반응은 충격과 낙담이었다. 카이저는 뷜로에게 새로운 상황이 크게 우려된다고 말했다. 영국과 프랑스가 더이상 이견이 없는 상태에서 "우리의 입지를 진지하게 고려할 필요가 전례 없이 커졌다"라고 그는 말했다.[62] 연줄이 많은 스피쳄베르크Spitzemberg 남작 부인은 일기에 "2국동맹 이후 독일 정책의 가장 큰 패배 중 하나인 프랑스-영국의 모로코 합의에 대해 외무부는 심각하게 우려한다"고 썼다. 열성적 민족주의 집단인 범게르만연맹은 모로코에 대한 합의는 독일에 대한 "치욕적 무시"를 보여주었고, 독일을 삼류 국가로 취급했다는 성명을 발표했다. 통상 정부를 지지하던 보수 정당인 민족

자유당은 수상의 성명을 요구했다. 카이저는 새로운 세계 상황은 독일로 하여금 개입하지 않을 수 없게 만든다고 연설하며, 독일의 군대가 준비되고 강해야 한다는 점을 지적했다.[63]

영국과 독일은 이미 사이가 멀어졌고 양국 여론이 이 과정을 가속화했지만, 화친조약이라고 알려진 새 합의는 양국의 간극을 견고하게 했다. 랜즈다운 같은 영국 정치인은 단지 식민지 문제를 조정했다고 생각했지만, 실제로 양국의 합의는 유럽의 세력 균형에 큰 의미를 가졌다. 이미 러시아와 동맹 관계에 있는 프랑스는 독일에 대해 이제 더 강한 입지를 갖게 되었지만, 얼마나 더 강해졌는지는 지켜볼 문제였다. 영국은 곧 위기 상황에서 프랑스를 지원해야 할지 우호 관계를 잃어야 할지 선택해야 하는 상황에 처할 터였다. 1907년 파리 대사로 근무하던 프랜시스 버티 경은 다음과 같이 말했다. "우리가 피해야 할 위험은 프랑스인들이 우리의 지원을 확신하지 못해 독일과 모종의 타협에 도달하는 것이다. 그것은 프랑스에게 해가 되지 않으면서 우리에게 해로운 결과다. 동시에 우리는 프랑스가 독일에 대담하게 맞설 정도의 물질적 지원을 우리에게 의존하지 않게 만들어야 한다."[64] 원하건 원치 않건 영국은 프랑스가 유럽에서 겪을 분쟁, 특히 모로코를 둘러싼 분쟁에 개입할 가능성이 커졌다. 독일도 그 지역에 이권이 있으니 무시당했다고 느끼는 것은 당연했다. 독일이 불만을 드러내는 데는 오랜 시간이 걸리지 않았다.

로이드조지는 전쟁 회고록에 화친협정이 발표된 날 자신이 자유당 원로 정치인인 로즈버리 경을 방문한 일을 기록했다. "그가 나에게 건넨 첫 인사는 이랬다. '자네는 프랑스와의 합의에 다른 사람들처럼 기뻐하고 있겠지?' 내가 프랑스와 서로 으르렁거리고 상처 내는 관계가 드디어 끝나서 기쁘다고 하자 그는 '틀렸네. 그건 결국 독일과의 전쟁을 의미하니까!'라고 말했다."[65]

7장

곰과 고래

러시아와 영국제국

부상당한 러시아 곰이 자기 주인에게 달려들고 있다. 러시아는 1905년 일본에 참패했을 때 혁명에 가까운 사태를 겪었다. 차르 니콜라이 2세 정권은 살아남아 일부 개혁을 시도했지만, 또다른 전쟁과 두 번째 혁명이 1917년 구질서를 완전히 쓸어버렸다.

1904년 10월 21일 금요일 밤 북해에는 보름달에 가까운 달이 떴지만 안개가 자욱했다. 헐 항구에서 출항한 약 50척의 영국 트롤선이 영국 북부와 독일 해안 중간 지점인 도거뱅크의 어장에서 10~12킬로미터로 흩어져 조업 중이었고, 그 사이를 러시아 발트함대가 항해하고 있었다. 이 함대는 영불해협을 향해 가고 있었고, 그후 극동으로 죽음의 항해를 했다. 트롤선들은 그물을 바다에 펼치고, 선원들이 갑판에서 물고기들을 다듬고 있었다. 어부들에게는 지루한 작업에서 머리를 식힐 수 있는 좋은 구경거리였다. 그들은 전함의 불빛과 바다에 비치는 탐조등을 보고 농담하며 웃었다. 사방이 너무 환해서 어부들은 러시아 수병들의 얼굴도 볼 수 있었다. 트롤선의 선장 웰프톤Whelpton은 "멋진 광경을 보여주려고 선원들을 갑판으로 불러 올렸다"고 회고했다. 그런데 갑자기 총포 소리가 들리더니 함포와 기관포 사격이 가해졌다. "맙소사, 공포탄이 아니다. 납작 엎드려 몸을 숨겨라."[1] 웰프톤은 소리쳤다. 트롤선들은 육중한 그물을 거두어 올릴 시간도 없었다. 선원들이 꼼짝 못 하고 엎드려 있는 동안 총격이 약 20분간 지속되었다. 그런 다음 러시아 함대는 계속 항해했다. 이 사건으로 두 명이 죽고 여러 명이 부상을 입었고, 트롤선 한 척은 대양 바닥으로 가라앉았다. 잠시 후 러시아 함정 하나가 다른 배를 일본 전함으로 오인해 사격을 가했다. 이 모든 사건은 러시아의 전쟁 수행을 특징짓는 혼란과 소동을 여실히 보여준다.

영국 여론은 러시아 함대의 만행에 분개했다. 《데일리 메일》은 "늘 그렇듯 술에 취했다"고 비난했고, 영국 정부도 격앙했다. 영국 정부는 러시아 정부의 진지한 사과와 손해배상을 요구했다. 러시아는 처음에는 자국 함대가 잘못한 일이 없다며 책임을 부인했고, 일본 어뢰함이 러시아 흑해 함대를 공격하기 위해 유럽 수역에 들어왔다고 의심할 만한 충분한 이유가 있다고 항변했다. 랜즈다운은 이러한 변명을 거부하고 10월 26일 러시아 함대가 에스파냐의 대서양 해안에 있는 비고 항에 기항할 것을 요구했다. "만일 함대가 비고에 기항하지 않고 항해를 계속하면, 이번 주가 가기 전에 우리는 전쟁에 돌입할 것이다." 그는 러시아 대사에게 이렇게 경고했다. 러시아도 다음날 전쟁을 불사하겠다고 위협했다. 러시아는 일본이 함대를 공격하려고 계획했다는 "분명한 증거"가 있다고 항변했다. 발트함대 사령관 로즈데스트벤스키 제독은 어찌되었건 함대의 진로를 방해하여 공격을 초래한 트롤선들에게 책임이 있다고 주장했다. 그날 저녁 랜즈다운은 "마치 전쟁과 평화 사이에서 도박하는 것처럼"[2] 느꼈다. 이 사건으로 전쟁이 일어나지는 않았지만, 도거뱅크 사건은 유럽에서 자주 일어나는 전쟁 소동의 한 예가 되었다. 또한 그렇지 않아도 좋지 않던 영국과 러시아 관계를 악화시켰다. 러시아에게 이 사건은 일본과의 전쟁에서 벌어질 재앙의 서곡과 같았다.

러시아가 일본과 벌인 전쟁은 무능력, 자국의 능력에 대한 근거 없는 낙관, 인종주의에 근거한 일본인들에 대한 경멸 등이 뒤섞인 결과였다. 만주와 조선에서 영향력을 확보하고, 궁극적으로 두 지역 모두를 점점 커가는 러시아제국에 흡수하려는 야심은 다른 유럽 열강, 특히 영국과의 충돌을 야기했고, 더 위험한 것은 빠르게 현대화되며 아시아에서 중요하게 부각된 일본과의 충돌이었다. 1894-5년 일본은 빈사 상태의 중국 제국과 전쟁을 벌여 대승을 거두었다. 전쟁 이유의 하나는 조선에 대한 지배권 확보 경쟁이었다. 강화조약에서 중국은 조선의 독립을 인정하여 일본 세력이 조선에 진출하는 길을 열어주었다. (조선은 1910년 일본제국에 병합되었다.) 일본은 또한 타이완과 인근 섬들에 대한 영유권을 확보하고, 만주의 중국 영토에 철로와 항구를 건설할 수 있는 권리를 획득했다. 이 마지막 조치를 수수방관할 수 없던 러시아는 다른 유럽 열강을 끌어들여 공동으로 일본이 만주에서 물러가게 만들었다. 이 대가로 러시아가 재빨리 만주에서 권리를 획득하자 일본은 큰 불만을 갖게 되었다. 러시아는 만주 북부에 시베리아횡단철도 남부 지선을 건설하고, 만청철도를 건설할 권리와 여순(오늘날 뤼순) 항과 대련(다롄) 항을 포함한 만주의 남부 해안 지역에 대한 조차권을 얻었다. 중국은 힘이 너무 약해 러시아의 진출을 막을 수 없었지만, 다른 유럽 강대국들은 러시아의 공격적 정책에 경각심을 갖게 되었다. 이후 의화단의 난을 구실로 러시아는 병력을 파병해 북부의 하얼빈(헤이룽장)에서 남부의 조차 지역을 연결하는 만청철도선의 주요 거점을 장악했다. 1904년 러일전쟁이 발발한 시점에 러시아는 위험할 정도로 고립된 상태에 처했다. 심지어 동맹인 프랑스도 양국 동맹은 유럽 지역에만 적용된다는 것을 분명히 했다.

1904년 2월 8일 밤 일본의 어뢰함들은 아무 경고 없이 여순 항에 정박해 있던 러시아 함정들을 공격했다. 일본군 부대가 여순 항 북쪽에 상륙해 도시로 통하는 철도를 차단하고 항구를 공격했고, 다른 부대는 인천(거의 반세기 후 한국전쟁 때 미군이 상륙하여 유명해진)에 상륙하여 러시아와의 경계인 압록강을 향해 북진했다. 러시아군의 보급품과 증원 병력이 수천 킬로미터 떨어진 곳에서 단일 궤도이며 아직 완공되지 않은 시베리아횡단철도를 타고 이동해 와야 하는 상황에서 일본과의 전쟁 도발의 어리석음은 바로 드러났다. 러시아는 이후 18개월 동안 연전연패를 했다. 여순 항은 포위되었고, 러시아 극동함대는 그 안에 갇혔다. 러시아군은 바다와 육지에서 포위를 돌파하려는 시도를 벌이다가 큰 손실을 입었다. 결국 여순 항은 1905년 일본군에 항복했고, 그 시점에 극동함대의 함선 대부분은 바다에 가라앉았다.

여순 항 포위를 뚫기 위해 지구를 돌아 항해하던 중 마다가스카르에 정박한 발트함대에 항복 소식이 전해졌다. (영국이 수에즈 운하 통과를 허가하지 않았기 때문에 발트함대는 아프리카 남단을 돌아 항해해야 했다.) 발트함대 사령관은 러시아의 태평양 항구인 블라디보스토크로 서둘러 가기로 결정했다. 1905년 5월 27일 발트함대는 일본 함대가 잠복하고 있는 쓰시마 해협을 통과하려 했다. 이어진 전투는 역사상 가장 놀라운 해전 승리로 기록되었다. 러시아 발트함대는 격멸되어 4000명의 러시아 수병이 수장되고, 더 많은 병사들이 포로가 되었다. 일본군이 입은 피해는 116명 전사에 몇 척의 어뢰함 손실이 전부였다.

러시아는 미국 시어도어 루스벨트의 중재 제안을 받아들일 수밖에 없었고, 자원의 한계에 도달한 일본도 협상에 쉽게 응했다. 그해 8월 러시아 대표단과 일본 대표단은 뉴햄프셔주의 포츠머스에 있는 해군 기지에서 만났다. 회담을 중재한 루스벨트의 동기는 여러 가지였다. 그는 미국이 세계의 문명국 중 하나로서 평화를 증진할 도덕적 의무가 있다고 생각했지만, 미국과 자기 자신이 세계 사건의 중심에 설 기회를 포착했다. 두 교전국들에 관해 얘기하자면 많은 미국인들과 마찬가지로 그는 러시아 전제정을 혐오했고, 그래서 처음에는 일본에 우호적이어서 일본이 국제질서에 바람직한 추가 세력이라고 보았다. 그는 심지어 일본이 선전포고라는 형식에 구애되지 않고 러시아를 기습 공격하면서 전쟁을 시작한 방식을 찬양하기까지 했다. 일본이 러시아를 격파하자 그는 아시아에서 미국의 입지를 염려했고, 일본이 중국으로 주의를 돌릴 것을 우려했다. 양국을 불러들인 루스벨트는 강화 논의에는 참가하지 않고 롱아일랜드에 있는 자신의 별장에서 이를 지켜보았지만, 협상이 지지부진하자 그는 자신을 통제해야 했다. "내가 정말 하고 싶었던 일은 분노를 표출하며 벌떡 일어나 그 친구들의 머리를 쥐어박는 것이었다."[3] 결국 9월에 러시아와 일본은 포츠머스 조약에 서명했다. 일본은 사할린 섬 절반을 차지했고, 만주 남부 해안의 러시아 조차권도 차지했다. 다음해 루스벨트는 새로 제정된 노벨평화상을 수상했다.

러시아가 이 전쟁으로 치른 대가는 영토만이 아니었다. 40만 명의 사상자가 발생하고, 해군의 상당 부분이 파괴되고, 감당하기 어려운 손실인 250만 루블을 써버렸다. "일본과의 전쟁은 극도로 인기가 없을 것이고, 통치 당국에 대한 불만이 크게 늘어날 것이다." 전쟁이 발발하기 전인 1903년 11월 전쟁장관 알렉세이 쿠로팟킨이 차르에게 한 충언이었다. 코카서스 총독은 한발 더 나아갔다. "전쟁해서는 안 된다. 전쟁 문제는 '왕조'의 책임으로 돌아올 것이다."⁴ 두 사람 말이 옳았다. 대중은 처음부터 전쟁에 대한 열정이 거의 없었고, 1904년에는 이미 지식인과 점점 커지는 중산층, 지방정부에서 활동하는 좀더 계몽된 지주들 사이에서 정부에 대한 불만이 상당히 고조되었다.

러시아가 특히 1890년대 이후 겪은 비약적인 발전은 수용하기가 쉽지 않다. 러시아의 호황은 더 나은 미래를 약속했지만, 이미 분열된 사회를 더욱 불안정하게 만들었다. 모스크바와 상트페테르부르크의 대지주들이 엄청난 예술품과 가구들을 끌어모으는 동안 그들의 노동자들은 누추한 환경에서 살며 경악할 만한 상황에서 오랜 기간 노동에 시달려야 했다. 가난한 농촌에서는 농민들이 기아에 가까운 상태에서 고기는 거의 먹지 못하며 살았고, 특히 긴 겨울 동안 고난이 심했다. 대지주들은 더 부유한 유럽 국가의 대지주들과 같은 방식으로 생활했다. 가장 부유했던 유수포프Yusupov 공(훗날 라스푸틴 암살자)은 50만 에이커에 달하는 자신의 농지와 광산, 공장을 다 돌아볼 수 없었고, 은색 화병을 세공되지 않은 보석과 진주로 가득 채우는 것을 좋아했다. 1914년 상트페테르부르크 사교계의 지도자 중 한 사람인 백작부인 클레인미셸Kleinmichel은 여조카를 위해 자신이 생각하기에 작은 가장무도회를 열고 다음과 같이 기록했다. "나는 300명에게 초청장을 보냈다. 내 집에 더 많은 손님은 수용할 수 없었다. 러시아 관습은 작은 식탁에서 만찬을 하는 것인데, 그 정도가 내 주방이 감당할 수 있는 한계였다."⁵

검열과 압제에도 불구하고 모든 곳에서 전제정의 종식, 그리고 대의 정부와 시민 자유에 대한 요구가 쏟아져 나오고 있었다. 러시아의 지배를 받는 많은 민족 중 발트인, 폴란드인, 핀란드인, 우크라이나인은 더 많은 자치를 요구했다. 규모는 작지만 광신적인 소수는 이미 오래전에 개혁에 대한 희망을 포기하고, 그 대신 테러와 무장 반란을 통해 폭력적 방법으로 구질서를 전복하려 하고 있었다. 이에 1905년부터 1909년 사이 거의 1500명에 이르는 주지사들과 관리들이 암살당했다. 러시아의 산업화가 급격히 진행되면서 크게 늘어난 산업 노동자들도 점점 더 호전적 태도를 보이고 있었다. 니콜라이 2세가 차르가 된 1894년에 68번의 파업이 일어났고, 10년 뒤에는 500번이 넘는 파업이 일어났다.[6] 좌파의 급진적 사회주의 정당은 여전히 창립이 금지되고 그 지도자들은 망명 중이었지만, 그들은 점점 더 커지는 노동자 조직의 지도부를 맡기 시작했다. 1914년이 되자 가장 조직이 잘 된 정당인 볼셰비키가 대부분의 노동조합을 장악하고, 러시아의 새 의회인 두마Duma에서 노동자 의석 대부분을 차지했다.

  1914년 이전 몇 년 동안 러시아는 동시에 몇 방향으로 움직이는 거대한 유기체가 되었지만, 그 최종 형태가 무엇이 될지는 분명하지 않았다. 멀리 떨어진 농촌 지역 대부분은 몇 세기 전과 같아 보였지만, 대도시에는 전기 조명, 전차, 현대적 상점이 나타나 파리, 베를린, 런던 같아 보였다. 그러나 영원히 변하지 않을 것 같은 농촌적 러시아라는 이미지 — 차르와 많은 보수주의자, 후기의 관찰자들이 생각한 — 는 현실을 상당히 호도하는 것이었다. 1861년 농노제가 종식되고, 통신이 발달하고, 문자해독률이 높아지고, 농민들이 일하러 도시로 이주해 오면서(또한 그들이 가족을 만나러 귀향하면서) 농촌 생활과 그 제도는 흔들리기 시작했다. 장로들, 사제들, 전통, 한때 막강했던 시골 공동체는 농촌 생활에 더이상 과거와 같은 영향력을 행사하지 못했다.

현대성은 도시 지역과 농촌 지역 모두에서 과거의 확고한 질서에 도전했다. 종교를 숭상하는 사람들은 여전히 성상화icons를 숭배하고 기적과 유령을 믿었다. 새로운 산업가들은 마티스, 피카소, 브라크의 작품을 정신없이 수집해서 세계의 위대한 현대예술 컬렉션을 만들었다. 러시아의 전통적 민속 예술이 실험적인 작가들, 예술가들과 공존했다. 스타니슬랍스키와 디아길레프는 연극과 무용을 혁명화했다. 당돌한 작가들은 기존 사회의 도덕성에 도전했고, 동시에 영적 부활과 좀더 깊은 생의 의미 탐구도 이어졌다. 반동주의자들은 표트르 대제가 서방에 문호를 개방하기 전으로 돌아가고 싶어했다. 레닌이나 트로츠키 같은 과격파 혁명가들은 러시아 사회를 분쇄하기를 원했다.

서유럽에서 한 세기 이상 걸려 일어났던 경제·사회 변화는 러시아에서 한 세대 만에 압축되어 진행되었다. 러시아는 이러한 변화를 흡수하거나 통제하는 데 도움을 줄 수 있는 제도를 제대로 발전시키지 못했다. 유럽에서 가장 안정적인 나라인 영국은 의회, 지방 의회, 법률, 법정을 만드는 데 몇 세기가 걸렸다(그 과정에서 내전을 포함한 위기를 겪었다). 영국 사회는 점점 강화되며 서서히 성장했고, 대학에서부터 상공회의소, 클럽, 협회, 자유 언론, 실행 가능한 정치 체제를 유지하는 복잡한 민간 사회망을 오랜 시간에 걸쳐 구축했다. 더 가까운 곳, 예를 들자면 러시아의 이웃 국가인 독일은 새로운 국가였지만 도시와 여러 주에 오래된 제도가 있었고, 강한 사회를 지탱할 수 있는 중산층을 가지고 있었다. 오스트리아-헝가리는 더 취약하고 새로 일어나는 민족주의와 투쟁을 벌이고 있었지만, 러시아보다 더 만개한 제도를 가진 사회가 있었다.

1914년 이전 10년 또는 20년 동안 러시아가 당면했던 상황과 유사한 두 사례가 있다. 하나는 페르시아만의 중동 국가들이다. 이 국가들은 한 세대 만에 변화가 느리게 일어나는 평범하고 통제된 생활 방식에서, 엄청난 부가 그들을 중요하게 부각시킨 국제적 세계로 옮겨갔다. 단층의 진흙 주택들은 라스베이거스처럼 번쩍이는 건물이 되었고, 점점 높아가는 마천루로 변했다. 그러나 아랍 국가들은 지리적으로나 인구 면에서 작다는 이점을 가지고 있어서, 좋건 나쁘건 안팎의 강력한 세력이나 개인들이 조정할 수 있었다. 이 국가들의 통치자들은 외부의 도움을 받아 급격한 변화를 감당할 능력이 있었거나, 그렇지 않으면 신속히 교체되었다. 차르가 당면한 도전은 무한할 정도로 더 컸다. 그토록 거대하고 다양한 러시아를 어떻게든 통제해야 했다. 러시아는 인구나 유럽 국경에서 태평양에 이르는 거리에 이르기까지 모든 것이 거대했다.

1차대전 이전 러시아에 비교할 수 있는 당대의 다른 사례는 중국이다. 중국도 애석할 정도로 준비되지 않은 정권이 변화의 도전을 맞아야 했다. 중국은 사회 개혁을 수월하게 해줄 강력한 제도도 없었다. 구 왕조 체제의 붕괴부터 공산당 지배의 부상, 안정된 정부 수립까지 거의 반세기의 시간이 필요했고 엄청난 인명 손실을 치러야 했다. 그리고 중국은 점점 무능하고 부패한 정권으로 후퇴하지 않기 위해 필요한 지속적인 제도를 만드느라 여전히 고전하고 있다는 주장도 가능했다. 구체제에서 새로운 체제로 이행하는 과정에서 러시아 사회가 균열하기 시작하고 압박으로 무너진 것은 놀라운 일이 아니다. 만일 시간이 더 있었고, 러시아가 희생이 큰 전쟁을 치르지 않았다면 해결책을 찾았을 수도 있다. 그러나 러시아는 10년 내에 두 전쟁을 치렀고, 두 번째 전쟁은 첫 번째 전쟁보다 희생이 컸다. 1914년 차르를 비롯해 많은 러시아 지도자들이 전쟁의 위험을 잘 알았지만, 그들 중 일부는 고상한 목표 아래 사회를 동원하고 분열을 치유하고 싶은 유혹에 시달리기도 했다. 1904년 내무장관 뱌체슬라프 플레베 Vyacheslav Plehve도 러시아가 대중의 마음을 "정치 문제"에서 분산시킬 "작은 전쟁 승리"를 필요로 한다고 말했던 것으로 전해진다.[7]

러일전쟁은 이 생각이 얼마나 어리석은가를 잘 보여주었다. 전쟁이 일어난 지 얼마 되지 않은 시점에 플레베 자신이 폭탄에 암살되었다. 전쟁이 끝날 무렵 새로 형성된 볼셰비키들은 모스크바를 장악하려고 시도했다. 러일전쟁은 많은 러시아인들이 사회와 통치자들에게 가지고 있던 불만을 심화시키고 부각시켰다. 지휘에서 보급까지 러시아의 전쟁 활동의 많은 문제점이 드러나면서 비판이 강화되었고, 정권이 고도로 개인화된 까닭에 차르에 대한 비난도 커졌다. 상트페테르부르크에서는 바지를 내린 차르가 매를 맞으며 "나를 가만히 두라, 나는 전제군주다!"라고 말하는 만화까지 나왔다.[8] 유사점이 많은 프랑스혁명과 마찬가지로 1905년 러일전쟁은 국가 통치자에 대한 공격을 포함한 오랜 터부를 파괴했다. 상트페테르부르크의 관리들에게는 황후가 프랑스에서 선물로 받은 마리 앙투아네트의 초상화를 자기 방에 걸어두고 있는 것이 불길한 징조로 여겨졌다.[9]

1905년 1월 22일〔구력 1월 8일〕 가장 좋은 옷을 차려입고, 찬송가를 부르는 노동자들과 그 가족들의 거대한 행렬이 전면적인 정치·경제 개혁을 요구하는 청원서를 차르에게 제출하기 위해 겨울궁전을 향해 행진하고 있었다. 그들 중 많은 사람들은 여전히 차르를 자신들의 "자애로운 아버지Little Father"라고 생각하고 있었고, 무엇이 잘못되었는지 그가 알기만 하면 변화를 시작할 것이라고 믿었다. 당국은 이 행렬을 잔인하게 분쇄하고 지근거리에서 군중에게 발포했다. 그날 해가 질 무렵 수백 명이 사망하고 부상했다. 피의 일요일Bloody Sunday은 1917년의 예행연습이나 마찬가지였다. 혁명은 이제 거의 실제적인 일이 되었다. 죽은 차르의 황후가 "악몽의 해"라고 부른 1905년 전 기간과 1906년 여름까지 러시아에서는 파업과 시위가 끊이지 않았다. 러시아제국 내에 거주하는 많은 소수민족 중 일부는 자유의 기회를 보았고, 발트 지방에서부터 폴란드를 거쳐 코카서스에 이르기까지 대규모 민중 시위가 일어났다. 농민들은 지주에게 지대를 내는 것을 거부했고, 농촌 일부 지역에서는 농지와 가축을 장악하고 지주 저택들을 약탈했으며, 러시아 장원 저택 중 약 15퍼센트가 이 기간에 불탔다.[10] 1905년 여름엔 흑해 함대의 포템킨호 선원들의 반란도 있었다.

가을이 되자 차르는 철도와 전보가 멈춘 가운데 상트페테르부르크 근교의 자신의 시골 영지에 고립되었다. 상점에 상품이 떨어졌고, 전기가 나가고, 사람들은 두려워 밖으로 나가지 못했다. 6주 동안 노동자 대표 소비에트가 정부를 대신했다. 젊은 급진주의자 레온 트로츠키가 이 조직의 지도자 중 한 사람이었고, 1917년 혁명 중 다시 그는 또다른 소비에트의 지도자가 된다. 모스크바에서는 새로운 혁명적 볼셰비키당이 무장봉기를 계획하고 있었다. 자신의 지지자들로부터 거대한 압박을 받은 차르는 10월 책임 있는 입법부인 두마와 민권을 약속한 포고령을 발표했다.

혁명의 순간에 자주 일어나는 일이지만 양보는 정부에 대한 반대를 고무시킬 뿐이었다. 이러한 광범위한 무질서 앞에서 관리들은 혼란스럽고 무능해 정권 붕괴가 가까워 보였다. 그해 겨울 표트르 대제가 만든 니콜라이 2세의 근위대인 프레오브라젠스키Preobrazhensky 연대의 한 대대가 반란을 일으켰다. 차르 궁정의 한 관리는 일기에 "모든 것이 끝났다"라고 적었다.[11] 정권에 다행스럽게도 가장 결의가 강한 정권의 적들은 분열되어 아직 정권을 전복할 준비가 되지 않았고, 온건 개혁가들은 차르의 약속에 기대를 걸고 정권을 지지했다. 정부는 군대와 경찰을 원하는 대로 사용하며 최소한 당분간은 질서를 회복하는 데 성공했다. 1906년 여름이 되자 최악의 상황은 벗어났다. 그러나 정부는 여전히 권위를 손상하지 않고 어느 정도까지 개혁을 허용할 것인가 하는 딜레마에 빠졌다. 1789년 프랑스 정부나 1979년 이란의 샤 정부도 직면한 딜레마였다. 개혁 요구를 거부하고 압제에 의존하면 적들을 만든다. 양보하면 더 많은 개혁을 요구하도록 적들을 고무한다.

러일전쟁과 그 여파로 러시아는 국내적으로 심각하게 약해졌고, 해외에서도 취약해졌다. 러시아의 해군은 전멸하다시피 했고, 남아 있는 육군도 주로 러시아 국민을 상대로 배치되었다. 러시아의 가장 뛰어난 지휘관 중 한 사람인 유리 다닐로프Yuri Danilov 대령은 다음과 같이 말했다. "보병 연대 지휘관으로서 나는 실제 군대 생활을 하며

1906-8년 군대에 필요한 것을 알고 있었다. 1906-10년을 포함한 이 시기와, 아니면 더 긴 기간에 대해서라면 완전한 무력감이란 말보다 더 좋은 표현을 찾을 수 없다."[12] 러시아는 군대를 재건하고 전면적으로 개편할 필요가 있었지만, 도저히 극복할 수 없는 도전은 아니라도 두 가지 큰 문제에 부딪쳤다. 첫째, 군대와 민간 기득권층 모두에서 변화에 대한 강력한 저항이 있었다. 둘째, 이러한 재조직에는 비용이 들었다. 러시아는 경제가 발전한 일등 국가가 되려는 야심이 있었지만 여전히 후진국이었다. 설상가상으로 20세기 초 10년간 군사 기술이 점점 비싸지고 육군과 해군이 비대해지면서 유럽 전역에서 군비 지출이 늘어나고 있었다. 소련도 1945년 이후 유사한 도전에 직면했다. 소련은 군사 부문에서 미국을 따라가기는 했지만 그러느라 소련 사회의 거대한 희생을 대가로 치렀고, 이러한 노력은 결국 정권 붕괴에 일조했다.

1905년 이후 러시아에서는 최고 지도자가 어떤 일을 하기로 결정하는가에 많은 것이 달려 있었다. 니콜라이 2세는 원하는 대로 장관을 임명하거나 해임하고, 정책을 결정하고, 전시에 군대를 지휘할 수 있는 절대 군주였다. 1905년 이전에는 사촌인 독일의 빌헬름 2세와 달리 그는 헌법, 선거로 구성된 의회 또는 신민들의 권리에 대해 염려할 필요가 없었다. 1905년에 그는 카이저나 오스트리아 황제보다 큰 권력을 가지고 있었다. 두 지도자는 자신들의 정부와 의회로부터 세출을 통제하는 문제와 씨름해야 했고, 자신들의 권리를 강력히 주장하는 국가들을 제국 내에 가지고 있었다. 따라서 니콜라이 2세의 성격과 시각은 1차대전으로 향하는 러시아의 길을 이해하는 데 아주 중요하다.

1894년 니콜라이 2세는 스물여섯의 나이에 러시아의 차르가 되었다. 영국 빅토리아 여왕은 이미 즉위 60주년을 기념했고, 훗날 조지 5세가 되는 그녀의 손자는 해군 장교였다. 독일의 빌헬름 2세는 권좌에 앉은 지 6년밖에 되지 않았다. 니콜라이 2세 자신을 비롯해서 아무도 그가 그렇게 빨리 통치자가 될 것을 예상하지 못했다. 그의 아버지 알렉산드르 3세는 몸집이 거대하고 강인했다. 기차가 탈선했을 때 알렉산드르 3세가 객차 천장을 손으로 들어 가족을 구했다는 말도 있다. 그러나 40대 후반에 신장병을 앓았고, 계속 폭음해서 생명을 단축했던 것 같다.[13] 엄청난 아버지를 사랑하고 숭앙했던 니콜라이 2세는 그가 죽자 큰 비탄에 빠졌다. 그의 누이인 대공녀 올가는 절망에 빠진 그에 대해 다음과 같이 말했다. "그는 자신이 우리 모두에게 어떤 존재가 될지 모르고, 통치하기에 전혀 맞지 않는다고 줄곧 말했다."[14]

아마도 그가 한 말은 맞았다. 너무 많은 문제를 안고 있는 세기 전환기의 러시아는 어느 통치자에게도 너무나 큰 부담이 되었겠지만, 니콜라이 2세는 농촌 지주나 소도시 시장을 맡았으면 좋았을 것이다. 아버지가 그토록 압도적으로 개성이 강했기에 그는 자신감이 없었다. 그는 더 현명하거나 자신만만한 사람이라면 타협하거나 유연한 입장을 보였을 문제에도 엄격하게 굴며 고집을 부렸다. 그는 반대에 맞서거나 대결하는 것을 싫어했다. 그의 가정교사였던 사람은 이렇게 말했다. "그는 들은 것을 이해하지만 나머지 다른 것과의 관계, 다른 요인, 사건, 흐름, 현상 전체와 연계 없이 고립된 사실의 의미만을 이해한다. … 그에게는 아이디어의 교환, 토론, 논쟁을 통해 얻는 넓고 일반적인 시각은 전혀 존재하지 않는다."[15] 그는 악명 높을 정도로 우유부단했다. 한 관측자는 그에 대한 일반적인 시각을 다음과 같이 기록했다. "그는 아무 특성이 없고, 각 장관이 서로 반대되는 보고를 하는데도 각각의 의견에 동의한다."[16] 니콜라이 2세 시기 러시아의 국내·대외 정책은 일관성이 없고, 변덕스럽고 혼란스러웠다. 그는 기억력이 뛰어났고 신하들도 그가 지적이라고 주장했지만, 때때로 그는 단세포적으로 남의 말을 믿는 모습을 보였다. 일례로 한 외국 투자자는 베링 해협을 횡단하는 다리를 건설해 시베리아와 북아메리카를 연결하는 것이 가능하다고 그를 설득했다. (이 계약자는 다리까지 이어지는 철도 건설에 필요한 엄청난 땅을 불하받았다.)[17]

그는 성장 과정에서 더 넓은 세계는 물론 러시아에 대해 이해할 기회를 갖지 못했다. 빌헬름 2세와 달리 니콜라이 2세의 어린 시절은 행복했다. 차르와 황후는 자녀들을 사랑했지만, 그들을 보호하려고 너무 노력했다. 니콜라이 2세와 형제자매는 집에서 교육을 받아 다른 아이들과 어울릴 기회가 없었다. 그 결과 니콜라이 2세는 빌헬름 2세, 에드워드 7세, 조지 5세가 경험한 것, 즉 다른 계급 사람들을 만나거나 같은 연배의 젊은이들과 함께 공부하는 경험을 하지 못했다. 그는 자신의 나라도 제대로 알지 못했다. 니콜라이 2세와 형제자매들이 아는 러시아는 특권, 궁전, 특별열차, 요트 같은 거품에 불과했다. 때로 다른 러시아가 갑자기 침입해 공포를 조성하기도 했다. 그는 할아버지인 알렉산드르 2세가 폭탄에 암살될 때 그의 임종 침상에 불려왔다. 니콜라이 2세와 그의 가족들에게 진정한 러시아는 황실 영지에서 일하는 사람들처럼 행복하고 충성스러운 농민들이 사는 곳이었다. 그들이 교육이나 생활에서 이런 단순한 사고에 도전하거나 러시아 사회가 겪고 있는 엄청난 변화를 느낄 기회는 거의 없었다.[18]

니콜라이 2세는 러시아 귀족 아동이 받는 교육을 받았다. 그는 언어를 습득하고 — 프랑스어, 독일어, 영어, 러시아어를 능숙히 구사했다 — 좋아하는 역사를 공부하고 수학, 화학, 지리를 배웠다. 열일곱 살 때 법과 경제 같은 과목을 공부했지만, 그런 주제에는 그다지 관심이 없었다. 영국 개인교사로부터 우아한 매너와 강한 자기 통제도 배웠다. "니콜라이 2세보다 매너 좋은 젊은이를 만난 적이 없다. 좋은 양육이 그의 모든 결점을 가려주었다."[19] 수상으로 일한 세르게이 비테 백작의 말이다. 열아홉 살 때 니콜라이는 프레오브라젠스키 연대에 배속되었다. 그는 부유한 젊은 귀족인 동료 장교들과 어울리며 어수선하지만 즐거움이 많은 느긋한 생활을 하고, 병영에서 단순하고 질서 잡힌 나날을 보내는 것을 좋아했다. 그는 어머니에게 아주 편하게 지내고 있다며 "저의 인생 최고의 진정한 위로를 얻고 있어요"라고 적어 보냈다.[20] 빌헬름 2세처럼 그도 평생 군대에 강한 애착을 보였다. (군복의 세세한 면에 간섭하는 것도 좋아했다.) 그의 사촌인 알렉산드르 미하일로비치 대공은 다음과 같이 말했다. "그가 엄청 좋아한 군대식 생활은 그의 수동적인 성격에 자극을 주었다. 명령을 수행하면 그만이고, 상관들이 다루는 많은 문제들을 걱정할 필요도 없었다."[21] 군 복무가 끝나고 니콜라이 2세는 별로 원치 않았지만 세계 일주 여행을 했다. 이때 일본에서 그를 죽이려는 미친 순사를 만난 후 일본과 일본인에 대한 특별한 혐오감을 갖게 되었다.

20대 중반이 되어서도 니콜라이 2세는 이상할 정도로 풋내기 티를 벗지 못했다. 차르가 될 사람의 교육을 우려한 비테는 알렉산드르 3세에게 니콜라이 2세를 시베리아횡단철도 건설위원회의 책임자 자리에 앉힐 것을 제안했다. 그러자 차르는 "자네는 그 애와 중요한 문제를 논의해본 적이 있는가?"라고 물었고, 비테는 그런 적이 없다고 대답했다. "그 애는 아직 어린애야"라고 차르는 대답했다. "그가 내는 의견은 아주 어린애 같네. 그 애가 어떻게 그런 위원회를 주도해나가겠는가?"[22] 재위 초기 니콜라이 2세는 외무장관에게 이렇게 불평했다. "나는 아무것도 모른다. 선친은 죽음을 예상하지 못해서 내가 정부 일에 관여하지 못하게 하셨다."[23]

가냘프고, 파란 눈의 잘생긴 니콜라이 2세는 덴마크 공주였던 어머니를 더 닮았다. 그녀의 언니는 영국의 에드워드 7세와 결혼했는데, 사촌인 니콜라이 2세와 조지 5세는 놀랄 정도로 비슷하게 생겼다. 특히 두 사람 다 작고 깔끔하며 잘 다듬어진 턱수염을 길렀을 때 더욱 흡사해 보였다. 당대 사람들은 니콜라이 2세가 호감을 주지만, 사람을 피하는 경향이 있다고 생각했다. 한 외교관은 니콜라이 2세를 만날 때마다 "각별한 친절함과 극도의 개인적 정중함, 냉소주의가 살짝 들어간 신속하고 미묘한 위트, 머리가 빠르지만 어딘지 피상적인 사고를 하는 사람이라는 인상을 받았다"고 말했다.[24] 자신의 직계 가족과 대개 군인인 신임하는 측근의 범위를 넘어서면 그는 조심스러운 태도를 보였다. 차르로서 니콜라이 2세는 특정 장관을 신임하다가 그에게 의존하는 데 분개하고는 그 사람을 해임하는 패턴을 반복했다. 러일전쟁 발발 직후 전쟁장관인 쿠로팟킨 장군은 차르가 자신의 권위를 훼손한 것에 항의하여 사임하려고 했다. 그가 보기에 차르는 해직된 그를 더 신임할 것 같았다. 니콜라이 2세도 동의했다. "자네도 알다시피 이상하지만, 아마도 심리적으로는 정확할 것이네."[25]

니콜라이 2세는 1차대전 시기 러시아에서 가장 뛰어난 정치가인 세르게이 비테를 아버지로부터 물려받았다. 한 영국 외교관은 비테를 "강하고 에너지가 넘치며, 전혀 겁이 없고, 각별한 주도력을 가진 사람"이라고 묘사했다.[26] 1892년부터 1903년까지 재무장관을 역임한 그는 러시아의 재정과 경제를 책임진 자신의 재무부를 러시아 정부의 핵심 부처로 만들었다. 그는 러시아의 농업과 지방정부를 더 효율적으로 만들려고 노력했다. 그 이유 중 하나는 러시아의 곡물 수출로 경제 발전에 필요한 재원을 마련하기 위한 것이었다. 그는 러시아의 신속한 산업화와 새로 획득한 극동 지역의 자원 개발을 밀어붙였다. 시베리아횡단철도는 비테가 주도한 프로젝트나 다름없었다. 그러나 권력이 커지면서 비테에게는 적이 생겼고, 니콜라이 2세도 여기에 포함되었다. 1903년 비테는 차르와 오랜 시간 우호적인 분위기 속에 대화를 나누었다. "그는 악수하고 나를 껴안았다. 그는 나에게 최고의 행운을 빌어주었다. 나는 너무 행복해서 정신이 나갈 정도인 상태로 집에 돌아왔는데, 내 책상에는 나의 해임명령서가 놓여 있었다."[27]

니콜라이 2세는 자신의 통치에 세 가지 핵심 신조를 도입했다. 그것은 로마노프왕조, 정교회 신앙, 러시아였다. 그의 생각에 이 세 가지는 서로 동일한 것이었다. 그는 자신의 가족이 신으로부터 러시아를 위임받았다고 생각했다. 1905년 위기 당시 그는 관리들 중 한 사람에게 다음과 같이 말했다. "내가 너무 걱정하지 않는 것으로 보인다면 그 이유는 러시아의 운명, 나와 나의 가족의 운명은 현재 내가 있는 곳에 나를 두신 전능한 신의 손에 있다는 확고하고도 절대적인 믿음 때문이다. 무슨 일이 생기건 나는 신의 뜻을 따를 것이고, 내가 맡은 나라를 위해 봉사한다는 것 외의 다른 생각은 전혀 가지고 있지 않다."[28] 아버지에 대한 존경과 조상들이 물려준 왕조를 보존한다는 결의가 니콜라이 2세를 강력한 보수주의와 깊은 숙명주의로 이끌었다. 그는 재위 초기 이제 막 시작된 지방자치 조직인 젬스트보zemstvos 대표들이 올린, 업무 재량권을 더 달라는 아주 온건한 청원을 거부했다. "나의 모든 힘을 국민의 복지를 위해 쏟을 것이다. 작고하신 잊을 수 없는 아버지처럼 나는 전제정의 원칙을 결코 벗어나지 않고 확고하게 수호할 것임을 모두에게 알리라."[29] 선친과 마찬가지로 니콜라이 2세에게 전제정은 러시아 주민들에게 가장 적합한 정부 형태였고, 다양한 민족으로 구성된 나라에 최고의 체제였다. 그는 1905년 10월 내무장관에게 자신이 왜 두마와 민권에 양보하기를 거부하는지를 설명했다. "자네도 알다시피 나의 기쁨을 위해 전제정을 유지하는 것이 아니다. 그 체제가 러시아에 필요하다고 확신하기 때문에 이런 생각으로 행동하는 것이다. 만일 개인의 문제였다면 나는 기꺼이 이 모든 것을 없애버렸을 것이다."[30]

문제는 니콜라이 2세가 권력 유지를 원했지만 그 권력으로 무슨 일을 할지에 대한 생각은 거의 없다는 데 있었다. 그는 좋은 자문관을 선택하거나 그들의 이야기에 귀를 기울이는 능력도 없었다. 그는 어머니나 로마노프왕가 삼촌들처럼 가까운 사람들에게 의존하는 경향이 있었다. 일부 예외는 있었지만 삼촌들은 대부분 부패하고 게을렀다. 그에게는 리옹 출신 도살업자였던 프랑스인 필리프, 러시아에서 가장 악명 높은 성자 라스푸틴 등 사기꾼에 가까운 조언자들이 여러 명 있었다. 이들의 종교적 열정은 그들의 많은 결점을 보완하지는 못했다. 신앙심이 깊었던 니콜라이 2세는 당시 유럽 전역에서 아주 인기 있었던 심령술에 빠졌다. 그는 1906년 영국 대사에게 자신은 "플랑셰트planchette나 심령적 교신rapping●에서 유용한 자문이나 도움을 거의 받지 못한다"라고 말했다.[31] 그의 관리들은 궁정이 차르에게 미치는 영향을 우려했지만, 이를 막기 위해 할 수 있는 일은 거의 없었다. 니콜라이 2세는 1905년 이후 내각의 자문을 받게 되었을 때 그 자문을 무시하려고 최선을 다했다. 그는 원할 때만 장관들을 만났고, 대부분의 경우 개별적으로 만났다. 그는 항상 예의가 발랐지만 거리를 유지했고 외교, 군사, 국내 안전 문제 외에는 관심이 없었다. 대부분의 사람들은 그가 통치에 확신이 없다고 느꼈고, 그것은 맞는 평가였다. 니콜라이 2세 통치 초기에 한 관리는 다른 관리에게 "한순간도 차르에게 의존하지 않게 되기를 기원한다. 그는 누군가나 무엇인가를 지지할 능력이 없다"고 말했다.[32] 장관들과 관리들은 차르가 논의하기 원치 않는 문제를 가져가면 차르가 공손하지만 분명히 그것에 주의를 기울이기를 거부한다는 것을 알았다. 시간이 지나면서 확신을 갖게 된 니콜라이 2세는 더 고집을 부리고, 원치 않는 조언에는 거의 귀를 기울지 않게 되었다.

● 플랑셰트는 두 개의 작은 고리와 연필이 하나 달린 심장 모양의 판으로, 손가락을 얹어 생긴 모양이나 글자로 잠재의식, 심령 현상 등을 읽어내는 데 쓰인다. 톡톡 두드리기(rapping)와 그때 나는 소리는 영매와 영 사이 교신에 사용된다.

*

니콜라이 2세는 비테가 극동 정책을 통제하는 것에 분개했다. 그래서 극동의 자원으로 이득을 보려는 야심찬 반동분자들에게 귀를 기울였다. 러일전쟁은 대략 그러한 이유 때문에 일어난 것이다. 반동분자들은 일본과의 대결 위험에도 불구하고 러시아가 조선 북부로 영향력을 확대해 만주 장악을 공고히 해야 한다고 주장했다. 그들은 니콜라이 2세가 각료들을 믿지 않고 일본을 경멸하는 것을 이용하여, 그런 "야만적인 나라"[33]에 강경책을 취하는 것이 최선이라는 그의 시각을 강화했다. 1903년 그들의 강력한 지원을 받은 니콜라이 2세는 비테를 해임하고 극동 담당 총독을 임명했는데 그는 바로 일본과의 관계를 악화시켰다. 극동 문제에서 뒷전에 밀려나 있던 러시아 외무부는 러시아 외교정책의 일관성 결여와 전쟁 가능성을 점점 우려했다. 니콜라이 2세도 다소 우려를 표명했다. "나는 러시아와 일본의 전쟁을 원하지 않으며, 이 전쟁을 허용하지 않는다. 전쟁이 일어나지 않도록 모든 조치를 취하라."[34] 그러나 이 시점의 상황은 통제할 수 없었다. 조선과 만주에 대한 양해 요구가 번번이 거부된 일본은 전쟁을 하기로 결정했다. 러시아 외무장관 블라디미르 람스도르프는 1904년 다음과 같이 말했다. "극동에서 우리 활동의 완벽한 무질서, 무책임한 모험가들의 주술적인 간섭과 음모가 우리를 재앙으로 이끌었다."[35]

니콜라이 2세의 재위 기간에 장관들은 러시아와 차르 모두의 신하가 되는 것은 거의 불가능하다는 것을 깨달았다. 특별한 정책이 강하게 요구될 때조차 그들은 차르와 다른 의견을 낼 수 없었다. 아직 알려지지 않은 혁명가였던 블라디미르 레닌은 이런 상황을 "최고조의 위기"라고 불렀다.³⁶ 그러나 러일전쟁과 훨씬 규모가 큰 1차대전 때처럼 일이 잘못되었을 때 정권은 고도로 개인화되어 있었다. 점점 중요한 세력이 된 러시아 여론은 이 때문에 그 잘못을 차르 개인의 책임으로 돌리는 경향이 있었다.

일을 더 어렵게 만들고 차르를 더욱 고립시킨 것은 그의 결혼 생활이었다. 결혼 생활은 행복하지 않은 것이 아니라 그 반대였다. 따뜻한 가정이라는 둥지는 점점 더 세상과 장벽을 만들었다. 니콜라이 2세와 알렉산드라는 10대 때부터 사랑했다. 알렉산드라는 빅토리아 여왕의 외손녀로서 자신을 영국인으로 표현하는 것을 선호했지만, 헤세-다름슈타트Hesse-Darmstadt라는 작은 공국 출신의 독일 여자였다. 빅토리아 여왕은 반러시아 감정이 강했지만 다행히 니콜라이 2세가 마음에 들어 결혼을 승낙했다. 알렉산드라가 처음에 개신교 신앙을 포기하고 정교회로 개종할 수 없는 것은 결혼의 가장 큰 장애였다. 그녀는 자신과 처절히 싸우고, 영광스러운 결혼을 원하는 가족에게 강한 압박을 받은 끝에 마음을 바꾸었고, 눈물을 쏟으며 니콜라이 2세의 청혼을 받아들였다. (그녀가 맏오빠의 새 부인으로부터 도망치고 싶어 결혼했다고 악의적으로 말하는 사람들도 있기는 하다.³⁷) 개종자가 흔히 그러하듯 그녀는 러시아인보다 더 정교회에 집착하고 더 투철한 러시아인이 되었다. 그녀는 자신이 생각하는 바에 따라 마음과 영혼을 니콜라이 2세와 그의 이익에 헌신했다.

그들의 결혼식은 장엄하고 침울했다. 결혼식은 알렉산드르 3세가 갑자기 쇠약해져 사망하기 전에 계획되어, 그의 장례식 일주일 후 거행되었다. 훗날 사람들이 말한 것처럼 불길한 징조였을까? 1년 반 뒤

거행된 대관식은 더욱더 그랬다. 대관식 자체는 잘 진행되었지만, 모스크바 교외에서 벌어진 대중 축하 행사에서 재앙이 일어났다. 이 행사에서는 맥주, 소시지, 기념품이 참가자들에게 배포되었다. 새로 부설된 철도를 이용한 많은 사람을 포함해 나라 전역에서 모인 사람들은 당일 아침이 되자 50만 명 이상으로 불어났다. 선물이 충분하지 않다는 소문에 놀란 군중은 앞으로 달려 나오다가 서로를 밟으면서 쓰러져 천 명, 아니면 그 이상이 압사했다. 그날 저녁 프랑스대사관은 수백만 루블을 들여 무도회를 개최했다. 프랑스와의 동맹을 축하하고 싶어하는 장관들의 압력을 받은 젊은 차르와 황후는 마지못해 무도회에 참석했다. 이 일은 젊은 부부가 동정심이 없다는 나쁜 평판을 만들어낸 큰 실수였다.[38]

알렉산드라는 니콜라이 2세보다 더 지적이었고, 특히 종교에 대한 토론을 좋아했다. 그녀는 강한 의무감을 가지고 있었고, 신앙이 돈독한 기독교인으로서 어려운 사람들을 도울 의무가 있다고 생각했다. 황후로서 그녀는 기아 구호에서부터 병자를 돌보는 일까지 자선사업에 헌신해 모범을 보였다. 그러나 불행하게도 그녀는 너무 감정적인 데다 신경 쇠약을 앓고 있었고, 수줍음을 너무 탔다. 시어머니가 쉽게 상트페테르부르크 사교계에 입성하여 궁정 무도회와 리셉션을 문제없이 주도한 데 반해, 알렉산드라는 거부감을 느꼈고 대중 앞에 서면 불행했다. "그녀는 아무에게도 기분 좋은 말을 건네지 않았다. 주위 사람들을 얼어붙게 만드는 얼음덩이 같은 여자였다."[39] 한 귀부인은 이렇게 비판했다. 빌헬름 2세의 부인처럼 그녀는 내숭스러웠고, 남들의 실수에 관대하지 않았다. 그녀는 평판에 전혀 흠이 없는 여인들만 궁전 무도회에 초청했고, 그 결과 사교계 지도자 대부분이 초청 대상에서 제외되었다.[40] 또 그녀는 좋아하는 사람들의 직위를 보호하는 데 너무 집착해서 그들이 적합지 않은 것이 명백할 때조차 그들을 감싸고돌았다. 한 고위 궁정 관리는 그녀가 "좋지 않은 머리와 무식과 연결된 강철 같은 의지를 가지고 있었다"고 말했다.[41]

알렉산드라는 새로운 지위에 불리한 점이 또 하나 있었는데, 이 사실은 몇 년 동안 드러나지 않았다. 빅토리아 여왕을 통해 그녀는 남자에게만 나타나는 혈우병 유전자를 물려 받은 것이었다. 혈우병은 출혈을 멈추게 하는 물질이 부족해, 작은 사고로 발생한 사소한 상처도 죽음을 초래할 수 있었다. 알렉산드라와 니콜라이 2세의 외아들 알렉세이는 이 병을 안고 태어났고, 어렸을 때 몇 번 죽음의 고비를 넘겼다. 이 병을 치유하는 데 혈안이 된 알렉산드라는 러시아와 유럽을 찾아 헤매면서 아들 병상에 의사, 사기꾼, 박식한 사람, 기적의 치유를 한다고 평판이 난 사람, 그리고 황제 가족의 명성에 결정적 타격을 준 부패하고 타락한 라스푸틴을 불러들였다.

잦은 출산도 한 원인이 되어 건강이 악화된 알렉산드라는 사교계 생활에 거리를 두었다. 니콜라이 2세도 1905년 이후에는 수도를 좀처럼 방문하지 않았다. 여간해서 그를 비판하지 않는 그의 어머니조차 "황제는 아무도 만나지 않는다. 그는 사람을 더 만나야 한다"라고 말할 정도였다.[42] 자신들이 선택하기도 했지만, 안전 문제로 황제 가족은 상트페테르부르크 교외 차르스코예 셀로의 황실 영지에 주로 머물렀다. 높은 창살로 보호된 이 영지는 1905년 이후 10피트(약 3미터) 높이의 철조망이 쳐졌다. 여름이 되면 황제 가족은 이곳에 못지않게 고립된 발트해 연안 여름 별장 페테르호프로 갔다. 그들은 황실 요트를 타고 항해하고, 사냥 별장이나 크림반도의 황제 궁전을 옮겨 다니며 생활했다.

엄격하고 복잡한 의전에 둘러싸여 수천 명의 하인, 경호원, 조신들의 시중을 받으며 위엄과 영화 속에서 살아간 황제 가족은 소탈하고 행복한 가족이었다. 가족 구성원들은 서로 친밀했고, 이상할 정도로 세상과 동떨어져 있었다. 알렉산드라는 검소한 생활을 자랑스러워했고, 차르도 옷이 닳도록 입었다. 궁정 의사의 아들은 훗날 그들의 세계에 대해 다음과 같이 기록했다. "차르스코에 셀로의 마법 같은 작은 동화 나라는 나락의 문턱에서 평화롭게 안주하고 있었고, '신이여 차르를 구하소서' 노래를 점잖게 중얼거리는, 구레나룻을 기른 요정들의 달콤한 노래에 취해 있었다."[43] 러일전쟁 시기 영국 대사를 지낸 찰스 하딘지는 황제 내외는 병약한 아들과 네 딸에게 너무 몰입해 있었다고 기록했다. 니콜라이 2세는 피의 일요일 사건과 수도에서의 소요에 신기할 정도로 아무 동요가 없었고, 자문관들을 만나기보다는 자신의 열성적 취미인 사냥과 어린 아들 알렉세이를 돌보는 데 시간을 보냈다고 그는 기록했다. 하딘지는 런던에 다음과 같이 보고했다. "기적이 일어날 것이며 결국 모든 것이 잘될 것이라는 그의 생각은 본성에 깊이 박힌 숙명주의로밖에 설명할 수 없다."[44]

1905년 니콜라이 2세 정권은 러시아에 대한 통제권을 잃어가고, 그에게 가까운 모든 사람들로부터 강한 압력을 받고 있다는 것이 점점 분명해지고 있었다. 니콜라이 2세의 어머니는 그가 상당한 양보를 하고, 비테를 복귀시켜 정부를 이끌게 해야 한다고 니콜라이 2세를 설득했다. 10월 초 그는 마지못해 전 재무장관 비테를 만나는 데 동의했고, 비테는 자신이 공직에 복귀하는 조건으로 헌법과 민권의 부여를 제안했다. 니콜라이 2세는 사촌동생 니콜라이 니콜라예비치를 설득해 군사 독재를 실시하려고 했지만, 비테가 임명되지 않으면 그가 그 자리에서 총을 쏘아 자살하겠다는 위협에 놀라 뒤로 물러났다. 실망한 니콜라이 2세는 어머니에게 다음과 같이 썼다. "나의 유일한 위안은 그러한 것이 신의 뜻이고, 이 결정으로 내가 사랑하는 러시아가 거의 1년간 매몰된 참을 수 없는 혼란에서 벗어날 수 있다는 것입니다."[45] 1905년 이후 니콜라이 2세는 기적이 일어나 자신이 약속한 것을 철회할 수 있게 되기를 계속 희망했다. 1차대전 이전 그는 헌법을 훼손하고 민권을 제한하기 위해 최선을 다했다. 그는 1906년 4월 1차 두마를 열었지만, 7월에 두마를 해산했다. 1907년 그는 선거법을 바꾸는 칙령을 발표해 보수적인 지주 계급이 두마에 더 진출하고, 자유주의자들과 좌파는 크게 대표권이 축소되게 만들었다. 니콜라이 2세는 또한 비테를 가능한 한 무시하려고 노력했고(그는 프랑스에서 큰 차관을 들여와 러시아의 파산을 막은 비테에게 감사하기는 했다), 두마가 첫 회의를 시작하기 전 그를 제거하는 데 성공했다.

그럼에도 불구하고 상황을 완전히 되돌리는 것은 불가능했다. 1905년 이후 정부는 여론이라는 새로운 요인을 다루어야 했다. 당국이 검열을 시도했음에도 불구하고 언론은 점점 더 거침없이 의견을 내놓았다. 두마의 의원들도 처벌받을 염려 없이 두마에서 자유롭게 발언했다. 러시아 사회에서 정당은 아직 취약하고 깊은 뿌리가 없었지만, 시간이 주어지면 강력한 정치 세력으로 발전할 수 있는 능력이 있었다. 새 헌법이 차르를 최고 전제 권력으로 묘사한 것은 사실이고, 차르는 여전히 외교정책, 군대, 정교회를 통제하며 장관을 임명하거나 해임할 수 있고, 법안을 취소하고, 두마를 해산하고 계엄령을 선포할 수 있었다. 그러나 이러한 문서가 존재한다는 사실 자체가 그의 권력에 한계가 있다는 것을 의미하고 있었다. 두마는 분명하게 정의되지 않은 권력을 갖고 논쟁을 일삼는 기구였지만, 장관들을 출석시켜 질문하고, 원하기만 하면 육군과 해군 예산을 승인할 수 있었다(그러나 두마는 정부가 제안한 군대 예산을 거부할 수는 없었다).

니콜라이 2세는 정부 정책을 조율하고 감독하는 각료회의를 인정해야 했다. 내각 수상은 모든 장관과 차르의 연결 고리가 되었다. 첫 내각 수상이 된 비테는 니콜라이 2세가 원하는 대로 개별 장관을 계속 상대하는 한 자신의 기능을 수행하는 것이 불가능하다는 것을 깨달았다. 그의 후임자가 된 표트르 스톨리핀은 1911년까지 자리를 지킬 수 있었는데, 이것은 차르가 그를 신임한 이유도 있었지만 1905년 이후 차르가 국정에서 손을 뗐기 때문에 가능한 일이었다. 한편 지배계급의 많은 사람들처럼 니콜라이 2세는 그의 신체적 용기를 존중했다. 1906년 테러리스트들이 상트페테르부르크 인근 그의 여름 별장을 폭파시켜 십여 명이 사망하고 부상당했고, 그의 자녀 두 명 역시 심하게 다쳤지만, 스톨리핀은 대단한 용기와 자제력을 보여주었다.[46]

큰 키에 몸이 곧고, 차분하며, 정확하고, 매너를 지닌 스톨리핀은 만나는 사람 모두에게 깊은 인상을 남겼다. 그는 비테처럼 재능이 있고 활력이 넘쳤으며 러시아의 개혁과 진보를 실현하는 데 헌신했다. 그는 전임자와 마찬가지로 천성이 권위주의적이었고, 혁명가들을 분쇄하기로 작정했다. 그러나 그는 정부가 최소한 러시아에 새로 부상하는 일부 정치 세력과 같이 일해야 한다는 것을 인정했고, 두마에 보수주의자 연합을 만드는 데 어느 정도 성공했다. 혁명가들이 농민들을 선동하는 것을 차단하기 위해 그는 농민들이 자신들이 경작하는 농지를 소유할 수 있는 개혁을 추진했다. 그러나 결국 구질서가 여전히 지배했고, 니콜라이 2세는 스톨리핀이 행사하는 권력을 질시하고 혐오했다. 1911년 영국 외교관은 스톨리핀이 낙담했으며 자신의 입지가 불안정하다고 느끼고 있다고 보고했다. 그해 9월 그의 운명은 무서운 종착점에 다다랐다. 경찰 요원을 가장한 테러리스트가 키예프 오페라극장에서 그에게 다가와 바로 정면에서 총을 발사했다. 치명적 부상을 입은 스톨리핀은 "나는 끝났다. 차르를 위해 죽게 되어 행복하다"고 극적으로 말한 것으로 전해졌다.[47] 그는 4일 후 사망했다. 만일 살아남았다면 그는 이후 몇 년 동안 강력한 지도력을 발휘하고 1914년 유럽의 대위기가 왔을 때 신중하고 온건한 해결을 옹호하는 세력으로 행동했을 것이다.

　러시아가 유럽의 강국이라고 주장하는 데는 늘 큰소리칠 만한 요소가 있었다. 알렉산드르 2세의 외무장관은 1876년 "우리는 거대하지만 힘이 없는 나라다. 이것은 진실이다. 진실을 아는 것보다 다행인 것은 없다. 누구나 항상 멋지게 치장할 수는 있지만, 자신이 멋지게 치장했다는 것을 알 필요가 있다"라고 말했다.[48] 때로 러시아는 상당한 효과를 가져올 정도로 멋지게 치장하기도 했다. 일례로 러시아는 나폴레옹을 격파하는 것을 도왔고, 알렉산드르 1세는 나폴레옹전쟁 막바지에 러시아군을 파리로 이끌고 갔다. 1848년 혁명 때에는 러시아 군대가 합스부르크 전제정을 구원하기도 했다. 물론 19세기 중반 크림전쟁 패배와 최근의 러일전쟁 패배도 잘 알려져 있지만, 스톨리핀은 러일전쟁 후 러시아의 국내외적 취약성과 이 두 가지가 어떻게 연계되어 있는지를 잘 인식하고 있었다. 그는 수상이 된 직후 "우리 내부 상황은 우리로 하여금 공격적 외교정책을 취하는 것을 허락하지 않는다"라고 말한 바 있다.[49] 그는 전임자들과 달리 도발적인 국제적 움직임을 피하기로 작정했다. 해외에서 더이상의 실패는 국내에서 새로운 혁명을 촉발할 수 있었다. 다른 한편으로 취약하게 보이는 것은 다른 강국으로 하여금 러시아를 이용하게 만들 수 있었다.

외교 관계에서 러시아의 근본적인 문제는 지리에서 연유했다. 러시아는 침략자들에 대항할 수 있는 자연 방어선이 거의 없다. 러시아 역사 내내 몽골(러시아인들에게는 타타르)이나 스웨덴, 프로이센, 프랑스의 침공을 받았다(20세기에는 두 번이나 독일군의 끔찍한 침공을 겪게 된다). 타타르는 러시아의 중심부를 250년 동안 통치했고, 에스파냐를 정복한 무어인과 다르게 "러시아를 정복했지만, 그들은 대수나 아리스토텔레스를 가르쳐주지 않았다"라고 푸시킨은 말했다.[50] 이러한 취약성으로 인해 러시아는 결국 중앙에 권력이 집중되고 전제적인 정부가 부상하여 통치하게 되었다. 러시아 역사가 기록된 12세기 초 첫 문헌에는 오늘날 우크라이나 땅의 루스 주민들이 강력한 지도자를 초청한 것으로 서술되었다. "우리 땅은 거대하고 풍요롭지만 질서가 없다. 와서 우리를 지배해주기 바란다."[51] 최근에 푸틴은 러시아 역사의 스탈린을 똑같이 정당화했다. 적들의 도전에 직면한 러시아를 단합해서 유지하는 데 스탈린과 그의 정권이 필요했다는 것이다. 이로 인한 결과는 러시아가 국경을 외곽으로 계속 확대하면서 끝없이 안전을 추구하는 것이었다. 18세기 말이 되자 러시아는 핀란드와 발트 국가들을 흡수하고 폴란드를 분할 점령했다. 러시아는 점점 동쪽을 향하면서도 자신을 여전히 유럽 강국으로 보았다. 결국 유럽이 세계 권력뿐만 아니라 세계 문명의 중심지로 간주되었기 때문이었다.

러시아는 언제나 다른 유럽 국가보다 컸지만 19세기가 되자 풍선처럼 불어나 세계에서 가장 큰 국가가 되었다. 러시아의 탐험가와 병사들의 뒤를 이어 외교관과 관리들이 국경을 남쪽과 동쪽으로 확장시켜 흑해와 카스피해에서 중앙아시아와 우랄산맥을 넘어 시베리아와 태평양까지 5000마일이나 진출했다. 러시아의 아시아 지역은 미국 전체와 모든 유럽 국가들이 들어올 정도로 컸지만, 아직도 장악할 영토가 많았다. 미국 여행가이자 작가인 조지 케넌(같은 이름을 가진 미국의 소련 전문가의 먼 친척)은 러시아 영토의 엄청난 크기를 이렇게 설명했다. "만일 지리학자가 세계 전체 지도를 준비하면서 시베리아를 그리는 데 스틸러Stieler의 영국 '간편 지도Hand Atlas'와 같은 축도를 사용한다면, 그 지도를 담기 위해 폭이 20피트(약 6미터) 되는 페이지를 사용해야 할 것이다."[52]

제국은 위신을 비롯해 아직 사용되지 않은 자원과 부의 가능성을 가져왔다. 그러나 제국은 러시아에 더 많은 문제도 안겨주었다. 러시아의 인구는 더 넓게 분산되었고, 이제는 많은 비러시아인, 중앙아시아의 이슬람 주민, 동방의 조선인, 몽골인, 중국인을 포함하게 되었다. 새로운 국경은 새롭고 잠재적으로 비우호적인 이웃 국가와 접하게 만들었다. 극동에서는 중국·일본, 중앙아시아에서는 영국제국, 캅카스(코카서스)에서는 영국이 눈독 들이고 있는 페르시아(현재이란), 흑해 주변에서는 쇠퇴하고 있지만 다른 유럽 강국들이 지탱하고 있는 오스만제국과 부딪치게 되었다. 그뿐 아니라 해군력이 점점 더 국력과 국부의 원천으로 여겨지는 시대에 러시아는 연중 내내 사용할 수 있는 항구를 불과 몇 개밖에 갖고 있지 못했다. 흑해와 발트해 항구를 이용한 해상 운송은 전쟁 시기에 닫힐 수 있는 좁은 해협을 통과해야 했고, 태평양의 새 항구 블라디보스토크는 러시아 중심부에서 수천 마일 떨어진 곳으로 취약한 철도 노선 끝에 위치해 있었다. 러시아가 특히 식량에서 주요 수출국이 되자 흑해에서 보스포루스, 마르마라해, 다르다넬스 — 통상적으로 당시 '해협'이라고 알려진 — 를 거쳐 지중해로 이어지는 통로가 중요해졌다. 무려 총수출의 37퍼센트, 주곡 수출의 75퍼센트가 1914년 콘스탄티노플을 지나갔다.[53] 당시 러시아 외무장관 세르게이 사조노프는 만일 그 통로가 예를 들어 독일에 의해 차단되면 "러시아에 사형 선고"[54]처럼 느껴질 것이라고 말했다. 러시아 입장에서는 안전이 보장된 부동항을 찾는 것이 당연하지만, 쿠로팟킨이 1900년 니콜라이 2세에게 경고했듯이 그러려면 큰 위험을 감수해야 했다. "흑해의 출구, 인도양으로 나가는 길, 태평양으로 나가는 길을 찾는 우리의 시도가 아무리 정당하더라도 이 과제는 거의 전 세계의 이해관계를 너무 깊게 건드려 추진 과정에서 영국, 독일, 오스트리아-헝가리, 튀르키예, 중국, 일본 연합과 싸울 준비를 해야 할 것이다."[55] 러시아의 모든 잠재적 적국 중에서 세계적 제국을 가진 영국이 가장 즉각적인 위협이 될 것처럼 보였다.

영국 내 여론은 반러시아 감정이 강했다. 대중문학에서 러시아는 이국적이면서 무서운 곳, 즉 눈과 러시아 정교회의 황금 돔, 어두운 숲에서 썰매를 쫓는 늑대, 이반 뇌제와 예카테리나 여제의 나라로 그려졌다. 책을 많이 쓴 윌리엄 르 큐는 자신의 소설에서 독일을 적으로 만들기 전에는 러시아를 적으로 그렸다. 1894년 발표된 소설 《1897년 영국 대전쟁The Great War in England in 1897》에서 영국은 프랑스·러시아 연합군에게 침공을 당하지만, 러시아군이 훨씬 더 잔인했다. 영국 가옥들이 불타고, 무고한 시민들이 총에 맞고, 아기들이 총검에 찔렸다. "잔인하고 비인간적인 차르의 병사들은 약하고 힘없는 사람들에게 전혀 자비를 베풀지 않았다. 그들은 애처로운 호소를 조롱하고 비웃고, 사악한 잔인함을 보이며 어디서나 파괴를 즐겼다."[56] 영국의 급진주의자, 자유주의자, 사회주의자 모두 비밀경찰, 검열, 기본권 결여, 반정부 인사 압제, 소수민족 탄압, 끔찍한 반유대주의 등 러시아 정권을 미워할 이유가 너무 많았다.[57] 다른 한편으로 제국주의자들은 영국제국의 경쟁국이라는 이유로 러시아를 미워했다. 영국은 아시아에서 러시아와 결코 타협을 이룰 수 없다고, 인도 총독이 되기 전 솔즈베리 밑에서 외무차관을 지낸 커즌이 말했다. 러시아는 가능한 한 계속 팽창할 수밖에 없었다. 어떤 경우든 러시아 외교관들의 "뿌리 깊은 이중성"으로 인해 협상은 늘 무의미했다.[58] 커즌이 인도 주둔 영국군 사령관 키치너 경과 드물게 같은 의견을 보인 것은 그가 "전선에 대한 러시아의 위협적인 진격"에 대처하기 위해 런던에 더 많은 자원을 요구했을 때였다. 영국이 특히 우려한 것은 이미 부설되었거나 부설 계획이 있는 러시아의 새로운 철도였다. 아프가니스탄과 페르시아 국경까지 뻗은 철도는 이제 러시아인들에게 힘을 실어줄 수 있었다. 영국은 80년이 지나야 학술 용어가 되는 폴 케네디가 지칭한 "제국적인 과도한 확장"을 심각하게 느끼고 있었다. 1907년 영국의 전쟁부는 확장된 러시아 철도 체계가 인도와 제국을 방어하는 부담을 너무 증가시켜 "우리의 전 군사 체계를 재구성하지 않는 한, 인도를 계속 보유하는 것이 가치 있는가가 실질적 정치 문제가 될 것이다"라고 경고했다.[59]

양국에는 해결되지 않은 식민지 문제를 타결하여 긴장과 비용을 축소해보려는 사람들이 항상 있었다. 1890년대가 되자 영국은 러시아 군함과 러시아인, 특히 군대가 흑해와 지중해 사이의 해협을 이용하는 것을 막는 것이 불가능하다는 것을 인정할 준비가 되었고, 중앙아시아와 페르시아에서도 덜 공격적인 정책을 취하려고 했다.[60] 1898년 솔즈베리는 중국에서 양국의 이견 조정을 위한 회담을 갖자고 러시아에 제안했다. 하지만 이 제안은 아무 결과를 가져오지 못했고, 러시아가 의화단의 난을 빌미로 만주에 군대를 진주시키면서 양국 관계는 오히려 악화되었다. 1903년 런던 주재 러시아 대사가 새로 임명되면서 새로운 대화의 기회가 열렸다. 대사로 부임한 알렉산드르 폰 벤켄도르프 백작은 러시아 내 연줄이 아주 좋고, 부유하며 거리낌 없이 행동하는 사람이었다. 영국 애찬자인 그는 자유주의적 사상을 가졌고, 차르 체제의 미래에 대해 깊이 회의하고 있었다. 그는 코펜하겐에서 대사로 근무할 때 프랑스 대사에게 "러시아에서는 표면적으로 국민들은 감성적이고 차르에 대해 따뜻한 감정을 가지고 있다. 혁명 직전의 프랑스와 똑같이 말이다"라고 말했다.[61] 런던에서 그와 부인은 사교계 인물이 되었고, 벤켄도르프는 러시아와 영국의 관계를 증진하는 일에 나섰다. 전쟁 전 상당한 재량권을 가졌던 외교관의 특권을 이용해 그는 실제 상황보다 양측이 대화에 좀더 적극적이라고 생각하게 만들었다. 1903년 영국 외무장관 랜즈다운과 벤켄도르프는 티베트와 아프가니스탄 같은 현안을 놓고 대화했지만 결론에 도달하지는 못했다. 러시아가 영국의 동맹국 일본과 관계가 악화되면서 화해를 전제로 한 어떤 대화도 보류되었고, 러일전쟁 전까지 재개되지 않았다.

19세기 기술·산업혁명은 러시아에 강대국으로서의 부담을 가중시켰다. 각국이 서로 경쟁을 벌이면서 군비 경쟁이 가속화되었고, 비용이 점점 많아졌다. 철도와 대량 생산으로 더 큰 군대를 구성하고, 이동시키고, 보급하는 것이 가능해졌다. 유럽대륙의 다른 강국들이 그 길을 가면서 러시아 통치자들도 같은 길을 가야 한다고 느꼈지만, 러시아의 자원은 이웃 국가인 오스트리아와 신생 강국 독일보다 부족했다. 어렵기는 하지만 불가능하지 않은 대안은 강국 대열에 들어가려는 시도를 포기하는 것이었다. 하지만 1906년부터 1910년까지 러시아 외무장관을 지낸 알렉산드르 이즈볼스키는 이류 국가, 더 나쁘게는 "아시아 국가"가 되는 것은 "러시아에 큰 재앙이 될 것"이라고 말했다.[62]

냉전 중 소련이 당면했던 것과 유사한 딜레마였다. 러시아의 야망은 크게 발전했지만, 러시아 경제와 조세제도는 그렇지 못했다. 1890년대 러시아가 병사 한 명당 지출한 비용은 프랑스, 독일의 절반도 안 되었다.[63] 군대에서 쓰는 모든 재원은 사회 발전에 필요한 예산을 잠식했다. 1900년 한 추정에 따르면 러시아 정부는 교육보다 군사 부문에 열 배의 예산을 썼고 해군은 핵심 부서인 농업부와 법무부를 합친 것보다 많은 예산을 받았다.[64] 러일전쟁으로 상황은 더 악화되었다. 이 전쟁으로 러시아는 거의 파산 지경에 몰렸고, 거대한 예산 적자에 직면했다. 군대의 장비 재보급과 재훈련이 시급했지만 재원이 없었다. 1906년 바르샤바, 키예프, 상트페테르부르크 등 서부 지역의 군관구는 사격 연습을 하는 데 필요한 예산도 충분히 지급받지 못했다.[65]

러일전쟁으로 러시아의 진정한 이익이 아시아에 있는가, 유럽에 있는가에 대한 논쟁이 다시 불붙었다. 쿠로팟킨과 총참모부는 자원이 유럽 전선에서 동부 지역으로 이동되어 고갈되는 것을 오래전부터 우려해왔다. 비테가 시베리아횡단철도를 건설하는 동안 러시아 서부 지역의 철도 건설은 사실상 중지되었는데, 그 시기에 독일과 오스트리아-헝가리는 물론 루마니아 같은 소국도 계속 철도를 건설하고 있었다. 1900년 러시아 총참모부는 독일이 전선으로 하루 552편의 기차를 보낼 수 있는 반면, 러시아는 98편만 보낼 수 있다고 평가했다. 재정적 이유로 서부 지역의 러시아군 증강도 중지되었다. "독일로서는 기쁜 일이겠지만, 우리가 동방으로 주의를 돌리는 사이 독일과 오스트리아는 군사력과 물자에서 결정적 우위를 차지하게 되었다."[66] 1900년 쿠로팟킨이 남긴 기록이다. 러일전쟁 중 러시아 군부의 악몽 중 하나는 독일과 오스트리아-헝가리가 그 기회를 이용해 러시아에 적대적 행위를 하고, 혹시라도 서쪽으로 위험하게 돌출된 폴란드를 나누어 차지하는 것이었다. 러시아에 다행스럽게도 독일은 러시아가 프랑스로 기우는 것을 막기 위한 시도로 전쟁 중 우호적 중립을 지켰고, 빈의 한 러시아 스파이는 오스트리아-헝가리는 동맹국

인 이탈리아를 대상으로 한 공격에 더 신경쓰고 있다고 보고했다.[67]

러시아가 러일전쟁 패배 후 힘든 복구와 재건을 수행하는 동안 이러한 공포는 계속 남았고, 자원 할당과 외교정책 모두에서 선택을 할 필요가 발생했다. 만일 러시아의 이익이 동방에 있다면, 서방의 안정이 필요했다. 이는 독일, 오스트리아-헝가리와 동맹이나 최소한 화해하는 것을 함의했다. 이러한 움직임을 지지하는 이념적·역사적 주장이 있었다. 세 군주정은 현상을 유지하고 급격한 변화를 거부하는 데 공통의 이익이 있었다. 러시아와 독일의 동맹을 선호하는 강한 역사적 근거도 있었다. 독일인과 러시아인의 연계는 수백 년 전으로 거슬러 올라간다. 일례로 표트르 대제는 자신과 자신의 새로운 사업을 위해 독일인들을 불러들여 일을 시켰고, 수년간 독일 농부들은 러시아가 확장하면서 새로 얻은 땅에 정착하는 것을 도왔다. 러시아 상류층은 독일 귀족과 결혼했고, 유서 깊은 많은 가문들이 벤켄도르프, 람스도르프, 비테 같은 독일 이름을 가지고 있었다. 특히 러시아가 차지한 발트 지역 출신 독일인들은 여전히 러시아어보다 독일어를 사용했다. 니콜라이 2세를 포함한 러시아 차르들은 독일 공국에서 신붓감을 찾았다. 러시아가 독일 쪽으로 움직이는 것은 프랑스와의 동맹, 그리고 프랑스 재정 시장을 포기하는 것을 의미했다. 이러한 동맹을 자유주의자들은 당연히 반대했다. 그들은 프랑스와의 동맹, 장기적으로는 영국과의 동맹이 러시아 내에서 변화를 지지하는 진보적 세력을 고무시킬 것으로 보았다. 그리고 보수주의자들이 전부 친독일적인 것은 아니었다. 지주들은 독일의 농산물과 식품 보호 관세에 피해를 입고 있었다. 중국과 조선을 지배하려는 독일의 야심과 이후 몇

년간 러시아의 문 앞인 오스만제국에 대한 점증하는 투자와 영향력 확보는 더 많은 우려를 야기했다.[68]

반면에 러시아가 주요 위협과 기회가 유럽에 있다고 결정하면 동방의 실제적·잠재적 적들 모두와 타협할 필요가 있었다. 일본과의 평화에는 중국과의 현안 해결, 더 중요하게는 동방의 또다른 제국인 영국과의 타협을 필요로 했다. 외교정책에서 번복이 불가능한 선택은 거의 없다. 1914년 이전 몇십 년 동안 러시아 지도자들은 프랑스와 동맹을 유지하면서 자신들의 선택지를 자유롭게 하려고 노력했지만, 긴장의 원인을 제거하기 위해 영국, 독일, 오스트리아-헝가리 모두에 화해적 접근을 시도했다.

프랑스와의 동맹은 처음에는 어려움을 야기했지만 러시아의 여론은 이 동맹을 좋은 것으로 생각하게 되었고, 러시아의 인력과 프랑스의 재정·기술의 결합도 이상적으로 보였다. 물론 시간이 지나면서 긴장도 발생했다. 프랑스는 재정적 지렛대를 이용하여 자국의 필요에 맞게 러시아의 군사 계획을 조종하려고 하거나, 러시아가 프랑스 회사에서 새로운 무기를 구입해야 한다고 주장했다.[69] 러시아는 자신들이 때로 "협박"이라고 부른 이런 압박을 유감스럽게 생각했고, 강대국인 러시아에 치욕적이라고 보았다. 1914년 이전 오랫동안 러시아 재무장관을 맡았던 블라디미르 코콥초프는 이렇게 불평했다. "러시아는 오스만제국이 아니다. 우리의 동맹이 우리에게 최후통첩을 해서는 안 된다. 우리는 이러한 직접적 요구 없이도 잘 해나갈 수 있다."[70] 러일전쟁도 부담을 가중시켰다. 러시아는 프랑스의 도움이 충분하지 않다고 생각했다. 프랑스는 자국의 새 친구인 영국의 동맹인 일본에 대항해 러시아 편에서 전쟁에 말려드는 것을 결사적으로 피하려고 했다. 다른 한편으로 프랑스는 도거뱅크 사건의 피해를 해결하는 데 러시아에 큰 도움을 주었다. 또한 델카세는 러시아의 발트함대가 만주로 향하는 동안 극동 프랑스 식민지의 항구를 이용할 수 있도록 허락해주었다.

독일과 더 가까운 관계 수립을 희망하는 러시아 보수주의자들은 프랑스와의 동맹으로 러시아가 더 강해지고, 독일에게 더 강한 인상을 심어주었다는 점에서 위안을 찾았다. 1900년부터 1906년까지 외무장관을 역임한 람스도르프는 다음과 같이 말했다. "독일과 좋은 관계를 맺고, 독일이 순응하도록 만들기 위해 우리는 프랑스와 동맹을 유지해야 한다. 독일과의 동맹은 우리를 고립시킬 것이고, 아마도 재앙과 같은 예속이 될 것이다."[71] 체구가 작고 안달복달하는 람스도르프는 차르에게 전적으로 충성하고 개혁을 혐오하는 구시대적 관료였다. 훗날 오스트리아 외무장관이 되는 레오폴트 폰 베르히톨트는 1900년 그를 만났다.

짧은 턱수염만 빼고 깔끔하게 면도한 그는 대머리였고 자리에 꼿꼿이 앉아 있었다. 그는 가능한 한 상대를 압도하려 했고, 과도하게 정중했다. 비지성적이지 않았으며 교육도 받을 만큼 받았고, 돌아다니는 문서고 같은 지루한 관료였다. 먼지 나는 서류철을 끊임없이 들여다보는 그는 마치 누런 서류가 되어버린 것 같았다. 나는 내 앞의 그가 나이는 들었지만 아직 미숙하고, 붉은 피 대신 물기 많은 젤리가 몸속에 돌아다닐 것 같은 이상한 사람이라는 인상을 받을 수밖에 없었다.[72]

람스도르프의 동료들도 이런 평가에 동의했을 것이다. 한 관리는 람스도르프가 최소한 성실하고 열심히 일하지만 "대단히 무능하고 진부하다"라고 말했다.[73] 그럼에도 불구하고 러시아의 장기적 이익은 강국 사이에 균형을 취하는 데 있다고 본 람스도르프의 생각은 맞았다. 그는 영국을 포함한 어느 국가와도 대화할 자세가 되어 있었다. 1905년 외무부 관리인 마르첼 타우베Marcel Taube에게 그는 이렇게 말했다. "나를 믿으라. 위대한 사람의 생애에는 강국 X나 Y와 관련해서 너무 선명한 지향을 보이지 않는 것이 최선의 정책인 때가 있다. 나는 이것을 독자적 정책이라고 부른다. 만일 포기하면, 내가 여기에 없는 어느 날 당신은 그 정책을 포기한 것이 러시아에 행복을 가져오지 않음을 알게 될 것이다."[74] 그의 후계자들은 새로운 동맹과 새로운 전쟁에 뛰어들 수 있지만, 이것은 "혁명으로 끝날 것"이라고 그는 예측했다.[75] 그러나 1905년 이후 러시아는 외교정책에서 자유로운 입지를 유지하는 것이 거의 불가능해졌다. 러시아 자체가 너무 약해져서 동맹이 필요한 이유도 있었고, 다른 이유는 유럽이 서로 적대시하는 동맹 진영으로 갈라지는 길에 들어섰기 때문이었다.

1904년 이후 영불협상이 수립되자 영국은 러시아에게 영국과 이와 유사한 양해를 맺도록 상당한 압력을 가했다. 1904년 프랑스 외무장관 델카세는 "우리가 독일에 대항해 러시아와 영국에 동시에 기대면 어떤 지평선이 우리에게 열릴 것인가!"라고 말했다.[76] 물론 프랑스가 장기적으로 희망한 것은 세 강국 사이의 완전한 군사동맹이었다. 러시아의 자유주의자들은 유럽의 주요 자유주의 국가들과의 우호 관계를 환영했지만, 러시아 지도부는 주저했다. 차르는 영국 사회를 좋아하지 않았고, 빅토리아 여왕을 존경했지만 에드워드 7세는 좋아하지 않았다. 차르는 그가 비도덕적이고 너무 자유분방하게 우호 관계를 맺는다고 생각했다. 차르는 젊었을 때 에드워드 7세와 같이 지낸 적이 있었는데, 그가 부른 손님 중에 말 장수와 심지어 유대인까지 있는 것을 보고 충격을 받았다. 그는 어머니에게 다음과 같은 편지를 썼다. "사촌들은 이런 상황을 오히려 즐기면서 계속 나를 놀렸어요. 그러나 나는 가능한 한 그들과 거리를 두고 말을 섞지 않으려고 노력했어요."[77] 더 중요한 것은 니콜라이 2세가 영국을 세계 도처에서 경쟁하는 러시아의 주된 라이벌로 본 것이었다. 그는 또한 러일전쟁 때 영국이 보여준 적대감에 크게 분노했고, 빌헬름 2세에게 에드워드 7세를 "세계에서 가장 큰 문제를 만드는 사람이자 가장 위험한 음모가"라고 비난했다.[78]

니콜라이 2세의 핵심 자문을 맡았던 람스도르프와 비테도 1906년 자리에서 물러날 때까지 영국과의 양해에 적대적이지는 않았지만 미적지근한 태도를 보였다. 비테는 독일과의 과거 우호를 되살리는 것을 선호했고, 아마 독일, 오스트리아-헝가리, 이탈리아 3국동맹에 가담할 생각도 했을 것이다. 발칸 지역에서 러시아와 오스트리아-헝가리 사이에 경쟁이 점점 격화되면서 이 가능성은 희박해졌다. 더 가능성이 없었던 것은 비테가 희망했던 프랑스, 러시아, 독일이 영국을 고립시키는 대륙동맹을 맺는 것이었다.[79] 프랑스는 독일과의 이견을 숨기거나 영국과의 화친을 포기할 준비가 되어 있지 않았다.

당연한 일이지만 독일은 프랑스와 러시아를 떼어놓으려고 최선을 다했다. 독일 외무부는 러일전쟁 후 프랑스와 러시아 사이에 상대국에 대한 의심을 만들어내려는 어설픈 시도를 했다. 카이저는 자신이 구사하는 언어 중 하나인 영어로 니콜라이 2세에게 편지를 써서 전쟁을 수행하는 방법에 대한 조언을 하고 러시아의 늘어나는 사상자에 대한 애도를 표했다.

> 많은 전조와 암시 끝에 내가 항상 두려워하던 것을 알아냈습니다. 영국과 프랑스의 화친은 하나의 주요 결과를 가져올 것입니다. 즉 프랑스가 당신을 돕는 것을 중단하는 것입니다! 만일 프랑스가 함대나 육군으로 당신을 돕는 의무를 지고 있다면 내가 프랑스를 해치기 위해 손가락 하나 까딱하지 않을 것은 말할 필요도 없습니다. '황화론' 그림을 그린 화가의 입장에서 가장 비논리적인 일이기 때문입니다. (빌헬름 2세는 가장 아끼는 화가에게 이 그림을 그리게 해서 니콜라이 2세에게 선물했다.)

빌헬름 2세는 이러한 따뜻한 말들을 무색하게 만들며, 외사촌인 니콜라이 2세에게 러시아가 독일과 통상조약을 체결할 가장 좋은 순간이라는 오만한 암시로 편지를 끝맺었다.[80] 러시아가 극동에서 패배할 가능성이 높아지던 그해 가을 빌헬름 2세와 뷜로는 불특정 유럽 국가를 상대로 한 동맹을 러시아에 비밀리에 제안했다. 빌헬름 2세는 개인적으로 니콜라이 2세에게 보낸 편지에서 "당연히 이 동맹은 순전히 방어적이고, 유럽의 한 침략자나 침략자들을 대상으로 한다. 방화에 대비하는 화재 보험 같은 것이다"라고 주장했다. 니콜라이 2세가 거절하자 그는 실망해서 "나의 첫 개인적 패배"라고 말했다.[81]

빌헬름 2세는 열 살 어린 니콜라이 2세를 잘 다룰 수 있을 것으로 확신했다. 두 사람이 만난 초기에 그는 빅토리아 여왕에게 "매력 있고 쾌활한 귀여운 소년"이라고 적어 보냈다.[82] 그러나 니콜라이 2세는 빌헬름 2세가 개인적으로 너무 진을 빼고, 원치 않은 충고를 담은 편지를 계속 보내는 데 진력이 났다. 비테는 니콜라이 2세로 하여금 무언가 동의하게 만들려면 빌헬름 2세가 그것에 반대하고 있다고 말하면 된다는 것을 깨달았다.[83] 빌헬름 2세가 자신이 그린 것이라고 주장한 그림 선물은 전형적으로 눈치가 없는 것이었다. 한 예로 '황화론' 비유는 남성적인 독일 전사가 감탄해 마지않는 러시아 미인을 방어하는 모습을 그렸다. 뷜로도 가장 당혹스러운 묘사를 했다. "카이저 빌헬름 2세는 위엄 있는 태도로 빛나는 갑옷을 입고 높이 올린 오른손에는 십자가를 들고 차르 앞에 서 있다. 차르는 잠옷 같아 보이는 비잔틴 가운을 입고 불쌍하고, 거의 우스운 자세로 그를 숭앙하는 눈빛으로 올려다보고 있었다."[84] 늘 그렇듯 니콜라이 2세는 정중한 태도로 거절했다. 빌헬름 2세는 니콜라이 2세가 용기가 부족한 것으로 보고 화를 냈다. 러일전쟁에서 빌헬름 2세는 니콜라이 2세에게 끝까지 싸우라고 독려했지만, 뷜로는 독일이 전쟁에 끌려 들어가지 않도록 니콜라이 2세를 너무 독려하지 말도록 경고하며 다음과 같이 대답했다. "정치가의 시각에서 본다면 폐하가 옳을 수도 있습니다. 그러나 저는 군주로서 니콜라이 2세가 그런 무기력한 행동을 하는 것에 진저리가 났습니다. 이러한 식의 행동은 모든 군주를 망칩니다."[85]

러시아가 일본과 강화를 추구하던 1905년 여름 러시아는 큰 혼란에 빠졌다. 빌헬름 2세는 니콜라이 2세를 프랑스와의 동맹에서 끌어내려는 집요한 시도를 다시 했다. 두 통치자는 핀란드 비외르케 섬

앞에 정박한 요트에서 만났다. 빌헬름 2세는 곤경에 빠진 러시아에 대해 니콜라이 2세에게 동정을 보이고, 프랑스와 영국의 배신을 같이 비난했다. 7월 23일 뷜로는 빌헬름 2세로부터 러시아와 독일이 차르의 요트에서 조약을 체결했다는 기쁨에 찬 전문을 받았다. 훗날 뷜로는 다음과 같이 회고했다. "황제로부터 이상한 전문을 많이 받았지만, 비외르케에서 온 것처럼 기쁨에 찬 전문은 받아본 적이 없었다." 니콜라이 2세는 프랑스가 러시아를 지원하지 않은 것에 얼마나 상처를 입었는지 다시 한번 말했고, 빌헬름 2세는 두 사람이 그 자리에서 "작은 합의"를 이루지 못할 이유가 있겠느냐고 부추겼다. 그러고는 지난겨울 니콜라이 2세가 거부한 조약안 사본을 꺼냈다. 니콜라이 2세는 그 문안을 낭독했고, 빌헬름 2세는 짧은 기도 후 건너편 자신의 요트에서 휘날리는 독일 깃발을 바라보며 가만히 서 있었다. 그러다가 갑자기 그는 니콜라이 2세가 "아주 좋다. 나는 동의한다"라고 말하는 것을 들었다. 빌헬름 2세는 별 감흥이 없는 척하면서 니콜라이 2세가 서명하도록 펜을 주었다. 그런 다음 빌헬름 2세도 서명했다. 카이저를 관찰하도록 파견된 외무부 관리가 이 서류에 증인으로 서명했고, 니콜라이 2세에 의해 조약 문안을 읽어보지 못한 러시아 제독도 순종하며 서명했다. "기쁨의 눈물이 나의 눈에 가득 찼다. 물론 등에서는 식은땀이 흘렀다. 프리드리히 빌헬름 3세, 루이제 왕비, 할아버지, 니콜라이 1세가 분명 그 순간 가까이 있는 것 같았다. 그들도 기쁨에 가득 차서 내려다보고 있었을 것이다."[86] 뷜로에게 보낸 전문은 이렇게 이어졌다. 한 달 후 그는 니콜라이 2세에게 그들이 맺은 새로운 동맹에 의기양양해하는 편지를 보내 이 동맹으로 두 나라는 유럽에서 힘의 중심이 되고 평화의 세력이 될 것이라고 주장했다. 그는 3국동맹의 다른 당사국인 오스트리아-헝가리와 이탈리아도 당연히 두 나라를 지원하고, 스칸디나비아 국가들 같은 약소국들도 새로운 힘의 블록에 헤엄쳐 들어오는 것이 자신들에게 이익이 된다고 생각할 것이라고 주장했다. 여기에 일본도 가담할 수 있고, 그렇게 되면 "영국의 자기주장과 무례"는 수그러들 것이었다. 그리고 그는 니콜라이 2세가 유럽의 다른 동맹을 염려할 필요가 없다고 주장했다. "마리안느(프랑스)는 당신과 결혼했으니 당신과 함께 침대에 누워야 하고 때때로 나를 껴안고 입맞춤해야 하지만, 모두와 관계하는 섬사람에게로 몰래 빠져나가지는 못할 것이다."[87] (여기서 마지막 표현은 바람둥이로 악명 높은 에드워드 7세를 지칭한 것이다.)

 이 조약 소식을 들은 뷜로는 전혀 기뻐하지 않았다. 그는 일단 빌헬름 2세가 자주 그러듯 이번에도 상의하지 않은 데 화가 났고, 빌헬름 2세가 조약의 효력을 유럽에만 국한되도록 변형한 것에 실망했다. 동맹으로서 러시아가 얻을 가장 큰 이점은 인도를 위협하여 유럽에서 영국을 견제하는 것이었다. 뷜로는 생각이 같은 외무부 관리들과 상의한 후 사표를 제출했는데, 이것은 진심이 담긴 것이라기보다는 빌헬름 2세에게 교훈을 주기 위한 목적이 컸다.[88] 카이저의 꿈은 산산조각이 났고 뷜로도 마찬가지였다. "아무런 합리적 이유도 대지 않고 최고의, 가장 가까운 친구로부터 이런 대접을 받은 나는 너무 큰 타격을 받아 완전히 무너졌고, 이 문제로 신경과민증이 심각해지지 않을까 두렵다."[89] 빌헬름 2세는 이렇게 격앙된 편지를 뷜로에게 보냈다. 러시아 외무장관 람스도르프도 이처럼 극적이지는 않았지만 큰 충격을 받았다. 그는 차르에게 카이저가 그를 이용했다고 공손하게 말하고, 이 조약은 프랑스에 대한 러시아의 의무와 양립할 수 없다는 사실을 지적했다. 10월 니콜라이 2세는 빌헬름 2세에게 이 조약은 프랑스의 동의를 필요로 한다는 편지를 보냈다. 이런 일은 결코 일어나지 않을 일이었기에 비외르케 조약은 사실상 무효가 되었다.

빌헬름 2세와 니콜라이 2세가 1907년 여름 요트에서 다시 만났을 때, 자리를 지키라는 카이저의 요청에 순응한 뷜로와 새 러시아 외무장관 알렉산드르 이즈볼스키도 그 자리에 동석했다. 이 회동은 카이저의 허풍을 떠는 즉석연설을 제외하고는 아무 문제 없이 진행되었다. 카이저는 자신의 강력한 해군력을 자랑하고 차르도 곧 그런 해군을 건설하기를 희망한다고 말했다. 그 자리에 있던 러시아 보좌관은 독일 상대역에게 카이저에 대해 냉소적으로 이렇게 말했다. "지금 일어나지 않은 유일한 일은 그의 뺨을 후려갈기는 것뿐이다."[90] 비외르케 회동은 19세기에 아주 흔했던, 두 군주의 개인적 외교 에피소드의 마지막 사례였다. 현대사회의 복잡성이 늘어나 절대군주정하에서도 관리들의 권한이 커진 20세기에는 이런 외교가 통하지 않았다. 뒤따른 불행한 결과는 러시아 대중 사이에 독일과 빌헬름 2세에 대한 의심이 커진 것이었다. 러시아 정부는 서방 이웃 국가와 관계를 개선하려고 노력할 때 점점 더 큰 제약을 받고 있다는 것을 깨달았다. 러시아 주재 영국 대사는 1908년 차르와의 대담을 다음과 같이 본국에 보고했다.

차르는 러시아와 독일 관계에서 언론의 자유는 그와 그의 정부에 상당한 부담을 준다고 말했다. 제국의 먼 지방에서 일어난 지진, 폭풍 같은 모든 일이 바로 독일 탓이 되었고, 최근에는 러시아 언론의 비우호적 경향에 대한 불평이 그와 그의 정부에 전달되었다고 말했다.[91]

1906년 초 그간 독일과의 동맹에 호의적이었던 비테는 아마도 뵈르케 사건에 영향을 받아서인지 마음을 바꾸고, 상트페테르부르크 주재 영국 대사에게 지금 중요한 역사적 전환점에서 러시아는 강한 자유주의적 국가의 동정과 지원을 필요로 한다고 말했다. 여기에는 영국이 러시아가 절박하게 필요로 하는 차관을 지원할 능력이 있는 국가라는 점도 한몫했다. 비테는 만일 영국이 눈에 보이는 우호의 증거를 보여준다면 전반적 양해가 이루어질 수 있다고 생각했다.[92] 차관 협상이 러시아 정부와 영국 외무부의 지원을 받은 베어링은행 사이에 진행되고 있었지만, 양국의 정치적 혼란으로 1906년 봄까지 결론이 나지 않고 있었다.[93] 수상 비테의 압력에 외무장관 람스도르프는 페르시아와 아프가니스탄에 대한 협상을 시작하는 데 동의했다. 그러나 이 일은 느리게 진전되었다. 람스도르프는 열정이 없었고, 두 나라는 유럽의 큰 갈등이 될 것처럼 보인 모로코 위기에 몰두해 있었기 때문이다.

1906년 봄 상황은 갑자기 양해 수립에 유리한 방향으로 변했다. 비테는 해임되었고, 람스도르프는 새 두마를 상대할 수 없다는 이유로 차르에게 자신의 사임을 받아줄 것을 요청했다. 그는 부하인 타우베에게 "내가 거기 있는 사람들에 말할 준비가 될 때까지 자네는 오래 기다려야 할 것이네"라고 말했다.[94] 새 수상 스톨리핀은 영국과의 화해에 훨씬 열린 생각을 하고 있었다. 그 이유 중 하나는 러시아의 취약성이었고, 다른 이유는 영국이 1905년 일본과의 동부와 남부 국경을 합의하는 데 도움을 주어 티베트와 협약을 체결하고 페르시아로 진출하도록 해주었기 때문이었다. 람스도르프 후임인 이즈볼스키는 러시아의 이익은 유럽에 있고, 강국으로서 지위를 재건하는 열쇠는 프랑스와의 동맹을 유지하고 영국과 모종의 양해를 수립하는 데 달려 있다고 더 굳게 확신하고 있었다. 두 사람은 1906년 이후 러시아의 국내 정치 상황을 고려하여 두마와 여론이 외교정책에 관여해야 한다는 데도 동의했다.

외무장관직을 맡기 전 이즈볼스키는 타우베와 긴 대화를 나누었다. 그는 타우베에게 자신의 목표는 일본과의 관계를 견고한 기반 위에 놓고, 아시아에서 람스도르프 백작의 유산을 제거하는 것이라고 말했다. 그의 말은 이렇게 이어졌다. "러시아는 여러 해 동안의 간극을 지나 유럽으로 다시 돌아설 수 있다. 유럽은 우리가 너무 큰 대가를 치른 극동에 대한 덧없는 꿈을 좇느라 사실상 포기했던 전통적·역사적 이익이 있는 곳이다."[95] 이즈볼스키는 유럽을 세계에서 가장 가입하고 싶은 클럽으로 생각한 러시아인 중 한 사람이었다. 그가 외무장관직을 그만두고 나서 1911년에 말한 것처럼 "프랑스, 영국과 더 밀접한 관계를 맺는 정책은 덜 안전할지 몰라도 러시아의 과거와 그 위대성에 더 가치 있는 일"이었다.[96] 그는 스톨리핀보다 도박사에 더 가까웠지만, 불행하게도 러시아 외교정책을 위해서라면 부적절한 순간에 감각을 잃는 경향이 있었다.

거의 모두가 동의하듯이 이즈볼스키는 매력적이고 야심만만하며 지적이었지만, 허영심에 차 있고 아첨에 쉽게 넘어갔다. 또한 비판에 아주 예민했다. 그는 람스도르프처럼 열심히 일하고 세세한 것에 주의를 기울이는 능력이 있었지만 전임자와 달리 자유주의자였고, 러시아 바깥세상 경험이 훨씬 많았다. 훗날 오스트리아 외무장관이 되는 레오폴트 폰 베르히톨트의 말에 따르면 그의 외모는 "보통 키에 가르마를 탄 금발, 불그레한 안색, 넓은 이마, 흐릿한 눈, 눌린 코, 튀어나온 눈썹을 가졌고, 외눈 안경에 흠 잡을 데 없는 양복"[97]을 입고 있었다. 못생겼다고 간주되었지만 그는 외모에 자긍심을 느끼며 런던의 새빌 로Savile Row에서 재단한 깔끔한 양복을 입었다. 신발은 너무 작아서 한 관찰자의 말에 따르면 그는 비둘기처럼 걸어 다녔다.[98]

그의 가족은 형편이 넉넉하지 않은 소귀족이었지만, 이즈볼스키를 상트페테르부르크에서 가장 좋은 학교인 알렉산드르 제국학교에 보냈다. 거기서 그는 훨씬 계급이 높고 부유한 젊은이들과 어울렸다. 타우베는 그로 인해 이즈볼스키가 젠체하고 이기적이며 물질만능주의적이 되었다고 생각했다. 젊은 시절 이즈볼스키는 좋은 집안과 결혼하려고 전력을 다했다. 그의 청혼을 거절했던 연줄이 든든한 과부는 훗날 잘나가는 사람과 결혼할 기회를 놓친 것이 아쉽지 않느냐는 질문을 받자 "날마다 후회했지만, 매일 밤 나 자신을 축하했습니다"라고 대답했다.[99] 그는 결국 다른 러시아 외교관 딸과 결혼했지만, 자신이 꿈꾸던 화려한 스타일로 생활할 만한 충분한 돈은 없었다. 상트페테르부르크에는 부유한 사람들이 그의 밑에서 빠르게 승진한다는 소문이 돌았다.[100] 몇 년간 그와 밀접히 일한 타우베는 언제나 이즈볼스키 안에서 다른 가치를 가진 두 사람이 싸우고 있다고 느꼈다. 하나는 정치가, 다른 하나는 탐욕스러운 신하였다.[101]

영국은 처음에는 이즈볼스키가 외무장관이 된 것을 우려했다. 코펜하겐 주재 영국 대사는 이즈볼스키를 잘 아는 프랑스 대사와의 대화 내용을 런던에 보고했다. 이즈볼스키는 프랑스와의 동맹에 열의가 없고 친독일 성향이 있다는 이야기였다.[102] 영국-러시아 관계의 미래를 생각하면 다행히도 이 내용은 오해의 소지가 있었다. 이즈볼스키는 영국과 양해를 협상하기로 결단했고, 차르는 얼굴을 찌푸렸지만 그의 제안에 동의할 준비가 되어 있었다.[103] 러시아 상황은 개선되기 시작했고 혁명은 무산되어 영국은 협상할 상대를 가진 것처럼 보였다. 영국 측에서는 새로운 자유당 정부와 새 외무장관 에드워드 그레이가 등장했고, 그는 이 기회를 적극 활용할 의욕이 컸다. 1905년 12월 외무장관이 된 그레이가 첫 회동을 가진 사람들 중 하나는 벤켄도르프 러시아 대사였다. 그는 러시아와 합의하길 원한다는 뜻을 분명히 밝혔다. 1906년 5월 아서 니컬슨이 영국 대사로 상트페테르부르크에 부임하면서 그는 내각으로부터 양국 관계를 가로막는 세 가지 걸림돌에 대해 이즈볼스키와 협상할 권한을 위임받았다. 세 현안은 티베트, 페르시아, 아프가니스탄이었다. 물론 수천 마일 떨어진 곳에서 운명이 결정될 해당 지역 사람들과는 아무런 협의도 없었다.

두 국가 사이의 협상은 예상했던 대로 길고 지루했다. "양측은 상대가 거짓말쟁이이자 도둑이라고 생각했다"라고 한 외교관이 협상 분위기를 묘사했다.[104] 이즈볼스키가 독일이 반대할 것을 우려했을 때, 또는 영국 수상 헨리 캠벨배너먼이 연설하다가 눈치 없이 "두마 만세"를 외쳤을 때처럼 협상이 거의 결렬될 뻔한 순간도 몇 번 있었다. 영국과 러시아 요원들이 그레이트 게임을 하는 지역의 하나였던 티베트 문제는 가장 타결하기 쉬웠다. 양측은 취약한 티베트 정부로부터 양보를 받아내거나 달라이 라마와 정치적 관계를 수립하지 않기로 동의했다. 티베트의 미래에 암운을 드리운 한 구절에서 러시아는 이 나라에 대한 중국의 종주권을 인정했다.

아프가니스탄은 시간이 더 걸려 1907년 여름에야 협상이 타결되었다. 러시아 측이 큰 양보를 해서 아프가니스탄을 영국의 세력권으로 인정하고, 러시아는 영국을 통해 그 지역의 통치자, 즉 에미르Emir와 협상하기로 했다. 이에 대한 보상으로 영국은 에미르가 조약을 준수하는 한 아프가니스탄을 정복하거나 병합하지 않는다는 것을 약속했다. 가장 타결이 어려운 현안은 페르시아였다. 독일이 철도 부설 차관을 샤(페르시아의 왕)에게 제공했다는 소식이 양국을 긴장시켰지만 타결은 쉽지 않았다. 타협에 이르기 위해 이즈볼스키가 상당히 인내한 것도 도움이 되었다. 1906년 여름, 테헤란 소재 러시아-페르시아 은행 설립을 촉진하기 위한 논의가 상트페테르부르크에서 진행되자(이 문제는 영국 측을 긴장시켰다), 이즈볼스키는 "우리는 영국과 동맹을 맺으려고 노력 중이다. 페르시아에서의 우리 정책은 그 사실에 부합해야 한다"라고 강하게 말했다.[105] 분할선 설정에 대한 거듭된 논쟁 끝에 페르시아 북부는 러시아의 세력권이 되고, 영국은 걸프만 그리고 인도로 가는 길을 지키기 위해 남부를 차지하며 두 지역 사이에 중립 지대를 두기로 합의가 이루어졌다. 테헤란 주재 영국 대사는 페르시아 정부가 이 협상에 대한 소문을 듣고 심각하게 우려하고 분노할 수 있다고 보고했다. 당시 전형적이었던, 비유럽 세계에 대한 태평한 태도로 영국 외무부는 페르시아인들은 이 합의가 사실은 페르시아의 영토적 통합성을 존중한다는 것을 이해해야 한다고 답신했다.[106] 19세기에 많은 문제를 일으켰던 흑해와 지중해 사이의 해협은 양국의 합의가 아시아에만 국한된 것이라는 이유로 타결에서 제외되었지만, 그레이는 벤켄도르프에게 영국은 앞으로 러시아가 흑해 해협에 접근하는 데 문제를 일으키지 않을 것이라고 이해시켰다.[107] 그리하여 1907년 8월 31일 페르시아, 아프가니스탄, 티베트 문제에 대한 조정을 포함한 영국-러시아 협약이 러시아 외무부에서 서명되었다.

모두가 "조정arrangements" 이상의 것이 이루어졌음을 이해했다. 독일은 이 합의가 평화를 촉진했다는 이유로 표면적으로는 환영의 뜻을 나타냈지만, 뷜로는 황제에게 이제 독일이 영국의 걱정과 질투의 핵심 대상이라고 말했다. 곧 베를린에 전쟁 소문이 돌았고, 독일 언론은 자국이 포위되었다는 기사를 실었다. 다음해 여름 빌헬름 2세는 군대 사열 행사에서 호전적인 연설을 했다. "우리는 프리드리히 대왕의 예를 따라야 한다. 그는 모든 방향에서 적들에 둘러싸였지만 하나하나 격파했다."[108] 그는 《뉴욕 타임스》 기자와 인터뷰하면서 영국의 배신에 대해 큰 불만을 표하고 전쟁이 불가피하다고 말했다. 미국의 여론을 얻기 위한 시도로 그는 영국이 일본과 동맹을 맺음으로써 백인종을 배반했고, 독일과 미국은 언젠가 어깨를 맞대고 황화黃禍에 맞서 싸워야 할 것이라고 말했다. 인터뷰 초안을 본 독일 관리들은 크게 놀랐다. 다행히 시어도어 루스벨트와《뉴욕 타임스》편집진도 생각이 같아서 이 인터뷰는 기사로 나가지 않았다. 그러나 그 내용은 영국 외무부에 입수되었고, 프랑스와 일본에도 전달되었다.[109] 영국은 이 인터뷰를 카이저가 부리는 변덕의 증거로 보았고, 그 밑에 깔린 독일의 우려는 심각하게 생각하지 못했다. 국제관계에서 자주 일어나듯이 그들은 방어적 움직임처럼 보이는 것이 또다른 시각에서는 달리 보일 수 있다는 것을 이해하지 못했던 것이다.

많은 비판에도 불구하고 영국 정부는 러시아와의 화친에 만족했다. 그레이는 훗날 회고록에 다음과 같이 적었다. "우리가 얻은 것은 대단했다. 우리는 영국 정부를 사로잡았던 우려에서 벗어났다. 갈등의 잦은 원천이자 전쟁 원인이 될 수 있는 것이 제거되었다. 평화의 가능성이 더 확실해졌다."[110] 1차대전까지 긴장이 고조된, 특히 페르시아를 둘러싼 일부 갈등 요인은 여전히 남아 있었지만 프랑스 정부는 만족했고, 3국협상을 강력한 군사동맹으로 발전시킬 희망을 갖게 되었다. 하지만 영국과 러시아는 훨씬 신중했고, 3국협상이라는 용어를 사용하는 것조차 자제했다. 실제로 1912년 이즈볼스키의 후임자가 된 세르게이 사조노프는 이 용어를 절대 사용하지 않을 것이라고 말했다.[111]

영국-러시아 협약이 서명되자마자 이즈볼스키는 3국동맹에 손을 내밀어 독일과 발트 지역에 대한 합의에 서명하고 오스트리아-헝가리에는 발칸 지역에서 협력할 것을 제안했다. 영국 또한 독일과의 해군력 경쟁을 축소하기를 희망했다. 그러나 영국과 프랑스, 다른 한편으로는 독일과 오스트리아-헝가리 사이에 커가는 간극을 메우는 일과 러시아가 격화되는 군비 경쟁에서 빠져나오는 것은 러시아 지도자들 능력 밖의 난제라는 것이 드러났다. 러시아는 간간이 빠져나오려고 시도했지만 1914년이 되자 확고하게 한 진영에 서게 되었다. 수년 전에 비스마르크가 경고한 상황이었다. 1885년 그는 빌헬름 2세의 할아버지인 빌헬름 1세에게 러시아·영국·프랑스의 동맹은 "독일이 당면할 다른 어떤 것보다도 위험한, 우리를 적대시하는 연합이 될 것이다"라고 쓴 바 있었다.[112]

8장

니벨룽가의 충성

오스트리아-헝가리와 독일의 2국동맹

독일 지도자들은 독일이 니벨룽가의 충성을 통해 동맹국 오스트리아-헝가리의 지지를 받고 있다고 주장하길 좋아했다. 묘한 은유인 이 말은 2국동맹의 애매모호함과 부담을 보여주었다. 이 그림에 묘사된 신화에 따르면 중세 부르군트 귀족 전사들은 두 여인 간의 음모로 전멸했다.

1909년 3월 보스니아를 둘러싼 러시아와 오스트리아-헝가리 사이의 위기는 전쟁 발발을 위협했다. 이때 독일 수상 뷜로는 의회에서 다뉴브강에 있는 동맹국을 "니벨룽겐의 충성"으로 지원하겠다고 말했다. 이 말은 기묘한 비유였다. 만일 그가 바그너의 오페라 〈니벨룽겐의 반지〉를 말한 것이라면(그는 작곡자 바그너의 가족을 잘 알았다), 니벨룽 가문은 탐욕과 배신을 상징했다. 만일 그가 역사적 니벨룽가(독일인들이 중세 부르군트 왕들을 지칭한 이름)를 의미한 것이라면, 실제로 충성이 있었지만 그것은 파괴를 불러왔다. 신화에 따르면 적들에 둘러싸인 부르군트 궁정은 지크프리트를 배신하고 살해한 하겐에게 항복하길 거부했고, 지크프리트를 옹호하던 부르군트 가문은 마지막 한 사람까지 모두 죽었다.

이러한 충성의 표명에도 불구하고 독일 지도부는 오스트리아-헝가리에 대해 복잡한 감정을 가지고 있었다. 그들은 오스트리아-헝가리의 많은 약점을 알고 있었고, 오스트리아의 매력은 그들이 보기에 일을 되는 대로 하는 오스트리아의 방식을 보완해주지 못했다. 다만 독일의 문제는 다른 곳에서 동맹을 찾을 가능성이 거의 없다는 것이었다. 독일은 해군력 경쟁으로 영국을 소외시켰고, 티르피츠와 카이저가 뒤로 물러나기를 거부하는 한 영국은 우호적 국가가 될 수 없었다. 독일의 도전에 맞서 영국은 프랑스와 러시아에 접근했다. 영국인들은 3국협상이 방어적이고 구속력이 없다고 믿기는 했지만, 세 나라는 모든 문제를 상의하고 공동의 계획을 만드는 관행을 갖게 되었다. 세 나라의 민간·군대 관리들은 연줄과 우정을 확립했다.

만일 독일이 우호국을 찾고 있다면, 러시아와 군사동맹을 맺고 영국과 협상한 프랑스는 비스마르크 시절처럼 위협할 수 있는 국가가 더이상 아니었다. 독일은 동방의 이웃 국가와 연합하는 것도 자유롭게 선택할 수 없었다. 러시아는 여러 이유에서 독일의 동맹이 될 가능성이 컸지만 당분간 러시아는 프랑스의 자금을 필요로 했고, 동방에서 영국과 현안을 해결한 데 안도하며 자국에게 구애하는 독일의 시도에 저항했다. 강대국 중 유일하게 남은 이탈리아는 3국동맹의 일원이었지만 군사적으로 취약했고, 3국동맹의 다른 일원인 오스트리아-헝가리와 관계가 껄끄러워 큰 힘이 될 수 없었다. 남유럽에서 만일 독일이 러시아에 맞설 지원을 원하거나 자국과 오스트리아-헝가리를 위한 지원을 원한다면, 그 가능성은 아주 적었다. 오스만제국은 급격히 세력이 약해지고 있었고, 남유럽의 약소국인 루마니아, 불가리아, 세르비아, 몬테네그로, 그리스는 영리하게 상황이 어떻게 진전되는지를 지켜보고 있었다.

결국 오스트리아-헝가리만 남았다. 1907년부터 빈 주재 독일 대사였던 하인리히 폰 치르슈키는 1914년 진지하게 이렇게 자문했다. "얼마나 자주 나는 스스로에게 거의 붕괴 직전인 국가를 우리가 이토록 굳게 붙잡아 두고, 함께 끌고 가는 일을 계속하는 것이 과연 가치가 있는 일인지 물었는지 모른다. 그러나 나는 중유럽 국가와의 동맹에 걸린 기존 이익을 대체할 다른 국가를 찾을 수 없었다."[1] 1914년 이전 수년간 독일은 맞건 틀리건 점점 자국이 포위되었다고 느꼈다. (물론 이웃 국가들은 독일을 유럽 중앙을 지배하는 대단한 경제·군사 강국으로 보았다.) 우호적인 오스트리아-헝가리를 남부에 두면 독일은 걱정할 필요 없는 하나의 전선을 갖게 되는 것이었다. 20세기의 가장 유명한 군사작전 계획에 자신의 이름을 붙이게 될 독일 참모총장 알프레트 폰 슐리펜은 현직을 떠난 1909년 이렇게 썼다. "독일과 오스트리아를 둘러싼 강철 고리는 지금 발칸반도 쪽으로만 열려 있다." 독일과 오스트리아-헝가리의 적들 — 프랑스, 영국, 러시아 — 은 두 국가를 파괴하려고 노리면서 국내적 분열, 즉 오스트리아의 경우 많은 소수민족 사이의 분열, 독일의 경우 정당 간 분열이 해로운 일을 할 때를 기다리고 있었다. 그는 언제라도 "문이 열리고, 도개교가 내려지고, 백만 명의 강한 군대가 나서서 약탈하고 파괴할 수 있다"고 경고했다.[2]

독일이 또 우려한 것은 오스트리아-헝가리가 스스로 3국동맹에서 떨어져 나가기로 결정하는 것이었다. 러시아와 오스트리아-헝가리 양국에는 군주들을 비롯해 독일과 함께든 독일이 빠지든 보수적 동맹을 갈망하는 사람들이 있었다. 오스트리아-헝가리에는 이탈리아를 증오해서 러시아보다는 이탈리아를 상대로 한 전쟁을 선호하는 사람들도 많았다. 많은 오스트리아 애국자들은 오스트리아 제국의 전통적 역할의 대가로 독일이 통일된 것을 용서하거나 잊기 힘들었다. 독일인들이 일례로 카이저가 말한 대로 충성스러운 이등국이라고 오스트리아-헝가리를 생각하는 것도 도움이 되지 않았다. 독일 관리들은 오스트리아 관리들을 종종 고압적 자세로 다루었다. 뷜로는 회고록에 다음과 같이 적었다. "경험 많은 외교관 탈레랑이 동맹 관계에 있는 국가들을 승마자와 말에 비유한 것을 받아들인다면, 나는 다뉴브 군주정과의 관계에서 우리가 승마자 역할을 해야 한다는 것을 의심한 적이 없다."[3]

그러나 그렇게 간단한 일은 결코 아니어서 독일은 자기가 탄 말이 어디로 가길 원하는지, 특히 발칸으로 내려가기를 원하는지 알아내야 했다. 독일은 오스트리아-헝가리를 동맹으로 받아들이면서 오스만제국의 급속한 쇠퇴가 러시아와 오스트리아-헝가리를 끌어들일 뿐 아니라 작은 발칸 독립국들의 욕구를 자극하는 휘발성이 높은 지역에서의 야심과 분쟁에 끼어들고 있었다. 독일이 감당해야 하는 도정은 오스트리아-헝가리를 분명히 지지하되 이 국가의 경솔한 행동을 막는 것이었다. 훗날 뷜로는 뒤늦게 깨달으며 이렇게 되돌아보았다.

2국동맹은 너무 멀리 가려고 들면 감각을 잃고 비둘기가 뱀에게 떨어지듯 러시아 올가미에 떨어질 위험이 있었다. 우리의 정책은 오스트리아가 계속 우리에게 충성하도록 모든 노력을 기울이고, 전쟁이 벌어질 경우ㅡ우리가 능숙하면 피할 수 있지만, 자연히 전쟁 가능성이 남아 있다ㅡ군주정의 내부적 취약성에도 불구하고 여전히 강력하고 충분한 능력이 있는 제국과 국왕 군대의 협력을 담보하는 것이다. 다른 한편으로 우리는 오스트리아가 우리의 의지를 거스르며 세계대전에 우리를 끌어들이는 것을 피해야 한다.[4]

문서로 보든 지도로 보든 오스트리아-헝가리는 인상적인 동맹국 같았다. 오늘날 기준으로 말하면 이 제국은 폴란드 남부에서 세르비아 북부까지 뻗어 있었고 체코공화국, 슬로바키아, 오스트리아, 헝가리, 우크라이나 남서부, 슬로베니아, 크로아티아, 보스니아, 루마니아의 큰 지역인 트란실바니아를 포함하고 있었다. 오스트리아-헝가리는 5천만 명이 넘는 인구와 견고한 농업, 철광석에서 원목에 이르는 자원, 성장하는 산업, 급속히 팽창하는 철도, 평화 시에도 40만 명에 달하는 육군과 현대적 해군을 보유하고 있었다. 위대한 수도인 빈과 부다페스트, 프라하나 자그레브처럼 좀더 작은 도시들, 현대화되고 제대로 된 하수 시설, 전차, 전기, 거대하고 우아하게 장식된 공공건물, 견고한 부르주아 아파트 단지가 있는 곳이었다. 크라쿠프의 야기엘론스키대학교(유럽에서 가장 오래된 대학 중 하나)부터 빈 의과대학에 이르는 대학교들이 있었고, 학교와 단과대학도 빠르게 확장되고 있었다. 1914년에는 제국 인구의 80퍼센트가 읽고 쓸 줄 알았다.

이중제국Dual Monarchy〔오스트리아-헝가리〕 안에는 예를 들어 갈리치아나 트란실바니아의 농촌 생활과 사회적 규모의 또다른 극단에 있는 거대한 제국 궁정의 복잡한 의식에 이르기까지, 전혀 변하지 않은 듯한 것도 있었다. 그러나 현대세계는 새로운 통신, 기업, 기술뿐 아니라 새로운 가치와 태도로 오스트리아-헝가리를 흔들고 있었다. 유대인들이 특정 직업에 종사하지 못하도록 막은 과거의 규제는 사라졌지만, 슬프게도 새롭고 매서운 반유대주의가 1914년 이전 시기에 나타났다. 이중제국의 경제 성장은 러시아의 성장과 비교할 수는 없지만, 1914년 이전 20년 동안 연평균 1.7퍼센트의 성장률을 보였다. 이 제국의 발전은 서유럽과 유사한 양상을 보였다. 산업 성장과 농촌에서 도시로의 농민 이주가 나타났고, 호황과 실패에도 불구하고 점차 인구의 더 넓은 계층으로 번영이 확산되었다. 이미 기술과 상업에서 발전된 모습을 보인 체코 땅에는 유럽에서 가장 뛰어난 엔진을 생산하는 슈코다Skoda 공장 같은 현대 산업이 가장 집중되어 있었다. 빈도 외곽에 있는 다임러Daimler 공장 같은 현대적 산업을 보유하고 있었다. 1900년에는 부다페스트가 이 도시들을 따라잡고 있었을 뿐 아니라 동유럽 대부분 지역의 금융 중심지가 되었다. 헝가리 경제는 아직도 농업이 주를 이루었지만, 1900년 이후 빠르게 산업화되었다.

계속 증가세를 보인 사회 기반 시설과 사회보장 프로그램에 대한 정부의 지출은 현대화와 더 큰 번영으로의 꾸준한 진보를 보장하는 듯 보였다. 그러나 그림이 전부 장밋빛은 아니었다. 오스트리아-헝가리의 수입은 수출을 크게 넘어섰고, 정부 부채도 늘어나고 있었다. 군비 지출은 유럽 4강국 중 가장 낮았다. 1911년 오스트리아-헝가리의 군비 지출은 러시아의 3분의 1을 조금 넘어섰다.[5] 국제적 긴장이 조금이라도 고조되면 오스트리아-헝가리의 재정적 건전성에 나쁜 영향을 미칠 수밖에 없었다. 그뿐 아니라 진보는 자체적 문제와 부담을 가져왔다. 예를 들어 소규모 영농 농민들과 소지주 귀족들은 러시아와의 경쟁으로 인한 밀 가격의 하락을 감당해야 했다. 1914년 이전 몇십 년 동안 농민 파업과 항의가 늘어났고, 오래된 영지 일부도 분해되었다. 도시와 소도시의 장인들은 현대적 공장에서 나오는 제품과 더이상 경쟁할 수 없었고, 생활환경이 아주 열악한 산업 노동자들은 조직되고 호전적이 되었다.

 이중제국의 정치는 일부 면에서는 유럽 다른 지역과 비슷했다. 오래 지주 계급은 계속 권력과 영향력을 유지하려고 한 반면 급진주의자들은 반교회적이 되었고, 중류층 자유주의자들은 최소한 자신들을 위해 좀더 많은 자유를 원했고, 새로운 사회주의 운동은 개혁을 원하거나 일부의 경우 혁명을 원했다. 유럽 자체와 마찬가지로 오스트리아-헝가리는 전제정부터 의회민주주의에 이르는 통치 방식을 가지고 있었다. 제국의 절반인 오스트리아는 1907년 이후 남성 보통선거로 선출된 의회를 가지고 있었다. 이와 대조적으로 헝가리에서 투표권은 인구의 6퍼센트 정도로 제한되었다. 1848년부터 1916년까지 통치한 프란츠 요제프 황제는 차르만큼 권력이 강하지는 않았지만, 영국 왕처럼 권력이 제한받지도 않았다. 오스트리아 황제는 외교정책을 결정했고 오스트리아군의 최고사령관이었지만, 그의 권력은 헌법에 의해 규정되었다. 그는 장관들을 임명하거나 해임했고, 비상권력을 가지고 있었다. 그의 정부는 의회 없이 통치하기 위해 이런 권한을 자주 사용했다. 그러나 황제가 헌법을 개정할 수는 없었다. 그럼에도 불구하고 정부 업무는 큰 탈 없이 진행되어 세금이 걷히고 비용이 지불되었다. 황제는 국민 대부분에게 인기가 있었고, 혁명 가능성은 러시아에서보다 훨씬 적어 보였다.

 1914년 이전에 독일 정치인들은 오스트리아-헝가리와 동맹을 맺은 것이 옳은 선택인지 스스로 물었고, 오래 지속될 동맹인지 의문을 가졌다. 민족주의 의식이 성장하던 시기에 그곳은 오스만제국처럼 점점 소수민족들에 휘둘리고 있었다. 1838년 더럼 경은 캐나다에 대해 하나의 국가라는 울타리 안에 서로 싸우는 두 민족이 있다고 말했고, 프랑스인과 영국인의 갈등은 한 세기 반이 지나도록 여전히 계속되고 있었다. 오스트리아-헝가리는 주로 쓰는 언어가 10개 또는 11개나 되니 얼마나 큰 도전에 당면했겠는가? 주민들이 자신의 정체성을 민족이 아닌 종교, 통치자 또는 마을로 정의하던 수백 년 동안에는 큰 문제가 되지 않았다. 그러나 19세기 말이 되자 민족주의 — 자신을 언어뿐만 아니라 종교, 역사, 문화 또는 인종으로 구별되는 집단의 일원으로 생각하는 — 가 유럽 전역에서 변화의 동인이 되었다. 독일이나 이탈리아 민족이라고 불리는 것이 집단에 속한다는 의식이 점점 더 확대되면서 독일 국가와 이탈리아 국가가 창설되었고 폴란드인, 헝가리인, 루테니아인, 체코인 등 많은 민족들이 오스트리아-헝가리 내에서 완전한 독립은 아니더라도 더 큰 자치를 요구하고 나섰다.

　오스트리아-헝가리는 시민들이 단합할 수 있는 민족주의를 상쇄할 만한 정체성이 없었다. 이 나라는 합스부르크왕가가 천 년간 벌인 노련한 공작, 정략결혼, 전쟁에서 얻은 것의 집합체였기 때문이다. 프란츠 요제프는 황제에서 백작에 이르는 너무 많은 직위를 가지고 있었고, 그 직위들은 종종 기타 등등으로 표시되었다. 물론 다민족 제국을 굳게 믿는 사람들도 있었다. 아마도 혼합된 여러 민족, 연줄과 이익이 제국 전체에 뻗어 있는 대귀족 가문, 그리고 왕조에 대한 충성을 다른 무엇보다 우선하는 유럽 자체나 합스부르크 왕정주의자들이 여기에 해당되었다. 진정한 다민족 조직체인 군대는 언어 문제를 상식적인 방법으로 처리했다. 병사들은 기본적인 기술 용어나 명령어는 독일어로 배웠지만, 대부분 같은 언어를 쓰는 동료 병사들이 있는 연대에 배치되었다. 장교들은 자신들이 지휘하는 병사들의 언어를 배우도록 되어 있었다. 전쟁 중 한 연대는 영어가 가장 보편적인 언어인 것을 발견하고 영어를 공통어로 사용했다는 말도 있다.[6]

다른 유일한 제국적 제도는 군주정 자체였다. 군주정은 여러 세기 동안 지속되면서 오스만제국의 술레이만 대제부터 나폴레옹에 이르는 정복자들, 내전, 혁명을 보아왔고, 그동안 제국은 팽창과 수축을 거듭하다 19세기 후반부에는 다시 수축했다. 합스부르크왕가는 샤를마뉴로 거슬러 올라가지만, 그 일원이 신성로마제국 황제로 선출되면서 유럽 역사에 첫 족적을 남겼다. 이후 수백 년 동안 이 가문은 스스로 신성로마제국의 지위를 만들어냈지만, 1806년 나폴레옹이 이를 철폐했다. 그러나 합스부르크는 계속 살아남았고, 오스트리아의 프란츠로 현재 알려진 통치자는 나폴레옹의 패배를 목격하고 1835년까지 통치한 다음, 머리가 단순한 아들 페르디난트에게 황위를 물려주었다. 그의 손자인 프란츠 요제프는 유럽 전역에 혁명이 일어나 왕조 자체가 흔들리고 오스트리아제국이 거의 분열될 뻔한 1848년에 황제가 되었다. 그의 삼촌 페르디난트는 하야하도록 설득되었고, 형보다 조금 더 유능한 프란츠 요제프의 아버지(사람들은 다른 것을 생각할 수 없어서 그에게 "선한 황제the Good"라는 별명을 붙였다)도 황위 계승에서 발을 뺐다. (합스부르크왕가는 근친상간의 빈번한 결과를 잔혹하고 냉정하게 처리했다.) 막 열여덟 살이 된 새로운 황제는 "어린 시절이여, 안녕"이라고 말한 것으로 전해졌다.[7]

그는 잘생기고 위엄이 있었고, 그의 마지막 날까지 꼿꼿한 병사의 자세를 한 마른 몸매를 유지했다. 그의 가정교사들은 역사, 철학, 신학과 그의 모국어인 독일어 외에도 이탈리아어, 헝가리어, 프랑스어, 체코어, 폴란드어, 크로아티아어, 라틴어로 구성된 교육 프로그램을 마련했다. 다행히 그의 기억력은 뛰어났고 학습 능력도 좋았다. 그는 강한 의지를 가지고 학업에 임했다. 그는 1845년 일기에 다음과 같이 적었다. "내 생일이다. 아직 열다섯 번째라는 점이 중요하다. 교육받을 시간이 얼마 남지 않았다! 정말 정신을 바짝 차리고, 나를 바로 잡아야 한다."[8] 이러한 강한 의무감이 평생 그를 따라다녔다. 마찬가지로 1848년 사건 이후 혁명에 대한 혐오와 왕조와 제국을 보존해야 한다는 결의도 평생 그의 사명이 되었다. 그러나 그는 반동주의자는 아니었다. 그는 일어난 변화와 앞으로 일어날 변화를 어느 정도 숙명으로 받아들였다. 변화는 있을 수밖에 없었다. 점차 이탈리아 영토를 상실했고, 1866년 프로이센과의 전쟁 패배로 오스트리아는 독일 연방에서 제외되었다.

제국은 서서히 줄어들었지만 프란츠 요제프는 위대한 조상들의 국가를 계속 유지했다. 그는 빈에만 두 채의 궁전, 즉 거대한 호프부르크 궁전과 마리아 테레지아가 여름궁전으로 지은, 그가 가장 좋아하는 쇤브룬 궁전(1400개의 방과 거대한 정원을 갖춘)을 가지고 있었다. 거의 20년간 황제의 부관으로 일한 알베르트 폰 마르구티Albert von Margutti는 그와의 첫 만남을 이렇게 회고했다. "쿵쿵 뛰는 가슴을 안고 나는 호프부르크 궁전 안의 수상 계단Chancery Staircase이라고 알려진 곳을 올라갔다. 엄청난 길이의 계단이 접견실의 전실로 이어졌다. 화려한 군복을 입은 경비병들이 계단 꼭대기에 서 있었고, 황제가 있는 방으로 들어가는 문을 칼을 꺼내든 두 명의 장교가 좌우로 열었다. 모든 것이 시계처럼 아주 고요하게 진행되었다. 많은 사람이 그 자리에 있었지만, 아주 강렬한 인상을 주는 침묵이 감돌았다."[9]

장엄한 분위기의 중심에는 평범한 음식과 정해진 일정을 좋아하고 사냥과 사격으로 여가를 즐기는 사람이 있었다. 그는 종교에 대해 깊이 생각하지는 않았지만 좋은 가톨릭 교인이었다. 그리고 동시대 군주인 니콜라이 2세, 빌헬름 2세처럼 프란츠 요제프도 군 생활을 좋아했고, 거의 항상 군복 차림을 했다. 그들과 마찬가지로 그도 군복의 세세한 부분이라도 잘못되면 격분했다. 그런 때 말고는 모든 사람에게 변함없이 정중했고 서열을 중시했다. 그는 마르쿠티와 딱 한 번 악수했는데, 그가 승진한 것을 알았을 때였다. (마르쿠티는 궁전에서 아무도 이 중대한 제스처를 못 본 것을 아쉬워했다.)[10] 프란츠 요제프는 현대 예술을 이해하지 못했지만 의무감으로 예술 전시회와 특히 왕실이 후원한 새로운 건물 준공식에 참석했다.[11] 그의 음악 취향은 군대 행진곡이나 슈트라우스의 왈츠까지 이르렀고, 연극 관람과 때로는 더 예쁜 여배우에 마음이 끌렸지만 예전 배우들을 더 좋아했다. 그는 시간을 어기는 것, 큰 웃음소리, 너무 많이 말하는 사람들을 좋아하지 않았다.[12] 그리고 유머감각이 있긴 있었지만 기본적인 수준에 머물렀다. 베두인 가이드의 도움을 받으며 이집트의 거대한 피라미드에 올라갔을 때 그는 부인인 엘리자베트 황후에게 다음과 같은 편지를 썼다. "사람들은 대개 셔츠 하나만 입고 있었는데 올라가면서 몸을 드러냈다. 영국 여자들이 피라미드 측정을 그토록 기쁘게, 자주 좋아한 이유임이 틀림없다."[13]

재위 후기에 그는 침실에 작은 군용 침대를 놓고 잤다. 마르구티가 "완전한 극빈"이라고 표현한 아주 검소한 생활이었다. 일정은 스파르타식으로 엄격했다. 새벽 4시에 일어나 찬물로 세수하고 우유 한 잔을 마시고 7시나 7시 반까지 일한 다음 보좌관들과 회의에 들어갔다. 10시부터 오후 5시나 6시까지 장관, 대사 같은 고관을 만났고, 딱 30분 짬을 내어 혼자 간단한 점심을 먹었다. 저녁에는 혼자 먹거나 손님들과 같이 식사했다. 그는 시간 낭비하는 것을 싫어하고 음식 서빙이 빠르게 되길 원했다. 그 바람에 어린 가족들은 제대로 먹지 못하고 식사를 끝내야 하는 때도 있었다. 궁중 무도회나 리셉션이 없으면 그는 8시 반에 잠자리에 들었다. 이런 단순한 생활 속에서도 그는 자신이 짊어져야 할 존엄과 존경을 강하게 의식하고 있었다.[14]

프란츠 요제프는 의지가 강한 어머니를 존경했다. "자신의 어머니보다 더 소중한 사람이 세상에 있겠는가?" 빌헬름 2세의 어머니가 사망했다는 소식을 들었을 때 그가 한 말이다. "우리에게 어떤 차이가 있든 어머니는 항상 어머니다. 어머니를 잃는 것은 우리의 큰 부분을 그녀의 무덤에 묻는 것과 마찬가지다."[15] 그의 개인적 생은 복잡했고, 슬픈 일이 많았다. 동생 막시밀리안은 멕시코에 왕국을 세우려다 실패한 뒤 그곳에서 살해당했고, 남겨진 아내는 미쳐버렸다. 문제 많고 불행한 젊은이였던 그의 외아들 루돌프는 메이얼링의 사냥 별장에서 10대 애인과 함께 자살했다. 당국이 이 사건을 은폐했지만 여러 소문이 나돌았고, 음모에 의해 그가 죽었다는 소문이 끊이지 않았다. 프란츠 요제프는 늘 그랬듯 자신의 일을 해나갔지만, 아마도 세상에서 가장 가까운 친구였을 여배우 카타리나 슈라트에게 "결코 전과 똑같을 수 없다"고 적어 보냈다.[16] 별로 좋아하지 않는 조카 프란츠 페르디난트가 후계자가 될 가능성이 커진 것도 그의 부담을 가중시켰다.

프란츠 요제프의 결혼 생활은 편안하지 않은 지 이미 오래되었다. 그는 사촌인 엘리자베트가 열일곱 살밖에 안 되었을 때 결혼했고, 그녀를 사랑했지만 결혼 생활은 행복하지 않았다. 엘리자베트는 매력적이고 생동감이 넘치며 사랑스러웠지만, 다루기 힘들고 충동적인 소녀였다. 불행하게도 그녀는 결코 성숙해지지 않았다. 그녀는 싫어하는 궁정, 의식, 의무를 피하려고 최선을 다했다. 그러나 자신이 원할 때는 남편에게 도움이 될 수 있었다. 그녀가 헝가리어를 배우고 헝가리 옷을 입어 헝가리인들을 매혹시킨 덕분에 그들은 황제 부부에게 부다페스트 인근에 여름궁전을 마련해주기도 했다. 그녀는 승마, 여행, 그리고 자기 자신을 사랑했다. 미인이라는 평가를 두루 받았지만 그녀는 항상 외모를 걱정했다. 그녀가 만든 유럽에서 가장 아름다운 여인들의 앨범은 그녀를 눈물짓게 할 뿐이었다.[17] 평생 그녀는 미친 듯이 운동하고 아주 조금만 먹었다. 빅토리아 여왕이 일기에 "그녀의 허리는 상상할 수 있는 것보다 가늘었다"고 쓸 정도였다.[18] 1898년 한 무정부주의자의 칼에 가슴이 찔렸을 때 그녀는 바로 죽지 않았는데, 그 이유는 코르셋이 너무 조여 아주 천천히 피가 흘러나왔기 때문이었다.

프란츠 요제프는 계속 병사처럼 일했다. 늘 열심히 일하며 수많은 서류를 처리하고, 세세한 부분에도 주의를 집중하면서 그는 혼란을 막고 자신의 제국을 계속 보존할 수 있었다. "우리가 만일 라틴족과 같은 길에 들어선다면, 신이여 우리를 도우소서."[19] 그가 자주 하던 말이다. 그럼에도 불구하고 오랜 재위 기간이 지나는 동안 점점 그는 서로 맞지 않는 두 마리 말을 탄 것과 같은 상황에 처했다. 오랜 독립 왕국 역사를 가진 헝가리는 합스부르크 왕관 아래 어색하게 들어와 있었다. 정치와 사회를 지배한 헝가리 대귀족과 소귀족은 자신들의 언어(세계의 어떤 언어와도 다른), 역사, 문화를 아주 깊이 의식하고 있었고, 자신들의 헌법과 법률을 아주 자랑스러워했다. 1848-9년 혁명 기간에 그들은 헝가리의 독립을 꾀했지만 실패했다. 1867년 그들은 오스트리아제국이 프로이센에 대패한 것을 이용해 황제와 새로운 조정을 협상해서 유명한 대타협을 이루어냈다.

이렇게 해서 오스트리아-헝가리 또는 이중제국이라는 명칭 자체가 모든 것을 말해주는 새로운 정치체가 탄생했다. 트란실바니아, 슬로바키아, 크로아티아가 포함된 헝가리와, 편리하게 오스트리아라고 불리는 서쪽의 합스부르크 영토의 연합체였다. 오스트리아는 아드리아해와 알프스부터 사라진 폴란드 왕국 쪽으로, 그리고 동쪽으로는 러시아 국경까지 뻗어 있었다. 두 왕조는 각각 의회, 장관, 관료, 법정, 군대를 갖고 자신의 사무를 처리해나갔다. 유일한 공동 행동은 외교 정책, 국방, 두 나라를 지탱하는 재정이었다. 이 세 가지 부처에 각각 있는 장관은 공동 장관으로서 정기적으로 만났다. 그밖에 유일한 다른 연계는 황제 자신 또는 헝가리 명칭으로는 국왕이었다. 다른 면에서 이중제국은 협상이 끝없이 이어지는 타협에 지나지 않았다. 각국 의회가 지정한 대표단은 한 해에 한 번 만나서, 예를 들면 철도에 대한 공동 관세를 합의했다. 하지만 헝가리인들의 주장에 따라 정부를 공유한다는 개념을 피하기 위해 문서로만 교신이 진행되었다. 재정과 상업 문제는 10년마다 재협상 대상이었는데, 대체로 많은 난항을 겪었다.

유럽 강국 중에서 오스트리아-헝가리는 부처 간 정보 공유와 정책 조정에서 가장 취약한 기제를 가지고 있었다. 세 공동 장관이 오스트리아 수상, 헝가리 수상과 함께 가끔 만났지만, 외교와 국방 문제를 논의할 때 그들이 집행자 역할을 하지는 않았다. 1913년 가을부터 1914년 7월 위기가 시작될 때까지 공동각료위원회라고 알려진 이 기구는 세 번 열렸을 뿐이고, 상대적으로 사소한 문제들만 논의했다. 황제가 전반적인 정책을 책임지거나 누군가에게 그렇게 하도록 위임하지도 않았다. 즉 프란츠 요제프는 각 장관에게 따로 지시하고, 그들이 맡은 업무에 대해서만 대화했다. 그는 규칙적인 일정을 철저하게 이어갔지만, 늙어가고 있었다. 1910년 그는 여든 살이 되었고, 오랜 기간 강인했던 건강이 나빠지기 시작했다. 전쟁이 시작되었을 때 그는 점점 쉰브룬 궁전에 고립되어 대중의 시선에서 벗어났고, 장관들의 논쟁에 관여하기를 꺼렸다. 리더십의 부재는 무엇보다 강력한 개인이나 부처가 종종 정책을 만들고, 자신들 권한 외의 분야에까지 관여하는 결과를 가져왔다.[20]

헝가리인들은 처음에는 대타협에 만족하면서 부다페스트에 새 의사당 건물을 지었다. "전혀 조심하고 계산하고 절약할 필요가 없다"고 수상은 말했고, 헝가리 건축가는 그 말을 그대로 믿었다. 고딕에서 르네상스, 바로크까지 모든 건축 양식과 장식 형태를 띠고 84파운드의 금으로 장식한 헝가리 의사당 건물은 완공되었을 때 세계에서 가장 큰 의사당 건물이 되었다. 그 내부에서 진행된 일은 또다른 방식으로 특별했다. 정치는 국가적 스포츠처럼 되어 헝가리인들은 서로 이기기 위해 날카로운 논쟁과 심지어 결투까지 했고, 그것도 시들해지면 빈을 상대로 싸웠다.²¹ 최악의 장면은 공동 군대를 놓고 부다페스트와 빈 사이에 장기적이고 심각한 위기가 조성되었을 때 나타났다.

이후 헝가리 정치인들과 추종자들은 이중제국 군대의 상당 부분을 헝가리어를 쓰는 장교들이 지휘하고 헝가리 국기를 휘날리는, 더 헝가리적인 것으로 만들 것을 요구했다. 이러한 요구는 군대의 효율과 단합을 위협했다. 게다가 프랑스 무관이 지적한 것처럼 헝가리어를 쓰는 장교는 수적으로 크게 부족했다. 1903년 프란츠 요제프는 자신의 군대가 단합과 조화 정신으로 활기를 얻고 모든 인종 집단이 존중받을 것이라는 온건한 성명을 발표해 상황을 진정시키려고 했지만, 부다페스트의 헝가리 민족주의자들의 요구에 기름을 붓는 결과만 가져왔다. "인종Ethnic"이라는 말은 헝가리어로 "부족tribal"이라는 말로 전달되어 치명적인 모욕으로 받아들여졌다.²² 헝가리 의회는 의사 진행 방해로 마비되었고, 부다페스트와 빈 사이의 협상은 중단되었다. 1904년 말 헝가리 수상 이슈트반 티서(1914년 여름 다시 수상직을 차지했다)가 일을 밀어붙이려고 하자, 반대파는 곤봉, 브라스 너클〔손가락 관절에 씌워 무기로 쓰는 금속 씌우개〕, 권총으로 무장한 채 의사당에 난입해 가구를 부수고 의사당 경비원을 폭행했다. 뒤이어 선거에 승리한 반대파는 프란츠 요제프가 군대에 대한 요구를 인정할 때까지 의정 업무를 시작하지 않기로 했지만, 황제는 이 요구를 거부했다. 양측의 대립은 황제가 헝가리에 보통선거제를 도입한다고 위협하고 반대파가 분열된 1906년에야 끝이 났다.

 헝가리도 자체 민족 문제를 안고 있었다. 그 시점까지는 민족 문제를 무시하는 데 성공했다. 헝가리인들, 또는 자신들이 좋아하는 호칭을 살리자면 마자르인들은 헝가리 국경 내에서 간신히 다수 주민을 형성하고 있었지만, 제한된 투표권 덕분에 의회의 거의 모든 의석을 차지할 수 있었다. 그러나 1900년 세르비아인, 루마니아인, 크로아티아인 등의 민족주의 운동이 헝가리 주변에서 일어났다. 이 운동은 소수민족의 권력 박탈과 학교와 관공서에서 헝가리어 사용을 증가시키려는 정부 조치에 대한 반발로 가열되었다. 오스트리아-헝가리 안팎 여러 지역에서 일어난 민족주의 운동에도 자극을 받았다. 1895년 소수민족 대회가 부다페스트에서 소집되어 헝가리가 다민족국가가 될 것을 요구했다. 헝가리인들은 경각심과 분노로 대응했다. 상대적으로 자유주의적이었던 티서 수상도 헝가리 내에 합법적인 민족주의 열성을 가진 민족들이 있다는 것을 인정할 수 없었다. 그의 시각으로는 극단주의자를 제외하고 루마니아인들은 그의 영지에 사는 농민들과 다를 바가 없었고, 그들은 헝가리인들과 함께 일할 필요가 있었다. "나는 그들이 점잖고 평화적이며, 신사를 존경하고, 친절한 말을 고마워한다는 것을 안다."[23]

 이중제국 전역에서 민족주의가 고양되면서 학교, 직업, 심지어 거리 표지판을 두고 해결할 수 없는 싸움이 끊임없이 일어났다. 모국어를 묻는 인구조사 질문은 민족의 힘의 핵심 표지가 되었고, 민족 집단은 "올바른" 답을 하라고 촉구하는 광고를 실었다. 민족주의 운동은 종종 경제, 계급 문제와 중첩되었다. 일례로 루마니아 농민들과 루테니아 농민들은 헝가리 지주와 폴란드 지주에게 도전했다. 그러나 민족주의의 힘이 너무 강하다 보니, 다른 나라에서 사회주의나 자유주의 또는 보수주의 정당이 되었을 계급들이 이곳에서는 민족 경계에 따라 갈라졌다.

오스트리아-헝가리 인구는 오랜 역사로 뒤섞여 각 지역마다 나름의 민족주의 투쟁이 있었다. 슬로베니아에서는 슬로베니아인에 대항하여 이탈리아인이, 갈리치아에서는 루테니아인에 대항하여 폴란드인이, 독일인은 거의 모두에 대항하여 티롤에서는 이탈리아인에, 보헤미아에서는 체코인에 맞서 민족 운동을 펼쳤다. 1895년에는 독일어로 말하는 사람들이 중등학교에서 슬로베니아어 수업을 병행하는 것에 반대하면서 오스트리아 정부가 와해되었다. 2년 뒤에는 보헤미아 정부 업무에 체코어를 쓰는 문제를 놓고 체코인과 독일인 사이에 일어난 갈등이 거리의 폭력 사태로 비화했고, 또다른 수상이 낙마했다. 1904년에는 이탈리아 법학부가 인스부르크에 설립되자 독일인들이 격렬한 시위를 벌였다. 새로운 기차역들은 어느 언어를 쓸지 합의가 안 되어 이름이 없는 채 방치되었다. 빈 주민이었던 지그문트 프로이트가 작은 차이들에 대한 나르시시즘이란 개념을 생각해낸 것도 우연이 아니었다. 그는 《문명 속의 불만》에 이렇게 적었다. "지속적인 싸움과 상대를 조롱하는 일을 계속하는 것은 영역이 인접하고 다른 방식으로도 서로 관계가 있는 공동체들이다."[24]

빈 특파원으로 일하던 영국 기자 헨리 위컴 스티드는 다음과 같이 말했다. "비현실성이 모든 것에 스며들었다. 대중의 관심은 사소한 일, 즉 오페라에서 체코 가수와 독일 가수의 티격태격, 보헤미아 하급 관리를 임명하는 문제를 놓고 의회에서 벌어진 싸움, 가장 최근에 발표된 희극 오페라의 매력이나 자선무도회의 티켓 판매 등에 집중되었다."[25] 젊은 세대는 정치에 지루함을 느끼거나 냉소적이 되었고, 필요할 경우 폭력을 써서라도 혼란을 척결하겠다고 약속하는 새로운 정치 운동에 가담했다. 오스트리아-헝가리는 약해지고 있었고 국제적 입지는 "민족 문제에 대한 결함 많은 해결책"으로 훼손되었다. "오스트리아의 세습된 결함인 비관주의가 이미 젊은이들을 사로잡고, 이상주의적 충동을 모두 무력화하겠다고 위협하고 있다."[26] 이것은 훗날 오스트리아-헝가리 외무장관이 될 알로이스 폰 에렌탈이 1899년 사촌에게 적어 보낸 글이다.

민족 간의 이견은 거리의 질서를 파괴할 뿐 아니라 이중제국 의회의 교착상태를 가져왔다. 대부분 언어와 인종으로 갈라진 정당들은 자기 집단의 이익을 증진하고 다른 집단의 이익을 막는 데 주로 관심을 쏟았다. 의원들은 상대를 침묵시키기 위해 나팔을 불고, 소몰이 종을 울리고, 징을 울리고, 북을 치고, 잉크병과 책을 내던졌다. 의사진행 방해는 아주 일상적 전술이 되었다. 유명한 예로 독일 의원은 보헤미아와 모라비아에서 체코어가 독일어와 동등한 지위를 얻는 것을 막기 위해 꼬박 12시간을 연설했다. 한 보수적 귀족은 "우리 조국에서 낙관주의자는 자살해야 해"라고 친구에게 썼다.[27] 정부는 점점 비상 권력을 사용하며 어렵게 난관을 타개해나갔다. 1914년 전쟁이 발발하자 오스트리아 의회는 몇 달간 정회되었고, 1917년 봄까지 다시 소집되지 않았다.

민족주의는 관료주의도 훼손했다. 정당들이 공직 임명을 추종자들을 보상하는 수단으로 사용했기 때문이다. 그 결과 관료제의 규모와 비용이 엄청나게 늘어났다. 1890년부터 1911년까지 관료 수가 두 배로 늘어났고, 신규 채용이 대부분을 차지했다. 오스트리아만 따져도 2800만 인구에 관료가 300만 명이 되었다. 단순한 결정도 복잡하고 불필요한 요식행위를 거쳐야 했다. 실제로 제국 관련 서류는 검정색과 노란색, 헝가리 관련 서류는 붉은색과 흰색과 녹색, 새로 병합된 보스니아 관련 서류는 갈색과 노란색 끈으로 묶였다. 빈에서는 단순한 세금 납부도 공무원 27명의 손을 거쳐야 했다. 아드리아해안의 달마티아 지방에서 관료주의를 개선할 방법을 찾기 위해 만들어진 위원회는 세금 징수가 세금 자체보다 두 배 더 비용이 든다는 사실을 발견했다. 이 위원회는 나라 전체의 비효율과 낭비에 대한 암울한 전망을 그려냈다. 예를 들어 공무원들은 하루에 대여섯 시간 일할 것으로 기대되었지만 그렇게 일한 사람은 거의 없었다. 외무부에 새로 취직한 공무원은 하루에 서류를 서너 개 이상 받아본 적이 거의 없고, 늦게 출근하든 일찍 퇴근하든 아무도 신경쓰지 않는다고 말했다. 1903년 영국 대사관은 캐나다 위스키 관세 문제에 대한 답신을 받기 위해 10개월이나 기다렸다. "이 나라의 꾸물거림은 현재 속도로 계속되면 곧 오스만제국을 따라갈 것이다." 영국 외교관은 이렇게 런던에 불만을 보고했다.[28]

대중이 관료제를 망가진 늙은 말로 묘사하는 것은 놀라운 일이 아니었지만, 그 결과는 농담이 아니었다. 빈의 풍자가 카를 크라우스가 조롱하며 뷔로크레티니스무스 Bürokretinismus(관료바보주의)라고 부른 관료제는 정부에 대한 대중의 신뢰를 더욱더 훼손했다. 그리고 관료제에 들어가는 비용은 가뜩이나 끝없는 정치 투쟁에 휘말린 군대에 사용될 돈을 축내었다. 1912년까지 헝가리 의회는 보상으로 언어 문제 같은 사안에 대해 양보를 받지 않는 한 증가된 예산이나 매년 징집될 병사 수에 동의하지 않았다. 이중제국의 문 앞이나 마찬가지인 발칸 지역에서 발생한 위기 덕분에 약간의 개선이 이루어졌다. 그럼에도 불구하고 1914년 헝가리는 영국(유럽 강국 중 가장 적은 육군 보유)보다도 적은 비용을 육군에 지출했다. 이중제국의 총 국방 예산은 막강한 적국인 러시아의 절반에 한참 못 미쳤다.[29]

오스트리아-헝가리는 동맹국 독일 내 일부가 칭하듯 다뉴브의 시체는 전혀 아니었지만, 중병을 앓고 있는 것은 분명했다. 여러 치료법이 고려되었지만 거부되거나, 효과가 없는 것으로 드러났다. 언어와 군대 문제로 위기가 진행되는 상황에서 이중제국의 군대는 헝가리에서 무력을 사용하는 계획을 세웠지만 황제는 그런 방법을 고려하는 것을 거부했다.[30] 관료제를 진정으로 국가적이고 정치에 좌우되지 않게 한다는 희망은 관성과 이미 굳게 자리잡은 민족주의로 인해 수포로 돌아갔다. 대중을 왕실에 더 다가가게 하려는 보통선거제가 오스트리아에서 시도되었지만, 새로운 대중적 민족주의 정당에 표를 더 가져다주는 결과만 가져왔다. 또한 남슬라브인과 새로운 형태의 타협을 이루려는 3국주의Trialism라는 용어가 이중제국의 남부에 거주하는 세르비아인, 슬로베니아인, 크로아티아인뿐 아니라 발칸 지역의 주민들을 위해 점점 사용되고 있었다. 남슬라브 블록은 오스트리아와 헝가리에 균형추가 되어 남슬라브인의 민족주의적 요구를 만족시킬 것으로 여겨졌다. 그러나 이것은 헝가리인들에 의해 거부되었다. 많은 사람이 생각하기에 마지막 희망은 황제 후계자인 프란츠 페르디난트였다. 그는 상대적으로 젊고, 활력이 넘치며, 대체로 전제적이고 반동적인 것이기는 해도 분명 아이디어가 많았다. 아마도 그는 변화를 되돌리고 이중제국을 강력한 중앙정부가 있는 제대로 된 전제정으로 만들 수 있을 것이었다. 그는 분명히 결단력 있는 통치자처럼 보였고 그런 역할을 했다.

프란츠 페르디난트는 키가 크고 잘생겼고, 커다란 눈에 크고 위압적인 목소리를 가지고 있었다. 그의 콧수염은 빌헬름 2세에는 상대가 되지 않았지만, 멋지게 올라가 날카로운 모서리를 만들었다. 그의 사생활은 젊은 시절 대개 겪는 방탕 이후에는 흠결이 없었다. 그는 사랑해서 결혼했고, 헌신적인 남편이자 아버지가 되었다. 그는 아름다운 것을 중시하는 눈을 가졌고, 오스트리아-헝가리의 건축 유산을 구하기 위해 많은 일을 했다. 지적 호기심도 많아서 큰아버지인 황제와 달리 신문을 정독했다. 탐욕스럽고, 요구하는 것이 많고, 관용이 적은 면도 있었다. 그는 원하는 그림과 가구를 얻기 위해 중간상을 때린 것으로 알려졌다. 아랫사람이 사소한 잘못을 해도 그는 용서하지 않았다. 무엇보다도 그는 유대인, 프리메이슨 회원, 그가 열정적으로 헌신하는 가톨릭교회를 비판하거나 도전하는 사람을 미워했다. 헝가리인("반역자들")과 세르비아인("돼지들")도 그가 싫어하는 사람들이었다. 그는 그들을 박살 내야 한다고 자주 말했다. 그의 즐거움과 미움 사이에는 과도한 면이 있었다. 사냥할 때면 엄청난 사냥감을 그에게 몰아주어 총이 빨갛게 달구어질 때까지 사격하는 것을 좋아했다. 한번은 그가 사슴 떼를 포획할 것을 요구해 200마리를 쏘아 죽이

고, 실수로 몰이꾼 한 명도 죽였다고 전해진다.[31]

그는 황위 후계자로 예상되지 않았지만 삼촌 막시밀리안이 멕시코에서 살해당하고, 사촌 루돌프가 자살하고, 아버지가 성지 순례 중 요단강 물을 마시고 장티푸스에 걸려 사망하면서 1896년 서른셋의 나이로 후계자로 지목되었다. (프란츠 요제프의 가장 어린 동생 루트비히 빅토르Ludwig Victor가 살아있었지만, 그는 훨씬 큰 스캔들에 휘말렸다.) 프란츠 페르디난트도 아버지가 죽기 직전 결핵을 심하게 앓았는데, 사람들이 그의 동생에게 예를 갖추는 것을 보고 실망했다. 그는 항해 후 회복했고 1914년까지 건강을 유지했다.

황제는 새 후계자를 별로 챙기지 않았고, 두 사람의 관계는 프란츠 페르디난트가 호엔베르크 여공작 조피와 결혼하겠다고 고집부린 1900년 크게 악화되었다. 그녀는 예쁜 데다 평판도 좋고 보헤미아의 유서 깊은 귀족 가문 출신이었지만, 합스부르크왕가에 걸맞은 계층은 아니었다. 황제는 결국 양보했지만 조건을 내걸었다. 조피는 합스부르크왕가 대공녀의 특권을 누리지 못하고, 그들의 자녀는 황위를 이어받을 수 없었다. 프란츠 페르디난트는 이런 모욕에 크게 분개했다. 황제인 삼촌이 보인 무관심이 더해져 그의 불안감은 가중되었다. "대공은 자신이 과소평가되고 있다고 느꼈다. 이런 감정 때문에 자연히 군대나 공직에서 큰 특권을 누리는 고위 관리들을 질시하게 되었다."[32] 그의 황실 측근 중 한 사람은 이렇게 말했다. 아마도 이 때문에 잘 격분하는 그의 감정은 통제하기 어렵게 되었다. 그가 권총을 마구 발사한다는 소문이 돌았고, 시종들이 사실은 남자 간호사라는 말도 있었다. 빈 주재 영국 대사는 황제가 그의 정신 상태를 의심하여 그를 황위

계승에서 탈락시킬 것을 고려하고 있다고 본국에 보고했다.³³

이 이야기가 사실이든 아니든, 합스부르크왕가에 대해서는 늘 많은 소문이 돌았다. 프란츠 요제프는 점차 프란츠 페르디난트에게 더 큰 책임을 맡기기 시작했다. 황제는 그에게 사랑스러운 바로크식 벨베데레 궁전을 하사했고, 자신의 군사국을 구성하도록 허용하고 1913년 그를 군 총감찰관으로 임명했다. 프란츠 요제프가 군 총사령관을 맡고 있기는 했지만, 그에게 군을 통제할 수 있는 상당한 재량권을 부여한 것이다. 프란츠 페르디난트가 자신의 정치인, 관료, 장교, 언론인의 네트워크를 구성하면서 벨베데레는 둘째가는 궁정에 가까워졌다. 여기서 그는 이중제국을 구할 아이디어를 발전시켰다. 즉 권력과 군대를 중앙에 집중시키고, 헝가리와의 대타협을 제거하고, 헝가리인·독일인·체코인·폴란드인·남슬라브인을 포함하는 새로운 연방 국가를 만드는 것이었다. 그는 의회 제도를 별로 좋아하지 않았고, 기회가 된다면 의회 없이 통치했을 것이다. 전쟁 중 외무장관이 되는 오토카르 체르닌 백작은 그가 성공할 수 있었을지 의문을 가졌다. "그가 강화하고 지지하기를 열망한 군주정의 구조는 이미 너무 썩어서 큰 혁신을 감당할 수 없었다. 전쟁이 아니라면 아마 혁명이 이 군주정을 부숴버렸을 것이다."³⁴

외교정책에서 프란츠 페르디난트는 독일과의 동맹을 유지하고, 또 다른 보수 군주정 국가인 러시아와 더 밀접한 양해를 이루는 것을 선호했다. 그는 이탈리아와의 동맹은 기꺼이 종결했을 것이다. 그는 교황에 대한 대우부터 할아버지가 통치했던 양 시칠리아 왕국을 이탈리아가 흡수한 것에 이르기까지 많은 이유로 이탈리아를 미워했다.³⁵

한편 전쟁광이라는 말을 들었지만 실제로 그는 평보다 더 조심스러 웠다. 오스트리아-헝가리가 너무 취약하고 분열되어 공세적인 외교 정책을 취해서는 안 된다는 것을 알기 때문이었다. 1차대전 이전 마지막 발칸 위기 중인 1913년, 그는 앞날을 내다보며 외무장관에게 다음과 같이 말했다.

> 모든 것을 포기하지 않는 상태에서 우리는 평화를 유지하기 위해 무슨 일이든 해야 한다! 만일 우리가 러시아와 큰 전쟁을 벌이면 재앙이 될 것이다. 우리의 우측과 좌측이 제대로 기능할지 누가 알겠는가. 독일은 프랑스를 상대해야 하고, 루마니아는 불가리아의 위협을 들며 변명할 수 있다. 따라서 지금은 아주 상서롭지 않은 순간이다. 만일 우리가 세르비아를 특정해 전쟁을 한다면 재빨리 장애물을 넘겠지만, 그다음은 무엇인가? 우리는 무엇을 얻게 될 것인가? 일단 전 유럽이 비난하며 우리를 평화의 방해자로 볼 것이다. 우리가 세르비아를 병합하면 신이 우리를 불쌍히 여길 것이다.[36]

프란츠 페르디난트를 암살함으로써 세르비아 민족주의자들은 오스트리아-헝가리 내에서 전쟁 돌입을 막을 수 있었던 사람을 제거했다. 이것이 1914년 여름의 작은 비극 중 하나일 것이다. 점점 더 과격해지던 민족주의의 시대에 무슨 일이 일어났을지 우리는 결코 알 수 없다. 다민족 제국은 전쟁 없이도 망했을 수 있다.

오스트리아-헝가리의 국내 정책과 대외 정책은 밀접하게 연관되어 있었고, 제국이 당면한 민족주의 세력에 의해 형성되었다. 한때 자국 통치하에 있는 독일인, 이탈리아인 또는 남슬라브인에게 손을 뻗었던 오스트리아-헝가리는 19세기 후반이 되자 방어적 입장이 되어 국경 주변 민족 집단들이 제국 영토를 빼앗는 것을 막으려고 노력했다. 이탈리아 통일로 오스트리아-헝가리의 이탈리아어 사용 지역은 단계적으로 떨어져 나갔고, 이탈리아 영토를 회복하려는 사람들은 여전히 남티롤South Tyrol에 눈독을 들이고 있었다. 세르비아의 야망은 이중제국 남부에 있는 크로아티아와 슬로베니아를 포함한 남슬라브 지역을 위협하고 있었다. 루마니아 민족주의자들은 트란실바니아의 루마니아어 사용 지역을 갈망하고 있었다. 러시아 선동가들은 갈리치아 동부의 루테니아 주민들에게 러시아 안에 들어오도록 설득하고 있었다. 그리고 오스트리아-헝가리 외부의 민족 집단들이 일부 사람들이 "민족들의 감옥"이라고 부르는 제국 내 동포들과의 연계를 강화하려고 노력하면서 상황은 더욱 악화되고 있었다.

오스트리아-헝가리 내 비관주의자들은 — 아니면 단순히 현실주의자였을 것이다 — 현상을 유지하고 국내적으로는 추가적 분열, 대외적으로는 쇠퇴를 막으려고 노력해야 한다고 생각했다. 황제는 분명히 이 진영에 속했다. 1906년까지 외무장관을 맡은 아게노르 고우호프스키Agenor Gołuchowski도 마찬가지였다. 그는 잘생기고 매력적이며 다소 게을렀지만(그의 별명은 고우츠슐라프스키Gołuchschlafski였다. 여기서 슐라프schlaf는 '잠'을 뜻한다. 잠에서 덜 깬 모습일 때가 많아 이런 별명이 붙었다), 실용적이었다. 그는 오스트리아-헝가리의 취약성을 잘 인식했고, 갑작스럽거나 흥분된 구상이 아닌 조용한 외교정책이 중요하다고 생각했다. 그의 정책은 오스트리아-헝가리는 독일, 이탈리아와

3국동맹을 필요로 하고, 러시아와 좋은 관계를 유지해야 하며, 발칸과 오스만제국을 놓고 다른 나라들과 사이가 틀어지는 것을 피해야 하고, 가능하다면 지중해를 놓고 영국, 이탈리아와 계속 합의를 이루어야 한다는 시각에 기초하고 있었다.

낙관주의자들은 이중제국이 아직 여전히 강대국인 것을 보여줄 필요가 있고, 실제로 보여줄 수 있으며, 그렇게 함으로써 국가적 단합을 이룰 수 있다고 믿었다. 그들은 오스트리아-헝가리의 국내와 이웃 지역에서의 취약성과, 세계 여러 곳에서 벌어지는 식민지 쟁탈전에 뛰어들지 못하는 무능력에 불만을 가졌다. 경험이 풍부한 외교관인 워싱턴 주재 오스트리아 대사는 1899년 동료에게 이렇게 적어 보냈다.

강대국 정치가 비유럽 문제를 통해 발전해온 방법은 우리로 하여금 세력 요인에서 뒤로 더 물러나게 만들고 있다. 우리 생애 중 1850년대에 이탈리아를 지배하고 1860년대에 프로이센과 경쟁하며 정치를 했던 문제들은 1880년대에 이미 옛일이 되었다. 아무도 행복하지 않다. 이전 시기와 달리 우리는 현상 유지만을 원하며, 유일한 야망은 그저 존재하는 것이다.

그는 "우리의 위신은 스위스 수준만큼 내려앉았다"라고 암울하게 결론지었다.[37] 오스트리아-헝가리의 바로 문 앞에서는 발칸 지역에서 영토 획득의 유혹이 있었고, 오스만제국이 쇠퇴하면서 아마도 소아시아 해안같이 더 먼 곳에도 유혹이 있었다.[38]

*

7년 후 오스트리아-헝가리의 입지가 더 악화되었을 때, 이중제국에서 가장 영향력 있는 사람 중 한 명인 참모총장 콘라트 폰 회첸도르프는 외교정책에 대한 견해를 밝혔다. 오스트리아-헝가리는 강력하고 문제가 없다는 것을 세계에 보여주어 이 나라를 진지하게 받아들이게 만들어야 하지만, 이에 못지않게 중요한 것은 시민들에게 국가에 대한 자부심을 자극하고, 기력을 빼는 국내적 논쟁을 극복하게 만들어야 한다는 주장이었다. 그는 군사적 성공을 포함한 해외에서의 성공은 국내에서 정부에 대한 지지를 높이고, 더 공격적인 외교정책에 대한 지지를 만들어낼 것이라고 주장했다. 오스트리아-헝가리가 살아남기 위해 유일한 가능성인 그러한 결과를 얻는 것은 강력한 군대에 달려 있었다. 몇 년 후 콘라트는 "국가와 왕조의 운명은 회의 테이블이 아니라 전장에서 결정된다는 것을 염두에 두어야 한다"라고 말했다.[39]

이런 견해는 콘라트뿐만이 아니라 유럽의 많은 군부 고위 인사들이 공유했다. 그가 자신의 성격과 오스트리아-헝가리 정부의 비일관성을 결합하여 국내외 정책에 상당한 영향력을 행사하게 되면서 상황은 달라졌다. 1912년 한 해 쉬었던 기간을 빼고 그는 1906년부터 1917년까지 참모총장을 맡았다. 이 기간에 위기가 점점 확산되고, 군비 경쟁이 강화되고, 동맹 관계가 더 밀접해지다가 1914년 그 중요한 몇 주가 찾아와 세계가 전쟁에 돌입하고, 최종적으로 전쟁 중 오스트리아-헝가리는 연속적 재앙을 맞았다.

이중제국에서 프란츠 요제프 다음가는 군사 지도자가 되었을 때 콘라트는 쉰네 살이었다. 그는 제국과 황제에 충성하는 신하였다. 빈에서 태어난 그는 독일어를 쓰는 집안 출신이었지만 구제국의 많은 사람들처럼 프랑스어, 이탈리아어, 러시아어, 세르비아어, 폴란드어, 체코어 등 여러 언어를 배웠다. 그는 많은 언어로 말하는 것이 오스트리아인의 일부가 되는 것이라고 생각했다. (참모총장이 되었을 때 그는 베를리츠Berlitz 학교로 가서 헝가리어를 배웠다. 프란츠 페르디난트는 그가 중국어를 배우면 더 좋을 것이라고 말하기도 했다.[40])

콘라트는 강렬하고 자신감이 넘치며 허영이 있었다(어쩔 수 없는 경우가 아니면 안경을 쓰지 않았다). 에너지와 체력이 넘치고 당시 유럽 군대 장교들에게 중요한 자질이었던 말 타기도 잘했다. 그는 매력을 발산할 수 있었고, 자신의 뜻을 관철하는 데에도 뛰어났다. 부하들은 전반적으로 그를 좋아했지만, 그는 동료는 물론이고 처음에 그를 그 자리에 추천한 프란츠 페르디난트를 포함한 상관들과 자주 싸웠다. 콘라트의 출신 배경은 다른 고위 장교들과 비교하면 대단치 않았다. (그의 아버지 가문은 소귀족이었고, 외할아버지는 화가였다.) 그는 자신의 지성과 노력으로 군에서 출세했다. 노력하는 자질은 아마도 어머니에 의해 길러진 것 같았다. 그의 어머니는 언제나 그가 숙제를 끝내야만 저녁을 먹게 했다. 그녀는 그에게 큰 영향을 주었다. 콘라트의 아버지가 사망한 뒤에는 어머니와 여동생이 그와 함께 생활했다. 콘라트는 여성들을 좋아하고 존경했고, 행복한 결혼 생활을 했다. 그가 참모총장이 되기 1년 전인 1904년 부인이 마흔 넷이라는 비교적 젊은 나이에 죽자, 그는 너무나 외로워했다. 그는 이후 계속 나타나는 우울증에 시달리기 시작했다. 종교를 크게 믿지 않았던 그는 이제 종교의 약속에 대해 냉소적이 되었고, 생이 큰 의미가 있는가를 점점 의심했다. 이러한 비관주의는 그의 여생에 그림자를 던졌고, 적극적 행동을 반복적으로 요구하는 그의 기질과 묘하게 공존했다.[41]

당시 기준으로 콘라트는 다소 비전형적인 장교였다. 그는 사냥을 지루해하고 공식적 예법을 견디지 못했다. 또한 그는 폭넓은 독서를 하고 — 역사, 철학, 정치, 소설 — 강한 견해를 형성했다. 중요한 신념 중 하나는 당시 많은 사람이 공유한 것처럼 존재는 투쟁이고, 국가들은 적응 능력에 따라 흥하거나 망한다는 것이었다. 그는 오스트리아-헝가리가 잘되길 바랬지만 종종 그럴 수 있을까 의심했다. 정치에서 그는 보수적이었고, 그의 후원자인 프란츠 페르디난트처럼 반헝가리 성향이 강했다. 그러나 외교정책에서는 모험을 무릅썼고, 심지어 경솔할 때도 있었다. 그는 이탈리아를 이중제국의 주적으로 생각했다. 이탈리아는 제국 내 이탈리아 시민들을 꾀어내고 아드리아해와 발칸 지역에서 오스트리아-헝가리에 도전하고 있었다. 러일전쟁 후 러시아가 일시적으로 자세를 낮추자, 그는 정부에 이탈리아를 상대로 예방적 전쟁을 벌일 것을 건의하기도 했다. 참모총장이 되고 나서도 그는 계속 전쟁을 주장했다. "오스트리아는 전쟁을 시작한 적이 없다"고 프란츠 요제프가 말하자, 콘라트는 "불행하게도 그렇습니다. 폐하"라고 대답했다. 황제와 프란츠 페르디난트 모두 이탈리아와 전쟁하겠다는 생각을 거부했지만, 두 사람은 콘라트가 이탈리아와 국경을 맞댄 남티롤 요새를 강화하는 것을 허락했고, 이로써 제국 군대를 현대화하고 장비를 마련하는 데 써야 할 귀한 자원을 그쪽으로 전용했다. 콘라트는 국경 지역에서 참모부 전쟁 연습을 했고, 한번은

1차대전 때 피를 가장 많이 흘린 전장 중 하나인 이손초강을 따라 이탈리아에 대한 방어 연습을 했다.[42]

콘라트는 세르비아를 또 하나의 적으로 보았다. 그는 1870년대 말 보스니아와 헤르체고비나 반란 진압 부대에 복무한 후 발칸의 남슬라브 주민들을 싫어하게 되었다. 그가 생각하기에 그들은 "피에 굶주리고 잔인한" 사람들이었다.[43] 세르비아는 힘이 강해졌고 1900년 이후 러시아의 궤도로 들어갔다. 그러자 콘라트는 이에 맞서 예방적 전쟁을 주장했지만, 1914년까지는 황제가 그를 제지했다. 1차대전 후 콘라트는 오스트리아-헝가리의 패배는 세르비아·이탈리아와의 전쟁 기회를 놓친 대가라고 주장했다. "군대는 소화기가 아니다. 불길이 집에서 치솟을 때까지 녹슬게 해서는 안 된다. 오히려 군대는 목적의식이 분명하고 영민한 정치인들이 자신들의 이익을 궁극적으로 지키기 위해 이용해야 할 수단이다."[44]

극적이고 규모가 큰 무언가를 하려는 콘라트의 야망은 개인적 역경으로 더욱 고조되었다. 1907년 그는 다시 깊은 사랑에 빠졌다. 지나 폰 라이닝하우스Gina von Reininghaus는 아름답고 나이가 그의 절반도 안 되었지만, 남편과 여섯 명의 자식이 있었다. 어느 만찬 자리에 같이 참석했을 때 그는 부인의 죽음으로 인한 슬픔과 외로움을 쏟아냈다. 훗날 지나의 설명에 따르면 콘라트는 파티장을 떠나면서 즉시 빈을 떠나야 한다고 부관에게 말했다. "이 여인은 나의 운명이 될 것이다." 그러나 떠나기는커녕 그는 사랑을 고백하고, 그녀에게 남편과 이혼하고 자신과 결혼해달라고 간청했다. 둘 다 쉽지 않은 일이고 (다른 무엇보다 여섯 아이의 양육권을 잃게 될 것이므로), 엄청난 스캔들이 될 것이 분명했으므로 그녀는 거절했다. 그러나 이후 어느 시점에 콘라트와 지나는 애인이 되었고, 둘의 관계를 알고 있던 그녀의 남편은 이 기회를 이용해 자신의 애정행각을 시작했다. 콘라트는 열정에 가득 찬 편지를 연이어 썼지만 대부분 보내지 않았다. 그러나 그녀를 부인으로 삼겠다는 꿈은 포기하지 않았다. 1908년 보스니아 위기 때 그는 전쟁이 일어날 것 같다고 편지에 썼다. 아마도 그는 개선장군이 되어 돌아오는 것을 꿈꾸었을 것이다. "지나, 그러면 나는 내 인생의 가장 큰 행복인 당신을 사랑스러운 아내로 얻기 위해 모든 사슬을 끊겠소. 그러나 그런 식으로 사태가 흘러가지 않고 이 썩어빠진 평화가 계속된다면 지나는 어떻게 되겠소? 당신 손에 완전히 내 운명이 달려 있소." 그녀는 이 편지를 그가 죽은 후인 1925년에야 처음 보게 되었다. 그는 결국 원하던 전쟁을 얻었고, 고위직의 연줄로 지나의 혼인 무효 판결이 내려진 후 1915년 그녀와 결혼했다.[45]

단기간의 유럽 평화를 위해 다행스럽게도 1908년과 뒤이어 1911년부터 1913년까지 발칸에서 벌어진 위기에서 콘라트는 원하던 전쟁을 하지 못했다. 프란츠 페르디난트 황태자는 피후견인에 대한 환상에서 벗어났고, 이중제국 군대를 이끄는 사상가이자 전략가라는 콘라트의 평판에 약간 질투를 느꼈다. 콘라트도 황태자에게 존경심을 보이지 않고 그의 명령을 제대로 따르지 않았다. 두 사람은 군대의 훈련과 쓰임에 대해서도 이견을 보였다. 프란츠 페르디난트는 헝가리나 기타 지역에서 일어나는 국내 저항에 맞서 군대를 쓰려고 한 반면, 콘라트는 대외 전쟁을 위해 군대를 남겨놓아야 한다고 주장했다. 마지막 결별은 이탈리아를 두고 일어났다. 1911년 이탈리아가 리비아를 놓고 오스만제국과 전쟁을 벌이자, 콘라트는 이탈리아군이 북아프리카에 쏠려 있는 동안 이탈리아를 침공할 가장 좋은 기회가 왔다고 보았다. 황제와 황태자 모두 외무장관 에렌탈과 마찬가지로 그의 의견에 반대했다. 빈 신문에 콘라트의 견해를 반영하고 에렌탈을 공격하는 익명의 기사가 실리자, 연로한 황제는 콘라트를 경질하는 것 외에 다른 선택의 여지가 없다고 생각했다. 하지만 콘라트가 완전히 신임을 잃은 것은 아니고, 군대 내의 다른 특권적 직위가 주어졌다. 그는 1년 후 다시 참모총장으로 복귀했지만 프란츠 페르디난트는 그를 계속 불신했고, 1913년 새로운 외무장관 레오폴트 베르히톨트에게 콘라트의 영향을 받지 말라는 경고의 편지를 썼다. "당연히 콘라트는 온갖 전쟁을 옹호하고, 세르비아를 정복하기 위해 거창한 만세 정책Hurrah-Policy을 추진하겠지만, 그 결과는 신만이 알 것이다."[46]

프란츠 요제프와 프란츠 페르디난트는 오스트리아-헝가리의 강대국 지위를 보호하는 데 주력했지만, 기본적으로 그들은 제국의 정치가들 대부분과 마찬가지로 외교정책에 대한 접근에서 보수주의자였고, 전쟁보다는 평화를 원했다. 1860년대 전쟁에서 패배한 후 몇십 년 동안 오스트리아-헝가리는 가장 큰 이웃 국가인 서쪽의 독일, 동쪽의 러시아와 좋은 관계를 유지했다. 세 제국이 모두 프랑스혁명전쟁과 1815년 빈 회의, 1830년, 그리고 1848년에 다시 혁명에 반대한 보수적 군주정이라는 점도 이런 관계 유지에 도움이 되었다. 1873년 비스마르크가 결성한 3제동맹은 1887년까지만 유지되었지만, 이 아이디어는 1907년까지 때때로 다시 제기되곤 했다.

1879년 오스트리아-헝가리는 러시아 봉쇄를 주목적으로 독일과 동맹에 서명함으로써 장기적으로 어느 방향에 그 충성이 놓일지를 보여주었다. 양국은 러시아가 한 나라를 공격할 경우 서로 돕고 제3국이 공격할 경우 "호의적으로" 중립을 지키며, 제3국이 러시아의 지원을 받으면 개입하기로 약속했다. 일정 기간 후 갱신되는 이 조약은 1차 대전이 끝날 때까지 효력이 지속되었다. 오스트리아-헝가리가 맺은 다른 중요한 조약은 독일, 이탈리아와 맺은 3국동맹으로 1882년 처음 서명되었고, 1914년 전쟁 발발 때까지 지속되었다. 서명국은 독일이나 이탈리아가 프랑스의 공격을 받을 경우 돕기로 약속했고, 2개국이나 그 이상의 공격을 받을 때 서로 돕기로 약속했다.

조약 전문前文에 "기본적으로 보수적이고 방어적"이라고 서술했지만 3국동맹은 몇 년 후 결성되는 3국협상과 마찬가지로 유럽 분할에 기여했다. 동맹은 무기처럼 방어적인 것으로 분류될 수 있지만, 실제로는 공격적으로 사용될 수 있다. 3국동맹은 3국협상과 마찬가지로 소속 국가들로 하여금 국제무대와 점점 늘어나는 위기 상황에서 함께 움직이도록 고무하는 효과가 있었다. 즉 협력과 우애의 고리를 확립하고 장래 지원에 대한 기대를 만들었다. 특히 독일과 오스트리아-헝가리 공동 기획과 전략 수립으로 이어졌다. 안보를 보장하기 위한 조정이 1914년 가입국들로 하여금 동맹 파트너에 진실하도록 압력을 넣은 결과 지역적 갈등은 더 전반적인 갈등으로 바뀌었다. 유럽 강국 중 가장 약했던 이탈리아는 결국 1914년 방관하는 유일한 국가로 판명된다.

이탈리아가 3국동맹에 가담한 이유는 혁명과 너무나 유사한 사회적·정치적 혼란 속에서 움베르토 국왕이 보수 국가의 지원을 선호했고, 프랑스에 맞서 보호해주길 원했기 때문이었다. 이탈리아인들은 프랑스가 오랫동안 이탈리아 이익의 대상이었던 튀니스 항구를 빼앗은 것과 이탈리아통일전쟁을 지원한 대가로 이탈리아 영토 일부를 차지한 것을 결코 용서할 수 없었다. 게다가 유럽대륙에서 지배적인 독일과 동맹이 되는 것은 강국으로 대접받고 싶은 이탈리아의 갈망을 충족해주었다.

그러나 3국동맹을 맺었다고 이탈리아와 오스트리아-헝가리 관계가 원만하게 바뀌지는 않았다. 양측은 맞대고 있는 국경에서 충돌이 일어날 가능성을 잘 알고 있었다. 풍요로운 롬바르디아-베네치아 왕국을 이탈리아에 잃은 오스트리아-헝가리는, 이탈리아어를 쓰는 남티롤과 아드리아해의 트리에스테 항구 등 자국 영토에 대한 이탈리아의 계책을 깊이 의심하고 있었다. 아드리아해 정상에서 오스트리아-헝가리의 달마티아 해안과 이탈리아 애국주의자들이 "자연적 경계"라고 부른 알프스 고지대까지는 한때 베네치아의 영토였다. 오스만제국 붕괴는 아드리아해를 가로지르는 이탈리아 확장의 새로운 지평을 열었다. 오스만령 알바니아와 독립국 몬테네그로는 이탈리아가 해양 강국으로서 절실히 필요한 항구를 제공했다. 이탈리아인들이 자주 불평했듯이 아드리아해의 서쪽 지역은 자연 방어 지형 없이 항구가 몇 개 없고 수심이 낮고 진흙이 많은 반면, 동쪽 지역은 깊고 맑은 바다와 천혜의 항구를 가지고 있었다. 오스트리아-헝가리는 1903년 이탈리아인들이 알바니아민족회의를 나폴리에서 개최하게 허락한 것이나, 움베르토 국왕이 몬테네그로 국왕의 딸 중 한 명과 결혼한 것, 이탈리아 발명가 굴리엘모 마르코니가 첫 전신국을 몬테네그로에 설치한 것이 못마땅했다.⁴⁷ 이탈리아인들은 오스트리아-헝가리가 이탈리아 통일을 막았고, 계속 이탈리아 민족 프로젝트의 완성을 가로막고 있으며, 발칸에서의 이탈리아 야망에 적대적이라고 생각했다. 그러나 일부 이탈리아 정치인들은 3국동맹이 오스트리아-헝가리가 영토를 양보하도록 압력을 넣는 데 유용할 수 있다고 주장했다. 1910년 한 정치인은 이렇게 말했다. "우리가 전쟁 준비가 될 때까지는 오스트리아와의 동맹 유지를 위해 모든 노력을 합쳐야 한다. 그날은 아직 멀었다."⁴⁸ 그러나 그날은 그가 생각했던 것보다 가까웠다.

오스트리아-헝가리에게 핵심 관계는 독일과의 동맹이었다. 1860년대 프로이센에 당한 패배의 기억은 시간이 지나면서 흐려졌고, 특히 비스마르크가 현명하게 관대한 평화 조건을 제공한 것의 효과가 컸다. 양국의 여론은 우호적인 감정 쪽으로 이동했고, 1905년 이후 러시아가 다시 강해지자 슬라브족에 맞서 튜턴족이 단합할 필요가 있다는 감정이 커졌다. 사회 최상층인 관료층과 장교단은 러시아보다는 독일과 연계를 느끼는 독일어 사용자들이 차지했다. 프란츠 요제프와 프란츠 페르디난트 모두 빌헬름 2세와 관계가 좋았고, 특히 프란츠 페르디난트는 자신의 부인을 최고의 영예로 맞아준 그에게 감사했다. 연로한 프란츠 요제프 황제가 처음에 빌헬름 2세를 좋아한 이유는 자신이 미워하는 비스마르크를 해임했기 때문이었다. 그러나 점점 친구가 줄면서 빌헬름 2세를 친구로 여기게 되었다. 빌헬름 2세는 프란츠 요제프를 자주 방문했는데 1차대전 직전에는 매년 찾아갔다. 이 젊은이는 깍듯이 대하며 매력을 발산했다. 빌헬름 2세는 오스트리아-헝가리와의 우애를 반복적으로 선언했다. 1889년에는 이런 말로 프란츠 요제프와 그의 참모총장을 안심시켰다. "무슨 이유로든 당신들이 군대를 동원하는 날은 우리 군대의 동원 날이 될 것이고 수상들은 원하는 것을 말할 수 있습니다." 오스트리아인들은 앞으로 닥칠 위기에 대한 독일의 거듭된 약속에 기뻐했다. 때로 프란츠 요제프는 빌헬름 2세가 너무 충동적인 점을 우려했지만, 1906년 독일을 방문한 후 딸에게 말한 대로 빌헬름 2세의 평화적 의도를 믿었다. "다시 한번 황제와 악수해서 기분 좋았다. 겉으로는 평화롭지만 그 밑에서 폭풍이 이는 지금, 우리는 서로를 안심시키기 위해 자주 만나서 우리 둘 다 얼마나 진지하게 평화, 오직 평화만을 원한다는 것을 눈과 눈을 마주하며 서로에게 확인시켜주어도 지나침이 없다. 이러한 노력에서 우리는 서로 충성을 다하리라고 믿는다. 그는 나보다 더, 나를 어려움 속에 남겨두는 것을 생각하지 못할 것이다."[49]

불가피하게 양국 관계에는 수년간 긴장이 있었다. 독일은 오스트리아-헝가리의 가장 큰 교역 대상국이었지만, 자국 농부들을 보호하기 위해 부과하는 관세가 이중제국의 생산자들에게 피해를 주었다. 그리고 독일 경제는 더 강력하고 역동적이었다. 오스트리아-헝가리가 주도적 경제 세력이었던 발칸에서 독일과의 경쟁은 갈수록 첨예해지고 있었다. 독일 신문들이 체코인들을 공격하거나 프로이센 정부가 폴란드 소수 주민을 나쁘게 대하면 국경 너머 오스트리아-헝가리에게 반감을 일으켰다. 독일이 외교정책을 수행하는 방법도 동맹인 오스트리아-헝가리에 걱정을 끼쳤다. 고우호프스키는 베를린 주재 오스트리아-헝가리 대사에게 다음과 같은 편지를 써서 공통의 시각을 공유했다.

모든 면에서 최근 독일의 정책은 큰 우려를 낳고 있다. 점점 커지는 오만, 모든 곳에서 교장처럼 행동하려는 열망, 자주 보이는 사려의 부재는 외교 분야에서 아주 불편한 분위기를 만들고, 장기적으로 우리와 독일 관계에 해로운 영향을 미치지 않을 수 없다.⁵⁰

그러나 장기적으로 각국은 서로를 필요로 했고, 유럽의 분열이 점점 커지면서 양국 지도자들은 다른 대안이 없다고 느꼈기 때문에 양국 관계는 견고히 유지되었다.

오스트리아-헝가리는 3국협상의 일원인 러시아에 손을 뻗치려고 계속 노력했고, 프랑스·영국과의 관계는 완화하려고 했다. 이런 상황을 한 젊은 외교관은, 남편에게 신실한 좋은 부인은 남편이 동의하지 않으면 옛 친구를 만나러 나가지 않는 것과 같다고 비유했다. 1871년 프랑스에 제3공화국이 출범한 후 프랑스와 오스트리아-헝가리는 다른 방향으로 움직였다. 빈의 기득권층인 군주정파, 귀족, 가톨릭 계층은 자신들이 보기에 반교회파, 프리메이슨, 급진주의자들이 지배하는 프랑스를 싫어했다. 외교 관계에서 프랑스는 러시아에 묶여 있었고 이 핵심 동맹을 뒤집는 일은 아무것도 하지 않으려고 했다. 그래서 프랑스 금융시장은 오스트리아-헝가리에 닫혀 있었다. 발칸에서 프랑스 외교관들은 세르비아와 루마니아를 3국협상에 끌어들이려고 노력했고, 프랑스의 투자와 사업은 오스트리아-헝가리 시장을 잠식하고 있었다. 일례로 프랑스의 무기 회사 슈나이더는 20세기 첫 10년 동안 발칸에서 새로운 주문들을 따냈지만, 오스트리아-헝가리 회사들은 밀려났다. 때때로 델카세 같은 프랑스 정치인들은 장차 오스트리아-헝가리가 붕괴하고 유럽 중앙에 거대한 독일 국가가 부상할 가능성을 우려했지만, 오스트리아-헝가리와의 관계를 개선할 조치는 취하지 않았다.[51]

오스트리아-헝가리와 영국 관계는 프랑스와의 관계보다 밀접하고 우호적이었다. 영국은 자체의 급진적 전통이 있었지만, 빈의 시각으로 볼 때 프랑스보다 안정적이고 보수적인 사회였고 귀족들이 여전히 정치와 행정을 지배하고 있었다. 1904년 알베르트 멘스도르프Albert Mensdorff 백작을 영국 주재 오스트리아-헝가리 대사로 임명한 것은 영리한 조치로 받아들여졌다. 그는 영국 왕실 가족과 밀접한 관계를 맺고 있었고, 영국 귀족 사이에서 환영을 받았다. 영국과 러시아 사이에서와 같이 영국과 오스트리아-헝가리 관계를 벌어지게 하는 식민지 경쟁도 없었다. 양국이 모두 해군력을 유지하고 있는 지중해에서도 특히 동지중해 상황을 안정시키는 데 공동의 이해관계가 있었다. 양국에게 상대국은 러시아에 대한 편리한 대항마였다. 보어전쟁 중 오스트리아-헝가리는 영국을 지지한 드문 국가 중 하나였다. "이 전쟁에서 나는 완전히 영국 사람이다." 프란츠 요제프가 1900년 프랑스 대사와 러시아 대사가 듣고 있는데도 버젓이 영국 대사에게 한 말이다.[52]

그럼에도 불구하고 양국 관계는 점차 냉담해졌다. 러시아가 흑해와 지중해를 연결하는 해협을 통제하는 것을 막는 것을 포함한 지중해에서의 현상 유지에 대한 양국 간 합의는 1903년 양국이 각각 러시아와 화해를 이루려고 하면서 종결되었다. 런던에서 보기에 오스트리아-헝가리는 점점 독일의 지배하에 들어갔다. 일례로 해군력 경쟁이 격화되자 영국인들은 오스트리아-헝가리가 만드는 선박이 모조리 독일 해군력에 추가될까봐 두려워했다. 1907년 러시아와 양해에 도달하자 영국은 중요한 관계를 망치지 않기 위해 발칸이나 지중해에서 오스트리아-헝가리를 지원하는 모든 일을 피하려고 최선을 다했다. 오스트리아-헝가리와 러시아 관계가 악화되면서 영국과의 관계도 차가워졌다.[53]

오스트리아-헝가리는 독일과 러시아 사이가 멀어지면서 양국 모두와 좋은 관계를 유지하는 것이 점점 어렵다는 것을 깨달았다. 프란츠 요제프와 에렌탈 외무장관은 이런 경향을 유감으로 생각했지만, 오스트리아-헝가리는 독일과의 관계보다 러시아와의 관계가 더 어렵다고 느꼈다. 오스트리아-헝가리 내의 슬라브 민족주의의 각성은 러시아의 이익과 동정을 자극했고, 이것은 이중제국의 국내 문제의 복잡성을 한층 강화했다. 러시아가 유럽 슬라브인들의 보호자를 자처하지 않더라도 러시아의 존재 자체가 이웃 국가로 하여금 그 의도를 경계하게 만들었다.

발칸의 변화로 오스트리아-헝가리는 새로운 우려를 떠안았다. 오스만제국이 유럽에서 마지못해 물러나고 새로 나타난 그리스, 세르비아, 몬테네그로, 불가리아, 루마니아는 러시아의 친구가 될 수 있었다. 이 국가들은 슬라브계 주민이 압도적으로 많았고(루마니아와 그리스는 다르다고 주장했지만), 러시아와 같은 정교를 공유하고 있었다. 알바니아, 마케도니아, 트라케처럼 유럽에 남은 오스만제국의 나머지 영토는 어떻게 될 것인가? 이 지역도 음모, 경쟁, 전쟁의 대상이 될 것인가? 1877년 이중제국의 외무장관 언드라시 줄러는 오스트리아와 러시아가 "바로 옆에 붙은 이웃 국가이므로 평화로든 전쟁으로든 같이 살아야 한다. 두 제국 간의 전쟁은 … 한 교전국의 파괴나 붕괴로 끝날 수밖에 없다"라고 말했다.[54]

19세기 말 러시아는 오스만제국 해체가 가져올 위험을 감지했다. 재보장조약 종결 후 러시아는 독일의 우애를 더이상 기대할 수 없게 되었고, 극동으로 시선을 돌린 러시아 지도자들은 발칸에서 오스트리아-헝가리와의 화친에 유연해졌다. 1897년 4월 상트페테르부르크를 방문한 프란츠 요제프와 그의 외무장관 고우호프스키는 따뜻한 환대를 받았다. 러시아 군악대가 오스트리아 국가를 연주하고, 노란색과 검정색 오스트리아 국기와 붉은색과 흰색, 녹색 헝가리 국기가 러시아 국기와 함께 봄바람에 휘날리는 가운데 차르와 그의 귀빈들은 개방된 마차를 타고 넵스키 대로를 달렸다. 그날 밤 두 황제는 국빈만찬에서 우애가 넘치는 건배를 교환하며 평화에 대한 희망을 표현했다. 이어진 대화에서 양측은 오스만제국을 유지하기 위해 같이 노력하고, 신생 발칸 국가들을 더이상 서로 대결하게 만들지 않겠다는 뜻을 분명히 밝혔다. 오스만제국은 남아 있는 발칸 영토에 대한 장악력을 잃을 것이 분명하기 때문에 러시아와 오스트리아-헝가리는 발칸 지역 분할을 같이 논의한 다음 다른 강국들에 맞서 연합전선을 펼치기로 합의했다. 러시아는 무슨 일이 일어나든 해협을 봉쇄해 흑해로 진입하려는 외국 군함들을 막겠다는 약속을 받았고, 오스트리아-헝가리는 1878년 점령한 보스니아와 헤르체고비나 영토를 장래 일정 시점에 병합할 수 있다는 양해를 얻었거나, 얻었다고 생각했다. 그러나 러시아는 나중에 이 병합은 "더 큰 문제를 야기할 것이므로 적절한 시간과 장소에서 특별히 검토되어야 한다"는 전문을 보냈다.[55] 이 문제는 실제로 1908년 아주 타격이 큰 방식으로 제기되었다.

*

그러나 이후 몇 년 동안 러시아와 오스트리아-헝가리는 비교적 좋은 관계를 유지했다. 1903년 가을 차르는 프란츠 요제프의 사냥 별장 중 한 곳을 방문했고, 두 사람은 기독교도 주민들이 오스만 통치자들에게 반란을 일으키고 있는(그리고 기독교의 다른 종파라는 이유로 서로를 살해하는) 마케도니아의 악화되는 상황을 논의했다. 그들은 오스만 정부에 필요한 개혁을 요구하는 데 공동전선을 펴기로 했다. 다음해 오스트리아-헝가리와 러시아는 중립 조약을 체결했고, 독일과 3제 동맹을 부활하는 것도 논의했지만 아무런 결과를 낳지 못했다.

그럼에도 불구하고 양국 관계의 모든 것이 잘 진행되는 것은 아니었다. 양측은 서로를 완전히 신뢰하지 못했고, 발칸 문제에서는 더욱 그랬다. 가능성이 점점 커져가는 오스만제국 붕괴의 경우 각국은 자국의 이익이 보호되어야 한다는 생각에 변함이 없었다. 오스트리아-헝가리는 강력한 알바니아가 부상해 남슬라브인들이 아드리아에 접근하는 것을 막아주길 바랐다(알바니아인은 다행히도 슬라브인이 아니었다). 러시아는 그렇지 않았다. 조용히 때로는 아주 공개적으로 두 나라는 세르비아, 몬테네그로, 불가리아에서 영향력 확대를 놓고 경쟁했다. 마케도니아에 대해서도 양측은 개혁의 세부 사항을 놓고 이견을 보였다. 러시아가 러일전쟁 패배 후 서쪽으로 관심을 돌리면서 발칸에서 맞붙을 가능성은 현저히 높아졌다. 그뿐 아니라 러시아는

1907년 영국과 관계를 개선하면서 지중해 문제와 오스만제국을 다루는 데 오스트리아-헝가리의 도움을 받을 필요가 훨씬 적어졌다. 그리고 1906년 오스트리아-헝가리 지도부에 중요한 변화가 일어났다. 콘라트가 참모총장이 되고, 고우호프스키보다 더 적극적인 외교 정책을 원하는 에렌탈이 외무장관이 되었다. 유럽이 여러 위기를 맞으면서 두 거대한 보수 국가는 더 멀어졌고, 양국 사이에 놓인 발칸에서는 위험할 정도로 맞섰다.

9장

그들의 생각은?

희망, 두려움, 이상, 그리고 무언의 추정

1913년 자베른 사건은 알자스의 작은 마을에서 독일 장교가 지역 주민들을 모욕해 이에 항의하는 시위가 일어나면서 시작되었다. 군사 당국은 과잉 반응을 하여 지역 신문사를 습격하고, 조잡한 혐의로 민간인들을 체포했다. 독일 민간 당국은 군대를 통제하려고 노력했지만, 군부는 똘똘 뭉쳐 뒤로 물러나려 하지 않았다. 이 사건은 독일과 여러 곳의 많은 사람들에게 독일 군대가 민간 통제 밖에 있다는 것을 보여주는 섬뜩한 사례가 되었다.

해리 케슬러 백작은 빌헬름 1세가 작위를 수여한 돈 많은 독일 은행가와 영국-아일랜드 미인의 아들이었다. 1930년대 초의 기록에서 그는 1차대전 이전 자신의 젊은 시절 유럽을 되돌아보았다.

> 무언가 엄청난 것이 일어나고 있었다. 아름다운 여인과 용감한 왕들, 왕조 간 결합의 세계였던 범세계적이며 농업 중심의 봉건 유럽, 18세기 신성 동맹의 유럽은 늙고 약해지며 사라져가고 있었다. 그 대신 젊고 활기차며, 아직은 상상조차 할 수 없는 새로운 무언가가 다가오고 있었다. 우리는 그것을 마치 서릿발처럼, 혹은 팔다리로 스며드는 봄기운처럼 느꼈다. 은은한 통증과 날카로운 기쁨을 함께 안겨주었기 때문이다.[1]

희망과 두려움을 목격한 케슬러는 1914년 이전 시기 유럽인들의 생각을 기록하기에 아주 좋은 입장에 있었다. 그는 1868년 태어났고, 19세기 마지막 시기에 성인이 되었으며, 1차대전이 일어났을 때 아직 인생의 절정기에 있었다. (그는 또다른 전쟁이 유럽을 향해 다가가던 1937년 사망했다.) 그는 영국 사립학교와 독일 김나지움에서 교육을 받았고, 가족들은 영국, 독일, 프랑스에 있었다. 그는 지식인이자 예술가가 되길 갈망하는 독일 고급귀족이자 젠체하는 신사였고, 아름다운 여인뿐 아니라 남자도 좋아하는 양성애자로 사회적·정치적·성적·민족적 경계선을 쉽게 넘나들었다. 그가 평생 써온 일기는 오귀스트 로댕, 피에르 보나르, 후고 호프만스탈, 바츨라프 니진스키, 세르게이 디아길레프, 이사도라 덩컨, 조지 버나드 쇼, 프리드리히 니체, 라이너 마리아 릴케, 구스타프 말러 등 유명 인사들과 함께한 점심 식사, 티타임, 만찬, 칵테일로 채워졌다. 예술가의 스튜디오나 발레 공연장, 극장에 가지 않을 때면 베를린의 궁중 무도회나 런던의 신사 클럽에 갔다. 그는 리하르트 슈트라우스가 〈장미의 기사〉 플롯과 대본을 쓰는 것을 도왔고, 뷜로 후임으로 독일 수상이 된 테오발트 폰 베트만홀베크와 독일-영국 관계를 논의했다.

케슬러는 아주 특별한 인맥 속에서 활동했고, 그가 보고 들은 것이 꼭 유럽인 전체를 대변하는 것은 아니었다. (여론 조사가 없던 시절이었기 때문에 우리가 전체 그림을 얻는 데 제약이 있다.) 다른 한편으로, 사회 풍경을 그려보는 것을 업으로 삼는 사람들은 종종 표면에 아직 나타나지 않은 흐름을 감지하는 안테나를 가지고 있다. 1914년 이전 기간에 예술가, 지식인, 과학자들은 점점 합리성과 현실성에 대한 낡은 전제에 도전했다. 당시엔 아방가르드로 여겨진, 이후 수십 년간 주류에 들게 되는 아이디어를 가진 이들의 강렬한 실험이 진행되었다. 피카소와 브라크의 큐비즘, 운동을 포착하려는 발라Balla 같은 이탈리아 구성주의자들, 이사도라 덩컨의 자유롭게 흘러가는 무용, 디아길레프가 연출하고 니진스키가 보여준 상당히 에로틱한 발레 무대, 마르셀 프루스트의 소설 등은 모두 자신들만의 방식으로 펼친 반란 행위였다. 새로운 예술가 세대의 많은 사람들이 주장한 것처럼 예술은 사회의 가치를 지탱하는 것이 되어서는 안 되었다. 예술은 충격적이고 해방적이어야 했다. 구스타프 클림트와 그가 오스트리아 예술가 협회에서 끌고 나온 젊은 세대 화가들은 예술이 현실적이어야 한다는 용인된 지혜에 도전했다. 빈에서 분리된 집단Viennese Secession은 세계를 있는 그대로 보여주는 것이 아니라 표면 아래로 들어가 본능과 감정을 탐구하는 것을 목표로 삼았다.[2] 빈의 작곡가 아놀드 쇤베르크는 하모니와 질서의 규칙을 가진 유럽 음악의 용인된 형태에서 벗어나 불협화음을 내면서 귀에 거슬리는 작품을 만들어냈다. "인간의 본능이 시작되는 내부에서는 다행스럽게도 모든 이론이 와해된다."[3]

오래된 제도와 가치가 공격을 받았고, 새로운 방법과 새로운 태도가 나타났다. 세상은 변하고 있었고, 사람들은 너무 빠르게 변하는 세상을 이해하려고 시도해야만 했다. "그들은 무슨 생각을 하고 있었는가?" 1914년 전쟁에 나간 유럽인들에 대해 자주 제기되는 질문이다. 그들의 세계관에 영향을 준 생각, 그들이 토론 없이 당연하게 받아들인 것(역사가 제임스 졸James Joll이 "무언의 추정"이라고 부른 것), 변하는 것과 변하지 않는 것, 이 모든 것이 전쟁, 심지어 유럽의 전면전이 1914년 가능한 선택지가 된 맥락의 중요한 부분이다. 물론 모든 유럽인들이 똑같이 생각하고 느낀 것은 아니었다. 오늘날처럼 많은 사람들은 작가 슈테판 츠바이크의 부모와 마찬가지로 주어진 삶을 살았고, 세계가 어디로 가고 있는지에 대해 깊이 생각하지 않았다. 1914년 이전 시기를 돌아볼 때 우리는 현대세계의 탄생을 볼 수 있지만, 과거의 사고와 존재 방식이 끈질기게 이어지고 힘을 발휘한 것도 인정해야 한다. 일례로 수백만 명의 유럽인들은 여전히 예전과 같은 농촌 공동체에서 조상들과 같은 방식으로 살았다. 위계질서와 그 안에서 자신의 위치를 아는 것, 권위에 대한 존중, 신에 대한 믿음, 이 모든 것이 여전히 유럽인들이 살아온 방식을 형성했다. 실제로 이런 가치의 지속성이 없었다면 그렇게 많은 유럽인들이 1914년 자발적으로 전장으로 간 것을 이해하기 어렵다.

결국 유럽을 전쟁에 몰아넣은, 아니면 전쟁을 막지 못한 결정은 놀랄 정도로 소수의 남자들이 — 여자들은 거의 아무 역할도 하지 못했다 — 내렸다. 하지만 지주귀족이든 도시 재력가든 상류층이 전적으로 결정을 내린 것은 아니었다. 중류층 출신인 캉봉 형제 같은 사람들도 그들의 가치를 흡수하고 그들의 시각을 공유했다. 민간인이든 군인이든, 지배 엘리트뿐 아니라 그들의 희망과 두려움은 그들을 이해하는 하나의 열쇠다. 또다른 맥락은 성장 과정과 교육이고, 세 번째 맥락은 그들 주변의 더 넓은 세계다. 생각과 태도는 20년 또는 30년 전 그들이 젊었을 때 형성되었지만, 그들은 자신들의 세계가 어떻게 진화하는지 알았고 새로운 사상도 인식하고 있었다. 오늘날 동성 결혼 같은 문제에 당면한 민주주의 지도자들처럼 그들은 견해를 바꿀 능력이 있었다.

케슬러가 일기에 적은 것은 유럽이 빠르게 변하고 있고, 그 변화가 반드시 그들이 바라는 방향은 아니라는 예술가, 지식인, 정치 엘리트 사이의 느낌이었다. 유럽의 지도자들은 자신들의 사회에 대해 자주 불안해했다. 산업화, 과학·기술 혁명, 새로운 사상과 태도의 역할은 유럽 사회를 뒤흔들고, 낡고 오래된 관행과 가치를 의문시했다. 유럽은 강력한 대륙인 동시에 문제가 많은 곳이었다. 1차대전 이전에 강국들은 오래 지속된 심각한 정치적 위기를 겪고 있었다. 영국에는 아일랜드 문제, 프랑스에는 드레퓌스 사건, 독일에는 정부와 의회의 대립, 오스트리아-헝가리에는 민족들 간의 갈등, 러시아에는 혁명에 가까운 소요가 있었다. 때로 전쟁은 분열과 반목을 극복할 방법으로 여겨졌고, 실제로 그러했다. 1914년 전쟁에 뛰어든 모든 국가에서는 거국적인 전쟁을 맞아 계급·지역·인종·종교적 분열은 잊고, 나라 전체가 단결과 희생의 정신으로 하나가 되어야 한다는 "성스러운 연맹Union Sacrée"이 주창되었다.

케슬러는 인류 역사상 가장 거대하고 빠르게 변화한 시기에 살았던 세대였다. 30대 초반인 1900년 파리만국박람회에 갔을 때(그는 "연결이 안 되며 완전히 뒤죽박죽"이라고 생각했다)[4] 유럽은 이미 그가 젊었던 시절과 확연히 달랐다. 인구, 교역, 도시 등 모든 것이 확장되어 있었고, 과학은 연이어 새로운 사실을 밝혀내고 있었다. 공장, 철도 궤도, 전신선, 학교도 늘어났다. 새로운 영화, 자동차, 전화, 전기, 자전거, 대량 생산된 옷과 가구가 쏟아져 나와 계속 더 많은 돈이 지출되었다. 선박은 더 빨라졌고, 1900년 여름 최초의 체펠린 비행선이 하늘로 올라갔으며, 1906년 유럽에서 첫 비행기가 날았다. "더 빨리, 더 높이, 더 강하게"라는 새로운 올림픽의 구호는 유럽을 위한 것일 수도 있었다.

그러나 일부만 그러했다. 평화롭던 마지막 10년의 유럽을 되돌아보면 너무나 자주 우리는 또다른, 더 순진한 시대의 오래 지속된 황금 여름을 보게 된다. 사실 유럽의 우월성과 유럽 문명이 인류 역사상 가장 진보한 것이라는 주장은 외부에서 도전을 받았고, 내부에서 훼손되었다. 뉴욕이 금융 중심지로서 런던, 파리와 경쟁하고, 미국과 일본은 전 세계의 유럽 시장과 유럽의 힘을 파고들고 있었다. 중국과 위대한 서양 제국 여러 곳에서 새로운 민족주의 세력이 힘을 모으고 있었다.

유럽이 겪고 있는 변화에는 대가가 따랐다. 유럽의 경제적 변형은 엄청난 부담을 가져왔고, 호황과 불황의 반복된 사이클은 자본주의 자체의 안정과 미래에 대한 의구심을 불러왔다. (유대인이 자본주의와 동일시된 것은 빈에서만이 아니었다. 경제적 불안정은 유럽 곳곳에서 반유대주의에 기름을 부었다.)[5] 유럽 전역에서 19세기의 마지막 20년 동안 농산물 가격이 떨어졌다(신세계와의 경쟁도 원인으로 작용했다). 그 불황의 여파가 영농 공동체에 널리 퍼져 소지주들은 파산하고 농민들은 몹시 가난해졌다. 도시 주민들은 더 저렴해진 식품의 덕을 보았지만, 유럽 각국은 경기 사이클 하락이나 경기 침체를 겪었고 특정 산업이 위축되었다. 일례로 오스트리아-헝가리에서는 1873년 검은 금요일Black Friday이 투기 광풍을 끝장냈고 은행, 보험회사와 공장 등 크고 작은 수천 개의 회사가 파산했다. 우리 시대와 달리 대부분의 국가는 전부는 아니더라도 주로 하층민 출신인 실업자, 보험에 들지 않은 사람, 불행한 사람들을 구제할 안전망이 없었다.

19세기를 지나오면서 근로 조건은 서유럽에서 크게 향상되었지만, 산업혁명이 새로운 현상인 동쪽으로 갈수록 비참했다. 영국이나 독일 같은 발전된 국가에서도 급여는 여전히 낮았고, 노동시간은 현대에 비해 길었다. 물가가 상승하기 시작한 1900년 이후 노동계급이 느끼는 압박은 점점 커졌다. 중요한 것은 그들이 권력에서 배제되고 인간으로서 낮게 평가되고 있다고 느낀 것이었다.[6] 유럽을 떠나는 거대한 이민 물결은 당시 지배적인 사회·정치 구조에 대한 불만의 표시인 동시에 새로운 기회를 찾는 방법이었다. 영국 인구의 약 5퍼센트가 1900년부터 1914년 사이 해외로 이민했는데, 비숙련 노동자들의 비중이 가장 컸다.[7] 다른 사람들은 남아서 싸우는 길을 택했고, 1914년 이전 수년간 노동조합 가입자 수와 파업이 눈에 띄게 늘어났다. 사회적 긴장과 노동 소요의 증가는 군사·정치 엘리트들에게 큰 우려를 낳았다. 혁명은 피하더라도 노동계급이 좋은 시민, 아니면 중요하게 인식되었던 좋은 병사가 될 수 있을 것인가? 실제로 그들이 국가 방어에 나서기나 할 것인가? 다른 한편으로 이런 공포는 애국주의에 호소하거나 사회의 반란적 요소를 척결하는 수단으로 전쟁이 더 바람직해 보이게 할 수 있었다.

주로 토지에서 부를 얻는 기존 상류층은 신세계를 불신했고, 자신들의 권력이 약화되고 자신들의 생활 방식이 곧 끝날 것이라는, 이유 있는 두려움을 가졌다. 프랑스에서는 이미 혁명이 구 지주귀족의 지위와 권력을 대부분 파괴했지만, 유럽 모든 곳에서 대귀족과 소귀족은 폭락하는 농산물 가격과 토지 가격으로 위협받고 있었고, 그들의 가치관은 새롭게 도시화된 세계로부터 도전을 받고 있었다. 프란츠 페르디난트는 오스트리아의 많은 보수주의자를 대변하여, 건전한 기독교 원칙에 기반을 둔 과거 위계 사회의 종언 책임을 유대인에게 돌리는 발언을 했다.[8] 오스트리아 장교단과 독일 장교단은 자신들의 미래에 대해 비관적인 분위기였다.[9] 이것이 주요 장군들로 하여금 1914년 전쟁에 나가는 의사에 강한 영향을 미쳤을 것이다. 프로이센 전쟁장관 에리히 폰 팔켄하인은 전쟁이 전면전이 된 8월 4일 이렇게 말했다. "우리가 사라져도 좋을 것이다."[10]

유럽의 마지막 평화기에 상류층은 결연한 후위대 행동을 전개했다. 경제·사회 변화 덕분에 사회적 이동이 증가했지만, 출신은 여전히 중시되었다. 늘 재능과 부의 기회가 더 열려 있던 런던에서조차, 뛰어난 미국 광산 기술자이자 훗날 대통령이 되는 허버트 후버는 영국 사회의 계급 분화적 성격을 "변함없는 경이, 그리고 비애"라고 말했다.[11] 그럼에도 불구하고 유럽 곳곳에서 신흥 부자가 된 산업가나 금융가는 지위를 얻거나 자식들을 귀족과 결혼시킴으로써 상류층으로 올라갔다. 즉 경제적 부가 태생, 사회적 지위와 교환되는 거래였다. 과거 상류층은 1914년 대부분 유럽 강국에서 여전히 정치, 관료, 군사, 교회의 상위층을 지배했다. 그들의 오랜 가치는 놀랄 정도로 회복력이 있었고, 부상하는 중류층으로 스며들어 갔다. 중류층은 상류층과 똑같은 명예로운 행위 기준에 집착하면서 스스로 신사가 되려고 노력했다.

형체가 없지만 아주 소중한 명예는 상류층이 믿었듯이 출생에 수반되는 것이었다. 즉 신사는 명예를 가졌지만, 하층민에게는 없었다. 19세기 말 유럽이 급격한 사회 변화를 겪는 동안 구 지주 계급은 명예를 상류층인 자신들과 점점 번영하는 중류층을 구별 짓는 중요한 것으로 생각하며 집착했고, 사회적으로 야망을 가진 계층은 명예를 더 높고 좋은 사회적 지위의 상징으로 생각했다. 명예는 명확히 정의하기는 어렵지만 부적절한 행동을 하거나 지키지 못하면 잃어버릴 수 있었다. 이 때문에 필요할 경우 자살하거나 그와 마찬가지인 결투를 하면서까지 명예를 지켰다. 오스트리아-헝가리의 고위 정보 장교 알프레드 레들은 기밀 군사 계획을 러시아에 팔아넘긴 것이 발각되었는데, 이때 콘라트의 첫 반응은 레들에게 권총을 주어 필요한 행동을 하라는 것이었다. 혼자 남겨진 그는 총을 자신의 머리에 쏘아 기대에 부응했다.

명예 문제로 붙는 결투는 19세기 유럽에서 지속되었을 뿐 아니라 실제로 증가했고, 한 예로 독일과 오스트리아-헝가리 대학생 사이에서 늘어났다. 이 시점에 결투는 무기 — 대개 칼이나 총 — 와 장소의 선택, 그리고 더 복잡한 요건으로는 누가 도전할 권리가 있는가(만일 도전자가 상대할 가치가 없는 사람이라면 명예가 훼손되었다)와 결투를 신청하는 근거(예를 들면 카드게임 중에 쓰는 속임수, 모욕적인 말 등이었고, 오스트리아의 한 안내 책자에 따르면 개 채찍을 휘두르며 누군가를 응시하는 것만으로도 충분했다) 등 따라야 하는 많은 규칙과 관례에 둘러싸여 있었다.[12] 오늘날 사소한 멸시의 눈길로도 죽음에 이를 수 있는 거리의 갱단이 가장 근접한 사례일 것이다.

결투는 대부분의 유럽 국가에서 불법화되었지만, 당국은 보통 다른 방식으로 바라보았고 법원도 유죄 판결을 내리는 데 꾸물댔다. 실제로 헝가리 수상 이슈트반 티서를 비롯해 권위 있는 자리에 있던 사람들이 스스로 결투에 나서곤 했다. 부다페스트에는 잽싸게 방향을 트는 기술을 가르치는 펜싱 학교도 있었다.[13] 1906년부터 1909년까지 수상을 역임하고 1차대전 후반부에 다시 수상을 맡은 급진적 프랑스 정치가 조르주 클레망소는 정적들을 상대로 열두 번이나 결투를 벌였다. 늙어서도 그는 매일 아침 펜싱을 연습했다.

드레퓌스 사건으로 많은 결투가 벌어졌다. 결투는 예술가들 사이에서도 받아들여져서 마르셀 프루스트는 자신의 작품을 비평한 사람에게 결투를 신청했고, 클로드 드뷔시는 오페라 〈펠레아스와 멜리장드〉의 대본을 쓴 벨기에 작가 모리스 마테를링크로부터 자신의 애인을 이 오페라에 기용하지 않았다는 이유로 결투 신청을 받았다.[14] 독일에서는 케슬러가 나체의 남자를 그린 로댕 작품을 전시해 문제를 일으켰다고 비판한 관리에게 결투를 신청했다. 결투가 신사들이 더이상 하지 않는 일로 인정된 유일한 유럽 국가는 영국이었다. 그러나 당시 영국은 카이저가 즐겨 말한 대로 "상점 주인들의 국가"였다.

명예와 이를 지키는 결투는 유럽대륙 군대에서 특히 진지하게 받아들여졌다. 1889년 오스트리아군의 안내 책자에는 이렇게 적혀 있었다. "군사적 명예의 엄격한 해석은 장교단 전체를 고상하게 만들고 기사도의 성격을 부여해준다." (19세기 후반에는 중세에 대한 열정이 현대 세계를 피하는 또 하나의 방법이었다.) 프랑스군에서 결투 거절은 장교가 해임될 수 있는 사유 중 하나였다. 유럽 여러 곳에서 일어난 결투 반대 운동도 군대 지도부에 별 영향을 주지 않았다. 1913년 에리히 폰 팔켄하인은 독일 수상에게 다음과 같이 항의했다. "결투는 우리의 명예 규칙에 뿌리내리고 있고, 더 커지고 있다. 이 명예 규칙은 소중하고, 장교단에게 대체할 수 없는 보물이다."[15] 실제로 최고위 지휘관들이 부르주아 아들들에게 장교단이 잠식되는 것을 우려하면서 결투와 명예 규칙은 덜 중요해지기는커녕 올바른 가치를 주입하는 방식으로 더욱 중요해졌다.[16]

유럽의 국제관계를 책임지는 사람들 대다수가 같은 상류층 배경을 가졌기 때문에(종종 친인척 관계로 연결되었다), 그들도 명예와 수치의 언어를 쓴 것은 놀라운 일이 아니다. (오늘날 국가의 위신이나 영향의 관점에서 말하는 경향이 크기는 하지만 우리도 때로 이런 언어를 사용한다.) 1909년 러시아가 보스니아·헤르체고비나 위기 때 양보를 하자 한 러시아 장군은 일기에 "수치다! 차라리 죽는 것이 낫다!"라고 썼다.[17] 1911년 새로 불가리아 대사로 임명된 사람과 면담하는 자리에서 차르는 러시아는 아무리 일러도 1917년까지는 전쟁 준비가 되지 않을 것이라는 점을 강조하면서도 다음과 같이 말했다. "만일 러시아의 핵심 이익과 명예가 걸린 상황에서 우리가 절대적으로 필요하다면 1915년에도 도전을 받아들일 수 있다."[18]

그러나 불행하게도 유럽에서 명예와 모욕이 무엇으로 구성되는가는 개인의 경우와 마찬가지로 주관적으로 결정되었다. 군사 문제 관련 저자로 널리 알려진 프리드리히 폰 베른하르디 장군이 말했듯이, 원인은 사소한 것일 수 있어도 국가의 명예를 지키는 것은 전쟁을 정당화했다. "국가와 정부는 자국의 독립, 명예, 평판을 유지하는 데 온 힘을 쏟는 것보다 더 고귀한 임무를 달성할 수 없다."[19] 1914년 집권한 세대에게 막대한 영향을 미친 보수주의 역사가 트라이치케는 결투의 언어까지 쓰며 다음과 같이 말했다. "만일 국가가 모욕을 받으면, 만족할 만한 대가를 요구하는 것이 국가의 의무다. 만족할 만한 답을 얻지 못하면 전쟁을 선언해야 한다. 아무리 사소해 보이는 일이더라도 국가는 국가 체계에서 향유하는 존경을 보존하기 위해 모든 신경을 써야 한다."[20]

*

개인을 위해서든 국가를 위해서든 명예에 대한 강조에는 뭔가 필사적인 것이 있었다. 그것은 새로운 도시, 철도, 거대한 백화점으로 증명되는 유럽의 물질적 성공이 더 거칠고 이기적이며, 저속한 사회로 이끌고 있다는 두려움을 반영했다. 조직화된 종교가 채울 수 없는 영적 공허함이 있지 않았을까? 현대세계에 대한 혐오감을 담아 저명한 독일 시인 슈테판 게오르게가 "쓰레기와 하찮음이 가득 찬 겁쟁이 시대"라고 부른 것은 일부 지식인들이 전쟁을 사회를 정화하는 수단으로 받아들이게 만들었다. 아주 성공한 산업가와 선도적 지식인이라는 드문 결합을 보여준 독일인 발터 라테나우는 1912년 출간한 《시대에 대한 비평》에서 산업화의 효과와 이상과 문화의 상실에 대한 우려를 표현했다. 1차대전 직전 친구에게 보낸 편지에는 이렇게 적었다. "우리 시대는 수많은 전환기 — 빙하기, 재앙들 — 중 가장 어려운 시기다."[21] 그럼에도 라테나우는 세계가 자본주의와 산업화 초기에 상실한 영적·문화적·도덕적 가치를 결국 되찾을 것이라고 믿는 낙관주의자였다.[22] 그보다 나이가 많은 동포, 프리드리히 니체는 그런 희망을 갖지 못했다. "오랫동안 우리 유럽 문화 전체는 세월이 갈수록 마치 재앙으로 다가가듯 더 커지는 고통스러운 긴장을 가지고 움직였다. 막다른 곳에 다다르고 싶어하는 강물처럼 불안하고 폭력적이며 벼랑으로 추락하고 있다."[23]

스물넷이란 젊은 나이에 바젤대학 교수가 된 니체는 명석하고 복잡한 인물로, 자신이 옳다고 확신하고 있었다. 그가 무엇에 대해 옳았는지 정확히 끄집어내기가 불가능하지는 않지만 어렵다. 같은 말을 반복하고 자주 모순되는 글을 썼기 때문이다. 그를 추동한 것은 서구 문명이 크게 잘못되어 실제로 지난 2천 년간 잘못 진행되었고, 서양을 지배한 사상과 관습 대부분이 완전히 틀렸다는 확신이었다. 그가 보기에 인류는 과거와 완전히 단절하고, 명확하게 생각하고 깊이 느끼지 않는 한 파멸할 수밖에 없었다.[24] 그의 공격 대상은 실증주의, 부르주아 관습, 기독교(그의 아버지는 개신교 목사였다), 모든 기성 종교와 모든 조직 그 자체였다. 그는 자본주의와 현대 산업사회 그리고 그것이 만들어내는 "군중herd people"에 반대했다. 니체가 독자들에게 말했듯이, 인류는 생이 질서 정연하고 관습적인 것이 아니라 활력 넘치고 위험한 것임을 잊어버렸다. 영적인 재각성의 최고 수준에 도달하려면 관습적 도덕성과 종교의 제약에서 벗어나야 했다. 그는 신은 죽었다는 유명한 말을 했다. (니체의 사고가 그토록 호소력이 있는 것은 그가 다음 세대인 자크 데리다처럼 경구와 강력한 어구에 재능이 있었기 때문이다.) 니체가 던진 도전을 수용한 사람들은 초인이 될 것이었다. 다가올 세기에는 "퇴폐적이고 기생적인 모든 것을 인정사정없이 파괴하는 것을 포함해서" 인간을 더 높은 단계로 인도하는 "생의 새로운 축제"가 열릴 것이었다. 생은 "전용轉用, 상처, 생경하고 약한 것의 정복, 억압, 심각성"이라고 그는 말했다.[25] 프란츠 페르디난트를 암살해 1차대전을 촉발한 젊은 세르비아 민족주의자들은 니체의 견해에 큰 영향을 받았다.

일관성 없고 복잡한 니체의 사상은 저항하고 싶지만 무엇에 맞설지 확신하지 못하던 젊은 세대의 마음을 사로잡았다. 니체를 열렬히 숭배하는 사람이자 그의 충실한 친구였던 케슬러는 1893년 이렇게 적었다. "오늘날 독일에서 웬만큼 교육을 받은 20대, 30대 중 니체에 의해 세계관 일부가 형성되지 않거나, 그에게 이런저런 영향을 받지 않은 사람은 없다."[26] 독일의 한 보수주의 신문이 니체의 저작을 금서로 지정해야 한다고 주장한 것은 놀라운 일이 아니다. 니체의 호소력에 힘입어 사회주의자, 채식주의자, 여성운동가, 보수주의자, 그리고 훗날 나치를 포함한 많은 사람들이 그의 작품에 쉽게 빠져들었다. 슬프게도 니체는 스스로를 설명할 수 없게 되었다. 그는 1889년 미쳐 버렸고, 파리만국박람회가 열린 1900년 사망했다.

파리만국박람회는 이성과 진보를 축하했지만, 니체와 그를 숭앙하는 사람들은 유럽을 뒤흔드는 다른 힘에 대해 이야기했다. 그들은 비합리적인 것, 감정적인 것, 초자연적인 것에 매료되었다. 19세기 말 무언가 생에 결여되어 있다고 느끼는 사람들은 교회에 출석하는 것 말고 영적 세계와 접촉하는 다른 방법이 있다고 생각했다. 가구가 스스로 움직이고, 식탁이 보이지 않는 영적 손이 두드리는 데 반향하고, 이상한 빛이 갑자기 나타나고, 죽은 사람이 점괘 판이나 영매를 통해 산 사람과 대화를 나누는 교령회交靈會가 널리 인기를 끌었다. 과학적 탐정소설 셜록 홈즈 시리즈를 쓴 유명한 코난 도일도 이러한 영성주의에 큰 관심을 가졌다. 도일은 기독교 신앙을 유지했지만, 다른 사람들은 복음주의 신지학神智學에 빠져들었다. 이 종파를 창시한 러시아 여인 헬레나 블라바츠키는 훨씬 따분한 세르게이 비테의 사촌이었다. 그녀는 티베트 어느 곳 또는 하늘에 있는 고대 현인들과 교신한다고 주장했다. 그녀와 추종자들은 환생을 포함한 서방 신비주의와 동방 종교의 여러 요소와 조각을 엮어, 진정한 진실인 눈에 보이지 않는 영적 세계와 대화했다. 그녀의 가르침에 따르면 인종과 문화는 일어났다가 망하는데, 아무것도 이 사이클을 바꿀 수 없었다. 1905년 이후 독일군 참모총장이었고, 암울한 체념으로 전쟁 발발 가능성을 받아들인 헬무트 폰 몰트케가 이 종파의 추종자였다.

신은 죽었을지 모르고 교회 출석자도 줄고 있었지만, 유럽인들은 영적인 것에 깊은 관심을 가졌다. 파리 콜레주 드 프랑스의 점잖은 철학자 앙리 베르그송의 강의는 학생들과 사교계 인사들로 만원을 이루었다. 그는 모든 것을 측정하고 설명할 수 있다는 실증주의적 시각에 도전했다. 내적 자아, 그것의 감정, 특유한 기억, 무의식, 다른 말로 하면 영적 핵심은 시간과 공간 밖에 존재했고, 환원주의적 과학이 닿을 수 없는 곳에 있었다. (억지로 만들 수 없는 우연의 일치로 베르그송은 프루스트 어머니의 사촌과 결혼했다.)[27] 베르그송의 영향은 1차대전 중 때로 이상한 방식으로 나타났다. 프랑스 군대는 생에 생명력을 불어넣는 약동l'élan vital이라는 그의 아이디어를 병사들의 사기가 궁극적으로 무기보다 중요하다는 주장에 끌어다 썼다. 선도적 지식인으로 나서던 초기에 앙리 마시스Henry Massis는 베르그송이 자신의 세대를 "과거의 체계적 부정과 교조적 회의주의에서" 구원했다고 말했다.[28] 1911년 마시스와 그의 친구들은 기존 학계를 공격하며 기득권층이 학생들에게 영적 교육을 등한시하면서 "공허한 과학"과 현학을 전파하고 있다고 비난했다.[29]

1900년 파리만국박람회 순수예술관에서는 전반적으로 과거의 예술을 축하했지만(작은 방 하나만이 프랑스 현대 예술가들 전시에 할당되고, 구스타프 클림트의 작품 한 점만이 오스트리아-헝가리 예술 구역에 전시되었다), 파리 바깥인 베를린, 모스크바, 빈에서 젊은 예술가들과 지식인들은 전통적 형태, 규칙, 가치, 자신들이 현실이라고 부르던 것에 도전하고 있었다. 프루스트의 미완성 대작 《잃어버린 시간을 찾아서》에서는 기억 자체가 불완전하고 오류가 있으며, 자신과 다른 사람들에 대해 확신했던 것도 계속 변한다.

모더니즘은 반란이자 사고와 인식의 새로운 방법을 정립하려는 시도였고, 이것은 구세대에게 우려를 안겨주었다. 1910년 이 조류를 저지하기 위해 교황 비오 10세는 사제들로 하여금 모더니즘에 반대한다는 서약을 하게 만들었다. 일부 내용은 이러했다. "나는 교회가 이전에 지지한 것과 다른 의미로 바꾸는 이교적 왜곡에 전적으로 반대한다."

얼마나 많은 유럽인들이 이 새로운 사상의 과잉에 영향을 받았는지는 말하기 어렵다. 분명한 것은 젊은 세대 중 용감한 사람들이 점점 어른들의 가치와 규칙을 경멸하고 싫증을 냈다는 점이다. 일부 젊은이들은 더 자유롭고, 자신들의 세계보다 자연과 더 조화를 이루는 토속신앙의 세계에 매료되었다. 나체주의Nudism, 태양 숭배, 농민들의 작업복과 나막신을 흉내 낸 복장, 자유연애, 채식주의, 코뮌, 전원적 교외, 이 모두가 현대 산업 문명에 대한 반란이었다. 독일에서는 짧은 시기였지만 수천 명의 "방랑하는 새들"이 시골로 하이킹하거나 자전거를 타고 갔다.[30] 구세대, 특히 전통적 엘리트 중 많은 사람도 현대세계에 대해 의구심을 가졌지만, 젊은이들도 노동계급과 같은 이유로 그들을 불안하게 만들었다. 그들은 징집이 되면 싸울 의향이 있는가? 그들이 통치자들에 맞서 반란을 일으키지는 않을까? 이러한 두려움이 유럽 여러 곳에서 군사계획가들을 불안하게 만들었지만,

이 우려는 근거가 없는 것으로 드러났다. 1차대전이 시작되자 노동 계급과 마찬가지로 젊은이들도 떼를 지어 군대에 합류했다.

1914년 이전 시기에 얼마나 많은 공포가 유럽을 스쳐 지나갔는지를 보면 놀랍다. 불안한 우리 시대와 마찬가지로 서구 사회 한가운데에서 익명으로 살아가는, 확고한 적인 테러리스트에 대한 상당한 불안이 존재했다. 2001년 9월 11일 알카에다가 저지른 잔혹 행위와 마찬가지로 얼마나 많은 테러리스트가 있는지, 그들이 얼마나 강한지, 그들의 연계망이 얼마나 넓게 퍼졌는지 아무도 알지 못했다. 알려진 것은 그들이 아무 때나 공격하며 경찰이 그들을 잡는 데 한계가 있다는 사실이었다. 19세기 말과 20세기 초 유럽 여러 곳, 특히 프랑스, 러시아, 에스파냐를 비롯해 미국에서도 테러리즘이 급증했다. 테러리스트들은 종종 모든 형태의 사회·정치적 조직을 압제의 수단으로 보는 무정부주의에 고무되거나 단순히 허무주의에 영감을 받아 폭발물을 터뜨리고, 폭탄을 던지고, 사람을 칼로 찌르고 총을 쏘았고, 이런 테러 행위는 자주 성공을 거두었다. 1890년부터 1914년 사이 그들이 죽인 사람들 중에는 프랑스 대통령 사디 카르노와 두 명의 에스파냐 수상도 있었다. 안토니오 카노바스는 1897년에, 호세 카날레아스 José Canalejas는 1912년에 살해되었다. 이탈리아 움베르토 왕, 미국 매킨리 대통령(암살범은 움베르토 암살에서 자극을 받았다), 오스트리아 엘리자베트 황후, 러시아 정치가 스톨리핀, 차르의 삼촌인 세르게이 대공도 암살되었다. 테러리스트에 희생당한 사람들은 권력이 막강했을 뿐 아니라 중요한 인사였다. 바르셀로나에서는 〈윌리엄 텔〉 공연장에 폭탄이 떨어져 29명이 사망했다. 에스파냐 알폰소 왕의 결혼식에 투척된 폭탄은 그를 피해 갔지만 36명의 참관자가 사망했다. 당국은 종종 가혹하게 테러 행위를 탄압했지만 시간이 지나면 더 많은 폭력을 유발할 뿐이었다.

파리는 1890년대 초 2년 동안 테러리스트 공격이 빈발했다. 무정부주의자들이 시위를 벌인 죄로 유죄를 선고받자 사건을 담당한 판사와 검사 집이 폭탄에 파괴되었다. 용의자는 의심이 가는 웨이터에 의해 고발되었는데, 또다른 폭탄이 그가 일하는 카페를 폭파했다. 격렬한 파업이 진행 중인 광산 사무실에 설치된 폭탄의 뇌관을 제거하려다 경찰 여섯 명도 사망했다. 한 무정부주의자는 자신들의 방식으로 만족을 얻는 "소부르주아들"을 살해하기 위해 테르미누스 카페에 폭탄을 던졌다고 말했다. 가족을 굶게 만든 부정에 항의하며 프랑스 의회 바닥에 폭탄을 던진 사람도 있었다. 사람들은 테러리스트들의 다음 공격 대상이 어디일지 몰라 한동안 외출을 꺼렸다.[31]

두려움을 가중시킨 것은 테러리스트들이 사회 비난에 너무 투철해서 그들에게 다가갈 방법이 없다는 점이었다. 매킨리 대통령 암살범은 "나의 의무를 다했다"라고만 말했다.[32] 그들의 공격 대상은 놀랄 정도로 자의적이었다. 오스트리아 엘리자베트 황후를 살해한 이탈리아 실업자 루이지 루케니는 이렇게 말했다. "나는 신념상 무정부주의자다. 군주 한 명을 살해하러 제네바에 왔다. 고통받는 사람들과 그들의 처지를 개선하기 위해 아무것도 하지 않는 사람들에게 교훈을 주려는 목적이었다. 내가 살해할 군주가 누구든 아무 상관이 없었다."[33] 파리의 카페에서 저녁 식사를 마치고 옆에 있던 손님을 아무렇지도 않게 살해한 무정부주의자는 "처음 만난 부르주아를 공격했을 뿐, 무고한 사람을 공격하지는 않았다"라고 말했다.[34] 테러주의는 알카에다처럼 점점 혐오스러워진 테러 방식으로 인해 1차대전 이전 동정적이던 좌익과 혁명 진영에서조차 많은 지지를 잃었다. 그러나 유럽 사회가 공격을 받고 있다는 두려움은 쉽게 사라지지 않았다.

유럽 사회가 너무나 부패하고 퇴폐적이어서 역사의 쓰레기통에 던져버려야 마땅하므로 테러리스트들이 옳을지 모른다는, 은밀하게 확산된 주장도 있었다. 이 때문에 군사적 가치와 전쟁 자체가 미화되어 나라에 활력을 다시 불어넣고 기꺼이 나라를 위해 싸울 시간이 왔다는 주장이 대두했다. 가난한 사람들을 위한 시를 써서 유명해진 열렬한 프랑스 민족주의자 프랑수아 코페는 파리에 있는 한 영국인에게 다음과 같이 말했다. "프랑스인들은 타락하고 있다. 너무 물질만능주의자가 되어 쾌락과 사치 경쟁에 몰입해 있다. 그래서 프랑스 국민성의 역사적 영광이었던 위대한 동인에 자신을 종속시키는 전통을 유지할 수 없다."[35] 고전 교육을 항상 중요시했던 영국에서는 로마 몰락과 유사하다는 말이 ― "비인간적인 악덕"에 대한 고대 세계의 예언 등 ― 쉽게 나왔다. 1905년 젊은 보수주의자가 펴낸 소책자 《영국제국의 쇠퇴와 멸망》은 많은 인기를 끌었는데, 이 책에는 "시골 생활에 대한 도시의 우위, 그리고 이것이 영국인의 신앙과 건강에 미치는 재앙과 같은 여파", "과도한 조세와 도시의 사치", "스스로와 제국을 지키지 못하는 영국의 무능력" 등의 주제가 실렸다.[36] 보이스카우트 창설자 로버트 베이든 파월 장군은 자신이 쓴 《소년들을 위한 스카우트 활동》에서 영국이 이전 제국의 운명을 피해야 할 필요성을 여러 번 언급했다. "로마 멸망을 재촉한 이유 중 하나는 병사들이 신체의 강인함에서 조상들보다 못했다는 사실에 있었다"라고 지적했다.[37] 세기 전환기에 크게 증가한, 다양한 종류의 스포츠에 대한 관심은 노동시간 감축으로 인한 여가 시간 증가를 반영하는 변화였다. 하지만 스포츠를 국가적 쇠퇴를 역전시키고 젊은이들이 싸울 준비가 되도록 만드는 방법으로 보는 옹호자들도 있었다. 《스포츠 연감》은 1900년경 영국에서 프랑스로 유입된 축구를 강하게 옹호하며, 이 새로운 스포츠를 "필요한 규율과, 참여자들이 위험과 타격에 적응하도록 만드는 방식을 가진 사실상 작은 전쟁"이라고 서술했다.[38]

*

번영과 진보는 인류에게 피해를 가져오고 젊은이들이 전쟁을 치르기에 부적합하게 만든다는 우려가 제기되었다. 일부 의학 전문가들은 변화의 속도 — 자동차, 자전거, 기차, 새로운 비행기 등 말 그대로 속도 자체 — 가 인간 신경 체계에 불안을 가져온다고 생각했다. 1910년 한 프랑스 의사는 이렇게 주장했다. "노이로제가 우리를 기다리고 있다. 이 괴물이 이렇게 많은 희생자를 만든 적은 없다. 그 이유는 조상 때부터 누적된 결함 때문이거나 대다수 사람에게 치명적인 문명 속 자극제가 우리를 나태하고 겁먹은 심신쇠약에 떨어지게 만들기 때문이다."[39] 1892년 부다페스트의 정통 랍비의 아들이자 의사인 막스 노르다우도 타락한 현대예술과 현대세계를 비판하는 책을 펴내 큰 반향을 얻었는데, 그의 우려도 비슷했다. 몇 개의 언어로 번역되어 유럽 전역에서 널리 판매된 그의 책《타락》은 물질주의, 탐욕, 무분별한 쾌락 추구, 전통 도덕적 유대의 해이가 억제되지 않은 방탕함을 가져왔고, 이것이 문명을 파괴하고 있다고 주장했다. 노르다우는 유럽 사회가 "위대한 과제를 수행하기에는 너무 낡고 축 처졌기 때문에 폐허를 향해 걸어가고 있다"라고 말했다.⁴⁰ 평론가들이 국가의 힘과 남성성 부족을 한탄하던 시기에 나타난 성적 형상화는 흥미로우며, 전혀 특이한 것이 아니다.

남자들은 현대사회에서 약해지고 여성적이 되기까지 했고, 남성적 가치와 힘은 더이상 높게 평가되지 않았다. 1895년부터 1900년까지 영국군 참모총장을 역임한 가넷 울슬리 경은 영국 사회에서 무용수와 오페라 가수가 그렇게 높이 평가받는 것은 나쁜 징조라고 말했다.⁴¹ 전술에 대해 중요한 안내서를 쓴 독일 군사 권위자 빌헬름 발크Wilhelm Balck는 현대 남성은 육체적 힘뿐 아니라 "지난 시대의 환상과 종교적·국가적 열정"을 상실했다고 주장하면서 "꾸준히 향상되는 생활수준은 자기 보존 본능을 증가시키고 자기희생 정신을 감소시키는 경향이 있다"고 경고했다.⁴² 독일과 영국 군부 모두에서 징집된 병사들의 형편없는 몸 상태에 대한 우려도 있었다. 보어전쟁에 대한 조사는 자원병의 60퍼센트가 군 생활에 맞지 않아 거부되었다는 사실을 밝혀 영국 대중에게 충격을 주었다.⁴³

동성애가 특히 상류층에서 늘고 있다는 의심도 들었다. 강력한 국가의 초석인 가정을 훼손할 것이 분명한 사태였다. 동성애자가 국가에 충성하겠는가? 카이저의 가까운 친구 필리프 윌런부르크를 파멸시킨 언론인 막시밀리안 하르덴Maximilian Harden은 동성애자들이 어떻게 서로를 찾고 그룹을 형성하는지에 대해 썼다. 무정부주의자나 프리메이슨과 마찬가지로 동성애 지지자들은 국경을 초월하는 것으로 보였다. 이러한 두려움 때문에 오스카 와일드 같은 동성애자와 연관된 스캔들은 광범위한 분노와 우려를 폭발시켰다. 하르덴은 자신의 신문에서 윌런부르크와 그의 그룹을 서술하면서 "남자 같지 않은", "약한", "병약한" 같은 단어를 썼다. 저명한 독일 정신분석학자 에밀 크레펠린은 해당 분야 권위자로서 동성애자 특성 리스트에 암시 감응성, 불신, 거짓말, 허풍, 질투를 추가했다. 크레펠린은 이렇게 주장했다. "모순된 성적 경향이 병약하고 타락한 인간성의 기초에서 발전된다는 것에는 의심의 여지가 없다."[44]

다른 한편으로 여성은 더 강해지고 적극적이며, 아내와 어머니라는 전통적 역할을 버리고 있는 것처럼 보였다. 원래 〈사랑과 고통〉이라는 제목이 붙었지만 항상 〈뱀파이어〉로 불린 에드바르 뭉크의 1894년 그림은 분명 남성의 생명을 빨아먹는 여성에 대한 보편적 공포를 표현한 것으로 해석될 수 있지 않을까? 여성 투표권 쟁취를 원한 강력한 소집단인 영국의 호전적인 여성참정권 주창자들은 남성에 대한 전쟁을 선포하면서 이런 공포를 가중시켰다. 1906년 이 집단의 한 지도자는 이렇게 말했다. "우리가 얻고자 하는 것은 남성에게 신체와 정신이 종속된 것에 대한 여성들의 위대한 반란이다."[45] 바로 이 때문에 보수주의자들은 더 자유주의적인 이혼법과 자유롭게 쓸 수 있는 피임에 저항했다. 피임에 대한 조언 등 어머니들을 위한 성공적인 책을 쓴 의사는 그의 동료들의 위원회에서 "전문적 영역에서 불미스러운 행동"을 한 죄를 지었다는 판결을 받았다.[46]

최소한 일부 국가에서 남성성이 퇴보하고 있다고 우려되는 또다른 조짐은 출생률 하락이었다. 프랑스에서는 1870년대 인구 천 명당

25.3명이었던 출생률이 1910년에 19.9명으로 떨어졌다.[47] 이웃 국가 독일의 출생률도 같은 기간 다소 감소했지만 여전히 프랑스보다는 훨씬 높은 수준을 유지했고, 이는 군대에 복무할 독일 남자가 훨씬 많다는 것을 의미했다. 프랑스에서는 이러한 격차가 1914년 이전 공공 토론과 우려의 주제였다.[48] 저명한 독일 지식인 알프레트 케르 Alfred Kerr는 전쟁 직전 《피가로 Le Figaro》지의 기자에게 이 현상은 너무 과열되어 프랑스 문명에 좋지 않다고 말했다. "남자들이 군인이 되기 싫어하고 여자들이 아이 갖기를 원치 않는 국민은 생명력의 감각을 잃은 국민이다. 더 젊고 생생한 인종의 지배를 받을 운명에 처할 것이다. 그리스나 로마제국을 생각해보라! 연로한 사회가 젊은 사회에 자리를 양보하는 것은 역사의 법칙이고, 인류의 끊임없는 재탄생의 조건이다. 훗날 우리의 차례가 올 테고, 이 무자비한 법칙이 우리에게 적용될 것이다. 그때가 되면 아시아인들의 지배, 아마 흑인들의 지배도 시작될 텐데 누가 아니라고 말할 수 있겠는가?"[49]

출생률 하락은 유럽 사회의 미래에 대해 또 하나의 우려를 제기했다. 적절하지 않은 사람들이 번식하고 있다는 우려였다. 상류층과 중류층은 노동계급을 정치적 세력으로 두려워했다. 그들은 빈곤층이 만취, 성적 문란 또는 신체적·정신적 결함을 자녀에게 물려주어 인종을 약하게 만들 것을 우려했다. 인종차별주의자들에게는 또다른 우려가 있었다. 유대인이나 아일랜드인처럼 열등한 민족이 늘어나고, 제대로 된 계급이나 인종은 줄고 있다는 우려였다. 영국에서 가족과 그 가치를 강화하려는 도덕적인 십자군은(익숙하게 들리는가?) 이러한 움직임을 포착했고, 이것이 독일과의 해군력 경쟁 강화와 시기적으로 맞아떨어진 것은 우연의 일치가 아니었다. 1911년 대중도덕 국가위원회는 영국 대중에게 젊은 세대가 결혼의 중요성과 건강한 자녀 출산을 중요시하도록 교육할 책임이 있다는 선언문을 발표했다. 여덟 명의 귀족, 여러 명의 주교, 저명한 신학자들과 지식인들, 두 명의 케임브리지대학 학장이 포함된 선언문 서명자들은 이것이 "우리의 국가적 복지의 기초를 갉아먹는 도덕성 타락에 대처하는 방법"이라고 주장했다.[50] 1914년 이전 시기 인류의 번식과 육성을 옹호하는 운동인 우생학이 정치 엘리트와 지식 엘리트 사이에 상당한 지지를 받았다. 1912년 1차 국제우생학대회가 런던에서 열렸다. 이 행사의 명예 후원자에는 해군장관 윈스턴 처칠, 알렉산더 그레이엄 벨, 하버드대학 총장 찰스 엘리엇이 포함되었다.[51] 이러한 태도가 팽배한 상황에서 전쟁은 종종 운명에 맞서 싸우는 명예로운 방법이자 사회에 생명력을 다시 불어넣는 방법으로서 바람직한 것으로 여겨졌다. 유럽에 위험하게도 전쟁은 또한 많은 사람들에게 피할 수 없는 것으로 받아들여졌다.

전쟁 직전인 1914년 오스발트 슈펭글러는 《서구 문명의 몰락》이라는 위대한 저서의 집필을 마쳤다. 이 책에서 그는 문명에는 자연적 수명이 있고, 서방 세계는 그 겨울에 다다랐다고 주장했다. 타락과 쇠퇴에 대한 우려의 바탕에는 다윈의 진화론에서 끌어온 널리 공유된 전제가 있었다. 다윈은 수천 년에 걸친 종의 진화와 자연세계에 대해 이야기하고 있었지만, 19세기의 많은 지식인들은 그의 아이디어를 인간 사회에도 적용할 수 있다고 보았다. 이런 식으로 다윈의 이론을 사용하는 것은 진보와 과학에 대한 19세기 견해와 편리하게 맞아떨어지는 것 같았다. 사회진화론자로 알려진 그들은 다양한 사회의 부상과 소멸을 자연 선택 같은 개념의 도움 없이는 설명할 수 없다고 믿었다. (사회진화론의 핵심 인물인 허버트 스펜서는 이것을 적자생존이라고 불렀다.) 과학적 근거가 없이 인종차별주의 이론을 강화하는 도약을 하면서 사회진화론자들은 인류는 하나의 종이 아니라 인종과 민족이라고 불리는 혼란스럽고 서로 교환될 수 있는 다양성이라고 전제했다. 이것은 민족의 형태를 서술한 것인지 아니면 국가 같은 정치 단위를 말한 것인지가 분명하지 않아 혼란이 가중되었다. 그리고 어느 민족이 진화의 단계를 거쳐 올라가고, 어느 민족이 소멸될 운명에 처했는지를 결정하기도 어려웠다. 여행의 방향을 바꿀 수 있는 방법이 있기는 한 것인가? 사회진화론자들은 그런 방법이 있으며 민족은 스스로 결집할 수 있고, 그렇게 해야만 한다고 주장했다. 만일 그런 시도에서 실패하면 그들은 운명을 감수할 수밖에 없었다. 결국 다윈은 《종의 기원》에 '생존 투쟁에 유리한 종의 보존'이라는 부제를 붙였다.

　이러한 아이디어는 1914년 이전 시기에 이미 널리 알려졌고, 다윈이나 스펜서의 저작을 읽지 않은 사람들도 투쟁이 인류 사회 진보의 기본적 일부라는 것을 아무 의문 없이 받아들였다. 당연히 사회진화론은 군부 사람들에게 큰 반향을 일으켰다. 이 이론은 그들의 직업을 정당화하고 중요성을 고양했을 뿐 아니라 에밀 졸라 같은 작가, 솔즈베리 같은 정치인, 라테나우 같은 사업가 등 민간인들의 사고에도 주입되었다. 이것은 상대적으로 약한 사회는 소멸을 피할 방법이 없다는 비관주의나, 투쟁의 가능성이 남아 있는 한 희망은 있다는 암울한 낙관주의를 만들어낼 수 있었다. 예상대로 1차대전 이전 위기와 1914년의 의사결정자들은 일반적으로 후자의 견해를 좋아했다. 사회진화론에 큰 영향을 받은 오스트리아의 콘라트 장군은 이렇게 적었다. "무기를 내려놓은 국민은 자신의 운명을 마감한 것이다."[52] 이러한 태도가 얼마나 확산되었는지를 보여주는 신호로, 한 젊은 영국군 대위는 1차대전 중 참호에서 다음과 같이 적었다. "자신의 생존을 위해 싸우기를 멈춘 살아있는 유기체는 파괴될 수밖에 없다는 것은 맞는 말이다."[53]

사회진화론은 홉스가 표현한 오래된 견해, 즉 국제관계는 국가들 사이에서 이익을 얻기 위한 끝없는 투쟁일 뿐이라는 주장도 강화했다. 그러한 투쟁에서 전쟁은 당연하고, 환영할 만한 것이었다. 1898년 《영국군연구소저널》에 실린 한 논문은 "타락하고 약하고 해악을 주는 국가들은 문명화된 국가들의 공조 행위에 의해 제거되고, 강하고 생명력 있고 영향력이 선한 국가들에 동화되는 것이 자연의 거대한 계략이 아니겠는가? 그럴 수밖에 없다"라고 주장했다.[54] 1차대전 직전에 출간되어 많은 논란을 불러일으킨 《독일과 다음 전쟁》에서 베른하르디는 이렇게 말했다. "모든 사소하고 개인적인 이익들이 오랜 평화 기간 동안 전면으로 뚫고 나온다. 이기주의와 음모가 폭동을 유발하고, 사치가 이상주의를 말살한다."[55] 전쟁은 환자를 위한 강장제 혹은 병든 살을 잘라내 목숨을 구하는 수술에 비유되기도 했다. 이탈리아 미래주의자이자 장차 파시스트가 되는 필리포 토마소 마리네티는 "전쟁은 세계를 위한 유일한 소독제"라고 말했다.[56] 케슬러의 일기에 자주 나타나는 내용은 전쟁을 개연성으로 받아들였다는 것이다.

위기가 찾아올 때마다 케슬러의 친구들과 지인들은 실제 사실인 것처럼 전쟁이 일어날 것이라고 자주 말했다.

유럽 각국의 권좌에 있는 사람들은 당대의 지적 조류에 영향을 받지 않을 수 없었다. 그들은 메테르니히 같은 이전 시대 정치인들이 겪지 못한 일도 다루어야 했다. 바로 대중이었다. 사회가 변하면서 유럽 여러 곳에서 정치의 성격이 바뀌었고, 투표권 확대로 새로운 계층이 정치 생활에 진입하고, 새로운 정치 운동을 탄생시켰다. 자유로운 시장, 법의 지배, 만인의 인권을 옹호했던 과거의 자유주의적 정당들은 좌익의 사회주의 정당과 우익의 점점 국수주의가 되어가는 민족주의 정당에 기반을 잃고 있었다. 새로운 유형의 정치인들이 기존 의회제도 밖으로 나가 대중적 두려움과 편견에 호소했고, 그들의 포퓰리즘, 특히 민족주의 정당들 사이에 나타난 이 경향은 반유대주의를 포함할 때가 많았다. 그리스도의 살해자라는 유대인에 대한 오랜 증오는 이제 유대인을 프랑스인, 오스트리아인, 러시아인에 속하지 않는 이방인으로 묘사하는 것으로 바뀌었다.[57] 카를 루에거Karl Lueger는 하류층의 변화와 자본주의에 대한 두려움, 중류층에 대한 반감, 이 두 계층에 들어 있는 유대인 혐오를 자극해 더 낮은 계층에 호소할 수 있다는 것을 깨달았다. 그의 이런 노력은 큰 성공을 거두어 그는 프란츠 요제프의 반대에도 불구하고 1897년 빈 시장이 되어 1910년 사망할 때까지 자리를 지켰다. 정치 조직자로서 그의 능력은 1907년 빈으로 이주한 젊은 히틀러에게 영감을 주었다.[58] 타인에 대한 공포와 혐오는 다른 사회로도 발산되었고, 사회 안에서도 확대되어 전쟁이 매력적인 것처럼 보이는 분위기를 만들어내는 데 일조했다.

새로운 언론 매체 덕분에 민족은 확연한 자신들만의 인물을 갖게 되었다. 존 불John Bull이나 마리안느, 엉클 샘Uncle Sam을 생각해보라〔각각 영국, 프랑스, 미국을 상징하는 가상의 인물이다〕. 종교나 마을보다 민족에서 정체성을 찾는 것이 대부분의 유럽 사람들에게 비교적 새로운 경향이었지만, 많은 사람들은 잃어버린 시간을 보충하려고 나섰다. 민족주의자들에게 민족은 그것을 이루는 개개의 인간보다 더 위대하고 중요했다. 민족 구성원과 다르게 민족은 영원하거나 영원한 존재에 가까웠다. 19세기 말 민족주의의 중요한 전제 중 하나는 오랜 기간 독일 민족, 프랑스 민족 또는 이탈리아 민족이란 것이 존재했고, 그 구성원들은 대개 이웃 민족의 것보다 우월한 공유된 가치와 관습으로 이웃 사람들과 구별된다는 것이었다. "역사에 나타난 첫 순간부터 독일인들은 1등급 문명화된 민족이라는 것을 보여주었다." 베른하르디의 말이다.[59] (유럽에서 오스트리아-헝가리와 오스만제국만 잘 알 수 없는 이유로 강력한 민족주의 감정을 발전시키지 못했다. 두 국가는 이미 너무 많은 분열되고 충돌하는 민족 감정을 가지고 있었다.) 일반적 양상은 같았지만 — 민족 구성원은 언어, 종교 같은 공유된 특성으로 정체성을 찾고, 역사로 서로 연결되었다 — 민족주의의 내용은 서로 다를 수밖에 없었다. 영국은 워털루 기차역을, 프랑스는 오스테를리츠 역〔워털루 전투는 나폴레옹이 영국에 패배한 전투로 영국인에게 승리의 상징이며, 오스테를리츠(아우스터리츠)는 나폴레옹이 오스트리아와 러시아 연합군에게 대승을 거둔 전투로 프랑스인에게 승리의 상징이다〕을 가지고 있었다. 러시아에서는 19세기 말 정부가 많은 소수민족의 러시아화 정책을 추진하여 일례로 폴란드 학생, 핀란드 학생이 러시아어를 공부하고 정교회 예배를 드리도록 만들었다. 러시아 민족주의는 점점 러시아 자체의 과거뿐 아니라, 러시아가 모든 슬라브인의 자연적 지도자가 되는 범슬라브주의를 포함했다. 새로운 민족주의는 언어적으로나 종교적으로 소수민족들에게 잘 수용되지 않았다. 폴란드어 사용자들이 진정한 독일인이 될 수 있겠는가? 유대인도 그렇게 될 수 있겠는가?[60]

모든 민족주의자가 인종차별주의자는 아니었지만, 민족을 고양이와 개처럼 별개의 종으로 보는 사람들이 있었다. 두개골이나 성기의 크기 같은 것을 연구하는 교수와 열성적인 아마추어들에 의해 많은 연구가 진행되어 인종의 특성 리스트가 만들어졌고, 인종의 순위를 매기는 과학적 분류법을 시도하며 두개골을 연구하기도 했다. 그들이 매기는 순위는 이 작업을 하는 사람들의 민족 소속에 따라 결정되었다. 독일 의사이자 사회인류학자인 루트비히 볼트만Ludwig Woltmann은 독일인이 근본적으로 튜턴족이고 프랑스인은 열등 인종인 켈트족이라는 것을 증명하기 위해 정교한 이론을 발전시켰다. 그는 프랑스인들이 과거에 이룬 많은 성취는 켈트족 요소가 들어와 희석되기 전에 가졌던 튜턴족 뿌리 때문이라고 확신했다. 그는 프랑스인의 튜턴족 특성을 찾아내기 위해 저명한 과거의 프랑스 인물들 동상을 바라보면서 프랑스에서 오랜 시간을 보냈다.[61]

유럽 전역에서 민족주의의 발전 기저에 깔린 아이디어들은 역사학자들의 작업에 큰 빚을 지고 있다. 일례로 트라이치케는 학문 분야를 지배한 민족역사학을 만들어냈다. 이러한 이론은 독일에서는 퇴역군인협회, 프랑스에서는 애국주의자연맹, 영국에서는 국가봉사연맹에 의해 널리 전파되었다. 과거의 민족적 영광과 현재의 성공이 유럽 여러 곳에서 페스티벌과 기념식으로 축하되었다. 훈장을 받은 한 영국군 병사는 이렇게 말했다. "우리는 영국인이 지구의 소금이고, 영국이 세계에서 첫째가는 위대한 국가라고 배웠다. 영국의 힘에 대한 우리의 확신과 다른 강국이 영국을 패배시킬 수 없다는 것에 대한 믿음은 누구도 없앨 수 없고, 어떠한 암울함도 물리칠 수 없는 고정된 생각이 되었다."[62] 1905년 영국인들은 트라팔가르 해전 승리 100주년을 기념했고, 1912년 러시아인들은 1812년 보로디노에서 나폴레옹을 꺾은 위대한 승리 100주년을 기념했다. 다음해 이 두 행사를 무색하게 할 정도로 거창하게 독일인들은 1813년 라이프치히 전투 승리 100주년을 기념했는데, 이 행사에는 27만 5000명의 체조선수가 참여했다. 민족주의는 정치 지도자, 교사, 관료, 작가를 막론하고 열성적 자원자들에 의해 강화되었다. 독일에서 1차대전 이전 청소년 소설의 대부분은 게르만족에 의한 로마군의 패퇴에서부터 통일전쟁에 이르기까지 독일의 위대한 군사적 과거를 다루었다.[63] 신나는 모험을 다룬 80권 이상의 책을 쓴(그가 다룬 영웅은 인도의 클라이브든 퀘벡의 울프든 플롯이 같았고, 한결같이 용감한 영국 소년의 승리를 보여주었다) 인기 있는 영국 소설가 G. A. 헨티는 집필 목적을 분명히 밝혔다. "나의 책으로 애국심을 심어주는 것이 핵심 목표고, 내가 아는 한 나는 그 점에서 실패하지 않았다."[64]

    교육은 젊은이들에게 올바른 생각을 심어주는 데 특히 중요했다. 그들이 쉽게 나쁜 생각에 전염될 수 있다는 두려움 때문이었다. 1차대전 직전 개정된 프랑스 학교에 대한 지침서는 프랑스의 아름다움, 프랑스 문명의 영광, 프랑스혁명이 세계에 쏟아부은 정의와 인류애를 프랑스 애국주의의 이유로 열거했다. 프랑스 어린이들은 "전쟁은 일어나지 않겠지만, 일어날 수 있다. 바로 그 이유 때문에 프랑스는 잘 무장해야 하고, 스스로를 방어할 준비가 되어 있어야 한다"라고 배웠다.[65] 1897년 중등교육 이수를 증명하는 바칼로레아 시험을 치른 수험생의 80퍼센트는 역사의 목적이 기본적으로 애국이라고 말했다. 이는 프랑스에만 국한된 현상이 아니었다. 유럽 여러 나라의 역사 교육은 자국의 깊은 뿌리, 오랜 역사와 영광스러운 성취에 초점이 맞추어졌다. 1905년 영국의 교육위원회가 발간한 교사용 '제안서'는 교사들이 올바른 영국 역사를 가르치기 위해 애국적 시를 사용할 것을 제안했다. (공정을 위해 이 지침은 역사에 전쟁뿐만 아니라 평화의 성과를 포함할 것을 제안했다.)[66] 독일에서 역사 교육은 프로이센 역사에 집중되었는데, 한 지도적 교육가는 교사들에게 교육의 목적이 "애국적이고 군주제적인 정신"을 발전시키고, 젊은이들이 많은 적에 대항해 독일을 방어할 준비가 되어 있어야 한다는 것을 의식하게 만들어야 한다고 주장했다. "조국의 제단에서 명예, 자유, 권리를 방어하고 생활, 건강, 번영을 증진하는 것은 항상 독일 젊은이들의 즐거움이었다."[67]

이러한 시각에서 보면 국가들은 계속 지속되려면 구성원들의 열렬한 지원을 필요로 했다. 많은 민족주의자들이 주장하듯이 국가는 자연세계의 유기체 같았다. 국가는 생존과 진화를 위해 투쟁해야 했다. 다른 유기체처럼 국가도 영양분과 안전하고 적절한 서식지가 필요했다.[68] 베른하르디는 민족과 그 국가들의 흥망성쇠를 지배하는 보편적 법칙이 있다고 주장했다. "우리는 국가가 특정하고 현저히 드러나는 특성을 가진 아주 다른 인간적 속성을 부여받은 인격체들이고,

이러한 주관적 자질은 국가 발전의 한 요인이라는 것을 잊지 말아야 한다."[69] 그래서 불변의 법칙조차도 올바른 민족에 의해 수정될 수 있었다. 더구나 "가장 위대한 신체적, 정신적, 도덕적, 물질적, 정치적 힘을 가진" 독일 같은 국가들은 세상을 지배해야 했다. 그래야 인류 전체에 이익을 가져올 것이었다. 그의 견해에 따르면 독일이 필요한 것은 더 많은 공간이고, 필요하다면 무력으로 획득해야 했다. (훗날 나치는 생활권Lebensraum이라는 아이디어를 핵심 목표의 하나로 삼았다.) 그의 주장은 이렇게 이어졌다. "전쟁이 없으면 열등하거나 쇠퇴하는 인종들은 발아하는 건강한 요소들의 성장을 쉽게 막을 수 있고, 보편적 퇴폐가 이어질 것이다."[70] 베른하르디 같은 민족주의자들의 견해에서 보면 영국이나 프랑스 작가들에서도 유사한 인용을 찾을 수 있고, 국가의 필요는 그 자체로 공격을 정당화했다.

그뿐 아니라 제국주의는 확장할 공간을 확보할 방법일 뿐 아니라 점점 국가의 힘과 생명력의 척도이자 미래를 위한 투자로 여겨졌다. 1895년 위대한 독일 해군과 제국을 꿈꾸던 티르피츠는 이렇게 말했다. "내 생각에는 우리가 보편적인 해양 이익을 열정적으로, 체계적으로 그리고 지체 없이 높은 수준으로 증진하지 않으면 독일은 다음 세기에 강국 지위에서 빠르게 주저앉을 것이다. 위대하고 새로운 국가적 과제와 경제적 이익이 교육받거나 교육받지 않은 사회민주주의자들에 대한 강력한 처방을 제공할 것이기 때문이다."[71] (대부분의 새 식민지는 이익을 가져오지 않았고, 북아메리카나 남아메리카, 오스트레일리아로 갈 수는 있어도 아프리카나 아시아로 이주하려는 유럽인은 거의 없다는 사실은 무시되었다.) 영국 학교들은 제국의 날을 기념했다. 노동계급이었던 영국인 한 명은 이렇게 회상했다. "우리는 영국의 국기, 유니언 잭을 그렸다. 영국 통치령 국기들이 걸린 교실에서 자랑스럽게 세계 지도에 붉은색으로 표시된 지역을 '여기, 그리고 여기, 또 여기'를 가리키면서 '우리 것'이라고 말했다."[72]

1901년 솔즈베리는 "우리가 일종의 유독한 지대에 들어온 듯한 제국주의 열정"[73]에 대해 불평했지만, 다른 정치인들과 마찬가지로 식민지 문제에 대해서는 여론이 불안하고 급박하다는 것을 알았다. 일례로 뷜로는 세기 전환기에 사모아 군도를 놓고 영국과 싸우는 동안 여론에 완전히 둘러싸였다. 그는 독일 대중과 카이저가 뭐라고 말할지 두려워, 다른 곳으로 보상해주겠다는 체임벌린의 너그러운 제안을 거절해야만 했다.[74] 1차대전 때 아프리카와 극동에서의 식민지 분쟁은 대부분 해결되었지만 1911년 혁명으로 취약한 공화국 정부가 들어선 중국과, 유럽에 훨씬 가까운 오스만제국을 둘러싸고는 충돌의 가능성이 여전히 남아 있었다. 아프리카와 남태평양에서 영국과 독일 사이에 발생한 적대감, 모로코를 둘러싼 프랑스와 독일의 대립도 유럽 국민들 사이의 반감을 계속 증대시켰다. 1914년 1월 카이저의 쉰다섯 살 생일 축하 행사에서 독일 수상 베트만홀베크는 베를린 주재 프랑스 대사 쥘 캉봉에게 다음과 같이 말했다.

40년 동안 프랑스는 거창한 정책을 추진했다. 자국을 위해 세계에 엄청난 제국을 건설하는 정책이었고, 모든 곳에서 그렇게 했다. 그 기간에 소극적인 독일은 그러한 예를 따르지 않았지만, 지금은 적절한 입지가 필요하다. … 독일은 매일 인구가 크게 증가하고 있고 해군, 교역, 산업은 전례 없이 발전하고 있다. … 독일은 어떤 방식으로든 확장해야 하는데, 아직 자국에 걸맞은 '적절한 입지'를 찾지 못했다.[75]

사회진화론자들이 보기에 이러한 국가 간의 경쟁은 너무도 자연스러운 것이었다. 베트만홀베크의 가까운 자문역이 된 사려 깊은 독일 언론인 쿠르트 리츨러Kurt Riezler는 "항구적이고 절대적인 적대감이 민족들 관계에 근본적으로 내재해 있다"고 주장했다.[76] 해군력 경쟁을 시작한 티르피츠는 쇠퇴하는 강국 영국과 부상하는 강국 독일의 갈등은 불가피하다고 주장했다. 1904년 저명한 전쟁 이론 권위자인 아우구스트 니만August Niemann은 "지난 여러 세기 동안 거의 모든 전쟁은 영국의 이익 추구에 의해 발생했다"고 주장했다.[77] 민족주의는 자국에 대한 자긍심에 국한되지 않았다. 상대가 있어야 정의할 수 있고, 다른 민족에 대한 두려움을 먹고 성장하는 것이었다. 유럽 전역에서 독일과 러시아, 헝가리와 루마니아, 오스트리아와 세르비아 또는 영국과 프랑스의 관계는 다른 국가와 민족에 대한 국가적, 인종적 두려움으로 물들고 종종 악화되었다. 1908년 체펠린 백작의 비행선이 폭풍으로 파괴되었을 때, 영국은 독일에서 일어난 애국적인 흥분과 비행선을 다시 만들기 위해 쏟아진 독일 대중의 모금이 영국을 겨냥한 것이라고 의심했다.[78] 영국 측에서도 적대적 태도의 사례를 찾기는 쉽다. 일례로 외무부는 독일을 의심하고 두려워하는 에어 크로 같은 사람들이 점점 지배하게 되었다. 1904년 로마 주재 영국 대사 프랜시스 버티는 외무부 친구에게 이렇게 적어 보냈다. "자네의 두 번째 편지는 독일에 대한 불신을 내포하고 있다. 자네가 맞다. 독일은 우리를 위해서 하는 일은 없고, 우리의 피만 흘리게 한다. 독일은 잘못되었고, 욕심이 많고, 상업적으로나 정치적으로나 진정한 적이다."[79] 1914년 전쟁 발발 때까지 공유된 가치, 심지어 공유된 튜턴족 유산을 강조하는 영국인과 독일인이 있었지만, 그들의 목소리는 사회 모든 부문에 침투한 점점 치솟는 적대감에 덮여버렸다. 이것은 양국 지도자들의 선택지를 제한하는 결과를 가져왔고, 그들은 자신들의 시각과 대중의 압력에 큰 영향을 받았다. 일례로 1912년 해군력 경쟁을 축소하려던 진지한 시도는 그간 축적된 의심과 여론의 상황 때문에 수그러들었다.

독일과 프랑스 사이의 적대감은 독일과 영국 사이보다 더 크고 복잡했다. 양국은 상대국에서 감탄할 것을 찾았다. 독일인들은 프랑스 문명에 감탄했고, 프랑스인들은 독일인들의 효율성과 현대성에 감탄했다.[80] 그러나 독일인들은 나름대로 근거 있게 프랑스인들이 1870-1년 패배를 잊지 않았다는 점을 두려워했고, 근거는 약했지만 프랑스인들이 알자스와 로렌을 되찾기 위해 전쟁을 벌일 것이라고 생각했다. 독일 설계자들은 프랑스를 독일의 주적으로 보았고, 독일 신문들은 1차대전 이전 다른 어느 유럽 국가보다도 프랑스에 주의를 기울였다. 다른 한편으로 독일인들은 프랑스 제3공화국이 부패했고 무능하며, 프랑스 자체가 분열되어 있다는 생각으로 스스로 위안을 삼았다.[81] 프랑스를 논평하는 독일 평론가들은 프랑스의 경박함과 무도덕성을 자주 언급했다(파리를 방문하면 이 두 가지를 어디에서 찾을 수 있는지를 독자들에게 기꺼이 알려주었다).[82] 프랑스인들은 경제와 인구에서 프랑스를 앞서는 독일을 지켜보았지만, 독일인들은 상상력이 모자라고 사고가 경직되어 있다고 되뇌었다. 1877년 유명한 작가 쥘 베른의 소설 《인도 왕비의 유산》에서는 (좋은 일에 평생을 바친) 프랑스 의사와 독일 과학자가 공동의 인디언 조상들로부터 받은 막대한 유산을 나누어 갖는다. (독일인은 이 소식을 들었을 때 〈왜 모든 프랑스인은 어느 정도 세습적 타락을 겪는가?〉라는 논문을 쓰고 있다.) 두 사람은 각자 미국에 새로운 도시를 건설하기로 결정한다. 프랑스인은 찰스 왕자가 허락한다면 오리건주의 바닷가에 "불평등으로부터의 자유, 이웃과의 평화, 훌륭한 행정, 주민들의 지혜, 풍부한 번영"에 기초한 도시를 건설하기로 한다. 독일인은 광산과 가까운 와이오밍주에 철강 도시를 건설하기로 한다. 그는 황소탑에서 노동자들을 무자비하게 광산으로 끌고 가서 광석을 제련해 무기를 만들었다. 그들에게 제공되는 유일한 음식은 "시든 채소, 평범한 치즈 덩어리, 소시지 고기, 통조림"뿐이다.[83]

   프랑스 지식인들은 프로이센, 특히 프로이센주의에 매혹되었다. 아마도 황량하고 평평한 프로이센 경치와 우중충한 날씨가 프로이센인들을 따분하고 욕심 많은 사람들로 만들었을 것이다. 프랑스 사회학자는 프로이센인들이 수백 년간 북유럽 지역을 이동했다는 사실은 그들은 뿌리가 없고, 그래서 통치자에게 더 쉽게 조종되게 만들었다고 주장했다.[84] 《피가로》 기자 조르주 부르동Georges Bourdon은 1913년 "무분별한 군비 경쟁과 국제적 불신과 신경과민을 종식시키기 위해" 독일에서 인터뷰 시리즈를 진행했지만, "분별없이 건방지고 허풍이 센" 프로이센인들을 좋아하거나 신뢰할 수는 없었다. "그들은 등골이 휘는 노동으로 생활에 필요한 것을 얻는 궁핍하고 불행한 인종이었다. 최근에야 어느 정도 번영을 누리게 되었는데, 그들은 무력으로 이것을 얻었다. 그래서 그들은 무력을 믿고, 반항적인 태도를 누그러뜨릴 줄 모른다."[85]

두 나라에서는 학교 교과서부터 인기 많은 소설에 이르는 다양한 출판물에 상대에 대한 몹시 불쾌하고 경각심을 주는 고정관념이 발전했다. 흥미롭게도 양국에서 독일은 통상 군복을 입은 남자로 그려진 데 반해(프랑스인들에게 이 이미지는 절반은 희극적이고, 절반은 커다란 콧수염을 가진 잔인한 병사였다), 프랑스인은 여자로 그려졌다(독일에서는 무력하거나 성욕 과잉이거나 아니면 둘 다를 나타냈다).[86] 프랑스에서는 영불협상의 표시로서 '사악한 영국인'이 '사악한 독일인'으로 바뀌었다. 프랑스 학계에서는 독일 남자가 프랑스 남자보다 동성애자가 될 가능성이 크다는 것을 뒷받침하는 연구가 이루어졌다. 거의 모든 동성애자가 바그너를 사랑한다는 것을 증거로 내세운 연구도 있었다.[87]

민족주의의 열기를 한탄하는 유럽 사람들도 많았다. 솔즈베리는 자신이 "국수주의jingoism"라고 부른 것을 혐오했고, 저명한 자유주의 언론인이자 지식인인 J. A. 홉슨은 "자신의 국가에 대한 사랑이 다른 국가에 대한 증오로 변질된 전도된 애국주의와 다른 국가의 개별 구성원을 파괴하려는 불타는 열망"을 공격했다.[88] 민족주의 전쟁에 미칠 영향에 대한 우려는 예상하지 못한 부문에서 나왔다. 독일통일전쟁을 계획하고 승리로 이끈 헬무트 폰 몰트케는 1890년 제국의회에서 내각 전쟁의 시대, 즉 제한된 목적으로 통치자들이 결정하는 전쟁의 시기는 끝났다고 말했다. "지금 우리가 당면한 것은 국민전쟁입니다. 신중한 정부라면 예상할 수 없는 결과를 가져올 이런 성격의 전쟁을 일으키는 것을 주저할 것입니다." 뒤이어 그는 강국들은 이런 전쟁을 끝내거나 패배를 인정하는 것이 어렵다는 것을 알게 될 것이라고 말했다. "신사 여러분, 전쟁이 7년이건, 30년이건 언제까지 지속될지 모르지만, 화약고에 처음으로 불을 붙여 유럽을 불길에 휩싸이게 한 자는 저주받을 것입니다!"[89]

그는 민족주의의 부상, 유럽에서 증대되는 신경과민, 고조되는 미사여구, 위기가 발생할 때마다 치솟은 전쟁에 대한 기대, 공격받는 것, 스파이, 아직 출현하지 않은 말이었지만 제5열이 사회 안에 잠복해 있다가 움직일 것에 대한 두려움을 보지 못하고 다음해에 사망했다. 그는 또한 대중이 전쟁 가능성을 받아들이고 심지어 환영하기까지 한 방식과 그의 세계의 가치가 민간인들에게 수용되는 방식도 보지 못했다.

군국주의는 두 얼굴을 가졌다. 군대를 비난에서 벗어난 대상으로 여기고 사회 정점에 두는 것, 그리고 규율, 명령, 자기희생, 복종 같은 군대의 가치가 시민사회에 스며들고 영향을 미치는 것이다. 1차대전 후 군국주의는 유럽을 갈등으로 밀어 넣는 핵심 요인 중 하나였다. 승리한 측에서는 독일 군국주의, 아니면 더 널리 알려진 프로이센 군국주의를 비난의 대상으로 삼았는데, 이것은 나름대로 이유가 있었다. 빌헬름 2세와 1871년 이후 독일 군대의 핵심이 된 프로이센 군대는 언제나 군대는 카이저에게만 복종하고, 단순한 민간인들의 비판 따위에는 영향을 받지 않는다고 주장했다. 더구나 그들은 군대가 독일 민족의 가장 고귀한 최고의 표현이라고 믿었고, 많은 독일 민간인들도 이에 동의했다.

그러나 군국주의는 유럽과 여러 사회에서 좀더 보편적 현상이었다. 영국에서는 조그만 아이들도 해군복을 입었고, 유럽대륙의 학생들은 종종 작은 군복을 입었다. 중등학교와 대학에는 예비장교단이 있었고, 국가 수장은 ― 공화국인 프랑스를 제외하고 ― 보통 군복을 입었다. 프란츠 요제프나 니콜라이 2세, 빌헬름 2세가 민간인 복장을 한 사진은 드물다. 엘리트 연대에서 복무를 마친 관리들도 자주 이 관행을 따랐다. 수상으로 처음 제국의회를 방문한 베트만홀베크는 소령 군복을 입고 있었다.[90] 1세기 후에도 사담 후세인과 무아마르 카다피처럼 통상적으로 군복을 입고 나타나는 군사 독재자들이 있었다.

당시 군국주의는 대개 자유주의자와 자본주의 좌파로부터 비난을 받았다. 그들은 군국주의가 세계 지배를 위한 전면적 투쟁 상태에 있다고 비난했다. 1907년 슈투트가르트에서 열린 제2인터내셔널의 결의문에는 다음과 같은 주장이 담겼다. "자본주의 국가들 간의 전쟁은 예외 없이 세계 시장에 대한 경쟁의 결과로 일어난다. 모든 국가는 자국의 시장을 공고하게 하려고 할 뿐 아니라 새로운 시장을 정복하려고 한다. 그 과정에서 외국 땅과 주민의 복속도 하나의 역할을 수행한다."[91] 지배계급은 노동자들이 자신의 이익에 집중하는 것에서 관심을 돌리려고 민족주의를 고무했다. 자본주의자들은 군비 경쟁을 가속화해서 이익을 얻었다.

유럽의 긴장은 경제적 경쟁의 산물이라는 생각은 1차대전 이후에도 오래 지속되었지만, 이를 뒷받침할 증거는 없다. 1914년 이전에 교전국들 사이의 무역과 투자는 늘어났다. 영국과 독일은 서로 가장 큰 무역 파트너였다. 군비 경쟁으로 일부 생산자들이 이익을 얻는 것은 사실이었다. 긴장은 종종 전면적 전쟁만큼 좋거나 때로는 더 나았다. 그 이유는 생산자들이 여러 나라에서 동시에 무기를 판매할 수 있기 때문이었다. 1차대전 이전 독일 회사 크루프는 벨기에의 방어시설을 개선하는 동시에 이를 격파할 독일군의 중화기를 발전시켰다. 영국 회사 비커스는 독일 회사에 개발허가를 부여해 맥심 기관총을 만들게 했고, 크루프의 개발허가를 이용해 폭발물용 퓨즈를 개발했다.[92] 수출입에 관여하는 은행가들과 사업가들은 낙심하며 대규모 전쟁 가능성을 내다봤다. 전쟁이 나면 세금이 치솟고, 교역이 방해받고, 기업들은 막대한 손실을 보거나 심지어 파산까지 할 수 있었다.[93] 독일의 사업가 후고 스티네스는 독일의 진정한 힘은 경제적 힘이지 군사적 힘이 아니라며 동포들에게 전쟁에 대해 경고했다. "앞으로 3, 4년 차분한 발전이 진행되고 나면 독일은 유럽에서 도전받지 않는 경제 대국이 될 것이다." 그는 전쟁 직전에 프랑스 회사와 철광산을 매입하고 영국 북부에 새로운 광산회사를 설립했다.[94]

제국주의나 자유주의와 마찬가지로, 유럽인들이 군국주의와 군대에 어떤 반응을 보였는가는 그들이 사는 나라와 정치적인 입장에 좌우되었다. 전체적으로 보아 오래된 두 제국인 오스트리아-헝가리와 러시아는 전쟁 전 유럽 강국 중에서 군국주의가 가장 덜했다. 오스트리아-헝가리에서는 독일어로 말하는 장교들이 주를 이룬 군대가 정권의 상징이었고, 그래서 점점 호전적이 되어가는 제국 내 민족주의 운동으로부터 의심의 대상이었다. 그곳에서 군사훈련과 가치를 고양하는 민간 조직들은 민족주의적 경향이 강했다. 일례로 오스트리아-

헝가리의 소콜Sokol 체육 운동은 슬라브계 주민을 위해서만 진행되었다.[95] 러시아에서는 새로 부상하는 정치 계급이 군대를 제한된 사회 계층 출신 장교들로 구성된, 절대주의 정권의 무기로 보았다. 러시아 여론과 지식인들은 식민지 정복이나 과거 군사적 승리에 자부심을 느끼지 않았다. 그런 일은 그들과 거의 상관이 없었다. 러일전쟁 중이던 1905년 소설가 알렉산드르 쿠프린은 《결투》를 발표해 큰 인기를 끌었는데 이 소설은 군 장교들을 술에 취하고, 방종하고, 부패하고, 게으르고, 따분하고, 잔인한 사람들로 묘사했다. 그가 현실을 과장했던 것 같지는 않다.[96] 1차대전 직전 몇 년 동안 차르와 그의 정부는 신체 운동과 군사훈련을 학교 필수과목으로 만들고 청년 그룹을 고무하면서 젊은 민간인들 사이에 군대 정신을 강화하는 조치들을 취했다. 1911년 베이든 파월이 그들을 점검하기 위해 러시아를 방문했다. 대중은 이러한 구상을 의심스러운 눈으로 지켜보았지만 일부 대중적 지지가 있었고, 적은 수의 청년들만 가담하기는 했지만 많은 조직이 형성되었다.[97]

군국주의와 군대는 유럽을 정치적으로 분열시키는 결과도 가져왔다. 좌파는 둘 다 인정하지 않은 반면, 보수주의자들은 이를 숭앙했다. 대부분 국가에서 상류층은 아들들을 군대로 보내 장교로 만들었지만, 노동계급은 징집을 부담으로 느꼈다. 이러한 구분이 칼로 자르듯 명확한 것은 아니었다. 중류층의 많은 사람들, 사업가, 상점 주인들은 게으른 군대와 값비싼 장비 구입에 세금을 쓰는 것에 분개했지만, 장교 계층의 가치와 스타일을 따라 하려는 사람들도 있었다. 독일에서 예비역 장교가 되는 것은 전문직업인들 사이에서조차 사회적 지위의 상징이었다. 유대인, 좌익, 하류층의 경우 다른 부류의 여자와 결혼한 남자들조차도 예비역 장교로 선택될 가능성은 거의 없었다. 선거에서 잘못 투표하거나 급진주의 사상에 경도된 장교들은 바로 해임되었다.[98]

점점 강화되는 민족주의도 국가 방어 조직으로서의 중요성을 군대에 더해주었다. 독일의 경우 군대를 국가의 창조자로 여겼다. 한 독일군 소령은 1913년 프랑스 언론인 부르동에게 이렇게 말했다. "이런저런 나라들이 군대를 갖고 있지만, 독일은 나라를 소유한 하나의 군대다. 그 때문에 공공생활의 모든 사건이 군대 생활에 영향을 미치고, 행복하거나 불행한 감정의 물결이 사람들을 본능적으로 군대로 향하게 만든다."[99] 사회주의자들은 한탄할 일이지만 유럽 여러 곳에서 노동계급은 군대에 열정을 보이며 악대를 만들고, 행진하고, 과거 승리를 기념하는 행사에 참여했다. 영국에서 담배 제조업자들은 유명한 장군과 제독들이 그려진 카드를 담뱃갑에 넣어 대중의 관심을 끌었다. 보어전쟁 중 유명한 고기 추출물 회사는 보어전쟁 총사령관 로버츠 경이 말을 타고 오렌지자유국을 달리는 모습을 담은 광고에 보브릴Bovril(황소로부터 얻는 거대한 힘을 뜻하는 단어)이라는 스펠링을 넣어 큰 성공을 거두었다.[100]

젊은이들에게 과거의 위대한 군사적 승리에 자부심을 가지라며 연설로 그들을 고무하고, 국가에 복종하고 애국심을 가지라는 글을 쓴 교장, 작가, 장군 또는 정치인들은 자신들이 젊은 세대를 심리적으로 대전쟁을 준비시키는 데 일조하고 있다는 사실을 깨닫지 못했다. 그들은 젊은이들에게 항상 나라를 위해 희생할 준비를 하고, 소년들에게 병사와 수병을 흉내 내고, 소녀들에게 그들을 돌볼 준비를 하라고 강조했다. 그들은 군사적 가치의 주입을 현대세계의 파괴적 효과에 대항하고 국가의 쇠퇴를 막는 시도로 보았다. 러일전쟁 중 영국의 관측관이었던 이언 해밀턴 장군은 일본과 그 군사적 정신의 부상을 몹시 우려하며 영국으로 귀환했다. 다행히도 일본은 동맹이었고, 그래서 영국은 이와 유사한 정신을 아이들에게 훈육할 시간이 있었다. "유치원 장난감부터 주일학교, 사관학교에 이르기까지 관심, 충성, 전통, 교육의 모든 영향력을 쏟아 다음 세대의 영국 소년들과 소녀들이 조상들의 애국심을 존경하고 숭앙하게 해야 한다."[101] 빅토리아 시대 영국 기숙학교에서 사랑받았던 단체 경기는 건전한 습관을 비롯해 더 중요히 여겼던 팀을 위한 노력과 충성을 함양한다는 이유로 바람직한 것으로 여겨졌다. 당시 가장 유명한 시 중 하나였던 헨리 뉴볼트의 〈람파다 Vitaï Lampada〉는 크리켓 팀 이야기로 시작되는데, 여기서 타자는 팀의 희망이 자기 어깨에 달렸다는 것을 알고 있다. "잘해, 힘껏! 기량을 끌어올려! 이겨라!" 주장이 그에게 말한다. 다음 구절은 영국군이 전멸될 위기에 놓여 "붉은 흙에 흠뻑 젖은" 수단의 사막으로 독자들을 데려간다. 그러나 한 학생의 목소리가 병사들에게 울려 퍼진다. "잘해, 힘껏! 기량을 끌어올려! 이겨라!"

특히 1914년 이전 기간 영국과 독일에서 해군연맹처럼 군사적 성격을 띤 열성적인 자원 조직들이 크게 늘어났다. 군국주의가 상부에서 조장될 뿐 아니라 풀뿌리처럼 퍼졌던 것이다. 징병제 덕분에 많은 남자들이 군대 경험을 한 독일에서는 성인 남자의 약 15퍼센트가 예비군협회에 가담했다. 이 단체는 주로 친목을 도모했지만, 회원들의 장례식을 군대식으로 치르고 카이저의 생일이나 유명한 전투 기념일 행사 같은 국가적 행사를 조직했다.[102] 영국에서 군사적 준비를 옹호하는 사람들은 자원병과 징병제를 통한 군대 확충을 주장했다. 1904년 영국인들이 친근하게 "밥스Bobs"라고 부르는 보어전쟁 영웅, 칸다하르의 로버츠 경은 사령관직을 사임하고 국가복무연맹을 이끌었다. 신체가 강건한 모든 남자의 훈련을 옹호하는 이 조직은 해외에서 복무하지는 않더라도 최소한 영국 섬들을 방어하기 위한 것이었다. 1906년 그는 윌리엄 르 큐가 경종을 울리는 소설 《1910년 침공》을 쓰는 것을 도왔고, 1907년에는 자신의 베스트셀러인 《무장한 국가》를 써서 국가 방어와 사회적 분열 모두를 해결하는 방법으로 국민의 군 복무를 주장했다. 1909년 3만 5000명의 회원을 가진 이 연맹은 보수주의자들의 지지를 받았다. 자유주의자들과 좌파는 군대를 불신하고 강제적 군 복무 아이디어를 혐오했다.

영국과 독일 모두에서 젊은이들에 대한 우려와 그들이 타락하고 있을 것이라는 걱정은 군국주의를 강화하는 데 일조했다. 그들을 올바른 길로 이끄는 것은 건강한 생활과 약간의 규율이었다. 영국에서는 청년훈련협회, 소년과교회청년여단이 도시와 하층민 젊은이들을 끌어들이려고 했다. 이 중 가장 유명한 조직은 보어전쟁의 또다른 영웅 베이든 파월이 1908년 설립한 보이스카우트였다. 설립 2년 만에 보이스카우트는 10만 명의 회원과 자체 주간지를 가지게 되었다. 베이든 파월은 영국의 방황하는 소년들과 청년을 "창백하고, 가슴이 빈약하고, 등이 굽고, 끝없이 담배를 피우는 불쌍한 종"에서 건강하고 활력이 넘치는 애국자로 바꾸기를 원했다.[103] 처음에 그는 소녀들도

스카우트가 되도록 허용했지만, 이에 대해 대중의 거센 항의가 일어났다. 보수적 주간지 《스펙테이터The Spectator》에 온 한 편지는 시골 탐험을 하고 온 젊은 남녀들이 "매우 바람직하지 않은 흥분 상태"에 있다고 비난했다. 베이든 파월과 그의 여동생은 서둘러 소녀 가이드를 만들었다. 그 목적 중 하나는 젊은 여성들이 "침공을 당할 경우 실제로 쓸모 있는 사람이 되도록"[104] 준비시키는 것이었다. 독일령 남서 아프리카의 헤레로족을 잔인하게 짓밟은 아프리카 근무 경험이 있는 두 명의 독일 장교는 보이스카우트를 모델로 "독일 정신"을 강조한 파드핀더Pfadfinder를 조직했다. 파드핀더는 카이저와 카이저의 제국을 방어할 준비가 된 군대에 충성하는 것을 자랑으로 여겼다. 군인들이 이 조직의 실행위원회의 일원이 되었고, 지역 지부를 운영하는 경우가 많았다.[105]

독일의 군 기득권층과 보수주의자들은 처음에는 군사훈련이 사회에 확산되는 것에 거부감을 느꼈다. 군대가 국민에 속한다는 위험한 급진주의 사고를 국민에게 주입할 수 있기 때문이었다. 징집제도가 시행되기는 했지만 대상 인원이 모두 소집되지는 않았다. 그래서 사회주의자와 자유주의자가 아닌 신뢰할 만한 병사를 선별할 수 있었다.[106] 1차대전 직전 사회민주당이 조직한 청년 집단의 성공은 보수주의자들의 생각을 크게 바꾸었다. 1911년 카이저는 조국의 젊은 이들을 현대세계에서 구원하여 애국자로 교육시키는 종합적 노력을 위한 청년 칙령을 발표했다. 빌헬름 2세의 최측근 장군 중 한 사람이자 보수주의 사상가이고 군사 이론가인 콜마르 프라이헤르 폰 데어 골츠Colmar Freiherr von der Goltz는 어린 소년들의 군사훈련에 대한 군대의 저항을 극복하느라 오랫동안 노력을 기울였다. 이제 카이저는 그에게 독일청년연맹을 설립해 그들을 신체적으로 적합하게 만들고, 복종을 배우도록 훈련시키고, 영광스러운 프로이센 과거를 가르쳐 "조국에 대한 봉사가 독일 남자의 최고의 영예라는 것을 인정하도록" 만들었다. 1914년이 되자 이 연맹의 회원 수는 75만 명에 이르렀는데 여기에는 물론 사회주의 조직은 제외되었고, 연맹과 유사한 청년 조직에 소속된 젊은이는 포함되었다.[107]

프랑스에서는 사회 내의 정치적 분열 때문에 이러한 조직이 대중적 호소력을 갖지 못했다. 다른 한편으로 프랑스의 강력한 반군사주의 전통은 군대가 구정권의 하수인이었던 프랑스혁명 시기까지 거슬러 올라간다. 나폴레옹과 그의 조카 나폴레옹 3세도 자신들의 권좌를 유지하는 데 군대를 사용했다. 그러나 프랑스혁명은 반동 세력에 맞서 스스로를 지키는 무장한 민족이라는 아이디어에 자극을 받은 민병대를 탄생시켰다. 이 조직은 우파와 많은 중산층 자유주의자들로부터 의심의 눈초리를 받았다. 프랑스-프로이센전쟁의 여파는 새로운 분열적 기억을 만들어냈다. 파리의 더 급진적인 시민들은 스스로를 조직하여 국가전위대가 있는 코뮌을 조직했고, 프랑스 정부는 정부군을 동원하여 이에 맞서 전쟁을 벌였다.

1870-1년 전쟁 패배 충격으로 정치 영역 전반에서 어떻게 해야 프랑스가 자국을 방어할 수 있을지에 대한 논의가 있었다. 1882년 정부는 모든 학교에 훈련 조직인 학교대대를 만드는 규례를 발표했다. 초기 활동은 활발했고 파리에서 거대한 퍼레이드가 진행되었지만, 프랑스 전역에 뿌리내리지 못하자 정부는 조용히 이 프로그램을

중단했다.

1889년 불랑제 장군이 시도한 쿠데타가 실패로 끝나자 공화주의자들은 군사훈련, 특히 잘못된 부류의 사람들이 받는 훈련은 문제를 일으킬 수 있다는 결론에 도달했다. 풀뿌리 운동으로 1871년 이후 여러 사격·체조 단체가 분명한 군사적 목적을 가지고 나타났다. (회의적인 보수적 신문 하나는 무기 훈련과 기계체조가 프랑스를 적으로부터 지킬 수 있을지 분명하지 않다고 비판했다.) 이러한 단체 대부분은 회원들이 멋진 단체복을 과시할 수 있는 사교 집단에 머물렀다. 또한 프랑스 정치에 휘말려 마을 사제가 주도하는 단체와 반교회적 교사가 주도하는 또다른 단체가 있었다.[108]

프랑스 제3공화국에서는 군대 자체가 독일 육군이나 영국 해군이 가진 권위를 누리지 못했다. 드레퓌스 사건은 그 권위를 더욱 훼손했다. 무엇보다도 프랑스 사회는 어떠한 군대를 보유해야 하는지를 놓고 깊이 분열되었다. 좌파는 자기방어만을 목적으로 하는 민병대를 원했고, 우파는 적절한 전문적 군대를 원했다. 대부분의 공화주의자들이 보기에 장교단은 보수주의자들과 귀족들의(종종 중첩되는 범주지만) 보금자리였다. 이 집단은 뿌리 깊은 반공화주의 시각을 가지고 있었다. 드레퓌스 사건은 이들에게 숙청을 단행하고, 의심이 가는 장교들을 해임하고, 신뢰할 수 있는 장교들을 승진시킬 기회를 제공했다. 가톨릭교도인 데다 특히 예수회 학교에서 교육받은 것은 주요 감점 요인이었던 것 같다. 야심찬 프랑스 장교들은 반교회적인 프리메이슨 조직에 가담했다.[109] 1904년 급진적인 전쟁장관이 일부 프리메이슨 회원들에게 가톨릭교도이고 반공화적인 것으로 의심되는 2만

5000명의 장교 블랙리스트를 비밀리에 작성하게 한 것이 드러나면서 큰 스캔들이 터졌다. 당연히 군대의 사기는 더 추락했다. 정부가 군대를 점점 파업과 좌익 시위를 진압하는 데 사용하면서 군대와 일반 대중의 관계도 악화되었다.[110] 1914년 이전 시기에 프랑스 민족주의가 부상하면서 반군사주의도 강화되었다. 매년 징병될 때면 기차역은 시위의 장소가 되고, 새로 징집된 병사들은 〈인터내셔널가〉 같은 혁명가를 같이 불렀다. 군대의 규율도 무너졌다. 장교들은 만취, 불복종, 심지어 폭동까지 다루어야 했다.[111] 1914년 직전 기간에 프랑스 정부는 상황이 너무 심각하고, 군대가 프랑스를 방어할 준비가 되지 않았다는 것을 깨닫고 군대를 재조직하고 개혁하려고 시도했다. 그러나 너무 늦은 조치였다.

*

카이저는 프랑스의 문제를 즐거운 마음으로 지켜보고 있었다. 1913년 니콜라이 2세가 베를린을 방문하자 그는 "어떻게 프랑스와 동맹을 맺을 수 있는가? 프랑스 사람들은 더이상 병사가 될 수 없다는 것이 보이지 않는가?"라고 물었다.[112] 그러나 독일에서도 군대, 특히 육군과 사회의 관계는 때로 껄끄러웠다. 투표권이 확산되고 중도 정당과 사회민주당이 부상하면서 독일 사회에서 육군이 누리던 특권적 지위에 의문이 제기되었다. 제국의회는 군사 예산을 검토하고 군사 정책에 대해 질의를 하겠다고 결정해서 카이저와 그의 궁정을 격앙되게 만들었다. 1906년에는 야심찬 사기꾼 하나가 황당한 일을 저질러 군대를 조롱거리로 만들었다. 빌헬름 포크트는 베를린에서 중고 장교복을 구입했다. 누가 보아도 허름하고 의심이 가는 복장이었지만 그는 작은 부대의 지휘를 맡았고, 병사들은 그에게 복종했다. 그는 병사들을 인근 소도시 쾨페니크로 데려가 시청으로 진입하여 고위 관리들을 체포하고 상당한 금액을 탈취했다. 그는 결국 체포되어 감옥에 보내졌지만, 일종의 대중적 영웅이 되어 관련한 희곡이 집필되었고 나중에는 그의 위업이 영화로 만들어졌다. 그의 밀랍인형은 런던 마담 투소 박물관에 유명하면서도 악명 높은 인형들 사이에 놓였다. 이후 그는 유럽과 북아메리카를 여행하며 쾨페니크 대위 이야기를 들려주고 작게나마 돈도 벌었다. 이 사건은 독일과 프랑스에서 군복에 대한 독일인의 복종 근성을 잘 보여주는 사례로 회자되었지만, 독일 군대를 크게 골탕 먹인 사건으로 고소하게 보는 사람들도 있었다.[113]

1913년 훨씬 더 심각한 사건이 알자스에서 일어났다. 이 사건은 독일 내에서 군대의 특권적 지위와 카이저가 그것을 보호하는 능력을 여실히 보여주었다. 문제의 발단은 스트라스부르 인근 자베른(현재 프랑스 사베른)이라는 작은 마을에 근무 중이던 젊은 중위가 지역 주민들을 모욕하는 표현을 사용한 것이었다. 이에 항의하는 시위가 일어나자 그의 상관들은 민간인들을 체포하고, 때로 총검으로 위협하며 연행하고 심지어 독일 병사를 보고 크게 웃었다는 이유로 시민들을 체포해 문제를 악화시켰다. 독일 병사들은 이 사건을 보도한 지역 신문사를 습격했다. 이 지역의 민간 당국자들은 법 위반에 크게 놀랐고, 베를린의 중앙 정부도 지역 주민과 프랑스의 관계에 미칠 영향을 우려했다. 독일 언론들도 군대의 행동을 크게 비난하는 자세를 취했고, 제국의회에서도 이 문제가 성토되었다. 하지만 군 최고지휘부와 카이저는 합심해서 자베른 병사들이 잘못했다거나 징계 조치가 필요하다는 것을 인정하지 않았다. (사실 그들은 문제를 일으킨 연대를 알자스 밖으로 이동시키고 시민을 체포한 병사들을 조용히 군법회의에 회부했다.) 황태자는 아버지를 흉내 내어 지역 주민들의 "후안무치"를 비난하면서 그 사람들이 교훈을 얻길 바란다는 전보를 발송했다. (베를린의 한 신문은 카이저가 "그 애가 전보를 막 보내는 나쁜 버릇을 어디서 배웠는지 알고 싶다"고 말하는 만평을 실었다.)[114] 수상 베트만홀베크는 자베른의 독일 병사들이 범법 행위를 했고 징계 조치가 내려져야 한다고 생각했지만, 결국 카이저에 대한 충성을 택했다. 그는 1913년 12월 초 제국의회에 출석하여 군대는 자신들이 하고 싶은 일을 할 수 있다며 군대의 권위를 옹호했다. 제국의회는 정부 불신임안을 가결했지만, 느슨한 독일 헌법 덕분에 그는 아무 일도 일어나지 않은 듯 계속 자리를 지킬 수 있었다.[115] 독일에서는 민간이 군대를 통제하는 것에 대한 강한 지지가 있었고, 실제로 이것이 실현될 수도 있었다. 그러나 7개월 후 심각한 유럽의 위기가 발생했을 때 독일 지도부는 자신을 거의 독립적으로 생각하는 군대와 함께 중대한 결정을 내렸다.

군국주의는 비교적 새로운 용어였지만 — 1860년대에 처음 사용된 것으로 보인다 — 이후 수십 년간 유럽 사회에 미친 영향은 민족주의와 사회진화론에 의해 크게 증폭되었다. 이것은 쇠퇴에 대한 당대 사람들의 두려움을 반영했고, 명예에 대한 전근대적 사고의 강력한 영향을 보여주었다. 1914년 이전 유럽 사람들은 심리적으로 전쟁을 준비하고 있었고, 일부 사람들은 전쟁이 일어날 가능성이 크다고 보았다. 생활은 더 편해졌고 특히 중류층과 하류층이 그 혜택을 받았지만, 더 흥미롭지는 않았다. 대중은 먼 곳에서 일어나는 식민지 전쟁을 흥미를 가지고 지켜보았지만, 영광과 위대한 업적에 대한 갈망은 충족되지 않다. 문자 해독의 확산과 새로운 대중신문, 역사소설, 스릴러, 싸구려 통속소설 또는 서부극은 대안적이고 좀더 흥분되는 세계를 보여주었다. 전쟁에 반대하는 자유주의자들에게는 실망스럽게도 전쟁은 매력적인 것이었다. 영국에는 이렇게 말한 사람도 있었다. "전쟁의 실상을 오랫동안 겪지 않은 것이 우리의 상상력을 무디게 만들었다. 우리는 라틴계 민족 못지않게 흥분을 사랑한다. 우리의 생활은 지루하다. 승리는 우리 중 가장 저속한 사람도 이해할 수 있는 것이다."[116] 오늘날 젊은 세대와 유사하게 당시 젊은 세대는 큰 전쟁이 일어나면 어떻게 감당할지 의문을 가졌다. 독일에서 군 복무를 마친 젊은 남자들은 독일통일전쟁에 참전한 선배들보다 열등하다고 느꼈고, 자신들의 힘을 증명할 기회가 오기를 바랐다.[117]

미래주의자 마리네티가 안락한 부르주아 사회의 격렬한 파괴와, 사람들이 "썩고 더러운 사회"라고 부른 것의 종식을 원한 유일한 예술가는 아니었다.[118] 또다른 이탈리아 사람인 시인 가브리엘레 단눈치오는 권력, 영웅주의, 폭력에 대한 찬양으로 유럽 전역의 젊은이들에게 큰 영향을 미쳤다.[119] 1912년 이탈리아가 오스만제국과 전쟁하던 중 그는 케슬러에게 자신의 민족주의적 시가 "이탈리아 국민에게 불어온 피와 불의 광풍"에 미친 영향을 자랑했다.[120] 영국에서 장래가 촉망되던 젊은 세대 시인 루퍼트 브룩은 "무언가 격변"을 갈망했고, 가톨릭 작가 힐레어 벨록은 다음과 같이 적었다. "나는 대전쟁을 얼마나 갈망하는가! 대전쟁은 빗자루처럼 유럽을 쓸어버리고, 왕들을 불 위의 커피콩처럼 튀게 할 것이다."[121] 아프리카 프랑스 식민지에서 활약해 젊은 세대의 영웅이 된 젊은 프랑스 민족주의자 에르네스트 프시카리Ernest Psichari는 평화주의를 공격하고 1913년 발간한 《무기를 들라Call to Arms》에서 프랑스의 쇠퇴를 비난했다. 당시 민족주의자들이 흔히 그랬듯이 그는 종교적 상상력을 동원하여 "표현할 수 없는 은혜가 우리에게 내려와 우리를 풍요롭게 할 위대한 힘의 수확"을 갈망한다고 썼다.[122] 그는 다음해 8월 전사했다.

10장

평화를 꿈꾸며

1914년 이전 강력한 평화운동은 전쟁을 불법화하거나 최소한 제한하기 위해 노력했다. 이 운동의 목표 중 하나였던 군비 경쟁 종식은 거의 성공하지 못했다. 이 만평에서는 테이블 한쪽 끝에서 전쟁의 신 마르스가 드레드노트 한 척을 씹어 먹고 있다. 그러는 동안 프랑스의 마리안, 오스만제국의 튀르크인, 영국 제독과 미국의 엉클 샘 등 세계열강의 대표들이 화가 나서 자기 몫의 무기로 된 식사를 요구하고 있다. 불쌍한 여성 종업원으로 표현된 평화는 날개를 질질 끌고 머리를 수그린 채 무거운 쟁반을 옮기느라 고생하고 있다. "드레드노트 클럽에서는 매 시간이 점심시간이다."

백작의 딸이었던 베르타 킨스키Bertha Kinsky는 강인하고 사랑스럽지만 가난한 젊은 여성이었다. 1875년 그녀는 빈의 폰 주트너 가족의 가정교사 일을 시작해야만 했다. 이런 이야기는 좋은 교육을 받은 미혼 여성에게는 흔한 일이었다. 그 가족의 아들 하나가 그녀와 사랑에 빠지고 그녀도 그를 사랑하게 된 것도 이상한 이야기는 아니었다. 그러나 그의 가족은 두 사람의 결혼을 한사코 반대했다. 우선 그녀는 그들의 아들보다 나이가 일곱 살 많았다. 더 중요한 것은 그녀가 무일푼이고, 유서 깊은 체코 가문 출신임에도 출생 배경이 스캔들을 일으켰다는 점이었다. 그녀의 엄마는 귀족이 아니라 중류층 출신이었고, 남편보다 거의 쉰 살 아래였다. 두 사람 사이에 태어난 아이는 친척에게 환영받지 못했고 때로는 사생아라고 불렸다.[1] 성인이 된 그녀는 출생 배경을 신경쓰지 않고 당시 기준으로는 당돌한 자유사상가이자 급진주의자가 되었지만, 돈에 대한 태평함을 비롯한 성향은 대부분 유지했다.

애정행각이 드러나 빈의 그 가족과 살 수 없게 된 그녀는 충동적으로 파리로 가서 부유한 스웨덴 기업가 알프레드 노벨의 비서가 되었다. 당시에는 둘 중 아무도 알지 못했지만, 이 만남은 평화를 추구하는 동반자 관계의 시작이었다. 그녀는 몇 달만 노벨 곁에 머물다가 마음 가는 대로 빈으로 돌아갔고, 애인인 아르투어 폰 주트너Arthur von Suttner와 달아났다. 두 사람은 러시아의 코카서스 지역으로 가서 간신히 생계를 유지하며 살았다. 그러다가 베르타는 자신이 독일어로 책과 짧은 작품을 쓰는 재능이 있다는 것을 발견했다. (성격이 단호하지 못하고 활력이 넘치는 아르투어는 프랑스어와 승마를 가르쳤다.) 그녀는 1877년 러시아와 오스만제국의 전쟁이 코카서스와 발칸에서 발발했을 때 전쟁의 참상을 직접 목격했다. 1885년 아르투어와 함께 빈으로 돌아온 뒤 베르타는 전쟁은 사라져야 한다고 확신했다. 1889년 그녀는 가장 유명한 저작 《무기를 내려놓아라!》를 출간했다. 귀족 태생의 젊은 여인이 재정적 파산, 콜레라, 전쟁에서 첫 남편의 상실 등 고난을 겪는, 가슴을 울리는 멜로드라마 성격의 작품이었다. 그녀는 재혼하지만 두 번째 남편도 오스트리아-헝가리와 프로이센의 전쟁에 내보내야 했다. 친척의 반대를 물리치고 남편을 찾아 전장으로 간 그녀는 프로이센의 승리 후 부상당한 병사들의 참혹한 광경을 직접 목격한다. 그녀는 남편과 다시 만나지만 두 사람은 운 나쁘게도 프랑스-프로이센전쟁 중 파리에 있게 되고, 남편은 파리 코뮌의 총에 살해된다. 톨스토이는 이 소설을 읽고 "깊은 확신이 보이지만, 재능은 없어 보인다"라고 평가했다.[2] 그럼에도 불구하고 이 소설은 큰 성공을 거두어 영어를 비롯한 몇 개 언어로 번역 출간되었다. 책 판매로 베르타와 그녀의 가족, 그리고 평화를 위한 그녀의 끝없고 지칠 줄 모르는 노력은 적어도 짧은 기간이나마 재정적 지원을 받았다.

그녀는 뛰어난 홍보 달인이자 대단한 로비스트였다. 1891년 오스트리아평화협회를 창설하고, 그 잡지를 여러 해 동안 편집했다. 영국-독일친선협회에서도 활발히 활동했고, 세계의 권력자들에게 많은 편지와 청원을 보냈다. 그녀는 논문, 책, 소설을 써서 군국주의의 위험, 전쟁으로 인한 인간의 희생과 전쟁을 피할 수 있는 방법을 알렸다. 회의나 평화회의에서 발언하고 강연 여행도 다녔다. 1904년에는 시어도어 루스벨트 대통령이 백악관에서 그녀를 접견했다. 그녀는 모나코 왕자와 미국 산업가 앤드루 카네기 등 부자들을 설득해 지원을 받았다. 가장 중요한 후원자는 그녀의 오랜 친구이자 고용주였던 노벨이었다. 그의 재산은 새롭고 강력한 폭발물인 다이너마이트 특허와 생산에서 나온 것이었다. 다이너마이트는 광산에 바로 사용되었지만, 점점 현대 무기의 파괴성을 강화하는 데 사용되었다. 그는 베르타에게 이렇게 말하기도 했다. "내가 이런 전쟁이 불가능할 정도로 완전하게 파괴하는 무서운 효과를 가진 물질이나 기계를 만들 수 있었다면 좋았을 것이다."[3] 1896년 사망한 노벨은 유산 일부를 노벨 평화상 기금에 넘겼다. 다시 재정적 어려움에 처한 주트너는 이 상을 받는 데 로비 재능을 발휘해 1905년 노벨 평화상을 받았다.

스스로 생각하기에도 그녀는 과학, 합리성, 진보를 확신한 19세기의 산물이었다. 그녀는 전쟁이 얼마나 허망하고 바보 같은 일인지를 유럽인들에게 일깨울 수 있다고 확신했다. 그들의 눈을 뜨게만 하면 전쟁을 불법화하는 자신의 일에 그들을 가담시킬 수 있다고 열렬히 믿었다. 진화와 자연 선택에 대한 사회진화론의 개념을 공유했지만, 그녀는 ― 평화운동을 하는 많은 사람들의 전형적인 생각이었다 ― 군국주의자나 콘라트 같은 장군들과 다르게 그 이론을 해석했다. 투쟁은 불가피한 것이 아니었다. 더 평화로운 사회로의 진보는 불가피했다. "평화는 문명의 진보가 필요에 의해 가져올 조건이다. … 수세기 동안 전쟁을 좋아한 정신이 진보적으로 쇠퇴할 것은 수학적으로 분명한 일이다." 그녀가 쓴 글이다. 19세기 마지막 25년간 저명한 작가이자 강연자였고, 미국이 세계로 확장할 명백한 운명을 가지고 있다는 사상을 대중에게 전파한 존 피스크는 미국의 경제력에 의해 이것이 평화적으로 이루어질 것이라고 믿었다. "결국 산업 문명이 군사 문명에 승리를 거둘 것이다." 전쟁은 진보의 초기 단계에 속했고, 베르타가 생각하기에는 분명히 비정상적이었다. 대서양 양안의 저명한 과학자들도 전쟁이 생물학적으로 비생산적이라는 데 베르타와 의견을 같이했다. 그 이유는 전쟁은 사회에서 최고인 사람, 가장 영리한 사람, 가장 고귀한 사람을 살상하고 부적합한 사람들이 생존하게 만들기 때문이었다.[4]

부쩍 늘고 있는 평화에 대한 관심은 18세기 이후 국제관계의 사고의 변화를 반영한 것이었다. 국제관계는 더이상 제로섬 게임이 아니었다. 19세기가 되자 모두가 평화로부터 이익을 얻을 수 있는 국제질서에 대한 이야기가 나왔다. 19세기의 역사는 새롭고 더 나은 질서의 출현을 보여주는 것 같았다. 1815년 나폴레옹전쟁이 끝난 후 유럽은 잠깐씩 중단된 적은 있지만 오랜 평화 기간을 누렸고, 유럽의 진보는 대단했다. 이 두 가지가 서로 연관된 것은 분명했다. 국가들의 행위에 대한 보편적 기준의 합의와 수용도 점점 커졌다. 시간이 지나면 법과 제도가 국내에서 발전하듯이 국제법과 새로운 국제제도가 발전할 것이 분명했다. 국가들 사이의 분쟁 해결에 점점 중재를 활용하고, 일례로 쇠퇴하는 오스만제국의 위기를 다룬 것처럼 19세기 동안 유럽 강국들이 서로 협력하는 사례가 늘어난 것은 세계 문제를 다루는 새롭고 더 효과적인 방법의 기초가 단계적으로 조성되고 있다는 것을 보여주는 것 같았다. 전쟁은 분쟁 해결에 효과적이지 않을 뿐 아니라 대가가 너무 큰 방법이었다.

문명화된 세계에서 전쟁이 쓸모없어질 것이라는 추가 증거는 유럽 자체의 본질에 있었다. 유럽 국가들은 경제적으로 밀접하게 연결되어 있었고, 교역과 투자는 동맹 집단을 가로질렀다. 영국과 독일의 무역은 1차대전 이전 매해 늘어나 1890-1913년 동안 영국이 독일로부터 수입하는 액수는 세 배 늘어났고, 독일로 수출하는 금액은 두 배 증가했다.[5] 프랑스도 영국에서 수입하는 만큼 독일에서 수입했고, 독일은 철강 공장 가동을 위해 프랑스산 철광석에 의존했다. (두 번의 세계대전이 끝나고 반세기 후 프랑스와 독일이 설립한 철강석탄공동체는 유럽연합의 기초가 되었다.) 영국은 세계 재정의 중심지였고, 유럽 안팎의 많은 투자가 런던을 통해 이루어졌다.

그 결과 전문가들은 일반적으로 1914년 이전 강국 간의 전쟁은 국제 자본 시장 붕괴와 무역 중단을 가져와 모든 국가에 해악을 미치고, 강국들이 수 주 이상 전쟁을 지속하는 것을 불가능하게 만들 것이라고 전제했다. 각국 정부들은 신용차관을 얻을 수 없고, 각국의 국민들은 식품 공급이 줄어들면서 동요할 것이라고 보았다. 그러나 평화기에조차 큰 비용이 드는 군비 경쟁에 몰두하면서 각국 정부는 채무를 지게 되거나 세금을 올리거나 두 가지 모두를 해야 했고, 이것은 대중적 소요를 가져올 수밖에 없었다. 이러한 부담을 지지 않고 낮은 세금을 유지할 수 있었던, 새로 부상하는 일본과 미국은 훨씬 더 경쟁력이 강해졌다. 일부 저명한 국제 문제 전문가들은 유럽이 기반을 상실하고 궁극적으로 세계의 지도력도 상실할 위험이 있다고 경고하기도 했다.[6]

1898년 상트페테르부르크에서 여섯 권으로 출간된 두툼한 책에서 이반 블로흐Ivan Bloch(프랑스에서는 장 드 블로크로 알려졌다)는 전쟁술의 발달 자체가 전쟁을 쓸모없는 것으로 만들 것이라는 극적인 주장과 함께 전쟁에 반대하는 경제적 주장을 내놓았다. 현대 산업사회는 전장에 거대한 군대를 배치할 수 있고, 그 군대를 치명적 무기로 무장시킬 수 있어서 전쟁의 판도는 방어하는 쪽에 유리하도록 변경되었다. 미래의 전쟁은 거대한 규모로 전개되어 자원과 인력을 모두 소진시킬 것이라고 그는 주장했다. 그리고 전쟁은 교착상태에 다다라 결국 전쟁에 개입한 사회를 파괴할 것이라고 예견했다. "미래에는 전쟁이 더이상 없을 것이다. 전쟁이 자살을 의미한다는 것이 분명해서 전쟁이 불가능해졌기 때문이다."[7] 블로흐가 영국 출판가 윌리엄 토머스 스테드에게 한 말이다. 게다가 각국 사회는 유럽 각 나라에 해를 끼치는 군비 경쟁을 더이상 감당할 수 없었다. "현재 상황은 무한정 계속될 수 없다. 사람들은 군국주의의 짐 아래 신음하고 있다."[8] 핵심을 찌르기는 했지만 블로흐가 잘못 예측한 것은 교착상태도 오래 지속될 수 없다는 전제에 있었다. 유럽 사회가 그렇게 거대한 전쟁을 몇 달 이상 지속할 물질적 능력이 없다는 것은 분명했다. 다른 것은 차치하더라도 전선에 그렇게 많은 사람을 배치하면 공장이나 광산이 멈추고 농지가 방치될 것이 분명했다. 그는 유럽 사회가 거대한 자원을 동원해 전쟁에 쏟아붓고, 아직 활용되지 않았던 노동력을 특히 여성에게서 얻을 수 있다는 것을 예측하지 못했다.

스테드가 "나의 자원병"[9]이라고 칭한 블로흐는 러시아령 폴란드에서 유대인으로 태어나 나중에 기독교로 개종한 사람으로, 러시아판 존 록펠러나 앤드루 카네기라 할 만했다. 그는 러시아 철도 발달에 핵심 역할을 했고, 몇 개의 회사와 은행을 설립했지만 개인적 열정의 대상은 현대 전쟁 연구였다. 풍부한 연구와 수많은 통계를 인용하며 그는 정확하고 신속하게 발사하는 대포, 고성능 폭약 같은 기술 진보로 인해 잘 구축된 방어 거점을 공격하는 것은 거의 불가능하게 되었다고 주장했다. 흙더미, 삽질, 철조망을 결합해 방어자들은 강력한 방어선을 구축할 수 있고, 그곳에서 공격자들에게 엄청난 타격을 주는 포격을 퍼부을 수 있었다. 블로흐는 스테드에게 이렇게 말했다. "치명적인 포탄이 날아간 곳에서 지평선을 보면 아무것도 없을 것이다."[10] 그의 추정에 따르면, 사격 지역을 건너가려면 공격자는 최소한 8대 1의 수적 우위를 가져야 했다.[11] 전투는 많은 사상자를 낳고 "피해 규모가 엄청나서 군대가 전투를 결정적인 승기로 전환하는 것은 불가능할 것"이다.[12] (블로흐는 현대 유럽인, 특히 도시에 사는 사람들은 조상들보다 더 약하고 예민하다는 비관적 시각을 공유했다.) 실제로 미래의 전쟁에서는 분명한 승리를 거두는 것이 가능하지 않을 것 같았다. 전장이 죽음의 들판이 되는 동안 국내의 궁핍으로 무질서가 발생하고 궁극적으로 혁명이 일어날 것이었다. 블로흐의 말에 따르면 전쟁은 "기존의 모든 정치 제도를 파괴하는 재앙이 될 것"이었다.[13] 블로흐는 자신의 주장을 의사결정자들과 일반 대중에게 전달하려고 최선을 다했다. 1899년 헤이그 평화회의에서 자신의 책을 배포했고, 런던의 군사

연구소 같은 비우호적인 장소에서도 강연을 진행했다. 1900년에는 자기 돈으로 파리만국박람회에 전시 공간을 마련해 과거의 전쟁과 앞으로 치를 전쟁의 차이를 보여주었다. 1902년 사망 직전 그는 루체른에 전쟁과평화박물관을 설립했다.[14]

전쟁은 경제적 관점에서 비합리적일 뿐이라는 견해도 있었다. 이러한 견해를 유럽 대중에게 퍼뜨린 사람은 열네 살에 학교를 떠나 세상을 헤매고 다니며 카우보이, 돼지 사육, 금 채굴 등을 한 뜻밖의 사람이었다. 노먼 에인절은 자주 병치레를 하는 몸이 작고 약한 사람이었지만, 아흔네 살까지 살았다. 그의 오랜 경력 생활 중 그를 만난 사람들은 그가 성격이 좋고, 친절하고, 열정적이고, 이상적이고, 체계적이지 못하다는 데 동의했다.[15] 그는 결국 언론에서 자신의 길을 찾아 1차대전 이전 《콘티넨털 데일리 메일Continental Daily Mail》의 파리 지사에서 일하게 되었다. (그는 시간을 내어 파리에서 처음으로 영국식 보이스카우트를 만들기도 했다.) 1909년 그는 《유럽의 시각적 환상》이라는 소책자를 출간했고, 여러 판을 거쳐 이 책은 《커다란 환상The Great Illusion》이라는 훨씬 두꺼운 책으로 출간되었다.

에인절은 전쟁이 보상을 가져온다는 널리 받아들여졌던 견해 — 커다란 환상 — 에 도전했다. 각 나라가 자국이 생산하는 것보다 더 많은 것을 필요로 하고, 서로를 덜 필요로 해서 전쟁 노획물을 챙기면 최소한 당분간은 그것을 즐길 수 있었던 과거에는 이런 시각이 합리적이었다. 그러나 그때도 전쟁은 최고의 인재들을 사라지게 한다는 이유만으로도 국가를 약화시켰다. 프랑스는 루이 14세와 나폴레옹이 거둔 위대한 승리에 대한 대가를 여전히 치르고 있었다. "1세기에 걸친 군국주의의 결과 프랑스는 군사력을 유지하기 위해 몇 년마다 신체 조건을 완화해야 하고, 이제는 키가 3피트〔약 91센티미터〕인 난쟁이조차 좋은 병사로 여겨질 정도다."[16] 현대에 와서는 승자가 아무것도 얻는 것이 없기 때문에 전쟁은 가치가 없었다. 국가들이 경제적으로 상호 의존하던 20세기에는 강력한 국가도 교역 상대, 시장, 자원, 투자처를 찾을 수 있는 안정되고 번영하는 세계를 필요로 했다. 패배한 적을 약탈하여 궁핍하게 만드는 것은 승자에게 해를 끼칠 뿐이었다. 다른 한편으로 승자가 패자가 번영하고 성장하도록 고무한다면 전쟁할 이유가 어디에 있겠는가? 에인절은 예를 들어 독일이 유럽을 장악한 상황을 가정해보자고 제안했다. 독일은 정복 대상을 약탈하기 시작할까?

> 그것은 자살적 행위가 될 것이다. 독일의 거대한 산업 인구는 어디에서 시장을 찾을 것인가? 만일 독일이 정복한 국가가 발전하고 부유해지도록 만든다면, 그 대상은 능력 있는 경쟁자가 될 것이다. 이러한 결과를 얻기 위해 독일은 가장 큰 대가를 치르는 전쟁을 할 필요가 없다. 이것은 역설이자 전쟁의 무의미, 즉 우리 제국의 역사 자체가 잘 보여주는 커다란 환상이다.[17]

그의 주장에 따르면 영국은 개별 식민지, 특히 자치령이 낭비적인 갈등 없이 번영하도록 허용하여 모두 함께 이익을 얻었다. 사업가들은 이 기본적 진리를 이미 깨달았다고 에인절은 믿었다. 지난 수십 년간 전쟁 발발을 위협하는 국제적 긴장이 일어날 때마다 비즈니스가 고통을 겪었고, 그 결과 런던, 뉴욕, 빈, 파리를 막론하고 재정가들은 "이타주의가 아니라 상업적 자기 보존을 위해" 이 위기가 끝나도록 함께 나섰다.[18]

그러나 유럽인 다수는 위험하게도 때로 전쟁을 필요한 것으로 생각한다고 에인절은 경고했다. 유럽대륙의 국가들은 군대를 강화하고, 영국과 독일은 해군력 경쟁을 벌이고 있었다. 유럽인들은 자국의 강력한 군대가 단지 방어적 목적을 위한 것이라고 생각하지만, 군국주의와 군비 경쟁의 총체적 효과는 전쟁이 일어날 가능성을 높였다. 유럽의 정치 지도자들은 이 점을 깨달아야 하고 자신들이 가진 커다란 환상을 버려야 했다. "만일 유럽 정치인들이 자신들의 마음을 흐리게 하는 불합리한 사고를 잠시 한쪽으로 치워버릴 수 있다면, 그들은 무력으로 얻은 것의 직접적 대가가 획득한 자산의 가치보다 더 크다는 것을 알게 될 것이다."[19] 당시 유럽의 불안한 상태에서 에인절의 타이밍은 훌륭했고, 그의 아이디어에 대한 반응은 평화 옹호자들에게 고무적이었다. 이탈리아 국왕은 분명히 그의 책을 읽었고, 카이저도 "깊은 관심을 가지고" 이 책을 읽었다. 영국 외무장관 에드워드 그레이와 야당 지도자 밸푸어도 이 책을 읽고 깊은 감명을 받았다.[20] 재키 피셔도 이 책을 "하늘에서 내려온 양식"이라고 표현했다.[21] (피셔의 전쟁관은 아주 단순했다. 전쟁을 원하지 않지만, 전쟁해야 한다면 전력을 다해 싸운다는 것이었다.) 이 책을 열렬히 지지하는 사람들은 에인절리즘이라고 부르게 된 이 아이디어가 대학에서 연구되도록 재단을 설립하기 위해 한데 뭉쳤다.[22]

19세기 마지막 수십 년과 20세기 첫 10년 동안 평화를 추구하고 군비 경쟁과 군국주의에 반대하는 조직화된 운동들이 더 일반화되었다. 주로 중산층의 지지를 얻은 이 운동은 유럽 여러 곳과 북아메리카에서 발전해나갔다. 1891년, 오늘날에도 존재하는 국제평화국이 베른에 설립되어 각국의 평화 단체들, 특히 '평화를 위한 퀘이커 친구들' 같은 종교 조직과 중재와 군비 축소를 옹호하는 국제단체들을 한데 모았다. 평화를 위한 십자군 운동, 정부에 대한 청원, 국제 평화회의와 대회가 열렸고, "평화주의자" 또는 "평화주의pacifism", 심지어 모든 상황의 적대적 관계와 전쟁까지 망라해 제한하거나 방지하려는 "평화 옹호주의pacificism" 같은 신조어들이 생겨났다. 1889년에는 프랑스혁명 100주년을 기념하여 9개국 의회를 대표하는 96명의 의원들이 파리에 모여 회원국 간 분쟁의 평화적 해결을 목적으로 하는 국제의회연맹을 창설했다. 1912년 이 조직은 21개국 3640명의 회원을 확보했다. 회원국은 대부분 유럽 국가였지만 일본과 미국도 포함되어 있었다. 상서로운 해였던 1899년에는 1914년 이전에 20번 열리게 될 만국평화회의Universal Peace Congresses의 첫 번째 회의가 유럽과 미국에서 온 300명의 대표가 참가한 가운데 열렸다.[23] 1904년 회의가 보스턴에서 열렸을 때에는 미국 국무장관 존 헤이가 개회를 했다. 평화라는 대의는 모두가 존중할 만해서 연로한 냉소주의자 뷜로도 1908년 베를린에서 열린 평화회의를 환영했다. 그는 회고록에서 평화주의자들 대부분의 "꿈과 환상"은 바보 같다는 것을 잘 알지만, 그럼에도 불구하고 이 회의는 "반독일적 편견을 파괴할 수 있는" 좋은 기회를 마련해주었다고 평가했다.[24]

뷜로는 조국에서 성장한 평화주의자들을 크게 염려할 필요가 없었다. 독일 평화운동은 회원이 만 명을 넘은 적이 없었고, 주로 하위 중산층에서 모였다. 즉 영국과 달리 독일의 평화운동은 저명한 교수, 주도적 사업가나 귀족을 끌어들이지 못했다. 영국이나 미국에서는 고위 사제들이 이 운동을 지지했지만, 독일에서는 일반적으로 교회가 이를 비난하면서 전쟁은 인간에 대한 신의 계획의 일부라고 주장했다.[25] 자유주의자들도 영국, 프랑스와 달리 독일에서 평화를 옹호하는 데 앞장서지 않았다. 1871년 프랑스에 대한 승리와 독일 통일의 흥분 속에서 독일 자유주의자들은 대체로 비스마르크와 그의 권위주의적이고 반자유주의적인 정권에 대한 이전의 의구심을 잊고, 새 독일제국을 열렬히 지지했다. 좌파 자유주의 정당인 진보당조차도 육군과 해군 예산에 찬성표를 던졌다.[26] 평화는 전쟁으로 창설되고 군대가 명예로운 지위를 차지하고 있는 국가에서 매력적인 이상이 될 수 없었다.

오스트리아-헝가리에서도 평화운동은 독일처럼 소규모였고 영향력도 없었다. 게다가 이 나라의 평화운동은 점점 민족주의 정치에 휘말렸다. 일례로 독일어로 말하는 자유주의자들은 1860년대와 1870년대 전쟁 반대 입장에서 합스부르크왕가와 제국 지지 입장으로 선회했다. 그들은 여전히 중재를 옹호했지만 징병제와 더 적극적인 외교정책을 지지했다.[27] 더 동쪽에 있는 러시아에서도 평화주의는 두호보르파Doukhobors와 같은 주변적 종파에 국한되었다. 톨스토이가 개인적으로 평화운동을 벌이기는 했다.

1914년 이전에 가장 강력하고 영향력 있는 평화운동은 미국에서 전개되었고, 영국과 프랑스가 뒤따랐다. 각국의 평화주의자들은 깊은 분열과 내전, 혁명에 이르는 전면적 갈등을 극복하고, 안정되고 번영하며 잘 작동하는 제도를 가진 사회를 건설한 자국의 역사를 지적할 수 있었고, 자주 그렇게 했다. 이렇게 운이 좋은 나라들이 세계에 가진 의무는 자국의 우월하고 평화적인 문명을 모든 국가의 이익을 위해 전파하는 것이었다. "우리는 위대한 국가가 되었고, 우리는 그러한 책임을 진 국민답게 행동해야 한다."[28] 시어도어 루스벨트가 한 말이다.

미국 역사에 깊이 뿌리내려온 미국의 평화주의는 세기 전환기에 국내 사회를 개혁하고 평화와 정의를 해외에 확산하려는 진보 운동에 강한 영향을 받았다. 목사, 정치인, 순회 강연자들은 이러한 메시지를 전국 곳곳에 전파했고, 시민들 스스로도 정직한 지방정부, 슬럼 철폐, 절제, 공공시설의 공동 소유 또는 국제 평화를 위한 조직을 만들었다. 1900년부터 1914년까지 약 45개의 새로운 평화 협회가 만들어졌고 대학 총장에서부터 사업가에 이르기까지 사회 각계각층이 이를 지원했으며, 여성기독교절제연맹 같은 강력한 조직들은 자체 평화 조직을 만들었다.[29] 1895년부터 퀘이커교도 사업가 앨버트 스마일리는 뉴욕주 모홍크 호수에서 연례 국제중재회의를 지원했고, 1910년 앤드루 카네기는 카네기국제평화기금을 만들었다. 그는 평화가 달성되면 그 기금은 다른 사회적 병을 치유하는 데 사용할 수 있다고 생각했다.[30]

*

세 번이나 진보 진영에서 대통령 선거에 나선 저명한 웅변가이자 정치인인 윌리엄 제닝스 브라이언은 뉴욕주에서 시작되어 수백 개의 미국 도시로 확산된 셔터쿼 성인교육박람회에서 '평화의 왕자' 연설을 해서 유명세를 탔다. 그는 열렬한 청중에게 이렇게 말했다. "온 세계가 평화를 찾고 있다. 고동치는 모든 심장이 평화를 추구해왔고 그것을 얻기 위한 많은 방법이 있다." 1912년 우드로 윌슨 정부의 국무장관이 된 브라이언은 최소한 1년간 전쟁을 선포하지 않고 그 대신 대표들이 분쟁을 중재에 넘기기로 약속하는 '냉각cooling off' 조약 체결을 직접 나서서 협상했다. 시어도어 루스벨트는 브라이언이 "인간 트롬본"이자 바보이며 그의 계획은 아무 의미가 없다고 생각했다. 그의 강한 비판에도 불구하고 브라이언은 1914년까지 30개 조약을 체결했다(그러나 독일은 이 조약을 거부했다).

미국과 영국에서는 숫자는 적지만 영향력이 큰 퀘이커교도들이 평화운동을 주도한 데 비해, 프랑스의 평화주의자들은 강력한 반교회주의자들이었다. 프랑스에서는 1914년 이전 약 30만 명이 여러 방법으로 평화운동에 관여했다.[31] 세 나라 모두 평화운동은 도덕적·사회적 이유로 전쟁에 반대한 강력한 자유주의, 급진주의 전통을 바탕으로 여론의 상당 부분에 큰 호소력을 발휘할 수 있었다. 전쟁은 잘못되었을 뿐 아니라 사회의 병을 치유하는 데 필요한 많은 자원을 전용하는, 돈을 낭비하는 것이었다. 군국주의, 군비 경쟁, 공격적인 외교정책, 제국주의 모두가 지속적인 평화를 확고히 하기 위해 척결해야 할 서로 연관된 악으로 간주되었다. 각국의 강력한 자유주의 언론과 조직은 더 넓은 사회적 대의를 위해 나섰고, 브라이언과 영국 의회 노동당 지도자인 키어 하디처럼 영향력 있는 정치인들이 이 메시지를 널리 전파했다. 프랑스에 20만 명의 회원을 가진 인권연맹은 정치적으로 평화 선언을 채택했고, 교사 대회는 민족주의적이거나 군국주의적이 아닌 역사 교육과정 설계를 논의했다.[32] 영국의 《맨체스터 가디언》이나 《이코노미스트》 같은 강력한 급진주의 신문들과 잡지들은 세계를 더 나은 곳으로 만드는 방법으로 군비 축소와 자유무역 같은 이슈를 지지했다. 1905년 새로 들어선 노동당 정부는 급진적 정파의 많은 사람들과 점점 새로워지고 커져가는 노동당으로부터 평화를 위해 더 노력하라는 압박을 받았다.[33]

*

개인과 교회 집단 같은 단체들도 잠재적으로 적대적인 국가의 국민들을 하나로 모아 평화로 다가가기 위해 자신의 본분을 다했다. 1905년 영국인들은 영국-독일 우호위원회를 설립했고 두 명의 급진주의자 친구가 이 단체를 이끌었다. 교회 대표단과 장차 수상이 될 램지 맥도널드가 이끄는 노동당 그룹이 독일을 방문했고, 퀘이커교도인 초콜릿 재벌 조지 캐드버리는 독일의 도시 지도자들 집단을 자신의 모델 도시 본빌에 초청했다.[34] 온갖 곳을 돌아다니는 해리 케슬러는 독일과 영국 예술가들 사이에 공개편지를 교환하는 형식으로 상대국의 문화를 경탄하게 했을 뿐 아니라, 우애 증진을 위한 만찬을 여러 번 조직했다. 1906년 사보이호텔에서 열린 행사에서는 해리 케슬러가 조지 버나드 쇼, 지도적인 자유당 정치인 홀데인 경과 함께 독일과 영국 관계 개선을 호소하는 연설을 했다. (케슬러는 상류사회 손님 중 한 명인 에드워드 7세의 애인 앨리스 케펠의 거의 드러난 등과 진주를 볼 시간도 있었다.)³⁵ 프랑스의 로맹 롤랑은 장 크리스토프 소설 연작을 썼다. 이 작품의 중심인물은 고통받는 뛰어난 독일 작곡가인데, 그는 결국 파리에서 인정받으며 평화를 찾고 음악에 대한 사랑을 보여준다. 하지만 그는 슈테판 츠바이크에게 말한 것처럼 유럽 통합이라는 이상과, 유럽 정부들이 당시 벌이고 있던 일을 중단하고 위험에 대해 생각하게 만들 수 있다는 희망도 표현했다.³⁶

평화주의 감정의 고조에도 불구하고 어떻게 평화적 세계를 이룰 것인가에 대해서는 다양하고 때로 극심한 이견이 있었다. 오늘날 민주주의 확산이 핵심이라고 주장하는 일부 사람들처럼 — 논란의 여지가 많지만 민주국가들은 서로 싸우지 않는다는 근거로 — 1914년 이전 시기에도 프랑스혁명의 위대한 이상을 인용하는 프랑스 사상가들처럼 공화국을 설립하고 필요한 곳에서는 소수민족의 자치를 허용함으로써 평화를 이룰 수 있다고 확신하는 사람들이 있었다. 한 이탈리아 평화운동가는 1891년 이렇게 말했다. "자유라는 전제에서 평등이 나오고, 이것은 진보적 진화를 통해 이익의 연대, 정말 문명화된 … 국민들의 형제애로 이어진다. 따라서 문명화된 국민들 사이의 전쟁은 범죄다."³⁷ 무역 장벽을 낮추고 세계 경제 통합을 촉진하는 여러 조치를 취하는 것도 평화를 증진하는 방법으로 간주되었다. 당연히 그러한 행동은 19세기에 자유무역으로 큰 이익을 얻은 영국뿐 아니라 미국에서도 상당한 지지를 받았다. 오늘날 위키리크스 활동가의 선구자들이 주장한 것과 마찬가지로 핵심 목표는 비밀외교와 비밀조약을 없애는 것이었다. 주로 영어권 세계에서 소수의 사람들은 톨스토이 사상에 따라 폭력은 비폭력과 수동적 저항으로 맞서야 한다고 주장했다. 그 반대편 극단에는 전쟁을 정의로운 전쟁과 정의롭지 못한 전쟁으로 나누어야 하고, 예를 들어 폭군이나 이유 없는 공격에 맞선 방어와 같은 특정 상황에서의 전쟁은 정당하다고 주장하는 사람들이 있었다.

1914년 이전 대부분의 평화운동이 동의하고 군비 축소에서 더 나아간 사안은 국제분쟁의 중재였다. 독자적 위원회에 의한 중재는 19세기에 이루어져 일부 경우 널리 알려진 성공을 거두었다. 대표적인 예가 1871년 영국에 대한 미국의 항의에 대한 중재였다. 이 사건은 영국 항구에서 건조된 미국 남군 소속 앨라배마호의 행동에서 야기되었다. 북군의 항의에도 불구하고 영국은 이 배가 공해상으로 항행하는 것을 허용했고, 이 배는 60척이 넘는 북군 선박을 침몰시키거나 나포했다. 북군이 승리를 거둔 후 미국 정부는 영국에 보상을 요구했다. 캐나다를 넘겨주는 것이 좋은 보상이 될 것이라는 제안도 있었으나, 결국 미국은 사과를 받고 약 1500만 달러의 현금 보상을 받는 데 만족했다. 매년 만국평화회의는 세계 각국 정부들이 중재를 위한 체제를 구축하도록 요청하는 결의안을 통과시켰다. 이러한 공개적 압박이 있었을 뿐 아니라 다들 전쟁을 피하고 싶어했기 때문에 19세기 말 정부들은 점점 중재에 의존했다. 1794년부터 1914년 사이에 이루어진 타협 300건의 절반 이상이 1890년 이후에 이루어졌다. 그뿐 아니라 점점 많은 국가들이 양자 중재협정에 서명했다. 낙관주의자들은 언젠가 다자 중재협정이 서명되고 강제력을 가진 법원, 국제법전, 아마도 가장 이상적 생각으로는 세계 정부가 가능할 것이라고 보았다.[38] 한 미국인은 "중재가 그러한 존중을 받은 것은 현대 인류 진보

의 거부할 수 없는 논리다"라고 말했다.[39]

다른 활동가들은 군비 축소나 최소한 군비 제한에 집중하는 것을 선호했다. 지금과 마찬가지로 당시에도 무기와 군대, 불가피하게 수반되는 군비 경쟁은 전쟁 가능성을 더욱 높인다는 주장이 나왔다. 무기 생산자들은 그들이 물건을 팔기 위해 의도적으로 긴장, 심지어 갈등을 고조시킨다고 보는 평화 옹호자들의 잦은 공격 대상이 되었다. 그래서 러시아의 젊은 차르가 1898년 예기치 않게 세계 강국들에게 전례 없는 군비 증가의 결과로 일어난 심각한 문제를 논의하고, 그 해결책을 찾기 위한 회의에 초청하자 베르타 같은 평화운동가들은 크게 기뻐했다. "끔찍한 파괴의 엔진"과 미래의 전쟁이 가져올 공포를 언급한 초청장은 부분적으로 이상주의에 자극을 받았지만, 러시아가 다른 유럽 강국들의 군비 지출을 따라잡는 데 문제가 있다는 실용적 고려도 원인이 되었다.[40] 러시아가 보낸 두 번째 전문은 각국의 군대 증강 동결, 발명되고 있는 새롭고 치명적인 일부 무기 제한, 전쟁 수행 방식 규제를 포함한 주제들을 논의하자고 제안했다.[41]

다른 유럽 강국 정부들은 미지근한 반응을 보였고, 이 아이디어에 반대하는 독일의 경우 대중의 열렬한 반응을 다루어야 했는데 대표들이 평화를 위해 노력해달라는 청원과 편지가 전 세계에서 쏟아져 들어왔다. 또한 독일 내에서는 군비 축소 지지 선언을 후원하는 운동에 백만 명 이상이 서명했다. 한편 헤이그로 보낸 문서에는 1914년 이전 민족주의가 군비 축소 시도를 약화시킨 방법이 어느 정도 제시되어 있다. "우리는 독일의 무장해제를 원하지 않는다. 우리 주변의 세계가 총검 소리로 요란하다. 우리는 세계에서 우리의 입지를 축소하거나 국가들의 평화적 경쟁에서 얻을 수 있는 이익을 제한하기를 원하지 않는다."[42]

"나는 희극적인 회의를 따라갈 것이다. 그러나 왈츠를 추는 동안 옆구리에 단검을 계속 차고 있을 것이다."[43] 카이저가 한 말이다. 그의 외삼촌인 영국 에드워드 7세도 다음과 같이 말하기는 했지만 그의 의견에 동의했다. "지금까지 들은 말 중 가장 난센스고 쓰레기 같다."[44] 독일은 어떤 책임도 지지 않고 가능하면 이 회의를 망칠 생각으로 참석했다. 독일 대표단은 이 회의의 아이디어 전체를 몹시 싫어한 파리 주재 독일 대사 게오르크 주 뮌스터가 이끌었고, 회의가 시작되기 직전 군비 축소, 중재, 평화운동 전체를 비난하는 소책자를 발간한 뮌헨 출신 교수 카를 폰 슈텡겔Karl von Stengel이 포함되어 있었다.[45] 독일 외무부의 홀슈타인이 대표단에게 보낸 훈령에는 다음과 같은 내용이 적혀 있었다. "국가에 자국의 이익 보호보다 더 중요한 목표는 없다. … 강국들의 경우 이러한 것은 평화 유지와 꼭 일치하는 것은 아니며, 더 강력한 국가들이 적절히 연합하여 적과 경쟁자를 파괴하는 것과 더 일치한다."[46]

다른 강국 중 오스트리아-헝가리도 독일만큼 열정이 없었다. 외무장관 고우호프스키가 대표단에 보낸 훈령에는 이러한 내용이 담겨 있었다. "현존하는 관계는 어떠한 기본적인 결과도 달성되도록 허용하지 않는다. 그러나 우리는 적어도 군사와 정치 문제가 관련된 사안에서 무언가 성취될 것이라고 거의 기대하지 않는다."[47] 강력한 평화운동이 전개되고 있던 프랑스에서는 헤이그 회의에 대한 지지가 더 강했지만, 프랑스 외무장관 델카세는 회의에 모인 대표들이 프랑스가 알자스-로렌을 평화적으로 되찾을 가능성을 포기하라는 결의안을 통과시킬 것을 우려했다. "외무장관이기는 하지만 나는 일단 프랑스인이고, 다른 프랑스인들의 감정을 공유하지 않을 수 없다."[48] 재키 피셔 제독을 대표단의 일원으로 파견한 영국은 중재를 논의할 준비가 되어 있었지만, 군비 축소에는 거의 관심이 없었다. 해군부는 정부에 해군력 동결은 "아주 비현실적"이며, 새롭고 개선된 무기에 대한 제한은 "야만적인 국가들의 이익에 유리하며 고도로 문명화된 국가의 이익에 반할 것"이라고 주장했다. 전쟁 규제에 대해서는 "그들의 군주들은 중재가 상호 비난으로 이끌 것이 거의 분명한 이런 방식으로 나라를 제약하는 데 반대할 것"이라고 지적했다. 전쟁부도 직설적으로, 러시아 측이 제안한 어떤 조치도 바람직하지 않다고 지적했다.[49] 미국이 베를린 주재 미국 대사 앤드루 화이트를 단장으로 보낸 대표단에는 해군력 옹호자인 앨프리드 머핸이 포함되었다. 화이트는 일기에 이렇게 적었다. "그는 회담의 주목적에 동조할 마음이 거의 없다."[50] 미국 입장은 평화를 일반적으로 지지하는 쪽이었지만, 해군이든 육군이든 미국의 군사력은 너무 작아서 유럽은 미국에 간섭하지 말아야 한다는 근거로 군비 제한 논의를 거부했다.[51] 회의 중 화이트는 우아한 연설로 이런 주장을 폈다. 영국 무관은 런던에 다음과 같이 보고했다. "연설이 끝나자 프랑스 제독은 미국이 에스파냐 해군과 상선단을 파괴했다며, 이제 아무도 자신들을 파괴하지 않길 바란다고 나에게 말했다."[52]

대부분의 유럽 강국과 미국, 중국, 일본, 베르타와 블로흐 같은 평화운동가들이 포함된 27개국 대표단이 1899년 5월 헤이그 회의에 모였다. (베르타가 묵는 호텔에는 그녀의 존재와 대의를 상징하는 흰 깃발이 걸렸다.) 지리적 입지 때문에 프랑스와 독일의 전쟁을 크게 두려워하는 네덜란드인들은 회의 기간 내내 대표들을 따뜻이 환대했다. "세상이 시작된 이래 이렇게 큰 무리가 어떤 좋은 결과도 거둘 가망이 없는 회의적인 마음으로 모인 적은 없었다."[53] 화이트는 일기에 이렇게 적었다. 네덜란드 왕가는 궁전 하나를 회의 장소로 마련했다. 입구 현관은 루벤스풍의 커다란 평화 그림으로 장식되어 있었다. 대표들은 러시아의 동기에 대해 여러 추측을 했고, 많은 사람들은 러시아가 자국 군대를 강화할 시간을 벌려 한다고 의심했다.[54] 독일 대표단의 장교 한 명은 극도로 호전적인 연설을 해서 불쾌한 인상을 남겼다. 그는 독일이 방위 비용을 쉽게 감당할 수 있고, 모든 독일인은 국방 의무를 "성스럽고 애국적인 의무로 생각하고, 자신의 존재, 번영, 미래가 달린 의무로 생각하고 있다"고 자랑했다.[55]

군비 문제를 살피고 있던 벨기에 대표는 아무도 군비 축소에 진지한 관심을 기울이지 않고 있다고 자국 정부에 정확히 보고했다.[56] 그러나 이 회의는 상대적으로 덜 중요한 문제에 대한 합의를 도출했다. 질식가스 개발 중단, 심각한 부상을 입히는 덤덤탄 금지, 비행선에서 폭탄 투하 금지에 대한 합의였다. 또한 전쟁 포로나 민간인의 인간적 대우 같은 전쟁 수행 규칙에 대한 일련의 국제 합의가 최초로 승인되었다. 마지막으로 국제중재를 향한 중요한 진전으로 이 회의는 국제 분쟁의 평화적 해결에 대한 협약에 동의했고, 국가 간 분쟁 조사위원회 설치 등 많은 규정을 만들었다. 1905년 러시아와 영국은 러시아 해군이 영국 어선에 발포한 도거뱅크 사건을 성공적으로 해결하는 데 이 위원회를 활용했다.

  이 회의에서 상설중재재판소 설립을 위한 규정도 마련되었다. (몇 년 후 미국 자선사업가 앤드루 카네기는 신고딕 양식의 평화궁전 건설을 위해 자금을 희사했고, 이 건물은 오늘날에도 중재재판소로 쓰인다.) 독일 정부는 자국 황제의 전적인 지원 아래 처음에는 중재재판소 설립에 반대하려고 했으나, 결국 단독으로 반대할 수는 없다고 결론지었다. 카이저가 한 말은 이러했다. "차르가 유럽 면전에서 망신을 당하도록 하라. 나는 이 난센스와 함께 가겠다. 그러나 실제로 나는 오직 신과 날카로운 나의 칼에만 의존하고 호소할 것이다. 그들의 결정 따위 알 게 뭐냐!" 독일 대표단은 너무 많은 예외 규정을 첨가해 뮌스터는 최종 문서가 "구멍이 숭숭 뚫린 그물"[57] 같아졌다고 말했다. 중재재판소는 1차대전 이전 10여 개의 분쟁을 처리했지만, 오늘날과 마찬가지로 분쟁을 이 재판소에 회부하려는 정부의 의사에 의존해야 했다. 독일 대표 슈텡겔은 거세게 비난했지만 독일 정부는 헤이그 회의의 "행복한 종결"에 공개적으로 만족을 표했다.[58] 그러나 독일의 외교는 불필요하게 거칠었고, 다른 국가들에 협조할 준비가 안 된 호전적 국가라는 인상을 남겼다.

  1904년 시어도어 루스벨트는 2차 헤이그 회의 개최를 요청했지만, 러일전쟁 발발로 2차 회의는 1907년 5월에야 열렸다. 이 시점에 국제적 전망은 더 어두워졌다. 영국-독일 해군력 경쟁이 전면적으로 벌어지고 있었고, 3국협상이 형성되고 있었다. 새로운 영국 자유당 정부의 수상이 된 헨리 캠벨배너먼 경은 군비 제한을 의제로 올릴 것을 제안했다. 그는 또한 영국의 해군력이 언제나 평화와 진보에 이로운 힘이었다고 주장했기 때문에 당연히 유럽 국가들은 그의 제안에 냉소적이고 적대적 반응을 보였다.

대중에 널리 퍼진 평화를 지지하는 정서는 전쟁은 국제관계의 필요한 부분이고 평화주의는 무력을 사용할 수 있는 능력을 훼손한다고 생각하는 당국, 정치인들, 군 지도자들에게 경각심을 불러일으켰다. 보수주의자들은 평화주의를 구체제에 대한 도전으로 보았다. 1906년부터 1912년까지 오스트리아-헝가리 외무장관을 맡은 알로이스 폰 에렌탈은 한 친구에게 이렇게 적어 보냈다. "군주정은 국제 평화운동에 반대한다. 그 이유는 평화운동이 군주정 질서의 핵심인 영웅주의 사고에 반대하기 때문이다."[59]

러일전쟁 참패 후 자유롭게 군사력을 재건하고 싶었던 러시아에서는 새 외무장관 이즈볼스키가 이렇게 말했다. "군비 축소는 유대인, 사회주의자, 신경과민인 여성만의 생각이었다."[60] 헤이그 회의 개회 직전 제국의회에 출석한 뷜로가 독일은 헤이그 회의에서 군비 축소를 논의할 의사가 전혀 없다고 말하자 의원들은 웃음과 환호로 반응했다.[61] 오스트리아-헝가리도 동맹국 독일을 따랐다. 에렌탈은 "이상적인 선언"[62]이 현안을 멋지게 처리할 것이라고 말했다. 프랑스는 오랜 동맹 러시아를 지지할지 새로운 동맹 영국을 지지할지를 놓고 거북한 입장에 처했고, 내적으로는 이 모든 문제가 잘 덮이기를 바랐다. 처음에 군비 제한 아이디어를 지지했던 미국은 이제 뒤로 물러서고 있었다. 시어도어 루스벨트는 태평양에서 점점 강해지는 일본의 해군력을 우려했고, 드레드노트급 전함 건조를 생각하고 있었다.[63]

2차 헤이그 회의에는 44개국 대표들이 모였고, 전과 마찬가지로 베르타 폰 주트너와, 강국들을 압박하기 위해 국제평화십자군을 조직한 급진적 영국 언론인 토머스 스테드 등 많은 평화운동가들이 참가했다. (얼마 안 가서 스테드는 완전히 입장을 바꾸었다. 1912년 타이태닉호 침몰로 사망할 당시 그는 더 많은 드레드노트급 전함 건조의 열렬한 지지자가 되어 있었다.)⁶⁴ 이번 회의에는 몇몇 라틴아메리카 국가들도 참가했다. 한 러시아 외교관은 그들이 만찬에 "독특한 흥미와 매력을 더해주었다"고 말했다. 네덜란드는 다시 한번 최대의 환대를 베풀었지만, 벨기에가 대표들을 위한 중세 관광을 조직하면서 경쟁이 붙었다.⁶⁵

영국은 군비 축소가 이미 지나간 대의라는 것을 깨닫고 점잖게 뒤로 물러났다. 단 25분간 진행된 한 회의에서 고위 영국 대표는 "각국 정부가 이 문제에 대한 진지한 연구를 재개하는 것이 바람직하다"⁶⁶는 내용의 결의안을 내놓았다. 이 결의안은 만장일치로 통과되었고, 이제 지상군에게도 영향을 주기 시작한 군비 경쟁은 계속되었다. 독일인들은 1차 헤이그 회의 때보다 외교적이었지만, 이번에도 국제중재 조약 체결을 좌초시키는 데 성공했다. 독일의 고위 대표인 오스만 제국 주재 독일 대사 아돌프 마르샬 폰 비버슈타인Adolf Marschall von Bieberstein은 중재를 찬양하는 동시에 아직은 중재할 때가 되지 않았다고 연설했다. 나중에 그는 자신이 중재를 찬성하는지 반대하는지 확신할 수 없다고 말했다. 한 벨기에 대표는 마르샬이 이 아이디어를 죽인 것처럼 자신도 그렇게 고통 없이 죽기를 희망했다.⁶⁷ 영국 외무부에서 반反독일 정책의 핵심 인물인 에어 크로는 이 회의에 영국 대표로 참석한 뒤 런던의 동료에게 이렇게 적어 보냈다. "지배적 분위기는 분명 독일에 대한 두려움이었다. 독일은 전통적 노선을 계속 유지하고 있다. 회유와 겁주기를 번갈아 하면서 항상 적극적으로 음모를 꾸미고 있다."[68] 지난번과 마찬가지로 중요하지 않은 전쟁 규칙은 개선되었지만, 전반적인 평가는 회의가 실패했다는 것이었다. 베르타는 이렇게 말했다. "멋진 평화회의다! 부상당하거나 아픈 사람들, 호전적인 사람들 이야기만 나온다."[69] 3차 헤이그 회의는 1915년으로 예정되었고, 1914년 여름 많은 국가들은 이미 이 회담을 준비할 그룹을 만들었다.

각국 정부들이 평화라는 대의를 진전시킬 노력을 별로 하지 않은 반면, 평화운동에는 다른 큰 희망이 남아 있었다. 바로 제2인터내셔널이었다. 이 조직은 1889년 전 세계 노동자들과 사회주의 정당들을 한데 모으기 위해 만들어졌다. (제1인터내셔널은 1864년 카를 마르크스가 설립했지만, 약 10년 후 이론 해석에 대한 의견 차이로 분열되었다.) 제2인터내셔널은 유럽 전역과 아르헨티나, 인도, 미국 대표들이 참가한 진정한 국제 조직이었고, 산업화기에 확산되면서 더욱 성장할 것이 분명했다. 이 조직은 자본주의라는 공동의 적과 마르크스의 영향을 강하게 받은 이념으로 단합되었다. 마르크스의 동료 프리드리히 엥겔스는 제1인터내셔널에 참여했고, 그의 두 딸과 사위가 그 조직의 발전에 크게 기여했다. 가장 중요한 것은 제2인터내셔널의 회원 수였다. 1차대전 직전 제2인터내셔널에 약 25개의 각국 정당이 참여했다. 영국 노동당은 의회에 42석을 확보하고 있었고, 프랑스 사회당은 의회에 103석을 확보하고 전체 투표의 5분의 1을 얻었다. 당원이 100만 명 이상인 독일 사회민주당은 독일 투표의 4분의 1을 얻었고, 1912년 선거 후에는 제국의회에서 가장 큰 단일 정당이 되었다. 만일 전 세계의 노동자들이 단합하면 — 그들은 민족이 없었고, 마르크스가 한 유명한 말처럼 자신들 계급의 이익만 있었다 — 그들은 전쟁을 불가능하게 만들 수단을 가지고 있었다. 자본주의는 노동자들을 착취하지만 공장을 가동하고 철도를 움직이고 항구가 기능하게 하려면 노동자가 필요했고, 동원령이 내려지면 노동자로 군대 병사들을 채워야 했다. "당신의 화약이요? 폐하! 400만 명의 독일인 노동자가 거기에 오줌을 누는 것을 모르시나요?"[70] 호전적인 프랑스 사회주의자는 카이저를 이렇게 조롱했다. (독일 전쟁부가 그토록 오랫동안 병력을 늘리지 않은 이유 중 하나는 노동계급 출신 병사들이 충성을 다해 전투하지 않을 것을 두려워했기 때문이다.) 사회주의가 궁극적으로 승리하면 더이상 전쟁은 없을 터였다. 독일 사회민주당의 좌파 지도자 중 한 명인 카를 리프크네히트는 경멸적으로 베르타에게 이렇게 말했다. "당신이 달성하려고 하는 지구 평화는 우리가 이룰 것이다. 사회민주주의야말로 위대한 국제 평화 연맹이라는 말이다."[71]

베르타는 사회주의자들을 크게 신경쓰지 않았다. 그녀가 보기에 노동자들은 사회의 유용한 일부가 되기 위해 더 나은 사람들의 후원을 필요로 했다. "그들은 먼저 자신들의 조악함을 극복해야 한다"라고 그녀는 말했다.[72] 대체로 중산층이 주도하는 평화운동과 사회주의자들 사이의 전반적 관계는 1914년 이전 껄끄러웠다. 상류층과 중산층은 혁명적 수사에 겁을 먹었고, 사회주의자들은 자유주의자들을 자본주의의 진정한 속성을 노동자들에게 가리는 자본주의의 친절한 얼굴로 보는 경향이 있었다. 평화의 문제에 있어서도 사회주의자들은 반전 자유주의자들이 중요시하는 중재와 군비 축소를 기다릴 인내심이 거의 없었다. 그들에게는 자신들이 전쟁의 원인으로 보고 있는 자본주의를 전복하는 것이 더 중요했다. 1887년 엥겔스는 장차 유럽에 닥칠 대전쟁에 대한 암울한 전망을 제시했다. 그는 이 전쟁이 기아, 죽음, 질병, 경제와 사회의 붕괴, 최종적으로는 국가의 붕괴를 가져올 것이라고 예견했다. "수십 개의 왕관들이 굴러다녀도 아무도 집으려고 하지 않을 것이다." 그 전쟁이 어떻게 끝날지 예견하는 것은 불가능했다. "한 가지 결과만은 분명하다. 그것은 총체적 소모와 노동계급의 최종 승리를 위한 여건의 수립이다."[73]

유럽 사회주의자들은 그런 대가를 치르고 승리하길 진정으로 바랐는가? 양측 모두 전쟁에 반대하고, 평화적 수단을 이용하여 권력을 얻는 것이 더 낫지 않았을까? 투표권의 확대와 특히 노동계급의 여건 개선은 투표함, 법률, 다른 정당들과의 협력을 이용한 대안적 노선을 보여주는 것 같았다. 양측의 이익이 중첩되는 상황에서는 피를 흘리는 혁명보다 이쪽이 더 나아 보였다. 계급 간의 무력 충돌을 통해 변화가 일어난다는 마르크스의 정통 이론을 개정하려는 시도는 유럽 사회주의 정당들 내에서 고통스럽고 분열적인 논쟁을 야기했다. 특히 독일 사회민주당이 이런 진통을 겪었고, 제2인터내셔널도 흔들렸다. 양측의 지지를 얻기 위해 위대한 사회주의의 아버지 마르크스와 엥겔스의 저작을 샅샅이 뒤진 많은 논쟁 후, 독일 사회주의자들은 투표로 혁명 교조를 계속 유지하기로 결정했다. 여기에서 역설은 그들이 점점 개혁주의자가 되어갔고, 그것도 점잖은 개혁주의자가 되었다는 사실이다. 가입자가 늘고 있는 노동조합은 조합원들의 이익을 위해 사용자 측에 협조할 준비가 되어 있었고, 지역 수준에서 시의회 같은 조직의 사회당원들은 중산층 정당과 협력했다. 그러나 국가적 수준에서 사회주의자들은 과거의 적대적 태도를 계속 유지했고, 사사건건 정부에 반대하는 투표를 했다. 사회당 의원들은 제국의회가 카이저의 연설에 환호할 때 세를 과시하듯 자리에 앉아 있었다.[74]

독일 사회주의 지도부는 정부 내에 많은 사람들이 비스마르크의 반사회주의 법률을 되살릴 구실을 찾고 있다고 우려했는데, 이것은 상당한 근거가 있었다. 카이저는 병사들에게 동포에게도 사격할 수 있어야 한다고 공개적으로 말해 사회주의자들의 우려를 심화시켰다. 독일이 남서아프리카 식민지 봉기를 잔인하게 진압한 여파로 민족주의 감정이 고조된 상태에서 치러진 1907년 선거는 사회주의자들을 동요시켰다. 사회주의자들은 민족주의 우파 진영에 의해 비애국적이라고 매도당했고, 제국의회에서 83석 중 40석을 잃었다. 이 결과는 사회민주당 내 온건파의 입지를 강화했다. 새로 의원이 된 사회민주당의 구스타프 노스케는 의회에서 한 최초 연설에서 외국의 침공을 "부르주아를 척결하듯이 무자비하게"[75] 물리치겠다고 약속했다. 사회민주당 지도부는 총파업이나 혁명적 활동에 대한 모든 제안을 거부하며 좌파를 당의 통제 아래 두려고 최선을 다했다.[76] 만일 독일 정부가 좀더 현명해서 사회민주당이 기존 질서를 더이상 위협하지 않는다는 것을 간파했다면 사회주의자들을 주류 정치로 끌어들였을 수도 있다. 그 대신 독일 정부는 사회주의자들에 대한 의심을 거두지 않고, 그들의 충성에 의구심을 가졌다. 그 결과 사회주의 지도부는 당원들이 실제 무슨 일을 하건 마르크스주의 교조에 대한 자신들의 립서비스를 포기할 생각을 하지 않았다.

이러한 이념적 순응과 주저에 큰 역할을 한 핵심 인물은 작은 키에 빼빼 마른 아우구스트 베벨이었다. 그는 사회민주당 핵심 조직자에 원내 대표였고, 전반적으로 마르크스주의를 책임지고 고수한 사람이었다. 그의 부모는 노동계급이었다. 그의 아버지는 과거 프로이센 군대의 부사관이었고, 어머니는 가정의 하녀였다. 그가 열세 살 때 고아가 되자, 친척들은 그를 목수 보조로 훈련받게 했다. 1860년대에 그는 마르크스주의자가 되었고 여생을 정치에 바쳤다. 그는 1866년 오스트리아에 맞선 독일의 통일전쟁과 1879년 프랑스를 상대로 한 전쟁 모두에 반대했고, 반역죄로 기소되었다. 그는 감옥에 있는 동안 폭넓은 독서를 하고 여성 권리에 대한 논문을 썼지만, 이론보다는 조직에 — 그는 이 일에 대가였다 — 뛰어난 재능을 보였다. 그는 1875년 사회민주당 창당에 일조했고, 이 당을 거대하고 규율이 잘 된 조직으로 만들었다.

베벨은 제2인터내셔널 창설 회의에 독일 대표단의 일원으로 참석했다. 시간이 지나면서 독일 사회민주당은 그 크기와 규율 덕분에 가장 중요한 구성원이 되었다. 제2인터내셔널 참가자에 대한 훈령은 단순하고 엄격했다. 그들은 마음으로 항상 계급투쟁을 지속해야 했고, 어떠한 타협이나 부르주아 정당과의 거래도 하면 안 되었고, 부르주아 정부에 참여하거나 부르주아 대의를 지지하는 것도 금지되었다. 1904년 암스테르담에서 열린 대회에서 베벨은 드레퓌스 사건 중 프랑스 공화국을 지지한 것을 이유로 프랑스 사회당 지도자 장 조레스를 비판했다. "군주정이건 공화정이건 둘 다 계급 국가이고, 둘 다 부르주아의 통치를 유지하기 위한 국가 형태다"라고 그는 주장했다.

독일과 그 동맹들은 좀더 교조적인 프랑스 사회당을 포함해서 "우리의 적을 패퇴시킴으로써 정치권력을 정복하는 대신 기존 질서에 타협하는 정책을 취하는 방식으로" 계급투쟁에서 벗어나는 어떠한 시도도 비난하는 결의안을 통과시켰다. 사회주의자 연대를 열렬히 옹호한 조레스는 이 결의안을 수용했다. 다른 사람들은 실망하거나 낙담하는 상황에서도 그는 프랑스와 국제사회주의 운동의 여러 정파를 단합시키는 데 전력했다.[77]

대의가 자신보다 중요하고, 불만을 품지 않는 것이 조레스의 특징이었다. 그의 생애에서 우정은 이념의 경계선을 넘나들었고, 정치에서 그는 항상 반대자에게 손을 뻗을 준비가 되어 있었다. "그의 인간적 동정은 너무 보편적이었다. 그래서 그는 허무주의자나 광신자가 될 수 없었다. 모든 불관용의 행동을 그는 거부했다."[78] 로망 롤랑은 이렇게 말했다. 1914년 이전 조레스는 상식, 정치 현실 파악, 타협을 이루려는 의지, 낙관주의로 단연 두각을 나타냈다. 이성과 인간 본성의 근본적 선함에 대한 흔들리지 않는 믿음으로 그는 죽을 때까지 정치의 목적은 더 나은 세계를 만드는 것이라고 믿었다. 그는 마르크스와 나머지 사회주의 고전을 철저히 연구했지만, 그의 사회주의는 절대 교조적이 아니었다. 마르크스와 달리 그는 역사가 계급투쟁을 통해 피할 수 없는 양상으로 전개된다고 믿지 않았다. 조레스는 인간의 주도성과 이상주의를 위한 공간이 항상 있고, 미래를 향한 대안적이고 더 평화적인 길이 항상 존재한다고 믿었다. 그가 원한 세상은 모두를 위한 정의와 자유에 바탕을 둔 세상이었고, 행복을 가져오는 세상이었다. 사회주의의 목표는 보통 사람들이 "현재 특권층에게만 제

한된 생의 즐거움을 맛보게 하는 것"이라고 말하기도 했다.[79]

　건장하게 어깨가 벌어진 체구에 솔직하고 친근한 얼굴과 아름답고 깊은 푸른 눈을 가진 조레스는 생애 내내 엄청난 활력을 보여주었다. 그는 대단한 정치인인 동시에 사려 깊은 지식인이었고, 위대한 고전학자가 될 수 있는 인물이었다. 영리하고 머리가 비상했지만 이로 인해 교만하거나 불친절한 사람이 되지는 않았다. 그는 관심을 공유하지 않는 지루한 여인과 결혼했지만, 그녀에게 충실했다. 그는 젊은 시절 신에 대한 신앙을 잃었지만, 부인이 자녀들을 기독교식으로 키우는 것에 반대하지 않았다. 좋은 음식과 와인을 사랑했지만, 훌륭한 대화를 나눌 때는 식사하는 것도 잊어버렸다. 그는 부와 지위에 신경 쓰지 않았다. 파리의 아파트는 안락했지만 허름했고, 그의 책상은 가대에 널빤지를 올려서 만든 것이었다. 1907년 사회주의 대회에서 그를 만난 램지 맥도널드는 그가 입은 옷을 보고 쇠스랑으로 그에게 던져 입힌 것 같다고 말했다. 맥도널드의 말에 따르면, 낡은 밀짚모자를 쓴 조레스는 "신세계에 온 젊은이나 운명에 달관하여 행복한 무관심으로 매 순간을 보낼 줄 아는 사람처럼" 남의 눈을 전혀 신경쓰지 않고 어슬렁거렸다.[80]

　조레스는 1859년 프랑스 남부 타른의 중산층 가정에서 태어났지만, 아버지가 여러 일을 하다가 망하는 바람에 궁핍에 가까운 생활을 겪었다. 가정에서 강한 사람이었던 어머니가 보낸 지역 기숙학교에서 그는 다른 어느 학생보다도 많은 상을 받았다. 재능과 성취 덕분에 그는 공부를 계속하러 파리로 가서 마침내 에콜 노르말 쉬페리외르Ecole Normale Supérieure에 입학했다. 이 학교는 지금과 마찬가지로 당시에도 많은 프랑스 엘리트를 배출한 곳이었다. 비교적 젊은 나이에 사회 문제에 관심을 보인 조레스가 정치인의 길을 택한 것은 놀라운 일이 아니었다. 1885년 처음 의원으로 선출된 그는 1889년 선거에서 패배하고 이후 4년을 툴루즈에서 교육과 시평의회 일을 하며 보냈다. 이러한 실질적 경험 덕분에 그는 나중에 투표자들에게 중요한 먹고사는 문제에 계속 관심을 갖게 되었다. 그는 프랑스 의회 의원으로 35년간 일했고 그중 10년 동안 프랑스 사회당 당수였다. 그는 뛰어난 연설가였다. 이마의 땀을 닦으며 그는 깊은 확신으로 유창한 말과 감정을 가지고 의회, 사회주의 대회, 그가 누비고 다닌 소도시와 마을 어디에서든 열성적으로 연설했다. 그는 시간을 내어 많은 글을 썼다. 1904년부터는 새로운 사회주의 신문《루마니테 L'Humanité》의 편집을 맡았고, 이후 10년 동안 2000개 이상의 기사를 썼다.

    1904년 제2인터내셔널에서 패배한 후 조레스는 국제 상황 악화를 점점 우려하면서 평화의 대의에 힘을 쏟았다. 그는 오랫동안 중재와 군비 축소를 지지했지만, 이제 전쟁 자체를 연구했다. 그답게 진지한 연구에 몰두해 군사 이론과 전쟁사에 대해 읽고 젊은 프랑스군 대위 앙리 제라르와 협업을 했다. 두 사람이 파리의 카페에 앉아 있던 어느 밤, 조레스는 미래의 전쟁이 어떻게 될 것인가를 서술했다. "야포 사격과 폭탄, 국가들의 전멸, 진흙과 피로 뒤범벅이 된 수백만 명의 병사들, 수백만 구의 시신." 몇 년 후 서부전선 전투에서 한 친구가 왜 허공을 쳐다보는지 묻자 제라르는 이렇게 대답했다. "나는 이 모든 것이 익숙한 것처럼 느껴진다. 조레스는 이 지옥과 전면적인 멸절을 예언했던 것이다."[81] 제라르는 공격에 초점을 맞춘 직업군대인 프랑스군을 스위스처럼 병사들이 6개월 복무한 뒤 돌아가 짧은 기간 훈련을 받는 시민방위군으로 전환할 것을 제안했다. 이 새로운 군대는 국가 방어에만 쓸 수 있었다. 이것이 프랑스혁명이 국민을 무장시켜 적국이 보낸 군대를 패퇴시킨 방법이라고 그는 주장했다. 그의 아이디어는 당연히 정치·군사 기득권층에 거부되었지만, 되돌아보면 방어에 중점을 둔 그의 주장이 훨씬 이치에 닿는다.[82]

*

그는 제2인터내셔널을 자극해 행동에 나서게 하는 데 실패했다. 제2인터내셔널은 1904년 이후 전쟁을 막거나 유럽이 전면전의 위협에 당면하지 않도록 하는 것이 중요한 의제 중 하나였지만, 조레스는 성과를 거두지 못했다. 불행하게도 초기부터 깊고 해악을 끼칠 수 있는 의견 분열이 존재했다. 영국 노동당 의원 키어 하디처럼 그와 생각을 같이하는 사람들은 사회주의자들이 가능한 모든 무기를 사용해 전쟁에 반대하고 이를 위해 의회에서 선동이나 민중 시위, 파업을 하고 필요하다면 반란도 일으켜야 한다고 믿었다. 그러나 독일 사회주의자들은 모든 혁명적 수사에도 불구하고 실제로는 국내에서와 마찬가지로 조심스러운 입장을 취했다. 각 측이 이견을 보인 핵심 사안은 전쟁이 일어나면 취할 구체적인 조치에 대한 합의가 있어야 하는가였다. 독일 대표들은 미리 약속하려 하지 않았고, 제2인터내셔널도 총파업을 지시하는 등의 조치를 미리 취하려 하지 않았다. 대부분의 사회주의자들은 (유럽의 정치·군사 지도자들도 마찬가지로) 이러한 조치가 국가들이 전쟁 벌이는 것을 불가능하게 만들 수 있다고 믿으면서도 행동은 취하지 않았다. 조레스도 자신의 의견을 계속 주장하여 사회주의 운동을 분열시키는 것을 원치 않았다. 이견은 전쟁을 비난하고, 전 세계 노동계급이 전쟁에 반대할 결의를 좋아하는 말만 번지르르한 결의안에 감추어졌고, 이것이 실제로 어떻게 행해져야 하는지에 대해서는 의도적으로 불분명한 태도를 취했다. 1907년 슈투트가르트 결의안은 "인터내셔널은 각 나라마다 다른 것이 당연하기 때문에 장소와 시간에 맞춰 군사주의에 대항하는 노동계급의 정확한 행동을 정할 수 없다"고 선언했다.[83] 7년 뒤 인터내셔널은 그 존재에 대한 가장 큰 도전에 직면한다.

대전쟁까지 남은 기간 동안 제2인터내셔널은 평화를 위해 효과적으로 일할 수 있다고 계속 확신했다. 이 조직에서는 흑백 논리에 따라 자본주의를 적으로 보던 과거의 경향 일부가 사라졌다. 투자와 무역이 확산되면서 자본주의는 세계를 더 촘촘히 묶었고, 이것은 전쟁 가능성을 축소할 것이 분명했다. 과거 강경파였던 베벨도 1911년 "나는 아마도 세계 평화에 대한 가장 큰 보장은 자본의 국제적 수출에 달려 있을 것임을 공개적으로 인정한다"라고 말했다. 1912년과 1913년 강국들이 발칸 위기를 성공적으로 해소하자 자본주의는 평화 편에 있다는 증거가 더 확실해 보였다. 1912년 바젤 회의에서 제2인터내셔널은 중간층 평화주의자들과 같이 일할 용의가 있다고 선언하는 데까지 나아갔다.[84]

국제적 긴장이 고조되는 상황에서 사회주의자들의 연대를 보여주는 고무적인 증거도 있었다. 1910년 1월 발칸 여러 나라의 사회주의 정당들이 공동의 대책을 찾기 위해 베오그라드에 모였다. 그들은 다음과 같은 공동선언을 발표했다. "우리는 문화가 같은 주민들을 분리하고 경제·정치 운명이 서로 밀접히 연관된 나라들을 분열시키는 전선을 부수고, 그렇게 함으로써 민족들이 자신의 운명을 결정할 권한을 빼앗아 간 외국 지배의 굴레에서 벗어나야 한다."[85] 오스트리아-헝가리와 이탈리아 관계가 극도로 악화된 1911년 봄 양국 사회주의자들은 늘어나는 군비 지출과 전쟁 위협에 반대하는 운동을 벌였다.[86] 가장 큰 희망의 순간은 1912년 1차 발칸전쟁이 발발하면서 찾아왔다. 유럽 여러 곳의 사회주의자들이 함께 평화를 위한 거대한 시위를 벌였다. 베를린에는 20만 명이, 파리 외곽에는 10만 명이 모였고, 제2인터내셔널은 비상회의를 열었다. 23개 사회주의 정당을 대표한 500명의 대표가 스위스 바젤에 모였다(세르비아만이 참석하지 않았다). 하얀 옷을 입은 어린이들이 사암으로 만들어진 붉은색의 거대한 고딕식 대성당으로 대표들을 인도했다. 사회주의 운동의 저명 인사들이 차례로 연단에 올라 발칸전쟁을 비롯한 모든 전쟁을 비난하고 노동계급의 힘을 주장했다. 마지막으로 연단에 오른 조레스는 이제까지 한 것 중 가장 뛰어난 연설을 했다. "우리는 평화와 문명을 구원한다는 약속을 하고 이 홀을 떠날 것이다." 모인 대표들은 지금 돌아보면 마지막이 될 노래를 함께 불렀고, 바흐의 곡이 오르간으로 연주되었다. "나는 이번에 경험한 것 때문에 여전히 머리가 핑핑 돈다." 러시아 혁명가 알렉산드라 콜론타이는 흥분에 겨워 친구에게 이렇게 적어 보냈다.[87] 석 달 후 제2인터내셔널에서 가장 세력이 큰 프랑스와 독일의 당들이 군비 경쟁을 비난하고, 평화를 위해 함께 일할 것을 약속하는 공동선언문을 발표했다.[88] 그러나 그해 여름 프랑스 사회당이 프랑스군을 확대하는 제안에 반대한 반면, 독일 사회민주당은 제국의회에서 독일 육군을 위한 확대된 예산을 승인했다.

제2인터내셔널의 근본적 약점은 단순히 전략과 전술에 대한 국가적 이견이 아니라, 민족주의 자체였다. 이 점도 언어로 위장되었다. 1914년 이전 모든 회의에서 각 나라의 발언자들은 노동계급의 국제적 형제애에 대해 고상한 감정을 표현했고, 진심으로 그 말을 했다. 그러나 이미 1891년 제2인터내셔널 두 번째 회의에서 네덜란드 대표는 거북하지만 예언적인 발언을 했다. "사회주의에 의해 상정된 국제적 감정은 우리 독일 형제들 사이에는 존재하지 않는다."[89] 그는 다른 사회주의 정당과 연맹에 대해서도 똑같은 말을 할 수 있었다. 잘 드러난 대로 민족주의는 단순히 지배계급이 민족의 나머지 구성원들에게 만들어서 강요한 것이 아니었다. 다양한 유럽 사회에 깊이 뿌리내린 민족주의는 프랑스 노동자들의 민족주의적 노래나 독일 노동자들이 군 복무에서 얻는 자부심에 나타났다.[90] 되돌아보면 민족주의가 제2인터내셔널에 미친 영향을 찾는 것은 더 쉬웠고, 일례로 노동절 행사를 어떻게 치를 것인가에 대한 사회당들 간의 이견을 좁히지 못한 것, 1차 모로코 위기 상황이던 1905-6년 독일 노동조합과 프랑스 노동조합 지도자들이 벌인 설전, 독일과 프랑스 사회주의자들이 상대국의 업무 처리 방식을 서로 비난한 것에서도 잘 드러났다.[91] 1910년 발칸 지역 사회주의자들의 공동전선 결성 시도는 다음해 이미 싸우고 있던 불가리아 사회주의자들이 세르비아인들을 공격하면서 좌절되었다.[92]

1908년 오스트리아-헝가리 사회당은 보스니아·헤르체고비나를 합병한 자국 정부를 비판했지만, 이 일로 세르비아인들이 느낀 분노에는 거의 동정심을 보이지 않았다. 오히려 오스트리아 사회주의자들은 자국이 발칸을 문명화하는 책무를 가지고 있다고 전제하는 경향이 있었다.[93] 그들만 그런 것은 아니었다. 사회주의 이론에서 제국주의는 나쁜 것으로 규정되었지만 1914년 이전 기간에 유럽 사회주의자들은 우월한 문명이 열등한 문명에 이익을 가져온다는 근거로 자국의 식민지 소유를 합리화하는 경향이 있었다. 일부 독일 사회주의자들은 한걸음 더 나아가 독일은 독일 노동계급에 가져다줄 경제적 이익을 위해 더 많은 식민지를 필요로 한다고 주장했다.[94] 1911년 이탈리아가 북아프리카의 영토를 장악하기 위해 오스만제국을 상대로 공개적인 제국주의 전쟁을 벌이자 이탈리아 사회당의 우익은 정부에 찬성하는 투표를 했다. 나중에 당이 찬성투표를 한 의원들을 추출하기는 했지만 당 서기는 제2인터내셔널의 압력에 화가 났다는 것을 분명히 밝혔다. "모든 비판은 중지되어야 한다. 더 적극적인 의사표시에 대한 요구는 어느 쪽에서 제기했든 과도하고 비합리적인 것으로 간주되어야 한다."[95]

*

다음해 제2인터내셔널 사무국을 운영하는 벨기에인 카미유 위스망스는 여러 민족의 사회주의자들 사이의 긴장으로 인해 빈에서 다음 회의를 개최한다는 생각을 잠시 접어야 했다. "오스트리아와 보헤미아 상황은 아주 한탄할 지경이다. 우리 동지들은 서로를 집어삼키고 있고, 불협화음은 최고조에 달했다. 감정이 고조되어, 만일 빈에서 모인다면 우리는 갈등을 노정하는 회의를 하게 되어 세계에 최악의 인상을 남길 것이다. 오스트리아인과 체코인만이 이러한 상황에 있는 것이 아니라 폴란드, 우크라이나, 러시아, 불가리아도 마찬가지다."[96] 독일 사회주의자들과 프랑스 사회주의자들의 관계는 제2인터내셔널의 초석이었고(오늘날 독일-프랑스 관계가 유럽연합의 핵심인 것과 마찬가지로), 양측은 이것이 얼마나 중요한지를 반복해서 강조했다. 그러나 1912년 사회주의와 독일 모두에 공감하는 것으로 알려진 소르본 대학의 독일어 교수 샤를 앙들레Charles Andler는 불편한 진실을 공개했다. 그는 일련의 기사에서 독일 노동자들은 국제주의자라기보다는 독일인으로서 만일 전쟁이 일어나면 무슨 이유에서든 독일을 지원할 것이라고 지적했다.[97]

중산층의 평화운동도 제2인터내셔널 못지않게 민족주의의 영향을 받은 것으로 드러났다. 이탈리아 평화주의자들은 오스트리아 평화주의자들이 소수민족(여기에는 당연히 오스트리아-헝가리 내 이탈리아인들이 포함되어 있었다) 권리에 대한 지지를 표명하지 않았을 때 크게 실망했다.[98] 알자스-로렌은 독일과 프랑스 평화주의자 사이에 오랜 문제였다. 독일인들은 두 지역의 주민들이 독일 통치 아래 행복하며 번영하고 있다고 주장한 반면, 프랑스 평화주의자들은 압제의 증거를 제시하면서 일례로 외부로 이주하는 프랑스어 사용자의 숫자를 들었다.[99] 양측은 서로를 신뢰하기 힘들었다. "우리가 군비 축소를 하면 프랑스가 공격할 확률은 100퍼센트다." 1913년 독일의 한 평화주의자가 한 말이다.[100] 1911년 모로코 위기가 발생하여 독일과 영국 사이에 전쟁이 일어날 위협이 제기되자, 램지 맥도널드는 영국 하원에서 이렇게 말했다. "이 나라의 정당 분열이 민족정신이나 민족의 단합을 저해할 것이라고 어떤 유럽 국가도 생각하지 않기 바란다." 다음해 지도적 독일 평화주의자는 영국을 옹호하는 동료들을 비판하며, 영국은 "우리의 국가 성장에 불가결한 안전을 위협하고 있다"고 말했다.[101] 유럽 여러 곳의 평화주의자들은 공격전과 방어전을 구별함으로써 자신들의 확신과 민족주의를 화해시키려고 노력했다. 불완전하더라도 자유주의적 제도를 전제적 정권으로부터 보호하는 것은 당연히 옳은 일이었다. 일례로 프랑스 평화주의자들은 조상들이 외국의 적들로부터 프랑스혁명을 수호한 것과 마찬가지로 공화국은 방어되어야 한다는 것을 분명히 했다.[102] 1914년 위기가 고조되자 유럽 지도자들의 목표 중 하나는 전쟁에 참전한다는 결정이 전적으로 방어적 이유 때문이라는 것을 자국민들에게 설득하는 것이었다.

전쟁 자체가 유럽 평화를 유지하려는 시도를 훼손한 마지막 요소였다. 블로흐는 기술 발달로 전쟁이 치명적이고 산업화되었기 때문에 전쟁을 둘러싼 매력이 사라질 것이라고 기대했다. 그러나 실제로는 그 반대 현상이 발생했다. 군사주의의 확산과 전쟁에 대한 흥분 자체가 많은 유럽인들을 매료시켰다. 전쟁이 비합리적이라는 것을 독자들에게 설득하려고 무던히 애쓴 에인절조차도 다음과 같이 인정할 수밖에 없었다. "전투, 전쟁 이야기, 전쟁 도구에는 감정을 깊이 휘젓고, 우리의 가장 평화적인 혈관에 전율하는 피를 보내며, 용기에 대한 자연적 숭앙, 모험에 대한 사랑, 열정적 움직임과 행동에 대한 사랑은 말할 것도 없고, 외딴 본능이 아니라 내가 알고 있는 것에 호소하는 무언가가 있다."[103]

11장

전쟁을 생각하며

1914년 이전 유럽 강국들은 전면전이 일어날 것이라고 예상했다. 그들은 군비 경쟁에 뛰어들어 공격전을 계획했다. 여기 그려진 다섯 강국인 영국, 프랑스, 독일, 오스만제국, 러시아는 모두 무기를 잔뜩 갖춘 채 서로를 노려보고 있다. 멀리 떨어져 있는 엉클 샘(미국)은 실망해서 이렇게 말한다. "저 친구들은 군비 축소를 원하지만, 먼저 실천할 사람은 아무도 없어!"

독일통일전쟁에서 프로이센을 승리로 이끈 사람은 헬무트 폰 몰트케였다. 잘생긴 그는 몸에 잘 맞는 제복에 철십자훈장을 달고 있었다. 그런 모습은 프로이센 지주 융커 계급 출신 장교처럼 보였다. 이런 이미지는 사실이기도 하고, 잘못된 것이기도 하다. 1914년 참모총장이었던 같은 이름의 조카(소小몰트케)와 구별하기 위해 대大몰트케라고 불리는 그는 실제로 융커였다. 몇 세기 동안 그의 가문은 프로이센 북부와 북동부에서 영지를 운영하며 소박하면서도 명예롭게 살았고, 아들들은 프로이센 군대에 들어가 장교가 되었다. 여러 세대에 걸쳐 프로이센이 확장되면서 그들은 기대에 부응해 군 복무 중 참전했다가 전사했다. (7년전쟁에 등장했던 몰트케가 붙은 이름들은 히틀러 전쟁에도 나타난다.) 융커 계급은 남녀를 불문하고 육체적으로 강인하고, 불평이 없고, 용감하고, 충성스럽고, 명예를 지키는 사람으로 훈육되었다. 몰트케는 자기 계급의 보수주의, 단순한 경건성, 의무감을 공유했다. 개인으로 말하자면, 풍자 잡지 《짐플리치시무스》가 융커 출신 장교의 특징으로 조롱한 "머리는 좀 모자라는 정력, 고지식한 잔인성"과는 거리가 먼 사람이었다. 몰트케는 예술, 시, 음악, 연극을 사랑했다. 괴테부터 셰익스피어, 디킨스에 이르기까지 몇 가지 언어로 폭넓은 독서를 했다. 그는 기번이 지은 《로마제국 쇠망사》 여러 권을 번역했고, 연애소설과 폴란드 역사를 썼다. 독일과 독일 군대의 발전에 더 중요했던 점을 말하자면, 그는 큰 조직이 성공하려면 체계, 정보, 훈련, 공유된 비전과 정신이 필요하다는 것을 이해한 현대적 사람이었다. 만일 다른 장소나 시대에 태어났다면 그는 독일의 헨리 포드나 빌 게이츠가 될 수 있었을 것이다. 그는 유럽 모든 곳의 장교들이 당면한 도전, 즉 전사 계급의 가치를 산업화된 전투의 요구와 어떻게 결합할 것인가의 문제도 잘 처리했다. 그러나 둘 사이의 긴장은 1차 대전이 발발할 때까지 계속되었다.

나폴레옹전쟁 중이던 1800년 태어나 1891년 사망한 몰트케는 유럽 사회, 유럽의 군대와 전쟁 방식이 바뀌던 시대에 살았다. 나폴레옹 군대가 프로이센 땅으로 밀고 들어와 예나 전투에서 프로이센군을 격파할 때 그는 여섯 살이었다. 1870년 참모총장으로서 그는 프랑스에 맞서 성공적인 작전을 주도했다. 이 시기에 군대는 기차를 타고 전장으로 이동했다. 20년 후 그가 사망하기 직전 유럽을 관통하는 철도망은 세 배로 늘어났고, 내연기관을 장착한 최초의 자동차가 나타났다. 과거에는 군대가 얼마나 많은 보급품을 직접 가져가고, 병사들이 얼마나 멀리, 빠르게 행군할 수 있는가가 관건이었다. 19세기 말이 되자 기차가 유럽의 훨씬 큰 군대를 멀리까지 이동시키고, 무기부터 군화까지 군수 물자를 계속 만들어내는 전선 후방의 공장으로부터 재보급을 받을 수 있게 되었다.

산업혁명 덕분에 더 큰 군대를 보유하는 것이 가능해졌고, 유럽의 인구 증가는 인력풀을 확대시켰다. 프로이센이 인력풀을 최대한 이용한 첫 국가였다. 프로이센은 징병제를 실시해 민간 사회에서 병사를 충당하고 몇 년간 이들을 훈련시켰다. 그런 다음 훈련된 병사들을 민간 생활로 돌려보냈지만 그들은 예비군으로 편성되어 주기적으로 훈련을 받으며 전투 기술을 계속 유지했다. 1897년 독일은 54만 5000명의 현역 군인을 보유했지만, 추가로 340만 명을 군대로 다시 소집할 수 있었다.[1] 유럽의 다른 나라들도 이를 모방할 수밖에 없었다. 바다와 해군의 보호를 받는 영국만 소규모 자원병 군대에 머물렀다. 유럽대륙에서는 모든 강대국이 19세기 말까지 상비군 ― 달리 말하자면 자기 무기를 가지고 부대에 배치되는 병사들 ― 을 보유하게 되었고, 훨씬 큰 잠재적 군대가 사회 곳곳에 산재했다가 동원령이 발동되면 최대한 빨리 군대를 편성할 수 있게 되었다. 몰트케가 열두 살 때 나폴레옹이 모스크바로 진격했는데, 프랑스군과 그 동맹군은 대략 60만 명에 달해 유럽 역사상 가장 큰 군대가 전투에 참가했다. 1870년 몰트케는 120만 명의 프로이센과 동맹국의 남자들을 동원하는 작업을 주도했다. 그가 사망하고 20년이 지난 1914년, 동맹국은 3백만 명의 병사를 전장에 투입할 수 있었다.

그렇게 큰 숫자를 이동시키는 것은 소도시들과 도시들 전체를 이동시키는 것이나 마찬가지였다. 병사들은 자신의 부대로 배치되어, 미리 지정된 기차역으로 가서 할당된 기차에 제대로 올라타야 했다. 식량부터 기병대와 이동에 필요한 무기, 탄약, 말과 당나귀에 이르기까지 보급품을 출발 전에 제대로 갖추는 것도 중요했다. 엄청난 장비를 갖추고 전장으로 밀려가는 병사와 동물들은 더 큰 부대인 사단으로 편성되었다. 대부분의 군대는 2만 명의 병력으로 사단을 편성했고, 2개 사단이나 그 이상의 사단으로 군단을 편성했다. 각 사단과 군단이 제대로 전투를 치르려면 포병에서 공병에 이르기까지 자체 특수부대를 보유해야 했다. 독일이 2백만 명의 남자를 동원했을 때 그들의 보급품과 11만 8000마리의 말을 전선으로 이동시키는 데 2만 800편의 기차가 필요했다. 54개 객차로 구성된 기차가 병사와 그들의 장비를 싣고 8월 첫 2주 동안 콜로뉴에서 라인강을 건너는 호엔촐레른 교량을 10분마다 통과했다.[2] 만일 일이 틀어지면 — 러일전쟁 당시 시베리아횡단철도에서처럼 — 전쟁에 쏟아부은 노력에 재앙 같은 결과를 가져올 수 있었다. 보급품이 그것을 필요로 하는 병사들과 반대 방향으로 가거나 철도역 분선에서 몇 주, 몇 달을 대기하는 동안 병사와 전 부대는 어디로 가야 할지 모르는 채 떠돌 수 있었다. 1859년 나폴레옹 3세는 이탈리아에서 오스트리아와 싸우기 위해 대규모 병력을 파견했다. 병사들은 담요, 식량, 탄약이 없이 전선에 도착했다. "12만 명이 이탈리아에 도착했지만 어떤 보급품도 그곳에 도착하지 않았다." 나폴레옹 3세는 이렇게 말하고 "우리가 하려고 한 일의 정반대였다"라고 한탄했다.[3]

몰트케는 새 시대는 새롭고 훨씬 정교한 조직 기술을 필요로 한다는 것을 깨달은 선각자 중 한 명이었다. 전쟁 동원령 발동과 전투 사이의 시간이 훨씬 짧아졌기 때문에 군대는 사전에 자체 계획을 수립해야 하고, 지도를 만들어야 하고, 최대한 많은 정보를 수집해야 했다. 19세기 이전에 군대는 도보로 느리게 이동했다. 프리드리히 대왕이나 조지 워싱턴, 웰링턴 공작이 지형을 살펴보고 적의 위치를 알아내기 위해 정찰대를 파견하는 동안 그들도 계획을 짰다. 전투 전날 적과 대치한 나폴레옹은 아군과 적군의 배치를 이미 훤히 알고 있었다. 이 상태에서 그는 전투 계획을 짜고 아침에 명령을 하달할 수 있었다. 그러나 이제는 가능하지 않은 일이었다. 전투에 훨씬 앞서 계획을 세우지 못한 군대는 아무짝에도 쓸모가 없었다. 1819년 몰트케가 입대했을 때 프로이센 군대는 이미 현대 군대의 가장 중요한 제도적 혁신의 초기 형태를 갖추고 있었다. 총참모부는 아이디어, 조직, 궁극적으로 지도력을 군대라는 거대 조직에 주는 두뇌가 되었다. 참모부 장교들은 다른 군대에 대한 정보를 수집하고, 지도를 만들고 최신 자료를 보강하고, 전쟁 계획을 만들고 테스트했다. 일례로 오스트리아-헝가리는 러시아, 이탈리아 또는 세르비아를 상대로 한 전쟁 계획을 갖고 있었다.

전쟁 계획의 기초가 되고, 총참모부의 작업 중 가장 중요한 것은 수백 페이지에 달하는 정교한 동원과 철도 계획이었다. 이 계획서에는 모든 기차의 크기, 속도와 시간표부터 물과 연료를 보급하기 위해 정차하는 시간까지 세세히 기록되었다.[4] 여기에서도 다른 유럽 국가들의 모델이 된 독일은 이미 오래전부터 철도의 건설, 운영, 조율이 군사적 필요를 충족하도록 만들었다. 일례로 1914년 서쪽의 프랑스와 벨기에로 이어지는 철도는 통상적 여객 열차보다 큰 운송 능력을 가지고 있었다.[5] 독일 전역에 걸쳐 표준 시간을 사용해야 한다는 대몰트케의 주장은 연방의회에서 바로 받아들여졌다. 1914년 이전 독일 총참모부 내 철도국에는 80명의 장교가 근무했다. 그들은 가문 배경보다 머리를 기준으로 선발되었다. (대부분이 중산층 출신이었고, 요즘으로 말하면 컴퓨터 인재들이었다. 1914년 이 부서의 책임자였던 윌리엄 그뢰너William Groener 장군은 주말을 부인과 함께 사무실에 나와 기차 시간표를 만드는 데 보냈다.)⁶ 다른 강대국 중 영국은 철도에 관해서도 예외였다. 1911년까지 영국 육군과 영국 철도청 사이에 연계나 협의는 거의 없었다.⁷

1857년 몰트케가 프로이센 총참모장이 되었을 때에는 소수의 장교만 있었고 그의 존재는 장교단에 잘 알려지지도, 주목받지도 못했다. 1866년 오스트리아와의 전쟁에서 몰트케가 야전 지휘관들에게 직접 명령을 전달하자 "아주 적절한 명령이군. 그런데 몰트케 장군이 누구지?"라는 말이 나왔다.⁸ 1871년 두 번의 큰 승리를 거둔 독일 총참모부는 국가적 보물처럼 대우되었고, 총참모부의 힘과 영향력도 이에 상응해서 커졌다. 1880년대에 대 몰트케가 여전히 책임을 맡고 있는 총참모부에서는 수백 명의 장교가 각기 역할을 맡은 여러 부서에서 근무했다. 이 점도 유럽 강국의 총참모부 모델이 되었다. 그러나 다른 나라의 총참모부는 독일 총참모부 같은 독보적이고 특권적 지위를 누리지 못했다.⁹ 1883년 독일 총참모부는 카이저에게 직접 보고하는 권한을 얻었고, 국제관계나 외교는 민간 관리들에게 맡긴 채, 제약을 받지 않고 전쟁을 준비하거나 전쟁을 벌이는 일에 집중할 수 있었다.¹⁰ 몰트케는 이렇게 말했다. "외교의 최고 기술은 모든 수단을 동원해서 평화를 유지하는 것이 아니라 한 국가가 유리한 여건에서 전쟁에 돌입할 수 있는 정치적 상황을 형성하는 것이다."¹¹ 그러한 태도는 위험했다. 그 이유는 군사와 민간, 평화와 전쟁이라는 두 영역과 활동은 깔끔하게 구분될 수 없기 때문이었다. 총참모부는 군사적 근거로 전쟁 계획을 만들었고 — 유명한 사례로는 1914년 벨기에를 침공하는 결정 — 이것은 심각한 정치적 결과를 초래했다.

전쟁 계획이 불가피하게 점점 상세해지고 복잡해지면서 또다른 위험이 부상했다. 전쟁 계획의 규모, 그것을 만드는 데 투자된 시간, 계획 변경에 필요한 작업은 전쟁 계획을 변경시키지 않도록 하는 이유가 되었다. 1914년 오스트리아-헝가리가 마지막 순간에 병력 이동 계획을 변경하면서 상자 84개에 달하는 명령서가 급하게 변경되어야 했다.[12] 생애의 많은 시간을 전쟁 계획을 세우는 데 보낸 장교들은 스스로 인식하든 아니든 그 계획이 오류가 없다고 주장하게 되고, 자신들이 참여한 작업에 기득권과 긍지를 느끼게 된다. 몇 년을 작전 계획 수립에 보낸 다음 그것을 변경한다는 생각은 유럽 모든 강대국 군대들이 본능적으로 피하고자 하는 일이었다.[13] 그뿐 아니라 군사 계획가들은 여러 대안을 생각하기보다는 단 하나의 전쟁 시나리오에 집중하여 다른 것을 생각하지 않는 경향이 있었다. 오스트리아-헝가리 전쟁계획부의 철도 담당 장교는 군부가 단 하나의 상황을 위한 계획을 세우고 외교정책이나 전략적 목표의 갑작스러운 변경에 대비하지 않는 위험을 지적한 바 있었다. 그가 보기에 군부는 결코 두 목표를 성공적으로 조화시킬 수 없었다. "한편으로는 최고사령부가 첫 전쟁 노력의 기초를 확보하는 데 최대한 속도를 얻도록 계획을 가능한 한 철저하게 세우는 것, 다른 한편으로는 야전 철도의 기본적인 임무를 수행하는 것, 즉 언제든 지도자의 모든 요구를 충족하는 것"은 불가능했다. 몇 년을 투자해 만든 계획이 지도자들에게 충분한 결정의 자유를 줄 수 있겠는가? 이 질문에 대해 1914년 위기가 답을 주었다. 카이저는 소 몰트케에게 독일의 전쟁 계획을 프랑스와 러시아를 동시에 상대하지 않고 한 전선에서만 싸우도록, 즉 러시아와만 싸우게 변경할 수 없는지 물었다. 그러자 소 몰트케는 일언지하에 가능하지 않다고 대답했다. 카이저는 불만스러웠지만 그도, 그의 정부도 이 주장에 의문을 달지 않았다. 수십 년 동안 독일에서뿐만 아니라 군사·민간 지도자들은 모두 이러한 군사 계획은 전문가의 일이고, 민간인들은 의문을 제기하거나 결정을 논쟁할 지식과 권한이 없다고 생각했다.

전쟁 전 계획이 경직되어 일단 시작되면 멈출 수 없는 종말을 초래했다는 것은 1차대전의 핵심 원인은 아니더라도 원인들 중 하나로 간주되어왔다. 그러나 아무리 복잡하더라도 철도 계획과 동원 시간표는 새로운 정보가 들어오면 매년 상세한 부분이 바뀌어 새로운 철로가 열리거나 전략 목표가 수정되었다. 1차대전 후 독일 총참모부 철도 책임자였던 그뢰너 장군은 자신과 부하들은 1914년 7월 프랑스는 제외하고 러시아만을 상대로, 독일이 위험하지 않도록 신속하게 새로운 동원 계획을 만들 수 있었다고 주장했다. 1차대전 중에 군부는 자신들이 한 전선에서 다른 전선으로 거대한 수의 병력을 신속하게 이동시키는 계획을 만들 수 있다는 것을 발견했다.[14] 이러한 능력을 보여준 가장 놀라운 사례는 전쟁 발발 첫 달 동부 지역 독일군 사령부가 약 4만 명의 병력을 남쪽으로 160킬로미터 이동시킨 것이다. 동원 계획 자체가 전쟁을 촉발한 것은 아니었다. 유럽의 민간 지도자들은 이 전쟁 계획이 무엇을 함의하는지 터득하지 못했고, 두 번째로 단 하나의 포괄적 계획보다는 여러 개의 계획을 만들도록 주장하지 않은 것이 큰 실책이었다.

계획은 결정을 내릴 시간을 단축함으로써 의사결정자들에게 추가적인 압박을 가해 1차대전을 촉발했다. 18세기와 19세기 전반 정부는 전쟁을 원하는지, 전쟁할 필요가 있는지 결정하기 전 몇 달의 여유가 있었지만, 이제는 며칠밖에 시간이 없었다. 산업혁명 덕분에 일단 동원령이 발동되면 군대는 미리 정해진 전선으로 가서 전투 준비를 해야 했다. 독일은 일주일 안에 이 준비가 완료되어야 했고, 이동 거리가 먼 러시아는 2주 정도에 준비를 완료할 수 있었다. 유럽 강국들은 다른 나라가 동원을 마치고 전투 준비를 완료하는 데 얼마나 시간이 걸릴지를 잘 알고 있었다. 적이 이미 전선에 배치를 완료하고 완전 동원을 한 상태에서, 동원이 부분적으로만 진행된 상황은 유럽의 군사 지도자들에게 악몽 같은 일이었고, 민간 지도자들도 같은 생각을 하게 되었다.

1914년 의사결정에서 눈에 띄는 점은 조금만 지연돼도 위험하다는 것이 어떻게 받아들여졌는가 하는 것이다. 오스트리아-헝가리의 콘라트는 러시아에 맞선 오스트리아 군대의 갈리치아 집결이 하루가 중요하다고 주장했다. 조금이라도 지연되면 그들은 제대로 준비되지 않은 상태에서 거대한 러시아군의 공격을 받아야 했다. 프랑스군 총사령관 조제프 조프르 장군과 독일군을 이끈 몰트케 장군은 각각 정부에 단 하루, 아니 단 몇 시간의 지연이 엄청난 희생과 적국에 영토 상실을 초래할 수 있다고 경고했다. 그들의 책임감에 압도된 민간 지도자들은 전문성을 신뢰하며 아무 의문도 제기하지 않았다. 일례로 방어 입지를 구축한 다음 적의 공격을 기다리는 것이 낫지 않을까 같은 질문도 없었다.[15] 그래서 이웃 국가가 동원령을 발령하거나 그런 준비를 하는 조짐이 보이면 해당 국가도 동원령을 발령할 수밖에 없었다. 아무 일도 하지 않는 것은 자살 행위나 마찬가지였고, 너무 늦은 동원령 발령도 이보다 크게 나을 바 없었다. 바로 이런 논리가 1914년 군사 지도자들이 민간 지도자들에게 명령을 내리도록 촉구할 때 사용됐다. 쿠바 미사일 위기 때도 케네디 대통령에게 유사한 주장이 제기되었고, 당시에는 며칠보다 훨씬 짧은 시간에 결정을 내려야 하는 압박이 있었다. 일부 군 지도자들은 만일 그가 소련의 미사일 발사를 기다리면 이미 소련 미사일이 날아오는 상태가 된다고 경고했다. 당시 그는 군의 조언을 무시했지만, 1914년에는 모든 민간 지도자들이 그런 독립성을 보여줄 수 없었다.

돌아보면 군 계획자들은 너무 많은 것을 모르고 있었다. 국가마다 다르기는 했지만, 총참모부 장교들은 자신들을 기술자로 생각해서 자신들의 임무는 국가를 방어하는 최선의 방법을 만들어내는 것이라고 보았고, 외교·정치적 고려는 민간인들에게 맡겼다. 군 지도부와 민간 지도부 사이에 늘 존재하기 마련인 어려움은 사안과 현안이 군사적인 것과 비군사적인 것으로 깔끔하게 나뉠 수 없다는 것이다. 독일 총참모부는 프랑스 공격에 성공하려면 벨기에로 진격할 필요가 있다는 합리적 이유를 가졌지만, 1914년 벨기에 공격은 중립국들 사이에서 독일의 평판에 심각한 타격을 가져왔다. 미국에서 파장은 매우 컸고, 그러지 않았더라면 끼어들지 않았을 영국의 참전을 가져왔다. 너무나 자주 민간 지도자들은 군부의 계획을 모르거나, 알려고 하지 않는다. 1914년 영국 내각도 영국 총참모부와 프랑스 총참모부가 몇 년에 걸쳐 광범위한 논의를 진행해왔다는 사실을 알고 깜짝 놀랐다. 반대의 상황이 벌어지기도 했다. 프랑스군은 다른 곳에 사용할 수 있는 2개 사단을 프랑스와 이탈리아 국경에 배치했으나, 7년이 지난 후에야 양국 정부는 그곳의 긴장 해소를 위한 비밀 합의가 있었다는 것을 알게 되었다.[16]

한 나라의 각 군도 항상 정보를 공유하거나 작전을 조율하는 것은 아니었다. 재키 피셔가 지휘하는 영국 해군은 정보 유출을 염려하여 작전 계획을 육군에 알려주지 않았다. 1911년 제국방어위원회의 길고 격렬한 회의에서 피셔의 후임자 아서 윌슨은 해군은 영국군을 유럽대륙으로 운송할 계획이 없고 관심도 없다는 것을 분명히 밝혔다. 그러나 육군은 일정 기간 이런 작전을 고려하고 있었다. 독일 군부는 발트해에 면한 독일 해안으로 적들이 야심차게 공격해 올 것을 염려했지만, 독일 육군과 해군은 1904년 그곳에서 단 한 번만 합동 군사훈련을 수행했다.[17] 독일 수상은 1차대전이 일어나기 2년 전인 1912년에야 독일 전쟁 계획을 알게 되었다.[18] 티르피츠 제독은 회고록에서 1914년 자신과 해군은 독일 육군이 계획한 것을 알지 못했다고 주장했다.[19]

*

유럽 군대가 기술적 전문성을 새롭게 강조한 것은 대부분의 장교들을 배출한 계층의 가치와 쉽게 조화되지 않았다. 꽤 유행에 민감한 영국 기마 연대 출신 장교 하나가 영국군이 마지못해 설립한 육군 참모대학에 지원할지 고민하자 동료 장교는 이렇게 경고했다. "충고하는데, 동료 장교들에게 절대 말하지 말게. 안 그러면 동료들의 혐오를 받을 걸세."[20] 오스트리아-헝가리 육군에서 기병 장교들은 포병을

"화약 유대인"이라고 불렀고, 포병 장교들 자신도 말을 타는 기술이 기술적 전문성보다 중요하다고 생각했다.[21] 유럽대륙 국가들은 도시 중산층에서 점점 많은 장교를 받아들여야 했지만, 이러한 변화가 기술적 또는 학문적 기량에 대한 열정으로 이어지지는 않았다. 중산층 장교들은 오히려 결투 등 귀족적 가치를 받아들였지만, 그 반대 현상은 일어나지 않았다.

이것은 불리한 점이 있었고 군대와 사회의 간극을 더 깊게 만들었지만 장교단 사이의 단합, 귀족들이 높이 평가하고 군대가 필요로 하던 의무감, 신체적 용맹성, 망설임 없이 죽음을 받아들이는 자세 등을 강화했다. 그러나 그들이 선망한 전쟁은 19세기가 지나면서 점점 시대착오적인 것이 되었다. 유럽 군대는 과거의 위대한 전사에서 영감을 얻었다. 알렉산드로스 대왕, 율리우스 카이사르, 좀더 최근 인물로는 프리드리히 대왕이나 나폴레옹이 그들의 우상이었다. 그리고 현대 병사들도 보병 공격, 백병전, 기병대 공격 같은 과거의 공격 방식을 답습하고 싶어했다.[22] 전쟁사, 심지어 최근 전쟁을 다룬 역사도 전쟁에 대한 낭만적이고 영웅적인 시각을 강화하고 개인의 용맹을 숭앙했다. 러일전쟁에 대한 유럽의 평가자들은 진정한 전사처럼 싸우다 죽는 일본 병사들에 대한 찬사를 쏟아내며, 유럽인들은 더이상 그런 식으로 싸울 수 없다는 것을 우려했다.[23] 그러나 1900년 유럽인들이 당면한 전쟁은 과거의 전쟁과 판이하게 달랐다. 산업혁명으로 더 강력하고 더 믿을 만하며 정확한 무기들이 생산되었고, 사정거리가 길어져 병사들은 자신들이 죽이는 적을 보지 못할 때가 많았다. 또한 공격하기보다 거점을 방어하는 것이 훨씬 쉬웠다. 항공기나 장갑차

량같이 강력한 방어를 제압할 기술은 아직 존재하지 않았다. 1차대전 중 오래 이어진 베르됭 전투 후 한 프랑스 장군은 이렇게 말했다고 전한다. "세 명의 병사와 기관포 하나만 있으면 영웅 대대 하나를 멈추게 할 수 있다."

금속학이 발달하면서 병사의 표준 무기부터 포병에 이르기까지 소총과 대포가 더 강해지고 견고해졌다. 알프레드 노벨의 발명품을 비롯해 새로운 폭약을 장착한 대포는 더 멀리 날아갔고 훨씬 정확해졌다. 나폴레옹 시대의 병사들은 1분에 세 번 총을 쏘고 45미터 이내 거리에서만 정확한 사격을 할 수 있었다. (그 때문에 병사들은 적군 눈이 뒤집혀 흰자가 보일 때까지 발사를 계속할 수 있었다.) 1870년 병사들은 500미터까지 정확하게 발사할 수 있는 소총을 갖게 되었고, 1분에 여섯 번 장전하고 발사할 수 있었다. 그사이 그들은 적의 사격에 노출되지 않도록 엎드려 있어야 했다. 1900년 시점에 소총은 정확하고 치명적인 무기가 되었고, 사정거리도 크게 늘어나 때로는 1킬로미터에 달했고, 새로운 기관포는 1분에 수백 발을 쏠 수 있었다. 그 숫자는 모든 면에서 계속 오르고 있었다. 야포의 평균 사정거리는 1800년 500미터였는데 1900년 거의 7킬로미터에 이르렀다. 종종 철도 수송 차량에 탑재되는 더 무거운 대포는 사정거리가 10킬로미터에 달했다. 그래서 공격자들이 적을 향해 진격할 때면 몇 킬로미터를 날아오는 포탄과 수백 미터 앞에서 발사되는 소총과 기관포의 집중 사격을 돌파해야 했다.[24]

블로흐는 사정거리와 방어자의 이점이 이렇게 점점 커지는 것과 전장에서 몇 달 또는 몇 년이나 지속될 교착상태를 경고했다. 그러나 유럽의 군사 계획자들은 그의 주장을 무시했다. 무엇보다도 태생이 유대인인 데다 은행가에 평화주의자인 그는 군인들이 싫어할 모든 조건을 갖추고 있었다. 그는 1900년 여름 영국 국방연구소에서 세 번 강의를 했는데 이때 대부분이 군인인 청중은 그의 얘기를 점잖게 들었지만, 그의 말에 설득되는 조짐은 보이지 않았다. "이른바 비국수주의, 비군국주의, 너무 여린 인도주의였다."[25] 강연을 들은 한 장군은 이렇게 견해를 밝혔다. 당시 독일의 지도적인 전쟁 역사가 한스 델브뤼크는 다음과 같이 평가했다. "과학적 견지에서 볼 때 그의 저작은 추천할 것이 거의 없다. 자료를 무비판적으로 되는대로 모은 것에 지나지 않고, 화보로 장식되어 있기는 하지만 아마추어적이고 실제 문제와는 아무 상관이 없는 세세한 내용이 너무 많다."[26] 블로흐 자신도 불평했지만, 군대는 외부의 간섭을 싫어하는 사제 집단 같았다. "군사학은 태곳적부터 일곱 개의 봉인이 붙은 책이어서 정당하게 입회한 사람이 아니면 열어볼 자격이 없다고 여겨졌다."[27]

그럼에도 불구하고 유럽 군대들은 무엇이 문제인지 의식하고 주의를 기울였다. 어떻게 그러지 않을 수 있었겠는가? 그들은 스스로 신무기를 시험하고 최근 전쟁 사례를 연구했다. 유럽 군사 관측자들은 1861-5년 미국 남북전쟁이나 1877년 러시아-튀르크전쟁 현장으로 가서 참호와 신속 사격이 결합된 잘 준비된 방어 거점이 공격자들을 괴멸하고, 수비대보다 훨씬 많은 사상자를 발생시키는 것을 직접 보았다. 많은 예 중 하나만 들자면 1862년 프레더릭스버그 전투에서 남군은 잘 방어된 북군 거점을 향해 병사들을 계속 진격시켰다. 그러나 모든 공격은 실패로 끝났고, 남군의 사상자는 북군보다 두 배나 많았다. 전장에 흩어져 널린 남군 부상자들은 전우들에게 제발 무의미한 공격을 중단하라고 했다고 전해진다. 유럽에서는 프랑스-프로이센전쟁 사례가 있었다. 4만 8000명의 독일군은 35킬로미터에 이르는 전선에서 13만 1000명의 프랑스군을 저지했다.[28] 보어전쟁과 러일전쟁도 새로운 증거를 보여주었다. 지상에 잘 매복한 보어 농민들은 영국군의 전면 공격에 괴멸적 타격을 입혔고, 극동 지역 전투에서도 같은 양상이 반복되었다.

평화주의자들은 진보가 전쟁을 쓸모없게 만들고, 러일전쟁과 보어전쟁 등을 전쟁의 어리석음을 보여주는 증거로 삼길 바랐다. 하지만 유럽의 군대와 많은 민간 지도자들은 전쟁 없는 세상을 상상할 수 없었고, 이런 성향은 사회는 자연적이고 세습적인 적을 가지고 있으며, 사회 간의 투쟁은 피할 수 없다는 사회진화론으로 더욱 강해졌다. 일례로 1차대전 이전 프랑스 군부는 독일이 프랑스에 치명적이고 결의에 찬 "영원한" 적국이라는 이론을 발전시켰다. 베를린 주재 프랑스 무관은 독일이 프랑스를 파괴하기 위해 절대 멈추지 않는 사악한 세력이라는 전문을 계속 본국의 상관들에게 보냈다.[29] 독일 군부도 수세기를 이어온 적대감과 질투 때문에 프랑스에 대해 같은 시각을 가지고 있었고, 프랑스가 최근 패배에 대한 복수의 열망에 불타고 있다고 보았다. 유럽의 지도자들은 전쟁을 덜 종말론적인 시각으로 보면서 국가 경영의 필요한 수단으로 간주했다. 1914년 이전에도 유럽에는 적이 너무 커지기 전에 무력화시키는 예방전쟁의 장점을 강조하는 권력자들이 있었다. 1905년부터 1914년 사이 벌어진 모든 위기에서 예방전쟁이 여러 나라의 권좌에 있는 사람들 사이에 하나의 선택지로 진지하게 고려되었다. 대전쟁에 심리적으로 준비된 것은 대중만이 아니라 지도자들도 마찬가지였다.

*

유럽의 군사계획가들은 공격의 문제와 점점 커지는 인명 살상 대가를 잘 해명하려고 최선을 다했다. 일례로 최근 전쟁들은 가장 앞선 유럽 군대들 사이에 적절히 치러진 것이 아니었다. "그런 야만적 전투는 전쟁이란 이름에 걸맞지 않는다. 나는 장교들에게 그 전쟁에 대해 출간된 자료를 읽지 말라고 충고한다."[30] 유럽의 한 장군이 미국 남북전쟁에 대해 블로흐에게 한 말이다. 영국 군부는 남아프리카에서 발생한 사상자는 남아프리카 지형과 공간으로 인해 일어난 일탈적 결과이므로 유럽에 유용한 교훈은 없다고 주장했다. 일본군이 러일전쟁에 승리한 이유는 그들이 공격 준비가 잘 되었고, 러시아군보다 훨씬 많은 사상자를 감내할 준비가 되었기 때문이라고 치부했다. 그래서 교훈은 공격은 더이상 성공하기 어렵다는 것이 아니라 더 많은 병력으로 더 강하게 밀어붙여야 한다는 것이었다.[31] 유럽 군대에서 전쟁에 대한 지혜의 근원으로 존중받던 전쟁사는 이러한 주장을 지지하는 데 동원되었다.[32] 그러나 1813년 라이프치히 전투나 1870년 세당 전투처럼 결과가 분명한 전투들이 승부가 분명하지 않거나 방어적인 전쟁보다 더 많은 관심을 받았다. 포에니전쟁 중 한니발이 양 날개를 이용한 포위 작전으로 훨씬 많은 로마군을 격파한 칸나에 전투는 군사대학이 특별히 선호하는 사례가 되었다. 이 작전은 독일군 총참모부의 알프레트 폰 슐리펜 장군이 거대한 양면 공격 작전으로 프랑스

군을 격파하는 계획을 세울 때에도 영감을 불어넣었다.[33]

유럽 군대가 새로운 전쟁 방식 받아들이기를 주저한 것은 부분적으로 관료주의적 관성으로 설명할 수 있다. 전술, 군사훈련, 훈련 방식 등의 변화는 시간이 많이 걸리고 조직을 동요시킬 수 있었다. 잘 단합된 군대는 장교들에게 집단적 사고를 하게 만들어, 독창성과 충성도가 팀플레이를 잘하는 것보다 낮게 평가되었다. 게다가 오늘날과 마찬가지로 군대는 문제를 해결하고 결과를 달성하도록 훈련받았고 그런 기대를 받았다. 행동의 관점에서 생각하는 것이 심리적으로 더 쉬웠다. 공세를 취하고 결정을 내리는 전쟁에서는 더욱 그랬다. 1912년 이전 러시아가 여전히 독일이나 오스트리아-헝가리를 상대로 방어적 전쟁을 생각할 때, 지역 지휘관들은 분명한 계획을 세우기가 힘들다고 불평했다.[34] 그들에겐 공격이 더 과감하고 영예로웠다. 잘 방어된 거점이나 요새를 지키는 것은 상상하기 힘들었고 심지어 겁먹은 것으로 간주되었다. 1914년 영국군의 한 중장은 이렇게 말했다. "방어는 영국인들이 받아들일 수 있는 일이 결코 아니다. 영국인들은 방어를 거의 또는 전혀 연구하지 않는다."[35]

그러나 1914년 이전 군사계획자들이 공격에 대한 고집불통의 생각을 주장한 유일한 집단이라고 전제해서는 안 된다. 역사와 현재에는 깊이 간직한 전제나 이론에 맞지 않는 증거들을 간과하고, 최소화하고, 부정하는 인간의 놀라운 능력에 대한 수많은 증거가 넘쳐난다. 몇몇 역사가들이 공격 추종이라고 칭한 것이 1914년 이전 유럽 군사계획자들 사고 중에 점점 강해졌다(공정히 말하자면 미국과 일본 군사계획자들도 마찬가지였다). 그 이유는 대안, 즉 전쟁이 엄청난 사상자를 발생시키고 분명한 승자가 없는 소모전이 되도록 진화했다는 사실은 느끼기 어렵고 이해하기도 어려웠기 때문이다.

1차대전 때 총사령관이 되지만 당시 프랑스 참모대학 교수였던 페르디낭 포슈는 1903년 2개 공격대가 1개 방어대보다 1만 발 이상을 사격해 우위를 점할 수 있다는 것을 보여주는 정교한 증거를 만들어냈다.[36] 기술과 방어력은 공격자들이 큰 차이로 방어자를 수적으로 압도함으로써 극복할 수 있었다. 그러나 숫자보다 훨씬 중요한 것은 심리적 요인이었다. 병사들은 훈련과 애국심에 대한 호소로 공격도 하고 전사할 수도 있는 동기를 부여받아야 했다. 병사들과 장군들은 낙담하지 않고 대규모 사상자를 받아들여야 했다. 일례로 총검술 훈련은 병사들에게 공격할 욕망을 불어넣기 때문에 중요한 훈련으로 간주되었다.[37] 근사한 군복도 중요했다. 한 전쟁장관이 전통적인 붉은 바지를 없애고 프랑스 병사들에게 위장용 바지를 입히려고 하자 전임 전쟁장관은 이렇게 외쳤다. "붉은 바지는 프랑스다!"[38]

기개, 동기, 사기 이 모든 것은 1914년 이전 공격 성공을 위한 핵심 요소로 간주되었다. 심리적 요인의 중요성을 강조하며 군대는 당시 유럽 사회에 널리 퍼진 사고에 의존했다. 일례로 니체나 베르그송의 사상은 인간 의지의 힘에 대한 관심을 일깨웠다. 1차대전 이전 선도적 프랑스 군사이론가 루이 드 그랑메종Louis de Grandmaison 대령은 1906년 보병 훈련에 대한 고전적 저술에서 다음과 같이 말했다. "전투에서 심리적 요인이 아주 중요하다는 말은 맞다. 그러나 이것이 전부는 아니다. 적절히 말하자면 다른 요인은 없다. 왜냐하면 무기, 작전 등 다른 모든 것은 사기를 진작하는 데 간접적으로만 영향을 주기 때문이다. … 인간의 마음이야말로 전쟁의 모든 문제의 출발점이다."[39]

공격은 공동선과 공동의 대의를 찾도록 자극을 주기 때문에 사회와 군대의 분열을 치유하는 방법이기도 했다. 드레퓌스 사건으로 큰 피해를 입고, 장교와 병사들의 사기가 크게 추락한 프랑스군에게 공격은 전진할 수 있다는 약속이었다. 1911년 프랑스군 참모총장이 된 조제프 조프르는 방어적 사고는 군에 분명한 목적의식을 남기지 않는다고 주장했다. "일관된 교범을 만들어 장교와 병사에게 똑같이 주입하는 것, 내가 올바른 교범으로 간주하는 것을 적용할 수단을 만드는 것이 나의 시급한 과제다."[40]

군대뿐 아니라 청년운동 같은 민간 사회의 군사적 조직에서도 자기희생과 같은 가치를 주입하는 것은 전쟁에서 공격의 이점을 제공하는 것 이상의 효과가 있었다. 그것은 현대사회의 결함을 극복하고, 특히 숫자는 줄어들고 있지만 여전히 영향력 있는 구 지배계급의 많은 사람들이 생각하듯이 그들이 생각하기에 더 낫고, 자신들의 가치가 가장 중요시되는 사회로 돌아가는 길을 제시했다. 빅토리아 시대 유명한 전사였고, 독일 대지주 계급과 많은 가치를 공유한 영국계 아일랜드 귀족 출신 가넷 울슬리는 사람을 약하게 만드는 현대사회의 영향에 맞서 "활력을 주는 해독제"라며 징병제를 지지했다. "국가적 훈련은 국가의 남성들을 건강하고 강인하게 유지하고, 문명의 대의에 고귀하게 봉사함으로써 쇠퇴를 막아준다."[41] 독일 민간인들이 가짜 쾨페니크 대위 사기 사건으로 군대가 당황하는 것을 보고 고소해하자 선도적 군사 이론가이자 교육자인 후고 폰 프라이타크-로링호벤Hugo von Freytag-Loringhoven은 경멸하며 그러한 조롱은 "순전한 이기주의와 안락하고 편안한 삶에 의존하는 데"서 나온 것이라고 비판했다. 그는 전투에서 죽는 것은 "생의 궁극적 보상"이라고 말했다. 전쟁에 대한 많은 저술에서 그는 과거 독일 병사들이 자발적으로 적의 사격 속으로 행진해 들어가는 그림을 그렸다.[42]

미래의 전쟁을 전망하면서 유럽 각국의 군부는 적군을 전멸시키는 결정적 전투라는 관점에서 생각했고 과거의 승리에서 위안을 찾았다. "장교단은 나폴레옹과 몰트케의 전쟁 연구에서 아이디어를 형성했다. 적군 영역으로 신속하게 군대가 진격하고, 몇 번의 강력한 공격으로 전쟁을 결정짓고, 힘없는 적군이 승리자가 제시한 조건을 아무 불만 없이 받아들여 평화 국면에 이르는 것이 그것이다."[43] 그뢰너가 독일군의 동료 장교들에게 한 말이다. 독일에서도 1870년 세당 전투에서 승리한 기억이 여전히 생생했고, 이것은 2차대전 이전 쓰시마 해전 승리 기억이 일본 해군의 사고에 암운을 드리운 것과 마찬가지로 독일 장교단을 쫓아다녔다. 승리는 협상으로 이어지는 부분적 승리가 되어서는 안 되었다. 승리는 결정적이어서 적이 멸절하고, 승자가 제안한 강화 조건은 모두 받아들여야 했다. 전술 단계에서 군사 계획자들은 나폴레옹이 적의 보병 전선을 뒤흔들기 위해 기병대를 돌진시켰을 때처럼 기병이 핵심 역할을 하는 것으로 간주했다. 보어전쟁은 적의 측방을 우회하는 기마병들의 사격에서처럼 또다른 유용성을 보여주었지만, 유럽 군대의 기병은 이른바 미국의 의용 기병대원처럼 이용되는 데 저항했다. 1907년 영국군 기병 지침서에는 다음과 같은 내용이 적혀 있었다. "소총이 효력이 있기는 해도 말의 속도, 기병 공격의 흡인력, 차가운 강철의 두려움과 같은 효과를 내지 못한다는 것을 염두에 두어야 한다."[44] 적군의 사격이 쏟아지는 지역을 더 빨리 횡단할 수 있는 더 강하고 빠른 말을 사육하는 방법에 대한 논의도 계속되었다.

공격, 전투를 비롯한 전쟁 그 자체는 빨리 결정타를 안기고 짧을 것으로 예상되었다. 1912년 한 프랑스 장교는 의회에서 이렇게 말했다. "첫 주요 전투가 전체 전쟁을 좌우하고, 전쟁은 짧을 것이다. 공격 아이디어가 우리 국민들 정신을 뚫고 들어와야 한다."[45] 이러한 종류의 주장은 잘 모르면서 지레짐작하는 것과 마찬가지였다. 민간이나 군부를 막론하고 유럽 지도자들은 미래의 전쟁은 장기전이 될 수 있다는 것을 알았다. 자국 군대를 과거보다 훨씬 오래 전장에 배치해야 하고, 충분한 보급품을 무한정 공급하는 것이 불가능하고, 많은 병사들이 질병에 시달리는 상황에서는 원정 작전 지속에 자연적 제약이 가해지기 마련이다. 19세기 말 유럽 군사 계획자들은 장기적 소모전을 두려워했고, 자국 사회가 그것을 감내할 능력에 대해 의구심을 품었다.

전쟁이 자신들의 통제에서 벗어나고, 전쟁을 끝내기가 점점 어려워질 것이라고 생각하는 사람들도 있었다. 군대는 프로이센군과 동맹군이 세당에서 거둔 승리처럼 분명한 승리를 거둘 수 있어도, 국민들은 그러한 결과를 받아들이지 않을 수 있었다. 세당 전투 패배 후 프랑스인들은 스스로 병사를 동원해 계속 싸웠다. 1883년 위대한 독일 군사이론가 콜마르 프라이헤르 폰 데어 골츠는 《무장한 국가 The Nation in Arms》라는 영향력 있는 책을 발간했다. 이 책에서 그는 전 국민이 나서는 새로운 전쟁 현상을 분석하고, 한쪽이 다른 쪽을 패퇴시키는 데 긴 시간과 용인할 수 없을 정도로 큰 대가를 치를 수 있다고 경고했다. "양측이 최대한 힘을 쏟아부은 다음 한쪽이 불가피하게 모든 것을 소진한 후, 위기가 기존 상황에 영향을 미친 뒤에야 사건은 빠르게 진행될 수 있다."[46] 몇 년 후 대 몰트케는 제국의회에서 내각전쟁Cabinet wars•의 시대는 끝났고, 국민전쟁의 새 시대가 시작되었다는 유명한 경고를 했다. 보수주의자들은 경제 파산이든 사회 혼란이나 혁명이든 전쟁의 결과를 두려워할 특별한 이유가 있었다. 1차대전 발발 직후 선도적인 러시아 보수주의자 두르노보P. N. Durnovo는 유명한 비망록에서 전쟁은 거의 분명하게 러시아의 패배를 가져오고 혁명을 불가피하게 만들 것이라고 경고했다.

오스트리아-헝가리에서는 2년 전, 잠시 참모총장을 맡았던 블라지우스 셰무아Blasius Schemua가 자국 정부에 이와 유사한 주장을 펼쳤다. 그는 국민들이 전쟁이 가져올 결과를 제대로 이해하지 못한다고 경고했다.[47] 그러나 셰무아는 두르노보와 달리 되도록 전쟁을 피하라고 정부에 촉구하지는 않았다. 그는 전임자(동시에 후임자)인 콘라트와 마찬가지로 더 공세적인 외교정책을 주장했고, 전쟁이 닥칠 것이라는 결과를 체념과 희망이 뒤섞인 채 받아들였다. 아마도 오스트리아-헝가리 주민들은 무분별한 물질주의가 정신적 필요를 충족하지 못한다는 것을 인식하고, 올바른 지도력이 있다면 새롭고 더 영웅적인 시대가 밝아올 수 있다고 생각했을 것이다.[48] 1914년 이전 독일

• 카비네츠크리제(Kabinettskriege)라는 독일어에서 나온 말로, 17세기 중반부터 18세기 말까지 정규적이고 제한적이었던 귀족전쟁을 이른다. 프랑스혁명 이후 전쟁 양상은 전면전(total war)으로 바뀌었다.

의 군사 지도자 대부분은 단기전이 가능하다는 데 의구심을 가졌지만, 다른 대안을 생각할 수 없었기 때문에 단기전을 위한 계획을 계속 만들었다. 교착상태에 빠진 소모전이 벌어지면 독일은 패배할 가능성이 컸고, 그들은 독일 사회에서 특권을 상실할 것이 분명했다.[49] 1914년 이전 보급품 저장이나 경제를 지탱할 계획 등 장기전에 대비한 진지한 계획이 없었다는 놀라운 사실은 유럽의 민간·군사 지도자들이 패배와 사회 전복의 악몽을 마주하고 싶지 않았다는 것을 보여준다.[50] 기껏해야 그들은 교착상태에 빠진 소모전이라도 오래 지속되지 않길 기대할 뿐이었다. 이 점에서 유럽 여러 나라의 군부는 자원이 바닥나면 전쟁 노력이 무너질 것이라는 블로흐와 생각을 같이했다. 주사위나 룰렛 한 번에 모든 것을 걸 수밖에 없는 도박사처럼 너무나 많은 유럽의 군사 계획자들이 독일인들처럼 의구심을 억누르고 어떻게든 만사를 해결해줄 단기 전적에 믿음을 두었다. 승리는 더 나은, 더 단합된 사회를 만들어낼 테고, 만일 패배하면 그들은 이미 끝난 것이나 마찬가지였다.[51] 1909년 오스트리아-헝가리의 한 외교관은 상트페테르부르크 요트 클럽에서 한 러시아 장군과 대화를 나누었다. 러시아 장군은 두 나라 간의 좋은 전쟁을 기대하며 이렇게 말했다. "우리는 다른 정권과 마찬가지로 위대한 승리를 얻을 자격이 있는 차르정을 강화하기 위해 권위가 필요하다." 1920년대에 두 사람이 독립한 헝가리에서 다시 만났을 때, 러시아 장군은 난민으로 그곳에 와 있었다.[52]

1914년 이전 유럽 지도자 중에 콘라트처럼 전쟁을 원한 사람은 거의 없었다 하더라도 다수 지도자는 전쟁을 사용할 수 있는 도구로 받아들이고, 전쟁을 통제할 수 있기를 바랐다. 1914년 이전 10년 동안 유럽은 여러 번 심각한 위기를 겪었고 동맹은 더 단단해졌지만, 지도자들과 대중은 전쟁이 일어날 수 있다는 생각에 점점 익숙해졌다. 3국 협상국인 프랑스, 러시아, 영국과 3국동맹국인 독일, 오스트리아-헝가리, 이탈리아는 두 강국 간의 충돌이 다른 동맹국들을 전쟁으로 끌어들일 수 있다는 것을 알았다. 동맹 체계 안에서 서로 약속하고, 지도자들이 서로 방문하고, 계획이 만들어지면서 기대가 강화되었고, 위기가 발생할 경우 상대를 실망시키기가 어려워졌다. 결국 유럽 한복판에서 벌어지는 전면전이 상상 가능한 것이 되었다. 위기의 여파는 군국주의 또는 민족주의를 강화하여 유럽인들이 1차대전을 심리적으로 준비하도록 도와주었다.

대개 그들은 자신을 파괴하려는 세력에 맞서 정당하게 자신을 방어한다고 믿었다. 독일은 포위에 맞서, 오스트리아-헝가리는 범슬라브주의에 대항하여, 프랑스는 독일에 맞서, 러시아는 이웃 국가인 독일과 오스트리아-헝가리에 대항해서, 영국은 독일에 맞서 자신을 방어한다고 생각했던 것이다. 동맹 체계와 각 동맹 안에서 동맹국들은 파트너 국가가 공격을 받는 경우에만 지원하기로 약속했다. 여론과 전쟁을 지원하려는 대중의 의지가 중요해진 시대에 민간·군사 지도자들에게는 전쟁이 발발했을 때 자국에 책임이 없어 보이도록 만드는 것도 중요한 문제였다.

그러나 일단 전쟁이 시작되면 유럽 강국들은 자국 방어를 위해 공격할 준비가 되어 있었다. 1914년 이전 유럽 각국 총참모부가 수립한 거의 모든 전쟁 계획은 적의 영토에서 전쟁을 수행하고, 신속하고 결정적인 승리를 거두는 공격적인 것이었다. 이것은 계속 발생한 국제위기 상황에서 의사결정자들에게 압박으로 작용해 이점을 포착한 시점에 신속하게 전쟁에 돌입하도록 만들었다. 1914년 독일의 전쟁 계획하에서는 선전포고 전에 군대를 룩셈부르크와 벨기에에 진입시킬 필요가 있었고, 실제로 그렇게 진행되었다.[53] 계획 자체도 군대를 더 전쟁 준비 상태로 만들고, 군비 경쟁을 고무함으로써 국제적 긴장을 높였다. 자국을 보호하는 합리적인 방법 같았을지 몰라도 이는 국경 반대편에서 보면 아주 다를 수 있었다.

12장

전쟁 계획을 세우다

서로에 대한 두려움이 1914년 이전 유럽 강국들의 계산에 큰 역할을 했다. 독일은 경제적 성공, 강력한 육군, 유럽 중부를 장악한 여건에도 불구하고 자국과 오스트리아-헝가리를 분쇄하려는 적국들에 둘러싸여 있다고 생각했다. 이 만평에서는 러시아 곰이 동쪽에서 전진하고, 프랑스는 알자스와 로렌을 통해 공격하고, 믿을 수 없는 영국(풍자적 표현)은 영불해협을 건너고 있다.

오늘날까지 논란이 많은 독일의 전쟁 계획은 참모총장이 열쇠를 가지고 있는 금고에 보관되어 있었고, 소수의 지휘관만 그 전략적 목표를 알고 있었다. 그러나 1차대전 후 점차 내용이 알려지면서 이 계획은 많은 논쟁의 주제가 되었고 지금도 여전하다. 이 계획은 독일이 1차대전을 원했다는 것을 보여주는가? 독일 지도자들은 유럽을 지배하기로 결정했는가? 그것은 독일에 전쟁 책임이 있다고 규정한 1919년 베르사유 조약의 악명 높은 구절을 뒷받침할 증거인가? 아니면 슐리펜 계획은 다른 나라와 마찬가지로 독일이 결코 일어나지 않을 최악의 사태에 대비해 군사 계획을 만들었다는 것을 보여주는가? 강함이 아니라 약함에서 나온 계획이고, 3국협상 국가들의 공격적 포위에 대항할 의도가 있는 방어적인 계획이었는가? 이러한 질문은 1914년 이전 독일 총참모부의 생각을 모르고는 제대로 답할 수 없는데, 그들의 생각은 영원히 논쟁과 추론의 문제로 남았다. 포츠담에 있는 군사 문서고가 러시아군에 일부 약탈되고(자료 일부는 냉전 종식 후 반환되었다), 일부는 1945년 연합군 폭격에 파괴되었기 때문이다.

슐리펜 계획을 둘러싼 질문에 대한 답은 양극단 사이 어딘가에 있을 것이다. 독일은 잠재적 적들에 의해 수적으로 열세에 놓이고 시간이 지날수록 더 불리해질 것이라고 생각했지만, 독일 지도자들은 전쟁에 대한 대안을 찾아보는 대신 너무나 자주 군사적 해결의 관점에서 생각했다. 1912년 영국은 해군력 경쟁에서 사실상 승리했고, 영국과 독일이 더 우호적인 관계를 재수립할 기회가 있었다. 러시아는 피할 수만 있다면 전쟁을 원치 않았고, 오스트리아-헝가리와의 긴장을 완화하기 위한 조치를 취하고 있었다. 1차대전 이전, 몇 년 후면 독일은 유럽에서 가장 강한 경제 강국이 될 것이라던 후고 스티네스의 말은 옳았다. 그러한 경제적 지배력을 바탕으로 문화·정치적 힘이 따르게 될 것도 분명했다. 그런 일은 끔찍한 두 번의 세계대전을 겪고 난 21세기에 일어났다.

수년간 여러 사람의 손을 거쳐 만들어진 독일의 전쟁 계획은 전쟁이 일어날 경우 동원령과 독일군 병력 이동에 대한 상세한 사항을 담고 있었고, 그 내용은 매년 보충되고 개정되었다. 나중에 소 몰트케가 상당 부분을 변경했지만, 지금도 그 계획에는 1891년부터 1905년까지 참모총장을 맡았던 알프레트 폰 슐리펜의 이름이 붙어 있다. 편의상 그렇게 부르는 슐리펜 계획은 로마 포럼에 버금가는 엄청난 논쟁을 낳았고, 중세 학자들을 즐겁게 할 만큼 사소한 것을 골치 아프게 따지는 이 논쟁은 오늘날 학계에서도 계속되고 있다. 양차 대전 사이 슐리펜 옹호자들은 유명한 삼촌에 비해 능력이 떨어지는 소 몰트케가 이 계획을 간섭하지 않았더라면 스위스 시계처럼 정교하게 만들어진 천재적인 작품이 되었을 것이라고 주장했다. 그들은 만일 처음부터 계획된 대로 진행되었다면 전쟁 초기 독일의 승리를 가져오고 1차대전의 오랜 고통과 전쟁 말의 치욕적인 독일 패배도 가져오지 않았을 것이라고 주장했다. 그러나 다른 사람들이 지적했듯이 이 계획은 독일군 전력은 이 계획이 강요하는 과제를 실행할 정도로 충분히 강하고, 지휘 구조와 이동하는 거대한 군대를 위한 보급도 적절하다는 비현실적 가정에 기초한 도박이었다. 아마도 가장 큰 결함은 독일의 위대한 전쟁 이론가 클라우제비츠가 마찰이라 부르고 미국인들이 머피의 법칙이라고 말한 대로 문서상의 모든 계획은 실제 상황에서 어긋날 수도 있다는 것을 감안하지 않은 것이었다.

전쟁에서 그런 불확실성을 고려하려 하지 않고 독일의 전쟁 계획과 총참모부에 자신의 족적을 남긴 슐리펜은 독일의 많은 고위 장교와 마찬가지로 프로이센 대지주 계급 출신이었다. 슐리펜의 부모는 가장 위대한 가문 출신인 데다 거대한 영지와 가족 연줄이 있어서 독일에서 가장 높은 정치·군사 인맥에 접근할 수 있었다. 막강한 부와 권력에도 불구하고 슐리펜 가족과 같은 사람들은 명쾌하고도 간단한 원칙을 지키며 놀랄 정도로 단순한 삶을 살았다. 그들은 아이들의 어머니로든 군 장교로든 위계질서, 근면, 검소, 생의 분명한 목적을 믿었다. 슐리펜과 그의 부모도 19세기 초 재각성한 루터파 개신교의 일부로 그리스도의 메시지에 마음을 열어야만 구원받는다는 믿음을 굳게 신봉했다. 슐리펜 같은 경건주의자들은 의무, 동지애, 신앙의 삶, 훌륭한 일을 높이 평가했다. 그들은 철저한 보수주의자였고, 계몽주의의 회의주의와 프랑스혁명 수평파의 이상으로 간주한 것을 거부했다.[1]

수줍어하고 내성적인 슐리펜은 그저 그런 학생이었고 군 경력 초기에도 눈에 띄지 않았지만, 양심적이며 열심히 일한다는 평판을 얻었다. 그는 1866년 프로이센과 오스트리아의 전쟁, 1870-1년 프랑스와의 전쟁을 모두 겪었지만, 실제 전투에 참여한 경험은 많지 않았다. 그의 동생이 1870년 전사했고, 1872년 사촌지간인 아내가 둘째 딸을 낳은 직후 사망하자 큰 상실감으로 괴로워했다. 그의 직업적 운은 1875년 연대장을 맡으면서 크게 좋아졌다. 대 몰트케도 슐리펜이 언젠가 총참모부에서 자신의 후계자가 될 것으로 생각했다. 카이저가 직접 군대 고위 지휘관을 임명했기 때문에 슐리펜이 장차 황제가 될 빌헬름 2세와 그의 측근에게 좋은 인상을 남긴 것도 큰 도움이 되었다.[2] 1884년 슐리펜은 총참모부로 이동했고 1891년 황제가 된 빌헬름 2세가 그를 참모총장으로 임명했다. 슐리펜은 언제나 관계를 세심하게 유지하여, 일례로 연례 추계 군사훈련에서 빌헬름 2세 측이 늘 승리하도록 만들었고, 황제의 갑작스러운 간섭이 작전을 망치지 않도록 조치했다.

참모총장 임명 소식을 들은 슐리펜은 여동생에게 다음과 같은 편지를 보냈다. "어려운 임무가 부여되었다. 그러나 신께서 … 나의 노력이나 갈망이 없는 곳에 버려두지 않을 거라고 굳게 믿는다."[3] 가까운 친구인 외무부의 홀슈타인처럼 그도 자신과 부하들을 강하게 몰아붙였다. 한 보좌관은 다음날 제출해야 하는 군사 문제를 크리스마스이브에 받은 적도 있었다.[4] 슐리펜은 아침 6시면 책상에 앉았고, 베를린 티어가르텐 공원을 말을 타고 돈 뒤 오후 7시 저녁 식사 때까지 일했다. 그러고는 밤 10시나 11시까지 일을 계속했고, 집에서 딸들에게 전쟁사를 한 시간 읽어준 뒤 일과를 마쳤다.[5] 참모들과 동료들은 그를 불가해하고 어려운 사람으로 생각했다. 그는 회의 때 침묵을 지키며 보고와 토론을 듣다가 갑자기 예상하지 못한 각도에서 질문을 던졌다. 그는 칭찬을 거의 하지 않았고, 자주 말을 가로막고 비판적이었다. 그의 건강을 염려한 소령에게, 잠자리에 들기 전 그 소령의 보고를 읽지 않았다면 더 잘 잤을 것이라고 대답한 적도 있었다.[6]

전임자인 대 몰트케와 후임자인 소 몰트케와 달리 슐리펜은 자기 일 외에는 별 취미가 없었다. 참모들과 같이 말을 타고 갈 때 한 보좌관이 멀리 떨어진 강의 아름다운 경치를 가리키자, 슐리펜은 "대단치 않은 장애물이군"이라고만 대답했다.[7] 그의 독서는 거의 전쟁사에 집중되었다. 독서는 그에게 승리 공식을 찾고, 전쟁의 불확실성을 가능한 한 줄이는 수단이었다. 그가 가장 좋아한 전투는 한니발이 로마군을 물리친 칸나에 전투였고, 그다음으로 좋아한 전투는 1870년 독일 연방군이 프랑스군을 포위해 항복을 받아낸 세당 전투였다. 역사 공부를 통해 그는 수적 열세의 군대도 상대의 허를 찌르면 승리할 수 있다는 결론을 내렸다. "측면 공격은 전쟁사의 핵심이다"는 그가 만든 불변의 교리였다.[8] 그는 또한 공격 계획만이 승리를 가져올 수 있다고 결론지었다. "군대의 무장은 바뀌었지만, 전투의 근본 법칙은 그대로 남아 있다. 그중 하나는 공격 없이는 적을 패퇴시킬 수 없다는 것이다."[9] 1893년 그가 남긴 글이다.

그는 양측이 모두 지치고 어느 쪽도 승리하지 않는 소모전에 독일이 빠지게 될까 우려했다. 그는 은퇴 후 쓴 논문에서 국가 경제가 붕괴되고, 산업 운영을 할 수 없고 은행이 파산하며, 주민들이 궁핍에 시달리는 암울한 전망을 했다. 그러고는 "뒤에 어른거리는 붉은 유령"이 독일의 기존 질서를 파괴할 것이라고 경고했다. 시간이 갈수록 슐리펜은 다음 전쟁에서 독일이 승리할 가능성을 점점 비관적으로 보기는 했지만, 신속하고 결정적인 승리를 가져올 전쟁 계획을 세우는 데 몰두했다. 그의 관점에서는 아무 대안도 없었다. 전쟁을 배제하는 것은 겁쟁이 같은 태도였다. 그가 알고 있고, 방어하길 원하는 독일은 이미 위협받고 있었다. 독일의 적들, 사회주의자들, 자유주의자들이 힘을 얻는 평화 기간이 오래 지속되면 소모전만큼 독일을 파괴시킬 것이었다. 슐리펜은 다른 대안을 찾을 수 없었기 때문에 전쟁으로 다가갔다.[10]

그가 당면한 문제는 1890년대에 발전한 프랑스-러시아 동맹이 두 전선에서 전쟁할 가능성이라는 악몽을 독일에 주며 위협한 것이었다. 독일은 두 전선에서 전면전을 치르기 위해 병력을 나눌 수 없었다. 그래서 한 전선의 행동을 저지하는 동안 다른 전선에서 신속히 승리하기 위해 강력하게 밀어붙여야 했다. 그는 이렇게 썼다. "그래서 독일은 이 동맹 중 하나가 저지되는 동안 다른 하나를 격파해야 한다. 독일은 철도를 이용하여 다른 동맹의 전장에서 수적 우위를 차지하고, 다른 동맹도 섬멸해야 한다."[11] 처음에는 러시아를 먼저 공격하려고 생각했지만 슐리펜은 세기 전환기에 생각을 바꾸었다. 러시아는 폴란드 영토를 통과해 북에서 남으로 이어지는 강력한 방어선을 구축하기 위해 요새를 강화하고, 병력 보충을 쉽게 하기 위해 철도를 건설하고 있었다. 독일의 공격은 포위 상태로 정체된 다음 러시아군이 자국 영토로 후퇴하면 장기간 이어지는 원정을 해야 하는 위험부담을 안고 있었다. 그러니 동부에서는 방어를 유지하면서 러시아의 동맹국 프랑스를 먼저 처리하는 것이 합리적이었다.

슐리펜의 계획은 수백만 명의 병력을 다루느라 세부 사항이 복잡했지만, 그 개념은 단순하고 과감했다. 그는 프랑스에 병력을 쏟아부어 두 달 안에 패배시킬 작정이었다. 프랑스로 통하는 전통적 침공 루트(프랑스군의 경우에는 진격 루트)는 북쪽으로는 벨기에·룩셈부르크와의 국경 사이에 있는 프랑스 지역이었고, 남쪽으로는 스위스였다. 프랑스가 동부의 알자스와 로렌 두 지방을 상실했어도 이 침공 루트는 변하지 않았다. 사실은 프랑스에 약간 짧고 더 직선적인 방어선을 만들어주었다. 슐리펜은 그 루트를 배제했다. 프랑스군의 배치와 전쟁 계획은 그 방면으로의 공격을 예상하고 있었다. 요새 건설의 오랜 전통을 가진 프랑스는 새 방어선에 166개의 요새로 된 이중 방어선을 건설하고 파리 외곽을 에워싸는 또다른 요새를 건설했다.[12] 1905년 프랑스 의회는 전방의 요새를 확충하는 큰 예산을 승인했다. 이로 인해 독일은 공격전을 선택한다면 프랑스의 측면을 공격하는 선택지만 남았다. 스위스를 통해 남쪽으로 우회하거나 — 산이 많고 스위스가 협곡 방어를 준비하고 있다는 단점이 있었다 — 평평한 지형, 훌륭한 도로, 뛰어난 철도망을 가진 저지대 국가 벨기에, 네덜란드, 룩셈부르크를 통해 북쪽 경로로 가는 방법이 있었다. 북방 루트를 선택하는 것은 쉬운 결정이었다. 슐리펜은 세당 전투처럼 거대한 우회 이동으로 진격해 프랑스군을 포위하는 전술을 쓰기로 결정했다.

전쟁이 일어날 경우 독일군의 5분의 4는 서쪽으로 이동하고, 5분의 1은 동쪽에서 러시아를 방어하기로 했다. 서쪽에서 공격에 나서는 독일군은 서쪽을 향해 나가 우익을 크게 돌아 저지대 국가들로 밀고 들어가서, 흔히 말하듯 가장 오른쪽에 있는 독일군 소매가 영불해협을 스치고 지나가며 프랑스로 진입해 파리를 압박하게 되어 있었다. 좌익에 남아 있는 훨씬 적은 독일군은 프랑스군이 공격해 올 경우 저지해야 했다. 계획은 진전될수록 점점 정교해지고 엄격해졌다. 1914년 독일군은 전쟁이 시작된 지 40일 안에 파리에 진입할 것으로 기대되었다. 만일 프랑스군이 기대한 대로 움직여서 양국 국경을 넘어 공격하려고 하면 그들은 주전선에서 더 멀어질 수밖에 없었다. 프랑스군은 독일군의 주공이 서쪽에서 자신들의 주력군 뒤로 돌아 들어온다는 것을 알면 사기가 저하되고, 서쪽으로부터의 위협에 대항하기 위해 병력을 이동해 독일로 진격하려고 하면서 혼란에 빠질 것으로 기대되었다(이 작전 자체가 위험한 움직임이었다. 프랑스군은 여전히 동쪽에 독일군 좌익을 마주하고 있었다). 만일 모든 것이 슐리펜 계획대로 진행된다면, 프랑스 주력군은 독일군 양 날개에 갇히게 되어 항복할 수밖에 없었다. 그러는 동안 동쪽에 있는 훨씬 수가 적은 독일군은 방어 태세로 러시아의 느린 동원과 서쪽으로의 공격을 기다릴 수 있었다. 러시아군이 어느 규모로든 독일군에 접근할 때가 되면 서쪽에서 전쟁은 끝나고, 독일군은 러시아군을 상대하기 위해 동쪽으로 이동할 수 있었다.

   슐리펜은 더 넓은 함의를 단순히 무시했거나 가볍게 생각했다. 그의 계획에 따르면 러시아와의 충돌은 자동적으로 독일의 프랑스 공격을 촉발할 것이었다. (20세기 첫 10년 동안 독일의 동맹국 오스트리아-헝가리가 발칸에서 점점 러시아와 충돌하면서 이러한 충돌 가능성은 커지고 있었다.) 슐리펜은 프랑스가 러시아와 동맹을(프랑스는 러시아가 개전 책임이 없을 때만 러시아를 도울 의무가 있었다) 맺었음에도 불구하고 중립을 지킬 가능성을 배제했다. 더구나 독일군은 아무런 분쟁이 없는 세 약소국을 침공해야 했다. 벨기에의 경우 독일은 벨기에 중립을 약속한 프로이센으로부터 물려받은 국제적 의무를 파기하게 될 것이었다. 영국도 이 조약의 서명국이었기 때문에 독일에 맞서 참전할 의무감을 느낄 가능성이 컸다. 이러한 전망은 영국과 독일 관계가 악화되고, 영국이 프랑스와 가까워지고, 다음으로 러시아와 가까워지면서 더욱 현실적이 되었다. 슐리펜 계획과 1914년까지 유지된 내용은 사실상 독일이 두 전선에서 싸우는 것을 기정사실화했고, 이로써 훨씬 큰 전쟁이 일어날 위험을 증가시켰다.

1913년 소 몰트케는 총참모부의 유일한 슐리펜 계획 대안인 동부 배치 계획을 종결시킴으로써 독일의 선택지를 더욱 좁혔다. 그 계획은 프랑스가 중립을 지키고 러시아와 단독 충돌할 경우를 상정했다. 프랑스가 러시아를 지원하려고 할 경우에도 독일군은 서쪽에서 방어적으로만 싸울 수 있었다. 그러나 총참모부는 신속한 결과가 보장되지 않는 전쟁 계획에 너무 많은 시간과 노력을 쏟는다고 생각했던 것 같다. 1912년 독일 전쟁 게임은 이 견해를 확고히 굳혔다. 러시아에 맞선 독일의 주공은 러시아군이 러시아 내륙으로 후퇴하면서 허무하게 끝났다.[13] 그래서 1914년 위기 때 독일군은 단 하나의 계획만 가지고 있었다. 프랑스가 어떤 선택을 하든 독일군은 러시아의 동원에 위협을 받으면 프랑스군을 공격하기로 했다. 동쪽에서 시작된 전쟁은 결과에 상관없이 거의 불가피하게 서쪽으로 확대될 수밖에 없었다.

독일의 계획에는 전쟁 발발 가능성을 높이는 추가적인 위험 요소가 있었다. 유럽에서 독일의 동원령은 첫 통보부터 군대를 전쟁에 동원하는 시점까지 물 흐르듯 진행되는 유일한 계획이었다. 1914년 슐리펜의 유산은 명확히 구별된 8단계의 고도로 복잡한 동원 과정을 만들어냈다. 첫 2단계는 긴장 상태가 존재함을 알리고 휴가 취소 등 군대가 적절한 동원 준비를 하도록 경고한다. 3단계는 "전쟁의 임박한 위험"이 대중에게 공표되고 세 번째이자 가장 낮은 단계의 예비군이 소집되어 높은 단계의 예비군이 정규군에 가담할 준비를 하게 한다. 4단계와 5단계에는 독일군 병력이 부대 단위로 집합하고, 기차로 전선의 지정된 장소로 이동한다. 마지막 3단계에는 병력이 기차에서 내려 국경 일대의 "공격 행로"로 이동하여 최종 공격 단계에 들어간다.[14] 이 계획은 1914년 여름에는 공격 마지막 단계까지 훌륭하게 진행되었다. 이론상으로는 병력이 전선에서 멈출 수 있었지만, 계획에는 이런 제어 장치가 없어서 그럴 가능성은 희박했다. 그래서 독일 정부는 동원령을 억제책으로 쓰거나, 협상이 진행될 경우 첫 유혈이 벌어지기 전에 냉각기를 가질 능력을 스스로 제거했다.

슐리펜은 독일을 위한 최선의 군사 계획 수립을 자신의 임무로 여겼다. 외교는 민간인들에게 맡겼고, 총참모부 대부분 장교들과 마찬가지로 외교는 전쟁의 구실을 만드는 데만 효용이 있다고 생각했다. 그러나 그는 계획한 것을 민간 지도자들에게 상세히 알릴 책임이 있다는 것을 잊었다. 그도, 그의 후계자인 몰트케도 해군, 카이저의 군사 내각, 프로이센 전쟁부와 함께 계획을 수행할 책임이 있는 육군 지휘관 장교들, 그리고 군대의 규모, 무장, 동원의 일부를 책임질 독일 연방 내 작은 국가들과 작전을 조율하지 않았다.[15] 슐리펜과 몰트케 모두 병력이 충분하지 않다는 것을 알았지만, 전쟁부에 병력을 증강하거나 티르피츠의 늘어나는 해군 예산에 도전하는 등 강력한 주장을 개진하지 않았다.

독일의 전체 전략과 정부의 민간·군사 핵심 부문의 조율은 비스마르크 수준의 능력을 요구했지만, 1914년 이전에는 그만한 위상을 가진 사람이 아무도 없었다. 비스마르크도 통제의 경계가 불분명하고 그런 경계선을 그릴 의지도 없는 체계를 유산으로 남긴 것 때문에 부분적으로 비난을 받아야 했다. 조정과 전체적 방향 제시를 할 수 있는 유일한 기구는 군주정이었지만 빌헬름 2세는 그런 일을 할 수 있는 사람이 아니었다. 그는 너무 게으르고 제멋대로에다 쉽게 관심이 흩어졌으며, 최고 권위자로서 자신의 입지를 보호하는 데만 열중했다. 1904년 해군의 한 제독이 영국·프랑스와 동시에 전쟁할 경우 독일의 대책을 논의할 고위 육군·해군 지휘관, 수상, 황제가 포함된 평의회가 필요하다고 제안했지만, 빌헬름 2세는 아무 조치도 취하지 않았다.[16]

민간 지도자들은 군부 지도부가 전쟁 계획 수립부터 전쟁 수행 자체에 이르기까지 군사 문제에 대해 배타적 관할권을 갖는다는 인위적 역할 분담을 수용했다. (군부가 명백히 비군사적인 분야에 간섭하는 것을 막지는 못했다. 베를린 상관들에게 직접 보고하는 유럽 각국 수도에 파견된 무관들은 오랫동안 독일 외교 업무의 문젯거리였다.) 군부가 내린 결정이 정치적으로든 국제적으로든 영향을 미치는 경우에도 독일 민간 지도자들은 방관하는 입장을 취했다. 1900년 외무부의 핵심 인물 홀슈타인은 슐리펜의 계획이 벨기에 중립을 보장하는 국제 합의를 무시하는 것이라는 얘기를 들었다. 잠시 생각한 그는 이렇게 답했다. "슐리펜처럼 특출한 전략 전문가인 참모총장이 그런 조치가 필수불가결하다고 생각한다면 그것에 동의하고 가능한 모든 방법으로 돕는 것이 외교의 의무다."[17] 정치 지도부는 자신들의 의무를 방기했을 뿐 아니라, 군부가 무슨 생각을 하고 계획하는지에 대해서도 거의 알지 못했다. 1909년부터 1917년까지 수상을 맡은 베트만홀베크는 1차대전 후 이렇게 회고했다. "나의 임기 동안 정치가 군부와 상반된 의견을 제시할 수 있었던 전쟁평의회는 어떤 형태로도 열린 적이 없었다."[18] 만일 민간 지도부가 군부에 도전했더라도 카이저의 지원을 받을 가능성은 없었다. 1919년 독일의 패배를 복기하며 베트만홀베크는 다음과 같이 말했다. "양 전선 전쟁의 위험성을 명쾌한 시각으로 평가한 합리적이고 진지한 관측자는 없었다. 절대적으로 필요하다고 서술된, 철저하게 짜인 군사 계획을 민간 부문에서 좌절시키려고 시도했다면 감당할 수 없는 책임이 따랐을 것이다."[19]

*

1905년 슐리펜은 친구의 말에 걷어차여 몇 달을 누워 있었다. 당시 그의 글은 이렇다. "나는 거의 일흔다섯 살이 되었다. 거의 눈멀고 반쯤 귀먹었는데 다리마저 부러졌다. 이제 군을 떠날 때다. 나의 반복된 퇴임 신청이 올해에는 수용될 만한 충분한 이유가 있다."[20] 그는 상황을 잘 이용한 셈이다. 그에 대한 신뢰를 잃어가던 카이저는 그를 교체할 준비를 하고 있었다.[21] 1906년 첫날 슐리펜은 참모총장직에서 물러났다. 은퇴 후에도 그는 자신을 독일의 가장 뛰어난 장군 중 한 사람으로 존경하는 참모부 장교들에게 계속 영향력을 행사했다. 1914년 독일군 병력이 프랑스를 향해 이동할 때 그뢰너 장군은 이렇게 적었다. "축복받은 슐리펜 정신이 우리와 함께한다."[22] 그의 후임자는 차선의 지휘관이라는 평가를 받았고, 소 몰트케는 평생 그리고 사후에도 슐리펜과 비교되는 일을 피할 수 없었다.

1905년 가을 어느 아침 뷜로 수상은 베를린에서 아침 승마 중에 오랜 친구인 소 몰트케와 우연히 마주쳤다. "나는 그의 얼굴에 나타난 수심에 놀랐다." 두 사람은 나란히 말을 달렸다. 몰트케는 슐리펜의 은퇴 때문에 걱정이라고 했다. "폐하는 나를 그의 후계자로 지명할 것을 계속 주장하는데, 내 안의 모든 것이 이 임명을 꺼리고 있다." 몰트케는 뷜로에게 자신은 그런 중책을 맡을 만한 자질이 없다고 말했다. "나는 신속한 결단력이 부족해. 생각이 많고 세심하고, 자네가 듣기 거북할 수 있지만 그런 지위를 맡기에 너무 양심적이야. 한 번에 모든 것을 거는 능력도 부족하지."[23] 몰트케는 황제에게 자신을 임명하지 말아달라고 간청하면서 "폐하는 복권 1등에 두 번 당첨될 수 있다고 생각하십니까?"라고 말했다고 털어놓았다.[24] 그럼에도 몰트케는 참모총장직을 받아들였고, 1914년 가을 독일 계획이 실패로 돌아가 해임될 때까지 그 자리를 지켰다. 승리를 가져오는 것은 슐리펜만큼이나 그에게 달려 있었다. 전쟁장관이자 몰트케 후임 참모총장이 된 에리히 폰 팔켄하인 장군은 다음과 같이 냉혹하게 말했다. "우리의 총참모부는 완전히 정신 나갔다. 슐리펜의 노트는 더이상 도움이 안 된다. 몰트케의 꾀도 끝장났다."[25]

몰트케는 당당한 프로이센 장군의 초상처럼 크고 건장한 남자였지만, 뷜로와의 대화가 보여주듯 실제로는 성찰적이고 불안해했다. 관심 분야가 넓다는 점에서는 전임자보다 나았지만 — 몰트케는 다양한 분야를 폭넓게 독서하고, 첼로를 연주하고, 그림을 그리는 화실도 있었다 — 그는 더 게으르고 덜 단호했다. 하지만 동료 장교들의 지지를 받을 정도로 시작은 순탄했다. 그는 카이저가 더이상 가을 군사훈련에 와서 혼란을 일으키지 못하게 하는 데 성공했다. (빌헬름 2세는 항상 일부러 황제 측이 이기게 해온 것이라고 몰트케가 말하자 깜짝 놀랐다.)[26] 그럼에도 슐리펜과 많은 고위 장교들은 몰트케를 독일의 핵심 지위에 앉힌 것을 불만족스러운 선택으로 여겼다. 몰트케는 슐리펜처럼 총참모부의 업무 파악을 제대로 하지 못했고, 카이저와 군사 내각을 상대하는 데 더 시간을 보내면서 각 부처가 저마다 익숙한 방식으로 운영되도록 방관하는 경향이 있었다.[27] 베를린 주재 러시아 무관과 오스트리아-헝가리 무관이 보기에도 몰트케는 중요한 직위에 걸맞은 능력을 갖추지 못한 사람이었다. 빈에는 다음과 같이 보고되었다. "그의 군인적 특성과 기술적 전문성은 평균 장교보다 나은 수준이 아니다."[28]

새로운 참모총장 몰트케는 당시 유럽을 휩쓸고 있던 새로운 오컬트 종교에 몰두해, 세상에 대해 때로 비관주의에 가까운 숙명주의를 보였다. 몰트케보다 성격이 강했던 부인은 동방 종교와 블라바츠키 여사Madame Blavstsky가 창설한 심령론이 뒤섞인 신지학을 추종했다. 1907년 몰트케 부부는 새로운 영성의 시대가 지상에 시작되고 있다고 주장하는 루돌프 슈타이너의 제자가 되었다. (상상력과 창조력을 강조하는 그의 발도르프 학교는 오늘날까지 번성하고 있고, 중산층이 크게 선호한다.) 몰트케의 부인은 새 시대의 도래를 환영했지만 몰트케는 음울한 전망에 빠졌다. "인류는 그렇게 멀리 나아가기까지 많은 피와 고통을 통과해야 한다."[29]

참모총장으로서 몰트케는 전임자 슐리펜이 하던 일 대부분을 계속하는 것에 만족했다. 슐리펜의 유산인 총참모부는 계속 순탄하게 작동했다. 슐리펜이 재임하는 동안 총참모부는 전문성, 단합성뿐 아니라 규모도 크게 성장하여 300명이 채 되지 않던 인원이 800명 이상으로 늘어났다. 또한 많은 야전 장교들이 순환 근무로 총참모부에 들어왔다가 나가면서 총참모부의 정신을 공유했다. 당시에는 독일군 총참모부가 유럽의 완벽한 다섯 기관 중 하나라는 농담이 있었다. (나머지는 로마 교황청, 영국 의회, 러시아 발레, 프랑스 오페라였다.) 해리 케슬러의 말마따나 총참모부 장교들은 "하나의 모델에 따라 생산된 듯 모두 내성적이고 차갑고 명쾌하며, 강인하고 공손한" 사람들이었다. 사명감에 차 있고 유능한 데다 추진력도 강한 그들은 자신들이 독일을 전쟁 준비가 되도록 만드는 엘리트 기구의 일부임을 알고 있었다. 슐리펜 유산의 다른 핵심 부분은 최종 계획이 아니라 전쟁 계획의 전략적 방향과 방법이었다. 1914년 이전 20년 동안 매년 총참모부는 야전 훈련에서 전쟁 계획을 시험했다. 수천 명의 병사와 장비가 동원되어 전쟁 게임을 하거나 지도를 펴놓고 도상 훈련을 했으며 문제점, 공백, 부족한 점이 분석되어 계획 과정에 다시 전달되었다. 매년 4월 1일 독일 육군 각 부대는 개정된 계획과 명령을 받았다. 케슬러는 "그들은 전쟁을 거대한 관료주의적 사업체로 바꾸었다"라며 총참모부의 문제점을 제대로 지적했다.[30] 다른 큰 사업체와 마찬가지로 폭넓은 전략적 사고보다 과정이 더 중요해지고, 두 전선 전쟁을 치러야 할 필요를 포함한 기본적인 전제가 검토되지 않고 도전받지 않는 위험이 상존했다.

*

"당신이 의사를 믿는다면 몸에 온전한 곳이 없다. 신학자를 믿는다면 죄 없는 것이 없다. 병사들을 믿는다면 어떤 곳도 안전하지 않다."[31] 솔즈베리가 했던 말이다. 3국협상이 형성되자 독일 총참모부는 독일이 포위를 뚫을 수 있는 방법은 공격전뿐이라고 보았다. 군부 지도자들은 예방적 전쟁의 가능성과 더 나아가 효용성을 점점 믿게 되었다. 그뢰너는 회고록에 다음과 같이 당당하게 적었다. "내 생각에 정치인과 장군의 의무는 전쟁이 불가피하다면, 가장 유리한 시점에 전쟁을 일으키는 것이다." 1905년 러시아가 러일전쟁 패배와 혁명으로 일시적으로 능력을 상실한 시점에 1차 모로코 위기가 발생하자 그뢰너, 슐리펜 등 독일 최고 지도부는 영국·프랑스와의 전쟁을 진지하게 고려했다.[32] 베를린 주재 작센 군사 대표는 다음과 같이 드레스덴에 보고했다. "동맹국 프랑스·영국과의 전쟁이 이곳 최고위층에서 계속 고려되고 있다. 카이저는 육군 참모총장과 해군 참모총장에게 작전을 위한 공동 계획을 세우라고 명령했다. 슐리펜 백작은 모든 지상군이 프랑스에 맞서 결집해야 하고, 해안 방어는 해군에 맡겨야 한다는 의견을 개진했다. … 전쟁은 바다가 아니라 프랑스에서 결판날 것이다."[33] 1908년 오스트리아의 보스니아·헤르체고비나 합병, 1911년 2차 모로코 위기, 1912년과 1913년 발칸전쟁으로 인한 위기 때 독일 군부 지도부는 예방전쟁을 고려했지만 카이저는 이를 승인하지 않았다. 황제는 진심으로 평화 유지를 희망했던 것 같다. 불길하게도 독일 군부는 자신들이 황제의 약점으로 본 것에 점점 인내심을 잃었다. 팔켄하인의 말대로 전쟁은 터졌고, 위대한 '평화적' 황제도, 평화주의자

들도 전쟁을 멈출 수 없었다.[34]

 물론 독일은 방어전을 선택할 수 있었지만, 독일 군부가 진지하게 그런 생각을 한 적은 없었다. 방어전은 공격을 향한 기존의 강한 편향이나 포위를 뚫겠다는 독일의 욕망과 상충했다. 슐리펜은 마지막 전쟁 게임에서 방어전의 가능성을 모색했지만, 예상대로 공격적 계획을 고수하는 것이 낫겠다고 결론지었다.[35] 몰트케는 단순히 슐리펜을 따라갔다. 그는 슐리펜 계획의 방향을 바꾸지는 않았지만, 기술과 국제 상황 같은 요인이 변하자 계획을 현대화하고 수정했다. 훗날 완벽한 계획을 어설프게 손봐서 독일의 패배를 자초했다는 비난을 받았지만 몰트케는 슐리펜의 마지막 전쟁 계획의 허점을 정확히 보았다. 1905년 은퇴하기 직전 비망록에 쓴 대로 슐리펜은 예컨대 러시아는 러일전쟁 패배와 내부 문제로 위협이 안 된다거나, 프랑스는 독일 남부에 강력한 공격을 시도할 가능성이 없다 등 지속되지 않는 가정하에 계획을 세웠던 것이다. 슐리펜이 은퇴한 후 5년 동안 러시아는 예상보다 빨리 회복하고 철도 건설 프로그램을 신속하게 추진해 갔으며, 프랑스는 알자스와 로렌으로 공세를 가할 생각을 하는 듯 보였다. 그 결과 몰트케는 더 많은 병력을 동부에 남겨두고, 독일군 좌익의 병력을 늘려 메스Metz 남부에 23개 사단을, 그 북쪽의 우익에 55개 사단을 배치했다. 훗날 몰트케를 비판하는 사람들은 그가 우익 전력을 약화시켜 슐리펜 계획을 망쳤다고 주장했지만, 그는 우익 병력을 그대로 둔 채 예비 병력을 전선에 배치하는 방식으로 추가적 병력을 찾았다.[36] 몰트케는 슐리펜과 마찬가지로 독일이 러시아에 맞서 방어 작전을 수행하길 기대했고, 그 또한 서쪽에서 대규모의 신속한 승리를 거두는 것에 도박을 걸었다. 1911년 비망록에서 몰트케는 프랑스군이 큰 전투에서 몇 번 패배하면 계속 싸울 수 없을 것이라고 쓴 바 있다.[37]

전임자 슐리펜처럼 몰트케도 프랑스 정부가 가망 없는 상황을 인정하고 독일과 협상에 나서 강화조약을 맺을 것으로 전제했다. 그러나 두 사람은 세당 패배 이후에도 프랑스 국민들이 계속 싸웠던 프랑스-프로이센전쟁 시대를 살았다. 슐리펜 시기, 한 회의적인 독일 장군은 이렇게 말한 것으로 알려졌다. "강대국의 군사력을 가방에 넣은 고양이처럼 데려갈 수는 없다."[38] 1914년 9월, 연이어 승리를 거둔 후 독일 장군들은 프랑스가 항복하지 않을 경우 확전에 대비한 계획은 없다는 것을 알아챘다.[39]

몰트케는 슐리펜 계획에서 두 가지를 수정했다. 슐리펜은 독일과 벨기에 사이에 맹장처럼 튀어나온 네덜란드를 독일군이 가로지르는 계획을 세웠으나, 몰트케는 네덜란드의 중립을 존중하기로 했다. 신속한 승리에 대한 그의 바람과 비관주의를 함께 드러내는 결정이었다. 이에 대해 1911년 그는 만일 전쟁이 예상보다 길어지면 네덜란드는 독일이 다른 중립국의 선박으로 보급품을 받는 유용한 통풍구가 될 수 있다고 썼다. 이 결정으로 프랑스로 진격하는 독일군은 훨씬 좁은 공간을 통과해야 했다. 일례로 우익 서쪽 끝의 독일 1군은 32만 명의 병력과 가축, 장비를 강력하게 요새화된 벨기에 도시 리에주와 네덜란드 국경 사이 6마일 넓이의 공간으로 이동시켜야 했다. 26만 병력의 독일 2군이 지나가는 리에주 시 남부도 마찬가지로 비좁았고, 독일군 일부는 시내를 통과해야 했다. 만일 벨기에가 저항하기로 결정하면, 리에주는 독일군의 진격을 몇 주 지연시킬 수 있는 잠재력을 가지고 있었다. 그뿐 아니라 독일군이 이용하려는 네 개의 철도 노선이 이곳에서 만나고 있어, 리에주는 손상을 입지 않은 상태에서 장악하는 것이 필수적이었다. 1차대전 이후 수행된 미국 육군 연구에 따르면 교량 하나와 두 개의 터널, 철도의 가파른 부분을 파괴하면 독일군이 북부 벨기에를 통해 프랑스로 보내는 기차를 전쟁 개전 한 달 후인 9월 7일까지 저지할 수 있었다. (실제로 폭약이 설치되었지만, 폭파하라는 벨기에 사령부의 명령은 실행되지 않았다.)[40] 그래서 몰트케는 슐리펜 계획에 두 번째 수정을 가했다. 공식 선전포고 전에 독일군이 진격해 리에주를 장악하는 기습 작전이었다. 1914년 독일 의사결정자들은 전쟁을 개시해야 한다는 또 하나의 압박을 받게 되었다.

회고록에 따르면 뷜로는 슐리펜과 몰트케에게 벨기에 침공 시 발생할 문제를 제기했지만, 철저히 따진 사례는 없었다. 그가 아는 한 군부와 외무부가 그런 침공을 논의한 적도 없었다.[41] 1913년 새로 외무장관이 된 고틀리프 폰 야고프Gottlieb von Jagow는 벨기에 중립 파괴에 대한 계획을 알고 온건한 항의를 했다. 1914년 봄 몰트케가 계획 수정은 불가능하다고 말하자, 야고프는 더이상 이의를 제기하지 않은 것으로 보인다.[42] 조상들이 서명한 조약을 위반하는 것에 다소 불안감을 느낀 듯 카이저는 벨기에 국왕 레오폴드 2세에게 독일 우호국이 될 필요를 설득하려고 했다. 불행하게도 그는 예의 눈치 없는 방식으로 이를 시도해 베를린에 국빈 방문 중인 레오폴드 2세에게 독일의 힘을 자랑했다. "전쟁이 일어날 경우 내 편이 아닌 누구든 나의 적이다." 이 말에 레오폴드 2세는 너무 충격을 받아서 헬멧의 앞뒤를 바꿔 쓰고 떠났다.[43] 1913년 가을 빌헬름 2세는 레오폴드 2세의 후계자이자 조카인 알베르 1세(그는 어머니가 호엔촐레른 공주여서 빌헬름 2세의 친척이기도 했다)에게 같은 시도를 했다. 젊은 국왕이 베를린을 방문하자 빌헬름 2세는 알베르 1세에게 프랑스와의 전쟁이 다가오고 있으며, 모든 책임은 프랑스에 있다고 말했다. 포츠담에서 열린 국빈만찬에서 몰트케는 알베르 1세에게 독일군은 "무엇이든 극복할" 것이라고 말했고, 벨기에 무관에게 전쟁이 시작되면 벨기에는 어떤 행동을 할 것인가를 물었다. 베를린 주재 벨기에 대사는 숨은 의도를 분명히 알아차렸다. "그것은 서유럽을 위협하는 위험을 마주한 우리나라에게 더 강한 쪽의 품에 안기라는 초대장이었다. 그 품은 벨기에를 끌어안기 위해, 아니, 벨기에를 짓밟기 위해 활짝 열려 있었다."[44] 벨기에인들은 이런 상황을 신속히 프랑스에 알리고, 자신들의 전쟁 대비를 강화했다. 독일 군부는 벨기에군을 "초콜릿 군대"라며 경멸했지만, 이제 독일군은 약 20만 명에 달하는 벨기에군뿐만 아니라 리에주를 포함한 강력한 벨기에의 요새 망도 돌파해야 했다.

  영국은 미리 약속하는 것을 단호히 거절했지만, 독일의 벨기에 침공은 영국을 전쟁으로 끌어들일 위험이 아주 컸다. 몰트케는 이 가능성을 심각하게 생각해서 3.5개 사단을 상륙작전에 대비해 독일 북부에 배치했다.[45] 그러면서도 그는 영국군이 프랑스·벨기에를 지원하러 오는 것을 염려하지 않는다고 말했다. 그는 야고프에게 "우리는 15만 명의 영국군을 감당할 수 있다"라고 말한 것으로 전해진다.[46] 실제로는 독일 해군이 아직 영국 해군을 상대할 수 없으니 독일은 프랑스를 이용해 영국군을 대륙에 끌어들여 지상에서 격파할 수 있다는 생각이 독일 육해군에 오래전부터 깊이 자리하고 있었다.[47] 독일 군부 전체는 영국 육군을 대수롭지 않게 여겼고 특히 보어전쟁 패배 후 더욱 그랬다. 독일 관측가들은 독일군이 아주 진지하게 수행하는 훈련과 야전 작전이 영국 육군에서는 엉성하게 진행되고 제대로 조직되지도 않았다고 생각했다.[48] 1차대전 후 한 장교는 이렇게 회고했다. "우리는 영국을 패배시킬 뿐 아니라 마지막 포로까지 잡기 위해 죽어가고 있었다. 이러한 이야기가 평화기에 얼마나 많이 회자되었는가?"[49] 전쟁이 발발하면 영국 해군은 독일 항구를 봉쇄하는 오랜 전술을 쓸 것이 분명했다. 하지만 독일 최고사령부는 독일의 수입에 타격을 입히는 데는 시간이 걸리고, 지상에서 모든 작전이 잘 진행되면 봉쇄가 효과를 발휘하기 전에 전쟁이 끝날 것이라고 추정했다.

1871년 승리 이후 늘 그랬던 것처럼 독일의 주된 걱정거리는 프랑스였다. 스파이들의 활동과 ― 그중 하나는 결국 드레퓌스 사건으로 드러났지만 ― 파리 주재 무관들의 보고와 프랑스 언론과 의회 토론을 세심히 살펴본 1914년 이전 독일 군부는 프랑스 군사력을 상당히 정확하게 평가하고 있었다. 또한 독일 군부는 프랑스군 주력이 양국 국경인 벨기에 국경의 서부 남쪽에서부터 스위스 국경을 따라 집중되어 있고, 프랑스군은 로렌 북부 지방에서 공세를 벌일 것으로 예상했다.

독일군의 생각에 분명하지 않은 것은 프랑스군이 실제로 얼마나 강한가였고, 그에 못지않게 중요한 것은 그들이 얼마나 잘 싸울 것인가였다. 프랑스군이 드레퓌스 사건 여파로 상당한 타격을 받은 것은 분명했다. 정치적 간섭과 프랑스 사회 내의 균열이 장교단과 병력의 사기를 저하시켰고, 독일군은 1914년 이전 규율 이완과 심지어 공공연한 반란 사례를 흡족한 마음으로 주시하고 있었다.[50] 게다가 프랑스 장교든 병사든 훈련과 군사작전 연습을 대충 하고 있었다. "뱅센의 한 부대가 오후에 훈련 대신 종종 축구를 하는 모습을 보면 아주 독특한 느낌이 든다." 파리 주재 독일 무관이 1906년 남긴 기록이다. 모의 전투에서는 유사 사격선에 있어야 할 병력이 느긋하게 시간을 보내면서 지정된 전선을 돌아다니는 상인에게 신문을 사서 읽었다.[51] 다른 한편으로 위대한 나폴레옹과 같은 민족인 프랑스군은 대단한 용기를 가지고 잘 싸우는 전통이 있었다. 훈련 부족도 어쩌면 독일군과의 전투에서 프랑스군에게 이점을 줄 수도 있었다. 뱅센의 축구시합에 충격을 받은 독일 무관은 베를린에 다음과 같이 보고했다. "아마도 프랑스군은 이런 식으로만 다룰 수 있을지 모른다. 분명히 이 경우, 특히 적이 나타났을 때 천천히 피가 흐르는 이들의 기질에는 반복과 훈련에 의해서만 만들어질 수 있는 상당 부분을 대체할 것이다."[52]

러시아군에 대해서라면 독일군은 좀더 일관되고 유럽에서 일반적으로 공유되던 견해를 형성했다. 러시아는 명색만 강대국일 뿐 그 군대는 후진적이고, 형편없이 조직되고, 무능하게 지휘되었다. 일반 러시아 병사는 강인하고 방어에 전념했지만 그러한 자질은 공격 위주의 현대 전쟁에 맞지 않았다. 러일전쟁을 관전한 독일 장교는 러시아 장교들이 "도덕성도, 의무감이나 책임감도 없다"고 보고했다. 일본군에 패배한 것은 러시아군의 문제점을 가장 극명하게 드러냈고, 러시아군의 회복과 재건에는 오랜 시간이 걸릴 것이 분명했다.[53] 러일전쟁 몇 년 후 러시아군이 회복하고 장비를 새로 갖춘 것이 분명해진 다음에도 독일 총참모부는 약 15개 사단만 러시아와 접한 동부전선에 배치하고, 동부에서 주요 전투는 동맹국인 오스트리아-헝가리가 수행하도록 한 다음 독일군이 프랑스군에 승리를 거둔 뒤 병력을 동쪽으로 이동시키도록 했다. 러시아의 크기와 미비한 철로만 고려해도 러시아군은 국경까지 도달하는 데 시간이 걸릴 것이 분명했다. 1909년 몰트케는 콘라트에게 이렇게 말한 바 있다. "우리는 신속히 승부를 내야 하는데, 러시아를 상대로 해서는 거의 가능하지 않을 것이다."[54]

독일군 총사령부는 오스트리아-헝가리군의 전투력을 높이 평가하지 않았지만, 이 동맹국이 최소한 러시아와 상대할 수는 있다고 보았다. 1913년 독일 총참모부는 오스트리아-헝가리의 전력에 대한 나쁜 평가를 내놓았다. 군대는 민족 분열로 약해졌고, 헝가리에 얽힌 오랜 재정·정치 위기는 충분한 병사를 훈련시키고 장비를 갖추게 하지 못했다는 것을 의미했다. 이전 수십 년 동안 개혁이 시도되기는 했지만 군대를 현대화하지 못했고, 이 작업은 1916년까지 완료되지 않을 터였다. 철도망은 병력 이동에 전혀 적절치 못했다. 1914년 독일군의 평가는 오스트리아-헝가리군 장교들이 왕실에 헌신하고 충성하지만, 전반적 군대의 수준은 낮다고 보았다.[55] 그럼에도 독일군은 오스트리아-헝가리군이 40일간 러시아군을 고착시켜 프랑스가 패배한 다음 독일군이 동부로 이동하여 전쟁을 마무리할 수 있기를 기대했다. 슐리펜은 죽기 직전인 1912년 "오스트리아의 운명은 부크강이 아닌 센강에서 결정될 것이다"라고 말했다.[56]

독일은 다른 동맹국인 이탈리아군에 대해서는 더 낮게 평가했다. "행군 질서는 말로 표현할 수 없을 정도로 엉망이다"라고 로마 주재 독일 무관은 말했다. "모든 병사가 하고 싶은 대로 한다. 나는 대열에서 이탈하는 병사, 물건을 사려고 허락 없이 대열을 흩뜨리는 병력을 보았다."[57] 오스트리아-헝가리 군대보다 이탈리아군은 더 부족한 재정과 인력, 낡은 장비, 부족한 훈련으로 전력이 약했다. 고위 장교들은 극히 일부 예외를 제외하면 능력이 부족했고, 초급 장교들은 자신들의 상관, 여건, 희박한 승진 가능성에 불만을 가졌다. 이런 상태에서 군대 전체의 사기가 낮은 것은 놀랄 일이 아니었다.

이탈리아가 어떤 경우든 3국동맹에 남을 것인지도 분명하지 않았다. 1902년 프랑스와의 관계가 현저하게 개선되었고, 이탈리아는 프랑스에 대한 독일의 공격에 가담하지 않겠다고 비밀리에 약속했다. 이탈리아는 항상 세계 최고 해양 세력인 영국과 좋은 관계를 유지하려고 했다. 이와 동시에 늘 관계가 좋지 않았던 오스트리아-헝가리와의 관계는 악화되고 있었다. 두 나라는 서부 발칸에서 경쟁자였고, 양국 모두에서 상대국에 맞선 전쟁 이야기와 계획이 있었다. 오스트리아-헝가리의 콘라트는 공격을 생각하고 있었지만, 자신의 취약성을 알고 있는 이탈리아 총참모부는 방어전을 계획했다. 독일에 대한 이탈리아의 군사 지원 약속도 오스트리아-헝가리에 대한 점증하는 우려로 애매해졌다. 1888년 3국동맹이 형성된 직후 이탈리아는 프랑스가 독일을 공격할 경우 오스트리아를 통과해 라인강을 따라 독일에 병력을 파견할 것을 약속했다. 1908년부터 1914년까지 이탈리아군 참모총장을 맡은 알베르토 폴리오Alberto Polio는 처음에는 이 약속에 회의적이었지만, 1914년 2월 이탈리아 정부는 전쟁이 일어나면 3개 군과 2개 기병 사단을 라인강 상류로 보내 독일군의 우익에 가담시키겠다고 약속했다. 7월 위기가 발생하자 독일 군사 지도부는 이탈리아의 신뢰성과 유용성에 의구심을 가졌지만 계속 이탈리아군에 희망을 걸었다.[58]

*

독일은 이탈리아 없이도 전쟁을 치를 수 있었고 실제로 그렇게 되었지만, 1차대전 이전 10년 동안 오스트리아-헝가리에 크게 의존해야 했다. 독일은 러시아나 영국과 관계를 개선하려는 간헐적인 시도를 하기는 했지만 동맹을 맺을 수 있는 다른 나라는 거의 없었기 때문이다. 오스만제국은 너무 약했고, 루마니아나 그리스 같은 약소국은 당연히 전쟁에 개입하지 않으려고 했다. 시간이 지나면서 독일은 3국 협상 강화에 직면했고, 오스트리아-헝가리와의 2국동맹이 더욱더 중요해졌다. 이는 독일이 발칸에서의 대결이나 더 심각하게는 러시아와의 대결에서도 오스트리아-헝가리를 지원해야 한다는 것을 의미했다.

비스마르크는 늘 동맹이 방어적이 되도록 노력했고, 구속력 있는 군사 합의처럼 더 진지한 동맹을 맺으려는 시도에는 저항했다. 그는 총참모부 간의 대화로 러시아가 오스트리아-헝가리를 공격할 경우 독일은 러시아에 맞선 공동 작전을 위해 동쪽으로 상당한 수의 군대를 보낼 것임을 오스트리아-헝가리에 알렸다. 빌헬름 2세가 권좌에 오르자 비스마르크는 최소한 수사적으로는 오스트리아-헝가리와의 더 밀접한 관계에 대한 열망을 반복적으로 표현했다. 그러나 1891년 슐리펜이 참모총장이 된 다음 2국동맹의 전략적 목표는 상이해졌다. 독일군은 점점 프랑스를 주적으로 보게 된 반면, 오스트리아군은 러시아에 계속 집중했다. 총참모부 첫 회동에서 오스트리아 참모총장 프리드리히 폰 베크는 슐리펜이 "말을 아끼고, 친절하지 않은 것"을 알아챘다. 슐리펜도 오스트리아군을 그다지 신뢰하지 않았다. "그런 인간들은 탈영하거나 적에게 달려갈 것이다." 1895년 그는 동부 전장에서 독일군의 임무를 크게 축소하여 독일이 러시아 영토에 대한 소규모 공격만 할 것임을 분명히 했다. 베크는 격분했는데, 독일의 결정이 수년에 걸친 오스트리아 참모부의 작업을 무의미하게 만들어버렸기 때문이었다.[59] 그 시점 이후 양국 총참모부의 관계는 유지는 되었지만 냉랭했고 상세한 공동 군사 계획 수립은 없었다.

1908-9년이 되자 오스트리아-헝가리가 보스니아 문제로 세르비아와 전쟁할 가능성이 부각되었고, 2국동맹은 비스마르크의 방어 동맹에서 더 밀접하고 공격적이며 유럽 안정에 더 위험한 방향으로 바뀌었다. 빌헬름 2세는 예의 그답게 오스트리아-헝가리에 힘을 실어주는 말을 했다. "프란츠 요제프 황제는 프로이센군의 대원수다. 따라서 그는 지휘할 수 있고, 전 프로이센군은 그의 명령을 따라야 한다."[60] 더 중요한 것은 오스트리아-헝가리와 독일 군부가 1914년 여름까지 다시 대화를 시작하고 서신을 교환하고 서로 방문하면서 위기 발생 시 서로 지원하기 위해 상의하고 함께 행동한다는 기대가 높아졌다는 점이다.[61] 이 시점에 슐리펜과 베크는 현역에서 물러났고, 후임자인 몰트케와 콘라트는 더 따뜻한 관계를 구축했다. 콘라트는

대 몰트케를 숭앙해서 1차대전 동안 그의 얼굴이 새겨진 메달을 목에 걸고 있었다.[62] 1909년 첫날 콘라트는 오스트리아-헝가리가 세르비아와 전쟁하고 러시아가 이 작은 발칸 국가를 지원할 경우 독일이 취할 행동을 분명히 하기 위해 몰트케와 서신 교환을 시작했다. 오스트리아-헝가리는 이러한 러시아의 움직임은 2국동맹이 작동하는 상황을 만들고 독일이 오스트리아-헝가리 방어를 위해 나설 것이라고 기대했고, 독일도 이를 받아들였다. (러시아가 독일을 공격할 경우에도 당연히 같은 의무가 발생할 것이었다.) 양국은 전쟁이 발발하면 자국은 부담을 지지 않으면서 상대국이 러시아에 맞서 공격전을 벌일 것으로 기대했다. 그 결과 편지는 존중과 우호의 표현이 넘쳤지만, 구체적인 약속에는 인색했다. 콘라트는 러시아가 참전하더라도 세르비아를 먼저 격파하고 싶어 독일이 북쪽에서 러시아를 공격하여 상당한 지원을 해주기를 기대했다. 특히 오스트리아-헝가리군이 갈리치아로부터 북쪽으로 공격하는 동안 독일군이 동프로이센으로부터 남쪽으로 진격하여 러시아령 폴란드를 공격하기를 바랐다. 몰트케는 당연히 프랑스 격파에 집중하기 위해 동쪽에는 적은 병력만 유지하려고 했다. 결국 양국은 지킬 수 없으리라는 것을 알면서도 약속했다. 전쟁이 일어나면 오스트리아-헝가리는 가능한 한 빨리 러시아를 공격하고, 독일은 프랑스와의 전쟁이 끝나기 전이라도 북쪽으로부터 러시아를 공격하겠다는 약속이었다.[63]

지리적으로 보면 오스트리아-헝가리가 독일보다 전쟁할 가능성이 높았다. 러시아, 세르비아, 몬테네그로, 이탈리아를 비롯해 1913년 이후에는 루마니아와 전쟁할 가능성이 있었다. 적국들이 연합할 가능성도 언제나 있었다. 즉 러시아의 지원 유무와 관계없이 세르비아와 몬테네그로가 연합하거나, 세르비아와 이탈리아가 연합할 가능성이 있었다. 콘라트도 처음에는 이탈리아에 신경을 집중했지만, 점점 세르비아에 집착하게 되었다.[64] 그는 종종 전쟁에서 "독사들의 굴"을 파괴해 그 영토를 오스트리아-헝가리에 병합하자고 얘기했다. 오스트리아-헝가리가 당면한 도전에 맞서기 위해 콘라트는 적국과 전선들이 연합할 경우에 대비한 몇 가지 전쟁 계획을 세웠고, 최대한 유연성을 확보하기 위해 발칸(최소 발칸군대)과 갈리치아에서 러시아 국경까지(A부대), 필요할 경우 이 둘 중 하나를 지원할 제3의 병력(B부대)을 배치했다. 오스트리아-헝가리의 철도 사정을 감안한 최선의 배치였다. 세르비아 국경까지 이어지는 철도는 제대로 건설되어 있지 않았다. 북쪽에서 러시아의 철도 건설은 오스트리아-헝가리 철도를 능가해서 1912년 러시아는 오스트리아령 갈리치아로 매일 250편의 열차를 보낼 수 있었던 반면, 오스트리아-헝가리 철도는 152편밖에 보낼 수 없었다.[65] 게다가 헝가리가 민족주의적 이유로 자국 내에 스스로 통제하는 철도 체계 건설을 주장하는 바람에 헝가리 철도망과 오스트리아 철도망을 이어주는 철도는 매우 제한되었다. 콘라트는 철도 건설에 박차를 가할 것을 주장했지만, 헝가리 의회와 오스트리아 의회 모두로부터 상대측을 이롭게 한다는 이유로 필요한 재원을 지출하는 데 반대를 받았고, 1914년까지 이룬 것은 거의 없었다.[66]

콘라트와 그의 총참모부는 이탈리아와의 전쟁을 1913년에, 루마니아와의 전쟁을 1914년에 계획했지만, 1914년이 되자 가장 가능성이 큰 것은 러시아를 끌어들이게 될 세르비아와의 전쟁이라고 전제했다. 다른 유럽 군부와 마찬가지로 오스트리아-헝가리 군부는 공격의 힘을 신뢰했고, 방어전의 관점에서는 생각하지 않았다.[67] 그러나 동원된 오스트리아-헝가리군 숫자는 러시아군의 3분의 1도 되지 않았다. 오스트리아-헝가리는 육군에 지출하는 예산이 강국 중 가장 적었고, 심지어 훨씬 적은 육군을 가진 영국보다도 적었다.[68] 콘라트의 계획은 군대의 상태와 오스트리아-헝가리의 국제적 상황이 악화되는 상황에서도 맹목적일 정도로 낙관적이었다. 평화기 마지막 몇 년간 이탈리아와 루마니아는 2국동맹에서 멀어지고 있었다.

독일과 오스트리아-헝가리의 군부는 아마도 스스로에게 확신을 주기 위한 것인지도 모르지만, 동부에서의 성공적인 공격에 대한 대화를 계속했다. 몰트케는 슐리펜의 말을 인용하여 콘라트에게 독일의 프랑스 공격이 모든 것을 결정하며, 오스트리아의 운명은 동쪽이 아니라 서쪽에서 결정된다고 말했다. 그럼에도 불구하고 튜턴족과 슬라브족의 대결을 상징하는 동쪽에서의 전쟁도 매우 중요하다고 덧붙였다. "이 전쟁에 대비하는 것은 게르만 문화의 깃발을 내세운 모든 국가의 의무다." 콘라트는 답변으로 이런 종류의 십자군은 오스트리아-헝가리 내에서 좋은 반응을 얻지 못할 것이라고 지적했다. "인구의 47퍼센트를 차지하는 우리의 슬라브족이 동맹에 맞선 투쟁에 열정적일 것이라고는 거의 기대하지 않는다."[69] 그러나 상호 조율과 정보 공유에 관해서는 이루어진 일이 거의 없었다. 독일군이 벨기에를 침공한 1914년 8월 4일, 빈 주재 독일 무관의 보고는 다음과 같았다. "이제 양국 총참모부가 완전히 솔직하게 동원령과 출동 시간, 집결지와 정확한 전력에 대해 상의할 때가 왔다."[70] 그러기에는 너무 늦은 시점이었다. 어쨌든 오스트리아-헝가리와 독일 사이의 공감대는 발칸전쟁을 보편적 유럽전쟁으로 바꾸는 데 일조했다.

*

오스트리아-헝가리와 독일의 관심 대상인 동쪽의 러시아는 이중제국 전쟁 계획을 아주 잘 파악하고 있었다. 1910년 러시아는 독일군의 훈련, 철도 건설, 군대 배치를 충분히 관찰한 결과 독일의 주공격이 프랑스로 향한다는 결론에 도달했다. 러시아군은 독일군이 얼마나 많은 병력을 동쪽에 배치할 것인지를 거의 두 배로 과대평가했지만, 러시아군이 독일군보다 많고 독일의 전략이 러시아에 유리하게 작용할 것이라고 확신했다. 만일 예상대로 독일군이 동프로이센으로부터 공격해 온다면 러시아군을 당황하게 만들기 위해 기습 공격을 할 것이라고 보았다. 그런 다음 독일군은 마주리안 호수 요새 망 뒤 서쪽으로 병력을 이동시킨 다음 프랑스에서 전투 결과가 나올 때까지 기다릴 것이라고 예상했다. 그렇게 되면 러시아에게 느린 동원령을 완료할 시간을 주게 될 터였다.[71]

러시아는 오스트리아-헝가리군의 전쟁 계획에 대해서는 더 정확한 그림을 가지고 있었다. 모든 강국이 다른 나라에 스파이뿐 아니라 무관을 배치했지만, 러시아는 오스트리아-헝가리 총참모부 소속 알프레드 레들Alfred Redl 대령 덕분에 가장 성공적인 스파이 활동을 벌일 수 있었다. 그는 절박하게 필요했던 돈을 제공한 러시아 요원에게 1901년 포섭되었고, 당시로서는 군대에서 불명예를 가져올 동성애를 폭로하겠다는 위협도 받았다. 레들은 이후 몇 년 동안 오스트리아-헝가리의 동원령 계획, 갈리치아의 오스트리아-헝가리와 러시아 국경의 요새 망 같은 핵심 정보를 넘겼다. 또한 그가 정보를 건넨 러시아에서 활동 중이던 오스트리아-헝가리 요원들은 수감되거나 처형되었다.[72] 1950년대 영국의 허풍쟁이 가이 버제스Guy Burgess 같은 다른 스파이처럼 레들이 더 일찍 발각되지 않은 것은 이상한 일이었다. 그는 평범한 중산층 출신에다 군대 급여로 생활하는 척했지만 비싼 차, 아파트, 옷(체포 당시 드레스 셔츠가 195벌이나 되었다)을 비롯해 젊은 동성 연인들에게 돈을 흥청망청 쓰고 다녔다. 1913년 독일 정보 당국은 오스트리아-헝가리 정보국에 배신자의 존재를 알리고, 빈의 중앙우체국에서 니콘 니제타스Nikon Nizetas란 이름을 가진 인물이 지폐가 가득 든 봉투 두 개를 수령할 것이라는 정보를 알렸다. 레들은 변장하고 나타나 이 봉투를 요구했다. 하지만 우체국에 잠복 중이던 형사들이 놓치는 바람에 그는 발각되지 않고 거의 빠져나갈 뻔했다. 하지만 우연히 다시 그를 쫓게 되었고, 그날 저녁 콘라트는 충분한 증거를 확보해 일군의 장교를 레들에게 보내 그의 자백을 받아냈다. 그는 결국 자살했다.[73] 오스트리아-헝가리 최고사령부는 서둘러 암호를 바꾸고 철도 시간표를 변경했지만, 1914년 이전 전략 전체를 수정할 수는 없었다. 레들의 배신 덕분에 러시아는 오스트리아-헝가리군이 언제, 어떻게 공격할 것인지와 세르비아 전쟁 계획에 대한 정확한 정보를 확보했다.

그럼에도 불구하고 러시아군은 자체 계획을 세우는 과정에서 많은 문제에 부닥쳤다. 우선 러시아의 크기가 엄청나서 러시아군의 동원은 서쪽의 이웃 국가들보다 훨씬 오래 걸렸다. 동원령이 발동되면 보통 러시아 병사는 독일이나 오스트리아 병사보다 두 배 이상의 거리를 이동해야 했다. 러시아 철도 체계는 부분적으로 프랑스 차관으로 건설되었고 상당 부분이 폴란드 영토와 러시아의 유럽 지역에 집중되어 있었지만, 독일이나 오스트리아 철도에 비해 덜 건설된 상태였다. 일례로 대부분의 러시아 철도는 여전히 단선이어서 기차 운행이 더딜 수밖에 없었다. 러시아 철도의 27퍼센트만이 복선이었는데, 이에 비해 독일 철도는 38퍼센트가 복선으로 건설되었다. 그럼에도 독일 군부는 1912년까지 새로운 철도 건설로 러시아군의 독일 국경 집결 시간이 절반으로 단축될 것으로 예상했다.[74] (만일 러시아군이 독일 내부로 공격해 들어가는 것을 선택한다면, 동쪽으로 진격해 오는 독일군과 같은 문제에 부닥칠 것이었다. 러시아 철도는 나머지 유럽 철도보다 궤도가 넓어 병력, 장비를 포함한 모든 것을 다른 철도로 옮겨 실어야 했다.) 1914년 철도 체계 개선에도 불구하고 러시아군은 러시아의 유럽 지역에 군대를 동원하는 데 26일이 필요한 반면 오스트리아-헝가리는 16일, 독일은 12일이 걸렸다.[75] 그해 여름 위기 초기, 이러한 격차 때문에 차르는 러시아의 동원령을 내리는 데 추가적 압박을 받았다.

지리적 요인도 러시아에 잠재적인 적국을 많이 만들어주었다. 동쪽에서 러시아 영토는 일본의 위협을 받고 있었고, 유럽에서는 폴란드 지역이 특히 취약했다. 18세기 말에 분할된 폴란드는 러시아에 석탄을 포함한 양질의 천연자원 등 큰 보상을 가져왔다. 하지만 20세기가 되자 강력한 산업과 1600만 명의 인구를 가진 러시아령 폴란드는 북에서 남으로 200마일에 달하는 돌출부를 노출시켰고 이것은 북쪽과 서쪽에서 독일과, 남쪽에서는 오스트리아-헝가리와 230마일에 달하는 국경을 만들었다. 한 러시아 군사 전문가가 "우리의 취약한 부분"이라고 표현한 지역이었다.[76] 러시아의 거대한 국토는 군대를 배치하거나 이동시킬 때 특별한 문제를 만들어냈다. 게다가 러시아는 오스트리아-헝가리보다 잠재적인 적국이 많았다. 유럽에서 스웨덴은 17세기 이후 간헐적 위협이었고 러시아 총참모부는 1914년까지 스웨덴을 적으로 간주했다. 독일계 국왕이 통치하고 1878년 러시아가 베사라비아를 차지한 데 대해 지속적인 불만이 있는 루마니아도 잠재적인 적국이었다. 또한 러시아는 19세기에 오스만제국과 두 번 전쟁을 치렀고, 양국은 코카서스와 흑해에서 경쟁국으로 남았다.

러시아군사대학 강사들은 1891년 이래 오스트리아-헝가리와 독일이 맺은 2국동맹과 충돌할 수밖에 없다는 것을 강조해왔고, 러시아 군부는 점점 이것을 서쪽으로부터의 가장 중요한 도전으로 간주했다. 그 결과 그들은 다른 나라에서 일어나는 일을 가장 비관적 관점에서 받아들이는 경향을 보였다. 오스트리아-헝가리가 1912년 원하던 국방 예산 증가를 의회로부터 승인받지 못하자, 러시아 군부는 바로 이것을 실제 증강을 은폐하기 위한 위장전술로 보았다. 러시아 군부는 또한 프란츠 페르디난트 황태자가 오스트리아-헝가리의 전쟁 옹호 집단의 지도자라고 잘못 판단했다. 다른 나라를 더 잘 이해하는 러시아 외교관들의 견해도 군부에 제대로 전달되지 않았고, 차르는 정부 여러 부서의 시각을 조율하려는 시도를 거의 하지 않았다.[77] 러시아 지도부는 일반적으로 발칸에서의 충돌이 전면전으로 치달을 것이라는 사실을 받아들였다.[78]

가장 암울한 전망을 가진 러시아 총참모부는 2국동맹이 스웨덴,

루마니아와 함께 서쪽을 공격하고, 가능성은 적지만 일본과 중국이 동쪽에서 공격해 오는 최악의 시나리오를 생각했다.[79] 그렇게 되면 우려하듯이 오스만제국도 여기에 가담하고, 폴란드인들도 이참에 봉기를 일으키려고 생각할 것이 분명했다. 최악의 상황이 벌어지지 않더라도 러시아는 지난 여러 세기에 걸쳐 그랬던 것처럼 지리적 특성으로 인해 유럽에 집중할지 또는 남쪽이나 동쪽에 집중할지 전략적 선택을 해야 했다. 러일전쟁 후 외무장관 이즈볼스키와 1911년까지 수상을 맡은 스톨리핀은 서쪽에 초점을 맞추었지만, 러시아 지도부 내에는 러시아는 동방에 책무가 있고 일본이 여전히 주적이라고 주장하는 영향력 큰 목소리가 있었다. 1909년 그중 한 사람인 블라디미르 수호믈리노프Vladimir Sukhomlinov가 전쟁장관이 되었다.

*

수호믈리노프는 이유가 없지는 않지만 상당히 논쟁적인 인물로 남아 있다. 그가 절실히 필요했던 일련의 개혁을 수행한 덕분에 러시아군은 상대적으로 잘 준비된 상태에서 1차대전을 맞았다. 그는 훈련과 장비를 개선했고, 무장을 현대화하고, 야전포병 등 전문적인 부대를 만들었다. 1차대전 이전 5년 동안 러시아는 징집하여 훈련시키는 병사 수를 10퍼센트 늘려서 전쟁이 발발했을 때 300만 명 이상의 병력을 동원할 수 있었다. 수호믈리노프는 군대의 구조와 지휘 체계를 재편했고, 새롭고 더 효율적인 동원 체계를 확립했다. 게다가 폴란드 서부에서 러시아 내부로 병력을 이동시켜 러시아 병력은 더 안전해졌고, 러시아와 일본의 관계가 다시 악화되면 더 쉽게 병력을 동쪽으로 보낼 수 있었다.[80] 폴란드 서부 지역의 러시아 요새 방어선을 제거하려는 시도도 했다. 그에 따르면 이것은 돈과 자원을 빨아먹었고, 다른 데 사용할 수 있었다. 이 시도는 커다란 반대에 직면했다. 수호믈리노프를 극렬히 혐오하고 있던 차르의 사촌 니콜라이 니콜라예비치 대공은 어떤 요새의 파괴에도 반대했고, 군부 내에는 그의 지지자가 많았다. 전쟁부는 주장을 철회할 수밖에 없었다.[81]

이 시점에 그의 적은 많았고 점점 늘어나고 있었다. 부분적으로는 그가 기존 전통과 이익을 뒤엎으려고 하기 때문이었고, 다른 이유는 그의 성격 때문이었다. 그는 기만적이고 무자비하면서 매력적이었다. 키가 작고 대머리였지만, 많은 여자들이 그의 유혹을 뿌리치지 못했다. 당시 그의 많은 반대자들은 그를 부패 혐의에서부터 반역죄에 이르기까지 온갖 죄목으로 고소했고, 한 러시아 외교관은 그를 러시아의 사악한 천재라고 표현했다. 동료들도 그가 게으르며 도전에 지속적으로 대응할 능력이 없다고 불만을 털어놓았다. 가장 유능한 러시아 장군 중 한 사람인 알렉세이 브루실로프는 다음과 같이 말했다. "의심의 여지없이 그는 지력이 뛰어나고, 상황을 파악할 줄 알고, 자신이 취할 노선을 신속하게 결정하지만 피상적이고 변덕스러운 사고방식을 가지고 있다. 그의 가장 큰 결점은 문제를 바닥까지 살펴보지 못하고, 명령과 조정이 성공의 쇼를 만들어내는 데 만족하는 것이다."[82] 그는 영리한 후원을 통해 군 내부에 지지자 집단을 형성했고, 직위 유지가 달려 있는 차르에게 듣기 좋은 말을 늘어놓았다.[83]

수호믈리노프는 1848년 소귀족 집안에서 태어나 군인으로 성공 가도를 달렸다. 참모대학을 거의 수석으로 졸업하고, 1877-8년 러시아-튀르크전쟁에서 용맹을 떨쳐 좋은 평판을 얻었다. 1904년 중장이 된 그는 중요한 키예프 군관구의 사령관이 되었다. 러일전쟁 패배 여파로 키예프에서 소요가 일어나자 그는 오늘날 우크라이나 거의 전체에 해당하는 넓은 지역의 총독이 되었다. 그는 법과 질서를 회복하고, 지역 유대인에 대한 추악하고 잔인한 탄압에 종지부를 찍었다. 이 일로 보수주의자들은 그를 절대 용서하지 않았다. 또한 그는 세 번째 부인이 될 훨씬 젊고 아름다운 여인과 사랑에 빠졌다. 그들의 애정 행각과 이후 이혼은 상당한 스캔들을 만들었고, 끝없이 사치를 갈망하는 그녀 때문에 수호믈리노프를 둘러싼 부패 추문이 끊이지 않았다. 상트페테르부르크 주재 프랑스 대사 모리스 팔레올로그는 다음과 같이 말했다. "수호믈리노프 장군에게는 사람을 불편하게 만드는 무언가가 있다. 예순둘의 나이에 서른두 살이나 어린 예쁜 부인의 노예가 된 그는 지적이고, 영리하고, 교활하고, 차르에게 아부를 잘하고, 라스푸틴의 친구이고, 그의 음모와 이중성에 중개자 역할을 하는 무리에 둘러싸였다. 그는 열심히 일하는 습관을 잃어버리고 부부관계의 즐거움에 모든 힘을 쏟았다. 교활한 외모를 가진 그의 눈동자는 두꺼운 눈썹 아래서 모든 것을 관찰하며 번뜩이고 있었다. 나는 첫인상에 이보다 더 불신감을 주는 사람을 거의 알지 못한다."[84]

차르가 밀어준 덕분에 수호믈리노프는 1915년까지 자기 자리에서 살아남았지만, 이것은 은총이자 저주가 되었다. 니콜라이 2세는 모시기 쉽지 않은 군주였고, 그는 자신의 권력을 지키려는 초조감 때문에 장관들을 서로 경쟁시켰다. 그는 군사 문제에 아마추어였지만 최고의 권위자로서 간섭하려고 했다. 1912년 그는 전술과 전략에 대한 논쟁을 "군사 교리는 내가 명령하는 모든 것으로 구성되어 있다"는 말로 종결시켰다.[85] 수호믈리노프는 차르가 받는 조언을 조정하려고 했지만 혼란스럽고 일관성 없는 러시아 의사결정 과정을 개혁하는 데 실패했고, 군부는 중요한 정보를 민간 지도자들에게 알리지 않았다. 일례로 1912년 러시아 군부와 프랑스 군부는 군사 양해의 세부 사항을 러시아 지도부에 알리지 않기로 합의했다.[86]

1차대전 직전 시기에 수호믈리노프는 러시아가 일본을 주적으로 간주해야 한다는 자신의 전제를 다시 생각하고 있었다. 발칸 정세 불안은 러시아의 주의를 서쪽으로 돌렸고, 프랑스도 당연히 이를 고무했다. 오랜 기간 외국 차관이 절대적으로 필요한 러시아에 재정을 지원한 프랑스는 러시아가 공격에 나서겠다고 약속하도록 설득했다. 프랑스는 또한 러시아 철도 건설에 제공하는 차관이 러시아군을 독일 국경으로 신속하게 이동하는 철도를 만들어내도록 최선을 다했다. 러시아 지도부는 자주 프랑스의 요구에 짜증을 보였지만, 1911년 러시아 총참모부는 양보하여 전쟁 발발 15일 내에 동부에서 동프로이센을 공격하겠다고 프랑스에 약속했다. 러시아 지도부 내에 이 약속이 잘못되었고, 러시아의 이익은 가능한 한 독일과 전쟁을 피하고 병력을 주적인 오스트리아-헝가리에 집중하는 데 있다고 생각하는 사람들이 있었지만, 1차대전 발발 직전 이 약속은 거듭 확인되었다.[87]

러시아는 서부전선에서 몇 가지 전략적 선택지를 가지고 있었다. 하나는 반격을 개시할 때까지 방어전을 수행하는 것이었고, 다음으로는 주공격을 오스트리아-헝가리나 독일 한 곳에 집중하거나 두 나라를 동시에 공격하는 것이었다. 되돌아보면 첫 단계에서 강력한 방어를 펼치고 러시아의 광대한 공간으로 후퇴한 다음 한 번에 한 적을 상대로 반격을 펼치는 것이 러시아에 가장 현명한 방법이었다. 그러나 1912년 러시아 군부는 전적으로 방어전을 배제하고, 공격전에 대한 유럽의 일반적 열정을 받아들였다. 러시아가 최근에 벌인 러일전쟁에서도 러시아군이 일본군의 공격을 앉아서 기다렸기 때문에 패배한 것으로 여겨졌다. 러시아의 군사 지침, 규칙, 명령은 이제 공격의 위력을 강조했고 방어에는 별로 주의를 기울이지 않았다.[88] 흑해에서도 러시아는 극도로 중요한 흑해 해협 통제권을 얻기 위해 보스포루스 해협 북부로 상륙하는 작전을 계획했다. 러시아 흑해 함대가 아직 취약하고, 병력을 수송할 적당한 운반 수단이 없는데도 세워진 작전이었다.[89]

　1910년부터 1912년 사이 러시아 군부에서는 전략을 놓고 고위급 논의가 집중적으로 진행되었다. 한 그룹은 러시아는 독일을 상대로 선제공격을 가할 의무를 프랑스에 지고 있다고 생각했다. 수호믈리노프도 점점 독일을 러시아의 주적으로 생각했다.[90] 이들의 반대 그룹은 오스트리아-헝가리에 집중하기를 원했는데 그 이유 중 하나는 발칸에서 러시아의 주요 경쟁국이고, 또다른 이유로는 러시아 군부가 오스트리아-헝가리군을 격파할 수 있다고 확신하기 때문이었다. 독일에 대해서는 이런 생각을 할 수 없었다. 러시아 군부는 독일군의 전력과 효율성에 대해 경외하면서 때로 강박적인 존경심을 가지고 있었다. 그들은 독일에 대해서는 모든 것을 불리하게 생각하는 경향이 있었고, 이는 러시아 지배층이 수세기 동안 해온 생각이었다.[91] 한 프랑스 장교는 러시아 장교들 사이에 독일에 대한 적개심이 너무 적은 것에 놀랐다.⁹² 게다가 레들의 스파이 활동에도 불구하고 러시아 군은 오스트리아-헝가리가 갈리치아의 국경에 배치한 병력을 과소평가하면서 러시아가 크게 유리하다고 잘못 전제했다. 러시아군은 오스트리아-헝가리 내 소수민족 문제가 너무 심각해져서 전쟁이 일어날 경우 제국 내 슬라브인과 헝가리인이 반기를 들 것으로 기대했다.⁹³ 결국 러시아인들은 전쟁 발발 15일 내에 공격해 올 것으로 예상되는 오스트리아군이 초기에 성공을 거둘 경우, 러시아 내의 불만 많은 폴란드 주민들이 용기를 얻고 스스로 무기를 들 가능성에 비중을 두었다. 1912년 러시아 참모총장은 프랑스군 참모총장에게 "러시아는 오스트리아의 손에 패배를 당할 위험을 감수할 수 없다. 그럴 경우 사기에 미치는 영향은 재앙과 같을 것이다"라고 말했다.⁹⁴

1912년 수호믈리노프가 주재한 회의에서 러시아 군부는 "주력군은 오스트리아를 겨냥하되 동프로이센 공격을 배제하지 않는다"⁹⁵는 타협안을 만들어냈다. 훗날 러시아 장군이 말한 대로 이것은 "최악의 결정"이었다.⁹⁶ 러시아의 새 작전 계획 19A는 오스트리아-헝가리와 독일 모두를 상대로 하는 동원과 조기 공격 계획을 마련하고 러시아군을 양분하여 두 전장 모두에서 결정적 우위를 확보하지 못했다. 그뿐 아니라 적군은 전쟁 발발 15일 후 완전히 전쟁 준비가 되는 반면, 러시아는 50퍼센트의 병력만 배치할 수 있었다. 북쪽을 공격할 경우 러시아군은 2개 북부 군이 동프로이센 마주리안 호수의 요새화된 독일군 거점의 한쪽을 공격해야 하는 위험한 상황을 빚게 된다.⁹⁷ 작전 계획 19G에 러시아가 독일에 맞서 방어전을 펼치고 병력 대부분을 오스트리아-헝가리 공격에 집중하는 대안이 있기는 했지만, 이 계획은 상세하게 만들어진 적이 없었다. 군부는 적국 하나만을 상대로 병력을 동원할 계획도 없었다. 1914년 위기가 발생하자 러시아 지도자들은 독일과 오스트리아-헝가리 둘 다 공격해야 하는 상황에 처했다는 것을 깨달았다.

1914년 이전 러시아 군부 내에는 새 계획에 대한 우려가 널리 퍼져 있었다. 수호믈리노프는 러시아가 전쟁 준비가 되었다고 공공연히 말했지만, 개인적으로는 러시아의 전쟁 준비에 비관적이었다.[98] 여러 군관구의 장교들은 보급 체계, 보급품에 대한 문제를 지적하고, 통신과 너무 확장된 러시아군 전선에 대한 통제의 어려움을 우려했다. 1914년 4월에는 작전 계획 19A의 일부라도 테스트하기 위한 유일한 전쟁 게임이 키예프에서 벌어졌다. 이때 참가자들은 속도를 중시하는 전략 때문에 러시아군이 준비되기 훨씬 전에 오스트리아-헝가리, 독일 모두를 공격해야 하며, 러시아 여러 군의 작전을 조율할 세부적 계획이 전혀 없음을 의미한다는 것을 알아챘다.[99] 러시아 지도부가 전쟁 가능성에 접근하며 보인 숙명주의와 낙관주의가 뒤섞인 반응을 설명하기는 어렵다. 아마도 유일한 설명은 그들이 가만히 앉아 있지 않고 모험을 택했다는 것이다. 1905-6년 혁명에 가까운 혼란의 기억이 아직 생생했다. 정권이 휘청거렸다가는 완전히 전복될 수 있었다. 하지만 많은 사람이 피할 수 없다고 생각한 전쟁이 탈출구가 될 수 있었다. 승리는 구원이나 마찬가지였다. 패배하더라도 불명예나 러시아가 서쪽 동맹국들과 맺은 약속의 배신보다는 나을 것이었다.

*

프랑스로서는 러시아와의 동맹에 사활이 걸려 있었다. 동쪽에 위협이 없으면 독일은 모든 병력을 프랑스에 집중할 수 있었다. 그러나 프랑스는 러시아에 대한 의구심을 완전히 떨쳐버릴 수 없었다. 러시아는 독일과 과거 관계를 복원하지 않을 것인가? 일례로 1910년 차르가 포츠담에서 카이저를 만났을 때 프랑스의 많은 사람은 양측이 모종의 동맹을 맺지 않을까 우려했다. 러시아가 안전한 동맹일지라도, 러시아군이 유럽에서 가장 전문화된 독일군의 상대가 될 수 있을 것인가? 러일전쟁 직후 프랑스는 러시아군이 거의 와해되어 전쟁을 치를 수 없는 상태가 되었다고 생각했다. 프랑스가 보기에 러시아 군부가 프랑스군에 구속력 있는 약속을 하려고 하지 않는 것은 이해할 만했다. 1892년 첫 협약 체결 이후 프랑스군은 병력 숫자와 배치에 대한 구체적 계획을 요구했지만, 러시아군은 이를 미루어왔다. 프랑스군은 새 철도 건설에도 불구하고 러시아군의 동원이 느린 것을 우려했고 러시아 군부가 태만하며 태도가 애매하다고 생각했다. 프랑스 총참모부 보고서에는 이런 내용이 담겼다. "기나긴 겨울과 종종 끊기는 통신으로 인해 러시아는 시간에 중요성을 부여하지 않는다."[100] 러시아군은 정확성과 세부 사항을 요구하는 프랑스군의 요구에 짜증을 냈고, 그런 것을 과도하게 꼼꼼한 프랑스 방식으로 보았다.[101]

프랑스군이 가장 원했고 결국 얻어낸 것은 러시아군이 개전 초기에 독일을 공격한다는 약속이었다. 프랑스군도 같은 작전을 펼칠 테지만, 양측은 동원할 병력 숫자와 시간에 대해서는 분명한 약속을 하지 않았다. 양국의 총참모부가 정기적으로 회동하고 군부·민간 지도자들이 상호 방문을 자주 했지만, 어느 쪽도 상대국을 완전히 믿지는 않았다. 러시아군은 프랑스군에게 자국의 전쟁 계획 19A를 계획이 승인된 1년 후인 1913년 설명하면서, 현 상태보다 많은 병력을 독일군과의 전선에 배치할 것이라고 말했다.[102] 러시아 관측자에 따르면, 평화기 마지막 회동이 된 1913년 여름 회의에서 프랑스군 참모총장 조프르와 러시아군 참모총장 질린스키Zhilinski는 꼭 카드 게임을 하는 사람들 같았다. "카드가 충분하지 않은 질린스키는 게임에서 카드들을 감추었고, 조프르는 상대로부터 카드를 끄집어내려고 여러 방법을 썼다."[103]

다른 강국들처럼 러시아는 최소한 두 잠재적 적국을 생각해야 했지만, 프랑스는 1871년 이후 그래왔던 것처럼 독일에만 집중했다. 이탈리아가 잠재적인 적이 될 수 있었지만, 양국 관계는 개선되어 1902년 이후 프랑스는 이탈리아가 어느 전쟁에서든 중립을 지킬 것이라고 확신할 수 있었다. 이것은 프랑스가 병력 대부분을 독일군에 맞서 북쪽으로 이동할 수 있다는 것을 의미했다. 1914년 이전 기간 대부분 프랑스 군부는 방어전의 관점에서 생각했다. 독일군이 알자스와 로렌 국경을 따라 건설된 프랑스 요새에 공격을 가하면서 전력이 소모되기를 기다렸다가 프랑스군이 반격한다는 것이 기본 작전이었다. 1892년 이후 프랑스는 독일이 벨기에의 중립을 파기하고 우익을 벨기에 서부와 소국 룩셈부르크를 통해 진격시키는 가능성을 고려했다. 그래서 프랑스는 독일, 룩셈부르크, 벨기에로부터 각각 60킬로미터 정도 떨어진 베르됭 요새를 강화했고, 이후 군사 계획에서는 더 많은 병력을 북북쪽에 배치했다.

프랑스 전략의 세부 사항과 군대의 운영, 방향에 이르면 문제는 훨씬 복잡했다. 공화주의자들은 군부에 대한 오랜 의심을 가지고 있었지만, 군대를 엄격한 민간 통제 아래 두려는 그들의 시도는 일관성 없는 체계를 만들었다. 군대의 지도부는 전쟁부와 총참모부로 갈라져 있었고, 두 조직을 조율하는 기제는 작동하지 않았다. 제3공화국에서 정부가 자주 교체된 것도 도움이 되지 않았다. 1911년에만 프랑스는 세 명의 전쟁장관이 있었고, 그들은 고위 관리들을 만날 충분한 시간을 갖지 못했다. 6개월 이상 재직한 세 번째 장관 아돌프 메시미Adolphe Messimy는 좀더 통합된 군 지휘부를 도입하는 일부 개혁을 추진했다. 드레퓌스 사건 이후 정부를 지배한 급진주의자들은 우파로 의심되는 장교들을 숙청했고, 이미 낮아진 군의 사기를 더욱 떨어뜨렸다.

정치는 군 복무 기간과 훈련 같은 문제에도 영향을 미쳤다. 혁명적 민족전위대를 염두에 둔 좌파 인사들은 일정한 정도의 훈련을 받지만 외양상 시민으로 남는 시민군을 원했다. 우파는 남자들이 훌륭한 병사가 되고 장교와 부대에 충성하는 전문적 군대를 원했다. 좌파는 사회의 모든 부문이 국방에 기여한다는 이유로 예비군을 더 많이 두기를 원했다. 고위 장교가 많이 포함된 우파는 민간 사회에 오염된 예비군을 쓸모없는 병사라고 폄하했다. 심지어 프랑스는 어떤 군복을 채택해야 하는가를 놓고 벌어진 논쟁으로 군복도 정치 투쟁의 일부가 되었다. 메시미는 다른 유럽 군대처럼 병사들이 전장에서 잘 포착되지 않는 군복을 선호했다. 우파는 프랑스군의 위대한 전통을 위협하는 군복이라고 공격했다. 새로운 군복이 당혹스럽고 프랑스 취향에 거슬린다고 보도하는 우파 신문도 있었다. 군모는 기수들이 쓰는 모자 같고, 장교들은 시종 소년 같은 옷을 입었다는 혹평을 받았다. 보수 신문 《파리의 메아리Echo de Paris》는 병사들에 대한 장교의 권위가 무너졌고, 군대에 대한 음모를 꾸미는 프리메이슨이 즐거워할 것이 분명하다고 썼다. (이 와중에 전 전쟁장관은 과거 군복인 붉은 바지가 프랑스라고 선언했다.) 한 의원은 어찌되었건 군대는 재정을 낭비하지 말고 과거 군복을 다 소진해야 한다고 주장했다. 새 군복에 대한 예산은 전쟁이 시작되기 직전에 승인되어 병사들이 밝은 색 군복을 입고 전장에 나가는 것을 막기에는 너무 늦었다.[104]

허약한 지도력과 정치적 간섭은 군대의 다른 문제들을 악화시켰다. 훈련은 낡은 방식으로 행해졌고 효과가 없었다. 참모 장교들의 자질도 낮았다. 전장의 병력을 운용하는 방식과 같은 핵심 전술은 의견이 통일되거나 교육되지 않았다.[105] 이런 상황에서 일군의 젊은 개혁가들이 군대에 다시 활력을 불어넣는 방식으로 공격 교리를 밀어붙였다. 유럽 다른 국가에서와 마찬가지로 이것은 사회의 폭넓은 우려를 반영한 것이었다. 즉 사회 구성원들이 타락했고 더이상 국가를 위해 죽을 각오가 되어 있지 않다는 우려였다. 프랑스의 경우 15세기 이탈리아군을 공포에 떨게 했던 "프랑스군의 격노", 1792년 발미 전투에서 보수 왕정의 군대를 혼비백산시킨 프랑스혁명군의 무서운 공격, 유럽을 정복한 나폴레옹 군대에서 싸운 병사들 등 과거의 기억이 그림자를 드리웠다. 총참모부의 군사작전국 책임자인 루이 드 그랑메종 대령은 프랑스를 구한다는 자신의 처방으로 젊은 장교들에게 영감을 주었다. 방어전은 겁쟁이들의 전쟁이었다. 오직 공세만이 생명력 넘치는 민족에 걸맞았다. 전투는 가장 중요한 면에서 의지와 에너지가 핵심 요인이 되는 사기의 시험장이었다. 프랑스 병사들은 애국심에 고무되어 조상들이 싸운 것처럼 싸워야 하고, 적을 제압하기 위해 전장으로 밀려들어 가야 했다. 1911년 프랑스 전쟁대학에서 가진 두 번의 유명한 강연에서 그랑메종은 기습적인 공격이 적을 마비시킨다고 강조했다. "적은 더이상 움직일 수 없게 되어 공격할 능력을 신속히 상실한다."[106] 1913년 프랑스군의 새로운 전술 교범을 작성한 장교들은 그랑메종의 의견을 받아들여 "오직 공세만이 긍정적 결과를 만들어낸다"라고 확고하게 말했다. 이 교범은 총검이 여전히 보병의 핵심 무기고, 북과 나팔이 큰 소리로 울리고, 장교들이 공격을 이끌어야 한다고 규정했다.[107] "성공은 최소한의 손실을 본 사람이 아니라, 의지가 초지일관하고 사기가 가장 높은 사람에게 온다"고 교범은 강조했다.[108] 그리고 다른 강국과 마찬가지로 프랑스 군부는 전쟁이 짧을 것으로 보았다. 군부나 정부 모두 보급품을 비축하고, 산업을 동원하고, 독일과의 국경 지역인 북쪽 지역에 주로 있는 천연자원을 방어할 준비를 하지 않았다.[109]

*

1911년 독일과의 위기 상황에서 메시미는 전쟁부와 군대 지휘 구조를 재조직할 권한을 정부에게 받아 총참모부가 평화기와 전시 모두에 훨씬 큰 힘을 발휘하게 했다. 이와 동시에 그는 여러 명의 후보 중 공세 전략을 가장 확고하게 신봉하는 사람을 새 참모총장으로 임명했다. 조제프 조프르는 부르주아이자 확고한 공화주의자였다. 그의 아버지는 대포 구경을 만드는 장인이었다. 그의 체구와 오른쪽으로 움직이지 않는 버릇 때문에 그는 '게'라는 별명을 얻었다. 정치인들은 그를 좋아했고, 그는 정치인들을 다룰 줄 알았다. 차분한 성격으로 큰 위기의 순간에도 침착했고 완고했으며, 결단력 있게 자기 길을 갔다. 그의 경력은 눈부시기보다는 꾸준했다. 그는 두 번의 프랑스 식민지 전쟁을 치르고 육군 공병 책임자로 일하면서 유능하고 신뢰할 만한 장교라는 명성을 얻었다. 일상적 업무와 서류 작업에 뛰어났고, 보급과 통신을 잘 이해했다. 그를 지지하는 많은 사람은 가장 힘든 순간에도 결정을 내리는 그의 능력과 프랑스가 헤쳐나갈 수 있다는 그의 확신을 존경했다. 1912년 전쟁 발발 가능성에 대한 질문을 받자 그는 이렇게 답했다. "맞다. 나는 전쟁을 항상 생각하고 있다. 우리는 전쟁하게 될 것이고, 잘 해내 이길 것이다."[110] 적수들은 그가 다소 융통성이 없고 상상력이 부족하다는 것을 알았다. 프랑스의 가장 뛰어난 장군 중 한 사람은 다음과 같이 말했다. "그는 사건에 대응할 뿐 사건을 만들지는 않는다. … 조프르는 전략을 전혀 모른다. 수송, 재보급, 무기 공급이 그의 장기다."[111]

조프르가 참모총장이 되었을 때 프랑스군은 독일군이 룩셈부르크와 벨기에 일부 지역을 통해 공격할 계획 중이라는 것을 잘 알고 있었다. 케도르세에 있는 외무부와 프랑스 경찰 모두 독일 암호 해독에 성공했다(두 기관 간의 경쟁으로 정보를 공유하지 않는 경우가 많았다).[112] 1903년 독일군 총참모부 장교였을 가능성이 큰 스파이가 복수자라 자칭하며 슐리펜 계획을 넘겼다. 그는 얼굴을 온통 붕대로 싸매고 콧수염만 드러낸 채 나타났다. 연출된 것 같은 이 모습 때문에 프랑스군을 속이려는 독일군의 계략일 수 있다는 우려도 제기되었다.[113] 프랑스 스파이들도 1907년에 최근 계획의 사본 하나를 얻은 데 이어 1912년과 1913년 독일의 전쟁 게임 계획을 입수했고, 1차대전 직전 1914년 4월부터 시행된 독일의 마지막 계획도 손에 넣었다. 러시아 측은 한 달 뒤 프랑스에 경고를 보내 자신들의 정보원에 따르면 독일은 먼저 프랑스를 격파한 다음 러시아로 방향을 돌릴 것이라고 알렸다.[114] 독일의 의도를 보여주는 여러 해 동안 쌓인 다른 증거들도 있었다. 독일은 프랑스와의 국경 북부 지역에 요새를 강화하고 벨기에·룩셈부르크와 접경한 라인란트의 철도를 증설했다. 독일의 작은 도시들에 만든 새로운 철도 플랫폼은 군대가 모든 병력, 말, 장비를 하역하는 데 사용할 수 있었다. 뒤셀도르프의 라인강 위 교량도 개선해 벨기에 북부로 군대가 쉽게 이동할 수 있게 했다.[115]

프랑스 군부는 벨기에 침공 가능성을 심각하게 고려했다. 매번 군사 계획을 수정할 때마다 베르됭 북부와 북서부의 병력을 증강했다.[116] 전쟁 직전 프랑스 총참모부 장교들은 벨기에를 정기적으로 방문했고, 1913년 생시르 육군사관학교 최종 시험에서는 프랑스군과 벨기에군이 어떻게 독일군 침공을 막아내야 하는가가 문제로 출제되었다.[117] (벨기에도 큰 전쟁을 피해보려는 헛된 시도 속에 방어 준비를 강화했고, 자국의 중립을 파기하는 강국에 대항해 자국을 방어할 것이라는 점을 분명히 했다.) 조프르는 프랑스 정부에 독일보다 먼저 벨기에에 군대를 진입시킬 수 있는지 문의했지만, 거절당했다. 그는 독일이 먼저 벨기에 중립을 파기하는 경우에만 벨기에로 진공할 수 있었다. 프랑스 정부는 독일과 전쟁할 경우 특히 해상에서의 도움이 절실히 필요했고, 대

중에게 프랑스가 궁극적으로 승리할 것이라는 확신을 주는 데 중요한 영국을 소외시키고 싶지 않았다.[118]

그러나 벨기에에 대한 독일의 계획을 검토하면서 프랑스군도 1914년 거의 치명적 결과를 가져올 전제 하나를 만들었다. 그들은 독일군이 남북으로 흐르는 뫼즈강 서쪽 둑과 바다 사이인 리에주 서쪽으로 대규모 병력을 진격시킬 것이라고 생각하지 않았다. 여기에서 프랑스군은 예비군에 대한 스스로의 편견에 사로잡혔다. 그들은 독일군 장교들도 자신들과 마찬가지로 민간 생활에 너무 밀착된 예비군이 훌륭한 병사가 될 수 없다고 생각한다고 전제했고, 그래서 예비군을 전선이 아니라 후방에서 통신선 방어, 요새 방어, 병원 운영 같은 덜 중요한 임무에 투입할 것이라고 생각했다.[119] 프랑스군은 독일군이 보유한 병력이 어느 정도인지를 정확히 알고 있었고, 그만한 병력은 알자스-로렌 국경을 따라 프랑스군이 공격하는 것을 방어하고 리에주와 뫼즈강 동쪽의 벨기에를 침공하는 데만 충분하고, 벨기에 서부의 넓은 지역을 통과해 침공할 수는 없을 것이라고 보았다. 그러나 실상을 보면 독일군은 다소 주저하기는 했지만, 예비군을 전선에 투입한다는 결정을 내렸다. 독일군이 뫼즈강 서쪽으로 이동할 것이라는 증거가 1914년 점점 쌓여갔다. 1910년 프랑스군은 독일군이 평평한 지형에 좋은 도로가 깔린 벨기에 서부에서 효용성이 큰 차량을 많이 사들이는 것을 알아차렸다.[120] 1912년 브뤼셀 주재 프랑스 무관은 독일이 리에주를 바로 공격하거나 그 서쪽으로 돌아 공격할 능력이 있어 보인다고 보고했다.[121]

여기에서 조프르의 고집이 장애로 작용했다. 그는 자신이 결정한 것에 반대되는 증거는 받아들이려 하지 않았다. 예를 들어 독일 장군 에리히 루덴도르프가 독일은 전선에 예비군을 배치하지 않는다고 말했다고 기록된 서류가 나타나자 그는 그것을 믿으려고 했다.[122] 공격의 영광에 심취한 많은 프랑스군 장교들은 독일군이 공격을 개시하기 전에 초기에 신속하게 결판낸다는 희망을 가지고 독일 공격에 초점을 맞추었다. 1914년 고위 장군 몇 명이 독일군이 뫼즈강 서쪽을 돌아 공격할 수 있다는 의견을 제시하자 조프르는 다시 이를 경청하는 것을 거부했다.[123] 그는 로렌과 더 북쪽인 벨기에 동부와 룩셈부르크에서 독일군과 싸우게 되고, 프랑스 병력은 개전 초기에 독일군과 거의 대등할 것이라는 생각으로 1차대전에 돌입했다. 만일 영국군이 제시간에 도착하면 양국 군대가 독일군보다 수적 우위에 있게 된다고 그는 생각했다.[124] 그는 벨기에와 국경 바로 남쪽의 프랑스 소도시 이르송에서 영불해협에 이르는 약 190킬로미터를 무방비로 방치했다. 만일 영국군이 파견되면—결코 확실한 일이 아니었지만—그 간격을 메울 수 있다고 보았다. 1914년 8월 영국군 4개 사단은 독일 2개 군 진공로에 포진하게 되었다.[125]

계획 17이라고 알려진 악명 높은 조프르의 작전 계획은 1913년 5월 초 정부의 승인을 받았고, 세부 작업을 거쳐 1년 뒤 군에 배포되었다. 그는 더 많은 병력을 벨기에와 국경 지역인 북쪽으로 이동시켜 벨기에 동부, 룩셈부르크 또는 로렌 북부로부터의 독일군 침공에 대비하게 했다. 그는 이 계획은 병력을 집결지에 집중시키는 것이지 전쟁을 하려는 계획은 아니라고 회고록에서 확고하게 말했다. 그는 각 군사령관에게 독일군에 대항할 대안을 실행할 권한을 주었지만,

모든 프랑스군 병력이 예정된 위치에 배치되면 북동쪽 어딘가를 공격할 것이라는 것 외에 자신이 생각하는 바가 무엇인지를 알려주지 않았다. 1913년 8월 러시아군과 회동한 자리에서 그는 프랑스는 동원 11일째 독일군에 대한 공격 작전을 시작할 것이라고 약속했다.[126] 그가 프랑스 전선에서 대안적 전략을 심사숙고했다 하더라도, 그는 1914년 어느 시점에도 자신의 생각을 남과 공유하지 않았다.

*

1912년과 1913년 군사 연습은 조율과 지휘에 심각한 문제들을 노정했다. 조프르는 전후 발간한 회고록에서 "많은 장군이 현대 전쟁의 상황에 적응할 능력이 없는 것으로 드러났다"라고 썼다.[127] 프랑스군은 중포에서 다른 유럽 강국들, 특히 독일에 크게 뒤처졌다. 몇 년에 걸친 형편없는 계획과 자원 부족, 중포를 전투에서 어떻게 사용할 것인가에 대한 병사들의 이견의 결과 일어난 일이었다. 그들은 중포를 적의 공격 개시 전에 적을 약화시키는 데 사용할지 아니면 공격하는 병사들을 지원하는 데 사용할지를 결정하지 못했다. 역경 중에 최선을 다한 프랑스군은 후자 쪽으로 기울었다. 공격 옹호자들은 장차 벌어질 전투는 너무 신속하게 이동하기 때문에 이동하기 어려운 중포는 그 속도를 따라가지 못하므로 프랑스군이 강점을 가지고 있는 경야포를 사용하는 것이 낫고, 중포는 공격하는 병력을 지원하는 데 사용해야 한다고 주장했다.[128] 프랑스군이 공격에 나서야 한다는 조프르의 신념은 어떤 것에도 흔들리지 않았다.

평화기 마지막 기간 프랑스는 확신이 차고 넘쳐서 최소한 파리에서는 민족주의가 현저하게 표출되었다. 조프르가 지휘하는 프랑스군은 새로운 목적의식을 갖게 되었다. 동쪽에서는 중요한 동맹인 러시아가 러일전쟁 패배의 후유증과 거의 혁명에 이를 뻔한 혼란에서 회복하여 빠르게 현대화하는 것으로 보였다. 메시미는 이렇게 말했다. "1914년에는 힘에 대한 신뢰, 무엇보다도 엄청난 러시아군의 병력에 대한 신뢰가 군 사령부와 대중 모두의 마음에 생겼다."[129]

주요 유럽 강국들의 전쟁 계획은 깊이 뿌리내린 공격에 대한 신념을 반영하고 있었고, 방어적 전략이라는 대안은 고려하지 않으려 했다. 조프르의 계획은 모든 것이 애매했지만, 최소한 유연성이란 장점은 있었다. 독일과 러시아 전쟁 계획 모두 양 전선에서 두 적을 상대로 싸우는 것으로 결정해놓았고, 두 적 중 하나를 골라 싸우는 선택지는 만들어놓지 않았다. 양국의 정치인들은 군사 계획을 잘 파악하지도, 방향을 제시하지도 못했다. 1914년까지 유럽대륙 국가들의 전쟁 계획은 작은 돌발 사태도 전쟁을 일으킬 정도로 일촉즉발이었다. 군부와 전쟁 계획 자체가 1차대전을 촉발한 것은 아니었지만, 공격 논리로만 무장하고 전쟁을 필요하고 피할 수 없는 것으로 받아들인 것이 위기의 순간 결정을 내리는 사람들에게 큰 압력으로 작용했다. 군대의 조언은 예외 없이 전쟁을 부추기는 경향이 있다. 여러 부문의 지도자들 간 의사소통 부재도 군부가 정책결정자들의 선택을 위험할 정도로 제한하는 계획을 만들어내는 데 일조했다.

1905년부터 1913년 사이 일어난 여러 위기는 군비 경쟁뿐 아니라 전쟁 계획과 준비를 촉발했고, 두 느슨한 동맹을 단단하게 만들고 동맹 간의 간극을 크게 했다. 1914년 여름이 되자 더 많은 약속이 이루어졌고, 의무와 기대는 더욱 커졌다. 정책결정자들의 마음과 종종 대중의 마음속 위기의 기억과 교훈도 숙명적 1914년 여름 그들 사고의 일부가 되었고, 그들의 무기는 과거 자신들에게 해를 끼친 사람들을 다루기 위해 넘겨질 것이었다.

13장

위기의 시작

독일, 프랑스, 모로코

1905-06년 1차 모로코 위기를 해결하기 위해 알헤시라스 회의에 모인 열강이 물담배 주변에 평화롭게 둘러앉아 있는 것처럼 보인다. 하지만 사실 이들은 손에 총을 들고, 폭약이 든 그릇을 가지고 있다. 라이벌인 프랑스와 독일이 옆에 앉아 있고, 존 불이 상징하는 영국은 프랑스와의 새로운 우호를 파괴하려는 독일을 당연히 의심에 찬 눈으로 바라보고 있다. 북아프리카 식민지를 원하는 에스파냐와 이탈리아는 기다리는 중이고, 미국을 상징하는 엉클 샘은 못마땅한 시선으로 쳐다보고 있다.

1905년 이른 봄 카이저 빌헬름 2세는 자주 하는 항해에 나섰는데, 이번에는 독일 기선 함부르크호를 타고 대서양 해안을 따라 남쪽으로 항해하기로 했다. 그는 대서양에 위치한 모로코 항구 탕헤르에 들렀다가 지브롤터 해협을 거쳐 지중해를 방문해 항해에 초대한 손님들에게 이슬람 세계의 맛을 보여주려고 했으나 생각을 바꾸었다. 함부르크호는 탕헤르 항구로 들어가기에 너무 컸고, 만일 파도가 거칠게 일면 육지에 상륙하기 위해 작은 배로 옮겨 타기도 어려웠다. 유럽에서 온 무정부주의자 난민들이 탕헤르에 넘친다는 소문도 돌았다. 더구나 모로코의 지위는 국제적 문제가 되고 있어서 카이저는 정치적 성격이 있는 일은 하고 싶지 않았다. 그러나 독일 정부는 다른 생각을 하고 있었다. 수상 뷜로와 외무부의 측근 자문과 홀슈타인은 프랑스가 모로코를 독점할 수 없다는 것을 독일이 보여줄 때가 되었다고 생각했다. 기선에 동승한 외무부 직원들에게 황제를 꼭 육지에 상륙하게 하라는 지시가 내려졌다. 뷜로는 베를린에서 계속 독려 전문을 보냈고, 독일 신문에 황제의 방문 기사를 계속 실어 그가 생각을 포기할 수 없게 만들었다.[1]

3월 31일 아침 함부르크호가 탕헤르에 도착하자 강한 동풍이 불어왔다. 현지의 독일 대표는 박차까지 달린 정식 기병 복장을 하고 배에 올랐다. 인근에 정박한 프랑스 전함의 지휘관도 같은 복장을 하고 있었다. 바람이 조금 누그러지자 카이저는 경호 책임자를 먼저 상륙시켜 상황을 점검하도록 했다. 그가 상륙이 크게 어렵지 않다고 보고하자 황제는 탕헤르를 방문하기로 했다. 상륙한 그를 술탄의 삼촌과 탕헤르의 작은 독일 식민촌 주민 대표들이 영접했고, 그를 백마에 태워 좁은 거리를 거쳐 독일공사관까지 안내했다. 말이 빌헬름 2세의 헬맷을 보고 겁을 먹는 바람에 올라타 자리를 잡는 데 애를 먹는 작은 소동도 있었지만, 카이저 일행이 도열한 모로코 병사들 사이를 지나갈 때 수백 개의 깃발이 바람에 휘날렸고, 여인들이 환호하는 가운데 지붕에 있던 사람들이 꽃을 던졌으며, 열광한 현지인들은 사방으로 축포를 쏘아대며 환영했다.[2]

독일공사관에서는 적은 수의 외교관과 지역 유지들이 그를 기다리고 있었다. 그중에는 유명한 도적 엘 라이슐리El Raisuli도 있어서 독일공사관은 나중에 이를 알고 당황했다. 뷜로는 점잖은 의식에서 벗어나지 말라고 여러 번 당부했지만, 빌헬름 2세는 주민들의 열렬한 환영에 흥분했다. 그는 전에 영국 군인이었다가 술탄의 측근 자문관이 된 카이드 매클린에게 이렇게 말했다. "나는 지금까지 합의된 것을 하나도 인정하지 않는다. 완전히 독립된 군주를 방문하는 한 사람의 군주로서 여기 온 것이다. 이 말을 술탄에게 전해도 좋다."[3] 뷜로는 또한 탕헤르의 프랑스 대표에게 아무 말도 하지 말도록 조언했지만, 빌헬름 2세는 자제하지 못하고 프랑스 대표에게 모로코는 독립국이며, 프랑스는 이곳에서 독일의 정당한 이익을 인정해야 한다는 말까지 했다. 그는 뷜로에게 이렇게 썼다. "프랑스 공사가 논쟁하려 할 때 나는 '좋은 아침입니다'라고 말하고 그를 무시했다." 빌헬름 2세는 모로코인들이 준비한 화려한 만찬에 참석하지 않고, 해안으로 돌아가는 길에 술탄의 삼촌에게 모로코는 쿠란에 입각한 개혁을 분명히 해야 한다고 말했다. (카이저는 1898년 중동을 방문한 이후 이슬람의 보호자를 자처했다.) 함부르크호는 지브롤터 해협을 향해 항해했고, 호위하던 독일 배 한 척이 실수로 영국 순양함에 충돌하는 사건이 일어났다.[4]

*

베를린에서 홀슈타인은 황제의 방문이 무사히 진행될까 노심초사하다가 쓰러졌다. 며칠 후 그는 사촌에게 "모든 일이 끝나기 전까지 긴장이 감돌았다"라고 썼다.[5] 이것은 상황을 과소평가한 것이었다. 무엇보다도 카이저의 탕헤르 방문은 모로코에 대한 프랑스의 야심에 독일이 도전한다는 것을 명백히 드러냈다. 적어도 독일은 모로코에서 문호개방책을 원했고, 만일 그곳에서 상업권에 대한 대등한 접근을 얻지 못한다면 그 보상으로 아프리카에서 식민지를 원했다. 그래서 카이저의 방문은 모로코의 운명에만 관련된 것이 아니었다. 독일은 유럽의 국제 문제 중심에 있는 강국으로서 비스마르크 시기 누렸던 지위를 다시 얻으려고 시도하고 있었다. 뷜로와 홀슈타인은 식민지 문제건 유럽 자체에 영향을 주는 문제건 독일의 간섭이나 동의 없이 합의가 이루어지는 것을 원하지 않았다. 독일은 또한 영국과 프랑스 사이의 화친조약과 심지어 러시아와 프랑스의 동맹을 파괴할 기회를 보았고, 이를 이용해 유럽에서 독일에 대한 포위를 벗어나려고 했다. 그래서 카이저의 탕헤르 방문은 독일과 프랑스 사이의 전쟁 발발 소문을 수반한 심각한 국제적 위기를 촉발했다. 여기에 영국이 가담할 수 있다는 말까지 돌았다. 세 나라 모두에서 들끓은 여론은 정책결정자들의 재량권을 제한했다. 모로코 위기는 1906년 알헤시라스 회의에서 결국 해결되었지만, 이 사건은 관련국 국민들과 지도자들 사이에 불신과 분노의 잔재를 남겨놓았다. 1907년 뮌헨에 근무 중이던 영국 외교관이 다음과 같이 보고할 정도였다. "한 세대 전만 해도 독일 대중은 국제 문제에 거의 관심이 없었는데 … 지금은 상황이 바뀌었다."[6]

독일인의 관점에서 1905년 봄은 국제적 주도권을 잡기 좋은 때였다. 프랑스-영국 화친은 완전히 새로운 것이었고 — 불과 지난 4월에 서명되었다 — 아직 그 효과가 테스트되지 않았다. 러시아는 1904년 초부터 일본과의 전쟁에 몰두하느라 동맹국 프랑스를 도울 입장이 아니었다. 더구나 1904년 10월 발생한 도거뱅크 사건은 러시아와 영국이 얼마나 쉽게 전쟁에 다가갈 수 있는가를 보여주었다. 미국은 우호적 국가로 남아 중국에서 미국이 제안한 것과 같은 모로코의 문호개방정책을 지지할 것이 분명했다. 카이저는 잠시 황화黃禍를 잊고 앞으로 독일-일본-미국 동맹이 세계를 좌지우지하는 미래를 그려보았다. 그러나 시어도어 루스벨트는 중국과 모로코는 별개의 문제임을 분명히 했다. 그는 미국인 대부분이 들어본 적 없는 모로코의 문호개방정책이 미국에 이익이 되는지 설명할 준비가 되어 있지 않았다.[7] 카이저는 탕헤르 방문 직후 워싱턴 주재 독일 대사에게 다음과 같이 적어 보냈다. "나는 완전히 지원할 의사가 아직 없는 이런 문제에 어떤 입장을 표명하고 싶지 않고, 모로코에서 우리의 이익은 내가 우리 정부를 이 문제에 깊이 관여하도록 만드는 것을 정당하게 느낄 정도로 크지 않다."[8] 이것이 1차 모로코 위기 때 독일 지도부가 일을 잘못 진행한 유일한 사례는 아니었다.

뷜로나 카이저보다 강경 노선을 취한 홀슈타인은 프랑스와 독일 사이에 벌어진 위기를 자국에 유리하도록 만들 수 있다고 확신했다. 영국은 파쇼다 사건에서 프랑스가 영국의 확고한 입장에 반응하도록 만들었고, 프랑스는 뒤로 물러나서 나중에는 적국인 영국의 도움을 기대하게 되었다. 그러나 홀슈타인은 프랑스는 영국에 의존할 수 없다는 것을 프랑스 측에 보여주고 싶었다. 그는 위기 막바지 단계에 이렇게 썼다. "프랑스는 영국과의 우호가 프랑스의 모로코 차지에 대해 독일이 동의하도록 만들 정도로 강하지 않고, 독일이 더 지지를 받는다는 것을 알기 때문에 독일과 유화 정책을 취할 수밖에 없다고 생각하게 될 것이다."[9] 그렇게 되면 프랑스는 알자스와 로렌 지방을 되찾는다는 모든 희망을 포기하고, 프랑스-프로이센전쟁을 끝낸 프랑크푸르트 조약의 효과가 영구하다는 것을 인정하게 될 것이라고 보았다. 프랑스를 굴복하게 하면, 계속 프랑스와의 관계에서 껄끄러운 조짐을 보였던 이탈리아에 대해서도 좋은 효과를 가져올 것이 분명했다.[10]

영국과의 힘겨루기도 진작 했어야 했다. 지난해에 독일이 영국에게 모든 현안에 대해 논의하자고 제안했지만, 영국은 독일이 여러 채권국 중 하나여서 이익이 있는 이집트 문제만 논의하는 데 동의했다. 홀슈타인은 만일 영국-프랑스 화친이 와해되면 고립된 영국은 독일

말을 더 잘 듣게 될 것이라고 생각했다. 1904년 여름 홀슈타인은 독일은 약하게 보일 수 없다고 말하기도 했다. "우리가 영국에 제기한 정당한 요구를 무례하게 거절당한다면, 앞으로 독일 정부가 어디에서 누구에게 하든 유사한 모든 제안이 거부당할 것이다. 독일-영국 협상은 이번 사안 그 이상으로 훨씬 더 중요하다" 그는 모로코에 대해서도 같은 주장을 했다. "물질적 이유뿐만 아니라 권위를 유지하기 위해 독일은 모로코를 합병하려는 의도에 반대해야 한다."[11]

더 낙관적으로 홀슈타인은 국제무대의 주요 국가들을 완전히 바꾸는 것까지 꿈꾸었다. 프랑스와 영국 모두에서 양국 화친이 실책이라고 생각하는 사람들은 문제의 첫 조짐이 보이자 바로 공격에 들어갔다. 홀슈타인은 프랑스는 항복하고 영국을 떠나 독일의 동맹국이 될 것이라고 자신 있게 희망했다. 그렇게 되면 러시아는 프랑스를 따르는 것 외에 대안이 거의 없게 될 것이다. 독일은 1904년 러시아에 조약을 제안했다가 실패했지만, 그 시간도 다시 찾아올 것이다. 그러는 사이 카이저는 외사촌 차르와 좋은 관계를 맺은 듯이 보였고, 일본에 맞서 어떻게 전쟁할지에 대해 조언하는 편지를 보냈다. 장기적으로 유럽은 독일, 프랑스, 러시아 3국의 동맹을 보게 될 것이고, 영국은 프랑스-프로이센전쟁 이후 프랑스처럼 고립될 터였다.

모로코 상황 자체가 국제 간섭을 필요로 하고 있었다. 젊은 술탄은 나라의 상당 부분과 독일인을 포함한 외국인들을 통제하지 못했고, 법과 질서를 가져올 개혁이 필요하다는 말을 계속하고 있었다. 1904년 5월 엘 라이슐리는 당돌하게도 미국 사업가 아이언 퍼디커리스Ion Pedicaris와 그의 의붓아들을 탕헤르 교외 화려한 별장에서 납치해 말에 태워 내륙으로 끌고 갔다. 시어도어 루스벨트는 마침 남대서양에서 항해 중이던 미국 해군 함대 일부를 바로 모로코로 파견해 두 사람을 풀어줄 것을 요구했다. 그는 퍼디커리스가 더이상 미국 시민권자가 아니라는 증거도 감추었다. 그해 여름 시카고에서 열린 공화당 전당대회에서 루스벨트는 큰 환호를 받으며 술탄에게 "우리는 살아 있는 퍼디커리스나 죽은 라이슐리를 원한다"고 주장했다.[12] 퍼디커리스와 그의 아들은 큰돈이 지불되고 나서야 풀려났다. 그해 12월 국제 이익이 자국의 독립을 위태롭게 한다는 것을 깨달은 술탄은 모든 외국 군대의 철수를 요구했다. 프랑스의 강압으로 술탄은 그 명령을 취소하고 수도 페스에 프랑스 군대가 주둔하는 것을 허용했지만, 모로코의 상황과 미래는 국제적 논란거리가 되었다. 어찌되었건 오늘날 사람들이 기억하는 것처럼 1880년 마드리드에서 모든 유럽 강국뿐 아니라 미국도 서명한 합의에 따라 각국은 모로코 내의 교역 같은 부문에서 동등한 권리를 가졌다.

프랑스는 특히 독일과 관련된 문제에서 오만한 태도로 이를 무시해 자신들의 입장을 불리하게 했다. 일례로 1904년 6월 프랑스는 모로코에 차관을 제공하고, 향후 차관 제공에 대한 우선권을 얻었다. 그해 가을 프랑스는 모로코를 에스파냐와 세력권으로 나눠 갖는 합의에 서명하면서 독일에 이를 알리지 않았다. 막강한 프랑스 외무장관 델카세는 독일 해군력 증강 동기의 하나가 지중해와 북아프리카에서 프랑스 세력에 도전하기 위한 것임을 우려했기에 모로코를 놓고 독일과 협상하는 것을 극히 꺼렸다. 그에게 독일과 대화하라고 조언했다가 뜻을 이루지 못한 보좌관은 델카세가 독일인을 "사기꾼들"

이라고 부른다고 불평했다. "그러나 하늘에 맹세코 나는 그에게 낭만적 대화나 커플링 교환이 아니라 실무적 논의를 하라고 부탁한 것이다."[13] 베를린 주재 프랑스 대사는 프랑스가 모로코에서 불장난 중이며, 독일은 크게 약이 오른 상태라고 파리에 거듭 경고를 보냈다. 1905년 1월 프랑스 대표단이 페스에 도착해 술탄에게 모로코에서 프랑스에 더 많은 권력을 양도할 것을 압박하자, 독일은 술탄에게 이에 저항하라고 독려했다.[14]

홀슈타인은 독일의 이익을 증진하기 위해 전쟁을 피하는 쪽을 선호했지만, 필요하면 전쟁도 불사하려고 했다. (무엇보다도 전쟁이 발발하면 빌헬름 2세가 지휘하게 될 텐데, 홀슈타인은 "그는 군사적으로 완전히 무능해서 끔찍한 재앙으로 이끌 게 뻔하다"라고 말했다.[15]) 독일 입장에서는 운이 좋은 시기가 다시 도래했다. 프랑스군은 드레퓌스 사건 후 사기가 크게 떨어졌고, 러시아는 동방에서 전쟁을 벌이고 있었다. 영국 육군은 보어전쟁에서 회복 중이었지만 어쨌든 규모가 작았다. 영국 해군에 대해서라면 독일에서 회자되던 농담처럼, 그들은 바퀴가 없어서 신속한 지상전에 아무 도움이 되지 못했다.

하지만 카이저도, 뷜로도 낙관적이지 않았다. 황제는 아마도 탕헤르 방문이 문제였다는 직감이 맞았다고 생각해서인지 전쟁을 원치 않는다는 뜻을 분명히 밝혔다. 그는 뷜로가 그렇게 몰아갔다고 비난하며 그해 여름 분노의 글을 쏟아냈다. "자네가 원해서 나는 조국의 이익을 위해 상륙했다. 불편한 왼팔로 승마가 어려운데도 이상한 말에 올라탔는데, 그 말은 자네가 도박판에 건 판돈 같이 내 목숨을 앗아 갈 뻔했다! 에스파냐 무정부주의자들 사이를 말을 타고 간 것도 자네가 원해서였다. 그렇게 해서 이익을 얻는 것이 자네의 정책이었다."[16] 뷜로 수상은 프랑스와 영국 사이를 벌려놓으려던 시도에 대해서는 아무 후회가 없었지만, 모로코에서 프랑스의 입지를 인정하고 그 대가로 독일은 다른 곳에서 보상을 받는 더 섬세한 접근법이 영불협상을 깨려는 강경책보다 나을 것이라고 생각했다. 1905년 2월 위기가 절정으로 치닫자 뷜로는 홀슈타인에게 "여론, 의회, 귀족들, 심지어 군대마저도 모로코를 판돈으로 한 전쟁에 관심이 없다"라고 말했다.[17] 1월 슐리펜 은퇴를 기념하는 자리에서 카이저는 장군들에게 다음과 같이 강조했다. "분명히 말하건대 나는 모로코를 위해 절대 전쟁을 벌이지 않을 것이다. 나는 귀관들의 신중함을 믿는다. 이 말이 이 방 밖으로 나가서는 안 될 것이다."[18] 그러나 바깥에서는 독일 최고 지도부의 분열이 잘 보이지 않았고, 그들 사이의 전술적 이견으로 위협과 합리적 제안이 오락가락하면서 독일의 의도에 대한 외국들의 불신만 더 깊어졌다.

영국은 홀슈타인이 기대한 대로 움직이지 않았다. 에드워드 7세는 이렇게 말했다. "탕헤르 사건은 카이저가 즉위한 후 관여한 일 중 가장 무모하고 부적절한 사건이었다. 또한 재앙과 같은 정치적 연출이었다. 만일 카이저가 세상 사람들 보기에 좋은 일을 했다고 생각한다면 큰 착각을 하는 것이다."[19] 《타임스》는 이 방문을 "커다란 정치적 시위"라고 평했고, 빈 주재 특파원은 뷜로는 영국이 프랑스 편에 선다는 결의를 심각하게 과소평가했다고 썼다.[20] 영국 외무부의 강력한 반독일파는 독일이 갑자기 모로코에 관심을 보인 것은 영불협상을 파괴하려는 시도가 분명하다고 확신하며, 영국이 확고한 입장을 견지해야 한다고 주장했다. 해군부의 피셔는 독일이 모로코의 대서양 해안에 항구를 차지하려 하는 것은 영국에 큰 위협이 될 것이라고 말했다. 피셔는 외무장관 랜즈다운에게 "이것은 프랑스와 동맹을 맺고 독일과 싸울 좋은 기회처럼 보인다"라고 말했다.[21] 그가 이후 몇 주 동안 전쟁 가능성에 대해 얘기한 유일한 사람은 아니었다.

랜즈다운은 좀더 자제심을 보였다. 그도 전쟁 가능성을 생각했지만, 그것은 영국의 핵심 이익이 침해당할 때만 고려할 일이었다.[22] 그러나 그는 독일의 의도에 대한 런던의 보편적 의심을 공유했다. 위기가 시작되기 전에도 그는 독일이 영국의 동맹인 일본과 미국 모두와 더 밀접한 관계를 맺으려고 한다는 보도에 우려를 나타냈고, 독일 외교는 가능한 모든 경우에 영국을 방해하려는 욕구가 동인으로 작용한다고 생각했다. 그는 4월 베를린 주재 영국 대사에게 다음과 같이 썼다. "[독일] 황제가 우리 계획을 방해하기 위해 가능한 모든 기회를 이용하려고 하는 것은 의심의 여지가 없다."[23] 위기가 고조될 때 랜즈다운의 정책은 프랑스를 지원하되 프랑스가 무모한 행동을 하지 않도록 막는 것이었다. 4월 23일 그와 수상 밸푸어는 델카세에게 "우리가 할 수 있는 모든 지원"[24]을 약속하는 강력한 메시지를 보냈다. 5월 랜즈다운은 런던 주재 프랑스 대사 폴 캉봉과 영국과 프랑스 정부는 상황이 악화되면 힘을 합쳐야 한다는 데 의견을 같이하고, "완전하고 은밀한 논의"[25]가 있어야 한다는 것을 나중에 첨언했다. 더 분명한 약속을 원하는 프랑스의 압박이 있었지만, 보수당 정부는 그 이상 나아가지 않았다.

그러나 다른 사람들은 그렇지 않았다. 반독일 성향이 강하고 저돌적인 파리 주재 영국 대사 버티는 외무부의 동료에게 "이집트가 우리와 프랑스 사이에 그랬던 것처럼 모로코가 프랑스와 독일 사이의 아픈 곳을 건드리게 해야 한다"고 말하고, 영국은 힘닿는 데까지 프랑스를 지원할 것이라고 델카세에게 장담했다. 피셔가 독일과 일전을 치를 때가 되었다는 생각을 델카세와 공유했다는 증거도 있다.[26] 그해 4월 에드워드 7세는 왕실 요트를 타고 지중해를 항해하며 의도적으로 프랑스 항구에만 기항했고, 북아프리카 알제리의 항구에 머무는 기간을 며칠 늘리기도 했다. 영국으로 귀환하는 길에 그는 파리에서 일주일을 보내며 델카세를 두 번 만났다.[27] 그해 늦여름 에드워드 7세는 오스트리아-헝가리에 있는 가장 좋아하는 온천으로 가기 위해 유럽대륙을 방문했는데 이때 카이저와의 만남은 의도적으로 피했다. 베를린의 한 신문은 에드워드 7세가 이런 말을 했다고 실었다. "사랑하는 조카를 마주치지 않고 어떻게 하면 마리엔바드로 갈 수 있을까? 플러싱, 앤트워프, 칼레, 루앙, 마드리드, 리스본, 니스, 모나코 — 모든 곳이 아주 위험하다! 아! 베를린을 통해 간다면 그를 만나지 않을 것이 확실하다."[28] 이에 대한 보복으로 카이저는 자신의 아들인 황태자에게 온 가을에 윈저궁을 방문해달라는 초청을 거부하게 만들었다.[29]

탕헤르 방문 후 독일은 압박 수위를 높였다. 독일 차관을 논의해보라는 서신을 페스에 보냈고, 술탄으로 하여금 개혁이나 모로코에 대한 프랑스의 더 많은 통제 요구를 거절하도록 고무했다. 에스파냐에는 이전에 프랑스와 합의한 세력권 분할을 철회하도록 압박을 넣었다. 독일은 또한 미국을 포함한 다른 강국들에게 모로코의 장래를 협의하는 국제회의를 열자고 제안했다.³⁰ 프랑스 수상 모리스 루비에와의 비밀 회동에서 독일은 델카세의 해임을 원하다는 뜻을 밝혔다.

독일은 늘 델카세를 프랑스 정부 안의 주적으로 여겼고, 1905년 봄이 되자 그가 지속되는 러일전쟁을 중재함으로써 자신의 입지를 강화하지 않을까 우려했다. 5월 27일 일본 함대가 쓰시마 해협에서 러시아 함대를 격파하자 양국은 강화를 맺을 방법을 모색했다. 외교적 경험과 양국 모두와 관계가 좋은 국가의 외교관이라는 이점을 가진 델카세가 중재 적임자로 지목되었고, 그 자신도 중재역을 맡고 싶은 열망이 컸다. 루비에가 순진하게 이런 가능성을 알리자 독일은 당황했다. 만일 델카세가 중재역을 맡게 되면, 그의 개인적 성과이자 프랑스의 승리가 될 것이었다. 그리고 프랑스와 러시아의 관계를 더욱 밀착시킬 것이 분명했다. 나아가 프랑스, 러시아, 영국의 또다른 3국동맹이나 일본을 포함한 4국동맹으로 이어질 수 있었다.³¹ 훗날 델카세가 말한 대로 그가 러일전쟁 강화 중재를 했더라면 프랑스 정부 내에서 그의 입지는 흔들리지 않았을 것이다.³² 뷜로는 워싱턴 주재 독일 대사에게 시어도어 루스벨트가 중재역을 맡도록 설득해서 프랑스나 영국의 주도를 막으라고 지시했다. 모로코 문제는 홀슈타인의 말마따나 국제무대에서 프랑스나 영국의 성공에 비하면 "아주 작은 문제"였다.³³

5월 말 독일 정부는 프랑스 정부에 델카세는 물러나야 하고, 그러지 않을 경우 프랑스 정부가 그 결과에 책임을 져야 한다는 강력한 메시지를 보냈다.³⁴ 루비에는 크게 겁먹고 바로 흔들렸다. 그는 1년 내내 독일의 기습 가능성을 염려했다. 그가 보기에 그런 일이 일어나면 프랑스는 1870-1년처럼 패배하고 혁명이 일어날 수 있었다. 그해 2월 그는 의회의 국방·재정 위원회 주요 멤버들과 만나 전쟁 준비 상황을 점검했다. 그들로부터 "아무것도 없다. 탄약도, 장비도, 보급품도 없고, 군대와 국가의 사기는 바닥이다"라는 말을 듣고 루비에는 눈물을 쏟았다.[35] 델카세는 독일과의 직접 협상이나 동료들과의 협의를 거부해서 그의 입장을 더 어렵게 만들었다. 4월 19일 델카세의 모로코 정책은 의회에서 큰 비판을 받았다. 좌파, 우파를 가리지 않고 발언자들은 델카세가 카이저의 방문 훨씬 이전에 모로코 정부로부터 더 많은 양보를 요구해 위기를 촉발했다고 비판했다. "당신은 상황을 설명하고 협상을 시작해야 한다." 의원들은 델카세를 이렇게 다그쳤다. 델카세는 독일에 직접 대화를 제안했지만, 승리를 눈치챈 뷜로는 국제회의 소집을 고집했다. 델카세는 이에 저항하며, 독일이 허세를 부리고 있고 만일 전쟁이 나면 영국이 도울 것이라고 주장했다.[36]

  그의 동료들은 이에 동의하지 않았고, 6월 첫 주에 루비에는 독일의 델카세 해임 요구에 굴복했다. 6월 6일 내각회의에서 장관들 만장일치의 지지를 받은 루비에는 델카세에게 해임을 통보했다. 용인할 만한 복수로 델카세는 루비에 수상에게 외무성에서 해독한 루비에와 독일 사이의 비밀 협상 기록 파일을 넘겼다.[37] 델카세 해임 소식이 전해지자 프랑스 의회와 파리의 살롱에서는 전쟁 이야기가 돌았고, 많은 남자들이 동원에 대비해 두꺼운 모직 양말과 군화를 구입했다.[38] 런던은 경악과 충격에 휩싸였다. 랜즈다운은 영불협상이 살아남을 수 있을지 염려하며 버티에게 프랑스가 도망칠 것 같다고 말했다.[39] 반면 베를린에서는 환호가 터져 나왔다. "델카세는 우리를 파괴하기 위해 적들이 선택한 사람이었다." 뷜로는 이렇게 선언했다. 해임 당일 카이저는 뷜로에게 공후prince 칭호를 부여했지만, 뷜로는 이 두 가지 일이 연관되었다는 것을 항상 부정했다.⁴⁰ 홀슈타인은 "우리의 가장 영악하고 위험한 적이 제거되었고, 이제 우리 친구 루스벨트가 러일전쟁을 중재하게 되어 프랑스나 영국이 이 전쟁으로 국제적 위신을 얻을 수 없게 되었다"고 말했다.⁴¹

프랑스에 승리를 거두었다고 생각한 독일은 너무 우쭐댔다. 외무장관을 겸직하기로 결정한 루비에는 독일 측에 직접 협상을 제안하며 다른 지역에서 식민지를 제공하는 방식으로 독일에 보상을 해주기로 했다. 그러나 홀슈타인의 건의를 받은 뷜로는 국제회의 개최를 계속 주장했고, 프랑스에게는 모로코 문제는 러시아나 영국으로부터 지원을 받지 못해 강국들 중 고립되어 있다는 것을 강조했다. 카이저는 "만일 내가 이 얘기를 들었다면 분명히 나서서 바보 같은 회의가 절대 열리지 못하게 했을 것이다"라고 말했다.⁴² 7월 초 프랑스는 마지못해 국제회의에 동의했으나 독일의 압력은 루비에의 반발을 샀다. 그해 후반 그는 한 측근에게 "만일 베를린이 나를 위협할 수 있다고 생각했다면 큰 실수를 하는 것이다"라고 말했다.⁴³ 프랑스 여론도 독일에 더 강경하게 맞서고 영불협상의 정신을 중요시하는 쪽으로 바뀌었다. 당시 외무부에 근무하다가 1914년 러시아 대사가 되는 팔레올로그는 7월 말 이러한 기록을 남겼다. "회복되고 있다. 두려움, 겁쟁이 같은 행동, 독일의 뜻에 굴복하는 일은 더이상 없다. 전쟁에 대한 생각이 받아들여졌다."⁴⁴

프랑스의 새로운 분위기는 영국과 랜즈다운으로 하여금 영국이 모로코 문제에서 "프랑스가 생각하는 최선의 방법으로"[45] 프랑스를 도울 것임을 런던 주재 프랑스 대사 폴 캉봉에게 알리게 만들었다. 여름이 지날 때까지 프랑스와 독일이 국제회의 문제를 가지고 논쟁을 벌이는 동안 영국은 프랑스에 대한 우호를 세계에 과시했다. 먼저 영국 해군 함정들이 7월 바스티유 기념 주간 동안 프랑스의 대서양 연안 항구 브레스트를 방문했다. 한 달 뒤 영국 포츠머스항을 답방한 프랑스 함정들은 성대한 환영을 받았고, 웨스트민스터홀에서는 만찬이 베풀어졌다.[46] 영국과 프랑스 해군은 그해 여름 전략적 협력에 대한 비밀 협의를 시작했다.[47]

1905년 말, 영국 보수당 정부는 실각하고 헨리 캠벨배너먼이 이끄는 새로운 자유당 정부가 들어섰다. 프랑스에 대한 강경 노선을 계속 주장한 홀슈타인은 이것을 상서로운 소식으로 받아들였다. 그 이유는 자유당이 독일과의 화친을 원한다고 생각했기 때문이다.[48] 그러나 그는 다시 한번 잘못된 전제를 하는 실수를 범했다. 이미 병을 앓고 있던 캠벨배너먼은 영국 외교정책 대부분을 새로 외무장관이 된 에드워드 그레이 경에게 맡겼고, 그는 랜즈다운이 추진한 정책을 갑자기 변경하려고 하지 않았다. 그레이는 영불협상이 영국에 매우 중요하다고 생각했다. 만일 이 협상이 와해되면 프랑스, 독일, 러시아가 다시 가까워져 영국이 다시 한번 고립될 수 있다고 생각했다. 전임자와 마찬가지로 그레이는 프랑스가 너무 대담해지지 않는 선에서 독일에 대항하는 것을 지원하고 싶어했다. 그는 캉봉에게 "호의적 중립benevolent neutrality"을 약속하면서도, 프랑스를 강력히 지지하는 영국 여론이 모로코를 놓고 프랑스가 독일과 전쟁하는 것은 지지하지 않을 것임을 언급했다.⁴⁹ (그레이는 무언가를 하고 싶지 않을 때 여론에 호소하는 것이 편리하다는 것을 알았다.) 독일과는 베를린에서 화해의 메시지가 왔지만, 국제회의가 개최되기 전에는 어떠한 거래도 하지 않으려고 했다. 뷜로의 우호적인 말에 대해 그는 다음과 같이 발언했다. "말만 번지르르하다. 말과 행동이 같이 간다면 국제회의에서 그렇게 해야 한다. 만일 결과적으로 영불협상에 위배되지 않고 해결된다면, 하늘이 맑게 갤 것이다."⁵⁰

*

1916년까지 영국의 외교정책을 책임진 그레이는 카이저가 보기에 "유능한 시골 신사"였고, 그의 평가는 크게 틀리지 않았다. 에드워드 그레이는 오랫동안 영국 상류사회를 주도해온 연줄 좋은 가문 출신이었다. 젊은 시절 그는 준남작 지위와 영국 북동부의 풍요로운 영지인 팰러던과 자유주의적 정치 성향을 물려받았다. 본성은 보수적이었지만, 새로운 계층과 새로운 지도자는 정치의 얼굴을 바꿀 수밖에 없다는 것을 받아들인 온건한 개혁가였다. 그는 당대 많은 유럽인들과 마찬가지로 큰 전쟁이 혁명을 가져올 것을 두려워했으며, 평화로운 진보를 희망했다. "우리 앞에 힘든 시기가 놓여 있다. 1년에 500프랑 수입에 익숙한 우리는 더 좋은 것을 생각하기 힘들지만, 더 나은 무언가를 만들어내야 한다."⁵¹ 1911년 그는 이렇게 발언했다.

윈체스터의 유서 깊은 영국 학교의 동창들은 그가 큰 재능을 타고났다고 생각했지만, 그는 공부보다 학교 인근 이첸강에서 하는 낚시에 더 관심을 보였다. 그러나 윈체스터에서 수학한 시간은 그에게 좋은 영향을 미쳤다. 그레이는 자신을 항상 윈체스터 출신이라고 불렀고, 어른이 되어 마주친 부정에 충격받은 고상하고 영리한 학생 기질을 간직했다. 그는 이렇게 말하기도 했다. "독일의 정책은 양심의 가책과 이타적인 동기는 국제 문제에서 중요하지 않다는 의도적인 믿음에 기초하고 있는 것 같다."[52] 고상한 다른 사람들처럼 그는 자신의 동기가 순수한 것을 당연시했기 때문에 자신도 무자비하거나 기만적일 수 있다는 것을 인정하지 않았다. 천성이 내성적인 그는 자신의 감정을 감추는 법을 배웠고, 동료들은 그가 위기 중에도 한결같이 차분함을 잃지 않는 것에 감명을 받았다. 외모가 로마 원로원 의원 같고, 확신에 차 있지만 절제해서 말하는 것도 그에게 도움이 되었다. 웨일스의 보잘것없는 집안 출신인 급진주의 정치인 로이드조지는 그레이가 그런 외모를 갖기까지 오랜 시간이 걸렸을 것으로 생각했다. "얇은 입술에 굳게 다문 입, 조각처럼 깎은 듯한 그의 놀라운 외모는 차가운 쇠망치 같은 인상을 준다."[53]

윈체스터 출신의 그레이는 미래 지도자들의 또다른 요람인 옥스퍼드의 베일리얼칼리지로 진학했지만, 공부는 필요한 만큼만 했다. 그는 덜 게을러질지 보려고 잠시 대학을 떠났지만, 반성 없이 돌아와 3등급 성적으로 학위를 받았는데 그 자체로 대단한 성과였다.[54] 그는 팰러던에서 가장 행복했고 나중에는 이첸강가의 작은 오두막에서 새 관찰, 낚시, 산책, 독서를 즐기며 시간을 보냈다. 그는 스물셋이라는 비교적 젊은 나이에 영국 시골을 그만큼 좋아하는 여인과 결혼했다. 아내 도로시는 타락과 질병을 쏟아내는 현대판 소돔과 고모라고 생각하는 런던을 피해 시골에서 여생을 보내고 싶어했다. 그녀는 사교계 생활을 꺼렸는데, 그 이유는 아마 수줍음을 많이 타고 사람들 있는 곳을 어색해하며 자신이 남들보다 우월하다고 생각해서였을 것이다. 그녀는 스물세 살 때 "우리는 사람들로부터 볼 수 있는 모든 선한 것을 다 보았다고 생각한다"라고 썼다. 그녀는 남편을 사랑하고 존경했지만, 신혼여행에서 돌아와 남편에게 섹스를 혐오한다고 분명히 말했다. 더할 나위 없는 신사인 그레이는 두 사람이 오누이처럼 지내는 데 동의했다.[55]

그레이의 태만한 외모 아래 어딘가에는 야망 아니면 적어도 강한 의무감이 있었다. 가족의 연줄 덕에 그는 내각 장관 비서라는 직책을 얻었고, 1885년 하원에 출마해 의원으로 선출되어 1916년까지 정치 경력을 이어갔다. 의외로 그는 힘든 일을 감당하는 능력을 보여주었지만, 시간을 낭비하는 사교계 활동에는 참여하지 않았다. 아내와 함께 런던을 자주 떠나 시골 별장에서 하인 하나만 두고 소박하게 지내곤 했는데, 손님은 거의 찾아오지 않았다. 그레이는 이렇게 말한 바 있다. "평범한 생활의 흐름에서 벗어난 특별하고도 성스러운 생활이었다."[56]

1892년 그는 자유당 외무장관 로즈버리 경 밑에서 차관을 지냈다. 당시에나 나중에나 그레이가 외무장관으로 선택될 가능성은 적었다. 같은 시기 일한 조지 커즌과 달리 그는 사냥하러 스코틀랜드에 가는 것 외에 여행에 흥미가 없었고, 그런 관심이 발전하지도 않았다. 그는 유럽대륙을 잘 몰랐고, 외무장관으로도 1914년 파리를 방문하는 국왕을 따라 대륙을 단 한 번 방문했을 뿐이었다. 그럼에도 불구하고 1905년 외무장관직을 맡은 그는 세계에 대한 확고한 시각이 있었다.

자유당 내에서 그는 제국주의자로 간주되었고, 강력한 해군을 지지했다. 다른 한편으로 그는 세계를 분할하던 시대는 지나갔고 이제 영국은 이미 소유한 것을 현명하게 통치할 때라고 생각했다.[57] 그는 랜즈다운의 고립 탈피 정책을 지지했고, 총선 전 그의 정책을 계속 이어받을 방침이라는 것을 분명히 했다. 그는 프랑스와의 화친이 영국의 유럽 정책의 초점이라고 생각했다. 1906년 9월 그는 가장 가까운 친구이자 자유당 제국주의자 동료인 리처드 홀데인에게 다음과 같이 말했다. "프랑스와 화친을 유지하고 싶지만 쉽지 않군. 만약 화친이 깨지면 나는 물러나야 하네."[58] 그레이는 이에 못지않는 단호함으로 독일이 영국의 숙적이고 가장 위협이라는 확신을 가졌고, 그가 생각하기에 이것을 변경하기 위해 할 수 있는 일은 별로 없었다. 1903년 이렇게 말한 적도 있었다. "우리에게 우호적인 독일인이 많은 것은 의심의 여지가 없지만, 그들은 소수파다. 다수파는 우리를 극도로 미워하고 있어서 그들의 황제나 정부와 우호 관계를 맺는 것은 우리에게 그다지 도움이 되지 않는다."[59] 그가 보기에 과거 영국은 독일에 너무 가까웠고 그 결과 프랑스, 러시아와 관계가 좋지 않았다. "우리는 한 나라 또는 다른 나라와 전쟁 직전까지 가기도 했다. 독일은 자기에게 유리할 때마다 우리를 이용했다."[60]

그레이가 모로코 관련 국제회의의 영국 대표 아서 니컬슨에게 내린 지시는 명쾌했다.

모로코 회의는 결정적이지는 않더라도 힘들 것이다. 내가 보기에 독일은 프랑스가 모로코에서 특별한 지위를 갖도록 양보하지 않을 것이다.

이 문제에서 우리는 프랑스에게 용인할 뿐 아니라 프랑스가 외교적 방법으로 모로코를 얻는 것을 돕겠다고 약속했다. 만일 프랑스가 우리의 도움으로 모로코를 얻게 되면 영불협상의 큰 성공이 될 것이다. 만일 프랑스가 실패하면 화친의 권위가 추락하고 생명력이 감소할 것이다. 따라서 우리의 핵심 목표는 프랑스가 자기주장을 관철하도록 돕는 것이다.[61]

국제회의는 1906년 1월 16일 지브롤터 바로 북동쪽에 있는 알헤시라스에서 열렸다. 그 직후 그레이는 큰 비극을 겪었다. 아내가 팰러던에서 조랑말이 끌던 마차에서 떨어져 부상을 입고 사망한 것이다. "생각이 멈추었고, 일은 좌초되었다."[62] 그의 회고록에 남은 글이다. 그레이는 사임하려고 했지만 캠벨배너먼이 계속 직무를 수행하도록 독려했다.

회의는 지지부진하게 진행되었다. 회의가 시작될 때 독일은 자국이 프랑스와 논쟁을 벌일 의사가 있다고 국제 여론을 몰아갔다.[63] 실제로 큰 논쟁이 있었고, 2월이 되자 회담은 교착상태에 빠졌다. 어느 나라가 모로코 경찰을 훈련시키고 지휘할 것인가(프랑스는 스스로 이 일을 맡아야 한다고 주장했고, 에스파냐와 독일은 국제 공동기구가 맡기를 원했다)와, 누가 국영은행을 운영할 것인가가 이슈였다. 사실 문제는 모로코 자체에 대한 궁극적 통제였다. 뷜로는 "모로코는 우리, 특히 카이저의 명예가 걸린 문제가 되었다"라고 말했다.[64] 그러나 독일은 점점 고립되었다. 가장 믿을 만한 동맹국인 오스트리아-헝가리도 독일이 경찰 문제에서 양보할 것을 압박했다.[65] 이탈리아는 주저하는 태도를 보였고, 이탈리아 대표단은 논란거리에서 거리를 두려고 최선을 다했다. 미국에서 시어도어 루스벨트도 타협을 종용했다.[66] 니컬슨은 프랑스를 지원하라는 지시를 충실히 이행했다. 2월 28일 대규모 영국 함대가 지브롤터에 도착하여 언젠가 프랑스에 이런 지원이 제공될 수 있다는 것을 보여주었다. 독일이 여전히 자신의 진영으로 끌어들이려 했던 러시아는 동맹국 프랑스를 확고하게 지지했다. 러시아는 다른 선택의 여지가 없었다. 러일전쟁과 계속되는 혁명 소요로 러시아 재정은 거의 파산 지경이었고, 파산을 피하려면 거액의 외국 차관을 조달해야 하는데 프랑스가 재정 지원국이 될 가능성이 가장 컸다. 프랑스는 어떤 차관이든 알헤시라스의 협력을 전제로 한다는 조건을 달았다.

3월 말, 뷜로는 흔들리지 말라는 홀슈타인의 조언에도 불구하고 독일의 손실을 줄일 준비가 되어 있었다. 3월 27일 합의가 이루어져 프랑스가 경찰을 조직하는 데 주요 파트너가 되고 새로운 국영 은행 운영에서도 지배적 역할을 하게 되었다. 모로코인들은 이런 결과에 놀랐다. "그들은 국제회의가 프랑스가 징계를 받는 법정이 되고, 강국들이 개혁에 대한 점잖은 조언을 해주는 자리가 될 것으로 생각했다."[67] 독일인들은 겉으로는 만족하는 듯했지만, 자신들이 패배했다는 것을 알았다. 독일은 모로코를 국제적으로 관리해야 한다는 그럴듯한 주장을 내세웠고 이전 몇 달 동안 국제정세는 독일에 유리했지만, 외교 능력이 부족해 자신들이 가진 이점을 활용하지 못했다. 뷜로와 홀슈타인은 비스마르크가 한 일을 답습하려고 했지만, 그럴만한 능력이 없었다. 홀슈타인은 다시 한번 사임하겠다고 위협했고, 뷜로는 이번에는 그의 사의를 수용했다. 50년에 걸친 홀슈타인의 복무는 이렇게 끝났다. 그는 여생을 외로이 원통해하며 가난하게 보냈지만(투기로 재산을 날렸다), 막후에서 영향력을 행사하려고 최선을 다했다. 그는 독일의 가장 유명한 언론인 막스밀리안 하르덴을 움직여 카이저가 가장 총애하는 욀런부르크를 공격하게 만들었다. 에스파냐에 유화 정책을 폈다고 오랫동안 욀런부르크를 의심한 홀슈타인은 그가 동성애로 기소되어 법정에 끌려가고 황제의 이너서클에서 밀려나자 만족스러워했다. 뷜로도 모로코 사건으로 카이저와의 관계가 흔들렸고, 곧 해임될 것이라는 소문에 시달렸다. 4월 제국의회에서 알헤시라스 회의에 대해 논의하던 중 뷜로는 쓰러져서 베를린을 떠나 오랜 기간 요양해야 했다.[68]

카이저도 큰 낙담에 빠졌다. 그는 모로코를 전쟁 원인으로 만드는 데 계속 반대했는데, 그 이유 중 하나는 국내 상황이 너무 위험하기 때문이었다. 사회주의자들은 1906년 1월 의회 선거권이 너무 제한된 것에 항의하는 대규모 시위를 계획했다. 새해 전날 그는 공포에 질린 전문을 뷜로에게 보냈다. "우선 사회주의자들에게 겁을 주고 목을 쳐 그들이 해를 끼치지 못하게 하라. 필요하면 피를 흘리고, 그런 다음 해외에서 전쟁을 일으켜라. 그러나 그전에 전쟁을 하거나 두 가지를 동시에 하지는 마라."[69] 독일이 영국의 주도 아래 라틴계 국가들인 프랑스, 에스파냐, 이탈리아의 적대적 동맹에 당면하면서 카이저의 생각 속에서는 잠시 황화黃禍가 다른 적대감으로 대체되었다. 전문 여백에 그는 이렇게 써놓았다 "로마가 남겨놓은 성별도 불분명한 인종적 혼돈의 잔재들이 우리를 몹시 미워하는 한 우리는 아무 친구도 없다."[70]

 돌이켜보건대 섬뜩한 것은 모로코 위기에 관련된 국가들이 기꺼이 전쟁을 받아들일 준비가 되어 있었다는 점이다. 예를 들면 그레이는 친구 홀데인에게 독일이 1906년 봄 프랑스를 공격할 준비가 되어 있다는 많은 보고를 받고 있다고 말했고, 베를린에서 뷜로는 프랑스와 영국으로부터 같은 행동을 기대하고 있었다.[71] 독일의 통치 집단 중 일부는 예방전쟁을 심각하게 고려하고 있었다. 러일전쟁에서 일본이 승리한 것은 결국 선제공격이 유리하다는 것을 보여주는 듯했다. 퇴임 전 자신이 만든 계획에 대해 마지막 언급을 한 슐리펜도 프랑스에 대한 예방전쟁을 옹호하는 듯했고, 다른 고위 지휘관들도 분명 이를 선호했다.[72] 외무부 공보국 책임자는 1905년 12월 상관으로부터 알헤시라스 회의로 독일이 세계 사람들이 보기에 권위를 상실하거나 전쟁을 일으킬 가능성이 있다고 경고하는 비망록을 받았다. "봄에 그런 충돌이 일어날 것으로 예상하는 사람이 여기에 많고, 그러길 바라는 사람도 많다."[73]

 독일의 희망에도 불구하고 러시아는 프랑스와의 동맹에 충실했다. 알헤시라스 회의가 끝나자 당시 프랑스 재무장관이었던 레몽 푸앵카레는 파리 주재 러시아 대사에게 차관 협상이 재기될 수 있다고 말했다. 4월 16일 러시아 정부 대표는 전체 차관 금액의 절반을 담당하는 프랑스 은행 차관단과 거액 차관 계약에 서명했다. 푸앵카레는 이렇게 말했다. "그는 내가 당황할 정도의 어조로 알헤시라스에서 결정된 것을 언급하며 프랑스 은행들의 요구가 다소 탐욕스러운 것이 사실이라고 불평했다."[74] 독일 정부는 근시안적인 판단으로 알헤시라스 회의에 대한 보복으로 독일 은행들이 러시아에 제공되는 차관에 참여하는 것을 금지했다. "그들은 우리로부터 한 푼도 받지 못할 것이다!" 카이저는 이렇게 말했다.[75]

영국과 프랑스의 새 우호 관계는 첫 시험을 넘겼고 그 결과 상당히 강해졌다. 1908년에는 영불협상(앙탕트 코르디알Entente Cordiale)을 축하하는 프랑스-영국 공동박람회가 런던에서 열렸다. "우리가 널리 사용하는 앙탕트 코르디알은 프랑스어에 대한 우리의 섬세한 칭송을 담은 매력적인 구절로, 표현하는 것 이상을 의미한다. 그것은 상호 존중과 선의, 공동의 목표와 이해를 의미하고, 감정, 양해, 물질적 관계 모두를 망라한다."[76] 한 영국 가이드의 말은 이러했다. 델카세와 폴 캉봉은 그 의미가 더 크다고 생각했고, 한번은 영국이 방어적 동맹을 제안하기도 했다.[77] 영국은 구체적 약속을 하는 것은 피했다고 생각했지만, 양국 화친이 더 강화되었다는 것은 인정했다. 그레이는 알헤시라스 회의가 교착상태에 깊이 빠졌을 때 다음과 같이 말했다.

만일 프랑스와 독일 사이에 전쟁이 일어나면, 우리가 거기에서 벗어나기는 매우 어려울 것이다. 영불협상과 점점 지속되고 강화된 우호 과시는(공식적으로든 해군, 정치, 통상, 도시 간, 언론에서든) 우리가 전쟁 때 프랑스를 지원할 것이라는 믿음을 만들어냈다. 툴롱에 있는 우리 해군 무관의 최근 보고에 따르면 모든 프랑스 장교들이 만일 모로코를 놓고 프랑스와 독일 사이에 전쟁이 벌어진다면 이러한 지원을 당연하게 여기고 있다. 만일 이 기대가 실망으로 바뀌면 프랑스인들이 우리를 용서하지 않을 것이다.

그는 만일 영국이 프랑스를 지지하지 못하면 화친을 지지하는 자신의 입장이 무너질 것이라고 암시했다. "다른 한편으로 유럽전쟁이 발발하고 우리가 그 전쟁에 관여할 것이라는 전망은 끔찍하다"라는 말도 덧붙였다.[78] 1914년 이전 시기에 그는 프랑스와의 협력에서 균형을 유지했지만 더 공식적인 동맹 체결과 구속력 있는 약속은 거부했다.

그레이가 잡고 있던 균형은 1월 중순 영국 군사작전국과 런던 주재 프랑스 무관부의 회담 개최를 공식 승인하면서 다소 무너졌다. 그레이가 동료 몇 명에게 설명한 바에 따르면, 이것은 양국이 어떤 방법으로 서로를 도울 수 있는지 알아보기 위한 것에 불과했다. "모든 문제는 학술적으로 연구되었다"라고 그는 주장했다.[79] 그러나 이 작은 시작은 이후 프랑스군과 영국군 사이의 일련의 회담으로 발전했으며, 여기에서 정보가 교환되고 계획이 작성되었다. 독일에 대한 프랑스의 정보, 프랑스의 전쟁 계획, 프랑스에 파견될 수 있는 영국 병력과 군마의 수, 항구 시설, 철도 운송 등 독일과 전쟁하는 프랑스를 지원하기 위해 영국이 병력을 파견할 경우 필요한 상세한 사항과 조정이 1914년 이전 이 회담에서 논의되고 만들어졌다. 양국 해군도 부정기적으로 회담을 가졌지만, 1912년 여름에야 영국 내각은 공식 회담을 승인했다.

오랫동안 가장 논란이 많았던 것은 군사적 대화였다. 꼿꼿한 윈체스터 출신 그레이는 군사 회담과 조정을 비밀에 부쳐 의도적으로 내각과 영국 국민을 속인 것인가? 더 중요한 것은, 이 회담에서 독일이 프랑스를 공격할 경우 영국이 프랑스를 지원한다는 약속이 이루어진 것인가? 하는 점이었다. 그레이는 1914년 이전이나 이후 반복적으로 이 두 가지 질문 모두에 아니라고 대답했지만, 실상은 그렇게 명쾌하지 않다. 1906년 대화가 시작되자 그레이는 수상 캠벨배너먼에게 알렸지만, 전 내각에는 이 사실을 통보하지 않았다. 아마도 그는 자유당 내 급진파의 반발을 두려워했을 것이다. 내각은 2차 모로코 위기가 발생한 1911년까지 이 사실을 공식적으로 통보받지 못했다. (영국 하원과 대중은 1914년 영국이 전쟁에 돌입할 때까지 이 사실을 알지 못했다.) 로이드조지에 따르면 내각 구성원 대부분이 충격을 받았다. "이 사실이 드러난 후 일어난 감정은 적대감이란 말로는 부족하다. 큰 실망에 가까웠다." 그레이는 영국은 여전히 하고 싶은 대로 할 자유가 있다는 말로 동료들을 안심시켰다.[80] 그러나 이 말도 논란의 여지가 있다.

그레이와 동료들, 부하들이 일반적으로 조건을 달고 프랑스인과 대화한 것은 사실이다. 영국이 프랑스를 도울 가능성이 아주 높았지만, 양국 간 대화에 확고한 약속이라고 할 만한 것은 없었다. 이런 면에서 영국은 전쟁이 일어날 경우 결정을 내릴 자유가 있었다. 1911년 영국 내각은 영국이 직간접적으로 군사상 또는 해군 간섭을 하지 않는다는 것을 강조하는 공식 결의를 채택했다.[81] 그럼에도 불구하고, 모로코 위기에서 드러났듯이 영국이 반복적으로 프랑스를 외교적으로 지원한 것은 영불협상 유지에 대한 그레이의 소망이 얼마나 강했는지를 보여준다. 그레이와 그와 생각이 같았던 외무부 고위 관리 대부분은, 만일 영국이 보어전쟁 때처럼 다시 고립되지 않으려면 프랑스와의 우호 관계가 핵심적이고, 러시아와의 관계도 점점 중요해질 것이라고 생각했다.[82] 무력의 위협이 뒷받침되지 않는 프랑스에 대한 외교적 지원은 결국 프랑스의 적에게나 프랑스에게나 효과가 없었다. 프랑스는 만일 영국의 군사 지원까지 의지할 수 있다고 느끼지 못하면, 어려운 상황에서 그나마 좋은 것을 얻기 위해 독일과 화해할 수도 있었다.

영국의 전략적 사고는 프랑스 편을 들며 간섭할 가능성을 크게 만들었다. 1907년까지 영국의 주요 관심사는 제국이었다. 세기 전환기에 미국과 관계를 개선한 영국은 미국이 신대륙을 지배한다는 인식이 부분적인 이유였지만, 이로 인해 북아메리카의 식민지를 더이상 걱정할 필요가 없었다. 1907년 영국-러시아 협약으로 영국으로서는 왕관의 보석 같은 인도를 러시아가 위협할 우려도 사라졌다. 보어전쟁 후 영국군은 재조직과 개혁이 이루어졌고 이제 자기 역할을 할 준비가 되었다. 영국군은 본토가 침공당할 경우 방어할 책임이 있었지만, 군부의 지도자들은 점점 유럽대륙 원정군의 관점에서 영국군을 생각했다.[83] 독일의 국력이 팽창하면서 영국은 많은 교역이 이루어지는 네덜란드, 벨기에, 심지어 프랑스 해안까지 한 국가가 지배할 가능성에 대한 오랜 두려움이 되살아났다. 독일이 해안을 통제할 경우 마음만 먹으면 영국을 침공할 수도 있었다.[84]

영국 군대는 프랑스는 영국의 도움이 없으면 패배를 피할 수 없다고 전제하는 경향이 있었다.[85] 1912년 영국의 전략을 책임지는 제국방어위원회 장관 모리스 행키Maurice Hankey는 프랑스에 대한 아주 보편적인 시각을 드러냈다. "내가 보기에 그들은 아주 훌륭한 국민은 아니다." 행키는 그들이 나쁜 위생, 안 좋은 물, 느린 철도를 가지고 있다고 말했다. "나는 독일인들이 아무 때나 그들을 박살낼 수 있다고 생각한다."⁸⁶ 그의 말은 이렇게 이어졌다. 1911년 여름 영국군은 15만 명 병력에 6만 7000마리 군마로 이루어진 6개 사단과 2개 보병 여단 파견을 고려했다. 독일이 서부전선에 투입할 병력에 대한 프랑스의 예측대로라면, 영국 원정군은 영불협상에 유리하게 전세를 만들 수 있었다.⁸⁷

육군이 이런 계획을 만드는 동안 영국 해군은 그런 준비를 하지 않았거나, 아니면 피셔와 그의 후임자 아서 윌슨 경이 자신들의 생각을 특히 예산 경쟁자인 육군과 공유하지 않았다. 그들은 영국 원정군 아이디어를 비용이 많이 들고 효용이 없다는 이유로 계속 반대했다. 해군은 늘 그래왔던 것처럼 영국 본토를 방어하고 대양에서 영국의 무역을 보호하는 핵심 전력이었고, 전쟁이 일어날 경우 적의 항구를 봉쇄하고 상륙작전을 전개할 수 있었다. 그레이의 말을 인용해 피셔는 여기에서 육군은 "해군이 발사한 포탄" 같은 역할을 할 수 있다고 허용했다.⁸⁸ 1909년 피셔는 독일 해안에 대한 일련의 작은 공격을 생각했던 것 같다. "벼룩이 무는 정도다. 하지만 반복되면 빌헬름 2세는 격분하여 상처를 긁어댈 것이다."⁸⁹ 피셔는 신기술에 대해 개방적인 생각을 했지만 ─ 그는 점점 드레드노트급 전함보다 고속 순양함 쪽으로 마음이 기울었고, 독일 함대를 묶어두기 위한 어뢰정과 잠수함 사용을 옹호했다 ─ 전략적 계획 수립에는 능숙하지 못했다. 그의 첫 재직 당시 해군은 작전 계획이 거의 없었다. 그는 핵심 전쟁 계획은 자기 머릿속에 꼭꼭 보관되어 있고 거기 있는 것이 보안상 안전하다고 즐겨 말했다.⁹⁰ 당시 해군부의 한 젊은 대위는 해군의 전쟁 계획에 대해 "여태껏 본 중에 가장 멍청한 아마추어 같은 것"이라고 평했다. 그는 "강하게 자주 적을 공격하라는 등 많은 경구를 썼지만 확고한 세부 사항까지는 내려가지 않았다"며 피셔도 비난했다.[91]

전쟁 이전 기간 대부분 영국 육해군은 각자 계획을 만들었고, 뼈 하나를 놓고 싸우는 개처럼 상대를 견제했다. 그러나 1911년 전쟁의 두려움을 불러일으키는 2차 모로코 위기가 발생하자 영국의 전략 전체를 검토하기 위한 제국방어위원회가 8월 23일 열렸다(1914년 이전 이러한 전략 검토는 이때가 유일했다).[92] 애스퀴스 수상이 사회를 보았고 전쟁장관 리처드 홀데인, 외무장관 그레이 외에 로이드조지, 윈스턴 처칠, 육군을 대표한 헨리 윌슨 군작전국장과 피셔의 후계자인 해군의 아서 윌슨이 회의에 참석했다. 헨리 윌슨은 유럽대륙 상황을 명료하게 설명하고 원정군의 목표와 계획을 브리핑했다. 그러나 해군의 아서 윌슨은 형편없는 의견을 내놓았다. 그는 군대를 유럽대륙에 파견한다는 아이디어 자체에 반대하면서, 독일의 북부 해안을 봉쇄하고 동시에 때로 상륙작전을 전개한다는 막연한 계획만 제시했다. 해군이 원정군을 프랑스로 실어주거나 해상 무역로를 방어하는 데 관심이 없는 것도 분명해졌다.[93] 애스퀴스는 해군의 이런 계획을 "유치하다"고 평가했다.[94] 그 직후 해군장관으로 임명된 윈스턴 처칠은 아서 윌슨을 해임했고, 바로 전쟁 계획을 수립할 해군 참모진을 구성했다. 처칠은 영국 원정군을 지원했고, 해군은 육군과 함께 일하기 시작했다.[95]

1912년 과거 사회주의자였다가 전쟁장관이 될 만큼 우파로 변신한 알렉상드르 밀랑은 영국 육군에 대해 이렇게 말했다. "〔전쟁〕 기계는 출발할 준비가 되었다. 출정할 것인가? 아직 불확실하다."[96] 프랑스는 군사·민간 지도자들 일부가 밀랑보다 낙관적이기는 했지만, 1차 대전이 시작될 때까지 영국의 개입을 확신하지 못했다. 영향력이 컸던 런던 주재 프랑스 대사 폴 캉봉은 그레이의 반복된 우호 확인과 그의 군사적 대화 승인을 통해 영국이 영불협상을 동맹으로 생각한다는 확신을 갖게 되었다(그것이 무엇을 함의하는지 확실히 알지는 못했지만).[97]

1919년 조프르는 다음과 같이 말했다. "개인적으로 나는 그들이 도우러 올 것이라고 확신하지만, 결국 그들은 공식 약속을 하지 않을 것이다. 병력 파견과 상륙, 배치에 대한 연구만 있었다."[98] 프랑스인들은 영국과 독일 사이에 커가는 적대감을 다행으로 여겼고, 유럽의 세력 균형을 유지하는 영국의 전통적 정책(나폴레옹전쟁 때는 프랑스에 맞서 싸웠다)이 도움이 될 것이라고 주장했다. 프랑스 지도자들은 그레이도 반복적으로 말한 바와 같이, 영국은 전쟁에 대한 결정을 내릴 때 누구 탓으로 전쟁이 일어났는가를 중시할 것이라고 보았다.[99] 프랑스가 1914년 여름 일어난 사건들에 그토록 조심스럽게 대응하고, 공격으로 간주될 만한 조치를 전혀 하지 않은 것은 부분적으로 이러한 이유 때문이었다.

프랑스 군부는 1910년 이후 헨리 윌슨이 영국 군작전국장을 맡은 것에 고무되었다. 키가 6피트(약 183센티미터)가 넘고, 한 장교의 말마따나 얼굴이 괴물 석상을 닮은 그는 위압적인 인물이었다.[100] (누군가 엽서에 "영국 육군에서 가장 못생긴 사람에게"라고 썼지만, 별 문제 없이 그에게 전해졌다.)[101] 한 동료의 말에 따르면 "이기적이고 교활한" 윌슨은 정치 음모에 노련했고, 영향력 있는 후원자를 찾는 데 능했다. 그는 어느 정도 풍족한 잉글랜드-아일랜드 출신이었지만(아일랜드의 개신교 정신은 그에게 항상 중요했다), 스스로 길을 개척해야 했다. 제국방어위원회에서 보여준 발표와 같이 그는 영리하고 설득력이 강했다. 또한 활력이 넘치고 의지가 강하며, 전략에 대해 아주 명쾌한 시각을 가지고 있었다. 1911년 총참모부가 승인한 문서에서 그는 이렇게 입장을 밝혔다. "우리는 프랑스를 도와야만 한다." 그는 독일이 프랑스를 공격할 경우 러시아는 큰 도움이 되지 못한다고 주장했다. 프랑스의 패배와 독일의 지배에서 유럽을 구할 방법은 영국 원정군의 신속한 동원과 파견이었다.[102] 작전국장직을 맡은 그는 이것이 가능하도록 최선을 다했다. "현재 준비 상태는 모든 면에서 불만족스럽다." 그는 일기에 이렇게 적었다. 영국 원정군이나 예비군을 배치할 제대로 된 계획이 없었다. "멋진 보고서를 작성하는 데 많은 시간이 허비되고 있다. 가능하면 이 모든 것을 타파할 것이다."[103]

그는 재빨리 프랑스 군부와 좋은 관계를 수립했는데, 그가 프랑스를 사랑하고 프랑스어를 유창하게 구사하는 점이 도움이 되었다. 프랑스 참모대학 총장인 철저한 가톨릭 신자 페르디낭 포슈(나중에 육군 원수를 맡게 된다)와는 아주 가까운 친구 사이가 되었다. 한번은 윌슨이 포슈에게 이렇게 물었다. "우리가 고려해온 대결이 발생할 경우 당신에게 실질적 도움이 될 영국군이 가장 작은 규모라면 뭐라고 하시렵니까?" 포슈는 생각할 시간을 두지 않고 바로 이렇게 대답했다. "병사 한 명이라도, 우리는 그가 죽지 않도록 신경쓸 것입니다."[104] 프랑스는 영국이 약속하도록 만들기 위해 무엇이든 했다. 1909년 프랑스군은 독일의 영국 침공 계획이 담긴 문서를 위조했는데, 이 문서는 여행 중이던 프랑스 상인이 기차에서 가방을 잘못 집는 바람에 발견

되었다고 한다.[105]

윌슨은 프랑스를 자주 방문하여 전쟁 계획에 대한 정보를 교환하고, 협력의 방향을 조정했다. 그는 자전거를 타고 프랑스 전선을 한참 둘러보며, 요새 배치와 전투 가능 지역을 탐색했다. 작전국장에 임명된 직후인 1910년에는 아직 프랑스 땅으로 남아 있는 로렌 지역의 가장 전투가 치열했던 프랑스-프로이센 전장을 방문했다. "우리는 내가 자주 가보던 아름다운 모습의 '프랑스' 동상을 방문했고, 프랑스에 배치할 영국군 지역을 보여주는 작은 지도를 그 발치에 헌정했다."[106] 프랑스 군부 지도자들과 마찬가지로 윌슨은 독일군이 벨기에의 뫼즈강 서쪽에서 해안에 가깝게 우회하며 이동할 만큼 강하지 않다고 전제했다. 영국 원정군은 독일군 공격이 상대적으로 약할 것으로 예상되는 프랑스군의 좌익을 맡을 터였다. 영국군이 앤트워프로 가야 한다는 논의도 있었지만, 윌슨과 그의 동료들은 유연하게 대처할 수 있을 것이라며 일단 영국군이 상륙한 다음 결정하기로 했다.

영국은 군사 계획에서 유연성을 유지했지만 정치적 면에서는 점점 경직되었다. 1905-6년 1차 모로코 위기로 영국과 프랑스 사이에는 훨씬 큰 협력과 양해가 이루어졌지만, 더 많은 의무도 생겨났다. 이 위기는 유럽 강국들 사이의 경계를 더 확실하게 그어놓았다. 1907년 영국과 러시아가 협약에 서명하면서 또다른 경계선이 그려졌고, 과거 적이었던 두 국가 사이에 추가적인 의무와 기대가 형성되었다. 여론을 무시하기는 더욱 힘들어졌다. 일례로 프랑스와 독일 모두 사업 이익을 중시했고, 독일 주재 프랑스 대사 쥘 캉봉 같은 핵심 인사들은 더 발전된 관계를 선호했다. 1909년 프랑스와 독일은 모로코 문제에 대한 우호적 합의에 도달했다. 하지만 양국의 민족주의자들은 자국 정부가 더 나아가 증진된 경제 관계를 논의하는 것을 불가능하게 만들었다.[107] 유럽은 전쟁 계획을 갖춘 적대적인 두 강국 진영으로 나뉠 운명에 처한 것은 아니었다. 그러나 1차 모로코 위기 이후 추가적인 위기가 발생하면서 그 흐름을 바꾸기는 점점 어려워졌다.

14장

보스니아 위기

발칸반도에서 맞붙은 러시아와 오스트리아-헝가리

아프리카와 태평양 대부분이 1900년 이미 분할되었지만, 유럽 문간에서 쇠망하고 있던 오스만제국을 향한 유혹이 점점 커져갔다. 이 만평에서는 프란츠 페르디난트 모습을 한 오스트리아-헝가리가 1908년 오스만령 보스니아와 헤르체고비나를 빼앗는 동안, 취약한 오스만 통치자 압둘 하미드 2세가 맥없이 지켜보고 있다. 불가리아의 페르디난드 1세는 이 기회를 이용하여 아직 명목상 오스만제국의 일부였던 불가리아 왕국의 독립을 선언했다. 그 결과 촉발된 위기는 유럽의 긴장을 고조시켰다.

1898년 카이저 빌헬름 2세는 자신의 요트 호엔촐레른을 타고 다르다넬스 해협을 통과해 마르마라해로 들어섰다. 오스만제국의 술탄 압둘 하미드 2세를 두 번째로 방문하러 가는 길이었다. 카이저는 자신을 오스만제국의 친구이자 보호자로 생각하기를 좋아했다. (오스만 영토에 철도를 부설할 권리 등 가능한 한 많은 양보를 얻어내려는 생각도 있었다.) 그는 콘스탄티노플의 화려함 자체에 압도되었다. 세계에서 가장 크고 오래된 도시 중 하나인 콘스탄티노플은 알렉산드로스 대왕, 콘스탄티누스 대제, 술레이만 대제 등 많은 통치자들이 머문 곳이었다. 이 도시의 벽과 기반에 남은 그리스, 로마, 비잔티움 기둥과 장식뿐 아니라 거대한 궁전, 모스크, 교회는 한때 존재했다가 사라진 위대한 제국들을 다시 떠올리게 해주었다.

카이저 부부는 국빈용 노 젓는 배를 타고 상륙했다. 카이저가 아랍 말을 타고 성벽 주변을 돌아보는 동안 황후는 아시아 쪽 해안을 둘러보았다. 그날 밤 이 행사를 위해 지어진 궁전의 새로운 건물에서 술탄은 화려한 만찬을 베풀었다. 그 아래 항구에서는 전기 불빛이 카이저의 요트를 수행한 독일 전함들의 그림자를 비추고 있었다. 방문을 기념하기 위해 카이저는 일곱 개의 분수가 있는 거대한 정자를 만들어 와 이 도시에 선사했다. 반암班岩 기둥과 대리석 아치, 청동 돔에

금색 모자이크와 빌헬름 2세와 압둘 하미드 2세의 약자가 내부 돌에 새겨진 이 정자는 오늘날에도 로마인들이 한때 말과 마차 경주를 벌인 고대 경기장 끝에 여전히 서 있다. 빌헬름 2세가 술탄을 위해 가져온 최신형 장총을 선사하려고 하자 압둘 하미드 2세는 처음에는 암살당하는 줄 알고 몸을 멀리 피했다. 그는 약 4세기 전 유럽을 뒤흔든 술레이만 대제의 후손이었지만 가련한 독재자였다. 음모를 너무 두려워한 나머지 그의 담배를 먼저 피워보는 것이 유일한 임무인 환관을 곁에 둘 정도였다.

지켜보는 누구나 생각했듯이 오스만제국은 이미 쇠락하고 있었다. 외채의 이자를 내지 못해 거의 파산 상태에다 신민들이 계속 반란을 일으켰고, 행정은 무능하고 부패했다. 세계에서 가장 위대한 제국들 중 하나였던 제국의 슬픈 종말이었다. 오스만튀르크는 13세기 중앙아시아에서 출현하여 튀르키예 땅을 가로질러 질풍처럼 서진했다. 1453년 그들의 군대가 콘스탄티노폴리스를 함락했다. 전장에서 죽기를 원했던 비잔티움제국의 마지막 황제는 실제로 그렇게 되었고, 한때 정교회의 중심지였던 곳은 이슬람 도시가 되었다. 오스만은 계속 이동하여 북쪽으로는 유럽의 남동부 지역인 발칸반도로 들어갔고, 중동과 지중해 남부 해안으로 진출하여 이집트와 그 너머까지 나아갔다. 그들을 가로막으려는 통치자들은 제거되고 그 신민들은 복속시켰다. 15세기 말 오스만제국은 발칸반도 거의 전역을 통제했고 1592년 오스만 군대가 빈까지 진출했지만, 빈은 오스만군의 포위를 간신히 버텨냈다. 그러나 10년 후 부다페스트가 함락되고 헝가리 대부분 지역이 오스만제국의 일부가 되었다. 17세기 중반에 유럽에서 가장 넓은 지역을 차지한 오스만제국 영토에는 오늘날의 헝가리, 불가리아, 루마니아, 크로아티아, 세르비아, 몬테네그로, 알바니아, 마케도니아, 그리스의 전체나 일부가 포함되었다. 게다가 오늘날의 우크라이나와 남부 코카서스(훗날 이곳에서 조지아, 아르메니아, 아제르바이잔이 부상한다)뿐 아니라 튀르키예, 아랍 중동 지역을 페르시아와의 경계선인 아라비아반도의 남쪽 끝까지 장악하고, 북아프리카에서는 서쪽의 모로코까지 차지했다.

제국들 중에서 오스만제국의 통치는 비교적 온건했다. 대부분 수니파 이슬람교도인 오스만제국은 다양한 기독교 종파와 유대인, 시아파 이슬람교도 등이 자신들의 종교를 믿는 것을 허용했고, 쿠르드족과 세르비아인에 이르는 다양한 소수민족도 일정한 제약하에 자신들의 언어와 문화를 보존할 수 있었다. 그러나 오랜 시간이 지나면서 제국은 쇠퇴하기 시작했다. 오스만 해군은 지중해에서 여러 번 패배를 맛보았고, 육지에서는 가장 큰 숙적인 오스트리아-헝가리에 밀려 점차 남쪽으로 후퇴하다 1699년 헝가리를 내주었다. 18세기에 오스트리아와 러시아 모두 오스만제국으로부터 영토를 더 빼앗았고, 19세기에 프랑스와 영국도 쇠퇴하는 오스만 영토를 잠식해 프랑스는 알제리와 튀니스를 점령했고, 영국은 이집트와 사이프러스를 차지했다. 오스만제국을 파괴한 것은 시간의 흐름과 적의 부상뿐만이 아니라 제국 영토 도처에서 발흥하는 민족주의였다. 유럽 지역에서 먼저 민족주의 물결이 거세게 일어났다. 1832년 그리스가 독립했고, 세르비아, 루마니아, 불가리아는 오스만제국 내 자치령에서 완전한 독립국을 지향하며 움직였다.

오래 기다려온 오스만제국의 해체가 본격화되자 중동 지역 대부분과 발칸 지역 상당 부분을 차지한 오스만 영토는 유럽 열강들의 노획 대상이 되었다. 중동과 북아프리카에서 독일, 프랑스, 러시아, 영국의 이권 다툼은 유럽 내륙 내 긴장으로 전환되었고, 오스트리아-헝가리와 러시아의 경쟁은 유럽의 오랜 평화에 가장 큰 위협을 제기했다. 두 강대국은 자국에 매우 중요하지만 서로 양립할 수 없는 커다란 이해관계를 가지고 충돌했다. 오스트리아-헝가리는 오스만제국의 아시아 영토에는 별 관심이 없었지만, 제국의 남쪽 현관인 발칸 지역에서 일어나는 일은 면밀히 주시할 수밖에 없었다. 오스트리아-헝가리는 영토가 확장된 세르비아나 불가리아를 조용히 바라볼 수만은 없었다. 끊임없이 영토 확장을 추구하는 두 국가는 콘스탄티노플과 에게해의 항구로 이어지는 오스트리아-헝가리의 교역로를 봉쇄할 수 있었고, 세르비아의 경우 달마치아 해안을 따라 이어진 아드리아해의 영토를 위협할 수 있었다. 그뿐 아니라 하나 또는 그 이상의 작지 않은 슬라브 국가가 탄생하면 오스트리아-헝가리 자체에 휘발유 같은 역할을 하여 크로아티아, 슬로베니아, 남부 헝가리의 남슬라브계 주민들의 민족주의적 희망에 기름을 부을 수 있었다. 그리고 당연히 예상되듯이 발칸 국가들이 러시아로 기울 경우, 오스트리아-헝가리에는 상대하기 힘든 적대 동맹 세력이 나타난다는 것을 의미했다.

러시아로서는 오스만제국이 통제하던 흑해 해협이 다른 국가의 손에 넘어가는 것을 앉아서 보고만 있을 수 없었다. 1912년 기준으로 러시아 무역의 40퍼센트가 이 좁은 수역을 통과할 정도로 중요한 이 무역로가 봉쇄되면 러시아 무역은 큰 타격을 입을 수밖에 없었다.

역사적·종교적 이유로도 콘스탄티노플은 한때 비잔티움 제국의 수도였고, 러시아는 이 제국의 후계자를 자처하고 있었다. 가톨릭 국가인 오스트리아-헝가리가 이 해협을 장악하는 것은 신앙이 충실한 정교도 국가 러시아로서는 이슬람 국가가 장악하는 것만큼이나 좋지 않은 일이었다. 점점 목소리가 커지는 러시아의 범슬라브주의자들은 자신들과 마찬가지로 대부분이 정교도인 발칸반도의 동족인 슬라브인들이 오스트리아-헝가리 지배 아래 들어가는 것을 방관할 수 없었다.

19세기에 영국이 이끄는 강대국들이 "유럽의 병자" 오스만제국을 지탱한 이유는 이렇게 위험한 영토 쟁탈전을 막기 위해서였다. 1878년 오스만제국을 상대로 한 전쟁에서 승리한 러시아는 오스만제국의 유럽 영토 상당 부분을 빼앗아 마케도니아 영토가 포함된 대大불가리아를 만들었지만 강대국들이 이를 저지하자 마케도니아를 다시 오스만제국에 돌려주었고, 훨씬 영토가 축소된 불가리아는 명목적으로 오스만 통치하에 두었다. 기독교인이 많은 마케도니아는 이전보다 더 큰 불행에 빠져들었다. 오스만제국의 무능도 한몫했지만, 오스만제국 밖에 있는 다양한 발칸 지역 기독교인들이 서로 싸우며 여러 테러리스트 집단이 마케도니아인들 사이에 혼란을 조장했기 때문이다.

1878년 베를린 회의로 오스트리아-헝가리는 명목상 오스만제국의 지배하에 있는 발칸반도 서부의 보스니아·헤르체고비나를 점령하여 통치하는 보상을 받았다. 또한 오스트리아-헝가리는 보스니아·헤르체고비나 남쪽으로 뻗은 작은 지역인 노비 바자르Novi Bazar의 사냐크Sanjak에 병력을 주둔시킬 수 있게 되었다. 이러한 결정은 세르비아가 서쪽의 몬테네그로와 병합하는 것을 막아주었고, 오스트리아-헝가리는 좁은 통로를 통해 아직은 오스만 영토인 마케도니아와 남쪽 에게해와 연결될 수 있었다. 그러나 새 영토는 처음부터 문제를 일으켰다. 오스트리아-헝가리는 기독교국 통치 아래 들어가는 것을 원하지 않는 보스니아 이슬람 주민들의 반란을 진압하기 위해 상당한 병력을 파견해야 했다.

19세기 말 러시아와 오스트리아-헝가리는 오스만제국에 남아 있는 영토로 인해 양국 간 분쟁이 발생할 위험이 있다는 것을 인정하고, 1897년 발칸 지역에서 영토적 현상 유지를 존중하기로 합의했다. 그들은 또한 기존의 발칸 국가 내정에 간섭하지 않는다는 데도 합의했다. 러시아는 보스니아·헤르체고비나에서의 오스트리아-헝가리의 이익을 존중하기로 약속했다. 마지막으로 양국은 자신들이 합의한 원칙에 반한 모든 선동에 함께 반대하기로 했다. 1900년 러시아 주재 오스트리아 대사 알로이스 폰 에렌탈은 외무장관 고우호프스키에게 러시아와 오스트리아-헝가리는 서로를 신뢰하는 법을 배워가고 있다는 낙관적인 전문을 보냈다. "신뢰가 없으면 발칸에서 외교적 발전은 불가능하다. 신뢰 과정을 강화하는 것이 중요하다."[1] 그는 궁극적으로 발칸 지역에서의 세력권에 대해 합의하는 것이 가능하다고 보았다. 오스트리아-헝가리는 서부 지역을 지배하고, 러시아는 동부 지역과 흑해와 지중해를 연결하는 해협과 콘스탄티노플을 지배하는 세력권 분할이 가능하다고 본 것이다. 1902년 러시아 외무장관 람스도르프는 "러시아와 오스트리아-헝가리가 발칸 주민들에 대한 사랑으로 서로 반목하던 시기는 지나갔다"고 선언했다. 1903년 마케도니아 상황이 더 악화되자 양국은 시급히 필요한 개혁을 하도록 오스만제국을 압박하는 합의에 서명했다. 다음해 러시아가 일본과 전쟁에 돌입하면서 오스트리아-헝가리와 중립 조약을 체결하여 러시아는 동부 양국 국경에 있던 병력을 전장으로 이동시킬 수 있었다.[2]

그러나 1906년 황태자인 조카 프란츠 페르디난트의 압력을 받은 프란츠 요제프 황제는 오스트리아-헝가리에 새롭고 더 적극적인 정책을 출범시킨 두 가지 중요한 결정을 내렸다. 바로 콘라트가 참모총장이 되고, 에렌탈이 외무장관으로 임명된 것이다. 많은 장교와 관리들, 특히 젊은 층은 이제 오스트리아-헝가리 이중제국이 느린 자살을 멈추고 역동적이고 강력한 모습을 보여주기를 원했다. 이들은 서로를 보강하는 국내 문제와 외교 업무에서 성공해 더 강력한 국가를 만들어 국내외에 성취를 과시하고 제국의 주민들을 다민족국가와 왕조 자체에 헌신하도록 동원해야 한다고 주장했다. 오스트리아-헝가리가 활력을 되찾으면 독일에 대한 점증하는 부끄러운 의존을 벗어버리고 세계무대에서 독립적인 행위자라는 것을 보여줄 수 있었다. 두 사람은 전반적인 목표에서 생각이 같았지만, 외무장관은 전쟁보다 외교를 선호했다. 콘라트는 전쟁을 계속 주장했고, 나중에 에렌탈을 "헛되고 자기도취적인 멍청이로 소심한 외교적 애매성을 보이며, 표면적으로만 성공적인 일을 추진했다"고 비판하며 에렌탈이 군대를 비가 올 때를 대비해 장롱에 남아 있는 우산으로 본다고 주장했다.[3] 그러나 콘라트가 동료들에게 한 다른 험담 대부분과 마찬가지로 이 평가는 공정하지 않았다. 에렌탈도 전쟁할 용의가 있었지만, 절대적으로 필요한 경우에만 전쟁을 해야 한다고 생각했다.

새로 외무장관이 된 에렌탈은 키가 크고 다소 구부정했지만, 잘생긴 균형 잡힌 얼굴에 근시처럼 의식적으로 사물을 응시하는 반쯤 감은 듯한 눈을 하고 있었다. 뷜로는 에렌탈이 늘 지쳐 보이고, "속마음을 드러내지 않고 게으르며 거의 심드렁했다"라고 말했다.[4] 그러나 에렌탈은 아주 열심히 일했고, 오스트리아의 외교정책 증진을 위해 온 생을 바친 사람이었다. 러시아에서 일할 때 그는 아주 성공적이고 존경받는 대사였다. 에렌탈은 동료 대부분과 마찬가지로 귀족 출신이었다. 한 외교관은 "우리 외무부는 만리장성 같다. 여기에 속하지 않은 외부 사람이 들어올 문은 없다"고 말한 바 있다.[5] 에렌탈의 가족은 국가에 헌신해 출세한 체코 귀족이었다. (적들은 그의 조상들이 부르주아였으며 유대인 조상도 포함되어 있다며 그를 헐뜯었다.) 그러나 그는 그의 계급 사람들과 마찬가지로 국제적인 시각을 지녔고, 체코에 충성하지 않고 일차적으로 왕조와 오스트리아-헝가리에 충성했다. 그는 공무를 수행할 때 헌신적이고 기만적이며 표리부동하고 무자비했다. 그의 약점은 쓸데없이 일을 복잡하게 만드는 것이었다. 남의 얘기를 귀담아듣지도 않았다. 그의 동료이자 훗날 그의 후임으로 외무장관이 되는 레오폴트 베르히톨트는 그가 "자신의 복잡하고 어설픈 계산에 맞지 않는 사실을 간과해버리는 섬뜩한 성격"이라며 불만을 토로했다.[6]

에렌탈은 철저한 보수주의자로 그의 계급 다른 사람들처럼 자유주의와 사회주의에 반감을 가졌지만, 오스트리아-헝가리가 살아남으려면 개혁을 해야 한다고 믿었다. 자신의 멘토인 프란츠 페르디난트와 마찬가지로 그는 제국 내에 남슬라브 블록을 만들어 이를 통해 오스트리아와 헝가리의 끝없는 긴장을 완화하려고 했다. 더구나 제국 내 새로운 남슬라브 요소는 발칸, 세르비아, 몬테네그로, 불가리아의 남슬라브인들을 끌어들이는 자석으로 작용해 그들을 오스트리아-헝가리 궤도에 끌어들이고 가능하면 제국 내로 끌어들일 수도 있을 것이었다.[7] 외교정책에서는 독일과의 동맹이 오스트리아-헝가리 생존에 핵심이라는 전임자들의 강한 신념을 이어받았지만, 그는 유럽에 점점 커지는 분할선을 넘어 러시아와 더 밀접한 관계를 맺기 원했다. 그는 오스트리아-헝가리, 독일, 러시아 3제동맹 재건과 제국의 이상 유지를 간절히 원했고, 이것이 유럽의 보수주의, 안정과 밀접히 연관되어 있다고 보았다.[8] 그는 상트페테르부르크에서 대사로 일했기 때문에 친러시아파(뷜로의 주장에 따르면 러시아 사교계 미모의 지도자와의 염문도 한몫했다)로 알려졌고,[9] 가능하면 러시아와 함께 일하게 되기를 바랐다.

*

그러나 에렌탈이 외무장관으로 있는 동안 오스트리아-헝가리와 러시아 관계는 매우 악화되었고, 특히 발칸반도 서부에 있는 작고 가난한 오스만령인 보스니아·헤르체고비나로 인해 회복할 수 없을 지경에 이르렀다. 양국 사이에 존재해온 발칸 지역에서의 온건한 정책과 협력 유지 정책은 와해되었고, 궁극적으로 양 제국의 멸망으로 이어졌다. 두 국가가 오랫동안 두려워한 것과 같이 1908년 거의 일어날 뻔했다가 1912년과 1913년에 다시 위기가 찾아왔고, 결국 1914년 발생한 발칸 지역에서의 무력 충돌은 전 유럽을 무너뜨렸다.

오스만제국의 추락으로 양 제국은 전리품에 대한 유혹에 넘어갔다. 식민국가가 아니었던 오스트리아-헝가리도 당시 영향력이 큰 제국주의에 감염되었고, 콘라트를 비롯한 일부 지도자들은 발칸 지역이든 아니면 더 먼 오스만령 아시아 영토든 식민지 획득을 우선시하는 사고를 하기 시작했다. 러시아도 1905년 러일전쟁 패배 후 서쪽으로 시선을 돌렸고, 유럽과 발칸 지역에서의 진정한 동맹이나 잠재적 동맹은 이전보다 훨씬 더 중요해졌다. 그곳에서 영향력을 과시하는 것은 러시아가 강대국임을 보여줄 수 있는 좋은 방법이었다. 1907년, 발칸 지역에서 현상을 유지한다는 오스트리아-헝가리와의 양해는 양국의 생각이 엇갈리면서 와해되기 시작했고, 그 한 예는 오스만령 마케도니아에 필요한 개혁 조치에 대한 이견이었다.[10]

19세기를 지나면서 오스만제국에서 부상한 발칸 국가들도 국제 문제에서 나름의 역할을 하기 시작했다. 이 국가들은 러시아와 오스트리아-헝가리 사이를 잘 헤쳐나가야 했고, 서로에 대해서도 경계의 시선을 계속 유지했다. 인류는 인종이나 민족으로 구분된다는 시인과 역사가의 저술, 현대적 통신수단 발달과 서유럽에서 시작된 사상의 전파로 그때까지 별개의 종교적·인종적 정체성이었던 것들이 불가리아, 그리스, 세르비아, 루마니아, 몬테네그로 민족주의로 견고해졌다. 발칸 지역의 평화 측면에서는 불행하게도, 이 지역의 복잡한 역사적 변화와 주민 혼합은 이 새로운 국가들 하나하나가 상대국 영토에 대한 영유권을 주장할 수 있다는 것을 의미했고, 불가리아, 몬테네그로, 그리스, 세르비아의 경우에는 유럽에 남아 있는 오스만제국 영토에 대한 영유권을 내세울 수 있었다. 발칸 민족들은 점점 더 국제관계의 복잡성과 불안정성을 강화시켰다. 급진적 민족주의자들이 지배하는 경우가 많은 각국 정부들은 인종적·종교적 연계에 호소하거나 과거를 뒤져서 서로 또는 오스만제국으로부터 더 많은 영토를 얻기 위한 논리를 만들어냈고, 세르비아와 루마니아의 경우에는 오스트리아-헝가리 영토가 그런 대상이 되었다.

호엔촐레른 가문의 가톨릭 분파 출신이자 결단력 있고 강력한 지도자인 루마니아의 카롤 1세는 1880년 오스만제국에서 성공적으로 벗어났지만, 루마니아 민족주의자들은 루마니아 국가가 아직 완성되지 않았다고 주장했다. 300만 명의 루마니아어 사용자들이 트란실바니아에서 헝가리 통치 아래 행복하지만은 않게 살고 있었다. (루마니아 자체 인구는 700만 명이 안 되었다.) 다른 한편으로 루마니아는 불가리아와 거대한 이웃 국가인 러시아와 관계가 좋지 않았다. 두 나라는 루마니아인들이 자신들의 영토라고 생각하는 지역을 차지하고 있었다. 에렌탈이 말했던 바와 같이 루마니아에 대한 오스트리아-헝가리의 정책은 "인위적으로 만들어진 헝가리에 대한 혐오가 러시아에 대한 근본적 두려움보다 더 커지지 않게 하는 것"이어야 했다.[11]

1883년 비스마르크의 압박을 받은 카롤 국왕은 오스트리아-헝가리와 비밀 방어 동맹을 맺었지만, 이 사실은 그와 두 명의 장관만 알았기 때문에 오스트리아 사람들은 큰 전쟁이 일어나면 루마니아와 동맹이 될지를 확신하지 못했다. 오스트리아-헝가리의 전략적 입지를 생각한 콘라트는 루마니아가 러시아에 대항해 16개 사단을 배치한다면 더 바랄 것이 없다고 보았다. 두 번째로 좋은 것은 루마니아가 중립을 지키는 것이고, 최악은 루마니아가 진영을 바꾸는 것이었다. 가족적 연대에 과도한 희망을 건 카이저는 호엔촐레른 가문의 연장자로서 카롤을 3국동맹에 충실하도록 만들 수 있다고 믿었다.[12] 1차 대전 이전 기간 황태자 프란츠 페르디난트는 트란실바니아를 루마니아에게 넘겨줌으로써 자신이 혐오하는 헝가리인들을 약화시키고 루마니아와 유대를 강화하는 것을 고려했다.[13] 페르디난트는 카롤 국왕을 좋아했다. 카롤은 황태자비 조피가 부쿠레슈티에서 성대한 국빈 영접을 받도록 해주었는데, 이것은 프란츠 요제프가 그녀에게 허용하지 않던 것이었다.[14] 그러나 이러한 희망은 환상이었다. 헝가리인들은 많은 사람이 헝가리 민족의 요람이라고 생각하는 지역을 상실하는 데 절대 동의하지 않을 터였다. 비밀 동맹의 장래 측면에서는 불행하게도 헝가리인들은 자국 경계 안에서 루마니아인들에게 정치적 권리를 인정하지 않았다. 1914년 이전 헝가리 내의 300만 명의 루마니아인들은 헝가리 의회에 5석만 가진 반면 천만 명의 헝가리어 사용자들은 거의 400석을 차지했다.[15]

    루마니아 남쪽 이웃 국가 불가리아의 경우 독립 초기에는 러시아에 더 가까웠다. 라틴어 계통의 언어를 사용하고 로마인 정착자들의 후손으로 생각하는 루마니아인들과 달리 불가리아인들은 러시아어에 가까운 불가리아어를 사용하고, 1870년대 오스만제국 통치에서 벗어나려는 투쟁 중에 러시아의 지원과 격려에 의지했다. 거대한 독립국을 향한 꿈은 불행히도 발칸 지역 안정을 위해 1878년 좌절되었지만, 불가리아인들은 잠시나마 누렸던 대불가리아 영역이 자신들의 정당한 국경이라는 믿음을 버리지 않았다. 1880년대 불가리아의 후원국을 자처한 러시아의 반대에도 불구하고 불가리아 정부는 오스만령 동부 루멜리아를 합병했다. 니콜라이 2세의 아버지인 차르 알렉산드르 3세는 이 조치에 격노했다. 그는 불가리아를 통치하도록 독일에서 초빙된 알렉산더 대공의 러시아군 계급을 박탈했을 뿐만 아니라 그를 왕좌에서 몰아내려고 모든 노력을 기울였다. 1886년 차르의 노력은 성공을 거두었고, 불가리아는 또다른 독일 공후를 자신들의 통치자로 선출했다. 그는 자신의 신민과 전 유럽에 "여우 같은 페르디난드"(페르디난드 1세)로 알려졌다. 불가리아와 러시아의 관계는 냉랭해졌다. 러시아의 시각에서는 불가리아를 오스만제국 통치에서 해방시키기 위해 자원을 소진하고 많은 러시아인들이 피를 흘렸는데, 불가리아는 놀랄 정도로 감사한 줄 모르고 행동하고 있었다. 20세기가 시작될 때 범슬라브족 형제애를 지향하던 러시아는 마케도니아를 오스만 통치에서 뺏어 오려는 불가리아를 발칸 지역의 안정을 해치고, 1897년 오스트리아와 맺은 현상 유지 합의와 흑해 해협의 안전을 위협하는 세력으로 보게 되었다.

발칸 지역 장악에서 가장 큰 경쟁국인 오스트리아-헝가리와 불가리아의 관계는 다소 밀접해졌다. 오스트리아-헝가리는 불가리아에 무기를 판매하고, 불가리아의 국제무역을 지배했다. 오스트리아-헝가리의 시각에서 보면 불가리아는 또다른 이점을 제공할 수 있었다. 그것은 세르비아였다. 오스트리아-헝가리 제국 내에는 국경 너머 동포들이 부르는 민족주의의 유혹의 노래로 이탈할 불가리아인은 전혀 없었다.[16] 페르디난드가 불가리아의 대공이 된 뒤 몇 년이 지난 1891년 프란츠 요제프는 그를 빈으로 초청했다. 이에 대해 러시아가 불만을 토로하자, 오스트리아-헝가리 외무장관은 놀랐다는 반응을 보였다. "어린 페르디난드"는 소년이었을 때부터 프란츠 요제프를 알고 있었다고 그는 말했다. 1904년 불가리아와 세르비아는 관세 협정을 맺었고, 빈에서는 두 발칸 국가가 연합을 위해 움직이는 것이 아닌가라는 의구심이 일어났다.[17]

19세기에 오스만제국으로부터 점차 자유를 얻어 1878년 독립국이 된 세르비아와 오스트리아-헝가리의 관계는 처음에는 우호적이었다. 1880년대와 1890년대 세르비아 경제는 오스트리아-헝가리의 경제와 밀접하게 연관되었고, 1885년 세르비아 국왕 밀란은 연금을 넉넉히 받는다면 자국을 오스트리아-헝가리에 병합시키고 자신은 하야한 다음 유럽에서 환락을 누리며 살겠다고 오스트리아-헝가리에 제안하기도 했다. 오스트리아-헝가리는 이런 일이 벌어지면 러시아가 취할 행동을 두려워하여 이 제안을 거절했고, 오스트리아 외무장관은 실망한 밀란에게 그는 세르비아에 남아 좋은 통치자가 되어야 한다고 말했다.[18] 이후 여러 해 동안 밀란은 오스트리아-헝가리에 굴종하여 세르비아 민족주의자들을 소외시켰고, 베오그라드의 여러 카페에서 러시아 태생 왕비와 공개적으로 싸워 그의 지지자들조차 실망시켰다. 1889년, 이혼한 밀란은 열세 살 먹은 아들 알렉산다르에게 왕위를 물려주고 하야했다. 가족과 세르비아에 불행하게도 이 소년은 자라서 아버지의 족쇄를 잘라버렸다. 1900년 그는 평판이 아주 나쁜 연상의 여인과 결혼했다. 1903년 민족주의 장교들이 일으킨 쿠데타로 두 사람은 아주 잔인하게 살해되었고, 수상과 전쟁장관도 살해되었다. 경쟁 가문 출신의 페타르 카라조르제비치가 국왕이 되었고, 얼마간 정치적 혼란이 진행된 후 비밀스럽고 교활한 니콜라 파쉬치가 이끄는 교조적인 급진적 민족주의자들이 정부를 인수하여 1차대전이 끝날 때까지 세르비아를 통치했다.

  이 암살은 세르비아를 오스트리아-헝가리와의 대결 노선에 들어서게 했을 뿐 아니라 1914년 여름으로 이어지는 연쇄 사건들이 일어나게 만들었다. 1906년 세르비아의 새 정권은 오스트리아-헝가리로부터 자유로워지기로 결정한 것이 분명해졌고, 무기 대부분을 오스트리아-헝가리로부터 수입하던 세르비아 정부는 프랑스의 무기 회사 슈나이더와 큰 구매 계약을 체결했다.[19] 이에 대한 보복으로 오스트리아-헝가리는 세르비아와 무역 협정을 철폐하고, 세르비아의 가축이 병에 걸렸다는 비논리적 이유를 대며 세르비아 수출품을 일절 받지 않았다. 이 "돼지 전쟁"은 1911년까지 지속되었으나 세르비아는 굴복하지 않았다. 세르비아인들은 경제적 곤경을 겪었지만 다른 곳에 의지할 수 있었다. 자금을 빌려주고 무기를 판매하는 프랑스도 있었지만 다른 어느 나라보다도 의지가 되는 나라는 러시아였다.

  세르비아의 새 정권은 출발부터 오스트리아-헝가리에 적대적이었을 뿐 아니라 매우 친러시아적이었다. 어느 정도는 감정에 의해 그리고 어느 정도는 계산에 의해 움직인 러시아는 발칸에 있는 형제인 소국 세르비아를 방어하는 것을 자신들의 의무로 여겼다. 세르비아도 오스트리아-헝가리에 대한 혐오와 두려움뿐 아니라 나름대로 큰 야망을 가지고 있었다. 세르비아 민족주의자들은 역사에 의거해서 14세기 차르 두샨Dušan의 왕국이 소유했던 세르비아 남쪽 지역에 대한 영유권을 주장했다. 이 지역은 당시 알바니아인, 불가리아인, 튀르크인이 차지하고 있었다. 세르비아 땅으로 더 논란이 없는 곳은 몬테네그로였지만, 그곳의 왕조는 세르비아 왕조와 관계가 불편할 때가 많아서 시간을 두고 기다려야 했다. 게다가 몬테네그로의 왕인 교묘한 니콜라 1세는 많은 자녀들을 유럽의 여러 왕가에 결혼시켰다. 딸 두 명은 러시아의 대공에게, 딸 하나는 이탈리아 왕위 계승자에게, 또 한 명의 딸은 세르비아의 페타르 왕에게 시집보냈다. 세르비아 민족주의자들은 역사뿐만 아니라 인종·언어적 증거를 대며 다른 남슬라브인, 대부분 가톨릭교도인 크로아티아인과 이슬람교도인 보스니아·헤르체고비나 주민은 배교한 세르비아인이며 그들은 정교도가 되어야 한다고 주장했다. 그러니 오스트리아-헝가리 제국 내에 있는 보스니아, 헤르체고비나, 달마티아, 이스트리아, 크로아티아, 슬라보니아 모두가 대大세르비아에 포함될 수 있는 지역이었다. 20세기에는 세르보-크로아티아어에서 남슬라브인을 지칭하는 명칭에서 나온 초민족적 유고슬라비아 운동이 합스부르크 제국 당국자들에게 큰 우려의 대상이 되었다. 오스트리아-헝가리 신민인 이 운동 주도자들은 베오그라드에서 열리는 대회와 회의에 참여해 세르비아인, 크로아티아인, 슬로베니아인, 불가리아인의 궁극적 통합을 성급히 논의했다.[20]

세르비아 민족주의자들에게 보스니아·헤르체고비나는 아픈 곳이자 유혹이었다. 이 지역의 인구 중 44퍼센트가 세르비아인 또는 정교도(두 집단은 사실상 동일했다), 33퍼센트가 이슬람교도, 22퍼센트가 크로아티아인 또는 가톨릭 신자였다.[21] 세르비아 민족주의자들의 시각에서 마지막 두 집단은, 자신들은 그렇게 인식하지 않더라도 세르비아 민족의 일부로 간주할 수 있었다. 이 지역은 세르비아 민족주의자들이 점점 더 적국으로 보는 오스트리아-헝가리 지배하에 있었지만,

명목상 아직 오스만제국령이라는 점이 중요했다. 만일 오스만제국이 결국 해체되고, 발칸 지역 이웃 국가들이 조금만 도와주면 보스니아·헤르체고비나는 대세르비아의 일부가 될 수 있었다. 그렇게 되면 세르비아는 몬테네그로와 국경을 맞대게 되고, 두 국가가 연합하면 더 좋은 상황이 되어 내륙국가인 세르비아가 국제 통상을 위해 필요한 아드리아해로도 접근할 수 있었다. 세르비아에서 온 선동가들은 이미 마케도니아에서 활발히 활동하고 있었고, 1900년 이후에는 보스니아·헤르체고비나에도 대거 침투했다. 베오그라드와 사라예보의 세르비아어 언론은 오스트리아-헝가리의 폭정을 비난하며 이 지역 주민들이 봉기에 나설 것을 촉구했다. 1907년 보스니아·헤르체고비나의 세르비아인들은 민족 의회 구성을 위해 자체 선거를 진행했고, 사라예보에서 열린 민족 의회는 오스만제국 내의 독립국 건설을 요구했다.[22]

각 지방을 전제적이기는 해도 효과적으로 통치하고 있던 오스트리아-헝가리는 보스니아·헤르체고비나 내에 지지자가 거의 없었다. 헝가리는 이 지역에 공동의 국고를 사용하는 것을 금하고, 심지어 헝가리에 이익을 주지 않는 철도를 건설하는 것도 반대했다. 보스니아·헤르체고비나는 거의 전체가 시골 후진 지역 상태를 벗어나지 못했다. 또한 대부분이 이슬람교도인 지주들의 지지를 얻기 위해 그 지역 총독들은 이전의 토지 소유 제도를 그대로 방치하여, 대부분 소작인인 세르비아인들을 소외시키는 결과를 가져왔다. 이슬람 주민들은 점점 더 콘스탄티노플의 지원을 기대한 데 반해, 세르비아인들은 베오그라드의 지원을 바랐다. 크로아티아인들만이 오스트리아-헝가리에 어느 정도 충성심을 보였다.²³ 빈에서 온 어느 자유주의 지도자는 다음과 같은 기록을 남겼다. "1892년 내가 처음 왔을 때 이곳은 미래에 대한 사려 깊고 희망이 가득 찬 역동적 진보의 분위기가 느껴졌다. 그러나 지금은 무기력, 의심, 걱정이 가득 찼다."²⁴ 신용 공여를 보면 오스트리아-헝가리가 전 통치국인 오스만제국보다 더 많은 자금을 제공했고, 통신과 교육에서 어느 정도 진보가 이루어졌지만, 다른 식민 제국에서 자주 일어나는 일처럼 이러한 발전은 교육받은 민족주의자 계급을 만들어내는 데 기여했다.

에렌탈이 외무장관을 맡았을 때 세르비아는 오스트리아-헝가리 지도자들에게 발칸반도에서 가장 위험한 이웃 국가이자 사활적 위협이었다. 세르비아는 보스니아·헤르체고비나에서 제국을 위협하고 남슬라브인들 사이에 민족주의적 갈망을 부추기고 있었다. 오스트리아-헝가리의 많은 지도자들이 내린 결론은 세르비아가 사라지면 이러한 문제도 사라진다는 것이었다. 콘라트와 군부 지도자들은 세르비아와 전쟁을 벌여 제국에 병합하는 것으로 문제를 해결해야 한다고 주장했다. 에렌탈은 처음에는 러시아 외무장관 이즈볼스키에게 자신의 목적은 발칸 지역에서 평화를 유지하고, 오스만 통치하에 있는 기독교인들의 여건을 개선하는 것(당연히 러시아와 최선의 관계를 유지하는 것도 언급했다)이라고 말했지만, 1907년 그는 평화적 수단으로 세르비아를 다룰 수 있으리라는 희망을 포기했다.²⁵ 다음해 작성한 비망록에서 그는 오스트리아-헝가리에게 유리한 세르비아와 불가리아의 마케도니아를 둘러싼 점점 커지는 반목이 전쟁으로 이어질 수 있다는 전망을 내놓았다. 에렌탈은 그렇게 되면 오스트리아-헝가리가 전쟁으로 약해진 세르비아를 흡수할 수 있을 것이라고 기대했다. 장기적으로 보면 아드리아해에 면한 독립국 알바니아가 오스트리아-헝가리의 보호 아래 부상할 수 있었다. (발칸 지역에서 가장 오래 거주하고, 다른 슬라브 이웃 민족들과 다른 언어를 사용하는 알바니아인들은 자신들의 독자적 민족주의를 발전시키고 있었다.) 빈에서 보기에 불가리아의 최상의 시나리오는 세르비아와의 전쟁 후 외채를 크게 져서 오스트리아-헝가리에 의존하게 되는 것이었다.[26]

1907년 에렌탈은 비망록에 "우리의 수동적 태도를 끝낼 필요가 있다"라고 적었다. 오스트리아-헝가리는 세르비아를 다루면서 적극적으로 나아가 보스니아·헤르체고비나를 병합해야 했다. 이것은 오스트리아-헝가리가 이탈리아 통일로 상실한 영토를 보상해줄 터였다. 그런 다음 오스트리아 황제가 새 지방에 헌법을 부여하고, 오스트리아-헝가리의 나머지 남슬라브인 지역과 통합하면 이중제국의 세 번째 부분을 형성할 수 있었다.[27] 그러면 재건된 강력한 제국은 독일에 "순종하는 양"이 되는 대신 유럽 문제에서 독자적 역할을 수행할 수 있었다. 1년 전 알헤시라스 회의에서 카이저가 오스트리아-헝가리를 "눈부신 2인자"라고 부른 것은 빈에서 여전히 많은 사람의 마음에 상처로 남아 있었다. 에렌탈은 후임으로 러시아 대사가 된 베르히톨트에게 이렇게 말했다. "독일과 오스트리아-헝가리 동맹에 대한 강력한 강조는 현재 상황에서 아주 현명한 일은 아니며, 최소한 우리 관점에서는 목표를 위해 좋은 일이 아니다."[28]

에렌탈은 국제정세가 현재 발칸 지역에서 정치·경제적으로 오스트리아-헝가리에 유리하게 전개되고 있다고 보았고, 철도 부설 또는 핵심 요소로서 보스니아·헤르체고비나를 제국에 공식 통합하여 그 지역의 입지를 합법화하는 것으로 이를 실현할 수 있다고 보았다. 그는 1905-6년 모로코 위기에서 전세 역전으로 고립을 두려워하는 독일이 동맹국 오스트리아-헝가리를 지원할 수밖에 없다고 보았다. 모로코에서 새로운 역할에 정신이 팔려 있던 프랑스도 호의적 태도를 보였다. 다만 전통적으로 오스트리아-헝가리에 우호적이었던 영국이 문제였다. 영국은 러시아에 밀착했고, 마케도니아의 개혁을 이끌어내기 위한 국제 간섭을 요구하면서 발칸 지역에서 오스트리아-헝가리의 입지를 훼손하려 하고 있었다.[29] 영국 왕 에드워드 7세는 에스파냐와 이탈리아를 방문했는데, 이는 오스트리아-헝가리와 독일을 포위하려는 새로운 시도였을까?[30] 그럼에도 불구하고 영국은 흑해 해협이 위협받지 않는 한 발칸 지역에 간섭하지 않을 것으로 보였다. 이탈리아도 문제였지만 양국 관계는 분명히 개선될 수 있었다. 러시아는 스스로가 어떻게 생각하든 러일전쟁 후 약해진 것이 분명했고, 영국에 보낸 잠정적 화해의 손짓은 아직 우호 관계로 발전하지 못했다. 에렌탈은 이즈볼스키와의 관계 개선을 설득하려는 젊은 동료에게 이렇게 답했다. "그래, 그래. 그러나 그가 발칸 지역에서 우리와 함께 가려고 하지 않는다면, 분명히 나는 먼저 영국 쪽으로 가겠어."[31]

에렌탈은 발칸 지역의 정세를 흔드는 것에 위험부담이 있다는 것을 인정했다. 그는 1907년 오스트리아-헝가리의 공동 각료회의에서 국제정세는 전반적으로 양호하지만, 발칸 지역 자체와 모로코 같은 문제 지역이 있고 세계에는 이미 작동 중인 격동의 힘이 있다고 말했다. "무대는 마련되었고 배우들도 준비되었지만, 연극을 시작할 의상만 준비되지 않았다. 20세기의 두 번째 10년은 아주 엄중한 사건들을 보게 될 것이다. 사방에 인화성 물질이 널려 있는 걸 고려할 때 그런 일은 더 빨리 올 수도 있다."[32] 1908년 에렌탈은 그 인화성 물질에 불을 붙일 뻔했지만, 잠시 동안은 그와 세계에 운이 따랐다.

*

1908년이 시작되자마자 에렌탈은 오스트리아와 헝가리에서 모인 의원들에게 마케도니아 내부 노비 바자르의 사냐크를 관통하는 철도를 부설해, 에게해 항구나 콘스탄티노플로 이어지는 오스만 철도와 연결할 생각이라고 발표했다. 에렌탈은 제안된 철도는 단순히 경제적 목적만 있기 때문에 발칸반도에 대한 기존의 어떤 합의도 위반하지 않는다고 덤덤하게 말했지만, 외국 언론을 포함해 오스트리아-헝가리 밖에서 이 말을 믿는 사람은 아무도 없었다. 세르비아인들은 이 철도가 오스트리아-헝가리가 사냐크 지역 장악을 공고히 해서 세르비아와 몬테네그로의 합병을 막고 이중제국의 영향력을 오스만 제국 내로 확대하는 수단이라고 보았다. 영국은 오스트리아-헝가리가 술탄으로부터 철도 부설 허가를 받는 대가로 러시아와 합의한 마케도니아에서의 개혁을 막기 위해 무대 뒤에서 움직이고 있다고 보았다.[33] 영국은 또한 독일과 오스트리아-헝가리 사이에 맺은 2국동맹의 오스트리아-헝가리의 역할에 대해 불편하게 생각했다. 해군력 경쟁은 계속되었고, 독일 제국의회는 3월 티르피츠의 또다른 해군력 증강 예산안을 통과시켰다. 철도 부설 계획은 마케도니아를 가로질러 다뉴브강부터 아드리아해로 철도를 연결하려는 세르비아와 러시아의 계획을 방해했다. 사전에 이런 계획을 통보받지 못한 러시아는 에렌탈에 격노했다. 그 시대에 정치적 영향력을 확장하는 가장 확실한 방법이었던 철도는 발칸 지역의 현상 유지를 존중한다는 오스트리아-헝가리와의 합의에 위배되는 것이었다.[34] 허영심이 많고 자만심에 찬 러시아 외무장관 이즈볼스키는 사냐크 철도 계획을 개인적인 모욕으로 받아들였고, 독일 대사에게 에렌탈에 대한 불만을 털어놓았다. "그는 내 다리 사이에 폭탄을 던진 것이오."[35] 그러나 에렌탈은 아랑곳하지 않고 이즈볼스키가 별 쓸모가 없다고 생각했다. 그가 생각하기에 이즈볼스키는 위험한 자유주의자로, 러시아의 새로운 친구가 된 영국의 영향을 과도하게 받고 있었다.[36]

그럼에도 불구하고 러일전쟁 후 러시아의 취약한 입장을 잘 인식하고 있던 이즈볼스키는 에렌탈의 또다른 계책인 보스니아·헤르체고비나를 오스트리아-헝가리에 병합하려는 의도를 놓고 그와 협의를 계속할 용의가 있었다. 이즈볼스키는 러시아가 늘 원하던 것과 흑해 해협의 통제권을 대가로 거래를 할 수 있다고 보았다. 이즈볼스키가 빈을 방문한 1907년 가을부터 두 외무장관은 직접 협의를 시작했고, 서신 교환을 통해 주로 진행된 이 협의는 사냐크 철도 논란에도 불구하고 1908년 여름까지 지속되었다. 에렌탈은 시간표를 제시하지는 않았지만, 보스니아·헤르체고비나를 합병한다는 것을 분명히 했다. 그에 대한 대가로 오스트리아-헝가리는 사냐크에서의 이익을 포기하고 병영을 철수할 의사가 있음을 내비쳤다. 훗날 스스로 회고한 대로 거래할 것이 별로 없었던 이즈볼스키는 흑해 해협을 지배하는 국제 합의의 변경을 오스트리아-헝가리가 지지한다면 이 병합을 수용하겠다고 말했다. 러시아가 바라는 흑해 해협 규정의 변경은 단지 러시아 군함만이 흑해와 지중해를 자유롭게 왕래하도록 허용하는 것이었다.

6월 이즈볼스키는 또다른 곳에서 지지를 획득했다고 생각했다. 영국과 러시아의 화친을 공고히 하기 위해 에드워드 7세와 니콜라이 2세가 그달 각각 요트를 타고 와서 발트해의 레발(오늘날 에스토니아의 탈린) 항구에서 만났다. 두 군주와 그들의 핵심 참모들은 공동 관심 사안에 대해 의견을 나누었다. 영국 측에서는 외무장관 찰스 하딘지, 재키 피셔 제독이, 러시아 측에서는 스톨리핀과 이즈볼스키가 양 군주를 수행하여 논의에 참여했다. 영국과 독일의 해군력 경쟁, 우려되는 마케도니아의 상황, 페르시아 남부 해안에서 페르시아 북부 러시아 국경까지 철도를 부설하여 양국이 공유하는 방안(그렇게 되면 콘스탄티노플에서 바그다드까지 이어지는 독일의 철도 계획을 쉽게 견제할 수 있었다) 등을 논의했다.[37] 훗날 하딘지는 영국이 흑해 해협에 대해 러시아에 아무 약속을 하지 않았다고 말했지만, 이즈볼스키는 영국이 러시아에 유리한 방향으로 흑해 해협 협정을 개정하는 것을 지지한다는 강력한 확신을 가지고 상트페테르부르크로 돌아갔다.[38]

레발 회동은 예상치 못한 큰 여파를 가져왔다. 카이저는 외삼촌인 영국 왕과 기타 "악당들"이 독일을 포위할 음모를 꾸미고 있다고 생각했다.[39] 그 결과 오스트리아-헝가리와의 동맹이 다시 한번 중요하게 부각되었다. 레발 회동 중 카이저는 해군 장교들에게 다음과 같이 떠벌렸다. "우리에게는 동맹국 오스트리아-헝가리가 있다. 프랑스·러시아·영국 동맹을 두려워할 필요가 없다. 우리는 충분히 강하다. 우리 육군은 가장 막강하고, 우리 해군도 당분간은 영국의 상대가 되지 않지만 절대 만만하지 않다."[40] 훨씬 남쪽에 있는 오스만제국에서는 통합과진보위원회 장교들이 레발 회동을 영국과 러시아가 마케도니아 분할 계획을 만드는 것으로 보았다.[41] 7월 말에는 '청년튀르크당'이 반란을 일으켜 술탄이 헌법을 수용하도록 만들었다. 이러한 압박을 받은 에렌탈은 보스니아·헤르체고비나 합병 시간표를 만들었다. 청년튀르크당이 강력한 정부를 만드는 데 성공하면 과거 술탄보다 훨씬 다루기 힘든 적수가 될 수 있었다. 유럽 각국의 신문들은 콘스탄티노플의 새 정권은 발칸과 기타 지역에서 오스만제국 해체를 되돌리려고 시도할 것이라고 보도했다. 청년튀르크당은 보스니아와 헤르체고비나 지방의 대표들을 콘스탄티노플에 구성되는 새 의회에 파견하도록 초청했다. 다른 한편으로는, 그럴 가능성이 컸지만 만일 오스만제국이 혼란에 휩싸이고 내전이 발발하면 열강이 오스만제국의 영토를 서로 차지하려고 나설 가능성도 높아져서 오스트리아-헝가리는 선수를 칠 필요가 있었다.

여름이 끝날 때 에렌탈은 정부로부터 병합을 실행하라는 재가를 받았다. 그는 또한 8월 27일 이즈볼스키에게 전문을 보내 오스트리아-헝가리가 어쩔 수 없이 보스니아·헤르체고비나를 합병할 경우 러시아는 "자애롭고 우호적이길" 바란다는 희망을 표현했다. 이에 대한 보상으로 오스트리아-헝가리는 사냐크에서 군대를 철수할 것임을 반복해서 강조했다. 그는 러시아와 오스트리아-헝가리가 발칸의 나머지 지역에서 현상을 유지하도록 협력하기를 희망한다는 말 이상을 하지 않았다. 친절하지만 무능한 독일 외무장관 쇤에게는 이렇게 말하며 러시아가 이 병합을 우려할 가능성을 애써 축소했다. "곰은 이빨을 드러내고 으르렁거려도, 물거나 발톱으로 공격하지는 않을 것이다." 이즈볼스키는 으르렁거릴 생각이 없었고, 합병을 수용하되 러시아가 반대하지 않는 대가로 무엇을 얻을 것인가에만 신경썼다.[42]

9월 16일 에렌탈과 이즈볼스키는 러시아 주재 오스트리아-헝가리 대사 베르히톨트가 소유한 모라비아의 부흘라우에 있는 중세 성에서 조용히 만났다. 그들이 만난 목적은 합병과 흑해 해협 개방 문제 모두에 대한 만족할 만한 합의를 협상하기 위한 것이었다. 이 시점에 두 외무장관은 서로를 좋아하거나 신뢰하지 않게 되었다. 베르히톨트는 점심 식사가 준비되었다고 알리기 위해 회동이 진행되고 있던 방에 들어갔을 때 두 사람 모두 화난 상태인 것을 발견했다. 훗날 에렌탈은 오전 시간 대부분을 사냐크 철도에 대한 이즈볼스키의 불평을 듣는 데 보냈다고 말했다. 이즈볼스키는 몇 시간에 걸쳐 "아주 격렬한 협상"을 한 후 완전히 지쳤다고 주장했다. 그럼에도 불구하고 그날이 가기 전 두 사람은 합의에 도달한 것처럼 보였다. 러시아는 오스트리아-헝가리가 보스니아·헤르체고비나를 병합하는 동시에 사냐크를 떠난다면 이를 인정할 것 같아 보였다. 오스트리아-헝가리는 흑해 해협에 대한 합의 변경에 대한 러시아의 제안을 수용할 것 같았다. 그리고 몬테네그로와 세르비아는 오스만제국이 붕괴할 경우 사냐크를 나누어 갖는 것이 허용된 것처럼 보였다. 최종적으로 양측은 가장 중요한 합의로 불가리아가 곧 독립 선언을 하면 이를 승인하기로 했다. 이즈볼스키가 협상 내용을 전문으로 보고하자 차르 니콜라이 2세는 "대단히 기뻐했다"고 한다.[43] 베르히톨트는 자신의 성에서 이렇게 중요한 회동이 열린 것을 기뻐하며 바로 이를 기념하는 표지판을 세웠다.[44] 에렌탈은 빈으로 돌아갔고, 이즈볼스키는 주인인 베르히톨트와 카드 게임을 하며 저녁을 보냈다.[45] 이즈볼스키는 국제 문제에서보다 카드 게임에서 더 운이 좋았다.

이 회동의 공식 기록은 남아 있지 않았고, 보스니아·헤르체고비나 사안이 본격적으로 부상하면서 심각한 국제위기가 되었다. 회담 내용에 대해 두 사람은 당연히 일부 핵심 세부 사항에서 차이가 있는 자신의 입장을 전달했다. 이즈볼스키는 에렌탈로부터 확고한 현상 유지 약속을 받았는가? 러시아는 병합을 지지했고, 오스트리아-헝가리는 러시아가 흑해 해협에서 원하는 것을 지지하기로 했는가? 에렌탈은 이를 부인했다. 이즈볼스키는 자신을 정당화하려는 시도로 에렌탈이 너무 일찍 병합을 실행하여 자신을 배신했다고 주장하게 되었다. 러시아는 흑해 해협에 대한 국제적 여론을 준비할 시간을 갖지 못했다고 덧붙였다. 이것은 완전히 사실이 아니었다. 부흘라우를 떠날 때 이즈볼스키는 병합이 곧 이루어질 것이며, 그 시점은 아마 10월 초로 예정된 오스트리아와 헝가리 의회 대표들의 회동 직후가 될 것임을 짐작할 수 있었다.[46] 이즈볼스키는 합병을 승인할 강대국들의 국제회의 개최를 계획함으로써 스스로 배신을 준비했던 것으로 보인다. 부흘라우 회동 직전 이즈볼스키는 상트페테르부르크에 다음과 같이 보고했다. "오스트리아는 비난받는 역할을 하게 될 것이고, 우리는 발칸의 슬라브인과 심지어 오스만제국을 방어하는 역할을 하는 것으로 보일 것이다." (훗날 에렌탈은 오스트리아-헝가리가 동의했거나 동의하려 했던 최대치는 사후 병합을 승인하는 회의였다고 주장했다.)[47] 최대한 얘기할 수 있는 것은 부흘라우에서 두 사람은 오스만제국에서 얻을 수 있는 냉소적인 거래는 했지만, 이에 뒤따를 거대한 국제적 소동은 전혀 예상하지 않았다는 것이다.

부흘라우 회동 후 이즈볼스키는 오랫동안 계획한 유럽 각국 수도 순방에 나섰다. 에렌탈은 동맹국 독일과 러시아에 보스니아·헤르체고비나 병합 의도를 알렸지만 그 시점은 얘기하지 않았다. 그러나 이 합병이 청년튀르크당의 정권 장악으로 가속화된 발칸에서의 유일한 움직임은 아니었다. 오스만제국의 속령이라는 지위에 오랫동안 불만을 표시해온 불가리아도 이 기회를 이용해 독립을 선언하려고 준비하고 있었다. 이즈볼스키는 불가리아를 저지하는 데 최선을 다했다. 이러한 움직임을 그는 오스만제국 붕괴를 위한 광범위한 음모처럼 보이고 싶지 않았다. 게다가 오스만제국은 불가리아를 공격하기에 충분한 무력이 남아 있었다.[48] 에렌탈은 그런 걱정은 하지 않았다. 9월 말 페르디난드 대공이 부다페스트를 방문했을 때 에렌탈은 발칸 지역의 정세가 곧 변할 것이라는 충분한 암시를 주면서 불가리아는 스스로 조심해야 한다고 말했다. 그는 오스트리아-헝가리가 10월 6일 보스니아·헤르체고비나를 병합하려고 한다는 것을 페르디난드에게 말하지 않았고, 여우라는 별명이 괜히 붙지 않은 페르디난드는 그 전날 불가리아가 독립을 선언할 것임을 그에게 말해주지 않았다.[49] 불가리아는 예정대로 자신의 길을 갔고, 이제 차르라는 직함을 얻은 페르디난드는 연극 의상 공급자가 그를 위해 만든 비잔티움 황제의 예복을 입고 모습을 드러냈다.[50] 다음날 예정대로 오스트리아-헝가리 정부는 보스니아·헤르체고비나 병합을 선언하며, 이 병합은 러시아의 전적인 지원을 받았다고 주장했다. 러시아는 기대했던 것 — 러시아 군함의 흑해 해협 통행권 — 을 보상으로 받지 못했기 때문에 자신들이 기만당했다고 느꼈다. 오스트리아-헝가리는 러시아나 보스니아·헤르체고비나 영유권을 주장해온 세르비아에 보상할 필요를 느끼지 못했다. 결국 불가리아의 독립 선언과 보스니아·헤르체고비나 병합 선언은 발칸 지역에 큰 소동을 일으켰고, 오스트리아-헝가리가 러시아와 대립하게 되면서 두 나라의 동맹국을 국제 위기로 끌어들여 다음해 봄까지 전쟁이 일어날 가능성에 대한 얘기가 나왔다.

병합 뉴스는 유럽이 전혀 예상하지 못한 것은 아니었다. 파리 주재 오스트리아-헝가리 대사는 프란츠 요제프 황제가 프랑스 대통령에게 보내는 비밀 서한을 3일 전에 전달했다. 편지를 일찍 전달한 이유는 프랑스 대통령이 주말에 파리를 떠나 있을 예정이기 때문이었지만, 오스트리아-헝가리의 움직임에 대한 소문이 유출되는 것을 피할 수는 없었다. 대사 자신도 이런 행동을 후회하지 않고 에렌탈에게 이렇게 해명했다. "나는 천성이 충동적인 것을 충분히 안다. 하지만 내 나이에 성격을 바꾸기는 어렵다."[51] 차르에게 전달할 유사한 편지를 가지고 있던 베르히톨트는 핀란드만을 돌아 차르의 요트를 쫓아가야 했다. 러시아인들은 병합이 진행된 속도와 실행 당일까지 통보받지 못한 것 모두에 화가 났다. (사실 베르히톨트는 에렌탈이 이즈볼스키에게 완전히 솔직하지 못하다고 느꼈기 때문에 오스트리아-헝가리 대사직을 사임하려고 했다.)[52] 러시아 두마와 언론에서는 동족 슬라브인들이 사는 두 지방이 오스트리아-헝가리 수중에 들어가는 것에 격렬히 항의했고, 이즈볼스키는 발칸 지역에서 러시아의 이익을 지키지 못한 것에 대한 거센 공격을 받았다. 러시아 정부 내에서 이즈볼스키의 동료 장관들은 니콜라이 2세나 이즈볼스키가 부흘라우 회동 내용을 자신들에게 알려주지 않은 것에 이미 화가 난 상태였다. 수상 스톨리핀은 실제로 사임하라고 위협했고, 그와 재무장관 블라디미르 코콥초프는 병합 소식이 러시아에 전해진 후 이즈볼스키에 대한 공격을 주도했다. 니콜라이 2세마저 이즈볼스키와 거리를 두면서 그의 입지는 시간이 갈수록 약해졌다.[53]

독일도 발표 방식에 모욕을 느꼈다. 카이저는 에렌탈이 러시아와 공정한 게임을 하지 않았다고 생각했고, 이 소식을 신문을 통해 알게 된 것을 불평했다. 오랫동안 독일 주재 오스트리아-헝가리 대사로 근무한 라디슬라우스 셰체니-마리흐Ladislaus Szögyény-Marich는 동프로이센에 있는 사냥 별장으로 빌헬름 2세를 방문해 사태를 무마시켜야 했다. 오랜 시간 기차를 타고 별장으로 간 불운한 셰체니는 바로 돌아서 가버린 화려한 황제 전용 자동차를 보고 다시 급히 떠나야 했다.[54] 빌헬름 2세는 당연히 자신이 몇 년 동안 공들인 콘스탄티노플에 대한 영향력이 사라질까 우려했다. 그는 또한 양국이 러시아가 3국 협상에서 떨어져 나오기를 기대하는 시점에 에렌탈이 불필요하게 러시아를 소외시켰다고 생각했다.[55] 그러나 독일은 결국 자신들의 핵심 동맹국 오스트리아-헝가리를 지원하는 것 외에 다른 방법이 없다는 것을 깨달았다. 이런 딜레마는 1914년에도 반복된다.

오스트리아-헝가리 내의 반응도 엇갈렸다. 헝가리 정부는 영토가 확장된 것을 환영했지만, 이중제국 내에 남슬라브인들이라는 세 번째 파트너가 생기는 것은 받아들이지 않겠다는 뜻을 분명히 밝혔다. 그래서 보스니아·헤르체고비나의 지위는 한 헝가리 정치인의 표현을 빌면 "무함마드의 시체를 담은 관처럼 공중을 떠돌아다니며", 빈의 공동 재무부가 관리하게 되었다.[56] 오스트리아-헝가리 제국 내에 있는 정치적으로 점점 적극적이 되어가는 남슬라브인들도 합병에 대해 미지근한 반응을 보였다. 크로아티아 의회 내 점점 세력이 커지는 크로아티아-세르비아 연맹은 공개적으로 합병을 반대했다. 크로아티아 정부는 약 50명의 의원을 체포하여 반역죄로 기소했다. 이어 진행된 재판은 희극처럼 진행되어 재판관들이 애매하거나 조작된 증거를 이용하여 일방적으로 판결을 내렸고, 유죄 평결은 결국 뒤집혔다. 한 헝가리 신문은 "이 재판이야말로 병합 정책의 초기 산물이며, "관련된 모든 것이 정치였다"[57]고 비판했다. 같은 시기에 진행된 또다른 시끄러운 재판에서도 조작된 증거가 판을 쳤다. 주도적인 민족주의 역사가이자 정치가인 하인리히 프리드융Heinrich Friedjung은 오스트리아-헝가리 내 주요 남슬라브 지도자들이 세르비아로부터 급여를 받고 있다는 증거가 있다는 기사를 실었다. 오스트리아-헝가리 외무부가 필요한 서류들을 공급한(그리고 조작한) 것이 드러났다. 두 재판 모두 정부, 특히 에렌탈의 위신에 먹칠을 했고, 제국 내 남슬라브인들을 더욱 소외시키는 결과를 가져왔다.

그러나 오스트리아-헝가리 지배층은 병합 소식에 환호했다. "우리가 여전히 강대국이라는 것을 유럽에 보여주었다! 아주 멋진 일이다." 프란츠 페르디난트는 에렌탈에게 이렇게 적어 보냈다. 그는 에렌탈에게 새 지방들을 철권으로 대하고, 선동자를 보내려는 세르비아의 시도에 대해서는 총알 또는 한두 명을 시범적으로 교수형시키는 것으로 대항하라고 조언했다. 프란츠 페르디난트는 다른 강대국들의 어떠한 적대적 반응도 잘 처리할 수 있을 것으로 확신했다. "영국의 분노는 크겠지만, 뚱뚱한 에드워드는 샴페인 몇 병 마시고 몇 명의 이른바 숙녀들과 어울리며 스스로를 위로할 것이다."[58]

상황이 그렇게 쉽게 돌아가지는 않았다. 이 시점에 외무부는 독일과 2국동맹에 대한 의심으로 가득 찼다. 영국도 오스트리아-헝가리가 발칸 지역에서의 국제 합의를 어긴 것에 분노하면서 오스만제국에 대한 영향을 우려했다. 영국 자유당 정부는 청년튀르크당 정권을 승인하고 그들의 입지가 약해지지 않게 하기로 했다. 만일 오스만제국이 붕괴 위기에까지 몰리면 동지중해에서 영국의 이익이 위협받을 것이 분명했다. 이 지역 위기에 대한 영국의 정책은 오스만제국 지원과 이 지역에서의 독일과 오스트리아-헝가리의 영향력을 견제하는 것 사이에 균형을 맞추고, 러시아와 가능한 한 좋은 관계를 유지하되 흑해 해협에 대해 러시아가 원하는 합의 변경은 지원하지 않는 것이었다. (영국은 결국 흑해 해협을 모든 나라의 전함에 개방하는 데 동의했지만, 물론 이 결정은 러시아가 가장 원하지 않는 것이었다.)[59]

*

영국의 시각에서 이 위기는 아주 좋지 않은 시기에 일어났다. 독일 침공을 우려하는 해군의 공포가 최고조에 달했다. (영국 의회의 한 의원은 독일 요원들이 5만 정의 소총과 700만 발의 탄약을 런던 한가운데 숨기고 있는 것을 분명히 알고 있다고 말했다.)[60] 영국 정부는 해군력 증강 예산을 늘려야 한다는 요구에 직면했다. 10월 말《데일리 텔레그래프》는 카이저가 영국과 독일 관계 악화에 대해 영국 정부를 비난하는 유명한 인터뷰를 실었다. 그레이는 베를린 주재 영국 대사에게 "지금은 어떤 나라도 함부로 불을 지필 시점이 아니다"라고 말했다.[61] 북아프리카에서 탈영한 세 명의 프랑스 외인부대 병사를 놓고 벌어진 프랑스와 독일 사이의 심각한 위기도 긴장 상황을 악화시켰다. 9월 25일 프랑스는 카사블랑카 주재 독일 영사로부터 많은 도움을 받은 이 탈영병들을 체포했다. 독일 정부는 즉각적인 사과를 요구했다. 이 시기엔 쉽게 일어나는 이야기가 되어버렸지만, 다시 전쟁 얘기가 돌았다. 11월이 되자 영국은 만일 프랑스와 독일 사이에 적대 행위가 시작되면 어떤 행동을 취할지 심각하게 고려하기 시작했다.[62] 다행히도 양국이 이 사안을 국제중재재판소에 넘기는 데 합의하면서 이 문제는 해결되었다.

카사블랑카 사건에 더해 프랑스는 주로 국내 문제에 정신이 팔려 있었다. 노동계급의 군사화 경향과 새로운 공격적 민족주의가 부상했다. 프랑스는 국익이 거의 걸려 있지 않은 발칸 지역 분쟁에 끼어들 생각이 없었다. 영국과 마찬가지로 프랑스는 안정된 오스만제국과 평화로운 발칸반도를 원했다. 프랑스 투자자들은 오스만제국, 세르비아, 불가리아 대외 부채의 70~80퍼센트를 감당하고 있었다.[63] 당시 외무장관 스테펜 피숑Stephen Pichon은 러시아와 러시아의 동맹국들을 싫어했지만, 프랑스가 동맹국 러시아를 지원하는 것 외에 다른 선택지가 거의 없음을 인정했다. 비공식적으로 프랑스는 영불해협 문제에 대해 영국과 협력할 것임을 러시아에 알렸고, 위기가 악화

되자 러시아에 합리적으로 처신하고 평화로운 해결책을 찾도록 촉구했다.[64]

콘스탄티노플에서는 지역 주민들이 오스트리아-헝가리 사업체를 공격하고 거리에서 오스트리아-헝가리 시민들에게 위해를 가했다. 오스만 정부는 오스트리아-헝가리와의 무역을 보이콧했다. 가장 격렬한 반응은 당연히 세르비아에서 나왔다. 거대한 시위대가 베오그라드 거리를 행진하는 가운데, 폭도들이 오스트리아-헝가리 대사관 창문을 부수려고 시도했다. 왕세자는 대세르비아를 위해 죽을 각오가 되어 있다고 말했다. (그럴 기회는 없었다. 그는 다음해 격노한 상태에서 하인 한 명을 발로 차 죽여 왕위 계승권을 박탈당했고, 1972년 티토 치하 유고슬라비아에서 고령으로 사망했다.) 새로운 준군사 집단인 '민족 방위군'이 구성되어 이후 몇 년 동안 정치에서 중요한 역할을 했고, 정부의 방조하에 세르비아 자원자들이 보스니아·헤르체고비나와의 국경을 넘어가 오스트리아-헝가리에 대한 반대 운동을 선동했다.[65]

세르비아 정부는 대표단을 유럽 곳곳에 보내 여론을 유리하게 조성하려 했다. 또한 법적 근거는 전혀 없지만 보상을 요구했다. "우리에게 농지나 제분소를 달라. 우리 국민들을 진정시키게 무엇이라도 달라."[66] 런던 주재 세르비아 대사는 오스트리아-헝가리 대사에게 이렇게 요구했다. 실제로 세르비아는 훨씬 더 큰 것, 즉 세르비아를 몬테네그로와 연결하는 노비 바자르의 사냐크 또는 심지어 병합의 취소를 요구했다. 몬테네그로도 보상을 요구했고, 구체적으로는 해군 보유 등을 막은 1878년 국제 합의의 번복을 요구했다. 또한 세르비아와 몬테네그로 모두 군대 동원 절차를 밟고 새로운 무기를 외국에 주문했다.⁶⁷ 불길한 전조로 세르비아 관리들은 필요하면 전쟁을 벌이겠다고 말했다. 10월 말, 1914년 수상이 될 니콜라 파쉬치는 차르와 그의 장관들을 포함한 러시아 지도자들과 저명한 범슬라브주의자들에게 무슨 일이 있어도 오스트리아-헝가리에 강경하게 맞설 것을 촉구했다. 그는 이즈볼스키와 대화하면서 만일 생사, 명예, 민족의 존엄이 걸린 문제라면 세르비아는 단독으로 행동에 나설 수 있음을 암시했다.⁶⁸

불과 몇 주 전 오스트리아-헝가리와 성공적 교섭을 마치고 우쭐했던 이즈볼스키는 국제적 반응에 실망했고, 그래서 러시아가 요구를 내놓기도 전에 조급하게 병합을 실행한 에렌탈에게 화가 났다고 말했다. 무정하게도 베르히톨트는 러시아가 화려한 공작에서 성질을 부리는 칠면조로 변했다고 말했다.⁶⁹ 바라던 것을 이루었고 독일의 지원을 확신한 에렌탈은 전혀 걱정하지 않았다. 이즈볼스키가 배신에 대해 거세게 항의하자 에렌탈은 두 사람 사이에 오간 비밀 전문과 이즈볼스키의 주장을 훼손할 부흘라우 협상 내용에 대한 자신의 해석을 공표하겠다고 위협했다. 그는 이즈볼스키가 이제 주장하고 나선 국제회의 개최나, 오스만제국에 보상하는 것을 강력하게 거부했다. 발칸반도의 세르비아나 몬테네그로가 무슨 말이나 행동을 하건 보상받을 가능성은 더더욱 없었다.

병합을 강력히 지지했던 콘라트는 이참에 세르비아와 몬테네그로에 예방전쟁을 벌일 것을 정부에 촉구했다. 만일 이탈리아도 간섭의 기미를 보이면 전쟁의 대상이 될 터였다. 그는 셋 다 손쉽게 격파할 수 있다고 장담했다. 오스트리아-헝가리는 남부전선에 70만 명 이상의 병력을 배치할 수 있는 반면 세르비아는 기껏해야 16만 명, 몬테네그로는 4만 3000명밖에 동원할 수 없었다. 참전할 가능성이 적은 이탈리아도 보유 병력이 41만 7000명밖에 되지 않았다. 더구나 오스트리아-헝가리군의 장비와 훈련은 적군보다 훨씬 뛰어났다.[70] 세르비아가 패퇴하면 제국에 합병해야 했다. 마지막 안은 정치적 어려움을 이해하고 있는 에렌탈이 감당하기에는 부담이 너무 컸다. 그가 세르비아에 할 수 있는 최대치는 관세동맹에 들어오도록 강요하는 것이었다. 그는 위기를 해소하기 위한 더 희생이 적은 경로를 선호했지만, 분명 전쟁 가능성을 배제하지 않았다.[71] 위기가 시작되려는 시점에 그는 프란츠 페르디난트에게 다음과 같이 적어 보냈다. "아마도 앞으로 몇 달 사이에 우리와 세르비아의 전쟁은 피할 수 없을 것입니다. 이것이 확실해지면 저는 온 힘을 다해 세르비아를 악마로 만들 것입니다."[72]

빈의 외무부 관리 말마따나 1908-9년 겨울 내내 전쟁이 금방이라도 일어날 것 같았다.[73] 콘라트가 전쟁 준비에 착수하도록 정부를 몰아갔다. 그는 새로운 무기와 장비를 주문하고, 병력을 보스니아·헤르체고비나로 이동시키고, 복무 기간이 끝나가는 병사들의 제대를 연기했다. 또한 세르비아와의 국경에 병력을 증강하고, 러시아와의 국경 지역인 갈리치아에 병력을 동원하기 위한 준비에 들어갔다.[74] 프란츠 페르디난트는 "발칸의 성질 사나운 똥개들"을 혐오했지만, 전쟁을 향해 무작정 달려가는 콘라트의 행동을 저지하고 나섰다. 그는 오스트리아-헝가리는 전쟁을 시작하면 잃을 것이 너무 많다고 에렌탈에게 주장했다. "제발 콘라트를 자제시키기 바란다." 페르디난트는 콘라트의 부관에게 이렇게 지시했다. "그는 전쟁 선동을 중지해야 한다. 세르비아를 치고 싶은 유혹이 들 것이다. … 그러나 세 전선에서 전쟁을 감수할 위험이 있는 상황에서 그런 값싼 영광이 무슨 소용이 있는가? 그렇게 되면 노래는 끝날 것이다."[75] 불행하게도 1914년 발칸 지역에서 다시 한번 위기가 발생했을 때 프란츠 페르디난트는 더 이상 자제를 촉구할 수 없었다.

에렌탈이 병합의 성공을 즐거워하고 있는 동안, 병합 뉴스가 나왔을 때 파리에 있던 이즈볼스키는 절박하게 유럽 수도 순방을 계속하여 최소한 국제회의 개최에 대한 지지를 얻으려고 노력했다. (뷜로는 그가 상트페테르부르크 귀환을 늦춘 것은 낭비벽이 심한 그의 아내가 크리스마스 쇼핑을 원했기 때문이라고 악의적으로 말했다.)[76] 러시아의 동맹국들은 적극 나서지 않고 위기 중재에 도움을 주겠다고 했다. 11월 그레이에게 러시아가 오스트리아-헝가리와 전쟁하게 되면 영국은 어떤 행동을 취할 것인지를 단도직입적으로 묻자, 그는 확답하지 않고 "어떻게 분쟁이 발생하고, 누가 공격자인가에 많은 것이 달려 있다"라고 답했다. 그러나 비공식적으로 그레이는 가까운 동료에게 "영국이 거기에 관여하지 않기는 아주 어려울 것이다"라고 말했다.[77] 베를린에서 뷜로는 동정적이었지만(그는 러시아를 다시 자기편으로 끌어들이려는 희망을 완전히 포기하지 않았다), 이즈볼스키에게 독일은 아무 일도 할 수 없다고 말했다. 독일은 러시아가 재정 상황이 매우 어려워 전쟁할 상황이 아니라는 계산을 바로 했다. 카이저는 책상에 올라온 보고서에 "엄포"라고 쓰며 이즈볼스키가 전쟁을 위협하고 있다고 말했다.[78] 11월 초 상트페테르부르크로 돌아온 이즈볼스키와 만난 베르히톨트는 그가 완전히 낙담에 빠진 것을 발견했다. "그는 안락의자에 축 늘어져 멍한 눈에 거친 목소리로, 죽어가는 사람처럼 말했다."[79] 이즈볼스키가 낙담할 이유는 충분했다. 해외에서 러시아는 약하고 고립되어 보였고, 그의 입지도 심각하게 훼손되었다. 스톨리핀이 이끄는 이즈볼스키의 동료들은 그가 더이상 외교정책을 자의적으로 결정하지 못하게 하고 내각과 상의하게 만들었다. 설상가상으로, 이즈볼스키가 의기양양하게 지적한 바와 같이 스톨리핀이나 외무부 내 누구도 러시아가 1870년대와 1880년대 두 번이나 보스니아·헤르체고비나의 병합에 반대하지 않기로 합의했다는 사실을 몰랐던 것으로 드러났다. 니콜라이 2세는 어머니에게 "얼마나 불쾌한 놀라움이고, 우리가 얼마나 당혹스러운 상황에 처하게 되었는지 잘 아실 거예요"라고 썼다.[80]

발칸 지역에 겨울이 시작되면서 다음해 3월까지 전쟁이 발생할 가능성은 거의 없었지만, 치열한 외교적 움직임은 계속되었다. 영국, 프랑스, 러시아는 여전히 국제회의 개최를 주장했고, 영국은 양자 합의를 할 준비가 되어 있었다. 영국은 불가리아와 오스만제국의 중재를 주재하고 나섰다. 오스만제국 비용으로 건설하던 철도 등에 대해 재정 지원을 하는 보상을 주며 불가리아 독립을 인정하도록 만드는 것이 중재안의 내용이었다. 불가리아의 차르(이제 차르가 된) 페르디난드는 양처럼 온순하기는 했지만, 오스만제국이 요구하는 금액 지불을 거부하고 오스만제국과 전쟁하겠다고 위협했다. 영국은 필요한 자금을 러시아가 제공하도록 설득했다. 1908년 겨울 원칙적으로 합의에 이르렀지만 세부 사항에 대한 실랑이는 다음해 4월까지 계속되었다.[81]

1909년이 시작되자 오스트리아-헝가리와 오스만제국도 조정에 나서, 오스만제국이 병합을 인정하는 대신 배상을 받는 안을 논의했다. 여기에서도 영국은 오스만제국 편에 서서 그쪽에 유리한 조정이 이루어지도록 노력했다. 이로 인해 오스트리아-헝가리에서는 영국이 분명한 적이라는 여론이 형성되었고, 에렌탈은 영국이 발칸반도의 갈등을 이용하여 유럽에 대전쟁을 일으켜 독일 해군을 제거하려 한다고 생각할 정도가 되었다. 그는 프리드융에게 이렇게 말했다. "만일 영국인들이 우리를 몰락시키려고 한다면, 내가 순순히 승리를 안겨주지 않을 단호한 적이라는 것을 알게 될 것이다."[82] 양국 언론도 흥분해서 상대국을 공격해야 한다고 주장했다. 19세기 내내 영국과 오스트리아-헝가리 사이에 유지된 오랜 우호 관계는 유럽 분할선이 점점 더 선명해지면서 과거의 일이 되어버렸다.

보스니아·헤르체고비나 병합 이후 가장 어려운 문제는 세르비아에 대한 보상이었다. 이 문제는 러시아가 세르비아의 요구를 지지하고, 독일이 오스트리아-헝가리를 지원하면서 더욱 복잡해졌다. 에렌탈이 세르비아에 제공할 준비가 된 최대치는 아드리아해 항구 접근권 같은 일부 경제적 양보였다. 그러나 그것도 세르비아가 보스니아·헤르체고비나 병합을 인정하고 오스트리아-헝가리와의 평화로운 공존을 택할 경우에만 가능한 일이었다. 세르비아 정부는 계속 반기를 들었고, 봄이 찾아와 발칸의 눈이 녹자 유럽 각국 수도에서는 전쟁 얘기가 다시 나돌았다. 1차 모로코 위기 때의 패배를 잊지 않은 독일 정부는 오스트리아-헝가리를 굳게 지원했다. "이번에는 다른 나라들이 머리를 수그릴 것이다."[83] 외무장관 서리를 맡고 있던 키데를렌은 이렇게 말했다. 당시 공개적으로 알려지지 않은 사실은 독일이 만일 오스트리아-헝가리와 세르비아 간에 전쟁이 터지고 러시아가 간섭하면 2국동맹의 조건이 효력을 발하고, 독일은 오스트리아-헝가리 편에서 전쟁에 나설 것임을 오스트리아-헝가리에 보장했다는 사실이었다. 1914년 위기 중에도 독일은 유사한 약속을 한다.

상트페테르부르크에서 전쟁에 반대해온 스톨리핀은 3월 초 영국 대사에게 러시아 여론은 세르비아를 확고하게 지원하고 있어서 러시아 정부가 세르비아 방어에 나서지 않을 수 없다고 말했다. "그럴 경우 러시아는 동원령을 발하고, 전면적인 재난이 임박할 것이다."[84] 베를린에서는 《데일리 텔레그래프》 사건이 자체적으로 이야기를 만들어냈고, 군부 고위 관리들이 포함된 주전파는 이 전쟁을 독일이 국내외 문제에서 탈출할 기회로 보았다.[85] 이 사건의 여파에서 여전히 몸을 추스르고 있던 카이저는 전쟁에 열성을 보이지는 않았지만, 전쟁을 적극 반대하는 것으로도 보이지 않았다. 한 측근의 말에 따르면 그는 "신형 군복의 턱 끈, 새로운 헬멧 사슬 잠금장치, 군복 바지의 두 줄, 병사들의 옷장을 자주 점호하는 것처럼 중요한 일"[86]에 정신이 팔려 있었다. 빈에서 에렌탈은 전쟁에 대해 무미건조하게 말했다. "말썽쟁이 세르비아는 우리 과수원에서 사과를 훔치려 했다. 우리는 그 애를 잡아서 앞으로 그런 일을 안 하겠다고 약속할 경우에만 풀어줄 것이다."[87]

3월 중순 세르비아 정부는 영국이 보기에 불필요하게 도발적인 전문을 통해 오스트리아-헝가리의 제안을 거부했다. 에렌탈이 여기에 대한 답신을 준비하는 동안, 독일 정부는 행동에 나서기로 결정했다.

독일은 러시아 정부가 합병을 인정해야 한다고 말하는 최후통첩 같은 전문을 상트페테르부르크에 보냈다. 만일 "회피적이고 조건을 달거나 명확하지 않은 답신을 받으면" 독일은 이를 러시아의 거부로 간주하겠다는 위협이었다. "그럴 경우 우리는 자제를 철회하고, 상황에 따라 사건이 흘러가게 둘 것이다."[88] 3월 23일 전쟁장관으로부터 오스트리아-헝가리와 싸울 준비가 안 되었다는 말을 이미 들은 러시아 정부는 뒤로 물러섰다.[89] 일주일 뒤 굴복한 세르비아는 보스니아·헤르체고비나 병합에 대한 항의를 중지하고, 군사 준비를 완화하며 자발적으로 조직된 민병대들을 해산하고 오스트리아-헝가리와 "우호적 선린 관계"를 유지하겠다고 약속하는 전문을 보냈다.[90] 상트페테르부르크에서 베르히톨트는 이즈볼스키 부부와 영국 대사 니컬슨 부부를 초대해 "위기 종식" 축하 만찬을 했다.[91] 카이저는 평화 유지에 도움을 준 데 감사하는 부활절 달걀 보석을 차르에게 보냈다.[92] 얼마 후 빈의 청중 앞에서 카이저는 자신이 빛나는 갑옷을 입은 기사처럼 프란츠 요제프와 어깨를 나란히 해 평화를 지켜냈다고 떠벌렸다.[93]

독일의 확고한 입장에도 불구하고, 위기는 독일 지도부 내에 전쟁 준비에 대한 우려를 자아냈다. 처음에는 티르피츠와 그의 해군 경쟁력 증강 프로그램의 강력한 지원자였던 뷜로는 제국의회가 필요 예산을 승인하도록 만드는 데 이미 어려움을 겪고 있었다. 그는 보스니아·헤르체고비나 병합 직후 홀슈타인에게 "우리 운명은 육상에서 결정되므로 육군을 약화시킬 수 없다"고 말했다. 위기가 진행되는 동안 그는 티르피츠에게 독일 해군이 영국 공격을 막아낼 수 있는지 단도직입적으로 물었다. 티르피츠는 직답을 피하고 일반적인 답변을 내놓았다. "몇 년 안에 우리 함대는 강해져서 영국조차도 우리를 공격하면 큰 군사적 위험부담을 지게 될 것입니다."[94] 뷜로는 1909년 자리에서 물러날 때까지 영국과의 해군력 경쟁을 끝낼 가능성을 모색했다. 그의 후임자 베트만홀베크는 뷜로와 거의 같은 생각을 가졌고 영국에서도 그의 생각에 동조하는 사람을 찾을 수 있었다. 영국에서는 재무장관 로이드조지가 이끄는 내각과 의회의 급진주의자들 모두가 국방 지출을 줄이고 독일과의 긴장을 완화하기로 했다. 양국의 대화는 1909년 가을 시작되어 1911년 여름까지 지속되었으나, 모로코에서 발생한 새 위기로 중단되었다. 그들이 성공할 가능성이 얼마나 많았는지는 당시나 이후에도 논란거리가 되었다. 티르피츠와 최종 결정권을 가진 카이저는 독일 해군력 증강 속도를 늦출 용의가 있었지만 영국이 세 척의 전함을 건조할 때 독일은 두 척을 만드는 수준에서였고, 이것은 영국이 받아들이기엔 그 격차가 너무 근소했다. 독일은 해군력 증강 속도를 늦추는 대가로 정치적 해결도 기대했는데, 그것은 독일이 다른 유럽 강국과 전쟁에 돌입할 때 영국이 중립을 지키는 것이었다. 독일에 대한 깊은 의심이 외무부와 특히 그레이를 비롯한 내각 핵심 멤버들에게 자리잡은 시점에 영국이 3국협상을 크게 훼손할 그런 약속을 할 가능성은 거의 없었다. 영국이 원한 것은 해군 지출을 크게 낮출 군비 축소 합의였다. 그다음에야 정치적 타협에 대한 대화를 할 수 있었다. 1909년 가을 대화가 시작되었지만, 양국 정부의 이견이 커서 거의 진전을 이루지 못하다가 1911년 또다른 위기가 모로코를 둘러싸고 벌어지자 대화가 중단되었던 것이다.

과거와 마찬가지로 모로코 위기와 앞으로 닥칠 보스니아 위기는 아주 나쁜 기억을 만들었지만, 교훈도 주었던 것 같다. 콘라트는 예방 전쟁의 기회가 사라진 것에 크게 낙담했다. 그는 한 친구에게 이렇게 적어 보냈다. "이번 발칸 위기가 해소되면서 내가 품었던 천 개의 희망 … 사라졌다. 내 직업에 대한 즐거움도, 열한 살 때부터 어떤 상황에서든 나를 지탱해주던 것도 잃고 말았다."[95] 훗날 그는 위기 기간 중 세르비아를 군사적으로 처리하고, 피할 수 없는 충돌을 연기하지 않는 것이 나았겠다고 주장하는 긴 비망록을 썼다. 앞으로 오스트리아-헝가리는 여러 전선에서 전쟁을 수행하거나 결국 자국을 파괴할 과도한 양보를 해야 할 선택의 기로에 놓였다. 그러나 콘라트는 독일의 최후통첩을 수반한 동원이 러시아와 세르비아를 굴복하게 만들었다는 점에서 고무했다. 에렌탈도 이에 동의했다. "자신의 길을 갈 수 있는 힘이 있을 때만 … 성공이 가능하다는 교과서적 사례."[96] 현명하지 못하게도 그는 러시아에 관대한 태도를 보일 시도를 하지 않았다. 그는 이즈볼스키에게 "마음이 시키면 원숭이와의 논란은 나를 짜증나게 했고, 그에게 팔을 뻗지 않기로 했다"라고 썼다.[97] 에렌탈은 1912년 백혈병으로 사망했지만, 그의 반세르비아·반러시아 시각과 오스트리아-헝가리가 강력한 외교정책을 추진하고 특히 발칸에서 목소리를 내야 한다는 확신은 젊은 세대 외교관들에게 큰 영향을 미쳤고, 그들 중 일부는 1914년 사건에서 중요한 역할을 하게 된다.[98]

러시아도 오스트리아-헝가리나 독일과 관계를 개선할 의도가 거의 없었다. 품위 있는 휴식 후 외무장관직에서 물러나 파리 주재 러시아 대사가 된 이즈볼스키는 에렌탈이 발칸에 관한 양국 간 합의를 파괴한 것을 비난하고, 독일 대사에게 양국의 경쟁은 결국 충돌로 귀결될 것이라고 경고했다.[99] 독일의 최후통첩을 접한 차르는 어머니에게 다음과 같이 썼다. "독일 행동의 형태와 방법은 — 우리를 향해 말입니다 — 잔인하기 이를 데 없어서 우리는 잊지 못할 것입니다." 그의 편지는 독일은 러시아를 동맹국인 프랑스, 영국과 떼어놓으려고 시도하고 있고, "그런 방법은 반대의 결과를 가져올 것"이라는 내용으로 이어졌다.[100] 두마의 한 의원은 보스니아 위기가 러일전쟁의 당혹스러운 패배처럼 아주 나쁜 방식으로 종결되어 "외교적 쓰시마"라고 말했다. 두마는 신속하게 국방비 증액을 다시 승인했다. 군부 인사들 사이에서는 몇 년 안에 벌어질 것이 분명한 오스트리아-헝가리와의 다음 대결을 준비해야 한다는 말이 점점 늘어났다.[101] 니컬슨은 계층을 막론하고 러시아인들이 슬라브 형제들을 버린 것을 아주 수치스럽게 생각한다고 그레이 수상에게 썼다. "러시아는 크게 수치스러운 일을 겪었고, 과거 큰 희생을 치르고 추진해온 이제껏 남동부 유럽에서 수행하던 전통적 역할을 포기했다."[102] 그런 기억은 6년 후에도 사라지지 않았다.[103] 조레스는 1차대전 직전 프랑스 언론인들에게 다음과 같이 답답함을 토로했다. "이즈볼스키가 보스니아 문제에서 에렌탈의 기만에 여전히 격분하고 있다고 우리가 세계대전을 일으켜야 하는가?"[104] 1914년으로 치달은 사건들에는 다른 많은 연계가 있었지만, 어느 정도 그에 대한 대답은 분명 예스yes다.

보스니아 위기는 독일과 오스트리아-헝가리의 2국동맹을 강화시켰다. 그러나 오스트리아-헝가리와 3국동맹의 세 번째 멤버인 이탈리아의 관계는 악화되었다. 이탈리아는 오스트리아-헝가리가 전쟁 준비 중이라는 것을 너무나 잘 알고 있었다. 1909년 가을 이탈리아 국왕 비토리오 에마누엘레 3세는 이탈리아 북서부 왕실의 사냥 별장 라코니기에서 차르와 이즈볼스키를 맞이했다. 러시아 대표단은 오스트리아-헝가리 땅을 지나지 않기 위해 독일을 통한 우회로를 택해 그곳으로 왔다. 이탈리아는 방위 예산을 증액하고, 아드리아해에서 오스트리아-헝가리와 드레드노트급 전함 건조 경쟁을 벌이고, 양국 육상 경계선의 요새와 병력을 강화했다. 이탈리아 말고도 신경써야 할 적국이 많은 오스트리아-헝가리도 보스니아 위기 기간과 그 이후에 국방 예산을 ― 1907년부터 1912년 사이 70퍼센트 이상 ― 크게 증가시켰다.[105]

보스니아 위기는 3국협상 국가들에 긴장을 야기했지만, 3국협상을 심각하게 훼손하지는 않았다. 실제로 프랑스, 영국, 러시아는 국제 문제에 대해 더 긴밀히 상의하게 되었다. 프랑스 외무장관 스테펜 피숑은 대사들에게 일반 원칙의 문제로 두 협상 국가들과 협력하라는 지시를 내렸다.[106] 영국은 계속 행동의 자유를 주장했지만, 모로코 위기에서 프랑스 편에 선다는 것을 보여준 것처럼 보스니아 위기에서 러시아 편에 선다는 것을 보여주었다. 이탈리아만이 3국동맹 국가들과 일정한 거리를 유지하며 3국협상과 좋은 관계를 유지했다. 다른 강국들도 기존 입장을 더 고수하는 것 외에 다른 선택지가 거의 없다는 것을 점점 더 느끼게 되었다. 오스트리아-헝가리와 독일은 서로를 더 필요로 하게 되었고, 러시아와 프랑스도 마찬가지였다. 모로코 위기로 영국이 프랑스와 진지한 군사 대화를 시작한 것과 마찬가지로 보스니아 위기로 콘라트와 몰트케도 기차 안 대화를 시작했다.

발칸에서는 보스니아 위기 종결이 안정이나 평화를 가져오지 못했다. 오스만제국은 자국 문제에 외부 세력이 간섭한 것에 더 화가 났다. 불가리아는 독립으로 잠시 태도가 누그러졌지만 1878년 잠시 획정되었던 더 큰 불가리아를 여전히 꿈꾸었고, 마케도니아 영토를 노리고 있었다. 에렌탈이 오스만제국에 선의의 표시로 포기한 사냐크 지역은 세르비아와 몬테네그로 모두가 오스만제국이 더 약화될 경우 차지할 생각을 하고 있었다. 세르비아는 오스트리아-헝가리에 굴복했지만, 약속을 계속 지킬 의도는 없었다. 세르비아는 더 큰 세르비아 운동을 은밀히 지원하면서 군대 개선 작업에 착수했다. 프랑스의 넉넉한 재정 지원 덕분에 세르비아는 자체 무기 공장을 만들고, 프랑스에서 무기를 구입할 수 있었다(영국은 프랑스에 의해 이 시장 접근이 차단되었다).[107] 세르비아와 오스트리아-헝가리 관계는 계속 악화되었다. 두 나라 모두 위험할 정도로 상대국에 집착했다.

러시아는 여론의 압박을 받으며, 오스트리아-헝가리에 복수하려는 열망으로 발칸 문제에 계속 간섭했다. 러시아 외교관들은 발칸 국가들이 러시아의 후원 아래 동맹을 형성하도록 노력했다. 이 동맹은 발칸과 오스만제국에 대한 2국동맹의 추가적 간섭을 막는 장벽이 될 수 있었고, 점차 오스트리아-헝가리에 대항하는 러시아의 동맹이 될 것으로 기대되었다. 특히 러시아와 세르비아 관계가 강화되었다. 1909년 발칸에서의 적극적인 러시아 정책을 공개적으로 옹호하던 니콜라이 하르트비히Nikolai Hartwig가 세르비아 주재 러시아 대사가 되었다. 베르히톨트의 말에 따르면 "조용하고, 속임수에 능한 사교가"인 그는 열정적인 민족주의자이자 범슬라브주의자로서 오스트리아-헝가리를 대단히 혐오했다(신기하게도 빈은 그가 세계에서 가장 좋아하는 도시여서 그는 기회가 있을 때마다 빈으로 갔다). 1914년 여전히 베오그라드에서 근무 중이던 하르트비히는 강압적이고도 열정적이어서 재빨리 세르비아에서 상당한 영향력을 확보하고, 세르비아 민족주의자들의 대세르비아 열망을 계속 자극했다.[108]

보스니아 위기 발생 1년 후 영국 외무장관은 빈의 영국 대사에게 다음과 같은 전문을 보냈다. "오스트리아와 러시아 사이에 발칸 정책에 대한 일종의 양해가 절대적으로 필요하다는 당신의 의견에 전적으로 동의한다. 그러지 않으면 이 지역에서 오랫동안 지속적 평화를 얻기가 어려울 것이다. … 다른 정책은 불가피하게 유럽전쟁으로 귀결될 것이다."[109] 그러나 불행하게도 그러한 양해는 이루어지지 않았다. 유럽이 다음 위기까지 3년의 짧은 평화를 맛보고 나서 일이 벌어졌다. 위기 때마다 유럽 강국들의 두 집단은 점점 더 완전한 동맹이 되어 동맹국들은 좋을 때나 좋지 않을 때나 서로를 지원하게 되었다.

15장

1911년

불협화음의 해 - 다시 모로코

AU COURS D'UN COMBAT SOUS LES MURS DE TRIPOLI
UN SOLDAT ITALIEN S'EMPARE D'UN ÉTENDARD VERT DU PROPHÈTE

열강 중 국력이 가장 약한 이탈리아도 식민지에 대한 보편적 열망을 공유했다. 1911년 오스만제국이 거의 붕괴할 것처럼 보이자, 이탈리아 정부는 지중해 남부 해안에 있는 오스만제국의 두 지방 트리폴리와 키레나이카를 장악하기로 결정했다. 이 만평은 오스만 병사들이 패배하고 이탈리아군이 예언자 무함마드의 상징인 녹색 깃발을 빼앗는 모습을 보여주지만, 사실 이탈리아군은 이후 몇 년간 강력한 저항에 맞서 싸워야 했다. 이탈리아의 움직임은 다음해 발칸 국가들이 오스만제국을 공격하도록 고무했다.

1911년 7월 1일 카이저가 "갑판에 두세 개의 작은 포를 장착한 배"라고 무시했던 작은 독일 군함 판테르호가 모로코의 대서양 해안 아가디르항에 기항했다.[1] 외국 무역업자들에게 폐쇄된 먼지투성이의 조용한 이 작은 항구는 그때까지는 서방 제국주의자들의 관심에서 벗어나 있었다. 내륙의 아틀라스산맥에 천연광물이 묻혀 있다는 소문이 돌았지만, 독일 회사 등 몇 개의 회사만이 광산을 탐사했다. 이곳엔 어업이 조금 진행되고 있었고 ― 여기서 잡히는 청어는 맛있다고 소문났다 ― 물이 풍부한 여기저기에서 몇몇 작물이 재배되고 있었다. 현지 독일 대표는 이 지역에서 자라는 양과 염소가 야위었고 건강하지 않다고 보고했다. "분명 독일 농부들을 끌어들이거나 그들의 지원을 받을 지역이 아니었다. 무엇보다도 기후가 견디기 힘들었다."[2]

독일 정부는 판테르호와 며칠 뒤 도착한 더 크고 위용 있는 경순양함 베를린호가 모로코 남부의 독일 주민들을 보호하기 위해 파견된 것이라고 주장했다. 세부적 사항에 소홀하고 스스로를 잘못된 상황에 놓는 경향이 있는 독일 외무부는 사건이 진행되는 동안 향후 모로코를 놓고 이익을 다툴 다른 국가들에게 이 사실을 통보해 사태를 악화시켰다. 독일은 왜 아가디르에 군함을 파견해야 했는지를 제대로 설명하지 않았다. 독일은 판테르호가 아가디르에 도착하기 2주 전에

10여 개 독일 회사로 하여금 독일의 개입을 요청하는 청원서(회사들은 그 내용도 읽지 않았다)에 서명하게 하여 모로코 남부에서 독일 이익과 자국민이 위험에 처했다는 주장에 정당성을 가미했다. 독일 수상 베트만홀베크가 제국의회에 나가 이 이야기를 하자 의원들은 박장대소했다. 더구나 아가디르에는 독일 사람이 한 명도 없었다. 아가디르에서 북쪽으로 70마일 떨어진 지역에 있던 독일 대표는 7월 1일 서둘러 남쪽으로 향했다. 말을 타고 거친 지형을 어렵게 지나온 그는 7월 4일에야 아가디르에 도착하여 해안에서 판테르호와 베를린호를 향해 손을 흔들었으나, 눈에 띄지 못했다. 모로코 남부에 유일하게 있던 독일 사람인 그는 결국 다음날 발견되어 구조되었다.[3]

독일, 특히 독일 우익은 판테르호의 출현이라고 불린 이 사건을 긍정적으로 받아들이고, 결국 "치욕"이 끝나고 독일이 행동에 나섰다며 기뻐했다. 전에 모로코에서는 물론 식민지 경쟁 전반에서 좌절을 맛보았고, 유럽에서 3국협상 국가들에게 포위되었다는 두려움에 떨던 독일은 스스로 중요한 국가라는 것을 보여주려고 나섰다. "꿈을 꾸고 있던 독일이 잠자는 미녀처럼 20년 만에 잠에서 깨어났다."[4] 한 신문은 이렇게 썼다. 유럽 강국들, 특히 프랑스뿐 아니라 영국은 이 사건을 다르게 보았다. 이 사건은 유럽의 평화를 흔드는 또 하나의 식민지 갈등이자 국제질서를 위협하는 또다른 위협이었다. 또한 이 위기는 유럽 정부들이 국내 문제로 내홍을 앓고 있을 때 찾아왔다. 1911년 유럽 경제는 전반적으로 침체기로 들어서고 있었다. 가격은 상승한 반면 임금은 줄어들어서 극빈 계층이 가장 큰 고통을 겪었으며, 노동계급의 호전성은 증가했다. 일례로 1910년 영국에서는 531번의 파업에 38만 5000명의 노동자가 참여했고, 1911년에는 거의 두 배인 83만 1000명의 노동자가 파업에 참여했다. 에스파냐와 포르투갈에서는 농촌 지역의 파업과 폭력이 상당 지역을 거의 내전 상태로 몰아갔다.[5]

당시 유럽의 모든 사람들은 독일의 갑작스러운 움직임을 모로코 남부의 한 독일인의 운명이나 지하자원 채굴권을 훨씬 넘어서는 일로 인식했다. 이것은 모로코에서 프랑스의 지배력과 3국협상의 안정에 대한 위협으로 받아들여졌다. 프랑스 정부는 독일에 양보해야 할지 아니면 군사적으로 저항할 것인지를 결정해야만 했다. 프랑스 편에 선 영국과 러시아와, 3국동맹국인 오스트리아-헝가리와 이탈리아는 자국은 실제적 이해관계가 전혀 없는 먼 곳에서 벌어지는 식민지 투쟁에 말려들 위험을 무릅쓰고 동맹국을 지원할 필요성을 저울질해야만 했다. 그러나 1904-5년 1차 모로코 위기, 1908-9년 보스니아 위기 때와 마찬가지로 유럽 각 나라의 수도에서는 다시 한번 전쟁 발발 이야기가 나왔다. 시어도어 루스벨트에 이어 미국 대통령이 된 윌리엄 태프트는 이런 가능성을 너무 우려해 미국이 중재국이 되겠다고 제안했다.

사실 독일은 모로코에서 프랑스를 상대로 유리한 입장에 있었고, 상황을 잘 처리한다면 상당한 국제적 동정을 얻어 모로코에 대한 국제 관리를 합의한 1906년 알헤시라스 회의 서명국들로부터 상당한 지원을 받을 수 있는 상황이었다. 그 시점 이후 프랑스 정부와 외무부 관리들은 모로코와 무기력한 술탄에 대한 정치·경제적 지배권을 확립하려고 시도하면서 조약의 정신과 규정 모두를 무시했다. 독일은 처음에는 독일 사업가들이 프랑스인들과 대등하게 모로코를 착취할 수 있는 한 프랑스가 모로코에 대해 보호령과 같은 지위를 갖는 것을 받아들일 용의가 있었다. 1909년 2월 보스니아 위기가 절정에 달했을 때 독일과 프랑스는 실제로 그런 효과를 갖는 합의에 서명했다. 베를린에서 폴 캉봉의 동생인 쥘 캉봉 대사는 양국 간 더 나은 경제·정치 관계를 수립하기 위해 열성적으로 노력하면서 이것이 양국뿐 아니라 유럽에 최선임을 정확하게 지적했지만, 헛수고가 되었다.

불행히도 미래를 위해 중요했던 이 짧은 약속은 당시에는 실현되지 않았다. 프랑스와 독일은 콩고강 북쪽의 프랑스령 콩고와 서부 아프리카의 독일 식민지 카메룬 사이의 경계에 대한 합의를 이루려고 시도했다가 실패했고, 오스만제국에 대해 제안된 공동 사업은 시작되지 못했다. 모로코 현지의 프랑스 관리들은 점점 더 세를 과시했다. 1908년 입지가 약했던 압델라지즈Abdelaziz가 동생 압델하피드Abdelhafid에게 술탄의 자리를 빼앗기고 하야하자, 프랑스군은 신속하게 차관과 합의로 새 지도자를 꼼짝 못 하게 했다. 쥘 캉봉 같은 경험 많은 외교관은 이러한 조치가 독일과의 관계에 문제를 일으킬 것이라고 경고했지만, 프랑스 외무부는 아랑곳하지 않고 예정된 정책을 추진했다. 프랑스 외무부는 점점 더 영리하고 자신감 넘치는 젊은 외교관들이 지배했는데, 그들 다수는 새로운 정치학 학교 출신이었다. 그들은 반독일 감정이 강했고, 프랑스가 유럽에서 더 중요한 역할을 하면서 더 큰 제국을 건설해야 한다는 야망에 불탔다. 그들은 오스만제국이 오스트리아-헝가리와 마찬가지로 쇠퇴의 길에 들어섰으니 프랑스가 신속하게 그 잔재를 차지해야 한다고 주장했다. 이미 보유한 알제리에 모로코라는 새 식민지를 더하면 영국 식민지 인도에 버금가는 것이 되고, 프랑스 제국 왕관의 보석이 될 수 있었다. 외무부의 새 관리들은 프랑스의 민족주의적 언론의 지원을 받으며 그쪽에 자주 기밀을 누출했고, 특히 식민지 관련 로비에 영향을 받았다. 힘이 약하고 능력이 떨어지는 외무장관이 계속 부임하면서 외무부 관리들은 거의 간섭을 받지 않고 자신들이 원하는 길을 갈 수 있었다.[6]

1911년 3월 제3공화국에 잦았던 내각 개편의 일환으로 업무를 제대로 모르는 장 크루피Jean Cruppi가 외무장관이 되었다. 겨우 4개월만 일한 그는 그 짧은 기간 동안 외무부 관리들의 조언을 따르다가 프랑스-독일 관계에 상당한 피해를 입혔다. 그의 첫 행보는 독일과의 합의를 어기고 모로코에 철도를 건설하는 것이었다. 그런 다음 다른 분야에서 독일과의 경제 협력을 파기했고, 술탄 압델하피드가 독립성을 포기하고 프랑스의 보호(제국주의적 중의법대로 표현하자면) 아래 들어오도록 만들었다. 모로코의 무질서를 구실로 크루피는 수도 페스를 점령하라는 명령을 프랑스 군대에 내렸다. (프랑스군은 도착한 지 3주 후 술탄이 프랑스군의 도움을 요청하도록 만들었다.) 프랑스가 모로코 전체를 차지하려 한다는 것을 알고 우려가 커진 에스파냐는 기존의 자국 세력권인 모로코의 지중해 연안에 신속히 병력을 파견했다. 모로코는 이에 불만을 제기했고, 다른 강국들도 항의했다. 프랑스군은 페스와 주변 농촌 지역에서 철수하기로 약속했지만, 여러 이유를 대며 계속 남아 있었다.

10년 전만 해도 식민지 문제에 무관심했던 독일 여론은 그제야 식민지의 중요성을 포착했다.[7] 이미 자국 내 식민지 로비 그룹과 모로코에 이해관계가 있는 독일 사업가들로부터 상당한 압력을 받고 있던 독일 정부는 강력한 입장을 견지함으로써 많은 것을 얻을 수 있다고 생각했다. 3국협상의 부상으로 독일의 국제적 입지는 악화되었고, 이웃 국가인 프랑스와 러시아 모두 군사력을 강화하고 있었다. 영국과의 해군 협상은 계속되고 있었지만, 보스니아 위기 후 1908년 시작한 협상에서 구체적 합의를 내기에는 아직 먼 상태였다. 독일 내부에서는 황제의 해군 예산 증액에 대해 좌파, 우파를 막론하고 반대가 거세지고 있었고, 정부는 필요한 자금을 구하는 데 점점 더 어려움을 겪었다. 좌파와 우파의 정치적 분열은 심화되고, 《데일리 텔레그래프》가 분명히 보여준 것처럼 군주정 자체가 인기를 잃어가고 있었다. 독일의 새 수장 테오발트 폰 베트만홀베크와 그의 동료들이 느낀 유혹인, 국제적 위기를 이용해 독일 국민을 단결시킬 수 있겠다는 생각은 점점 커졌다.[8] 뷜로가 보기에 베트만홀베크는 독일과 오스트리아-헝가리가 보스니아 합병에서 얻은 것과 같은 극적인 성공을 갈망하고 있었다. 베트만홀베크를 약골로 여겨 불만스러워하며 경멸했던 뷜로의 주장에 따르면, 베트만홀베크는 직무 인수인계식에서 다소 감상적으로 이렇게 말했다. "나는 곧 외교정책의 골치 아픈 일을 만날 것이다."[9]

*

프로이센과 독일 민간 정부에서 경력을 쌓은 베트만홀베크는 외교 업무를 직접 맡은 경험이 거의 없었다. 그는 지적인 능력과 성실함, 그리고 카이저 등 강력한 가족 연줄로 꾸준히 승진했다. 빌헬름 2세는 아직 불안정하던 열여덟 청년 시절 베를린 바로 서쪽에 있는 베트만홀베크의 영지에서 첫 사슴을 사냥한 뒤 그곳을 자주 방문했다. 1905년 베트만홀베크는 아주 젊은 나이에 프로이센 내무장관이 되었고 1907년 독일 전체 내무장관이 된 데 이어 1909년 수상 자리에 올랐다. 함부르크의 선도적 사업가이자, 물러날 수상 뷜로의 친구 알베르트 발린Albert Ballin은 베트만홀베크를 "뷜로의 복수"라고 불렀고, 그가 "남자로서 영예로운 모든 자질을 갖추었지만 정치가로는 빵점이다"라고 말했다.[10] 이 말은 박정하기는 해도 완전히 틀린 말은 아니었다.

키가 크고 위압적인 베트만홀베크는 강인한 프로이센 정치가처럼 보였다. 어린 시절 할머니한테 "테오발트는 나중에 뭐가 될까? 너무 못생겼어!"라는 말을 들었지만, 그는 긴 얼굴에 회색 턱수염과 콧수염을 기른, 눈에 띄는 어른으로 자랐다.[11] 그러나 이런 외모 밑에는 어려서 끔찍한 두통을 견디고 늘 건강을 염려했던 허약한 실체가 있었다. 천성적으로 그는 아주 비관적이어서 자신에 대한, 그리고 자기 계급과 국가의 미래에 대한 의구심에 시달렸다. 그는 호헨피노프의 영지를 상속받았을 때 나무를 심지 않았는데, 그 이유는 나무들이 자라기 전에 러시아가 그 지역을 차지할 것이라고 그가 예상했기 때문이라는 말이 돌았다. 승진할 때면 그는 자신의 능력을 넘어선다고 신이 징벌을 내리지 않을까 염려했다. 프로이센 내무장관이 되었을 때에는 "나의 능력과 의무 사이의 불균형을 매일 느낀다"라고 말했다.[12] 젊어서 드러난 우울하고 내성적이며, 다른 사람과 친밀한 관계 맺는 것을 어려워하는 그의 기질은 이후에도 완전히 그를 떠나지는 않았다. 그는 영리하고 강한 도덕 기준을 가진 교육받은 사람이었지만, 마음먹는 데 어려움을 겪었다. 젊은 시절에는 한 친구에게 이렇게 썼다. "나는 좋은 결단력을 가지고 있고, 그것을 실행에 옮기려고 하네."[13] 그러나 그의 결단력은 부족했고, 그의 친구든 적이든 일을 질질 끄는 그의 성향을 언급했다. 뷜로 부인이 전한 말에 따르면 베트만홀베크의 부인도 그가 수상직을 맡지 않기를 바랐다고 한다. "그는 항상 결정을 못 하고, 주저하고, 사소한 일을 너무 걱정하고, 때로는 자신이 무슨 일을 하는지 알지 못했다. 그래서 가족들 사이에서 농담의 대상이 되었다."[14]

베트만홀베크보다 결단력 있는 사람이라도 수상 자리에서는 많은 문제에 부닥쳤을 것이다. 독일 정부 체제에 내재된 문제는 그 어느 때보다도 심각했다. 카이저와 그의 다양한 참모들, 그가 신임하는 장관들은 각자 독자적으로 행동했고, 수상이 하려는 일과 반대로 행동하는 경우도 자주 있었다. 제국의회가 점점 더 양극화되는 가운데 사회민주당은 선거를 치를수록 점점 많은 의석을 얻었다. 정부가 군비 확장과 사회보장제도에 필요한 재원을 얻으려면 조세 제도를 시급히 개혁할 필요가 있었다. 독일 사회 전체를 보면 보수층은 권력과 입지를 지키기 위해 결연한 후위대 역할을 한 반면, 노동계급은 더 많은 공유를 요구했다. 베트만홀베크는 카이저, 동료들, 제국의회 등 모든 방향에서 들어오는 요구를 감당하려고 노력했다. 그러나 사회민주당 세력이 특히 1912년 이후 크게 성장하면서 그는 제국의회를 상대하는 데 뷜로보다 더 많은 어려움을 겪었고, 주군과의 관계도 긴밀하지 않았다. 그는 계속 문제와 긴장을 만들어내는 광포한 황제를 제어하

는 데 전임자보다 많은 어려움을 겪었다.[15]

뷜로의 악의적 평가에 따르면 베트만홀베크는 "혈통이 좋은 순종 말도, 점프하는 말도 아니었지만, 장애물을 전혀 보지 못해 느리지만 꾸준히 앞으로 나가며 충실히 쟁기를 끄는 말처럼" 직무를 수행했다.[16] 이 말에는 베트만홀베크의 배경에 대한 공격이 담겨 있었다. 그는 이웃한 귀족 가문의 딸과 결혼했지만 배경은 뷜로만 못했다. 베트만홀베크 가문은 18세기 프랑크푸르트의 은행가 집안으로 번성했고, 여러 세대를 거치면서 지주 귀족으로 탈바꿈했다. 베트만홀베크의 할아버지는 저명한 판사이자 학자였는데 빌헬름 1세가 그를 귀족으로 만들었고, 베트만홀베크의 아버지는 꽤 많은 돈으로 호헨피노프 영지를 사들여 스타일로나 태생으로나 독일 융커가 되었다. 그의 관리하에 호헨피노프는 주민 1500명이 사는 번영하는 영지가 되었다. 장차 수상이 될 베트만홀베크는 17세기 장원 저택에 살면서 기숙학교에 가기 전까지 가정교사들에게 교육을 받았다. 그가 들어간 기숙학교는 귀족 자제들을 군인이나 민간 관리로 키우는 곳이었다. 베트만홀베크는 상업과 유대인에 대한 혐오 등 자신의 계급이 가진 많은 편견을 흡수했다. 동료 학생에게 이런 말을 한 적도 있었다. "내가 귀족 혈통이 아닌 걸 아니? 그러나 외적인 생활 기능이 전부 특권층의 울타리 안에서만 작동할 때, 한 발자국이라도 거기에서 벗어나는 것은 신중하지 않고 잘못된 일이야."[17]

아버지처럼 베트만홀베크도 자기 세계의 완고한 프로이센 반동파들이 불합리하다는 것을 알았지만 보수적인 자신의 견해를 견고히 지켰다. 그는 물질주의 같은 현대세계의 많은 것을 싫어하면서도 전통적 가치와 새로운 가치에 다리를 놓으려고 시도했다. 10대에 독일 통일을 겪은 그는 그때나 이후로나 열정적인 민족주의자가 되었다. 1877년 광적인 사람이 빌헬름 1세를 암살하려고 시도했을 때는 큰 충격을 받고 친구에게 이렇게 적어 보냈다. "사랑하는 우리 독일인들이 하나의 국민과 하나의 국가가 될 수 없다니 믿을 수 없어." 그는 분열된 독일 정치를 유감으로 여기며 "멸시받을 만한 사회주의자들과 불분명한 교조주의자인 자유주의자들"[18]을 한탄했다. 민간 관리이자 정치가로서 그는 단합과 사회적 평화를 위해 일하고, 온건한 개혁을 실시하고 가난한 계층의 삶을 개선함으로써 이들의 국가에 대한 충성을 얻어낼 수 있을 것으로 기대했다.

외교정책에서 베트만홀베크의 기본 시각은 분명했다. 즉 평화가 전쟁보다 낫고, 독일은 만일 외교가 실패하면 명예와 국익을 지키기 위해 싸울 준비가 되어 있어야 했다. 2차 모로코 위기가 악화된 1911년 여름 그는 카이저에게 "우리는 뒤로 물러날 수 없습니다. 왜냐하면 세계에서 우리의 신뢰가 현재뿐 아니라 미래의 외교적 행동에 견딜 수 없는 타격을 주게 될 것이기 때문입니다"라고 말했다.[19] 판테르호가 봄에 아가디르로 가기 전인 그해 겨울 해리 케슬러는 베를린의 만찬 석상에서 베트만홀베크와 오랜 대화를 나누었다. 수상인 베트만홀베크는 당시 국제정세에 대해 낙관적 견해를 가지고 있었다. 그는 독일과 러시아 관계가 개선되고 있다고 느꼈다. 실제로 그런 상황을 보여주는 증거가 있었다. 러시아의 니콜라이 2세는 그 전해에 포츠담으로 와서 빌헬름 2세를 만났다. 이때 양국은 오스만제국 철도 부설에 합의해 긴장의 원인을 없앴고, 독일은 또한 발칸 지역에서 오스트리아-헝가리 편이 되어 공격적 움직임에 가담하지 않겠다고 약속했다.[20] 베트만홀베크는 케슬러에게 영국은 독일에 대해 좀더 이성적인 사고틀을 갖게 될 것이라고 말했다. 러시아가 인도와 다른 지역에서 여전히 영국을 위협한다는 사실은 장기적으로 독일에 이익을 줄 수 있었다. "틀림없이 그들은 아주 불편하게 느껴 우리에게 접근할 것이다. 그것이 내가 기대하는 바다."[21] 베트만홀베크는 독일인 다수와 달리 영국을 혐오하지 않았지만(실제로 그는 아들을 옥스퍼드대학에 보냈다), 프랑스·러시아와 손잡은 영국의 3국협상을 독일에 대한 위협으로 간주하고 그것을 와해시키고 싶어했다. 모로코 위기가 진행되는 동안 사려 깊은 저명한 독일 사업가 라테나우는 호헨피노프 영지에서 베트만홀베크와 저녁 식사를 했다. 베트만홀베크는 독일이 프랑스와 대결한 것이 옳았다고 말했다. "모로코 문제는 영국과 프랑스를 단결시켰기에 '청산'해야만 한다." 그렇지만 그는 우울해하면서 전쟁 가능성을 우려했다. 라테나우를 차가 있는 곳까지 배웅하는 동안 그는 이렇게 말했다. "사실 어느 정도 보여주기 위한 쇼다. 우리가 너무 많이 양보할 수는 없다."[22]

베트만홀베크는 판테르호에 임무를 맡겨 파견하는 것을 우려했지만, 결국 외무부와 주장이 강한 외무장관 알프레트 폰 키데를렌-베히터에게 설득되고 말았다.[23] 베트만홀베크는 외교정책을 대부분 그에게 맡겼고, 키데를렌은 기꺼이 외교정책을 주도해나갔다. 덩치가 크고 금발에, 결투 때 입은 상처가 얼굴에 남은 아주 솔직한 모습의 키데를렌은 카이저든 누구든 그리고 전쟁을 비롯한 아무것도 두려워하지 않았다. 또한 기지, 냉소주의, 부주의, 거친 태도로 유명했다. 그를 런던에 대사로 파견하자는 얘기가 나오자 그레이는 이렇게 소리쳤다고 한다. "더 많은 드레드노트급 전함에다 매너 나쁜 키데를렌이라니 너무하네!"[24] 처음에 그는 카이저가 신임하는 부하였다. 카이저는 그의 충격적인 농담과 이야기를 좋아했지만 늘 그렇듯 그는 너무 멀리 나갔고, 황제에 대한 거친 입담은 그에게 돌아왔다. 그 벌로 키데를렌은 루마니아 대사라는 한직으로 밀려났다. 그의 적 중 한 사람인 황후는 그의 생활 방식이 못마땅했다. 수년간 그는 집을 돌보는 이혼녀와 공개적으로 동거했다. 뷜로 수상이 이를 문제 삼자, 그는 전혀 굽히지 않고 이렇게 대답했다. "각하, 제가 그녀를 직접 보여드린다면, 각하는 저와 이 뚱뚱한 늙은 여인이 부정한 관계라고는 믿기 힘들어질 겁니다."[25]

카이저는 처음에는 키데를렌을 베를린으로 귀환시키려는 베트만홀베크에게 반대했지만, 수상이 모피 속에 숨은 이 한 마리를 찾아줬다고 말하며 수상의 말에 따랐다. 키데를렌은 자신이 지렁이라고 부른 베트만홀베크에게 감사나 존경은 거의 표하지 않았다. 베트만홀베크는 고집이 세고 비밀 많은 남자를 상대해야 한다는 것을 깨닫고 그에게 노새라는 별명을 붙였다.[26] 키데를렌이 외무장관을 하는 동안 독일의 외교정책이 자주 이상하고 일관성이 없어 보였던 이유는 그가 해외에 나가 있는 대사들, 부하들, 동료들과 소통하는 것을 거부했기 때문이다. 한번은 베트만홀베크가 친구에게 외무장관을 만취하게 만들어 어떤 인물인지 알아봐야 한다고 말한 적도 있었다.[27] 키데를렌도 자기 자신을 제대로 몰랐던 것 같다. 전쟁부의 한 고위관리는 모로코 위기가 절정일 때 판테르호를 파견한 것은 독일 외교정책의 비일관성을 보여주는 전형적인 사건이라고 불평했다.

이 사건으로 어떤 일이 일어날지, 이 사건이 어떻게 다루어질지에 대해서는 아무 생각이 없었다. 이 결정은 어느 오후 몇 시간 만에 내려진 것으로 알려졌다. 현지 상황이나 정박지 등 아무것도 모르고 결정한 것이다. 이제 우리가 이로 인한 정치적 어려움에 당황하고 있는 것은 전혀 놀라운 일이 아니다.[28]

이 위기를 만들어 키데를렌은 프랑스가 모로코 문제에 대해 진지한 협상에 임하게 하고, 베트만홀베크와 마찬가지로 영국을 3국협상에서 떼어내길 바랐던 것 같다. 키데를렌은 처음부터 동료들과 프랑스 측에 독일을 위한 보상으로 모로코나 다른 곳에서 무엇을 원하는지를 분명히 알리지 않았는데, 이것은 의도적인 전술이었다.[29] 그는 어느 정도 근거를 가지고 프랑스는 싸울 준비가 안 되었다고 생각했고, 그래서 벼랑 끝 전술과 공갈을 준비했다.[30]

프랑스와 독일 사이의 양해 증진을 위해 부단히 노력한 쥘 캉봉은 키데를렌과 협상하기가 아주 까다롭다는 것을 알았다. 키데를렌이 갑자기 6주간 온천으로 휴가를 떠난 6월, 두 사람은 베를린에서 모로코 문제를 논의하던 중이었다. 캉봉은 6월 말 휴양지로 그를 찾아가 프랑스는 일부 보상을 할 준비가 되어 있다고 제안했다. 판테르호를 이미 파견한 키데를렌은 "파리에서 무언가를 가져오시죠"라고만 말했다.[31] 그와 캉봉의 대화는 판테르호가 현지에 도착했다는 소식이 알려진 후인 7월 8일 재개되어 모로코에서 독일의 입지와 아프리카 다른 곳에서 보상할 가능성이 논의되었다. 일주일 후 캉봉은 독일이 정확히 무엇을 원하는지를 단도직입적으로 물었다. 키데를렌은 아프리카 지도를 가져오게 한 뒤 프랑스령 콩고 전체를 가리켰다. 훗날 키데를렌이 주장한 바에 따르면 캉봉은 "거의 뒤로 쓰러질 뻔했다"고 한다. 이 요구가 외부에 노출되자 프랑스와 영국에서는 독일이 아프리카에서 거대한 제국을 건설하려 하며 궁극적으로 벨기에령 콩고와 포르투갈령 앙골라와 모잠비크를 장악할 것이라는 많은 우려가 제기됐다.[32] 사실 키데를렌이나 베트만홀베크는 아프리카에 별 관심이 없었다. 다만 그들은 독일이 무시되어서는 안 된다는 것을 보여주고 싶어했다.[33]

또한 무시될 수 없는 사실이자 위기 해결을 어렵게 만든 것은 독일의 여론이었다. 프랑스를 겁주기 위해 식민지 로비 그룹과 민족주의적 범독일연맹으로 하여금 강경 노선을 택하도록 부추긴 키데를렌은 자신이 통제하기 어려운 무언가를 자극했음을 깨달았다. 위기가 끝난 후 쥘 캉봉은 이렇게 말했다. "독일의 국민은 평화적인데 정부가 호전적이라는 말은 잘못된 것이다. 정확하게 그 반대되는 말이 진실이다."[34] 사회민주당 지도자 베벨은 과열된 독일 여론을 너무 우려하여 취리히 주재 영국 영사에게 다음과 같이 런던에 보고하게 만들었다. "끔찍한 종말을 피할 수 없을 것 같다."[35] 평화의 마지막 시기에 두마가 점점 더 외교·군사 문제에 깊이 관여한 러시아에서부터, 전통적으로 여론이 중요한 역할을 한 영국에 이르기까지 유럽 각국 정부는 조정할 수 있는 자신들의 능력이 점점 더 대중의 감정과 기대로 저해되고 있다고 느끼게 되었다.

프랑스에서 독일의 움직임에 대한 반응은 충격과 분노였고, 모로코 위기는 좋지 않은 시점에 터졌다. 한편 5월말 에어쇼에서 사고가 발생해 전쟁장관이 사망하고 수상이 큰 부상을 입었다. 정부는 버텨보려 했지만 한 달 후 붕괴했다. 판테르호가 아가디르항에 도착했다는 뉴스가 보도되기 4일 전인 6월 27일 새 정부가 들어섰다. 새로운 외무장관은 외교 업무에 전혀 경험이 없었다. 돈은 많지만 평판이 안 좋고 이혼녀와 결혼하며 스캔들을 일으킨 새 수상 조제프 카요가 외교 업무를 직접 관장하기로 했다. 카요가 가진 장점 하나는 현실주의였다. 위기가 발생하자 그는 막 참모총장이 된 조프르와 프랑스가 전쟁할 가능성에 대해 논의했다. 조프르가 프랑스가 승리할 가능성이 희박하다고 말하자 카요는 프랑스로서는 협상하는 것 외에 다른 선택이 없다고 결론지었고, 몇 달 동안 모로코 문제를 해결하려고 노력한 쥘 캉봉에게 키데를렌과 대화하도록 지시를 내렸다.[36] 독일과 마찬가지로 프랑스도 자국 언론과 여론이 협상에 제약을 가하고 있다는 것을 알게 되었다.[37] 외무부 관리들도 협상을 격렬히 반대하며 쥘 캉봉의 노력을 훼손하려고 했다. 캉봉은 가장 친한 동료에게 다음과 같이 적어 보냈다. "그들은 무엇을 원하는지 모르는 채 계속 바큇살에 꼬챙이를 찔러 넣고, 여론을 흥분시키고 불장난을 하고 있다."[38] 캉봉은 위축되어 그해 여름 베를린 주재 무관을 통해 전쟁부를 거쳐 카요에게 보고했다.[39] 이런 어려움의 결과 카요는 파리 주재 독일 대사관을 통해 비밀협상을 진행했고, 이 때문에 훗날 그는 반역했다는 비난에 처하게 된다.[40]

독일에 대한 프랑스의 대응을 더 어렵게 만든 것은 동맹국 러시아였다. 러시아는 모로코 문제로 전쟁에 휘말리고 싶지 않다는 뜻을 분명히 밝혔다. 파리 주재 러시아 대사가 된 이즈볼스키는 프랑스 측에 3년 전 보스니아 위기 때 프랑스의 지원이 시원치 않았던 것을 지적했다. 그는 "러시아는 당연히 동맹에 충실할 것이지만 모로코를 놓고 전쟁하는 것을 여론이 받아들이도록 만들기는 어렵다"고 말했다. 그리고 러시아는 프랑스가 공격당할 경우 프랑스를 지원할 것인지에 대해서도 분명한 입장을 밝히지 않았다. 러시아 군대는 최소한 2년은 기다려야 싸울 준비가 된다고 이즈볼스키는 주장했다. 차르는 상트페테르부르크 주재 프랑스 대사에게 애매한 메시지를 전했다. 그는 필요할 경우 프랑스에 대한 자신의 말을 준수하겠지만, 프랑스가 독일과 타협하는 것이 현명하다고 말했다.[41]

프랑스의 다른 핵심 동맹국인 영국도 프랑스와 독일은 영국의 개입 없이 스스로 이견을 해소해야 한다는 입장을 취했다. 정부는 노동 소요 외에도 여러 국내 문제로 골치를 앓았다. 6월에 진행된 조지 5세 즉위식은 아일랜드 자치 문제를 다시 확대되게 만들었다. 보통선거 주의자들이 여성 투표권을 주장하며 격렬한 시위를 벌였고, 하원과 상원의 투쟁도 절정에 다다랐다. 국제정세에서 영국은 두 3국협상국 모두와 문제를 겪고 있었다. 외무부의 한 관리는 "절대 직선적인 방식으로 행동하지 않는 프랑스와 일하기가 너무 힘들다"라고 말했다.[42] 영국과 러시아 관계는 악화되고 있었고, 특히 페르시아에서 양국은 세력권 확보를 위해 경쟁하고 있었다.[43]

이와 대조적으로 영국과 독일 관계는 해군력 경쟁으로 다소 교착된 상태에서도 개선되고 있었다. 위기가 시작되기 전인 그해 5월 카이저는 할머니인 빅토리아 여왕 동상 제막식에 참석하기 위해 런던을 방문했고, 이 방문은 잘 진행된 듯이 보였다(그러나 그는 떠나면서 고위 영국 제독인 독일 왕자 루이스 바텐베르크Louis Battenberg에게 큰 소리로 영국에 대한 불만을 토로했다).[44] 오스만제국에서 영국과 독일 금융기관은 철도 프로젝트 같은 분야에서 서로 협력했다.[45] 내각 내 급진주의자와 온건주의자, 그리고 이들을 지지하는 의회 의원들은 해군에 대한 대규모 지출을 비판했고, 그레이에게 독일과 관계를 개선하라는 압박을 넣었다. 그들은 그중 하나로 외교정책, 특히 독일 관련 정책을 감독할 내각위원회를 만들 것을 요구했다.[46]

그레이 자신은 과거 영국이 수행했던 강국들 사이의 중재자 역할을 계속하기를 원했고, 아프리카에서 독일이 식민지를 확장할 가능성에 대해 우려하지 않았다. 그는 프랑스에 온건 정책을 펴도록 촉구하는 한편, 영국이 프랑스를 지원할 수도 있다고 독일 측에 암시했다. 그는 영국에 중요한 것은 모로코에서 이루어질 새 타협에서 영국의 이익이 존중되어야 하는 것임을 양국에 말했다. 한편, 이제 차관 아서 니컬슨이 이끌게 된 영국 외무부는 처음부터 좀더 암울한 시각을 유지했다. 그는 강력한 반독일 성향의 인물이었고, 파리 주재 영국 대사는 친프랑스 성향이었다. 그들에게 새 위기는 1차 모로코 위기가 재발한 것이었고, 그레이는 프랑스를 강력히 공개적으로 지지해야 하며 그러지 않으면 3국협상이 와해될 수 있다고 생각했다. 그레이와 수상 애스퀴스는 7월 중순 독일이 프랑스령 콩고 전체를 원한다는 말이 런던에 들어오기 전까지는 압박에 저항했다.[47] 독일 외교정책에 의심의 눈길을 거두지 않았던 에어 크로는 "우리는 빛을 보기 시작했다"라고 외무부 비망록에 적었다.

독일은 가장 큰 판돈을 바라고 게임을 하고 있다. 만일 콩고나 모로코에서 그들의 요구가 수용되거나 — 나는 그들이 시도할 것이라고 생각한다 — 아니면 두 지역 모두에서 수용되면, 이는 분명 프랑스의 굴복을 의미한다. 독립적인 외교정책을 가진 국가는 그런 요구를 받아들일 수 없다. 조건의 세부 사항은 현재 그리 중요하지 않다. 이는 무엇보다 힘을 시험하는 것이다. 양보는 이익이나 권위의 상실이 아니라 패배를 의미하고, 피할 수 없는 결과를 가져올 것이다.

니컬슨도 이 견해에 동의했다. "만일 독일이 우리가 조금이라도 약해지는 것을 보면 프랑스에 대한 독일의 압박은 감내하기 어려워질 것이고, 프랑스는 싸우거나 항복해야 한다. 후자의 경우 독일의 패권이 확고하게 수립되고, 이는 즉각적이고도 장기적인 모든 결과를 수반할 것이다."[48] 영국 내각은 그레이가 독일에 보내는 메시지를 재가했다. 여기에는 판테르호의 도착으로 영국은 위기에 대해 더욱 우려하고 있고, 프랑스 편에 설 수밖에 없다는 내용이 들어갔다. 독일은 2주 넘게 답을 하지 않아 영국의 의심을 더욱 강화시켰는데, 이는 독일이 전반적인 문제를 엉망으로 다루고 있음을 보여주는 것이었다.

그레이로서는 마음이 편하지 않은 여름이었다. 그해 초 그는 사랑하는 동생 조지가 아프리카에서 사자에 물려 사망하면서 개인적 비극을 또 한 번 겪었고, 모로코 위기로 자신의 영지 팰러던에서 멀리 떨어진 런던에서 계속 지내야 했다. 내각은 독일에 얼마나 강경한 태도를 보이고 프랑스에 얼마나 지원해야 하는가를 놓고 의견이 갈렸다. 국내에서는 파업의 물결이 멈추지 않는 데다 기록적인 무더위가 찾아왔다. (저녁이면 처칠은 그레이를 불러 같이 클럽에 가 수영하곤 했다.) 7월 21일 내각은 영국은 자국이 참여하지 않은 어떠한 모로코 합의도 수용하지 않을 것이라고 독일에 통보했다. 그날 저녁 로이드조지는 런던 시장 관저에서 진행된 만찬에서 자신은 자유와 평화를 지원하기 위해 영향력을 발휘했다고 주장했다.

> 영국이 오랜 세월 영웅주의와 성취로 얻은 위대하고 유리한 입지를 포기해야 하고, 자국의 이익이 걸린 문제에서 열강 간의 회의에 영국이 아무런 영향력도 없는 나라처럼 취급받는 방식으로만 평화가 유지될 수 있다면, 나는 그러한 대가를 치르고 얻는 평화는 우리처럼 위대한 나라가 참을 수 없는 모욕임을 강조해서 말한다. 국가적 명예는 정당 간의 문제가 절대 아니다.[49]

런던 시장 관저 연설은 파장을 일으켰는데 그 이유 중 하나는 독일에 온건한 시각을 가진 것으로 알려진 사람에게서 이런 발언이 나왔기 때문이었다. 독일 대사는 호전적 어조에 항의했다.

영국의 입장 강화는 독일에서 이미 어려움을 겪고 있던 키데를렌을 동요시켰다. 독일의 동맹국 오스트리아-헝가리는 이미 작은 이견을 보이고 있었다. 에렌탈은 측근에게 이렇게 말했다. "우리는 동쪽에서는 독일에 충실하고 동맹 의무에 항상 충실할 것이다. 그러나 나는 키데를렌을 따라 아가디르로 가지는 않을 것이다. … 체면치레의 정치를 할 수는 없다."⁵⁰ 언사와 문서 여백에서는 강경해도 전쟁 가능성 앞에서 늘 뒤로 물러났던 카이저는 노르웨이에서 보내던 여름휴가에서 돌아오겠다고 위협했다. "나는 우리 정부가 내가 없는 듯 이렇게 행동하도록 놔둘 수 없다. 결과를 감독하고, 관여할 것이다. 그러지 않으면 용서받을 수 없고, 내가 의회 지도자처럼 보이게 될 것이다. 희희낙락하는 왕이라니! 그사이 우리는 동원령을 향해 가고 있지 않은가. 내가 멀리 출타 중일 때 이 조치가 진행되어서는 안 된다!"⁵¹ 7월 17일 카이저가 탄 요트에서는 그가 전쟁을 원하지 않는다는 말이 나왔고, 7월 말 그는 독일로 돌아왔다.

식민지 분쟁이 국제 합의에 의해 상대적으로 쉽게 해결될 수 있음에도 유럽이 갈팡질팡하고 전쟁 가능성을 쉽게 받아들이는 것은 당혹스러운 일이었다. 8월 초 영국 군대는 유럽대륙에 원정군을 파견할 수 있는지를 고려하기 시작했고, 영국 해군부가 독일 해군 궤적을 24시간 동안 놓쳤을 때에는 소동이 일어났다.⁵² 영국 군 당국은 무기고를 경비하기 위해 병사들을 파견하는 등 방어적 조치를 취했다.⁵³ 그달 계속되는 위기에 대응하기 위해 제국방어위원회 특별회의가 열려 영국의 전략적 입지와 전쟁 계획을 점검했고, 그레이는 영국과 프랑스 육군 참모들 사이에 대화가 진행되어왔다는 사실을 내각 동료들에게 실토했다. 독일 군부가 아가디르에 군대를 상륙시키는 것을 검토하고 있고, 심지어 빌헬름 2세가 총동원령 준비 명령을 내렸다는 소문까지 돌았다.⁵⁴ 9월 4일 군작전국 책임자 헨리 윌슨은 독일 주재 영국 무관의 보고와 독일이 밀 재고를 늘리고 있다는 보도에 동요해, 피커딜리의 왕실 카페에서 식사 중인 처칠과 그레이에게 전화를 걸었다. 세 사람은 밤늦게까지 윌슨의 집에서 정세를 논의했다.[55] 독일에서는 예방전쟁이 심각하게 논의되었고, 베트만홀베크조차 그것이 독일 국민에게 좋겠다고 생각했다.[56] "빌어먹을 모로코 이야기가 내 신경을 건드리기 시작했소." 몰트케는 부인에게 편지를 쓰며 다음과 같이 덧붙였다.

> 만일 이번 일에서 우리가 다시 한번 겁먹은 모습을 보이고, 칼로 밀어붙일 각오로 적극적 요구를 내세우지 못한다면, 나는 독일제국의 미래에 대해 절망할 것이오. 그럴 경우 나는 떠날 것이오. 그러나 그전에 나는 우리 군대를 없애고, 일본의 보호령 아래 우리를 두도록 요청할 것이오. 그러면 우리는 방해받지 않고 돈을 벌고, 완전히 단순하게 살아갈 수 있을 것이오.[57]

키데를렌은 8월 1일 발트해 항구 스비네문데Swinemunde(이곳은 1945년 연합국 폭격으로 크게 파괴된다)에서 카이저와 만난 다음 프랑스령 콩고에 대한 전체 요구를 철회하고 프랑스와 타협할 의사가 있음을 암시했다. 독일의 민족주의 언론은 "치욕", "수치", "불명예"라며 성토했다.[58] 선도적 보수 신문 하나는 다음과 같이 격앙되어 있었다. "만일 우리가 이 순간 말할 수 없는 수치와 국가적 불명예를 피할 수 있다면…. 이제 우리는 유서 깊은 프로이센 정신은 사라지고 여성스러운 종족이 되며, 인종적으로 이질적인 몇몇 상인들의 이익에 지배된다는 말인가?" 이 신문은 외국인들이 황제를 "겁쟁이 기욤, 용감한 겁쟁이!"라고 부른다고 주장했다.[59] 반면 발린을 비롯한 영향력 있는 사업가들은 독일의 경제 사정이 더 나빠지기 전에 타협할 것을 요구했다. 9월 초, 전쟁에 대한 두려움이 베를린 증권 시장 붕괴를 가져왔다.

키데를렌과 쥘 캉봉은 신속하게 원칙적 합의를 이루었다. 합의의 핵심은 프랑스령 아프리카 식민지 일부를 독일에 양도하는 대가로 독일은 모로코에서 프랑스의 지배적 지위를 인정한다는 것이었다. 협상에서 자주 일어나는 일처럼 두 사람은 이후 지역 주민들의 바람과는 전혀 상관없이 아무도 알지 못하는 강둑이나 작은 마을 같은 세부적인 내용을 놓고 다투었다. 특히 카메룬 북부 "오리의 부리"라고 알려진 작은 띠 모양 지역이 문제를 일으켰다. 키데를렌이 프랑스 스파이로 소문난 애인과 프랑스 휴양지 샤모니에서 잠시 휴가를 보낸 것도 충격을 자아냈다. 그는 익명으로 여행하고 싶었지만, 역에서 현지의 지사와 의장대에게 환영을 받았다. 프랑스 민족주의 언론은 애인 때문이 아니라 무신경한 휴양지 선택에 흥분했다. 키데를렌은 그녀와 자신의 편지들을 몇 주간 그곳에 남겨두었고, 프랑스인들이 볼 것으로 예상한 편지에서 독일은 협상에서 만족할 만한 결과를 얻지 못하면 싸워야 한다고 경고했다.[60]

11월 4일 마침내 서명된 조약으로 프랑스는 독일의 경제적 이익을 존중한다는 약속과 함께 모로코를 보호령으로 만들 권리를 얻었다. 그 보상으로 독일은 중앙아프리카에서 약 25만 평방킬로미터의 식민지를 얻었다. 캉봉과 키데를렌은 서로 사진을 교환했다. 키데를렌은 "나의 무서운 적이자 매력적인 친구에게"라고 사진 뒤에 적었고, 캉봉은 "나의 매력적인 적이자 무서운 친구에게"라고 썼다.[61] 리용의 기차역사에서 한 짐꾼이 캉봉을 알아보았다. "당신 베를린 주재 대사 아닌가요?" 캉봉이 그렇다고 대답하자 짐꾼은 이렇게 말했다. "당신과 런던의 당신 형은 우리에게 큰일을 해주었어요. 당신들이 없었으면 우리는 엉망이 됐을 거예요."[62]

그러나 훗날 그레이는 다음과 같이 말했다. "그런 국제위기의 결과는 그 정도로 끝나지 않는다. 끝난 것처럼 보이지만, 수면 아래로 내려갔다가 나중에 다시 나타난다."[63] 강국들은 서로 불신할 새로운 이유를 얻었고, 핵심 정책결정자들과 대중은 전쟁 가능성을 받아들이는 데 한 발 더 다가섰다. 이제 프랑스 주재 러시아 대사가 된 이즈볼스키는 상트페테르부르크의 후임 장관 사조노프에게 유럽의 국제질서는 심각하게 취약해졌다고 썼다. "강국들 간의 모든 지역적 충돌은 분명 러시아는 물론 모든 유럽 강국이 참여하는 전면전으로 치달을 것이다. 신의 도움으로 이 충돌의 시작이 지연될 수도 있겠지만, 우리는 언제라도 이 전쟁이 일어날 수 있고 항상 준비 태세여야 한다는 것을 숙지해야 한다."[64]

영불협상은 살아남았지만 영국과 프랑스는 저마다 상대국이 잘못 행동했다고 느끼고 있었다. 프랑스는 영국이 처음부터 더 확고하게 지원해주길 바랐고, 영국은 프랑스가 콩고 문제에서 어려움을 자초하고 모로코의 에스파냐 영역을 장악하려고 시도한 데 화가 났다.[65] 영국 내각은 영국-프랑스 군사 대화에 대해 계속 불안해했다. 11월 내각은 두 번의 격렬한 회의를 진행했는데, 이때 일부 온건파 각료 몇 사람은 프랑스에 군사적 약속을 할 경우 사임하겠다고 위협했다. 애스퀴스조차 의기소침해져서 9월 그레이에게 군사 대화는 "다소 위험"하고 "프랑스는 현 상황에서 이런 전제로 계획을 짜도록 고무되어서는 안 된다"라고 주장했다.[66] 그레이는 외교정책에서 자신이 재량권을 발휘해야 한다고 강력히 주장했지만, 처음으로 내각의 통제를 어느 정도 받아야 한다는 데 동의했다. 전쟁이 일어날 경우 영국 측에서 육해군의 간섭과 같은 해석을 가져올 영국과 프랑스 총참모부 간의 교류는 없어야 한다는 데 동의가 이루어졌다. 만일 그런 소통이 이루어져야 한다면 사전에 내각의 허가를 받기로 했다. 그럼에도 불구하고 헨리 윌슨이 계속 프랑스를 방문하면서 군사 대화는 이어졌고, 그는 프랑스 측에 영국이 프랑스 편에 서겠다고 약속했다. 해군 대화도 시작되어 1913년 2월에는 지중해와 영국-프랑스 사이 해역에서 협력하겠다는 합의가 이루어졌다. 이 합의로 프랑스 해군은 지중해에 집중하고, 영국은 영불해협에 집중하기로 했다. 영국은 스스로는 프랑스와 군사동맹을 맺지 않았다고 말할 수 있었지만 양국의 유대는 깊어지고 강화되었다.

프랑스에서는 모로코를 놓고 독일과 조약을 체결한 것이 1830년 알제리 획득과 같은 큰 승리로 여겨졌다.[67] 그러나 카요 정부는 독일과의 비밀 접촉이 드러나면서 물러났고, 반독일 민족주의자 레몽 푸앵카레가 이끄는 새 정부가 들어섰다. 독일이 전쟁을 이용해 원하는 것을 얻을 것임을 보여주는 증거가 된 모로코 위기는 프랑스 여론에 큰 영향을 주었고, 프랑스 자체의 전쟁 준비를 자극했다.[68] 나중에 베를린 주재 프랑스 무관은 독일 대중이 호전적인 분위기에 휩싸였고, 패배로 생각하는 모로코 협상 결과에 큰 분노를 느끼고 앞으로 위기에서 타협하거나 보상을 받는 것을 거부하고 있다고 보고했다. 그는 프랑스와 독일의 군사적 대결은 피할 수 없을 것 같다는 의견도 첨부했다. 1906년부터 1911년까지 프랑스 외무장관을 역임한 스테펜 피숑과 1913년 외무장관직에 복귀한 조프르와 주요 장군들은 이러한 보고에 큰 영향을 받았다.[69]

독일에서 이 조약은 1차 모로코 위기에 비교되는 또 하나의 패배로 보였다. 베트만홀베크는 제국의회에서 이 조약을 옹호하는 동안 우파로부터 "우리가 그렇게 말하든 아니든 패배다"라는 분노에 찬 항의를 들었다. 황태자는 방청석에서 보란 듯이 박수를 쳤다.[70] 보통 정치에 관여하지 않던 황후는 키데를렌에게 비난하듯이 말했다. "우리는 항상 프랑스인들 앞에서 물러나고 그들의 무례함을 견딜 것인가?"[71] 카이저도 많은 비난을 받았다. "선출된 위대한 왕, 프리드리히 빌헬름 1세, 프리드리히 대왕, 카이저 빌헬름 1세를 배출한 호엔촐레른 가문에 무슨 일이 일어났는가?"[72] 한 우파 신문은 이렇게 물었다. 독일 여행 중이던 미국 정치인은 군 장교들이 카이저가 1905년과 1911년 자신들을 바보처럼 보이게 만들었지만, 더이상 그렇게 하도록 놔두지 않을 것이라고 말하는 것을 들었다.[73]

1911년 여름, 전쟁이 일어날 가능성이 독일인들에게 현실로 다가왔을 때 독일의 전략적 입지는 좋지 않았다. 이 위기로 많은 독일인들은 조국이 적에 포위되어 있다는 생각을 더욱 굳혔다.[74] 독일은 지상에서 프랑스·러시아와, 바다에서 영국과 싸우며 3면 전쟁을 벌여야 하지만, 그럴 자원이 충분한지는 분명하지 않았다.[75] 독일 해군이 영국 해군을 상대할 수 있는지에 대한 의구심도 커졌다. 킬 운하 확장으로 거대한 전함이 안전하게 발트해와 북해를 오가고 독일 해군이 양 해양에 존재감을 드러낼 수 있는 것은 1914년까지 완료되지 않았다. (킬 운하는 사라예보에서 오스트리아 황태자 암살 사건이 일어나기 4일 전인 1914년 6월 24일에야 개방되었다.) 티르피츠는 전과 마찬가지로 위기를 이용하여 새로운 해군 예산 증액을 요구했다. 그는 앞으로 몇 년간 6척의 전함을 건조하고 해군에 세 번째 함대를 창설할 것을 요구했다. 그의 주장에 따르면 이런 정책은 우파와 중산층이 좌파에 대항하도록 자극하고 "사회민주당과 좌파 자유주의 정당들의 바람을 뺄 것"이었다.[76] 그의 주장은 국제적 긴장이 고조된 당시 상황에서 더 많은 드레드노트급 전함 건조는 영국과의 전쟁으로 이어질 수 있다고 생각하는 휘하의 많은 제독의 반대에 부딪혔다. 베트만홀베크도 비용과 위험 모두를 고려하여 티르피츠의 주장에 반대했다. 결국 티르피츠는 카이저의 결단을 얻어내지 못했다. 카이저는 티르피츠를 겁쟁이라고 부르며, 자신은 영국의 위협을 받지 않을 것이라고 말했다. 그는 해군 지휘부에 다음과 같이 으스댔다. "나는 제국 수상에게 내가 때가 되면 주저하지 않고 행동에 나선 프리드리히 대왕의 후손임을 기억하라고 말했다. 또한 수상에게 영국인처럼 자의식이 너무 큰 사람들은 언젠가 겸손해져야 한다는 정치의 섭리를 헤아려야 한다고 말했다."[77]

육군은 몇 년간 해군에 들어가는 자원이 점점 많아지는 것을 조용히 지켜보기만 했지만, 이제 육군 증강을 요구하고 나섰다. 몰트케의 말대로 그것은 "자기 보존"의 문제였다.[78] 카이저는 해군의 증액을 일부 삭감하여 육군과 해군의 예산안을 절충하겠다고 약속했다. 국방예산 증액에 저항해온 독일 여론과 제국의회는 이제 그것을 승인하는 분위기로 바뀌었다. 1912년 해군 예산안은 3척의 드레드노트급 전함 건조와 2척의 경순양함 건조를 승인했고, 육군 예산안은 이후 5년간 약 3만 명의 병력 증강과 군대 수송 체계 강화 등 조직 개편을 승인했다.[79] 베트만홀베크를 달래기 위한 작은 선물로 제국의회는 영국과의 대화 재개를 허용했다. 당연히 영국은 이 제안을 다소 회의적으로 받아들였다.

*

모로코 위기는 유럽 지도자들에게 또 하나의 위험한 후유증을 남겼다. 이 위기는 바로 1911년 가을 이탈리아와 오스만제국의 전쟁을 촉발했고, 1912년과 1913년에는 발칸전쟁으로 이어졌다. 이탈리아는 강국들의 전 세계적인 식민지 쟁탈전을 시기하며 관망했지만, 이제 자국이 가진 소수의 해외 식민지에 새로운 식민지를 추가하기로 결정했다. 오스만제국은 약했고, 내부 분열과 알바니아와 예멘에서 일어난 반란으로 더욱 흔들리고 있었다. 지난 몇 년간 이탈리아는 영국, 프랑스, 오스트리아-헝가리, 러시아로부터 이탈리아가 북아프리카의 오스만제국령 두 지역, 즉 키레나이카와 트리폴리(오늘날 우리는 두 지역을 리비아로 알고 있다)에 특별한 이권을 갖고 있다는 것을 인정하는 약속을 받아냈다. 1911년 모로코에서와 같이 북아프리카 상황이 바뀌면 이탈리아는 어떤 형태로든 리비아 장악을 강화할 수 있다고 생각했다. 식민지 획득은 이탈리아 민족주의자들의 다른 꿈인 이탈리아어를 쓰는 트리에스테 대항구와 트렌티노를 오스트리아-헝가리로부터 빼앗는 것보다 쉬운 일이었다. 이탈리아의 국력이 약해 이 지역은 먼 미래에나 장악을 시도해볼 수 있었다.[80] 오스트리아-헝가리는 이탈리아의 관심을 알프스와 아드리아해에서 지중해 남부 해안으로 돌릴 수 있다면 더할 나위 없이 좋았다.[81]

그러나 제국을 건설하려던 이탈리아의 예전 시도는 보기 좋게 실패했다. 이탈리아 민족주의자들은 1881년 프랑스가 튀니지를 장악한 것을 여전히 아쉬워했다. 역사(카르타고가 패배한 후 로마는 이 지역을 곡창지대로 만들었다), 지리(튀니지 해안은 시칠리아 바로 맞은편이었다), 이민(1차대전 당시 약 1만 3000명의 이탈리아인이 튀니지에 살고 있었다) 모두로 볼 때 튀니지는 프랑스보다 이탈리아에 속해야 하는 지역이었다. 이탈리아는 아프리카의 뿔 지역에 위치한 에리트레아와 소말릴란드에 낙후된 작은 식민지를 건설했지만, 에티오피아를 차지하려는 시도는 1896년 아두와 전투 참패로 실패로 돌아갔다. 유럽과 세계무대에서 중요한 역할을 해보려는 욕구가 강했던 이탈리아로서는 큰 치욕이었다.

이탈리아는 예의상 강국으로 대접받았으나 가난 때문에 다른 강국보다 뒤처졌다. 이탈리아 인구는 3500만 명이었는데, 이웃 국가이자 경쟁국인 오스트리아-헝가리 인구는 5000만 명이었다. 해외 이민으로 많은 인구를 잃고 있었는데, 1913년에만 87만 3000명이 해외로 이민 갔다.[82] 철도망은 제대로 개발되지 않았고, 다른 유럽 강국에 비해 산업화가 덜 되고 농업의 비중이 컸다. 러시아를 비롯한 다른 강국에 비해 군사비 지출도 훨씬 적었다.[83] 또한 이탈리아 자체보다는 각 지역과 도시가 주민들의 충성심을 더 불러일으켰다. 새로 등장한 노동계급과 고용자, 북부와 남부, 가톨릭교회와 국가 사이에는 깊은 균열이 있었다. 1914년 이전 주도적인 정치인은 조반니 졸리티였다. 그는 이탈리아의 경제, 사회, 정치를 현대화하려고 시도한 자유주의적 개혁가였지만, 정치 계급과 대중 사이에는 이런 개혁이 즉흥적이고 아주 효과적이지는 않다는 인식이 있었다. 정부 최고 지도부의 군사·민간 지도자들은 서로 소통하지 않았다. 일례로 이탈리아의 참모총장은 언젠가 전쟁하게 되면 지켜야 할 3국동맹의 조건에 대해 아는 것이 없었다. 이론상 국왕이 외교정책과 군대를 관장하게 되어 있었지만, 1900년 암살당한 선친의 뒤를 이어 국왕이 된 비토리오 에마누엘레 3세는 장관들을 거의 만나지 않았다. 키가 작고 신경이 예민한 국왕은 체구가 훨씬 큰 몬테네그로 출신 부인 등 사랑하는 가족과 동전 수집에만 관심을 쏟았다.

좋은 날씨와 많은 볼거리 때문에 찾아온 외국인들은 이탈리아를 보고 코웃음을 터뜨렸다. 이탈리아인들은 매력적이지만 혼란스러우며 어린애 같았고, 진지하게 대우받을 국민으로 보이지 않았다. 국제 문제에서 다른 강국, 심지어 3국동맹 파트너들도 이탈리아를 무시하는 경향이 있었다. 일례로 보스니아 합병 위기 때 이탈리아의 타협 요구는 무시되었고, 강국들은 발칸 지역에서 이탈리아에게 조금이라도 보상해줄 생각이 없었다. (메시나에서 끔찍한 지진이 일어난 1908년은 이탈리아에게 유독 힘든 해였다.) 오랜 남부 귀족 출신이 점점 많아진 이탈리아 외교관들은 다른 나라 외교관들이 보기에 문화적 소양은 있었지만 복잡한 협상, 특히 무역이나 경제 협상에 취약했고, 시각이 보수적이었다. 빈 주재 이탈리아 대사는 자동차를 타고 다니는 대신 항상 사두마차를 타고 오스트리아-헝가리 관리들을 만나러 갔다. 이탈리아에도 유능한 외교관들이 있었지만, 가난해서 그들은 제대로 일

할 수가 없었다. 이탈리아 대사관은 타자기 같은 현대적 기기가 없는 경우가 많았다.[84]

이탈리아의 대외 관계는 국가적 취약성과 전략적 입지에 의해 결정되는 경우가 많았다. 이탈리아는 육지, 해양 모두에 잠재적 적을 가지고 있었다. 긴 해안선을 제대로 방어하기는 불가능해서 해군은 자국의 주요 항구를 다 방어할 수 없다는 것을 인정했다. 이탈리아 군대는 프랑스나 오스트리아-헝가리의 공격을 방어하기 위해 북쪽 지역에 집중적으로 배치되어 한 의원은 이탈리아의 머리는 헬멧으로 보호되지만 몸은 벌거벗은 것과 같다고 말하기도 했다.[85] 이탈리아 지도자들이 신경과민이 되어 사방의 위협을 보는 것은 이해할 만했다. 이탈리아의 적들은 비합리적이라 이유 없이 갑자기 쳐들어올 수 있었다. 1900년 이후 오스트리아가 이탈리아와의 국경 지역에서 군사적 준비를 한다는 증거로 이탈리아의 공포는 커졌다. 1911년 콘라트가 물러나자 잠시 안심했지만, 그는 잠시만 물러난 것이었다.[86] 유럽이 양 진영으로 나뉘자 이탈리아 외무장관들은 연이어 양 진영 사이에서 운신의 폭을 찾으려고 최대한 노력했다. 1907년 의회에서 한 의원은 이렇게 말했다. "3국동맹에 확고하게 충실하고, 영국·프랑스와는 진지한 우호를 유지하며, 다른 강국들과 우호적 관계를 유지하는 것이 언제나 우리 외교정책의 기본이다."[87]

이탈리아 외교·군사 정책은 조심스럽고 당연히 방어적이었지만, 이탈리아 민족주의자들이 현실이 달라질 수 있다고 꿈을 꾸는 것을 막지는 못했다. 그들은 외국인들이 이탈리아에 대해 오해하고 있다고 믿었다. 이탈리아는 사회진화론에서 다소 위안을 찾았다. 생활의 어려움 때문에 이탈리아 병사들은 퇴폐한 프랑스나 유약한 오스트리아-헝가리 병사들보다 더 강인할 수밖에 없다는 것이었다.[88] 더 중요한 것은 민족주의자들이 이탈리아 통일로 원활히 작동하고 세계에서 인정받는 국가가 탄생했다는 것을 보여주려고 작정했다는 점이었다. 이탈리아 정부는 이탈리아가 모든 주요 국제적 문제 논의에 참여해야 한다고 주장했다. 이탈리아는 1900년 의화단의 난을 진압하기 위해 중국에 소수의 병력을 파견하기도 했다.[89] 1900년 세계의 강국들은 어엿한 제국이었으므로 이탈리아도 자신의 제국을 계속 건설해가야 했다. 다른 나라에서는 신문 보급과 특별한 이익집단의 성장으로 여론이 점점 중요해졌지만, 이탈리아 여론은 대체로 정부에 우호적이었다. 심지어 반제국주의를 내세우는 사회주의자들조차 정부에 완전히 반대하지는 않았다.

모로코 위기가 악화된 1911년 여름 동안 이탈리아에서는 민족주의자들의 선동이 늘어났다. 언론, 식민·민족주의 단체들 모두가 리비아를 거론했다. 이탈리아 통일 50주년 기념 마지막 단계였기 때문에 로마에 거대한 비토리오 에마누엘레 동상을 건립하는 것보다 더 극적인 일을 벌이기 좋은 때처럼 보였다. 우연히 해군 참모차장과 한 호텔에 머물게 된 외무장관 안토니오 디 산 줄리아노는 침공 실행 계획을 논의했다. (많은 동료들처럼 시칠리아 귀족 출신인 섬세하고 냉소적인 산 줄리아노는 요양차 거기에 와 있었는데, 잦은 병치레를 너무나 꼿꼿한 생활방식을 유지한 어머니 탓으로 돌렸다.)[90] 로마로 돌아와 졸리티 수상을 만난 산 줄리아노는 리비아의 오스만 영토를 침공하기 가장 좋은 때는 가을이나 봄이라고 알렸다. 두 사람은 9월로 침공 시기를 잡았고, 군

대에는 마지막 순간에야 이 결정을 알렸다.[91]

"스틸레토stiletto(뾰족구두라는 의미) 정책"이라는 별명이 붙은 전술로 이탈리아는 1911년 9월 28일 오스만제국에 받아들이기 불가능한 최후통첩을 발하고, 어느 답이 오건 계획을 밀어붙여 리비아의 두 지방을 장악하겠다고 통보했다. 이탈리아 선박들은 이미 항해를 준비하고 있었다. 이탈리아는 현지에서 이탈리아의 이익과 이탈리아계 주민을 보호한다는 것을 침공 구실로 내세웠지만, 이를 정당화할 증거는 희박했다. 예를 들어 산 줄리아노는 로마 주재 영국 대사에게 트리폴리의 이탈리아 제분공장이 오스만 당국의 방해로 지역 농민들로부터 밀을 구하는 데 어려움을 겪고 있다는 이유를 들었다.[92] 이탈리아의 좌파는 이에 대한 항의로 파업을 요구했지만, 영국 대사는 "사회당 내에서도 의견이 분열되어 있고, 선동은 대충 진행되고 있다"라고 런던에 보고했다.[93]

독일 제국의회의 발언자들은 이탈리아의 침공을 "해적질"이라고 규탄했고, 이탈리아 외부 여론도 대체로 이에 동의했다. 특히 전쟁을 질질 끈 데다, 이탈리아군이 지역 주민들의 광범위한 저항을 진압하는 데 점점 잔인한 방법을 써서 이런 비난을 자초했다.[94] 제2인터내셔널은 이탈리아를 비난했지만, 후진적이고 문명화가 시급하다고 파악했던 오스만제국에 대한 동정은 거의 나타내지 않았다.[95] 다른 강국들은 이탈리아를 멀리하면 적에게 다가갈까 우려해 개입하려 들지 않았다. 이탈리아를 3국동맹에서 이탈시키길 희망했던 그레이는 이탈리아 대사에게 "이탈리아는 가능한 한 결과가 크게 파급되지 않고 당혹스럽지 않도록 일을 처리하길" 바란다고 말했다. 이탈리아 대사가 영국의 의도를 묻자 그레이는 "불간섭의 관점에서" 말하는 것이라고 답했다.[96] 이듬해 봄 이탈리아가 소아시아 앞바다에 있는 로도스섬과 도데카네스 제도를 장악했을 때도 강국들은 강하게 반응하지 않았다. 산 줄리아노는 마지막 오스만 병사가 리비아를 떠나면 이 섬들을 반환하겠다고 약속했지만, 그 날은 1914년까지 오지 않았다.

이탈리아는 침공 첫해 거대한 예산적자와 8000명의 사상자 발생이라는 큰 대가를 치렀다. 리비아 주민들도 당시와 이후 큰 희생을 치렀다. 그들의 저항은 1920년대까지 계속되었고, 이탈리아의 새 지도자 베니토 무솔리니는 최소한 리비아 주민 5만 명을 죽이는 가장 잔인한 방법으로 정복을 끝냈다. 오스만제국의 통치는 상대적으로 부드럽고 계몽적이었지만, 이탈리아 통치하에 리비아는 내륙의 영토가 추가되면서 퇴보했다. 고유한 역사와 문화를 가진 식민지 리비아의 여러 지역은 단일한 국가로 진정한 통합을 이루지 못했고, 오늘날에도 리비아는 지역·부족 갈등으로 비싼 대가를 치르고 있다. 유럽도 이탈리아 침공의 무거운 대가를 치렀다. 오스만제국이 유지되어야 한다는 강국들 사이의 암묵적 합의는 이제 의문이 제기되었다. 1912년 가을 루마니아 수상은 오스트리아-헝가리 대사에게 이렇게 말했다. "두 사람이 댄스를 시작했지만, 결국 많은 사람이 함께하게 되었군요."[97] 이탈리아가 리비아를 침공했을 때 즐겨 찾던 로민텐 사냥 별장에 있던 카이저 빌헬름 2세는 이제 더 많은 나라들이 오스만제국의 취약성을 이용해 흑해 해협 통제나 발칸 지역 영토 획득 문제를 재연할 것이라고 예언했다. 그는 이것이 "모든 공포가 수반된 세계대전의 시작"을 의미한다며 두려워했다.[98] 그가 옳았다는 첫 증거는 다음해 발칸 국가들이 연합하여 오스만제국을 상대하면서 나타났다.

1911년 크리스마스 직전 베를린 주재 영국 대사 에드워드 고션은 베트만홀베크와 저녁을 먹었다고 런던에 보고했다. 두 사람은 그 전해에 일어난 일을 우호적 분위기 속에서 얘기했다. 대사는 베트만홀베크에게 잠자리에 들기 전 베토벤 소나타를 연주하지 않느냐며 최근 연주 시간을 가졌냐고 물었다. 그러자 베트만홀베크는 이렇게 대답했다. "친애하는 친구여, 당신과 나는 화음이 단순하고 직선적인 클래식 음악을 좋아하지만, 현대적 불협화음으로 가득 찬 상황에서 어떻게 내가 좋아하는 고풍스러운 음악을 연주할 수 있겠는가?" 고션은 "과거 작곡가들도 화음에 앞서 불협화음을 넣었고, 앞선 불협화음 때문에 화음이 더 달콤하게 들리는 것이다"라며 이의를 제기했다. 베트만홀베크는 동의하면서도 "현재 정치 분위기와 마찬가지로 현대 음악은 불협화음이 지배하고 있다"고 덧붙였다.[99] 새해는 유럽의 신경을 날카롭게 만드는 새로운 불협화음을 가져왔다. 이번에는 유럽 자체와 일련의 발칸전쟁 중 첫 번째 전쟁에서 드러날 불협화음이었다.

16장

1차 발칸전쟁

발칸 지역은 열강의 야심과 발칸 국가들 사이의 경쟁이 뒤섞인 유럽의 분쟁 지점이었다. 1912년 발칸 국가들은 남은 오스만제국 영토의 많은 부분을 장악하기 위해 잠시 연합했지만, 바로 노획물을 놓고 분열되었다. 열강은 거의 마지막으로 평화를 강요하려고 했지만, 만평에서 말하고 있듯이 "단결한 유럽 소방대는 불행히도 불길을 잡는 데 실패"했다.

1912년 새해 첫날 런던 주재 프랑스 대사 폴 캉봉은 베를린 주재 대사로 있는 동생에게 편지를 썼다. "올해 우리에게 무슨 일이 일어날까? 나는 큰 충돌을 피할 수 없을 거라고 생각한다."[1] 동생인 쥘 캉봉도 다음달에 두려움을 표했다.

> 오스트리아 황제의 건강 악화, 그의 후계자가 무모하게 계획 중인 트리폴리 전쟁, 다른 국가들의 분쟁과 자국의 문제가 뒤섞여 초래된 난국에서 벗어나려는 이탈리아 정부의 갈망, 불가리아의 야망, 마케도니아에서 문제가 발생할 위험, 페르시아의 어려움, 타격을 입은 중국의 신용도, 이 모든 것이 가까운 미래에 일어날 심각한 무질서를 가리키고 있다. 유일한 희망은 위험의 심각성으로 인해 그런 상황을 피하게 될지도 모른다는 점이다.[2]

아마 그는 영국과 독일의 경쟁이나 러시아와 오스트리아-헝가리 사이의 두려움과 적대감도 언급했을 것이다. 그러나 가장 큰 위험이 발생하게 되는 곳은 발칸 지역이었다. 1912년과 1913년 그 지역 국가들 간에 벌어진 두 번의 전쟁은 강국들을 거의 끌어들일 뻔했다. 외교, 위협, 벼랑 끝 전술이 결국 평화를 구했지만, 유럽인들은 알 수 없었을지라도 그 위기는 1914년 여름의 예행연습이었다. 극장에서 사람들이 말하듯이 예행연습이 잘 진행되었어도 개막일 밤은 재앙이 될 수 있었다.

남쪽의 그리스부터 북쪽의 세르비아, 불가리아, 루마니아에 이르는 발칸 국가들은 유럽의 열악한 이웃이었다. 천연자원이 빈약한 데다 인프라도 발달하지 못했고, 현대적 산업과 상업은 걸음마 단계였다. 1912년 작은 시골 소도시였던 세르비아의 수도 베오그라드는 이제 겨우 나무 블록으로 도로를 깔기 시작했고, 좋은 호텔은 한 곳밖에 없었다. 자신들이 로마의 후예인 라틴계 주민이라고 믿는 루마니아에서는 부쿠레슈티가 발칸의 파리가 되려고 노력하고 있었다. 관찰력이 날카로운 러시아 기자의 보도에 따르면, 프랑스어를 쓰고 최신 프랑스 패션을 입은 상류층은 특히 "파리 야경"을 갈망했다. 러시아에서 혁명 활동을 벌이다가 망명한 레온 트로츠키는 가명을 쓰며 키예프 주요 신문의 특파원 일을 하고 있었다. 그는 우아한 여성들과 멋진 군복을 입은 장교들이 부쿠레슈티 대로를 거닐고 사거리에는 파리에 있는 것과 같은 공중변소가 있다며 보도를 이어갔다. 그러나 환관 마부(남자들이 아이 둘을 낳은 다음 거세되는 지역 출신)에서부터 나이트클럽에서 바이올린을 연주하는 집시들이나 길거리에서 맨발로 구걸하는 아이들까지, 차이점이 유사점보다 훨씬 컸다.[3] 몬테네그로의 수도는 너무 커진 시골 마을에 지나지 않았고, 새로 지은 왕궁은 독일의 기숙사 같아 보였다. (옛 궁전 빌랴르다Biljarda는 해안에서 산을 넘어 운반된 당구대에서 그 명칭이 나왔다.) 몬테네그로 국왕 니콜라 1세는 산악지대인 그의 나라에 별로 없는 나무 밑에 앉아 신민들에게 정의의 판결을 내리곤 했다. 그는 혼인 관계로 이탈리아, 러시아와 연결되었지만 — 딸 하나가 이탈리아 국왕과 결혼했고, 두 딸은 러시아 대공의 아내가 되었다 — 그의 외교정책은 어느 유럽 강국이 그에게 보조금을 지급하는가에 따라 달라졌다. 1912년 오스트리아의 콘라트 참모총장은 프란츠 요제프 황제에게 이렇게 말했다. "폐하, 국왕 니콜라를 보면 나뭇가지 모양 촛대가 떠오릅니다." 황제는 콘라트의 설명을 재미있어하며 이렇게 말했다. "보라, 그는 항상 팔을 뻗치고 누군가가 뭔가를 주길 기다리고 있다."[4]

현재보다 훨씬 소국이었던 루마니아는 1910년 인구가 700만 명이 채 되지 않았고, 불가리아 인구는 약 400만 명, 세르비아 인구는 약 300만 명이었다. 몬테네그로 인구는 25만 명에 불과했다. (불행히도 1차대전 이전에 수도 체티네에 근무했던 오스트리아-헝가리 외교관은 이곳을 "세계의 고립된 주름"이라고 표현했다.)[5] 오랫동안 오스만 지배를 받아온 이 지역 사회는 여전히 농사를 많이 짓고 꽤 보수적이었지만, 상류 지주 계급과 적은 수의 부르주아는 점점 서유럽과 현대 문명을 동경했다. 정당들은 스스로 보수당, 자유당 또는 급진당, 심지어 사회당이라고 부르며 나타났지만, 이러한 명칭 뒤에는 가문, 지역, 민족 간의 전통적 연줄과 단순한 전제정이 자리했다. 산악 덕분에 발칸 국가들 중 유일하게 오스만제국의 일부가 되지 않은 몬테네그로에서 국왕 니콜라는 헌법을 마음대로 갖고 놀다가 정치에 진력이 날 때면 쉽게 헌법을 취소했다. 그는 기분 내키는 대로 반대 세력이나 심지어 지지자들도 투옥시키거나 처형했다. 세르비아에서는 급진주의 지도자 니콜라 파쉬치가 힘없는 국왕 페타르를 마음대로 상대하는 행운을 누렸지만, 불가리아와 루마니아에서는 독일에서 온 더 강력한 국왕이 정치를 지배했다.

*

유럽 다른 지역에서 발칸 국가들은 농담거리밖에 안 되어《젠다성의 포로The Prisoner of Zenda》같은 로맨스 이야기나 오페레타(몬테네그로는〈메리 위도우The Merry Widow〉에 영감을 주었다)의 소재가 되었지만, 발칸 국가들의 정치는 사활을 걸 정도로 심각해서 테러리스트 음모, 폭력, 암살이 난무했다. 1903년 페타르의 전임자였던 세르비아의 인기 없던 국왕과 그의 부인은 궁전 창밖으로 내던져졌고 그들의 시신은 칼로 난도질되었다. 몬테네그로 국왕 니콜라는 파쉬치를 비롯한 급진주의자들이 폭탄을 지닌 암살자들을 보냈다고 믿으며 그들을 증오했는데, 그의 짐작은 맞았다. 민족주의 운동은 성장하면서 사람들을 단결시켰지만 정교도를 가톨릭교도나 이슬람교도와 분리하고, 알바니아인을 슬라브인, 크로아티아인, 세르비아인, 슬로베니아인, 불가리아인 또는 마케도니아인과 분리했다. 발칸 주민들은 오랜 기간 평화 속에 공존하고 서로 뒤섞였지만, 19세기 민족국가 수립 과정은 너무나 자주 마을 방화, 대량학살, 소수민족 추방, 지속된 복수심을 야기했다.

민족주의를 자극하고 민족의 영광을 약속하며 권력의 길에 오른 정치인들은 제어할 수 없는 세력에 사로잡힌 것을 알게 되었다. 프리메이슨, 이탈리아 통일을 위해 활동했던 지하 카르보나리당을 절충적으로 혼합한 비밀결사들, 최근 유럽 많은 지역에 공포를 불러일으킨 테러리스트들, 그리고 구식 도적 떼가 발칸 지역에 창궐하여 여러 국가의 민간·군대 조직을 파고들었다. '마케도니아내부혁명조직'은 마케도니아인을 위한 마케도니아를 구호로 내세웠지만, 대불가리아를 위해 활동하는 불가리아 민족주의자들과 손잡고 있다는 의심을 광범위하게 받았다. 세르비아의 정부와 군대에는 보스니아 위기 중 조직된 결사 '국가수호'와 더 극단적인 분파 '흑수단Black Hand' 지지자들이 넘쳐났다. 1차 발칸전쟁 때는 장교들이 자국 정부의 명령을 거부하는 사례가 여러 번 있었는데, 한번은 일단 장악하면 넘겨주는 것이 불가능하리라고 기대하며 소도시 모나스티르(세르비아가 비밀조약으로 불가리아에 넘겨주기로 약속했던 곳)를 장악한 적도 있었다.[6] 오스만 당국과 오스트리아-헝가리 당국은 남슬라브 주민이나 알바니아인들의 혁명적 활동이나 정치적 활동 대부분을 억누르려고 최선을 다했지만, 이것은 힘겨운 싸움이었다. 중요한 이유 중 하나는 대부분의 국내 자생 음모나 테러리즘이 외부 지원을 받고 있었기 때문이었다. 일례로 빈대학의 보스니아 출신 학생들은 조국 병합에 맞서 비밀결사를 조직했다. "만일 오스트리아-헝가리가 우리를 집어삼키려고 한다면 우리는 그 위장을 물어뜯을 것이다." 그들은 이렇게 선언했고, 많은 학생들이 국경을 넘어 세르비아로 잠입해 군사훈련을 받았다.[7]

비밀결사에 가담한 젊은 세대는 종종 앞 세대보다 더 극단적이었고 그들과 자주 충돌했다. "우리 조상들, 우리 폭군들이 자신들의 모델로 이 세상을 만들어놓고 이제 우리를 그곳에 살도록 강요하고 있다."[8] 한 보스니아 급진 민족주의자는 이렇게 비판했다. 젊은 멤버들은 폭력을 애호했고 새로운 대세르비아, 불가리아나 그리스를 건설하기 위해 전통적 가치와 제도조차 파괴할 준비가 되어 있었다. (대부분 니체를 읽었지만 설령 읽지 않았더라도 그들은 신이 죽었고 인류를 해방하기 위해 유럽 문명을 파괴해야 한다는 말을 들었다.) 1914년 직전 몇 년간 발칸 당국들은 자국의 젊은 급진주의자들의 활동을 용인했거나, 그것을 통제할 힘이 없었다. 젊은 급진주의자들은 슬라브인의 압제자인 오스만제국이나 오스트리아-헝가리 관리들, 민족주의 이상에 헌신하지 않는 자국의 지도자들, 또는 잘못된 장소에 잘못된 종교나 잘못된 인종으로 있게 된 평범한 주민들에게 암살과 테러 공격을 가했다. 1910년 프란츠 요제프 황제가 보스니아를 방문했을 때 그를 암살하려는 음모가 있었다. 크로아티아에서는 합스부르크 관리들의 목숨을 노리는 시도가 반복적으로 일어났고 그중 일부는 성공했다.

발칸 국가들은 독립 초기에 유럽 강국들의 주의를 살피는 데 만족하거나, 최소한 그래야만 했다. 강국들, 특히 러시아와 오스트리아-헝가리는 보스니아 합병으로 관계가 크게 틀어지기 전까지는 발칸 지역에서 현상 유지를 하면서 오스만제국이 유럽 지역의 영토를 계속 지배하길 원했다. 그러나 19세기 말엽 오스만제국의 쇠퇴가 명백해지자 발칸 여러 곳의 지도자들은 담대해져서 문제를 직접 해결하려고 나섰다. 마케도니아와 기타 지역에서 오스만제국 통치를 받고 있는 기독교인들을 보호한다는 명목으로 세르비아, 불가리아, 그리스는 돈, 무기, 요원들을 보내 저항을 고무했다. 청년튀르크당의 부상과 오스만 영토를 되찾겠다는(그리고 그곳을 더 튀르크화하겠다는) 계획은 당연히 발칸 국가들과 오스만제국 내 기독교도 신민들의 경각심을 불러일으켰다. 1910년, 기독교인이든 무슬림이든 전통적으로 오스만제국에 충성했던 알바니아인들이 반기를 들고 일어났다. 다음해 알바니아 혁명분자들이 마케도니아 혁명 세력과 손을 잡았다. 오스만 당국의 무자비한 탄압은 더 많은 소요와 폭력을 불러왔다. 1911년 가을 오스만제국에 대한 이탈리아의 전쟁으로 기독교인들의 반란이 새롭게 일어났다. 그해 12월 마케도니아에서는 연이은 폭발로 경찰서와 모스크가 파괴되었다. 이슬람 군중은 보복하기 위해 이 지역의 불가리아인들을 공격했다. 발칸 지역 독립국가들 곳곳에서 오스만 당국에 대한 항의 집회와 시위가 일어났다.[9]

발칸 지도자들은 더이상 유럽 강국이 오스만 지배하의 기독교인들을 보호할 수 없다며 공개적으로 불만을 드러내고 직접 행동에 나설 것을 암시했다. 한 세르비아 주요 정치인은 트로츠키에게 현상 유지를 해야 하는 이유를 따져 물었다. "오스트리아가 보스니아와 헤르체고비나를 합병한 마당에 현상 유지가 무슨 소용이 있는가? 이탈리아가 트리폴리를 장악할 때 강국들은 왜 현상 유지를 방어하지 않았는가?" 왜 발칸 국가들은 유럽 국가가 아니라 모로코처럼 취급돼야 하는가?[10] 세르비아 외무장관 밀리야 밀로바노비치는 만일 발칸 국가들이 오스만제국 영토를 차지하면 오스트리아-헝가리가 간섭할 가능성이 있지만, 자신이 생각하기에 세르비아는 싸우다가 죽는 것이 낫다고 베오그라드 주재 영국 대사에게 말했다. 오스트리아-헝가리가 만일 남쪽의 발칸 지역으로 더 확장하면, 독립된 왕국 세르비아는 끝장날 상황이었다.[11]

자존심, 민족주의적 야망, 쇠퇴하는 제국이 바로 눈앞에 있다는 유혹, 이탈리아가 보여준 노골적인 침공의 예, 단순한 무모함, 이 모든 것이 발칸 국가들을 하나로 만들었고, 잠시 동안 오스만제국을 유럽 영토에서 몰아냈다. 1911년 가을부터 각국 대표들이 비밀리에 발칸 국가들 수도를 오가거나, 우연히 유럽 도시에 온 것처럼 꾸미며 회동했다. 특히 콘스탄티노플 주재 러시아 대사는 오래전부터 오스만제국을 포함하는 발칸동맹 아이디어를 주장하며, 발칸동맹이 이 지역의 안정을 도모하고, 독일과 오스트리아-헝가리의 영향력이 남쪽과 동쪽으로 확대되는 것을 막아주길 기대했다. 오스만제국 영토를 약탈하려는 생각이 더 확고해진 발칸 국가들은 이런 구상에 전혀 동의하지 않았다. 1910년 이즈볼스키의 뒤를 이어 러시아 외무장관이 된 사조노프는 불가리아, 세르비아, 몬테네그로, 그리스를 동맹으로 묶어 만일 오스만제국이 붕괴할 경우 남쪽으로 확장하는 오스트리아-헝가리에 대한 방벽으로 사용하려고 했다.[12]

1911년 가을 오스만제국 붕괴가 임박해 보였다. 세르비아와 불가리아는 1904년 이후 일종의 동반자 관계를 유지했다가 중단하고는 했지만, 차르 페르디난드가 이끄는 불가리아는 언제나 행동의 자유를 유지하려고 했었다. 이제 상황이 긴급해지자 새로운 회담이 열렸다. 불가리아의 수도 소피아에 들어선 새 정부가 친러시아적 성향이었고, 오스트리아-헝가리를 자극하는 것에 대해 덜 신경썼다는 점도 도움이 되었다. 무언가 진행되고 있다는 경고를 러시아에게 받은 영국과 프랑스는 세르비아와 불가리아의 더 우호적인 관계 수립에 반대하지 않았다. 3국협상 국가들은 러시아와 마찬가지로 오스만제국 영토로 독일과 오스트리아-헝가리가 팽창하는 것을 막을 수 있는,

비용이 덜 드는 지역적 해결을 선호했다.¹³ 소피아 주재 러시아 대사 아나톨 네클류도프Anatol Neklyudov와 베오그라드 주재 러시아 대사 하르트비히는 불가리아와 세르비아를 가깝게 하기 위해 적극 노력했다. 네클류도프는 적어도 문제가 발생할 가능성을 내다봤다. "불가리아와 세르비아의 단결은 한 가지 위험한 요소를 내포하고 있다. 바로 공격적 목적으로 이용하려는 유혹이다."¹⁴

하르트비히는 그런 염려를 하지 않았다. 1909년 베오그라드에 도착한 후 그는 세르비아의 이상을 열렬히 지지하게 되었다. 그는 정치 무대에 없어서는 안 될 인물로 빠르게 떠올랐다. 국왕을 비롯한 모든 사람이 그의 자문을 구했고, 매일 아침 그의 서재는 세르비아 사회의 저명인사들로 북적거렸다. 그와 파쉬치는 특별히 가까웠다. 수없이 고개를 끄덕이고 윙크하면서, 하르트비히는 러시아로부터 신중하게 나아가라는 경고를 받을 필요가 없다는 것을 세르비아 지도자에게 알려주었다. 사조노프가 온건한 외교정책을 촉구하는 메시지를 세르비아 정부에 보내자, 하르트비히는 엄숙하게 그 문서를 낭독했다. "다 읽었나요, 나의 사랑스러운 친구?" 파쉬치는 이윽고 이렇게 말했다. "그럼 좋아요. 우리 이제 진짜 얘기를 나눠볼까요?"¹⁵ 사조노프는 하르트비히에 대해 우려했지만, 그를 소환할 힘은 없었다. 아마 그 이유는 하르트비히의 부인이 러시아의 궁정과 범슬라브주의 집단과 좋은 연줄을 가지고 있기 때문이었을 것이다.

1911년 9월 말 불가리아는 세르비아를 시작으로 몬테네그로, 그리스와 협상할 준비가 되어 있다고 러시아에 알렸다. 불가리아 정부의 한 고위 인사는 네클류도프에게 불가리아와 세르비아는 오스만제국 내 기독교인 보호를 위해서뿐 아니라 중유럽 강국들로부터 독립을 유지하기 위해 힘을 합칠 필요가 있다고 말했다.[16] 다보스에서 중병을 치료하고 있던 사조노프는 네클류도프가 이 소식을 알리자 기뻐했다. "좋다, 그렇게 되기만 하면 더할 나위 없다! 불가리아가 정치, 경제 부문에서 세르비아와 밀접한 동맹을 맺고, 50만 총검이 발칸을 방어하게 된다는 얘기다. 그렇게 되면 독일의 침투와 오스트리아의 침공을 막아줄 것이다."[17] 합의의 세부 사항을 조정하는 데 몇 달이 또 걸렸다. 새로운 동맹국들 간에 발생할 문제를 경고한다면 가장 어려운 점은 불가리아와 세르비아의 주장이 부딪치는 작은 마을에 이르기까지 마케도니아 땅을 나누는 것이었다.[18] 1912년 3월 드디어 체결된 조약은 오스만제국에 대항하는 비밀 조항을 담고 있었고, 마케도니아 분할에 대한 논쟁이 일어날 경우 러시아가 중재하기로 했다. 불가리아는 세르비아가 오스트리아-헝가리와 전쟁할 경우 세르비아를 지원하기로 약속했다.

이 시점에 외국 외교관들이 새로운 관계에 대한 소문을 들으면서 여러 이야기가 언론에 실리기 시작했다. 사조노프는 러시아의 협상국들에게 이 조약은 순전히 방어적이고, 러시아는 이 조약이 그렇게 유지되도록 영향력을 행사하겠다고 분명히 말했다. 독일과 오스트리아-헝가리는 처음에는 우려를 나타내지 않았다.[19] 그러나 1912년 봄, 조약의 상세 내용이 누출되자, 강국들은 방어적 연합보다 위험한 것인가 의심하기 시작했다. 새로 영국 외무차관이 된 니컬슨은 상트페테르부르크의 영국 외교관에게 "마케도니아라는 노획물을 분배하는 것이 결정되었다"고 말했다. 사조노프가 다소 과도하게 모험적이라고 니컬슨은 불평하면서도 그런 말을 하지는 않았다. 영국은 러시아와 좋은 관계를 유지할 필요가 있기 때문이었다.[20]

마케도니아에 대한 야심으로 오랫동안 관계가 소원했던 불가리아와 그리스가 가까워지기 시작하자 국제적 우려가 커졌다. 새로운 그리스 수상 엘레우테리오스 베니젤로스Eleutherios Venizelos는 크레타섬을 오스만제국의 지배로부터 해방시킨다는 굳은 목표를 가지고 있었고, 동맹을 얻기 위해 최소한 잠시 동안은 마케도니아에서 그리스의 이익을 희생할 준비가 되어 있었다. 5월 서명된 불가리아와 그리스의 조약은 — 다시 한번 방어적일 뿐이라고 서술되었지만 — 오스만제국에 맞선 발칸동맹을 한 걸음 더 가깝게 만들었다. 다음달 불가리아와 몬테네그로는 양국의 왕 페르디난드와 니콜라가 프란츠 요제프 황제를 방문하는 동안 역설적이게도 합스부르크왕조의 대궁전 호프부르크에서 대화를 가졌다. 여름에 체결된 합의는 방어적 외양을 없애면서, 오스만제국에 맞선 전쟁을 당연한 것으로 간주했다. 9월 말 세르비아와 몬테네그로는 동맹 조약을 체결했다. 이렇게 해서 발칸동맹이 완성되었고, 불가리아가 그 중심에 있게 되었다.

오스만제국은 마지막 숨을 헐떡이고 있었다. 초여름 콘스탄티노플에서는 청년튀르크당이 보수적인 장교들에게 쫓겨났지만, 이 장교들은 질서를 회복할 수 없었다. 알바니아에서 일어난 반란은 점점 세력이 커졌고, 마케도니아에서는 소요와 폭력 사태가 반복되었다. 8월 시장에서 폭탄이 터져 무고한 민간인 여러 명이 죽었다. 오스만 경찰이 놀라 그곳에 모인 군중에게 발포하면서 100명 이상의 주민이 살상되었는데, 대부분이 불가리아인이었다. 불가리아에서 대중은 정부가 나서서 마케도니아를 해방시킬 것을 요구했다. 오스만 당국은 마케도니아 남쪽 국경에 병력을 동원했고, 며칠 후 발칸동맹 국가들도 병력을 동원했다. 러시아가 뒤늦게 약소국들을 자제시키려고 나섰지만 효과는 없었다. 방관하던 다른 강국들도 서둘러 논의한 후, 아직 남아 있는 유럽 화해를 위해 러시아와 오스트리아-헝가리가 발칸 국가들과 오스만제국의 전쟁을 막는 역할을 하는 데 합의했다. 강국들은 전쟁의 결과 발칸에서 일어날 영토 변경을 허용하지 않겠다고 확고하게 말했다. 상트페테르부르크 주재 프랑스 외교관은 더 현실적이었다. "약소국들이 강국들로부터 그렇게 독립적인 지위를 얻은 것은 동방 문제의 역사에서 처음 있는 일이다. 그들은 완전히 강국들을 배제하고 행동할 수 있고 심지어 강국들이 뒤따라오게 할 수도 있다고 느낀다."[21]

유럽협조체제 강국들의 경고가 발칸 국가들의 수도에 전달된 10월 8일, 늘 도박사 같던 몬테네그로의 니콜라 국왕이 오스만제국에 전쟁을 선포했다. 그는 국경을 따라 오스만제국에서 소요를 일으키려고 열심히 노력했지만, 자국 주재 영국 대사에게 선언한 바에 따르면 다른 선택의 여지가 없었다. "다른 무엇보다 국경 지역에서 계속된 기독교 형제들의 학살이 그의 가슴을 찔렀다."[22] (나중에는 그가 전쟁이 일어날 것을 미리 알고 파리의 금융 시장을 붕괴시키려 했다는 소문이 돌았다.)[23] 10월 18일, 자신들을 무고한 대상으로 그려내려고 헛된 시도를 하던 발칸동맹의 다른 국가들도 가담했다. 전쟁 준비가 제대로 안 된 세르비아 농민들이 함성을 지르며 전쟁터로 향할 때 트로츠키는 베오그라드에 있었다.

이러한 함성과 함께 멀리 전할 수 없는 독특한 슬픔의 감정, 발칸 삼각지역에 갇힌 사람들에게 다가올 역사적 운명 앞의 무력감, 파멸로 인도될 많은 사람이 겪을 고뇌의 감정 … 이 솟구쳐 사람들 마음속에 들어왔다.²⁴

발칸 전역에서 시위하며 애국적 노래를 부르는 거대한 군중과 함께 격렬한 흥분이 치솟았다. 신문들이 "발칸인을 위한 발칸"을 외치면서 오랜 경쟁심은 잠시 잊혔다. 베오그라드의 불가리아 대사관 밖에서는 세르비아인들이 "페르디난드 국왕 만세!"를 외쳤다.²⁵

발칸의 연합 병력은 수적으로 오스만제국군을 2대1로 압도했고, 오스만군은 사기가 떨어지고 전투 준비도 안 되어 있었다. 여러 전선에서 동시에 싸워야 했던 오스만군은 빠른 패배를 잇달아 겪었다. (프랑스는 발칸 군대들의 성공을 그들이 프랑스 무기 회사 크뢰조의 야포를 쓴 반면, 오스만군은 독일 회사 크루프 대포를 사용한 탓으로 돌렸다.)²⁶ 10월 말에 오스만군은 유럽에 남아 있던 영토를 거의 전부 잃었다. 고대 비잔티움 제국 왕관을 쓸 꿈에 젖어 성 소피아 대성당에서 승리 찬양 예배를 드리며 페르디난드 국왕은 불가리아 군대에게 콘스탄티노플 공격 명령을 내렸지만, 불가리아 군대는 그 도시의 북동쪽 산등성이에서 저지되었다. 불가리아군이 보급선을 지나치게 확장한 탓에 병사들은 탄약과 적절한 의복, 식량이 부족했고, 점점 더 많은 병사들이 병에 걸려 쓰러졌다. 여기에 더해 표면 바로 아래 잠재해 있던 발칸동맹의 긴장이 점점 드러났다. 불가리아에 실망스럽게도 그리스는 마케도니아 항구 살로니카(오늘날 테살로니키)를 장악했고, 세르비아군과 몬테네그로군은 양측을 갈라놓는 보스니아 남쪽 노비 바자르의 산자크를 점령하고, 알바니아를 최대한 차지하려고 달려갔다. 동맹국 중 어느 나라도 불가리아가 오스만제국 영토를 가장 많이 차지하는 것을 원치 않았다. 12월 3일 발칸 지역의 극적인 변화에 충격을 받고 우려가 커진 강국들의 압박에 발칸동맹 국가들과 오스만제국은 강화조약을 체결하고, 그달 말 런던에서 평화 회담을 시작했다.

발칸 지역을 그토록 위태롭게 만든 것은 강국들의 이익과 야심이 맞물린 극도로 불안정한 상황이었다. 발칸 지역에 이해관계가 가장 적은 영국과 프랑스는 최근 2차 모로코 위기로 위협을 받은 유럽의 세력 균형이 다시 도전받지 않기를 원했다. 다른 한편으로 양국은 오스만제국이 무너져 동지중해의 영토와 중동의 아랍 영토 대부분을 여러 나라가 차지하려고 다투는 상황도 보고 싶지 않았다. 만일 오스만제국의 술탄 — 세계 수니파 이슬람교도의 최고 종교 지도자인 칼리프이기도 했다 — 이 폐위되면 지금까지 영국의 통치에 충성해온, 대부분 수니파인 영국령 인도의 이슬람교도들의 소요를 촉발하거나 프랑스의 북아프리카 식민지의 수백만 명의 이슬람 주민들을 자극할 수도 있었다.[27] 프랑스는 오스만제국에 빌려준 엄청난 차관(프랑스가 오스만제국 최대의 채권자였다)을 돌려받지 못할 것도 염려했다. 영국과 프랑스는 발칸 지역에서 러시아와 오스트리아-헝가리 대결의 결과도 두려워했다. 프랑스 대통령이 된 푸앵카레는 이미 1912년 8월 러시아에 프랑스는 발칸을 둘러싼 러시아와 오스트리아-헝가리의 갈등에 말려들 의사가 전혀 없다고 밝혔다. 그러나 이후 파리에서 보내오는 메시지는 애매했다. 푸앵카레는 독일이 오스트리아-헝가리 편에서 개입하면 프랑스는 러시아에 대한 동맹 의무를 이행하겠다고 약속했다.²⁸ 1912년 12월 러시아와 오스트리아-헝가리 관계가 급속히 악화되자 프랑스는 전쟁이 일어나면 러시아를 지원하겠다고 분명히 암시했다.²⁹ 실제로 스스로 그렇게 믿었는지, 아니면 희망적 사고에 매몰되었는지를 떠나서 푸앵카레는 영국도 프랑스가 독일의 공격을 받으면 원정군을 보내기로 약속했다고 러시아를 안심시켰다.³⁰

*

그레이는 항상 그래왔듯이 영국은 어떤 위기에서건 무슨 일을 할지 자유롭게 결정한다고 주장했지만, 실제로는 러시아에 상당한 지원을 제공했다. 그는 평화적 해결을 돕겠다고 말하면서도, 영국은 흑해 해협을 우호적으로 유지할 필요성에 공감한다고 러시아를 안심시켰다.³¹ 유럽의 전면전 발생 위협이 커지자 그레이는 프랑스에 독일이 오스트리아-헝가리를 지원해 서쪽에서 러시아의 동맹국(프랑스)을 공격해도, 영국은 프랑스를 지원할 의무가 없다는 점을 다시 한번 지적했다. 그럼에도 불구하고 1차 발칸전쟁이 터지자 런던에서는 영국 원정군을 어떻게 프랑스에 파견할 것인가에 대한 논의가 있었다. 그레이는 독일 대사에게 프랑스가 독일에 격파되지 않게 하는 것이 영국에 "반드시 필요"하고, 영국은 프랑스를 도우러 나서는 것 외에 다른 선택의 여지가 없다고 말했다.³² 만일 영국과 프랑스가 자신들의 선택이 점점 제한되고 있다고 느꼈다면, 발칸 지역에서 가장 밀접한 이해관계를 가진 러시아와 오스트리아-헝가리는 더욱 선택의 여지가 없었다.

*

러시아는 경제적으로는 발칸 지역에 직접적 이해가 별로 없었지만 — 발칸 지역을 상대로 한 러시아의 무역과 투자는 프랑스 같은 다른 강국에 비하면 보잘것없었다 — 강력한 야심과 두려움에 의해 형성된 태도로 문제에 임했다.[33] 점점 가능성이 커져 보이듯이 만일 오스만제국이 붕괴하면, 흑해 해협 통제 문제는 바로 핵심 사안이 될 수 있었다. 러시아의 경제 번영과 앞으로의 발전 모두가 무역과 깊이 결부되었다. 러시아의 곡물 수출 대부분이 흑해 해협을 통해 이루어졌고, 러시아의 공장과 광산에 필요한 현대적 기계류도 이 길을 통과해 들어왔다. 러시아는 1911년, 그리고 다시 1912년 오스만제국에 대한 이탈리아의 전쟁으로 흑해 해협이 일시적으로 봉쇄되었을 때 러시아의 무역이 지리적으로 얼마나 취약한지를 깨달았다. 러시아의 흑해 항구에 곡물이 쌓여 곡물 가격이 급락하자 공포에 질린 러시아 상인들은 정부에 대책을 촉구했고, 러시아의 수출이 급격히 감소하자 이자율이 가파르게 상승했다.[34] 1912년 가을 발칸전쟁이 발발한 후 불가리아군의 진격 속도는 상트페테르부르크에 큰 경종을 울렸다. 러시아 정부는 한때 콘스탄티노플 방어를 위한 군대 파견과 보스포루스 해안의 기다란 땅을 점령하는 것까지 진지하게 고려했지만, 이에 필요한 선박과 상륙군이 없다는 것을 깨달았다.[35]

러시아는 오스만제국 내 문제 발생을 두려워할 다른 이유도 있었다. 이 시점까지 오스만제국의 후진성은 편리한 면이 있었다. 철도가 막 깔리기 시작한 낙후된 아나톨리아 평원은 다른 유럽 강국들과 중앙아시아의 러시아 제국 사이에서 편리한 육상 장벽 역할을 해왔고,

러시아는 통치권을 확장하는 데, 특히 페르시아로 확장하는 데 상대적으로 자유로운 입장이었다. (이 때문에 영국과 계속 마찰을 빚었지만, 그레이와 그의 동료들은 러시아와 우호 관계를 유지하기 위해 많은 것을 용인했다.) 그러나 1900년부터 독일이 점점 더 오스만제국으로 파고들어 오고, 베를린에서 바그다드까지 이어지는 철도 부설 계획이 크게 선전되면서 러시아의 제국적 야심에 새롭고도 달갑지 않은 도전이 제기되었다.[36]

마지막으로 발칸 국가들에 대해 러시아 지도자들은 1908년 보스니아·헤르체고비나 병합 당시처럼 오스트리아-헝가리에 농락당하거나 치욕을 당하지 않겠다는 결의에 차 있었다. 상트페테르부르크에서 보기에 오스트리아-헝가리의 모든 움직임, 일례로 몬테네그로와 불가리아에 차관을 제공하며 접근하는 것이나 오스트리아 교회의 가톨릭 사제들이 발칸 지역 여러 곳에서 벌이는 활동 등은 의심의 여지가 있었다. 발칸 지역에 대한 러시아인들의 시각은 또한 범슬라브주의와, 다수가 러시아인과 같은 정교도인 남슬라브인들을 보호하려는 욕구에 의해 형성되었다. 범슬라브주의는 일관성 있는 정치적 운동이나 이념이 아니라 일정한 감정과 태도에 의해 1차대전 이전 러시아와 중유럽에서 과열된 수사를 만들어냈다. 러시아 범슬라브주의자들에게는 "역사적 사명", "우리의 슬라브 형제들" 또는 이슬람 대사원이 된 하기아 소피아를 성 소피아 대성당으로 되돌리는 과업과 결부된 것이었다. 러시아의 상업과 해군력이 다시 세계로 흘러나갈 수 있게 "러시아 집의 열쇠와 대문" — 지중해와 흑해를 연결하는 해협 — 을 돌려받는 것도 여기에 포함되었다. (지중해는 흑해의 큰 버전으로 수에즈 운하와 지브롤터 해협이 영국에 의해 통제되고 있었지만 러시아인들은 이 사실을 언제나 고려하는 것 같지는 않았다.) 이러한 수사는 발칸 지역에서의 러시아 정책을 직접 인도하지는 않았더라도, 러시아의 선택을 제한했다. 러시아로서는 발칸 지역의 현상 유지를 위해 과거 양해 재건에 힘쓰는 것이 더 현명했지만 사조노프는 발칸 국가들을 지원하고, 오스트리아-헝가리와 협력하지 말라는 압박에 시달렸다.[37] 확실히 그는 범슬라브주의의 희생양이 되었다.

발칸의 안정, 장기적으로는 유럽 평화를 도모해야 할 외교 책임자가 감정과 편견에 그렇게 쉽게 흔들린 것은 러시아에 불행한 일이었다. 사조노프는 러시아의 역사적 사명은 오스만 압제에 시달리는 남슬라브인을 해방하는 것이라고 믿었다. 이 위대한 과업은 20세기 초 거의 완수되었지만, 러시아는 여전히 오스만제국의 재부상이나 오스트리아-헝가리와 그 동맹국 독일이 제기하는 위협으로부터 발칸 국가들을 방어할 필요가 있었다. 사조노프는 불가리아의 페르디난드 국왕이 발칸이라는 둥지에서 독일의 비둘기 노릇을 한다고 깊게 의심하는 한편, 청년튀르크당이 유대인 프리메이슨의 지도하에 있다고 믿으며 두려움에 빠졌다.[38] 사조노프가 전임자의 지적 능력, 경험, 또는 의지의 힘을 갖지 못한 것도 불행한 일이었다. 그는 보스니아 위기로 크게 신임을 잃은 이즈볼스키가 아니며, 수상 스톨리핀의 처남이라는 점 때문에 외무장관이 되었던 것으로 보인다.

러시아의 최고위 관리 다수와 마찬가지로 사조노프는 오랜 귀족 가문 출신이었다. 일부 동료와 달리 그는 꼿꼿하고 솔직했으며, 그의 적들조차 그가 철저한 신사이고 차르와 러시아 모두에 충복이라는 점을 인정했다. 사조노프는 신앙심도 깊었고, 외무부에서 같이 일하는 타우베 남작이 보기에 러시아 정교회 지도부와도 잘 지냈다. 그러나 타우베는 그가 외무장관에 맞지 않는다고 생각했다. "천성적으로 허약하고 지나치게 예민하며, 다소 감상적이고 신경질적이며 심지어 히스테릭한 사조노프는 슬라브 여인 같은 타입이었다. 탁월하고 편안하며 관대하지만 연약하고 애매하며, 인상이나 직감 때문에 계속 생각이 바뀌어 지속적인 사고 노력을 모두 거부하고, 추론을 논리적 결말로 끌고 나갈 수 없었다."[39]

1911년과 1912년 발칸 국가들이 시체나 다름없는 오스만제국 주위를 맴돌 때 사조노프는 이 국가들을 고무했다. 그의 회고록에는 다음과 같이 기록되었다. "세르비아와 불가리아가 목표를 더 달성하려고 하는데 아무것도 하지 않는다면 러시아로서는 역사적 사명을 방기할 뿐 아니라 오랜 기간 노력으로 얻은 정치적 입지를 슬라브 민족들의 적에게 저항하지 않고 내주는 것이다."[40] 그는 발칸동맹의 형성을 고무했고, 마법사의 불운한 조수처럼 자신이 그 동맹을 통제할 수 있다는 환상을 가졌다. 그가 세르비아와 불가리아 지도자들에게 러시아는 발칸 지역에서 전쟁을 원하지 않는다고 말하자, 그들은 그가 정말 그러길 원하지는 않는다고 생각했다. 소피아 주둔 영국 대사직 무대행은 1차 발칸전쟁 전날 밤 다음과 같이 적었다.

> 상황의 위험은 불가리아와 세르비아가 러시아가 수백 년간 발칸 지역에서 유지해온 정책을 저항해보지도 않고 포기할 거라고는 믿지 않는다는 점에 있다. 발칸 국가들은 러시아에 의해 하나로 뭉쳤지만 — 방어적 목

적인 것은 사실이다 — 방어적이라거나 공격적이란 용어는 일정 상황에서는 상당히 유사하다. 그들은 지금 함께 움직이고 있고, 일단 그들이 잘 준비되었고 좋은 기회가 왔다고 생각하면 프랑스의 차관 제공 보류, 러시아나 전 유럽의 훈계도 그들을 저지할 수 없게 된다. 그들은 유럽전쟁을 초래하든 아니든 거의 신경쓰지 않는다.[41]

하르트비히가 세르비아의 대세르비아 야망을 우호적으로 지지하자, 사조노프는 불만스러워하면서도 그를 막지는 않았다. 사조노프는 자신이 강력히 지지하는 친세르비아 여론을 위해 적극 나서지도 않았다. 회고록에서 그는 "정부가 사건의 진행을 통제할 수 없는 상황에 빠지지 않을까 두려워했다"라고 인정했다.[42] 그는 세르비아가 다루기 어렵다는 사실도 깨달았다. "나는 재앙을 피할 수 있는 자제와 당면한 위험에 대한 냉정한 판단을 항상 하지는 못했다."[43] 강국에 자주 일어나는 일처럼 러시아는 훨씬 작고 약한 국가가 절박함을 구실로 보호국의 지원을 요구하여 성공적 결과를 얻어내는 것을 감내해야 했다. 예를 들어 1차 발칸전쟁 중이던 1912년 11월 세르비아 지도자 파쉬치는 러시아와 협의하지 않고 런던의 《타임스》에 극적인 편지를 보내 세르비아의 목표를 밝혔다. 파쉬치는 조국이 아드리아해를 따라 약 50킬로미터에 달하는 해안선을 가져야만 한다고 주장했다. "이 최소한의 목표를 위해 세르비아는 모든 희생을 감내할 준비가 되어 있다. 그렇게 하지 않는다면 국가적 의무에 반하는 것이다." 파쉬치가 잘 알고 있듯이 아드리아해에 세르비아가 조금이라도 영토를 차지하는 것은 오스트리아-헝가리가 질색하는 일이었다. 그의 편지는 러시아를 세르비아 지원 외에 다른 선택의 여지가 없게 만들려는 시도였다.[44] 이번 국면에는 러시아가 결국 개입을 거부했지만, 사조노프와 그의 동료들은 2년 후 유사한 딜레마에 빠지게 된다. 만일 그들이 오스트리아-헝가리의 위협 앞에 세르비아를 포기하면 러시아는 약해 보일 수밖에 없었다. 만일 러시아가 세르비아에 전적인 지원을 약속하면, 세르비아의 무모한 도발을 자극할 수 있었다.

발칸 상황에 가장 관심이 많은 또다른 강국 오스트리아-헝가리는 약해 보이는 것에 대한 러시아의 두려움에 공감했다. 하지만 러시아가 더 강한 발칸 국가들을 원한 반면, 오스트리아-헝가리는 그럴 가능성을 끔찍하게 생각했고 특히 세르비아가 강해지는 것에 예민했다. 세르비아의 존재 자체가 제국 내 남슬라브인에게 자석 같은 역할을 하고 모델이 되고 영감을 주기 때문에 오랜 다민족 제국 오스트리아-헝가리의 군주정을 위협했다. 피에몬테 왕국이 이탈리아 통일을 이끌었고, 프로이센이 독일 통일을 이끌었으며, 이 두 경우 모두 오스트리아-헝가리가 대가를 치렀다는 것을 너무나 잘 기억하는 오스트리아-헝가리의 통치 엘리트는 세르비아가 똑같이 위험한 역할을 하게 될 것으로 보았다. (세르비아 민족주의자들도 비슷하게 느끼고 있었는데, 이들이 극단적인 신문 중 하나를 피에몬테라고 부른 것은 도움이 되지 않았다.) 1903년 쿠데타 이후 세르비아 민족주의 지도자들의 행동이 발칸반도와 제국 자체 내의 민족주의 감정을 자극한 것도 오스트리아-헝가리의 두려움을 악화시켰다.

하필 이때 오스트리아-헝가리도 러시아처럼 전임자보다 약하고 우유부단한 사람이 외무장관으로 임명되었다. 레오폴트 폰 베르히톨트는 오스트리아-헝가리에서 가장 부유한 사람 중 하나로, 헝가리의 부유한 상속녀와 결혼했다. 유서 깊고 위엄 있는 가문 출신이어서 그는 사교계의 주요 인물과 거의 모두 친인척 관계였다. 그의 조상 중 한 사람이 중류층 출신인 모차르트의 여동생과 결혼하며 전통을 깼지만, 베르히톨트는 엄청나게 고상한 척하면서 에드워드 7세도 자신이 사교계에 간신히 받아들일 수 있었다며 내숭을 떨었다. 에드워드 7세가 마리엔바드의 화려한 온천에 전 애인을 데려오자 베르히톨트는 일기에 "타락한 왕족"이라며 "도덕적으로 위대한 빅토리아 시대 이후 역겹고 저속한 조지 시대로 되돌아간 것이다"라고 적었다.[45] 흠 잡을 데 없는 매너에, 우아하고 매력적인 베르히톨트는 사교계를 편하게 상대했다. 많은 비평가 중 한 명이 "멋진 푸들"이라고 부른 그는 고위급 정치보다 오락과 이국적 물건 수집에 더 관심이 많았다. 그는 취향이 떨어지는 것을 참지 못했다. 프란츠 페르디난트가 궁전에 새로 지은 건물을 본 그는 대리석이 "헤드 치즈 같고, 푸줏간을 연상시킨다"고 혹평했다.[46] 가족 다음으로 베르히톨트가 열정을 쏟은 것은 승마 시합이었다. 그는 늘 정부 각료가 되고 승마 시합에서 우승하길 소망했다고 말했다. 전자는 에렌탈의 시선을 끌어 이루었는데 처음에는 전도양양한 젊은 외교관으로, 다음으로는 그의 후임자로 인정받았고, 후자는 엄청난 돈을 써서 이루었다. 베르히톨트는 자신의 경마장을 만들고 최고의 영국 조련사와 최고의 말을 들여왔다.

에렌탈이 사망하자 프란츠 요제프가 선택할 수 있는 후임자는 몇 명 되지 않았다. 후임자는 황태자가 수락할 만큼 사회적 지위가 높은 사람이어야 했는데, 프란츠 페르디난트의 반대로 이미 두 후보가 제외되었다. 이에 황제와 황태자 모두의 총애를 받고 있고, 러시아 주재 오스트리아-헝가리 대사로 좋은 업적을 남긴 베르히톨트가 가장 적합한 후보자로 보였고, 병상에서 죽어가던 에렌탈은 그에게 자신의 업무를 이어가 달라고 부탁했다.[47] 베르히톨트 자신은 그 자리에 적임자인지 의구심을 가지고 있었다. (그의 동료들도 마찬가지여서 한 동료는 그가 정교한 의식을 담당하는 고위 궁정 관리로는 제격이지만 외무장관으로는 재앙이 될 것이라고 말했다.[48]) 황제와 면담하며 베르히톨트는 자신의 약점을 나열했다. 그는 외무부 내의 업무를 잘 몰랐고, 오스트리아 의회를 상대해본 적도 없었다. 더구나 자신을 오스트리아인이자 헝가리인으로 보는 그는 두 민족 모두에게 멸시당할 가능성이 있었다. 마지막으로 업무에 필요한 체력도 좋지 않았다. 그럼에도 그는 황제에 대한 충성심으로 외무장관직을 맡았다.[49]

베르히톨트는 지적이고 경험이 풍부한 외교관이었지만, 그가 말한 것은 사실이었다. 그는 확신과 결단력이 부족했다. 여러 관리들의 의견을 묻고 때로는 자녀들의 의견까지 듣느라 결정을 내리기까지 오랜 시간이 걸렸다.[50] 평화를 선호했지만 매파, 특히 콘라트에 맞서는 것을 어려워했다. 콘라트는 전쟁을 주장하면서 이탈리아에 대항하라거나 1912, 1913, 1914년 세르비아에 맞서야 한다는 비망록을 그에게 연이어 보냈다.[51] 베르히톨트는 필요한 지식의 깊이에서도 부족했다. 남슬라브인 문제나 발칸 지역 사정, 또는 오스트리아-헝가리와 이탈리아의 동맹 같은 사안의 세부 사항을 제대로 파악하지 못했다.[52] 그 결과 그는 아는 것이 많은 관리들의 위협을 받으며 그들의 의견에 많이 의존했다. 그의 외교정책 시각은 단순하고 비관적이었다.

즉 오스트리아-헝가리는 적대적인 이웃 국가들로부터 위협을 받고 있고 유일한 친구는 독일뿐이라는 것이었다. 한때 그는 러시아와의 양해 수립에 희망을 걸었지만, 보스니아 위기로 그 가능성은 희박해졌다고 생각했다. 그는 오스트리아-헝가리가 러시아를 "기다릴 수는 있지만, 치욕을 잊고 싶지 않은 적"[53]으로 보아야 한다고 생각했다.

1912년 늦여름 발칸 지역에서 긴장과 전쟁 이야기가 격화되자 베르히톨트는 현상 유지를 위해 노력하면서, 강국들에게 과거 유럽협조체제처럼 함께 행동해야 한다고 촉구했다. 만일 그들이 오스만제국이 자국 기독교인에 대한 대우를 개혁하도록 압박할 수 있다면, 발칸 국가들은 전쟁의 구실을 더는 찾지 못할 것이었다. 3국협상국인 러시아와 프랑스가 의심쩍어하며 3국동맹이 주도권을 잡지 못하도록 나선 것은 유럽이 얼마나 적대적 진영으로 갈라져 있는지를 보여주는 신호였다.[54] 사조노프는 상트페테르부르크 주재 영국 대사에게 만일 오스트리아-헝가리가 기독교인들의 보호자를 자처하고 나서면 발칸 지역에서 러시아의 위신이 크게 훼손된다고 말했다.[55]

9월 말 발칸 지역에서 결국 전쟁이 발발하자 오스트리아-헝가리 지도부는 깜짝 놀랐던 것 같다. 베오그라드와 콘스탄티노플 주재 무관들은 휴가를 즐기고 있었다.[56] 발칸동맹이 빠르게 여러 승리를 달성하자 빈에서는 깊은 우려와 함께 불안한 논의가 계속되었다. 그간 시간을 질질 끌며 새로운 군비 지출 예산을 통과시키지 않았던 오스트리아-헝가리의 공동내각평의회는 새로운 포병 장비와 요새 건설을 위한 막대한 예산을 통과시켰다. 오스만제국이 유럽에 남아 있던 영토 대부분을 상실하고 발칸 지역의 구질서가 무너질 것이 분명해지자, 오스트리아-헝가리의 초미의 관심사는 어떠한 새 질서가 자리 잡을 것인가였다. 더 커진 불가리아는 받아들일 만했고, 독립한 알바니아는 세르비아의 아드리아해 접근을 막아주고 오스트리아-헝가리의 피보호국이 될 것이기 때문에 바람직했다. 그러나 훨씬 커진 세르비아나 몬테네그로, 그 결과 발칸 지역에서 러시아의 영향력 증대는 오스트리아-헝가리가 제국 남부 국경 지역에서 일어나길 바라는 일이 분명 아니었다. 세르비아의 요구에는 몬테네그로와 코소보 일부 지역과 국경을 접하게 만드는 사냐크 지역과 아드리아해로의 접근로가 포함되었다. 몬테네그로가 아드리아해안에 작은 땅을 차지한 것만으로도 나쁜 상황이었는데, 만일 세르비아가 서쪽으로 팽창해 아드리아해에 도달하면 이탈리아에 이미 도전받고 있는 오스트리아-헝가리의 아드리아해 지배권은 새로운 도전에 직면할 것이 분명했다. 이미 상당한 자원을 쏟아부은 풀라Pula에 있는 오스트리아-헝가리 해군 기지는 쓸모없어지고, 아드리아해 초입에 있는 중요한 항구 트리에스테도 봉쇄될 수 있었다. 세르비아에 이미 적대적이던 여론은 세르비아인들이 오스만 영토로 진격하면서 오스트리아-헝가리 외교관 한 명을 억류해 학대했다는 보고와 그가 거세되었다는 소문으로 더욱 악화되었다. (그는 아무런 해를 입지 않은 것으로 밝혀졌다.)[57]

콘라트의 후임자 블라지우스 셰무아Blasius Schemua 장군은 만일 오스트리아-헝가리 정부가 세르비아와 몬테네그로를 통제하지 못한다면 강대국 지위에 작별을 고해야 할 것이라고 경고했다.[58] 세르비아의 군사작전 성공에 크게 낙담한 콘라트는(친구 말에 따르면 그의 얼굴 근육이 계속 씰룩거렸다)[59] 평소보다 더 격렬한, 긴 전문을 보내 세르비아를 박살내야 한다고 주장했다. 베르히톨트는 처음에는 프란츠 페르디난트로부터, 다음에는 황제로부터 지원을 받으며 이러한 요구에 저항했지만, 다른 강국들에게 오스트리아-헝가리의 최소한의 목표를 알렸다. 즉 국토가 큰 알바니아 독립국을 수립하고, 세르비아가 아드리아해안의 땅을 조금이라도 획득하지 못하게 막는 것이었다. 유럽 평화에 불행하게도, 러시아가 당초에 피보호국을 위한 확고한 지원을 과시하기 위해 지지했던 세르비아의 요구 사항이 바로 아드리아해안 일부를 얻는 것이었다.

러시아는 곤란한 입장에 놓였다. 러시아 군부 지도자들은 2년 후에나 전쟁 준비가 될 것으로 평가했지만, 러시아는 발칸 국가들이 오스트리아-헝가리에 밀리는 상황을 방관할 수 없었다.[60] 오스트리아-헝가리와 그 동맹국 독일을 억제하기 위해 러시아는 1914년 여름 다시 쓰게 될 전술을 썼다. 발칸 국가들이 군대를 동원하고 있던 1912년 9월 말, 러시아 군부는 독일과 오스트리아-헝가리와 접경하고 있는 바르샤바 군관구에서 이른바 시험적 동원령을 발령했다. 러시아는 곧 제대할 군인들의 복무 기간을 연장해 병력을 약 27만 명 늘리는 효과를 얻었다.[61]

*

러시아가 취한 행동은 오스트리아-헝가리의 대응을 불러일으켰다. 오스트리아-헝가리에서는 발칸 지역의 현상 유지가 붕괴되고 세르비아, 몬테네그로, 이보다 적기는 하지만 불가리아의 세력이 늘어남에 따라 점점 분위기가 어두워지고 있었다. 10월 말 베르히톨트는 동료들―이중제국 공동내각회의의 군사·재정 장관들―과 길고 힘든 회동을 가졌다. 이 회동에서는 발칸동맹과의 전쟁 가능성을 심각하게 고려하고, 황제에게 보스니아 주둔 병력을 상당히 증강할 것을 건의하기로 결정했다.[62] 그 직후 베르히톨트는 이탈리아를 방문해 이탈리아가 오스트리아-헝가리를 지원하도록 설득했다. (그는 골동품 상점과 미술관도 들러 기분을 돋우었다.)[63] 11월 발칸동맹이 오스만제국에 대한 승리를 굳히자 오스트리아-헝가리는 보스니아와 달마티아 주둔 병력을 전시체제로 편제해 러시아에 대응했다. 또한 오스트리아-헝가리는 러시아와 국경을 접한 갈리치아의 병력도 증강시켜, 전쟁이 일어날까봐 두려워하던 지역 주민들 사이에 공포감을 불러일으켰다.[64]

유럽은 정말 전면전으로 다가가고 있었다. 훗날 사조노프가 회고록에 적은 바에 따르면 러시아의 통치 집단은 오스트리아-헝가리와의 구원舊怨을 정리하고, 보스니아 치욕에 복수할 때가 되었다고 확신했다.[65] 오스트리아-헝가리의 조치 후 이틀이 지난 11월 22일, 차르는 정부에 병력 증강을 요청하고 오스트리아-헝가리와의 군사적 대결을 촉구했던 서부 지역 최고지휘관들과 회의를 가졌다.[66] 러시아 주재 영국 대사의 의견에 따르면 러시아 정부보다 더 범슬라브주의 경향이 강했던 차르, 니콜라이 2세는 러시아가 보스니아에서 당한 치욕을 반복하지 않을 것이라고 여러 번 말한 것으로 알려졌다.[67] 이날 회의에서 그는 우크라이나 서부 지역을 관할하는 키예프 군관구 전체와 러시아령 폴란드의 바르샤바 군관구 일부에 동원령을 내리기로 결정했다. 흑해 연안의 오데사 군관구도 동원 준비에 들어갔다. 전쟁장관 수호믈리노프는 이 극적이고도 위험한 결정을 민간 관리들에게 알리지 않았다. 그들에게 그는 차르가 무슨 생각을 하는지 직접 물어보는 것이 최선이라고 말했다. 다음날 사조노프와 수상직을 맡은 코콥초프 등 민간 장관들은 상트페테르부르크 교외에 있는 차르 궁전의 서재로 불려갔다가 차르의 말을 듣고 깜짝 놀랐다. 니콜라이 2세는 이미 결정을 내렸고 동원령 발령 전보가 하달될 준비가 되었다고 말하면서, 이번 러시아 동원령의 대상은 오스트리아-헝가리에 국한된다는 점을 분명히 밝혔다. 그는 오스트리아-헝가리가 합리적으로 행동하도록 빌헬름 2세가 도와주길 바라고 있었던 것이다. 코콥초프는 계획된 동원령이 오스트리아-헝가리, 독일 모두와 전쟁을 시작할 위험을 초래할 수 있다며 비난했다. 열렬한 범슬라브주의자인 사조노프도 주눅이 들어 세르비아에 대한 지지를 상당히 억제하면서, 러시아는 세르비아가 아드리아해에 항구를 차지하는 것을 더이상 지지하지 않는다고 오스트리아인들과 이탈리아인들에게 말했다. 그의 태도에 대해 영국 대사는 냉랭하게 다음과 같이 말했다. "사조노프는 계속 입장을 바꾸어서 그가 번갈아 보여주는 낙관주의와 비관주의를 따라가기 힘들다."[68] 군 복무 기간 연장으로 복무 병력은 늘어났지만, 이번 사태에서는 민간 관리들이 군부의 압력에 성공적으로 저항한 덕분에 계획되었던 동원령 발동이 취소되었다.[69] 국방 문제 책임자로서 러시아의 군사적 취약점을 잘 알고 있는 수호믈리노프는 그럼에도 불구하고 독일, 오스트리아-헝가리와의 전쟁이 불가피하고 그렇게 하는 것이 최선이라고 계속 주장했다. 상트페테르부르크 주재 프랑스 무관은 이렇게 말했다. "파리에 있는 사람들에게 전하라. 이곳에서는 모든 것이 큰 소동 없이 준비되었다고 확신해도 된다. 곧 보게 될 것이다."[70]

 러시아가 위험한 불장난을 하는 동안 이에 못지않게 불길한 회동이 베를린에서 진행되고 있었다. 프란츠 페르디난트와 오스트리아 참모총장 셰무아는 러시아가 공격할 경우 독일의 지원에 대한 확약을 얻어내려고 노력했다. 독일 수상 베트만홀베크와 외무장관 키데를렌은 처음에는 발칸 지역을 둘러싼 국제위기를 진정시키기 위해 영국에 협력하는 것과 오스트리아-헝가리 지원을 보여주는 것 사이에서 균형을 잡길 바랐다. 동시에 그들은 동맹국 오스트리아-헝가리가 예를 들면 1908년 포기했던 사냐크 지역을 합병하는 등, 너무 멀리 나가지 않도록 자제시키려고 했다. 독일 지도자들은 오스만제국의 붕괴를 보고 싶지도 않았다. 독일은 베를린-바그다드 철도 부설 시작을 비롯해 오스만제국 내에 상당한 이익이 걸려 있었다.[71] 늘 예측 불허인 카이저는 처음에는 오스만 현 지도부가 "나의 친구인 술탄"에 반역했다는 이유로 오스만제국에 적대적이었고, 발칸동맹에는 우호적이어서 한때 "검은 산의 양 도둑"이라고 불렀던 지도자를 "몬테네그로 국왕 폐하"라고 불렀다.[72] 그러나 프란츠 페르디난트와 셰무아가 베를린을 방문한 11월, 카이저는 오스트리아-헝가리를 전면 지원하는 쪽으로 마음이 돌아섰다. 베를린을 시작으로 동부 사냥 별장에서 진행된 회담에서 카이저는 독일 정부가 원하는 것보다 더 나아가, 발칸 문제를 놓고 오스트리아-헝가리와 러시아 사이에 전쟁이 벌어질 경우 독일은 오스트리아-헝가리를 지원하겠다고 약속했다. 일주일 뒤 베트만홀베크는 제국의회에 나가 독일은 동맹국 편에 설 것이라고 말했지만, 구체적 언급은 조심스럽게 피했다.[73] 러시아 국경 근처 슐레지엔에 거주하는 독일 가족들은 예상되는 침공을 피해 서부로 이동할 계획을 세웠고, 베를린 고위 관리들은 안전을 위해 스위스 은행으로 자금을 옮겼다. 티르피츠는 수석 항해사들에게 완전한 해군 동원령 발령 이전에 어떤 준비 조치가 취해질 수 있는지 물었다. 독일군 참모총장 몰트케는 1914년에 나타난 완전한 심리적 붕괴의 전조로 눈에 띄게 신경과민이 되고 무기력해졌다.[74]

유럽 곳곳에서 증권 시장이 요동쳤고 언론에는 병력 이동과 군사적 준비에 대한 여러 기사가 넘쳐났다. 빈 주재《타임스》특파원은 이렇게 보도했다. "온갖 소문이 돌고 있지만 모두가 믿을 만한 것은 아니다. 그러나 종합해보면 중동에서 충돌이 임박했다. 유럽의 충돌로 확산되는 것을 막으려면 유럽 각국 정부들은 통찰력과 신중함이 요구된다."[75] 오스트리아-헝가리는 베오그라드, 체티네, 상트페테르부르크 주재 자국 외교관들에게 가장 중요한 서류를 챙기고, 전쟁이 일어날 경우 떠날 준비를 하라는 훈령을 내렸다(2년 뒤 같은 훈령이 내려진다).[76] 발칸 지역의 휴전 직후인 12월 7일 콘라트가 다시 오스트리아-헝가리 참모총장에 임명되었다. 이 소식을 사랑하는 지나에게 알리려고 그는 달려갔지만, 막상 그녀를 만나자 두 손으로 머리를 움켜쥐었을 뿐 말할 수가 없었다. 그는 오스트리아-헝가리가 발칸 지역에서 과거보다 훨씬 더 큰 문제에 봉착했다고 그녀에게 말했다. 발칸 국가들이 훨씬 강해졌기 때문이었다.[77] 그럼에도 불구하고 그는 베르히톨트를 압박해 세르비아와 몬테네그로에 대한 군사 행동을 촉구했다. 한때는 그도 베르히톨트와 마찬가지로, 더 일반적으로 온건한 목소리를 낸 프란츠 페르디난트의 지원을 받았다.[78]

*

12월이 시작되고, 1차 발칸전쟁을 종결하는 휴전안이 서명되자 그레이는 국제 긴장 완화를 위한 강대국 대사들의 회의, 그리고 이와 병행해 별도로 평화를 도모하기 위한 발칸 국가들 대표 회의를 모두 런던에서 소집했다. 영국 정부를 대표해 발언한 전쟁장관 홀데인은 새로 런던에 부임한 독일 대사 카를 리히노프스키Prince Karl Lichnowsky에게 영국은 오스트리아-헝가리가 세르비아를 공격할 경우 방관하지 않을 것이고, 전면전이 일어나면 프랑스 파괴를 막기 위해 개입할 것이 거의 확실하다고 경고했다. 카이저는 영국을 "겁쟁이", "양치기들의 나라", "이기적인 사람들"이라고 비난하며 화를 냈지만, 독일 정부는 위기를 끝내기 위해 영국과 협력할 준비가 되어 있었다. 키데를렌과 베트만홀베크는 영국과 우호 관계를 맺는 것은 포기했지만, 장차 유럽전쟁이 일어날 경우 영국의 중립을 희망했다.[79] 한편 오스트리아-헝가리는 동맹국 독일의 미적지근한 지원을 유감스러워했다.[80]

다른 강대국들도 그레이의 초청을 받아들였다. 프랑스는 발칸 지역에서 전쟁이 일어나는 것을 원하지 않았고, 이탈리아는 언제나 강대국으로 대접받을 기회를 놓치지 않았다. 오스트리아-헝가리와 러시아 모두가 군사 준비로 재정적 압박을 느꼈기 때문에, 양국에서 특히 보수 집단은 두 군주국 간의 양해 수립을 요청했다. 러시아 정부는 11월에 이미 벼랑 끝에서 한 발 물러난 결정을 내렸다. 그러나 사조노프는 타협하려 한다는 이유로 공개적 비난을 받았다. 한 두마 의원은 러일전쟁 당시 가장 치욕적인 지상전 패배와 똑같다며 이를 "치명적인 외교적 패배"라고 비판했다. 12월 11일 오스트리아-헝가리의 최고 지도자들은 평화와 전쟁 사이에서 결정을 내리기 위해 프란츠 요제프 황제를 만났다. 콘라트는 프란츠 페르디난트의 지원을 받아 전쟁을 적극적으로 주장하는 발언을 했다. (프란츠 페르디난트는 얼마 후 더 온건한 입장으로 돌아갔다.) 베르히톨트와 민간 장관 대부분은 콘라트의 주장에 반대했다. "평소와 달리 진지하고 차분하며 결의에 찬" 황제는 평화 쪽으로 결정을 내렸다. 1914년 7월 그는 다른 쪽으로 결정을 내리게 된다.[81]

런던에서 개최된 대사들의 회의는 그레이가 의장을 맡은 가운데 영국 외무부에서 1912년 12월 말부터 1913년 8월까지 진행되었다. 훗날 그레이는 회의 진행이 "더뎌서 때로 참을 수 없을 정도로 짜증이 났다"고 회고했다. 프랑스를 대표한 폴 캉봉 대사는 해골 여섯 개가 테이블 주변에 앉을 때까지 회의가 계속될 것이라고 농담했다.[82] (이 회의는 서로 친인척 관계인 귀족들이 주도한 구舊유럽의 상징이었다. 오스트리아-헝가리 대사 알베르트 멘스도르프 백작, 독일 대사 리히노프스키, 러시아 대사 알렉산드르 벤켄도르프는 사촌 간이었다.) 멘스도르프는 이탈리아 대사가 다른 대사들을 합친 것보다 많이 말한다고 불평했다.[83] 강대국들은 가능하면 전쟁을 피하는 데 동의했지만 발칸 국가들의 화해를 이루기는 쉽지 않았다. 발칸동맹은 국가 간 경쟁으로 균열이 생겼고, 오스만제국은 다시 혼란에 빠졌다. 1월, 잠시 밀려났던 청년튀르크당의 엔베르 파샤가 무장 군인 집단의 지도자로 내각회의에 나타나 정부가 다른 강대국들에게 너무 많은 것을 양보했다고 비판하며 정부의 사퇴를 요구했다. 이러한 요구를 관철하기 위해 청년튀르크당은 전쟁장관에게 총을 발사해 살해했다.

강대국들 사이의 주된 이견은 알바니아의 성격과 형태에 관한 것이었다. 오스트리아-헝가리는 새 국가는 군주정이 되어야 한다고 주장했다. 캉봉은 무능한 통치자가 통치해서 살해되도록 만든 다음 간섭해서 알바니아를 보호령으로 만들려 한다고 냉소적으로 생각했다.[84] 알바니아의 국경도 끝없는 논란을 빚었다. 발칸 지역 원주민의 후손인 알바니아인이 다양한 민족과 종교를 가진 남슬라브인과 뒤섞인 사실도 문제가 되었다. 알바니아인이 여러 집단과 종교로 갈라진 것도 ― 남부 주민은 거의 이슬람교도인 반면, 북부 주민은 대부분 기독교인이었다 ― 외부 세력의 간섭을 불러왔다. 게다가 오스트리아-헝가리는 큼지막한 알바니아가 슬라브 국가들에 맞서 균형을 맞춰주고 세르비아의 아드리아해 접근을 막아주길 희망했다. 반면 러시아는 슬라브 피보호국인 발칸 국가들에게 되도록 많은 오스만 영토를 나누어주려고 했다.[85] 그 결과 거의 들어보지 못한 작은 마을을 놓고도 끝없는 논란이 이어졌다. 그레이는 이렇게 불평했다. "알바니아 국경의 소도시 한두 개를 둘러싼 분쟁으로 유럽 강대국들이 전쟁에 휘말려야 한다니, 비합리적이고 참을 수 없는 일이다."[86] (네빌 체임벌린도 1938년 체코슬로바키아를 둘러싸고 위기가 발생하자 방송에서 다음과 같이 비슷한 불만을 토로했다. "우리가 아무것도 모르는 먼 나라 사람들 사이의 분쟁 때문에 여기서 참호를 파고 방독면을 쓰다니 얼마나 끔찍하고, 얼토당토 않으며, 믿을 수 없는 일인가.")

스쿠타리Scutari(오늘날 알바니아의 슈코더르)라는 소도시의 운명은 특별한 긴장을 유발하고 전쟁 공포를 다시 일으켰다. 오스트리아-헝가리는 이 소도시가 가톨릭의 중심지로 오스트리아-헝가리 영향권 아래 있기 때문에 알바니아에 포함시키려고 했다. 다른 관료들처럼 베르히톨트도 이곳이 세르비아나 몬테네그로에 귀속되면 오스트리아-헝가리의 권위와 이익을 훼손할 것이라고 믿었다.[87] 이전의 호전성에서 한 발 물러난 프란츠 페르디난트는 1913년 2월 베르히톨트에게 우려를 표하면서 앞날을 내다보며 다음과 같은 편지를 썼다.

> 아무것도 포기하지 말고, 우리는 평화를 지키기 위해 무슨 일이든 해야 한다. 만일 우리가 러시아와 대전쟁에 돌입하면 재앙이 될 것이다. 당신의 좌우 병력이 제대로 작동할지 누가 알겠는가? 독일은 프랑스를 상대해야 하고, 루마니아는 불가리아의 위협을 구실로 삼을 것이다. 그러니 지금은 아주 불리한 때다. 만일 우리가 세르비아와 특별한 전쟁을 벌이면 장애를 빨리 극복하겠지만, 그다음은 어떻게 되겠는가? 우리는 무엇을 얻게 될 것인가? 일단 전 유럽이 우리를 공격할 것이고, 신의 가호로 우리가 세르비아를 병합한다면 우리를 평화 방해자로 볼 것이다.[88]

러시아와 다시 긴장이 고조되자 프란츠 요제프 황제는 신임하는 사절 고트프리트 폰 호헨로헤-쉴링휘르스트Gottfried von Hohenlohe-Schillingfürst를 상트페테르부르크로 파견해, 오스트리아-헝가리에서 민간인들은 아직 장군들의 통제 아래 있다고 차르를 안심시켰다. 그러나 호헨로헤는 유럽의 최고 지도부가 대규모 전쟁 가능성을 얼마나 당연시하는지 보여주는 가슴 철렁한 또 하나의 사례라며, 알바니아 문제가 해결되지 않으면 6주에서 8주 사이에 전쟁이 발발할 수 있다고 경고했다.[89] 두 강대국은 다시 한번 전쟁에서 뒤로 물러섰고,

1913년 3월이 되자 최근 위기가 진정되었다. 러시아와 오스트리아-헝가리는 국경에서 병력을 줄였고, 스쿠타리를 알바니아에 포함시키는 대가로 마을 몇 개를 세르비아에 넘겨주는 합의가 이루어졌다.

그러나 현지에서는 발칸 국가들이 자신들의 게임을 계속하면서 위기가 해소되지 않았다. 일시적 우방인 세르비아와 몬테네그로는 전쟁 중 스쿠타리를 장악해 강화 타결 가능성을 없애려고 했지만, 오스만 방어군은 대단한 결의로 이 도시를 지켰다. 몬테네그로와 세르비아는 스쿠타리 포위를 풀라는 강대국들의 점점 강력해지는 요구에 귀를 닫았다. 3월 말 오스트리아-헝가리는 몬테네그로의 항구들을 봉쇄하기 위해 아드리아 함대를 파견했다. 사조노프는 "이러한 단독 행동이 유럽 평화에 가져올 괴물 같은 위험"을 경고했고, 러시아 정부는 병력을 다시 증강하는 문제를 고려했다.[90] 영국과 이탈리아는 공동으로 해군력을 과시하자고 긴급히 제안해 자국 함정들을 파견했고, 뒤이어 러시아와 프랑스도 자국 함정을 증강했다. (스쿠타리는 내륙으로 약 19킬로미터 지점에 위치했기 때문에 강대국들이 이런 행동으로 무엇을 얻으려고 했는지는 분명하지 않다.) 러시아는 마지못해 세르비아를 압박하는 데 동의했고, 세르비아는 4월 초 스쿠타리 포위를 풀었다. 그러나 몬테네그로의 니콜라 국왕은 쉽게 생각을 바꾸지 않았다. 그는 오스만 군대의 알바니아 장교 에사드 파샤 토프타니Essad Pasha Toptani를 뇌물로 회유해 그 도시를 자신에게 넘기도록 만들었다. 니콜라 국왕만큼 거친 에사드는 일단 병영 지휘관을 처형한 다음, 자신이 8만 파운드가 든 가방을 잃어버렸다면서 돌려받을 돈으로 스쿠타리의 가격을 책정했다.[91]

4월 23일 에사드는 예상대로 스쿠타리를 몬테네그로에 넘겼다. 몬테네그로의 수도 체티네에서는 술에 취한 사람들이 사방으로 총을 쏘며 난폭한 기념행사를 즐겼다. 일부 영리한 사람들은 당나귀에 검은 옷을 입혀 무례한 메시지를 적은 다음 오스트리아-헝가리 대사관으로 보내는 재치를 발휘했다. 발칸 여러 지역과 상트페테르부르크에서는 군중이 쏟아져 나와 남슬라브인 형제들의 승리를 열정적으로 축하했다.[92] 빈과 베를린의 분위기는 침울했다. 콘라트는 몬테네그로가 스쿠타리를 포기하지 않으면 몬테네그로에 원정할 군사 계획을 만들도록 참모진에 지시했다. 4월 말 갑자기 키데를렌의 후임으로 외무장관이 된 고틀리프 폰 야고프는 오스트리아-헝가리에 대한 독일의 지원을 약속했다. 5월 초 오스트리아-헝가리는 몬테네그로에 최후통첩을 발하기로 결정하고, 군사적 준비를 시작하면서 우선 보스니아에서 계엄 통치를 시작했다. 러시아도 군사 준비에 박차를 가하며 군마를 추가적으로 주문했다.[93] 5월 3일에야 몬테네그로의 니콜라 국왕은 오스트리아-헝가리의 의도를 깨닫고, 5월 4일 몬테네그로 병력이 스쿠타리를 떠날 것이며 강대국들에게 이 문제를 맡기겠다고 선언했다. 오스트리아-헝가리와 러시아는 다시 한번 전쟁 준비를 중단했다. 유럽의 평화는 잠시 보존되었지만, 모두가 이런 상황을 기꺼이 받아들이지는 않았다. 빈에서 콘라트는 오스트리아-헝가리가 행동하지 않은 것을 유감스러워했다. 몬테네그로와 싸워 승리를 거두었다면 최소한 오스트리아-헝가리의 체면을 지킬 수 있었기 때문이었다. 만찬 파티에서 한 친구는 콘라트가 매우 낙담한 것을 알아챘다. 이제 오스트리아-헝가리는 두 배로 커진 세르비아를 상대해야만 했다.[94]

5월 말 서명된 런던 조약에 따라 알바니아는 독립국이 되었다. 알바니아는 국제통제위원회의 관할을 받게 되었지만, 오스트리아-헝가리의 방해로 이 위원회는 제대로 작동한 적이 없었다. 가난하고 분열된 이 소국은 무능하지만 따뜻한 독일 왕자를 자국의 왕으로 갖게 되었다. 비트의 빌헬름은 에사드가 계획을 밀어붙여 그를 물러나게 만들 때까지 6개월 동안만 국왕 노릇을 했다. 런던 조약은 발칸동맹이 획득한 영토를 인정했지만, 평화를 정착시키지는 못했다. 발칸동맹은 급속히 와해되었다. 세르비아와 그리스는 불가리아가 가장 큰 승자가 되어 마땅히 자신들의 땅이라고 생각했던 영토를 차지하자 격분해서 즉시 런던 조약 개정을 요구했다. 1차 발칸전쟁에 개입하지 않았던 루마니아는 불가리아 일부를 장악할 기회를 엿보았고, 오스만제국은 불가리아를 다시 남쪽으로 밀어붙이기를 희망했다. 런던 조약 체결 한 달 후인 1913년 6월 29일 불가리아는 전쟁을 강력히 선호하는 여론에 힘입어 세르비아와 그리스에 대한 선제공격을 시작했다. 루마니아와 오스만제국이 힘을 합쳐 대항한 결과 불가리아는 연패를 당했다. 1913년 8월 10일 발칸 국가들이 부쿠레슈티 강화조약을 체결함에 따라 루마니아, 그리스, 세르비아 모두가 불가리아의 희생 아래 영토를 얻었다. "부쿠레슈티에서 울린 평화의 종은 공허한 종소리였다."[95] 베르히톨트가 회고록에 남긴 글이다. 오스트리아-헝가리는 두 번의 발칸전쟁으로 명예와 위신에 큰 타격을 입었다.

발칸 지역의 소요는 계속되었다. 이제 오스만 영역인 코소보와 마케도니아 일부를 장악한 세르비아는 이슬람교를 믿는 많은 알바니아 주민들의 반란을 즉시 해결해야 했다. 세르비아 정부가 모든 저항을 잔인하게 진압하면서, 19세기 말부터 문제를 일으킨 알바니아인의 증오와 분노의 유산은 더욱더 쌓여갔다. 알바니아의 국경은 남쪽에서는 그리스가, 북쪽에서는 세르비아가 문제 삼았고, 특히 세르비아인들은 강대국들 앞에서 물러서지 않겠다고 결의를 다졌다.

두 번의 발칸전쟁에서 승리한 세르비아의 국민과 지도자들은 점점 지나치게 자신만만해졌다. "그들은 아무 말도 듣지 않으면서 온갖 엉뚱한 짓을 할 수 있었다." 베오그라드 주재《타임스》특파원은 이렇게 보도했다.[96] 군부와 극단적 민족주의 집단인 흑수단은 세르비아 정부가 조금이라도 뒤로 물러설 조짐을 보이면 호되게 비난했지만, 민간 관리들도 타협을 거부하기는 마찬가지였다. 1913년 초에 파쉬치는 상트페테르부르크 주재 세르비아 대사에게 다음과 같은 전문을 보냈다. "만일 세르비아가 전장에서 패배하면 적어도 세계의 멸시를 받지는 않을 것이다. 세계는 오스트리아의 노예가 되지 않는 국민을 높이 평가하기 때문이다." 전장에서 승리를 거두면서 세르비아의 탐욕도 커졌다. 1914년 초에 파쉬치는 상트페테르부르크에서 차르를 만났다. 모든 세르비아인을 통합하려는(파쉬치는 너그럽게 크로아티아인도 여기에 포함시켰다) 세르비아의 희망은 이제 현실로 다가온 것 같았다. 그는 오스트리아-헝가리 제국 내에 약 600만 명의 동요하는 "세르보·크로아티아인"이 있다고 니콜라이 2세에게 말했으며, 자신들이 남슬라브 혈통에 속한다는 것을 깨닫기 시작한 슬로베니아인은 여기에 포함시키지도 않았다고 했다.[97]

오스트리아-헝가리는 이 꿈을 가로막는 가장 큰 장애였다. 1913년 가을 오스트리아-헝가리는 세르비아가 점령한 알바니아 북부에서 병력 철수를 요구했다. 세르비아 정부는 이 요구를 단순히 거절하지 않고, 더 많은 병력을 파견하며 알바니아인에 대항해 세르비아 동포를 보호해야 한다는 구실을 내세웠다. 10월 초 자애로운 발칸 현인처럼 회색 턱수염을 길게 기른 파쉬치가 오스트리아-헝가리와 협의하기 위해 빈을 방문했다. "그는 겸손한 사람으로 근심이 많아 보인다." 베르히톨트는 일기에 이렇게 적었다. "그의 친근성은 우리를 갈라놓는 이견을 잠시 잊게 만들었다." 파쉬치는 선의에 가득 찼지만 구체적 합의를 하는 것은 거부했다.[98] 그는 알지 못했지만, 같은 시간에 이중제국 공동내각회의가 열려 세르비아에 취할 조치를 논의하고 있었다. 이례적으로 민간 관리들의 회의에 참석한 콘라트는 오스트리아-헝가리가 행동을 취해 문제를 일으키는 이 국가를 병합할 것을 주장했다. 민간 관리들은 그 정도까지 나아갈 준비가 아직 안 되어 있었지만 미래 어느 시점에 전쟁이 일어날 것임을 분명히 받아들였고, 일부는 전쟁을 바람직한 일로 여겼다. 온건한 노선을 이끌어온 베르히톨트도 이번에는 군비 증강에 찬성하고 나섰다.[99]

공동내각회의에 참석한 장관 중 강경 노선을 주장한 헝가리 수상 이슈트반 티서는 1914년 오스트리아-헝가리가 세르비아와의 전쟁을 결정하는 데 핵심적 역할을 하게 된다. 티서의 동포들은 심지어 정적일지라도 그의 용기, 결단력, 치밀한 계획에 놀라움을 감추지 못했다. 한 정적은 "그는 헝가리에서 가장 머리 좋은 사람"이라며 이렇게 말했다. "그는 우리 모두를 합친 것보다 똑똑하다. 많은 서랍을 가진 마리아 테레사 같은 사람이다. 각 서랍에는 지식이 가득 찼다. 그러나 서랍에 없는 것은 티서가 생각하기에 존재하지 않는 것이다. 이 영리하고 고집불통이며 오만한 사람은 우리 조국에 큰 위협이다. 내 말을 명심하라. 티서는 칼집이 없는 면도날처럼 위험하다."[100] 프란츠 요제프는 그를 좋아했는데, 그 이유는 헝가리의 독립만 생각하며 헝가리 의회에서 군대 예산 증가를 막으려고 온갖 시도를 해온 헝가리의 극단주의자들을 그가 강경하고 효과적으로 다룰 수 있기 때문이었다.

전에 한 번 수상을 역임한 적 있는 티서는 강력한 헝가리 애국주의자이자 합스부르크 군주정 지지자였다. 그의 생각에 헝가리는 루마니아 같은 적들로부터 보호를 받고, 영토가 큰 구舊헝가리 왕국을 보존하고 있어서 오스트리아-헝가리 내에서 유리한 위치에 있었다. 철저히 보수적인 그는 자신이 속한 지주 계급의 지도적 위치와 크로아티아인, 슬로바키아인, 루마니아인 등 비헝가리 소수민족에 대한 헝가리인의 지배를 유지하기로 작정했다. 소수민족에게 헝가리 정치에 참여할 권한을 부여하는 보통선거제는 "국가를 거세하는 것"과 같다고 그는 말했다.[101]

외교정책에서 티서는 독일과의 동맹을 지지하면서 발칸 국가들을 의심쩍어했다. 그는 발칸 국가들과의 평화를 선호했지만, 그중 하나가 너무 강해지면 전쟁할 준비가 되어 있었다.[102] 공동내각평의회에서 그는 알바니아에서 군대를 철수할 것을 세르비아에 요구하는 최후통첩을 지지했다. 그는 베르히톨트에게 비공식적으로 다음과 같은 편지를 보냈다. "알바니아-세르비아 국경에서 일어나는 일을 겪으며 우리는 생존 가능한 강대국으로 남을 것이냐, 아니면 포기하고 비웃음을 살 쇠퇴에 빠질 것이냐의 문제를 직시하게 되었습니다. 우유부단한 나날을 보내면 우리는 존경을 잃게 되고, 유리하고 평화적인 해결 가능성도 점점 훼손될 것입니다." 티서의 글은 만일 오스트리아-헝가리가 자기주장을 할 이번 기회를 놓치면 바로 강대국들 사이에서 입지를 잃을 것이라는 내용으로 이어졌다.[103]

10월 18일 오스트리아-헝가리는 세르비아에 최후통첩을 발하고, 그것을 준수할 8일간의 시간을 주었다. 강대국 중에 이탈리아와 독일에만 미리 통보했다는 것은 유럽협조체제가 사라지기 시작했다는 또다른 조짐이었다. 이후 몇 달 동안 3국협상과 3국동맹은 발칸 문제에 대해 점점 따로 움직였다.[104] 독일과 이탈리아는 오스트리아-헝가리의 움직임에 반대하지 않았고, 독일은 더 나아가 강력한 지원을 했다. 특히 카이저는 격정적이었다. "지금 아니면 기회가 절대 없을 것이오." 그는 베르히톨트가 보낸 감사 편지를 받고 이렇게 썼다.[105] 10월 25일 세르비아는 굴복하고 알바니아에서 병력을 철수했다. 다음날 빈을 방문 중이던 카이저는 베르히톨트와 차를 마시면서 오스트리아-헝가리는 계속 강력한 입장을 유지해야 한다고 말했다. "프란츠 요제프 황제가 무언가를 요구하면 세르비아 정부는 굴복해야 하오. 그러지 않으면 베오그라드는 포격을 받고 폐하의 뜻이 달성될 때까지 점령될 것이오." 빌헬름 2세는 자신의 칼을 잡는 제스처를 취하며 독일은 항상 오스트리아-헝가리를 지원할 준비가 되어 있다고 약속했다.[106]

수년간 이어지던 발칸 위기는 평화롭게 종결되었지만, 새로운 분노와 위험한 교훈을 남겨놓았다. 세르비아는 분명한 승자였다. 11월 7일 세르비아는 노비 바자르의 사냐크를 몬테네그로와 분할하는 합의에 서명하면서 더 많은 영토를 얻었다. 그러나 세르비아의 국가적 프로젝트는 아직 끝난 것이 아니었다. 이제 몬테네그로와의 연합 또는 새로운 발칸동맹 형성 이야기가 나왔다.[107] 세르비아 정부는 오스트리아-헝가리 제국 내 남슬라브인을 선동하고 있는 자국 내 다양한 민족주의 조직을 통제할 능력도 없었고, 그럴 의사도 별로 없었다. 1914년 봄 정교회의 중요한 축일인 부활절 기념 기간에 세르비아 언론은 세르비아 자체의 부활에 대한 기사로 가득 찼다. 주요 신문 하나는 세르비아 동포들이 오스트리아-헝가리 내에서 고난을 겪으면서 세르비아의 총검만이 가져다줄 수 있는 자유를 갈망하고 있다고 보도했다. "그러므로 더욱 단결하고 올해 부활의 환희를 함께 느끼지 못하는 사람들을 서둘러 도와야 한다."[108] 러시아 지도자들은 무모한 이 작은 동맹국을 우려하면서도, 이 나라를 통제할 의사는 별로 보이지 않았다.

오스트리아-헝가리에서는 정부가 드디어 세르비아를 상대로 행동을 취했다는 만족감이 있었다. 베르히톨트는 세르비아가 최후통첩에 굴복한 직후 프란츠 페르디난트에게 이렇게 적어 보냈다. "우리 이익이 위협을 받는다면 이제 간섭 없이 독자적으로 행동할 수 있으며, 동맹국들도 굳게 우리를 뒷받침할 것을 유럽은 알게 되었습니다."[109] 그러나 빈 주재 독일 대사는 다음과 같이 기록했다. "이곳에는 수치심, 억제된 분노, 러시아와 자신의 우방국들에 의해 불쾌한 일을 당했다는 느낌이 팽배했다."[110] 독일이 결국 동맹에 충실했다는 사실은 위안이 되었지만, 오스트리아-헝가리의 점점 커지는 의존성에 대한 분노도 일어났다. 콘라트는 "우리는 이제 독일의 위성국에 불과하다"라고 불평했다.[111] 제국 남쪽에 독립된 세르비아가 존재하고 한 나라가 과거 어느 때보다 세력이 강해진 상태는 발칸에서 겪은 오스트리아-헝가리의 실패를 상기시켰다. 베르히톨트는 오스트리아와 헝가리의 의원들로부터 폭넓게 비판을 받았고, 언론은 그의 나약한 태도를 비판했다. 1913년 말, 그가 사의를 표명했지만 프란츠 요제프 황제는 받아들이지 않았다. "그럴 이유가 없고, 몇 명의 의원과 하나의 신문에 굴복하는 것은 허용할 수 없다. 당신의 후임도 없다."[112]

베르히톨트는 많은 동료들과 마찬가지로 세르비아의 위협과 오스트리아-헝가리의 강대국 지위에 집착했고, 그는 이 두 가지가 밀접히 연관되어 있다고 보았다. 회고록에서 그는 제국이 발칸전쟁으로 "무력화"되었다고 힘주어 말했다.[113] 오스트리아-헝가리는 점점 존속을 위해 싸울 것인가, 지도에서 사라질 것인가의 극명한 선택에 직면했다. 티서는 처음에 러시아의 설득으로 세르비아가 획득한 영토 일부를 포기하는 실현하기 어려운 계획을 떠올렸지만, 이 시점에 오스트리아-헝가리 지도부 대부분은 세르비아를 평화적으로 상대할 수 있다는 희망을 버렸다. 세르비아는 힘의 논리로만 제압할 수 있었다. 콘라트와 새 전쟁장관 알렉산더 크로바틴Alexander Krobatin, 보스니아 군사 총독 오스카르 포티오레크Oskar Potiorek는 모두 확신에 찬 강경론자였다. 오스트리아-헝가리의 재정 균형을 맞추기 위해 노력해 온 제국 공동 재무장관 레온 폰 빌린스키Leon von Biliński도 이제 늘어난 국방 예산을 지지했다. 그는 이렇게 말했다. "전쟁은 아마 현재 상태보다 비용이 덜 들 것이다. 돈이 없다고 말해도 소용없다. 우리는 변화가 일어날 때까지 돈을 지불해야 한다. 거의 전 유럽이 우리에게 대항하게 더이상 둘 수 없다."[114] 최고 지도자들 사이에서는 세르비아, 러시아와의 결전을 더는 미룰 수 없다는 의견이 지배적이었지만, 콘라트는 1차대전까지도 러시아가 세르비아와 몬테네그로에 대한 오스트리아-헝가리의 제한된 공격을 용인할 것이라고 계속 믿었다.[115] 전쟁을 피하기를 계속 희망한 사람은 프란츠 페르디난트였다.

1차 발칸전쟁이 일어난 때부터 1913년까지 러시아와 오스트리아-헝가리는 몇 번이나 전쟁에 근접했고, 양측의 동맹국들이 만반의 준비를 하고 기다리는 상황에서 더 전면적인 충돌의 그림자가 전 유럽에 드리웠다. 강대국들은 종국에는 위기를 처리할 수 있었지만, 지도자들과 대중은 전쟁이라는 아이디어에 익숙해졌고, 조만간 무언가가 일어날 것이라고 예상했다. 콘라트가 프란츠 페르디난트에게 무시당했다는 생각에 사임하겠다고 위협하자, 몰트케는 사의를 재고해달라고 부탁했다. "이제 우리가 충돌로 가고 있는 상황에서 자네가 자리에 남아야 하네."[116] 러시아와 오스트리아-헝가리는 저지하기 위해서뿐 아니라 서로 압박하기 위해 전쟁 준비, 특히 동원령을 이용했고, 오스트리아-헝가리의 경우 세르비아를 압박했다. 이번에는 위협이 효과를 발휘했는데 그 이유는 세 나라 모두 위협을 받아들일 준비가 안 되었고, 궁극적으로는 평화를 유지하자는 의견이 전쟁을 주장하는 의견보다 강했기 때문이었다. 장차 위험하게도 오스트리아-헝가리와 러시아 각국은 그런 위협이 다시 효과를 발휘할 것이라고 생각하게 되었다. 아니면 다음번에는 뒤로 물러나지 않기로 결정한 것도 이에 못지않게 위험했다.

강대국들은 다시 난관을 타개했다는 사실에 일말의 위안을 얻었다. 지난 8년간 1차·2차 모로코 위기, 보스니아 사태, 두 번의 발칸전쟁 모두 전면전을 촉발할 수 있었지만, 외교가 늘 전면전을 막아주었다. 최근 위기로 치달은 몇 달간 유럽협조체제는 그럭저럭 살아남았고, 영국과 독일은 함께 타협안을 찾고 각자 동맹국들을 자제시키기 위한 노력을 기울였다. 다음 발칸 위기가 1914년 여름에 발생하자 그레이는 최소한 같은 일이 다시 반복될 것으로 예상했다.[117]

우려하며 사태를 지켜보던 평화운동도 안도의 한숨을 쉬었다. 1912년 늦가을 바젤에서 열린 제2인터내셔널 비상총회도 국경을 뛰어넘는 평화운동의 새로운 이정표를 만든 것처럼 보였다. 1913년 2월 프랑스 사회당과 독일 사회당은 군비 경쟁을 비난하며 공동의 노력을 약속하는 공동성명을 발표했다. 그래서 평화주의자들은 분명 자본주의 내에서도 반전 세력이 자라고 있으며 강대국들 간의 더 나은 관계가 지평선 너머에 있다고 생각했다.[118] 전쟁 공포를 실감나게 하려고 독일의 한 영화제작자는 2차 발칸전쟁 장면을 담았다. 그의 영화는 1914년 여름 유럽 곳곳에서 평화 단체들에 의해 상영되기 시작했다.[119] 미국 백만장자 앤드루 카네기가 큰돈을 희사해 설립한 카네기국제평화재단은 오스트리아·프랑스·독일·영국·러시아·미국 대표들로 구성된 대표단을 보내 발칸전쟁을 조사하게 했다. 이 위원회가 작성한 보고서는 전쟁을 벌이는 국민들이 적들을 열등한 인간으로 묘사하고, 적군과 민간인들에게 너무 자주 가한 잔학 행위를 낭패감에 젖어 서술했다. 이 보고서에는 다음과 같은 내용이 담겼다. "오래된 문명엔 도덕적·사회적 힘이 법과 제도 속에 융합되어 있어 이는 국민의 성격에 안정감을 부여하고, 공공 여론을 형성하며, 사회의

안정을 이루는 데 기여한다."¹²⁰ 이 보고서는 유럽 나머지 지역도 그들의 문명이 얼마나 허약한가를 막 알게 되는 1914년 초여름 발간되었다.

17장

전쟁 또는 평화 준비

유럽의 마지막 평화기

Zum Schutze des eigenen Heims muß man auch seine besten Freunde überwachen.

Die Freundschaft wächst — und damit das Mißtrauen.

1차대전 직전 기간에 군비 경쟁이 강화되었다. 온건주의자들과 평화운동 지지자들은 전쟁 준비 위험을 지적하고 비용 증대에 대해 불평했지만, 이제 서로를 너무 의심하게 된 유럽 국가들은 뒤로 물러나려 하지 않았다. 이 만평은 여러 국기를 내건 잘사는 동네가 점점 빈궁해지는 모습을 보여주며, "국가가 군비 경쟁에서 이웃 국가들을 앞서려고 할수록 국민들의 고통은 더 커진다"라는 글귀를 넣었다.

1차·2차 발칸전쟁의 짧은 막간이었던 1913년 5월 사촌지간인 영국 조지 5세, 러시아 니콜라이 2세, 독일 빌헬름 2세가 베를린에 모였다. 카이저의 외동딸과 브룬스비크 공Duke of Brunswick(그도 이들 모두와 친척 관계였다)의 결혼식이 거행된 날이었다. 신부의 어머니는 딸을 떠나보내는 슬픔에 밤새도록 울었다고 보도되었지만, 영국 대사 에드워드 고션 경의 말에 따르면 이 행사는 "멋진 성공"이었다. 독일인들이 아주 친절해서 영국 왕과 왕비는 크게 만족했다. "카이저 폐하께서는 정치가 이토록 자유롭게, 그러면서도 철저히 논의된 왕실 방문은 없었고, 폐하와 영국 왕, 러시아 황제가 모든 사안에서 완전한 합의에 이르렀다고 나에게 알리게 되어 기쁘다고 말씀하셨다." 사촌지간인 세 지도자는 특히 영국 왕이 강한 별명을 붙인 "여우 같은 불가리아의 페르디난드 국왕"을 통제해야 한다는 데 의견이 일치했다. 고션은 "이번 방문은 정말 좋았고, 그 효과는 외국 군주들의 국빈 방문보다 더 오래갈 것이라는 인상을 받았다"라고 결론지었다.[1]

영국 왕의 비공식적 반응은 그리 열렬하지 않았다. 니콜라이 2세와 단독으로 대화할 때 그는 빌헬름 2세의 귀가 "꽉 막혔다"고 불평했다. 빌헬름 2세는 영국의 프랑스 지원에 대해서도 조지 5세에게 장광설을 늘어놓았다. "당신은 프랑스처럼 퇴폐적인 나라, 러시아처럼 반쯤 야만적인 나라와 동맹을 맺고, 진보와 자유를 진정으로 지지하는 우리에게 반대하고 있다."[2] 빌헬름 2세는 자신이 깊은 인상을 주어 영불협상을 약화시켰다고 믿은 것이 분명하다.[3] 이 회동은 사촌들이 만난 마지막 기회였다. 1년이 조금 넘어 세 국가는 서로 전쟁하게 된다.

유럽은 이 마지막 평화기에 여전히 선택권을 가지고 있었다. 1913년 여러 나라에 많은 문제가 있었던 것은 사실이다. 영토 상실에 대한 두려움, 이웃 국가보다 병력과 무기가 뒤처지는 것에 대한 두려움, 국내 소요와 혁명 또는 전쟁 자체의 결과에 대한 두려움이 있었다. 유럽 지도자들이 전쟁을 선택하지는 않았더라도 그들이 그렇게 될 가능성은 점점 커졌다. 영국과 독일의 해군력 경쟁, 발칸 지역에서 오스트리아-헝가리와 러시아의 경쟁, 러시아와 독일의 갈등, 독일에 대한 프랑스의 우려는 협력을 통해 많은 것을 얻을 수 있는 나라들을 갈라놓았다. 이전 10여 년 동안 축적된 의심과 기억이 정책결정자들과 대중의 마음을 크게 좌우했다. 독일에 의한 프랑스의 패배와 고립, 영국이 치른 보어전쟁, 독일이 겪은 모로코 위기, 러시아가 겪은 러일전쟁과 보스니아 위기, 발칸전쟁으로 인한 오스트리아-헝가리의 타격으로 각국은 쓰라린 경험을 공유했고, 다시는 반복되지 않길 바랐다. 강대국임을 과시하는 것과 굴욕을 피하는 것은 오늘날 미국이나 러시아, 중국이든, 한 세기 전 유럽 강대국이든 국제관계에서 강력한 요인이다. 독일과 이탈리아가 유리한 지위를 원했다면, 영국은 쇠퇴를 피하고 거대한 제국을 유지하길 바랐다. 러시아와 프랑스는 스스로 생각하기에 정당한 지위를 다시 얻기를 원했고, 오스트리아-헝가리는 생존을 위한 투쟁을 벌이고 있었다. 군사력은 이 국가들 모두가 쓸 수 있는 선택지였지만, 모든 위기 국면에서 유럽은 늘 어떻게 해서든 적절한 때에 뒤로 물러났다. 1905년, 1908년, 1911년, 1912년, 1913년에 유럽협조체제는 많이 약화되었지만 여전히 작동했다. 그러나 위험한 순간은 점점 다가와 1914년, 위험천만하게도 위기에 내성이 생긴 세계에서 유럽 지도자들은 다시 한번 전쟁과 평화의 갈림길에 서게 되었다.

그러나 다시 한번 그들은 두려움의 거센 바람, 국민들을 휩쓸고 있는 고조된 민족주의, 여론 자극에 점점 노련해진 로비 집단과 이익집단들을 상대해야 했다. 일례로 독일 해군연맹에서 적극적으로 활동하던 아우구스트 카임August Keim 소장은 1912년 초에 더 큰 육군을 선동하는 유사한 조직을 만들었다. 그가 설립한 방어연맹Wehrverein은 5월까지 4만 명의 회원을 확보한 뒤 다음해 여름에는 회원이 30만 명에 달했고, 알프레트 크루프 같은 거물급 산업가들의 재정 지원을 받았다. 카임은 제국의회에 올라오는 군비 확충 법안을 모두 지지하면서, 예산 증액이 여전히 부족하다고 지적했다.[4] 영국에서는 대중적인 신문들이 독일 침공 계획과 독일인 웨이터들이 독일 장교라는 이야기를 계속 기사로 내보냈다. 국가들 사이에서는 갑자기 언론 전쟁이 가열되었다. 1913년 독일 신문은 프랑스 배우들이 "독일 창기병"이라는 연극에서 독일 군복을 입었다며 강하게 반발했다. 다음해 여름 베를린에서는 발할라 극장에서 '외국 병단의 공포, 시디벨아베스의 지옥'이라는 연극을 공연할 계획이라고 호들갑을 떨었는데, 이는 프랑스 식민주의와 군대의 잔혹함을 고발하는 내용의 연극이었다.[5]

1914년 초에는 상트페테르부르크 특파원이 러시아 내에서 독일에 대한 적대감이 커지고 있다고 보도했다는 기사가 독일의 한 신문에 실렸다. 이에 대응해 러시아 언론은 독일이 예방전쟁을 준비하고 있다는 기사를 실었다. 전쟁장관 수호믈리노프는 주요 신문에 러시아는 준비됐다는 호전적인 인터뷰를 실었다.[6]

1914년 초여름, 1차대전 중 러시아의 몇 안 되는 성공적 작전을 지휘할 알렉세이 브루실로프 장군이 독일 남부 휴양지 바드 키싱겐에서 광천수를 마시며 쉬고 있었다. 거기서 그는 부인과 함께 지역 축제를 보고 깜짝 놀랐다. "꽃 장식으로 둘러싸인 중앙 광장에 성당, 요새, 탑, 마당이 있고 전경에 성 바실리 대성당이 서 있는 모스크바 크렘린 궁전을 상징하는 훌륭한 세트장이 설치되어 있었다." 축포가 발사되고 화려한 불꽃놀이가 밤하늘을 밝히면서 악대가 러시아 국가와 독일 국가, 차이코프스키의 1812년 서곡을 연주하는 가운데 크렘린 모형이 불에 타 전소되었다. 브루실로프와 그의 부인, 소수의 러시아 동료들이 조용히 원통함과 분노를 억누르는 동안 독일 군중은 환호성을 질렀다.[7]

유럽의 지배층은 대중의 민족주의 열풍을 공유하면서도, 대중을 믿을 수 있는지 우려했다. 좌익 정당들의 세력이 점점 커져갔고, 일부 국가의 좌익 지도자들은 공공연히 혁명을 주장했다. 이탈리아에서는 북아프리카를 둘러싼 전쟁에 대한 초기 열정이 사회주의자들과 그 지지자들 사이에서 급격히 사그라들었다. 젊은 급진주의자 베니토 무솔리니는 전쟁터를 향해 병사들이 출발할 때 항의 시위를 조직했고, 사회당의 온건한 지도자들이 쫓겨나고 더 과격한 사람들로 대체되었다. 1912년 독일 총선에서는 사회민주당이 67석을 새로 얻었는데, 우파는 이런 결과를 거의 공포로 받아들였다. 보수적이고 민족주의적인 농업연맹은 《만일 내가 카이저라면》이라는 소책자를 발간해, 전쟁에 승리하면 보통선거제를 제거할 구실을 정부에 주게 될 것이라고 주장했다.[8] 노동자들도 더욱 잘 조직되고 더 호전적이 되었다. 북부 이탈리아의 도시, 소도시, 농촌에서는 파업과 시위를 진압하기 위해 군대가 동원되었다. 영국에서는 파업을 벌이는 노동자가 1899년 13만 8000명에서 1912년 120만 명으로 늘어났다. 이 숫자는 1913년 줄어들었다가 1914년 첫 7개월간 거의 1000번의 파업이 일어났고, 이 파업은 종종 사소한 일로 촉발되었다. 더구나 유럽대륙에서와 마찬가지로 영국 노동계급은 점점 혁명적 사상에 노출되었고, 정치적 목표 달성을 위해 파업이나 파괴공작 같은 것을 이용할 준비가 되어 있었다. 1914년 초에는 철도와 운송 노동자, 광부를 대변하는 가장 호전적 노동조합이 탄생해 자신들의 삼각동맹을 만들었다. 이 노동조합 동맹은 원하기만 하면 탄광의 문을 닫게 만들고, 기차를 정지시키고, 부두를 마비시킬 수 있어서 영국 산업에 위협이 되었고, 궁극적으로 영국 권력에 심각한 도전이 되어 지배층의 큰 우려를 자아냈다.

유럽 반대편인 러시아에서는 현대 유럽 세계의 다른 국가들을 향한 움직임을 잠깐씩 멈추며 계속 이어갔다. 그러나 1911년 가을, 니콜라이 2세와 그의 궁정의 반대에도 불구하고 서둘러 개혁을 추진하던 스톨리핀이 암살되었다. 점점 궁정 내 반동주의자들의 영향을 받은 차르는 러시아가 입헌 정부로 가는 것을 최선을 다해 막았다. 그는 순종적인 우파 장관들을 임명하고 두마를 가능한 한 무시했다. 1914년 초 그는 수상 코콥초프를 한 대공의 말처럼 "가정부처럼" 갑자기 해임해 온건파를 실망시켰다. 이렇게 해서 가장 능력 있고 개혁적 생각을 하던 장관 한 명을 제거했다.[9] 코콥초프의 후임인 이반 고레미킨Ivan Goremykin은 차르가 원로들 중 가장 총애하는 사람이었다. 고레미킨은 매력적인 반동주의자로, 이미 봉착한 많은 문제와 앞으로 다가올 수렁에서 러시아를 이끌 능력이 전혀 없는 사람이었다. 외무장관 사조노프는 그에 대해 이렇게 평가했다. "자신의 평화와 행복 이외 다른 문제에 대한 흥미뿐 아니라, 주변의 진보적 활동을 고려할 능력도 오래전에 상실한 늙은이다."[10] 고레미킨도 새로운 직책에 대한 자신의 능력에 대해 전혀 환상을 품지 않았다. 그는 "내가 왜 필요한지 이해가 안 간다"며 중요한 자유주의 정치인에게 이렇게 말했다. "나는 좀약을 뿌려 상자 안에 처박아둔 낡은 모피 코트 같은 사람이다."[11]

설상가상으로 라스푸틴을 둘러싼 스캔들이 점점 더 공개되었다. 러시아 사교계에는 이 성직자가 황제 가족에게 바람직하지 않은 영향력을 행사하고, 황후와 그의 딸들과 너무 가깝다는 소문이 난무했다. 차르의 어머니는 울면서 코콥초프에게 다음과 같이 말했다. "나의 불쌍한 며느리는 왕조와 자신 모두를 망치고 있는 줄 모른다. 그녀는 이 모험자의 성스러움을 진지하게 믿고 있고, 우리는 분명히 닥칠 불행을 막을 힘이 없다."[12] 1913년은 로마노프왕조 통치 300주년이었고, 니콜라이 2세와 황후 알렉산드라는 그해 봄 드문 일이었지만 자신들을 국민들에게 보여주기 위해 러시아 여러 곳을 여행했다. 황제

부부와 신하들은 평범한 러시아 국민들, 특히 농민들은 로마노프왕가를 사랑하고 존경한다고 생각했지만, 황제를 수행하고 다닌 코콥초프는 황제 앞에 나타난 적은 수의 군중과 그들이 눈에 띄게 열정이 부족한 데 충격을 받았다. 3월 바람이 차가웠지만 황제는 기차역마다 밖으로 나오는 것을 늘 귀찮아하지는 않았다. 그러나 모스크바에서도 군중의 수는 적었고, 사람들은 병들어 코자크(카자흐스탄) 경비병 팔에 안겨 이동하는 황태자의 딱한 모습을 보고 웅성거렸다.[13]

두마에서는 보수주의자와 급진주의자 사이의 갈등이 깊어져 끝없는 논쟁과 비방이 이어졌고, 중도파인 민주 정당은 좌파와 우파 극단주의 사이에서 점점 입지가 좁아졌다. 상원 역할을 하게 되어 있는 국가평의회는 나이든 반동주의자들이 지배하고 있었고, 그들은 두마에서 나오는 자유주의적 조치를 막는 것을 자신들의 역할로 생각했다.[14] 우파에서는 절대주의 통치를 복원하기 위한 쿠데타 이야기가 나온 반면, 대부분의 좌파는 혁명만이 변화를 가져올 유일한 길이라고 생각했다. 도시 노동자들은 볼셰비키를 비롯한 극단적 좌파의 영향 아래 들어갔다. 1차대전 이전 2년 동안 파업이 크게 증가하고 폭력행위도 늘어났다. 농촌에서 농민들 사이의 분위기는 점점 회의적이 되어갔다. 1905년과 1906년 러시아의 많은 지역에서 농민들은 지주로부터 농장을 빼앗으려고 시도했다. 그들은 실패했지만 과업을 잊지 않았다. 발트 지역, 우크라이나, 코카서스 등 러시아 여러 지역의 소수민족들은 동요하며 스스로를 조직했다. 러시아 정부가 취한 러시아화 정책에 대한 반항이 한 원인이었는데, 일례로 폴란드 학생들은 러시아어로 번역된 폴란드 문학 작품을 읽도록 강요당했고, 이러한 조치로 깊은 불만이 점점 커져갔다.

러시아 내 소요 사태에 대한 당국의 반응은 선동자가 혁명주의자든, 프리메이슨이든, 유대인이든 그들을 똑같이 보고 비난하는 것이었다. 1913년 반동적인 내무장관과 법무장관은 기독교를 믿는 소년을 종교적으로 살인했다고 기소된 키예프의 유대인 멘델 베일리스 Mendel Beilis의 재판을 허용하는 재가를 차르에게 받음으로써 러시아 내 반유대주의에 영합했다. 범죄 증거는 조잡했고, 누가 봐도 조작된 것이었다. 차르와 장관들도 재판이 시작되는 시점에 베일리스가 무고하다는 것을 알았지만, 그들은 유대인들이 종교적 살인을 한다고 알려졌다는 것을 근거로 재판이 계속 진행되도록 허용했다. 이 재판은 러시아 국내외의 자유주의 진영의 격분을 불러왔고, 유죄를 확정지으려는 정부의 어설픈 노력 — 피고의 증인 체포 등 — 은 정부의 신뢰를 더욱 실추시켰다. 베일리스는 무죄로 풀려나 미국으로 이민을 갔고, 안전한 그곳에서 1917년 구질서의 붕괴를 목격하게 된다.[15]

1914년이 되자 러시아인들과 외국인들은 러시아가 1905-6년 러일전쟁의 후유증으로 폭발하려는 분화구 위에 있다고 서술했다. 상트페테르부르크 주재 오스트리아-헝가리 대사관의 오토 폰 체르닌 Otto von Czernin 백작의 예측은 이러했다. "만일 민족주의의 온상이 극단적 우파와 함께 억압된 소수민족과 사회주의자인 프롤레타리아를 단결하게 만들면 어설픈 손이 불길을 키워 큰불이 시작될 것이다."[16] 러시아 지식인들은 구체제가 붕괴했지만 새로운 체제는 아직 나타나지 않는 데 대한 무력감과 절망감을 토로했다.[17] 전쟁은 점점 러시아가 딜레마에서 빠져나오고 러시아 사회를 단결시킬 방법으로 보였다. 러시아의 상류층과 중류층, 그리고 정부는 단 한가지에서는 의견이 일치했다. 바로 과거 러시아의 영광과 강대국으로서의 역할을 다시 내세우는 것이었다. 러일전쟁에서 일본에 패한 것은 엄청난 치욕이었고, 1908년 보스니아 위기와 최근 발칸전쟁에서 보여준 러시아의 취약성은 자유주의 반정부파와 열정적인 반동주의자들이 손잡고 러시아 군대 재건과 공격적인 외교정책을 지지하도록 만들었다.[18] 언론과 두마, 우파에서는 발칸 지역에서의 러시아의 역사적 사명과 흑해 해협 통제 권리에 대한 이야기가 많이 나왔고, 이를 위해 독일, 오스트리아-헝가리와 전쟁도 불사할 준비가 되어 있으며, 더 열렬한 러시아 민족주의자들이 말하는 슬라브족과 튜턴족의 대결이 불가피하다는 주장이 대두했다.[19] 두마 의원들은 정부 비판에 많은 시간을 보내면서도 군비 지출은 늘 지지했다. "보편적 열정을 이용해야 한다. 흑해 해협은 우리 것이다. 전쟁은 환호로 받아들여지고 오로지 제국 세력의 권위 증진을 도울 것이다."[20] 한 두마 의원이 1913년 봄 차르에게 한 말이다.

발칸 지역에서 러시아의 숙적인 오스트리아-헝가리는 이보다 조금 나은 상황이었다. 발칸전쟁으로 인한 불안정과 비용으로 타격을 받은 제국의 경제는 1914년 초 회복하기 시작했지만, 가속화된 산업화는 더 크고 호전적인 노동계급을 만들어냈다. 이중제국의 반인 헝가리에서는 보통선거제를 주장하는 사회민주당의 요구가 아직 권력을 공유할 생각이 없는 상류층의 저항에 부딪혔다. 1912년 봄 부다페스트에서는 대규모 노동자 시위대가 정부가 파견한 군대와 치열한 싸움을 벌였다. 제국 양쪽에서 소수민족 문제는 들불처럼 번져 이곳저곳에서 큰 소요로 터져 나왔다. 오스트리아 지역에서는 우크라이나어에 가까운 언어를 사용하고 정교회를 신봉하는 루테니아인들이 폴란드 지배자들로부터 더 많은 정치적 권리와 언어의 권리를 얻을 것을 요구했고, 체코인들과 독일인들은 끝나지 않을 것 같은 권력다툼에 몰두했다. 빈의 의회는 너무 통제 불능이 되어 오스트리아 정부는 1914년 의회 활동을 중지시켰다. 의회는 1916년에야 다시 소집되었다. 헝가리에서는 루마니아 민족당이 루마니아인이 다수인 지역에서의 더 큰 자치를 포함한 양보를 요구했지만, 헝가리 민족주의자들이 지배하는 헝가리 의회는 이를 받아들이지 않았다. 티서의 영향아래 헝가리인들은 이중제국 안에 남아 있는 것에 만족했지만, 반헝가리주의자로 악명이 높은 프란츠 페르디난트가 황제가 될 경우에는 상황이 달라질 것이 분명했다. 1914년 봄 연로한 프란츠 요제프 황제가 중병으로 쓰러지자 제국의 미래는 암울해 보였다. 빈 주재 독일대사 하인리히 폰 치르슈키는 암울한 시각을 드러내며 제국의 "봉제된 곳이 떨어져 나가고 있다"고 보고했다.[21] 세르비아의 세력이 강해지는 상황에서 오스트리아-헝가리는 더 많은 군사 자원을 남쪽에 집중해야 했고, 이것은 러시아에 함께 대항할 동맹으로 오스트리아-헝가리를 믿고 있는 독일 군사 계획자들을 동요시켰다.

독일은 산업과 무역을 비롯한 여러 분야에서 좋은 지표가 나타나고 인구도 계속 증가하고 있었지만, 독일 지도부와 대중은 평화 마지막 기간에 이상하리만치 불안감을 느꼈다. 포위당하고 있다는 두려움, 러시아 세력의 증강, 프랑스의 재부상, 해군력 경쟁에서 양보하지 않는 영국, 의존하기에는 불안한 동맹국들, 선거에서 사회민주당의 약진 등이 독일의 미래에 대한 비관주의를 만들어냈다. 전쟁은 불가피하지는 않지만 점점 가능한 것으로 받아들여졌다. 프랑스가 적이 될 가능성이 가장 컸고, 3국협상 국가들이 프랑스 방어를 위해 나설 것으로 예상되었다(베트만홀베크는 여전히 영국·러시아와의 관계 개선을 희망했지만).[22] 전 수상 뷜로는 1914년 초, "독일에 대한 분노는 프랑스 정책의 영혼이라고 불릴 만하다"라고 말했다. 뒷면에 "프로이센 왕을 위한 똥"이라고 쓰인 엽서가 프랑스에서 나오자 독일 외교관들은 자신들의 의심이 확인되었다고 생각했다. 베를린 주재 프랑스 무관은 대중 사이에 전쟁 분위기가 점점 커지고 있고, 이것은 "언젠가 카이저의 손을 강제로 잡아끌고 대중을 전쟁으로 이끌 분노와 국가적 자존심의 폭발"[23]을 만들어낼 수 있다고 보고했다. 점잖은 작곡가 리하르트 슈트라우스조차도 반프랑스 감정에 휩쓸렸다. 그는 1912년 여름 케슬러에게 전쟁이 일어나면 지지할 것이라고 말했다. 그의 부인은 그에게 뭘 할 수 있겠느냐고 물었다. 슈트라우스가 확신 없이 아마 간호사가 될 수 있을 것이라고 말하자, 부인은 딱 잘라서 이렇게 말했다. "오, 리하르트! 당신은 피 흘리는 광경을 견디지 못할 거예요!" 슈트라우스는 당황해 보였지만 뜻을 굽히지 않았다. "최선을 다할 것이오. 하지만 프랑스가 참패를 당한다면 나는 그곳에 있고 싶소.[24]

독일의 최고위 지도자들 중 베트만홀베크와 그리고 늘 그랬던 카이저는 여전히 전쟁을 피하고 싶어했다. (카이저는 고고학에 새로운 열정을 보이며 매년 봄 코르푸에서 발굴 작업에 몰두했고, 덕분에 베트만홀베크의 업무가 조금 수월해졌다.) 외무장관 키데를렌은 호전적인 수사를 좋아하면서도 온건한 입장을 유지하는 세력이었지만, 1912년 말 갑자기 심장마비로 사망했다. 그의 후임자 고틀리프 폰 야고프는 장군들을 상대하기에는 너무 약했다. 카이저가 "그 땅딸보"라고 부른 야고프는 프로이센 귀족 가문 출신으로 몸집이 작고 존재감이 약했다. 그의 핵심 목표는 무슨 방법으로든 독일의 이익을 방어하는 것이었던 듯하다.[25] 위험한 것은 군대가 점점 더 전쟁을 불가피한 것, 심지어 바람직한 것으로 보는 것이었다. 군부의 많은 사람들은 1911년 모로코 위기, 혹은 더 최근에 있었던 1차 발칸전쟁에서 카이저가 뒤로 물러난 것을 용서하지 않았다. 고위층과 연줄이 좋은 남작부인 스피쳄베르크Spitzemberg는 "그들은 그가 '평화를 너무 사랑한다'며 비난하고, 독일이 러시아가 발칸 문제에 몰두해 있는 동안 프랑스를 제압할 기회를 놓쳤다고 믿는다"라고 말했다.[26]

독일 총참모부는 장차 양 전선에서 지상전을 치를 것을 당연하게 여겼다. 1913년 1월 사망한 슐리펜의 마지막 말은 분명 "우익을 강하게 유지하라"였으며, 그의 전략적 아이디어는 독일 군사 계획의 근간이 되었다. 그의 후임으로 참모총장이 된 몰트케는 비관적인 본성에 맞게 독일이 적들과 싸울 때, 특히 동맹 없이 단독으로 싸울 경우 전쟁에 이길 수 있는지에 대해 회의적이었다. 그는 초기에는 노동계급 징집을 주저했지만 이제는 군대 병력을 늘려야 한다고 주장했고, 그의 의견은 새로 부상하는 장교 세대, 특히 에리히 루덴도르프의 지원을 받았다. 루덴도르프는 총참모부에 들어와 영향력을 발휘하고 있는 중류층 출신의 야심차고 지적인 사람들 중 하나였다. 1912년 여름 군대 증원 법안이 제국의회를 통과했지만 가을에 벌어진 1차 발칸전쟁에서 오스트리아-헝가리군의 취약성과 러시아가 동원령을 발할 의지가 있다는 것이 드러나자, 루덴도르프가 몰트케를 위해 작성한 병력과 물자의 빠른 증강, 기관총 부대 같은 새로운 부대의 창설 등 새로운 요구 사항이 정부에 전달되었다. 경각심을 불러일으키는 말로 쓴 이 요구에는 "다가올 세계전쟁"이란 표현이 쓰였다.[27]

발칸의 긴장이 계속되던 1912년 12월 8일, 1차대전으로 향하는 도상에서 가장 논란이 많은 사건이 벌어졌다. 카이저가 포츠담의 자기 궁전에서 전쟁위원회를 개최한 것이다. 그날 아침 카이저 빌헬름 2세는 런던에서 온 전문을 읽었는데, 거기에는 영국 수상 그레이와 전쟁장관 홀데인이 만일 유럽대륙에서 전면전이 일어나면 영국은 프랑스가 독일에 의해 파괴되는 것을 막기 위해 참전할 것이 거의 확실하다는 경고가 담겨 있었다. 이러한 가능성은 카이저에게 새로운 소식이 아니었지만, 그는 영국의 무례함에 격노했으며 배신감도 느꼈다. 튜턴족과 슬라브족의 결전에서 영국은 갈리아족 편에 서는 잘못을 범할 것이라는 얘기였다. 급히 그는 가장 신임하는 참모들을 불러 모았다. 그들은 몰트케, 티르피츠, 그의 해군 보좌관 게오르게 폰 뮐러 제독 등 모두 군인이었다. 가장 좋은 기록인 뮐러의 일기에 따르면 카이저는 상당히 오랫동안 자신의 의견을 주장했다. 그는 영국 입장을 분명히 알게 된 것은 좋은 일이라고 말했다. 이제 독일은 영국, 프랑스와 동시에 싸워야 했다. "해군 함대는 영국과의 전쟁을 준비해야 한다." 그는 오스트리아-헝가리는 세르비아를 처리해야 하고, 이 때문에 러시아가 개입할 것이 거의 분명하며, 독일은 어느 전선에서도 전쟁을 피할 수 없다고 주장을 이어갔다. 그러니 독일은 동맹이 될 만한 나라를 모두 규합해야 했다. 그는 루마니아와 불가리아에 희망을 걸었고, 오스만제국도 가능한 동맹으로 보았다. 몰트케도 전쟁을 피할 수 없다는 의견에 동의했지만(그리고 남은 사람들 중 아무도 반대하지 않았다), 독일 언론을 이용해 국민들이 제대로 생각하게 만들어야 한다고 말했다. 자신이 사랑하는 해군을 전쟁에 내몰고 싶지 않았던 티르피츠는 전쟁을 1년 반 연기하기를 희망했다. 몰트케는 "해군은 그때가 되어도 준비돼 있지 않을 것이다"라고 냉소적으로 말하고, 시간이 흘러 적이 더 강해질수록 육군의 입장이 취약해진다고 덧붙였다. "전쟁은 빠를수록 좋다." 위기의 순간에 급히 소집된 위원회에서 너무 많은 것이 논의되기는 했지만, 회의 참석자들이 전쟁이 다가오고 있다는 것을 얼마나 기꺼이 받아들였는지를 보면 가슴이 철렁하다.[28]

이 회의 직후 베트만홀베크에게 보낸 전문에서 몰트케는 독일 여론이 전쟁은 정당하며 꼭 필요하다고 확신하게 만드는 것이 중요하다고 강조했다.

전쟁이 일어나면 주된 책임이 세 방면에서 적의 공격을 받는 독일의 어깨에 떨어질 것은 분명하다. 그럼에도 불구하고, 현재 상황에서 우리는 확신을 가지고 가장 어려운 과제를 마주해야 한다. 만일 우리가 그런 방식으로 개전 이유를 만들 수 있다면 전 국민이 단결하고 열성적으로 무기를 들 수 있다.[29]

1914년 위기에서 모든 정부는 자국에 개전 책임이 없다는 것을 분명히 하기 위해 최선을 다하게 된다.

전쟁위원회 후 열정에 가득 찬 카이저는 새로운 육해군 법안 준비를 명령했다. 베트만홀베크는 어떻게 그 비용을 감당할지 몰라 크게 당황했다. "카이저는 키데를렌과 내가 모르는 사이에 육해군 전사들과 함께 전쟁위원회를 개최했고, 새로운 육해군 예산 증액을 준비하라고 명령했다." 베트만홀베크는 카이저를 설득해 매년 3척의 전함 건조를 원하는 티르피츠의 요구를 거부하게 만들었다. 1913년 신년 연설에서 카이저는 군단장들 앞에서 자랑스럽게 "해군은 사용 가능한 예산의 상당 부분을 육군에 넘겨주었다"고 말했다.[30] 육군은 새롭게 13만 6000명의 병력을 충원해 1914년까지 89만 명의 병력을 확보하게 되었다. (동쪽에는 130만 명의 병력을 가진 러시아가 있었지만 말이다. 독일보다 인구가 세 배 많은 러시아는 병사를 징집할 수 있는 훨씬 큰 인적 자원이 있었다.) 카이저 말에 따르면 이제 베트만홀베크는 전쟁을 한다는 생각을 받아들였고, 1913년 쥘 캉봉은 파리에 다음과 같이 보고했다. "카이저는 프랑스와의 전쟁이 불가피하고, 언젠가 필요하다고까지 믿는 지점에 이르렀다."[31]

독일의 군사 예산 증액은 적국들의 우려를 자아냈다. 러시아는 이미 징집병 복무 기간을 몇 달 늘려 육군의 수를 늘렸고, 확장된 철도망을 활용하는 동원 연습을 하고 있었다. 1913년 독일의 움직임과 프랑스의 고무와 거액 차관 제안에 힘입어 차르는 새로운 10년 기한의 "대프로그램"을 승인했다. 평화기 병력을 즉각 20만 명 늘리고, 앞으로 병력과 부대를 더 증강하려는 계획이었다. 최종 프로그램은 1914년 7월 7일 승인되었다.[32]

*

 프랑스도 독일의 도전에 맞서기 위해 나름의 조치를 취했다. 조프르 계획의 성패는 초반부터 독일의 공격에 대응하고 독일 내부로 공격해 들어갈 만큼 병력이 충분한가에 달려 있었다. 독일은 1914년까지 대규모 병력을 야전에 배치할 것이므로, 프랑스는 이 계획에 맞서 육군의 전략 교리에 반해 방어적으로 싸우든지, 아니면 병력을 늘려야 했다.[33] 군대와 그 지지자들에게는 두 번째 선택지가 더 매력적이었지만, 프랑스의 인구 문제가 걸림돌이 되었다. 육군은 매년 더 많은 징집병을 입대시킬 수 있었지만 ― 그 시점까지는 그랬다 ― 3900만 명의 프랑스 인구는 6800만 독일 인구보다 훨씬 적어 잠재적 징집병이 훨씬 모자랐다. 전쟁부는 병사들의 복무 기간을 2년에서 3년으로 늘려 대규모 육군을 유지하는 계획을 수립했지만, 사회주의자들과 많은 급진주의자들은 이 계획을 공화적 가치를 지닌 선한 시민이 아니라 반동주의자들로 직업적인 군대를 만들려는 시도라고 맹렬히 비난했다. 조프르는 시민 민병대를 창설해야 한다는 열정적 연설을 여러 번 했다. 군부와 우파는 독일의 위협을 지적하고, 프랑스군은 현지 주민들의 저항에 직면한 모로코를 평정하기 위해 군대를 파견해야 하므로 유럽에서 위험할 정도로 자국 병력이 적다는 점을 언급했다.[34] 조프르의 평가에 따르면 새 법은 프랑스 병력을 70만 명으로 늘릴 수 있었다. 독일은 87만 명의 병력을 보유하게 되지만, 러시아에 맞서 동부 국경에 상당수의 병력을 배치해야 하기 때문에 서부에서는 프랑스에 유리하게 균형이 맞춰질 수 있었다.[35] 더 긴 복무 기간은 오랫동안 우려 사항이었던 훈련의 질을 높이는 데 도움을 줄 수 있었다.³⁶ 이 법안은 7월에 통과되었지만, 이를 둘러싼 논쟁은 1914년에 들어서고 나서도 의회와 언론에서 계속되었다.

프랑스는 제3공화국에서 계속 일어난 전형적인 스캔들로 시끄러웠다. 1911년 정부 장관들이 연루된 재정 부패는 수상 조제프 카요 반대 운동으로 발전되었다. 민족주의자들은 늘 그가 독일과 너무 쉽게 타협한다고 의심해왔고, 심지어 그가 독일의 돈을 받고 있을지도 모른다고 생각했다. 보수적 신문 《피가로Figaro》가 카요의 복잡한 사생활에 대한 자료뿐 아니라, 그가 법무장관일 때 지위를 이용해 부패 기소를 막았다는 증거를 확보했다는 소문도 돌았다.

그럼에도 불구하고 프랑스는 최근 역사에서 예외적일 정도로 1차대전 발발 이전 2년 동안 상대적으로 차분하고 안정적이었다. 프랑스인과 외국인 모두가 느끼는 것처럼 프랑스에서는 민족주의 감정과 확신이 되살아나고 있었다. 1911년 모로코 위기로 좌파뿐 아니라 우파에 걸쳐 프랑스 여론은 독일이 프랑스 위협을 멈추지 않는 앙숙이라고 생각하게 되었다. (프랑스가 위기 발발에 여러 원인을 제공했다는 사실은 고려되지 않았다. 프랑스 평론가들은 하나같이 자국이 책임이 없다고 주장했다.) 모로코 위기가 절정에 치달은 1911년 여름, 다시 군대에 복무하게 허락해달라는 퇴역 군인들의 편지가 전쟁부로 쏟아져 들어왔다. 한 퇴역 장군은 이렇게 적었다. "지휘하기에 너무 늙었다는 말을 들었습니다. 다만 기병대원으로 전선에 파견되어 프랑스의 젊은 병사들에게 나이든 사단장이자 레지옹 도뇌르 대십자훈장 수훈자가 어떻게 죽을지 안다는 것을 보여주고 싶습니다."³⁷ 10년 전만 해도 냉소적이고 세상일에 시들하며, 국가와 과거 프랑스에 대한 자부심을 의심받던 학생들도 이제 프랑스를 위해 기꺼이 목숨을 바치겠다는 말을 하고 다녔다. 라틴 구역에서는 3000명이 모여 "알자스 만세! 로렌 만세!"를 외치며 시위를 벌였고, 파리의 극장가에서는 애국적 연극이 새롭게 인기를 끌었다. 농촌에서는 농민들이 새로운 호전성으로 무장하고 있다는 관측자들의 글이 나왔다.[38] 1909년 성녀로 시복된 잔다르크가 다시 새로운 인기를 얻었다. 그러나 이번의 적은 영국이 아니었다. 1912년 해리 케슬러는 파리에 살고 있는 여동생의 말을 인용했다. "윌마는 주변 사람 모두가 전쟁에 열광하고 있다고 말한다. 그들은 우리를 이길 것이라고 모두 확신한다."[39] 1913년 봄 독일 비행선 체펠린이 프랑스 소도시에 비상착륙하자 지역 주민들은 승무원에게 돌을 던졌다. 프랑스 정부는 이 개탄스러운 행동에 대해 사과했다. 빌헬름 2세는 격노해서 이렇게 적었다. "한심하기 짝이 없군! 야만인들의 땅에서나 일어날 법한, 교양 없고 문명화되지 않은 행동이다. 이건 반독일 선동에 의해 일어난 일이다."[40] 몇 달 뒤 독일 병사들이 알자스 주민들을 가혹하게 다룬 자베른 사건이 프랑스 언론에 크게 보도되면서 프로이센 군국주의의 또다른 사례로 소개되었다.[41] (몰트케는 프랑스 언론의 호전성이 독일군 병력 증강을 정당화하는 데 유용함을 깨달았다.)[42]

프랑스의 새로운 분위기를 전형적으로 보여준 사람은 레몽 푸앵카레였다. 그는 카요가 1차 모로코 위기 여파로 실각한 1월 수상이 된 보수적 정치인으로, 1913년 초 대통령으로 선출되어 1920년까지 자리를 지켰다. 아마 1871년 이후 영토의 상당 부분을 독일에 빼앗긴 로렌 출신이었기 때문에 푸앵카레는 열정적인 프랑스 민족주의자가 되었을 것이다. 수상으로 재직할 때 그는 세속 학교를 지지하고, 종교적 학교에 대한 관용을 주장해 교육을 둘러싼 가톨릭과 반교회 세력 간의 오랜 갈등을 완화시켰다.[43] 그는 세계는 프랑스 영향력으로부터 많은 것을 배울 수 있다고 믿었다. 1912년 연설에서 그는 "지혜, 침착, 위엄"이 프랑스 정책의 증표가 되어야 한다고 말했다. "그러므로 우리 조국의 활력 있는 에너지를 보존하고 고양하는 데 힘씁시다. 나는 프랑스의 군사력과 해군력이 아니라 무엇보다도 영예와 영광, 불멸성을 부여받은 이런 정치적 신념과 민족적 감정의 결합을 말하는 것입니다."[44] 이성을 중시하는 사람으로서 그는 전쟁에 반대했지만, 프랑스 군대를 더 강하게 만들어야 한다고 믿었다. 이후 프랑스 민족주의자들에게 영웅 같은 존재로 떠올랐고, 레몽이라는 이름으로 세례를 받는 신생아가 늘어났다.

푸앵카레는 늘 여론에 잘 보이려고 신경썼지만 나폴레옹도, 후대에 등장하는 샤를 드골도 아니었다. 화려함과 거리가 먼 그는 몸집이 작고 단정하며, 까다롭고 정확했다. 그는 또한 영리하고 예외적일 정도로 부지런히 일했다. 이는 집안의 전통인 것 같다. 그는 판사, 민간 관료, 교수, 또는 그의 아버지 같은 기술자를 배출한 부르주아 집안 출신으로, 프랑스의 뛰어난 수학자 앙리 푸앵카레가 그의 사촌이었다. 레몽은 파리의 리세에서 뛰어난 학업 성적을 거두었고, 1880년 스무 살의 나이로 프랑스 최연소 변호사가 되었다. 그는 다른 야심찬 젊은이들이 택한 길을 따랐지만, 언론과 정치로 옮겨 갔다. 법률가로서 받은 훈련으로 그는 형식과 과정을 존중하게 되었다. 대중 앞에서 푸앵카레는 감정의 동요가 없고 냉정했다. 이런 성격을 참을 수 없었던 격정적인 조르주 클레망소는 그를 이렇게 평가했다. "살아있는 작은 맹수 같지만 무미건조하고 호감이 안 가며 용기 없는 사람이다."[45] 이는 클레망소의 많은 말과 마찬가지로 공정하지 않은 평가였다. 1914년 이전 정치와 1차대전의 어두운 시기에 푸앵카레는 용기와 강인함 모두를 보여주었다. 클레망소도 푸앵카레를 제3공화국의 많은 정치인들처럼 부패하다고 비난할 수 없었다.

푸앵카레는 그의 시대와 계급에서는 보기 드물게 페미니스트였고, 동물의 권리를 존중하여 대통령 영지에서 관례적으로 벌어진 사냥에도 참가하지 않았다. 그는 예술, 극장, 특히 연주회를 사랑했고, 1909년에는 프랑스 한림원의 회원이 되었다.[46] 그의 두꺼운 일기는 그가 감정적이고 예민했으며(대통령으로 선출되었을 때에는 울먹였다), 근거 없는 비방과 정적의 공격에 자주 상처 받는 사람이었음을 보여준다. 1912년 크리스마스 직후 대통령에 출마한다고 선언한 그는 급진주의자와 좌파로부터 맹렬한 공격을 받았다. 이혼녀였던 그의 부인은 화려한 과거를 가진 것으로 알려졌고, 카바레나 서커스에서 공연했다는 소문까지 돌았다.[47] 클레망소는 푸앵카레가 북아프리카에 파견한 우편배달부와 그녀가 결혼했었다고 주장했다. "푸앵카레 부인과 잠자리를 하고 싶은가? 오케이, 내 친구여, 결정됐네."[48] 클레망소는 크게 떠들곤 했다. 이런 공격은 푸앵카레를 격분시켜 한번은 클레망소에게 결투를 신청했다. (푸앵카레에게는 다행스럽게도 이 결투를 하지는 않았다. 클레망소는 경험 많은 결투 전문가였다.)

대통령이 된 푸앵카레는 자신의 권한을 최대한 활용하여 외교정책을 직접 관할하기로 결정했다. 날마다 외무부를 방문했고, 외국 대사들을 직접 접견하고, 전문을 써서 보내고, 신임하는 친구들을 외무부 핵심 보직에 임명했다. 외무장관으로는 조연 역할에 만족할 사람을 선택했다. 유럽의 최종 위기 발생 직전인 1914년 7월 12일 온건한 사회주의자 르네 비비아니가 외무장관에 임명되었다. 애국심과 우아함을 빼고는 외무장관으로 특별한 자질이 없는 사람이었다. 그는 외무 업무를 거의 몰랐고, 자신이 실수해서 푸앵카레에게 혼날 때면 관리들을 비난하곤 했다. 푸앵카레도 비비아니의 외교 지식 결여로 상당히 화가 났다. 그는 오스트리아-헝가리 외무부의 명칭도 제대로 몰라서 푸앵카레는 이렇게 불평을 터뜨렸다. "빈에서 온 전문을 읽을 때면 그는 발플라츠Ballplatz를 볼플라즈나 발리플라츠로 읽곤 한다."[49]

그러나 프랑스 외교정책을 직접 통제한다는 푸앵카레의 결심이 항상 실용적 정책이나 지도력으로 실현되지는 않았다. 마지못해 푸앵카레를 존중하기로 한 런던의 폴 캉봉은 푸앵카레가 "생각이 뒤죽박죽인데 말은 명료하게 한다"라고 비난했다.[50] 푸앵카레는 전쟁을 원하지 않았지만 그의 목표는 프랑스를 더 강하게 만들고, 당연히 유럽에서뿐 아니라 이미 프랑스가 오스만 영토인 시리아와 레바논에서 상당한 이익을 확보한 중동에서 더 적극적으로 임하는 것이었다. 1913년 2월 푸앵카레는 프랑스 의회에서 한 취임 연설에서 전쟁에 항상 준비되어 있어야만 평화가 가능하다고 강조했다. "축소된 프랑스, 도전에 대한 실책과 치욕에 노출된 프랑스는 더이상 프랑스가 될 수 없습니다."[51]

그럼에도 푸앵카레는 독일과 제한된 화해를 이룰 의사가 있었다. 상실한 알자스와 로렌 땅은 유감이었지만, 전쟁을 이용해 되찾고 싶지는 않았다.[52] 프랑스는 1912년, 1913년, 그리고 1914년 1월 발칸 위기 중에 독일과 협력했다. 1870년 전쟁 이후 국가 원수로서는 처음으로, 푸앵카레는 파리의 독일 대사관에서 저녁을 먹었다. 푸앵카레는 유럽을 두 진영으로 나눈 동맹 체제가 어찌 됐든 일종의 안정을 가져오고, 유럽 강국들이 오스만제국 분할 등에 대해 더 넓은 합의를 이루어내길 희망했던 것 같다.[53] 동시에 그는 많은 프랑스인과 마찬가지로 독일인들은 강력하게 대응해야 하는 불한당이라고 생각했다. 그는 비비아니에게 자주 이런 지침을 주었다. "독일을 상대할 때는 항상 강력하고 결연해야 한다. 독일의 외교는 '공갈'이 너무 많고, 우리가 저항할 각오가 되어 있는지 또는 우리가 굴복할지를 항상 시험한다."[54] 1914년 푸앵카레는 독일과의 협력 가능성에 점점 비관적이 되었다. "점점 독일은 세계를 지배할 운명을 타고났다고 상상한다. 독일 인종의 우월성, 독일제국의 주민 증가, 경제적 필요의 지속적 압박이 국가들 사이에서 예외적인 권리를 만들어준다고 생각하는 것이다." 푸앵카레는 사적인 일기장에 이렇게 적었다. 그는 앞으로 발생할 위기에서 독일이 뒤로 물러날 가능성에도 회의를 품었다.[55]

이런 상황에서 프랑스의 동맹 관계는 프랑스의 위대성과 세계에서의 지위 유지에 핵심이 되었다. 프랑스와 러시아의 군사동맹은 더 키우고 심화시킬 필요가 있었다. 푸앵카레의 동의로 프랑스의 러시아 철도 건설용 차관이 1차대전 이전 2년 동안 5억 프랑이나 늘었다.[56] 푸앵카레는 여전히 파리 주재 대사로 일하고 있던 이즈볼스키에게 자신은 "러시아와의 가장 밀접한 관계를 위해"[57] 프랑스 외교정책에 영향력을 행사할 것이라고 말했다. 그는 자신의 말을 실현하기 위해 1차 모로코 위기로 독일에 의해 자리에서 밀려났던 열렬한 프랑스 민족주의자 델카세를 상트페테르부르크 주재 러시아 대사로 임명했다. 또한 푸앵카레는 러시아를 직접 방문하기로 결정했는데, 아직 수상일 때 처음 러시아를 찾았다. 사조노프의 말에 따르면 "자신이 갖지 못한 자질을 가진 사람들을 높이 평가하는 니콜라이 2세는 프랑스 수상의 결의와 의지의 힘에 큰 감명을 받았다"고 한다.[58]

*

푸앵카레는 영국이 군사적으로 프랑스, 러시아와 연결되는 3국협상을 강화해야 한다는 폭넓은 시각도 공유했다. 문제는 그레이가 확고히 장악한 영국 외교는 선의와 지원의 보장 이상은 하지 않으려는 데 있었다. 더 우려되는 것은 프랑스가 어려움을 겪던 시기를 연상시키는 영국의 국내 정치였다. 로이드조지와 고위 자유당 인사 몇몇이 연루된 재정 스캔들도 있었다. 보수주의자들은 이들이 내부 정보를 이용해 마르코니 회사 주식을 매입했고, 이 회사가 영국제국 전역에 정부 무선 기지국을 설치하는 계약을 곧 따낼 예정이라고 강력히 비난했다. 의회 조사에서 관련 인사들이 미국 자회사의 주식만 매입했고 이 거래로 이익을 얻지 않았기 때문에 무고하다는 것이 드러났지만, 이 문제는 파장을 일으켰고 로이드조지와 관련자들뿐 아니라 정부 전체의 평판에 타격을 입혔다. 1913년 그리고 1914년 전반기에는 영국과 그 동맹국들에게 더 우려되는 상황이 벌어졌다. 영국은 격렬한 시위, 폭탄 투척, 바리케이드, 심지어 무장한 민병대 출현으로 심각하고 적대적인 사회·정치 분열을 겪고 있었다. 아일랜드 문제도 악화되어 17세기 이래 영국은 가장 심각한 도전에 직면했고, 내전 가능성도 거론되었다.

이처럼 갑자기 격동에 휩쓸린 영국의 군주는 1910년 에드워드 7세를 이어 즉위한 조지 5세였다. 그는 여러모로 아버지와 반대였다. 취향이 단순한 그는 외국을 싫어하고, 화려한 사교계에 지루함을 느꼈다. 그가 자부심에 차서 말했듯이 그의 궁정은 지루하지만 존경할 만했다. 국왕이 이러하니 애인이나 부적절한 친구들로 인한 스캔들은 없었다. 조지 5세의 외모는 외사촌인 러시아의 니콜라이 2세와 너무 비슷했고(두 사람은 때로 혼동을 일으켰다), 해군 장교 시절의 매너가 많이 남아 있었다. 그는 함정을 지휘하듯 궁정을 관리하며 군복, 정해진 일정, 시간 엄수에 주의를 쏟았다. 그는 부인에게 헌신했지만, 그녀가 자신의 명령에 순종하기를 바랐다. 그는 1890년대에 처음 만났을 때 그녀가 입었던 패션을 좋아해서 부인은 1953년 죽을 때까지 긴 드레스를 입었다. 한 궁정 가신의 보고에 따르면 1914년 국왕 부부의 파리 방문 후 "파리 군중은 그녀에게 반해서, 그녀의 구식 모자와 빅토리아 초기 드레스가 다음해에 유행할 것이라는 소문이 돌았다"고 한다.[59] 조지 5세는 자신의 지위가 부담스러워 왕좌에서 하는 신년 연설을 두려워했지만, 자신의 직무를 성실히 수행했다. 또한 자신이 장관들의 조언을 받아들여야 하는 입헌군주라는 사실을 이해하고 받아들였다. 정치 성향은 보수당 농촌 대지주와 같아서 그는 사회주의 냄새가 나는 것은 본능적으로 거부했고, 자유당 지도부의 많은 정치인들이 신사가 아니라고 생각했다. 여기에는 그가 좋아하고 존경하게 된 수상 애스퀴스도 포함되어 있었다.[60]

영국이 평화에서 전쟁으로 옮아가는 동안 수상직을 맡은 허버트 애스퀴스는 영국 북부에서 제조업으로 성공한 가문 출신으로 영리하고 야심만만한 사람이었다. 안정적이었던 유년 시절은 아버지가 갑자기 사망하면서 산산조각 났고, 아이들은 외삼촌들에게 의지하게 되었다. 허버트와 동생 한 명은 삼촌 집에 의탁했다가, 런던에서 학교를 다니는 동안 각각 다른 가족에게 맡겨졌다. 병치레가 잦은 동생과 달리 애스퀴스는 옥스퍼드대학교에서 가장 지적인 대학으로 공직 지도자들을 배출한 명문 베일리얼 컬리지에 장학금을 받고 입학했다.[61] 대학에서 그는 영리하고 성실한 학자일 뿐 아니라 대단한 토론자라는 평판을 얻었고, 이러한 자질은 변호사로 성공하는 데 도움이 되었다. 그는 사랑에 빠져 젊은 나이에 결혼했고, 모든 면에서 헌신적인 가장이자 남편이었다. 그러나 1891년 첫 부인이 장티푸스로 사망했을 때 이미 애스퀴스는 부유한 사업가의 쾌활하고 고집 센 딸인 마고 테넌트와 사랑에 빠져 있었다. 지적이지만 사교계 속물인 마고는 무례할 정도로 거침없이 말하고, 사냥개 타는 것을 좋아할 만큼 몸놀림이 용감하며, 예측하기 힘들다는 평판을 들었다. 애스퀴스는 그의 부인이 중병을 앓기 몇 달 전 하원의 만찬 파티에서 그녀 옆자리에 앉았다. "인생에 한 번 모든 이에게 찾아오는 열정이 찾아와 나를 정복했다." 나중에 그는 친구에게 이렇게 고백했다. (그는 1914년에도 그런 식으로 또 정복당한다.) 마고는 그가 올리버 크롬웰(청교도혁명 때 국왕에 맞서 의회를 이끌었던)을 연상시킨다고 생각했고, "나를 도울 수 있고, 모든 것을 이해할 사람"이라고 느꼈다.[62] 사실 그녀는 애스퀴스가 사랑을 처음 고백한 후 2년 넘도록, 그가 부인의 장례를 치르고 나서 몇 주 후에도 머뭇거렸다. 그러다 1894년, 그녀는 여러 청혼자를 저울질한 다음 자주 그래왔듯 갑자기 그와 결혼하기로 결정했다. 그녀는 그의 자식들을 돌보고(그들은 그녀의 지배적 양육 방식을 하나같이 좋아하지 않았다), 애스퀴스의 전도양양한 정치 경력을 뒷받침하는 데 혼신을 다했다.

1886년 애스퀴스는 자유당 의원으로 의회에 진출했고, 이후 2년간 자유당과 영국 사교계에서 꾸준히 성장하여 마고를 비롯한 영국 상류층의 영향력 있는 인사들과 친분을 맺었다. 1905년 말 자유당이 다시 정권을 잡자 애스퀴스는 재무장관이 되었고, 1908년에는 수상 직에 올랐다. 자유당 내에는 평화주의자들과 로이드조지 같은 급진적 개혁가들이 있는 한편 다른 쪽에는 그레이 같은 제국주의자들이 포진해 있었다. 그는 이러한 여러 정파를 능숙하게 통합하는 노련한 지도자였다. 마지막 평화기에 윈스턴 처칠과 로이드조지가 1914-5년 해군 예산을 놓고 오래 갈등을 빚었을 때에도 애스퀴스는 이 문제를 그럭저럭 안고 갔다. 1911년 해군장관이 된 처칠은 이제 태도가 바뀌어 해군 예산 증액을 밀어붙였고, 그의 오랜 동료 로이드조지는 재무장관으로서 예산 한도를 지키기로 작정했다. 두 사람의 논쟁은 1914년 1월까지 해결되지 않다가, 애스퀴스의 지원을 받은 처칠이 원하던 예산 증액을 달성했다.

애스퀴스는 로이드조지가 제안한 1909년 예산안을 놓고 하원과 상원 사이에 벌어진 지루한 정치 투쟁과 이후 이어진 몇 번의 위기에서도 상당한 정치적 용기를 보여주었다. 그러나 1914년 그는 한때 일상적이지만 상세한 세부 사항에 대해 가졌던 정치에 대한 관심이 시들해진 것이 분명했다. 그의 정적들은 결정을 내리기 전 오래 숙고하고, 스스로 결정을 내리기보다 합의를 기다리는 그를 보고 "관망 모드Wait and See"라는 별명을 붙였다. 가까운 친구이자 자유당 정치인 동료로 1905년부터 1912년까지 전쟁장관을 맡은 리처드 홀데인은 이렇게 평했다. "그러나 그는 런던 사교계에 큰 매력을 느꼈고, 나와 오래 공유한 생에 대한 엄격한 태도에서 점점 벗어났다."[63] 또다른 오랜 친구는 그가 "혈색이 붉어지고 몸이 불어 과거와 크게 다른 모습"[64]인 것을 알아챘다.

애스퀴스의 에너지가 소진되는 동안 불행히도 그의 정부는 점점 대처하기 힘든 국내 문제에 봉착했다. 영국 노동자들과 고용주들 사이의 투쟁이 계속되는 동안 새로운 갈등이 모든 계급의 여성들과 모든 정파 사이에 벌어졌다. 여성들은 투표권을 요구했고, 애스퀴스를 포함한 반대파는 이를 거부했다. 애스퀴스 내각 자체도 이 문제를 놓고 의견이 나뉘었다. 보통선거 지지자 대부분은 평화주의자이고 법을 준수하는 경향이 강했지만, 막강한 팽크허스트 여사와 그에 못지않게 반항적인 그녀의 딸 크리스타벨Christabel이 이끄는 급진파는 여러 기발한 무기를 쓰며 투쟁에 전념했다. 그들의 지지자들은 회합을 방해하고, 여성 투표권 반대자들에게 침을 뱉고, 자기 몸을 쇠사슬로 묶고, 정부 각료들을 위협하고, 예술전시관에 페인트를 쏟아붓고, 다우닝가 수상 관저를 비롯한 주요 건물의 창문을 부수었다. "테러에 거의 토할 지경"이라고 마고 애스퀴스는 불평했다.[65] 1913년에는 런던 교외에 건설 중이던 로이드조지의 새집이 폭탄에 파괴되는 사건이 일어났다. 1914년 1월부터 7월 사이 호전적인 여성 참정권 운동가들은 교회, 학교 등 100개 이상의 건물을 방화했다. 체포되어 실형을 선고받은 여성들은 단식 투쟁으로 대응했다. 1913년에는 한 여인이 경마장에서 조지 5세의 말 앞에 몸을 던져 사망하면서 여성 투표권 운동의 첫 순교자가 발생했다. 당국은 시위를 벌이는 여성들을 물리적으로 제압하고 단식투쟁가들에게 강제적으로 음식을 먹여 더 많은 소요를 발생시켰다. 1914년 여름 애스퀴스는 여성 투표권 반대 입장을 포기하고 의회에 보통선거 법안을 제출할 준비를 했다. 하지만 1차대전으로 중단되어 여성 투표권 실현은 더 기다려야 했다.

그 기간에 영국에서 가장 위태로운 것은 아일랜드 문제였다. 아일랜드 자치권 요구가 특히 가톨릭 지역인 남부에서 힘을 얻고 있었다. 자유당 내 한 정파는 자신들의 위대한 지도자 글래드스턴의 예를 따라 이 운동에 공감했는데, 정치적 긴급 사태도 중요한 역할을 했다. 1910년 선거 이후 자유당은 더이상 다수당이 되지 못해 아일랜드 민족주의자들의 투표에 의존해야 했다. 1912년 초 영국 정부가 제출한 자치 법안에 따르면 아일랜드는 영국 연방 안에서 자체 의회를 보유할 수 있었다. 그러나 아일랜드의 중요한 소수파로 주로 섬 북부 얼스터에 다수 주민이 거주하는 개신교도들은 가톨릭 지배를 가져올 것이라며 자치 법안에 반대했다. 그들의 저항은 얼스터 개신교 출신의 보수당 지도자 보너 로Bonar Law 등 보수당 내 많은 사람들의 지지를 받았다.

아일랜드 자치 문제는 영국 사회를 분열시켰다. 오랜 친구들도 서로를 못 본 척했고, 사람들은 저녁 식사 자리에서도 옆에 앉으려고 하지 않았다. 그러나 이런 것은 훨씬 더 심각한 기류에 비하면 새 발의 피에 불과했다. 아일랜드의 자칭 얼스터 연방주의자들은 1911년, 자치 법안이 통과되면 자체 정부를 조직할 것이라고 선언하는 계획을 발표했다. 1912년 초 준군사세력인 자원대Volunteers가 훈련과 무기 획득을 시작했고, 남쪽의 아일랜드 자치지원대Irish Home Rulers가 그 뒤를 따랐다. 9월 말 얼스터에서는 거의 30만 명의 남자들이 자치 법안을 좌절시킨다는 서약서에 서명했고, 일부는 자신의 피로 서명했다. 영국에서는 보너 로와 보수당 고위 정치인들이 경솔하게 감정적이고 도발적인 언어로 그들을 공개적으로 지지했다. 1912년 7월 로와 하원의 많은 동료들은 보수당 인사들과 함께 말버러 공작의 블레넘궁에서 열린 대규모 집회에 참석했다. 로는 열정적인 연설을 길게 늘어놓으면서, 영국 정부가 아일랜드 자치 법안을 제안하며 헌법에 반하는 행동을 하고 있고, 위협을 반복하며 내전을 초래하려 한다고 주장했다. 그는 이렇게 결론지었다. "얼스터가 어떤 수준의 저항을 감행하든 나는 그들을 지지할 준비가 되어 있다. 그리고 그들은 분명히 대다수 영국 국민의 압도적인 지지를 받을 것이다."[66] 로가 자신이 두렵다고 주장한 내전에 기름을 붓는 동안, 또다른 얼스터 출신 정치인으로 애스퀴스(그를 먹보Squiff라고 부르며 조롱했다)와 대부분의 자유당 정치인을 혐오하는 전쟁부의 작전국장 헨리 윌슨은 자치권이 통과될 경우 무력으로 정권을 잡으려고 계획 중인 얼스터의 더 격렬한 지지자들에게 용기를 북돋고 있었다.[67] (그는 징계로 해임될 수 있었는데, 그렇게 되었으면 아마 1차대전 발발 초기 영국의 군대 배치에 악영향을 주었을 것이다.) 더구나 윌슨은 군대와 위기 대응에 대한 기밀 정보를 보수당에 넘겨주고 있었다. 많은 장교와 사병들이 얼스터 출신 또는 남부 개신교도 출신이었기 때문에 아일랜드 자치 위기는 그들이 반란을 일으킨 동포에 맞서 행동해야 하는 데 대한 깊은 우려를 자아냈다.

1914년 3월 위기는 훨씬 심각한 국면으로 접어들었다. 하원은 두 번이나 자치 법안을 통과시켰고, 얼스터 동조자들이 지배하고 있는 상원은 매번 이를 거부했다. 애스퀴스는 타협안을 제안했다. 얼스터의 6개 군만 잠시 자치 통치에서 제외한다는 제안이었지만 반대자들은 이를 거부했다. 상원은 자치 법안을 거부함으로써 정부가 자원군의 존재를 인정하도록 압력을 행사하려고 했다. 1688년 이후 하원에서 통과된 법안은 토론 없이 통과되는 것이 관행이었다. 로는 "완고한 동료들"인 반대자들을 지원할 생각도 했다. (최근 미국 정치에서 정부 운영 자금을 차입할 경우 증가된 부채 한도의 관습적 인정을 공화당이 거부한 것도 이와 유사한 행태다.) 같은 달 아일랜드 남부 주둔 영국군 장교들이 일으킨 이른바 커레이 반란Curragh Mutiny으로 가장 심각한 위기가 발생했다. 무능한 전쟁장관 존 실리John Seely 경과 아일랜드 주둔군 사령관 아서 패짓 경의 어리석음, 사태 혼동, 어쩌면 악의적인 의도로 인해 커레이 기지의 장교들은 얼스터 자원대에 맞선 군사작전 명령을 받을지 모르며, 만일 원치 않으면 스스로 직위에서 물러나거나 사임할 수 있다는 경고를 받았다. 이에 수십 명의 장교가 사임 의사를 분명히 밝혔고, 이 시점에야 정신을 차린 실리는 그들을 얼스터에 보내 자치를 강요하지 않을 것임을 알렸다. 애스퀴스는 이 문제를 더 악화시키지 않고, 실리를 직무에서 배제하고 자신이 전쟁부를 직접 관할했다.

1914년 봄에서 여름으로 넘어가는 시점에 자유당과 보수당의 간극은 너무 벌어졌고, 아일랜드 현지에서는 무기가 양측에 계속 흘러 들어 가고 훈련이 계속되었다. 7월 타협을 이루려는 마지막 시도로 국왕 조지 5세가 양측의 주요 지도자들을 버킹엄 궁전으로 불러 회의를 열었다. 영국의 지배층과 대중, 언론은 아일랜드 문제에 온통 정신이 팔렸고, 유럽에서 일어나는 일에 거의 주의를 기울이지 않았다. 6월 28일 사라예보에서 일어난 오스트리아 황위 후계자 프란츠 페르디난트 암살도 큰 사건이 되지 못했다. 당시 애스퀴스는 훨씬 어린 베네티아 스탠리Venetia Stanley와 사랑에 빠져 날마다 그녀에게 편지를 보내고 있었는데, 버킹엄 궁전 회의가 실패로 끝난 7월 24일 편지에서야 유럽대륙에서 심화되고 있는 위기를 처음 언급했다. 영국인들은 주변 국가들에 신경쓰지 않았더라도, 유럽 강국들은 내전이 임박한 영국 사회의 위기에 시선을 고정했다. 차르는 영국에서 일어나는 일을 이해하기 어렵다며 이 사태가 영국의 국제적 입지에 영향을 주지 않기를 바란다고 영국 대사에게 말했다.[68] 독일과 오스트리아-헝가리의 견해는 달라서, 영국이 내부적으로 너무 분열되어 전쟁이 발발해도 싸울 수 없을 정도가 되면 다행이라고 보았다.[69]

1914년 초 대부분의 유럽인은 10년 전과 상황이 크게 다르지 않다고 생각했다. 물론 익숙한 긴장이 지속되고 있었다. 영국과 독일은 해군력 경쟁을 계속 이어나갔고, 프랑스와 독일 관계도 우호적으로 개선되지 않았다. 러시아와 오스트리아-헝가리는 여전히 발칸 지역에서 상대를 제압하기 위해 움직이고 있었다. 1914년 러시아 민족주의자들이 오스트리아령 갈리치아의 루테니아인들 사이에서 갈등을 촉발하려 한 것은 빈 당국을 분노시키고 우려를 자아냈다.[70] (이러한 움직임은 양방향으로 진행되었다. 오스트리아-헝가리도 러시아 내 루테니아인들에게 포교하도록 가톨릭 사제들을 국경 너머로 보냈다.) 동맹 안에도 갈등이 있었다. 발칸전쟁 후 독일과 오스트리아-헝가리 관계는 악화되었다. 독일은 오스트리아-헝가리가 무모하게 러시아와 전쟁에 덤벼들었다고 생각한 반면, 오스트리아-헝가리는 독일이 우방 역할을 제대로 하지 않은 것에 분개했다. 오스트리아-헝가리는 발칸 지역과 오스만 제국에 대한 독일의 투자와 영향력 확대도 몹시 못마땅했다. 3국동맹을 이루고도 이탈리아와 오스트리아-헝가리는 알바니아에 대한 영향력을 놓고 경쟁했고, 오스트리아-헝가리 제국 내 이탈리아어 사용자의 권리에 대한 이탈리아 여론의 우려도 계속됐다. 양국 관계는 1914년 프란츠 페르디난트 장례식에 이탈리아 국왕과 사절이 참석하지 않을 만큼 악화되었다.[71] 1912년 독일과 오스트리아-헝가리는 3국동맹을 조속히 쇄신하기로 했는데, 이 합의는 신뢰를 서로 재확인하려는 것이었지만 이탈리아를 단속하려는 목적도 있었다.

독일 주재 러시아 대사는 이렇게 말했다. "3국협상은 항상 그 안에서 합의를 이루고 있다. 반면 3국동맹은 보통 완전히 반대되는 입장을 취한다. 오스트리아-헝가리는 뭔가를 생각하면 실행에 옮기려고 서두른다. 때로는 이탈리아가 반대편으로 가고, 마지막 순간에야 의도를 밝히는 독일은 좋건 싫건 동맹국들을 지원할 수밖에 없다."[72] 그러나 3국협상 내에서도 중앙아시아와 페르시아(이란)를 둘러싼 영국과 러시아의 경쟁은 결코 사라지지 않았다. 1914년 봄, 그레이와 그의 핵심 참모들은 러시아가 이란 북부에, 영국이 이란 남부에 세력권을 확보하기로 한 협상이 깨질까 우려했다.

예기된 오스만제국 분열은 흑해 해협과 콘스탄티노플뿐 아니라 대체로 튀르크어를 사용하는 소아시아와 오늘날 시리아, 이라크, 레바논, 요르단, 이스라엘, 아라비아반도 대부분이 포함된 거대한 아랍 영토를 둘러싼 외부 강국들의 경쟁을 부추겼다. 러시아 정부는 흑해 해협을 차지할 능력이 부족한 것을 알았겠지만, 러시아 민족주의자들은 정당한 유산이라고 생각하는 것을 러시아가 차지해야 한다는 선동을 계속했다. 식민지 쟁탈전에 발을 들여놓지 않았던 오스트리아-헝가리도 이제 소아시아에서 존재감을 제대로 보여주려 했는데, 최근 발칸 지역에서 겪은 일련의 상실을 보상하려는 것이 하나의 이유였다. 이런 움직임은 동맹국인 독일, 이탈리아 모두와 문제를 일으켰다. 두 나라는 저마다 오스만제국이 사라지면 중동에 식민지를 만들 꿈을 꾸고 있었다.[73] 그리고 유럽의 병자로 불린 오스만제국은 갑자기 되살아나려는 조짐을 보였다. 이제 확실히 정권을 잡은 청년튀르크당은 정부를 중앙집권화하고 다시 힘을 불어넣으려고 노력했다. 그들은 군사력을 강화하고, 영국으로부터 세 척의 드레드노트급 전함을 구입하려 하고 있었다. 만일 이 전함들이 인도되면 세력 균형은 러시아에 결정적으로 불리하게 기울 수밖에 없었다. 러시아는 이에 맞서 자체적으로 드레드노트급 전함을 건조하려 했지만 1913년부터 1915년 사이에는 오스만제국이 우세했다.[74]

1913년 말 독일이 오스만제국의 군사자문단을 강화하고 사령관으로 고위 장군 오토 리만 폰 잔더스Otto Liman von Sanders를 파견하려 한다는 정보가 누출되면서 3국협상국들 사이에 우려가 증폭됐다. 그는 오스만 군사력의 훈련과 증진을 담당할 뿐 아니라 콘스탄티노플 주둔 군단을 직접 지휘했기 때문에 이러한 조치는 오스만제국 내에서 독일의 영향력을 극적으로 강화할 수 있었다. 측근 참모들과 비밀리에 이 계획을 세운 빌헬름 2세가 리만에게 한 말은 극적이었다. "독일 국기가 머지않아 보스포루스 해협에서 휘날리지 않으면 나는 세인트헬레나섬으로 추방되는 슬픈 운명을 맞을 것이다."[75] 그러나 독일 민간 지도부는 다시 무책임하고 독자적인 황제의 행동이 초래한 반갑지 않은 파장을 처리해야 하는 상황에 처했다.

이 시점까지 러시아와 독일은 오스만제국에서 성공적으로 협력해오고 있었다. 니콜라이 2세가 포츠담으로 빌헬름 2세를 방문한 1910년 11월, 두 황제는 오스만제국에 대한 합의에 서명하여 최소한 긴장의 근원 하나를 제거했다. 러시아는 새로 들어선 청년튀르크당 정부를 약화시키지 않기로 약속했고, 독일은 오스만제국의 개혁을 지원하기로 했다. 독일은 또한 페르시아 북부의 러시아 세력권을 인정하고, 베를린-바그다드 철도를 남쪽으로 더 연장하지 않기로 약속하여 러시아의 우려를 덜어주었다. 베트만홀베크는 이러한 결과에 만족했다. "러시아의 방문은 예상보다 더 좋았다. 두 군주는 최상의, 유쾌한 분위기 속에 서로를 솔직하고 편안하게 대했다."[76] 두 군주는 발칸 위기 발생 직전인 1912년 여름 러시아의 발트해 연안 항구(현재 에스토니아의 팔디스키)에서 요트를 타고 재회했다. 사조노프의 기록에 따르면 러시아의 황후 알렉산드라는 "이런 경우 늘 그랬듯 피로한 모습만 보여주었지만" 회동은 "평화롭고 우호적"이었다. 회동에 배석한 코콥초프와 베트만홀베크도 국방 예산 증강에 대한 대중의 압력에 저항하는 것이 얼마나 힘든지를 조용히 털어놓았다. 빌헬름 2세는 끊임없이 큰 소리로 농담을 지껄였다. 사조노프는 "그들 모두가 내 취향에 맞지는 않았다고 고백할 수밖에 없다"고 말했다. 빌헬름 2세는 차르에게 동쪽을 바라보고 일본에 맞서 군사력을 증강하라는 조언도 건넸다. 니콜라이 2세는 평소 견지하는 태도로 귀를 기울였다. 회동이 끝나자 그는 코콥초프에게 이렇게 불평했다. "신께 감사하네! 이제는 말 한마디 한마디가 상상도 못 한 방식으로 해석될까 봐 조심할 필요가 없군." 니콜라이 2세는 안도했는데, 그 이유는 빌헬름 2세가 발칸 지역 상황이 전쟁으로 비화되지 않게 하겠다고 거듭 말했기 때문이었다.[77]

리만 폰 잔더스 사건이라고 급속히 알려진 문제는 오스만제국에서 독일과 러시아의 협력을 파괴했고, 이에 대한 반응은 유럽 각국이 이 시점에 얼마나 신경이 곤두서있는가를 보여주었다. 리만 임명에 격분한 러시아는 프랑스와 영국에게 청년튀르크당에 압력을 넣어 리만의 권한을 제한하라고 요청했다. 사조노프가 러시아의 결의를 보여주기 위해 오스만 항구 장악을 언급하면서 다시 한번 전면전 위기가 감돌았다. 러시아 수상 코콥초프는 자제를 촉구했고, 오스만 문제로 전쟁에 끌려들어 가고 싶지 않은 프랑스와 영국도 같은 행동을 취했다. (영국 정부는 콘스탄티노플의 영국 해군 자문단을 이끄는 제독이 리만과 똑같은 권한을 가진 것을 알고 당황했다.) 그러나 전과 마찬가지로 강국들, 특히 프랑스는 러시아 편에 서야 할 필요성을 깨달았다. 이즈볼스키는 푸앵카레가 "동맹이 우리에게 부과한 의무를 피하지 않겠다는 차분한 결단을 보여주었고, 현지 프랑스 대사인 델카세는 러시아 정부에 무조건적인 지원을 보장했다"라고 상트페테르부르크에 보고했다.[78]

다행히 유럽은 이번에도 집행유예가 되었다. 러시아와 독일은 이 문제로 결전을 치를 생각이 없었고, 이러한 소동에 놀란 청년튀르크당도 사태 해결을 간절히 원했다. 1월, 체면 세우기의 일환으로 리만이 군단을 지휘하기에는 너무 높은 자리로 승진되었다. (그는 1918년 독일 패전 때까지 오스만제국에 머무르게 된다. 그가 남긴 유산은 장래가 촉망되는 튀르크군 장교 무스타파 케말 아타튀르크〔케말 파샤〕의 출세 길을 열어준 것이었다.) 이 사건은 독일에 대한 3국협상국들의 의심을 더욱 강화했고, 러시아와 독일을 더 멀리 떨어뜨려 놓았다. 러시아 정부 내에서는 특히 1914년 1월 코콥초프의 실각 이후, 독일이 전쟁을 준비하고 있다는 것이 기정사실로 받아들여졌다. 그달 델카세를 접견한 니콜라이 2세는 앞으로 다가올 충돌에 대해 차분하게 이야기를 나눴다. "그들이 우리 이익을 침해하게 놔두지 않을 것이다. 이번에는 극동에서 벌어졌던 전쟁과 다를 것이다. 국가 분위기가 우리를 지지할 것이다."[79] 1914년 2월, 러시아 총참모부가 스파이들로부터 입수해 정부에 보여준 두 개의 비밀 전문에는 독일이 양전선 전쟁과 독일 여론을 사전에 제대로 준비시킬 방법에 대한 논의가 들어 있었다. 같은 달 차르는 전면전이 일어날 경우 오스만제국을 공격할 준비를 재가했다.[80]

그럼에도 불구하고 리만 폰 잔더스 사건의 성공적 종결과 1912-3년 발칸 위기의 국제적 조정은 유럽이 여전히 평화를 유지할 수 있으며, 강국들이 중재해 타협을 이끌어내는 오랜 유럽협조체제가 어느 정도 작동한다는 것을 보여주는 듯했다. 실제로 많은 관측자들은 1914년 시점 유럽 분위기가 이전 시점보다 좋다고 생각했다. 처칠은 1차대전의 역사를 서술하며 평화로웠던 마지막 몇 달간의 "예외적 고요"

를 언급했고, 그레이도 당시를 이렇게 회고했다. "1914년 초기 몇 달간 국제사회의 하늘은 이전보다 맑아 보였다. 발칸의 구름은 사라졌다. 1911, 1912, 1913년 위기의 시기가 지난 후 어느 정도 평온함이 찾아왔고, 이는 당연한 것 같았다."[81] 1914년 6월 옥스퍼드대학교는 독일 대사 리히노프스키 공과 작곡가 리하르트 슈트라우스에게 명예박사학위를 수여했다.

두 동맹으로 갈라선 유럽의 분열은 1차대전 후 전쟁의 주원인 중 하나로 보였다. 어느 두 나라의 갈등이 동맹국들을 끌어들일 위험을 초래하기 때문이었다. 그러나 방어적 동맹이 침략을 억제하고 안정을 지키는 힘이 될 수 있다는 주장은 당시에나 이후에도 기능했다. 북대서양조약기구(NATO)와 바르샤바 조약기구는 균형을 이루었고, 결과적으로 냉전 기간 동안 유럽에 평화적 균형을 가져왔다. 1912년 그레이가 영국 하원에서 강국들은 "적대적이 아니라 별개의 집단"으로 나뉘어 있다고 말했을 때, 푸앵카레를 비롯한 많은 유럽인이 그의 말에 동의했다. 그레이는 1차대전 이후 쓴 회고록에서 동맹의 가치를 계속 주장했다. "우리는 3국협상과 독일의 3국동맹이 화목하게 나란히 존재하길 바랐다. 그것은 실현 가능한 최선의 상황이었다."[82] 프랑스와 러시아가 3국협상에, 독일, 오스트리아-헝가리, 이탈리아가 3국동맹에 서명했지만, 여전히 영국은 그렇게 하길 거부하면서 그레이가 주장한 것처럼 행동의 자유를 유지하려고 했다. 실제로 1911년 새로 외무차관이 된 아서 니컬슨은 영국이 아직 3국협상에 충실하지 않다고 불평했다. "평화와 현상 유지에 도움을 주려면 우리는 책임을 인정하고, 필요할 경우 우리에게 우호적인 나라들과 동맹국들에게 현재 제공하려고 하는 것보다 더 물질적이고 효과적인 종류의 지원을 해야 한다. 나는 국민들이 이런 상황을 제대로 인식하고 있다고 생각하지 않는다."[83]

현실에서 동맹은 방어적이었고, 영국은 자체 노선을 유지할 수 있을 것으로 느꼈지만, 시간이 지나면서 유럽 분할은 기정사실이 되었다. 이런 상황은 언제나 한쪽을 너무 분명히 편드는 것에 신중하던 정치가들의 언어에도 반영되었다. 불과 1년 전만 해도 상트페테르부르크 주재 독일 대사에게 그 용어를 사용하지 않던 사조노프도 1913년에는 3국협상에 대해 말했다. 사조노프처럼 꺼리던 그레이도 다음해에는 그 말의 사용을 피할 가능성은 분리부정사들(split infinitives, to와 동사 사이에 부사가 들어가는 형태)을 없애는 것보다 희박하다고 결론지었다. 그는 어쨌든 3국협상은 영국에 좋다고 주장했다. "대안은 유럽에서 완전히 고립되는 정책 아니면 유럽 강국들의 하나 혹은 다른 그룹과 분명한 동맹을 맺는 정책이다."[84]

외교관들과 군부가 같이 일하는 것에 점점 익숙해지면서 필연적으로 상호 지원에 대한 기대와 양해가 두 동맹 내에 쌓여갔다. 동맹의 파트너들은 서로 안심시키지 않으면 동맹국을 잃을 위험을 감수해야 한다는 것도 알게 되었다. 독일은 발칸 지역에서 사활을 걸 만한 이익이 없었지만, 그곳에서 오스트리아-헝가리를 지원하지 않기는 점점 어렵다는 것을 알았다. 프랑스 입장에서는 러시아와 맺은 동맹이 강국 지위에 중요했지만, 프랑스는 늘 러시아가 다시 강해지면 프랑스가 필요 없어지고 과거 독일과의 동맹으로 돌아가지 않을까 두려워했다.[85] 이 때문에 러시아의 목표가 위험하다고 느낄 때에도 프랑스는 러시아를 지원하게 되었다. 푸앵카레는 세르비아를 둘러싼 러시아와 오스트리아-헝가리의 전쟁에 프랑스가 참전할 것 같은 인상을 러시아에 분명히 주었다. 그는 1912년 파리에서 이즈볼스키에게 이렇게 말했다. "핵심을 말하자면 이 모든 것은 똑같은 얘기다. 즉 러시아가 전쟁에 돌입하면 프랑스도 참전할 것이다. 이 문제에서 우리가 알다시피 독일이 오스트리아-헝가리를 지원할 것이기 때문이다."[86] 프랑스와 러시아가 맺은 조약은 한쪽이 공격당할 경우 효과를 발휘하는 방어적인 것이었다. 하지만 푸앵카레는 독일이 군사를 동원하기만 해도 프랑스가 참전할 의무를 느낄 것이라고 말하면서 그 조약을 넘어섰다. 1914년, 동맹은 가맹국들에게 브레이크를 걸기보다는 너무나 자주 가속 페달을 밟고 있었다.

3국협상은 영국의 신중함에도 불구하고 3국동맹보다 더 단합되며 깊이 발전했다. 특히 프랑스와 러시아 사이에 재정, 군사, 외교 또는 개선된 무선·전신 소통이 더 많아지고 강해지면서 세 나라를 단단히 묶어주었다. 프랑스는 군사 논의에 들어오도록 영국과 러시아를 고무했을 뿐 아니라 영국이 미적대기보다 분명한 약속을 하도록 압박했다. 영국 내각은 이 문제에 대해 의견이 갈렸고, 그레이는 프랑스에게 지원을 보장하거나 거부하는 중간에서 애매한 입장을 취했다. 하지만 프랑스에 기꺼이 적극 협력할 헨리 윌슨이 있었다. 그는 프랑스 상대들과 논의하기 위해 1913년에만 프랑스를 일곱 번 방문했다.[87] 1912년에는 영국과 프랑스 해군도 지중해, 대서양, 극동에서 더 밀접하게 협력하고 있었다.

상황이 이렇게 흘러간 것은 프랑스가 행사한 압력의 결과가 아니라 영국이 딜레마에 봉착했기 때문이었다. 영국 해군은 특히 이탈리아, 오스트리아-헝가리, 오스만제국이 모두 드레드노트급 전함을 건조하고 있는 지중해에서 영국의 이익을 방어하고, 공해公海에서 독일 해군을 능가하면서 직면하는 모든 도전을 더이상 감당할 수 없었다. 영국은 독일과의 해군력 경쟁을 통제할 수 없게 된다면 — 더 대화할 여지가 거의 없는 1912년 말의 상황에서 — 해군에 더 많은 예산을 쏟아붓거나 아니면 핵심 지역에서 영국 해군이 우방들과 책임을 공유해야 했다. 이것은 애스퀴스에게 정치적 문제를 제기했다. 보수당은 전반적으로 해군 예산 증액을 지지했지만 애스퀴스가 속한 급진주의자들은 그러지 않았고, 많은 자유당 정치인들도 영국을 전쟁으로 이끌지 모르는 추가적인 국제적 약속을 경계했다.

영국의 새 해군장관은 야심만만하고 활동적이며, 젊은 패기가 넘치는 윈스턴 처칠이었다. 당시 그는 자유당에 소속되어 있었다. "윈스턴은 바다, 해군, 앞으로 할 멋진 일들에 대해서만 이야기한다." 그의 해군 참모총장은 이렇게 적어놓았다.[88] 처칠은 끝없는 열정과 자신감을 가지고 새 직무에 임하며 함정, 조선소, 부두, 장비에 대한 세부 사항을 숙지하고, 영국의 전략적 필요에 대한 사고를 키워나갔다. 그는 1차대전을 회고하며 이렇게 적었다. "멋진 날들이었다. 매일 새벽부터 자정까지 앞으로 몰려올 문제들의 매력과 새로움에 온 마음으로 몰두했다."[89] 전쟁 이전 3년간 여덟 달 동안 그는 해군부 전용 요트인 인챈트리스를 타고 주요 함정과 지중해의 해군 시설, 영국 내해를 방문했다. (그는 이 여행 중 한 번 "정부 비용으로 휴가를 즐겼다"고 썼다.)[90] "결국 내가 원하는 무엇이든 손을 대면 우리 해군의 현 상황을 속속들이 알 수 있었다."[91] 처칠은 다소 과장하며 이렇게 주장했다. 누구보다도 업무를 잘 안다는 암묵적 전제로 많은 고위 해군 장교들을 화나게 했지만, 그는 필요했던 개혁을 실시했다. 그는 제대로 된 총참모부를 처음 만들고, 일반 병사들의 복무 여건을 개선하고, 해군 함정의 연료를 석탄에서 더 효율적이며 노동을 절감하는 기름으로 바꾸었다.[92] 이 마지막 조치는 중동의 유전지대를 영국에 필수적인 것으로 만드는 장기적인 전략적 함의를 가져왔지만, 지중해 함대를 재조직·재배치하려는 처칠의 결정이었다. 이렇게 해서 1차대전을 가능하게 한 복합적 요인에 또 하나의 요인이 추가됐다.

지중해가 수에즈 운하 접근이 걸린 중요한 바다라면, 영국 인근 대서양은 사활이 걸린 문제였다. 독일은 이제 영국과 대등한 수의 전함을 근해에 배치할 수 있었다. 처칠과 그의 해군 참모들은 1912년 초 영국 전함들을 지중해 기지에서 대서양 입구인 지브롤터 기지로 이동시키고, 고속순양함 한 척만을 몰타섬에 배치했다. 그 함의가 바로 인식되지는 않았지만, 이러한 함대 재배치는 오스만제국의 위협은 물론이고 이탈리아와 오스트리아 해군의 위협에 직면해 상황이 악화되면 이제 프랑스가 지중해 수호의 책임을 주로 떠맡게 된다는 것을 의미했다. 이를 위해 프랑스는 대서양 항구에 있는 함정들을 지중해로 옮겨야 했다. 프랑스는 곧 이를 행동에 옮겼고, 그 결과 영국이 프랑스의 대서양 해안과 핵심적인 영불해협의 교역로를 방어해줄 것이라고 기대할 수 있었다. 처칠은 1912년 8월 그레이에게 보낸 비망록에서 프랑스는 영국 해군이 없더라도 북아프리카 식민지 때문에 지중해에 집중해야 하지만, 영국이 전함을 철수시켰다는 사실은 전쟁이 발발하면 프랑스의 도덕적 입지를 강화할 것이라고 지적했다. 그는 "프랑스가 '귀국의 해군 당국의 조언과 조정에 따라 우리는 북부 해안을 방어 없이 방치했다'라고 말하면서 우리의 간섭을 강요하는 무기로 쓴다면 얼마나 끔찍할지 생각해보라"며 그레이를 촉구했다. 그의 결론은 아주 정확했다. "우리가 이익도 없고, 정확히 정의되지도 않은 동맹의 의무를 감당해야 한다는 사실을 아는 사람은 모두 느낄 것이다."[93]

동맹의 의무의 정확한 정의는 당연히 런던 주재 프랑스 대사 폴 캉봉과 프랑스 정부가 원하는 것이면서, 그레이와 영국 정부가 피하고 싶어하는 것이었다. 그레이가 아무리 행동의 자유를 유지하려고 했어도, 프랑스 육군과 영국 육군 사이에 진행된 대화로 이미 프랑스는 지상전에서 영국의 군사 지원에 의지할 수 있다고 생각하게 되었다. 양국 해군 간의 대화도 몇 년간 두서없이 진행되고 결론이 나지 않았지만 1912년 7월 영국 내각은 이 대화를 지속하도록 공식 재가함으로써 대화의 의미를 강화했다. 1913년 말, 영국과 프랑스 해군은 전쟁이 일어날 경우 몇 가지 협력을 하기로 합의했다. 영국 해군은 영불해협의 가장 좁은 지점인 도버 해협을 방어하고, 영국과 프랑스 해군은 나머지 지역에 대한 책임을 공유하기로 했다. 지중해에서는 프랑스 해군이 서쪽 절반을 순찰하고, 몰타섬에 기지를 두고 있는 영국 해군이 동쪽 절반을 담당하기로 했다. 양국 해군은 극동에서도 독일 해군에 맞서 협력하기로 했다. 상세한 작전 계획이 수립되었고, 특히 영불해협에 초점이 맞춰졌다.[94]

캉봉은 또한 영국과 프랑스 중 한쪽이 공격 위험에 처할 경우 양국이 협력할 것을 서면으로 약속하도록 그레이를 압박했다. 그는 동맹 또는 양국이 사실상 공동 행동을 취해야 하는 구속력 있는 합의가 아니라, 단지 양국의 협의를 확실히 해두자는 것이라고 그레이를 안심시켰다. 상황을 이전처럼 유지하고 싶었던 그레이는 프랑스를 안심시키는 무엇인가를 해야 하고, 그러지 않으면 영불협상이 와해될 수 있다는 것을 인정했다. 1912년 11월 내각의 동의를 얻고 그는 캉봉과 양해각서를 교환했다. 그레이는 프랑스에 보낸 전문에서 영국과 프랑스 육해군 전문가들의 대화를 언급하며, 영국이 행동을 취한다는 약속을 한 것은 아니라고 강조했다. 그는 그러나 위기 시 각국은 상대국의 무력 지원을 알고 있는 것이 중요하고, 그런 상황에서는 이미 세워둔 계획을 고려하는 것이 합리적이라고 주장했다. 그는 이렇게 적었다. "나는 만일 한 정부가 제3국의 부당한 공격을 예상할 중대한 이유가 있거나, 보편적 평화를 위협하는 일이 일어날 경우 양국 정부는 즉시 침략을 막고 평화를 지키기 위해 공동 행동을 취할지를 논의하고, 만일 그렇다면 어떤 조치를 함께 준비할지 논의해야 한다는 데 동의한다."[95]

그레이와 수상 애스퀴스는 전쟁 발발 직전까지 영국은 프랑스와 관련해서 완전한 행동의 자유를 유지하겠다고 계속 주장했다. 이 말은 기술적으로 맞지만 전체적으로는 맞지 않는 이야기였다. 육해군 대화가 오가는 가운데 영국군과 프랑스군은 전쟁이 발발하면 상대국의 지원군이 올 것이라고 확신하게 되었다. 궁정 조신으로 군사 전문가이자 뛰어난 막후 조정자인 이셔 경은 1913년 친구에게 다음과 같은 편지를 적어 보냈다. "물론 조약이나 협약은 없지만, 우리가 어떻게 총참모부의 약속에서 명예롭게 빠져나올 수 있을지 나는 이해할 수 없다. 모든 것이 꺼림직하다."⁹⁶ 10년에 걸친 육해군의 대화, 외교적 협력, 양국 대중의 영불협상 수용은 다음 위기가 발생할 경우 무시하기 힘든 다양한 연결망을 만들어놓았다. 프랑스와 영국 사이에 공식 합의는 없다는 서신이 왔을 때, 폴 캉봉은 그레이에게 다음과 같은 내용을 상기시켰다. "도덕적 '화친'만 있지만, 상황이 발생하고 양국 정부가 원하면 이것은 공식 '화친'으로 바뀔 수 있다."⁹⁷

그레이는 언제나 그랬듯이 뒤섞인 신호를 프랑스에 계속 보냈다. 1914년 4월 그는 자신의 첫 외국 방문으로(외무장관이 된 지 9년 만에) 조지 5세를 수행하여 파리를 방문함으로써 프랑스와의 관계에 중요성을 부여했다. 조지 5세도, 그레이도 외국 여행을 좋아하지 않았다. 그레이는 시력을 잃어간다는 것을 막 알게 되어 우울했다. 그는 그해 여름 독일의 전문가를 찾아갈 작정이었다.⁹⁸ 그러나 영국 방문단은 따뜻하고 좋은 날씨와 프랑스의 환대에 기분이 좋았다. 그레이는 영어를 못하는 푸앵카레와 단독 면담도 했다. "성령이 에드워드 그레이 경에게 내려와 그는 이제 프랑스어로 말한다!"⁹⁹ 폴 캉봉은 이렇게 말했다. 그레이는 영국 주재 오스트리아 대사와 독일 대사에게 대부분 시간을 관광으로 보냈고 프랑스와의 대화에 "공격적인 것은 전혀 없었다"고 안심시켰지만, 실제로는 프랑스의 압력에 굴복해 러시아와 해군 대화를 시작하는 데 동의했다.¹⁰⁰ 기자회견이 열렸을 때 그레이는 이 대화를 8월로 연기할 기회를 잡았다. 러시아와의 해군 합의는 없었지만, 독일은 발트해와 대서양으로부터 조율된 동시 공격을 크게 우려하면서 자국이 포위됐다는 생각을 더욱 강화했다.¹⁰¹

*

유럽 분할을 더 위험하게 만든 것은 강화된 군비 경쟁이었다. 이탈리아 외에 어느 강국도 1908년부터 1914년까지 전쟁을 수행하지 않았지만 강국들의 국방비 지출은 50퍼센트나 증가했다. (미국도 국방비 지출이 늘고 있었지만, 훨씬 적은 정도로 증가했다.)[102] 1912년부터 1914년 사이 진행된 발칸전쟁이 새로운 군비 경쟁을 촉발했다. 발칸 국가들과 강국들은 군사력을 강화하고, 성능이 크게 향상된 무기와 유럽의 경이로운 과학 기술이 생산하고 있는 잠수함, 기관총, 비행기 같은 새로운 무기에 대한 투자를 늘렸다. 강국 중에서도 독일과 러시아가 두드러졌다. 독일의 국방비 지출은 1911년 8800만 파운드에서 1913년 1억1800만 파운드로 증가했고, 러시아의 국방비 지출은 같은 기간 7400만 파운드에서 거의 1억1100만 파운드로 늘어났다.[103] 재정장관 등은 국방비 지출이 너무 많고 가속화되고 있으며, 감당할 수 없고, 대중의 소요를 초래할 것을 우려했다. 그러나 정치인들과 장군들은 군사력을 강화하느라 바쁜 적들보다 뒤처지는 데 대한 더 큰 두려움에 사로잡혀 점점 그들을 압박했다. 1914년 초, 빈의 군정보국이 올린 보고는 다음과 같았다. "그리스는 세 배로, 세르비아는 두 배로 군사력을 늘리고 있으며 루마니아, 심지어 불가리아와 몬테네그로도 군사력을 상당히 늘리고 있다."[104] 오스트리아-헝가리도 무장병력을 늘리는 새로운 군대 법안으로 이에 대응했다(독일이나 러시아보다 훨씬 적은 정도였지만). 독일의 육해군 법안, 프랑스의 3년 법안, 러시아의 대★프로그램, 늘어난 영국 해군 지출은 인지된 위협에 대한 대응이었지만, 상대국에게는 그렇게 보이지 않았다. 한쪽에서 방어적으로 보이는 것이 다른 쪽에서 보면 위협이었다. 그리고 대개 무기 생산자들의 지원을 받는 국내 로비그룹과 언론은 국가가 위험하다는 불안감을 고조시켰다. 해군을 더 지원해달라고 주장할 때마다 새로운 구실을 만드는 티르피츠는 1912년 해군 법안에 대한 새로운 근거를 제시했다. 독일은 지금까지 투자한 것을 낭비해서는 안 된다는 논리였다. "영국의 공격에 맞설 적절한 방어 기회가 없다면 우리 정책은 늘 영국에 대한 고려와 우리의 희생이 헛되었다는 것을 보여주게 될 것이다."[105]

자유주의자들과 좌파, 평화운동가들은 당시 군비 경쟁과 "죽음의 상인들(무기 제조·판매인)"을 공격했고, 1차대전 후 이것은 재앙을 가져온 가장 중요한 요인으로 지적되었다. 이러한 견해는 1차대전 참전에 대한 실망이 늘어난 1920년대와 1930년대 미국에서 특별한 반향을 일으켰다. 노스다코타 출신 상원의원 제럴드 나이는 1차대전 발발 당시 무기 제조업자들의 역할을 조사하는 특별위원회를 이끌며 "전쟁과 전쟁 준비는 국가적 명예나 국가 방어의 문제가 아니라 소수를 위한 이익의 문제였음을" 보여주겠다고 약속했다. 이 위원회는 10여 명의 증인을 채택했지만, 당연히 그런 사례를 증명할 수 없었다. 1차대전은 한 가지 원인에 의한 것이 아니라 여러 원인이 결합되어, 궁극적으로는 인간의 결정에 의해 일어난 사건이었다. 군비 경쟁이 한 일은 유럽에서 긴장의 수준을 높이고 정책결정자들에게 적보다 먼저 도발하도록 압박한 것이었다.

돌아보면 당시 정책결정자들은 역설적이게도 군사적 준비를 건전한 전쟁 억제책으로 보는 경향이 있었다. 1913년 파리 주재 영국 대사는 조지 5세를 예방한 자리에서 이렇게 말했다. "저는 국왕께 강국들 사이의 평화를 보장하는 최선의 방법은 강국들이 서로를 두려워하는 것이라고 말씀드리고자 합니다."[106] 억제는 상대가 무력을 쓸 준비가 되어 있다고 다른 쪽이 생각할 때만 효과가 있기 때문에, 너무 멀리 나가 우연히 충돌을 시작하거나 혹은 위협에 제대로 대처하지 않아 신뢰를 잃을 가능성은 항상 있다. 당시 국가들이 말하는 명예(오늘날 위신prestige이라고 하는 것)도 이러한 계산의 일부였다. 강대국들은 국익만큼이나 국격을 의식했고, 양보하거나 겁먹은 듯 보이는 것은 국격을 훼손할 수 있었다. 모로코 위기에서 영국과 프랑스가 독일을 물러나게 한 것이든, 발칸전쟁 중 러시아의 동원령이 오스트리아-헝가리를 압박해 세르비아를 내버려둔 것이든, 1914년 이전 10년 동안 일어난 사건들은 억제책이 작용한다는 것을 보여주는 듯했다. 당시 자주 사용되던 영어 단어가 독일어에 들어와 허세der Bluff라는 말이 되었다. 그러나 누군가 당신의 허세를 간파했을 때는 어떻게 해야 할까?

*

1차대전 이전 군비 경쟁은 또한 전쟁 시점을 숙고하게 했다. 만일 전쟁이 다가오고 있다면, 우위를 점하고 있을 때 싸우는 편이 나았다. 일부 예외는 있었지만 ― 이탈리아, 루마니아 또는 오스만제국 ― 유럽 국가들은 전쟁할 것임을 알았고, 스파이 활동 덕분에 대개 적군의 군사력과 계획을 잘 알고 있었다. 일례로 독일은 러시아 군대의 성장과 현대화, 철도 건설을 훤히 알고 있었다. 독일 총참모부는 1917년이 되면 러시아와 싸워 이길 수 없을 것이라고 계산했다. 병력이 크게 증강된 러시아의 동원은 독일보다 불과 3일 더 걸리게 되어 있었다(이에 대비하려면 독일은 동부 지역에 비용이 많이 드는 주요 철도를 부설해야 했다).[107] 카이저는 은행가 막스 바르부르크와 우울한 대화를 나누며, 빠르면 1916년에 러시아와 전쟁할 것으로 보았다. "초조함에 사로잡혀 카이저는 기다리기보다 선제공격하는 것이 낫지 않을까 고려하기까지 했다."[108] 서쪽을 보면, 독일은 1914년 7월 프랑스 상원이 공개적으로 비판하기 전에도 프랑스군의 중포 부족 같은 약점 또한 알고 있었다. 마지막으로 독일은 오스트리아-헝가리가 더 오래 존속할 수 없을까 우려했다. 이 모든 것을 고려해 독일 핵심 정책결정자들은 만일 싸워야 한다면 1914년이 좋은 시점이라는 결론을 내리게 되었다. (일본 군부도 1941년 미국과의 전쟁을 고려할 때 유사한 계산을 했다.) 독일은 시간이 부족하다고 생각한 반면 러시아와 프랑스는 상황이 자신들에게 유리하게 바뀌고 있다고 생각했고, 특히 프랑스는 기다릴 여유가 있다고 느꼈다.[109] 오스트리아-헝가리는 그리 자신만만하지 않았다. 1914년 3월 참모총장 콘라트는 한 동료에게 질문을 하나 던졌다. "프랑스와 러시아가 협공으로 우리를 침략할 때까지 기다려야 할까, 아니면 불가피한 충돌을 더 빨리 마무리하는 것이 바람직할까?"[110]

너무 많은 유럽인, 특히 콘라트처럼 군부와 정부의 상부 핵심 지위에 있는 사람들은 전쟁이 다가오길 기다리고 있었다. 러시아의 브루실로프Brusilov 장군은 1914년 여름 부인과 함께 서둘러 독일의 온천 휴양지로 갔다. "나는 세계대전이 1915년 일어날 것이라고 완전히 확신했다. 그래서 제때 귀국해 작전을 지휘하기 위해, 우리는 치료 겸

휴양을 늦추지 않기로 결정했다."¹¹¹ 공격력을 확신한 많은 사람들은 전쟁이 짧을 것이라며 안심했지만, 베트만홀베크나 몰트케 같은 사람들은 이런 전망에 대단히 비관적이었다. 1차 발칸전쟁의 여파 속에 러시아와 오스트리아-헝가리가 서로를 마주한 1913년 4월, 베트만홀베크는 제국의회에 나가 이렇게 경고했다. "각국에 가져올 불행과 파멸의 세계적 재앙이 얼마나 클지 아무도 상상할 수 없다."¹¹² 그러나 점점 그도 몰트케처럼 전쟁을 피할 수 없다고 느꼈다. 반면 그레이는 1차대전 직전까지도 전면전이 관련된 모두에게 재앙임을 알면 유럽 정치인들이 더 조심스러워질 것이라고 여전히 믿었다. "바로 이것이 1905년부터 지금까지 힘들었던 시기에 강대국들이 전쟁까지 밀어붙이는 것을 자제하게 만들지 않았는가?"¹¹³

전쟁 가능성이 커질수록 새로운 동맹을 찾는 것이 더욱 중요해졌다. 두 동맹의 지상군은 이제 균형을 이루어, 그리스와 벨기에 같은 약소국도 그 균형을 기울게 할 수 있었다. 그리스는 그런 처신을 현명하게 거부했지만, 카이저는 호엔촐레른가의 일원인 그리스 국왕이 때가 되면 옳은 결정을 내릴 것이라고 확신했다. 벨기에는 또다른 문제였다. 벨기에 왕을 끌어들이려는 카이저의 모든 무모한 시도는 벨기에로 하여금 가능한 한 자국의 중립을 수호하겠다는 결의를 강화하게 만들었다. 1913년 벨기에는 징병제를 도입하고 군대 규모를 늘렸다. 또한 군대를 재조직해 독일 국경에 접한 리에주의 요새를 강화하면서, 벨기에 중립을 보장한 국가들 중 그 약속을 위반할 가능성이 가장 높다고 생각하는 나라가 어느 나라인지를 분명히 보여주었다. 그러나 독일 군사 계획가들은 여전히 "초콜릿 병사들"의 저항을 고려하지 않았다.

　차지할 수 있는 또다른 핵심 지역은 여전히 발칸에 있었다. 오스만 제국은 독일 쪽으로 기우는 것처럼 보였다. 빌헬름 2세는 또다른 호엔촐레른가 출신 카롤 국왕이 있는 루마니아에도 희망을 걸었다. 더욱이 카롤 국왕은 독일, 오스트리아-헝가리와 비밀 합의를 맺은 상태였다. 오스트리아-헝가리는 카롤 국왕이 이 합의를 공개적으로 인정하지 않은 점을 더 의심했어야 했다. 베르히톨트가 "영리하고 신중한 민간 지도자"라고 표현한 카롤 국왕은 여론에 반하는 일을 하려고 하지 않았다. 헝가리인들이 루마니아인을 다루는 방식 때문에 루마니아 여론은 점점 이중제국에 적대적이었다. 헝가리 수상 티서는 이 문제를 인지하고, 루마니아인이 많이 거주하는 트란실바니아에 종교, 교육 같은 분야의 자치권을 주어 루마니아 민족주의자들을 달래려고 했지만 이런 조치는 헝가리 내의 루마니아인들에게 충분하지 않았고, 양측 협상은 1914년 2월 결렬되었다. 그러는 사이 러시아가 우호적 태도를 보였다. 1914년 6월 차르가 루마니아를 방문했고, 차르의 딸 하나를 루마니아 왕위 계승자와 약혼시키자는 논의도 있었다. 황제 가족을 수행한 사조노프는 루마니아와 오스트리아-헝가리 국경까지 여행했고, 트란실바니아로 몇 마일 들어가는 도발도 서슴지 않았다.

　베르히톨트는 자신이 2차 발칸전쟁으로 철천지원수가 된 불가리아와 루마니아 사이에 놓인 계란 위를 걷고 있다고 표현했지만, 불가리아를 3국동맹 쪽으로 끌어오려고 시도했다.[114] 여우 같은 불가리아 국왕 페르디난드를 혐오하는 빌헬름 2세의 강력한 반대에 부딪했지만, 베르히톨트는 1914년 6월 불가리아에 상당한 차관을 제공하도록 독일 정부를 설득했다. 베르히톨트의 노력은 결국 루마니아를 3국협상 쪽으로 몰았지만, 많은 경고 신호에도 불구하고 그는 1차 대전 직전까지도 카롤 국왕을 신뢰했다. 그러나 콘라트는 1913년 말 총참모부에 루마니아에 맞서 전쟁 계획을 준비하라고 지시했다. 그는 또한 몰트케에게 루마니아가 적국이 될 경우에 대비한 병력 증강도 요구했다. 몰트케는 항상 그렇듯이 약속하는 것을 조심스럽게 피했지만, 독일이 13~14개 사단을 동부에 배치할 가능성은 있었다. 콘라트는 최악의 경우 만일 독일과 오스트리아-헝가리 연합군(즉시 배치 가능한 48개 사단)이 90개 러시아군 사단과 루마니아와 세르비아 각각의 16.5개 사단, 몬테네그로의 5개 사단을 상대하게 되면, 3국협상 쪽이 총 128개 사단이 되어 2국동맹의 약 62개 사단보다 유리할 것이라고 예상했다. 그런 상황은 실제 일어날 것이었다.[115]

마지막 평화기에는 경계를 넘어 반대편으로 가려는 시도가 여전히 있었다. 러시아, 독일, 오스트리아-헝가리에는 세 보수 군주국의 동맹을 주장하는 사람들이 있었다. 1914년 2월 보수적 러시아 정치인이자 전 내무장관 페테르 두르노보Peter Durnovo는 장문의 비망록을 차르에게 제출하면서, 러시아가 프랑스와 독일 또는 영국과 독일의 싸움에서 멀리 떨어져 있어야 한다고 건의했다. 러시아는 독일과 좋은 관계를 유지하면 얻을 것이 많지만 모든 것을 잃을 수도 있었다. 유럽전쟁은 러일전쟁보다 러시아 사회를 더 동요시킬 것이었다. 그는 만일 러시아가 전쟁에 지면 "가장 극단적 형태의 사회 혁명"을 겪게 될 것이라고 예측했다.[116] 오스트리아-헝가리에서는 티서의 오랜 친구이자 빈의 상황을 관찰하는 임무를 부여받은 슈테펜 폰 부리안 Stephen von Burián 남작이 유럽에서의 양해와 흑해 해협에 대한 러시아와의 양해 수립 가능성을 제시했다. 그는 1914년 6월까지 거의 진전을 이루지 못했지만 낙관적 견해를 유지했다.[117]

*

화해를 위한 모든 노력 중 가장 중요하고 유럽을 전쟁에서 멀어지게 할 가능성이 큰 것은 독일과 영국의 접촉이었다. 1913년 여름, 가장 오랜 적국이라는 점을 극적으로 무시한 영국이 제국 건설을 열망하는 독일에게 포르투갈의 아프리카 식민지를 넘기겠다고 제안했다. 포르투갈 제국을 청산하는 조건이 합의되었지만, 1914년 여름까지 기다려야 서명이 이루어질 터였다. 영국과 독일은 베를린-바그다드 철도에 대한 합의도 이루었다. 영국은 이 철도 부설을 더이상 반대하지 않고, 독일은 해안을 포함한 바그다드 이남 지역에 대한 영국의 통제를 존중하기로 합의했다. 고무적인 발전이었지만, 더 나은 관계 수립의 열쇠는 늘 그랬듯이 해군력 경쟁이었다.

1912년 초 독일이 새로운 해군 법안을 준비하자, 영국은 양측의 대화를 제안했다. 영국 입장에서 독일 해군 예산 증가는 영국의 내해에 대한 용인할 수 없는 위협을 제기했지만, 애스퀴스 정부가 해군 비용 증가에 대한 의회의 동의를 얻기는 쉽지 않았다. 독일과 연줄이 좋은 영국 재정가 어니스트 캐슬Ernest Cassel 경은 1912년 1월 말 내각의 동의를 얻은 모종의 합의안을 가지고 독일을 방문했다. 그는 절친한 친구이자 조선사업가로서 해군력 경쟁을 끝내고 싶어하는 알베르트 발린Albert Ballin을 만났고, 베트만홀베크와 카이저와의 면담 자리에서 짧은 비망록을 전달했다. 여기에는 세 가지 제안이 담겨 있었다. 가장 중요한 첫 번째 제안은 독일이 영국의 해군력 우위를 인정하는 것이 영국제국에 꼭 필요하므로, 독일의 해군력 증강 프로그램은 동결되거나 철회되어야 한다는 것이었다. 그 보상이 되는 두 번째 제안은 영국이 독일의 식민지 획득을 도울 수 있다는 것이었다. 마지막으로 양국이 서로를 겨냥한 공격적 계획이나 동맹에 가담하지 않겠다고 약속하자는 제안이었다. 베트만홀베크는 기뻐하며 빌헬름 2세도 "거의 아이처럼 좋아했다"라고 캐슬에게 알렸다.[118] 독일은 영국이 정부 각료를 베를린으로 파견해 논의를 이어갈 것을 제안했다.

*

1912년 2월 5일 영국 내각은 독일에 보낼 사절로 전쟁장관 리처드 홀데인을 선택했다. 땅딸막하고 잘난 체하는 변호사였던 그는 젊은 시절 독일과 독일 철학에 매료되었고, 독일어를 능숙하게 구사했다. (이 점은 1차대전 중 그에게 감점 요인이 된다.) 그는 내각 내 매파에 속했고, 그레이와 특별히 가까워 집 한 채를 공유했다. 공식적으로 홀데인은 독일 교육제도를 시찰하러 간다고 했지만, 여행의 진정한 목적은 독일인들을 떠보고 처칠이나 그레이가 베를린과 맺고 싶어하는 합의를 추진하는 것이었다. 홀데인은 이틀 동안 베트만홀베크, 카이저, 티르피츠와 면담했다. 그는 티르피츠가 상대하기 힘들고, 카이저는 친근하며 — 빌헬름 2세는 자신의 청동 흉상을 선물했다 — 베트만홀베크는 진지하게 평화를 염원한다고 판단했다.[119]

양측의 생각이 너무 멀리 떨어져 있다는 것이 곧 분명해졌다. 영국은 해군력 경쟁을 끝내고 싶어했다. 독일은 영국이 유럽대륙에서 일어나는 어떤 전쟁에서든 중립을 지키겠다는 보장을 원했다. 이것은 물론 독일이 러시아와 프랑스를 상대할 때 자유재량을 주는 것이었다. 독일이 할 수 있는 최대치는 영국의 보장을 전제로 해군력 증강 속도를 늦추는 것이었다. 한편 영국이 약속할 수 있는 최대치는 독일이 공격당할 경우 중립을 지켜서 아무 책임도 지지 않는 것이었다. 빌헬름 2세는 이것을 영국의 오만으로 보고 격노했다. "나는 독일제국의 카이저이자 우리 군대의 총사령관으로서 그러한 견해는 우리의 명예와 양립할 수 없다고 보고 완전히 거부한다."[120] 홀데인이 런던에 돌아온 후에도 협상은 계속됐지만, 진전이 없다는 것이 분명해졌다.[121] 3월 12일 카이저는 영국을 혐오하는 황후에게서 더이상 영국에 굴종하지 말라는 이야기를 들은 뒤 새로운 해군 법안을 승인했다. 처음부터 협상을 강하게 반대했던 티르피츠는 그녀의 손에 입을 맞추고, 독일 국민의 이름으로 그녀에게 감사를 표했다.[122] 사전에 귀띔을 받지 못한 베트만홀베크는 사의를 표했지만, 빌헬름 2세는 그를 겁쟁이라고 강력히 비난하고 사의를 받아들이지 않았다. 베트만홀베크는 충성스럽게 계속 자리를 지켰다. 나중에 그는 빌헬름 2세가 간섭하지 않았다면 영국과 합의를 이룰 수 있었을 것이라고 슬프게 말했다.[123]

홀데인의 임무가 실패로 돌아간 뒤 처칠은 1912-3년 해군 예산안을 의회에 제출하면서 영국은 독일만을 상대로 해군력을 강화하고, 결정적 우위를 유지해야 한다고 공개적으로 말했다. 선의의 제스처이자 지출을 통제하려는 시도로 그는 양국이 전함 건조를 잠시 쉬는 해군 휴일도 제안했다. 이 제안을 그는 2년 동안 반복하게 된다. 그는 국방 지출의 큰 증가를 반대하는 자신의 정당 내 정치인들을 만족시키고 싶었고, 당시 해군 휴일은 세력 균형을 영국에 유리한 상태로 동결시킬 것임을 알았던 것 같다. 이 제안을 독일 지도자들은 즉각 거부했고, 영국 보수당도 이를 공격했다. 이 제안이 따뜻한 환영을 받은 유일한 국가는 미국이었다. 새로 대통령이 된 우드로 윌슨은 이 제안을 크게 환영했고, 미국 하원은 해군력 증강 동결을 위한 국제회의 개최를 요구했다. 1914년 윌슨은 자신이 가장 신뢰하는 수수께끼 같은 인물인 에드워드 하우스 대령을 유럽 각국 수도에 보내 미국이 해군 군비 축소 협상을 중재할 수 있는지를 알아보았다. 그는 5월 베를린에서 다음과 같은 보고를 올렸다. "상황이 위중하다. 군국주의가 미친 듯 날뛴다. 누군가가 당신을 위해 다른 양해를 만들어낼 수 없다면, 조만간 무서운 종말이 올 것이다."[124]

윌슨 정부의 국무장관 윌리엄 제닝스 브라이언도 여러 정부에 서한을 보내 1899년 시작된 헤이그 만국평화회의의 3차 회의를 1915년 가을에 개최하자고 제안했고, 1914년 많은 국가들이 회의 준비를 시작했다.[125] 국제 평화운동도 계속 활발히 전개되었다. 8월 2일 미국 자선가 앤드루 카네기가 지원하는 국제평화회의가 독일 도시 콘스탄츠에서 열릴 예정이었고, 국가 간 의회연맹은 그달 말 스톡홀름에서 회의를 개최할 예정이었다. 많은 평화주의자들은 전쟁이 점점 불가능해질 것으로 확신했지만, 한 베테랑 운동가는 우울한 전망을 했다. 베르타 폰 주트너는 일기에 이렇게 적었다. "상호 의심, 비방, 선동밖에 없다. 늘어나는 대포와, 폭탄 투하를 연습하는 비행기가 적절한 합창을 한다. 각국 전쟁부가 항상 더 많은 것을 요구하기 때문이다."[126] 그녀는 프란츠 페르디난트가 사라예보에서 암살되기 일주일 전 사망했다.

운명적인 그 사건이 다가왔을 때 유럽은 불안과 안일함이 묘하게 결합되어 있었다. 위대한 프랑스 사회주의자 조레스는 이렇게 지적했다. "유럽은 너무 오랫동안 많은 위기에 시달렸다. 유럽은 여러 번 전쟁 발발 없이 위험한 시험에 놓였다. 그래서 이제는 위협을 거의 믿지 않게 되었고, 끝나지 않는 발칸 분쟁의 전개를 관심과 불안이 줄어든 상태로 지켜보고 있다."[127] 정치가들은 과거에는 그럭저럭 위기를 넘겼다. 그들은 선제공격을 해야 한다는 장군들의 요청에 저항해왔다. 그들이 다시 그렇게 하지 못한 이유는 무엇일까?

18장

사라예보에서 일어난 암살

오스트리아 황위 후계자인 프란츠 페르디난트 황태자의 암살 후 오스트리아-헝가리와 세르비아의 대립은 다른 열강을 전쟁에 끌어들일 위험을 내포했다. 아마 암살 계획을 알았을 세르비아 정부는 러시아의 지원을 받아 오스트리아-헝가리에 과감히 맞섰다. 오스트리아-헝가리 제국의 독수리가 세르비아라는 닭을 공격하려고 준비하자, 러시아 곰이 왜소한 발칸 친구를 보호하기 위해 바위 뒤에 숨어 있다.

1914년 6월 28일은 일요일이었다. 날씨가 따뜻하고 해가 쨍쨍했다. 휴일을 즐기는 사람들은 유럽의 놀이시설, 공원, 해변으로 몰려갔다. 프랑스 대통령 푸앵카레는 부인과 함께 파리 바로 근교에 있는 롱샹 경마장에 있었다. 나중에 그가 일기에 적은 바에 따르면 관중은 행복하고 아무 걱정이 없어 보였다. 푸른 잔디가 펼쳐진 트랙은 아름다워 보였고, 시선을 끄는 우아한 여인도 많았다. 많은 유럽인에게 이미 여름휴가가 시작됐다. 유럽 각국의 내각, 외무부, 군사령부는 절반이 비었고, 관리들은 여기저기로 휴가를 떠났다. 오스트리아-헝가리 재상 베르히톨트는 모라비아에서 오리 사냥을 하고 있었다. 카이저 빌헬름 2세는 메테오르호를 타고 발트해의 연례 요트 경주에 참가하고 있었다. 독일군 총참모장 몰트케는 온천에 있었다. 이렇게 많은 핵심 인물들이 연락이 닿기 어렵거나, 너무 늦어버릴 때까지 사태를 충분히 심각하게 받아들이지 않았다. 이 때문에 막 터지려는 위기는 더 악화되었다.

푸앵카레가 대통령 특별관람석에서 외교단 손님들과 경기를 즐기고 있을 때, 프랑스 뉴스 통신 하바스에서 온 전보가 전달되었다. 오스트리아-헝가리 황태자 프란츠 페르디난트와 황태자비 조피가 오스트리아-헝가리가 최근에 획득한 보스니아의 수도 사라예보에서

막 암살되었다는 급보였다. 푸앵카레는 바로 오스트리아 대사에게 알렸고, 그는 하얗게 질려 즉시 대사관으로 달려갔다. 아래에서 경마가 계속되는 가운데 이 소식은 푸앵카레의 손님들에게 퍼졌다. 대부분은 이 사건이 유럽에 별 변화를 가져오지 않을 거라고 생각했지만, 루마니아 대사는 몹시 비관적이었다. 그가 생각하기에 오스트리아-헝가리는 이제 세르비아 공격의 구실을 갖게 된 것이었다.[1]

이후 5주 만에 유럽은 평화에서 총력전으로 옮아갔고, 처음에는 이탈리아와 오스만제국을 제외한 모든 강국이 참전했다. 지난 수십 년간 지도자들을 전쟁이나 평화로 밀어 넣었던 대중은 이제 사이드라인에서 기다렸다. 그러는 동안 유럽 주요 수도의 몇 안 되는 남자들이 운명적 결정을 내릴 준비를 했다. 각자 가진 배경과 시대의 산물로 권위와 명예 의식(이런 용어는 혼란스러운 시대에 자주 사용되었다)이 깊이 뿌리박힌 그들은 언제나 자신에게조차 분명하지 않은 전제로 결정을 내렸다. 그들은 또한 과거의 승패에 대한 자신의 기억과, 미래에 대한 희망과 두려움에 휘둘렸다.

*

유럽으로 순식간에 퍼져나간 암살 소식에 대한 반응은 푸앵카레의 귀빈석에서와 마찬가지로 무관심과 우려가 뒤섞여 있었다. 프란츠 페르디난트가 그리 좋아하지 않았던 빈에서는 인기 있는 프라터 공원의 승마와 오락 시설이 계속 운영되었다. 그러나 상류층은 후계자를 거듭 상실한 군주정의 앞날에 대해 절망하며, 이 사건에 책임이 있다고 널리 추정된 세르비아인을 새삼 증오했다. 독일의 대학도시

프라이부르크 시민들의 일기에 따르면 그들은 대부분 여름 추수나 휴가가 어찌될지, 저마다의 관심사를 깊이 생각하고 있었다. 아마 역사가여서 그랬겠지만 저명한 학자 프리드리히 마이네케의 반응은 달랐다. "갑자기 눈앞이 깜깜해졌다. 이건 전쟁을 뜻한다고 나는 혼자 중얼거렸다."[2] 암살 뉴스가 발트해의 킬에 도착하자 당국은 카이저의 요트를 찾으러 쾌속정을 보냈다. 프란츠 페르디난트를 친구로 생각한 빌헬름 2세는 큰 충격을 받았다. "요트 경주를 중단하는 게 낫겠지?" 그는 물었다. 그는 상황을 관리하고, 자신이 평화를 지향한다는 것을 보여주기 위해 바로 베를린에 돌아가기로 결정했다. 그러나 이후 며칠간 그는 자신의 새 요트 내부 장식에 대해 집중적으로 논의할 시간을 찾아냈다.[3] 킬에서는 즉시 깃발들을 반쯤 내려 조의를 표하고 남은 사교 행사를 취소했다. 친선 방문 중이던 영국 함대는 6월 30일 항구를 떠났다. 독일 측이 "좋은 항해가 되기를"이라고 신호를 보내자 영국 측은 "과거의 친구는 영원한 친구다"라고 응답했다.[4] 한 달 남짓 지난 시점에 양측은 전쟁에 돌입한다.

1차대전을 향한 여정의 마지막 단계로 유럽을 이끌 이 사건은 광적인 슬라브 민족주의자들과 청년보스니아당, 세르비아를 비밀리에 후원하는 세력의 소행이었다. 암살자들과 그들의 세력은 대개 이중제국과 세르비아의 소도시나 도시에서 공부하고 일하기 위해 고향을 떠난 세르비아와 크로아티아의 농촌 소년들이었다. 그들은 전통적 의복 대신 양복을 입고 구세대의 보수주의를 비난했지만, 현대세계가 당황스럽고 정신없다는 것을 알아챘다. 그들을 한 세기 뒤 알카에다 같은 이슬람 근본주의자들과 같은 극단적 집단과 비교하지 않을 수 없다. 후대의 광신주의자들과 마찬가지로 청년보스니아당은 대개 술과 성적 접촉 등을 경멸하는 굉장히 금욕적인 사람들이었다. 그들이 오스트리아-헝가리를 증오한 이유 중에는 오스트리아-헝가리 제국이 남슬라브 신민들을 타락시켰다는 점도 있었다. 청년보스니아당에 정규 직업을 가진 사람은 거의 없었다. 그들은 일상적으로 다투던 가족들의 지원에 의지했다. 그들은 얼마 되지 않는 소지품을 공유하고, 서로의 방바닥에서 잠자고, 싸구려 카페에서 커피 한 잔을 놓고 인생과 정치에 대해 토론하며 몇 시간을 보냈다.[5] 이상주의자였던 그들은 보스니아를 외국의 지배에서 해방시키고, 더 공평한 새 세상을 만들겠다고 열정적으로 맹세했다. 러시아의 위대한 혁명가나 무정부주의자들의 영향을 강하게 받은 청년보스니아당은 폭력을 통해서만 목적을 달성할 수 있으며, 필요하다면 목숨을 바쳐야 한다고 믿었다.[6]

암살 음모의 지도자는 보스니아에 거주하는 세르비아인으로, 성실한 농부의 가냘프고 내성적이며 예민한 아들인 가브릴로 프린치프였다. 시인이 되기를 갈망했던 프린치프는 눈에 띄는 성공을 못 하고 이 학교 저 학교를 전전했다. "어디에 가든 사람들은 나를 약골로 보았다. 나는 그렇지 않은데도 약한 사람인 척했다."[7] 6월 28일 체포된 다음 그는 경찰에게 이렇게 말했다. 1911년 그는 혁명 정치의 지하 세계에 들어갔다. 그는 공범자가 된 몇몇 친구들과 함께 늙은 황제든 그의 측근이든 주요 인물을 겨냥한 테러에 몸을 바쳤다. 1912년과 1913년 발칸전쟁에서 세르비아가 승리해 영토가 크게 확장되자 그들은 남슬라브인의 최종 승리가 멀지 않았다고 새삼 생각하게 되었다.[8]

세르비아 내에서는 청년보스니아당과 그들의 활동에 대한 상당한 지원이 있었다. 10년 넘게 세르비아 정부의 여러 부서는 오스만제국이든 오스트리아-헝가리든 세르비아의 적국에서 활동하는 준군사적·음모 조직들을 지원해왔다. 오늘날 이란이 레바논의 헤즈볼라를 지원하듯이 군대는 마케도니아 내 세르비아 무장 조직에 자금과 무기를 공급하고 보스니아로 무기를 반입했다. 세르비아인들의 자체 비밀결사도 있었다. 1903년 인기 없던 국왕 알렉산다르 오브레노비치와 그의 부인을 암살하고 페타르를 국왕으로 앉힌 장교들이 결사를 조직했다. 이후 여러 해 동안 새 국왕은 세르비아 내에서 상당한 영향력을 행사하고 해외에서 세르비아 민족주의를 고양하는 음모자들의 활동을 묵인하는 것이 편하다는 것을 깨달았다. 그들 중 핵심 인물은 매력적이고 무자비하며 사악하고 매우 강인한 드라구틴 디미트리예비치Dragutin Dimitrijević로, 늘 황소로 그려지는 이집트 신에서 따온 아피스Apis라는 별명을 가진 사람이었다. 아피스는 대세르비아라는 이상을 위해 자신과 가족, 친구들의 목숨을 바칠 준비가 되어 있었다. 1911년 그와 동료 음모자들은 정당한 수단이든 더러운 수단이든 가리지 않고 세르비아인 단결에 헌신할 흑수단을 조직했다.[9] 세르비아 이웃 국가들과의 충돌을 피하고 싶었던 수상 파쉬치는 이 결사의 존재를 알고, 이를테면 민족주의적인 군 장교들 중 더 위험한 일부 장교를 연금을 주고 퇴역시키는 방법으로 흑수단을 통제하려고 시도했다. 1914년 초여름 그와 아피스의 대결은 심각한 단계에 이르렀다. 6월 2일 파쉬치는 사임했지만 6월 11일 직무에 복귀했고, 프란츠 페르디난트가 보스니아 방문을 준비하던 6월 24일에는 의회가 해산됐고 늦여름 총선이 실시될 것이라고 발표했다. 그리고 페타르 국왕은 하야하고 아들 알렉산다르를 섭정으로 삼았다. 보스니아 음모자들이 6월 28일 황태자를 암살하려고 마지막 준비를 하고 있는 동안에도 오스트리아-헝가리를 전혀 자극하고 싶지 않았던 파쉬치는 자신의 정치적 생명을 위해 싸우고 있었지만, 흑수단을 제거하고 아피스를 무너뜨릴 수는 없었다.

프란츠 페르디난트의 방문이 임박했다는 소식이 그해 봄 초반에 널리 알려지자, 베오그라드에 있던 음모자 몇몇이 그를 암살하기로 결정했다. 그들에게 동조하는 세르비아군 내의 소령이 폭탄 여섯 개와 권총 네 정을 무기고에서 빼내어 제공했다. 5월 말 프린치프와 다른 두 명은 무기와 거사 수행 후 자살용으로 쓸 청산가리 캡슐을 소지한 채 이들에 동조하는 세르비아 관리들의 묵인하에 세르비아 국경을 통과해 보스니아로 들어왔다. 파쉬치는 무슨 일인지 눈치챘지만 아무것도 할 수 없었거나 뭔가를 할 의사가 없었다. 어찌됐든 손쓰기에는 너무 늦은 때였다. 음모자들은 사라예보에 무사히 도착해 현지 테러리스트들과 연결되었다. 이후 몇 주 동안 일부는 생각을 고쳐먹고 암살 시도를 연기하자고 주장했지만, 분명 프린치프는 그러지 않았다. "나는 암살을 연기하는 데 동의하지 않았다. 병적인 갈망이 내 안에서 깨어났기 때문이다."[10] 법정에서 그는 판사에게 이렇게 말했다.

그들의 거사는 오스트리아-헝가리인들의 무능과 오만으로 더 수월해진다. 몇 년 동안 남슬라브 민족주의자들이 오스트리아-헝가리에 맞서 음모를 꾸미고 있다는 소문이 돌았고, 고위 관리들과 심지어 황제의 목숨을 해치려는 실제 시도도 있었다. 빈 당국, 그리고 보스니아와 크로아티아 문제 지역의 당국은 민족주의적 학생, 결사, 신문을 면밀히 감시했다. 그러나 불과 6년 전 합병의 기억이 여전히 세르비아인들을 괴롭히던 그때, 합스부르크가 후계자의 보스니아 방문은 민족주의 감정에 불을 붙일 수밖에 없었다. 더구나 그는 언젠가 세르비아와 몬테네그로를 공격할 이중제국 군대의 훈련을 참관하러 오는 것이었다. 방문 시기는 하필 세르비아의 가장 성대한 민족 축제로 해마다 그들의 수호성인 성 비투스를 기리는 날이자, 1389년 6월 28일 코소보 전투에서 오스만 군대에 당한 최악의 패배를 기념하는 날과 맞물려 상황을 더 악화시켰다. 이 행사를 둘러싼 긴장에도 불구하고 황태자 방문 보안은 어설프기 짝이 없었다. 보스니아의 반동적이고 완고한 총독인 포티오레크 장군은 황태자가 위태롭다는 여러 곳에서 오는 경고를 무시했고, 군대로 사라예보 거리를 경비하는 것도 거부했다. 그는 보스니아를 평정, 통치하는 자신의 업적을 과시하고, 이중제국 다른 곳에서 늘 무시당하는 조피를 충만한 제국적 영예로 맞이함으로써 프란츠 페르디난트와 함께 입지를 다지고 싶었다. 황태자 방문을 준비하는 특별위원회는 어떤 와인을 대접하고, 식사 중 어떤 음악을 연주할 것인가와 같은 문제를 걱정하느라 대부분의 시간과 에너지를 허비하고 말았다.[11]

6월 23일 저녁 프란츠 페르디난트와 조피는 빈에서 트리에스테행 열차에 올라탔다. 출발 전 그는 보좌관의 부인에게 이렇게 말했다. "이런 일은 특별한 비밀이 아니오. 몇 발의 세르비아 총알이 나를 기다리고 있다 해도 놀라지 않을 것이오!" 그러나 그가 탄 객차의 전등이 깨지는 바람에 촛불을 켜야 해서 일부 사람들은 교회 지하 묘지 같다고 생각했다. 수요일 아침 황태자 일행은 비리부스 유니티스호 Viribus Unitis(단결된 힘이란 뜻)에 승선해 달마치아 해안을 따라 보스니아로 향했다. 일행은 다음날 육지에 상륙했고, 그날 묵을 사라예보 인근의 작은 휴양도시 일리자로 갔다. 그날 저녁 황태자 부부는 계획에는 없었지만 사라예보의 유명한 수공예품을 보러 급히 나갔다. 프린치프는 카펫 상점에 들어가는 황태자 부부를 지켜보던 군중 속에 있었을 것이다.

금요일과 토요일 황태자는 사라예보 남쪽 산악 지역에서 진행된 군사훈련을 참관했고, 황태자비는 현지 경치를 둘러보았다. 토요일 저녁 현지 고관들이 일리자에서 열린 만찬에 참석했다. 황태자 부부 암살 음모에 대한 경고 메시지를 보낸 사람 중 한 명인 크로아티아의 지도적 정치가 요시프 수나리츠Josip Sunaric가 소개되자, 황태자비는 유쾌하게 말했다. "보세요, 당신이 실수한 거예요. 당신이 늘 말하던 것과 정말 달라요. 우리는 시골 여러 곳을 다니며 예외 없이 세르비아 사람들을 만났는데 친절과 진심, 무한한 온정으로 환대받아 정말 행복해요." 그는 이렇게 대꾸했다. "내일 저녁에도 다시 뵙는 영예를 누린다면, 똑같은 말을 다시 하실 수 있길 신께 빌겠습니다. 그러면 큰 바위 같은 부담이 저의 가슴에서 떨어져 나갈 것입니다."[12] 그날 밤 황태자 일행은 다음날로 예정된 사라예보 방문을 취소할 것인가를 논의했지만, 그대로 강행하기로 결정했다.

6월 28일 일요일 아침 사라예보의 날씨는 화창했다. 황태자 부부는 기차에서 내려 당시 유럽에 몇 대밖에 없었던 오픈카에 올랐다. 황태자는 오스트리아 기병대 장군 복장인 푸른 상의에 깃털이 달린 모자 차림이었고, 황태자비는 붉은 띠만 빼고 온통 하얀 옷을 입고 있었다. 모두 일곱 명인 음모자들은 이미 방문 경로를 따라 군중 속에 숨어 있었다. 차량 행렬이 사라예보 중심가를 관통하는 아펠 부두를 따라 달릴 때, 젊은 네델코 차브리노비치Nedeljko Čabrinović가 황태자의 차에 폭탄을 던졌다. 후대의 자살 폭탄 테러범처럼 그는 거사 전에 가족과 친구들에게 작별 인사를 하며 소지품을 나누어주었다. 폭탄이 날아오는 것을 본 운전사는 속도를 높였고, 그 결과 폭탄은 다음 차량 밑에서 폭발해 탑승자와 구경꾼 몇 명이 부상을 입었다. 황태자는 보좌관을 보내 무슨 일이 일어났는지 알아본 다음 일정을 강행하기로 했다. 겁먹고 화난 일행이 찾아간 시청에서는 시장이 환영사를 하기 위해 기다리고 있었다. 황태자는 비틀거리며 안으로 들어가 답사를 꺼냈다. 그 종이는 직원 한 명이 흘린 피로 젖어 있었다. 곧 긴급회의가 열렸고, 병원으로 가서 부상자들을 위문하기로 결정되었다. 차량이 아펠 부두를 따라 속도를 내며 돌아갈 때, 보안 책임자와 사라예보 시장을 태운 차 두 대가 갑자기 우회전해 아주 좁은 길로 들어섰다. 황태자의 운전사가 뒤따르려는데, 사라예보 총독 포티오레크가 소리쳤다. "정지! 길을 잘못 들어섰다." 운전사가 브레이크를 밟으려는 순간, 기다리고 있던 프린치프가 달리는 자동차에 올라서서 황태자와 황태자비를 바로 앞에서 저격했다. 그녀는 황태자의 무릎에 쓰러졌다. "조피, 조피, 죽지 말아요. 애들을 위해 살아야 해요." 황태자는 소리친 뒤 의식을 잃었다. 두 사람은 총독의 궁전으로 옮겨져 사망을 선고받았다.[13] 총으로 자결하려던 프린치프는 구경꾼들에게 붙잡혔고, 동료 음모자들도 뒤늦게 나선 경찰에 검거되었다.

매력적인 작은 휴양지 이슐에는 황제가 좋아하는 별장이 있었다. 신하가 암살 소식을 가져오자 프란츠 요제프는 눈을 감고 잠시 침묵을 지켰다. 깊은 감정에 휩싸인 그의 첫 말은, 조피와 결혼해 그를 거역했을 뿐 아니라 합스부르크가의 명예를 훼손한 후계자와의 소원한 관계를 여실히 보여주었다. "무섭다! 전지전능한 신은 벌을 받지 않는 도전을 용납하지 않는다. … 내가 불행히도 유지할 수 없는 구질서를 하늘의 힘이 복구했도다."[14] 그는 더이상 말하지 않고, 빈으로 돌아가겠다는 명령을 내렸다. 그가 자신의 제국이 세르비아에 복수할 방법을 생각했는지는 알려지지 않았다. 과거에 그는 평화를 택했고 프란츠 페르디난트도 그를 지지했다. 유럽의 오랜 평화기의 마지막 몇 주간 자제를 조언했을 황제 측근 한 명이 이제 암살로 제거됐다. 건강이 무너지고 있던 여든세 살의 황제는 ― 그해 봄 그는 심하게 앓았다 ― 정부와 군부의 강경파들을 혼자 상대해야 했다.

7월 3일 빈에서 황태자와 황태자비 장례식이 조용히 치러졌다. 카이저는 요통이 도져 여행할 수 없다고 알려왔으나, 실제 이유는 카이저도 암살할 거라는 소문을 들었기 때문으로 보인다. 어찌됐든 이중제국은 외국 원수들은 장례식에 참석하지 말고 빈 주재 외국 대사들만 참석해달라고 요청했다. 죽은 후에도 이 불행한 부부는 엄격한 궁중 의전에 얽매였다. 황태자의 관이 더 컸고, 황태자비보다 더 높은 단에 올려졌다. 합스부르크 교회에서 진행된 장례식은 단 15분 진행되었고, 관은 영구차에 실려 기차역으로 향했다. 황태자는 부인이 합스부르크 묘지에서 자기 옆에 매장되지 못한다는 것을 오래전부터 알았기 때문에 오스트리아 저지대의 부부가 좋아하는 아르트스테텐

성에 같이 묻어달라고 말했었고, 두 사람은 지금도 그곳에 영면해 있다. 장례식이 치러지는 방식에 분개했다는 자발적인 표시로 황제의 대가문 가족들은 관을 따라 걸어서 기차역으로 갔다. 러시아 대사의 보고에 따르면 빈의 일반 시민들은 장례 행렬을 슬픔보다는 호기심으로 바라보았고, 프라터 공원의 회전목마도 즐겁게 계속 돌았다. 두 사람의 관은 기차에 실렸다가 바지선으로 옮겨져 다뉴브강을 건넜는데 너무 거센 폭풍우를 만나 강물에 침몰할 뻔했다.[15]

장례 전에 이미 오스트리아-헝가리에서는 묵과할 수 없는 세르비아의 도발에 어떻게 대응할 것인가에 대한 논의가 시작되었다. 2001년 9월 11일의 비극이 강경파에게 그들이 줄곧 주장하던 아프가니스탄과 이라크 침공을 부시 대통령과 블레어 총리에게 촉구할 기회를 준 것처럼, 사라예보 암살은 남슬라브인 문제를 완전히 처리하길 바라는 오스트리아-헝가리 사람들에게 문을 활짝 열어놓았다. 그것은 오스트리아-헝가리가 발칸 지역에서 지배권을 확립하고 제국 내 남슬라브인을 통제하는 첫 단계로서, 암살 배후로 널리 지목된 세르비아를 파괴하겠다는 뜻이었다. 민족주의적 언론은 세르비아와 남슬라브인을 사회진화론의 관점에서 오스트리아-헝가리의 영원한 적으로 묘사했다. 대표적인 보수 정치인이자 지식인인 요제프 레드리히Josef Redlich는 6월 28일 일기에 이렇게 적었다. "독일과 자매 관계를 맺고 있는 이 반反독일 군주정과, 광적 흡혈 욕망을 가진 발칸 민족주의 사이의 평화적 공존은 불가능하다는 것이 이제 모두에게 명백해졌다."[16] 프란츠 페르디난트의 사망을 애도하는 지배층도 복수를 얘기했고, 그의 정적들은 그가 전에 세르비아에 대한 전쟁을 막았던 것

을 차갑게 비난했다.[17]

 1908년 보스니아 위기 이후 전쟁을 주장해온 참모총장 콘라트는 자그레브에서 기차를 갈아탈 때 암살 뉴스를 들었다. 그는 즉시 애인 지나에게 전보를 적어 보냈다. 세르비아가 암살 배후인 것이 분명했고, 오스트리아-헝가리는 오래전에 세르비아를 처리했어야 했다. 이 중제국의 미래는 암울해 보인다고 그는 써나갔다. 러시아는 아마 세르비아를 지원할 테고, 루마니아도 적으로 간주되어야 했다. 그럼에도 전쟁이 일어날 것이라고 그는 지나에게 말했다. "가망 없는 투쟁이 되겠지만 전쟁을 해야만 하오. 그토록 오랜 군주정과 영광스러운 군대가 불명예스럽게 추락할 수 없기 때문이오." 베르히톨트의 회고에 따르면 다음날 빈의 총참모부와 수상에게 보낸 그의 메시지는 "전쟁, 전쟁, 전쟁"[18]뿐이었다. 콘라트로서는 외교적 해결을 위한 압박 수단으로 군대를 동원하는 것과 같은, 전쟁보다 덜한 무언가를 한다는 것은 말도 안 되었다. 발칸전쟁 중 그런 일이 일어났을 때 콘라트는 군대의 사기가 치명적으로 타격을 받았다고 베르히톨트에게 항의했다. "장애물 앞에서 세 번 돌아온 말은 뛰어넘기 전에 멈춰 다시는 장애물에 다가가지 않는다."[19] 그가 즐겨 했던 말이다. 7월 말 위기가 위험한 고비에 다다랐을 때, 콘라트는 외교적 목적으로 세르비아나 러시아에 부분적으로 군대를 동원하는 것에 강력히 반대했다. 그는 그레이와 다른 사람들이 제안할 베오그라드에서 진격을 멈추는 세르비아에 대한 제한적 전쟁도 고려하지 않았다.[20] 콘라트의 호전성은 전쟁장관 알렉산더 크로바틴과 보스니아의 포티오레크 등 동료 장군들의 지지를 두루 받았다. 포티오레크가 세르비아에 대한 복수에 단호했던 것은 황태자를 지키지 못한 자신의 실수에 대한 곤혹에 부분적으로 기인한 것이었다.

외무부, 특히 에렌탈과 그의 적극적인 외교정책을 존경해온 다수의 젊은 관리들 사이에서도 암살에 대한 강경한 대응을 선호하는 의견이 대세였다. 오스트리아-헝가리는 남쪽의 이웃 국가 오스만제국처럼 힘없는 국가로 사라지면 안 된다는 주장이 제기되었다. 이후 몇 주 동안 중요한 역할을 하게 될 알렉산더 호요스Aleksander Hoyos 백작은 레드리히에게 다음과 같이 말했다. "우리는 아직 결단할 수 있다! 우리는 병자가 되길 원치 않고 그렇게 되어서도 안 된다. 병자가 되느니 빨리 파괴되는 게 낫다."[21] 이후 몇 주 동안 참모들이 세르비아에 맞선 결단력 있고 신속한 행동을 베르히톨트에게 촉구했다. 사실 러시아가 이 문제에 개입할 수도 있었지만, 오스트리아-헝가리는 러시아가 더 강해지기 전에 지금 행동을 취하는 것이 나았다. 혹은 두 보수 군주정의 오랜 연대는 러시아를 방관하게 만들 수도 있었다. 당시 제기된 주장에는 이중제국의 국내 상황에 대한 언급도 있었다. 제국 내 남슬라브인들은 아직 정부를 지지하지만, 기다리는 것은 위험했다. 세르비아 프로파간다가 이미 그들 사이를 파고들고 있기 때문이었다.[22] 근거 없는 낙관적 태도로 외무부는 루마니아도 오스트리아-헝가리와 불가리아의 더 가까운 우호에 위협을 느껴 계속 제국에 충성하길 기대했다.[23]

무모하고 거만하며 호전적인 독일 대사 치르슈키도 자신의 주장을 더했다. 오스트리아-헝가리는 자신을 위해 일어나야 하고 세르비아에게 누가 주인인지 보여주자는 얘기였다. 베를린에서 그의 상관들이 정책을 결정하기도 전에, 치르슈키는 빈에서 만나는 모든 관리들에게 독일은 이중제국이 어떤 결정을 내리든 지원할 것이라고 장담했다. 그는 만일 오스트리아-헝가리가 또다시 약하게 보이면 독일은 다른 곳에서 동맹을 찾아야 할 것이라고 경고했다.[24] 베르히톨트는 사실 설득이 거의 필요 없었다. 그는 이전 위기 때는 전쟁에 반대했지만, 1913년 2차 발칸전쟁 종결 이후 오스트리아-헝가리가 언젠가 세르비아와 전쟁을 벌여야 할 것이라고 확신했다. 이제 그 시간이 온 것이다.[25] 7월 1일 베르히톨트는 충격을 받은 프란츠 요제프와 면담했고, 황제는 오스트리아-헝가리가 강대국의 진가를 다시 보여줘야 한다는 데 동의했다. "우리는 유럽에서 가장 보수적인 강국인데 이탈리아와 발칸 국가들의 팽창 정책으로 이런 곤경에 빠졌다."[26] 황제는 이렇게 말했다.

전쟁에 덤벼든 이들에 대한 진지한 반대는 헝가리인들, 특히 수상 티서에게서만 제기되었다. 그는 7월 1일 황제에게 오스트리아-헝가리는 약소국 세르비아가 유죄라는 것을 세계에 설득할 만큼 충분한 증거를 가지고 있지 못하다고 썼다. 이중제국의 국제적 입지도 이미 약해져 있었다. 루마니아는 비밀조약에도 불구하고 방관하지 않을 테고, 불가리아의 지원으로는 충분하지 않았다. 티서는 오스트리아-헝가리가 세르비아와의 평화적 해결을 위해 계속 노력해야 한다고 조언했다.[27] 이후 몇 주 동안 그는 전쟁파에 합류하라는 큰 압박에 시달리게 된다. 헝가리의 지원이 없으면 빈 정부는 행동에 나설 수 없기 때문이었다.

해결해야 할 또다른 문제는 오스트리아-헝가리의 동맹국 독일이 준비되어 있는 것이 무엇인가였다. 치르슈키로부터 받은 신호는 고무적이었고, 7월 1일 영향력 있는 독일 언론인으로 독일 외무장관 야고프와 가깝다고 알려진 빅토르 나우만Victor Naumann이 호요스를 찾아와 카이저는 제대로 설득하면 오스트리아-헝가리를 강력히 지원하고, 독일 여론도 그렇게 될 것이라고 말했다. 나우만은 "오스트리아-헝가리는 이번 기회를 이용하지 못하면 군주정과 강대국 지위가 끝장날 것"이라고 주장을 이어갔다.[28] 베르히톨트는 독일의 공식 정책이 어찌될지 결정적인 질문을 하기 위해 베를린을 직접 상대하기로 결정했다. 아마 우연의 일치는 아니었을 텐데, 그의 사절은 대표적인 강경파에다 독일에도 좋은 연줄이 있는(그의 여동생은 비스마르크의 아들과 결혼했다) 호요스였다. 이 임무를 알게 된 콘라트는 프란츠 요제프에게 이렇게 물었다. "독일이 우리 편이라는 답이 오면 우리는 세르비아와 전쟁에 들어가나요?" 늙은 황제는 "그럴 경우, 좋다"라고 대답했다.[29]

7월 4일 저녁 호요스는 발칸 상황에 대한 긴 비망록과 프란츠 요제프가 빌헬름 2세에게 보내는 서한을 가지고 떠났다. 두 문서 중 어느 것도 전쟁 결정에 대해 언급하지 않았지만, 호전적인 어조로 오스트리아-헝가리와 세르비아 사이에 이을 수 없는 간극과 이중제국이 적들이 치는 그물을 절단할 필요성 등을 언급했다. 요제프 황제가 빌헬름 2세에게 보낸 서한은 이렇게 결론지어졌다. "당신도 최근 보스니아에서 발생한 끔찍한 사건 후 우리를 세르비아와 갈라놓는 적대감의 해소는 더이상 생각할 수 없고, 베오그라드의 범죄적 선동의 용광로가 벌을 받지 않고 계속 불타는 한 유럽 군주정의 장기적인 평화 유지 정책이 위협을 받는다는 것을 확신하게 되었을 것이다."[30] 호요스는 베를린에 주재하고 있던 연로한 오스트리아-헝가리 대사 라디슬라우스 세체니-마리흐Ladislaus Szögyény-Marich에게 전하는 베르히톨트의 구두 메시지도 전했다. 지금이야말로 오스트리아-헝가리가 세르비아를 처리하기 좋은 때라는 내용이었다. 베를린에서 호요스는 이러한 훈령들을 넘어 오스트리아-헝가리가 세르비아를 정복, 분할할 것이라고 독일인들에게 말하고 다녔다.[31]

7월 5일 독일 외무부가 빈에서 온 메시지의 의미를 숙고하는 동안 세체니는 빌헬름 2세와 함께 점심을 먹었다. 빌헬름 2세는 문서를 다 읽고도 처음에는 시간을 끌었다. 너무 심각해서 수상 베트만홀베크와 상의해야 하는 상황이었다. 그러나 세체니 대사가 압박하자 빌헬름 2세는 조심성을 버렸다. 그는 프란츠 요제프가 독일의 전적인 지원을 기대해도 좋다고 약속했다. 오스트리아-헝가리가 세르비아, 러시아와 전쟁할 경우에도 독일은 동맹국 편에 서기로 한 것이다. 그날 오후 카이저는 뒤늦게 정부 관리들과 이 문제를 의논했다. 베트만홀베크는 오스트리아-헝가리와 한 약속에 찬성했고, 전쟁장관 팔켄하인은 군대는 싸울 준비가 되었다고 간명하게 말했다. 다음날 베트만홀베크는 세체니와 호요스에게 독일 지원을 다시 보장했다. 호요스는 임무 완수를 기뻐하며 빈으로 돌아왔다. 전쟁 후 그는 이렇게 회고했다. "당시 우리가 독일의 힘, 무적의 독일군을 얼마나 굳게 믿었는지는 지금 아무도 상상할 수 없을 것이다." 오스트리아-헝가리 정부는 세르비아를 무릎 꿇게 할 다음 조치에 들어갔다.[32]

암살 후 일주일이 지나 독일은 "백지수표"로 알려진 보장을 했고,

유럽은 전면전을 향한 거대한 걸음을 떼었다. 일부가 주장하듯 이러한 행보가 독일이 자신의 목적을 위해 그런 전쟁을 시작하기로 결단했다는 것을 의미하지는 않는다. 오히려 독일 지도자들은 전쟁 가능성을 기꺼이 받아들였다. 그 이유 중 하나는 만일 전쟁이 발발하면 당시 시점은 독일에 유리했고, 다른 이유는 오스트리아-헝가리가 계속 동맹국으로 남아야 하기 때문이었다. 전쟁과 평화 사이에서 결정할 힘을 가진 사람들로는 빌헬름 2세와 베트만홀베크가 있었다. 결국 그들은 전쟁이 독일에 더 나은 선택지라는 데 설득되었거나, 아니면 단지 자신에게 가해지는 압박과 전쟁을 원하는 사람들의 주장에 저항할 용기가 부족했다. 그리고 많은 유럽인과 마찬가지로 해결을 요하는 긴장과 위기에 지쳤을 것이다. 베트만홀베크가 개인 비서 쿠르트 리츨러에게 말했듯이, 어둠 속에 뛰어드는 것은 나름 매력적인 일이었다.[33]

독일의 행동은 이 마지막 평화기 독일의 친구들과 적들의 행동과 마찬가지로, 이전 수십 년과 지도자들의 사고 밑바닥에 깔린 전제의 맥락에서 이해되어야 한다. 결국 단 몇 사람 — 특히 베트만홀베크, 몰트케, 카이저 — 이 독일의 정책을 결정했다. 기회보다 위협을 보는 그들의 경향은 전쟁을 촉구한 참모들에게 영향을 끼쳤다. 그들은 국내 좌파를 두려워했고, 나라 밖을 보면 독일에 대한 포위가 이전보다 더 위협적이었다. 1914년이 되자 독일 군부는 두 전선에서 지상전을 치러야 한다는 것을 당연시했다. 5월 독일 병참 사령관 게오르크 폰 발더제Georg von Waldersee 장군은 독일은 동시에 공격할 가능성이 크며 점점 빠른 속도로 무장하는 결연한 적들을 상대해야 한다고 주장하는 비망록을 작성했다. 그는 독일 지도자들은 어떤 대가를 치르더라도 평화를 선택해서는 안 되며, 필요하면 모든 젊은이를 징집해 군대를 강화해서 언제라도 싸울 준비가 되어 있어야 한다고 주장했다.[34] 3국동맹이 약해진 반면 3국협상이 더 강해 보이는 것도 불길했다. 프랑스와 러시아의 군사동맹은 더 강화되었고, 이제 영국과 러시아도 확대된 군사 협력을 향해 움직이는 것처럼 보였다. 그해 여름 진행된 영국-러시아 해군 회담은 아무 성과도 없었지만, 독일의 두려움을 키웠다. 암살 다음날 베트만홀베크는 런던 주재 독일 대사 리히노프스키에게 영국 화물선이 러시아 병력을 독일의 발트해 연안으로 수송한다는 합의에 대한 믿을 만한 정보가 있다고 알렸다.[35] 일주일 뒤 오스트리아-헝가리가 독일에 "백지수표" 지원을 요청해 받아내자 베트만홀베크는 한 지도적 민족주의자 정치인에게 이렇게 말했다. "프랑스와 전쟁할 경우, 영국은 우리에게 맞서 마지막 사람까지 동원해 행군해 올 것이다."[36] 설상가상으로 독일과 오스트리아-헝가리는 다른 동맹국들을 믿을 수 없었다. 루마니아는 아마 동맹에서 이탈할 테고 이탈리아도 믿을 수 없었다. 사실, 이탈리아 참모총장 폴리오는 유능한 데다 독일, 오스트리아-헝가리에 적극 협력하려는 것처럼 보였지만, 그해 5월 발더제는 "그의 영향력이 얼마나 오래 지속될까?"라고 물었다. 이 질문에는 선견지명이 있었다. 폴리오는 사라예보 암살 당일 사망했고, 이탈리아 정부는 거의 7월 말까지 그의 후임자를 임명하지 못했다. 이탈리아가 기꺼이 동맹국들과 함께 싸울 것인가는, 이탈리아가 늘 그랬듯이 의구심을 불러왔다.[37]

독일 지도자들에게 가장 큰 악몽을 불러온 것은 동쪽에 있는 거대한 이웃 국가였다. 당시 퍼져 있던 사회진화론의 영향으로 많은 독일인들은 슬라브인, 특히 러시아인을 튜턴족의 자연적인 적으로 보았다. 빌헬름 2세만이 서쪽으로 몰려올 슬라브 야만족을 두려워한 것은 아니었다. 그는 오늘날 동유럽인이 영국 항구를 공격할 것을 우려하는 영국 우익 정치가들이나 멕시코인에 대해 유사한 염려를 하는 보수적 미국 공화당원들과 비슷한 발언을 자주 했다. "나는 슬라브인이 싫다." 그는 이중제국 안에 수많은 슬라브인이 거주하는 상황에서 눈치 없이 오스트리아-헝가리 무관에게 이렇게 말했다. "죄악이라는 것을 알지만 어쩔 수 없다." 그는 세르비아는 "돼지 군주정"이라고 즐겨 말했다. 발더제와 몰트케 같은 그의 고위 지휘관들은 독일인이 하나의 민족과 하나의 문화로서 존재 자체를 위해 싸울 절박한 필요성에 대해 종말론적으로 말했다. 그들은 1914년 봄과 초여름 육군 예산 증액을 위해 정부를 압박할 때 이러한 주장이 편리하다는 것을 알았다.[38]

*

되돌아보면 신기하게도 독일 지도부는 포위를 깨는 방법으로 전쟁 이외의 대안에 거의 주의를 기울이지 않았다. 베트만홀베크가 영국과의 화해를 희망한 것은 사실이지만, 2년 전 홀데인 특사의 임무가 실패한 후 화해는 점점 불가능해 보였다. 카이저는 때로 두 보수 군주정인 독일과 러시아의 동맹이 되살아나길 희망한다고 표현했으나, 그가 정말 그것이 가능하다고 믿었는지는 의심스럽다. 1914년 저명한 은행가 막스 바르부르크는 카이저와 나눈 대화를 다음과 같이 기록했다. "러시아의 군비 확충, 대대적인 철도 건설은 그의 생각으로는 1916년에 일어날 수 있는 전쟁에 대한 준비였다. … 불안에 휩싸여 카이저는 기다리느니 먼저 공격하는 것이 낫지 않을까 고려하기까지 했다."[39] 독일 지도부의 다른 사람들처럼 카이저는 러시아와의 충돌이 불가피하다고 생각하면서 예방전쟁을 심각하게 고려했다. 독일 외무부에는 야고프와 차관을 맡고 있던 치머만 등, 1914년 당시 외교·군사 상황이 독일에 특히 유리하다는 데 동의하고 주장하는 사람들이 많았다.[40] 그들은 비스마르크가 했던 그 유명한 말을 마땅히 기억했어야 했다. "예방전쟁은 죽음이 두려워 자살하는 것이나 마찬가지다."

최고위 군 지도부는 다른 것은 몰라도 민간인들보다 훨씬 더 심리적으로 전쟁 준비가 되어 있었다. 킬 운하 확장 공사는 거의 완성되어 7월 25일까지는 드레드노트급 전함이 북해와 발트해 사이를 안전하게 오갈 수 있게 될 예정이었다. 육군은 아직 병력 증강을 완수하지 못했지만, 러시아의 새 군사 계획도 이제 막 시작된 단계였다. 7월 3일 베를린에서 열린 프란츠 페르디난트 추도식에서 작센 대표는 발더제와 대화하게 되었다. 그는 발더제가 언제든 전쟁이 일어날 수 있다고 말했다고 작센 정부에 보고했다. 독일 총참모부는 준비되어 있었다. "나는 그들이 지금 당장 전쟁이 일어나면 정말 좋겠다고 생각한다는 인상을 받았다. 상황과 전망은 우리에게 더없이 좋았다."[41] 독일 군부 지도부가 확신하도록 도운 것은 모든 전략을 세워놓았다는 사실이었다. "슐리펜 계획으로 무장한 우리는 이웃 국가들과의 불가피한 무력 충돌을 조용히 기다리면 된다고 믿었다."[42] 독일 총참모부의 그뢰너 장군은 훗날 이렇게 적었다.

사라예보 사건이 일어나기 며칠 전 몰트케는 야고프에게 독일은 이길 가능성이 있을 때 러시아를 공격하는 것이 합리적일 거라고 말했다. 몰트케의 제안대로 야고프는 가까운 미래에 전쟁을 도발한다는 목적으로 외교정책을 수행해야 했다. 그 무렵 몰트케는 런던 대사관의 독일 외교관에게 이렇게 말했다. "상황이 어서 격화되었으면 한다. 우리는 준비되어 있다. 빠를수록 좋다."[43] 전쟁이 빠를수록 그에게도 좋았다. "전쟁이 다가오고 있다면, 내가 너무 늙어 제대로 대처할 수 없기 전에 일찍 발발하길 바란다."[44] 1차 발칸전쟁 중인 1912년 몰트케가 조카에게 한 말이다. 1914년 그의 건강은 무너지고 있는 듯 보였다. 그는 4월과 5월 사이 기관지염을 치료하느라 온천 휴양지 칼스바트에서 4주를 보내야 했고, 6월 28일 돌아가 요양 기간을 더 가졌다.[45] 그는 자신이 말한 것처럼 독일의 성공을 확신하지도 않았다. 그는 장기적으로 이어지는 전쟁의 위험성을 잘 알고 있었다. 1914년 5월 콘라트 폰 회첸도르프가 만일 독일이 프랑스에 빨리 승리하지 못하면 어떻게 할지 묻자 몰트케는 확답을 피했다. "글쎄요. 내가 할 수 있는 일을 할 것이오. 우리는 프랑스보다 우월하지 않소." 베트만홀베크는 영국이 중립을 선택하길 끝까지 희망한 반면, 몰트케는 영국이 프랑스 편에서 참전하는 것을 당연하게 여겼다. 그러나 그와 그의 동료들은 독일이 단기전으로 쉽게 프랑스, 러시아, 영국을 격파할 수 있다는 확신을 민간인들에게 퍼뜨렸다.[46]

1914년이 되자 오스트리아-헝가리와의 협력관계가 어느 때보다 독일에 중요해졌다. 야고프는 7월 18일 리히노프스키에게 솔직하게 다음과 같이 털어놓았다. "우리가 다뉴브강변의 무너져가는 국가들의 연합체에서 동맹을 찾는 것이 좋은 투자인가는 논쟁의 여지가 있다. 그러나 한 시인 — 부슈일 거라고 생각하는데 — 은 '더이상 친구를 좋아하지 않는다면, 다른 사람을 찾아보라. 다른 사람이 있다면'이라고 하지 않았던가."[47] 이런 상황은 국제관계에서 놀랄 정도로 자주 일어나는 것처럼, 오스트리아-헝가리에게 동맹을 주도할 더 강한 힘을 주었다. 1914년 독일 지도자들은 오스트리아-헝가리가 위험한 정책을 추구하더라도 동맹을 지원하는 것 외에 다른 선택지가 없다는 것을 깨달았다. 미국이 오늘날 이스라엘이나 파키스탄을 계속 지원하는 것과 흡사한 상황이었다. 결정적으로 이전 위기 때 오스트리아-헝가리를 자제하게 만들었던 베트만홀베크가 이제 독일은 동맹국이 무슨 선택을 하건 지원해야 한다는 것을 받아들였다. "우리는 발칸 지역에서 오스트리아가 취하는 모든 행동으로 오랜 딜레마에 직면했다. 만일 우리가 그들에게 행동을 취하라고 조언하면 그들은 강요당했다고 말할 것이고, 우리가 반대하면 우리가 그들을 버렸다고 말할 것이다. 그러면 그들은 두 팔을 벌리고 기다리고 있는 서방 강국들에게 다가갈 것이고, 우리는 마지막 강력한 동맹국을 잃게 될 것이다."[48] 베트만홀베크는 자신의 부담을 자주 덜어주었던 수상 리츨러에게 이렇게 털어놓았다.

1914년 7월 위기가 지속된 몇 주 동안 베트만홀베크는 특히 우울했다. 사랑하는 부인 마르타가 중병을 앓다가 5월 11일 사망했기 때문이었다. "과거였던 것과 미래가 될 것, 우리의 평범한 생활과 연관된 모든 것이 이제 죽음으로 파괴되었다."[49] 그는 전임자 뷜로에게 이렇게 적어 보냈다. 리츨러는 위기가 지속된 몇 주간 베트만홀베크와 나눈 대화를 일기에 기록했다. 베트만홀베크가 오스트리아-헝가리 지원에 백지수표를 보낸 다음날인 7월 7일, 두 사람은 베를린 동쪽 호헨피노프에 있는 베트만홀베크의 오래된 성에서 여름 밤하늘 아래 늦도록 대화를 나누었다. 리츨러는 세계와 독일의 상태를 통탄하는 베트만홀베크의 비관주의에 충격을 받았다. 베트만홀베크가 느끼기에 독일 사회는 도덕적, 지적으로 쇠퇴하고 있고 기존 정치·사회 질서는 스스로 재생할 수 없어 보였다. 그는 슬픈 어조로 이렇게 말했다. "모든 게 너무 낡아버렸다." 미래도 암울해 보였다. 점점 중압감을 주는 러시아는 여전히 더 강해질 테고, 오스트리아-헝가리는 더이상 동맹국으로서 독일과 함께 싸울 수 없는 지경으로 쇠퇴한 것 같았다. (전에 베트만홀베크가 자신의 영지에 더이상 나무를 심지 않기로 결정한 것을 기억하라. 몇 년 안에 러시아가 동부 독일 지역을 밟고 들어올 것이라고 생각했기 때문이었다.)[50]

베트만홀베크와 같은 독일 핵심 지도자들은 프리츠 피셔 같은 독일 역사가들이 비난하는 것처럼 의도적으로 1차대전을 일으키지는 않았을 수 있다. 그러나 전쟁을 당연한 것, 심지어 바람직한 것으로 받아들이고, 오스트리아-헝가리에 백지수표를 주고, 독일이 두 전선에서 싸울 수밖에 없는 전쟁 계획을 고수함으로써 독일 지도자들은 전쟁 발발을 허용했다. 점점 긴장이 고조된 마지막 몇 주 동안 때로 그들은 자신들이 저지르고 있는 일의 심각성을 파악하는 것 같았고, 가장 비현실적인 시나리오에서 위안을 찾았다. 베트만홀베크는 만일 오스트리아-헝가리가 신속하게 세르비아를 처리하면 3국협상이 수용할 것이라고 리츨러에게 말했다. 아니면 독일과 영국이 함께 나서서 — 결국 그들은 발칸전쟁에서 그렇게 했었다 — 오스트리아-헝가리가 관여된 전쟁에 다른 강대국들을 끌어들이지 않게 할 것이었다. 이 마지막 가정을 야고프는 "실현되기 힘든 희망의 범주"에 넣었다.[51] 그러나 외무장관 야고프도 이를테면 7월 18일 리히노프스키에게 "모든 것을 고려하면, 러시아는 현재 전쟁 준비가 되어 있지 않다"라고 썼듯이 희망적 생각에 빠져버렸다. 러시아의 동맹 영국과 프랑스는 정말 러시아 편에서 참전하고 싶었을까? 그레이는 늘 유럽의 세력 균형을 유지하길 바랐지만, 만일 러시아가 오스트리아-헝가리를 파괴하고 독일을 패배시키면 유럽에 새로운 패권적 통치자가 나타나는 셈이었다. 프랑스도 아직 싸울 준비가 안 되었다. 3년 군 복무를 둘러싸고 분열을 초래했던 싸움이 가을에 재개될 수 있었고, 프랑스군의 장비와 훈련이 상당히 부족하다는 사실도 잘 알려져 있었다. 7월 13일 프랑스 상원에서 프랑스의 중포 부족 등 상세한 정보가 추가로 폭로되었다. 이에 독일은 프랑스가 가까운 장래에 싸울 가능성이 없고, 러시아는 프랑스를 신뢰할 수 없다고 결론지을 것으로 생각했다. 운이 좋으면 3국협상이 와해될 수도 있었다.[52]

더 낙관적으로 독일 지도자들은 만일 전쟁이 벌어지더라도 발칸 지역에 한정할 수 있길 바랐다. 아니면 군사력 위협만으로 승리할 수 있을지도 모를 일이었다. 보스니아 위기 때는 결국 러시아를 겨냥한 공갈이 효과를 거두어, 러시아가 오스트리아-헝가리의 전쟁 준비 강화와 독일의 최후통첩 앞에서 뒤로 물러났다. 공갈은 발칸전쟁 때도 오스트리아-헝가리가 세르비아와 몬테네그로를 스쿠타리에서 철수하게 하고, 러시아가 방관을 택하게 만들었다. 세르비아와 그 후원국인 러시아는 이번에도 결연한 2국동맹 앞에서 다시 한번 뒤로 물러날 수 있었다. 베트만홀베크의 공보 책임자 오토 함만Otto Hammann은 1914년 10월 이렇게 말했다. "우리는 전쟁 없이 러시아에 치욕을 안겨주길 바랐다. 그랬다면 멋진 성공이 되었을 것이다."[53]

독일 지도자들이 평화를 추구하기로 결심할 가능성이 희박해지게 만든 것은 그들이 약하고 남자답지 않게 보이고, 자신들의 명예와 독일의 명예를 수호하지 못하면 어쩌나 하는 두려움이었다. 야고프는 이렇게 말했다. "예방전쟁을 바라지 않지만, 우리가 싸우도록 부름을 받는다면 우리는 그것을 피해서는 안 된다."[54] 독일이 전쟁할지 말지에 대한 최종 결정권을 가진 카이저는 전에도 자주 그랬던 것처럼 평화가 지켜질 수 있다고 희망하는 것과 가장 호전적인 감정을 내뱉는 것 사이에서 갈팡질팡했다. "세르비아인은 없어져야 한다. 그것도 당장!" 그는 6월 30일 서류 여백에 이렇게 휘갈겨 썼다.[55] 거의 한 세기 후 아버지가 기회 있을 때 사담 후세인을 없애버리지 않았다고 비난한 아들 조지 부시 대통령처럼, 빌헬름 2세는 언제나 자신을 유약하고 우유부단했던 아버지와 구별하고 싶어했다. 빌헬름 2세는 독일의 최고 군사 지도자라는 데 큰 자부심을 가졌지만, 군 장교들을 비롯한 많은 신민들이 이전 위기 때 독일이 형편없게 보인 것에 대한 책임을 자신에게 묻는다는 것을 알고 있었다. 그는 재위 기간 내내 평화를 위해 애써왔다고 주장했지만, "평화의 황제"라는 별칭에 기분이 상했다. 백지수표가 부여된 직후인 7월 6일 친구이자 산업가인 구스타프 크루프 폰 볼렌 운트 할바흐Gustav Krupp von Bohlen und Halbach와 대화하며 카이저는 오스트리아-헝가리가 세르비아에 맞서 행동을 취할 작정임을 알고 자신이 그렇게 약속한 것이라고 말했다. "이번에 나는 물러나지 않을 것이다." 그는 세 번이나 이렇게 말했다. 크루프는 친구에게 보낸 편지에 다음과 같이 적었다. "이번에는 아무도 자신을 우유부단하다고 비난하지 못할 것이라는 황제의 거듭된 장담은 오히려 더 우스꽝스러웠다."[56] 베트만홀베크는 독일이 적들 앞에서 물러나는 것은 스스로 거세하는 것과 같다고 말하면서 가장 적나라한 표현을 사용했다.[57] 이러한 태도는 부분적으로는 독일 지도자들의 사회적 계급과 그들이 살았던 시대의 산물이었지만, 같은 계급 출신인 비스마르크는 자신의 선택으로 그런 경향을 거부할 정도로 충분히 강인했다. 그는 결코 자신에게 전쟁을 강요하도록 허용하지 않았다. 후임자들이 비스마르크 같은 인물이 되지 못한 것은 독일의 비극이자 유럽의 비극이었다.

독일 지도부는 일단 오스트리아-헝가리를 지원하기로 결정하고, 유럽의 여론이 아직 충격을 받은 상태로 동정적일 때 동맹국이 빨리 움직이기를 기대했다. 독일인들이 빈에 자주 상기시켰듯이, 세르비아가 잘못했음을 확실히 해두는 것도 국내적 이유 때문에 중요했다. (적대 행위가 발발하기 직전까지 독일 지도자들은 노동계급과 노동조합 지도자들, 사회민주당이 늘상 그래왔듯 전쟁에 반대할까봐 두려워했다.) 세르비아가 항복하지 않을 경우 짧은 승전을 속히 수행하겠다는, 빈에서 베오그라드로 보낸 최후통첩은 다른 강대국들이 개입하기에는 이미 늦은 시점이 되도록 만들 것이었다.

독일은 빈 당국을 서두르게 만드는 것은 불가능함을 알게 되었다.

소화불량에 걸린 거대한 해파리처럼 이중제국은 나름의 웅장하고 복잡한 속도로 움직였다. 군대는 많은 병사들을 추수 휴가에 내보내 그들은 7월 25일에야 복귀해 군복을 입을 수 있었다. 그 정책을 편 콘라트는 독일 무관에게 이렇게 말했다. "우리는 무엇보다 농업 국가다. 추수한 결과물로 1년을 살아야 한다." 만일 그가 병사들을 조기에 복귀시키면 철도에 혼란을 일으키고, 더 나쁘게는 뭔가가 일어났다고 유럽 나머지 지역을 놀라게 할 수 있었다. 기다려야 한다는 또다른 논거도 있었는데 그것은 프랑스 대통령 푸앵카레와 외교관계를 책임지고 있던 수상 비비아니가 7월 23일까지 러시아를 국빈 방문한다는 사실이었다. 그들은 일단 배에 올라타 프랑스로 귀국길에 오르면 통신이 여의치 않게 되어, 며칠간 최후통첩에 어떻게 대응할지 러시아와 의견을 조율하는 데 어려움을 겪을 수밖에 없었다. 이러한 지연으로 오스트리아-헝가리는 값비싼 대가를 치렀다. 암살 사건부터 최후통첩 제시까지 거의 4주간 오스트리아-헝가리에 대한 유럽의 동정적 여론 대부분이 사라졌고, 자연적 반응으로 보였을 것이 냉혈적인 권력 정치로 보이게 되었다.[58]

오스트리아-헝가리가 꾸물거린 가장 중요한 이유는 티서였다. 티서는 여전히 세르비아에 대한 강경 노선이 옳다는 확신이 없었다. 7월 1일 프란츠 요제프 황제에게 보낸 편지에서 그는 결과가 어떻든 전쟁이 가져올 타격을 우려했다. 즉 패배는 많은 영토의 상실이나 헝가리의 종말로 이어질 수 있고, 승리는 세르비아 병합으로 이중제국 내 남슬라브 요소가 너무 강해지는 결과를 가져올 수 있었다.[59] 7월 7일 오스트리아-헝가리 전체를 책임지는 유일한 기구인 공동내각평의회가 빈에서 소집되었다. 동료 장관들이 세르비아를 어떻게 격파할지와 전쟁이 끝나면 무슨 일을 할지를 논의하는 가운데 티서는 자신이 고립되었음을 깨달았다. 베르히톨트와 전쟁장관 크로바틴은 먼저 세르비아에 외교적 승리를 거두도록 노력하자는 헝가리의 주장을 무시했다. 베르히톨트는 과거에는 그런 성공을 거두었지만, 세르비아는 자신들의 노선을 바꾸지 않고 대세르비아를 목표로 선동을 계속해왔다고 말했다. 세르비아를 다룰 유일한 방법은 무력을 쓰는 것이었다. 발칸 지역에서 일어난 이전 위기 때 강경 노선을 주장했던 오스트리아 수상 슈튀르크Stürgkh는 "칼을 들이댄 해결"을 주장했다. 그는 결정은 오스트리아-헝가리에 달렸지만, 독일이 충실하게 지원할 것임을 아는 것이 큰 위안이 된다고 말했다. 콘라트는 내각 각료는 아니었지만 자신이 가능하다고 생각하는 상황, 즉 러시아가 세르비아 방어를 위해 나설 경우 무슨 일이 일어날지 논의하기 위해 회의에 참석했다. 티서를 제외한 모든 사람은 최후통첩에 담긴 요구를 세르비아가 거부할 수밖에 없게 만들어 오스트리아-헝가리가 전쟁할 명분을 만들어야 한다고 주장했다. 티서는 최후통첩이 강경해야 한다는 데는 동의했지만, 최후통첩을 보내기 전에 그 조건을 보게 해달라고 요구했다.[60]

*

다음주 티서는 동료들로부터 거센 압박을 받았고, 독일의 간접적 압박도 받았다. 티서가 보기에 "우리 전체 정책의 주춧돌인" 독일과의 동맹은 오스트리아-헝가리의 강대국 지위 유지에 필수적이었고, 그에게는 헝가리의 지위가 훨씬 중요했다. 그는 동료들에 비해 세르비아에 덜 적대적이지도 않았다. 오히려 그는 전술에서 이견을 보인 것이었다. 그는 또한 루마니아가 중립으로 남을 것으로 확신한 듯 보였고(카롤 국왕은 프란츠 요제프 황제에게 안심하라는 온건한 편지를 보냈다), 베를린이 차관을 약속했으니 이제 불가리아를 3국동맹으로 끌어들일 수 있다고 보았다. 7월 14일 베르히톨트와의 회동에서 티서는 양보하여 48시간 시한의 엄중한 최후통첩을 세르비아에 보내는 데 동의했다. 만일 세르비아가 최후통첩에 순응하지 않으면 전쟁을 하게 될 것이었다. 그가 얻은 하나의 양보는 오스트리아-헝가리가 전쟁이 끝난 후 세르비아의 영토를 점령할 의도가 없음을 분명히 밝히는 것이었다.[61]

그날 오후 늦게 그는 독일 대사 치르슈키와 면담을 가졌고, 대사는 그 내용을 베를린에 보고했다. 티서는 과거에는 조심하라고 주장했었지만, 이중제국이 아직도 중요하다는 것을 보여주고 "남동부에서 용인할 수 없는 상황을 종결시키기 위해"(치르슈키가 강조함) 이제 행동을 취해야 한다는 확신이 나날이 강해졌다고 주장했다. 오스트리아-헝가리는 더이상 세르비아에서 오는 모욕적 언어를 참을 수 없었다. 이제 행동할 시간이 되었다고 티서는 느꼈다. "최후통첩은 수용할 가능성을 사실상 배제하고 작성되었다." 최후통첩 시한이 지나자마자 세르비아에 맞선 오스트리아-헝가리의 동원령이 발령될 예정이었다. 치르슈키가 자리를 떠날 때 티서는 그의 손을 잡고 이렇게 말했다. "이제 우리는 함께 미래를 차분하고 확고하게 정면으로 바라볼 것입니다." 빌헬름 2세는 찬성하며 이 보고서 여백에 다음과 같이 적었다. "좋아, 드디어 진정한 남자가 되는 거야!"[62]

최후통첩의 주요 윤곽은 이미 7월 둘째 주에 잡혔다. 여기에는 민족주의 장교들을 세르비아군에서 해임하고, 민족주의 결사를 해산할 것을 요구하는 내용이 포함되어 있었다. 세르비아 국왕은 자국이 더 이상 대세르비아를 지향하지 않는다는 공개적 선언문을 발표해야 했다. 세르비아가 이러한 사항과 여타 조건을 준수하도록 오스트리아-헝가리는 베오그라드에 특별 기구를 설치할 예정이었다. 이러한 조건은 독립국이 받아들이기에 극도로 힘든 것이었고, 오스트리아-헝가리 관리들이 세르비아가 오스트리아-헝가리에 대항하는 음모를 수년간 꾸며왔음을 입증하는 서류를 만들어내면서 훨씬 더 엄격해질 예정이었다. 자신들의 주장을 강화하기 위해 외무부는 법률 자문관을 세르비아에 파견해 암살 사건을 조사했다. 불행하게도 그는 세르비아 정부가 배후에 있다는 증거를 찾아내지 못했다. 그 서류는 결국 많은 오류가 있음이 밝혀졌고, 제시간에 끝나지 않아 최후통첩 사본과 함께 강대국들에게 전달되지도 못했다. 그 결과 러시아는 암살 사건에 전혀 책임이 없다는 세르비아 정부의 주장을 그대로 믿었고, 프랑스와 영국은 오스트리아-헝가리가 그 사건을 입증하지 못했다는 것을 알아챘다.[63]

빈에서는 치열한 활동이 막후에서 벌어졌지만, 정부는 평소와 같은 업무라는 인상을 주려고 최선을 다했다. 빈과 부다페스트에서 발행되는 신문들은 세르비아 문제에 대한 어조를 부드럽게 할 것을 요청받았다. 치르슈키가 베를린에 보고한 바에 따르면 베르히톨트는 걱정될 만한 문제를 일으키지 않기 위해 콘라트와 전쟁장관을 여름

휴가 보냈다. (요트 여행에서 돌아온 카이저는 "애들 장난 같군!"이라고 적었지만, 정부가 같은 이유로 자신을 이 일에서 배제하고 싶어한다고 의심하지는 않았다.)[64] 그럼에도 오스트리아-헝가리가 세르비아에 대해 뭔가 심각한 일을 계획 중이라는 소문이 돌기 시작했다. 로마 주재 독일 대사는 이탈리아 외무장관에게 백지수표 등에 대해 말했고, 외무장관 산 줄리아노는 러시아가 이탈리아의 외교 암호를 해독했다는 것을 모르고 이 사실을 상트페테르부르크와 베오그라드 주재 자국 대사들에게 알렸다.[65] 빈 주재 러시아 대사는 오스트리아-헝가리가 어떤 일을 하려는지 물었지만, 조사가 끝날 때까지 기다리겠다는 말에 안심하고 세르비아에 최후통첩이 전달되기 이틀 전 휴가를 떠났다.[66] 7월 17일 영국 대사는 런던에 다음과 같이 보고했다. "빈의 언론은 한 가지 주제만 다루고 있고, 알바니아에서도 소문이 들끓고 있다. 언제 세르비아에 항의가 전달될 것이고, 거기에 무엇이 담길 것인가? 항의가 있을 것을 의심하지 않는 사람은 아무도 없다. 아마 세르비아에 치욕을 안길 요구가 함께 제기될 것이다." 외무부에서는 "불길한 침묵"을 지켰지만, 그는 확실한 소식통으로부터 세르비아가 즉시 굴복하지 않으면 오스트리아-헝가리가 무력을 사용할 것이고, 독일이 틀림없이 지원할 것이라는 정보를 얻었다. 그는 다음과 같은 추신을 덧붙였다. "이제 막 베르히톨트와 대화를 나누었다. 매력적인 그는 다음 일요일 우리 시골 지역을 방문할 것이라면서, 에렌탈과 이즈볼스키의 유명한 회담 장소인 부흘라우에 함께 머물자고 우리를 초대했다. 곧 그는 경마 경기에 나갈 몇 마리 말을 갖고 있다고 말했지만, 정치나 세르비아에 대해서는 절대 언급하지 않았다."[67]

독일 정부가 보여준 차분한 여름 분위기도 아마 의도적이었을 것이다. 훗날 역사학자들은 독일이 전쟁 고려 중이라는 의심을 없애기 위해 그랬을 것이라고 주장했다. 야고프는 7월 첫 주 신혼여행을 마치고 베를린으로 돌아왔지만 카이저는 평소처럼 북해 항해에 나섰고, 고위 민간·군부 관리 대부분은 휴가 중이었다. 총참모부는 통상적인 평화 시기 일정을 이어나갔다. 장인의 영지에 머물고 있던 발더제는 7월 17일 야고프에게 다음과 같은 편지를 보냈다. "나는 여기 남겠지만 바로 뛰어나갈 준비가 되어 있다. 총참모부는 모두 준비됐다. 그사이 할 일은 전혀 없다." 그럼에도 주요 지도자들은 베를린과의 연락을 확실히 이어갔다. 베트만홀베크는 사실 호헨피노프로 연결된 특별 전보선이 있었다.[68] 독일 정부도 빈에서 진행되는 일을 면밀히 주시했다. 오스트리아-헝가리가 세르비아에 복수할 절호의 시간이라고 느낀 독일 강경파 외무차관 아르투어 치머만은 베를린에서 자리를 지키며, 느려터진 빈 정부에 속도를 내라고 거듭 촉구했다. 독일 정부는 당시에도 이후에도 최후통첩 내용을 몰랐다고 주장했지만, 7월 13일 그는 오스트리아-헝가리가 세르비아에 제시할 조건을 훤히 알고 있었다.[69]

영국 무관의 보고에 따르면 세르비아에서 암살 소식은 처음에 "유감스러움보다 망연자실의 감정"으로 받아들여졌고, 더 과격한 민족주의 언론은 서둘러 살인을 정당화했다. 어려운 선거 운동을 벌이고 있던 파쉬치는 뉴스를 듣고 이렇게 말했다. "아주 안 좋은 일이다. 그건 전쟁을 의미할 것이다." 그는 애도의 표시로 모든 호텔과 카페가 밤 10시에 문을 닫도록 지시했고, 빈에 조의문을 보냈다. 그러나 그는 오스트리아-헝가리의 압박에도 불구하고 조사 진행을 거부하고, 세르비아 정부가 암살에 연루되었음을 부정하는 반항적인 인터뷰를 독일 신문에 실었다.[70]

그럼에도 오스트리아-헝가리의 의도에 대한 우려가 세르비아에서 커졌고, 7월 10일 베오그라드에서 일어난 이상한 사건으로 더욱 고조되었다. 몇 년 동안 세르비아의 야심을 크게 부추겼던 영향력이 막강한 러시아 대사 하르트비히는 저녁 때 오스트리아-헝가리 측 상대인 블라디미르 기슬 폰 기슬린겐Wladimir Giesl von Gieslingen 남작을 만났다. 심하게 뚱뚱한 러시아 대사는 숨을 헐떡이며 분투하고 있었다. 그는 커피는 거절했지만, 좋아하는 러시아산 담배를 꺼내 피웠다. 그는 암살 당일 밤 카드 게임을 하고 공사관 깃발들을 조의의 표시로 내려 달지 않았다는 소문의 오해를 풀고 싶다고 말했다. 기슬은 그 문제는 해결됐다고 생각한다고 말했다. 그러자 하르트비히는 찾아온 주목적을 밝혔다. "우리의 성실한 우정의 이름으로 가능한 한 완전히 답해주길 바라오. 오스트리아-헝가리는 세르비아와 무슨 일을 벌일 것이고, 빈에서는 어떤 결정이 내려졌소?" 기슬은 정부 노선을 그대로 따랐다. "세르비아 주권은 침해되지 않을 것이며, 세르비아 정부의 선의로 이번 위기는 양측을 만족시킬 해결책을 찾을 수 있을 것임을 분명히 보장할 수 있소." 하르트비히는 깊은 감사를 표한 뒤 갑자기 마루에 쓰러져 일어나려고 버둥대다가 잠시 후 사망했다. 그의 가족은 즉시 기슬이 그에게 독약을 먹였다고 비난했고, 오스트리아인들이 흔적을 남기지 않고 죽일 수 있는 특수 전기의자를 빈에서 가져왔다는 더 악랄한 소문까지 베오그라드에 돌았다. 이 문제는 이미 악화되고 있던 오스트리아-헝가리와 러시아 관계 개선에 도움이 되지 못했다. 더 심각한 점은 하르트비히의 죽음으로 세르비아 정부가 최후통첩의 가장 고약한 요구도 받아들이도록 설득할 수 있는 사람이 사라진 것이었다.[71]

파쉬치는 다가올 사태를 몹시 염려하면서도, 7월 18일 세르비아는 자국의 주권을 침해하는 오스트리아-헝가리의 요구에 저항할 것이라는 메시지를 모든 세르비아 대사관에 보냈다.[72]

만일 그가 다음날 빈에서 열린 비밀 회동을 알았다면 그의 우려는 더욱 심각해졌을 것이다. 오스트리아-헝가리의 최고 권력자들은 눈에 띄지 않는 차를 타고 베르히톨트의 집에 도착해, 유럽 전면전을 유발할 수 있는 결정을 내렸다. 베르히톨트는 외무부 관리들과 함께 작성한 최후통첩 사본을 참석자들에게 배포했다. 유럽 대부분이 전쟁에 휘말린 그해 말 베르히톨트의 부인은 친구에게 이렇게 말한 것으로 알려졌다. "불쌍한 레오폴트는 세르비아인에게 최후통첩을 쓴 날 잠을 잘 수 없었어. 그들이 그 요구를 수용할까봐 너무 걱정했거든. 그럴 위험을 줄이려고 그는 밤새 몇 번이나 일어나 문구를 고치고 보탰어."[73] 회의 참석자들은 세르비아가 조건을 거부할 것이라고 전제했고, 논의는 대부분 오스트리아-헝가리의 동원령과 여타 필요한 군사 조치에 대한 것이었다. 콘라트는 일찍 행동을 취할수록 좋다고 말하고, 러시아의 개입 가능성은 염려하지 않았다. 티서는 늘 그래왔듯이 세르비아 영토 합병은 없어야 한다고 주장했다. 회의 참석자들은 동의했지만, 자리를 뜨면서 콘라트는 전쟁장관 크로바틴에게 냉소적으로 이렇게 말했다. "어떻게 되나 한번 봅시다."[74] 티서는 그 직후 조카딸에게 전쟁을 피할 수 있길 여전히 희망하지만 이제 신에게 맡긴다는 편지를 보냈다. 그는 이 편지에서 기분이 "심각하지만, 초조하거나 불안하지는 않다. 나는 길모퉁이에서 머리에 뭔가를 맞을 수 있어도 언제나 큰 여행을 할 준비가 된 사람과 같기 때문이다"라고 말했다.[75]

회의 다음날인 7월 20일 베르히톨트는 최후통첩 사본과 설명 서한을 유럽 전역의 대사관에 보냈다. 베오그라드 주재 대사는 그 사본을 목요일인 7월 23일 저녁 세르비아 정부에 전달했고, 나머지 대사관은 7월 24일 아침까지 기다렸다. 독일 측을 짜증 나게 만든 것은 동맹국 오스트리아-헝가리가 최후통첩 사본을 7월 22일에야 전달했다는 점이었다.[76] 그럼에도 독일은 지원 약속을 지킬 준비가 되어 있었다. 7월 19일 정부 시각을 대변한다고 알려진 《북독일국민신문 Norddeutsche Allgemeine Zeitung》은 오스트리아-헝가리가 세르비아와의 관계 정립을 원하는 것은 정당하다는 취지의 짧은 논평을 실었다. 세르비아가 양보해야 하며, 두 적국의 갈등이 지역적으로 국한되도록 다른 유럽 강국들은 이 문제에 관여하지 말아야 한다는 주장이었다. 7월 21일 베트만홀베크는 런던, 파리, 상트페테르부르크 주재 대사들에게 전보를 보내 주재국 정부에 같은 취지를 알리라는 훈령을 내렸다. 다음날 베를린 주재 프랑스 대사 쥘 캉봉은 야고프에게 최후통첩의 세부 사항을 물었다. 야고프는 전혀 모른다고 대답했다. "독일은 아주 열성적으로 오스트리아 편에 설 것이기 때문에 나는 이제야 독일이 최후통첩 사본을 받았다는 점에 더욱 놀랐다."[77] 캉봉이 파리에 올린 보고는 이렇게 신랄했다.

베르히톨트는 여전히 연로한 황제의 공식 재가가 필요해서 7월 20일 아침 호요스를 동반하고 황제가 있는 이슐로 갔다. 프란츠 요제프는 문서를 다 읽고 거기 담긴 일부 조건은 너무 가혹하다고 말했다. 그의 말이 맞았다. 최후통첩은 세르비아 정부가 자국 땅에서 일어난 범죄를 묵인하는 것을 비난하며 오스트리아-헝가리가 지목하는 민간·군부 관리들을 해임하고, 민족주의적 신문을 폐간하며, 교육 프로그램을 개혁해 오스트리아-헝가리에 맞선 프로파간다가 될 만한 것을 없애라고 요구했다. 최후통첩은 세르비아의 주권을 침해하는 것이었다. 결국 세르비아가 받아들이지 못한 두 조항은 이중제국이 세르비아 국경 내 반란을 진압하고, 암살 음모자들의 조사와 재판에 참여하는 것을 받아들이라고 명령하는 것이었다. 세르비아 정부가 응답할 시간은 48시간으로 제한됐다. 그럼에도 프란츠 요제프는 최후통첩을 승인했다. 베르히톨트와 호요스는 황제와 점심을 먹고 저녁 때 빈으로 돌아왔다.[78]

7월 23일 베오그라드 주재 오스트리아-헝가리 대사인 기슬은 그날 오후 늦게 세르비아 외무부 방문 약속을 잡았다. 파쉬치가 선거운동을 하느라 출타 중이어서 대신 그를 맞이한 재무장관 라자르 파추는 줄담배를 피워댔다. 기슬은 최후통첩을 읽기 시작했지만, 파추는 첫 문장이 끝나자 바로 제지하며 자신은 파쉬치가 없는 상태에서 이런 문서를 접수할 권한이 없다고 말했다. 기슬은 단호했다. 세르비아는 7월 25일 저녁 6시까지 답신을 해야만 했다. 그는 최후통첩을 책상 위에 두고 떠났다. 세르비아 관리들이 최후통첩을 읽는 동안 죽음 같은 침묵이 감돌았다. 결국 내무장관이 외쳤다. "우리는 싸우는 것

외에 다른 선택이 없다." 파추는 러시아 무관에게 달려가 러시아의 지원을 요청했다. 섭정 왕자인 알렉산다르는 오스트리아-헝가리는 세르비아를 공격하면 "철퇴"를 맞을 것이라고 말했고, 세르비아 국방장관은 국가 방어를 위한 예비조치를 취했다. 그러나 모든 반항적 수사에도 불구하고 세르비아는 싸우기에 열악한 상태였다. 세르비아는 아직도 발칸전쟁 후유증에서 회복 중이었고, 군대 대부분은 새로 점령한 통제하기 힘든 남쪽 지역에 배치되어 있었다. 이후 이틀 넘게 세르비아 정부는 자국이 파멸할 운명에서 도망치려고 필사적으로 노력했다. 세르비아는 보스니아 위기와 1차·2차 발칸전쟁 때 오스트리아-헝가리의 분노에 직면했지만, 항상 세르비아의 양보와 유럽협조 체제의 오스트리아-헝가리에 대한 압박으로 살아남았었다.[79]

*

영국 무관의 보고에 따르면 다음날 아침 5시에 베오그라드로 돌아온 파쉬치는 "매우 초조하고 힘이 빠져" 있었다. 정부가 수도를 버리고 철수하고 오스트리아-헝가리와의 국경인 사바강의 다리를 폭파할 계획이 세워지고 있었다. 러시아 대사는 국영은행의 자금과 정부 서류들이 반출되고 있고, 세르비아 군대가 동원되기 시작했다고 보고했다. 세르비아 내각은 7월 24일 최후통첩에 대한 답신을 작성하느라 여러 시간 회의를 가졌다. 오스트리아-헝가리가 세르비아 내정을 간섭할 권리를 얻는 두 조항을 빼고 나머지 모두를 수용하는 것으로 결론이 났다. 세르비아는 최종 시한을 연장해달라고 요청해서 시간을 벌려고 했지만, 베르히톨트는 퉁명스럽게 세르비아 대사에게 만족스러운 답변 아니면 다른 답변을 기대한다고 대답했다. 파쉬치는 유럽 각국 수도에 긴급 지원을 요청하는 메시지를 보냈다. 그는 프랑스, 영국, 이탈리아, 러시아 등 다른 강대국들과 심지어 독일도 발칸 위기 때처럼 힘을 합쳐 해결책을 마련할 것으로 기대했던 것 같다. 그러나 돌아온 반응은 실망스러웠다. 세르비아 인접국인 그리스와 루마니아는 오스트리아-헝가리와의 전쟁 시 지원할 가능성이 없다는 뜻을 분명히 밝혔고, 몬테네그로는 신뢰할 수 없는 애매한 말만 했다. 영국, 이탈리아, 프랑스는 세르비아가 최선을 다해 타협하라고 조언하고, 위기 초기에는 중재할 의향을 보이지 않았다.

러시아만이 유일하게 강한 제안을 했지만 그 메시지도 애매했다. 7월 24일 사조노프는 상트페테르부르크 주재 세르비아 대사에게 최후통첩 내용이 역겹다고 말하고 러시아의 지원을 약속했지만, 구체적인 제안을 하기 전에 차르는 물론 프랑스와 논의해야 한다고 말했다. 러시아 외무부는 만일 세르비아가 싸우기로 결정한다면 방어적으로 싸우고 남쪽으로 후퇴하는 것이 현명할 것이라는 조언을 주었다. 7월 25일 데드라인이 다가오자 사조노프는 세르비아 대사에게 더 강력한 메시지를 전했다. 러시아의 핵심 장관들이 차르를 만났고, 베오그라드에 보고된 바로는 "세르비아 방어 한계까지 가기로" 결정했다. 여전히 군사 지원을 확고히 약속하지는 않았지만 이러한 메시지는 최종 답신을 준비하는 세르비아 정부를 고무했을 것이다. 그날 베오그라드는 아주 더운 날씨였고, 시내는 징집 병사를 소집하는 북소리로 시끄러웠다.[80]

*

이 시점까지 3국협상 지도자들은 발칸 지역에서 악화되는 위기에 집중하지 않았다. 그들이 최후통첩에 보인 반응은 충격과 실망이었고, 서둘러 입장을 정리해나갔다. 발트해에서 배를 타고 있었던 푸앵카레와 그의 수상 비비아니는 파리와 동맹국들과의 교신에 어려움을 겪었다. 런던의 그레이와 러시아의 사조노프는 제각기 오스트리아-헝가리에 데드라인 연장을 요청했다. 베르히톨트는 변경을 거부했다.

  독일과 오스트리아-헝가리의 반응은 달랐다. 두 나라의 민족주의·군사 집단은 최후통첩 소식을 반겼다. 빈 주재 독일 무관은 이렇게 보고했다. "오늘, 고조된 분위기가 전쟁부를 지배했다. 문서로만 표현되었지만, 제국 내 새로 깨어난 에너지의 신호가 드디어 보였다." 주된 두려움은 세르비아가 다시 징벌을 빠져나가지 않을까 하는 것이었다. 데드라인을 넘길 그날 사라예보의 군 지휘관은 친구에게 다음과 같은 편지를 보냈다. "암살범 국가에 굴욕을 안기고, 살인자들의 온상이 된 곳에 종말을 가져올 수 있다면 나의 늙은 뼈와 생명을 기꺼이 바칠 것이다. 신의 은총으로 우리가 계속 결의를 이어가고, 오늘 오후 6시 베오그라드의 주사위가 우리에게 유리하게 던져지기를!"[81]

  데드라인 직전 파쉬치가 기슬에게 가져온 세르비아의 답신은 이러한 소원을 들어주었다. 어조는 부드러웠지만 세르비아 정부는 오스트리아-헝가리가 세르비아 내정을 간섭하게 될 결정적 조건을 거부했다. "우리는 오스트리아 장군인 당신의 충성과 기사도에 희망을 걸겠소." 파쉬치는 이렇게 말하고 악수한 다음 떠났다. 답신이 불만족스러울 것이라고 이미 추정한 기슬은 전달받은 문서를 흘끗 보았다. 베르히톨트에게 받은 훈령은 분명했다. 세르비아가 모든 조건을 수용하지 않으면 그는 외교 관계를 단절해야 한다는 것이었다. 실제로 그는 그렇게 하겠다는 문서를 이미 준비해두었다. 전령이 이 문서를 파쉬치에게 전달하러 가는 동안 기슬은 대사관 암호 책들을 마당에서 불태웠다. 그와 부인, 대사관 직원들은 각자 가방 하나만 들고 차에 올라탄 다음 군중이 몰려든 거리를 지나 기차역으로 갔다. 외교단 대부분이 나와서 그들을 환송했다. 세르비아 군대가 기차를 경비했고, 기차가 출발하자 한 사람이 떠나는 무관에게 소리쳤다. "부다페스트여, 안녕." 오스트리아-헝가리 첫 역에서 기슬은 플랫폼으로 불려가 티서의 전화를 받았다. "정말 이렇게 되어야 하는가?" 기슬은 "그렇소"라고 대답했다. 훨씬 북쪽에 있는 이슐에서는 프란츠 요제프와 베르히톨트가 초조하게 뉴스를 기다리고 있었다. 저녁 6시가 막 지나자 빈의 전쟁부가 전화를 걸어 세르비아와 관계가 단절되었다고 말했다. 황제의 첫 반응은 "결국 그렇게 되었군!"이었지만, 그는 잠시 침묵한 후 관계 단절이 꼭 전쟁으로 이어지지는 않는다고 중얼거렸다. 베르히톨트는 잠시 마지막 희망을 걸었지만, 이제 자신도 저항할 수 없는 거대한 힘이 움직이기 시작했다.[82]

강경파를 이끌고 있던 콘라트는 갑자기 오스트리아-헝가리의 공식 선전포고를 8월 둘째 주까지 연기할 것을 요구했다. 그때가 되어야 군대가 준비된다는 이유였다. 베르히톨트는 전쟁이 지연되면 다른 강대국들이 협상을 주장할 시간이 생길까 두려운 데다, 빨리 움직이라는 독일의 압박도 받고 있었다. 그가 이 요구를 거부하면서 오스트리아-헝가리는 7월 28일 세르비아에 선전포고를 하게 된다. 그러나 심각한 전투는 8월 둘째 주까지 시작되지 않았다. 오스트리아-헝가리와 독일은 세르비아의 도움을 얻어 이렇게 위험한 지점까지 유럽을 끌고 왔다. 이제 많은 것은 다른 강대국들이 하기에 달렸다. 다음 주 유럽은 전쟁과 평화의 갈림길에 선다.

19장

유럽협조체제의 종언

세르비아에 대한 오스트리아-헝가리의 선전포고

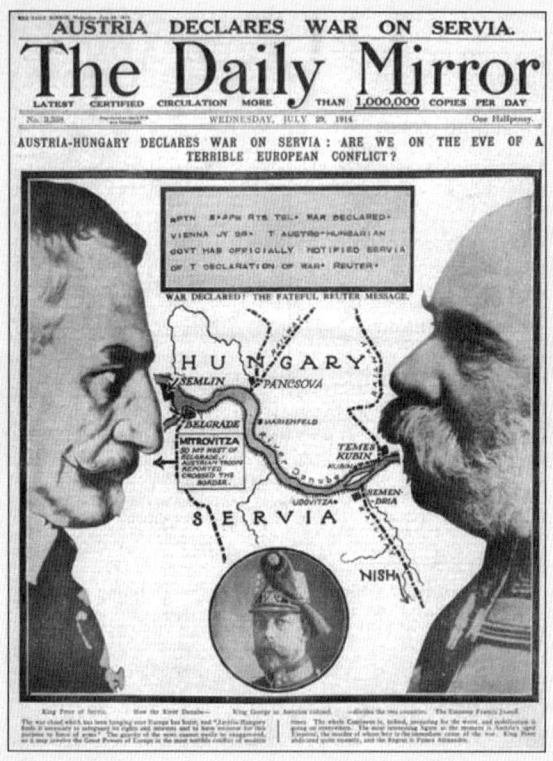

"우리는 끔찍한 유럽전쟁 전야에 있는가?" 이 헤드라인이 보여주듯, 1914년 7월 발칸에서 일어난 위기는 유럽 대부분을 경악하게 했다. 황태자가 암살당한 오스트리아-헝가리는 세르비아에 수용하기 불가능한 최후통첩을 전달했다. 세르비아 정부는 고심 끝에 최후통첩 조건을 일부 수용했지만, 7월 28일 오스트리아-헝가리는 전쟁을 선포했다. 이 만평에서는 세르비아의 왕 페타르 1세가 프란츠 요제프 황제를 정면으로 노려보고 있다. 작은 원 안의 영국 왕 조지 5세는 오래되었지만 이제는 사라진 우호의 표시인 오스트리아 대령의 복장을 하고 있다.

1914년 7월 중순 지칠 줄 모르는 비어트리스 웨브와 시드니 웨브 부부는 산업과 보험 통제를 논의하는 페이비언 사회주의 여름 캠프에 참석했다. 이들은 혁명가를 부르고 맥주를 너무 많이 마셔대는 옥스퍼드 학생들에 대해 불평하고 있었다. 때로 유럽대륙 문제가 주의를 끌기는 했지만, 시드니가 말한 대로 강대국들의 전쟁은 "너무 미친 짓이 될"[1] 터였다. 사실 유럽 각국 외무부와 언론이 우려하고 있는 핵심 사안은 세르비아가 아니라 점점 상황이 악화되는 알바니아였다. 알바니아의 새 통치자가 된 불운의 독일계 왕자, 비트의 빌헬름은 광범위하게 퍼진 반란과 내전에 직면하고 있었다. 7월 23일 오스트리아가 세르비아에 제시한 최후통첩은 훨씬 더 심각한 대결이 발칸 지역에서 일어날 가능성을 대부분의 유럽인들에게 처음 알렸고, 7월 25일 세르비아의 응답이 빈에 의해 거부되자 우려는 경각심으로 바뀌기 시작했다. 런던과 파리에서 애스퀴스, 랜돌프 처칠의 부인, 디아길레프, 로댕 등 친구들을 방문하며 즐거운 몇 주를 보내고 있던 해리 케슬러는 독일로 돌아가는 것을 심각하게 생각하기 시작했다.[2]

그러나 권력 중심에 가까이 있는 많은 사람들은 유사했던 다른 위기 때처럼 전쟁을 여전히 피할 수 있다고 생각했다. 7월 27일 독일의 영향력 있는 신문《베를리너 타게블라트Berliner Tageblatt》의 편집장 테오도어 볼프는 연례 휴가로 가족을 네덜란드 해안에 데려갔지만, 자신은 베를린으로 돌아왔다. 외무장관 야고프는 그에게 상황이 절박하지 않고 어떤 강대국도 전쟁을 원하지 않으니, 볼프의 가족을 네덜란드에 두어도 안전하다고 말했다. 전쟁을 담당하는 사람들도 이번 위기가 심각하다고 믿기 어려웠다. 독일 총참모부의 한 간부는 전쟁 발발 후 일기에 이렇게 적었다. "그때 누군가가 한 달 뒤 세상이 불길에 휩싸일 것이라고 말했다면, 나는 동정 어린 눈으로 그를 바라보았을 것이다. 지난 몇 년간 모로코-알제리 위기, 보스니아·헤르체고비나 병합 위기 같은 다양한 사건을 겪은 뒤 사람들은 전쟁에 대한 믿음을 서서히 그러나 분명히 잃었기 때문이다."[3]

발칸 문제가 경고등을 켜곤 하는 러시아에서조차 황태자 암살 소식에 대한 반응은 처음에는 우려보다 무관심이 더 컸다. 두마는 이미 여름에 소집되어 다시 소집할 필요가 없었다. 빈 주재 러시아 대사는 다음과 같이 보고하며 정부를 안심시켰다. "최소한 가까운 장래에는 오스트리아-헝가리의 정책이 더 절제되고 조용할 것이라고 볼 만한 이유가 이미 있다."[4] 그럼에도 동맹국인 프랑스와 경쟁국인 독일, 오스트리아-헝가리처럼 1914년 러시아도 앞날을 걱정했다. 영국은 해군 협정 체결에 열의가 없는 듯 보였고, 페르시아도 긴장의 근원으로 남아 있었다. 러시아는 또한 불가리아를 둘러싼 오스트리아-헝가리와의 세력 다툼에서 지고 있는 것처럼 보였고, 오스만제국에서는 동맹국 프랑스와 독일의 도전에 직면했다. 상트페테르부르크의 영향력 있는 신문은 1913년 말 이렇게 경고했다. "독일과 그 동맹국은 러시아와 전 슬라브 민족에게 치명적인 결과를 초래할 위협이 되고 있다."⁵ 5월 러시아 경찰 수장은 독일이 승리할 가능성이 있을 때 공격할 구실을 찾고 있다는 스파이들의 경고 메시지를 러시아 총참모부에 넘겼다.⁶ 러시아 정부로서는 국제 문제보다 국내 상황이 훨씬 더 심각했다. 5월과 6월 루블화 가치가 폭락하고 있었고, 불황이 올 것이라는 우려가 나돌았다. 1년 내내 러시아 전역에서 일어난 파업과 시위는 7월에 전달보다 더 많아진다.⁷

*

황후 알렉산드라의 신경쇠약을 치료하기 위한 목적도 있었지만 봄의 대부분을 크림반도에서 보낸 차르와 그의 가족은 그 시점에 상트페테르부르크 외곽의 은신처로 돌아왔다. 7월 초 혈우병을 앓던 아들이 황실 요트에 타다가 쓰러져 심하게 출혈하는 일이 발생하면서 황후의 건강 상태는 더욱 나빠졌다. 그녀에게 설상가상으로 라스푸틴은 수천 마일 떨어진 곳에 있었다. 그는 오스트리아 황태자가 사라예보에서 암살당한 그날 미친 여인의 칼에 찔렸다. 차르는 그를 치료하러 황실 의사를 보냈지만, 라스푸틴은 너무 아파서 여름 후반까지 여행할 수 없었다. 확고한 평화주의자로, 1차 발칸전쟁 중 차르에게 참전하지 말도록 설득했던 그가 앞으로 일어날 사건들의 중심에서 멀리 떨어지게 된 것은 불운이었다. 라스푸틴은 병상에서 전보를 보냈다. "끔찍한 폭풍 구름이 러시아에 떠 있다. 재앙, 슬픔, 캄캄한 어둠뿐. 빛은 없다. 바다 같은 눈물 … 너무 많이 흐르는 피. 무슨 말을 할 수 있겠는가? 이 공포를 표현할 말을 찾을 수 없다."⁸

유럽의 반대편인 영국의 외무부는 빈 주재 러시아 대사처럼 처음에는 오스트리아 황태자 암살에 대해 차분한 태도를 보였다. 외무차관 니컬슨은 오스트리아-헝가리가 세르비아에 맞서 행동을 취할까 의심했다. 영국의 초기 여론은 오스트리아-헝가리에 상당히 동정적이었다. 암살 다음날 아침 국왕 조지 5세는 예고 없이 대사관에 전화해 조의를 표했고, 오스트리아 대사인 알베르트 멘스도르프는 영국 상류층의 많은 친구들이 조의를 표하며 보낸 편지에 감사를 표했다. 그레이와 애스퀴스뿐 아니라 주요 보수당 인사들이 의회에서 조의를 표하는 연설을 했다. 하지만 7월 2일 조지프 체임벌린의 죽음은 훨씬 더 큰 상실감을 불러일으켰다.[9] 7월 10일 영국 하원에서 진행된 외교정책 토론에서 그레이는 발칸을 짧게 언급하고, 비유럽 문제에 대부분의 시간을 할애했다. 당시 열정에 휩싸여 베네티아 스탠리에게 매일 연애편지를 쓰던 애스퀴스는 6월 30일 지나가는 말로 암살을 언급했을 뿐, 7월 24일까지 이 사건에 대해 말하지 않았다. 그의 편지는 대부분 아일랜드 문제, 펭귄 한 마리를 포함한 그녀의 애완동물, 그녀를 보고 싶은 열망으로 채워졌다.[10]

영국 대중과 지도자들에게는 지속되는 아일랜드 자치 법안 문제와 이에 따른 내전 위협이 유럽 먼 곳의 일보다 훨씬 더 시급하고 절박한 근심거리였다. 개신교를 믿는 얼스터의 어느 지역이 자치 법안에서 제외되어야 하는가를 놓고 합의를 이루려는 마지막 시도가 의회에서 느리게 진행되고 있었고, 국왕은 여름휴가를 연기하고 7월 21일 버킹엄 궁전에서 회의를 소집했다. 무더위가 기승을 부린 4일 동안 애스퀴스와 아일랜드 민족주의자들의 지도자 존 레드먼드는 보수당 지도자 보너 로, 얼스터 개신교도의 대변인 카슨을 대면했지만,

합의를 이루려는 시도는 결실을 거두지 못했다. 7월 24일 오스트리아-헝가리가 세르비아에 최후통첩을 전달했다는 뉴스가 터져 나오자, 조지 5세는 런던에 더 머물기로 하고 친구인 리치먼드 공작과 함께 가려던 경마장 방문을 취소했다. 그는 리치먼드 공작에게 이렇게 썼다. "아일랜드 문제와 이제 유럽의 전면전 가능성으로 치닫는 정치위기가 너무 심각하여 나는 런던에 머물러야 하오. … 좋은 날씨와 멋진 경마 대회를 기원하네."[11] 애스퀴스는 적어도 처음에는 커져가는 유럽의 위기를 더 낙관적으로 보았다. "얼스터로부터 관심을 돌리게 하는 이 사건은 좋은 일이오." 그는 런던 사교계를 이끄는 한 여인에게 이렇게 말했다.[12]

프랑스도 확대되는 위기를 늦게 깨달았다. 이제 막 복귀한 전쟁장관 아돌프 메시미는 발칸 지역에 다소 문제가 있다고만 생각했다. "다른 사건들처럼 자체적으로 해결될 것이다."[13] 케도르세의 프랑스 외무부는 푸앵카레 대통령과 수상 비비아니의 상트페테르부르크 방문 계획을 세우고 있었다. 파리와 러시아 주재 프랑스 대사 사이에 오간 전문은 대부분 발칸 문제보다 건배사의 정확한 문구 같은 사소한 문제를 다루었다.

프랑스 정치인들과 대중의 관심은 지도적인 급진 정치가 조제프 카요의 부인이 연루된 요란한 스캔들에 쏠려 있었다. 그가 타락했다는 정적들의 비난은 아마도 사실이었고, 친독일적이라는 비난 또한 분명 사실이었다. 그는 결국 독일과 프랑스가 협력하면 얻을 것이 많다고 믿는 현실주의자였다. 모로코 2차 위기 당시 수상이었던 그는 평화적 해결책 마련에 큰 역할을 했다. 그러나 프랑스군 확대를 위한

3년 징병제 실시에 반대한 것 때문에 프랑스 민족주의자들의 미움을 받았다. (소득세 도입을 옹호한 것도 마찬가지로 안 좋은 평가를 받았다.) 1914년 첫 달 파리의 주요 일간지 《피가로》의 편집장 가스통 칼메트는 "수상한 재정가", "독일이 좋아하는 남자" 같은 제목의 기사를 실어 그에게 무자비한 공격을 퍼부었다. 더구나 칼메트는 카요가 두 번째 부인 앙리에트에게 조심성 없이 쓴 연애편지들을 손에 넣었다. 당시 앙리에트는 아직 다른 사람과 결혼한 상태로, 불륜 폭로 위협에 시달리고 있었다. 3월 16일 여느 때처럼 아름답게 치장한 앙리에트가 《피가로》 사무실을 찾아갔다. 칼메트를 만나자 그녀는 모피 토시에서 브라우닝 권총을 꺼내 모든 총탄을 그에게 발사했다. 겁에 질린 직원들에게 그녀는 "프랑스에는 더이상 정의가 없다. 할 일을 한 것뿐이다"라고 말한 뒤 차분히 기다렸다가 살인 혐의로 체포되었다. 그녀의 재판은 7월 20일 시작되었다. 8일 후 오스트리아-헝가리가 세르비아에 선전포고를 한 그날, 배심원단은 치정에 얽힌 범죄라는 이유로 그녀에게 무죄를 선고했다. 그녀의 행동은 유럽이 전쟁으로 향할 때 프랑스에서 온건파 입장을 대변할 수 있었던 그녀의 남편이 수상직을 사임하는 불행한 결과를 가져왔다.[14]

7월 말이 다가오면서 발칸 지역에서 커가는 새로운 문제가 유럽 신문들의 1면을 장식하기 시작했다. 오스트리아-헝가리가 세르비아와의 결전을 벼르고, 러시아가 이번에는 이 작은 동맹국을 지원하기로 했다는 소문이 돌면서 주식시장은 더욱 초조해졌다. 그러나 사람들은 이번에도 전과 같이 결국 위기가 해소되리라고 생각했다. 외교 전문이 오갔고, 압력을 넣기 위해 오스트리아-헝가리와 러시아의 군사 준비도 진행되었지만, 결국 다른 강대국들이 개입해 타협을 중재하고 군대가 철수할 것이라는 예측이었다. 유럽협조체제가 그토록 오래 작동해온 것처럼 평화를 유지할 것이었다. "엄포다. 모두 엄포다." 1차 발칸전쟁 중인 1912년 독일 외무장관 키데를렌은 이렇게 적었다. "이런 엄포는 내가 살면서 세 번 겪었다. 알제리, 모로코, 그리고 지금 일어나고 있는 것. 늘 그렇듯이 지금도 한쪽이 엄포로 다른 쪽을 제압하려고 하는 것뿐이다. 전쟁은 한쪽이 이해할 수 없을 정도로 심하게 엄포를 놓아 뒤로 물러설 수 없어 총을 쏘아야 하는 경우에만 일어난다. 나는 정말 현직에 있는 정치인들 중에 그런 얼간이는 없다고 본다."[15] 키데를렌은 자신이 얼마나 잘못 판단했는지를 볼 만큼 오래 살지 못했다. 그의 죽음은 오스트리아 황태자의 암살, 라스푸틴이 칼에 찔린 것, 카요가 사임해야 했던 것처럼 역사에서 타이밍의 역할을 보여주는 또 하나의 사례다. 만일 키데를렌이 1914년 여름 계속 자리를 지켰다면, 그는 강력히 군부에 맞서면서 베트만홀베크와 카이저를 평화의 길로 가도록 설득했을 것이다.

*

1914년 7월 위기는 처음에는 세르비아의 경솔함, 오스트리아-헝가리의 복수심, 독일이 제공한 백지수표로 인해 일어났다. 이제 전쟁을 피할 것인가, 아니면 전쟁이 일어날 경우 저마다 유리한 조건에서 무엇을 할 것인가는 점점 협상 강대국들이 선택할 차례가 되었다. 역사적 논쟁은 대부분 독일이나 오스트리아-헝가리 또는 심지어 세르비아의 전쟁 책임 문제에 집중되었다. 하지만 프랑스가 독일에 맞서 복수 정책을 추구한 것, 러시아가 프랑스와 동맹을 맺은 것과 세르비아를 지원한 것, 세계 강대국이 되어 더 많은 식민지를 차지하려는 독일의 정당한 요구를 영국이 인정하지 않은 것, 또는 위기 초기에 영국이 프랑스와 러시아 편임을 분명히 밝히지 않은 것 등 3국협상을 비난하는 견해도 있다. 이러한 주장은 대단히 흥미롭고 역사학자들과 정치학자들의 관심을 계속 끌 테지만, 우리는 모든 주장에 강한 반론이 있기 때문에 결정적인 답은 없다는 것을 받아들여야 한다. 프랑스는 정말 독일에 복수하려고 했을까? 푸앵카레 같은 민족주의자들조차도 알자스와 로렌 상실을 받아들였고, 그 지방을 되찾기 위해 전쟁의 위험을 무릅쓰지는 않았다. 프랑스-러시아 동맹 조약 체결로 독일은 포위되었다고 느꼈지만, 프랑스와 러시아 관점에서 이 조약은 독일이 공격할 경우에만 작동될 방어적 조약이었다. (그러나 국제관계에서 자주 일어나는 일처럼 한쪽 시각에서 방어적인 것이 다른 쪽에서는 위협으로 보일 수 있고, 독일이 이 조약을 그렇게 보았음은 분명하다.) 러시아는 세르비아 민족주의를 자극한 책임을 얼마나 져야 할까? 사조노프는 세르비아 주재 러시아 대사 하르트비히를 더 통제해야 했다. 민족주의 진영에서 범슬라브 수사가 터져 나왔더라도 모든 러시아 지도자들이 세르비아 방어를 옹호한 것은 아니었다. 세르비아 방어가 러일전쟁 대패 후 그런 충돌을 또 무릅쓰는 것을 의미할 수 있기 때문이었다. 영국의 경우 프랑스 편에서 주저 없이 싸우겠다고 일찍 선언했다면 독일에 대한 억제력으로 작용할 수 있었겠지만, 이런 가정은 결코 분명하지 않다. 독일 군부는 영국 원정군을 무시할 수 있는 상대로 보았고, 해군력이 개입하기 한참 전에 프랑스에 승리하길 바랐다.

어떤 경우든 영국은 내각의 승인 전에 그런 선언을 할 수 없었는데, 내각은 전쟁 발발 직전 몇 주간 크게 분열되어 있었다.

  3국협상 국가들 중에 프랑스는 1914년 가장 분명한 정책을 가지고 있었다. 만일 전쟁이 일어나면 프랑스는 전쟁 책임이 없는 피해자라는 명분을 갖고 러시아를 지원하며 단합해 참전할 생각이었다. 프랑스는 또한 독일과 오스트리아-헝가리가 러시아의 공격을 방어할 뿐이라고 주장하지 못하도록, 러시아의 도발적 행동을 자제시키려고 했다. 7월 30일 열린 프랑스 내각 비상회의는 "여론을 위해 독일이 잘못을 저지르도록 내버려둔다"[16]는 점을 강조했다. 이것은 국내에서든 국제적으로든 중요한 문제였다. 프랑스 지도자들은 1870-1년 패배의 기억과 이후 프랑스의 오랜 고립, 프랑스의 국내적 분열, 독일보다 적은 프랑스 인구, 동맹국들이 약속을 지키지 않을 수 있다는 두려움에 시달렸다. 프랑스는 널리 전제된 것처럼 만일 독일이 벨기에 중립을 위반할 경우 영국의 개입을 희망했지만 완전히 믿을 수는 없었다. 또한 프랑스로서는 전쟁이 발발하면 러시아가 동부에서 신속하게 독일군을 공격하는 것이 매우 중요했다. 1914년 직전 몇 년간 프랑스는 독일을 초기에 공격해 프랑스 학살 압박을 없애겠다는 러시아의 확고한 약속을 받아내려고 최선을 다했다. 러시아 철도 부설과 산업 발전을 위한 엄청난 차관을 제공하며 프랑스는 러시아 군부로부터 이 약속을 받아냈지만, 약속이 지켜질 거라고 전적으로 확신하지는 못했다. 러시아의 힘이 커지는 것도 프랑스에게는 양날의 칼이었다. 자칫하면 프랑스가 러시아의 하위 파트너가 될 수 있기 때문이었다. 러시아가 너무 강해져 프랑스와 동맹할 필요가 없어지는,

더 나쁜 상황이 벌어질 수도 있었다.[17]

 독일과의 화해를 주장하는 러시아의 보수주의자들이 주도권을 잡을 위험은 늘 프랑스인들을 따라다녔다. 파리로 경고 전문들을 보낸 러시아 주재 프랑스 대사 팔레올로그는 1914년 5월 영국 대사에게 이렇게 말했다. "차르는 마음을 바꿀 수 있고 내각은 불안하다. 궁중에는 독일과의 양해를 선호하는 그룹이 항상 있다."[18] 독일이 오스트리아-헝가리를 잃을까 두려워 지원했듯이, 1914년 여름 프랑스도 발칸 지역에서 대결로 치닫는 러시아를 제지하는 데 주저했다. 국제 문제에 조예가 깊은 위대한 사회주의 지도자 조레스는 푸앵카레와 비비아니의 상트페테르부르크 방문이 임박한 7월 7일 프랑스 의회에서 이렇게 발언했다. "우리는 프랑스가 원문도, 이치도, 제약도, 결과도 모르는 조약 때문에 사나운 발칸 모험에 관여해야 한다는 것을 … 인정할 수 없다."[19]

 사회주의자들의 반대에도 불구하고 푸앵카레와 비비아니는 예정대로 7월 15일 러시아로 출발했다. 그들은 독일 영토를 통과하지 않기 위해 순양함 프랑스호를 타고 갔다. 그들은 알 수 없었지만, 그 전날 빈에서는 티서가 드디어 반대를 철회하여 세르비아에 대한 오스트리아-헝가리의 최후통첩이 확정되고 있었다. 프랑스호가 북해를 거쳐 발트해에 진입했을 때 날씨는 유럽 전역과 마찬가지로 화창했다. 푸앵카레는 갑판에 앉아 입센의 작품을 읽고 비비아니와 담소했다. 수상으로서 외교 문제도 책임져야 하지만 외교를 거의 모르는 비비아니는 걸어 다니는 문학 전서로 밝혀졌듯이 많은 산문과 시를 일행에게 암송해주었다. 푸앵카레는 때때로 국내의 카요 재판에 관심을 돌렸지만, 국제 상황은 염려하지 않았다. 아니면 나중에 출간된 그의 일기에서처럼 그렇게 주장한 것일 수도 있다. 그가 적은 바에 따르면 그는 평화를 향해, 다른 국가들과의 우호적 관계 확립을 위해, 프랑스-러시아 동맹을 다시금 확고히 하기 위해 항해 중이라고 확신했다.[20] 사실 그는 말한 것보다 더 많이 러시아와의 동맹에 대해 걱정하고 있었다. 정부가 어렵게 입안한 3년 징병제를 가을에 프랑스 의회가 부결시킬 가능성이 컸고, 그렇게 되면 동맹으로서 프랑스의 가치에 대한 러시아의 의구심이 더 커질 수 있는 상황이었다.[21]

프랑스 방문단은 7월 20일 러시아에 상륙했다. 니콜라이 2세가 직접 부두로 마중을 나왔고, 방문단은 상트페테르부르크 서쪽에 있는 차르의 큰 궁전 페테르호프에 여장을 풀었다. (시내에서는 노동자들이 총파업을 요구하고 거리에서 싸움이 벌어지고 있었다. 푸앵카레는 러시아 측에 그 이유를 캐물어 분개하게 했다.)[22] 이후 며칠의 방문 일정은 만찬, 리셉션, 군대 사열로 이어졌다. 비비아니는 카요의 재판이 절정으로 치달았고, 애인이 즐거움을 만끽하고 있는 파리로 돌아가길 열망하며, 지루하고 지쳤다는 불평을 계속 늘어놓았다. 그는 간에 문제가 생겨 현지 프랑스 의사에게 급히 치료를 받았다. 푸앵카레는 여행에 동행한 그에게 공감하기 힘들었다. "그는 격렬하고, 겁이 많고, 저속한 데다, 침울한 침묵에 싸여 있다."[23]

방문의 중요한 부분은 프랑스인들과 러시아인들의 사적인 대화에서 진행되었지만, 아쉽게도 무슨 말이 오갔는지는 거의 알려지지 않았다. 대화 기록은 아주 빈약하고, 아마도 일부는 파기되었을 가능성이 크다. 양측은 페르시아를 둘러싼 러시아와 영국의 긴장에 대해 논의했고, 프랑스는 러시아 측에 영국과의 해군 협정 체결을 촉구했다고 알려졌다.[24] 영국 대사가 나중에 사조노프와 프랑스 대사에게 확실히 전달받은 바에 따르면 대화에서 오스트리아-헝가리와 세르비아 문제가 거론되었고, 프랑스와 러시아는 세르비아의 독립을 위협하는 데 반대한다고 경고하기 위해 빈에 함께 맞서기로 했다.[25] 분명 발칸 상황은 러시아와 프랑스 지도자들 마음에 크게 자리하고 있었다. 7월 21일 저녁 외교단을 위해 상트페테르부르크에서 진행된 리셉션에서 푸앵카레는 오스트리아-헝가리 대사에게 어떤 나라도 자기 나라 영토에서 꾸며진 음모에 책임질 수 없다고 말했다. 오스트리아-헝가리가 강력한 조치를 취하더라도, 세르비아는 "깜짝 놀랄" 러시아를 비롯한 "친구들"을 가지고 있었다. 대사는 빈의 베르히톨트에게 이 경고를 전달했지만, 그는 이를 무시했다.[26] 프랑스와 러시아가 독일을 상대로 전쟁을 도발할 음모를 꾸몄다는 증거는 없지만, 7월 22일 그들은 전쟁 가능성에 대해 공개적으로 논의하고 있었다. 상트페테르부르크 주재 프랑스 대리공사에 따르면 "며칠 전만 해도 꿈도 못 꿀" 일이 벌어진 것이다.[27]

빈에서 나오는 소문을 점점 우려하게 된 러시아는 프랑스 대표단이 도착하기도 전에 자신들의 경고를 빈에 전달했다. 7월 8일 사조노프는 오스트리아-헝가리 대리공사에게 세르비아 내정에 간섭하려는 오스트리아-헝가리의 시도는 러시아에서 "매우 나쁜 인상"을 만들어내는 위험한 행보가 될 것이라고 경고했다.[28] 일주일 뒤 한 여름 파티에서 러시아 외무부의 고위 관리는 이탈리아 대사에게 러시아는 세르비아 독립에 대한 어떤 위협도 방관하지 않을 것이라는 메시지를 오스트리아-헝가리에 전달해주길 요청했다. 이틀 후 사조노프는 오스트리아-헝가리 대사인 프리드리히 사파리Friedrich Szápáry 남작에게 러시아의 우려를 확실하게 전달했다. 사조노프에 따르면 사파리는 자신의 정부는 평화를 깊이 사랑하고, 세르비아와의 관계가 전보다 악화되는 것을 원하지 않는다며 "양처럼 부드러운 태도로" 그를 안심시켰다.²⁹ 그래서 당분간 러시아 정부는 무슨 일이 일어날지 지켜보기로 했다.

중대한 국제적 폭풍 속으로 막 돌진하려 할 때 러시아 지도부가 그토록 무능했던 것은 러시아의 불행이자 세계의 불행이었다. 사조노프는 물론 차르도 평화를 지향했지만, 둘 다 심지가 약하고 쉽게 휘둘렸다. 두 사람은 러시아의 명예와 존엄에 대한 강한 감정을 가졌고, 이전 발칸 위기 때 러시아가 어떻게 물러났는지를 쓰라리게 기억하고 있었다. 수상 고레미킨은 존재감이 전혀 없었다. 내각을 주도하던 농업장관 알렉산드르 크리보셰인Aleksandr Krivoshein은 러시아의 대외적 위신에 관한 한 강경론자였다. 전쟁장관 수호믈리노프는 경솔하고, 러시아 군대가 어떤 상황에도 준비되어 있다고 장담할 만큼 자부심이 넘쳤다.³⁰ 러시아군 참모총장 니콜라이 야누슈케비치Nikolai Yanushkevich는 직책을 맡은 지 다섯 달밖에 안 된 데다, 차르의 총애 외에는 뚜렷한 자질이 없는 사람이었다. 영국 무관은 이 임명이 "대단히 놀랍다. 그는 병사라기보다 궁중 신하 같은 인상을 준다"라고 말했다.³¹ 다른 최고위 군 지도자 중에 니콜라이 니콜라예비치 대공은 경험과 상식 모두를 갖춘 사람이었지만, 위기가 증폭되면서 전쟁 위험을 무릅쓰더라도 조기 동원령 발령을 옹호하게 된다. 대공의 부인은 결혼을 잘한 몬테네그로 국왕의 여러 자식 중 한 명으로, 열정적이고 무비판적인 세르비아 지지자였다. 푸앵카레가 방문 중인 7월 21일 그녀는 프랑스 대사 팔레올로그에게 이렇게 말했다. "전쟁이 일어날 것입니다. 오스트리아에는 아무것도 남지 않을 거예요. … 우리 군대들은 베를린에서 만나 독일을 파괴할 것입니다."[32]

전쟁을 옹호하는 또다른 영향력 있는 목소리는 상트페테르부르크 주재 프랑스 대사에게서 나왔다. 팔레올로그는 독일을 미워했고, 독일과의 중대한 충돌은 피할 수 없다고 오랫동안 확신해왔다. 영리하고 기만적이며, 감정적이고 허영에 들뜬 그는 학창 시절에 만난 델카세와 푸앵카레 등 막강한 권력자들에게 빌붙어 프랑스 외무부에서 꾸준히 승진한 인물이었다. 작가와 정치가가 되길 열망하며 그는 고대 비잔틴 귀족 가문의 후손이라고 자랑했지만, 많은 정적들은 그의 부모—루마니아에서 망명 온 그리스인 아버지와 벨기에 음악가인 어머니—가 보잘것없는 집안 출신으로 배경이 의심쩍다고 주장했다. 1914년 1월 그가 델카세 후임으로 상트페테르부르크 대사로 임명되자 당시 프랑스 수상 가스통 두메르그는 그에게 언제든 전쟁이 일어날 수 있고, 프랑스의 안전은 동맹국 러시아가 얼마나 빨리 전투에 뛰어드는가에 달려 있다고 말했다. 자신을 정부 관료라기보다는 독자적 행위자로 생각한 팔레올로그는 3국협상을 강화하고, 전쟁 발발 시 러시아를 프랑스 편에 두는 것을 자신의 의무로 생각했다.[33] 7월 24일 오스트리아가 세르비아에 최후통첩을 발했다는 소식이 알려지고 푸앵카레와 비비아니가 이미 귀국길에 올랐을 때, 그는 영국 대사인 조지 뷰캐넌과 사조노프와 점심을 먹었다. 사조노프는 오스트리아-헝가리의 행동에 분개해 "비도덕적이고 도발적"이라고 비판했다. 그는 영국이 즉시 프랑스, 러시아와의 연대를 선언하길 바란다고 했다고 뷰캐넌은 런던에 보고했다. 팔레올로그는 훨씬 더 강경했다. "프랑스 대사가 한 말에 따르면 우리가 그들과 손잡지 않더라도 프랑스와 러시아는 강한 입장을 취하기로 결정한 것처럼 보였다. 그러나 외무장관의 언어는 이 문제에 그리 확고하지 않았다."[34] 이후 며칠간 팔레올로그는 러시아에 대한 프랑스의 지지를 사조노프뿐 아니라 이탈리아 대사에게 거듭 확인했다. 이탈리아 대사는 이러한 프랑스 입장을 오스트리아-헝가리와 독일에게 잘 전달했을 것이다.[35]

팔레올로그는 훈령을 넘어서는 행동을 했지만, 위기 발생 시 프랑스의 지지를 러시아에 보장한 푸앵카레와 가까웠다. 차르와의 작별 회동에서 푸앵카레는 만일 오스트리아-헝가리와 독일이 세르비아를 공격하면 러시아와 프랑스가 밀접하게 협력해야 한다고 말했다. "상황이 어려워질수록 우리는 더 단합하고 가까워져야 합니다." 두 사람은 러시아와 프랑스가 어떻게 군사적으로 협력할 것인가에 대해서도 한참 얘기를 나눈 것으로 짐작된다.[36] 물론 이러한 논의가 처음은 아니었다. 10여 년간 러시아와 프랑스 군부는 독일에 맞선 전쟁을 함께 계획해왔고, 시간이 지나면서 직접적 무선통신 등 양국의 연계가 강화되었다.[37] 1914년 7월 오스트리아-헝가리에 분개한 러시아가 전쟁에 돌입하기로 마음먹었지만, 프랑스는 그런 러시아를 말리고 싶지 않았다. 실제로 독일 지도자들과 마찬가지로 많은 프랑스 지도자들이 만일 전쟁해야 한다면 지금이 가장 좋은 때라고 생각했다. 1914년 6월 프랑스 총참모부 보고서는 루마니아가 이제 오스트

리아-헝가리에 잠재적인 적이고, 러시아는 독일에 더 큰 위협이라고 지적했다.[38]

7월 24일 아침 최후통첩 소식을 들은 사조노프의 첫 반응은 "이건 유럽전쟁을 뜻한다"였다. 상트페테르부르크 남쪽 크라스노예 셀로 마을에서 여름 군사훈련을 참관 중이던 차르는 "골치 아픈 사태군"이라고만 말했다. 처음에 그는 적어도 독일이 최후통첩에 대해 아무것도 모른다는 빌헬름 2세의 보장을 믿었고, 이전 위기 때 독일과 러시아가 늘 합의에 이르렀던 기억을 상기시키는 카이저의 말에 안심했다. 그날 오후 내각은 크라스노예 셀로에서 비상회의를 열었다. 사조노프는 여전히 전쟁을 피할 수 있길 바랐지만, 오스트리아-헝가리가 세르비아를 격파해 발칸 지역에서 러시아의 영향력을 파괴하는 것을 러시아는 허용할 수 없다는 입장을 취했다. 훗날 비공식적으로 오스트리아-헝가리 대사에게 말했듯이 세르비아가 러시아에 제시한 요구와 세르비아가 더 큰 맹방인 러시아를 전쟁에 끌어들이는 방식에 분개하면서도, 지원하는 것 외에 대안이 없다고 보았다. 러시아의 위신과 여론은 그 이하를 허용하지 않았다.[39] 다른 장관들을 동요시킨 중요한 발언을 하며 크리보셰인은 러시아는 전쟁의 위험을 무릅쓰고라도 확고한 입장을 취해야 한다고 말했다. 늘 조심스러운 입장을 보이던 동료 페테르 바르크Peter Bark도 동의했다. "러시아의 명예와 위신, 강대국으로서의 존재 전체를 고려하여 재무장관은 내각의 다수 의견에 동의합니다." 내각은 독일 등 다른 강대국들과 함께, 세르비아의 최후통첩 답신 기한을 연기하여 외교적 해결책을 모색할 시간을 허용하도록 오스트리아-헝가리를 설득하기로 결정했다. 그러나 내각은 압박을 강화하기 위해 발트해와 흑해 함대 동원령과 군사 지역 네 곳에 국한된 육군의 동원령을 재가했다. 이 동원령은 독일보다 오스트리아-헝가리를 더 위협했지만, 2국동맹이 반응하도록 도전하는 위험부담이 매우 큰 결정이었다. 또한 이 동원령은 실현 불가능한 조치였음이 밝혀졌다. 군부가 오스트리아-헝가리만을 대상으로 한 동원 계획을 만들어놓지 않았기 때문이었다. 회의 말미에 고레미킨은 러시아의 정책을 이렇게 요약했다. "우리는 전쟁을 원하지 않지만, 전쟁을 두려워하지도 않는다." 그날 저녁 사조노프는 눈에 띄게 화가 난 독일 대사에게 최후통첩에 대한 러시아의 극도의 불쾌감을 전했다.[40]

다음날, 오스트리아-헝가리에 대한 세르비아 답신의 데드라인이 다가오면서 러시아의 태도는 강경해졌다. "러시아는 오스트리아가 세르비아를 격파하고 발칸 지역에서 압도적 강대국이 되는 것을 허용할 수 없고, 프랑스의 지원을 확보한 상태에서 러시아는 전쟁의 모든 위험을 감수할 것이다." 사조노프가 뷰캐넌 대사에게 한 이 말은 때맞춰 런던에 전해졌다. 두 사람이 만날 때 그 자리에 있었던 팔레올로그는 프랑스는 러시아 편에서 싸울 준비가 되어 있다고 선언하고, 영국도 친구들 편을 들 것인지 물었다. 사조노프는 영국은 러시아를 적극적으로 지원하는 것과 우정을 잃는 것 중에 선택해야 한다고 덧붙였다.[41] 그날 아침 다시 모인 러시아 내각은 추가적인 전쟁 준비 조치를 이미 재가한 상태였다. 모든 요새가 전쟁 준비 태세에 들어가고, 국경 지대에 병력이 배치되고, 나머지 군사 지역의 동원령을 위한 예비 조치가 취해졌다. 러시아의 최선임 장군들은 당시 이 조치를 총동원령과 전쟁으로 향하는 행보로 보았다.⁴² 이후 며칠간 러시아 당국은 평소와 다른 일을 하고 있다는 사실을 계속 부인했지만 — 수호믈리노프가 7월 26일 명예를 걸고 독일 무관에게 한 말이다 — 관측자들은 러시아 서부전선 너머 모든 곳에서 증강된 군사적 움직임을 포착했다.⁴³

퇴직한 러시아 외교관 한 명은 그날 밤 페테르호프와 크라스노예셀로 사이에 있는 별장에서 친구와 저녁을 먹고 있었다. 이때 그들은 한 연대가 상트페테르부르크 쪽으로 행군하는 소리를 들었다. "우리는 모두 정원 문으로 달려가, 여름 석양 아래 거대한 행렬을 이룬 근위대 병사들이 먼지가 이는 길을 따라 조용히 행군하는 모습을 보며 거기 서 있었다. 그 광경이 나에게 만들어낸 종말이 임박했다는 불길한 인상을 결코 잊지 못할 것이다."⁴⁴ 종말이 올 것인가, 아닌가는 독일과 오스트리아-헝가리에서와 마찬가지로 궁극적으로 한 사람에게 달려 있었다. 1906년 만들어진 새 헌법에도 불구하고 차르가 여전히 외교정책과 군대를 통제하고 있었다. 오스트리아-헝가리가 세르비아에 최후통첩을 발한 직후 베를린 주재 프랑스 대사 쥘 캉봉은 친구에게 이렇게 말했다. "오늘 프랑스와 유럽 평화 유지의 운명은 한 외국인의 의지, 즉 차르에게 달려 있다. 그는 어떤 결정을 내리고 무슨 조언을 할 것인가?"⁴⁵

*

러시아 정부가 전쟁을 향해 발을 내딛는 동안, 푸앵카레와 비비아니는 오스트리아-헝가리가 의도한 대로 아직 바다에 있었다. 7월 24일부터 두 사람은 파리와 외국의 프랑스 대사관들과 간헐적으로만 교신할 수 있었다. 최후통첩 소식은 프랑스호가 스톡홀름을 향해 나아갈 때 전해졌다. 비비아니는 아마도 푸앵카레가 작성했을 전문을 서둘러 상트페테르부르크로 보내 파리와 런던으로 전달해주길 요청했다. 이 전문은 세르비아가 자국의 명예, 독립과 양립하는 최후통첩의 조건을 모두 수락할 것을 권했다. 또한 이 전문은 3국협상 국가들이 오스트리아-헝가리의 독자적 행동을 허용하기보다는 세르비아의 공모에 대한 국제적 조사를 요청함으로써 문제를 국제화하자고 제안했다.[46] 이후 며칠간 프랑스, 이탈리아, 특히 영국은 죽은 것이나 다름없던 유럽협조체제가 되살아나 유럽 위기를 또다시 해결할 것이라는 희망을 붙잡으려 했다.

푸앵카레와 비비아니는 계획했던 스칸디나비아 방문을 취소하고 즉시 프랑스로 돌아가는 것을 논의했지만, 그러면 초청한 국가들에게 결례가 되고 국내에 불필요한 경각심을 불러일으킬 수 있다고 결론지었다. 그래서 발트해를 계속 항해하게 된 그들은 발칸 지역 상황이 악화되고 있다는 소식에 점점 우려가 커졌다. 독일이 이제 프랑스호와 파리의 모든 무선 교신을(프랑스와 러시아의 교신도) 방해하고 있어서 전문을 주고받기가 어려워졌다. 파리에서는 동료 장관들이 예방적 조치를 취하기로 결정했다. 참모 장교들은 휴가를 중단하고 귀대했고, 병력이 철도와 기타 주요 시설 방어에 나섰다. 나중에 참모총장 조프르는 상황의 심각성에 대한 어떤 환상도 없었다고 주장했다. "우리는 전쟁으로 곧장 나아갔고, 러시아는 우리와 동시에 참전할 것이었다." 그와 전쟁장관은 러시아 무관에게 프랑스는 러시아의 동맹으로서 의무를 완수할 것임을 보장했다. 그달 말에 프랑스의 전쟁 준비는 상당히 진전됐고, 남성복을 파는 도시와 소도시의 가게에는 무거운 군화와 두꺼운 양말이 놓이기 시작했다.⁴⁷

오스트리아-헝가리가 세르비아에 최후통첩을 발한 때부터 7월 28일 전쟁을 선포할 때까지 프랑스가 주로 수동적인 역할을 한 반면, 영국은 드디어 아일랜드에서 유럽대륙으로 시선을 돌리고 행동을 취하기 시작했다. 그레이는 발칸 지역에서 나타나는 위험의 강도를 파악하는 데 느려도 너무 느렸고, 영국이 3국협상의 일원이어서 어떤 식으로든 제약을 받는다는 것을 인정하려 하지 않았다. 7월 9일 런던 주재 독일 대사 카를 폰 리히노프스키는 그레이가 쾌활하고, 상황이 정리될 거라고 낙관하고 있는 것을 알아챘다. 그레이는 영국은 물론 전통적인 자유로운 입장을 유지할 것이라고 주장했지만 프랑스, 러시아와 아주 가깝다는 말을 덧붙였다. 그는 군사 문제에 대해 프랑스 측과 "대화"가 있었다는 사실은 인정했지만, 그 대화가 별것 아니라는 인상을 주었다. 일주일 뒤 리히노프스키와의 회동에서 그는 세르비아에 대한 러시아의 여론이 격앙되면 영국은 "러시아의 예민한 비위를 맞춰줘야 한다"고 경고했다.⁴⁸ 그는 자신과 외무부가 러시아와의 관계를 얼마나 우려하고 있는지는 독일 대사에게 설명하지 않기로 했다. 한편 메소포타미아(현재 이라크 땅)의 석유 통제권을 놓고 새로운 긴장이 발생했다. 페르시아에서의 영향력 경쟁은 계속되었다. 인도 정부는 아프가니스탄에서 벌인 러시아의 음모에 대해 우려를 표명했다. 외무차관 니컬슨과 외무부 관리들은 1915년 만료되는 1907년 영국-러시아 협약이 갱신될지 확신하지 못했다. 그해 봄 초기에 니컬슨은 상트페테르부르크의 뷰캐넌에게 이렇게 썼다. "나도 러시아가 우리에게 지쳐 독일과 협상할까봐 당신만큼 우려하고 있다."⁴⁹ 1914년 위기가 악화되자 그레이와 외무부 관리들은 오스트리아-헝가리와의 대립을 완화하도록 러시아를 너무 심하게 압박하지 않으려 했다. 행여 자신들이 러시아를 독일 품속으로 밀어 넣을까 두려웠기 때문이었다. (물론 독일도 비슷한 두려움이 있었다. 독일은 오스트리아-헝가리를 지원하지 않으면 유일한 주요 동맹국을 잃을지 모른다고 생각했다.) 오스트리아-헝가리가 세르비아에 선전포고를 한 7월 28일 니컬슨은 뷰캐넌에게 다음과 같은 내용의 개인적 편지를 보냈다. "나도 당신처럼 러시아가 이 위기를 우리 우정의 시험대로 받아들일 것이며, 우리가 러시아를 실망시키면 러시아와의 우호적이고 영구적인 양해가 사라질 것임을 예견했다."⁵⁰

위기가 악화되자 그레이는 영국이 어려운 선택을 내려야 하는 상황을 피할 수 있길 희망했다. 강대국들은 유럽협조체제를 한 번 더 가동시켜 1차·2차 발칸전쟁 때처럼 런던에서 대사들의 회의를 거치든, 가장 직접 연루된 국가들이 협상하도록 압박하든 어떻게 해서라도 타협을 가져와야 했다. 어쩌면 그는 러시아가 세르비아를 압박하고 독일이 오스트리아-헝가리를 압박할 수도 있다고 제안하지 않았을까? 러시아가 세르비아 편을 드는 것이 확실해지자 그레이는 프랑스, 영국, 독일, 이탈리아가 러시아와 오스트리아-헝가리를 직접 대화하도록 설득할 수 있다는 가능성에 매달렸다. 7월 28일 오스트리아-헝가리의 세르비아에 대한 선전포고로 유럽이 중대한 위기에 맞닥뜨리자 그레이는 협상할 시간을 벌기 위해 오스트리아-헝가리군이 베오그라드에서 진격을 멈추는 방안도 제안했다. (정말 전쟁의 실상에 당면하자 위축된 빌헬름 2세도 같은 시점에 유사한 제안을 했다.) 그레이는 계속 새로운 제안을 하면서 프랑스 측과 자신의 동료들에게 여러 해에 걸친 모든 군사·해군 협상에도 불구하고 영국은 어떤 의무나 비밀조약으로도 프랑스에 매여 있지 않고, 독자적으로 판단할 것이라고 말했다. 그는 자신과 군부가 그간 영국이 프랑스와 함께 움직일 것이라는 약속을 얼마나 많이 했는지에 대해 동료들, 영국 대중, 심지어 자신에게도 솔직하지 않았다. 다른 한편으로 그는 전에 자주 그랬듯이 영국은 프랑스가 짓밟히는 것을 방관할 수 없고, 벨기에 중립에 대한 위반을 강력히 규탄할 것임을 독일에 경고했다.

7월 23일 런던 주재 오스트리아-헝가리 대사 멘스도르프가 세르비아에 제시될 최후통첩의 본질을 그레이에게 설명했다. 그레이는 큰 충격을 받았을 것이다. 그날 밤 그와 전쟁장관 홀데인은 독일 산업가 알베르트 발린과 저녁을 먹었다. 독일 정부가 런던에 파견한 그는 유럽대륙에 전쟁이 발발할 경우 영국이 어떻게 반응할지 알아보는 비공식 임무를 띠고 있었다. 이렇게 정신없던 마지막 나날의 수많은 순간처럼, 사건 후 기억은 저마다 달랐다. 홀데인은 자신과 그레이가 발린에게 만일 독일이 프랑스를 공격하면 영국의 중립 유지를 보장할 수 없음을 경고했다고 기억했다. 그러나 발린은 다른 메시지를 베를린에 보냈다. 그는 영국은 유럽대륙의 세력 균형에 주로 관심이 있어서 독일이 전쟁 후 프랑스를 집어삼키지 않는 한(프랑스 식민지 몇 개만 빼앗고) 영국은 간섭하지 않을 것이라고 보았다.[51]

다음날 그레이는 최후통첩 내용을 전부 읽었다. 그는 멘스도르프에게 이렇게 말했다. "한 국가가 다른 독립국에 보낸 전문을 지금껏 보아왔지만 이 전문은 그중 가장 어마어마하다." 베르히톨트의 지시에 따라 멘스도르프는 설득력은 없겠지만 그 문서의 의미를 축소하려고 시도했다. 이 문서는 사실 최후통첩이라기보다는 데드라인이 있는 교섭으로, 오스트리아-헝가리는 데드라인 후 군사적 준비를 할 의사가 있지만 군사 행동과 같은 것은 아니라는 설명이었다.[52] 그날 오후, 버킹엄 궁전에서 열린 아일랜드 회의의 실패를 논의하기 위한 내각회의가 열렸다. 이 자리에서 그레이는 처음으로 발칸 위기를 의제로 삼고, 만일 러시아가 오스트리아-헝가리를 공격하면 독일이 동맹 방어에 나설 것으로 확신한다고 말했다. 아직 동료 장관들 대부분이 영국의 전쟁 관여를 확고히 반대했지만, 독일의 행동으로 그러한 균형은 다음주 깨지게 된다. 그레이는 최후통첩으로 1차 발칸전쟁 이후 어느 때보다도 아마겟돈(선과 악의 최후 결전)에 더 가까이 다가갔다고 냉정하게 말했다. 그의 해결책은 별로 극적이지 않았다. 독일, 프랑스, 이탈리아, 영국이 힘을 모아 오스트리아-헝가리와 러시아에게 행동을 취하지 말도록 촉구하자고 제안하겠다는 얘기였다. 그러나 같은 날 영국은 처음으로 전쟁에 대한 임시 준비 태세에 들어갔다. 한 주 전부터 하계 훈련 중이던 자국 수역 내 모든 영국 함대는 정부로부터 동원 상태 유지 명령을 받았다. 러시아와 프랑스의 예비 움직임, 그리고 이제 시작되려는 독일의 움직임과 마찬가지로 이러한 작전은 의도는 방어적이었을지 몰라도 외부에서 꼭 그렇게 보이지는 않았고, 이미 고조된 유럽의 긴장 수준을 높이는 또 하나의 요인이 되었다.

7월 24일 저녁 그레이는 리히노프스키를 불러, 영국은 독일과 함께 오스트리아-헝가리가 데드라인을 연장하도록 요구할 의사가 있다고 독일 정부에 전하게 했다. 그렇게 되면 다른 강대국들은 오스트리아-헝가리와 러시아 사이에 첨예해진 갈등을 무마할 시간을 벌 수 있었다. 다음날 리히노프스키의 전문을 읽은 카이저는 여백에 "소용없음"이라고 썼다. "나는 오스트리아가 요청하지 않는 한 나서지 않을 것인데, 오스트리아는 아마 요청하지 않을 것이다. 중대한 문제와 명예가 걸린 사안의 경우 다른 사람들과 상의하지 않는 법이다."[53]

토요일인 7월 25일 그레이는 리히노프스키를 다시 만나 전반적 상황을 논의했다. 독일 대사는 자국 정부의 입장을 옹호하기가 점점 힘들어지고 있었다. 영국과 영국의 제도를 숭앙하는 그는 런던과 베를린 사이의 더 향상된 양해를 오랫동안 옹호해왔다. 퇴직했던 그는 1912년 카이저의 부름을 받고 영국 대사 직책을 맡았다. 이때 카이저는 그에게 영국에 가서 "명랑한 좋은 친구"가 되라고 말했다. 베트만홀베크와 외무부는 그의 임명을 달가워하지 않았다. 그가 경험이 부족하고 영국인들에 대해 너무 순진하기 때문이었다.[54] 사실 리히노프스키는 위기 중에 지속적으로 좋은 조언을 했다. 독일은 오스트리아-헝가리를 지원하는 위험한 노선을 걷고 있고, 전면전이 일어나면 영국이 참전할 것이라는 조언이었다. 그는 상관들에게 정말 분쟁이 발칸 지역에 국한될 수 있다고 생각하느냐며 그건 몽상이라고 직언했다.[55] (니컬슨도 뷰캐넌에게 다음과 같이 신랄한 편지를 보냈다. "내 생각에 전쟁을 지역에 국한한다는 이야기는 오스트리아가 조용히 세르비아의 목을 조르는 동안 강대국들 모두가 사태를 관망하는 것을 의미할 뿐이다."[56])

긴급 전보들이 유럽에 계속 날아들던 그날 오후, 그레이는 평소와 다름없이 주말을 맞아 윈체스터에 있는 별장으로 갔다.[57] 그가 전보를 주고받을 수는 있었지만, 그토록 급박한 상황에서 다소 기이한 결정을 한 것으로 보인다. 월요일인 7월 27일 런던으로 돌아온 그는 독일이 갑자기 4개국 중재안을 거부했다는 것을 알게 되었다. 야고프가 주장한 대로, 이 중재안은 국제중재 법정이나 마찬가지여서 직접 관계된 러시아와 오스트리아-헝가리가 요청하는 경우에만 진행될 수 있다는 이유였다.[58] 이제 영국은 지원 의사를 분명히 하라는 러시아와 프랑스의 점증하는 압력에 시달리게 되었다. 뷰캐넌은 일요일에 사조노프를 만났다. 이때 그는 사태 해결을 위해 러시아가 오스트리아-헝가리와 협력하고 평화를 위해 러시아의 동원령을 연기할 것을 촉구했다. 월요일에 그는 러시아의 입장이 강경해졌다는 전문을 런던에 보냈다. "외무장관의 대답은 우리가 프랑스, 러시아와의 유대를 공개적으로 선언하지 않는 한 평화라는 이상으로 독일을 끌어들일 수 있다고 생각하지 않는다는 것이었다."[59] 파리에 있던 이즈볼스키는 저녁 만찬 파티에서 영국 외교관에게 전쟁은 분명히 다가오고 있고, 그건 영국의 잘못이라고 말했다. 위기가 시작되었을 때 영국이 러시아, 프랑스와 함께 싸우겠다는 뜻을 분명히 밝히기만 했어도 오스트리아-헝가리와 독일이 주저했을 것이라는 이야기였다. 그는 약한 러시아가 물러나야 했던 보스니아 위기와 다르다는 불길한 말을 덧붙였다. 이번에 러시아는 싸울 자리를 하나 차지하고 있었다.[60] 화요일인 7월 28일, 푸앵카레와 비비아니가 부재중인 가운데 파리에서 정부 자문을 맡았다가 급히 런던으로 돌아온 폴 캉봉은 그레이에게 다음과 같이 경고했다. "만일 영국이 유럽전쟁에서 분명히 빠져나와 방관한다면, 평화를 유지할 가능성은 극히 위태로워질 것이오."[61] 런던에 있는 동안 3국협상을 따뜻한 우호 관계 이상의 실질적인 것으로 만드는 데 헌신한 캉봉은 위기 초기부터 그레이가 "흔들리고 주저해서" 독일이 당돌하게 행동을 취하지 않을까 염려했다. "영국은 결국 우리와 함께할 것이 분명하다." 그럼에도 그는 파리에 있는 동료를 이렇게 안심시켰지만 "그러나 너무 늦을 것"이라고 우려했다.[62] 캉봉은 다음주에 그레이로부터 확실한 언질을 받아내려고 애쓰며 고초를 겪는다.

유럽대륙 곳곳에서 이상 징후가 보고되었다. 7월 25-6일 주말 독일 스파이들은 파리 에펠 탑과 러시아 서부 주요 군사 기지의 교신이 증가했다고 보고했다. 러시아 전방 수비대는 비상근무 체제에 돌입하라는 지시를 받았고, 철도 차량은 동프로이센 국경 근처 러시아 마을로 이동 중이었다.[63] 독일 정부는 황제가 북해에서 안전하게 떨어져 있길 희망했지만, 7월 26일 빌헬름 2세는 갑자기 독일 함대에 자기 요트를 호위해 귀환할 것을 명령했다. 그는 러시아의 기습적인 어뢰 공격을 우려했던 것으로 보인다. 그는 베트만홀베크가 군사 문제를 제대로 이해하지 못하는 것도 우려했다.[64] 다음날 푸앵카레와 비비아니는 갑자기 코펜하겐 방문을 취소하고 프랑스로 배를 돌렸다. 민족주의의 물결이 여름의 고요를 흔들기 시작했다. 상트페테르부르크에서는 처음에 소규모였지만 그 주가 지나가면서 불어난 군중이 차르의 초상화와 국기를 들고 "당신의 백성을 구하소서, 주여"라고 찬송을 부르며 행진했다.[65] 니콜라이 2세가 크라스노예 셀로의 지방

극장에 나타나자 청중은 몇 번이나 그에게 기립 박수를 보냈고, 그 자리에 있던 군 장교들은 갑자기 노래를 불렀다. 파리에서는 오스트리아-헝가리 대사관 밖에 군중이 모여 시위를 벌였고, 빈에서는 영국 대사의 보고에 따르면 주민들이 러시아 대사관 밖에서 시위를 시도하고, 군복을 입은 장교들이 큰 환호를 받는 등 "가장 난폭한 열정이 지배하고" 있었다. 베를린에서는 오스트리아의 최후통첩에 대한 세르비아의 답신이 알려지자 거대한 군중이 모여 애국적 노래와 오스트리아 국가를 불렀다. 대학생들은 구호를 외치고 노래하며 운터 덴린덴로를 행진했다.[66]

그러나 이탈리아의 거리는 조용했고, 영국 대사는 여론은 황태자 암살에 있어 세르비아가 한 역할과 지나치게 잔혹한 반응을 보인 오스트리아-헝가리 모두를 비난한다고 보고했다. 이탈리아 국민은 "다소 초초한 기대를 하며" 기다리고 있다고 그는 적었다. 그가 보기에 이탈리아 정부는 그럴듯한 근거로 3국동맹의 의무를 피하려 하고 있었다.[67] 이탈리아 정부의 딜레마는 오스트리아-헝가리가 세르비아를 파괴하고 발칸 지역의 지배 세력이 되는 것을 보고 싶지 않지만, 다른 한편으로는 동맹 국가들, 특히 독일을 적으로 만들고 싶지 않은 것이었다. (다른 많은 유럽인처럼 이탈리아 국민도 독일의 군사력에 대한 건전하고 심지어 지나친 존경심을 품고 있었다.) 실제 유럽전쟁은 더 많은 문제를 제기할 수 있었다. 만일 독일과 오스트리아-헝가리가 승리하면, 이탈리아는 더욱 두 국가의 영향력 아래 놓이고 일종의 가신국이 될 수도 있었다. 2국동맹 편에 서는 전쟁은 국내 지지를 받을 수도 없었다. 이탈리아 여론은 여전히 오스트리아-헝가리를 지금 세르비아인들에게 하듯이 이탈리아인들을 위협하고 압제했던 전통적인 적국으로 보고 있었다. 마지막으로 고려해야 할 점은 이탈리아 자체의 취약성이었다. 이탈리아 해군은 영국·프랑스 해군과 싸울 경우 전멸할 수 있었고, 이탈리아 육군은 리비아를 둘러싸고 벌어졌던 오스만제국과의 전쟁 후 재건 기간이 절대적으로 필요했다. 사실 이탈리아 군대는 새로 얻은 북아프리카 영토에서 강한 저항 세력과 여전히 싸우고 있었다.[68]

현명하고 경험 많은 이탈리아 외무장관 산 줄리아노는 몹쓸 통풍을 치료해보려고 로마 남쪽 피우지 폰테Fiuggi Fonte에 있는 별장에서 7월을 보내고 있었다. (그 지역의 물은 신장 결석 치료로 유명했고, 미켈란젤로도 "내가 사랑할 수 없는 유일한 돌"인 결석을 치료했다며 추천했다.) 이탈리아 주재 독일 대사는 7월 24일 별장으로 그를 찾아와 최후통첩의 세부 사항을 전달했다. 독일과 오스트리아-헝가리 양국으로부터 상당한 압박을 받았지만 산 줄리아노는 그때부터 이후 몇 주간 이탈리아는 방어적 성격이 분명하지 않은 전쟁에 참전하지 않되 일정한 조건 — 특히 오스트리아-헝가리로부터 이탈리아어권 영토를 할양받는 것 — 하에서 참전을 결정할 것이라는 입장을 고수했다. 그리고 만일 오스트리아-헝가리가 발칸 지역에서 영토를 얻으면 이탈리아도 마찬가지로 보상을 받아야 한다고 주장했다. 무례하게 이탈리아인들을 믿을 수 없는 토끼들이라고 불렀던 오스트리아-헝가리 정부는 8월 2일 독일의 압력에 마지못해 오스트리아-헝가리 자체 영토가 아닌 땅으로, 그것도 이탈리아가 참전할 경우에만 보상하겠다는 애매한 제안을 했다. 다음날 이탈리아는 중립을 지키겠다고 선언했다.[69]

7월 마지막 주 영국에서는 자유당의 강한 급진파와 전쟁에 반대하는 노동당으로 여론이 심각하게 갈라졌다. 월요일인 7월 27일 소집된 내각회의에서는 의견이 반반으로 갈렸다. 그레이는 얼버무리며, 분명한 행동 노선을 밝히지 않았다. 다른 한편으로 그는 만일 영국이 프랑스, 러시아 편에 합류하지 못할 경우 벌어질 상황에 대해 이야기했다.

우리는 당연히 그들의 신뢰를 영원히 잃을 테고, 러시아가 군대를 동원하는 동안 독일은 거의 확실히 프랑스를 공격할 것이다. 반면 우리가 기꺼이 3국협상에 우리의 운명을 걸겠다고 말하면, 러시아는 바로 오스트리아를 공격할 것이다. 결과적으로 평화에 대한 우리의 영향력은 우유부단해 보이는 우리의 태도에 달려 있다. 늘 정직하지 않은 이탈리아는 오스트리아가 최후통첩 전에 상의하지 않았다는 이유로 3국동맹 의무를 지키지 않았다.[70]

이 회의가 끝난 후 영향력 있는 재무장관으로 여전히 평화 옹호 진영에 있던 로이드조지는 친구에게 이렇게 말했다. "우리가 참전하는 것은 있을 수 없는 일이다. 내가 아는 장관 중에 전쟁에 찬성하는 사람은 아무도 없다."[71]

*

영불해협 너머에서는 호전적이었던 일부 의사결정자들이 잠시 재고하는 시간을 갖고 있었다. 7월 27일 베를린에 막 돌아온 카이저는 최후통첩에 대한 세르비아의 답신은 수용할 만하다고 생각했다. 전쟁장관 팔켄하인은 일기에 이렇게 적었다. "그의 연설은 혼란스럽다. 유일하게 분명한 것은 오스트리아를 실망시키는 일이 될지라도 그는 전쟁을 원하지 않는다는 것이다. 내가 보기에 그는 더이상 상황을 통제하지 못한다."[72] 니콜라이 2세는 사조노프에게 보낸 전문에서 러시아가 프랑스, 영국과 힘을 합치고, 독일과 이탈리아가 평화를 지키기 위해 이 분쟁을 헤이그의 상설중재재판소에 넘기도록 오스트리아-헝가리와 세르비아를 설득하자고 제안했다. "아마 운명적인 사건을 막을 시간이 아직 있을 것이다."[73] 사조노프는 또한 오스트리아-헝가리와 직접 대화에 나섰고, 베를린에서 베트만홀베크는 오스트리아-헝가리에게 이 대화에 참여하라고 조언했는데, 이러한 움직임은 평화를 위한 노력이라기보다는 2국동맹의 국내 여론 앞에 러시아를 잘못된 쪽으로 몰아갈 기회를 잡기 위한 의도가 더 커 보였다.

카이저와 베트만홀베크는 거센 격랑에 휩쓸리면서 지푸라기라도 잡으려고 계속 시도했지만, 당시 독일 지도부의 지배적 분위기는 전쟁은 피할 수 없다는 것이었다. 그들은 또한 독일은 아무 잘못이 없다고 스스로를 설득하고 있었다. 몰트케는 7월 28일 작성한 암울한 비망록에서 오스트리아-헝가리가 세르비아를 공격하면 러시아는 당연히 동원령을 발동할 테고, 그러면 독일도 동원령을 발동해 동맹국을 도울 수밖에 없다고 적었다. 러시아는 독일을 공격하는 것으로 이에 반응할 것이고, 프랑스도 참전하게 될 것이라고 말했다. "그렇게 되면 오로지 독일의 공격적 계획에 대응하기 위해 만든 순전히 방어적 동맹이라는 찬사를 자주 받아온 프랑스-러시아 동맹이 발동하게 되고, 유럽 문명국들의 상호 살육이 시작될 것이다."[74] 러시아와 오스트리아-헝가리의 협상은 7월 27일 시작되었지만, 이 협상은 오스트리아-헝가리가 빨리 움직이라는 독일의 압박을 받고 세르비아에 선전포고를 하면서 바로 다음날 다시 결렬된다.[75]

세르비아에 대한 오스트리아-헝가리의 선전포고는 그토록 비극적 결과를 가져오지 않았다면 웃어넘길 만한 일이었을 것이다. 베르히톨트는 베오그라드의 대사관을 극적으로 폐쇄했기 때문에 선전포고 소식을 어떻게 세르비아에 전달할지 몰라 당황했다. 독일은 여전히 오스트리아-헝가리의 계획을 모른다는 인상을 주기 위해 특사가 되길 거부했다. 그래서 베르히톨트는 암호화하지 않은 전보를 파쉬치에게 전달할 수밖에 없었고, 전쟁이 그런 식으로 선포된 것은 처음이었다. 세르비아 수상은 빈의 누군가가 세르비아를 속여 먼저 공격하도록 유도하고 있는지도 모른다고 의심하며 상트페테르부르크, 런던, 파리의 세르비아 대사관으로부터 확인받을 때까지 선전포고를 믿지 않으려 했다.[76] 부다페스트에서는 티서가 헝가리 의회에서 선전포고를 지지하는 열정적 연설을 했고, 반대파 지도자는 "드디어!"라고 소리쳤다.[77] 러시아 전쟁장관 수호믈리노프는 상트페테르부르크의 만찬 파티에서 이 소식을 듣고 옆자리 사람에게 이렇게 말했다. "이번에는 우리가 행진할 차례다."[78] 7월 28일 밤 사바Sava 북쪽 해안에 배치된 오스트리아 대포가 베오그라드로 포를 발사했다. 유럽에는 단 일주일의 평화만이 남아 있었다.

20장

소등

유럽 평화의 마지막 일주일

통상 슐리펜 계획이라고 알려진 독일의 전쟁 계획은 독일이 프랑스와 러시아에 맞서 두 전선에서 전쟁을 벌이는 것을 전제로 했다. 서쪽에서 신속하게 적을 섬멸하기 위해 독일 전쟁계획가들은 벨기에와 북부 프랑스로의 빠른 진격을 계획했다. 독일은 자국 군대가 평화롭게 벨기에 영토를 통과하는 것을 허용해주길 요구했지만, 벨기에는 항전하기로 결정했다. 이 때문에 독일군의 진격은 지연되었고, 더 중요한 점은 용감한 약소국 벨기에를 방어하기 위해 영국이 참전한 것이었다.

7월 28일 세르비아에 대한 오스트리아-헝가리의 선전포고는 점점 전쟁을 향해 가고 있던 유럽의 확고한 발걸음을 벼랑으로 내몰았다. 세르비아 지원을 비밀로 하지 않은 러시아는 이 사태에 대한 대응으로 오스트리아-헝가리를 위협할 가능성이 컸다. 만약 그런 일이 일어나면 독일이 동맹국을 돕기 위해 러시아와 전쟁할 수밖에 없었다. 그러면 동맹 체제의 성격상 프랑스는 러시아 편에서 참전하지 않을 수 없었다. 독일의 전쟁 계획은 비밀이었지만, 어찌됐든 이미 프랑스는 독일이 러시아만을 상대로 전쟁을 벌일 생각은 없고 서부전선도 공격할 것임을 분명히 알고 있었다. 영국과 이탈리아뿐 아니라 루마니아, 불가리아 같은 약소국들이 어떤 행동을 취할지는 아직 미지수였지만, 이들은 모두 잠재적 교전국들과 우호와 유대 관계를 맺고 있었다.

오스트리아 작가 슈테판 츠바이크는 벨기에 항구 오스탕드 인근에서 휴가를 즐기고 있었다. 그가 기억하기에 당시 분위기는 여느 여름처럼 무사태평했다. "휴가를 즐기는 방문객들이 밝은 색 텐트에 누워 있거나 바다에서 수영을 하고 있었다. 아이들은 연을 날렸고, 젊은이들은 항구 방조대 산책로에 있는 카페 밖에서 춤을 추고 있었다. 상상할 수 있는 모든 민족이 사이좋게 그곳에 함께 있었다." 이따금 신문팔이들이 유럽 동부의 동원령 위협이라는 섬뜩한 헤드라인을 외치거나 방문객들이 더 많은 벨기에 병사들을 목격할 때면 분위기가 어두워졌지만, 휴가 분위기는 곧 돌아왔다. 하지만 그날 밤이 지나자 유럽을 뒤덮은 먹구름을 무시하기는 불가능해졌다. "차가운 두려움의 바람이 불어와 해변을 깨끗하게 쓸어버렸다." 츠바이크는 이렇게 회고했다. 그는 서둘러 짐을 싸서 기차를 타고 집으로 향했다. 그가 빈에 도착했을 때 1차대전은 이미 시작됐다. 수천수만의 유럽 동료들처럼 그도 유럽의 평화가 그렇게 빨리, 결정적으로 끝났다는 것을 믿기 어려웠다.[1]

유럽의 국제관계가 갑자기 악화되자 유럽 각국 수도에서는 정신 없는 마지막 순간의 움직임이 시작되었다. 내각은 하루 내내 비상회의를 열었고, 외무부의 불은 밤새도록 밝혀졌다. 전보가 오고 암호가 해독될 때면 통치자들과 가장 저명한 정치인들도 잠자리에서 끌려 나왔다. 하급 관리들은 책상 옆 야전침대에서 잠을 잤다. 지휘권을 가진 사람 모두가 전쟁을 피하고 싶어하지는 않았지만 — 오스트리아의 콘라트나 독일의 몰트케를 생각해보라 — 의사결정자들이 지쳐가면서 종말에 직면한 위태로운 무력감이 커져갔다. 그리고 모든 이들이 자국은 아무 책임이 없다는 점을 내세우고 싶어했다. 그 점은 국가를 단합시키기 위한 국내적 필요에서뿐 아니라 유럽의 루마니아, 불가리아, 그리스 또는 오스만제국처럼 아직 어느 편에도 들지 않은 국가들, 더 멀리는 인력과 자원, 산업을 가진 거물급 미국을 끌어들이는 데도 중요했다.

오스트리아가 전쟁을 선포한 다음날인 7월 29일 아침 푸앵카레와 비비아니는 됭케르크에 도착해 바로 파리로 갔다. 파리에서 그들은 "프랑스 만세! 공화국 만세! 대통령 만세!" 간간이 "베를린으로 가자"를 외치는 열정적인 엄청난 군중의 환영을 받았다. 푸앵카레는 전율했다. "이렇게 감정에 압도된 적은 없었다. 여기 단합된 프랑스가 있었다."[2] 그는 일기에 이렇게 썼다. 그는 즉시 정부를 이끌며, 무지하고 믿기 힘든 비비아니를 하찮은 역할로 밀어냈다.[3] 러시아 정부가 부분 동원령을 발했다는 소문 — 사실로 밝혀졌다 — 이 들어오고 있었다. 팔레올로그는 아마 자국 정부에 기정사실로 통보하고 싶어서, 또는 프랑스가 러시아를 제지할까봐 두려워서인지 러시아의 군 동원을 미리 파리나 프랑스 정부에 경고하지 않았다. 그는 또한 반복해서 사조노프에게 "필요할 경우 프랑스는 동맹 의무를 완전히 이행할 준비가 되어 있다"라고 확언했다.[4] 그날 늦게 독일 대사가 비비아니를 방문해, 프랑스가 전쟁 준비를 멈추지 않으면 독일은 동원령을 향한 첫걸음을 내딛을 것이라고 경고했다. 그날 저녁 러시아가 동원령을 중지하라는 독일의 요구를 거부했다는 소식이 상트페테르부르크에서 들어왔다. 어느 관찰자에 따르면 프랑스 내각은 다음날 차분하고 진지하게 모여 러시아가 독일의 요구에 응하도록 어떤 설득도 하지 않기로 결정했다. 전쟁장관 메시미는 프랑스군을 전선으로 배치하는 조치를 취했지만, 독일군의 도발을 막기 위해 전선 후방 10킬로미터에 머물라고 명령했다. 프랑스는 침략국이 아니라는 것을 프랑스 국민과, 결정적으로 아직 아무 선언도 하지 않은 영국에게 보여줘야 한다는 생각은 프랑스 지도부의 마음속 가장 중요한 자리를 차지하고 있었다.[5]

멀리 동쪽에서 전쟁을 향한 속도는 점점 빨라졌다. 공세 작전에 편향된 군사 계획은 이제 동원령을 발동하고, 군대를 예정된 위치에 배치하고, 적이 준비되기 전에 먼저 전선을 넘어 공격하는 근거가 되었다. 의구심을 가졌을지 몰라도, 사령관들과 참모부가 승리를 장담하면서 민간인들은 압박에 저항하기가 점점 어려워졌다. 엄청 넓은 영토를 가진 러시아에서 수호믈리노프와 군부는 2국동맹 양측에 맞선 일반 동원령이 필수적이라고 주장했다. 오스트리아-헝가리는 이미 동원을 시작했고, 독일도 휴가 중인 병사들을 복귀시키는 등 예비적 조치를 취했기 때문이었다. 7월 29일 수호믈리노프와 동료들은 더 이상 동원령을 늦추는 것은 위험하다고 사조노프를 설득했다. 사조노프는 아직 마음을 정하지 못한 니콜라이 2세에게 동원령을 제안하는 데 동의했다.

니콜라이 2세는 전쟁은 일단 시작되면 멈추기 힘들고 재앙을 가져올 수 있다며 두려워했다. 그는 여전히 빌헬름 2세의 평화를 향한 의도를 믿고 있었다.[6] 그는 각료들의 주장에 못 이겨 두 개의 포고령에 서명했다. 하나는 오스트리아-헝가리와 러시아 접경 지역의 부분동원령이었고, 다른 하나는 독일에 맞선 총동원령이었다. 그러나 그는 여전히 어느 동원령을 실행할지 정하지 못했다. 7월 29일 니콜라이 2세는 빌헬름 2세에게 전문을 보냈다(두 사람의 교신에 주로 사용된 영어로). "당신이 귀환해서 기쁘다." 그는 이렇게 운을 뗀 다음 외사촌인 카이저가 평화 유지에 도움을 주길 요청했다. 그러나 그는 자신과 러시아 국민들은 세르비아에 대한 공격에 격노했다고 경고했다. "예견하건대 곧 나는 나에게 주어지는 압력에 압도될 것이고, 전쟁으로 이끌 극단적 조치들을 취하도록 강요받을 것이다."[7] 카이저는 별로 동요하지 않고 전문 여백에 이렇게 썼다. "자신의 약함에 대한 고백. 책임을 내 어깨로 떠넘기려는 시도." 카이저는 베트만홀베크의 제안을 받고 보낸, 그리고 니콜라이 2세의 전문과 엇갈린 자신의 전문에서 오스트리아-헝가리의 행동을 두둔했지만, 친구로서 오스트리아-헝가리와 러시아의 양해가 이루어지도록 최선을 다하고 있다고 말했다.[8] 두 통치자는 양국의 간극이 되돌릴 수 없이 커지기 전인 8월 1일까지 열 통의 전보를 교환하게 된다.

7월 27일 저녁 수호믈리노프와 참모총장 야누슈케비치와 같이 있던 사조노프는 니콜라이 2세에게 전화해 장관들이 총동원령 발령을 건의했다고 보고했다. 통화 말미에 차르가 동의하자 환호가 터져 나왔다.[9] 그날 저녁 늦게 한 장교가 필요한 동원 명령을 전달하기 위해 상트페테르부르크 중앙우체국에 서 있었다. 이때 야누슈케비치가 전화를 걸어 니콜라이 2세가 마음을 바꾸었다고 알렸다. 아마도 빌헬름 2세의 메시지를 읽고 생각이 바뀐 니콜라이 2세가 "나는 괴물 같은 대량 살상을 책임질 수 없다"라고 하며, 오스트리아-헝가리에 맞선 부분동원령만 재가할 것이라는 전언이었다.[10] 니콜라이 2세는 여전히 동원령을 전쟁의 전주곡이 아닌 외교 수단으로 생각했던 것으로 보인다. 다음날 빌헬름 2세에게 보낸 전보에서 그는 러시아의 움직임은 남쪽 이웃 국가에 대비한 순전히 방어적인 조치며, 자신은 여전히 빌헬름 2세가 오스트리아-헝가리를 러시아와 대화하도록 압박하길 기대한다고 말했다. "우리보다 거의 일주일이나 앞섰다." 빌헬름 2세는 화가 나서 휘갈겨 썼다. "이렇게 요구한 차르는 동시에 내 등 뒤에서 비밀리에 동원을 시작했기 때문에 나는 더이상 중재에 동의할 수 없다. 이것은 우리를 지연시키고 그들이 이미 시작한 동원을 늘리려는 책략일 뿐이다!"[11]

니콜라이 2세의 정부는 그의 결정 소식에 실망했다. 오스트리아-헝가리는 세르비아 공격에서 물러날 기미를 거의 보이지 않았고, 독일은 총동원령을 향해 가고 있는 것으로 보였다. 부분동원령은 러시아를 위험에 노출시킬 것이었다. 실제로 군관구 사령관 유리 다닐로프Yuri Danilov 장군은 이러한 조치가 "미리 수립된 가장 정확한 계산에 기초해 모든 것이 수행되어야 하는 영역에 주저와 무질서라는 병폐"[12]를 가져올 것이라고 강력하게 주장했다. 7월 30일 아침 수호믈리노프와 야누슈케비치는 차르에게 전화로 총동원령을 발할 것을 요청했다. 니콜라이 2세는 생각을 바꾸지 않겠다고 강력히 말했다. 그러자 사조노프가 전화를 받아 그날 오후 차르를 직접 뵙게 해달라고 요청했다. 니콜라이 2세는 일정이 꽉 차 있지만 오후 3시에 사조노프를 접견하겠다고 말했다. 직접 만난 두 사람은 거의 한 시간 동안 이야기를 나누었다. 해쓱해진 모습의 니콜라이 2세는 짜증스럽고 초조한 태도를 보이다가 이렇게 내뱉었다. "결정은 나 혼자 내리는 것이다." 상트페테르부르크에 퍼진 소문에 따르면 사조노프는 니콜라이 2세의 저항을 다음 말로 꺾었다고 한다. 러시아의 여론 상황을 감안할 때 독일과의 전쟁이 니콜라이 2세가 자신의 생명을 구하고 권좌를 유지해 아들에게 물려줄 유일한 수단이라는 말이었다. 다음날 차르는 총동원령이 시작되는 데 동의했다. 사조노프는 야누슈케비치에게 전화로 소식을 알리고 이렇게 말했다. "당신 전화기를 이제 부숴 버리시오."[13]

*

베를린에서 독일 정부는 러시아에서 전개되는 상황을 면밀히 주시하고 있었다. 카이저는 러시아의 군사적 준비에 격노하며, 오스트리아-헝가리만을 겨냥한 것일지라도 그것을 배신행위로 간주했다. 그는 자신의 정당한 동맹인 차르를 꾀어낸 프랑스와 영국, 그리고 고인이 된 외삼촌 에드워드 7세를 비난했다. 그는 영국제국을 격파할 것이며 이슬람 세계의 친구들이 성전을 벌이도록 촉구하겠다고 선언했다. (그는 최소한 후자에 대해서는 자신의 말을 지켰다.) "우리가 죽을 정도로 피를 흘리면 영국은 최소한 인도를 잃게 될 것이다."[14] 팔켄하인 등 최고위 지도부 중 일부는 동원령을 — 독일의 경우 가차 없이 전투로 이끌 것이었다 — 내려달라고 압박했지만 저항에 직면했다. 몰트케는 처음에는 상황이 충분히 심각하다고 생각하지 않았고, 베트만홀베크는 독일을 공격의 희생양으로 보이게 하려고 시간을 끌었다. 베트만홀베크는 7월 28일 영국 대사에게 발칸 지역에서 오스트리아-헝가리와의 평화적 해결 시도를 방해하는 큰 장애물이자 독일에 위협이 되고 있는 것은 러시아의 군사적 행동이라고 말했다. 러시아 정부가 총동원령을 발할지 말지를 놓고 씨름하던 7월 29일 베트만홀베크는 상트페테르부르크의 독일 대사에게 다음과 같은 전보를 보냈다. "러시아의 군대 동원이 더 진행되면 우리는 군대를 동원할 수밖에 없고, 그렇게 되면 유럽전쟁은 거의 막을 수 없게 되오. 이 점을 사조노프에게 매우 심각하게 전해주시오."[15]

영국 내각은 7월 29일 오전 11시 30분 회의를 소집해 세르비아에 대한 오스트리아-헝가리의 선전포고를 논의했고, 1839년 약소국의 중립과 독립을 보장한 런던 조약의 당사국 중 하나인 벨기에에 대한 영국의 의무를 숙고하는 데 상당한 시간을 할애했다. (다른 서명국은 프랑스, 오스트리아, 러시아, 프로이센이었고, 독일은 1871년 이 의무를 승계했다.) 영국 무역협회장이자 전쟁에 강력히 반대하는 급진 자유당의 일원인 존 번스는 일기에 이렇게 적었다. "모든 관점에서 상황을 심각하게 고려했다. 결정하지 않기로 했다." 그레이는 다음과 같은 내용을 프랑스 대사 캉봉과 독일 대사 리히노프스키에게 통보하라는 요청을 받았다. "이 단계에서 우리는 모든 상황에서 방관할지, 어떤 상황에서든 합류할지 미리 약속할 수 없다."[16] 그러나 내각은 두 가지 중요한 결정을 내렸다. 첫째, 처칠은 해군의 예비적 동원 명령을 내릴 허락을 받았다. 그날 밤 영국 함대는 등화관제를 한 채 영불해협을 통과해 북쪽으로 이동해 북해의 전투 지점에 도착했다. 둘째, 정부는 새로운 전쟁 매뉴얼에 따라 영국에 있는 군대에 "주의 단계"를 취하도록 했다. 그런데 이 과정을 어떻게 시작하는지 정확히 아는 사람이 없어서 잠시 혼란이 일어났고, 평화기에 매우 이례적으로 국토부의 한 부처가 경계 임무에 동원됐었다는 놀라운 사실도 알려졌다. 정부는 서둘러 신문에 영국은 동원령을 발하지 않았다고 공표했다. "순전히 예방적이고 방어적인 성격의 명령이 내려졌을 뿐이다."[17]

그레이는 내각회의 직후 폴 캉봉과 리히노프스키를 만났다. 그는 캉봉에게 영국의 자유로운 입장을 강조했으나, 리히노프스키에게는 내각이 동원령을 승인할 것 같다는 이야기를 넘어 영국 정부는 여전히 오스트리아-헝가리와 세르비아의 분쟁을 중재하길 희망하지만 만일 러시아와 독일이 개입하면 신속히 마음을 정할 것이라고 경고했다. 그레이의 말은 다음과 같이 이어졌다. "그렇게 될 경우 방관하면서 하염없이 기다릴 수는 없을 것이다." 그날 저녁 독일 대사의 전문을 받은 빌헬름 2세는 여백에 펜으로 이렇게 휘갈겼다. "똑같은 속임수!" "똑같은 똥개!" "악당들." "비열한 장사꾼들."[18]

카이저와 베트만홀베크는 이전 위기에서 평화를 옹호했지만, 위기의 마지막 단계에서는 둘 다 전쟁에 당면한 상황에서 받는 초조한 중압감을 보여주고 있었다. 프랑스도 준비를 시작했다. 벨기에는 예비군을 소집하고 특히 핵심 요새인 리에주 방어를 강화했다. 영국 해군은 전투 지점으로 배치되었다. 가장 위험한 것은 러시아가 총동원령을 향해 빠르게 움직이고 있다는 사실이었다. 7월 29일 베트만홀베크는 사촌 동생인 상트페테르부르크 주재 대사 푸르탈레Pourtalès에게 러시아가 동원을 계속하면 독일은 똑같이 할 수밖에 없다고 사조노프에게 경고하도록 지시했다. 푸르탈레는 빌헬름 2세가 아주 좋아하는 부유하고 정감 있는 인물로, 러시아는 엄포를 놓고 있을 뿐이라며 안심시키는 전문을 베를린에 보내왔다. 이제 그는 엄포라고 불렀던 것을 스스로 해야 하는 불편한 입장에 놓였다. 푸르탈레가 우호적 의견일 뿐이라고 표현한 그 위협을 듣고 사조노프는 화를 내며 소리쳤다. "이제야 오스트리아가 비타협적인 진짜 이유를 알겠다." 이 말에 마음이 상한 푸르탈레는 강력히 항의했다. 사조노프는 독일은 자신이 틀렸다는 것을 입증할 기회가 아직 있다고 퉁명스럽게 대꾸했다.[19]

베트만홀베크는 오스트리아-헝가리가 타협하도록 압박하라는 영국과 러시아의 요청을 그때까지 거부하고 있었지만, 같은 날 입장을 바꾸어 오스트리아-헝가리에 중재를 받아들이라고 촉구했다. 평화를 유지하려는 시도가 얼마나 진지했는지는 여전히 논쟁의 여지가 있다. 베트만홀베크는 독일과 다른 나라들의 여론도 주시하고 있었다. 민족주의 우파의 다수가 예방적인 것일지라도 공개적으로 전쟁을 지지했고, 많은 온건주의자들은 방어전을 지지할 준비가 되어 있었다. 우익과 자유주의적 신문들은 명예와 희생이라는 말을 점점 많이 썼고, 러시아 전제정의 공포와 여성과 아이들이 짐승 같은 러시아 기병대에 휘둘리며 독일을 휩쓸 러시아의 "아시아적" 야만주의를 묘사했다.[20] 그러나 노동계급에서는 전쟁에 반대하는 정서가 여전히 강해 보였다. 그 주에 전국 각지에서 약 75만 명이 참가한 대규모 평화 시위가 열렸고, 베를린에서만 애국 행진 때보다 많은 10만 명의 인파가 거리로 나왔다.[21] 그럼에도 불구하고 베트만홀베크는, 실제로 그렇게 되었는데, 독일이 러시아의 공격을 받을 경우 노동자들과 사회민주당 지도부가 조국을 위해 나서길 희망했다. 그 결과 그는 위기를 이용해 군대를 사회민주당 탄압에 쓰자는 카이저와 우익의 요구에 강하게 저항했다.[22]

하지만 베트만홀베크는 빈 주재 독일 대사 치르슈키에게 오스트리아 정부가 중재를 받아들이도록 강력히 촉구하라고 지시했다. 그 시점에 베트만홀베크는 영국도 개입할 수 있다는 리히노프스키의 경고문을 보고 기분이 침울해졌다. 그러나 그가 오스트리아-헝가리 정부를 설득할 가능성은 거의 없었다. 7월 30일 아침 베르히톨트의 말은 간단했다. 세르비아에 대한 군사작전은 이미 한참 진행되어 베오그라드에서 진격을 멈추는 것을 포함해 이 작전을 동결하려는 시도는 여론과 군부 내 감정을 고려할 때 불가능하다는 것이었다.[23] 베오그라드에서 진격을 멈추고 중재하자는 베트만홀베크의 제안을 그대로 반영하여 빌헬름 2세가 프란츠 요제프에게 직접 호소했지만 효과는 거의 없었다. 빌헬름 2세와 베트만홀베크는 독일 군부가 전혀 다른 메시지를 보내 오스트리아-헝가리 군부에게 동원령을 총동원으로 만들고, 러시아 국경으로 병력을 이동하라고 촉구한 것을 모르고 있었다. 7월 30일 저녁 늦게 몰트케가 콘라트에게 보낸 감정적인 전보에는 다음과 같은 내용이 담겨 있었다. "오스트리아-헝가리는 반드시 보존되어야 한다. 즉시 러시아에 맞서 군대를 동원하라. 독일은 동원할 것이다."[24]

베를린에서 보낸 상반된 메시지는 오스트리아-헝가리 정부를 혼란스럽게 만들었다. 오스트리아-헝가리 정부는 중재를 수용하라는 국제적 압력을 집중적으로 받고 있었고, 독일이 보스니아 위기와 최근 1·2차 발칸전쟁 때처럼 지원을 철회할까봐 두려워하고 있었다. "베를린을 지배하는 사람은 누구인가? 몰트케인가 베트만홀베크인가?" 당황한 베르히톨트는 동료에게 이렇게 물었다. 그는 몰트케의 말을 믿기로 하고 이렇게 말했다. "나는 독일이 후퇴하고 있다는 인상을 받았다. 하지만 지금 책임 있는 군사 당국으로부터 가장 확실한 선언을 들었다."[25] 7월 31일 아침에 열린 공동내각회의에서는 영국의 제안뿐 아니라 베오그라드에서 진격을 멈추고 국제중재를 받아들이라는 제안을 무시하기로 결정했다. 베르히톨트는 러시아가 세르비아의 구원자로 나설 것이 분명하다고 말했다. 세르비아 군대는 전력을 그대로 보존할 것이고, 그렇게 되면 오스트리아-헝가리는 앞으로 세르비아를 다루는 데 더 불리해질 것이라는 주장이었다. 오스트리아 수상 슈튀르크와 공동 재무장관 빌린스키는 1·2차 발칸전쟁 때 오스트리아-헝가리를 물러나게 만든 중재를 격렬히 비판했다. "이러한 정치 연극이 또 벌어지면 대중 전체가 들고일어날 것이다."[26] 빌린스키는 이렇게 말했다. 전쟁 촉구에 저항하는 데 도움을 줄 프란츠 페르디난트가 이제 옆에 없고, 콘라트가 "군주정의 생사가 달려 있다"고 몰아세우는 가운데 늙은 프란츠 요제프 황제는 그날 오스트리아-헝가리군의 총동원령에 서명했다.[27] 베르히톨트는 이 결정을 "러시아의 동원령으로 우리가 불가피하게 취할 수밖에 없는 갈리치아에서의 방어적 군사 조치"라고 세계에 설명하며, 러시아가 총동원을 중단하는 대로 자국도 동원을 중단할 것이라고 말했다.[28] 유럽전쟁을 향한 또 하나의 거대한 발걸음이 내딛어졌다.

7월 말 며칠 동안 베트만홀베크는 정말 오스트리아-헝가리를 협상하게 할 의도는 아니었을지 몰라도, 자신이 영국이 중립을 지키도록 설득할 수 있길 여전히 희망했다. 그의 말을 팔켄하인은 일기에 다음과 같이 기록했다. "후자가 바람직하다. 수상의 의견에 따르면 러시아가 오스트리아를 공격하여 전면전을 일으키면 영국은 러시아 편을 들 수 없기 때문이다."[29] 독일 측은 이것이 가능하다고 생각했다. 그 주 초반 카이저의 동생인 하인리히 대공이 조지 5세와 아침을 먹었는데, 그 자리에서 조지 5세는 이렇게 말했다. "우리는 이 일에 관여하지 않고 중립을 지킬 수 있도록 모든 일을 할 것이다."[30] 이 말이 베를린에 보고되었기 때문이었다. 7월 29일 베트만홀베크는 전면전을 피하기 위한 진정한 노력, 아니면 단지 독일에 전쟁 책임이 없다는 것을 다시 한번 보여주기 위해 영국의 중립을 호소했다. 그날 저녁 늦게 그는 베를린 주재 영국 대사 에드워드 고션과 회동했다. 고션은 대화 내용을 즉시 런던에 보고했다. 이 보고에 따르면 독일 수상 베트만홀베크는 러시아와 독일·오스트리아-헝가리 간의 전쟁을 피할 수 없겠지만 영국이 중립으로 남길 희망한다고 말했다. 결국 유럽대륙에서 영국의 가장 큰 관심사는 프랑스가 격파되지 않는 것이었다. 영국의 중립 보장에 대한 보상으로 독일은 프랑스로부터 어떤 영토도 취하지 않겠다고 약속할 의사가 있다고 밝혔다. 다만 일부 식민지를 취할 가능성은 열어두었다. 또한 독일은 네덜란드를 침공하지 않을 것이라고 했다. 고션은 런던에 이렇게 보고했다. "독일 수상은 프랑스의 행동에 따라 독일이 어떤 작전을 취할 것인지 말할 수 없지만, 벨기에가 독일 반대편에 서지 않으면 그 나라의 영토적 통합성은 전쟁이 끝난 후에도 존중될 것이라고 말했다." 베트만홀베크는 영국과 독일의 합의가 늘 자신의 목표였던 더 나은 관계로 이끌길 희망한다며 말을 마쳤다.

베트만홀베크의 제안은 다음날 아침 런던에서 고션의 보고가 낭독되면서 조롱을 받았다. 외무부의 강한 반독일적 편견을 반영하며 에어 크로는 이렇게 적었다. "이 놀라운 제안에 대해 할 수 있는 유일한 대답은, 그 제안이 그것을 만든 정치인의 불명예를 반영한다는 점이다. … 독일이 전쟁에 돌입하기로 결정한 것은 분명하며, 지금까지 유일한 억제 요인은 영국이 프랑스와 벨기에 방어에 합류할 것이 두려워서였다는 것이 분명하다."[31] 베트만홀베크의 제안을 들은 그레이는 분노로 얼굴이 하얗게 질렸고, 그날 오후 늦게 그가 베를린 주재 영국 대사에게 보낸 답신의 언어는 그가 쓸 수 있는 말 중에 가장 강력한 것이었다. 독일이 벨기에의 중립을 파괴하는 것을 영국이 묵인하고, 독일이 프랑스를 굴복시키더라도 영국은 중립을 지키라는 제안은 "수용할 수 없는" 것이었다. 그레이의 말은 이렇게 이어졌다. "우리가 프랑스를 희생시키고 독일과 이런 거래를 한다면, 이 나라의 명성에 결코 회복할 수 없는 먹칠하는 일이 될 것이다."[32]

*

영국이 분명한 입장을 선언해야 한다는 압력이 가중되었다. 파리에서 푸앵카레는 영국 대사 버티에게 만일 유럽대륙에서 전쟁이 발발하면 영국은 자국의 이익을 지키기 위해 개입할 것이 분명하고, 만일 지금 영국이 그렇게 하겠다고 공표한다면 독일이 이웃 국가들을 공격하는 것을 분명히 억제할 것이라고 말했다. 점점 절박해진 캉봉은 영국 외무부 내의 친구들을 계속 찾아다니고 그레이를 방문해 두 사람이 1912년 11월 중대한 위기 발생 시 어떤 조치를 함께 취할지 협의하기로 약속했던 것을 상기시켰다. 그러나 여전히 영국 내각은 유럽대륙에 전쟁이 발발할 경우 취할 정책에 대해 확고한 결정을 내릴 수 없었다. 자유주의자들이 주도한 외교정책위원회는 오랫동안 그레이를 비판하며 그가 비밀리에 프랑스와 약속한 것으로 의심해왔는데, 이들은 영국이 개입한다는 결정이 내려질 경우 지지를 철회하겠다고 애스퀴스를 위협했다. 위원회 멤버 중 한 사람은 애스퀴스에게 편지를 보내 최대 자유당 의원 10분의 9까지가 정부를 반대할 것이라고 주장했다. 다른 한편으로 그레이와 그의 동료인 자유당 제국주의자들은 프랑스를 지원하지 않는 정부에서 일하는 것을 거부할 수 있었다. 자유당 지도자들은 합당한 근거를 가지고, 정부가 와해되면 보수당이 정권을 잡을 길이 열릴 수 있다는 점을 우려했다.[33]

금요일인 7월 31일 내각은 다시 회의를 열었지만, 캉봉에게 아무 약속도 할 수 없다는 것만을 결정했다. 러시아는 이미 군대를 동원하고 있었고, 잘 알 수는 없지만 오스트리아-헝가리도 곧 총동원령을 발할 것이고 독일도 조치를 취하기 시작할 것으로 예상되었다. 내각 회의에서 그레이는 영국은 무엇을 할지 결정하는 데 있어 완전히 자유로운 입장을 유지해야 한다는 주장을 고수했다.[34] 에어 크로는 이에 반대했다. 그날 작성된 강력한 비망록에서 그는 다음과 같이 주장했다.

> 영국이 큰 전쟁에 개입할 수 없다는 이론은 독립국임을 포기하는 것을 뜻한다. 영국은 무릎을 꿇고, 전쟁에 돌입할 수 있는 다른 강대국이나 여러 강대국들의 집단이 내리는 명령에 복종하도록 강요당할 수 있다. … 분쟁 시 영국이 친구들 곁을 지킨다는 뜻이 아니라면 화친 정책은 아무 의미도 없다. 이러한 명예로운 기대가 상승해왔다. 우리가 그 기대를 저버린다면 우리의 명예가 심각한 비판에 노출될 것이다.[35]

당시 영국의 운명을 통제하던 소수의 집단에서도 여론은 분열되었지만, 개입 쪽으로 움직이는 것처럼 보였다. 일례로 《타임스》는 영국은 프랑스와 러시아에 지켜야 할 도덕적 의무가 있으며, 영국은 유럽대륙의 세력 균형이 독일에 유리하게 바뀌는 것을 방관할 수 없다고 주장했다.[36]

*

영국이 앞에 놓인 딜레마로 고심하고 있을 때, 독일은 동원 시작이라는 운명적 결정을 내리고 있었다. 독일의 동원령은 다른 나라들의 동원령과 달랐기 때문에 유럽 평화에 특히 위험했다. 훌륭하게 조율된 깔끔한 단계들 ─ 비상사태나 "임박한 전쟁 위협" 선언부터 총동원 명령, 보급품을 갖춘 각 부대의 병사 조직, 최종적으로 국경 너머 진격까지 ─ 은 일단 시작되면 중단이 거의 불가능했다. 군대는 평화기에도 항상 준비 태세를 갖추어 명령이 떨어지면 바로 움직일 수 있었다. 총참모부의 연락국은 24시간 당직을 섰고, 자체 전화 교환 시설을 갖추어 주요 우체국, 전보국과 직접 연결되어 있었다.[37] 독일에게 동원령은 외교적 수단이 아니라 전쟁 그 자체였다. 베트만홀베크와 카이저는 이 과정을 시작하려는 군부의 압력에 저항해왔지만, 7월 31일 군부가 권력을 장악하기 시작했다. 베트만홀베크는 사직하고 이러한 권력 이전을 받아들였다. 베를린 주재 작센 대표는 베트만홀베크의 말을 다음과 같이 보고했다. "책임 있는 군주와 정치인의 손에서 통제력이 미끄러져 나갔다. 그래서 미친 유럽전쟁이 통치자들이나 국민들이 원하지 않는 상황에서 일어나게 되었다."[38]

결정적으로, 아직 기다릴 수 있다는 데 동의했던 몰트케가 전날 저녁 갑자기 입장을 바꾸었다. 팔켄하인은 일기에 이렇게 적었다. "그의 기분 변화는 거의 또는 전혀 설명할 수 없다."[39] 하지만 몰트케는 그럴 만한 이유가 있었다. 독일은 전쟁 선언 전에 리에주를 장악해야 하는데, 벨기에가 그 요새를 서둘러 강화하고 있다는 보고를 받았던 것이다. (그는 독일 전쟁 계획 중 이 부분을 민간 관리들에게 설명한 적이 없었다.)⁴⁰ 그는 아무 결정도 내리지 못하는 긴장 상태를 더는 견딜 수 없었을 수도 있다. 7월 30일 베트만홀베크와 팔켄하인의 "끝없는 협상" 후 동원의 예비 단계인 "임박한 전쟁 위협 상태"를 러시아의 동원령 발령 여부와 관계없이 다음날 정오에 발표한다는 결정이 내려졌다. 그날 자정 몰트케의 부관은 눈에 띄게 흥분한 몰트케가 카이저의 포고령 초안을 바쁘게 작성하는 모습을 보았다. 총참모장의 말에 따르면 몰트케는 영국이 개입하는 것과 전쟁이 세계대전이 되는 것을 우려했다. "이 전쟁의 범위, 시간, 종결에 대해 말할 수 있는 사람은 거의 없다."⁴¹

 7월 31일 정오 직전에 러시아의 동원령 발령 확인 소식이 들어오자 베트만홀베크는 빌헬름 2세에게 전화를 걸어 "임박한 전쟁 위협 상태" 선언 허가를 받았다. 베를린 전쟁부에 근무 중이던 바이에른 출신 무관은 일기에 이렇게 썼다. "기쁨이 넘치는 얼굴들, 복도에서 악수하는 사람들이 모든 곳에 있다. 장애물을 뛰어넘은 것을 서로 축하한다." 바이에른 대사는 뮌헨에 다음과 같은 전문을 보냈다. "총참모부는 대단한 확신을 가지고 프랑스와의 전쟁을 고대하며, 4주 안에 프랑스를 격파할 것으로 기대하고 있다."⁴² 독일 국민들은 오후 4시경 옛 프로이센 방식으로 이 결정을 통보받았다. 병사들의 부대가 궁전에서 행진해 나와 큰 대로인 운터덴린덴로에서 멈췄다. 북을 치는 사람들이 사방으로 북을 친 다음 포고령이 낭독되었다. 독일 정부는 요구가 거부될 것을 알면서도, 독일과 오스트리아-헝가리에 맞선 모든 전쟁 준비를 12시간 내에 멈추라는 최후통첩을 러시아에 보냈다. 다음날 아침 베트만홀베크는 모든 독일 공국 대표들을 만나 러시아가 뒤로 물러나지 않을 경우 전쟁에 찬성해달라고 요청했다. 그들에게 그는 자신이 끝까지 평화를 위해 노력했다고 확언했다. "그러나 우리는 유럽 열강에서 물러나고 싶지 않다면 러시아의 도발을 용인할 수 없다."[43] 두 번째 최후통첩이 프랑스에 전달되었다. 프랑스는 어떤 전쟁에서든 중립을 지키겠다는 확약을 18시간 내에 해야 했다. 그러한 약속을 지키겠다는 증거로 프랑스는 툴과 베르됭의 핵심 요새를 넘겨주어야 했다. (독일은 러시아와의 전쟁이 끝난 후 이 요새들을 성실히 반환하겠다고 약속했다.) 독일은 또한 그리스, 루마니아, 오스만제국에 전보를 보내 전쟁이 일어날 경우 3국동맹에 가담할 것인지를 물었다.

독일이 두 전선의 전쟁을 준비하는 동안, 7월 27일부터 러시아가 군사 행동을 강화한다는 보고가 들어오는데도 불구하고 오스트리아-헝가리가 전체 병력의 5분의 2 정도를 세르비아를 향해 이미 동원한 것이 큰 걱정거리가 되었다.[44] 7월 31일 총동원령 발령 후에도 오스트리아-헝가리군의 상당 부분이 발칸 지역을 향해 남쪽으로 이동하고 있었다. 콘라트는 많은 결정을 특징지은 희망적인 생각으로 러시아가 오스트리아-헝가리 국경까지 군대를 이동시키기만 하고, 자신이 세르비아를 신속히 격파하는 동안 그저 가만히 있길 희망했던 것으로 보인다.[45] 이것은 독일이 보는 방식도, 독일이 필요한 것도 아니었다.

동맹 관계에서 자주 일어나는 일처럼, 전쟁은 파트너들의 서로 다른 이해관계를 전면에 드러냈다. 러시아를 가능한 한 빨리 공격하겠다고 평화기에 약속했던 오스트리아-헝가리는 세르비아 격파에 매달렸다. 독일은 프랑스 격파 전에 오스트리아-헝가리를 보호하기 위해 서부 병력을 이동시킬 생각이 거의 없었다. 독일 관점에서는 오스트리아-헝가리가 러시아에 대항해 가능한 한 많은 병력을 북쪽으로 보내는 것이 아주 중요했다. 몰트케는 이미 콘라트에게 그의 병력을 북쪽과 동쪽으로 이동시킬 것을 요청했고, 7월 31일 카이저도 프란츠 요제프에게 강력한 메시지를 담은 전보를 보냈다. "이 위대한 투쟁에서는 오스트리아가 주력을 러시아에 맞서 동원하고, 세르비아에 대한 동시 공격으로 병력을 분산시키지 않는 것이 가장 중요하다." 카이저의 메시지는 다음과 같이 이어졌다. "우리가 서로 어깨를 맞대고 있는 이 거대한 투쟁에서 세르비아는 아주 보조적인 역할을 하고 있어서 최소한의 방어적 조치만 필요하다."[46] 그러나 콘라트는 8월 4일까지 병력을 남쪽에서 북쪽으로 재배치하지 않았는데, 이 결정은 오스트리아-헝가리에 군사적 재앙을 초래한다.

토요일인 8월 1일 오후까지도 독일의 최후통첩에 대한 러시아의 답신이 오지 않았다. 주 초반에 진행되었던 애국적 시위는 사그라져 갔고, 독일 국민은 우려하며 심지어 우울한 심정으로 사태 진전을 기다리고 있었다. 한 기자는 프랑크푸르트에서 이렇게 보도했다. "엄청난 심각함, 무서운 평화와 적막이 모든 것을 뒤덮고 있다. 조용한 방 안에서 부인들과 젊은 여자들은 새로운 미래에 대해 심각한 생각을 하며 앉아 있다. 이별, 끔찍한 일에 대한 크나큰 두려움, 앞으로 닥칠 일에 대한 두려움." 가정주부들은 식품을 사재기하기 시작했고, 사람들은 예금을 인출하러 은행으로 달려갔다. 빌헬름 2세는 러시아 군대가 증강되는 동안 시간을 낭비하고 있다고 보는 장군들로부터, 그리고 남자답게 행동하라고 독촉하는 부인으로부터 총동원령을 발하라는 엄청난 압박을 받고 있었다. 그는 오후 5시 총동원 명령서에 서명했다.[47] 그 직후 그는 베를린 궁전 발코니에서 다음과 같이 연설했다. "여러분의 사랑과 충성의 표시에 가슴 깊이 감사드린다. 지금 우리 앞에 놓인 전투에서 나의 국민 안에는 더이상 분파가 보이지 않는다. 우리에게는 독일인만 있을 뿐이다." 그는 평소보다 훨씬 기분이 좋았다. 온갖 정치적 신념을 가진 독일인들이 이제 주적으로 간주된 러시아에 맞서 조국을 방어할 준비가 되어 있었다. 전쟁이 현실이 되면서 애국적 열정이 크게 고조되었다는 민족주의적 신화가 훗날 만들어졌지만, 대중의 분위기는 다른 무엇보다도 체념 상태였던 것 같다.[48]

빌헬름 2세가 총동원령에 서명한 직후 리히노프스키의 전보가 도착했다. 그의 보고에 따르면 영국은 독일이 프랑스를 공격하지 않으면 중립으로 남겠다고 약속했다. 어느 관찰자의 표현에 따르면 "폭탄 같은" 소식이었다. 빌헬름 2세와 아마도 베트만홀베크는 안도의 한숨을 쉬었을 것이다. 빌헬름 2세는 유쾌하게 몰트케에게 이렇게 말했다. "그러면 우리는 전군을 동부에 배치하면 되겠군!" 방의 분위기는 급격히 폭풍처럼 바뀌었다. 몰트케는 러시아만을 상대로 한 병력 배치 가능성을 고려하길 거부했다. 서부의 병력 배치는 전체 계획에 지장을 주어 앞으로 프랑스와의 전쟁에서 승리할 가능성을 종결시키지 않고는 중단될 수 없었다. 그는 이렇게 덧붙였다. "더구나 우리 정찰대는 이미 룩셈부르크에 진입했고, 트리어에 있는 사단이 즉시 뒤따를 것입니다" 그는 빌헬름 2세에게 퉁명스럽게 다음과 같이 말했다. "만일 폐하께서 전군을 동부로 이끌길 주장하신다면, 공격할 준비가 된 군대가 아니라 보급품도 없이 무질서하게 뒤엉킨 병사들을 갖게 될 것입니다." 빌헬름 2세는 이렇게 대꾸했다. "귀관의 삼촌이었다면 다른 대답을 했을 것이네."[49]

독일이 한 전선에서만 싸우면 너무 늦어진다는 몰트케의 주장이 옳았는지에 대한 논쟁이 펼쳐졌다. 당시 총참모부 철도부 책임자였던 그뢰너 장군은 훗날 그럴 수 있었다고 주장했다.[50] 이 상황에서 타협안이 급히 만들어졌다. 두 전선에 계속 병력을 배치하되, 서부전선의 독일군은 프랑스의 입장이 더 분명해질 때까지 프랑스와의 국경 바로 앞에서 멈추기로 했다. 몰트케는 그날 받은 심리적 충격에서 회복하지 못했다. 빌헬름 2세가 부분동원을 요청한 다음 그가 집으로 돌아왔을 때를 그의 부인은 훗날 이렇게 회고했다. "나는 끔찍한 일이 일어난 걸 바로 알아차렸다. 그는 얼굴이 온통 상기됐고 맥박도 제대로 잴 수 없을 정도였다. 절망한 남자가 내 앞에 있었다."[51]

그날 밤늦게 리히노프스키의 두 번째 전보가 도착했다. 이전 전보는 실수한 거라며 영국은 독일이 벨기에나 프랑스를 절대 침공해서는 안 되고, 프랑스를 공격하려던 서부전선의 군대를 러시아에 맞서 동부로 이동시켜서도 안 된다고 주장한다는 보고였다. 몰트케가 벨기에와 프랑스에 맞선 작전 재개를 허가받으러 황궁으로 돌아갔을 때, 이미 잠자리에 들었던 빌헬름 2세는 퉁명스럽게 "귀관이 하고 싶은 대로 하라. 나는 어느 쪽이 되든 신경쓰지 않겠다"라고 내뱉고 다시 잠자리에 들었다.[52] 카이저의 장관들은 운명의 그날 잠을 이룰 수 없었고 다음날 아침 일찍 모여 러시아에 대한 공식 선전포고가 필요한지를 논의했다. 몰트케와 티르피츠는 필요 없다고 생각했지만 "그러지 않으면 내가 사회주의자들을 끌고 갈 수 없다"고 주장한 베트만홀베크가 승리했고, 이것은 그가 군부를 꺾은 마지막 승리 중 하나가 된다.[53] 선전포고가 작성되어 상트페테르부르크의 푸르탈레에게 전달되었다. 독일이 총동원을 결정하면서 유럽 5대 열강 중 세 국가가 이제 총동원에 들어갔다. 오스트리아-헝가리처럼 이미 공식적으로 전쟁에 돌입한 경우도 있었고, 독일과 러시아는 곧 그렇게 할 터였다. 나머지 세 국가 중 이탈리아는 중립을 택했고, 프랑스는 독일의 최후통첩을 무시하고 8월 2일 자체 총동원을 개시하기로 했고, 영국은 아직 어떻게 해야 할지를 결정하지 못했다.

*

8월 1일은 영국에서 공식 연휴가 시작되는 날이었다. 많은 가족들이 바닷가로 떠났고, 런던에서는 튀소 여사가 휴가객을 위한 새로운 밀랍인형 전시회 개최를 광고했다. "유럽 위기. 오스트리아 황제, 세르비아 페타르 국왕, 기타 유럽 군주들의 초상 모형. 아일랜드 자치권 위기. 에드워드 카슨 경, 존 레드먼드, 기타 유명인사들. 해군과 육군 재현. 즐거운 음악. 저렴한 가격의 가벼운 식사."[54] 그러나 정부 청사가 있는 화이트홀의 권력의 회랑에서는 휴일 분위기를 느낄 수 없었다. 점점 시무룩해지던 그레이는 이번에는 주말 별장으로 도피할 수 없었다.

연이어 나쁜 소식이 들어왔다. 런던 시는 공포에 휩싸였다. 은행 이자율이 밤사이 두 배로 뛰었고, 수백 명이 지폐를 금으로 바꾸려고 영국은행에 줄지어 섰다. 증권거래소 운영부는 추가 통지가 있을 때까지 폐쇄하기로 결정했다(다음해 1월까지 폐쇄된다). 재무장관 로이드조지와 애스퀴스는 주요 기업인들을 만나 정부는 경제 안정에 필요한 경우에만 경제에 개입할 것이라고 안심시켰다. 그러나 유럽대륙으로부터 군대 이동 소식이 들어왔고, 나중에 오보로 밝혀졌지만 독일군이 이미 프랑스 국경을 넘고 있다는 소식이 들어왔다. 베를린 주재 영국 대사 고션은 외무부의 니컬슨에게 보낸 개인 편지에서 이렇게 하소연했다. "모든 게 너무 끔찍하다! 하인들은 모두 떠나고 영국인 시종과 스위스인 보조요리사만 내 곁에 남을 것이다. 나처럼 지치지 않길 바란다."[55]

내각은 토요일인 8월 1일 아침 늦게 모였다. "솔직히 말해서 더 쓰라리게 실망해본 적이 없었다." 애스퀴스는 나중에 베네티아 스탠리에게 이렇게 쓰면서, 그 주 내내 만날 수 없을 것이라고 말했다. 그리고 그는 국제위기가 해결될 기미가 보이지 않고, 내각은 어떻게 할지 결정하지 못했다고 적었다. 그날 아침, 애스퀴스가 편지에서 "맨체스터 가디언 노선"이라고 부른 그룹은 여전히 영국은 어떤 상황에서도 대륙전쟁에 개입하지 않겠다고 선언해야 한다고 주장했고, 다른 쪽에는 전쟁 배제를 거부하는 그레이와, 처칠과 애스퀴스 자신을 비롯한 그의 지지자들이 있었다. 그레이는 내각이 확고한 불간섭 정책을 결정하면 사임하겠다는 뜻을 다시 한번 비쳤다. 그 중간에 아직 의사를 결정하지 못한 중요한 인물 로이드조지가 있었다. 그는 기질상 평화를 선호했지만, 영국이 강대국 지위를 유지할 필요성을 강하게 느끼고 있었다. 이 회의는 영국 원정군의 프랑스 파견 승인을 의회에

요청하지 않는다는 데만 합의할 수 있었다.[56]

내각회의 후 그레이는 프랑스 대사 캉봉을 만났다. 캉봉은 영국이 개입할 것이라는 소식을 외무부에서 간절히 기다리고 있었다. 그는 프랑스가 무방비 상태로 둔 대서양 해안을 독일 해군이 위협할 수 있는 가운데 육상에서 독일군에 직면한 심각한 위협을 지적하고, 다소 과장을 곁들여 해안을 방어해주기로 한 영국과의 합의를 강조했다. 캉봉 앞에서 그레이는 거의 위로가 되지 않는, 영국의 자유로운 입장을 다시 한번 강조했다. 그러나 그는 벨기에의 중립은 영국에 중요하고, 내각이 동의하면 월요일에 영국이 중립 파괴를 허용하지 않을 것임을 확인하도록 하원에 요청할 것이라고 말했다. 캉봉은 영국의 지연된 반응에 프랑스 여론이 아주 실망하고 있다는 점을 지적하고 영국에 경고했는데, 그레이는 이 회동에 대해 다음과 같은 기록을 남겼다. "만일 우리가 프랑스를 돕지 않으면 영불협상은 사라질 것이다. 승리하는 쪽이 독일이든, 프랑스와 러시아든, 전쟁 후 우리 상황은 아주 불편해질 것이다."[57] 그 직후 캉봉은 얼굴이 하얗게 질린 채 비틀거리는 발걸음으로 니컬슨의 사무실에 들어와 이렇게 말했다. "영국은 우리를 버릴 거야, 우릴 버릴 거라고."[58] 프랑스 대사관을 찾아온 친분 있는 기자에게 캉봉은 다음과 같이 말했다. "영국 어휘에서 '명예'라는 단어를 빼야 하는 것이 아닌가 생각한다." 니컬슨은 그레이의 집무실로 뛰어올라가 캉봉이 두 사람의 회동 내용을 사실대로 말한 것인지 물었다. 그레이가 그렇다고 하자, 니컬슨은 심각하게 "당신은 우리를 … 국가들 사이에 늘 회자되는 대상으로 만들 것이다"라고 말하고, 외무장관 그레이가 늘 캉봉에게 독일이 공격할 경우 영국이 프랑스 편을 들 것이라는 인상을 주었다고 항의했다. "맞다. 그러나 그는 문서로 된 약속은 갖고 있지 않다."⁵⁹ 그레이는 이렇게 대꾸했다. 그날 밤 외무부 내에서 전쟁 개입을 강력히 옹호하던 크로는 부인에게 다음과 같은 편지를 보냈다. "정부는 결국 도망치기로 결정해, 정말 필요한 때에 프랑스를 버리기로 했소. 사무실 분위기로 말하면 사실상 모두가 이렇게 불명예스러운 겁쟁이들이 모인 정부에서 봉직하느니 사임을 원하고 있소."⁶⁰

같은 날 유럽의 다른 편에서는 러시아와 독일이 외교 관계를 단절했다. (여전히 세르비아를 분쇄할 꿈을 가진 오스트리아-헝가리는 8월 6일까지 러시아에 대한 선전포고를 하지 않았다.) 오후 6시 감정이 북받친 독일 대사 푸르탈레가 사조노프에게 러시아는 동원을 중단하라는 독일의 요구에 응할 것인가를 세 번 물었다. 매번 사조노프는 러시아는 여전히 협상할 용의는 있지만 동원 명령은 취소될 수 없다고 대답했다. "당신에게 줄 다른 대답은 없다." 이 말에 푸르탈레는 깊은 한숨을 쉬더니 힘겹게 말했다. "그렇다면, 각하에게 이 전문을 전달하라는 우리 정부의 지시가 있었습니다." 그는 떨리는 손으로 선전포고문을 전달한 후 창가로 가서 울먹였다. "이런 상황에서 내가 페테르부르크를 떠나야 한다니, 믿을 수 없습니다." 그는 사조노프에게 이렇게 말했다. 두 사람은 서로 부둥켜안았다. 다음날 아침 독일 대사관 직원들과 독일 연방 각국의 대표들이 3년 후 레닌이 혁명을 하기 위해 도착할 핀란드 역에서 특별열차를 타고 떠났다.⁶¹ 사조노프는 차르에게 전화를 걸어 외교 관계가 단절되었음을 알렸다. 니콜라이 2세는 단지 이렇게 말했다. "내 양심은 깨끗하다. 나는 전쟁을 피하기 위해 최선을 다했다."⁶² 황제의 가족은 그가 저녁 식사를 하러 오길 초조하게 기다리고 있었다. 그는 아주 창백한 얼굴로 도착해서 러시아와 독일이 이제 전쟁 상태에 있다고 말했다. "그 소식을 듣고 황후는 울기 시작했고, 어머니의 절망한 모습을 보고 황녀들도 눈물을 흘렸다."⁶³ 황제 자녀의 가정교사들 중 한 명은 이렇게 회고했다. 전쟁 사실이 충분히 이해되고 징집된 병사들이 각자 연대로 행진하면서, 앞으로 일어날 일에 비교하면 아무것도 아니었지만 그날 유럽의 다른 많은 사람들도 눈물을 흘렸다.

*

국제 평화운동은 전쟁으로 빠르게 치닫는 상황을 두려운 마음으로 지켜보았고, 유럽 여러 도시에서 시위가 있었지만 아무 효과도 없었다. 프랑스의 위대한 사회주의자 장 조레스는 위기가 악화되는 동안 유럽의 노동계급이 단결해 전쟁에 반대하는 투쟁에 나서도록 쉬지 않고 일했다. "이 끔찍한 재앙을 막기 위해 그들의 심장은 하나로 뛰어야 한다!" 그는 7월 29일 프랑스에서의 마지막 연설 중 이렇게 말했다.⁶⁴ 7월 29일 그는 유럽의 사회당 대표들과 브뤼셀에서 만나 제2인터내셔널 회의를 열기 위한 마지막 시도를 했다. 그들은 여전히 서로를 동지라고 불렀고, 독일사회민주당의 당수는 조레스를 껴안았다. 하지만 제2인터내셔널의 단합을 항상 위협해온 민족주의가 이제 그들을 분열시키려 한다는 것이 분명해지고 있었다. 각국의 노동계급이 조국 수호 쪽으로 돌아서고, 그들의 정당들이 정부의 전쟁 국채에 투표할 준비를 하고 있었던 것이다. 많은 논쟁 끝에 제2인터내셔널 전체 회의 날짜를 8월 9일로 연기하고, 개최 장소를 빈에서 파리로 변경하는 합의만 이루어졌다. 영국 대표들은 오스트리아 대표들이 거기 올 시간이 충분하지 않다고 불평했다. 조레스는 걱정하고 슬퍼하며, 끔찍한 두통을 겪었다. 그럼에도 그는 그날 저녁 브뤼셀의 가장 큰 공연장인 시르크 루아얄Cirque Royale에 모인 많은 관중 앞에서 연설했다. 다시 한번 그는 모두가 전쟁을 막기 위해 노력하지 않으면 유럽에 다가올 죽음, 파괴, 질병이 동반된 무시무시한 운명을 경고했다. 다음날 아침 그는 기분이 좋아져서 벨기에 사회주의자인 친구에게 이렇게 말했다. "오르락내리락 부침이 있을 것이다. 그러나 결과가 좋지 않기는 불가능하다. 기차를 탈 때까지 두 시간이 남았다. 박물관에 가서 벨기에 플랑드르의 원시 유물을 보자."[65]

7월 30일 파리로 돌아온 조레스는 늘 그래왔듯이 좌익 신문《휴마니테Humanité》에 기고하고, 회의를 조직하고, 정부 장관들을 만나려고 노력하며 투쟁을 이어갔다. 그날 저녁 늦게 조레스는 좋아하는 카페에서 친구들과 술을 한잔하고 있었다. 이때 턱수염을 기른 젊은이가 몰래 따라와 카페 밖 거리를 오르내렸지만 아무도 눈여겨보지 않았다. 열정적이고 광적인 민족주의자 라울 빌랭Raoul Villain은 조레스의 국제주의와 평화주의 때문에 그를 반역자라고 생각했다. 그는 권총을 가져왔지만 그날 밤에는 사용하지 않았다. 다음날 조레스는 외무차관 아벨 페리를 면담했지만, 그는 조레스에게 전쟁을 막기 위해 할 일은 아무것도 없다고 냉담하게 말했다. 조레스는 마치 망치에 맞은 것처럼 반응했지만, 평화를 위한 투쟁을 계속하겠다고 말했다. "당신은 가장 가까운 거리 모퉁이에서 암살당할 것이오." 페리는 경고했다. 그날 저녁 조레스와 몇 명의 동료는 일을 계속하기 전에 저녁을 먹으러 그 카페로 다시 갔다. 그들은 밤의 열기를 식히는 바람이 들어오도록 열어놓은 창문 옆에 앉았다. 그때 빌랭이 갑자기 밖에 나타나 총 두 발을 쏘았다. 조레스는 거의 즉사했다. 몽마르트 거리 크루아상 카페에는 그 자리를 알리는 명판이 여전히 남아 있다.[66]

조레스의 암살 소식은 7월 31일 저녁 비상회의로 다시 모인 프랑스 내각에 전달되었다. 장관 모두가 중압감을 느끼고 있었다. 독일과 오스트리아-헝가리의 총동원이 확인되었고, 프랑스군 참모총장 조프르는 프랑스가 늑장을 부릴수록 매일 더 위험한 상황에 몰린다고 경고하며, 총동원령 발동을 내각에 계속 요구하고 있었다. 푸앵카레는 다른 사람들 앞에서 강한 면모를 유지하려고 했지만, 일기에 쓴 대로 내면에서는 크게 흔들리고 있었다. 끝없이 이어지는 회의에서 그가 휴식을 취할 수 있는 유일한 시간은 아내와 함께 엘리제궁 마당을 산책하는 것이었다. 애완견 두 마리가 주변을 뛰어다니는 동안 푸앵카레는 일기에 이렇게 적었다. "나는 오스트리아가 고의로 빌헬름 2세의 칼을 휘두르고 싶어 한다는 이유로 유럽이 전면전의 희생양이 되는 것이 아닌지 불안하게 자문했다."[67] 독일 대사는 바로 직전 비비아니 수상에게 프랑스는 러시아와 독일 사이에 전쟁이 일어날 경우 중립을 지킬지 물었다. 비비아니는 다음날 아침 분명한 답을 주겠다고 말했다. 독일 대사는 또한 러시아가 총동원령을 내린 것이 사실인지 물었고, 비비아니는 이에 대해 통보받은 바가 없다고 대답했다. 이 시점에 프랑스 지도부가 얼마나 사태를 파악하고 있었는지에 대해 논란이 있었다. 러시아의 결정을 보고하는 팔레올로그의 전문은 도착하는 데 거의 12시간이 걸려서(유럽 전역에 통신이 얼마나 마비되었는지를 보여주는 신호), 내각회의 시간에 맞춰 도착하지 않았을 수 있다. 어찌됐든 프랑스 정부의 정책은 위기 시작 때부터 동일했다. 즉 독일의 공격 앞에서 러시아와 프랑스가 아무 책임이 없도록 보이게 만드는 것이었다. 이전 며칠 동안 푸앵카레와 비비아니는 러시아에게 조심스럽게 행동하고, 도발적 행동을 피하도록 반복적으로 촉구했었다.[68] 그날 저녁 내각 토의 내용에 대한 기록은 전혀 남아 있지 않지만, 그날 자정에 다음날 총동원령을 발동하기로 결정하고 내각은 산회했다. 내각은 또한 영국의 요청을 받고 프랑스도 벨기에의 중립을 존중하기로 약속했다. 전쟁장관 메시미는 러시아 대사 이즈볼스키를 만나 프랑스는 러시아 편에서 싸울 것임을 보장했다.[69]

8월 1일 아침 내각이 다시 회의를 열었을 때 푸앵카레는 프랑스군 총동원을 더이상 미룰 수 없다고 말했고, 그의 동료 중 일부는 마지못해 하기는 했지만 그의 제안에 동의했다. 이미 준비된 전보들이 그날 오후 발송되었고, 프랑스 여러 도시와 마을에서는 사람들이 모여 상점 쇼윈도에 붙은 작은 파란색 통지문을 읽었다. 파리에서는 거대한 군중이 콩코르드 광장을 가득 메웠다. 일부는 상실한 알자스 지방의 수도 스트라스부르를 상징하는 동상으로 달려가 1871년부터 매달린 검은 리본을 떼어냈다. 국민적 단합을 부르짖은 대국민 메시지에서 푸앵카레는 프랑스 정부는 평화 유지를 위한 모든 노력을 계속 기울일 것이라고 장담했다. 그는 총동원령이 전쟁을 의미하지는 않는다고 약속했다. 한 예리한 관찰자는 이렇게 말했다. "사실을 말하자면 아무도 그를 믿지 않았다. 이 사태가 만일 전쟁이 아니라면, 전쟁에 아주 가까운 것임이 분명했다."[70] 이후 며칠 동안 프랑스 전역에서 징집 병사들을 모아 전방으로 이동시키는 기차들이 정신없이 오갔다. 총참모부는 징집 대상자의 10퍼센트가 동원 명령을 거부할 수 있다고 우려했지만, 실제 나타나지 않은 징집 병사의 비율은 1.5퍼센트도 안 되었다.[71]

*

일요일인 8월 2일 러시아, 독일, 오스트리아-헝가리 모두가 총동원을 시작한 상태였다. 러시아와 독일은 공식적으로 전쟁에 돌입했고, 오스트리아-헝가리는 세르비아와 전쟁 중이었다. 그날 러시아 기병대가 국경을 넘어 독일로 진격했고, 독일 등 열강이 중립을 보장한 작은 공국 벨기에의 바로 남쪽 룩셈부르크로 독일군이 이동했다. 이탈리아는 중립을 선언할 것이 점점 분명해졌다. 대서양 너머 미국인들은 놀라움과 두려움이 뒤섞인 눈으로 상황을 지켜보았다. 죽어가는 부인의 병상을 지키던 윌슨 대통령은 미국 대사들을 통해 중재 제안을 보냈지만 시기상 너무 늦었고, 유럽 국가들은 그 제안에 귀 기울일 준비가 되어 있지 않았다. 유럽이 전쟁으로 들어가기 전 마지막 단계도 끝나버렸다. 영국이 참전한 것이다.

그 일요일 아침 영국과 독일의 화해 희망이 사라지자 눈물을 머금은 리히노프스키는 아침 식사 중이던 애스퀴스를 찾아가 영국이 프랑스 편을 들지 말 것을 호소했지만, 너무 늦은 때였다. 독일에 대한 영국 여론은 강경해지고 있었다. 인도 담당 장관이자 내각 내에서 가장 강력하게 전쟁에 반대하던 몰리 경은 그날 친구에게 이런 편지를 보냈다. "독일의 오만한 행동이 내각 내 중재자들의 노력을 약화시키고 있다."⁷² 더 중요한 것은 벨기에에 대한 위협이 프랑스와 러시아에 맞선 독일의 전쟁 준비보다 훨씬 크게 내각의 여론을 흔들고 있다는 점이었다. 수백 년간 지리적 위치 때문에 영국은 유럽대륙에서 영국으로 상품(종종 무기)이 오가는 중요한 수로를 가진 저지대 국가들을 다른 강대국이 차지하는 것을 아무 걱정 없이 방관할 수 없었다. 보수당도 이제 애스퀴스에게 부담을 주는 서한을 보수당 당수 보너 로의 명의로 보냈다. 이 서한은 "프랑스와 러시아 지원을 주저하는 것은 영국의 명예와 안전에 치명적이 될 것이다"라고 주장하고, 보수당은 정부를 전적으로 지원하겠다고 약속했다.⁷³

8월 2일 오전 11시 내각은 모든 전례를 무시하고 일요일에 회의를 열었다. 회의는 난항을 겪으며 장관들의 의견이 여전히 분열되어 있다는 것을 보여주었다. 그러나 독일이 벨기에의 중립을 파기한 것은 전쟁 사유가 된다는 다수 의견이 형성되기 시작했다. 그날 아침 내각은 그레이가 캉봉에게 영국은 독일 해군의 프랑스 북부 해안 공격을 허용할 수 없다고 말하는 데 동의했다. 내각은 또한 전날 저녁 해군 예비군을 동원하기로 한 처칠의 결정을 재가했고, 그날 오후 6시 30분에 회의를 다시 열기로 합의했다. 아직 전쟁에 동의하지 않은 로이드조지 등 몇 명의 평화주의자들은 점심을 함께 먹었다. 그레이는 한 시간 동안 새들을 관찰하러 런던 동물원으로 갔고, 애스퀴스는 짬을 내어 베네티아 스탠리에게 편지를 쓰며 "오늘 아침 당신 편지를 못 받았소. 나의 하루 중 가장 슬픈 여백이오"라고 불평했다.⁷⁴ 영국 내각은 예정대로 오후 6시 반에 회의를 다시 시작했다. 몰리와 통상위원회의 존 번스는 곧 사임하게 되지만 여전히 전쟁에 결사반대했고, 로이드조지는 이제 벨기에 지원 쪽으로 입장을 바꾸었다. 그는 유럽대륙이 독일 지배를 받지 않는 것의 전략적 이해를 잘 알고 있었다. 독일이 벨기에의 중립을 "사실상" 파괴하는 경우 개입에 찬성하는 일시적 다수가 형성되었다. 만일 벨기에가 독일에 저항하며 지원을 호소할 경우 이 다수 의견은 강화될 것이었다.[75]

영국 시간으로 오후 7시, 영국은 여전히 유럽 위기에 어떻게 대응할지를 논의하고 있었다. 그러는 동안 브뤼셀 주재 독일 대사가 7월 29일 이후 보관 중이던 최후통첩을 가지고 벨기에 외무부를 방문했다. 베트만홀베크가 아니라 몰트케가 작성한 이 최후통첩은 군부가 독일 정책을 주도하고 있다는 또다른 암시였다. 이 통첩은 프랑스가 독일을 공격하기 위해 벨기에로 진입할 것이라는 "믿을 만한 정보"를 독일이 가지고 있다고 주장했다. (사실 프랑스 정부는 독일이 침공하기 전에는 벨기에에 진입할 수 없다고 조프르에게 통보했었다.) 독일 정부는 벨기에가 스스로를 방어할 수 없기 때문에 독일이 프랑스의 공격에 노출되는 것을 우려하지 않을 수 없다는 주장이었다. 자기방어를 위해 독일은 프랑스의 공격에 맞서 행동을 취할 수밖에 없다는 얘기였다. 통첩은 다음과 같이 이어졌다. "그래서 독일이 자기방어 조치로 벨기에 땅에 진입하는 것을 벨기에가 적대적 행동으로 간주한다면 독일은 심히 유감스러울 수밖에 없다." 독일은 벨기에에게 "호의적 중립"을 고수하고 독일 병력이 벨기에 영토를 통과하는 것을 허용하라고 요구했다. 이에 대한 보상으로 독일은 전쟁 후 벨기에의 영토적 통합성을 보장하겠다고 밝혔다. 벨기에 정부는 12시간 내에 답을 해야만 했다.[76]

벨기에는 항상 결연하게 중립을 지키며 이웃 국가들과의 군사 동맹 체결을 거부해왔지만, 필요할 경우 싸울 준비가 되어 있었다. 1914년 독일 병력이 진군하는 상황에서도 일부 벨기에 병력은 남부와 해안을 따라 주둔하며 벨기에는 모든 적에 맞서, 벨기에를 침공할 가능성이 없는 프랑스와 영국의 공격조차도 용납지 않으며, 중립을 지킬 것임을 보여주었다. 벨기에 여론은 적어도 1914년까지는 단 하나의 적이나 우방에 고정되지 않았다. 20세기에 들어서는 영국이 욕심 많은 벨기에 국왕 레오폴드 2세가 콩고에서 벌인 끔찍한 착취에 맞선 국제적 제재를 이끈 것에 대한 오랜 불만이 남았다. 벨기에 외무부와 보수파, 가톨릭 집단은 친독일적 경향이 있었지만, 프랑스가 강력한 문화적 영향력을 행사해왔다.[77] 벨기에인들은 독립을 자랑스럽게 여기고 자유를 소중히 생각했다. 이런 것을 방어하기 위해 군대 개혁과 1913년 증가된 군비 지출이 이루어졌다. 프랑스와 독일 사이에 전쟁 가능성이 높아지면서 벨기에 정부는 7월 29일 병사들을 더 징집했고, 리에주의 사령관에게 이 거대한 요새의 방어를 강화하고 동쪽 독일 방향에서 접근하는 것을 저지하라는 지시를 내렸다. 7월 31일이 되어서야 벨기에 정부는 벨기에군 총동원령을 내렸다.

최후통첩이 독일어에서 프랑스어로 번역되었을 때, 벨기에 정부는 결정을 내릴 시간이 너무 적었다. 수상 샤를 드 브로크빌Charles de Broqueville과 국왕 알베르 1세는 독일 요구를 거부해야 한다고 즉각 결정했다. 한밤중에 급히 회의에 모인 정부 장관들은 만장일치로 이 결정에 동의했다. 아마 스스로도 놀라운 일이었을 텐데, 벨기에 국민들도 주저 없이 독일군의 진격에 최대한 저항하기로 결정했다. 이 소식을 들은 브뤼셀 주재 독일 외교관은 이렇게 말했다. "아, 불쌍한 바보들! 왜 그들은 증기롤러를 피하지 않겠다는 것인가?" 최후통첩 거부 소식이 프랑스 외교관에 의해 신문에 누출되어 8월 3일 아침 기사로 실리자, 벨기에 국민들은 지지하는 태도를 보였다. 벨기에 국기가 온갖 장소에 게양되고 벨기에의 국가적 자존심에 대한 얘기가 넘쳐났다. 국왕도 국민들에 대한 포고에서 "우리는 우리 명예를 더럽히는 것을 거부했다"라고 말했다.[78] 덕분에 알베르 국왕은 널리 존경받게 되었다. 그는 국민의 애도를 받지 못한, 고인이 된 삼촌 레오폴드 국왕과 거의 모든 면에서 달랐다. 알베르 국왕은 정직한 사람으로 독일인 왕비, 세 자녀와 가정의 축복 속에 검소하게 살았고, 10대 애인들보다 독서와 등산을 좋아했다.

다음날 국왕과 왕비는 의회의 특별회의에 참석하기 위해 궁전을 떠날 때 거대한 군중의 환호를 받았다. 의사당에서 국왕 부부는 기립박수를 받았다. 전쟁 국채 발행 등 정부가 제안한 모든 조치는 만장일치로 통과되었다. 사회당도 성명을 발표해 당원들이 "군사적 야만주의"에 맞서 자신들을 방어하고 자유와 민주주의를 위해 싸울 것이라고 천명했다.[79]

월요일인 8월 3일 아침 영국 내각은 그레이가 오후 의회에서 할 말을 논의하고, 총동원령을 내리기로 결정했다. 상세한 내용은 아직 알려지지 않았지만 독일이 벨기에에 최후통첩을 보냈다는 소식뿐 아니라 조지 5세에게 영국의 지원을 요청하는 알베르 국왕의 전보도 도착했다. 애스퀴스가 나중에 베네티아 스탠리에게 썼듯이, 영국 관점에서 볼 때 독일의 벨기에 공격은 "문제를 단순화하는"[80] 행동이었다.

로이드조지의 지지는 자유당의 좌익이 정부를 따라가는 데 필수적이었는데, 그는 이제 벨기에의 중립을 지지하고 프랑스 편에 서야 한다며 개입을 옹호하는 입장을 확고히 밝혔다. 그레이는 급히 점심을 먹고 연설문을 작성하려고 오후 2시에 외무부로 돌아갔다. 독일 대사가 내각의 결정 사항을 물어보려고 그를 기다리고 있었다. "전쟁 선포입니까?" 그레이는 그건 "조건부 발표"에 가깝다고 대답했다. 이 내용이 무엇인지를 그가 의회보다 먼저 리히노프스키에게 말할 수는 없었다. 리히노프스키는 벨기에의 중립을 조건의 하나로 넣지 말아달라고 그레이에게 요청했다. 그레이는 아무것도 말할 수 없다는 대답만 반복했다.[81]

오후 4시 창백하고 지친 그레이가 하원의원들 앞에 섰다. "목소리는 분명했다. 따뜻한 톤은 전혀 없이 그의 언어는 완전히 꾸밈없고, 정밀하고, 단순하고, 정확하고, 근엄한 품위가 있었다."[82] 한 관찰자는 이렇게 전했다. 좌석과 통로는 사람들로 가득 찼고, 이층 관람석은 캔터베리 대주교와 러시아 대사 등 구경꾼들로 채워졌다. 그레이는 늘 그랬듯, 영국의 입장을 완전히 자유롭게 유지해왔다고 주장했다. 그러나 프랑스와의 우애(이때 한 의원이 "그리고 독일과도"라고 소리쳤다)와 벨기에의 중립을 존중하겠다는 약속은 "명예와 이해관계의 의무"를 만들어냈다고 말했다. 프랑스는 영국을 너무 믿고 있어서 대서양 연안을 무방비 상태로 두었다고 그는 말했다. "모두 자신의 마음과 감정을 살펴보고 의무의 범위를 스스로 가늠해봅시다. 내가 느끼는 대로 나도 가늠해보았지만, 의무에 대해 무엇을 느껴야 하는지에 대해 각자의 감정이 말하는 것 이상으로 누구에게도 강요하고 싶지 않습니다." 그는 자신이 취해야 할 입장을 잘 알았다. 영국은 이제 명예와 이해관계의 의무를 받아들이거나 아니면 도망쳐야 할 입장에 있었다. 영국이 전쟁을 방관하더라도 유럽대륙과의 무역과 상업에 필수적인 생명선은 더 위험해지고, 유럽에 지배적 국가가 나타나 영국 해안이 위협받게 될 것이었다. 그는 다음과 같이 결론지었다. "우리의 도덕적 입장은 우리에 대한 존경을 모두 잃게 할 것이라고 확신합니다." 그의 마지막 말은 거대한 환호에 파묻혔다. 보수당의 보너 로와 아일랜드 민족주의당의 존 레드먼드도 지원을 약속했다. 램지 맥도널드는 소수파인 노동당을 대표해, 영국은 중립을 지켜야 한다고 말했다. 영국이 독일에 선전포고를 해야 하는가에 대한 표결은 그날에도 이후에도 없었지만, 이제 정부가 개입을 결정하면 압도적 지지를 받을 것이 분명했다.

니컬슨은 그레이 연설의 성공을 축하하려고 그의 집무실에 들렀다. 이때 가련한 표정을 한 그레이는 대꾸하지 않고 주먹으로 책상을 치면서 이렇게 말했다. "나는 전쟁이 싫다. … 전쟁이 싫다고." 그날 저녁 늦게 그레이는 수많은 유럽인들이 전쟁의 의미를 단번에 파악하게 될 말을 했다. 가스등이 켜지는 세인트 제임스 공원을 창문으로 내다보며 그는 다음과 같이 말했다. "유럽 전역에 불이 꺼질 것이다. 우리는 생애 중에 그 불이 다시 켜지는 것을 보지 못할 것이다."[83] 그레이는 나중에 자신은 "영국의 입에 불과했다"라고 겸손하게 말했지만, 영국이 전쟁에 개입하는 데 큰 역할을 했다.[84] 내각이 전쟁 쪽으로 방향을 트는 데 핵심 역할을 한 로이드조지는 북웨일스에 있는 부인에게 다음과 같은 편지를 보냈다. "요즘 나는 악몽의 세계를 지나가고 있소. 나는 평화를 위해 힘차게 싸웠고, 지금까지 내각이 전쟁을 피하게 하는 데 성공했지만, 만일 약소국 벨기에가 독일의 공격을 받으면 나의 모든 전통과 심지어 편견도 전쟁 편에 서게 될 것이라는 결론에 도달했소. 그럴 가능성에 몸서리를 쳤소." 애스퀴스는 더 평범했다. 늘 하던 카드 게임을 하며 그는 이렇게 말했다. "우리가 개입하려는 이 혐오스러운 전쟁에서 유일하게 밝은 지점은 아일랜드 분쟁 타결과, 정부가 우리의 국익을 최대한 지키도록 아일랜드 세력들이 단합하여 돕는 것이다."[85] 당시 많은 사람들은 1차대전이 영국을 내전에서 구했다고 생각했고, 실제 그랬을 가능성도 있다.

　같은 월요일 저녁 파리에서는 독일 대사 빌헬름 쉰이 심하게 손상된 베트만홀베크의 전보를 해석하느라 고생하고 있었다. 충분히 내용을 파악한 그는 곧장 프랑스 수상에게 가서 독일의 선전포고를 전달했다. 독일 정부는 프랑스가 국경을 넘어 알자스로 진입했고, 프랑스 조종사들의 사악한 공격으로 이런 조치를 취하게 되었다고 주장했다. 그 문서에는 독일 철도에 폭탄 하나가 떨어졌다는 내용도 포함됐다. (히틀러도 1939년 폴란드를 침공할 때 사실적 근거가 거의 없는 유사한 핑계를 댄다.) 쉰은 파리에 남아 있는 독일인들이 미국 대사의 보호 아래 있게 해달라는 마지막 부탁을 하고, 수상과 만나러 오는 길에 한 남자가 자기 차에 뛰어들어 위협적인 말을 했다고 불평했다. 두 사람은 공손하게, 그리고 침울한 기분으로 헤어졌다.[86] 나중에 푸앵카레는 일기에 이렇게 썼다.

　우리 국경을 반복해서 침범하더라도 우리 스스로 선전포고하지 않는 것이 백 배 낫다. 침공에 전적으로 책임져야 하는 독일은 자국의 이익을 공개적으로 시인해야 했다. 만일 프랑스가 전쟁을 선포했다면 러시아와의 동맹은 논란에 휘말리고, 프랑스의 단합과 사기는 깨지고, 이탈리아가 3국동맹의 의무로 프랑스에 맞서 싸울 수밖에 없었을 것이다.[87]

다음날인 8월 4일 화요일 푸랭카레는 반복되는 환호 속에 프랑스 의회에서 연설했다. 그는 독일이 이 전쟁에 대해 전적으로 비난을 받아야 하며 역사의 심판 앞에 변론해야 할 것이라고 말했다. 모든 프랑스인은 성스러운 단합으로 뭉치고, 이 단합은 결코 깨지지 않을 것이라고 말했다. 이에 반대하는 의견은 전혀 없었다. 사회당도 이미 전쟁을 지지하기로 결정했다. 좌익의 주도적 인물은 그날 장례를 치른 조레스에게 조의를 표하며 이렇게 말했다. "더이상 반대편은 없다. 프랑스인만이 있을 뿐이다." 그러자 장내에서 "프랑스 만세"를 외치는 소리가 이어졌다.[88]

같은 날 영국은 벨기에 중립 존중을 보장하라는 최후통첩을 독일에 보냈다. 데드라인은 영국 시간으로 그날 밤 11시였다. 독일이 동의하리라고 예상하는 사람은 아무도 없었기 때문에 리히노프스키에게 통보할 선전포고가 준비되어 있었다. 전 세계의 영국 대사관들과 영사관들에는 영국이 곧 전쟁에 돌입한다는 내용이 인쇄된 경고문 전보가 적국의 이름만 비워둔 채 몇 년째 보관되어 있었다. 공관 직원들은 공란에 "독일"을 입력하며 하루를 보냈다.

그러는 동안 그날 베를린에서 베트만홀베크는 독일은 자기방어에 나설 뿐이라고 제국의회에 설명했다. 그는 독일이 중립국 벨기에와 룩셈부르크를 침공 중인 것은 사실이지만, 그것은 오로지 프랑스의 위협 때문이라고 말했다. 전쟁이 끝나면 독일은 피해를 보상할 예정이었다. 오랫동안 수백만 명의 당원을 동원하여 자본주의 전쟁에 반대할 것이라고 약속해온 사회당도 다른 당들과 함께 전쟁 국채 발행에 동의했다. 베트만홀베크는 그들을 설득하려고 애써왔지만, 그들 스스로가 베트만홀베크가 추진하는 방향으로 따라오고 있었다. 8월 3일 사회주의자들의 힘겹게 오래 이어진 회의에서 다수는 전장으로 가는 병사들을 배신할 수 없고, 독일이 러시아 침공의 희생양이 되는 것을 보았다는 이유로 전쟁 국채 발행에 투표하기로 결정했다. 당의 단합을 위해 나머지는 찬성하는 데 동의했다.[89]

8월 4일 저녁 독일에 대한 영국 최후통첩 데드라인이 되기도 전에 영국 대사 고션은 자신의 여권을 돌려받기 위해 베트만홀베크를 방문하여 "오, 이건 너무 무서운 일이오!"라고 소리쳤다. 이때 그는 독일이 벨기에의 중립을 존중할 수 없는가를 공연히 한 번 더 물었다. 베트만홀베크는 고션에게 장광설을 늘어놓았다. 영국이 "중립"이라는 단순한 단어 때문에 무서운 발걸음을 내딛고 있다는 주장이었다. 베트만홀베크는 벨기에와의 조약은 "종잇조각"에 지나지 않는다고 말함으로써 세계 여론에서 독일이 큰 대가를 치르게 만들었다. 그는 영국이 제어할 수 있었던 프랑스의 복수 열망과 러시아의 범슬라브주의를 고무했다고 열변을 토했다. 전쟁은 영국의 잘못 때문이라는 얘기였다. 고션은 눈물을 흘리며 자리를 떴다.[90] 베트만홀베크는 살아생전에 독일이 책임지는 것을 볼 수 없었다. 그는 나중에 친구에게 이런 편지를 보냈다. "프랑스, 러시아, 영국이 단합하여 우리에게 적대적이 되는 것을 우리가 상식적인 행동으로 막을 수 있었을지 상당히 의문스럽다."[91] 카이저는 영국의 배신을 큰 소리로 불평하고, 니콜라이 2세가 독일과 자신의 모든 평화 유지 노력을 무시한 "부도덕한 짓"을 저질렀다며 비난했다. 몰트케는 영국이 전쟁을 내내 준비해왔다고 생각하며, 독일이 캐나다를 넘겨주는 조건으로 미국을 동맹국으로 끌어들일 수 있지 않을까 생각했다.[92]

영국 정부는 밤 11시 데드라인이 다가오는 것을 기다리고 있었다. 외무부에서는 누군가가 독일에 대한 선전포고 문구에서 실수를 발견하고, 그것을 너무 일찍 리히노프스키에게 전달한 것에 대해 잠시 혼란이 일어났다. 수정된 선전포고 문안이 서둘러 작성되고, 하급 관리가 잘못된 서류를 회수하기 위해 파견되었다. 내각 장관들은 다우닝가의 수상 관저에 모였다. 대부분 초조해 보였으나 입에 큼지막한 시가를 문 처칠만 냉정하고 확신에 차 보였다. 비서들은 내각회의실 밖에서 대기했다. "어찌되건 전쟁은 오래 지속될 수 없다." 누군가가 말했다. 11시 직전 하급 관리가 외무부에 전화를 걸어 소식이 들어왔는지 물었다. "이곳에도 독일 대사관에도 아무 소식이 없다"는 답이 돌아왔다. 빅벤 시계는 11시를 알리기 시작했고, 영국은 전쟁에 돌입했다. 밖에서 화이트홀과 더 몰the Mall에 모여 있던 군중은 서로 팔짱을 끼고 애국적 노래를 불렀다. 처칠은 함대에 전보를 발송했다. "독일에 대한 적대 행위 개시."[93]

19세기 내내 평화롭고 번영하는 유럽을 결속시킨 연대는 이제 급속히 와해되었다. 철도와 전보선이 차단되고, 선박 운송이 지연되고, 은행 지급준비금이 동결되고, 국제 통화 거래가 중단되고, 교역이 감소했다. 평범한 시민들은 갑자기 달라진 세상에서 서둘러 귀가하려고 애썼다. 파리의 독일 대사관은 어머니들이 우는 아이들을 끌어안고, 수백 개의 여행 가방이 바닥에 쌓이며 혼란이 극에 달했다. 대략 10만 명의 미국인이 유럽대륙에 발이 묶였고, 은행이 문을 닫았기 때문에 현금이 바닥나기도 했다. 많은 사람들은 런던 주재 미국 대사 월터 페이지와 대사관 직원들이 미국인들 문제를 처리하느라 최선을 다하고 있는 영국으로 건너갔다. "신이여 우리를 도와주소서!" 페이지는 우드로 윌슨 대통령에게 다음과 같은 서한을 보내 도움을 청했다.

> 지난 일주일은 대단했습니다! ⋯ 첫 이틀 동안 당연히 엄청난 혼란이 있었습니다. 제정신이 아닌 남자들과 울먹이는 여자들이 탄원하고, 저주하고, 갖은 요구를 늘어놓았습니다. 난장판이나 다름없었죠. 저를 비상사태의 위대한 천재라고 부르는 사람들도 있었고, 저주받은 바보라고도 하고, 두 극단 사이의 온갖 표현을 사용해 부르는 사람들도 있었습니다.

미국 정부는 미국 시민들에게 현금을 제공하기 위해 금을 실은 전함 테네시호를 영국으로 파견했다. 이 전함은 프랑스에서 영불해협을 건너 미국인들을 수송해 왔다.[94] 교전국의 대사들은 적군의 보호 아래 특별열차를 타고 떠나는, 더 점잖은 대우를 받았다. 쥘 캉봉과 러시아 대사는 주말에 이미 베를린을 떠났고, 8월 5일에는 크게 낙담한 리히노프스키가 런던을 떠날 준비를 했다. "그가 정말 미치지 않을까 염려됩니다." 그를 만난 뒤 페이지는 윌슨에게 이렇게 썼다. "그는 반전 집단 중 한 명이었으나 완전히 실패했습니다. 이번 면담은 저의 인생에서 너무 가슴 아픈 경험입니다."[95]

의도적으로 전쟁을 선택했든, 전쟁에 반대할 힘을 찾지 못했든 1914년 유럽 지도자들은 전쟁을 막는 데 실패했다. 반세기 후 젊고 경험 없는 미국 대통령이 위기와 선택에 직면했다. 1962년 소련이 미국 동부 해안을 타격할 수 있는 핵탄두 탑재 미사일을 포함해 쿠바에 군사력을 배치했을 때 존 F. 케네디 대통령은 소련과의 전면전을 무릅쓰고라도 행동을 취하라는 자국 군부의 강력한 압박에 시달렸다. 그는 저항했는데, 그 전해 피그스만 침공 대실패에서 군부가 항상 옳지는 않다는 것을 배웠을 뿐 아니라 《8월의 포성》을 읽었기 때문이었다. 바바라 터크먼이 쓴 이 책은 유럽이 어떻게 1차대전에 빠져드는 큰 실수를 저질렀는지를 뛰어나게 설명했다. 케네디는 소련과의 공개적 협상을 선호했고, 세계는 전쟁 위기에서 뒤로 물러났다.

충격, 흥분, 우울, 포기. 유럽인들은 다가오는 전쟁을 다양한 방식으로 맞았다. 자국의 국민들이 하나가 되는 것에서 위로와 심지어 영감을 받은 사람들도 있었다. 훌륭한 독일 역사학자 프리드리히 마이네케는 그것을 "우리 국민에 대한 가장 깊은 확신과 환희가 갑자기 나의 영혼을 채운, 나의 생에 가장 위대한 순간"으로 묘사했다.[96] 반면 헨리 제임스는 깊은 고뇌에 빠져 친구에게 다음과 같은 편지를 적어 보냈다.

우리가 고도로 문명화된 시대를 살고 있다고 자부하던 시기에 이렇게 참담하고 끔찍한 일이 벌어진다는 건 도저히 상상조차 하기 어려운 일이다. 의식적으로 모순을 느껴왔다 해도 말이다. 그런데 결국 이 시대가 처음부터 이런 끔찍함을 품고 있었다는 걸, 그게 이 시대가 의미하던 바였다는 걸 깨닫는 순간은 마치 가족이나 가장 친한 친구들 중에 살인자나 사기꾼, 악당들이 있었다는 사실을 갑자기 알아버린 것과 같은 충격이다.[97]

유럽은 다른 방향으로 발을 내디딜 수 있었지만 1914년 8월 그 발걸음은 길의 막다른 곳에 다다랐고, 이제 파멸에 직면했다.

맺으며

1차대전

1914년 8월 4일 시어도어 루스벨트가 "거대한 검은 토네이도"라 부른 것이 유럽을 덮쳤다.[1] 갑작스러운 여름 폭풍처럼 전쟁은 많은 사람을 놀라게 했지만, 처음에 전쟁에서 도망치려는 시도는 거의 없었다. 일부 유럽인들은 기다림이 끝났다며 안도했고, 사회가 단합되어 편안하게 느끼기도 했다. 유럽의 평화운동은 늘 있어왔던 민족 경계를 따라 무너졌고, 유럽대륙 전역에서 사회주의자들은 중상류층 정당과 손잡고 전쟁 차관을 압도적으로 승인했다. 한 독일 사회주의자는 당시 느낌을 다음과 같이 적었다. "끔찍한 긴장이 풀렸다. … 거의 25년 만에 처음으로 온 마음, 맑은 양심으로, 반역의 느낌 없이 마음을 휩쓰는 격정적 노래 '독일, 독일, 모든 것 위에 있어라'를 부를 수 있게 되었다."[2] 윈스턴 처칠도 이 드라마 자체에 흥분을 느끼기는 마찬가지였다. 그는 아내에게 이런 편지를 보냈다. "사랑하는 당신, 모든 것이 재앙과 붕괴를 향해 가고 있소. 나는 흥미롭고, 사기가 넘치며 행복하오. 이렇게 되어가는 것이 끔찍하지 않소?"[3] 그러나 유럽인들 대부분은 유럽의 오랜 평화가 끝난 속도와 그 변경 불가능한 최후에 망연자실할 뿐이었다. 그들은 전쟁 발발을 체념과 의무감으로 받아들였고, 자국이 위협적인 외국 세력에 공격받는 무고한 쪽이라는 데 설득되었다.

1차대전에 대해 회자되는 이야기가 많지만, 1914년 8월 병사들은 실제로 가족들에게 크리스마스 때까지는 돌아오겠다고 말했다. 캠벌리에 있는 영국군 참모대학에서는 졸업생들이 평소처럼 야외 파티, 크리켓 경기, 야외 소풍을 하며 명령 하달을 기다리고 있었다. 드디어 하달된 부대 배치 명령에 따라 그들 대부분은 유럽대륙으로 출정하는 영국군 파견부대에 배속되었다. 참모대학은 추가 공지가 있을 때까지 문이 닫혔고, 교수 요원도 현지 임무에 배속되었다. 당국은 단기전을 예상해 추가로 장교들을 훈련시킬 필요가 없다고 생각했다.[4] 이반 블로흐, 몰트케 같은 전문가들 또는 베르타 폰 주트너, 장 조레스 같은 평화주의자들은 공세가 교착상태에 빠지고, 어느 쪽도 상대를 제압할 만큼 강하지 못할 것이며, 인력부터 탄약에 이르기까지 사회의 자원이 고갈될 것이라고 했지만, 유럽 강대국들이 전쟁을 향해 행진해 들어가면서 이러한 경고는 적어도 당분간은 까맣게 잊혔다. 지휘부부터 평범한 시민에 이르기까지 대부분의 사람들은 예컨대 프랑스-프로이센전쟁처럼 전쟁이 짧게 지속되고, 독일 동맹군이 두 달 안에 프랑스의 항복을 받아낼 것이라고 생각했다. (프랑스 국민들이 투쟁을 선택해서 전쟁이 길어진 것은 다른 문제였다.) 은행가든 재무장관이든 재정 전문가들은 전쟁이 짧을 수밖에 없다고 당연히 생각했다. 교역이 중단되고, 국제 자본 시장이 경색되어 정부가 돈을 빌릴 수 없게 되면 파산이 임박해져 교전국들이 계속 전쟁을 수행할 수 없다는 생각에서였다. 노먼 에인절이 《커다란 환상》에서 경고했듯이, 유럽이 그렇게 바보같이 전쟁에 뛰어들더라도 경제적 혼란과 국내적 곤경의 결과 교전국들은 빨리 강화 협상을 할 수밖에 없는 상황이었다. 사람들은 거의 깨닫지 못했지만 — 블로흐는 인식했을지라도 — 유럽 정부들은 아직 시험해본 적은 없어도 과세를 통해서든, 경제를 조정해서든, 여성 노동력을 써서 남자들을 전선에 풀어놓든 자국 사회에서 자원을 짜낼 거대한 능력이 있었고, 유럽인들은 엄청난 손실이 발생하더라도 오랜 기간 계속 싸울 수 있는 극기심과 끈기를 가지고 있었다. 1차대전에서 놀라운 점은 유럽 사회나 개개인이 결국 압박에 굴복한 것이 아니라 — 모두가 그렇거나, 완전히 그랬던 것은 아니지만 — 러시아, 독일, 오스트리아-헝가리가 혁명이나 반란이나 절망으로 무너질 때까지 그토록 오랫동안 버텼다는 사실이다.

전쟁 초기 몇 주 동안만 해도 유럽은 최악을 피할 수 있을 것처럼 보였다. 독일이 프랑스를 신속하게 격파하면 러시아는 동부전선에서 전투를 끝내고 영국도 전쟁 수행 의사를 재고할 것으로 보였다. 프랑스 국민들이 1870-1년처럼 싸우기로 결정하더라도, 결국 프랑스는 굴복할 것으로 예상되었다. 독일군이 벨기에와 룩셈부르크를 거쳐 프랑스 북부로 물밀듯이 진격하자 독일의 전쟁 계획은 차질 없이 진행되는 것처럼 보였다. 그러나 그렇게 되지는 않았다. 벨기에가 저항하기로 결정하면서 독일군의 진격 속도는 더뎌졌다. 8월 7일 리에주의 핵심 요새가 함락되었지만 이어 12개의 요새를 하나하나 점령해야 했다. 벨기에의 저항으로 독일군은 진격하면서 일부 병력을 뒤에 남겨둬야 하는 상황에 처했다. 전선 우익의 독일군이 뫼즈에서 영불해협까지 휩쓴 다음 파리로 남하해 결정적 승리를 가져와야 했지만, 계획보다 약해지고 느려졌다. 8월 25일 동부전선에서 러시아군의 진격 속도에 놀란 몰트케는 — 러시아군은 독일 대지주들의 영지를 점령하고 로민텐에 있는 카이저가 좋아하던 사냥 별장을 불태웠다 — 8만 8000명의 병력에 달하는 2개 군단을 서부전선에서 동프로이센으로 이동시켰다.[5] 그리고 프랑스군을 보강할 영국 원정군이 예상보다 일찍 도착했다.

독일군의 진격은 느려지다가 연합군의 저항에 막혀 중지되었다. 9월 초가 되자 전세가 독일에 불리해졌고, 연합군이 패배할 기미는 보이지 않았다. 9월 9일 몰트케는 프랑스에 있는 독일군을 북쪽으로 후퇴시켜 재편성했고, 이틀 후 전선에서 모두 후퇴하라는 명령을 내렸다. 당시 그는 알 수 없었지만 슐리펜 계획은 이렇게 종결되었고 독일이 프랑스를 신속히 격파할 기회도 사라졌다. 9월 14일 카이저는 건강을 이유로 그를 총사령관직에서 해임했다.

독일군과 연합군은 그해 가을 서로 제압하기 위해 처절한 마지막 시도를 했다. 피해는 눈덩이처럼 불어났지만 승리는 요원했다. 1914년 말까지 26만 5000명의 프랑스군이 전사했고, 영국군은 9만 명의 병사를 잃었다. 일부 독일군 연대들은 병력의 60퍼센트를 상실했다. 독일군은 10월 플랑드르의 이프르라는 소도시에서 벌어진 전투에서만 8만 명이 전사했다.[6] 겨울이 다가오면서 양측의 군대는 봄에 공격을 재개할 계획으로 참호를 팠다. 그때 그들은 스위스 국경부터 프랑스 동부전선, 북부전선을 따라 벨기에까지 파는 임시 참호가 점점 깊어지고, 더 견고해지며, 더 정교해져 1918년 여름까지 계속 사용되리라는 것을 알지 못했다.

동부전선에서는 거리가 훨씬 멀었기 때문에 참모망은 돌파가 불가능할 정도로 그렇게 발달하지는 못했지만 공격을 막아내는 방어력은 전쟁 초기에 분명히 위력을 발휘했다. 오스트리아-헝가리는 큰 패배를 맛보았지만, 러시아는 결정적 승리를 거두지 못했다. 개전 초기 넉 달 동안 오스트리아-헝가리는 거의 100만 명의 병력 손실을 보았다. 슐리펜과 그의 후계자들이 기대했던 것과 달리 독일은 공세에 나서 타넨베르크 전투에서 러시아 2개 군을 격파했지만 전쟁을 끝내지는 못했다. 러시아도, 그 적군도 계속 싸울 수 있는 자원과 의지를 가지고 있었다.

당시 상황을 더 실감 나게 말해주는 스토리가 있다. 위대한 극지 탐험가 어니스트 섀클턴은 1914년 가을 남극 탐험에 나섰다. 그는 1916년 봄 드디어 사우스조지아섬의 포경 기지에 도착하여 유럽전쟁에서 누가 승리했는지를 거듭 물었고, 아직도 전쟁 중이라는 말에 크게 놀랐다. 산업, 국가적 부, 노동, 과학, 기술, 심지어 예술도 모두 전쟁에 동원되었다. 1900년 파리만국박람회에서 그렇게 자랑스럽게 선보인 유럽의 진보는 스스로를 파괴하기 위해 엄청난 자원을 동원할 수단을 완벽하게 만들어주었다.

전쟁 초기 양상이 이후 몇 년간 무서운 패턴을 결정했다. 수비군의 대포가 무서운 화력을 퍼부으며, 공격이 계속 저지되었다. 교착상태를 깨려고 장군들이 거듭 시도한 대규모 공격은 엄청난 병력 손실을 가져왔다. 특히 폭발물로 쑥대밭이 된 서부전선은 포탄 구멍이 가득했고 철조망이 가로질러 거의 움직이지 않았다. 전쟁이 지속되면서 상상하기 힘든 규모의 인명 손실이 발생했다. 1916년 러시아의 여름 공세로만 140만 명이 전사했다. 콘라트가 이탈리아 돌로미티에 감행한 공격으로 40만 명의 이탈리아 병사가 포로로 잡혔다. 솜 전투 첫

날인 7월 2일 5만 7000명의 영국군이 전사했고, 11월 전투가 끝났을 때 65만 명의 연합군이 전사하거나 부상당하거나 실종되었고, 독일군도 40만 명의 사상자를 냈다. 요새를 장악하기 위해 프랑스군과 독일군이 벌인 베르됭 전투에서 프랑스 수비군은 50만 명 이상, 독일 공격군은 40만 명 이상의 사상자를 냈다. 전쟁이 끝난 1918년 11월 18일 기준 6500만 명이 전투에 참여했고, 850만 명 이상이 전사했다. 800만 명은 포로가 되거나 실종되었다. 산정할 수 있는 부상자만 2100만 명이었다. 심리적으로 타격을 입거나 파괴된 사람이 얼마나 될지는 아무도 알 수 없었다. 다른 전쟁과 비교하면 베트남전에서 미군은 4만 7000명이 전사했고, 이라크 침공 때는 연합군 4800명이 전사했다.

  이 전쟁은 처음에 유럽에 국한되었지만 곧 세계대전이 되었다. 제국들은 전쟁 초기부터 자동적으로 참전하게 되었다. 이들은 캐나다, 오스트레일리아, 베트남, 알제리 주민들에게 제국을 위해 싸울지를 묻지 않았다. 공정하게 얘기하자면, 실제로 싸우겠다고 나선 이도 많았다. 여전히 많은 사람들이 영국과 가족 관계로 묶여 있는 "백인이 지배하는" 영국 식민지에서는 종주국 방어를 당연하게 여겼다. 더 놀라운 것은 인도 민족주의자들 중 다수가 영국을 지원했다는 점이다. 급진적인 젊은 변호사 마하트마 간디는 영국 당국이 참전할 인도인들을 징집하는 것을 도왔다. 다른 강대국들도 점차 어느 편에 들지를 결정했다. 일본은 1914년 8월 말 독일에 선전포고하고, 기회를 노려 중국과 태평양의 독일 조차지를 차지했다. 두 달 후 오스만제국이 독일과 오스트리아-헝가리 편을 들기로 결정했고, 1915년 불가리아도 여기에 가담했다. 불가리아는 동맹국이 끌어들인 마지막 국가였다. 루마니아, 그리스, 이탈리아, 몇몇 라틴아메리카 국가들과 중국은 결국 연합국에 가담했다.

전쟁 초기 미국에서는 자국의 이익과 거의 관계없어 보이는 이 전쟁에서 어느 쪽이든 강하게 지지하지 않았다. 런던 주재 미국 대사 월터 페이지는 이렇게 썼다. "대서양이 있어서 다행이다. 다시 한 번 신께 감사할 일이다." 엘리트, 자유주의자, 동부 해안의 주민들 또는 영국과 가족 연계가 있는 사람들은 연합국 쪽으로 기울었지만, 미국인의 약 4분의 1을 차지하는 상당수는 독일계였다. 아일랜드계 가톨릭 이민자들은 영국을 미워할 충분한 이유가 있었다. 전쟁이 시작되자 윌슨은 아내의 임종 병상을 떠나 기자회견을 하며 미국은 중립을 지킬 것이라고 선언했다. 그는 이렇게 말했다. "미국 말고 다른 어떤 나라도 그럴 수 없을 것이다. 나는 미국이 나머지 세계를 도울 침착성, 평온한 사고, 확고한 목적을 가지고 있다는 것에 자부심을 갖고 싶다." 미국을 중립에서 벗어나게 자극한 것은 독일의 정책이었고, 더 구체적으로 말하면 독일 총사령부였다. 1917년 미국은 자국 상선에 대한 독일 잠수함의 공격과, 영국이 친절히 전달해준 독일이 멕시코와 일본의 미국 공격을 부추겼다는 정보에 격노해서 연합국 측에 가담해 참전했다.

1918년, 동맹국의 적군이 너무 많아져서 동맹국은 하나하나 강화를 요청했고, 독일도 결국 휴전을 요청했다. 1918년 11월 11일 포성이 멈췄을 때 세상은 1914년과 판이하게 달랐다. 유럽 여러 곳에서 전쟁 발발로 임시로 봉합된 사회 균열이 전쟁이 오래 지속되면서 다시 심각해져 점점 큰 부담을 안겨주었다. 사회·정치 소요가 확산되면서 주민들의 신뢰를 지키지 못하고 그들의 기대에 부응하지 못한 구체제는 무너지기 시작했다. 1917년 2월 차르 정권이 결국 붕괴했고, 정권을 이어받은 취약한 임시정부도 열 달 뒤 새로운 혁명 세력인 블라디미르 레닌의 볼셰비키에게 쫓겨났다. 정치적 경쟁자들과 구체제의 잔재로부터 공격을 받은 레닌은 1918년 초 동맹국과 강화조약을 맺고 러시아 서부의 엄청난 영토를 할양했다. 참혹한 내전에서 러시아인들끼리 싸우는 동안 러시아 제국에 복속되었던 민족들은 탈출할 기회를 잡았다. 폴란드인, 우크라이나인, 조지아인, 아제르바이잔인, 아르메니아인, 핀란드인, 에스토니아인, 라트비아인 모두가 잠시 동안이나마 독립을 누렸다.

오스트리아-헝가리는 1918년 여름 산산조각이 났고, 제국의 민족 문제는 더이상 감당할 수 없게 되었다. 제국 내 폴란드인들은 갑자기 러시아, 독일로부터 해방된 동포들과 손잡고, 100여 년 만에 처음으로 국가를 세웠다. 체코인과 슬로바키아인도 체코슬로바키아를 출범시키기 위해 어색한 결합을 했고, 오스트리아-헝가리령 크로아티아, 슬로베니아, 보스니아의 남슬라브인들은 유고슬라비아라고 알려지게 될 새로운 국가를 만들기 위해 세르비아와 힘을 합쳤다. 크로아티아를 잃어 영토가 줄어든 헝가리는 전쟁 후 평화 조정으로 독립국이 되었고, 합스부르크 영토에서 남은 부분은 소국 오스트리아가 되었다. 다른 동맹국 중 불가리아에서도 혁명이 일어나 마지막까지 교활했던 페르디난드는 아들에게 양위하고 퇴위했다. 오스만제국도 붕괴했다. 승리한 연합국은 오스만제국의 아랍 영토와 유럽 지역 영토 대부분을 빼앗았고, 튀르키예의 핵심지만 남겨놓았다. 오스만제국 마지막 술탄은 1922년 조용히 망명길에 올랐고, 새로운 세속 지도자 케말 아타튀르크가 현대 국가 튀르키예 건설에 나섰다.

1918년 독일군이 패배하자, 민간 정부를 지배하고 있던 힌덴부르크와 루덴도르프에 의해 음지에 있던 독일 대중이 정권 전체에 맞서 분노를 표출했다. 해군과 육군 병사들이 반란을 일으키고, 노동조합이 지방정부들을 장악하는 동안 독일은 러시아의 길을 따라갈 것처럼 보였다. 카이저는 1918년 11월 마지못해 하야했다. 이후 사회주의자들에 의해 선포된 새로운 공화국은 혁명 발발을 막는 데 성공했다.

승전국들도 나름대로 사회적 소요가 있었지만 — 1918년 프랑스, 이탈리아, 영국에서 격렬한 파업과 시위가 일어났다 — 구체제는 당분간 유지되었다. 그러나 유럽이라는 집합체는 더이상 세계의 중심이 아니었다. 유럽은 엄청난 부를 낭비했고, 그 힘을 소진했다. 외부의 지배에 대체로 순응했던 유럽 제국들의 신민들은 동요하고 있었다. 외국 지배자들이 가장 뛰어난 줄 알았던 그들의 신념은 4년간 전장에서 벌어진 야만성으로 돌이킬 수 없을 만큼 흔들렸다. 유럽 문명이 무엇을 만들어낼 수 있는지를 직접 목격한 전장의 병사들이 새로운 민족주의 지도자로 대거 나섰다. 이들은 먼 미래가 아니라 당장 자치 정부를 요구했다. 영국의 "백인" 지배 식민지들은 제국 내에 남는 데 만족했지만, 자치권을 늘려준다는 조건하에 그렇게 한 것이었다. 세계 문제에서 더 큰 역할을 하게 된 새로운 국가들은 유럽 밖에 있었다. 극동에서는 세력과 자신감이 커진 일본이 이웃 국가들을 지배했다. 대서양 너머 미국은 이제 중요한 세계 강국이 되었다. 미국의 산업과 농업은 전쟁으로 훨씬 더 성장했고, 뉴욕은 점점 세계 재정의 중심지가 되어갔다. 미국인들은 유럽이 낡고 퇴락했으며 끝장났다고 보았고, 많은 유럽인들도 이 생각에 동의했다.

이 전쟁은 유럽의 많은 유산과 수백만 명을 파괴했을 뿐 아니라, 생존자 중 다수를 잔인하게 만들었다. 전쟁 중 유럽인들을 지탱한 민족주의적 열정으로 많은 민간인들이 자의적으로 살해되었다. 벨기에에서는 독일군이, 갈리치아에서는 러시아군이, 보스니아에서는 오스트리아군이 이런 만행을 저질렀다. 점령군은 민간인들을 강제노동에 동원했고, "문제 있는wrong" 민족들을 주거지에서 몰아냈다. 종전 후 유럽 많은 지역의 정치가 폭력으로 몸살을 앓았다. 암살과 적대적 정당들 사이의 전투가 빈번하게 일어났다. 비관용적이고 전체주의적인 파시즘과 소련 스타일의 공산주의 이념은 군대의 조직과 원칙을 끌어왔고, 파시스트들의 경우 전쟁 자체에서 영감을 받았다.

1차대전은 유럽 역사에서 하나의 중단이었다. 1914년 이전 온갖 문제가 있었지만 유럽은 세계가 더 나은 세상이 되어가고 인류 문명이 발전하고 있다는 희망을 가졌었다. 1918년 이후 그러한 믿음은 유럽인들에게 더이상 존재하지 않았다. 그들은 전쟁 전의 잃어버린 과거를 회상하며 단지 상실감과 허탈감만 느낄 수 있었다. 독일의 패배가 분명해지고 있던 1918년 늦여름, 해리 케슬러 백작은 수년간 가지 않았던 바이마르의 옛집으로 돌아갔다. 1914년 민족주의적 열정에 휩싸였던 케슬러는 전쟁 발발을 유감스러워한 지 오래된 상태였다. 그의 옛 마부와 개가 기차역에서 기다리고 있었고, 마치 그가 며칠 여행을 갔다 온 것처럼 그를 반갑게 맞이했다. 그는 자신의 집이 잠자는 미녀처럼 변함없이 기다리고 있었다고 회상했다.

인상주의와 신인상주의 회화 작품들, 프랑스어·영어·이탈리아어·그리스어·독일어 책이 꽂힌 서가, 마욜의 조각품들 — 그의 다소 강하고 육감적인 여인들, 어린 콜린 이후 아름다운 나신의 청년 조각 — 이 마치 1913년인 듯 그대로 있었다. 하지만 여기 있었던 많은 사람들이 이제 죽거나 실종되거나 여러 곳으로 흩어졌다. 아니면 적군이 돌아와 유럽 생활을 완전히 바꿔놓을 수도 있었다. 그 집은 《천일야화》에서 튀어나온 작은 궁전인 듯, 다른 시대에서 갑자기 튀어나온 사람만이 살짝 맛볼 수 있는 온갖 보물과 반쯤 색이 바랜 상징과 기억으로 가득해 보였다. 단눈치오가 쓴 헌정사, 클로드 아네Claude Anet가 가져온 이스파한의 페르시아 담배, 모리스 드니의 막내 세례식 때부터 있던 사탕 그릇, 니진스키 사진이 실린 1911년 러시아 발레 공연단 프로그램, 줄리아 워드Julia Ward가 보내준 바이런의 손자 러브레이스 경Lord Lovelace이 자신의 근친상간에 대해 쓴 비밀의 책, 로스의 편지 한 통과 함께 있는 오스카 와일드와 앨프리드 더글러스의 책들, 아직 포장을 뜯지 않은 로베르 드 몽테스키우Robert de Montesquiou가 전쟁 수년 전부터 쓴 아름다운 카스틸리오네 백작녀 — 죽은 그녀의 잠옷을 그의 응접실 보석함 또는 작은 유리관에 보관했다던 — 에 대한 희극 전집이 거기에 있었다. 운명은 이러한 유럽 생활에서 얼마나 흉측스럽게 변했는가? 한때 사람들이 목가적인 놀이에 몰두하고, 부셰의 화려한 그림과 볼테르의 경쾌한 정신 속에서 살던 시대가 결국 역사상 가장 참혹한 비극 중 하나로 이어졌다. 시대가 더 확고한 평화가 아니라 전쟁으로 향한 것은 우리 모두 알지만 동시에 잘 알지 못하는 일이다. 지옥 같은 세력이 때가 되어 한창 커졌을 때 갑자기 터져 흔적도 없이 사라진 비누 거품처럼 허망한 느낌이었다.⁷

유럽을 1차대전의 길로 들어서게 한 사람들 중 일부는 살아생전에 종전을 보지 못했다. 몰트케는 병가에서 돌아온 뒤 독일군 참모총장을 맡지 못했다. 그는 후임인 팔켄하인이 독일군을 대가가 크고 헛된 베르됭 전투에 계속 밀어놓고 있던 1916년 심장마비로 사망했다. 사라예보에서 프란츠 페르디난트를 암살하여 운명적인 사건들을 출발시킨 프린치프는 오스트리아-헝가리 법원에서 유죄 판결을 받았지만, 미성년자라는 이유로 처형을 면했다. 그는 1918년 오스트리아 감옥에서 폐결핵으로 사망했지만, 자신이 촉발한 비극에 대해 끝까지 참회하지 않았다.⁸ 프란츠 요제프 황제는 1916년 사망했다. 그는 위태로운 왕좌를 경험 없는 조카 카를에게 넘겨주었지만, 카를은 1918년까지만 왕좌를 차지했다. 세르비아에 대한 오스트리아-헝가리의 전쟁을 결국 승인한 이슈트반 티서는 1918년 부인이 보는 앞에서 헝가리 군인들에게 살해되었다. 라스푸틴은 1916년 상트페테르부르크에서 대귀족들에게 암살되었는데, 그들은 라스푸틴을 제거해 정권을 살리려는 헛된 희망을 품고 있었다. 니콜라이 2세는 다음해에 퇴위했다. 그와 황후 알렉산드라와 자녀들은 1918년 봄 예카테린부르크에서 볼셰비키에게 살해되었다. 그들의 시신은 표식이 없는 무덤에 매장되었다가 소련 붕괴 후 발굴되었다. 그들의 유해는 알렉산드라의 형제의 손자 에든버러 공의 혈액을 포함한 DNA 분석으로 진위가 가려졌다. 러시아 정교회는 이들을 성인으로 추대했다.

니콜라이 2세의 장관 중에는 운이 더 좋은 사람들도 있었다. 이즈볼스키는 러시아로 다시는 돌아오지 않았고, 프랑스 정부가 주는 작은 연금을 받으며 프랑스에서 계속 생활했다. 외무장관 사조노프는 1917년 초 해임되었다. 그는 러시아 내전 중 콜차크 제독의 반볼셰비키 세력에 가담했고, 프랑스로 망명했다가 1927년 니스에서 사망했다. 수호믈리노프는 러시아의 전쟁 실패에 대한 비난을 받았다. 1916년 차르는 그를 해임하고 부패, 러시아군 직무 태만, 독일과 오스트리아-헝가리를 위한 간첩 혐의로 재판에 회부했다. 부패는 분명한 사실이었지만, 나머지 두 기소를 정당화하는 증거는 희박했다. 1917년 초 새로 정권을 잡은 임시정부는 그와 그의 아름다운 아내 예카테리나를 투옥하고 늦여름 재판을 재개했다. 예카테리나는 방면되었지만, 수호믈리노프는 종신형을 선고받았다가 1918년 5월 권력을 잡은 볼셰비키의 대사면령으로 감옥에서 풀려났다. 그해 가을 그는 러시아에서 핀란드로 탈출한 다음 베를린까지 갔고, 그곳에서 쓰지 않을 수 없게 된 회고록을 쓰면서 극도의 궁핍 속에 생활했다. 그의 부인 예카테리나는 부유한 보호자를 새로 만나 계속 러시아에 남았지만, 1921년 볼셰비키에게 살해된 것으로 추정된다. 한편 1926년 2월 어느 아침 베를린 경찰은 공원 벤치에서 동사한 노인을 발견했다. 한때 러시아에서 가장 부유하고 권력이 막강한 사람 중 한 명이었던 수호믈리노프가 밤새 얼어 죽은 것이다.[9]

전쟁이 끝나자 독일로부터 오스트리아-헝가리를 위한 백지수표를 받는 데 일조했던 호요스는 전쟁과 이중제국의 종말에 대한 책임을 통감하며 잠시 자살을 고려했지만, 생각을 고쳐먹고 1937년 평화롭게 사망했다. 수상 베르히톨트는 전쟁 초기 단계일 때, 이탈리아가 중립을 확고히 하기 위해 요구한 오스트리아 영토 일부 할양을 거부한 황제와 그의 동료들의 단견에 항의하며 사임했다. 그는 헝가리에 있는 자신의 영지에서 1942년까지 살았고, 자신의 전임자 에렌탈과 이즈볼스키가 1908년 보스니아 위기를 촉발한 중요한 회동 장소였던 부흘라우의 성에 매장되었다. 오스트리아-헝가리군 참모총장 콘라트는 1915년 지나 폰 라이닝하우스와의 결혼 승낙을 황제에게 받아낸 뒤 1917년 새 황제에 의해 해임되었다. 종전 후 그와 지나는 오스트리아 산악지대에서 평화롭게 살았다. 그는 영어 — 그가 구사한 아홉 번째 언어 — 를 공부하고, 불가리아의 전 국왕 페르디난드와 산책하고, 자신을 정당화하는 다섯 권이나 되는 회고록을 쓰며 시간을 보냈다. (1920년대에는 전쟁 발발에 핵심 역할을 했던 사람들이 전쟁에 대해 자신을 정당화하고 남을 비난하는 회고록이 쏟아져 나왔다.) 콘라트는 1925년 사망했고, 새로운 오스트리아 공화국 정부는 그에게 국장을 베풀어주었다. 지나는 살아서 오스트리아가 제3독일제국에 흡수되는 과정을 지켜보았고, 나치 정권은 그녀를 늘 존중했다. 그녀는 1961년 사망했다.

애스퀴스는 전쟁에 대한 노력이 태만했다는 비난을 점점 거세게 받다가 1916년 말에 사임해야 했다. 그의 후임인 로이드조지는 전쟁 혐오감에도 불구하고 강력한 전시 지도자임이 드러났다. 두 사람 사이의 경쟁으로 분열된 자유당은 이전의 영향력을 다시는 회복하지 못했다. 거의 시력을 잃게 된 그레이는 야당으로 물러났지만, 전쟁 말기 미국 주재 영국 대사를 맡는 데 동의했다. 그는 회고록에서 자신이 프랑스에 어떤 약속도 하지 않았다고 주장했다. 죽기 직전에 그는 새의 매력에 대한 책을 출간했다. 영국과 프랑스 관계 건설에 많은 일을 한 헨리 윌슨은 육군 원수로 전쟁을 마쳤다. 1922년 그는 아일랜드 남부가 독립할 때 영국의 일부로 남은 북아일랜드 정부의 안보 보좌관이 되었다. 그는 얼마 후 런던 자택 계단에서 두 명의 아일랜드 민족주의자들에게 암살되었다.

푸앵카레는 전쟁 기간 내내 직책을 유지하다가 프랑스의 승리와 알자스-로렌 영토 회복을 주도했다. 그의 대통령 임기는 1920년에 끝났지만, 그는 1920년대에 두 번 수상이 되어 공직에 복귀했다. 1929년 여름 그는 건강 문제로 사임했지만, 1933년 히틀러와 나치의 정권 장악을 보고 다음해 사망했다. 드레퓌스는 전쟁이 발발하자 자신에게 불명예를 안긴 군에서 싸울 것을 자원했고, 전쟁 내내 군에서 복무했다. 그는 1935년 사망했고, 그의 장례 행렬은 병사들이 도열한 콩코르드 광장을 지나갔다.

독일의 베트만홀베크는 힌덴부르크와 루덴도르프가 상선에 대한 무제한 잠수함 작전을 재개하고 전쟁 목표를 확장하는 데 반대하다가 1917년 여름 직책에서 밀려났다. 베트만홀베크는 애지중지하는 호헨피노프 영지로 은퇴하여 마지막 남은 몇 년을 자신과 자신의 정책을 정당화하고 독일의 전쟁 책임을 부인하면서 보냈다. 그는 1920년 64세의 나이로 사망했다. 카이저에 대한 영향력에서 그의 경쟁자였던 티르피츠는 종전 후 우익 정치에 뛰어들었고, 1930년 사망할 때까지 자신의 해군력 증강 정책이 옳았다고 주장하며 독일 패배의 책임을 카이저부터 육군에 이르는 다른 모든 사람들에게 돌렸다.

빌헬름 2세는 몇 년 더 살면서 마지막까지 허풍을 떨고, 우두머리

행세를 하고, 자신만이 옳다고 주장했다. 전쟁 중 그는 "그림자 카이저"가 되었다. 장군들은 그의 이름을 빌려 모든 일을 하면서도, 실제로는 그에게 거의 주의를 기울이지 않았다. 빌헬름 2세는 서부전선 후방인 벨기에의 작은 도시 스파에 자신의 사령부를 차렸는데 그의 일과는 이른 아침 승마, 두 시간 정도 업무(주로 훈장 수여와 장교들에게 축하 전보 발송), 병원 방문, 관광, 오후 산책, 장군들과의 저녁 식사, 밤 11시 취침으로 채워졌다. 그는 대포 소리를 들으러 전선 가까이 가는 것을 좋아했고, 스파로 돌아와서는 자신이 전장에 있었다고 자랑스럽게 떠벌렸다. 히틀러가 전쟁 후반부에 그랬듯이 그는 종전 후 무엇을 할지 꿈꾸길 좋아했다. 빌헬름 2세는 자동차 경주를 하고 베를린에서 사회를 개혁할 계획을 잔뜩 세웠다. 호텔에서는 더이상 파티를 열지 못하고, 대귀족들은 모두 자기 궁전을 직접 지어야 하는 사회가 펼쳐질 것이었다.[10] 전쟁이 계속되면서 참모들은 그가 주름이 늘고 쉽게 우울해하는 것을 알아챘다. 그들은 점점 그에게 나쁜 소식을 전하지 않게 되었다.[11]

1918년 가을 독일의 패배가 분명해지자 군부는 카이저가 전장에서 마지막 공격을 하다 영웅적으로 죽을 계획을 세웠다. 빌헬름 2세는 그런 일을 절대 하지 않고, 권좌를 지킬 수 있을 것이라는 헛된 희망을 계속 품었다. 독일에서 상황이 악화되자 11월 9일 그는 결국 특별열차편으로 네덜란드에 가도록 설득되었고, 같은 날 독일은 공화국이 되었다. 그를 받아들이기로 동의한 네덜란드 대귀족 집에 도착한 빌헬름 2세의 첫 요구는 "정말 좋은 영국 차 한 잔"이었다.[12] 연합국의 압박에도 불구하고 네덜란드는 그를 추방하길 거부했고, 그는 도른에 있는 작은 궁전에서 여생을 마쳤다. 그는 벌목 작업에 몰두해 1920년대 말까지 2만 그루를 베고, 전쟁으로 이끈 정책을 조금도 후회하지 않는 회고록을 쓰고, P. G. 우드하우스가 영어로 쓴 긴 발췌문을 직원들에게 낭독하고, 바이마르 공화국과 사회주의자, 유대인을 맹렬히 비판하고, 권좌에 복귀할 날이 올 거라 믿으며 자신을 퇴위시킨 독일 국민들을 비난하면서 바쁜 나날을 보냈다.

그는 히틀러와 나치의 부상을 복잡한 감정으로 지켜보았다. 그는 히틀러가 낮은 계급 출신에 저속한 사람인 것을 알았지만, 그의 아이디어 중 많은 부분, 특히 독일의 위대함을 재건하는 데 동의했다. 그러나 그는 이렇게 경고했다. "그건 나와 함께 달아났듯이 그와 함께 달아날 것이다."[13] 빌헬름 2세는 2차대전 발발을 환영했고, 초기 잇따른 독일군의 승리에 즐거워했다. 그는 히틀러의 러시아 침공이 3주도 남지 않은 1941년 6월 4일 사망하여 도른에 묻혔다.[14]

1차대전 책임은 그에게 있을까? 아니면 티르피츠? 그레이? 몰트케? 베르히톨트? 푸앵카레? 아니면 아무도 책임이 없는 걸까? 그 대신 제도나 아이디어를 비난해야 할까? 너무 많은 권력을 가진 총참모부, 전제적인 정부, 사회진화론, 공격의 추종, 민족주의 등 너무 많은 질문과 그만큼 많은 답이 있을 것이다. 아마도 우리는 전쟁과 평화, 자신들의 강점과 약점, 자신들의 사랑, 혐오, 편견 사이에서 선택해야 했던 개개인을 최대한 이해하게 되길 기대할 수 있을 것이다. 그러려면 당시 추정들과 함께 그들의 세계도 이해해야 한다. 우리는 의사결정자들이 그랬듯이 1914년 마지막 위기 전에 무슨 일이 일어났고, 그들이 모로코 위기, 보스니아 위기 또는 1차 발칸전쟁에서 무

맺으며

엇을 배웠는지를 기억해야 한다. 예전 그 모든 위기에서 살아남은 유럽의 바로 그 성공이 역설적으로 다시 한번 해결책을 마지막 순간에 찾고, 평화를 유지할 것이라는 1914년 여름의 위험천만한 안이한 생각으로 이어졌다. 21세기 시각에서 비난하자면 유럽을 전쟁으로 몰아넣은 사람들의 과오는 두 가지다. 첫째, 그런 전쟁이 얼마나 파괴적으로 치달을지 상상하지 못했다. 둘째, 전쟁 돌입 외에 선택의 여지가 없다고 말하는 사람들에게 당당히 맞설 용기가 부족했다. 선택할 기회는 늘 있는 법이다.

감사의 말

이 책을 쓰면서 다시 한번 많은 사람들의 도움을 받는 큰 행운을 누렸다. 이 책의 좋은 점에 대해서는 그들이 칭찬받아야 마땅하고, 부족한 점은 나에게 책임이 있다.

먼저 뛰어난 연구조교들에게 고마운 마음을 전한다. 꼭 필요한 협력자들로서 그들은 지칠 줄 모르고 일했고, 고도로 조직화되었으며, 큰 도움을 주었다. 돈 베리, 율리아 나우모바, 레베카 스노우, 카타리나 울, 트로이 베테세는 여러 언어로 된 뛰어난 자료들을 찾아내고 분석해서 중요하고 흥미로운 것에 대한 확실한 직감을 보여주었다. 마지막 단계에서는 돈이 나서서 원고 전체를 읽으며 주석을 정리하고, 엄청난 참고자료를 정리했다. 토론토에서 미샤 캐플런도 유용한 작업에 기여했다.

지난 몇 년 동안 옥스퍼드대학과 세인트앤터니대학의 일원이 되는 큰 기쁨과 혜택을 누렸다. 머리가 터질 것 같다고 큰 소리로 불평하는 몬티 파이튼Monty Python 스케치의 주인공 같다고 느낀 적도 있었지만, 이곳의 대단한 지적·사회적 생활에 계속 놀라며 깊이 감사했다. 나의 동료와 학생들로부터 많은 것을 배웠고, 계속 배워가고 있다. 보들리 도서관과 대학 도서관 자료를 사용하는 엄청난 혜택도 누렸다.

세인트앤터니대학은 너그럽게 2012-3년 나에게 안식년을 주었다. 특히 학장 서리를 맡아준 로즈메리 풋 교수에게 감사 인사를 전한다. 예상대로 그녀는 늘 보여주던 성실성과 능력으로 그 일을 수행해주었다. 내가 자리를 비운 동안 대학의 업무가 물 흐르듯 진행되도록 도와준 동료들에게도 고맙다는 인사를 전한다. 부학장 알렉스 프라브다, 재무자산처장 앨런 테일러와 그의 후임 키어스틴 질링엄, 재무처장 피터 로빈슨, 발전처장 란지트 마운다르, 교무처장 마거릿 쿨링, 나의 비서 페니 쿡과 그들의 동료 등이다.

옥스퍼드에 있는 동안 또다른 훌륭한 기관인 토론토대학의 일원이 되어 그곳의 동료들, 학생들과 교류하고 뛰어난 도서관을 이용하며 계속 혜택을 받았다. 특히 이 책을 쓰면서 토론토에 머무는 한 해 동안 연구비를 제공하고, 생동감 넘치며 자극적인 연구소의 학문적 분위기의 일원으로 만들어준 멍크 글로벌 문제 센터와 설립자 피터 멍크, 소장 재니스 스타인에게 감사를 표한다.

5년 전에는 1차대전 발발을 다룬 이 책을 쓸 생각이 없었다. 그 길은 이미 많은 사람들이 닦아놓았고, 나는 다른 일을 수행 중이었다. 프로필북스의 앤드루 프랭클린이 아이디어를 주었지만 나는 저항했다. 그러고 나서 여름 내내 그 책을 생각했다. 그래서 이 황홀한 프로젝트로 이끈 그에게 나는 다소의 유감과 훨씬 큰 감사를 빚지고 있다. 그와 프로필북스의 놀라운 팀인 페니 대니얼, 대니얼 크루, 그리고 작고한 그리운 피터 카슨이 없었다면 이 책은 나올 수 없었을 것이다. 미국 랜덤하우스와 캐나다 펭귄의 출판팀에도 똑같은 감사를 전한다. 모범적 편집자인 뉴욕의 케이트 메디나와 토론토의 다이안 터비드의 건설적 조언과 제안으로 이 책은 훨씬 나은 책이 되었다. 세실리아 매카이는 도판을 찾는 데 뛰어난 실력을 보여주었고, 트레버 호우드는 복사본 편집자로 버금가는 역할을 해주었다. 긴 여정에서 치어리더 같은 역할을 해준 에이전트이자 친구인 캐나다의 캐롤라인 도네이와 지칠 줄 모르고 열정적인 마이클 레빈의 도움을 받는 행운도 누렸다.

보들리 도서관의 큐레이터들과 에어 크로의 논문 인용을 허락해준 브라이언 크로 경에게도 감사 인사를 전하고 싶다. 해리 케슬러 백작의 일기 번역본 사용을 허락해준 레어드 이스턴 교수와 노프 더블데이 출판 그룹에도 고마움을 전한다. 빅토리아 여왕의 일기에서 발췌한 내용은 여왕 엘리자베스 2세의 친절한 허락을 받고 사용되었다.

헨리 키신저, 알리스테어 혼, 노먼 데이비스, 마이클 하워드, 유진 로건, 아비 슐라임, 폴 베츠, 앨런 알렉산드로프, 하무트 포게 폰 스트란드만, 리아콰트 아하메드는 모두 친절하게 시간을 내어 나의 아이디어를 논의하고 조언을 해주었다. 많은 친구와 가족들이 조언과 따뜻한 식사를 제공해주었다. 토머스 바르세이, 데이비드 블레웨트, 로버트 보스웰, 귀네스 대니얼, 아서 셉스, 앤드루 왓슨 등이다. 내가 오스트리아 대공들, 러시아 백작들, 독일 장군들이나 영국 내각 장관들의 유령과 함께 사는 은둔자가 되지 않도록 보살펴준 따뜻한 가족에게 늘 고맙다. 앤 맥밀런, 피터 스노우, 토머스와 캐서린 맥밀런, 마고 핀레이, 대니얼 스노우도 이 원고의 일부를 읽어주었고, 늘 그랬듯이 소중한 조언과 비평을 해주었다. 한 단어씩 읽으며 고생을 가장 많이 한 최고의 독자는 나의 어머니, 엘뤼네드 맥밀런이다. 자식을 비판하는 고통을 감내해야 했지만 어머니는 솔직하게 조언하면서 큰 도움을 주었다. 이 모든 사람들에게 진심으로 감사 인사를 전한다.

옮긴이의 말

이 책은 1900년부터 1914년까지 유럽 각국이 취한 행동이 어떻게 1차대전으로 불리는 대전쟁을 촉발했는지를 상세히 다루고 있다. 1차대전은 1815년부터 1914년까지 이어진 유럽협조체제에 종언을 고했다. 단기간에 끝난 프랑스-프로이센전쟁과 프로이센-오스트리아전쟁 외에 주요 전쟁이 없던 유럽대륙은 4년간의 전화戰禍로 2000만 명이 사망하고, 유럽의 다섯 제국 중 동쪽의 세 제국이 사라지고 오스만제국도 사멸하는 비극을 겪었다.

얼마 전 타계한 조지프 나이 교수와 그레이엄 앨리슨 교수는 1차대전의 원인을 국제정치의 관점에서 설명한다. 조지프 나이는 《국제분쟁의 이해: 이론과 역사》에서 1차대전의 원인을 근본 원인, 중간 원인, 촉발 원인의 세 층위로 구별한다. 그의 분석에 따르면 독일의 국력 확장, 양극화된 동맹 체제 발전, 민족주의의 대두와 두 제국의 쇠락은 근본 원인이다. 독일의 대외정책, 평화에 대한 자만, 지도자들의 개인적 특성은 중간 원인이며, 사라예보에서 일어난 페르디난트 황태자 암살 사건은 촉발 원인으로 꼽힌다. 그레이엄 앨리슨은《예정된 전쟁》에서 투키디데스의 함정이라는 용어를 사용하여 독일의 부상에 대한 영국의 두려움과 견제가 1차대전의 핵심 원인이었다고 설명한다.

이 책의 저자 마거릿 맥밀런은 역사학자로서, 왜 동질성이 큰 유럽 제국들이 평화 유지에 실패했는지에 초점을 맞춘다. 저자는 국제정치 이론이나 분석틀을 원용하지 않고, 각국 지도자의 성장 과정 등 개인적 특성과 사회 분위기를 세심히 묘사한다. 그러면서 상실 또는 혁명, 무정부주의자들에 대한 두려움, 더 나은 세계로의 변화에 대한 희망, 뒤로 물러서거나 약해 보이지 않으려는 명예와 남자다움에 대한 요구 같은 주관적 요소, 그리고 투쟁의 불가피성을 강조한 사회진화론을 1차대전의 원인으로 꼽는다. 그러나 조지프 나이의 분석틀을 이용해 말하자면 저자도 군비 경쟁, 융통성 없는 군사 계획, 경제적 경쟁, 무역 전쟁, 식민지 경쟁, 유럽을 비우호적인 진영으로 나눈 동맹 체제를 전쟁의 근본 원인과 중간 원인으로 꼽고, 페르디난트 황태자 암살 사건 발생 후 1914년 세르비아를 파괴하겠다는 오스트리아-헝가리의 정신 나간 결단, 그것을 끝까지 지원하겠다는 독일의 결정, 성급한 러시아의 동원을 촉발 원인으로 보고 있다.

이 책이 출간되자 영미의 주요 언론에 여러 서평이 쏟아져 나왔다. 《뉴욕 타임스》는 저자가 "인물과 사건을 생생하고 세세하게 묘사한 뛰어난 연대기적 작가"의 진면목을 보여주었다며, 파리박람회 전경으로 시작된 서술이 "과학기술의 발전과 평화로운 번영의 낙관이 넘치던 1900년으로 우리를 데려간다"고 평했다.《월스트리트 저널》은

이 책의 장점이 "전쟁의 핵심 원인으로 볼 수 있는 정치의 불완전성에 서술을 집중한" 데 있다고 평가했다.

"역사는 똑같이 되풀이되지 않지만, 때때로 그 운율은 반복된다." 마크 트웨인이 한 말이다. 2차대전 이후 일어난 30여 주요 정규전, 비정규전을 다룬 《컨플릭트》(책과함께, 2024)의 역자 후기에서는 자신의 힘을 과대평가하고 상대의 전력과 저항 의지를 과소평가하는 오만, 전쟁의 모든 국면이 계획한 대로 자국에 유리하게 전개될 것이라는 망상이 불필요한 전쟁 발발과 패배를 가져온다고 지적했었다. 1차대전과 현재 유럽대륙에서 진행 중인 전쟁의 시작과 진행 양상을 보면 지도자의 오판과 오만으로 수많은 인명이 희생되는 비극이 일어났고, 역사적으로 보면 일으키지 말았어야 할 전쟁 촉발로 제국이나 국가가 크게 축소되거나 사라지는 일이 여러 번 있었다. 저자도 전쟁이 얼마나 파괴적이 될지를 상상하지 못하고, 전쟁 돌입 외에 다른 선택의 여지가 없다고 말하는 사람들에게 당당하게 맞설 사람이 없었기에 1차대전이 일어났지만, 전쟁 외에 다른 선택은 늘 있었다고 강조한다. 저자는 유럽이 이전의 모든 위기에서 살아남은 것이 역설적으로 마지막 순간에 해결책을 발견하고 평화가 유지될 것이라는 1914년 여름의 위험한 안이함으로 이어졌다고 경고한다. 최근에도 유럽인들은 냉전 종식 후 유럽대륙에 더이상 전쟁이 없을 것이라는 안이한 낙관에 빠져 있었다. 이 환상을 깬 러시아-우크라이나전쟁을 계기로 러시아에 접경한 국가들이 국방력 강화에 힘을 쏟고 있다.

지난 5월 교황이 된 레오 14세는 2차대전이 끝난 지 80년이 됐다고 언급하면서 세계 각지의 분쟁에 대해 프란치스코 교황의 말을 인용해 "제3차 세계대전이 조각조각 벌어지는 극적인 상황을 겪고 있다"고 말하며 세계 강국들에게 전쟁 중지와 평화를 호소했다. 지금도 러시아-우크라이나전쟁과 가자전쟁, 이스라엘-이란전쟁이 진행되고 있고, 인도-파키스탄은 격렬한 교전 후 휴전에 돌입한 상태다. 저자는 "우리는 어떻게 전쟁이 발생하는가와 어떻게 평화를 유지할 수 있는가를 신중하게 생각해야 한다. 1914년 이전처럼 지금 국가들은 서로 맞서고 있다. 당시 지도자들은 통제된 겁주기와 맞서서 겁주기 게임을 하고 있다고 상상했다"라고 서술하며, "인간사에서 실수, 혼란, 또는 단순히 잘못된 시간 선택이 하는 역할을 절대 과소평가해서는 안 된다"고 강조한다. 1차대전은 유럽의 거의 모든 왕조가 혼인으로 연결되고, 영국·독일·러시아 군주가 사촌지간에, 당대 최고 교육을 받은 교양인들이었는데도 일어나고 말았다. 현재 지도자들은 당시 지도자들보다 더 이성적이고 자제력이 있는지 심각히 생각해보아야 한다. 독단적이고 자기만의 세계에 갇혀 있는 지도자들로 인해 우리가 느끼는 '정치적 불안전성'은 1차대전 직전만큼이나 크다. 이 책을 통해 독자들이 1차대전의 원인과 전쟁 발발 과정을 다시 한번 되돌아보며, 현재의 국제 정세를 냉정하게 평가하게 되기를 바란다. 국가의 존속과 안위를 위해 강력한 국방 능력이 필요하지만, 이를 넘어서서 군사우선주의militarism를 국가 정책의 근간으로 하고 무리한 대외 팽창에 나선 국가들은 오히려 국익을 해치거나 국가가 소멸되는 결말을 맞고 말았다.

몇 해 전《알타》,《알타의 딸들》을 번역한 뒤 이 책의 번역 제안을 선뜻 받아들였지만, 유럽사 전체를 아우르는 이 책의 번역은 쉬운 작업이 아니었다. 늘 그렇듯이 번역 작업에 필요한 여러 자료를 섭렵하며 이 책이 다루는 주제에 대해 많은 공부를 할 수 있었다. 이 책에 이어 같은 저자의《파리 1919》출간으로 두 권의 1차대전 명저를 소개하는 책과함께의 류종필 대표님과 편집진께 깊은 감사를 드린다.

허승철

도판 출처

1 Lord Kitchener announcing the annexation of the Transvaal, cartoon by Jean Veber, *L'Assiette Au Beurre*, 28 September, 1901. Photo: The Granger Collection/ Topfoto, p. 3
2 'A Troublesome Egg to Hatch', cartoon by John S. Pughe, Puck, 6 April, 1901. Photo: Library of Congress Prints and Photographs Division Washington, D.C., p. 27
3 'Dropping the Pilot', caricature of Otto von Bismarck and Kaiser Wilhelm II, *Punch*, 29 March, 1890. Photo: Topfoto, p. 52
4 'The Kaiser sets out to be Lord of the Sea' unattributed illustration, *Der wahre Jacob*, 3 August, 1909. Photo: Mary Evans, p. 75
5 'No Limit', cartoon by L. M. Glackens for the cover of *Puck*, 22 September, 1909. Photo: Library of Congress Prints and Photographs Division Washington, D.C., p. 101
6 'The Cordial Agreement', cartoon by Jules Faivre, *Le Rire*, 1903. Photo: Topfoto, p. 132
7 'The Russian bear, wounded in his fight with Japan, turns on his master, the Tsar', cartoon by Roubille, *Le Rire* 4 February, 1905. Photo: Mary Evans, p. 161
8 Illustration by Carl Otto Czeschka, *Die Nibelungen*, 1909. Photo: Mary Evans, p. 198
9 'The Zabern Incident', cartoon by Olaf Gulbransson, from *Simplicissimus*, November 1913. Photo: IAM/akg-images. © DACS, 2013, p. 229
10 'Every hour is lunch hour at the Dreadnought Club', cartoon by Udo Keppler, *Puck*, 31 May, 1911. Photo: Library of Congress Prints and Photographs Division Washington, D.C., p. 268
11 'Them fellers over there want to disarm but none of 'em dast do it first!' cartoon, 1906, by John Scott Club. Photo: Library of Congress Prints and Photographs Division Washington, D.C., p. 297
12 'The Perfidy of Albion', satirical map of Europe, 1914. Collection of the Museum

Europäischer Kulturen, Berlin. Photo: © 2013 Scala, Florence/BPK, Berlin, p. 315
13 'At the Moroccan Conference', cartoon by J. H. W. Dietz in *Der Wahre Jacob*, 6 February, 1906. Photo: akg-images, p. 355
14 Bulgaria and Austria whip parts of the Ottoman Empire from beneath the feet of Abdul Hamid II of Turkey, *Le Petit Journal*, 18 October, 1908. Photo: Mary Evans, p. 379
15 An Italian soldier grabs the green standard of the Prophet during the annexation of Tripoli, *Le Petit Journal*, 12 November, 1911. Photo: akg-images, p. 413
16 'Fire in the Balkans', cartoon by Thomas Theodor Heine, from *Simplicissimus*, 28 October, 1912. Photo: akg-images. © DACS, 2013, p. 438
17 'The more the nations try to outdo their neighbours in the arms race, the more their own people suffer', cartoon by Rata Langa, *Der Wahre Jacob*, 1909. Photo: Mary Evans, p. 470
18 'The Power Behind', cartoon by L. Raven Hill, *Punch*, 29 July, 1914. Photo: Mary Evans, p. 512
19 Austria-Hungary declares war on Serbia, front page of the *Daily Mirror*, 29 July, 1914. Photo: John Frost Newspapers/Mary Evans, p. 542
20 'Bravo, Belgium!', cartoon by F. H. Townsend, *Punch*, 12 August, 1914. Photo: Mary Evans, p. 564

주

약어

BD   Gooch, G. P. and Temperley, H., eds., *British Documents on the Origins of the War*

DDF   France. Ministère des Affaires É*trang*ères, *Documents diplomatiques français, 1871-1914*, 3rd series

RA   Royal Archives, Windsor Castle, http://www.royal.gov.uk에서 확인할 수 있다.

이외 각 출처의 상세한 서지사항은 참고문헌을 참조할 것.

들어가며

1 Kramer, *Dynamic of Destruction*, 8-9. **2** *New York Times*, 29 September 1914. **3** Kramer, *Dynamic of Destruction*, 30. **4** Lloyd George, *War Memoirs*, vol. I, 52.

1장 1900년 유럽

1 아셰트 출판사의 안내 책자 제목은 *Paris Exposition, 1900: guide pratique du visiteur de Paris et de l'exposition* 이다. 다음 온라인 페이지에서도 확인할 수 있다. http://archive.org/details/parisexposition00pari **2** *The Times*, 24 May 1900. **3** *New York Observer and Chronicle*, 25 October 1900. **4** *The Times*, 18 April 1900. **5** Lieven, *The Aristocracy in Europe, 1815-1914*, 7. **6** Zweig, *The World of Yesterday*, 215. **7** Addison and O'Grady, *Diary of a European Tour, 1900*, 30. **8** Zweig, *The World of Yesterday*, 26. **9** Dowler, *Russia in 1913*, ch. 1, passim. **10** Kennedy, *The Rise and Fall of the Great Powers*, ch. 4, passim. **11** Tylor, *Primitive Culture*, 2. **12** Blom, *The Vertigo Years*, 8. **13** *New York Observer and Chronicle*, 27 December 1900. **14** *New York Observer and Chronicle*, 11 October 1900. **15** Herring, *From Colony to Superpower*, 345. **16** Cronin, *Paris on the Eve*, 37. **17** Zweig, *The World of Yesterday*, 216. **18** Weber, *France: Fin de Siecle*, 230-31. **19** Blom, *The Vertigo Years*, 265-8. **20** *New York Observer and Chronicle*, 18 October 1900. **21** Kessler, *Journey to the Abyss*, 81. **22** Hewitson, 'Germany and France', 580. **23** Weber, *France: Fin de Siecle*, 243-4. **24** Cronin, *Paris on the Eve*, 36. **25** Weber, *France: Fin de Siecle*, 243. **26**

Andrew, *Theophile Delcasse*, 136; *New York Observer and Chronicle*, 1 November 1900. **27** Ridley, *Bertie*, 338.

2장 영국제국과 영광의 고립

1 *New York Times*, 24 June 1897; *Spectator*, 26 June 1897. **2** RA VIC/MAIN/QVJ (W) 22 June 1897 (Princess Beatrice's copies). **3** Massie, *Dreadnought*, xviii. **4** Rüger, *The Great Naval Game*, 200, 74. **5** Massie, *Dreadnought*, xx. **6** Roberts, *Salisbury*, 664–5; Rüger, *The Great Naval Game*, 184–5; Massie, *Dreadnought*, xviii–xx. **7** Kipling and Pinney, *The Letters of Rudyard Kipling*, vol. II, 303. **8** Massie, *Dreadnought*, xxx; Rüger, *The Great Naval Game*, 191–2; Roberts, *Salisbury*, 661. **9** Cannadine, *The Decline and Fall of the British Aristocracy*, 9–11; Lieven, *The Aristocracy in Europe, 1815–1914*, 205; Cecil, *Life of Robert, Marquis of Salisbury*, 159. **10** Roberts, *Salisbury*, 8–12, 28. **11** Tuchman, *The Proud Tower*, 9. **12** Roberts, *Salisbury*, 714–15; Tuchman, *The Proud Tower*, 6. **13** Cecil, *Life of Robert, Marquis of Salisbury*, 176. **14** Roberts, *Salisbury*, 111. **15** Cecil, *Life of Robert, Marquis of Salisbury*, 3–4, 6, 8. **16** Gilmour, *Curzon*, 125. **17** Massie, *Dreadnought*, 195. **18** Roberts, *Salisbury*, 6. **19** Ibid., 34. **20** Bánffy, *They Were Divided*, Kindle version, loc. 6086. **21** Cannadine, *The Decline and Fall of the British Aristocracy*, 36–9. **22** Hamilton, *Parliamentary Reminiscences and Reflections, 1886–1906*, 253. **23** Roberts, *Salisbury*, 624, 651. **24** Ibid., 626. **25** Ibid., 65. **26** Ibid., 647; Gilmour, *Curzon*, 125. **27** Cecil, *Life of Robert, Marquis of Salisbury*, 247. **28** Roberts, *Salisbury*, 44. **29** Ibid., 46–50. **30** Ibid., 628. **31** Howard, 'The Policy of Isolation', 82. **32** Cecil, *Life of Robert, Marquis of Salisbury*, 90. **33** Ibid. **34** Howard, 'The Policy of Isolation', 81. **35** Ibid., 79–80. **36** Beesly, *Queen Elizabeth*, 107. **37** Burrows, *The History of the Foreign Policy of Great Britain*, 34; Otte, 'Almost a Law of Nature?', 75–6. **38** Rüger, *The Great Naval Game*, 179. **39** Steiner and Neilson, *Britain and the Origins*, 19. **40** Kennedy, *Rise of the Anglo-German Antagonism*, 229. **41** Roberts, *Salisbury*, 495–6. **42** Ibid., 692. **43** Ibid., 615–16; Herring, *From Colony to Superpower*, 307–8. **44** Cecil, *Life of Robert, Marquis of Salisbury*, 3, 218. **45** Gilmour, *Curzon*, 128. **46** Mansergh, *The Commonwealth Experience*, vol. II, 27. **47** Tuchman, *The Proud Tower*, 46–7. **48** Ibid., 56. **49** Spender, *The Public Life*, 81. **50** Massie, *Dreadnought*, 233–9. **51** Spender, *The Public Life*, 89. **52** Kennedy, *Rise of the Anglo- German Antagonism*, 230–32. **53** Roberts, *Salisbury*, 748. **54** Taylor, *The Struggle for Mastery in Europe*, 396. **55** Neilson, 'The Anglo-Japanese Alliance', 52. **56** Kennedy, *Rise of the Anglo-German Antagonism*, 230–31; Roberts, *Salisbury*, 745. **57** Bond, *The Victorian Army and the Staff College*, 191. **58** Taylor, *The Struggle for Mastery in Europe*, 376. **59** Ibid., 395. **60** Massie, *Dreadnought*, 306. **61** Neilson, 'The Anglo-Japanese Alliance', 49. **62** Steiner and Neilson, *Britain* and the Origins, 29. **63** Massie, Dreadnought, 308; Balfour, *The Kaiser and His Times*, 235-6; Eckardstein and Young, *Ten Years at the Court of St. James*, 227. **64** Nish, 'Origins of the Anglo-Japanese Alliance', 12. **65** Ibid., 13. **66** *The Times*, 4 January 1902. **67** Balfour, *The Kaiser and His Times*, 240.

3장 "이 아이가 왕이 될 나라에 재앙이 있을 것이다!": 빌헬름 2세와 독일

1 Benson and Esher, *Letters: A Selection from Her Majesty's Correspondence*, vol. III, 414. **2** Kennedy, *Rise of the Anglo-German Antagonism*, 119. **3** Ibid., 104. **4** *The Times*, 4 January 1896. **5** Roberts, *Salisbury*, 624. **6** Balfour, *The Kaiser and His Times*, 195. **7** Steiner and Neilson, *Britain and the Origins*, 21. **8** Ibid., 195. **9** Kennedy, 'German World Policy', 614. **10** Kennedy, *Rise of the Anglo-German Antagonism*, 234. **11** Massie, *Dreadnought*, 358. **12** Ibid., 259. **13** Kröger, 'Imperial Germany and the Boer War', 38. **14** Balfour, *The Kaiser and His Times*, 222-3. **15** Kennedy, *Rise of the Anglo-German Antagonism*, 246-7. **16** Ibid., ch. 14. **17** Steiner and Neilson, *Britain and the Origins*, 22. **18** Eckardstein and Young, *Ten Years at the Court of St. James*, 112. **19** Kennedy, *Rise of the Anglo-German Antagonism*, 238. **20** Balfour, *The Kaiser and His Times*, 231. **21** Carter, *The Three Emperors*, 267-71; *The Times*, 6 February 1901. **22** Lerchenfeld-Koefering, *Kaiser Wilhelm II*, 65, 58, 34. **23** Beyens, *Germany before the War*, 14-15. **24** Ibid., 14. **25** Balfour, *The Kaiser and His Times*, 82, 138-9. **26** Hopman, *Das ereignisreiche Leben*, 125. **27** Hull, *The Entourage of Kaiser Wilhelm II*, 17. **28** Balfour, *The Kaiser and His Times*, 162. **29** Lerchenfeld-Koefering, *Kaiser Wilhelm II*, 11. **30** Zedlitz-Trützschler, *Twelve Years at the Imperial German Court*, 58-9. **31** Hopman, *Das ereignisreiche Leben*, 140. **32** Epkenhans, 'Wilhelm II and "His" Navy', 12. **33** Balfour, *The Kaiser and His Times*, 143, 142. **34** Cecil, *German Diplomatic Service*, 212. **35** Zedlitz-Trützschler, *Twelve Years at the Imperial German Court*, 36. **36** Lerchenfeld-Koefering, *Kaiser Wilhelm II*, 33. **37** Balfour, *The Kaiser and His Times*, 82, 139, 148; Röhl, *The Kaiser and His Court*, 15-16. **38** Zedlitz-Trützschler, *Twelve Years at the Imperial German Court*, 69. **39** Röhl, *The Kaiser and His Court*, 15-16; Balfour, *The Kaiser and His Times*, 148. **40** Beyens, *Germany before the War*, 58-9. **41** Kessler, *Journey to the Abyss*, 199. **42** Röhl, *The Kaiser and His Court*, 13. **43** Wilhelm II, *Reden des Kaisers*, 32-3. **44** Lerchenfeld-Koefering, *Kaiser Wilhelm II*, 19. **45** Wilhelm II, *Reden des Kaisers*, 44. **46** Balfour, *The Kaiser and His Times*, 226-7. **47** Hull, *The Entourage of Kaiser Wilhelm II*, 15-16. **48** Schoen, *Memoirs of an Ambassador*, 138. **49** Röhl, *The Kaiser and His Court*, 23-4. **50** Ibid., 25-6; Balfour, *The Kaiser and His Times*, 73-4. **51** Balfour, *The Kaiser and His Times*, 75-6. **52** Clark, *Kaiser Wilhelm II*, 1-2, 16-18. **53** Carter, *The Three Emperors*, 22. **54** Zedlitz-Trützschler, *Twelve*

Years at the Imperial German Court, 233. **55** Bülow, *Memoirs of Prince von Bulow*, vol. II, 22. **56** See, for example, Zedlitz-Trützschler, *Twelve Years at the Imperial German Court*, 184, 235, 272. **57** Craig, *Germany, 1866-1945*, ch. 2; Clark, *Iron Kingdom*, 558-62. **58** Wilhelm II, *Reden des Kaisers*, 51. **59** Balfour, *The Kaiser and His Times*, 126. **60** Hull, *The Entourage of Kaiser Wilhelm II*, 31-3. **61** Herwig, 'Luxury' Fleet, 23. **62** Zedlitz-Trützschler, *Twelve Years at the Imperial German Court*, 37-8, 67; Clark, *Kaiser Wilhelm II*, 120. **63** Fesser, *Reichskanzler Furst von Bulow*, 46-7. **64** Rüger, *The Great Naval Game*, 93. **65** Zedlitz-Trützschler, *Twelve Years at the Imperial German Court*, 233. **66** Balfour, *The Kaiser and His Times*, 119. **67** Wilhelm II, *Reden des Kaisers*, 56. **68** Holstein et al., *The Holstein Papers*, 175. **69** Clark, *Iron Kingdom*, 564. **70** Craig, *Germany, 1866-1945*, 228; Cecil, *German Diplomatic Service*, 211-12. **71** Lerchenfeld-Koefering, *Kaiser Wilhelm II*, 23. **72** Herwig, 'Luxury' Fleet, 17.

4장 세계 정책: 세계 무대에서 독일의 입지

1 Hull, *The Entourage of Kaiser Wilhelm II*, 31. **2** Langsam, 'Nationalism and History', 242-3. **3** Herwig, 'Luxury' Fleet, 18. **4** Epkenhans, 'Wilhelm II and "His" Navy', 15. **5** Ibid., 16. **6** Balfour, *The Kaiser and His Times*, 232. **7** Craig, *Germany, 1866-1945*, 244-5. **8** Ibid., 246. **9** Cecil, *German Diplomatic Service*, 282. **10** Lerman, *The Chancellor as Courtier*, 1. **11** Cecil, *German Diplomatic Service*, 281-2. **12** Balfour, *The Kaiser and His Times*, 201. **13** Lerman, *The Chancellor as Courtier*, 86-90. **14** Cecil, *German Diplomatic Service*, 283. **15** Berghahn, 'War Preparations and National Identity', 315. **16** Kennedy, 'German World Policy', 617. **17** Kennedy, *Rise of the Anglo-German Antagonism*, 226. **18** Ibid., 235. **19** Massie, *Dreadnought*, 126. **20** Eckardstein and Young, *Ten Years at the Court of St. James*, 33. **21** Massie, *Dreadnought*, 129-30; Cecil, *German Diplomatic Service*, 294-5. **22** Massie, *Dreadnought*, 124; Craig, *Germany, 1866-1945*, 127. **23** Hewitson, *Germany and the Causes*, 146-7. **24** Ibid., 147. **25** Craig, *Germany, 1866-1945*, 249. **26** Winzen, 'Prince Bulow's Weltmachtpolitik', 227-8. **27** Bülow, *Memoirs of Prince von Bulow*, vol. III, 100. **28** Winzen, 'Treitschke's Influence', 155. **29** Cecil, *Wilhelm II*, 51. **30** Epkenhans, 'Wilhelm II and "His" Navy', 17. **31** Winzen, 'Treitschke's Influence', 160-61. **32** Wilson, *The Policy of the Entente*, 4. **33** Kennedy, *Rise of the Anglo-German Antagonism*, 209. **34** Epkenhans, 'Wilhelm II and "His" Navy', 13. **35** Ritter, *The Sword and the Sceptre*, 110. **36** Kennedy, 'German World Policy', 622. **37** McMeekin, *The Berlin-Baghdad Express*, 14. **38** Cecil, *Albert Ballin*, 152-3. **39** Winzen, 'Treitschke's Influence', 159. **40** Kennedy, *Rise of the Anglo-German Antagonism*, 241. **41** Carter, *The Three Emperors*, 105. **42** Balfour, *The Kaiser and His Times*, 140. **43** Ibid., 84. **44** Pless and Chapman-Huston, *Daisy, Princess of*

Pless, 263-4. **45** Balfour, *The Kaiser and His Times*, 180. **46** Eckardstein and Young, *Ten Years at the Court of St. James*, 55. **47** Balfour, *The Kaiser and His Times*, 265. **48** Massie, *Dreadnought*, 106. **49** Balfour, *The Kaiser and His Times*, 296. **50** Ibid., 265. **51** Roberts, *Salisbury*, 485-6. **52** Massie, *Dreadnought*, 107. **53** Clark, *Kaiser Wilhelm II*, 184. **54** Tuchman, *The Proud Tower*, 131-4. **55** Ibid., 132. **56** Mahan, *The Influence of Sea Power upon History*, 28. **57** Rüger, *The Great Naval Game*, 205-6. **58** Clark, *Kaiser Wilhelm II*, 184. **59** Bülow, *Memoirs of Prince von Bulow*, vol. II, 36-7. **60** Epkenhans, *Tirpitz*, Kindle version, loc. 345. **61** Ibid., loc. 375-6. **62** Ibid., loc. 391-5. **63** Beyens, *Germany before the War*, 129. **64** Massie, *Dreadnought*, 165. **65** Steinberg, *Yesterday's Deterrent*, 69. **66** Epkenhans, *Tirpitz*, Kindle version, loc. 93-4. **67** Balfour, *The Kaiser and His Times*, 203. **68** Epkenhans, *Tirpitz*, Kindle version, loc. 383-7. **69** Ibid., loc. 427-31. **70** Herwig, 'From Tirpitz Plan to Schlieffen Plan', 53-5. **71** Epkenhans, *Tirpitz*, Kindle version, loc. 592-5; Lambi, *The Navy and German Power Politics*, 147. **72** Kennedy, *Rise of the Anglo-German Antagonism*, 239. **73** Steinberg, 'The Copenhagen Complex', passim. **74** Tirpitz, *Politische Dokumente*, vol. I, 1. **75** Herwig, 'Luxury' Fleet, 35. **76** Epkenhans, *Tirpitz*, Kindle version, loc. 598-601. **77** Ibid., loc. 438-43, 465-77; Herwig, 'Luxury' Fleet, 35; Rüger, *The Great Naval Game*, 37-43. **78** Epkenhans, *Tirpitz*, Kindle version, loc. 479-83. **79** Ibid., loc. 529-48. **80** Zedlitz- Trützschler, *Twelve Years at the Imperial German Court*, 183-4. **81** Kennedy, 'German World Policy', 620. **82** Fesser, *Der Traum vom Platz*, 184.

5장 드레드노트 전함: 영국과 독일의 해군력 경쟁

1 *The Times*, 16 August 1902. **2** Williams, 'Made in Germany', 10. **3** Ibid., 11. **4** Geppert, 'The Public Challenge to Diplomacy', 134. **5** Ibid., 143-4. **6** Thompson, *Northcliffe*, 45. **7** Steiner and Neilson, *Britain and the Origins*, 178-81. **8** Roberts, *Salisbury*, 666. **9** Kennedy, *Rise of the Anglo-German Antagonism*, 247. **10** Ibid., 237. **11** Ibid., 248. **12** Steiner and Neilson, *Britain and the Origins*, 33. **13** Rüger, *The Great Naval Game*, 12, 98. **14** Rüger, 'Nation, Empire and Navy', 162. **15** Offer, *The First World War*, 82. **16** French, 'The Edwardian Crisis and the Origins of the First World War', 208-9. **17** Thompson, *Northcliffe*, 296. **18** Kennedy, *Rise of the Anglo- German Antagonism*, 416. **19** Offer, *The First World War*, 222. **20** Ibid., 223-4. **21** Ibid., ch. 15. **22** French, 'The Edwardian Crisis and the Origins of the First World War', 211-12. **23** Thompson, *Northcliffe*, 134. **24** O'Brien, 'The Costs and Benefits of British Imperialism, 1846-1914', 187. **25** Wilson, *The Policy of the Entente*, 11. **26** Roberts, *Salisbury*, 109. **27** Gardiner, *Pillars of Society*, 53. **28** Massie, *Dreadnought*, 404. **29** Gardiner, *Pillars of Society*, 54. **30** Ibid., 56. **31** Massie, *Dreadnought*, 408. **32** Marder, *From the Dreadnought* to *Scapa Flow*, 14. **33** Gardiner, *Pillars of Society*, 57. **34** Ibid., 57. **35** Marder, *From the Dreadnought to Scapa Flow*, 15. **36** Ibid., 18. **37** Gardiner, *Pillars of Society*, 55-6. **38** Massie, *Dreadnought*, 410. **39** Marder, *From the Dreadnought to Scapa Flow*, 7-9. **40** Ibid., 33. **41** Ibid., 36. **42** Herwig, 'Luxury' Fleet, 55. **43** Ibid., 54-5. **44** Massie, *Dreadnought*, 485. **45** Herwig, 'The German Reaction to the Dreadnought Revolution', 276. **46** Marder, *From the Dreadnought to Scapa Flow*, 107. **47** Herwig, 'Luxury' Fleet, 50. **48** O'Brien, 'The Titan Refreshed', 153-6. **49** Rüger, 'Nation, Empire and Navy', 174. **50** Gordon, 'The Admiralty and Dominion Navies, 1902-1914', 409-10. **51** O'Brien, 'The Titan Refreshed', 150. **52** Ibid., 159. **53** Steiner, 'The Last Years', 77. **54** Ibid., 76, 85. **55** Otte, 'Eyre Crowe and British Foreign Policy', 27. **56** BD, vol. III, Appendix, 397-420, p. 417. **57** Ibid., 403-4. **58** Ibid., 415-16. **59** Ibid., 419. **60** Stevenson, *Armaments*, 101. **61** Epkenhans, *Tirpitz*, Kindle version, loc. 695-9. **62** Herwig, 'The German Reaction to the Dreadnought Revolution', 278. **63** Epkenhans, *Tirpitz*, Kindle version, loc. 831-5. **64** Herwig, 'Luxury' Fleet, 8-9. **65** Ibid., 62. **66** Herwig, 'The German Reaction to the Dreadnought Revolution', 279. **67** Ibid., 281. **68** Steinberg, 'The Copenhagen Complex', 38. **69** Steinberg, 'The Novelle of 1908', 28. **70** Marder, *From the Dreadnought to Scapa Flow*, 112-13. **71** Berghahn, *Germany and the Approach of War*, 57-8. **72** Herwig, 'Luxury' Fleet, 62; Epkenhans, *Tirpitz*, Kindle version, loc. 764-7. **73** Massie, *Dreadnought*, 701. **74** Epkenhans, *Tirpitz*, Kindle version, loc. 813-17. **75** Ritter, *The Sword and the Sceptre*, 298n76. **76** Steinberg, 'The Novelle of 1908', 26, 36. **77** Ibid., 39. **78** Epkenhans, *Tirpitz*, Kindle version, loc. 749-56. **79** Marder, *From the Dreadnought to Scapa Flow*, 140-42. **80** Epkenhans, *Tirpitz*, Kindle version, loc. 758-61. **81** Bülow, *Memoirs of Prince von Bulow*, vol. I, 357. **82** Thompson, *Northcliffe*, 153. **83** BD, vol. VI, 117, pp. 184-90; Bülow, *Memoirs of Prince von Bulow*, vol. I, 358-60. **84** Steinberg, 'The Novelle of 1908', 41-2. **85** Hopman, *Das ereignisreiche Leben*, 152. **86** Otte, 'An Altogether Unfortunate Affair', 297-301. **87** Ibid., 301-2. **88** Ibid., 305-7, 314. **89** Clark, *Kaiser Wilhelm II*, 239-40. **90** Otte, 'An Altogether Unfortunate Affair', 329. **91** Balfour, *The Kaiser and His Times*, 291. **92** Einem, *Erinnerungen eines Soldaten*, 122. **93** Wilson, *The Policy of the Entente*, 7. **94** Marder, *From the Dreadnought to Scapa Flow*, 156. **95** Cannadine, *The Decline and Fall of the British Aristocracy*, 48-9; Grigg, *Lloyd George*, 203-8, 223. **96** Kennedy, *Rise of the Anglo-German Antagonism*, 423.

6장 어울리지 않는 우방: 영국 프랑스 협상

1 Eubank, 'The Fashoda Crisis Re-examined', 145-8. **2** Andrew, *Theophile Delcasse*, 45. **3** Tombs and Tombs, *That Sweet Enemy*, 428-9; Roberts, *Salisbury*, 702; Eubank,

'The Fashoda Crisis Re-examined', 146-7. **4** Tombs, 126. **5** Thompson, *Northcliffe*, 55-7. **6** Roberts, *Salisbury*, 706-8. **7** Mayne et al., *Cross Channel Currents*, 5. **8** BD, vol. I, 300, p. 242. **9** Mayne et al., *Cross Channel Currents*, 5. **10** Kennedy, *Rise of the Anglo-German Antagonism*, 234. **11** Eckardstein and Young, *Ten Years at the Court of St. James*, 228. **12** Rich, *The Tsar's Colonels*, 88. **13** Weber, *France: Fin de Siecle*, 105-6. **14** Ousby, *The Road to Verdun*, 168-9. **15** Weber, *France: Fin de Siecle*, 106. **16** Joly, 'La France et la Revanche', passim. **17** Porch, *The March to the Marne*, 55. **18** Ousby, *The Road to Verdun*, 169. **19** Ibid., 122-4. **20** Barclay, *Thirty Years*, 135. **21** Weber, *France: Fin de Siecle*, 121-4. **22** Ousby, *The Road to Verdun*, 120. **23** Hayne, *French Foreign Office*, 28-40; Keiger, *France and the Origins*, 25-9. **24** Hayne, *French Foreign Office*, 38-9. **25** Porch, *The March to the Marne*, 83, 218-21, 250-52 and passim. **26** Tombs and Tombs, *That Sweet Enemy*, 426. **27** Ibid., 426-7. **28** Barclay, *Thirty Years*, 140-41. **29** Lincoln, *In War's Dark Shadow*, 17. **30** Keiger, *France and the Origins*, 11-12; Fuller, *Strategy and Power in Russia*, 353-4. **31** Sanborn, 'Education for War and Peace', 213-14. **32** BD, vol. II, 35, pp. 285-8. **33** Andrew, *Theophile Delcasse*, 1-10. **34** Hayne, 'The Quai d'Orsay', 430. **35** Andrew, *Theophile Delcasse*, 67. **36** Ibid., 90. **37** Ibid., 18-19. **38** Ibid., 54. **39** Ibid., 24, 91. **40** Ibid., 191. **41** Monger, *The End of Isolation*, 104-5. **42** Andrew, *Theophile Delcasse*, 190, 196-7. **43** Ibid., 181. **44** Hayne, *French Foreign Office*, 109. **45** Eubank, *Paul Cambon*, 65. **46** Hayne, *French Foreign Office*, 103. **47** Eubank, *Paul Cambon*, 95. **48** Ibid., 209. **49** Ibid., 65, 68; Hayne, *French Foreign Office*, 103. **50** Andrew, *Theophile Delcasse*, 186-7. **51** Nicolson, *Portrait of a Diplomatist*, 86. **52** Ibid., 84. **53** Andrew, *Theophile Delcasse*, 186. **54** Monger, *The End of Isolation*, 772. **55** Andrew, *Theophile Delcasse*, 207-8. **56** Cronin, *Paris on the Eve*, 63; Tombs and Tombs, *That Sweet Enemy*, 439-41; Mayne et al., *Cross Channel Currents*, 14-16. **57** Andrew, *Theophile Delcasse*, 209. **58** Hayne, *French Foreign Office*, 94. **59** Andrew, *Theophile Delcasse*, 212-14; Williamson, *Politics of Grand Strategy*, 10-13. **60** Eubank, *Paul Cambon*, 87. **61** Williamson, *Politics of Grand Strategy*, 27; Weinroth, 'The British Radicals', 657-8. **62** Clark, *Kaiser Wilhelm II*, 192. **63** Fischer, *War of Illusions*, 52-4. **64** Sharp, *Anglo-French Relations*, 18. **65** Lloyd George, *War Memoirs*, vol. I, 3.

7장 곰과 고래: 러시아와 영국제국

1 *Scarborough Evening News*, 24 October 1904. **2** Neilson, *Britain and the Last Tsar*, 255-8. **3** Herring, *From Colony to Superpower*, 360-61. **4** McDonald, *United Government*, 70-71. **5** Kleĭnmikhel', *Memoirs of a Shipwrecked World*, 176. **6** Lincoln, *In War's Dark Shadow*, 224. **7** McDonald, *United Government*, 71; Lincoln, *In War's Dark Shadow*, 225. **8** McDonald, *United Government*, 71, 73. **9** Lieven, *Nicholas II*,

144. **10** Figes, *A People's Tragedy*, 179-86. **11** Lieven, *Nicholas II*, 149. **12** Airapetov, *Generalui*, 12. **13** Figes, *A People's Tragedy*, 16. **14** Lieven, *Nicholas II*, 39. **15** McDonald, *United Government*, 16n39. **16** Ibid., 16. **17** Izvol'skiï and Seeger, *The Memoirs of Alexander Iswolsky*, 270n. **18** Carter, *The Three Emperors*, 64-71; Lieven, *Nicholas II*, 40-42, 58-9, 166-7. **19** Carter, *The Three Emperors*, 69. **20** Steinberg, *All the Tsar's Men*, 29-31. **21** Ibid., 30. **22** Lincoln, *In War's Dark Shadow*, 33. **23** Lieven, *Nicholas II*, 42. **24** Neklyudov, *Diplomatic Reminiscences*, 4. **25** McDonald, *United Government*, 65-6. **26** Neilson, *Britain and the Last Tsar*, 70. **27** Carter, *The Three Emperors*, 225. **28** Lieven, *Nicholas II*, 64. **29** Ibid., 71. **30** Ibid., 141. **31** Neilson, *Britain and the Last Tsar*, 62. **32** Lieven, *Nicholas II*, 102. **33** McDonald, *United Government*, 70. **34** Ibid., 70. **35** Ibid., 73 and chs 2 and 3. **36** Ibid., 40-41. **37** Radziwill, *Behind the Veil*, 226. **38** Lieven, *Nicholas II*, 65-6. **39** Kleïnmikhel', *Memories of a Shipwrecked World*, 211-12. **40** Radziwill, *Behind the Veil*, 230. **41** Lieven, *Nicholas II*, 227. **42** Ibid., 55n8. **43** Carter, *The Three Emperors*, 221. **44** Neilson, *Britain and the Last Tsar*, 55. **45** Lieven, *Nicholas II*, 149; Figes, *A People's Tragedy*, 191. **46** Radziwill, *Behind the Veil*, 357; Lincoln, *In War's Dark Shadow*, 343. **47** Figes, *A People's Tragedy*, 230; Radziwill, *Behind the Veil*, 361. **48** Lieven, *Russia and the Origins*, 23-4. **49** Fuller, *Strategy and Power in Russia*, 415. **50** Szamuely, *The Russian Tradition*, 19. **51** Quoted in Robert Chandler, 'Searching for a Saviour', *Spectator* (London), 31 March 2012. **52** Kennan, *Siberia and the Exile System*, 55. **53** Dowler, *Russia in 1913*, 198. **54** Vinogradov, '1914 God: Byt' Ili ne Byt' Vojne?', 162. **55** Fuller, *Strategy and Power in Russia*, 378. **56** Neilson, *Britain and the Last Tsar*, 86 and ch. 3. **57** Weinroth, 'The British Radicals', 665-70. **58** Gilmour, *Curzon*, 201. **59** Hinsley, *British Foreign Policy under Sir Edward Grey*, 135-6. **60** Fuller, *Strategy and Power in Russia*, 364-5; Neilson, *Britain and the Last Tsar*, 113-15. **61** Jusserand, *What Me Befell*, 203. **62** Lieven, *Russia and the Origins*, 6. **63** Stevenson, *Armaments*, 53. **64** Lieven, 'Pro-Germans and Russian Foreign Policy', 38. **65** Airapetov, *Generalui*, 10-11. **66** Fuller, *Strategy and Power in Russia*, 379-82. **67** Ibid., 404. **68** Lieven, 'Pro-Germans and Russian Foreign Policy', 41-2. **69** Spring, 'Russia and the Franco-Russian Alliance', passim. **70** Ibid., 569. **71** Soroka, 'Debating Russia's Choice', 14. **72** Hantsch, *Leopold Graf Berchtold*, 33. **73** Taube, *La Politique russe d'avant-guerre*, 15. **74** Ibid., 43. **75** Soroka, 'Debating Russia's Choice', 11. **76** Ibid., 4. **77** Carter, *The Three Emperors*, 138. **78** Albertini, *The Origins of the War*, vol. I, 159. **79** Lieven, 'Pro-Germans and Russian Foreign Policy', 43-5. **80** Levine and Grant, *The Kaiser's Letters to the Tsar*, 118, 120. **81** Andrew, *Theophile Delcasse*, 250-52. **82** Carter, *The Three Emperors*, 130. **83** Cecil, *Wilhelm II*, 14. **84** Carter, *The Three Emperors*, 185; Bülow, *Memoirs of Prince von Bulow*, vol. II, 146. **85** Balfour, *The Kaiser and His Times*, 248. **86**

Albertini, *The Origins of the War*, vol. I, 159-60; Bülow, *Memoirs of Prince von Bulow*, vol. II, 152-3; McDonald, *United Government and Foreign Policy in Russia*, 78-9. **87** Levine and Grant, *The Kaiser's Letters to the Tsar*, 191-4. **88** Lerman, *The Chancellor as Courtier*, 128-30. **89** Bülow, *Memoirs of Prince von Bulow*, vol. I, 161. **90** Hopman, *Das ereignisreiche Leben*, 144. **91** Lieven, *Nicholas II*, 192. **92** BD, vol. IV, 205, pp. 219-20. **93** Neilson, *Britain and the Last Tsar*, 102-3. **94** Taube, *La Politique russe d'avantguerre*, 90. **95** Ibid., 101. **96** Soroka, 'Debating Russia's Choice', 15. **97** Hantsch, *Leopold Graf Berchtold*, 49. **98** Csáky, *Vom Geachteten zum Geachteten*, 67. **99** In the original 'Je l'ai regretté tous les jours, mais je m'en félicité toutes les nuits'. Bülow, *Memoirs of Prince von Bulow*, vol. II, 325. **100** Radziwill, *Behind the Veil*, 380. **101** Taube, *La Politique russe d'avant-guerre*, 105. **102** BD, vol. IV, 219, 235-6. **103** Fuller, *Strategy and Power in Russia*, 416. **104** Soroka, 'Debating Russia's Choice', 3. **105** Taube, *La Politique russe d'avant-guerre*, 103. **106** Nicolson, *Portrait of a Diplomatist*, 183-5. **107** Hinsley, *British Foreign Policy under Sir Edward Grey*, 158. **108** Bülow, *Memoirs of Prince von Bulow*, vol. II, 352. **109** Menning and Menning, '"Baseless Allegations"', 373. **110** Grey, *Twenty-five Years*, vol. I, 154. **111** Spring, 'Russia and the Franco-Russian Alliance', 584. **112** Albertini, *The Origins of the War*, vol. I, 189.

8장 니벨룽가의 충성: 오스트리아-헝가리와 독일의 2국동맹

1 Geiss, 'Deutschland und Österreich-Ungarn', 386. **2** Angelow, 'Der Zweibund zwischen Politischer', 58; Snyder, *The Ideology of the Offensive*, 107. **3** Bülow, *Memoirs of Prince von Bulow*, vol. II, 367. **4** Ibid., 362. **5** Stevenson, *Armaments*, 4. **6** Stone, *Europe Transformed*, 315. **7** Redlich, *Emperor Francis Joseph*, 40. **8** Palmer, *Twilight of the Habsburgs*, 23. **9** Margutti, *The Emperor Francis Joseph*, 26-7. **10** Ibid., 50. **11** Palmer, *Twilight of the Habsburgs*, 230-31. **12** Margutti, *The Emperor Francis Joseph*, 35-50; Redlich, *Emperor Francis Joseph*, 17-18, 188. **13** Palmer, *Twilight of the Habsburgs*, 172. **14** Margutti, *The Emperor Francis Joseph*, 45-6. **15** Ibid. **16** Palmer, *Twilight of the Habsburgs*, 265. **17** Ibid. **18** RA VIC/MAIN/QVJ (W) 4 August 1874 (Princess Beatrice's copies). **19** Margutti, *The Emperor Francis Joseph*, 48. **20** Leslie, 'The Antecedents', 309-10; Williamson, 'Influence, Power, and the Policy Process', 419. **21** Lukacs, *Budapest 1900*, 49-50, 108-12. **22** Deák, *Beyond Nationalism*, 69. **23** Vermes, *Istv'an Tisza*, 102. **24** Freud, *Civilization and Its Discontents*, 61. **25** Steed, *Through Thirty Years*, vol. I, 196. **26** Wank, 'Pessimism in the Austrian Establishment', 299. **27** Ibid.; Johnston, *The Austrian Mind*, 47. **28** Boyer, 'The End of an Old Regime', 177-9; Stone, *Europe Transformed*, 304; Johnston, *The Austrian Mind*, 48; Urbas, *Schicksale und Schatten*, 77; Bridge, *From Sadowa to Sarajevo*, 254. **29** Boyer, 'The End of an Old Regime', 174-7; Palmer, *Twilight of the Habsburgs*, 291; Stone, *Europe Transformed*, 316; Stevenson, *Armaments*, 4; Williamson, *Austria-Hungary*, 44-6. **30** Palmer, *Twilight of the Habsburgs*, 293. **31** Czernin, *In the World War*, 46; Macartney, *The Habsburg Empire*, 746; Steed, *Through Thirty Years*, 367; Wank, 'The Archduke and Aehrenthal', 86. **32** Ibid. **33** Steed, *Through Thirty Years*, vol. I, 367; Bridge, *The Habsburg Monarchy*, 7. **34** Czernin, *In the World War*, 48. **35** Ibid., 50; Afflerbach, *Der Dreibund*, 596-7. **36** Hantsch, *Leopold Graf Berchtold*, 389. **37** Aehrenthal, *Aus dem Nachlass*, 179-80. **38** Bridge, 'Tarde Venientibus Ossa', passim. **39** Sondhaus, *Franz Conrad von Hötzendorf*, 82-4; Ritter, *The Sword and the Sceptre*, 229. **40** Hoetzendorf, *Mein Leben mit Conrad von Hötzendorf*, 174-5. **41** Sondhaus, *Franz Conrad von Hötzendorf*, 73-4. **42** Hoetzendorf, *Mein Leben mit Conrad von Hötzendorf*, 66; Sondhaus, *Franz Conrad von Hötzendorf*, 89, 104. **43** Hoetzendorf, *Mein Leben mit Conrad von Hotzendorf*, 30. **44** Ibid., 210. **45** Ibid., 31; Sondhaus, *Franz Conrad von Hötzendorf*, 111; Williamson, *Austria-Hungary*, 49-50. **46** Bridge, *From Sadowa to Sarajevo*, 440. **47** Ibid., 267. **48** Bosworth, *Italy and the Approach*, 55-7. **49** Herwig, 'Disjointed Allies', 271; Angelow, 'Der Zweibund zwischen Politischer', 34; Margutti, *The Emperor Francis Joseph*, 220-28; Williamson, *Austria- Hungary*, 36. **50** Bridge, *From Sadowa to Sarajevo*, 254-5, 427-8; Margutti, *The Emperor Francis Joseph*, 127, 228. **51** Musulin, *Das Haus am Ballplatz*, 80; Stevenson, *Armaments*, 38-9; Williamson, *Austria-Hungary*, 114. **52** Bridge, 'Austria-Hungary and the Boer War', 79. **53** Bridge, *From Sadowa to Sarajevo*, 260; Steiner, *The Foreign Office and Foreign Policy*, 182-3; Williamson, *Austria-Hungary*, 112. **54** Wank, 'Foreign Policy and the Nationality Problem in Austria-Hungary', 45. **55** Bridge, *From Sadowa to Sarajevo*, 232-4; Jelavich, *Russia's Balkan Entanglements*, 212-13.

9장 그들의 생각은?: 희망, 두려움, 이상, 그리고 무언의 추정

1 Kessler, *Journey to the Abyss*, xxi. **2** Schorske, *Fin-de-siecle Vienna*, 213-19. **3** Ibid., 346-8. **4** Kessler, *Journey to the Abyss*, 230. **5** Lukacs, *Budapest 1900*, 129-32. **6** Offer, *The First World War*, 121-7. **7** Ibid., 128. **8** Wank, 'The Archduke and Aehrenthal', 83n33. **9** Sondhaus, *Franz Conrad von Hötzendorf*, 84-5. **10** Förster, 'Der deutschen Generalstab', 95. **11** Offer, *The First World War*, 129. **12** Deák, *Beyond Nationalism*, 128-9, 134-6. **13** Lukacs, *Budapest 1900*, 184n. **14** Weber, *France: Fin de Siecle*, 218-20. **15** Offer, 'Going to War in 1914', 217. **16** Kronenbitter, *Krieg im Frieden*, 33. **17** Lieven, *Russia and the Origins*, 22. **18** Neklyudov, *Diplomatic Reminiscences*, 5. **19** Bernhardi, *Germany and the Next War*, 28. **20** Offer, 'Going to War in 1914', 216. **21** Rathenau, *Briefe*, 147. **22** Rathenau and von Strandmann, *Walther Rathenau*, 142-3. **23**

Stromberg, 'The Intellectuals', 115, 119. **24** Tanner, *Nietzsche*, 4 and passim. **25** Blom, *The Vertigo Years*, 354. **26** Kessler, *Journey to the Abyss*, 128. **27** Cronin, *Paris on the Eve*, 43-6. **28** Ibid., 47. **29** Wohl, *The Generation of 1914*, 6-7. **30** Blom, *The Vertigo Years*, ch. 8. **31** Tuchman, *The Proud Tower*, 88-97. **32** Ibid., 106. **33** De Burgh, *Elizabeth*, 326-7. **34** Butterworth, *The World that Never Was*, 323. **35** Barclay, *Thirty Years*, 142. **36** Gooch, 'Attitudes to War', 95; Hynes, *The Edwardian Turn of Mind*, 24-7. **37** Hynes, *The Edwardian Turn of Mind*, 26-7. **38** Weber, *France: Fin de Siecle*, 224. **39** Ibid., 12. **40** Tuchman, *The Proud Tower*, 32; Blom, *The Vertigo Years*, 184-5. **41** Travers, 'Technology, Tactics, and Morale', 279. **42** Miller et al., *Military Strategy*, 14n28. **43** Steiner and Neilson, *Britain and the Origins*, 171. **44** Hull, *The Entourage of Kaiser Wilhelm II*, 133-5. **45** Hynes, *The Edwardian Turn of Mind*, 201. **46** Ibid., 199. **47** Gildea, *Barricades and Borders*, 268-7. **48** Ousby, *The Road to Verdun*, 155-6. **49** Bourdon, *The German Enigma*, 170. **50** Hynes, *The Edwardian Turn of Mind*, 286-7. **51** Blom, *The Vertigo Years*, 334 and ch. 13. **52** Leslie, 'The Antecedents', 312. **53** I am grateful to Brigadier David Godsal for his permission to quote this extract from the unpublished diary of Captain Wilmot Caulfeild. **54** Gooch, 'Attitudes to War', 94. **55** Bernhardi, *Germany and the Next War*, 26. **56** Joll and Martel, *The Origins of the First World War*, 276-7. **57** Lukacs, *Budapest 1900*, 130-32. **58** Schorske, *Fin-de-Siecle Vienna*, 133-46. **59** Bernhardi, *Germany and the Next War*, 57-8. **60** Berghahn, 'War Preparations and National Identity', 311ff. **61** Nolan, *The Inverted Mirror*, 25. **62** Steiner and Neilson, *Britain and the Origins*, 165. **63** Hewitson, *Germany and the Causes*, 92. **64** Eby, *The Road to Armageddon*, 6. **65** Martel, *The Origins of the First World War*, 280-81. **66** Cannadine et al., *The Right Kind of History*, 19-20, 23-4. **67** Langsam, 'Nationalism and History', 250-51. **68** Joll and Martel, *The Origins of the First World War*, 274-5. **69** Bernhardi, *Germany and the Next War*, 57. **70** Ibid., 20. **71** Berghahn, 'War Preparations and National Identity', 316. **72** Cannadine et al., *The Right Kind of History*, 53. **73** Roberts, *Salisbury*, 799. **74** Kennedy, 'German World Policy', 616-18. **75** Fischer, 'The Foreign Policy of Imperial Germany', 26. **76** Joll, *1914*, 18. **77** Hewitson, *Germany and the Causes*, 95. **78** Thompson, *Northcliffe*, 155-6. **79** Steiner, 'The Last Years', 76. **80** Ousby, *The Road to Verdun*, 154-6. **81** Hewitson, 'Germany and France', 574-5, 580-81. **82** Nolan, *The Inverted Mirror*, 56. **83** Herwig, *The Marne*, 32-3. **84** Nolan, *The Inverted Mirror*, 30. **85** Bourdon, *The German Enigma*, 163-4. **86** Nolan, *The Inverted Mirror*, 58. **87** Ibid., 61. **88** Gooch, 'Attitudes to War', 96. **89** Förster, 'Facing "People's War"', 223-4. **90** Ritter, *The Sword and the Scepter*, 102. **91** Joll, *The Second International*, 196. **92** Stevenson, *Armaments*, 38. **93** Ferguson, *The Pity of War*, 31-3. **94** Förster, 'Im Reich des Absurden', 213-14; Feldman, 'Hugo Stinnes', 84-5. **95** Steed, *Through Thirty*

Years, 359. **96** Lieven, *Russia and the Origins*, 16-17; Bushnell, 'The Tsarist Officer Corps', passim. **97** Airapetov, *Poslednyaya Voina Imperatorskoi Rossii*, 44-58. **98** Ritter, *The Sword and the Sceptre*, 102-3. **99** Bourdon, *The German Enigma*, 207. **100** Eby, *The Road to Armageddon*, 4. **101** Howard, 'Men Against Fire', 17. **102** Rohkrämer, 'Heroes and Would-be Heroes', 192-3. **103** Steiner and Neilson, *Britain and the Origins*, 169. **104** Hynes, *The Edwardian Turn of Mind*, 28-9. **105** Linton, 'Preparing German Youth for War', 177-8. **106** Ibid., 167. **107** Ibid., 180-83. **108** Weber, *France: Fin de Siecle*, 215-17; Porch, *The March to the Marne*, 207-10. **109** Porch, *The March to the Marne*, 92-3. **110** Ibid., ch. 5, 106-7; Harris, *The Man on Devil's Island*, 365-6. **111** Porch, *The March to the Marne*, ch. 7. **112** Ibid., 189. **113** Clark, *Iron Kingdom*, 596-9. **114** Balfour, *The Kaiser and His Times*, 333. **115** Berghahn, *Germany and the Approach of War*, 174-8. **116** Gooch, 'Attitudes to War', 97. **117** Rohkrämer, 'Heroes and Would-be Heroes', 199-203. **118** Stromberg, 'The Intellectuals', 109. **119** Urbas, *Schicksale und Schatten*, 67-8. **120** Kessler, *Journey to the Abyss*, 581. **121** Stromberg, 'The Intellectuals', 117-18n37. **122** Ibid., 120; Weber, *The Nationalist Revival in France*, 108-9.

10장 평화를 꿈꾸며

1 Laurence, 'Bertha von Suttner', 184-5. **2** Ibid., 196. **3** Blom, *The Vertigo Years*, 192. **4** Laurence, 'Bertha von Suttner', 186-7; Joll and Martel, *The Origins of the First World War*, 260-61; LaFeber, *The Cambridge History of American Foreign Relations*, 43. **5** Kennedy, *Rise of the Anglo-German Antagonism*, 293. **6** Rotte, 'Global Warfare', 483-5. **7** Bloch, *The Future of War*, xxx. **8** Ibid., lxxi. **9** Ibid., ix. **10** Ibid., xix. **11** Travers, 'Technology, Tactics, and Morale', 266. **12** Bloch, *The Future of War*, xvi. **13** Ibid., xi. **14** Dungen, 'Preventing Catastrophe', 456-7. **15** Ceadel, *Living the Great Illusion*, 4, 20-21. **16** Angell, *The Great Illusion*, Kindle version, loc. 4285. **17** Ibid., loc. 947-9. **18** Ibid., loc. 633-4. **19** Ibid., loc. 1149. **20** Steiner and Neilson, *Britain and the Origins*, 142; Ceadel, *Living the Great Illusion*, 8-12, 22. **21** Offer, *The First World War*, 250. **22** Laity, *The British Peace Movement*, 189. **23** Cooper, 'Pacifism in France', 360-62. **24** Bülow, *Memoirs of Prince von Bulow*, vol. II, 383. **25** Chickering, 'Problems of a German Peace Movement', 46, 52. **26** Chickering, *Imperial Germany*, 239-53. **27** Wank, 'The Austrian Peace Movement', 42-3; Dülffer, 'Efforts to Reform the International System', 28. **28** Herring, *From Colony to Superpower*, 358-60. **29** Patterson, 'Citizen Peace Initiatives', 187-92. **30** Herring, *From Colony to Superpower*, 357-8. **31** Chickering, *Imperial Germany*, 345. **32** Cooper, 'Pacifism in France', 366-7. **33** Morris, 'The English Radicals' Campaign', passim. **34** Weinroth, 'The British Radicals', 661-2. **35** Kessler, *Journey to the Abyss*, 336, 368-9. **36** Zweig, *The World of Yesterday*, 226. **37** Cooper,

'Pacifism in France', 363. **38** Anderson, *The Rise of Modern Diplomacy*, 253-5. **39** Ibid., 255. **40** Morrill, 'Nicholas II and the Call', 296-313. **41** Dülffer, 'Chances and Limits of Arms Control', 98. **42** Dülffer, 'Citizens and Diplomats', 30-31. **43** Joll and Martel, *The Origins of the First World War*, 258. **44** Massie, *Dreadnought*, 429. **45** Chickering, *Imperial Germany*, 225. **46** Dülffer, 'Citizens and Diplomats', 25. **47** Laurence, 'The Peace Movement in Austria', 55. **48** Andrew, *Theophile Delcasse*, 121. **49** BD, vol. I, 274, pp. 224-5; 276, p. 226. **50** White, *The First Hague Conference*, 114. **51** Tuchman, *The Proud Tower*, 252. **52** BD, vol. I, 282, pp. 229-31. **53** White, *The First Hague Conference*, 8. **54** Ibid., 18-19. **55** Dülffer, 'Citizens and Diplomats', 24. **56** Dülffer, 'Chances and Limits of Arms Control', 102. **57** Chickering, *Imperial Germany*, 227. **58** Ibid., 228. **59** Aehrenthal, *Aus dem Nachlass*, 388. **60** Stevenson, *Armaments*, 109. **61** Laity, *The British Peace Movement*, 171-2. **62** Laurence, 'The Peace Movement in Austria', 29. **63** Stevenson, *Armaments*, 109-10. **64** Ceadel, *Semi-Detached Idealists*, 166. **65** Charykov, *Glimpses of High Politics*, 261. **66** Marder, *From the Dreadnought to Scapa Flow*, 133. **67** Chickering, *Imperial Germany*, 229-30. **68** Steiner, 'Grey, Hardinge and the Foreign Office', 434-5. **69** Dülffer, 'Efforts to Reform the International System', 40. **70** Howorth, 'French Workers and German Workers', 85. **71** Chickering, *Imperial Germany*, 269. **72** Laurence, 'Bertha von Suttner', 194. **73** Joll, *The Second International*, 107. **74** Craig, *Germany, 1866-1945*, 267-9; Joll, *The Second International*, 89-90. **75** Groh, 'The "Unpatriotic Socialists"', 153-5. **76** Chickering, *Imperial Germany*, 272. **77** Joll, *The Second International*, 100-105; Goldberg, *Life of Jean Jaures*, 329-30. **78** Goldberg, *Life of Jean Jaures*, 13. **79** Ibid., 63-5. **80** Ibid., 15, 375; Heinrich, *Geschichte in Gesprächen*, 327-8. **81** Goldberg, *Life of Jean Jaures*, 385. **82** Porch, *The March to the Marne*, 247-9. **83** Joll, *The Second International*, 126-43, 197. **84** Chickering, *Imperial Germany*, 275; Haupt, *Socialism and the Great War*, 90-91, 107. **85** Haupt, *Socialism and the Great War*, 67-8. **86** Ibid., 64. **87** Ibid., 91-2; Joll, *The Second International*, 152-7. **88** Haupt, *Socialism and the Great War*, 102-3. **89** Joll, *The Second International*, 70. **90** Howorth, 'French Workers and German Workers', 75; Chickering, 'War, Peace, and Social Mobilization', 16-17. **91** Joll, *The Second International*, 49-54; Howorth, 'French Workers and German Workers', 78-81. **92** Haupt, *Socialism and the Great War*, 68-9. **93** Ibid., 69-70. **94** Joll, *The Second International*, 123-4. **95** Haupt, *Socialism and the Great War*, 64-6. **96** Ibid., 77. **97** Ibid., 114; Goldberg, *Life of Jean Jaures*, 435-8. **98** Cooper, *Patriotic Pacifism*, 171. **99** Ibid., 165-7. **100** Chickering, *Imperial Germany*, 317. **101** Weinroth, 'The British Radicals', 676; Chickering, *Imperial Germany*, 118. **102** Cooper, 'Pacifism in France', 365. **103** Angell, *The Great Illusion* Kindle version, loc. 2928-30.

11장 전쟁을 생각하며

1 Howard, 'The Armed Forces', 217. 2 Stevenson, 'War by Timetable?', 167-8; Herwig, 'Conclusions', 232. 3 Howard, *The Franco-Prussian War*, 14. 4 Stevenson, 'War by Timetable?', 167. 5 Bucholz, *Moltke, Schlieffen*, 146-7, 229, 232. 6 Ibid., 150. 7 Stevenson, 'War by Timetable?', 171. 8 Craig, *The Politics of the Prussian Army*, 197n3. 9 Bucholz, *Moltke, Schlieffen*, 64-6. 10 Craig, *The Politics of the Prussian Army*, 216. 11 Moltke, *Erinnerungen*, 11. 12 Herwig, 'Conclusions', 231. 13 Showalter, 'Railroads', 40. 14 Stevenson, 'War by Timetable?', 192-3. 15 Evera, 'The Cult of the Offensive', 73-6. 16 Hamilton, 'War Planning', 13. 17 Herwig, 'Imperial Germany', 90. 18 Herwig, 'From Tirpitz Plan to Schlieffen Plan', 57. 19 Tirpitz, *My Memoirs*, vol. II, 290. 20 Bond, *The Victorian Army and the Staff College*, 133. 21 Kronenbitter, *Krieg im Frieden*, 88. 22 Echevarria, 'Heroic History', 573-90. 23 Echevarria, 'On the Brink of the Abyss', 31-3. 24 Howard, 'The Armed Forces', 206-9. 25 Travers, 'Technology, Tactics, and Morale', 268. 26 Welch, 'The Centenary', 273-94. 27 Bloch, 'The Wars of the Future', 307. 28 Ibid., 314-15. 29 Cairns, 'International Politics', 280-81. 30 Bloch, 'The Wars of the Future', 314. 31 Travers, 'Technology, Tactics, and Morale', 273-4. 32 Burkhardt, 'Kriegsgrund Geschichte?', 72-4. 33 Mombauer, 'German War Plans', 52n10. 34 Snyder, *The Ideology of the Offensive*, 26-30; Evera, 'The Cult of the Offensive', passim. 35 Travers, 'Technology, Tactics, and Morale', 271n22. 36 Doughty, *Pyrrhic Victory*, 25. 37 Howard, 'Men Against Fire', 10-11. 38 Messimy, *Mes Souvenirs*, 119. 39 Porch, 'The French Army', 120. 40 Ibid., 118. 41 Gooch, 'Attitudes to War', 95. 42 Echevarria, 'On the Brink of the Abyss', 27-8, 30-31. 43 Foley, *German Strategy*, 41. 44 Howard, 'Men Against Fire', 8-10. 45 Cairns, 'International Politics', 282. 46 Foley, *German Strategy*, 28-9. 47 Kießling, *Gegen den 'Großen Krieg'?*, 43-50, 139; McDonald, *United Government*, 199-201; Kronenbitter, *Krieg im Frieden*, 139. 48 Kronenbitter, *Krieg im Frieden*, 126-31. 49 Förster, 'Dreams and Nightmares', 345, 360. 50 Maurer, *The Outbreak of the First World War*; see, for example, ch. 1. 51 Förster, 'Der deutschen Generalstab', 61-95. 52 Csáky, *Vom Geachteten zum Geachteten*, 137. 53 Mombauer, 'German War Plans', 59.

12장 전쟁 계획을 세우다

1 Steinberg, *Bismarck*, 57-60; Bucholz, *Moltke, Schlieffen*, 110-13. 2 Bucholz, *Moltke, Schlieffen*, 120-21. 3 Ibid., 127. 4 Snyder, *The Ideology of the Offensive*, 134. 5 Bucholz, *Moltke, Schlieffen*, 130-31. 6 Ibid., 124, 129-31. 7 Craig, *The Politics of the Prussian Army*, 277. 8 Echevarria, 'Heroic History', 585; Mombauer, 'German War Plans', 52n10. 9 Snyder, 'Civil-Military Relations', 35. 10 Förster, 'Dreams and Nightmares',

359-60. **11** Craig, *The Politics of the Prussian Army*, 277. **12** Herwig, *The Marne*, 33. **13** Mombauer, *Helmuth von Moltke*, 100-105; Snyder, *The Ideology of the Offensive*, 117. **14** Bucholz, *Moltke, Schlieffen*, 301-2. **15** Foley, *German Strategy*, 6-7. **16** Herwig, 'From Tirpitz Plan to Schlieffen Plan', 55. **17** Craig, *Germany, 1866-1945*, 317. **18** Ritter, *The Sword and the Sceptre*, 206. **19** Ibid. **20** Mombauer, *Helmuth von Moltke*, 46. **21** Ibid., 42-6. **22** Craig, *The Politics of the Prussian Army*, 300. **23** Bülow, *Memoirs of Prince von Bulow*, vol. II, 201-2. **24** Maurer, *The Outbreak of the First World War*, 37. **25** Herwig, 'From Tirpitz Plan to Schlieffen Plan', 59. **26** Mombauer, *Helmuth von Moltke*, 59. **27** Bucholz, *Moltke, Schlieffen*, 223-5. **28** Kronenbitter, *Krieg im Frieden*, 311. **29** Hull, *The Entourage of Kaiser Wilhelm II*, 240. **30** Kessler, *Journey to the Abyss*, 658; Foley, 'Debate – the Real Schlieffen Plan', 222. **31** Snyder, *The Ideology of the Offensive*, 203. **32** Groener, *Lebenserinnerungen*, 84. **33** Fischer, *War of Illusions*, 55. **34** Hull, *The Entourage of Kaiser Wilhelm II*, 258-9; Afflerbach, *Falkenhayn. Politisches*, 79. **35** Mombauer, *Helmuth von Moltke*, 165. **36** Bucholz, *Moltke, Schlieffen*, 263-4. **37** Mombauer, 'German War Plans', 57. **38** Craig, *The Politics of the Prussian Army*, 280. **39** Showalter, 'From Deterrence to Doomsday Machine', 696. **40** Snyder, *The Ideology of the Offensive*, 152. **41** Bülow, *Memoirs of Prince von Bulow*, vol. II, 88-9. **42** Fischer, *War of Illusions*, 390. **43** Bülow, *Memoirs of Prince von Bulow*, vol. II, 84-5. **44** Fischer, *War of Illusions*, 225-9; Beyens, *Germany before the War*, 36-8. **45** Mombauer, 'German War Plans', 48-79. **46** Fischer, *War of Illusions*, 390. **47** Hewitson, *Germany and the Causes*, 118. **48** Herrmann, *The Arming of Europe*, 96-7. **49** Mombauer, *Helmuth von Moltke*, 210. **50** Hewitson, *Germany and the Causes*, 131-3; Hewitson, 'Images of the Enemy', passim. **51** Herrmann, *The Arming of Europe*, 132-3. **52** Ibid., 84. **53** Ibid., 91-5. **54** Mombauer, 'German War Plans', 57. **55** Herwig, 'Imperial Germany', 71. **56** Herwig, 'Disjointed Allies', 273. **57** Herrmann, *The Arming of Europe*, 101. **58** Gooch, 'Italy before 1915', 211-22; Mombauer, *Helmuth von Moltke*, 167-9. **59** Maurer, *The Outbreak of the First World War*, 33; Herwig, 'Disjointed Allies', 271-2; Ritter, 'Zusammenarbeit', 535. **60** Herwig, 'Disjointed Allies', 271n9. **61** Williamson, *Austria-Hungary*, 87-8. **62** Kronenbitter, *Krieg im Frieden*, 282. **63** Stone, 'V. Moltke-Conrad', 201-2 and passim. **64** Sondhaus, *Franz Conrad von Hötzendorf*, 85. **65** Stevenson, 'War by Timetable?', 181-2. **66** Stone, 'V. Moltke-Conrad', 204n7. **67** Kronenbitter, '"Nur los lassen"', 39. **68** Herrmann, *The Arming of Europe*, 234, 237. **69** Stone, 'V. Moltke-Conrad', 213-14. **70** Herwig, 'Disjointed Allies', 278. **71** Menning, 'The Offensive Revisited', 226. **72** Armour, 'Colonel Redl: Fact and Fantasy', 175-6. **73** Ibid., 179-80; Sondhaus, *Franz Conrad von Hötzendorf*, 124-7. **74** Stevenson, 'War by Timetable?', 177-8; Heywood, 'The Most Catastrophic Question', 46, 54. **75** Menning, 'The Offensive Revisited',

224. **76** Menning, 'Pieces of the Puzzle', 782. **77** Fuller, 'The Russian Empire', 109, 122-4. **78** Shatsillo, *Ot Portsmutskogo*, 199. **79** Fuller, 'The Russian Empire', 110. **80** Stevenson, *Armaments*, 151-6. **81** Fuller, *Strategy and Power in Russia*, 427-33. **82** Brusilov, *A Soldier's Notebook*, 11. **83** Fuller, *The Foe Within*, 46-8. **84** Turner, 'Role of the General Staffs', 317; Paléologue, *Ambassador's Memoirs*, vol. I, 83. **85** Rich, *The Tsar's Colonels*, 221. **86** Fuller, 'The Russian Empire', 100-101. **87** Spring, 'Russia and the Franco-Russian Alliance', 568-9, 578-9 and passim. **88** Menning, 'The Offensive Revisited', 219. **89** Airapetov, *Poslednyaya Voina Imperatorskoi Rossii*, 174-5; Shatsillo, *Ot Portsmutskogo*, 65-7. **90** Menning, 'Pieces of the Puzzle', 788. **91** Fuller, 'The Russian Empire', 111-12, 118-21. **92** Snyder, *The Ideology of the Offensive*, 178. **93** Fuller, 'The Russian Empire', 111-13; Menning, 'The Offensive Revisited', 225. **94** Fuller, *Strategy and Power in Russia*, 440-41. **95** Menning, 'Pieces of the Puzzle', 796. **96** Menning, 'War Planning', 121. **97** Airapetov, 'K voprosu o prichinah porazheniya russkoi armii'; Snyder, *The Ideology of the Offensive*, 189-94. **98** Fuller, 'The Russian Empire', 110-11. **99** Airapetov, 'K voprosu o prichinah porazheniya russkoi armii'; Menning, 'War Planning', 122-5. **100** Andrew, 'France and the German Menace', 147. **101** Ignat'ev, *50 Let v Stroyu*, 390-91. **102** Schmidt, *Frankreichs Aussenpolitik*, 182-3. **103** Ignat'ev, *50 Let v Stroyu*, 392. **104** Messimy, *Mes Souvenirs*, 118n1; Porch, *The March to the Marne*, 184-5. **105** Porch, *The March to the Marne*, 216-23. **106** Tanenbaum, 'French Estimates', 163. **107** Doughty, 'France', 160. **108** Doughty, *Pyrrhic Victory*, 26. **109** Doughty, 'France', 159. **110** Becker, *1914, Comment les Français*, 43n174. **111** Tanenbaum, 'French Estimates', 164. **112** Porch, *The March to the Marne*, 129-32. **113** Tanenbaum, 'French Estimates', 137. **114** Doughty, 'France', 154. **115** Ibid., 154; Tanenbaum, 'French Estimates', 156. **116** Doughty, 'France', 153. **117** Herwig, 'Imperial Germany', 70. **118** Schmidt, *Frankreichs Aussenpolitik*, 165-7. **119** Tanenbaum, 'French Estimates', 163. **120** Ibid., 159. **121** Ibid., 166. **122** Snyder, *The Ideology of the Offensive*, 102-3. **123** Tanenbaum, 'French Estimates', 170-71. **124** Doughty, 'France', 163. **125** Williamson, *Politics of Grand Strategy*, 226. **126** Doughty, 'France', 165-8; Doughty, 'French Strategy in 1914', 434. **127** Doughty, 'France', 165. **128** Porch, *The March to the Marne*, 232-3. **129** Messimy, *Mes Souvenirs*, 179.

13장 위기의 시작: 독일, 프랑스, 모로코

1 Schoen, *Memoirs of an Ambassador*, 20; Rich, *Friedrich von Holstein*, vol. II, 694. **2** Schoen, *Memoirs of an Ambassador*, 22-3. **3** BD, vol. III, 71, p. 62. **4** Balfour, *The Kaiser and His Times*, 255. **5** Rich, *Friedrich von Holstein*, vol. II, 695. **6** Hewitson, 'Germany and France', 579. **7** Rich, *Friedrich von Holstein*, vol. II, 691-3. **8** Ibid.,

702n1. **9** Hewitson, 'Germany and France', 585-6. **10** Rich, *Friedrich von Holstein*, vol. II, 680-81. **11** Ibid., 683, 684. **12** Morris, *Theodore Rex*, 334-5. **13** Andrew, *Theophile Delcasse*, 269-70. **14** Ibid., 272. **15** Kaiser, 'Germany and the Origins', 453. **16** Bülow, *Memoirs of Prince von Bulow*, vol. II, 162. **17** Kaiser, 'Germany and the Origins', 453. **18** Craig, *The Politics of the Prussian Army*, 285. **19** Lee, *Edward VII*, vol. II, 340. **20** *The Times*, 31 March 1905. **21** Marder, *From the Dreadnought to Scapa Flow*, 116. **22** Monger, *The End of Isolation*, 192. **23** Ibid., 187. **24** Ibid., 190. **25** Andrew, *Theophile Delcasse*, 287-8. **26** Ibid., 281, 283, 285. **27** Ibid., 286. **28** Balfour, *The Kaiser and His Times*, 265. **29** Monger, *The End of Isolation*, 224 and n2. **30** Nicolson, *Portrait of a Diplomatist*, 119. **31** Andrew, *Theophile Delcasse*, 291-2. **32** Ibid., 299. **33** Ibid., 292-3. **34** Ibid., 296-7. **35** Ibid., 289. **36** Ibid., 276-8, 278-9. **37** Ibid., 296-301. **38** Weber, *The Nationalist Revival in France*, 31. **39** Monger, *The End of Isolation*, 202. **40** Bülow, *Memoirs of Prince von Bulow*, vol. II, 135, 138. **41** Rich, *Friedrich von Holstein*, vol. II, 707. **42** Nicolson, *Portrait of a Diplomatist*, 122. **43** Andrew, *Theophile Delcasse*, 303. **44** Weber, *The Nationalist Revival in France*, 32. **45** Williamson, *Politics of Grand Strategy*, 40-41. **46** Ibid., 42. **47** Marder, *From the Dreadnought to Scapa Flow*, 117. **48** Rich, *Friedrich von Holstein*, vol. II, 731. **49** Grey, *Twenty-five Years*, vol. I; see for example his letter of 31 January 1906, 176-9. **50** Otte, 'Almost a Law of Nature?', 82-3. **51** Wilson, *The Policy of the Entente*, 13. **52** Grey, *Twenty-five Years*, vol. I, 128. **53** Lloyd George, *War Memoirs*, vol. I, 91. **54** Gilmour, *Curzon*, 26n. **55** Robbins, *Sir Edward Grey*, 23-4, 29. **56** Massie, *Dreadnought*, 585. **57** Steiner and Neilson, *Britain and the Origins*, 41-2. **58** Wilson, *The Policy of the Entente*, 35. **59** Steiner and Neilson, *Britain and the Origins*, 42-3. **60** Otte, 'Almost a Law of Nature?', 79. **61** BD, vol. III, 200, p. 162. **62** Grey, *Twenty-Five Years*, vol. I, 98. **63** Rich, *Friedrich von Holstein*, vol. II, 733. **64** Oppel, 'The Waning of a Traditional Alliance', 324. **65** Bridge, *From Sadowa to Sarajevo*, 281-2. **66** Herring, *From Colony to Superpower*, 363. **67** BD, vol. III, 401, pp. 337-8. **68** Lerman, *The Chancellor as Courtier*, 147-8. **69** Balfour, *The Kaiser and His Times*, 262; Lerman, *The Chancellor as Courtier*, 144. **70** Balfour, *The Kaiser and His Times*, 264. **71** Otte, 'Almost a Law of Nature?', 83. **72** Foley, 'Debate – the Real Schlieffen Plan', 44-5. **73** Craig, *The Politics of the Prussian Army*, 284-5. **74** Joll and Martel, *The Origins of the First World War*, 197. **75** Oppel, 'The Waning of a Traditional Alliance', 325-6. **76** Dumas, *The Franco- British Exhibition*, 4. **77** Williamson, *Politics of Grand Strategy*, 38-40. **78** BD, vol. III, 299, pp. 266-8. **79** Williamson, *Politics of Grand Strategy*, 76. **80** Lloyd George, *War Memoirs*, vol. I, 49-50. **81** Wilson, *The Policy of the Entente*, 85-7. **82** Ibid., 93-6. **83** Williamson, *Politics of Grand Strategy*, 90-92. **84** Kennedy, 'Great Britain before 1914', 173. **85** Wilson, *The Policy of the Entente*, 125.

86 Offer, *The First World War*, 303. 87 Doughty, *Pyrrhic Victory*, 39. 88 Marder, *From the Dreadnought to Scapa Flow*, 384-8. 89 Wilson, *The Policy of the Entente*, 126; Fisher and Marder, *Fear God and Dread Nought*, vol. II, 232. 90 Marder, *From the Dreadnought to Scapa Flow*, 246-7. 91 Williamson, *Politics of Grand Strategy*, 106-7. 92 Steiner and Neilson, *Britain and the Origins*, 213. 93 Neilson, 'Great Britain', 183-5; Williamson, *Politics of Grand Strategy*, 187-93. 94 Jeffery, *Field Marshal Sir Henry Wilson*, 96-7. 95 Williamson, *Politics of Grand Strategy*, 196. 96 Porch, *The March to the Marne*, 228. 97 Eubank, *Paul Cambon*, 114, 123, 155 and passim. 98 Doughty, 'French Strategy in 1914', 435. 99 Schmidt, *Frankreichs Aussenpolitik*, 138-41. 100 Jeffery, *Field Marshal Sir Henry Wilson*, 37. 101 Williamson, 'General Henry Wilson', 91. 102 Ibid., 94-6. 103 Callwell, *Field-Marshal Sir Henry Wilson*, vol. I, 89. 104 Ibid., 78-9. 105 Andrew, 'France and the German Menace', 137. 106 Callwell, *Field-Marshal Sir Henry Wilson*, vol. I, 105. 107 Keiger, 'Jules Cambon', 642.

14장 보스니아 위기: 발칸반도에서 맞붙은 러시아와 오스트리아-헝가리

1 Aehrenthal, *Aus dem Nachlass*, 196. 2 Diószegi, *Hungarians in the Ballhausplatz*, 197-200. 3 Hoetzendorf, *Mein Leben mit Conrad von Hotzendorf*, 63, 237. 4 Bülow, *Memoirs of Prince von Bulow*, vol. I, 372. 5 Kronenbitter, *Krieg im Frieden*, 248-51. 6 Bridge, *From Sadowa to Sarajevo*, 290. 7 Wank, 'Aehrenthal's Programme', 520-22. 8 Aehrenthal, *Aus dem Nachlass*; see, for example, 385-8. 9 Bülow, *Memoirs of Prince von Bulow*, vol. II, 371. 10 Jelavich, *Russia's Balkan Entanglements*, 217. 11 Musulin, *Das Haus am Ballplatz*, 57. 12 Williamson, *Austria-Hungary*, 95. 13 Czernin, *In the World War*, 50. 14 Williamson, 'Influence, Power, and the Policy Process', 431. 15 Williamson, *Austria-Hungary*, 97. 16 Bridge, *From Sadowa to Sarajevo*, 279; Bridge, *The Habsburg Monarchy*, 189-90. 17 Diószegi, *Hungarians in the Ballhausplatz*, 200. 18 Macartney, *The Habsburg Empire*, 597-8; Bridge, *From Sadowa to Sarajevo*, 149-50. 19 Stevenson, *Armaments*, 82. 20 Jelavich, *Russia's Balkan Entanglements*, 240; Jelavich and Jelavich, *The Establishment*, 255-6. 21 Jelavich, *Russia's Balkan Entanglements*, 239n53. 22 Macartney, *The Habsburg Empire*, 774. 23 Williamson, *Austria-Hungary*, 65. 24 Baernreither and Redlich, *Fragments*, 21-2. 25 Ibid., 35, 44. 26 Ibid., 43-4. 27 Aehrenthal, *Aus dem Nachlass*, 449-52. 28 Ibid., 599. 29 Bridge, 'Isvolsky, Aehrenthal', 326. 30 Bridge, 'The Entente Cordiale', 341. 31 Bridge, *From Sadowa to Sarajevo*, 433. 32 Baernreither and Redlich, *Fragments*, 37. 33 Bridge, 'Isvolsky, Aehrenthal', 326. 34 Bridge, *From Sadowa to Sarajevo*, 298-9. 35 Lee, *Europe's Crucial Years*, 326. 36 McDonald, *United Government*, 127. 37 Cooper, 'British Policy in the Balkans', 262. 38 Taube, *La Politique russe d'avant-guerre*, 185-7; Nicolson, *Portrait of a Diplomatist*,

200; Lee, *Europe's Crucial Years*, 184-5. **39** Margutti, *The Emperor Francis Joseph*, 225. **40** Hopman, *Das ereignisreiche Leben*, 147-8. **41** Reynolds, *Shattering Empires*, 22. **42** Schoen, *Memoirs of an Ambassador*, 77; Bridge, 'Isvolsky, Aehrenthal', 332-3. **43** Fuller, *Strategy and Power in Russia*, 419. **44** Bülow, *Memoirs of Prince von Bulow*, vol. I, 373. **45** Bridge, 'Isvolsky, Aehrenthal', 334; Hantsch, *Leopold Graf Berchtold*, 121-2. **46** Bridge, 'Isvolsky, Aehrenthal', 335. **47** Fuller, *Strategy and Power in Russia*, 419. **48** Bridge, 'Isvolsky, Aehrenthal', 334. **49** Ibid., 339. **50** McMeekin, *The Russian Origins*, 225. **51** Bridge, *From Sadowa to Sarajevo*, 437. **52** Hantsch, *Leopold Graf Berchtold*, 144. **53** McDonald, *United Government*, 136-51. **54** Bridge, *From Sadowa to Sarajevo*, 435-6. **55** Bülow, *Memoirs of Prince von Bulow*, vol. I, 373, 379-80; Balfour, *The Kaiser and His Times*, 287. **56** Bridge, *The Habsburg Monarchy*, 296. **57** Steed, *Through Thirty Years*, 308-14. **58** Aehrenthal, *Aus dem Nachlass*, 624. **59** Sweet, 'The Bosnian Crisis', 178-9. **60** Eby, *The Road to Armageddon*, 151. **61** Otte, 'Almost a Law of Nature?', 92. **62** Marder, *From the Dreadnought to Scapa Flow*, 149-50. **63** Menning, 'Dress Rehearsal for 1914?', 8. **64** Ibid., 11-15. **65** Bülow, *Memoirs of Prince von Bulow*, vol. I, 374. **66** Boghitschewitsch, *Die auswartige Politik Serbiens*, vol. III, 78. **67** Stevenson, *Armaments*, 115-16. **68** Boghitschewitsch, *Die auswartige Politik Serbiens*, vol. III, 93; Jelavich, *Russia's Balkan Entanglements*, 241-2. **69** Hantsch, *Leopold Graf Berchtold*, 137. **70** Herrmann, *The Arming of Europe*, 123-5; Stevenson, *Armaments*, 116. **71** Heinrich, *Geschichte in Gesprächen*, 124-5, 221-2. **72** Aehrenthal, *Aus dem Nachlass*, 628. **73** Musulin, *Das Haus am Ballplatz*, 168. **74** Stevenson, *Armaments*, 117-18, 125-6. **75** Turner, 'Role of the General Staffs', 306; Aehrenthal, *Aus dem Nachlass*, 629. **76** Bülow, *Memoirs of Prince von Bulow*, vol. II, 439. **77** Wilson, *The Policy of the Entente*, 91. **78** Herrmann, *The Arming of Europe*, 118-19. **79** Hantsch, *Leopold Graf Berchtold*, 142. **80** McDonald, *United Government*, 141-4; Lee, *Europe's Crucial Years*, 193-4. **81** Sweet, 'The Bosnian Crisis', 183-4; Nicolson, *Portrait of a Diplomatist*, 215. **82** Sweet, 'The Bosnian Crisis', 182-3; Heinrich, *Geschichte in Gesprächen*, 169. **83** Menning, 'Dress Rehearsal for 1914?', 7. **84** BD, vol. V, 576, p. 603. **85** Berghahn, *Germany and the Approach of War*, 81. **86** Zedlitz-Trützschler, *Twelve Years at the Imperial German Court*, 263. **87** Afflerbach, *Der Dreibund*, 655. **88** Jelavich, *Russia's Balkan Entanglements*, 224. **89** Fuller, 'The Russian Empire', 99. **90** Bridge, *From Sadowa to Sarajevo*, 438. **91** Hantsch, *Leopold Graf Berchtold*, 174. **92** Carter, *The Three Emperors*, 371. **93** Palmer, *Twilight of the Habsburgs*, 305. **94** Epkenhans, *Tirpitz*, Kindle version, loc. 755-64. **95** Sondhaus, *Franz Conrad von Hötzendorf*, 96. **96** Stevenson, *Armaments*, 122; Bridge, *The Habsburg Monarchy*, 295. **97** Aehrenthal, *Aus dem Nachlass*, 726. **98** Fellner, 'Die "Mission Hoyos"', 115. **99** Herrmann, *The Arming of Europe*, 131. **100** Lieven, *Nicholas*

II, 193-4. **101** Herrmann, *The Arming of Europe*, 131. **102** Grey, *Twenty-five Years*, vol. I, 182. **103** Lieven, *Russia and the Origins*, 37. **104** Goldberg, *Life of Jean Jaures*, 470. **105** Stevenson, *Armaments*, 136. **106** Cooper, 'British Policy in the Balkans', 261. **107** Stevenson, *Armaments*, 131-3; Boghitschewitsch, *Die auswartige Politik Serbiens*, vol. III, 77. **108** Jelavich, *Russia's Balkan Entanglements*, 244; Hantsch, *Leopold Graf Berchtold*, 33; Neklyudov, *Diplomatic Reminiscences*, 46-50; Gieslingen, *Zwei Jahrzehnte im Nahen Orient*, 253. **109** Cooper, 'British Policy in the Balkans', 279.

15장 1911년: 불협화음의 해-다시 모로코

1 Barraclough, *From Agadir to Armageddon*, 1-2. **2** Mortimer, 'Commercial Interests and German Diplomacy', 454. **3** Barraclough, *From Agadir to Armageddon*, 2; Cecil, *Albert Ballin*, 178; Massie, *Dreadnought*, 725-7. **4** Fesser, *Der Traum vom Platz*, 141; Fischer, *War of Illusions*, 74-5. **5** Barraclough, *From Agadir to Armageddon*, 31-2. **6** Keiger, 'Jules Cambon', 642-3; Keiger, *France and the Origins*, 31-3. **7** Hewitson, 'Germany and France', 591. **8** Berghahn, *Germany and the Approach of War*, 94. **9** Bülow, *Memoirs of Prince von Bulow*, vol. III, 12. **10** Cecil, *Albert Ballin*, 122-3. **11** Jarausch, *The Enigmatic Chancellor*, 16. **12** Ibid., 43. **13** Ibid., 29n34. **14** Bülow, *Memoirs of Prince von Bulow*, vol. III, 19. **15** Cecil, *Albert Ballin*, 122-3. **16** Jarausch, *The Enigmatic Chancellor*, 68. **17** Ibid., 25-7. **18** Ibid., 27-9. **19** Ibid., 122. **20** Fuller, *Strategy and Power in Russia*, 422. **21** Kessler, *Journey to the Abyss*, 509. **22** Rathenau and von Strandmann, *Walther Rathenau*, 134. **23** Jarausch, *The Enigmatic Chancellor*, 121. **24** Spitzemberg, *Das Tagebuch*, 545. **25** Bülow, *Memoirs of Prince von Bulow*, vol. II, 464. **26** Cecil, *German Diplomatic Service*, 310-12. **27** Jarausch, *The Enigmatic Chancellor*, 123. **28** Herrmann, *The Arming of Europe*, 160. **29** Allain, *Joseph Caillaux*, 371-7. **30** Hewitson, 'Germany and France', 592-4. **31** Williamson, *Politics of Grand Strategy*, 143. **32** Barraclough, *From Agadir to Armageddon*, 127-8. **33** Stevenson, *Armaments*, 183. **34** Jarausch, *The Enigmatic Chancellor*, 124; Mommsen, 'Domestic Factors', 23. **35** Crampton, 'August Bebel and the British', 221-2. **36** Keiger, *France and the Origins*, 35. **37** Messimy, *Mes Souvenirs*, 64-5. **38** Ibid., 60. **39** Ibid. **40** Keiger, 'Jules Cambon', 646; Keiger, *France and the Origins*, 35. **41** Herrmann, *The Arming of Europe*, 153. **42** Steiner and Neilson, *Britain and the Origins*, 75. **43** Neilson, *Britain and the Last Tsar*, 321. **44** Rose, *King George V*, 165-6. **45** Weinroth, 'The British Radicals', 664. **46** Neilson, *Britain and the Last Tsar*, 318. **47** Wilson, 'The Agadir Crisis', 514-15; Dockrill, 'British Policy', 274-5. **48** BD, vol. VII, 392, pp. 371-3. **49** *The Times*, 22 July 1911. **50** Redlich, *Schicksalsjahre Österreichs*, 95-6. **51** Fesser, *Der Traum vom Platz*, 145; Balfour, *The Kaiser and His Times*, 313-14. **52** Callwell, *Field- Marshal*

Sir Henry Wilson, vol. I, 97-8. **53** Marder, *From the Dreadnought to Scapa Flow*, 244-6. **54** Eubank, *Paul Cambon*, 139; Messimy, *Mes Souvenirs*, 61. **55** Jeffery, *Field Marshal Sir Henry Wilson*, 99-100. **56** Riezler, *Tagebucher, Aufsatze, Dokumente*, 180. **57** Mombauer, *Helmuth von Moltke*, 124. **58** Barraclough, *From Agadir to Armageddon*, 135. **59** Fischer, *War of Illusions*, 83. **60** Andrew, *Theophile Delcasse*, 70n1. **61** Rathenau and von Strandmann, *Walther Rathenau*, 157. **62** Eubank, *Paul Cambon*, 141. **63** Grey, *Twenty-five Years*, vol. I, 233. **64** Stieve, *Der diplomatische Schriftwechsel Iswolskis*, 194-5. **65** Steiner and Neilson, *Britain and the Origins*, 79-80. **66** Ibid., 80-81. **67** Messimy, *Mes Souvenirs*, 68. **68** Krumeich, *Armaments and Politics*, 21-9. **69** Schmidt, *Frankreichs Aussenpolitik*, 217-21. **70** Jarausch, *The Enigmatic Chancellor*, 124. **71** Beyens, *Germany before the War*, 61. **72** Fesser, *Der Traum vom Platz*, 148. **73** Craig, *The Politics of the Prussian Army*, 291. **74** Mombauer, *Helmuth von Moltke*, 125. **75** Ritter, *The Sword and the Sceptre*, 172. **76** Epkenhans, *Tirpitz*, Kindle version, loc. 852-9. **77** Röhl, 'Admiral von Müller', 656. **78** Herwig, 'Imperial Germany', 81-2; Mombauer, *Helmuth von Moltke*, 131. **79** Herrmann, *The Arming of Europe*, 161-6. **80** Bosworth, *Italy and the Approach*, 57. **81** Albertini, *The Origins of the War*, vol. I, 342. **82** Bosworth, 'Britain and Italy's Acquisition', 683. **83** Bosworth, *Italy and the Approach*, 10. **84** Ibid., 38-9. **85** Gooch, 'Italy before 1915', 222. **86** Ibid., 225-8. **87** Ibid., 206. **88** Bosworth, *Italy and the Approach*, 6-8; Gooch, 'Italy before 1915', 216-17. **89** Bosworth, *Italy and the Approach*, 34. **90** Ibid., 36. **91** Gooch, 'Italy before 1915', 209. **92** BD, vol. IX, part 1, 257, pp. 289-91. **93** BD, vol. IX, part 1, 241, pp. 278-9. **94** Barraclough, *From Agadir to Armageddon*, 143-4. **95** Haupt, *Socialism and the Great War*, 58-62. **96** BD, vol. IX, part 1, 250, p. 284. **97** Rossos, *Russia and the Balkans*, 35. **98** Albertini, *The Origins of the War*, vol. I, 346; Barraclough, *From Agadir to Armageddon*, 144-5. **99** BD, vol. VII, 763, pp. 788-9.

16장 1차 발칸전쟁

1 Cambon, *Correspondance*, vol. III, 7. **2** Albertini, *The Origins of the War*, vol. I, 357. **3** Trotsky, *The Balkan Wars*, 360-61. **4** Hoetzendorf, *Mein Leben mit Conrad von Hötzendorf*, 105. **5** Aehrenthal, *Aus dem Nachlass*, 232. **6** Trotsky, *The Balkan Wars*, 72. **7** Dedijer, *The Road to Sarajevo*, 179-80. **8** Jelavich, *History of the Balkans*, 110. **9** Rossos, *Russia and the Balkans*, 34-5. **10** Trotsky, *The Balkan Wars*, 80. **11** BD, vol. IX, part 1, 249, pp. 283-4. **12** Helmreich, *The Diplomacy*, 29-30. **13** Ibid., 32-3. **14** Ibid., 33. **15** Thaden, *Russia and the Balkan Alliance*, 27-8. **16** Neklyudov, *Diplomatic Reminiscences*, 38-9. **17** Ibid., 45. **18** Ibid., 80-81. **19** Helmreich, *The Diplomacy*, 62-4, 67. **20** BD, vol. IX, part 1, 570, p. 568. **21** Fischer, *War of Illusions*, 150. **22** BD, vol.

IX, part 2, 5, pp. 3-4. **23** Helmreich, *The Diplomacy*, 141-5. **24** Trotsky, *The Balkan Wars*, 65-6. **25** Rossos, *Russia and the Balkans*, 79. **26** Helmreich, *The Diplomacy*, 203-4. **27** Wilson, *The Policy of the Entente*, 92. **28** Thaden, *Russia and the Balkan Alliance*, 116-17; Jelavich, *Russia's Balkan Entanglements*, 231. **29** Thaden, *Russia and the Balkan Alliance*, 118; Albertini, *The Origins of the War*, vol. I, 412-13. **30** Ignat'ev, *Vneshniaia Politika Rossii, 1907-1914*, 141. **31** Neilson, *Britain and the Last Tsar*, 328-9. **32** Wilson, *The Policy of the Entente*, 92. **33** Jelavich, *Russia's Balkan Entanglements*, 203. **34** Bodger, 'Russia and the End', 84. **35** Thaden, *Russia and the Balkan Alliance*, 132. **36** Bodger, 'Russia and the End', 79. **37** Rossos, *Russia and the Balkans*, 85. **38** Sazonov, *Fateful Years*, 49-50; Hantsch, *Leopold Graf Berchtold*, 234n. **39** Taube, *La Politique russe d'avant-guerre*, 225-7. **40** Sazonov, *Fateful Years*, 54. **41** BD, vol. IX, part 1, 711, pp. 683-5; Helmreich, *The Diplomacy*, 154-5. **42** Sazonov, *Fateful Years*, 78. **43** Ibid., 80. **44** Rossos, *Russia and the Balkans*, 102. **45** Hantsch, *Leopold Graf Berchtold*, 119. **46** Ibid., 484-5. **47** Musulin, *Das Haus am Ballplatz*, 178. **48** Vermes, *Istv'an Tisza*, 199. **49** Hantsch, *Leopold Graf Berchtold*, 246. **50** Csáky, *Vom Geachteten zum Geachteten*, 129; Leslie, 'Österreich-Ungarn', 663. **51** Albertini, *The Origins of the War*, vol. I, 385. **52** Ibid., 383-4. **53** Hantsch, *Leopold Graf Berchtold*, 176. **54** See for example, Bertie to Grey, 29 August 1912, BD, vol. IX, part 1, 671, pp. 653-5. **55** BD, vol. IX, part 1, 695, pp. 671-3. **56** Heinrich, *Geschichte in Gesprächen*, 380. **57** Helmreich, *The Diplomacy*, 214-15. **58** Boghitschewitsch, *Die auswartige Politik Serbiens*, vol. III, 159. **59** Sondhaus, *Franz Conrad von Hötzendorf*, 124. **60** Helmreich, *The Diplomacy*, 153. **61** Williamson, *Austria-Hungary*, 132; Bucholz, *Moltke, Schlieffen*, 276. **62** Hantsch, *Leopold Graf Berchtold*, 323; Afflerbach, *Der Dreibund*, 731-3; Williamson, *Austria-Hungary*, 127. **63** Hantsch, *Leopold Graf Berchtold*, 328. **64** Williamson, *Austria-Hungary*, 132. **65** Sazonov, *Fateful Years*, 78. **66** Herrmann, *The Arming of Europe*, 178. **67** BD, vol. IX, part 2, 303, pp. 227-8. **68** Ibid. **69** Rossos, *Russia and the Balkans*, 104-5. **70** Herrmann, *The Arming of Europe*, 178. **71** Fischer, *War of Illusions*, 155-6. **72** Röhl, 'Admiral von Müller', 659. **73** Fischer, *War of Illusions*, 157-8. **74** Röhl, 'Admiral von Müller', 664; Bucholz, *Moltke, Schlieffen*, 276-7. **75** *The Times*, 22 November 1912. **76** Helmreich, *The Diplomacy*, 216. **77** Sondhaus, *Franz Conrad von Hötzendorf*, 120-21. **78** Williamson, *Austria-Hungary*, 130-31. **79** Fischer, *War of Illusions*, 158-61. **80** Hantsch, *Leopold Graf Berchtold*, 388. **81** Williamson, *Austria- Hungary*, 130-31. **82** Grey, *Twenty-Five Years*, vol. I, 256. **83** Helmreich, *The Diplomacy*, 250. **84** Eubank, *Paul Cambon*, 161. **85** Crampton, 'The Decline', 393-4. **86** BD, vol. IX, part 2, 626, p. 506. **87** Hantsch, *Leopold Graf Berchtold*, 377. **88** Ibid., 381. **89** Williamson, *Austria-Hungary*, 134; Helmreich, *The Diplomacy*, 282-4. **90** Williamson, *Austria-Hungary*,

136; Helmreich, *The Diplomacy*, 296-7. **91** Crampton, 'The Decline', 395 and fn 12. **92** Helmreich, *The Diplomacy*, 313-14. **93** Williamson, *Austria-Hungary*, 139-40. **94** Sondhaus, *Franz Conrad von Hötzendorf*, 123. **95** Hantsch, *Leopold Graf Berchtold*, 471. **96** Cambon, *Correspondance*, vol. III, 27. **97** Jelavich, *Russia's Balkan Entanglements*, 246-8. **98** Williamson, *Austria-Hungary*, 151. **99** Vermes, *Istv'an Tisza*, 203. **100** Ibid., p. 131. **101** Stone, 'Hungary and the July Crisis', 157. **102** Leslie, 'The Antecedents', 323-4. **103** Hantsch, *Leopold Graf Berchtold*, 498; Williamson, *Austria-Hungary*, 133-4. **104** Crampton, 'The Decline', 417-19. **105** Albertini, *The Origins of the War*, vol. I, 483-4. **106** Helmreich, *The Diplomacy*, 428. **107** Bridge, *From Sadowa to Sarajevo*, 366-7. **108** Ibid., 442. **109** Williamson, *Austria-Hungary*, 154-5. **110** Afflerbach, *Der Dreibund*, 748. **111** Sondhaus, *Franz Conrad von Hötzendorf*, 129. **112** Hantsch, *Leopold Graf Berchtold*, 513. **113** Ibid., 312. **114** Herrmann, *The Arming of Europe*, 179. **115** Williamson, *Austria-Hungary*, 135; Leslie, *The Antecedents*, 352-3. **116** Albertini, *The Origins of the War*, vol. I, 483-4. **117** Crampton, *The Hollow Detente*, 172. **118** Haupt, *Socialism and the Great War*, 107. **119** Cooper, *Patriotic Pacifism*, 159-60. **120** Kennan, *The Other Balkan Wars*, 271.

17장 전쟁 또는 평화 준비: 유럽의 마지막 평화기

1 BD, vol. X, part 2, 476, pp. 702-3. **2** Rose, *King George V*, 166-7. **3** McLean, *Royalty and Diplomacy*, 197. **4** Craig, *Germany, 1866-1945*, 295; Herwig, 'Imperial Germany', 84. **5** Kießling, *Gegen den 'Großen Krieg'?*, 195-6. **6** Rosen, *Forty Years of Diplomacy*, 154. **7** Brusilov, *A Soldier's Notebook*, 3-4. **8** Gildea, *Barricades and Borders*, 419. **9** Rogger, 'Russia in 1914', 96. **10** Sazonov, *Fateful Years*, 80. **11** Miliukov and Mendel, *Political Memoirs*, 284. **12** Kokovtsov, *Out of My Past*, 296. **13** Ibid., 361. **14** Figes, *A People's Tragedy*, 216. **15** Ibid., 241-5. **16** Rogger, 'Russia in 1914', 95-6. **17** Ibid., 101-2. **18** Geyer, *Russian Imperialism*, 249-54. **19** Ibid., 274-5. **20** Lieven, *Nicholas II*, 168. **21** Bridge, *From Sadowa to Sarajevo*, 371. **22** Hewitson, 'Germany and France', 578; Kießling, *Gegen den 'Großen Krieg'?*, 196. **23** Tanenbaum, 'French Estimates', 167-8. **24** Kessler, *Journey to the Abyss*, 609. **25** Bülow, *Memoirs of Prince von Bulow*, vol. III, 33; Cecil, *German Diplomatic Service*, 317. **26** Spitzemberg, *Das Tagebuch*, 563. **27** Stevenson, *Armaments*, 286-9. **28** Röhl, *The Kaiser and His Court*, 173-4; Röhl, 'Admiral von Müller', 661; Stevenson, *Armaments*, 252-3. **29** Mombauer, *Helmuth von Moltke*, 145. **30** Herwig, 'Imperial Germany', 84. **31** Röhl, 'Admiral von Müller', 665; Balfour, *The Kaiser and His Times*, 339-40; Tanenbaum, 'French Estimates', 169. **32** Stevenson, *Armaments*, 316-20. **33** Krumeich, *Armaments and Politics*, ch. 2. **34** Stevenson, *Armaments*, 221. **35** Doughty, 'France', 163. **36** Ibid., 162. **37** Weber, *The Nationalist*

Revival in France, 97. **38** Ibid., 94-5, 102. **39** Kessler, *Journey to the Abyss*, 580. **40** German Foreign Office, *Die grosse Politik*, vol. XXX IX, 292. **41** Nolan, *The Inverted Mirror*, 40, 82-3. **42** Stevenson, *Armaments*, 222. **43** Keiger, *Raymond Poincare*, 122-3, 130-31. **44** Ibid., 145. **45** Williams, *Tiger of France*, 286. **46** Ibid., 11-14, 24-7, 154. **47** Ibid., 147. **48** Adamthwaite, *Grandeur and Misery*, 8; Hughes, *Policies and Potentates*, 223-7. **49** Hayne, *French Foreign Office*, 274. **50** Cambon, *Correspondance*, vol. III, 39. **51** Keiger, *Raymond Poincare*, 151. **52** Hayne, *French Foreign Office*, 238. **53** Keiger, *Raymond Poincare*, 155-7. **54** Schmidt, *Frankreichs Aussenpolitik*, 236-7. **55** Ibid., 238-40. **56** Williamson, 'German Perceptions', 206. **57** Goldberg, *Life of Jean Jaures*, 439. **58** Sazonov, *Fateful Years*, 56. **59** Rose, *King George V*, 80. **60** Ibid., 71. **61** Clifford, *The Asquiths*, 2-3. **62** Ibid., 13-14. **63** Haldane, *An Autobiography*, 111. **64** Clifford, *The Asquiths*, 186. **65** Ibid., 145. **66** Adam, *Bonar Law*, 107-9. **67** Jeffery, *Field Marshal Sir Henry Wilson*, 115-16. **68** BD, vol. X, part 2, 537, pp. 780-83. **69** Churchill, *The World Crisis*, vol. I, 185; Dangerfield, *The Strange Death*, 366. **70** Leslie, 'Österreich-Ungarn', 669-70. **71** Afflerbach, *Der Dreibund*, 793-4, 806-8, 810-11. **72** Angelow, *Der Weg in die Katastrophe*, 26. **73** Wandruszka and Urbanitsch, *Die Habsburgermonarchie*, 331-2; Bridge, *From Sadowa to Sarajevo*, 364-5. **74** Bodger, 'Russia and the End', 88. **75** Herwig, 'Imperial Germany', 87. **76** Jarausch, *The Enigmatic Chancellor*, 117. **77** Sazonov, *Fateful Years*, 43-4; Kokovtsov, *Out of My Past*, 321-3. **78** Stieve, *Der diplomatische Schriftwechsel Iswolskis*, 17-18. **79** McLean, *Royalty and Diplomacy*, 67-8. **80** Shatsillo, *Ot Portsmutskogo*, 272-4; Stevenson, *Armaments*, 343-9. **81** Churchill, *The World Crisis*, vol. I, 178; Grey, *Twenty- Five Years*, vol. I, 269. **82** Grey, *Twenty-Five Years*, vol. I, 195. **83** Wilson, *The Policy of the Entente*, 68. **84** Spring, 'Russia and the Franco-Russian Alliance', 584; Robbins, *Sir Edward Grey*, 271. **85** Schmidt, *Frankreichs Aussenpolitik*, 266-76. **86** Ibid., 252-3, 258-9. **87** Jeffery, *Field Marshal Sir Henry Wilson*, 103. **88** Marder, *From the Dreadnought to Scapa Flow*, 253. **89** Churchill, *The World Crisis*, vol. I, 118. **90** Williamson, *Politics of Grand Strategy*, 274. **91** Churchill, *The World Crisis*, vol. I, 119. **92** Marder, *From the Dreadnought to Scapa Flow*, 254-6, 265-6. **93** Churchill, *The World Crisis*, vol. I, 113. **94** Williamson, *Politics of Grand Strategy*, 320-25. **95** BD, vol. X, part 2, 416, pp. 614-15. **96** Esher, *Journals and Letters*, vol. III, 331. **97** BD, vol. X, part 2, 400, pp. 601-2. **98** Robbins, *Sir Edward Grey*, 285. **99** Rose, *King George V*, 164. **100** Bridge, 'The Entente Cordiale', 350. **101** Angelow, *Der Weg in die Katastrophe*, 60-61. **102** Stevenson, *Armaments*, 2-9. **103** Ibid., 4. **104** Herrmann, *The Arming of Europe*, 207. **105** Epkenhans, *Tirpitz*, Kindle version, loc. 862. **106** Kießling, *Gegen den 'Großen Krieg'?*, 67-8. **107** Heywood, 'The Most Catastrophic Question', 56. **108** Förster, 'Im Reich des Absurden', 233. **109**

Stevenson, *Armaments*, 358-9; Schmidt, *Frankreichs Aussenpolitik*, 208-11, 242-4. **110** Herwig, 'Imperial Germany', 88. **111** Brusilov, *A Soldier's Notebook*, 1. **112** Kieβling, *Gegen den 'Großen Krieg'?*, 43-4. **113** Grey, *Twenty-Five Years*, vol. I, 292. **114** Hantsch, *Leopold Graf Berchtold*, 458. **115** Sondhaus, *Franz Conrad von Hötzendorf*, 134; Hantsch, *Leopold Graf Berchtold*, 252-3; Kronenbitter, '"Nur los lassen"', 39. **116** McDonald, *United Government*, 199-201. **117** Leslie, 'The Antecedents', 334-6, 338-9. **118** Churchill, *The World Crisis*, vol. I, 95. **119** Haldane, *Before the War*, 33-6. **120** Cecil, *Wilhelm II*, 172. **121** Cecil, *Albert Ballin*, 182-96. **122** Hopman, *Das ereignisreiche Leben*, 209-10. **123** Cecil, *Wilhelm II*, 172-3. **124** House and Seymour, *The Intimate Papers*, vol. I, 249. **125** Marder, *From the Dreadnought to Scapa Flow*, 283-4; Maurer, 'Churchill's Naval Holiday', 109-10. **126** Brinker-Gabler, *Kampferin für den Frieden*, 167. **127** Haupt, *Socialism and the Great War*, 108.

18장 사라예보에서 일어난 암살

1 Poincaré, *Au Service de la France*, vol. IV, 173-4. **2** Geinitz, *Kriegsfurcht und Kampfbereitschaft*, 50-53. **3** Cecil, *Wilhelm II*, 198. **4** Massie, *Dreadnought*, 852-3; Cecil, *Wilhelm II*, 198; Geiss, *July 1914*, 69. **5** Smith, *One Morning in Sarajevo*, 40. **6** Dedijer, *The Road to Sarajevo*, 175-8, 208-9, 217 and ch. 10, passim. **7** Ibid., 197. **8** Ibid. **9** Ibid., 373-5; Jelavich, *What the Habsburg Government Knew*, 134-5. **10** Dedijer, *The Road to Sarajevo*, 294-301, 309; Jelavich, *What the Habsburg Government Knew*, 136. **11** Leslie, 'The Antecedents', 368; Funder, *Vom Gestern ins Heute*, 483; Dedijer, *The Road to Sarajevo*, 405-7, 409-10. **12** Kronenbitter, *Krieg im Frieden*, 459; Dedijer, *The Road to Sarajevo*, 312; Funder, *Vom Gestern ins Heute*, 484. **13** Dedijer, *The Road to Sarajevo*, 11-16, 316. **14** Margutti, *The Emperor Francis Joseph*, 138-9. **15** Smith, *One Morning in Sarajevo*, 214; Hopman, *Das ereignisreiche Leben*, 381; Albertini, *The Origins of the War*, vol. II, 117-19; Hoetzsch, *Die internationalen Beziehungen*, 106-7. **16** Stone, 'Hungary and the July Crisis', 159-60. **17** Kronenbitter, *Krieg im Frieden*, 460-62. **18** Sondhaus, *Franz Conrad von Hötzendorf*, 140; Hantsch, *Leopold Graf Berchtold*, 558-9. **19** Musulin, *Das Haus am Ballplatz*, 226. **20** Leslie, 'The Antecedents', 320. **21** Wank, 'Desperate Counsel', 295; Leslie, 'Österreich-Ungarn', 664. **22** Leslie, 'Österreich-Ungarn', 665. **23** Stone, 'Hungary and the July Crisis', 161. **24** Albertini, *The Origins of the War*, vol. II, 150-55. **25** Leslie, 'The Antecedents', 375-80. **26** Hantsch, *Leopold Graf Berchtold*, 559. **27** Bittner and Ubersberger, *Österreich-Ungarns Aussenpolitik*, 248. **28** Fellner, 'Die "Mission Hoyos"', 122; Albertini, *The Origins of the War*, vol. II, 129-30. **29** Turner, 'Role of the General Staffs', 308. **30** Bittner and Ubersberger, *Österreich-Ungarns Aussenpolitik*, 252; Albertini, *The Origins of the War*, vol. II, 133-5. **31** Fellner,

'Die "Mission Hoyos"', 125-6, 137. **32** See for example: Albertini, *The Origins of the War*, vol. II, 137-48; Geiss, *July 1914*, 70-80; Kronenbitter, '"Nur los lassen"', 182. **33** Sösemann, 'Die Tagebücher Kurt Riezlers', 185. **34** Mombauer, *Helmuth von Moltke*, 168-9, 177. **35** Jarausch, *The Enigmatic Chancellor*, 153-5. **36** Mommsen, 'The Debate on German War Aims', 60n16. **37** Mombauer, *Helmuth von Moltke*, 168-9. **38** Cecil, *Wilhelm II*, 172; Dülffer, 'Kriegserwartung und Kriegsbild', 785; Joll and Martel, *The Origins of the First World War*, 274; Förster, 'Im Reich des Absurden', 251-2; Mombauer, *Helmuth von Moltke*, 177, 181. **39** Förster, 'Im Reich des Absurden', 233. **40** Wolff, *Tagebucher 1914-1919*, 63-5. **41** Bach, *Deutsche Gesandtschaftsberichte*, 63. **42** Groener, *Lebenserinnerungen*, 140. **43** Stevenson, *Armaments*, 363-4; Mombauer, *Helmuth von Moltke*, 182. **44** Mombauer, *Helmuth von Moltke*, 135. **45** Ibid., 173. **46** Herwig, 'From Tirpitz Plan to Schlieffen Plan', 58; Mombauer, *Helmuth von Moltke*, 159-60, 212-13. **47** Lichnowsky and Delmer, *Heading for the Abyss*, 379-80n. **48** Sösemann, 'Die Tagebücher Kurt Riezlers', 183. **49** Jarausch, *The Enigmatic Chancellor*, 105. **50** Herwig, 'Imperial Germany', 80; Sösemann, 'Die Tagebücher Kurt Riezlers', 183-4. **51** Sösemann, 'Die Tagebücher Kurt Riezlers', 184-5; Lichnowsky and Delmer, *Heading for the Abyss*, 392. **52** Mombauer, *Helmuth von Moltke*, 195n44; Lichnowsky and Delmer, *Heading for the Abyss*, 381; Sösemann, 'Die Tagebücher Kurt Riezlers', 184. **53** Fesser, *Der Traum vom Platz*, 181. **54** Lichnowsky and Delmer, *Heading for the Abyss*, 381. **55** Turner, 'Role of the General Staffs', 312; Geiss, *July 1914*, 65. **56** Fischer, *War of Illusions*, 478; Cecil, *Wilhelm II*, 193-6. **57** Joll, *1914*, 8. **58** Kronenbitter, 'Die Macht der Illusionen', 531; Williamson, *Austria-Hungary*, 199-200. **59** Bittner and Ubersberger, *Österreich-Ungarns Aussenpolitik*, 248. **60** Geiss, *July 1914*, 80-87; Sondhaus, *Franz Conrad von Hötzendorf*, 141; Williamson, *Austria-Hungary*, 197-9. **61** Stone, 'Hungary and the July Crisis', 166-8; Vermes, *Istv'an Tisza*, 226; Leslie, 'The Antecedents', 343. **62** Geiss, *July 1914*, 114-15. **63** Jelavich, *What the Habsburg Government Knew*, 133. **64** Williamson, *Austria-Hungary*, 200-201; Geiss, *July 1914*, 90-92. **65** Williamson, *Austria-Hungary*, 201. **66** Jelavich, *Russia's Balkan Entanglements*, 256. **67** BD, vol. XI, 56, pp. 44-5. **68** Turner, 'Role of the General Staffs', 312; Fischer, *War of Illusions*, 478-9; Geiss, *July 1914*, 89-90. **69** Hoetzsch, *Die internationalen Beziehungen*, vol. IV, 301-2; Jarausch, *The Enigmatic Chancellor*, 161-2; Hertling and Lerchenfeld-Köfering, *Briefwechsel Hertling-Lerchenfeld*, 307. **70** BD, vol. XI, 27, pp. 19-20; 45, p. 37; Albertini, *The Origins of the War*, vol. II, 272-5. **71** Gieslingen, *Zwei Jahrzehnte im Nahen Orient*, 257-61; Albertini, *The Origins of the War*, vol. II, 276-9. **72** Williamson, *Austria-Hungary*, 201. **73** Macartney, *The Habsburg Empire*, 808n. **74** Austro-Hungarian Gemeinsamer Ministerrat, *Protokolle des*

Gemeinsamen Ministerrates, 150-54; Williamson, *Austria-Hungary*, 203. **75** Vermes, *Istv'an Tisza*, 232-3. **76** Albertini, *The Origins of the War*, vol. II, 265. **77** Geiss, *July 1914*, 142, 149-50, 154. **78** Macartney, *The Habsburg Empire*, 808n; Hantsch, *Leopold Graf Berchtold*, 602-3. Complete text in Albertini, *The Origins of the War*, vol. II, 286-9. **79** Gieslingen, *Zwei Jahrzehnte im Nahen Orient*, 267-8; Albertini, *The Origins of the War*, vol. II, 346; Bittner and Ubersberger, *Österreich-Ungarns Aussenpolitik*, 659-63; Cornwall, 'Serbia', 72-4. **80** BD, vol. XI, 92, p. 74; 107, p. 85; Stokes, 'Serbian Documents from 1914', 71-4; Cornwall, 'Serbia', 75-9, 82. **81** Kronenbitter, 'Die Macht der Illusionen', 536; Kronenbitter, '"Nur los lassen"', 159. **82** Albertini, *The Origins of the War*, vol. II, 373-5; Gieslingen, *Zwei Jahrzehnte im Nahen Orient*, 268-72.

19장 유럽협조체제의 종언: 세르비아에 대한 오스트리아-헝가리의 선전포고

1 MacKenzie and MacKenzie, *The Diary of Beatrice Webb*, vol. III, 203-5. **2** Kessler, *Journey to the Abyss*, 631-40. **3** Mombauer, 'A Reluctant Military Leader?', 422. **4** Lieven, *Nicholas II*, 198. **5** Bestuzhev, 'Russian Foreign Policy February-June 1914', 100-101. **6** Lieven, *Russia and the Origins*, 49. **7** Rogger, 'Russia in 1914', 98-9. **8** Shukman, *Rasputin*, 58. **9** Bridge, 'The British Declaration of War', 403-4. **10** Brock and Brock, *H. H. Asquith*, 93, 122-3. **11** Rose, *King George V*, 157-8. **12** Hazlehurst, *Politicians at War*, 31. **13** Messimy, *Mes Souvenirs*, 126-7. **14** Cronin, *Paris on the Eve*, 427-9. **15** Afflerbach, 'The Topos of Improbable War', 179. **16** Doughty, 'France', 149. **17** Schmidt, *Frankreichs Aussenpolitik*, 271-2, 278-83. **18** Ibid., 265-8. **19** Goldberg, *Life of Jean Jaures*, 460. **20** Poincaré, *Au Service de la France*, 224-6, 230. **21** Krumeich, *Armaments and Politics*, 217; Schmidt, *Frankreichs Aussenpolitik*, 283. **22** Figes, *A People's Tragedy*, 232; Ignat'ev, *50 Let v Stroyu*, 423. **23** Poincaré, *Au Service de la France*, 259, 269-70; Krumeich, *Armaments and Politics*, 291n153. **24** Poincaré, *Au Service de la France*, 246-7. **25** BD, vol. IX, 101, pp. 80-82. **26** Ibid., 253-5; Williamson, *Austria-Hungary*, 203. **27** Schmidt, *Frankreichs Aussenpolitik*, 78. **28** Hoetzsch, *Die internationalen Beziehungen*, vol. IV, 128. **29** Bridge, *How the War Began*, 27. **30** Lieven, *Nicholas II*, 201; Lieven, *Russia and the Origins*, 108-9. **31** Turner, 'The Russian Mobilization', 74. **32** Ibid., 78. **33** Hayne, *French Foreign Office*, 116-21; Schmidt, *Frankreichs Aussenpolitik*, 227-8; Cairns, 'International Politics', 285. **34** BD, vol. IX, 101, pp. 80-2. **35** Turner, 'The Russian Mobilization', 81, 83. **36** Schmidt, *Frankreichs Aussenpolitik*, 89-91. **37** Doughty, 'France', 146-7. **38** Schmidt, *Frankreichs Aussenpolitik*, 202-4. **39** Bittner and Ubersberger, *Österreich-Ungarns Aussenpolitik*, 805. **40** Bark, 'Iul'skie Dni 1914 Goda', 32-4; Bridge, *How the War Began*, 30-32;

Ignat'ev, *Vneshniaia Politika Rossii, 1907-1914*, 213-14. **41** BD, vol. IX, 125, pp. 93-4. **42** Turner, 'The Russian Mobilization', 76-7. **43** Ibid., 77, 80. **44** Rosen, *Forty Years of Diplomacy*, 163. **45** Stengers, 'Belgium', 158. **46** Schmidt, *Frankreichs Aussenpolitik*, 335-42; Poincaré, *Au Service de la France*, 288; Krumeich, *Armaments and Politics*, 219-20. **47** Turner, 'The Russian Mobilization', 82-3; Poincaré, *Au Service de la France*, 302; Doughty, 'French Strategy in 1914', 443. **48** Lichnowsky and Delmer, *Heading for the Abyss*, 375. **49** Nicolson, *Portrait of a Diplomatist*, 295. **50** Ibid., 301. **51** Bridge, 'The British Declaration of War', 407; Haldane, *An Autobiography*, 288-9; Cecil, *Albert Ballin*, 205-9. **52** Bridge, 'The British Declaration of War', 408; Wilson, *The Policy of the Entente*, 135-6; BD, vol. XI, 91, pp. 73-4; 104, pp. 83-4. **53** Geiss, *July 1914*, 183-4. **54** Bülow, *Memoirs of Prince Von Bulow*, vol. III, 122-3. **55** Lichnowsky and Delmer, *Heading for the Abyss*, 368-469. **56** Nicolson, *Portrait of a Diplomatist*, 301. **57** Hobhouse, *Inside Asquith's Cabinet*, 176-7; Robbins, *Sir Edward Grey*, 289-90. **58** BD, vol. IX, 185, p. 128. **59** BD, vol. IX, 170, pp. 120-1. **60** BD, vol. IX, 216, p. 148. **61** Eubank, *Paul Cambon*, 171. **62** Ibid., 169. **63** Trumpener, 'War Premeditated?', 66-7; Bittner and Ubersberger, *Österreich- Ungarns Aussenpolitik*, 739, 741. **64** Cecil, *Wilhelm II*, 202-3. **65** Bridge, *Russia*, 52. **66** BD, vol. IX, 135, p. 99; 147, p. 103; *The Times*, 27 July 1914; Bark, 'Iul'skie Dni 1914 Goda', 26; Bittner and Ubersberger, *Österreich-Ungarns Aussenpolitik*, 759; Verhey, *Spirit of 1914*, 28-31. **67** BD, vol. XI, 162, p. 116; 245, pp. 160-61. **68** Renzi, 'Italy's Neutrality', 1419-20. **69** Ibid., 1421-2. **70** Hobhouse, *Inside Asquith's Cabinet*, 177. **71** Williamson, *Politics of Grand Strategy*, 345. **72** Afflerbach, 'Wilhelm II as Supreme Warlord', 432. **73** Ignat'ev, *Vneshniaia politika Rossii, 1907-1914*, 218-19. **74** Geiss, *July 1914*, 283. **75** Jarausch, *The Enigmatic Chancellor*, 171. **76** Albertini, *The Origins of the War*, vol. II, 460-61. **77** Vermes, *Istv'an Tisza*, 234. **78** Rosen, *Forty Years of Diplomacy*, 163.

20장 소등: 유럽 평화의 마지막 일주일

1 Zweig, *The World of Yesterday*, 243-5. **2** BD, vol. XI, 270, p. 174; Poincaré, *Au Service de la France*, 368. **3** Keiger, *Raymond Poincare*, 171. **4** Schmidt, *Frankreichs Aussenpolitik*, 335-42; Turner, 'The Russian Mobilization', 83. **5** Schmidt, *Frankreichs Aussenpolitik*, 345-7; Herwig, *The Marne*, 17. **6** Lieven, *Nicholas II*, 199-200. **7** Geiss, *July 1914*, 260-61. **8** Ibid. **9** Bridge, *Russia*, 50; Turner, 'The Russian Mobilization', 86. **10** Ibid., 87-8. **11** Ibid., 78; Geiss, *July 1914*, 291. **12** Cimbala, 'Steering through Rapids', 387. **13** Bridge, *How the War Began*, 65-6; Bark, 'Iul'skie Dni 1914 Goda', 31-2; Kleĭnmikhel', *Memories of a Shipwrecked World*, 202-3. **14** Cecil, *Wilhelm II*, 204-5. **15** Geiss, *July 1914*, 284-5; Fuller, *Strategy and Power in Russia*, 447; Jarausch,

The Enigmatic Chancellor, 168-9. **16** Ekstein and Steiner, 'The Sarajevo Crisis', 404; Williamson, *Politics of Grand Strategy*, 347. **17** Hankey, *The Supreme Command*, 154-6. **18** Geiss, *July 1914*, 288-90. **19** Albertini, *The Origins of the War*, vol. II, 300-302; Geiss, *July 1914*, 296-7; Turner, 'The Russian Mobilization', 86. **20** Verhey, *Spirit of 1914*, 17-20. **21** Ibid., 53-6. **22** Jarausch, *The Enigmatic Chancellor*, 151-2, 164, 168-9. **23** Geiss, *July 1914*, 291-2, 308-9. **24** Turner, 'Role of General Staffs', 315. **25** Ibid. **26** Austro-Hungarian Gemeinsamer Ministerrat, *Protokolle des Gemeinsamen Ministerrates*, 156-7. **27** Albertini, *The Origins of the War*, vol. II, 669-70. **28** Geiss, *July 1914*, 323. **29** Mombauer, *Helmuth von Moltke*, 199-200; Hewitson, *Germany and the Causes*, 197; Turner, 'Role of General Staffs', 314-15. **30** Cecil, *Wilhelm II*, 204. **31** BD, vol. XI, 293, pp. 185-6. **32** BD, vol. XI, 303, p. 193; Robbins, *Sir Edward Grey*, 293-4. **33** Wilson, *The Policy of the Entente*, 140-3; Hazlehurst, *Politicians at War*, 84-7. **34** Williamson, *Politics of Grand Strategy*, 349. **35** BD, vol. XI, 369, pp. 228-9. **36** *The Times*, 29, 30 and 31 July 1914. **37** Bucholz, *Moltke, Schlieffen*, 280-81. **38** Bach, *Deutsche Gesandtschaftsberichte*, 107. **39** Mombauer, *Helmuth von Moltke*, 205. **40** Ibid., 208. **41** Ibid., 206. **42** Herwig, 'Imperial Germany', 95; Fischer, *War of Illusions*, 502-4. **43** Jarausch, *The Enigmatic Chancellor*, 174; Verhey, *Spirit of 1914*, 59-60. **44** Stone, 'V. Moltke-Conrad', 216-17. **45** Albertini, *The Origins of the War*, 670-71; Williamson, *Austria-Hungary*, 206-8. **46** Stone, 'V. Moltke-Conrad', 217. **47** Afflerbach, 'Wilhelm II as Supreme Warlord', 433n22. **48** Verhey, *Spirit of 1914*, 46-50, 62-4, 68, 71; Stargardt, *The German Idea of Militarism*, 145-9. **49** Mombauer, *Helmuth von Moltke*, 216-20. **50** Groener, *Lebenserinnerungen*, 141-2, 145-6. **51** Mombauer, *Helmuth von Moltke*, 219-24. **52** Ibid., 223-4. **53** Jarausch, *The Enigmatic Chancellor*, 174-5. **54** *The Times*, 1 August 1914. **55** BD, vol. XI, 510, pp. 283-5. **56** Robbins, *Sir Edward Grey*, 295; Wilson, *The Policy of the Entente*, 136-7; Brock and Brock, *H. H. Asquith*, 38. **57** DDF, 3rd series, 532, pp. 424-5; BD, vol. IX, 447, p. 260. **58** Nicolson, *Portrait of a Diplomatist*, 304. **59** Williamson, *Politics of Grand Strategy*, 353n34; Nicolson, *Portrait of a Diplomatist*, 304-5; Hazlehurst, *Politicians at War*, 88. **60** Bodleian Libraries Oxford, Papers of Sir Eyre Alexander Barby Wichart Crowe, MS Eng. E. 3020, 1-2. **61** Bridge, *Russia*, 76-9. **62** Voeikov, *S Tsarem I Bez Tsarya*, 110. **63** Lieven, *Nicholas II*, 203. **64** Goldberg, *Life of Jean Jaures*, 463-4. **65** Ibid., 465-7; Joll, *The Second International*, 162-6. **66** Goldberg, *Life of Jean Jaures*, 469-72. **67** Poincaré, *Au Service de la France*, 432-3. **68** Keiger, *Raymond Poincare*, 174-7; Albertini, *The Origins of the War*, vol. III, 88-91. **69** Albertini, *The Origins of the War*, vol. III, 85, 89; Krumeich, *Armaments and Politics*, 227. **70** Albertini, *The Origins of the War*, vol. III, 106-7; Keiger, *Raymond Poincare*, 180-82. **71** Keiger, *Raymond Poincare*, 189. **72**

Wilson, *The Policy of the Entente*, 147n82; Lichnowsky and Delmer, *Heading for the Abyss*, 422. **73** Adam, *Bonar Law*, 170. **74** Hazlehurst, *Politicians at War*, 96-7; Brock and Brock, *H. H. Asquith*, 145; Wilson, *The Policy of the Entente*, 136ff. **75** Hankey, *The Supreme Command*, 161-2; Hazlehurst, *Politicians at War*, 97-100. **76** Geiss, *July 1914*, 231. **77** Stengers, 'Belgium', 152-5. **78** Ibid., 161-3. **79** BD, vol. XI, 670, pp. 349-50; Tuchman, *The Guns of August*, 107-8; *The Times*, 4 August 1914. **80** Brock and Brock, *H. H. Asquith*, 150. **81** Grey, *Twenty-Five Years*, vol. II, 12-13. **82** Robbins, *Sir Edward Grey*, 296. **83** Grey, *Twenty-Five Years*, vol. II, 20; Nicolson, *Portrait of a Diplomatist*, 305-6. **84** Grey, *Twenty-Five Years*, vol. II, 321-2; Wilson, *The Policy of the Entente*, 145-6; Great Britain, Parliamentary Debates, Commons, 5th series, vol. LXV, 1914, cols 1809-34; *The Times*, 4 August 1914. **85** Hazlehurst, *Politicians at War*, 32; Grigg, *Lloyd George*, 154. **86** BD, vol. IX, 147, pp. 240-41; Schoen, *Memoirs of an Ambassador*, 200-201, 204. **87** Krumeich, *Armaments and Politics*, 229. **88** *The Times*, 5 August 1914. **89** Joll, *The Second International*, 171-6. **90** Hollweg, *Reflections on the World War*, 158n; Jarausch, *The Enigmatic Chancellor*, 176-7; BD, vol. XI, 671, pp. 350-54. **91** Jarausch, *The Enigmatic Chancellor*, 181. **92** Cecil, *Wilhelm II*, 208-9. **93** Williamson, *Politics of Grand Strategy*, 361. **94** Gregory, *Walter Hines Page*, 51-2. **95** Ibid., 151. **96** Joll, *1914*, 15. **97** Lubbock, *Letters of Henry James*, 389.

맺으며

1 Morison, *Letters of Theodore Roosevelt*, 790. **2** Bosworth, *Italy and the Approach*, 78. **3** Brock and Brock, *H. H. Asquith*, 130n2. **4** Bond, *The Victorian Army and the Staff College*, 294-5, 303. **5** Strachan, *The First World War*, vol. I, 239-42. **6** Ibid., 278-9. **7** Kessler, *Journey to the Abyss*, 857-8. **8** Smith, *One Morning in Sarajevo*, 264-8. **9** Fuller, *The Foe Within*, ch. 8, passim. **10** Craig, *Germany, 1866-1945*, 368. **11** Cecil, *Wilhelm II*, 210-12. **12** Ibid., 296. **13** Joll, *1914*, 6. **14** For a good description of Wilhelm's last years, see Cecil, *Wilhelm II*, chs 14-16.

참고문헌

Adam, R. J. Q., *Bonar Law* (London, 1999)
Adamthwaite, A., *Grandeur and Misery: France's Bid for Power in Europe 1914-1940* (New York, 1995)
Addison, M. and O'Grady, J., *Diary of a European Tour, 1900* (Montreal, 1999)
Aehrenthal, A. L. v., *Aus dem Nachlass Aehrenthal. Briefe und Dokumente zur Österreichisch-Ungarischen Innen- und Aussenpolitik 1885-1912* (Graz, 1994)
Afflerbach, H., *Der Dreibund. Europäische Großmacht- und Allianzpolitik vor dem Ersten Weltkrieg* (Vienna, 2002)
_____, *Falkenhayn. Politisches Denken und Handeln im Kaiserreich* (Munich, 1994)
_____, 'The Topos of Improbable War in Europe before 1914', in H. Afflerbach and D. Stevenson (eds.), *An Improbable War? The Outbreak of World War I and European Political Culture before 1914* (New York, 2007), 161-82
_____, 'Wilhelm II as Supreme Warlord in the First World War', *War in History*, vol. 5, no. 4 (1998), 427-9
Airapetov, O. R. (ed.), *Generalui, Liberalui i Predprinimateli: Rabota Na Front i Na Revolyutsiyu 1907-1917* (Moscow, 2003)
_____, *Poslednyaya Voina Imperatorskoi Rossii: Shornik Statei* (Moscow, 2002)
_____, 'K voprosu o prichinah porazheniya russkoi armii v vostochno-prusskoi operatsii', zapadrus.su/rusmir/istf/327-2011-04-26-13-04-00.html
Albertini, L., *The Origins of the War of 1914* (London, 1957)
Allain, J., *Joseph Caillaux: Le Defi victorieux, 1863-1914* (Paris, 1978)
Anderson, M. S., *The Rise of Modern Diplomacy, 1450-1919* (London, 1993)
Andrew, C., 'France and the German Menace', in E. R. May (ed.), *Knowing One's Enemies: Intelligence Assessments before the Two World Wars* (Princeton, 1986), 127-49
_____, *Théophile Delcassé and the Making of the Entente Cordiale: A Reappraisal of French Foreign Policy 1898-1905* (London, 1968)
Angell, N., *The Great Illusion* (Toronto, 1911)

Angelow, J., *Der Weg in die Katastrophe: Der Zerfall des alten Europa, 1900-1914* (Berlin, 2010)

_____, 'Der Zweibund zwischen Politischer auf- und militärischer Abwertung', *Mitteilungen des Österreichischen Staatsarchivs*, vol. 44 (1996), 25-74

Armour, I. D., 'Colonel Redl: Fact and Fantasy', *Intelligence and National Security*, vol. 2, no. 1 (1987), 170-83

Austro-Hungarian Gemeinsamer Ministerrat, *Protokolle des Gemeinsamen Ministerrates der Österreichisch-Ungarischen Monarchie (1914-1918)* (Budapest, 1966)

Bach, A. (ed.), *Deutsche Gesandtschaftsberichte zum Kriegsausbruch 1914. Berichte und Telegramme der Badischen, Sächsischen und Württembergischen Gesandtschaften in Berlin aus dem Juli und August 1914* (Berlin, 1937)

Baernreither, J. M. and Redlich, J., *Fragments of a Political Diary* (London, 1930)

Balfour, M. L. G., *The Kaiser and His Times* (New York, 1972)

Bánffy, M., *They Were Divided: The Writing on the Wall* (Kindle version, 2010)

Barclay, T., *Thirty Years: Anglo-French Reminiscences, 1876-1906* (London, 1914)

Bark, P. L., 'Iul'skie Dni 1914 Goda: Nachalo Velikoy Voinui. Iz Vospominany P. L. Barka, Poslednego Ministra Finansov Rossiiskogo Imperatorskogo Pravitel'Stva', *Vozrozhdenie*, no. 91 (1959), 17-45

Barraclough, G., *From Agadir to Armageddon: Anatomy of a Crisis* (London, 1982)

Becker, J. J., *1914, Comment les Français sont entrés dans la Guerre: Contribution à l'étude de l'opinion publique printemps-été 1914* (Paris, 1977)

Beesly, E. S., *Queen Elizabeth* (London, 1906)

Berghahn, V., *Germany and the Approach of War in 1914* (London, 1973)

_____, 'War Preparations and National Identity in Imperial Germany', in M. F. Boemeke, R. Chickering, and S. Förster (eds.), *Anticipating Total War: The German and American Experiences, 1871-1914* (Cambridge, 1999), 307-26

Bernhardi, F. v., *Germany and the Next War* (London, 1914)

Bestuzhev, I. V., 'Russian Foreign Policy February-June 1914', *Journal of Contemporary History*, vol. 1, no. 3 (1966), 93-112

Bethmann Hollweg, T. v., *Reflections on the World War* (London, 1920)

Beyens, H., *Germany before the War* (London, 1916)

Bittner, L. and Ubersberger, H. (eds.), *Österreich-Ungarns Aussenpolitik von der Bosnischen Krise 1908 bis zum Kriegsausbruch 1914. Diplomatische Aktenstücke des Österreichisch-Ungarischen Ministeriums des Äussern* (Vienna, 1930)

Bloch, I. S., *The Future of War in its Technical Economic and Political Relations: Is War Now Impossible?* (Toronto, 1900)

_____, 'The Wars of the Future', *Contemporary Review*, vol. 80 (1901), 305-32

Blom, P., *The Vertigo Years: Change and Culture in the West, 1900-1914* (London, 2008)

Bodger, A., 'Russia and the End of the Ottoman Empire', in M. Kent (ed.), *The Great Powers and the End of the Ottoman Empire* (London, 1996), 76-110

Boemeke, M. F., Chickering, R., and Förster, S. (eds.), *Anticipating Total War: The German and American Experiences, 1871-1914* (Cambridge, 1999)

Boghitschewitsch, M. (ed.), *Die auswartige Politik Serbiens 1903-1914* (Berlin, 1931)

Bond, B., *The Victorian Army and the Staff College 1854-1914* (London, 1972)

Bosworth, R., 'Britain and Italy's Acquisition of the Dodecanese, 1912-1915', *Historical Journal*, vol. 13, no. 4 (1970), 683-705

_____, *Italy and the Approach of the First World War* (London, 1983)

Bourdon, G., *The German Enigma* (Paris, 1914)

Boyer, J. W., 'The End of an Old Regime: Visions of Political Reform in Late Imperial Austria', *Journal of Modern History*, vol. 58, no. 1 (1986), 159-93

Bridge, F. R., 'Austria-Hungary and the Boer War', in K. M. Wilson (ed.), *The International Impact of the Boer War* (Chesham, 2001), 79-96

_____, 'The British Declaration of War on Austria-Hungary in 1914', *Slavonic and East European Review*, vol. 47, no. 109 (1969), 401-22

_____, 'The Entente Cordiale, 1904-14: An Austro-Hungarian Perspective', *Mitteilungen des Österreichischen Staatsarchivs*, vol. 53 (2009), 335-51

_____, *The Habsburg Monarchy among the Great Powers, 1815-1918* (New York, 1990)

_____, 'Isvolsky, Aehrenthal, and the End of the Austro-Russian Entente, 1906-8', *Mitteilungen des Österreichischen Staatsarchivs*, vol. 20 (1976), 315-62

_____, *From Sadowa to Sarajevo: The Foreign Policy of Austria-Hungary, 1866-1914* (London, 1972)

_____, 'Tarde Venientibus Ossa: Austro-Hungarian Colonial Aspirations in Asia Minor 1913-14', *Middle Eastern Studies*, vol. 6, no. 3 (1970), 319-30

Bridge, W. C., *How the War Began in 1914* (London, 1925)

Brinker-Gabler, G. (ed.), *Kämpferin für den Frieden: Bertha von Suttner. Lebenserinnerungen, Reden und Schriften: Eine Auswahl* (Frankfurt am Main, 1982)

Brock, Michael and Brock, Eleanor (eds.), *H. H. Asquith: Letters to Venetia Stanley* (Oxford, 1982)

Brusilov, A. A., *A Soldier's Notebook 1914-1918* (London, 1930)

Bülow, B., *Memoirs of Prince von Bulow* (Boston, 1931)

Burkhardt, J., 'Kriegsgrund Geschichte? 1870, 1813, 1756 – historische Argumente und Orientierungen bei Ausbruch des Ersten Weltkriegs', in J. Burkhardt, J. Becker, S. Förster, and G. Kronenbitter (eds.), *Lange und kurze Wege in den Ersten Weltkrieg: Vier Augsburger Beitraeger zur Kriesursachenforschung* (Munich, 1996), 9–86

Burkhardt, J., Becker, J., Förster, S., and Kronenbitter, G. (eds.), *Lange und kurze Wege in den Ersten Weltkrieg: Vier Augsburger Beitraeger zur Kriesursachenforschung* (Munich, 1996)

Burrows, M., *The History of the Foreign Policy of Great Britain* (London, 1895)

Bushnell, J., 'The Tsarist Officer Corps, 1881–1914: Customs, Duties, Inefficiency', *American Historical Review*, vol. 86, no. 4 (1981), 753–80

Butterworth, A., *The World that Never Was: A True Story of Dreamers, Schemers, Anarchists and Secret Agents* (London, 2010)

Cairns, J. C., 'International Politics and the Military Mind: The Case of the French Republic, 1911–1914', *Journal of Modern History*, vol. 25, no. 3 (1953), 273–85

Callwell, C. E., *Field-Marshal Sir Henry Wilson: His Life and Diaries* (London, 1927)

Cambon, P., *Correspondance, 1870–1924*, vol. III: *1912–1924* (Paris, 1940–46)

Cannadine, D., *The Decline and Fall of the British Aristocracy* (New Haven, CT, 1990)

Cannadine, D., Keating, J., and Sheldon, N., *The Right Kind of History: Teaching the Past in Twentieth-Century England* (New York, 2012)

Carter, M., *The Three Emperors: Three Cousins, Three Empires and the Road to World War One* (London, 2009)

Ceadel, M., *Living the Great Illusion: Sir Norman Angell, 1872–1967* (Oxford, 2009)

———, *Semi-Detached Idealists: The British Peace Movement and International Relations, 1854–1945* (Oxford, 2000)

Cecil, G., *Life of Robert Marquis of Salisbury*, 4 vols (London, 1921–32)

Cecil, L., *Albert Ballin: Business and Politics in Imperial Germany, 1888–1918* (Princeton, 1967)

———, *The German Diplomatic Service, 1871–1914* (Princeton, 1976)

———, *Wilhelm II*, vol. II: *Emperor and Exile, 1900–1941* (Chapel Hill, 1989)

Chandler, R., 'Searching for a Saviour', *Spectator*, 31 March 2012

Charykov, N. V., *Glimpses of High Politics: Through War & Peace, 1855–1929* (London, 1931)

Chickering, R., *Imperial Germany and a World without War: The Peace Movement and German Society, 1892–1914* (Princeton, 1975)

———, 'Problems of a German Peace Movement, 1890–1914', in S. Wank (ed.),

Doves and Diplomats: Foreign Offices and Peace Movements in Europe and America in the Twentieth Century (London, 1978), 42-54

———, 'War, Peace, and Social Mobilization in Imperial Germany', in C. Chatfield and P. Van den Dungen (eds.), *Peace Movements and Political Cultures* (Knoxville, 1988), 3-22

Churchill, W. S., *The World Crisis, 1911-1918*, vol. I: *1911-1914* (London, 1923)

Cimbala, S. J., 'Steering through Rapids: Russian Mobilization and World War I', *Journal of Slavic Military Studies*, vol. 9, no. 2 (1996), 376-98

Clark, C., *Iron Kingdom: The Rise and Downfall of Prussia, 1600-1947* (London, 2007)

———, *Kaiser Wilhelm II* (Harlow, 2000)

———, *The Sleepwalkers: How Europe Went to War in 1914* (London, 2012)

Clifford, C., *The Asquiths* (London, 2002)

Cooper, M. B., 'British Policy in the Balkans, 1908-1909', *Historical Journal*, vol. 7, no. 2 (1964), 258-79

Cooper, S. E., 'Pacifism in France, 1889-1914: International Peace as a Human Right', *French Historical Studies*, vol. 17, no. 2 (1991), 359-86

———, *Patriotic Pacifism: Waging War on War in Europe, 1815-1914* (Oxford, 1991)

Cornwall, M., 'Serbia', in K. M. Wilson (ed.), *Decisions for War, 1914* (London, 1995)

Craig, G. A., *Germany, 1866-1945* (Oxford, 1978)

———, *The Politics of the Prussian Army, 1640-1945* (Oxford, 1964)

Crampton, R. J., 'August Bebel and the British Foreign Office', *History*, vol. 58, no. 193 (1973), 218-32

———, 'The Balkans as a Factor in German Foreign Policy, 1912-1914', *Slavonic and East European Review*, vol. 55, no. 3 (1977), 370-90

———, 'The Decline of the Concert of Europe in the Balkans, 1913-1914, *Slavonic and East European Review*, vol. 52, no. 128 (1974), 393-419

———, *The Hollow Detente: Anglo-German Relations in the Balkans, 1911-1914* (London, 1979)

Cronin, V., *Paris on the Eve, 1900-1914* (London, 1989)

Csáky, I., *Vom Geachteten zum Geächteten: Erinnerungen des k. und k. Diplomaten und k. Ungarischen Aussenministers Emerich Csaky (1882-1961)* (Weimar, 1994)

Czernin, C. O., *In the World War* (London, 1919)

Dangerfield, G., *The Strange Death of Liberal England, 1910-1914* (New York, 1961)

De Burgh, E., *Elizabeth, Empress of Austria: A Memoir* (London, 1899)

Deák, I., *Beyond Nationalism: A Social and Political History of the Habsburg Officer Corps, 1848-1918* (Oxford, 1992)

Dedijer, V., *The Road to Sarajevo* (London, 1967)

Diószegi, I., *Hungarians in the Ballhausplatz: Studies on the Austro-Hungarian Common Foreign Policy* (Budapest, 1983)

Dockrill, M. L., 'British Policy during the Agadir Crisis of 1911', in F. H. Hinsley (ed.), *British Foreign Policy under Sir Edward Grey* (Cambridge, 1977), 271-87

Doughty, R., 'France', in R. F. Hamilton and H. H. Herwig (eds.), *War Planning, 1914* (Cambridge, 2010), 143-74

_____, 'French Strategy in 1914: Joffre's Own', *Journal of Military History*, vol. 67 (2003), 427-54

_____, *Pyrrhic Victory: French Strategy and Operations in the Great War* (London, 2005)

Dowler, W., *Russia in 1913* (DeKalb, 2010)

Dülffer, J., 'Chances and Limits of Arms Control 1898-1914', in H. Afflerbach and D. Stevenson (eds.), *An Improbable War: The Outbreak of World War I and European Political Culture before 1914* (Oxford, 2007), 95-112

_____, 'Citizens and Diplomats: The Debate on the First Hague Conference (1899) in Germany', in C. Chatfield and P. Van den Dungen (eds.), *Peace Movements and Political Cultures* (Knoxville, 1988), 23-39

_____, 'Efforts to Reform the International System and Peace Movements before 1914', *Peace & Change*, vol. 14, no. 1 (1989), 24-45

_____, 'Kriegserwartung und Kriegsbild in Deutschland vor 1914', in W. Michalka (ed.), *Der Erste Weltkrieg: Wirkung, Wahrnehmung, Analyse* (Munich, 1994), 778-98

Dumas, F. G. (ed.), *The Franco-British Exhibition: Illustrated Review, 1908* (London, 1908)

Dungen, P. v. d., 'Preventing Catastrophe: The World's First Peace Museum', *Ritsumeikan Journal of International Studies*, vol. 18, no. 3 (2006), 449-62

Eby, C., *The Road to Armageddon: The Martial Spirit in English Popular Literature, 1870-1914* (Durham, NC, 1987)

Echevarria, A. J., 'Heroic History and Vicarious War: Nineteenth-Century German Military History Writing', *The Historian*, vol. 59, no. 3 (1997), 573-90

_____, 'On the Brink of the Abyss: The Warrior Identity and German Military Thought before the Great War', *War & Society*, vol. 13, no. 2 (1995), 23-40

Eckardstein, H. F. v. and Young, G., *Ten Years at the Court of St. James', 1895-1905* (London, 1921)

Einem, K. v., *Erinnerungen eines Soldaten*, 4th edn (Leipzig, 1933)

Ekstein, M. and Steiner, Z., 'The Sarajevo Crisis', in F. H. Hinsley (ed.), *British Foreign Policy under Sir Edward Grey* (Cambridge, 1977), 397-410

Epkenhans, M., *Tirpitz: Architect of the German High Seas Fleet* (Washington, DC, 2008)

———, 'Wilhelm II and "His" Navy, 1888-1918', in A. Mombauer and W. Deist (eds.), *The Kaiser: New Research on Wilhelm II's Role in Imperial Germany* (Cambridge, 2003), 12-36

Esher, R., *Journals and Letters of Reginald, Viscount Esher* (London, 1934-8)

Eubank, K., *Paul Cambon: Master Diplomatist* (Norman, OK, 1960)

———, 'The Fashoda Crisis Re-Examined', *The Historian*, vol. 22, no. 2 (1960), 145-62

Evera, S. V., 'The Cult of the Offensive and the Origins of the First World War', in S. E. Miller, S. M. Lynn-Jones, and S. Van Evera (eds.), *Military Strategy and the Origins of the First World War* (Princeton, 1991), 59-108

Exposition Universelle Internationale de 1900, *1900 Paris Exposition: Guide pratique de visiteur de Paris et de l'Exposition ...* (Paris, 1900)

Feldman, G. D., 'Hugo Stinnes and the Prospect of War before 1914', in M. F. Boemeke, R. Chickering, and S. Förster (eds.), *Anticipating Total War: The German and American Experiences, 1871-1914* (Cambridge, 1999), 77-95

Fellner, F., 'Die "Mission Hoyos"', in H. Maschl and B. Mazohl-Wallnig (eds.), *Vom Dreibund zum Völkerbund. Studien zur Geschichte der internationalen Beziehungen, 1882-1919* (Vienna, 1994), 112-41

Ferguson, N., *The Pity of War* (New York, 1999)

Fesser, G., *Reichskanzler Fürst von Bülow. Architekt der Deutschen Weltpolitik* (Leipzig, 2003)

———, *Der Traum vom Platz an der Sonne. Deutsche 'Weltpolitik' 1897-1914* (Bremen, 1996)

Figes, O., *A People's Tragedy: The Russian Revolution, 1891-1924* (London, 1996)

Fischer, F., 'The Foreign Policy of Imperial Germany and the Outbreak of the First World War', in G. Schöllgen (ed.), *Escape into War? The Foreign Policy of Imperial Germany* (New York, 1990), 19-40

———, *Germany's Aims in the First World War* (London, 1967)

———, *War of Illusions: German Policies from 1911 to 1914* (New York, 1975)

Fisher, J. A. F. and Marder, A. J., *Fear God and Dread Nought: The Correspondence of Admiral of the Fleet Lord Fisher of Kilverstone* (London, 1952)

Foley, R. T., 'Debate - the Real Schlieffen Plan', *War in History*, vol. 13, no. 1 (2006),

  91-115
_____, *German Strategy and the Path to Verdun: Erich von Falkenhayn and the Development of Attrition, 1870-1916* (Cambridge, 2005)
Förster, S., 'Der Deutschen Generalstab und die Illusion des kurzen Krieges, 1871-1914', *Militärgeschichtliche Mitteilungen*, vol. 54 (1995), 61-95
_____, *Der doppette Militarismus. Die deutsche Heeresrustungpolitik zwischen Statusquo-Sicherung und Aggression, 1890-1913* (Stuttgart, 1985)
_____, 'Dreams and Nightmares: German Military Leadership and Images of Future Warfare, 1871-1914', in M. F. Boemeke, R. Chickering, and S. Förster (eds.), *Anticipating Total War: The German and American Experiences, 1871-1914* (Cambridge, 1999), 343-76
_____, 'Facing "People's War": Moltke the Elder and Germany's Military Options after 1871', *Journal of Strategic Studies*, vol. 10, no. 2 (1987), 209-30
_____, 'Im Reich des Absurden. Die Ursachen des Ersten Weltkriegs', in B. Wegner (ed.), *Wie Kriege entstehen. Zum historischen Hintergrund von Staatskonflikten* (Munich, 2000), 211-52
France. Ministére des Affaires Étrangéres, *Documents diplomatiques français, 1871-1914*, 3rd series
French, D., 'The Edwardian Crisis and the Origins of the First World War', *International History Review*, vol. 4, no. 2 (1982), 207-21
Freud, S., *Civilization and its Discontents* (New York, 1962)
Fuller, W. C., *The Foe Within: Fantasies of Treason and the End of Imperial Russia* (Ithaca, 2006)
_____, 'The Russian Empire', in E. R. May (ed.), *Knowing One's Enemies: Intelligence Assessment before the Two World Wars* (Princeton, 1986), 98-126
_____, *Strategy and Power in Russia, 1600-1914* (New York, 1992)
Funder, F., *Vom Gestern ins Heute. Aus dem Kaiserreich in die Republik* (Vienna, 1953)
Gardiner, A. G., *Pillars of Society* (London, 1916)
Geinitz, C., *Kriegsfurcht und Kampfbereitschaft. Das Augusterlebnis in Freiburg. Eine Studie zum Kriegsbeginn 1914* (Essen, 1998)
Geiss, I., 'Deutschland und Österreich-Ungarn beim Kriegsausbruch 1914. Eine machthistorische Analyse', in M. Gehler (ed.), *Ungleiche Partner? Österreich und Deutschland in ihrer gegenseitigen Wahrnehmung. Historische Analysen und Vergleiche aus dem 19. und 20. Jahrhundert* (Stuttgart, 1996), 375-95
Geiss, I. (ed.), *July 1914: The Outbreak of the First World War: Selected Documents* (London, 1967)

Geppert, D., 'The Public Challenge to Diplomacy: German and British Ways of Dealing with the Press, 1890-1914', in M. Mösslang and T. Riotte (eds.), *The Diplomats' World: A Cultural History of Diplomacy, 1815-1914* (Oxford, 2008), 133-64

German Foreign Office, *Die grosse Politik der Europäischen Kabinette 1871-1914. Sammlung der diplomatischen Akten des auswärtigen Amtes*, vol. XXX IX: *Das Nahen des Weltkrieges, 1912-1914* (Berlin, 1926)

Geyer, D., *Russian Imperialism: The Interaction of Domestic and Foreign Policy, 1860-1914* (Leamington Spa, 1987)

Gieslingen, W. G. v., *Zwei Jahrzehnte im Nahen Orient: Aufzeichnungen des Generals der Kavallerie Baron Wladimir Giesl* (Berlin, 1927)

Gildea, R., *Barricades and Borders: Europe, 1800-1914* (Oxford, 1996)

Gilmour, D., *Curzon* (London, 1994)

Goldberg, H., *The Life of Jean Jaures* (Madison, 1968)

Gooch, G. P. and Temperley, H. W. (eds.), *British Documents on the Origins of the War, 1898-1914*, vols. I-XI (London, 1926-38)

Gooch, J., 'Attitudes to War in Late Victorian and Edwardian England', in B. Bond and I. Roy (eds.), *War and Society: A Yearbook of Military History* (New York, 1975), 88-102

_____, 'Italy before 1915', in E. R. May (ed.), *Knowing One's Enemies: Intelligence Assessments before the Two World Wars* (Princeton, 1986), 205-33

Gordon, D. C., 'The Admiralty and Dominion Navies, 1902-1914', *Journal of Modern History*, vol. 33, no. 4 (1961), 407-22

Gregory, R., *Walter Hines Page: Ambassador to the Court of St. James's* (Lexington, 1970)

Grey, E., *Twenty-Five Years, 1892-1916* (London, 1925)

Grigg, J., *Lloyd George: The People's Champion, 1902-1911* (Berkeley, 1978)

_____, *Lloyd George: From Peace to War, 1912-1916* (London, 1985)

Groener, W., *Lebenserinnerungen. Jugend, Generalstab, Weltkrieg* (Göttingen, 1957)

Groh, D., 'The "Unpatriotic Socialists" and the State', *Journal of Contemporary History*, vol. 1, no. 4 (1966), 151-77

Haldane, R. B. H., *An Autobiography* (London, 1929)

_____, *Before the War* (London, 1920)

Hamilton, G. F., *Parliamentary Reminiscences and Reflections, 1886-1906* (London, 1922)

Hamilton, R. F., 'War Planning: Obvious Needs, Not so Obvious Solutions', in R. F. Hamilton and H. H. Herwig (eds.), *War Planning: 1914* (Cambridge, 2009)

Hamilton, R. F. and Herwig, H., *Decisions for War, 1914-1917* (Cambridge, 2005)
_____, *The Origins of World War I* (Cambridge, 2003)
_____, *War Planning 1914* (Cambridge, 2010)
Hankey, M. P. A. H., *The Supreme Command, 1914-1918* (London, 1961)
Hantsch, H., *Leopold Graf Berchtold: Grandseigneur und Staatsmann* (Graz, 1963)
Harris, R., *The Man on Devil's Island: Alfred Dreyfus and the Affair that Divided France* (London, 2010)
Haupt, G., *Socialism and the Great War: The Collapse of the Second International* (Oxford, 1972)
Hayne, M. B., *The French Foreign Office and the Origins of the First World War, 1898-1914* (Oxford, 1993)
_____, 'The Quai d'Orsay and Influences on the Formulation of French Foreign Policy, 1898-1914', *French History*, vol. 2, no. 4 (1988), 427-52
Hazlehurst, C., *Politicians at War, July 1914 to May 1915: A Prologue to the Triumph of Lloyd George* (London, 1971)
Heinrich, F., *Geschichte in Gesprächen. Aufzeichnungen, 1898-1919* (Vienna, 1997)
Helmreich, E., *The Diplomacy of the Balkan Wars, 1912-1913* (London, 1938)
Herring, G., *From Colony to Superpower: US Foreign Relations since 1776* (Oxford, 2008)
Herrmann, D. G., *The Arming of Europe and the Making of the First World War* (Princeton, 1997)
Hertling, G., Graf von, and Lerchenfeld-Köfering, H., Graf, *Briefwechsel Hertling-Lerchenfeld 1912-1917. Dienstliche Privatkorrespondenz Zwischen dem Bayerischen Ministerpräsidenten Georg Graf von Hertling und dem Bayerischen Gesandten in Berlin Hugo Graf von und zu Lerchenfeld* (Boppard am Rhein, 1973)
Herwig, H., 'Conclusions', in R. F. Hamilton and H. Herwig (eds.), *War Planning, 1914* (Cambridge, 2010), 226-56
_____, 'Disjointed Allies: Coalition Warfare in Berlin and Vienna, 1914', *Journal of Military History*, vol. 54, no. 3 (1990), 265-80
_____, 'The German Reaction to the Dreadnought Revolution', *International History Review*, vol. 13, no. 2 (1991), 273-83
_____, 'Imperial Germany', in E. R. May (ed.), *Knowing One's Enemies: Intelligence Assessment before the Two World Wars* (Princeton, 1986), 62-97
_____, *'Luxury' Fleet: The Imperial German Navy, 1888-1918* (London, 1987)
_____, *The Marne, 1914: The Opening of World War I and the Battle that Changed the World* (New York, 2009)

———, 'From Tirpitz Plan to Schlieffen Plan: Some Observations on German Military Planning', *Journal of Strategic Studies*, vol. 9, no. 1 (1986), 53-63

Hewitson, M., *Germany and the Causes of the First World War* (New York, 2004)

———, 'Germany and France before the First World War: A Reassessment of Wilhelmine Foreign Policy', *English Historical Review*, vol. 115, no. 462 (2000), 570-606

———, 'Images of the Enemy: German Depictions of the French Military, 1890-1914', *War in History*, vol. 11, no. 4 (2004), 4-33

Heywood, A., '"The Most Catastrophic Question": Railway Development and Military Strategy in Late Imperial Russia', in T. G. Otte and K. Neilson (eds.), *Railways and International Politics: Paths of Empire, 1848-1945* (New York, 2006), 45-67

Hinsley, F. H. (ed.), *British Foreign Policy under Sir Edward Grey* (Cambridge, 1977)

Hobhouse, C., *Inside Asquith's Cabinet: From the Diaries of Charles Hobhouse* (London, 1977)

Hoetzendorf, Gina Agujari-Kárász Conrad von, *Mein Leben mit Conrad von Hötzendorf: Sein geistiges Vermächtnis* (Leipzig, 1935)

Hoetzsch, O. (ed.), *Die Internationalen Beziehungen im Zeitalter des Imperialismus. Dokumente aus den Archiven der Zarischen und der provisorischen Regierung*, vol. IV: *28. Juni Bis 22. Juli 1914* (Berlin, 1932)

Holstein, F. v., *The Holstein Papers*, ed. N. Rich et al. (Cambridge, 1955)

Hopman, A., *Das Ereignisreiche Leben eines 'Wilhelminers'. Tagebücher, Briefe, Aufzeichnungen 1901 bis 1920* (Munich, 2004)

House, E. M. and Seymour, C., *The Intimate Papers of Colonel House* (New York, 1926)

Howard, C., 'The Policy of Isolation', *Historical Journal*, vol. 10, no. 1 (1967), 77-88

Howard, M., 'Men against Fire: Expectations of War in 1914', in S. E. Miller, S. M. Lynn-Jones, and S. van Evera (eds.), *Military Strategy and the Origins of the First World War* (Princeton, 1991), 3-19

———, *The Franco-Prussian War: The German Invasion of France, 1870-1871* (London, 1961)

Howorth, J., 'French Workers and German Workers: The Impossibility of Internationalism, 1900-1914', *European History Quarterly*, vol. 85, no. 1 (1985), 71-97

Hughes, W. M., *Policies and Potentates* (Sydney, 1950)

Hull, I., *The Entourage of Kaiser Wilhelm II, 1888-1918* (Cambridge, 2004)

Hynes, S. L., *The Edwardian Turn of Mind* (Princeton, 1968)

Ignat'ev, A. A., *50 Let v Stroyu* (Moscow, 1986)

Ignat'ev, A. V., *Vneshniaia Politika Rossii 1907-1914: Tendentsii, Liudi, Sobytiia* (Moscow, 2000)

Izvol'skiĭ, A. P. and Seeger, C., *The Memoirs of Alexander Iswolsky, Formerly Russian Minister of Foreign Affairs and Ambassador to France* (London, 1920)

Jarausch, K., *The Enigmatic Chancellor: Bethmann Hollweg and the Hubris of Imperial Germany* (New Haven, CT, 1973)

Jeffery, K., *Field Marshal Sir Henry Wilson: A Political Soldier* (Oxford, 2006)

Jelavich, B., *History of the Balkans*, vol. I: *Eighteenth and Nineteenth Centuries* (Cambridge, 1983)

_____, *Russia's Balkan Entanglements 1806-1914* (Cambridge, 1991)

_____, 'What the Habsburg Government Knew about the Black Hand', *Austrian History Yearbook*, vol. XXII (Houston, 1991), 131-50

Jelavich, C. and Jelavich, B., *The Establishment of the Balkan National States, 1804-1920* (Seattle, 1977)

Johnston, W. M., *The Austrian Mind: An Intellectual and Social History, 1848-1938* (Berkeley, 1972)

Joll, J., *1914: The Unspoken Assumptions: An Inaugural Lecture Delivered 25 April 1968 at the London School of Economics* (London, 1968)

_____, *The Second International, 1889-1914* (New York, 1966)

Joll, J. and Martel, G., *The Origins of the First World War* (Harlow, 2007)

Joly, B., 'La France et la Revanche (1871-1914)', *Revue d'Histoire Moderne et Contemporaine*, vol. 46, no. 2 (2002), 325-47

Jusserand, J. J., *What Me Befell: The Reminiscences of J. J. Jusserand* (London, 1933)

Kaiser, D. E., 'Germany and the Origins of the First World War', *Journal of Modern History*, vol. 55, no. 3 (1983), 442-74

Keiger, J., *France and the Origins of the First World War* (Basingstoke, 1983)

_____, 'Jules Cambon and Franco-German Detente, 1907-1914', *Historical Journal*, vol. 26, no. 3 (1983), 641-59

_____, *Raymond Poincare* (Cambridge, 1997)

Kennan, G., *Siberia and the Exile System* (New York, 1891)

Kennan, G. F., *The Other Balkan Wars: A 1913 Carnegie Endowment Inquiry in Retrospect* (Washington, DC, 1993)

Kennedy, P. M., 'German World Policy and the Alliance Negotiations with England, 1897-1900', *Journal of Modern History*, vol. 45, no. 4 (1973), 605-25

_____, 'Great Britain before 1914', in E. R. May (ed.), *Knowing One's Enemies: Intelligence Assessment before the Two World Wars* (Princeton, 1986), 172-204

_____, *The Rise of the Anglo-German Antagonism, 1860-1914* (London, 1982)

_____, *The Rise and Fall of the Great Powers: Economic Change and Military Conflict from 1500 to 2000* (New York, 1987)

_____, *The War Plans of the Great Powers, 1860-1914* (London, 1979)

Kennedy, P. M., Nicholls, A. J., *Nationalist and Racialist Movements in Britain and Germany before 1914* (London, 1981)

Kessler, H., *Journey to the Abyss: The Diaries of Count Harry Kessler, 1880-1918* (New York, 2011)

Kießling, F., *Gegen den 'Grossen Krieg'?: Entspannung in den internationalen Beziehungen 1911-1914* (Munich, 2002)

Kipling, R. and Pinney, T., *The Letters of Rudyard Kipling* (Houndmills, 1990)

Kissinger, Henry, *Diplomacy* (New York, 1994)

_____, 'The White Revolutionary: Reflections on Bismarck', *Daedalus*, vol. 97, no. 3 (1968), 888-924

_____, *A World Restored: Metternich, Castlereagh and the Problems of Peace, 1812-1822* (Boston, 1957)

Kleïnmikhel', M., *Memories of a Shipwrecked World: Being the Memoirs of Countess Kleinmichel* (London, 1923)

Kokovtsov, V. N., *Out of My Past: The Memoirs of Count Kokovtsov, Russian Minister of Finance, 1904-1914, Chairman of the Council of Ministers, 1911-1914*, ed. H. H. Fisher (London, 1935)

Kramer, A., *Dynamic of Destruction: Culture and Mass Killing in the First World War* (Oxford, 2008)

Kröger, M., 'Imperial Germany and the Boer War', in K. M. Wilson (ed.), *The International Impact of the Boer War* (London, 2001), 25-42

Kronenbitter, G., 'Die Macht der Illusionen. Julikrise und Kriegsausbruch 1914 aus der Sicht des Militärattachés in Wien', *Militärgeschichtliche Mitteilungen*, vol. 57 (1998), 519-50

_____, '"Nur los lassen". Österreich-Ungarn und der Wille zum Krieg', in J. Burkhardt, J. Becker, S. Förster, and G. Kronenbitter (eds.), *Lange und kurze Wege in den Ersten Weltkrieg. Vier Augsburger Beitraeger zur Kriesursachenforschung* (Munich, 1996), 159-87

Krumeich, G., *Armaments and Politics in France on the Eve of the First World War: The Introduction of Three-Year Conscription, 1913-1914* (Leamington Spa, 1984)

LaFeber, W., *The Cambridge History of American Foreign Relations*, vol. II: *The American Search for Opportunity, 1865-1913* (Cambridge, 1993)

Laity, P., *The British Peace Movement, 1870-1914* (Oxford, 2001)
Lambi, I. N., *The Navy and German Power Politics, 1862-1914* (Boston, 1984)
Langsam, W. C., 'Nationalism and History in the Prussian Elementary Schools under William II', in E. M. Earle and C. J. H. Hayes (eds.), *Nationalism and Internationalism: Essays Inscribed to Carlton J. H. Hayes* (New York, 1950)
Laurence, R., 'Bertha von Suttner and the Peace Movement in Austria to World War I', *Austrian History Yearbook*, vol. 23 (1992), 181-201
_____, 'The Peace Movement in Austria, 1867-1914', in S. Wank (ed.), *Doves and Diplomats: Foreign Offices and Peace Movements in Europe and America in the Twentieth Century* (Westport, 1978), 21-41
Lee, D. E., *Europe's Crucial Years: The Diplomatic Background of World War One, 1902-1914* (Hanover, 1974)
Lee, S., *King Edward VII: A Biography* (London, 1925)
Lerchenfeld-Koefering, Hugo Graf von und zu, *Kaiser Wilhelm II. Als Persönlichkeit und Herrscher* (Regensburg, 1985)
Lerman, K., *The Chancellor as Courtier: Bernhard von Bulow and the Governance of Germany, 1900-1909* (Cambridge, 1990)
Leslie, J., 'The Antecedents of Austria-Hungary's War Aims: Policies and Policy-Makers in Vienna and Budapest before and during 1914', *Wiener Beiträge zur Geschichte der Neuzeit*, vol. 20 (1993), 307-94
_____, 'Osterreich-Ungarn vor dem Kriegsausbruch', in R. Melville (ed.), *Deutschland und Europa in der Neuzeit: Festschrift für Karl Otmar Freiherr von Aretin zum 65. Geburtstag* (Stuttgart, 1988), 661-84
Levine, I. D. and Grant, N. F., *The Kaiser's Letters to the Tsar, Copied from the Government Archives in Petrograd, and Brought from Russia by Isaac Don Levine* (London, 1920)
Lichnowsky, K. and Delmer, F. S., *Heading for the Abyss: Reminiscences* (London, 1928)
Lieven, D. C. B., *Nicholas II: Twilight of the Empire* (New York, 1993)
_____, 'Pro-Germans and Russian Foreign Policy 1890-1914', *International History Review*, vol. 2, no. 1 (1980), 34-54
_____, *Russia and the Origins of the First World War* (Basingstoke, 1987)
Lincoln, W. B., *In War's Dark Shadow: The Russians before the Great War* (Oxford, 1994)
Linton, D. S., 'Preparing German Youth for War', in M. F. Boemeke, R. Chickering, and S. Förster (eds.), *Anticipating Total War: The German and American Experiences, 1871-1914* (Cambridge, 1999), 167-88

Lloyd George, D., *War Memoirs of David Lloyd George* (London, 1933)
Lubbock, P. and James, H., *The Letters of Henry James* (London, 1920)
Lukacs, J., *Budapest 1900: A Historical Portrait of a City and its Culture* (New York, 1990)
Macartney, C. A., *The Habsburg Empire, 1790–1918* (London, 1968)
MacKenzie, N. and MacKenzie, J. (eds.), *The Diary of Beatrice Webb*, vol. III: *1905–1924* (Cambridge, MA, 1984)
Mahan, A. T., *The Influence of Sea Power upon History, 1660–1805* (Boston, 1890)
Mansergh, N., *The Commonwealth Experience: From British to Multiracial Commonwealth* (Toronto, 1983)
Marder, A., *From the Dreadnought to Scapa Flow: The Royal Navy in the Fisher Era, 1904–1919* (Oxford, 1961)
Margutti, A., *The Emperor Francis Joseph and His Times* (London, 1921)
Martel, G., *The Origins of the First World War*, 3rd edn (Harlow, 2003)
Massie, R. K., *Dreadnought: Britain, Germany, and the Coming of the Great War* (New York, 1992)
Maurer, J., 'Churchill's Naval Holiday: Arms Control and the Anglo-German Naval Race, 1912–1914', *Journal of Strategic Studies*, vol. 15, no. 1 (1992), 102–27
_____, *The Outbreak of the First World War: Strategic Planning, Crisis Decision Making and Deterrence Failure* (Westport, 1995)
May, E. R. (ed.), *Knowing One's Enemies: Intelligence Assessment before the Two World Wars* (Princeton, 1986)
Mayne, R., Johnson, D., and R. Tombs (eds.), *Cross Channel Currents: 100 Years of the Entente Cordiale* (London, 2004)
McDonald, D. M., *United Government and Foreign Policy in Russia, 1900–1914* (Cambridge, 1992)
McLean, R. R., *Royalty and Diplomacy in Europe, 1890–1914* (Cambridge, 2001)
McMeekin, S., *The Berlin–Baghdad Express: The Ottoman Empire and Germany's Bid for World Power, 1898–1918* (London, 2010)
_____, *The Russian Origins of the First World War* (Cambridge, Mass., 2011)
Menning, B., 'The Offensive Revisited: Russian Preparation for Future War, 1906–1914', in David Schimmelpenninck van der Oye, and B. Menning (eds.), *Reforming the Tsar's Army: Military Innovation in Imperial Russia from Peter the Great to the Revolution* (Cambridge, 2004), 215–31
_____, 'Pieces of the Puzzle: The Role of Lu. N. Danilov and M. V. Alekseev in Russian War Planning before 1914', *International History Review*, vol. 25, no. 4

(2003), 775-98

_____, *Bayonets before Bullets: the Imperial Russian Army, 1861-1914* (Bloomington, Ind., 1992)

_____, 'War Planning and Initial Operations in the Russian Context', in R. F. Hamilton and H. H. Herwig (eds.), *War Planning 1914* (Cambridge, 2010), 80-142

Menning, R., 'Dress Rehearsal for 1914? Germany, the Franco-Russian Alliance, and the Bosnian Crisis of 1909', *Journal of the Historical Society*, vol. 12, no. 1 (2012), 1-25

Menning, R. and Menning, C. B., '"Baseless Allegations": Wilhelm II and the Hale Interview of 1908', *Central European History*, vol. 16, no. 4 (1983), 368-97

Messimy, A., *Mes Souvenirs: Jeunesse et Entree au Parlement. Ministre des Colonies et de la Guerre en 1911 et 1912: Agadir. Ministre de la Guerre du 16 Juin au 16 Août 1914: La Guerre. Avec un Frontispice et une Introduction* (Paris, 1937)

Miliukov, P. N. and Mendel, A. P., *Political Memoirs, 1905-1917* (Ann Arbor, 1967)

Miller, S. E., Lynn-Jones, S. M., and Van Evera, S. (eds.), *Military Strategy and the Origins of the First World War* (Princeton, 1991)

Moltke, H. v., *Erinnerungen, Briefe, Dokumente 1877-1916. Ein Bild vom Kriegsausbruch und Persönlichkeit des ersten militärischen Führers des Krieges*, 2nd edn (Stuttgart, 1922)

Mombauer, A., 'German War Plans', in R. F. Hamilton and H. H. Herwig (eds.), *War Planning: 1914* (Cambridge, 2009), 48-79

_____, *Helmuth von Moltke and the Origins of the First World War* (Cambridge, 2001)

_____, 'A Reluctant Military Leader? Helmuth von Moltke and the July Crisis of 1914', *War in History*, vol. 6, no. 1 (1999), 417-46

_____, 'Of War Plans and War Guilt: the Debacle Surrounding the Schlieffen Plan', *Journal of Strategic Studies*, vol. 28, no. 5 (2008), 857-85

Mommsen, W., 'The Debate on German War Aims', *Journal of Contemporary History*, vol. 1, no. 3 (1966), 47-72

_____, 'Domestic Factors in German Foreign Policy before 1914', *Central European History*, vol. 6, no. 1 (1973), 3-43

Monger, G., *The End of Isolation: British Foreign Policy, 1900-1907* (London, 1963)

Morison, E. E. (ed.), *The Letters of Theodore Roosevelt*, 7 vols (Cambridge, 1954)

Morrill, D. L., 'Nicholas II and the Call for the First Hague Conference', *Journal of Modern History*, vol. 46, no. 2 (1974), 296-313

Morris, A. J. A., 'The English Radicals' Campaign for Disarmament and the Hague

Conference of 1907', *Journal of Modern History*, vol. 43, no. 3 (1971), 367-93

Morris, E., *Theodore Rex* (New York, 2001)

Mortimer, J. S., 'Commercial Interests and German Diplomacy in the Agadir Crisis', *Historical Journal*, vol. 10, no. 3 (1967), 440-56

Musulin, A. v., *Das Haus am Ballplatz. Erinnerungen eines Österreich-Ungarischen Diplomaten* (Munich, 1924)

Neilson, K., 'The Anglo-Japanese Alliance and British Strategic Foreign Policy, 1902-1914', in P. P. O'Brien (ed.), *The Anglo-Japanese Alliance* (New York, 2004), 48-63

———, *Britain and the Last Tsar: British Policy and Russia, 1894-1917* (Oxford, 1995)

———, 'Great Britain', in R. F. Hamilton and H. H. Herwig (eds.), *War Planning, 1914* (Cambridge, 2009), 175-97

Neklyudov, A. V., *Diplomatic Reminiscences before and during the World War, 1911-1917* (London, 1920)

Nicolson, H. G., *Portrait of a Diplomatist: Being the Life of Sir Arthur Nicolson, Bart., First Lord Carnock: A Study in the Old Diplomacy* (London, 1930)

Nish, I., 'Origins of the Anglo-Japanese Alliance: In the Shadow of the Dreibund', in P. P. O'Brien (ed.), *The Anglo-Japanese Alliance* (New York, 2004), 8-25

Nolan, M., *The Inverted Mirror: Mythologizing the Enemy in France and Germany, 1898-1914* (New York, 2005)

O'Brien, P. P., 'The Costs and Benefits of British Imperialism 1846-1914', *Past and Present*, no. 120 (1988), 163-200

———, 'The Titan Refreshed: Imperial Overstretch and the British Navy before the First World War', *Past and Present*, vol. 172, no. 1 (2001), 146-69

O'Brien, P. P. (ed.), *The Anglo-Japanese Alliance* (New York, 2004)

Offer, A., *The First World War: An Agrarian Interpretation* (Oxford, 1991)

———, 'Going to War in 1914: A Matter of Honor?', *Politics & Society*, vol. 23, no. 2 (1995), 213-41

Oppel, B., 'The Waning of a Traditional Alliance: Russia and Germany after the Portsmouth Peace Conference', *Central European History*, vol. 5, no. 4 (1972), 318-29

Otte, T. G., '"Almost a Law of Nature?": Sir Edward Grey, the Foreign Office, and the Balance of Power in Europe, 1905-12', in E. Goldstein and B. J. C. McKercher (eds.), *Power and Stability: British Foreign Policy, 1865-1965* (London, 2003), 75-116

_____, '"An Altogether Unfortunate Affair"'': Great Britain and the Daily Telegraph Affair', *Diplomacy and Statecraft*, vol. 5, no. 2 (1994), 296-333

_____, 'Eyre Crowe and British Foreign Policy: A Cognitive Map', in T. G. Otte and C. A. Pagedas (eds.), *Personalities, War and Diplomacy: Essays in International History* (London, 1997), 14-37

Ousby, I., *The Road to Verdun: France, Nationalism and the First World War* (London, 2003)

Paléologue, M. and Holt, F. A., *An Ambassador's Memoirs, 1914-1917* (London, 1973)

Palmer, A. W., *Twilight of the Habsburgs: The Life and Times of Emperor Francis Joseph* (London, 1994)

Patterson, D. F., 'Citizen Peace Initiatives and American Political Culture, 1865-1920', in C. Chatfield and P. van den Dungen (eds.), *Peace Movements and Political Culture* (Knoxville, 1988), 187-203

Pless, D. F. v. and Chapman-Huston, D., *Daisy, Princess of Pless* (New York, 1929)

Poincaré, R., *Au Service de la France: Neuf Annees de Souvenirs*, 11 vols (Paris, 1926-74)

Porch, D., 'The French Army and the Spirit of the Offensive, 1900-1914', in B. Bond and I. Roy (eds.), *War and Society: A Yearbook of Military History* (New York, 1975), 117

_____, *The March to the Marne: The French Army, 1871-1914* (Cambridge, 1981)

Radziwill, C., *Behind the Veil at the Russian Court, by Count Paul Vassili* (London, 1913)

Rathenau, W. and Pogge von Strandmann, H., *Walther Rathenau, Industrialist, Banker, Intellectual, and Politician: Notes and Diaries, 1907-1922* (Oxford, 1985)

Rathenau, W. (ed.), *Briefe* (Dresden, 1926)

Redlich, J., *Emperor Francis Joseph of Austria: A Biography* (New York, 1929)

_____, *Schicksalsjahre Österreichs, 1908-1919: Das politische Tagebuch Josef Redlichs* (Graz, 1953)

Renzi, W. A., *In the Shadow of the Sword: Italy's Neutrality and Entrance into the Great War, 1914-1915* (New York, 1987)

Reynolds, M. A., *Shattering Empires: The Clash and Collapse of the Ottoman and Russian Empires, 1908-1918* (Cambridge, 2011)

Rich, D. A., *The Tsar's Colonels: Professionalism, Strategy, and Subversion in Late Imperial Russia* (Cambridge, 1998)

Rich, N., *Friedrich von Holstein, Politics and Diplomacy in the Era of Bismarck and Wilhelm II* (Cambridge, 1965)

Ridley, J., *Bertie: A Life of Edward VII* (London, 2012)

Riezler, K., *Tagebücher, Aufsätze, Dokumente* (Göttingen, 1972)

Ritter, G., *The Sword and the Scepter: The Problem of Militarism in Germany*, vol. II: *The European Powers and the Wilhelminian Empire, 1890-1914* (Coral Gables, 1970)

———, 'Zusammenarbeit der Generalstäbe Deutschlands und Österreichs', in C. Hinrichs (ed.), *Zur Geschichte und Problematik der Demokratie. Festgabe für Hans Herzfeld, Professor der Neueren Geschichte an der Freien Universität Berlin, Anlässlich seines fünfundsechzigsten Geburtstages Am 22. Juni 1957* (Berlin, 1958), 523-50

Robbins, K., *Sir Edward Grey: A Biography of Lord Grey of Fallodon* (London, 1971)

Roberts, A., *Salisbury: Victorian Titan* (London, 1999)

Rogger, H., 'Russia in 1914', *Journal of Contemporary History*, vol. 1, no. 4 (1966), 95-119

Rohkrämer, T., 'Heroes and Would-be Heroes: Veterans' and Reservists' Associations in Imperial Germany', in M. F. Boemeke, R. Chickering, and S. Förster (eds.), *Anticipating Total War: The German and American Experiences, 1871-1914* (Cambridge, 1999), 189-215

Röhl, J. C. G., 'Admiral von Müller and the Approach of War, 1911-1914', *Historical Journal*, vol. 12, no. 4 (1969), 651-73

———, *The Kaiser and His Court: Wilhelm II and the Government of Germany* (Cambridge, 1996)

Rose, K., *King George V* (London, 1983)

Rosen, R. R., *Forty Years of Diplomacy* (London, 1922)

Rossos, A., *Russia and the Balkans: Inter-Balkan Rivalries and Russian Foreign Policy, 1908-1914* (Toronto, 1981)

Rotte, R., 'Global Warfare, Economic Loss and the Outbreak of the Great War', *War in History*, vol. 5, no. 4 (1998), 481-93

Rüger, J., *The Great Naval Game: Britain and Germany in the Age of Empire* (Cambridge, 2007)

———, 'Nation, Empire and Navy: Identity Politics in the United Kingdom, 1887-1914', *Past and Present*, vol. 185, no. 1 (2004), 159-87

Sanborn, J., 'Education for War, Peace, and Patriotism in Russia on the Eve of World War I', in H. Afflerbach and D. Stevenson (eds.), *An Improbable War? The Outbreak of World War I and European Political Culture before 1914* (New York, 2007), 213-29

Sazonov, S. D., *Fateful Years, 1909-1916: The Reminiscences of Serge Sazonov* (London, 1928)

Schmidt, S., *Frankreichs Aussenpolitik in der Julikrise 1914. Ein Beitrag zur Geschichte des*

Ausbruchs des Ersten Weltkrieges (Munich, 2009)

Schoen, W., *The Memoirs of an Ambassador: A Contribution to the Political History of Modern Times* (London, 1922)

Schorske, C., *Fin-de-Siècle Vienna: Politics and Culture* (New York, 1981)

Sharp, A., *Anglo-French Relations in the Twentieth Century: Rivalry and Cooperation* (London, 2000)

Shatsillo, K. F., *Ot Portsmutskogo Mira k Pervoi Mirovoi Voine* (Moscow, 2000)

Showalter, D., 'From Deterrence to Doomsday Machine: The German Way of War, 1890-1914', *Journal of Military History*, vol. 64, no. 3 (2000), 679-710

―――, 'Railroads, the Prussian Army, and the German Way of War in the Nineteenth Century', in T. G. Otte and K. Neilson (eds.), *Railways and International Politics: Paths of Empire, 1848-1945* (New York, 2006), 21-44

Shukman, H., *Rasputin* (Stroud, 1997)

Smith, D., *One Morning in Sarajevo: 28 June 1914* (London, 2008)

Snyder, J., 'Civil-Military Relations and the Cult of the Offensive, 1914 and 1984', in S. E. Miller, S. M. Lynn-Jones, and S. van Evera (eds.), *Military Strategy and the Origins of the First World War* (Princeton, 1991), 20-58

―――, *The Ideology of the Offensive: Military Decision Making and the Disasters of 1914* (Ithaca, 1984)

Sondhaus, L., *Franz Conrad von Hötzendorf: Architect of the Apocalypse* (Boston, 2000)

Soroka, M., 'Debating Russia's Choice between Great Britain and Germany: Count Benckendorff versus Count Lamsdorff, 1902-1906', *International History Review*, vol. 32, no. 1 (2010), 1-24

Sösemann, B., 'Die Tagebücher Kurt Riezlers. Untersuchungen zu Ihrer Echtheit und Edition', *Historische Zeitschrift*, vol. 236 (1983), 327-69

Spender, J. A., *The Public Life* (London, 1925)

Spitzemberg, H. v., *Das Tagebuch der Baronin Spitzemberg. Aufzeichnungen aus der Hofgesellschaft des Hohenzollernreiches* (Göttingen, 1960)

Spring, D. W., 'Russia and the Franco-Russian Alliance, 1905-14: Dependence or Interdependence?', *Slavonic and East European Review*, vol. 66, no. 4 (1988), 564-92

Stargardt, N., *The German Idea of Militarism: Radical and Socialist Critics, 1866-1914* (Cambridge, 1994)

Steed, H. W., *Through Thirty Years, 1892-1922: A Personal Narrative* (London, 1924)

Steinberg, J., *Bismarck: A Life* (Oxford, 2011)

―――, 'The Copenhagen Complex', *Journal of Contemporary History*, vol. 1, no. 3

(1966), 23-46

———, 'The Novelle of 1908: Necessities and Choices in the Anglo-German Naval Arms Race', *Transactions of the Royal Historical Society*, vol. 21 (1971), 25-43

———, *Yesterday's Deterrent: Tirpitz and the Birth of the German Battle Fleet* (New York, 1965)

Steinberg, J. W., *All the Tsar's Men: Russia's General Staff and the Fate of the Empire, 1898-1914* (Baltimore, 2010)

Steiner, Z., *The Foreign Office and Foreign Policy, 1898-1914* (Cambridge, 1969)

———, 'Grey, Hardinge and the Foreign Office, 1906-1910', *Historical Journal*, vol. 10, no. 3 (1967), 415-39

———, 'The Last Years of the Old Foreign Office, 1898-1905', *Historical Journal*, vol. 6, no. 1 (1963), 59-90

Steiner, Z. and Neilson, K., *Britain and the Origins of the First World War* (London, 2003)

Stengers, J., 'Belgium', in K. M. Wilson (ed.), *Decisions for War, 1914* (London, 1995), 151-74

Stevenson, D., *Armaments and the Coming of War: Europe, 1904-1914* (Oxford, 1996)

———, 'Militarization and Diplomacy in Europe before 1914', *International Security*, vol. 22, no. 1 (1997), 125-61

———, 'War by Timetable? The Railway Race before 1914', *Past and Present*, vol. 162, no. 2 (1999), 163-94

Stieve, F. (ed.), *Der diplomatische Schriftwechsel Iswolskis, 1911-1914* (Berlin, 1924)

Stone, N., *Europe Transformed, 1878-1919* (Glasgow, 1983)

———, 'Hungary and the Crisis of July 1914', *Journal of Contemporary History*, vol. 1, no. 3 (1966), 153-70

———, 'V. Moltke-Conrad: Relations between the Austro-Hungarian and German General Staffs, 1909-14', *Historical Journal*, vol. 9, no. 2 (1966), 201-28

Strachan, H., *The First World War*, vol. I: *To Arms* (Oxford, 2001)

Stromberg, R. N., 'The Intellectuals and the Coming of War in 1914', *Journal of European Studies*, vol. 3, no. 2 (1973), 109-22

Sweet, D. W., 'The Bosnian Crisis', in F. H. Hinsley (ed.), *British Foreign Policy under Sir Edward Grey* (Cambridge, 1977), 178-92

Szamuely, T., *The Russian Tradition* (London, 1988)

Tanenbaum, J. K., 'French Estimates of Germany's Operational War Plans', in E. R. May (ed.), *Knowing One's Enemies: Intelligence Assessment before the Two World Wars* (Princeton, 1986), 150-71

Tanner, M., *Nietzsche: A Very Short Introduction* (Oxford, 2000)
Taube, M. d., *La Politique russe d'avant-guerre et la fin de l'empire des tsars (1904-1917): Memoires du Baron M. de Taube* ... (Paris, 1928)
Taylor, A. J. P., *The Struggle for Mastery in Europe* (London, 1998)
Thaden, E. C., *Russia and the Balkan Alliance of 1912* (University Park, PA, 1965)
Thompson, J. L., *Northcliffe: Press Baron in Politics, 1865-1922* (London, 2000)
Tirpitz, A. v., *My Memoirs* (London, 1919)
_____, *Politische Dokumente*, vol. I: *Der Aufbau der deutschen Weltmacht* (Stuttgart, 1924)
Tombs, R. and Tombs, I., *That Sweet Enemy: The French and the British from the Sun King to the Present* (New York, 2008)
Travers, T. H. E., 'Technology, Tactics, and Morale: Jean de Bloch, the Boer War, and British Military Theory, 1900-1914', *Journal of Modern History*, vol. 51, no. 2 (1979), 264-86
Trotsky, L., *The Balkan Wars, 1912-13: The War Correspondence of Leon Trotsky*, ed. G. Weissman and D. Williams (New York, 1991)
Trumpener, U., 'War Premeditated? German Intelligence Operations in July 1914', *Central European History*, vol. 9, no. 1 (1976), 58-85
Tuchman, B., *The Guns of August* (New York, 1963)
_____, *The Proud Tower: A Portrait of the World before the War, 1890-1914* (London, 1967)
Turner, L. C. F., 'The Role of the General Staffs in July 1914', *Australian Journal of Politics and History*, vol. 11, no. 3 (1965), 305-23
_____, 'The Russian Mobilization in 1914', *Journal of Contemporary History*, vol. 3, no. 1 (1968), 65-88
Tylor, E. B., *Primitive Culture: Researches into the Development of Mythology, Philosophy, Religion, Art, and Custom* (London, 1873)
Urbas, Emanuel [Ernest U. Cormons], *Schicksale und Schatten* (Salzburg, 1951)
Verhey, J., *The Spirit of 1914: Militarism, Myth, and Mobilization in Germany* (Cambridge, 2000)
Vermes, G., *Istv'an Tisza: The Liberal Vision and Conservative Statecraft of a Magyar Nationalist* (New York, 1985)
Victoria, Queen of Great Britain, *The Letters of Queen Victoria: A Selection from Her Majesty's Correspondence between the Years 1837 and 1861*, vol. III: *1854-1861* (London, 1908)
_____, *Queen Victoria's Journals*, www.queenvictoriasjournals.org

Vinogradov, V. N., '1914 God: Byt' Ili Ne Byt' Vojne?', in anon. (ed.), *Poslednjaja Vojna Rossijskoj Imperii: Rossija, Mir Nakanune, v Hode i Posle Pervoj Mirovoj Vojny Po Dokumentam Rossijskih i Zarubezhnyh Arhivov* (Moscow, 2004), 161-4

Voeikov, V. N., *S Tsarem I Bez Tsarya: Vospominaniya Poslednego Dvortsovogo Komendanta Gosudarya Imperatora Nikolaya II* (Moscow, 1995)

Wandruszka, A. and Urbanitsch, P. (eds.), *Die Habsburgermonarchie 1848-1918* (Vienna, 1989)

Wank, S., 'Aehrenthal's Programme for the Constitutional Transformation of the Habsburg Monarchy: Three Secret "Mémoires"', *Slavonic and East European Review*, vol. 41, no. 97 (1963), 513-36

———, 'The Archduke and Aehrenthal: The Origins of a Hatred', *Austrian History Yearbook*, vol. 38 (2002), 77-104

———, 'The Austrian Peace Movement and the Habsburg Ruling Elite', in C. Chatfield and P. van den Dungen (eds.), *Peace Movements and Political Cultures* (Knoxville, 1988), 40-63

———, 'Desperate Counsel in Vienna in July 1914: Berthold Molden's Unpublished Memorandum', *Central European History*, vol. 26, no. 3 (1993), 281-310

———, 'Foreign Policy and the Nationality Problem in Austria-Hungary, 1867-1914', *Austrian History Yearbook*, vol. 3, no. 3 (1967), 37-56

———, 'Pessimism in the Austrian Establishment at the Turn of the Century', in S. Wank, H. Maschl, B. Mazohl-Wallnig, and R. Wagnleitner, *The Mirror of History: Essays in Honor of Fritz Fellner* (Santa Barbara, 1988)

Weber, E., *France: Fin de Siècle* (London, 1986)

———, *The Nationalist Revival in France, 1905-1914* (Berkeley, 1968)

Weinroth, H. S., 'The British Radicals and the Balance of Power, 1902-1914', *Historical Journal*, vol. 13, no. 4 (1970), 653-82

Welch, M., 'The Centenary of the British Publication of Jean de Bloch's Is War Now Impossible? (1899-1999)', *War in History*, vol. 7 (2000), 273-94

White, A. D., *The First Hague Conference* (Boston, 1912)

Wilhelm II, *Reden des Kaisers. Ansprachen, Predigten und Trinkspruche Wilhelms II* (Munich, 1966)

Williams, E. E., 'Made in Germany' (London, 1896)

Williams, W., *The Tiger of France: Conversations with Clemenceau* (Berkeley, 1949)

Williamson, S. R. J., *Austria-Hungary and the Origins of the First World War* (Basingstoke, 1991)

———, 'General Henry Wilson, Ireland, and the Great War', in W. R. Louis (ed.),

Resurgent Adventures with Britannia: Personalities, Politics and Culture in Britain (London, 2011), 91-105

_____, 'German Perceptions of the Triple Entente After 1911: Their Mounting Apprehensions Reconsidered', *Foreign Policy Analysis*, vol. 7 (2011), 205-14

_____, 'Influence, Power, and the Policy Process: The Case of Franz Ferdinand, 1906-1914', *Historical Journal*, vol. 17, no. 2 (1974), 417-34

_____, *The Politics of Grand Strategy: Britain and France Prepare for War, 1904-1914* (London, 1990)

Williamson, S. and May, E., 'An Identity of Opinion: Historians and 1914', *The Journal of Modern History*, vol. 79, no. 2 (2007), 335-387

Wilson, K. M., 'The Agadir Crisis, the Mansion House Speech, and the Double-Edgedness of Agreements', *Historical Journal*, vol. 15, no. 3 (1972), 513-32

_____, *The Policy of the Entente: Essays on the Determinants of British Foreign Policy, 1904-1914* (Cambridge, 1985)

Winzen, P., 'Prince Bulow's Weltmachtpolitik', *Australian Journal of Politics and History*, vol. 22, no. 2 (1976), 227-42

_____, 'Treitschke's Influence on the Rise of Imperialism and Anti-British Nationalism in Germany', in P. M. Kennedy and A. J. Nicholls (eds.), *Nationalist and Racialist Movements in Britain and Germany before 1914* (London, 1981), 154-71

Wohl, R., *The Generation of 1914* (Cambridge, MA, 1979)

Wolff, T., *Tagebucher 1914-1919. Der Erste Weltkrieg und die Entstehung der Weimarer Republik in Tagebüchern, Leitartikeln und Briefen des Chefredakteurs am „Berliner Tagblatt" und Mitbegründer der „Deutschen Demokratischen Partei". Erster Teil* (Boppard am Rhein, 1984)

Zedlitz-Trützschler, R. v., *Twelve Years at the Imperial German Court* (New York, 1924)

Zuber, T., *Inventing the Schlieffen Plan: German War Planning, 1871-1914* (Oxford, 2002)

Zweig, S., *The World of Yesterday* (London, 2009)

찾아보기

ㄱ

가디너, 앨프리드 193
가빈, J. L. 210
간디, 마하트마 900
갈리치아 325, 338, 346, 471, 517-8, 521, 529, 615, 691, 743, 860, 904
강베타, 레옹 248
검은 금요일 372
게오르게, 슈테판 378
계획 17 539
고든, 찰스 226
고레미킨, 이반 718, 827
고션, 에드워드 117, 200, 662, 713, 861, 871, 887
고우호프스키, 아게노르 357, 361, 363, 439, 586
골츠, 콜마르 프라이헤르 폰 데어 411, 483
공동내각평의회(오스트리아-헝가리) 688, 704, 797
교육위원회(영국) 397
구르몽, 레미 드 235
국가봉사연맹(영국) 395
국방연구소(영국) 186, 188, 476
국제분쟁의 평화적 해결에 대한 협약 441
국제의회연맹 431
국제평화국(스위스) 431
국제평화십자군 444
군국주의 28, 160, 404-7, 409-10, 416, 423, 426, 429, 431, 434, 486, 730, 767
그랑메종, 루이 드 480, 535
그레이, 에드워드 31, 206, 216, 253, 313, 315-6, 559-64, 567-70, 572-4, 612, 616, 621, 623, 640, 645-8, 651-2, 660-1, 679, 695, 696-7, 709, 725, 735, 738, 744, 749-51, 753-6, 765, 782, 794, 809, 818, 834-40, 843, 856-7, 862-3, 870-3, 879, 882-4, 908, 911
그레이브스, 로버트 113
그레이스, W. G. 80
그레이트 게임 93, 314
그뢰너, 윌리엄 467, 470, 482, 502, 506, 791, 869
그리무앵 상송, 라울 46
글래드스턴, 윌리엄 84, 91, 256, 740
기슬 폰 기슬린겐, 블라디미르 803, 806, 809-10
기아나 94-5

ㄴ

나우만, 빅토르 785
나이, 제럴드 758
나치 380, 908-9, 911
나폴레옹, 보나파르트 111, 172, 192, 226, 228, 231, 235-6, 245, 292, 329, 394, 396, 412, 428, 464-6, 474-5, 482, 512, 534, 731
나폴레옹 3세, 프랑스 황제 231, 412, 466
나폴레옹전쟁 25, 43, 61, 292, 424, 464, 574
남슬라브인 41, 341, 344, 346, 362, 589, 596, 598-9, 609-10, 681, 685, 687, 697, 700, 706, 774, 781, 783, 902
남티롤 346
냉전 32, 173, 201, 298, 491, 749
네메시스(장갑전함) 55
네클류도프, 아나톨 673-4
넬슨, 허레이쇼 157, 192-4, 196
노동당(영국) 189, 434-5, 445, 453, 843, 884
노동자 대표 소비에트 275
노르다우, 막스 386-7
노벨, 알프레드 32, 421, 423, 475
노스케, 구스타프 448
노스클리프 경 183, 190
농업부(러시아) 299
뉴볼트, 헨리 409
뉴헤브리디스 259
니만, 아우구스트 400
니진스키, 바츨라프 368, 905

니체, 프리드리히 378-80, 480, 670
니컬슨, 아서 200, 254-5, 313, 563, 565, 620, 623, 645-6, 674-5, 749, 818, 834-5, 838, 871-2, 884
니컬슨, 해럴드 200
니콜라 1세, 몬테네그로 왕 596, 666
니콜라이 니콜라예비치, 러시아 대공 290, 525, 827
니콜라이 2세, 러시아 차르 35, 42, 198, 264, 271, 276-92, 295, 300, 304-7, 309, 331, 405, 414, 526, 592, 603, 605, 609, 617, 638, 691, 702, 713, 718, 735-6, 746-7, 825, 840, 844, 852-4, 873, 906-7
닉슨, 리처드 120, 257

ㄷ

다닐로프, 유리 276, 854
다윈, 찰스 390-1
다임러 공장 326
단눈치오, 가브리엘레 417, 905
단치히 213
달라이 라마 314
달마티아 41, 340, 355, 596, 691
대大 몰트케, 헬무트 폰 463-8, 482, 484, 494-5, 517
대중도덕국가위원회 390
더럼 경 327
덩컨, 이사도라 368
데룰레데, 폴 239
데리다, 자크 379

《데일리 텔레그래프》사건 217, 619
델브뤼크, 한스 476
델카세, 테오필 247-52, 255, 257-8, 260,
　　302-3, 358, 439, 551, 554-7, 568,
　　735, 747-8, 828
도거뱅크 사건 266, 302, 441, 548
도데카네스 제도 661
독일 사회주의자 447, 458, 895
독일령 남서아프리카 411
독일이 보장한 '백지수표' 786, 788, 793,
　　795, 801, 821, 907
독일통일전쟁 403, 417, 463
동맹 체계 34, 66, 486
동부 루멜리아 592
동부 배치 계획 499, 763
동부전선 20, 513, 897-8
돼지 전쟁 595
두르노보, P. N. 484
두마 271, 276, 283, 290-2, 310-1, 314,
　　608, 623, 642, 695, 718-9, 721, 816
두메르그, 가스통 828
두샨, 세르비아 차르 595
두호보르파 432
뒤르켐, 에밀 64
드 레셉스, 페르디낭 226, 236
드가, 에드가르 239
드레드노트, HMS 197
드레퓌스, 알프레드 228, 237-42, 371,
　　376, 413, 449, 481, 511, 533, 552, 909
드레퓌스파 238-9, 241-2
드뷔시, 클로드 376
디미트리예비치, 드라구틴 775
디아길레프, 세르게이 272, 368

ㄹ

라셀스, 프랭크 200, 205-6, 212
라스푸틴, 그리고리 270, 284, 288, 526,
　　718, 817, 821, 906
라이나, 조제프 241
라이닝하우스, 지나 폰 351-2, 694, 782,
　　908
라이슐리, 엘 546, 550-1
라이프치히 전투 396, 478
라인란트 537
라테나우, 발터 123, 378, 391, 639
람스도르프, 블라디미르 285, 302-4, 308,
　　310-2
랑군(미얀마) 73
랜즈다운 경 103, 106, 144, 251, 255-6,
　　258, 260-1, 266, 298, 554, 557-9
러시아 내전 907
러시아 정교회 245, 282, 286, 291, 296,
　　394, 582, 683, 706, 722, 906
러시아-튀르크전쟁 43, 476, 526
러시아화 정책 394, 719
러일전쟁 53, 205, 267, 274, 276, 281,
　　285-6, 289, 293, 298-301, 304, 306,
　　350, 362, 407, 409, 442-3, 466, 474,
　　477-8, 506-7, 512, 524, 526, 528,
　　531, 541, 556, 565, 567, 590, 600,
　　602, 623, 695, 721, 763
런던 조약 701, 856
레닌, 블라디미르 213, 272, 285, 873, 902

레드리히, 요제프 781, 783
레드먼드, 존 818, 870, 884
레들, 알프레드 375, 520-1, 529
레르첸펠트 백작 121, 140
레발 회동 603-4
레오폴드 2세, 벨기에 왕 111, 509-10, 881-2
로, 보너 740-1, 818, 879, 884
로댕, 오귀스트 368, 376, 815
로렌(로트링겐) 232-5, 248, 401, 440, 458, 490, 497, 507, 511, 538-9, 549, 576, 730, 733, 822, 909
로마노프 왕조 42, 282-3, 718-9
로스차일드 83
로이드조지, 데이비드 36, 190, 218-20, 261, 561, 573, 621, 647, 735, 738-9, 843, 871, 879-80, 883-4, 908
로즈데스트벤스키 제독 266
로즈버리 경 154, 261, 562
롤랑, 로망 436, 450
루덴도르프, 에리히 539, 724-5, 903
루돌프, 오스트리아 황태자 332, 343
루뱅(벨기에) 17-20
루베, 에밀, 프랑스 대통령 39, 66, 180, 224, 239, 247-8, 258
루비에, 모리스 556-8
루스벨트, 시어도어 60-1, 158, 160, 164, 268-9, 316, 423, 433-4, 442-3, 548, 551, 556, 558, 565, 631, 895
루에거, 카를 393
루이 14세, 프랑스 왕 228, 231-2, 428
루케니, 루이지 384

루티엔스, 에드윈 42
르 큐, 윌리엄 189, 296, 410
르봉, 귀스타브 64
리만 폰 잔더스, 오토 745
리에주(벨기에) 508-10, 538, 761, 857, 864, 881, 897
리츨러, 쿠르트 400, 787, 793-4
리치, C. T. 191
리치먼드 공작 819
리프크네히트, 카를 446
리히노프스키, 카를 695-6, 749, 791, 794, 834, 838, 856, 858, 868-9, 878, 883, 886, 888-9
릴케, 라이너 마리아 368
립턴 83

ㅁ

마르구티, 알베르트 폰 330, 332
마르샬 폰 비버슈타인, 아돌프 444
마르샹, 장 바티스트 66, 226-30
마르코니, 굴리엘모 355
마르크스, 카를 64, 445-50
마리 앙투아네트 274
마리네티, 필리포 토마소 392, 417
마리아 테레사 703
마리에, 러시아 황후 42
마시스, 앙리 381
마오쩌둥 34
마이네케, 프리드리히 773
마테를링크, 모리스 376
마티스, 앙리 272

마흐디 226-7
막마옹 원수 237
막시밀리안, 멕시코 황제 332, 343
만국평화회의 431, 437, 767
《만일 내가 카이저라면》 717
말러, 구스타프 368
말버러 공작 741
매케너, 레지널드 217
매클린, 카이드 254-5, 546
매킨리, 윌리엄, 미국 대통령 60, 384
맥도널드, 램지 451, 458
머핸, 앨프리드 142, 162-4, 167, 175, 440
먼로 독트린 95, 251
메넬리크, 에티오피아 황제 227
메시미, 아돌프 241, 533, 535, 541, 819, 851, 877
메테르니히, 파울 119, 207, 393
메테오르호(요트) 159, 771
멘스도르프, 알베르트 359, 696, 818, 836-7
모네, 클로드 239
모레타니아호 197
몰리 경 878-9
무솔리니, 베니토 661, 716
뭉크, 에드바르 388
뮌스터, 게오르크 주 439, 442
뮐러, 게오르게 폰 725
민족 방위군(세르비아) 613
민족자유당(독일) 260-1
밀란, 세르비아 왕 594
밀랑, 알렉상드르 573-4
밀로바노비치, 밀리야 671

ㅂ

바그너, 리하르트 248, 321, 403
바덴 대공 175
바르부르크, 막스 760, 789
바르샤바 조약기구 749
바르크, 페테르 830
바클리, 토머스 229, 239, 243
바텐베르크, 루이스 645
반 고흐, 빈센트 65
반교회주의자 23, 238, 249
반군사주의 412, 414
반드레퓌스파 239
반유대주의 238, 296, 325, 372, 393, 720
반피, 미클로스 81-2
발데제, 폰 게오르크 787-90, 802
발도르프 학교 504
발린, 알베르트 635, 649, 765, 836
발미 전투 534
발칸 동맹 675
발칸전쟁 27, 34, 455, 506, 520, 655, 662, 669, 679-80, 683-4, 695, 701-2, 707-9, 713-4, 721, 724-5, 744, 757, 759, 761-2, 774, 782, 784, 791, 794, 807, 817, 821, 835, 837, 859-60, 911
발크, 빌헬름 387
발트인 271
밸푸어, 아서 96-7, 99-100, 103, 230, 430, 554
버로스, 몬터규 88
버제스, 가이 521
버클루 공작 219

버킹엄 궁전 회의 743
버티, 프랜시스 200, 261, 400, 555, 557, 862
번스, 존 856, 880
범게르만연맹 175, 260
범슬라브주의 395, 486, 673, 681-2, 691, 887
베니젤로스, 엘레우테리오스 675
베르그송, 앙리 381, 480
베르됭 전투 475, 900, 906
베르사유 조약 491
베르히톨트, 레오폴트 폰 302, 312, 353, 588, 599, 605-6, 608, 614, 616, 620, 625, 685-7, 690-1, 694, 696, 698, 701, 703-7, 762-3, 771, 782-6, 798-801, 804-7, 809-10, 826, 837, 845, 858-60, 908, 911
베른, 쥘 402
베른하르디, 프리드리히 폰 377, 397-8
베를린-바그다드 철도 693, 746, 764
베를린호(경순양함) 629-30
베리스퍼드, 찰스 105
베링, 에벌린 96
베벨, 아우구스트 449, 454, 642
베오그라드(세르비아) 455, 594, 596-7, 666, 671, 673, 677, 688, 694, 702, 705, 776, 782, 785, 800-1, 803, 805-9, 836, 845, 859
베이든 파월, 로버트 385, 407, 410-1
베일리스, 멘델 720
베크, 프리드리히 폰 516
베트만홀베크, 테오발트 폰 35, 368, 399-400, 405, 416, 502, 621, 630, 634-42, 649, 653-5, 662, 693, 695, 723, 726-7, 746, 761, 765-6, 786-9, 791-3, 795-6, 802, 805, 821, 840, 844, 853, 855, 857-61, 864-5, 868, 870, 880, 885-7, 909
벤켄도르프, 알렉산드르 297-8, 300, 313, 315, 696
벨, 알렉산더 그레이엄 390
벨록, 힐레어 417
보나르, 피에르 368
보수당(독일) 177
보수당(영국) 87-8, 98, 190-1, 218-9, 256, 554, 559, 736, 740-2, 752, 767, 818, 863, 879, 884
보스니아·헤르체고비나 377, 456, 506, 585-6, 589, 596-600, 602, 604-8, 610, 613, 617-8, 620, 681, 816
보스포루스 해협 295, 528, 746
보어전쟁 67, 100, 107, 118, 124, 177, 191, 215, 230, 242, 250, 359, 387, 408, 410, 477, 511, 552, 570-1, 714
볼셰비키 21, 54, 245, 271, 274, 719, 902, 906-7
볼트만, 루트비히 395
볼프, 테오도어 816
부르동, 조르주 402, 408
부리안, 슈테펜 폰 764
부스, 찰스 189
부쿠레슈티 강화조약 701
부흘라우 회동 606-7, 609
북대서양조약기구 749

찾아보기 983

불랑제, 조르주 234, 237, 413
뷜로, 베른하르트 폰 99, 102-4, 115, 118, 128, 132, 143, 146-9, 151-3, 155, 165, 170-5, 204-5, 207, 209, 211-4, 217, 221, 260, 305-9, 315, 321, 324, 368, 399, 431, 443, 503, 509, 545-7, 549, 552-3, 556-8, 560, 564-7, 588-9, 616, 620-1, 634-7, 640, 723, 792
뷰캐넌, 조지 828-9, 831, 835, 838-9
브라이언, 윌리엄 제닝스 434, 767
브라크, 조르주 272, 368
브레스트 해군 기지 229
브로크빌, 샤를 드 881
브루실로프, 알렉세이 525, 716
브룩, 루퍼트 417
브룬스비크 공 713
블라디미르, 러시아 대공 125
블라바츠키, 헬레나 380
블로흐, 이반 426-7, 440, 459, 475-6, 478, 485, 896-7
블뤼허 왕자 113
비리부스 유니티스호(드레드노트) 778
비비아니, 르네 733-4, 797, 809, 819, 824-5, 828, 832-3, 839, 851, 876-7
비스마르크, 오토 폰 49, 110-1, 130, 133-7, 140, 143, 146-7, 151, 155, 160, 232-3, 243-4, 317, 322, 353, 356, 432, 448, 501, 515-6, 547, 565, 591, 785, 790, 796
비스마르크, 헤르베르트 폰 150
비오 10세, 교황 382
비외르케 조약 309

비테, 세르게이 280-2, 285, 289-91, 299-300, 304, 306, 310, 380
비토리오 에마누엘레 3세, 이탈리아 왕 74, 624, 657
비트의 빌헬름, 알바니아 왕 132, 701, 815
빅토르, 루트비히, 오스트리아 대공 343
빅토리아, 독일 황태자비 160
빅토리아, 아우구스테, 프로이센 황후 126
빅토리아, 영국 여왕 68, 73-6, 81, 83-4, 87-8, 100, 111, 113, 120, 129, 144, 156-61, 165, 192, 195, 229, 242, 253, 278, 286, 288, 304, 306, 333, 645
빅토리아와 앨버트(영국 왕실 요트) 76
빅토리호(넬슨 제독의 기함) 157
빈 회의 353
빌랭, 라울 875-6
빌린스키, 레온 폰 707, 860
빌헬름 1세, 카이저 122, 130-1, 136, 317, 367, 637-8, 653
빌헬름 2세, 카이저 30, 40, 61, 74, 76, 81, 110-1, 116, 120-32, 134-140, 142-4, 146-8, 152, 156-61, 163-6, 168-9, 175-6, 178, 180, 184, 186, 204-5, 208-17, 277-80, 287, 304-9, 315, 317, 331-2, 342, 356-7, 404-5, 411, 494, 501, 504, 510, 515-6, 545-7, 552, 572, 581-2, 609, 634, 638, 648, 661, 692, 705, 713-4, 725, 730, 746-7, 762, 765-6, 773, 785-7, 789, 795, 799, 830, 836, 840, 852-3, 857, 859, 865, 867-9, 876, 909-11

ㅅ

사조노프, 세르게이 295, 316, 651, 672-4, 682-5, 688, 691-2, 699, 718, 735, 746-7, 750, 762, 808-9, 822, 826-31, 839, 844, 852-4, 857, 873, 907
사파리, 프리드리히 827
사회민주당(독일) 445-7, 449, 456
사회민주당(헝가리) 721
사회 저항 운동 24
사회주의 31-2, 62, 133, 135-6, 138, 148, 166, 189, 249, 271, 296, 327, 338, 380, 393, 408, 411-2, 443, 445-8, 450-8, 496, 566, 573, 588, 638, 659, 716, 720, 728, 733, 736, 768, 815, 824, 870, 874-5, 887, 895, 903, 911
사회진화론 23, 28, 391-2, 400, 416, 423, 477, 658, 781, 789, 911
산 줄리아노, 안토니오 디 659-61, 801, 842
살로니카 677
3국동맹 34, 91, 99-100, 144-5, 173, 245-6, 304, 308, 316, 322-3, 347, 354-6, 486, 514, 592, 623-4, 631, 657-8, 660, 688, 705, 744, 749, 751, 762, 788, 799, 841, 843, 866, 886
3국주의 341
3국협상 249, 316, 322, 354, 358, 442, 491, 506, 609, 621, 624, 630-1, 634, 639, 641, 644-5, 672, 688, 705, 723, 735, 744-5, 748-51, 763, 788, 793-4, 809, 822-3, 828, 833-4, 840, 843
3제동맹 232, 353, 362, 589
상선단의 파괴 187
상설중재재판소 442, 844
상호 확증 파괴 173
샌더슨, 토머스 89, 184, 200
생상스, 카미유 45
생시르 육군사관학교 230, 537
생활권Lebensraum 398
샤를마뉴 329
섀클턴, 어니스트 899
서부전선 20, 22, 452, 527, 572, 832, 849, 869, 898-9, 910
설리번, 아서 74
성스러운 연맹 371
세계 정책Weltpolitik 152-3
세당 전투 478, 482-3, 495, 497
세르게이, 러시아 대공 383
세실, 로버트 76, 80
세인트 빈센트호(배) 157
세잔, 폴 239
셀본 경 103, 185, 187, 191, 203
셰무아, 블라지우스 484, 689, 693
셰익스피어, 윌리엄 112, 463
셰체니-마리흐, 라디슬라우스 609, 786
소小 몰트케, 헬무트 폰 153, 213, 381, 403, 463, 469-71, 492, 495, 499-500, 503-5, 507-10, 513, 516-7, 519, 624, 649, 654, 694, 708, 724-6, 730, 761, 763, 771, 787, 789, 791, 844, 850, 855, 859, 864-5, 867-70, 880, 888, 896-8, 906, 911

소녀 가이드 411
소년과교회청년여단 410
소콜 체육 운동 407
소피아(불가리아) 672-3, 683
솜 전투 899
쉰, 빌헬름 128, 604, 885
쉰베르크, 아놀드 369
쉰브룬 궁전 330, 335
쇼, 조지 버나드 368, 435
수나리츠, 요시프 778
수호믈리노프, 블라디미르 524-30, 691-2, 716, 827, 845, 852-4, 907
술레이만 대제 329, 581-2
슈나이더 358, 595
슈라트, 카타리나 332
슈타이너, 루돌프 504
슈텡겔, 카를 폰 439, 442
슈튀르크, 오스트리아 수상 798, 860
슈트라우스, 리하르트 123, 331, 368, 723, 749
슈펭글러, 오스발트 390
슐레스비히홀슈타인 159, 245
슐레지엔 694
슐리펜, 알프레트 폰 67, 323, 478, 492-8, 500-9, 513, 516, 519, 553, 567, 724, 899
슐리펜 계획 491-2, 496, 498-9, 501, 509, 536, 790, 848, 898
스마일리, 앨버트 433
스비네문데(독일) 649
스쿠타리 697, 699-700, 794
스타니슬랍스키, 콘스탄틴 272

스탈린, 이오시프 293
스탠리, 베네티아 743, 818, 871, 879, 882
스테드, 윌리엄 토머스 426-7, 444
스테이플턴-브레더턴, 에벌린 113
스톨리핀, 표트르 291-3, 311, 383, 524, 603, 609, 617, 619, 682, 717
스튜어트-워틀리, 에드워드 214
스트라스부르(알자스) 233, 415, 877
스티네스, 후고 406, 492
스티드, 헨리 위컴 338
스펜더, J. A. 98
스펜서, 허버트 56, 391
스피온 콥 전투 100
스피쳄베르크 남작부인 260
스핏헤드 75, 89, 181
슬라브족과 튜턴족의 대결 721
시베리아횡단철도 53, 105, 267-8, 281-2, 299, 466
시오니즘 97
시카고세계박람회 58
식민지연맹 175
식민지회 155
신지학 380, 504
실리, 존 742
쓰시마 해협 197, 268, 556

ㅇ

아가디르(모로코) 629-30, 638, 643, 647-8
아두와 전투 656
아드리아해 40, 340, 350, 355, 597 599,

601, 618, 624, 656, 684, 689-90, 692, 697
아르메니아인 학살 91
아서, 윌리엄 101
아이넘, 카를 폰 217
아인슈타인, 앨버트 63
아타튀르크, 무스타파 케말 748, 903
알렉산다르, 세르비아 섭정 왕자 776, 807
알렉산다르, 세르비아 왕 594, 775
알렉산드라 표도로브나, 러시아 황후 286-9, 718, 746, 817, 906
알렉산드라, 웨일스 공주 73
알렉산드르 미하일로비치, 러시아 대공 280
알렉산드르 1세, 차르 245, 292
알렉산드르 2세, 차르 279, 292
알렉산드르 3세, 차르 66, 245, 278, 281, 286, 593
알렉세이, 러시아 황태자 288-9
알베르 1세, 벨기에 왕 510, 881
알자스(엘자스) 232-5, 248, 366, 401, 415, 440, 458, 490, 497, 507, 532, 538, 549, 730, 733, 822, 877, 885, 909
알폰소, 에스파냐 왕 383
알헤시라스 회의 544, 548, 566-8, 599, 631
압델라지즈, 모로코 술탄 254, 632
압델하피드, 모로코 술탄 632-3
압둘 하미드 2세, 오스만 술탄 580-2
애국주의자연맹(프랑스) 395
애머리, 레오 100
애스퀴스, 허버트 217-8, 220, 573, 645,
651, 736-43, 752, 755, 764, 815, 818-9, 862, 871, 878-9, 882, 885, 908
앨라배마호(미국 남군 소속 선박) 437
앨버트 대공 75
야고프, 고틀리프 폰 509-10, 700, 724, 790-1, 794-5, 802, 805, 816, 839
야누슈케비치, 니콜라이 827, 853-4
어뢰정 163-4, 170, 174, 177, 572
얼스터 740-2, 818-9
《업저버》 183, 210
에드워드 7세, 영국 왕 83, 105, 120, 124, 165, 180-1, 192, 205, 208, 210, 224, 255, 257-8, 279, 281, 304, 308, 435, 439, 553, 555, 600, 603, 686, 736, 855
에렌탈, 알로이스 폰 339, 353, 360, 363, 443, 586-9, 591, 598-602, 604-10, 614-6, 618-9, 622-3, 625, 647, 686-7, 783, 801, 908
에리트레아 656
에사드 파샤 토프타니 699-701
에스터하지, 페르디낭 238
에스파냐-미국전쟁 59-60
에인절, 노먼 428-30, 459, 896
에인절리즘 430
에카르트슈타인, 바론 231
에카르트슈타인, 헤르만 폰 104
에콜 노르말 쉬페리외르 451
에펠, 귀스타브 236
엔베르 파샤 696
엘리엇, 찰스 390
엘리자베스 1세, 영국 여왕 80

찾아보기 987

엘리자베트, 오스트리아 황후 331, 333,
　　383-4
엥겔스, 프리드리히 445, 447
여성기독교절제연맹 433
영국군 참모대학 896
영국-독일 협약 170
영국-러시아 협약 315-6, 571, 834
《영국제국의 쇠퇴와 멸망》 385
영국-프랑스 해역 합의 652
영불해협 90, 196, 228-9, 265, 490, 497,
　　539, 612, 652, 753-4, 843, 856, 889
영불협상 34, 224, 303, 403, 553, 557-
　　60, 564, 568, 570, 572, 574, 651, 714,
　　755-6, 872
영일동맹 106
예나 전투 464
예수회 117, 242, 413
예카테리나 여제 296
오렌지자유국 67, 107, 408
오스탕드 849
오스트리아평화협회 422
오스트리아-프로이센전쟁 43
오스트리아-헝가리와 독일 동맹 353-4
올가 니콜라예브나, 러시아 대공녀 192,
　　278
올니, 리처드 59, 94
옴두르만 전투 227
와일드, 오스카 388
윌런부르크, 필리프 126-8, 132, 143-4,
　　146, 148-50, 387-8, 566
우생학 390
우익 22, 35, 135, 152, 155, 235-6, 239,
　　393, 457, 630, 789, 858, 909
울슬리, 가넷 387, 481
움베르토, 이탈리아 왕 354-5, 383
워싱턴, 조지 466
워터게이트 스캔들 237
워털루 전투 231, 394
웨브, 비어트리스 815
웨브, 시드니 815
위스망스, 카미유 457
위컴 스티드, 헨리 338
위키리크스 436
위트레흐트 조약 259
윌리엄스, E. E. 182-3
윌슨, 아서 473, 572-3
윌슨, 우드로, 미국 대통령 434, 767, 878,
　　889, 901
윌슨, 헨리 573-4, 576, 648-9, 652, 741,
　　751, 909
유고슬라비아 운동 596
유럽협조체제 61-2, 676, 688, 705, 709,
　　715, 748, 807, 821, 833, 835
유수포프 공 270
융커 130, 135, 463, 637
의화단의 난 102, 105, 127, 153, 267,
　　297, 659
2국동맹 260, 320, 324, 515-7, 519, 523,
　　601, 611, 619, 623, 625, 763, 795,
　　831, 841, 844, 852
이반 뇌제 296
이셔 경 755
이스트리아 596
이중제국 41, 325, 327, 334, 336-7, 339,

341-2, 344, 346-8, 350, 352, 357, 360, 520, 587, 599, 601, 609, 691, 721-2, 762, 777, 783-5, 789, 797, 799, 806, 907

이즈볼스키, 알렉산드르 298, 309, 311-4, 316, 443, 524, 598, 600, 602-9, 614, 616-7, 620, 622-4, 644, 651, 672, 682, 734, 747, 751, 801, 839, 877

2차대전 36, 53, 58, 186, 482, 911, 919

2차 모로코 위기 506, 570, 573, 638, 678, 709

이토 히로부미 105

이프르(벨기에) 20, 898

인권연맹(프랑스) 435

인빈서블호(전투순양함) 196

인챈트리스(영국 해군부 요트) 76, 752

인천(한국) 268

1차 모로코 위기 456, 506, 544, 549, 576-7, 618, 631, 645, 653, 730, 735

1차 발칸전쟁 455, 669, 679, 683-4, 695, 701, 708, 724-5, 761, 791, 817, 821, 837, 911

ㅈ

자베른 사건 366, 415-6, 730

자유당(영국) 84, 98, 190, 217-20, 256, 261, 313, 435, 442, 559, 562-3, 570, 611, 667, 735-6, 738-42, 752, 843, 856, 862-3, 883, 908

자유주의자 129, 152, 157, 166, 216, 218, 238, 256, 260, 290, 296, 300, 303, 312, 327, 405, 410-2, 417, 432, 446, 496, 602, 638, 758, 862, 901

작센-바이마르 대공 140

작센-코부르크 113

잔 다르크 228, 233, 730

잔지바르 85, 170

재보장조약 145, 151, 232, 244-5, 361

전시식량공급공식조사촉구연합 188

전쟁과평화박물관(스위스) 428

전쟁부(독일) 446, 500, 640, 809, 865

전쟁부(러시아) 525

전쟁부(영국) 194, 440, 741-2

전쟁부(오스트리아·헝가리) 810

전쟁부(프랑스) 533, 535, 643, 728-9

정치학 학교(프랑스) 632

제1인터내셔널 445

제2인터내셔널 32, 405, 445, 447, 449, 452-8, 660, 709, 874

제국방어위원회 191, 199, 473, 573, 648

제들리츠 트뤼츠슐러, 로베르트 125, 132

제라르, 앙리 452-3

제이미슨 레이드 116

제임스1세, 영국 왕 80

제임스, 헨리 45, 60, 890

젬스트보 283

조레스, 장 234, 249, 449-55, 623, 768, 824, 874-6, 886, 896

조지 3세, 영국 왕 80

조지 5세, 영국 왕 137, 278-9, 281, 644, 713, 736, 740, 743, 756, 759, 814, 818-9, 860, 882

조프르, 조제프 471, 481, 532, 535-41,

574, 643, 653, 728, 833, 876, 880
조피, 호엔베르크 여공작 343, 592, 771, 777, 779-80
존 불 258, 394
졸, 제임스 369
졸라, 에밀 162, 238, 391
졸리티, 조반니 656, 659
좌익 22, 35, 155, 216, 235, 385, 393, 408, 414, 498, 576, 716, 875, 883, 886
주를린덴, 에밀 242
주트너, 베르타 폰 421-4, 438, 440-1, 444, 446, 767, 896
주트너, 아르투어 폰 422
줄러, 언드라시 360
줄루전쟁 25
지중해 함대(영국) 229, 753
진보당(독일) 432
질린스키, 야코프 532
집합정책Sammlungspolitik 149
징병제 44, 189, 409-10, 432, 464, 481, 761, 820, 825

ㅊ

차르스코예 셀로(러시아) 288-9
차브리노비치, 네델코 779
처칠, 윈스턴 194, 218, 227, 390, 573, 647-8, 738, 748, 752-3, 765-6, 856, 871, 879, 888, 895
1848년 혁명 292
철강석탄공동체 425
청 왕조 72, 102

청년보스니아당 773-4
청년훈련협회 410
청일전쟁 105
체르닌, 오토카르 344
체임벌린, 네빌 697
체임벌린, 조지프 74, 88, 90, 96-101, 103-4, 117-8, 173, 184, 230-1, 253, 399, 818
체칠리엔호프궁 113
체티녜(몬테네그로) 667, 694, 700
체펠린 백작 210, 400
첼트넘 여대 170
  넌튀르크당 604, 607, 611, 670, 675, 682, 696, 745-8
츠바이크, 슈테판 50, 52, 55, 62, 369, 436, 849-50
치롤, 밸런타인 184
치르슈키, 하인리히 폰 322, 722, 783-5, 799-800, 858
치머만, 아르투어 790, 802
7년전쟁 162, 185, 463
칠더스, 어스킨 185
7월 위기 335, 515, 792, 821

ㅋ

카날레아스, 호세 383
카네기, 앤드루 32, 423, 427, 442, 709, 767
카네기국제평화기금 433
카노바스, 안토니오 383
카라조르제비치, 페타르 594

카롤 1세, 루마니아 왕 591
카르노, 사디 383
카르보나리당 668
카를, 오스트리아 황제 906
카사블랑카 사건 612
카세 드 라 데테 256
카슨, 에드워드 870
카요, 앙리에트 820
카요, 조제프 643, 652, 729-30, 819-21, 824-5
카임, 아우구스트 715
카프리비, 레오 폰 145, 154-5, 175
칸나에 전투 478, 495
칸다하르의 로버츠 경 410
칼라일, 토머스 111, 167
칼메트, 가스통 820
캉봉, 쥘 123, 234, 253, 370, 399, 576, 632, 641-3, 650-1, 665, 727, 805, 832, 889
캉봉, 폴 231, 234, 248, 251-3, 255-6 258, 260, 370, 554, 559, 568, 574, 632, 665, 696-7, 733, 754, 756, 839-40, 856, 862-3, 872, 879
캐드버리, 조지 435
캐슬, 어니스트 764-5
캔터베리 대주교 883
캠벨배너먼, 헨리 314, 442, 559, 564, 570
커레이 반란 742
커즌 경 96, 104, 296
케넌, 조지 201-2, 294
케네디, 존 F. 472, 890
케네디, 폴 297

케르, 알프레트 389
케슬러, 해리 65, 367-8, 370-1, 376, 379, 392-3, 417, 435, 505, 638-9, 723, 730, 815, 904, 915
케펠, 앨리스 435
코난 도일, 아서 380
코마롬(헝가리) 41
코뮌주의자 236
코콥초프, 블라디미르 301, 609, 692, 718-9, 747-8
코페, 프랑수아 385
콘라트 폰 회첸도르프, 프란츠 35, 348-53, 363, 375, 392, 423, 471, 485, 513-4, 516-9, 521, 587, 590-1, 598, 614-6, 622, 624, 667, 687, 689, 694, 696, 700, 703, 706-8, 760, 763, 782, 785, 791, 798, 800, 804, 810, 850, 859-60, 866-7, 899, 908
콘월리스-웨스트, 데이지, 플레스의 왕비 113, 158
콜차크 제독 907
쿠로팟킨, 알렉세이 269, 281, 295, 299
쿠베르탱, 피에르 드 64
쿠프린, 알렉산드르 407
쿡, 토머스 50, 186
퀘이커교도 433-5
큐나드 197
크라스노예 셀로(러시아) 830, 832, 840
크라우스, 카를 340
크라쿠프(폴란드) 325
크레펠린, 에밀 388
크로, 에어 113, 200-2, 216, 400, 444,

645, 861, 863, 873, 915
크로머 경 96, 256
크로바틴, 알렉산더 707, 782, 798, 804
크론베르크 회동 210, 213
크론시타트 해군 기지 246
크뢰조 677
크루거, 폴 67
크루거 전보 116-7, 146
크루프 폰 볼렌 운트 할바흐, 구스타프 795-6
크루프(무기 회사) 406, 677
크루프, 알프레트 715
크루피, 장 633
크리보셰인, 알렉산드르 827, 830
크림전쟁 25, 43, 245, 293
크비데, 루트비히 138
《클라리온》 183
클라우제비츠, 카를 폰 493
클레망소, 조르주 375, 732
클레인미셸, 백작부인 270
클리블랜드, 그로버 93-4, 97
클림트, 구스타프 369, 381
키데를렌-베히터, 알프레트 폰 124-5, 618, 639-43, 647, 649-50, 653, 693, 695, 700, 723, 727, 821
키레나이카 655
키치너, 허레이쇼 허버트 38, 68, 227-8, 296
키플링, 러디어드 76, 89
킬 요트 클럽 165
킬 운하 203, 221, 653-4, 790

ㅌ

타넨베르크 전투 899
타우베, 마르첼 303, 310-3, 683
타이태닉호 444
타일러, 에드워드 56
탈레랑 페리고르, 샤를 모리스 드 324
탕헤르(모로코) 545-8, 550, 552-3, 555
태프트, 윌리엄 631
터너, 프레더릭 잭슨 58
터비니아(증기선) 76, 198
터크먼, 바바라 890
톨스토이, 레프 422, 432
통합과진보위원회 604
툴 요새 866
툴롱 246, 568
튀니스 355, 583
튜턴족 99, 112, 356, 395, 401, 519, 721, 725, 789
트라이치케, 하인리히 폰 152-4, 156-7, 167, 170, 377, 395
트라케 360
트라팔가르 해전 396
트로츠키, 레온 272, 666, 671, 676
트루베츠코이, 예브게니 48
트리에스테 355, 655, 689, 777
트리폴리 628, 655, 660, 671
트위드마우스 경 208
티롤 338
티르피츠, 알프레트 폰 146, 156, 166-78, 184-6, 200, 203-9, 221-2, 321, 398, 400, 473, 500, 601, 620-1, 654, 694,

725-7, 758, 765-6, 870, 909, 911
티서, 이슈트반 336-7, 375, 703-5, 707, 722, 762-3, 784, 797-9, 804, 810, 824, 845, 906
티에르, 아돌프 234-5

ㅍ

파나마 운하 회사 236
파드핀더 411
파리만국박람회 39, 42, 45, 47-54, 58, 62-8, 238, 243, 371, 380-1, 428, 899
파리평화회의 121
파리 코뮌 236, 422
파머스턴 경 230
파쇼다(남수단) 225-30, 242, 246-7, 250, 257, 259, 549
파쉬치, 니콜라 594, 614, 667-8, 673, 684, 702-3, 775-6, 802, 804, 806-10, 845
파스퇴르, 루이 51
파슨스, 찰스 76, 198
파시스트 392, 904
파추, 라자르 806-7
판테르(독일 군함) 629-30, 638-41, 643, 646
팔레올로그, 모리스 248, 526, 558, 824, 828-9, 831, 851, 876
팔켄하인, 에리히 폰 374, 376, 503, 786, 844, 855, 860, 864-5, 906
패짓, 아서 742
팽크허스트, 에멀라인 여사 739

팽크허스트, 크리스타벨 739
퍼디커리스, 아이언 550-1
페르디난드 1세, 불가리아 차르 580, 593, 607, 672, 675, 677, 682, 713, 762, 902, 908
페르디난트 1세, 오스트리아 황제 329
페리, 아벨 875
페스(모로코) 551-2, 555, 633
페이비언 사회주의 815
페이지, 월터 889, 901
페타르 1세, 세르비아 왕 596, 667-8, 775, 814, 870
페테르호프 289, 825, 832
평화를 위한 퀘이커 친구들 431
포르, 펠릭스 230
포슈, 페르디낭 480, 575
포츠담 113, 137, 491, 510, 531, 638, 725, 746
포츠머스 조약 269
포크트, 빌헬름 414
포티오레크, 오스카르 707, 777, 782
폴리냐크, 프랑스 왕자 82
폴리오, 알베르토 514, 788
표트르 대제 272, 276, 300
푸르탈레, 프리드리히 폰 857, 870, 873
푸시킨, 알렉산드르 293
푸앵카레, 레몽, 프랑스 대통령 235, 567, 678-9, 730-5, 747, 749, 751, 756, 771-2, 797, 809, 819, 822, 824-6, 828-9, 832-3, 839-40, 850-1, 862, 876-7, 885, 909, 911
푸앵카레, 앙리 731

푸틴, 블라디미르 293
프라이부르크 773
프라이타크-로링호벤, 후고 폰 481
프란츠 요제프, 오스트리아 황제 327-33, 335-6, 343-4, 348, 350, 353, 356-7, 359-62, 393, 405, 516, 587, 592-3, 608, 620, 667, 670, 675, 686, 696, 698, 704-5, 707, 722, 780, 784-6, 797, 799, 806, 810, 814, 859-60, 867, 906
프란츠 페르디난트, 오스트리아 대공 20, 74, 342-5, 349-50, 352-3, 356, 373, 379, 523, 580, 587, 592, 610-1, 615-6, 686, 690, 693-4, 696, 698, 706, 708, 722, 743-4, 768, 770-3, 775-7, 780-1, 790, 860, 906
프랑스-영국 공동박람회 568
프랑스-프로이센전쟁 25, 43-4, 104, 232-3, 235, 412, 477, 549-50, 576
프랑스혁명 43, 47, 235, 274, 396, 412, 431, 436, 453, 459, 484, 493
프랑크푸르트 조약 233, 549
프레더릭스버그 전투 476
프레오브라젠스키 근위대 276
프로이트, 지그문트 63, 338
프루스트, 마르셀 368, 376, 381-2
프리드리히 대왕 30, 104, 111, 120, 122-3, 167, 315, 474, 653-4
프리드리히 빌헬름 1세, 프로이센 왕 653
프리드리히 3세, 카이저 201
프리드융, 하인리히 610, 618
프린치프, 가브릴로 774, 776, 779, 906

프시카리, 에르네스트 418
플레베, 뱌체슬라프 274
플로베르, 귀스타브 236
플리머스 165
피그스만 890
피사로, 카미유 239
피셔, 재키(존) 186, 191-9, 205-6, 430, 440, 473, 554-5, 572-3, 603
피셔, 프리츠 36, 793
피숑, 스테펜 612
피스크, 존 424
피에몬테 왕국 685
피의 일요일 275, 289
피카르, 알프레드 47, 66
피카르, 조르주 237-40
피카소, 파블로 65, 272

ㅎ

하기아 소피아(콘스탄티노플) 681
하디, 키어 434, 453
하딘지, 찰스 200, 210-3, 289, 603
하르덴, 막시밀리안 387-8, 566
하르트비히, 니콜라이 625-6, 673, 684, 803-4, 822
하바스 771
하산 1세, 모로코 술탄 254
하우스, 에드워드 767
하츠펠트, 파울 117, 119, 178
한니발 478, 495
함만, 오토 795
함부르크호(독일 기선) 545, 547

합스부르크가 41, 52, 777, 780
해군대학(미국) 162
해군력 경쟁 29, 33-4, 142, 198-9, 203, 205, 207, 211, 216-7, 220-2, 321, 359, 389, 400-1, 430, 442, 492, 601, 603, 621, 644, 714, 722, 752, 764, 766
해군 법안(독일) 170, 172, 174-5, 177, 184, 208, 758, 764, 766
해군부(영국) 75-6, 124, 194, 199, 209, 217, 254, 440, 554, 572, 648, 752
해군연맹(독일) 175, 206, 409, 715
해군연맹(영국) 105, 187, 218, 409
해군 예비함대(영국) 196
해밀턴, 이언 409
해밀턴, 조지 83, 103
행키, 모리스 571
헤르비히, 홀거 204
헤세-다름슈타트 286
헤이, 존 431
헨티, G. A. 396
헬리골랜드(헬골란트섬) 170-1
호엔촐레른(요트) 159, 581

호엔촐레른 가문 130, 136, 143, 147-8, 153, 510, 591, 653, 761
호요스, 알렉산더 783, 785-6, 806, 907
호프만, 알베르트 123-4
호프만스탈, 후고 368
호헨로헤-쉴링휘르스트, 고트프리트 폰 698
홀데인, 리처드 435, 563, 567, 573, 695, 725, 739, 765-6, 789, 836
홀슈타인, 프리드리히 폰 102, 118, 124, 145, 147, 150-1, 205, 439, 494, 501, 545, 547, 549-50, 552-3, 556, 558-9, 565-6, 620
홉스, 토머스 392
홉슨, J. A. 403
화이트, 앤드루 440-1
황화黃禍 315, 548, 566
후버, 허버트, 미국 대통령 374
후세인, 사담 405, 795
흑수단 669, 702, 775-6
히틀러, 아돌프 36, 393, 463, 885, 909-11
힌덴부르크, 파울 폰 903, 909

평화를 끝낸 전쟁
1914년으로 향한 길

1판 1쇄 2025년 7월 28일

지은이 | 마거릿 맥밀런
옮긴이 | 허승철

펴낸이 | 류종필
편집 | 노민정, 이정우, 권준, 이은진
경영지원 | 홍정민
교정 | 정헌경
표지 디자인 | 석운디자인
본문 디자인 | 박애영

펴낸곳 | (주)도서출판 책과함께
　　　　주소 (04022) 서울시 마포구 동교로 70 소와소빌딩 2층
　　　　전화 (02) 335-1982
　　　　팩스 (02) 335-1316
　　　　전자우편 prpub@daum.net
　　　　블로그 blog.naver.com/prpub
　　　　등록 2003년 4월 3일 제2003-000392호

ISBN 979-11-94263-49-4 03900